GERHART HAUPTMANN

SÄMTLICHE WERKE

HERAUSGEGEBEN
VON HANS-EGON HASS

BAND VIII
NACHGELASSENE WERKE
FRAGMENTE

PROPYLÄEN VERLAG

CENTENAR-AUSGABE

ZUM HUNDERTSTEN GEBURTSTAG
DES DICHTERS

15. NOVEMBER 1962

INHALT

NACHLESE ZUM DRAMATISCHEN WERK

ERSTE ABTEILUNG

Abgeschlossene dramatische Werke

Liebesfrühling	11
Hochzeitszug	29
Germanen und Römer	61

Dramatische Fragmente

Helene	195
Amor und Hermes	203
Frithiofs Brautwerbung	210
Verschiedene Lieder und Szenen aus Konradin	212
Anfang des Athalarich	222
Das Erbe des Tiberius	226

ZWEITE ABTEILUNG

Abgeschlossene dramatische Werke

Christiane Lawrenz	243
Herbert Engelmann	321
Die Finsternisse	395

Größere dramatische Fragmente

Der Mutter Fluch	419
Helios	517
Das Hirtenlied	581
Die Wiedertäufer	697
Besuch bei Familie Kurnick	849
Galahad	893
Der Dom	971
Grönlandstragödie	1059
Demeter	1115
Die Hohe Lilie	1179

Hinweis des Herausgebers	1242

ERSTE ABTEILUNG

Abgeschlossene dramatische Werke

LIEBESFRÜHLING

Ein lyrisches Gedicht

Entstehungszeit: 1881.
Erstveröffentlichung: Privatdruck 1881.

Seinen teuren Geschwistern
Adele und Georg
in Liebe gewidmet
von
Gerhart Hauptmann.
Salzbrunn, im September 1881.

[AUFTRETENDE]

[GOTTLOB THIENEMANN	Rübezahl
GERHART HAUPTMANN	Winter
OLGA THIENEMANN	Schwalbe
LOTTE HAUPTMANN	Nachtigall
CARL HAUPTMANN	Eiche
MARTHA THIENEMANN	Genius der Liebe
FRIDA THIENEMANN	Göttin der Erde
MARIE THIENEMANN	Traumgott]

ERSTER AUFTRITT

Rübezahl, bald darauf Winter.

RÜBEZAHL

Herbstlich wandeln sich die Felder,
dürre Blätter hör' ich fallen,
durch die alten, mächt'gen Wälder
will kein froher Ton erschallen,
all die Sänger rüsten leise
zu der vorgeschriebnen Reise.

WINTER
eintretend

Aus den Schluchten ferner Berge
kam ich hierher, Hof zu halten,
ohne Geister, ohne Zwerge,
und ich will mein Amt verwalten,
will des Heimchens Zirpen lauschen;
was der Falke ruft im Horste,
was die alten Eichen rauschen,
all das Tun im weiten Forste
soll verstummen!

RÜBEZAHL

    Richten willst du?
Und des Sommers holde Freude,
alter Mann, vernichten willst du?
Die in Unschuld deiner warten,
um den Zwingherrn dieser Triften
anzuflehen, all die zarten,
frischen Sänger in den Lüften
willst du richten?

WINTER

Niedertreten und vernichten!
Zittern soll der Frühlingsknabe!

RÜBEZAHL

Alter, soll der Unglücksrabe
»Zwang« erstehn im Sängerwalde?
Laß sie schwelgen, laß sie springen,
all die Quellen auf der Halde!
All die Vöglein, laß sie singen
ungestraft!

WINTER
Alt bin ich worden,
nicht so leicht bin ich zu rühren.
Wenn zu Eis die Tropfen frieren,
wenn des Nordens wilde Horden
mich umheulen, mich umsausen,
wenn die Nordland-Stürme brausen,
wenn vom dunklen, klaren Himmel
Sterne kalt herunterblinken
und in frostigem Gewimmel
tief der Bäume Äste sinken,
schneebeladen, eisumschlungen,
bin ich glücklich.

RÜBEZAHL
Hab Erbarmen!

WINTER
Nimmer will ich hier erwarmen;
nieder, nieder seid gerungen!

RÜBEZAHL
Kinder, kommt von nah und ferne!
Singt ihm, daß er Freude lerne;
singt ihm euer schönstes Lied!
Grambeladen, eisumschlossen,
haßt er alle Frühlingssprossen,
flieht er, wenn der Frühling blüht.

Kinder, kommt von nah und ferne!
Singt ihm, daß er Liebe lerne;
singt ihm noch ein letztes Lied!
Zeigt ihm all das frische Leben,
wie der Liebe Geister weben!
Zeigt ihm, wie sie Segen sprüht!

WINTER
Segen?! Segen?! — Was ist Segen?
Was ist Wonne? — Was ist Lust? —
Eis und Schnee auf allen Wegen,
eine Wüste in der Brust!
Eiskristalle in den Winden
statt dem milden Frühlingshauch,

der umschmeichelt Baum und Strauch! —
Jahre kommen, Jahre schwinden!
Und das ist mein einz'ges Walten,
und das ist mein einz'ges Wollen:
kahle Bäume zu zerspalten
und zu tanzen auf den Schollen
und zu wirbeln in den Wettern,
zu zertreten, zu zerschmettern
alles Glück!

ZWEITER AUFTRITT

*Die Vorigen. — Schwalbe und Nachtigall, sich dem Winter zu
Füßen werfend.*

SCHWALBE

Rauh ist es worden,
matter wird der Sonne Strahl,
und die Stürme ziehn von Norden,
kälten unser trautes Tal.
Wo wir unser Nest gebauet,
ist die Stätte wüst und leer,
kalter Reif vom Himmel tauet,
und die Sonne wärmt nicht mehr.
Bist du's, der mit kalten Händen
alles zu verderben strebt?
Willst du hart und grausig enden,
was der Sonnenschein gewebt?
Willst du unser Nest zertrümmern,
wo wir sel'ge Zeit geträumt?

WINTER

Ja, der Zornesbecher schäumt:
Eure Freude sei ein Wimmern!

NACHTIGALL

In dem Busch hab' ich gesungen,
einsam auf der weiten Flur,
Ahnung war's, was mich durchdrungen,
und ich sang in Hoffnung nur.
Und mein Lied war meine Freude,
das ich hegte in der Brust,

tröstend klang's dem Menschenleide,
selig klang's der Menschenlust.
Und mein Lied hat mich bezwungen,
und mein Lied bezwang die Welt,
heilig, heilig hat's geklungen,
hat des Unglücks Nacht erhellt.
Laß mich leben, laß mich weilen
auf der heimatlichen Au!
Heiß die Wolken sich zerteilen,
senke frühlingsfrischen Tau!
Laß die Blümlein auf der Halde!
Laß die Vöglein all im Walde,
laß sie leben!

SCHWALBE
Laß uns leben!

WINTER
überwältigt zu sich

Alter Mann! Hast du noch Fühlen? —
Alter Mann! Hast du noch Sehnen? —
Alter Mann! Hast du noch Hoffnung? —
Alter Mann! Hast du noch Tränen? —
Einst! — Ja, einst! — Sie ist entschwunden,
jene Zeit, da konnt' ich lieben!
Aber jetzt bin ich gebunden:
Haß, nur Haß ist mir geblieben!
Rinnet, rinnet, Jahre, Stunden!
Haß ist alles! — Überwunden
bin ich nicht! Noch bin ich frei!
Fort, ihr heuchelnden Bestricker,
fort mit deiner Feerei!
Ich bin wieder der Bedrücker.

DRITTER AUFTRITT

Zu den Vorigen tritt die Eiche.

EICHE
Nebel haben mich umhüllet,
Winde haben mich zerrissen,
Würmer haben mich zerwühlet,

tückisch grausam eingebissen:
doch ich stand mit stolzem Hohne,
ungebeugt und unbezwungen;
wiegte frei die breite Krone,
von der Vögel Schar umsungen;
und ich träumte hohe Träume,
Ruhmesfackeln sah ich glänzen
und das Laub der Eichenbäume
kühner Männer Stirn umkränzen.
Und noch reck' ich meine Glieder,
keine Erde drückt mich nieder,
auch dein Zürnen beugt mich nicht!
Ob mich Sonnenschein umschmeichelt,
ob mich Eis und Schnee umklammert,
ob mich lauer West umheuchelt,
ob mich Wintersturm umjammert:
meine Träume stört es nicht.

WINTER

Was begehrst du?

EICHE

Finstrer Brüter!
Frost'ger Riese! Deine Gnade!
Ich bin dieser Vögel Hüter,
ich bewache ihre Pfade.
Ach! die kleinen, lieben Gäste
hab' ich tief ins Herz geschlossen.
Sie bewohnen meine Äste,
sind mir trauliche Genossen.
Wenn der Morgen graut am Himmel,
singen sie mir Morgenlieder,
und sie singen unermüdlich,
bis die Sonne steigt hernieder.
Und sie ruhn in meinen Armen,
und ich halte sie umschlossen;
schütze sie vor Sturm und Wettern!
schütze ihre zarten Sprossen!

WINTER

Fort! Entflieht! Enteilt! Entschwindet!
Eh euch meine Schar umwindet,
eilt nach Süden! Stürme prasseln, —

eisumbäumte Tannen rasseln
mit den Ästen. — Eilt nach Süden!
Seht, ich kann euch nicht erretten.
Nur Verzweiflung heißt mich rasen:
einem höhern Plane dien' ich. —
Hört ihr nicht die Stürme blasen
in der Ferne?! — Fort nach Süden! —
Eilt! Entflieht! Laßt mich zurücke!
Eilt hinweg! Mir blüht kein Glücke.
Ich muß toben! — Fort nach Süden! —

ALLE

Fort nach Süden! —
Der Genius der Liebe erscheint im Hintergrunde, begleitet von einer sanfttönenden Weise. Wie er mit dem Stabe winkt, entschlummern alle.

VIERTER AUFTRITT

GENIUS DER LIEBE

Schlummert! Liebe lebt in euch
und zertritt des Winters Reich.
Alter Graubart, schlummre süß,
träume dich ins Paradies! —
Schlummert alle! —
Rosen flecht' ich dir ins Haar,
alter, trauriger Barbar.
Fessel, die dich jetzt umwand,
windet eines Gottes Hand.
Schlummert alle!
Liebe nennet mich die Welt,
Liebe, die den Haß zerschellt,
ewig grün und ewig jung. —
Nahe, heil'ge Dämmerung!
Schlummert alle!
   Indem er sich niederläßt
Stille web' ich leis und leiser,
und mein Gang ist leicht und schwebend.
Sorgsam pfleg' ich Myrtenreiser,
ihre Zweige hold belebend.
Unter meinen Götterhänden

bebt der Seele tiefste Saite,
und aus dumpfer, nächt'ger Schwüle
schwingt der Sang sich, der befreite.
Und ich löse alle Bande,
und ich schlinge sel'ge Kränze,
und es blühn in meinem Lande
ew'ge Blumen, ew'ge Lenze.
Schlummert alle!
Pause.

FÜNFTER AUFTRITT

Zu den Vorigen tritt die Erde.

GÖTTIN DER ERDE

Wo führt mich der Steg? Und täuscht er mich nicht?
Wo leitet mich Hoffnung, die schwankende, hin?
Wo find' ich es wieder, mein Heil, mein Licht?
Und wird mir des Suchens und Irrens Gewinn?
Die Erde erdröhnt in der haltenden Hand,
und die ich erschuf, sie friert und bebt,
ein düsterer Nebel darüber schwebt
und ein glänzend kristallnes Gewand.
Wach auf! wach auf! im eis'gen Tal.
Entzünde die Freude in liebender Brust!
Entzünde am Himmel den wärmenden Strahl!
Erwecke die Blumen zu seliger Lust!
Frühling erwache!
Sie steht und horcht. Alles still.
Kalte Stürme mich umjagen,
grauer Nebel deckt die Auen.
Frühling mit den goldnen Tagen,
soll ich nimmermehr dich schauen?
Warum flohst du kalt von dannen
über jene Bergesgipfel?
Trauernd schütteln ernste Tannen
ihre reifbedeckten Wipfel.
Alles ist dahingegangen:
Lerchen, Schwalben, Nachtigallen.
Mich ergreift ein eisig Bangen
in den öden Waldeshallen.

Alles ist dahingeflohen,
und dahin ist auch mein Lieben.
Ich allein bin in dem hohen,
kahlen Dom zurückgeblieben.

Sie sinkt erschöpft auf ein Knie nieder und verbirgt das Haupt. Der Genius der Liebe erhebt sich, nimmt die Erdgöttin bei der Hand und führt sie zu dem schlafenden Winter.

GENIUS DER LIEBE

Sieh! Mein Wort hat ihn gebunden,
der dich quälet. Überwunden
ist sein Trotz.

GÖTTIN DER ERDE

Wer ist der Greise?
Wes die Arme, die mich leiten?

GENIUS DER LIEBE

Traumgott, aus entlegnen Weiten
lenke hierher deine Reise!

SECHSTER AUFTRITT

Die Vorigen. — Der Traumgott erscheint.

TRAUMGOTT

Und wer rief mich aus der Ferne?
Aus den Klüften, wo ich einsam
webte bei dem Licht der Sterne,
wo ich schüttelte gemeinsam
Wunderkräfte in der Schale:
Fenchel, Aglei, Myrt' und Raut',
Thymian und Mondenstrahle,
Maienluft und Bilsenkraut,
Blut und Wein, und Glück und Rache,
klares Wasser, sumpf'ge Lache,
finstre Nacht und Sonnengluten,
Schwalben, Küchlein, Schlangenbruten.
Bist du's, Göttin, mondbeschienen?
Eilet, eilet, ihr zu dienen,
meine Träume.

Schüttet das Füllhorn der Träume aus.

Träume, leicht beschwingte Träume,

flattert um die trunknen Sinne,
daß ein Strahl der Himmelsräume
in die matte Seele rinne.
Was euch immer mag bewegen,
mögt ihr künden. —

WINTER
träumend
Freude! — Liebe! —
Herr, wo bin ich?! — Herr, wo bin ich?! —
Eis'ger Winterschnee zerstiebe!
Herr, wo bin ich?! — Nacht und Nebel!
In den Klüften dumpfes Stöhnen!
In der Seele Nacht und Nebel! —
Dient' ich nicht der frühlingsschönen
Erde, und was bin ich jetzt? —:
Öd und fahl, vom Sturm gehetzt;
weiß behaart, zerlumpt, zerfetzt.
Oh! — einst war ich Frühling! —

GÖTTIN DER ERDE
Frühling!? —

WINTER
Wer fragt in den Stürmen?
Frühling?! — Ja! Ich bin's gewesen,
niemand kam, mich zu beschirmen;
und so ward ich auserlesen
als Bedrücker. Weh euch duft'gen
Blumen allen! Wer mir traute!
Alles, was ich selbst erbaute,
mußt' ich töten. Weh euch luft'gen
Vögeln allen, leichtbeschwingte Götterboten!
Bei den Toten
ruht, der euch geliebt: der Knabe.
Manche reiche, heil'ge Gabe
bracht' er euch.

GÖTTIN DER ERDE
Der Frühling?! —

GENIUS DER LIEBE
Schweige!
Heil'ge Ruh' herniedersteige!
Kühle seine Stirne! Senke

Himmelslicht auf ihn hernieder,
seine durst'gen Lippen tränke,
daß mit luftigem Gefieder
Hoffnung ihm erblühe!

WINTER
Wachet!
Herr, wo bin ich? — Herr, wo bin ich?! —
Himmel! Erde! Luft! Frühling!
Träum' ich? Wach' ich? Was ersinn' ich?
Veilchen im Grase, frühlingsblaue!
Ob ich traue?
Frühling bin ich wieder?! —
O ihr alten Lieder,
ertönet wieder!
Ich bin erwacht
in neuer Pracht:
erwachet alle!
Heil'ge Erde, sei mir gegrüßt!

Er wirft sein Winterkleid ab, steht als Frühling da und drückt der Erde einen bunten Kranz aufs Haupt.

GENIUS DER LIEBE
Nun, wohlan!
Liebeswerk, du bist getan.
Haß durchgellt der Welten Klang,
Liebe macht ihn zum Gesang.
Winter tritt den Lenz entzwei,
Liebe schafft aus ihm den Mai,
ewig grün und ewig jung.
Schwinde, heil'ge Dämmerung!
Wachet alle! —

WINTER
Hoch von der Berge umleuchteten Höhen
taget die Sonne. Auf Strömen und Seen
schmelzen die Ketten des Winters dahin.
Lieblich tönt's in dem Lispeln der Winde,
träumerisch rauscht's in den Blättern der Linde.
Seliges Wehen,
heilige Töne umfangen den Sinn!

Könnt ihr's erraten und könnt ihr's erfassen,
wie sie entweichen, wie sie erblassen,

alle die Nebel im freudlosen Tal?
Wie sich ergießen die himmlischen Schalen,
göttlich verklärend die irdischen Qualen,
tötend das Hassen,
Freude verkündend allüberall!

SCHWALBE

Schwand die Nacht?! Welch süßes Licht
göttlich durch die Wolken bricht!
Mich durchrinnt ein heißer Strahl?! —
Und wo blieb des Winters Qual?! —

NACHTIGALL

Welch Läuten und Tönen
in heiliger Höhe!
Welch Singen und Klingen
in Ferne und Nähe!
Oh, seliges Reisen
auf Engelsgefieder!
Nun, heimische Weisen,
nun hör' ich euch wieder!

EICHE

Und wo war ich armer Tor?
Brach nicht Winterfrost hervor?
Klapperte der Dornbusch nicht?
Oder täuscht mich mein Gesicht?! —
Alles Lug?! Der Lenz erwacht?!
Wie entschwand die lange Nacht?
Frühling ist's wieder?! —

RÜBEZAHL

Hei! Sonnenschein, so warm, so hell!
Gott grüße dich, du trauter Gesell!
Teilst wieder mit mir der Erde Raum!
Der Winter floh: ein wüster Traum.
Ich bin erwacht und hab' dich wieder:
hervor meine Laute, empor meine Lieder.
Klingt mit den Vögeln am Himmelszelt,
klingt mit den Lüften durch alle Welt,
klingt mit den Wellen auf glitzerndem See,
klingt mit den Hirten auf felsiger Höh':
Frühling ist's wieder! —

Die Szene hüllt sich in tiefes Dunkel; währenddessen verschwinden alle. Nur der Genius der Liebe bleibt zurück. Dieser beginnt, als es wieder hell geworden, den

EPILOG

Verschwunden ist der bunte Geisterschwarm.
Noch rauscht's in meinem Ohr: noch tönt in mir
das Glück des Frühlings und des Winters Harm.
Nun ist es wieder stumm und still allhier.
Nichts ist hinfort, was eures Auges Strahl
mit frischem Walten fesselte. Und so
tret' ich vor euch, es bleibt euch keine Wahl,
ihr müßt mich hören, und ihr werdet's. Wo
die Liebe naht, da flieht kein sterblich Haupt,
und wenn die Liebe spricht, spricht sie allein,
und niemand ist, der ihr das Szepter raubt.
Sie spricht, und stille fügen sich darein
die andern alle: Sturm und Wetter schweigen,
der Schmerz erstirbt, der Winterschnee zertaut,
und auf der Flur erwacht ein froher Reigen,
wenn meine Sonne durch die Wolken schaut:
der Liebe Sonne.
  Pause, indem er sich zum Bräutigam wendet
Und du erfasse mit gewalt'ger Hand
das Steuer eures Seglers. Vorgebogen
durchspäh die Fluten und ins Meer gewandt
in mächt'ger Arbeit rausche durch die Wogen!
Und freue dich, wenn Glück und Sonne lacht,
und halte an zu frohem, sel'gem Rasten!
Doch zittre nimmer, wenn in banger Nacht
die Stürme jagen durch die schwanken Masten!
Wenn Donner rollen, wenn die Blitze glühn,
zeigt sich im Feuerschlund der Himmel offen,
frisch lenk das Steuer: ewig, männlich, kühn,
in jeder Muskel Zuversicht und Hoffen!
  Pause, indem er sich zur Braut wendet
Wanderst du hinaus
vom Strom der Jugend in des Lebens Meer,
läßt du zurück dein heil'ges Vaterhaus
und faßt dein Blick noch einmal tränenschwer

die teure Stätte, denkst du mild zurück
und wehmutsvoll an deine Kinderfreuden
und leise weinend an dein Jugendglück —
die Triften, wo der Unschuld Lämmer weiden,
gedenkst du an des Hafens stille Fluten,
die leise kräuselnd nimmer hoch sich heben,
und an der Heimatsonne milde Gluten:
oh, tröste dich! — Das wechselvolle Leben
bringt Sturm und Wetter, und das freie Meer
ist ernster als der Jugend heitrer Strom:
doch prächt'ger rollt der Sonnenball daher,
und göttlicher wölbt der Vollendung Dom
die mächt'gen Bogen nach bestandner Fahrt.
Schau hin, wie er des Schiffes Masten krönt:
der Lorbeerzweig, mit Myrten treu gepaart,
der Lorbeer, der die Myrte ernst verschönt.
  Pause.
Und ich! Ich wandle rosig euch zur Seite,
ob Stürme toben, ob das Wetter ruht,
ob leicht durch Silberglanz das Fahrzeug gleite:
ich zwinge ja der Elemente Wut
durch euren Arm. Und meine Rosen glänzen
in ew'gem Frühling und in ew'gen Lenzen!

DER HOCHZEITSZUG

Entstehungszeit: 1884.

Seinen lieben Geschwistern
Martha und Carl
zum 6. Oktober 1884.

Gerhart

AUFTRETENDE

FRIDA [THIENEMANN]	Sorge
OLGA [THIENEMANN]	Hoffnung
LOTTE [HAUPTMANN]	Glück
MARY [MARIE THIENEMANN]	eine Wirtin
GOTTLOB [THIENEMANN]	Wirt
GERHART [HAUPTMANN]	Leichtsinn

PROLOG
gesprochen von Gottlob

Der Wald ist rot und alle Blätter sinken,
und wie es immer ist, der Tag vergeht.
Wir Menschen mögen ihm vergebens winken,
nicht daß die Zeit verharrt noch daß sie steht.
Die Hand versucht am starren Tor zu klinken,
durch dessen Spalte nur das Rätsel geht:
das Rätsel eines Alls, das zu enthüllen
vergebens dich empört der starke Willen.

Doch ewig wühlt der Drang im Menschenbusen,
daß er die Fackeln immer neu entfacht,
ermutigt durch den Zauberchor der Musen,
hofft zu entriegeln die verschloßne Nacht.
Und feurig wie der Blick des Andalusen
glüht ihm sein Aug', das des Gedankens Schacht
mit funkelnden Rubinen ausgestattet,
womit sich Blut aus heißen Pulsen gattet.

Doch in die stille Kammer sei verwiesen
die schwere, wenn auch edle Lust des Kampfs.
Daß wir sie fanden, dreimal sei's gepriesen,
die Sterne in den Wolken krausen Dampfs.
Die Sterne, die wir heute uns erkiesen,
sind uns die Lindrer heißen Seelenkrampfs,
die wir zur Zeit der Kämpfe heilend fühlen,
mit denen wir in Freudenstunden spielen.

Dem Weltengeiste sei's zum Dank gesungen,
daß, als er Wahrheit schuf, das Götterganze
in die Myriaden Splitter ihm zersprungen,
die sich verstreueten im Wirbeltanze.
So haben sie denn alle Welt durchdrungen:
hier flog der Göttin Schild, hier ihre Lanze.
»Wenn, Menschen, ihr des Werkes Splitter findet«,
so sprach der Geist, »sorgt, daß ihr sie verbindet.«

Doch nochmals, des Verbindens heiße Mühe,
sie sei verwiesen in die stille Brust.
Auf unsrem Altar feierlich erglühe
die Opferflamme der bescheidnen Lust,

den eine Schar Zufriedener umknie.
Ein jeder seiner Kindheit sich bewußt,
wenn er, umlegt von Blumen und von Kränzen,
den Splitter Wahrheit sieht im Feuer glänzen.

Daß sich entschuldiget, wer etwas bringet,
ist Brauch, weil Geben will entschuldigt sein.
Ach wüßte jeder Mensch doch, wie er klinget,
springt er als Ton in ein Konzert hinein,
auf daß er nicht mit falschem Laut durchdringet
der Hörer Ohren, die in langen Reihn
verlegen sich in tausend Qualen winden,
zur Ruh' verdammt, weil sie's als Gab' empfinden.

Auch ist Empfangen leicht, nicht so das Geben,
das Recht des Gebens will errungen sein.
Empfangen ist das Losungswort des Lebens,
doch soll's allein aus Götterhänden sein.
Man müßte denn den Freund zum Gott erheben
und so den Freund zu seinem Geber weihn.
Drum mögt ihr uns für heut in Hymens Tempeln
mit mildem Sinn zu euren Gebern stempeln.

WIRT
Hu, alte Grete, wie heult der Wind
und raschelt in dein Schaubendach.
Schläft unsre Friedel, unser Kind?

WIRTIN
Die macht der Erde Zorn nicht wach,
doch sag: wie steht's mit unsrer Kuh?

WIRT
Die wälzt sich krank und siech im Stall
und kommt noch sicherlich zu Fall
und macht die treuen Augen zu.

WIRTIN
Ach, ach, ist's denn so schlimm!

WIRT
                        Fürwahr!
Sie gab uns Milch manch liebes Jahr;
nun stirbt sie weg.

WIRTIN
Bist du gescheit?
Geh in den Stall und sorg dich drum!

WIRT
Die Sache geht nun einmal krumm.
Mag sie meinetwegen sterben.
Mein Leben ist ja so bald um.
So hab' ich keine Erben.
Hu, bring mir ein Glas Branntwein noch,
daß ich mich mag erwärmen,
wirf Kohlen in das Ofenloch!

WIRTIN
Mich dünkt, die Geister schwärmen.
Der rauhe Forst erbebt und kracht;
's ist eine schauervolle Nacht.

WIRT
Ja, Frau, ich ging zur Scheuer eben,
in der des Windes Stimme sang.
Schier machte mir's das Herz erbeben
und meine ganze Seele krank.
Als sprächen abertausend Stimmen,
als sängen abertausend Mächte,
Knecht gegen Herr, Herrn gegen Knechte,
und Feuerwürmchen sah ich glimmen
im weiten Forst. Wie knarrt die Tanne,
wie pfeift die Ficht', wie rauscht die Eiche,
und erst die Birk', die schreckensbleiche,
sie schwankt wie unterm Geisterbanne.

WIRTIN
So wollen wir zu Bett uns machen.

WIRT
Pack du nur deine Siebensachen
und geh allein! Ich aber bleibe
und gucke durch die Fensterscheibe
und geh' von Zeit zu Zeit hinüber
zum Stall, um unsre Kuh zu pflegen.
Magst immer dich ins Bette legen.

WIRTIN
Der Himmel hüllt sich trüb' und trüber
in Wolkenmäntel, sturmgetragen.
Ist's denn so schlimm mit unsrer Kuh?

WIRT
Ich will sie lieber gleich erschlagen;
da kommt mein sorgend Haupt zur Ruh'.
Fluch sag' ich allen bösen Mächten,
die mir mein ärmlich Hab und Gut
verderben und mich selber knechten.

WIRTIN
Ach Alter, bänd'ge deine Wut,
mach mich nicht furchtsam, Alter!

WIRT
                    Weib,
ich wüte nicht zum Zeitvertreib.
Sieh doch hinaus! Das wilde Heer
ächzt durch den Wald und böse Geister
durchzetern ihn mit Unheil schwer;
der Teufel selber ist ihr Meister.

WIRTIN
Komm, trink 'nen Schluck! Er dampft und kocht!

WIRT
Hat es nicht an die Tür gepocht?

WIRTIN
Der Sturmwind wettert rauh und kalt
und ächzte durch der Türe Spalt.

WIRT
Schau, Alte, dort — wer schaut herein?

WIRTIN
Es wird 'ne alte Weide sein.
Stellt sich sinnend ans Fenster.

WIRT

Ist alles gut und fest verrammelt?
Und hat die Friedel Laub gesammelt?
Ach ja, was sag ich, Laub, für was?
Schier wird das alte Aug' mir naß.
Der Stall wird leer, die Kuh verdirbt,
das Unheil kommt, der Wohlstand stirbt.
Was stehst du da und sinnst?

WIRTIN

Ich meine,
wenn sich der Sturm vor morgen nicht
an unsrer starren Erde bricht,
dann müssen sie beim Fackelscheine
den Weg zum nächsten Kirchlein schleichen.
Das wär' dem Franzel und der Lene
'ne schöne Freud', ein saubres Zeichen
für künft'ges Glück.

WIRT

Die Schneider-Len' und Schusters Fränzel,
Glück auf zu eurem Hochzeitstänzel
bei solchem Wetter durch den Forst.
Der Wind verdirbt euch die Raketen,
der Regen macht die lust'gen Flöten
verstummen und der Gäste Fell
wird so durchweicht, daß sie gewiß
in ihrem Frohmut einen Riß
bekommen.

WIRTIN

Ach, es wird schon hell
bis morgen früh; an solchen Tagen
wird doch der Himmel sich enthüllen
und seinen Schleier von sich schlagen
des fröhl'chen lust'gen Zuges willen!

WIRT

Der Brautzug hin, der Brautzug her,
wär's lieber doch mein Leichenzug!
Des Waldes Singsang macht genug
das Haupt mir toll, das Herz mir schwer.

WIRTIN

Denk, Alter, als wir Brautleut' waren!

WIRT

Das war vor guten dreißig Jahren,
und heute ist's nicht angebracht . . .

WIRTIN

Ich habe ja nur daran gedacht.

WIRT

. . . davon zu sprechen. Laß mich machen,
ich will hier schlafen oder wachen.
Mag Sturm und Blitz die Eichen knicken,
ich, Alte, will ein wenig nicken.
Er entschlummert.

WIRTIN

Nun ja! — In dieser ganzen Zeit
der stillen Waldeseinsamkeit
war mir des Brauttags heller Stern
ein tröstend Omen. — In den Streit
der wilden Mächte trat er gern
und winkte mir und hieß mich denken
an seine Seligkeit und Lust,
bis ich von himmlischen Geschenken
beladen fühlte diese Brust.
Da kamen Träume — Träume kamen,
die mir der Erde Kummer nahmen.
Entschlummert auch.
Es pocht; sie schreckt auf.
Wer kommt — Maria! heil'ger Christ! —
in dieser Stund', in diesem Sturm?
Ob es ein müder Wandrer ist?
Es pocht wieder.
Wagt sich doch kaum der Todeswurm
zu pochen an die morsche Wand!
Sie schüttelt den Alten.
Wach auf, wach auf! Es gibt 'nen Brand!
Mir scheint, es brennt der Unkenturm
am Weiher drüben lichterloh.
Was wollt Ihr und woher?
Stimme von außen.

SORGE

Halloh!
Wacht auf! Es kommt ein langer Gast,

DER HOCHZEITSZUG

ein grauer Gast, ein hagrer Gast,
ein Gast, der euch beim Wirbel faßt,
ein mächt'ger Gast, ein gier'ger Gast.

WIRT

Hilf, güt'ger Himmel!

WIRTIN

Hilf, Sankt Peter!
Und alle guten Geister auch!

WIRT

Was war das für ein Mordsgezeter?

SORGE

Ich breche Schlösser mit dem Hauch!
Die Türe springt auf; die Sorge erscheint.

WIRT

Weib, siehst du was?

WIRTIN

Den Geist, den Geist,
wie er ohn' Regung, ohne Laut,
dich mit der Augen Glanz begleißt,
wie er nach deinem Herzen schaut.

WIRT

Vom güt'gen Himmel Mut erborge
und red es an! — Wie nennst du dich?
Dein Ansehn ist mir fürchterlich!
Wie nennst du dich?

SORGE

Mein Nam' ist Sorge.

WIRT

Was fragst du mich mit deinen Blicken?
Was suchst du in der niedern Schenke?
Ich führe wenige Getränke,
bestaubte Wandrer zu erquicken,
und finde hier ein ärmlich Brot.

SORGE

Kennst du den Knecht, die graue Not?

WIRT

Wir brauchen wenig nur zum Leben,
und was wir brauchen, gibt der Wald.
Wir pressen keine heißen Reben
und wurden sparsam, wahrsam alt.
Im Stalle stirbt die alte Kuh;
sie gab uns Milch und gab uns Ruh'.

SORGE

Das hör' ich gern, mein guter Knecht.
Mich dünkt, da komm' ich eben recht,
dir in die Scheuer mich zu drängen,
an jeden Grashalm mich zu hängen,
in deinem Trunke mich zu baden,
zu winken dir in jedem Faden,
der von der Decke Balken baumelt.
Wer mir verfällt, der schwärmt und taumelt
und hängt zuletzt mit seiner Kraft,
mit Glück und Hoffnung ausstaffieret
und jämmerlich von mir maskieret,
am Birken- oder Eichenschaft.
Doch heut seid mit der Angst zufrieden!
Mich anzumelden, bin ich kommen.
Schnell jenes Schild herabgenommen
und laßt mir eine Kröte sieden!
Sie bringen das Schild.
Was habt ihr auf dem Schild, laßt sehn!
Ein Bäuerlein, das trinkt und lacht
und jubiliert mit einem Affen.
Ihr mögt das Ding beiseite schaffen,
das ihr da oben angebracht.
Und einen alten Uhu drauf!
Mit Schwingen unvernehmlich,
der seinen nächt'gen Räuberlauf
vollführet alt und grämlich.

WIRT

Sprecht, wollt Ihr Wein?

SORGE

Bringt Wasser her!

WIRT

Verzeiht, ich habe auch Likör.

DER HOCHZEITSZUG

SORGE

Vom Quelle Wasser!

WIRT

Wasser hole!

Wirtin humpelt nach Wasser.

SORGE

Gieß Wasser auf des Herdes Kohle!
Hier in der Ecke ist's bequem.
Stell mir das Licht ein wenig fort
auf jenen morschen Schemel dort!

WIRT

Ganz wie es meinem Gast genehm.

SORGE

Ich möchte hier bis morgen sitzen
und mir ein wenig Pfeile spitzen
zu frischer Jagd im Morgengraun.
Es kommt ein Brautzug hier vorüber;
drum mach' ich Erd' und Himmel trüber
und zieh' zusammen meine Braun.

WIRT

für sich

Ist das ein Jäger und ein Gast,
der zu 'ner fröhl'chen Hochzeit paßt?

SORGE

Was sagt Ihr da?

WIRTIN

Hier bring ich Wasser!

SORGE

Die Sorge ist ein Menschenhasser;
drum, Leute, laßt die Sorg' allein
und geht zu Bett und hüllt euch ein
in warme Kissen! Ich indessen
will harrend die Minuten messen,
die mich vom ersten Hahnschrei trennen,
bis Strahlen durch die Blätter brennen

und mit Gejohl der Brautzug naht;
dann streu' ich aus die nächt'ge Saat!

WIRT
leise

Weib, gehen wir?
WIRTIN
Wir müssen wohl.
Wie spricht das Weib so kalt und hohl!

SORGE
Geht, sag' ich.
DIE BEIDEN ALTEN
Gute Nacht, Frau Sorge!
Beide ab.
SORGE
allein
Nun ist das Zimmer rein und leer,
ich kann getrost des Zuges warten.
Singt er dann frei und froh einher
mit Jubelstimmen aller Arten,
so schleich' ich still aus meinem Haus,
und ihre ganze Lust ist aus.
Hei, da sind Flaschen, Gläser, Fässer,
bei Hekate, noch immer besser.
Hier find' ich Stricke, Nägel, Zangen
fürs Hängen, Bohren und zum Hangen.
Aus diesem Glas fließt mancher Schluck
in manche Kehle, gluck, gluck, gluck,
in Angst und Schreck, in Furcht und Nöten.
Das ist mein allerschlimmster Feind,
doch freilich wirksam nur für Zeiten,
um schließlich mir hineinzuleiten
ins Garn die Fische. Ja, er meint
es nicht getreu mit seinen Scherzen
und nimmt die Zahlung aus den Herzen.
Noch ist es lang vor Mitternacht,
noch schlafen alle Geister;
die Sorge wacht, die Sorge wacht,
der Welt gewalt'ger Meister.
Zieht ein langes Messer aus ihrem Gewande.
Sie nimmt ihr Messer, lang und dünn,

und klirrt und wetzt die Scharten.
Ihr Zeichen ist 'ne krumme Spinn',
ihr Reitpferd sind die Karten.
Ei rauch'ge Deck', verstaubte Diel',
hei alt Gerät die Wand entlang
und du, vergriffnes Kartenspiel,
hört an der Sorge Kampfgesang:
»Heuschreckenschwärme auf Blütenduft
und böse Dünste in reiner Luft,
Mehltau und Rost auf dem Getreide,
das ist der Sorge Augenweide.«
Sie wetzt das Messer hin und her,
wo irgendwas zu schneiden wär',
der Ehe Band, der Freundschaft Band,
die Treue zwischen Land und Land.
Sie sät mit spitzen Händen
die böse Saat, die graue Saat,
die starke Saat, die schlaue Saat,
bis Kraft und Mut verenden.
Das ist der Sorge Kampfgeschrei.
Sie lockt das Heer der Tücken;
die strömen schielend ihr herbei
wie Schwärme lust'ger Mücken,
und heisa! dann beginnt die Jagd,
die graue Not ist Knecht und Magd.
In meine Ecke still und stumm!
Es gehen andre Geister um!
   Der Wirt mit der Hoffnung.

WIRT

Wie wird mir wohl in Eurer Nähe.
Herein, Ihr flotter, leichter Geist!
Je mehr ich Euch ins Auge sehe,
je mehr des Kummers Nacht zerreißt.

HOFFNUNG

Tut auf die Türe, alter Mann,
ich will's euch reichlich danken.
Ich zog auf Schwänen durch den Tann,
auf lichten, hellen, blanken.
Und für die Nacht nehmt mich ins Haus,
laßt mich ein wenig weilen,

bis ich gewunden Strauß um Strauß,
sie morgen zu verteilen.

WIRT

Bei Gott, das ist ein lust'ges Ding,
ein niedlich, holdes Mädchen.
Wie leicht und nett, wie flott und flink,
geschwätzig wie ein Rädchen.
Ein Spuk ist's sicher, doch ein Spuk,
der mir gefällt.

WIRTIN

Wie nett und schmuck.
Herein, viel liebe Dirne!
Ich frage nicht, wer dich gepflegt
und wer um deine Stirne
den holden Strahlenkranz gelegt.

HOFFNUNG

Mein Nam' ist Hoffnung, gute Leute,
und morgen bin ich so wie heute,
und Menschenherzen hegen mich.
Seht, dies wind' ich für die beiden,
die man morgen gibt zusammen,
lichte Strahlen, heiße Flammen
und ein Stern für Sorg' und Leiden.
Ewig ziehn mich meine Schwäne
lichten Flugs vor ihren Blicken,
ich bin da, sie zu entzücken,
bin der Stern in ihrer Träne!

Hoffnung schüttet Blumen auf den Tisch; indessen pocht es wieder.

WIRT

Horch, wer kommt schon wieder?

WIRTIN

Wie,
hat's gepocht?

WIRT

Geh, geh und sieh!

WIRTIN
schaut aus dem Fenster

Schau, Alter, welch ein holder Knabe
mit dem zierlichen Lilienstabe!

DER HOCHZEITSZUG

SORGE

Ei, die Alten sind vermessen,
haben ganz die Sorg' vergessen!
Wirtin war hinausgeeilt, kommt wieder mit dem Glück.

WIRT

Sprich: wer bist du?

GLÜCK

Glück geheißen
bin ich, und vom Himmel her
mußt' ich durch die Sterne reisen
über Berg und Schlucht und Meer.
Daß ich mich zum Fest geselle,
ging ich über diese Schwelle.

WIRT

Nur herein!
Glück tritt hinein, Sorge schlägt hinter den Alten die Türe zu, so daß sie draußen bleiben.

SORGE

Was stört ihr mich,
dies Haus bewohne ich!

HOFFNUNG

Graue Sorge, unheilschwere,
laß mich bleiben, laß mich weilen
und mit dir die Wohnung teilen.

GLÜCK

Nicht verbiete, nicht verwehre,
zu verschenken meine Gabe,
die ich von den Göttern habe.

SORGE

Schweigt und laßt die Sorge wachen,
schweigt und laßt die Sorge reden,
in die Ecke, Matten, Schwachen,
weg der Hoffnung Spinnefäden
und des Glücks gereifte Früchte;
ich, die Sorge, bin Gebieter
und verstreue eure Güter,
die ich selber euch vernichte.
Glück und Hoffnung entschlummern.

SORGE
allein
Es schlägt zwölf. Sturm wird stärker.
Jagend türmt sich Wolk' auf Wolke,
schwärzer, düstrer wird der Himmel.
Heil dem mächt'gen Geistervolke!
Heil dem rollenden Getümmel!
Eule ruft und Tannen knarren,
und Frau Holle zieht den Karren.
Bäum' und Büsche, beugt euch nieder,
wildes Heer singt Hochzeitslieder,
werde Land zum weiten See!
Es pocht.
Wer schon wieder?

LEICHTSINN
von außen
He johe!
Macht auf, es drückt die schwere Gruft,
zwölf volle Schläge trug die Luft
herüber von dem nahen Dorf!
Es blinkt im Gras, es stöhnt im Dorf,
alle Geister walten frei,
macht auf die Tür! Juchhei! Juchhei!

SORGE
Was will Er und wer ist der Geist,
der frech und laut und wild und dreist
an meine Türe pocht?
Der Kessel summt, das Rädchen brummt,
und alles Leben ist verstummt,
und meine Galle kocht.
Wer bist du?

LEICHTSINN
He johe, wer du?
Wein her, Frau Wirtin, Wein!
Was hält Sie denn die Türe zu,
der Leichtsinn will herein,
es hacken ihn die Raben,
der Sturm peitscht seine Locken,
und alle Pulse stocken
dem lust'gen, fröhl'chen Knaben.
Wein her, Frau Wirtin, Rebenblut,

DER HOCHZEITSZUG

für was bin ich denn hier!
Mein Durst, der ist Euch viel zu gut,
zu schlecht mir Euer Bier.

SORGE

Bei Hekate, ein frecher Bube!

LEICHTSINN
indem er die Türe aufstößt

Bei allen Teufeln auf die Stube,
ho, ho! Ihr da, Frau Sorg'!

SORGE

Hinaus,
aus meinem Zimmer, meinem Haus,
hinaus, Landstreicher, trunkner Wicht,
du Vagabund der Geister!

LEICHTSINN

Geduld, Frau Sorge, zetert nicht,
mich sandte unser Meister,
der hinterm schwarzen Himmelszelt
die lichte, goldne Sonne hält.
Doch fort die Poesie, joho!
Wein her, Frau Wirtin, Wein,
und bis zum lichten Morgen so
will ich vergnüglich sein.
Bei Gott, da seh ich Flaschen
und Fässer wohlgespundet,
Nimmt eine Flasche
ich will die Geister haschen,
die dieser Pfropfen bindet;
und mit Verlaub, Frau Sorge, Ihr
seid Wirtin, will mich dünken,
drum lasset Euch zu Ehren hier
mich bis zum Morgen trinken.
Leichtsinn läßt sich nieder.

SORGE

Sag an: was hast du hier zu tun?

LEICHTSINN

Nicht eben viel, Frau Sorge,
ich komme mit zerrißnen Schuhn

und borge, borge, borge,
und wer mir borgt,
der tut mir gut,
und dem zu Ehren trink' ich
mir einen Affen unterm Hut,
zuletzt, zuletzt versink' ich.
Da hat dein Knecht, die krumme Not,
mich irgendwo vergraben,
bei Gott, ich glaubt', es sei mein Tod,
schon zeterten die Raben;
da sucht' ich voller Überdruß
in meines Schädels Höhle
und dachte, eh ich sterben muß,
will ich noch einmal gröhlen,
und ho joho, und heidideldum,
da zitterten die Schollen,
und mit Gebrückel und Gebrumm
begannen sie zu tollen
und warfen Wurzeln in die Luft
und sangen Heidideldumdumdei
und ließen mich aus ihrer Gruft,
da war die Angst vorbei. —
Da sucht' ich in der Welt herum,
wo wohl ein rechtes Tollhaus wär',
bis ich den Wald entdeckte
und mich darin versteckte.

SORGE
Im Ernst gesprochen, guter Junge,
spar dir ein wenig deine Lunge,
ich habe Wichtiges zu tun.
Sie macht sich am Herd zu schaffen.
Magst immerhin ein Gläschen trinken,
noch gibt es frischen, saft'gen Schinken,
auch helf' ich dir zu ganzen Schuhn,
zu Gelde selbst, zu Bier und Wein,
nur darfst du hier nicht länger weilen
und mußt beim Hahnschrei weitereilen.
Die Hand darauf, und schlage ein!

LEICHTSINN
Frau Sorg', ich will mir's überlegen!

SORGE

Es ist nur einer Hochzeit wegen,
die morgen früh vorüberzieht,
man muß des Festes Würde ehren
und nicht mit rohem Spotte stören
der Leute friedliches Gemüt.

LEICHTSINN

Das leuchtet ein, Frau Sorge, wohl,
gebt mir zu trinken, und ich will's.
Verwandelt mich in einen Pilz,
trink' ich das Haus nicht leer und hohl,
wie Ihr's mit Euren Opfern macht,
daß jede Rippe dröhnt und kracht.
Wein her!
Sorge bringt Wein und ein Glas.

LEICHTSINN
Zwei Gläser!

SORGE
Nein, ich nicht!

LEICHTSINN

Zieht nur kein allzu schief Gesicht,
noch gurgeln Ströme durch den Wald
und auf den Wolken reiten
wie zum Turniere grau und kalt
viel tausend Sorglichkeiten.
Trinkt mit, allein nicht einen Schluck
Sorge trinkt.

SORGE
Denkt des Versprechens!

LEICHTSINN
Nun genug
Ihr trankt beim Himmel brav!
Nun setzt Euch nieder, werte Frau,
und seid mir morgen klug und schlau
und trinkt mich nicht in den Schlaf.
Ich sing' ein lustiges Zecherlied,
am Ende kroch doch jedes Glied

der Menschen- und der Götterwelt
aus einem einz'gen Ei.

SORGE

Da sagst du recht.
Es schlägt eins.

LEICHTSINN

Hörst du das Gebrumm?
Schon ist die Geisterstunde um.

SORGE

Mir schlägt im Erdenrunde
nie eine Geisterstunde!

LEICHTSINN

Dir nie? Nie, sagst du, heil'ger Gott!
nie, gute Sorge, welch ein Wort,
mußt du zu Bette schleichen?
Auch wenn die gute Eins vorbei,
vielleicht, Frau Sorg', bis über zwei
brauchst du vom Wein nicht weichen?
Da bin ich doch ein armer Wicht,
Frau Sorge, schau mir ins Gesicht,
solch einem guten Zecher,
beim Teufel, trink ich bis zum Rand
den goldgefüllten Becher!

SORGE
trinkt
Ich danke dir, du lust'ger Fant!

LEICHTSINN

Hei, ho, die Erde steht in Brand,
und dieses ganze deutsche Land
mag tief in Grund erbeben,
wenn mit der Sorge treu gesellt
der Leichtsinn eine Kneipe hält
beim süßen Saft der Reben.
Frau Sorge, Ihr singt den Refrain.

SORGE

Wie heißt er?

LEICHTSINN

Schnetterengtengteng!
Kennt Ihr den lichten Flaschenhals,

nein, nein, Frau Sorge, keinesfalls,
dies ist dein süßer Gegner,
der wird, je mehr man ihn verschlingt
und in die durst'ge Kehle zwingt,
je frecher und verwegner.
Nahmt Ihr noch nie ein Pröbchen ein,
es ist ein ganz besondrer Wein.
  Gießt ihr ein.

SORGE
schwer und trinkt

Nun, dir zuliebe.

LEICHTSINN

Noch sah ich nie
solch tück'sche Flaschenbatterie,
ich will sie flugs zerschlagen,
doch nur für meinen Magen,
der sich bedenklich trüb gestimmt
mir im verfrornen Leibe krümmt,
will ich noch Sorge tragen.
Ho he, kennt Ihr den Saft, Frau Sorg',
er trägt den goldbekappten Kork
und ist bei Unterbergen
gebraut von tausend Zwergen.

SORGE

Ich kenn' ihn nicht.

LEICHTSINN

Ei, ei, Ihr scherzt;
hier einen Tropfen, und beherzt
hinab in Euren Magen,
den könnt Ihr schon vertragen!

SORGE

Fürwahr, der Trank ist gut!
Sie entschläft.

LEICHTSINN
reicht ihr ein neues Glas

Und dies...
Sie ist entschlafen; nun den Spieß
der Narrheit in die Scheide.
O süße Augenweide!
Der kranken Brust entschlafne Qual,

entschlafne Sorge sitzt im Tal,
durch mich, durch mich bezwungen!
Nun senke dich, du böser Sturm,
nun aus dem Staube, armer Wurm,
der Frohmut kommt gesungen. —
Nicht mein' ich's schlecht mit ihr, bewahre
mich Zeus vor diesem Unverstand,
denn von der Wiege bis zur Bahre
ist Sorg' die Krück' der Menschenhand,
und Sorge jagt den Geist empor
selbst bis zum goldnen Himmelstor;
doch wo sie allzu breit sich macht,
da drängt der Leichtsinn wohlbedacht
mit Mummerei und Sang und Wein
sie in ihr altes Gleis hinein.
Die Sorge hat das Glück gefällt,
nun herrscht der Leichtsinn in der Welt,
dem sich die Sorg' hat untergeben,
mit Herz und Hand, mit Leib und Leben.
Bis zu dem nächsten Dämmerschein
will ich allein und fröhlich sein,
und bei dem Feuerquell des Weins
sprech' ich mein Leichtsinn-Einmaleins:
»Der Sorge Krieg, dem Jammer Krieg,
dem Lebensmute Heil und Sieg!«
In diese Welt bin ich gestellt,
des Waagebalkens Gleichgewicht
zu wahren. Wenn die Sorg' und Not
die eine Schale niederbricht,
und hoch dem Mut Vernichtung droht —
da steig' ich in des Mutes Schale,
daß sie sich senkt mit einem Male,
und alles ist in seinem Gang.
Der Bruder Leichtsinn lebe lang!
Und gebe jedem seine Brille,
die nach Bedarf verbirgt, versteckt
und nach Bedürfnis auch enthülle.

WIRT
von außen

Macht auf, macht auf, ihr Geisterpack,
bei allen guten Wesen,

ihr spielt mir einen Schabernack
und reitet auf dem Besen
zum Schornstein rein, zum Schornstein raus,
ich rufe Gott zum Stützen,
der wirft euch sicher aus dem Haus
samt euren Geisterwitzen.

WIRTIN

O Gott, o Gott, die Stub', die Teller,
die Flaschen und der Wein im Keller
wird ruiniert!

LEICHTSINN
öffnend

Nur immer her!
Noch sind die Fässer dicht und schwer.
Kommt, setzt euch um den Tisch herum
und singt ein lustig Dumdideldum!
Nicht weinen, Wirtin, nicht voll Gram!
Ich gebe, was die Sorge nahm,
den Leichtsinn euch zurück.
Viel Trauben noch gibt's in der Welt,
viel Teller, Flaschen, Obst und Spelt,
und Reichtum macht nicht Glück.

WIRT

Beim Teufel, Ihr gefallt mir gut.
Komm, Alte, laß das Weinen.
Mir wird so wohlig unterm Hut.
Was nützt das lange Greinen?

WIRTIN
ängstlich

Die Kuh!

WIRT

Was tut's! Die Welt ist groß,
und wenn wir sparsam leben,
so wird der Wald mit Pilz und Moos
uns reichlich Nahrung geben.
Sieh da, noch stehen Flaschen g'nug
auf unserm Sims. Tu einen Zug
und spül die Angst hinunter,
sei wieder frisch und munter.

DER HOCHZEITSZUG

WIRTIN

Vorher warst du so aufgebracht!

WIRT

Das bin ich wohl gewesen,
doch jetzt hab' ich mir's recht bedacht
und bin vom Weh genesen.
Der Stall wird leer, das Herz bleibt voll,
noch steht das Haus in Fried und Ruh,
auch ziehn uns täglich Wandrer zu
und geben willig ihren Zoll
für dies und das von unsern Waren,
'ne Eierspeis', 'nen warmen Schluck:
ich denk', in unsern alten Jahren
ist's für uns beide noch genug.
Sag, unser lieber Sonnenschein,
der wird doch wohl der alte sein,
auch wird der Wald sich nicht genieren,
in alter Weis' zu musizieren.

WIRTIN

Ach, wenn du so bist, alter Hans,
da wird mir gar so wohl und frisch,
da ist's, als blühten auf dem Tisch
die Myrten auf von jenem Kranz,
den einst ich um die Stirn getragen.
Bist du schläfrig, Alter?

WIRT

Mir ist's gut,
So voll hat nie mein Herz geschlagen.

WIRTIN

Sind wir allein — mir jagt das Blut
so frisch durch meine Adern hin,
wie es am Hochzeitstag gewesen.
Kannst, Alter, in den Sternen lesen?
Ich lese in den Sternen gern:
Da kommt mein Stern! Da kommt mein Stern!

LEICHTSINN
macht Zeichen, daß sie entschlummern
Man muß die Alten nur betrachten,

lernt man das Weinen noch mit sachten;
in holde Träume seid gewiegt,
indes die Nacht vergeht,
bis Sonne übern Hügel liegt
und Morgenodem weht.
In eurer Jugend grünes Land
hat euch der Lichtschein mild entsandt!
    Er gewahrt das Glück und die Hoffnung.
Nun denn zu euch, ihr leichten, schwanken
Beherrscherinnen der Gedanken:
Du aller Schwäche Schwachheit, Glück,
wie leicht hat dich die Sorg' vernichtet
und dich ohn' Urteilsspruch gerichtet!
Wer gibt das Leben dir zurück?
    Er neigt sich zur Hoffnung herab.
Dich weck' ich nun, du stilles Kind,
der Hoffnung freundlich milde Maid,
du aber führe treu und lind
die Menschen aus der Traurigkeit
dem schlummernd süßen Glücke zu
und weck es auf aus Grabesruh.
Erwache, Hoffnung! — Schweren Bann
hat ihr die Sorge angetan.
Erwache, Hoffnung!

                  HOFFNUNG
                  verschlafen
Wer, wer rief?
Ich kam hierher und ich entschlief.

                  LEICHTSINN
Steh auf, steh auf, schon kräht der Hahn,
schon legt des Sturmes Flügel
beruhigt sich der Erde an
und klärt den Wasserspiegel,
die Lerche singt ein Morgenlied,
bleichwang'ge Wolke schwimmt herauf
und spiegelt wonnig sich im Ried.
Helläugig Kind, wach auf, wach auf!
Schon flattert duft'ger Morgenhauch
und streift der Halme goldne Gabe,
fruchttriefend neigt sich Baum und Strauch
und träufelt die kristallne Habe,

und goldner Schimmer legt sich drauf.
Helläugig Kind, wach auf, wach auf!
Hoffnung wacht auf.

HOFFNUNG

Wo ist mein Schwanenwagen?
Mich sandte still der Himmel aus,
ein glänzend Licht zu tragen.

LEICHTSINN

Steh auf, steh auf und schau hinaus,
schon rötet sich der Himmel,
schon schweigt das wütende Turnei,
das zeternde Getümmel;
noch ist der Brautzug nicht vorbei,
und dorten sitzt die Alte,
die ich betäubt mit starker Macht,
für diesmal noch zur Ruh' gebracht.
Horch, wie's den Forst durchschallte!
Das ist der Geigen frischer Ton,
die lust'gen Brautleut' kommen schon,
eil ihnen frisch entgegen!

Man hört ferne Musik, die immer stärker wird und näher kommt, dann schwächer wird und sich wieder in der Ferne verliert.

HOFFNUNG
zum Glück

Wach auf, wach auf, du trunknes Glück,
ich gebe Leben dir zurück!

LEICHTSINN

Der Leichtsinn macht verwegen.

GLÜCK

O Schwester, Schwester, welch ein Schlaf!

HOFFNUNG

Hörst du den Sang? Sei froh und brav,
nimm deine Gaben alle!
Entgegen ihm, entgegen ihm,
dem fröhl'chen, hellen Schalle!

LEICHTSINN

Die Sonne sticht den Nebel tot,
hei, welch ein himmlisch Morgenrot!

HOFFNUNG UND GLÜCK

Juchhei! Juchhei!

LEICHTSINN

Was sag' ich jetzt?
Ich sage: alles ist im Gleis!
Die hab' ich mir ans Haupt gehetzt,
was tut's? Es macht ein wenig heiß.
Frau Sorg', ich will mein Zeichen schnell
ob Eurem Schöpflein machen,
daß Ihr mir sollt erwachen
als besserer Gesell!
Jetzt will ich dich behüten,
bis das Gejohl vorüber,
dann mit 'nem Nasenstüber
bring ich dich recht ins Wüten;
doch sei das End' vom Liede:
in deinem Haupte Friede!
Macht ein Zeichen.
So tauch' ich in den Jammer
und nehme ihm die Galle.

SORGE

Welch Dröhnen in der Kammer?
Was ist's mit diesem Schalle,
Was ist's — der Zug?

LEICHTSINN

Es war 'ne höll'sche Dudelei! Er ist vorbei!
Er hält die Sorge zurück.
Nicht doch, nicht doch, Ihr kommt nicht nach,
sie haben allzu junge Beine,
ich höchstens noch, doch ganz alleine,
bin eingeladen. — Seid Ihr schwach,
ach, gebt Euch doch zufrieden, Weib,
Ihr seid nun einmal doch geprellt,
und Prellen ist mein Zeitvertreib,
die Sorge prellen in der Welt.
Drum kam ich her und trank mit Euch
das ganz verteufelt schlechte Zeug.
Fein sittsam sein und fein bescheiden,

die Menschen treiben und nicht halten,
auch nicht der Sonne Licht beneiden!
Ach, glätte deines Hirnes Falten
ein wenig, trag das Amt mit Fug,
das dir dein Schöpfer übertrug,
und mache dich nicht allzu breit
mit fahlem Stolz und blassem Neid,
sonst mußt du mit dem Leichtsinn trinken,
bis Flaschen dir wie Sterne blinken
und Funken, die am Himmel fliegen,
dir fest wie starre Steine liegen,
sei eine würdige Gestalt,
sonst macht dich Frohmut gänzlich kalt!
Auf, auf zum Feste, auf zum Tanz,
ich fliege mit der Freude Flug,
und bald bin ich beim Hochzeitszug.
Da liegt mein Stab! Da liegt mein Kranz!

SORGE

Was tu ich, knirsch' ich, daß die Welten
sich zitternd winden?
Soll ich schelten?
Ich knirsche nicht, ich schelte nicht,
ich bin auf beides nicht erpicht.
Wie kommt's?
Es sitzt mir tief im Blut,
mich traf der Leichtsinn allzu gut. —
Die Kuh im Stalle mag genesen,
das sei der Sorge Amt gewesen!
Ab.

WIRT

He, Alte, was war das, ein Spuk?
Ein Spuk, ha, das ist nett,
ich denk', wir sind in unserm Bett!

WIRTIN

Wie, was?

WIRT

Ich trank doch keinen Schluck?

WIRTIN

Ich hörte Lärm und Peitschenknall,
wie bei der Hochzeit dazumal!

WIRT
Ach geh mir, geh, 's ist deine Schuld,
daß wir so lang am Ofen warten,
bis uns der Schlummer eingelullt
auf diesen steifen, eck'gen, harten,
verwünschten Tischen.

WIRTIN
              Solch 'nen Schlummer
schafft nur das Weh, schafft nur der Kummer!

WIRT
Ach ja, die Kuh! und weck die Friedel!
Der Forst ist still, der Himmel lacht,
ich hörte doch 'ne lust'ge Fiedel,
das war 'ne sonderbare Nacht!

WIRTIN
Komm, Alter, komm, komm schnell!

WIRT
                    Was ist?
WIRTIN
Die Kuh ist frisch und brüllt und frißt!

WIRT
Die Kuh gesund?
              WIRTIN
              Komm, komm geschwind!

WIRT
Ach, unser gutes altes Rind!

GERMANEN UND RÖMER

Entstehungszeit: 1881—1882.

PERSONEN

VARUS, Statthalter Roms in Deutschland
HERMANN, Fürst der Cherusker ⎫
SEGESTES, Fürst der Cherusker,
    Schwiegervater Hermanns ⎬ Im Gefolge
FLAVUS, Bruder Hermanns   des Varus
SEVERUS, römischer Jüngling
NUMONIUS, Legat im Heer des Varus ⎭
KATTWALD, Fürst der Marsen
SIEGMUND, Fürst der Sigambrer
BOJOKAL, Fürst der Ansibaren
ADGANDEST, Fürst der Katten
EBERTRUD, Fürst der Gothonen
TEUTOFRIED, Fürst der Wangionen
INGOMAR, Fürst der Friesen
GODOMAR, Fürst der Hermunduren
CAMBRIO, Fürst der Brukterer
SIGWIN, ein alter Sänger
EBER, Schmied von Teutoburg
HORST
SELIN, Sklave des Varus, ein Knabe
SCONEA, Sigwins Mutter
SIEGTRAUT, Sigwins Tochter
OSMUNDIS, Ebers Tochter
AURELIUS ⎫
         ⎬ Zenturionen
CRASSUS ⎭
EGGIUS, Kriegstribun
Erster, zweiter germanischer Jüngling
Erster, zweiter, dritter römischer Soldat
Deutsche und römische Krieger. Volk. Männer. Greise.
Weiber. Kinder.

ERSTER AUFZUG

ERSTE SZENE

Hintergrund: zackige, waldige Felsenpartien. Vor denselben ein freier Platz, in dessen Mitte eine alte Eiche steht. Am Fuße der Eiche ein Altar, der dem Wodan geweiht ist. In den Zweigen der Eiche Trophäen und Symbole aller Art.
Zeit: Mittag.
Auf einem der Felsen im Hintergrunde ausgestreckt ruhend Osmundis, mit Hirtenhorn und Speer. Sie scheint zu träumen, indem sie spricht.

OSMUNDIS

Die düstern Nebel lichten sich im Tale,
und hier und da zerreißt ein leiser Hauch
den grauen Flor. Wann sinkst du nieder, Schleier,
der du um fluch- und schmachbeladnes Land
dich finster windest?
  Sich halb aufrichtend
                  Zittre, alter Wald,
  Wehmütig
rausch, alter Wald, laß deine mächt'gen Kronen
wehmüt'ge Lieder singen.
  Zurücksinkend, nachlässig
                  Träume, träume,
denn Träumen ist uns gut.
  Sinnend, träumerisch
                  Die Knechtschaft träumt
von Freiheit.
  Plötzlich emporfahrend, gen Himmel deutend
          Wie dort jener Aar sich wiegt,
  Pause, in der sie sich ingrimmig umsieht.
  Hervorbrechend
als wären keine Römer in Germanien,
als gäb' es keine Ketten in Germanien,
  Höhnisch jubelnd
so frei, so herrlich! Römer, fesselt ihn,
greift aus mit list'ger Zunge, gier'ger Klaue,
lüsternen Blicks und holt ihn euch herab!
  Springt leidenschaftlich empor.
Versucht's, versucht's, ha, ha!

In sich sinkend
>Deutschland! Deutschland!

Dich hält's umklammert, dieses Rom,
  Gen Himmel weisend
und er — — ist frei!
  Pause. Hierauf stößt sie ins Horn.
>Was frommt nutzloses Brüten?

Ich locke meine Herde, wie ich soll,
ist's auch in Knechtschaft.
  Severus kommt, waffenlos und ohne Rüstung, ein Täfelchen und Griffel in der Hand.

ZWEITE SZENE

SEVERUS
>Durchs Gewälde streifend

ohn' Zweck und Absicht, nur von Blättersäuseln,
vom Vogelsang gefangen Aug und Ohr,
entschwand mir Pfad und Richtung.

OSMUNDIS
ehern, finster
>Und wer bist du?

SEVERUS
So wahr Germanien deine Heimat ist,
bin ich ein Römer.

OSMUNDIS
wie vorher, ohne sich zu bewegen
>Ein Tribun, ein Liktor,

ein Schöpfer grauser Tyrannei, ein Pfeil,
'ne niedre Geißel in des Varus Hand?

SEVERUS
ernst
Das bin ich nicht, ich bin ein freier Mann.

OSMUNDIS
Frei und ein Römer?

SEVERUS
>Ja, frei und ein Römer,

und selbst in Ketten bin ich frei. Doch frei
liegst du wie ich in Fesseln. Diese Lehre

ist grausam, aber wahr.
Indem er sich umsieht
                              Trügt mich mein Sinn nicht,
ist dies die Opferstätte eures Wodan
und somit auch der rechte Weg für mich.
Hab Dank für deinen Hornruf, schöne Marsin.
Leb wohl.
Er schickt sich zum Gehen an.

OSMUNDIS
für sich
Ist dies ein Römer?

SEVERUS
indem er stehenbleibt
                          Hüte dich
vor Römern, die den Forst nach Wild durchstreifen.
Du bist von heißem Blut. Arminius
braucht gegen alle seines Volks das Schwert.

OSMUNDIS
gelassen
Geh, Römer, prahle nicht mit falscher Großmut.

SEVERUS
So Jupiter mich sieht! er führt den Trupp,
um Römerfeinde auszuspüren. Marsin,
ich warne dich!

OSMUNDIS
anscheinend zu sich, aber doch so, daß es Severus hören muß
Ein Luchs, des scharfer Zahn
in eines Edelhirsches Nacken sich
gierig vergrub, wird der wohl trauern, Römer,
um seiner Beute Tod, ha, ha! Falschheit —
du bist ein Römer.

SEVERUS
lauschend
Dumpfe Laute dringen
vom Tal herauf. Der Boden dröhnt, sie sind's.

OSMUNDIS
Das sind nicht Römer. Sigwin ist's, der Harfner,
er singt von Freiheit, und man lauscht ihm gern.

SEVERUS
noch lauschend
Man kommt den Berg herauf.

OSMUNDIS
An Wodans Altar
pflegt er zu singen.

SEVERUS
schnell entschlossen
Nun, ich warnte dich,
leb wohl.

OSMUNDIS
ihm plötzlich in den Weg tretend, kurz und gebietend
Bleib, Römer!

SEVERUS
Und warum?

OSMUNDIS
verlegen
Hör mich,
du hattest um mein Leben Sorge, ich,
wenn auch die Sorg' um dich mein Herz nicht kennt,
ich warne dich.

SEVERUS
Vor wem?

OSMUNDIS
Vor den Germanen,
die du begegnen mußt, wählst du den Weg
hinab nach Herthakon. Bedenke, Jüngling,
es ist kein Frevel, einen Römer töten,
und der Gesang erhitzt des Deutschen Blut.
Ich führe dich.

SEVERUS
zu sich, die Worte der Osmundis nachsprechend
Ein Luchs, des scharfer Zahn
in eines Edelhirsches Nacken sich
gierig vergrub, wird der wohl trauern, Marsin,
um seiner Beute Tod, ha, ha! Falschheit —
Gedehnt, indem er sie fixiert und sich dann schnell zum Gehen wendet
ich — bin — ein — Römer.

GERMANEN UND RÖMER

OSMUNDIS
ihn wiederum mit dem Speere zurückhaltend
Halt!

SEVERUS
unmutig
Nun, was begehrst du?

OSMUNDIS
errötend
Nichts!
Indem sie lauscht und dann dem Hintergrunde zugeht, leise
Schon durcheilt die Schar den Hohlweg.
Laut

Folge!
SEVERUS
stehenbleibend
Wohin?

OSMUNDIS
schnell sich wendend
Liebst du das Leben?

SEVERUS
Ja.

OSMUNDIS
So komm!
Sie tritt auf einen Felsen im Hintergrunde.
Dort geht der Weg, du kannst nicht fehlen, erst
der Quelle Lauf verfolgend, bis zu jener
gewalt'gen Schlucht. Dort aber jäh hinab
führt dich ein wohlgebahnter Weg zur — Zwingburg.
Indem sie herabtritt und sich wegwendet
Nun eil dich, Römer.

SEVERUS
indem er Osmundis sinnend beschaut, welche ihm den Rücken wendet
Wohl, ich folge dir.
Indem er ihr näher tritt
Und habe Dank. — Darf dir ein Römer danken?

OSMUNDIS
ihn über die Schulter betrachtend, finster, ingrimmig

Ich wußte nicht, daß Römer danken können.
Indem sie die Faust ballt, leidenschaftlich, stolz
Doch können sie's, auch ihrem Danke fluch' ich.

DRITTE SZENE

Severus ab. Das Geräusch hinter der Szene wird stärker, und es treten auf: Sigwin, dann, von zwei Jünglingen geleitet, Siegtraut, des alten Barden blinde Tochter, verschiedene Jünglinge und Kinder.

SIGWIN
zu Siegtraut
Wird dir das Steigen schwer, mein liebes Kind?

SIEGTRAUT
Nicht doch, mein Vater, Wonne haucht die Luft,
die Vögel singen, ach! so helle Lieder,
ich fühle wärmen, was ihr Sonne nennt.

EIN JÜNGLING
Das arme Kind!

SIEGTRAUT
Was sagt ihr, arm, ich arm?
Mein Reich ist Geist. Ich höre singen, doch
wer singt, das weiß ich nicht. Ich höre rauschen
in heil'gen Tönen, doch wer rauscht, das ist
mir fremd. Ich höre Donnerschall, mein Ohr
durchdröhnt's. Wer dröhnt, ich kenn' ihn nicht. — Laßt mich
ein wenig ruhn.

OSMUNDIS
für sich
O wär' ich blind wie sie.
Siegtraut wird auf einen bequemen Rasensitz niedergelassen. Die Jünglinge umstehen den alten Sänger, die Kinder machen sich mit Siegtraut zu schaffen.

SIGWIN
Der Wald verrät uns nicht, die mark'gen Wächter
sind alle unsers Bodens kühne Söhne,
sind treu und fest. — Ja seht, uns hat der Römer

schon hie und da zu seinem Brauch gekirrt.
Laßt seine Kraft an Eichen ihn versuchen
und seht, ob er sie beugt. Er kann sie fällen,
sie brechen, doch nicht beugen.
Plötzlich wild emporfahrend
Giftig sind
und tückisch wie die Katzen sind die Römer.
Ha! wär' ich jung!

ERSTER JÜNGLING
Wir sind's, Sigwin, wir sind's,
und wenn man uns des Schwertes würdig hielte,
dann — dann —!

SIGWIN
bitter
Was dann? Ihr habt nur Worte, Knaben,
nicht Taten mehr. Vergangen ist die Zeit
der deutschen Kraft, dahin die grüne Saat,
nichts ist geblieben als die dürren Stoppeln.
Es brennt der Halm, die Stoppeln rauchen nur,
die Taten sind verblichen — Worte herrschen.

ZWEITER JÜNGLING
Nein, alter Sigwin, schmäht nicht unser Volk,
es gibt noch Männer. Und sprichst du von Stoppeln,
so sag' ich dir, drauf keimt die neue Saat,
und um so besser, wenn sie Schnee bedeckt.
Hätt' ich nur Waffen, gäb' man mir ein Schwert!

SIGWIN
Sterbt, sterbt! — Germaniens Glanz erstirbt. So ihr.
Ich sage, hin ist hin. Gebeugt, zerdrückt,
nicht ruhmreich ist Germaniens Stamm zerschellt
im Sturme, der den Forst durchrast, nein, schmählich
vom Wurm zerfressen, nur vom Wurm gebeugt.

VIERTE SZENE

Numonius und Hermann, beide in Waffen.

HERMANN
noch hinter der Szene

Hierher, Numonius, hierher, hierher —
Vortretend
da — sieh, wie sich die Sippe hier verkriecht,
ein tückisch Volk, beim Jupiter.

NUMONIUS
ebenfalls hervorstürzend
Was tust du,
graubärt'ger Schurke!

HERMANN
sarkastisch
Er verführt die Kinder,
Numonius, ich kenn' ihn.
*Auf Siegtraut deutend, mit einem zweideutigen Blick
wiederum Numonius betrachtend*
Diese dort
ist seine schöne — leider blinde Tochter.

NUMONIUS
lüstern die Blinde betrachtend
Reizvoll, unendlich lieblich.

HERMANN
leicht und nachlässig zu Sigwin
Nun wohlan,
fahrt fort — fahrt fort, wir wollen nur ein wenig
Bewunderer spielen.
Zu Numonius
Liebt Ihr den Gesang?

ZWEITER JÜNGLING
leise
Ich kenn' ihn, 's ist ein einstiger Sohn des Teut —
Hermann, die Römer nennen ihn Armin.
*Nach und nach verläuft sich der Schwarm, furchtsam, nur
einige Jünglinge stehen noch von fern.*

NUMONIUS
immer noch Siegtraut betrachtend, gedehnt
Ich lieb' ihn um des Sängers Tochter schon.

SIEGTRAUT
Wer sind die Fremden?

SIGWIN
der vor Siegtraut getreten ist, ängstlich
Still, mein liebes Kind.

NUMONIUS
wie oben
Schlank wie der Birke Schaft, schmiegsam und leicht,
wie ein Gefäß, von Meisterhand geformt,
der feine Fuß, der edle Gliederbau,
die sanfte Form, von Linien umschlossen,
so zart, so fließend, wie sie wohl sich bilden,
wenn leiser Hauch ein Spinngeweb berührt.

HERMANN
spöttelnd
Numonius, das war des größten Dichters würdig,
ich werde deines Ruhms Posaune sein.

NUMONIUS
zu Sigwin
Wie alt ist Eure Tochter?

HERMANN
einfallend
Sechzehn Sommer,
Numonius, der Alte sagt's dir nicht.
Sieh, wie er grimmig schaut und seine Taube
beschützt.
Zu Sigwin
Oh, Alter, solchen stolzen Tauber
find'st du wohl selten wieder — schnell, greif zu,
gib ihm die Tochter, nimm sein Gold dafür.
Lachend
Nicht wahr, Numonius, ich bin ein Kaufmann
und handle gut und schnell.

NUMONIUS
für sich
Süß und reizvoll.

SIGWIN
zu denen, die noch bei ihm sind

Geht heim, Getreuen alle. Hin ist hin.
Ich sagte nichts als dies.
Die Jünglinge gehen. Osmundis steht finster und in sich gekehrt abseits.

SIGWIN
indem er einen Schritt vorwärts tut, mit verhaltenem Grimm
Was wollt Ihr, Herr?
Ihr spracht zu mir als wie zu einem Knechte.

HERMANN
mit angenommener Wut
Schweig, Knecht! — Rom spricht aus mir. — Schweig, sag' ich.
Beim Thron Augusts, man wird dir den Gehorsam
mit Ruten lehren.

SIGWIN
erbleichend, monoton
Und was tat ich Böses?

HERMANN
Wie kannst du fragen, Mann?

NUMONIUS
erwachend
Wie kannst du fragen?
Listig
Sag, welch ein kupplerisch Gewerbe führst du,
lockst all die junge Brut, und will sie nicht
dem Graubart folgen,
Tückisch auf Siegtraut weisend
dann vielleicht dem Kinde.
Ha, ha! — Schamloser, nicht die blinde Unschuld
ist heilig deiner schmutz'gen Gier.

SIGWIN
der sich bisher bezwungen, einfallend
Wohlan! —
Was du da sagst, bezeug' ich dir. Hör mich.
Das deutsche Volk ist faul. Ihr brachtet Glanz,
Wollust in Seide, weichen Flaum und Hitze,
schmiegsam und biegsam alles, schwankend, wankend,
ihr brachtet Schuld in unsre klaren Wasser,
der Deutsche trank — und — siechte.

NUMONIUS

Schweig!

SIGWIN

Noch nicht!

Fest

Was? Fürcht' ich euer Schwert mehr wohl als Schande?
Nein! Strohtod mag ich nicht, und sterben muß ich.
Stoßt euren scharfen Stahl in diese Brust —
sie hat gesiegt; doch legt mir weiche Kissen,
legt eure Ehrenketten mir darum —
sie ist besiegt. Im Schwerte schlummert Ruhm,
in euren Ehren aber lauert Schande. —
Zur Sache denn.

Finster

Ihr spracht von meinem Kinde.

Zu Siegtraut

Ich liebe dich, nicht wahr, mein Kind? Siegtraut,
antworte deinem Vater.

SIEGTRAUT
schüchtern, leise

Nur zu sehr,
und jeden Schritt bewachst du, Dank den Göttern,
die dich mir gaben.

SIGWIN
gerührt

Seht, sie schilt mich nicht.
Blind ist sie, das erweicht die Steine. Jung
wie ein Maiglöckchen, frühlingsfrisch und schön
wie eine Rosenblüt', im Lenz entsprossen,
unschuldig wie des Rheines weiße Lilien
und lieblich —

Überwältigt

zeuget, ob sie lieblich ist.

Nach einer Pause, gewaltig

Dennoch und dennoch sag' ich: Fahre hin,
Unschuld und Anmut! Breche Schmutz der Lilie
schneeweißes Blatt! Fall in den Sumpf, wenn's gilt,
dem Vaterland zu dienen gegen euch!
Fluch euch!

OSMUNDIS
tritt mit erhobenem Speer vor Sigwin. Mit ernster Stimme
Du Tor, auf Kosten deiner Wut

bricht dein Verstand. Im Zorn liegt keine Hülfe.
Fest und entschlossen zu den Fremden
Ihr Männer, bändigt so wie er den Grimm
und geht des Wegs, den ihr gekommen.

NUMONIUS

         Sieh,
auch dies ein schönes Weib.
Zu Hermann, der sie strafen will
       Laß sie, laß sie!
Bedeutsam, verstohlen auf Siegtraut deutend
Du weißt, du weißt. Du siehst, du siehst, Armin.
Hier ging' ein Wüten nur ins eigne Fleisch.
Das Kind ist schön. Was weiter? List und Sanftmut.
Und was den alten Kettenhund betrifft,
so ist er alt und zahnlos.

HERMANN
*der seine Entrüstung über Numonius kaum verbirgt,
wiederholt*
      Alt und zahnlos!
Meinst du es ernstlich mit Siegtraut?

NUMONIUS
lächelnd
        Das fragst du?
Die Hürde wird sich finden lassen, denk' ich,
darin das Lämmlein grast. Merk auf, Armin,
zwei Tage, und ich breche in die Hürde.
Zieht Hermann mit sich fort. Beide ab.

FÜNFTE SZENE

*Verwandlung. Saal in der Burg des Varus, mit einem großen
Bogenfenster versehn, vor welchem Varus sitzt, gedankenvoll
hinausblickend. Im Hintergrunde eine offene Arkade; zu
Füßen des Varus, halb schlummernd, mit der Laute im Arm,
Selin, ein syrischer Knabe, Sklave des Varus.*

VARUS
Die Sonne hat gesiegt, azuren wölbt sich

der breite Dom des Himmels — ist es nicht,
als müßte diese Sonne heißer brennen
als Syriens Feuerball? Und doch, es ist
nur Schein.
> Pause.

Kalt ist dies Land, nicht wahr, mein Knabe,
sehr kalt, sehr rauh — mich friert. Was ist dir, Kind,
du schaust so traurig — denkst an Syriens Glut?

SELIN

singt leise, wehmütig als Antwort zur Laute
Hoffen und Sehnen!
Glänzende Tränen
rinnen vom Auge mir
leise herab.
Könnt' ich euch wehren,
glühende Zähren!
Fänd' unter Palmen ich
einstens mein Grab!

Aber wir bauen
unter dem rauhen,
mächtigen Eichenbaum
säumig uns an.
Neblichte Schleier,
krächzende Geier,
Stürme umfliegen die
frostige Bahn.

Winde am Hügel,
reget die Flügel,
Syriens Feuerhauch
strahle herab.
Könnt' ich euch wehren,
glühende Zähren!
Fänd' unter Palmen ich
einstens mein Grab!

Er steht langsam auf, nimmt seine Laute und geht.

VARUS
ergriffen
Du senkst in meine Brust ein schweres Weh

mit deinem Liede. Selten sind die Stunden,
da man vergangner Tage denken darf,
und mir — mir tut es not. Es ist ein schlecht,
ein trauriges Geschäft, ein traurig Amt,
das mir ein großer Kaiser übergab;
ich fürcht', es war mein schlechtstes und —
mein — letztes!

SECHSTE SZENE

SEGEST
ist unbemerkt hereingetreten, demütig
Großmächt'ger Gebieter, Euer Knecht.

VARUS
aus seinen Träumereien aufschreckend
Du hier, Segest, was führt dich zu mir?

SEGEST
                Klage.

VARUS
So weiß ich über wen. Es ist ja nun
mein tägliches Geschäft, dir deine Klagen
und üblen Reden widerlegen. Sag,
was hat dein Haß für neue Freveltaten
dem mächt'gen Rivalen deiner Macht
erfunden?

SEGEST
trotzig
Keine Freveltaten, die
er nicht getan. Ich, Herr, erdenke nichts,
das lass' ich euch, den Römern.

VARUS
            Nun, du bist
echt deutsch im Reden.

SEGEST
einlenkend
Wollet mir vergeben,
ich bin ein alter Mann, mein graues Haupt
hat manchem Sturme schon als Spiel gedient,

doch solch ein Frevel, Herr, ward nicht verübt,
seit unsre Eichen breite Äste wiegen
im Nordwind. Seht, ich bin ein alter Mann
und hatte eine Tochter, die ich liebte
    Überwältigt stockend
und die mich liebte — wollet mir vergeben,
da ward ich zornig, als Ihr so mich höhntet.

VARUS

Närrischer Alter, darum warst du zornig
und ließest deinen Zorn mich fühlen, weil
du eine Tochter hattest, die dich liebte?

SEGEST

Nein, Herr, nur weil man sie geraubt, entführt,
schurkisch und diebisch.

VARUS
lächelnd
Wer hat sie geraubt?

SEGEST
hämisch
Nun, einer, den Ihr kennt, ein edler Mann,
ein edler, würd'ger Mann.

VARUS
Arminius?

SEGEST
Ihr nennt ihn so, er ist's.

VARUS
Arminius
entführte deine Tochter dir gewaltsam
und gegen ihren Willen? Rede!

SEGEST
                Herr,
Zweifelhaft
er führte sie gewaltsam mit sich.

VARUS
                So,
daß sie sich sträubte, er sie bei den Haaren
auf seinen Rappen zog?

SEGEST
unwillig
Daß er sie zog,
ob mit Gewalt, das weiß ich nicht.

VARUS
Es ist
gewiß, daß sie sich wehrte, mit den Nägeln
und Zähnen bis aufs Blut?

SEGEST
noch unwilliger
Das weiß ich nicht.
Wehrt sich das Gold vor Dieben, edler Herr?
Ist darum einer, der Euch Gold entwendet,
wen'ger ein Dieb?

VARUS
immer heiterer werdend
So lockt' er sie mit Küssen?

SEGEST
Hör' ich davon, denk' ich daran, ihr Götter!
da brennen mir die Adern an der Stirn,
da zuckt die Faust, den Knauf des Schwerts umklammernd.
Wild
Varus, du, räche mich!

VARUS
gelassen
Wie das? Du faselst,
Eindringlicher
du faselst, Alter. Was ist da zu rächen,
wenn zwei sich lieben?

SEGEST
bleich werdend, leidenschaftlich, mit gepreßter Stimme
Was zu rächen ist,
wenn einer in mein Hausrecht greift, sich frech
eindrängt bei Nacht an meinen stillen Herd,
was da zu rächen ist, wenn wer mein Blut
zu schänden wagt, wenn wer mit Kot bewirft
das Linnen, das auf meinen Matten ich
zur Bleiche legte.
Indem er sich plötzlich zum Gehen wendet
Lebe wohl, Gerechter!

VARUS
gebietend
Segest, bist du ein Mann?
Segest bleibt.
Erst mag dein Zorn
und deine blinde Wut verrauchen, dann
sprich weiter mit mir.

SEGEST
einlenkend
Wollet mir vergeben,
ich bin ein alter Mann, nicht mehr gewandt
zum Heucheln äußrer Ruhe. Was ich fühle,
bricht frei hervor, des Willens Kette fehlt,
auch macht der Schmerz mich unklug.

VARUS
der mit großen Schritten den Saal durchwandert, bleibt plötzlich stehen
Welcher Schmerz?

SEGEST
aufbrausend
Varus!

VARUS
Ich frage, welcher Schmerz dich so
betört.

SEGEST
Du närrst mich!

VARUS
Ich dich närren? Nein,
beim Sonnenlicht!
Indem er weitergeht
Wenn das dir Schmerz bereitet,
daß deine Tochter einen Helden freit,
'ne Fürstentochter einen Fürsten, nun,
so kenn' ich deinen Schmerz. Wenn's anders ist,
kenn' ich ihn nicht. — Erkläre dich, Segest.

SEGEST
Er ist ein Fürst, das geb' ich zu, er ist,
wenn's sein muß, auch ein Held, doch hass' ich ihn!
Es ist der einz'ge Mensch, Herr, den ich hasse,
der einz'ge, der mich haßt, und somit haßt

ihn meine Tochter, muß ihn hassen, Herr
Mit dem Fuße auf die Erde stampfend
sie soll, sie muß ihn hassen!

VARUS

Und warum?

SEGEST
finster

Weil ich ihn hasse.

VARUS

Warum hassest du,
den du doch lieben solltest?

SEGEST
erstaunt

Ich — ihn — lieben?
Habt Ihr denn je gehört, daß Edelhirsche,
in gleichem Forst gehegt, einander lieben?

VARUS

So ist es also! Er verdunkelt dich
bei den Cheruskern?

SEGEST

Er verdunkelt mich.
Versonnen
Bei ihnen möcht' er's doch.
Den Blick gesenkt.

VARUS
gebietend

Schau auf, Segest.
Warum seid ihr einander gram wie Schlangen,
warum? Ich will es wissen.

SEGEST
scheinbar verlegen

Zwingt mich nicht,
die Mauer zu zerreißen, unter der
wie zähes Unkraut wuchert unser Haß,
schafft mir nur Recht, gebt mir die Tochter wieder,
bringt sie mir — lebend oder tot. Genug,
daß er sie nicht besitzt.
Pause, in der er abermals den Blick senkt.

VARUS
Blick auf, Segest.
Entschieden
So wahr der Blitz die stärksten Eichen spaltet,
wie deine Axt zerspellt ein dürres Reis,
so sicher dring' ich jetzt in dein Geheimnis.

SEGEST
So soll ich sagen, wie der Haß entkeimte,
der jetzt vom Scheitel bis zur Sohle mich
durchlodert gegen ihn?
Varus listig betrachtend
Es wird Euch schmerzen,
indes, wenn Ihr's denn wissen wollt, gebietet!

VARUS
Mein Wunsch sei dir Befehl.

SEGEST
indem er ganz nahe an Varus herantritt, mit gedämpfter Stimme
So hört, so hört.

VARUS
Sprich laut, Segest, so laut, daß deine Worte
an die Gewölbe schlagen, frei wie Donner
im Felsgebirge — ah, ihr schnöde Heuchler,
sagt ihr doch immer und man rühmt euch nach,
ihr spräc't nur Wahrheit, und die Wahrheit frei,
frei, furchtlos, offen ins Gesicht.

SEGEST
bitter
Mein Feldherr,
wir taten's ehedem.
Varus läßt sich nieder.
SEGEST
Wollt Ihr mich hören,
so überlaßt mir selber zu bemessen
den Ton der Stimme. Soll ich singen, Herr,
und rufen wie der Priester im Gebet,
ausschreiend, was bisher mein tief Geheimnis?
O nimmer! eh vergrab' ich's im Gestein.

VARUS
unmutig

So sag mir's leise.

SEGEST

Es ist bald gesagt,
doch wenn ich's ausgesprochen, großer Varus,
dann schaff mir meine Tochter, räche mich —
Leise
und räche dich. Hermann ist ein Germane.
Ich, Herr, war ein Germane, bin ein Römer.
Hermann haßt alle Römer — wieviel mehr
den Überläufer. So ist er mein Feind,
der mich verachtet, den ich dafür hasse.

VARUS
in Gedanken

Hermann ein Feind der Römer?

SEGEST

Ja, beim Thor!
Er ist's.

VARUS

Ein Feind des Varus, der ihn liebt?

SEGEST

Ja Herr, das eben macht ihn hassenswert.
Bei den Cheruskern unterdrückt er mich
und durch sein glattes Wesen auch bei Euch.
Dort wohl mit Recht, hier nur durch Lügenkunst.
So heftet er, dem Häscher gleich, sich fest
an meine Sohlen, mir den Bissen zählend,
den Hauch vergiftend, den ich trinke. Ewig
in seinem Blick Tod und Verachtung, ewig
Stolz und Vernichtung. So als wollt' er sagen:
Sieh, selbst im Lügen übertreff' ich dich.
Und das — das wurmt mich. Nun zu alledem,
gleichsam, als wollt' er vom Verderben sie
erretten, reißt er meine Tochter von mir.
Wild
Ich bin ihr Vater, sie ist mein!

VARUS
gelassen, gleichmütig
Segest,
geh heim. Du bist ein alter Mann,
darum verzeih' ich, daß du unbesonnen
und freventlich beschuldigst deinen Feind. —
Was deine Tochter anbetrifft, Segest,
so wähle sie sich selber ihren Gatten;
dies und nichts weiter kann ich für dich tun.

SEGEST
ängstlich werdend
Varus!

VARUS
Leb wohl.

SEGEST
Ich hör' ihn, den ich hasse.

VARUS
So zwinge deinen Unmut, ich befehle.

SIEBENTE SZENE

Hermann tritt auf, nach ihm Numonius. Hermann ernst, sicher. Wie er herantritt, ist er im Gespräch mit Selin, der ihn geleitet hat.

SELIN
Heil dir, mein Freund.

HERMANN
Thor schütze dich, Selin,
und sei treu dem Gebieter, wie bisher.
Stimm deine Lieder höher; lust'ge Weisen
entlocke fürder deiner Laute. Nicht
solch töricht Heimweh singe.

SELIN
Töricht, Hermann?

HERMANN
Wenn du einstmals ein Mann zu werden wünschest,
wie ich es bin, bezwinge dein Gefühl;

kannst du's nicht ganz vernichten, dämpf es, Knabe.
*Indem er die Hand Selins losläßt, welcher sich nun entfernt,
scheint Hermann den Varus zu erblicken.*

ACHTE SZENE

HERMANN
sich gegen Varus leicht verneigend
Doch da ist mein Gebieter.

VARUS
freundlich
Sei willkommen.

HERMANN
Zu lang versäumt' ich schon, dich zu besuchen.

VARUS
Was fandest du auf deinem Wege mit
Numonius?

HERMANN
Kaum, was mir wert erschiene,
es zu berichten. 's ist ein kräftig Volk.
Ich nannt' es zäh. Doch wär' es minder zäh,
wär's leicht zu beugen; doch einmal gebeugt
und eingewöhnt in fremde Lebensart,
verließ es ebenso ohn' viel Beschwerde
die fremde um der neuen willen. So
beugt sich's zwar schwer, doch einmal erst gebeugt,
ist es beständig im Verharren. — Seht,
wir trafen da 'nen alten Sänger, der
viel Lieder sang von Freiheit. Ein'ge Knaben
umstanden ihn und riefen wild nach Waffen.
Man muß es dulden.
Hermann läßt sich an einem Tische nieder und blättert anscheinend gleichgültig in einem Buche.

NUMONIUS
geckenhaft, kriechend unterwürfig
Mächtiger Gebieter,
der Sänger hatte eine blinde Tochter,

und diese Blinde war's, die all die Brut
begeisterte. Ihr folgten sie, gleichwie
die Hündlein einer Hündin folgen, nicht
dem Sänger und dem Sange.

HERMANN
lässig
Das bestreit' ich.

VARUS
Ich auch, Numonius. Das deutsche Volk
liebt seine Freiheit.

HERMANN
immer noch in dem Buche blätternd, spielend
Alles muß vergehen,
Unglück wie Glück, Freiheit wie Knechtschaft. Alles!
Drum füg' ich mich, der ich die Freiheit liebe,
wie nur ein Deutscher kann. Nur beug' ich mich
dem Schicksal ohne Einspruch. Gleich dem Schiffer,
der schnell bedacht das lecke Schiff verläßt
und nach dem segelfesten überspringt,
das so ihn aufnimmt und errettet, während
er sicher läge schon am Grund des Meers,
hätt' er auf seinem sinkenden verharrt.

VARUS
Ich seh' an deinem Helm ein buntes Band.

HERMANN
gleichgültig
Ich hab' gefreit, Herr, seit ich Euch nicht sah.

VARUS
Ja denn, du sprachst davon.
Nach einigem Besinnen
Wer ist es denn,
die du zur Gattin dir erkoren hast? —
Und mich, Armin, mich ludst du nicht zur Hochzeit?

HERMANN
Der Grund, warum ich das zu tun versäumte,
versäumen mußte, liegt darin, mein Feldherr,

daß die Zeremonie, die uns verband,
zu düster war, zu kalt, zu frostig, Varus.
Indem er aufsteht und einige Schritte tut
Brautwerber war mein Schwert, Brautbitter war
die List, und unser Hochzeitstag war Nacht,
Eulen und Unken unsre Musikanten.

VARUS
gezwungen
Wie das? — Wer ist der Vater deiner Gattin?

NEUNTE SZENE

Flavus kommt.

HERMANN
seine Aufregung immer noch verbergend
Sie nennen ihn Segest. Ich hätte wohl
'nen besseren Namen für ihn aufgefunden.
Mit einem höhnischen Blick auf Flavus
Da seh' ich wen, der seine Gunst besitzt.

FLAVUS
giftig
Was gibt's denn nun an mir, daß du dich ärgerst,
was kitzelt deinen Neid,
Gedämpft
            du Mädchenräuber.

HERMANN
Da sagst du wahr, mein Bruder »Otternzahn«,
da sagst du wahr. Ich raubte sie. Dank euch,
ihr großen Götter, die mir Schutz gewährten.

SEGEST
der seine Wut bis jetzt mühsam gebändigt hatte, tritt dicht vor Hermann und spricht mit leidenschaftlicher, fieberhafter Stimme, die immer lauter wird
Hermann, ich weiß 'nen Ort, ganz still und einsam,
stumm-kalte Felsen schließen ihn ringsum,
dort sei um Mitternacht. Schleif dir dein Schwert,
meins, sag' ich dir, zertrennt ein Haar. Dort zeige,

ob du ein Mann bist. Rauben, morden, stehlen,
Mädchen zu überwinden, das ist leicht,
ob's leicht ist, mich zu beugen, das versuche.

HERMANN
*zieht gelassen, aber mit finsterer Miene sein Schwert aus der
Scheide und spricht, indem er dessen Schneide prüft*
Sehr scharf — haarscharf.
*Mit entfesseltem Grimm hält er dem Segest sein Schwert dicht
unter die Augen und spricht*
Nun sieh dies an, Segest,
versuch, ob's leichter ist, die schwache Tochter
zu überwinden, als mich selbst, den Eidam.
Indem er sich höhnisch zu Flavus wendet
Dir war sie ja bestimmt, Flavus, mein Bruder,
doch hätte sie also zu dir gehört
wie eine Sonne zu dem rauch'gen Kienspan.
Das Schwert in die Scheide stoßend, grimmig lachend
Das weißt du selbst — drum nahm ich sie für mich.
Zu Varus
In kurzen Worten höre, wie es kam.
Auf Segest deutend
Ich liebte seine Tochter und sie mich.
Ich bat ihn um sein Kind. Er wies mich ab
Auf Flavus deutend
und brachte jenen, ihn ihr aufzudringen,
jenen, den sie nur haßt ob seiner Tücke.
Ich aber bäumte mich darob empor,
probte mein Schwert und meines Armes Stärke.
Wild
Der grimme Zorn durchtobte meine Brust.
Nun sei mein Wort mein Schwert, des Vaters Segen
sein Todesröcheln.
Sich zu Flavus und Segest wendend
Drum dankt den Göttern,
Segest und Flavus, daß ihr lebt, dankt ihnen
und greint und tastet nicht nach meinem Weibe.
Während er abgeht, fällt der Vorhang.

ZWEITER AUFZUG

ERSTE SZENE

In Sigwins Hause. Es ist Abend und wird im Verlaufe der Handlung immer dunkler. Severus und Siegtraut, am Kamin sitzend, plaudern miteinander.

SIEGTRAUT
Nun aber sollst du mir von Rom erzählen,
vom großen Kaiser. Doch viel mehr von dir;
man sagt, du seist ein Dichter.

SEVERUS
                Ja, man sagt,
doch glaub' ich fast, mit Unrecht. Heißt es nicht,
der Sang der Liebe, von ihr selbst beflügelt,
das sei der glühndste? Und doch, Siegtraut —
ich liebe dich, und da ich's tue, schwinden
vom Übermaß der Liebe mir die Worte.
Unwürdig schien es mir, ein schwächlich Lallen,
wollt' ich jetzt singen.

SIEGTRAUT
indem sie ihren Arm um Severus legt, schelmisch
                Nein, du liebst mich nicht.
Ich weiß es wohl.
Sich an ihn schmiegend, wehmütig
                Wär' ich 'ne Römerin,
o holder, trauter Freund — wär' ich dein Weib.
Aufhorchend
Horch — ist's der Wind, der durch die Blätter zieht?
Träf' uns der Vater hier, es wär' mein Tod.
Pause.
Wieder beruhigt
O holder, holder Mann — sie sagten mir,
der Römer ist 'ne Bestie, wild und grausam,
ja, ja, sie gaben euch auch was vom Luchs,
die Tücke, und sie sagten, ihr seid falsch
und treulos. Ach! du, du und treulos — kommt
und hört dies Herz, wie's schlägt und pocht, so treu,
so warm, so wonnig. — Laß mich fühlen, Lieber,

und dann, sei mir nicht bös, nur einmal leicht
hingleiten über deine Züge mit
der flachen Hand.
   Sie tut es
              So, so, nun ist's genug.

                    SEVERUS
Holdsel'ges Kind.
                    SIEGTRAUT
          Holdselig? Nein, Sever.
Ich bin ja blind, mir fehlt, was an euch Menschen
das Schönste sein soll. — Ist's mir auch ein Rätsel,
so glaub' ich's doch, denn alle, alle sagen's.

                    SEVERUS
O wären alle blind wie du, mein Kind,
und hätten dafür solchen Glanz im Innern,
solch reiches Herz, das Paradiese schafft,
wir würden nichts vermissen. 's ist gefährlich,
ein Auge haben. Wer am besten sieht,
ist oft am schlechtesten dran, mein trautes Kind.
Da gibt es Menschen, die mit Adlerblicken
ausgreifen in die Zukunft, und sie rufen
den andren zu: »Schaut, wie das Unheil droht,
dort, dort.« — »Wir sehen's nicht.« — »Ihr blöden Toren!«
gibt er zurück. Sie aber rufen wild:
»Reißt ihm die Augen aus für seine Sehkraft,
reißt ihm die Augen aus!« — Dann gibt es andere,
bei denen wird das Herz vom Blick getötet,
sie schauen, schauen und begnügen sich,
den einen Sinn zu sättigen. — Da ist
die Sehkraft Räuberin. Gleich einem Wolf
verschlingt sie das Gefühl, reißt ohn' Erbarmen
herab jedwede andre Regung. Ewig
ganz saugend, ganz verschlingend, was sich beut. —
Dann gibt es andere, deren Auge mißt
aufs Tausendstel die Länge der Natur:
»So lang und so. In soviel Jahren, so.
Dies weicht von jenem ab, und dies von dem.«
Gefährlich ist's, ein solches Handwerk treiben,
denn wie beim andern leidet oft das Herz. —
Der letzte, den ich nenne, ist der Dichter,

ihm ist der Blick ein Diener des Gemüts,
ein Freund des Herzens. — Was der Blick erhascht,
das trägt er vor das lebenswarme Herz,
das liebewarme Herz. Dies aber leitet
des Dichters Tun. Wer solchen Blick besitzt,
der ist ein Dichter, ob er gleich nicht dichte,
der ist ein Sänger, ob er gleich nicht singt,
doch ward ihm noch zu allem der Gesang,
so lehrt er andere lesen, wie er sieht.

SIEGTRAUT

O könnt' ich ewig deinen Worten lauschen,
von deinem Munde trinken Hauch um Hauch,
an deinem Herzen liegen, so wie jetzt!

SEVERUS

Die Welt ist rauh, du bist für diesen Garten
zu weich, zu lieblich. Wo nur Eichen sind,
verwelkt das Röslein.

SIEGTRAUT
innig, sinnig
        Da, da kam der Sänger
und pflückt' das kranke Röslein mild vom Strauch,
küßt' es gesund und steckt' es an die Brust.
Dort blüht' es auf, von seinem Sang durchdrungen,
der Lebensduft ihm war. Dort blüht' es auf
und dehnte seine Blättchen, wonnig, selig,
trieb Zweige, Knospen.
Verlegen
                Nein, das nicht, Sever,
das ist ja töricht.

ZWEITE SZENE

Durch die Türe im Hintergrunde tritt Osmundis ein, sie trägt den Jagdspeer in der Hand und hat eine erlegte Rehgeiß über die Schulter geworfen. Sobald sie Severus bei Siegtraut erblickt, bleibt sie, wie vom Donner gerührt, stehn. Die heftigsten, widerstreitendsten Leidenschaften malen sich in ihrem Gesichte. Die äußerste Selbstbeherrschung macht es ihr möglich, sich still zu verhalten und unbemerkt zu bleiben.

SIEGTRAUT
plötzlich ängstlich werdend
Doch — brich auf, mein Freund,
mir bangt um dich.

SEVERUS
Was ficht dich an, mein Lieb?

SIEGTRAUT
aufstehend und Severus rechts nach der Tür im Vordergrunde geleitend
Nein, geh, ich bitt' dich — und — auf morgen nacht.
Noch diesen letzten Kuß. — Jetzt geh!

SEVERUS
Nein, Siegtraut,
das Röslein kränkelt noch. Zwing deine Wehmut,
sei fröhlich, laß uns hoffen.

SIEGTRAUT
wehmütig für sich
Könnt' ich hoffen,
Sever schluchzend umarmend
o könnt' ich hoffen.

SEVERUS
Muß ich wirklich fort?

SIEGTRAUT
Ja, ja, du mußt, würd' ich's sonst sagen, Böser?
Siegtraut und Sever ab.

DRITTE SZENE

OSMUNDIS
indem sie die Rehgeiß auf die Erde schleudert und vorwärts stürmt, spricht sie
Ha, ha! Das ist's ja, was den Römer macht,
Mitleid der Taube heucheln, die er tötet,
kann nur ein Römer. — War's nicht was wie Achtung,
das meiner Brust entkeimt', als ich ihn sah?
War's etwas anderes? Nun einerlei,
es ist nicht mehr.

VIERTE SZENE

Siegtraut kommt zurück.

OSMUNDIS
für sich
Ah, die schöne Siegtraut!

SIEGTRAUT
Es ist mir weh ums Herz und kalt‘und düster,
wenn er nicht bei mir weilt. — War es mir nicht,
als würd' ich sehend, wie er zu mir sprach,
und jetzt ist's wieder Nacht.

OSMUNDIS
hart und rauh
Und wen beweinst du?

SIEGTRAUT
verwirrt
Wer ist — wer bist du?

OSMUNDIS
wie oben
Kennt mich Siegtraut nicht?

SIEGTRAUT
wie oben
Ich war — ich bin — mit einem Wort, Osmundis,
was du auch sahst, verrat es nicht.

OSMUNDIS
treuherzig
Gewiß nicht.

SIEGTRAUT
wie oben
Ich würde sterben, wenn man mich verriete,
ich werde sterben! — Nein, du bist ja edel,
bist treu und liebreich. Willst du mich verraten?
Sag's frei heraus, daß ich mich eh vernichte.
Mein Vater, o mein Vater!

OSMUNDIS
Jetzo weinst du?
Und mit dem Römer, Kind, hast du gelacht.
So lach auch jetzt, sei denn zum mindsten mutig,
und füge zu der Schande nicht die Feigheit.

SIEGTRAUT
Sprichst du von Schande?

OSMUNDIS
Freilich tat ich das,
und wohl mit Recht.
SIEGTRAUT
Osmundis, mir von Schande?

OSMUNDIS
begütigend
Sieh, du bist blind, ich sehend. Du bist schwach
wie Schilf im Rheine, ich bin wie die Eiche.
Was dir verziehen wird,
Finster
bringt mir den Tod.

SIEGTRAUT
O Hirtin, wüßtest du, was Liebe heißt!

OSMUNDIS
stockend
Das ist nun freilich allverlorne Mühe.
Die Liebe kenn' ich nicht, von der du fabelst,
und was du liebst, das lehrt Gerechtigkeit
mich hassen.
SIEGTRAUT
Hassen? — Ihn, Osmundis, hassen?

OSMUNDIS
Ihn nicht besonders, alle Römer hass' ich.

SIEGTRAUT
Warum? Sind alle Römer so wie er?

OSMUNDIS
glühend

Er so wie alle. Kind, er so wie alle.
Ich hab's gesagt und will's beschwören, Siegtraut.

SIEGTRAUT
innig
Er spricht so lieb, so gut.

OSMUNDIS
wild einfallend
So glatt, so fein,
so leicht, so fließend, ah! ich glaub's dir wohl,
die Römer sprechen gut — doch handeln schlecht;
Eindringlich
sie handeln schlecht, drum warn' ich dich vor ihnen.

SIEGTRAUT
entrüstet
Osmundis, hör mich an, viel schuld' ich dir,
wenn du verschweigst, was Zufall dir entdeckte;
doch schmähst du ihn und glaubst, ich bleibe ruhig,
nur weil ich jetzt in deinen Händen bin,
so ist es Täuschung.
Begeistert
Mehr als töten, Hirtin,
kann man mich nicht, und eher will ich sterben,
als, seine Schmach zu rächen, machtlos sein.
Sever ist gut, nicht tückisch, rein, nicht schmutzig,
edel und nicht gemein, wahr und nicht falsch.

OSMUNDIS
barsch ihre Hand ergreifend
Nicht trotzen, Kind.
Kalt
Denkst du so von Osmundis?
Gelassen, aber während des Sprechens immer leidenschaftlicher werdend
Es ist zwar nicht gemäß dem deutschen Blut,
daß du den Römer liebst, doch bleibt's dabei,
du liebst ihn, und ich weiß, Macht hat die Liebe
noch über stärkre Herzen als das deine.
Liebt dich der Römer wieder, wie du ihn,
mehr wie sein Vaterland,
Grimmig

wie **du** es tust,
er mag's beweisen. Wenn er's denn bewies,
sei du sein Weib! — Indes entlarv' ich ihn
auf Schlangenwegen, die im Dickicht sich
hinschleichen, unter Rosenhecken sich
verlaufen, deren Ziel die Unschuld ist,
dann mag er ächzen unter meinem Speer,
mag er sich krümmen unter meinem Tritt,
Mit dem Speerschaft auf die Erde stampfend
so Loke drunten mich vernimmt, ich schwör's.

SIEGTRAUT
sie beruhigend
Osmundis!

OSMUNDIS
verächtlich
Doch das andre, der Verrat,
steht mir so fern wie Strohtod. — Sei zufrieden,
Jedes Wort betonend
nun, Närrin, blinde Närrin, sei zufrieden.
Verfällt in dumpfes Brüten.

SIEGTRAUT
zaghaft
Was willst du tun?

OSMUNDIS
auffahrend
Ich nichts, du alles, Kind.
Stockend und die Wirkung jedes Wortes in den Zügen Siegtrauts verfolgend
Frag ihn, ob er dich mehr liebt als den Varus.

SIEGTRAUT
erstaunt, eifrig
Mich? O ihr Götter, tausendmal so heiß —
wenn anders er den Varus liebt.

OSMUNDIS
bedeutsam
Frag ihn!
Und wenn er schwört, du seist unendlich mehr
ihm wert als Wasser selbst und Luft und Leben...

SIEGTRAUT
zuversichtlich einfallend
Er wird's beschwören.

OSMUNDIS
bitter
Nun, so glaub ihm nicht.

SIEGTRAUT
außer sich
Grausame Frevlerin!

OSMUNDIS
energisch
So glaub ihm nicht!

SIEGTRAUT
eingeschüchtert, in Tränen
O Hirtin, wüßtest du, was Liebe heißt.

OSMUNDIS
hart, ingrimmig
Liebe? Das heißt ein Volk mit Ruten peitschen,
ein freies Volk mit Ruten! Liebe heißt
aus Liebe Liebe heucheln! Liebe heißt
ausraufen Saat und Ernte, goldne Ähren
zertreten, Unkraut säen statt des Weizens.
Kind, Liebe heißt den Feind in Ketten spotten,
zur Schlachtbank führen, so als ging's zum Brautbett,
die blinde Unschuld.
Höhnisch
O glaub ihm, glaub ihm,
wir glauben auch den Römern, die uns knechten.
Sich unterbrechend
Wir müssen's glauben, wenn wir gleich nicht wollten,
Sich schnell zum Gehen anschickend
drum lebe wohl!

SIEGTRAUT
ihr nachwankend, mit bebender Stimme
Osmundis, bleib, o bleibe!

OSMUNDIS
sich nach ihr umwendend, gleichgültig
Was soll ich noch, da liegt 'ne Rehgeiß, Kind.

Traun, Sigwins Mahl ist kärglich oft bestellt,
gestern erlegt' ich sie für ihn.
  Treuherzig
                    Grüß ihn,
den alten, treuen, biedern **deutschen** Mann,
und meinen Handschlag bring ihm. Lebe wohl.

SIEGTRAUT
wie vorher
Bleib, nenne mir den Probstein seiner Ehre.

OSMUNDIS
*die schon in der Türe steht, wendet sich abermals und spricht
mit Überwindung*
»Töte den Varus!« sollst du zu ihm sagen.

SIEGTRAUT
»Töte den Varus!«?

OSMUNDIS
zurückkommend und ganz nahe zu Siegtraut tretend, fieberhaft
Da wird er erbleichen
und knirschen wie ein rings umstellter Eber,
wie ein gefangner Tiger, der Gazellen
um seinen Käfig hüpfen sieht, ohnmächtig
wütend ins Eisen schlägt den scharfen Zahn. —
Was kann, was wird er tun? Dich fangen, dich
den Henkern überliefern, dann noch einmal,
im Kerker, Freiheit dir versprechen für
das Opfer deiner Ehre. Hat er sie
und stehst du nackt und bloß, der Ehre bar,
des Mitleids bar, der Schande übervoll,
was tut er dann? Er lacht und sagt: Nun stirb!
Doch bleibst du fest, so stirbst du freilich auch,
doch deine Ehre lebt mit seiner Schande,
und seine Ehre starb mit deiner Schande. —
Germanin, zittre nicht, wach auf, wach auf,
presse des Herzens weiche Regung nieder:
die Ehre will's, ich um der Ehre willen.
Wirf nicht dein reines Herz den Geiern vor,
eher vergrab es selbst! Verwische selbst
den Glanz des Goldes, eh es Staub besudelt!
Vergrab es ewig, hemm des Blutes Lauf,

eh es den schlamm'gen, eklen Weg durchrieselt,
nach dem es rast und drängt! Eh hemm es selbst!

SIEGTRAUT
leise zitternd

Und tötet er den Varus, was ist dann?

OSMUNDIS
verlegen

Dann — dann ist Varus tot.

SIEGTRAUT

      Wird er dann mein?

OSMUNDIS

Severus meinst du, Kind? — Dann freilich ja.

SIEGTRAUT

Nein, nein, das soll er nicht, das soll er nicht!
Du eisern Herz! — So ist denn alles hin?

OSMUNDIS

»Töte den Varus!« sage zu ihm, Kind.
Stimmengewirr von außen.
Nichts weiter, still. Man kommt.
Zu Siegtraut

        Raff dich, raff dich.

SIEGTRAUT
horchend

Dein Vater.

OSMUNDIS

  Ja, der Meister Schmied, er ist's,
mit Sigwin im Gespräch.
Finster werdend, gedehnt

       Und Flavus auch,
des Römlings Hermann Bruder, um deswillen
bin ich ihm unhold. — Sei gefaßt, Siegtraut,
und wahre dein Geheimnis.

FÜNFTE SZENE

Sigwin, Eber der Schmied, Flavus, Kattwald treten auf, im Gespräch miteinander.

SIGWIN

Nun, so sei es
zur Sonnenwende.
Zu Siegtraut

Wodan schütze dich,
mein Kind.
Osmundis bemerkend

Osmundis?! Meister Schmied, seht her,
Auf das Wildpret deutend
Ihr habt 'ne brave Tochter.

EBER

Nun, ich mein .
Freia mit dir, Osmundis.

EBER
zu Sigwin
Höre, Alter,
auf Sonnenwend' mag deine Siegtraut nur
herüberkommen in mein Haus.

SIGWIN

Gewiß,
es wird spät werden, bis wir wiederkehren.

EBER

So mögt ihr beide euch die Zeit vertreiben.
Wir haben Arbeit, schwere, heil'ge Arbeit.
Die Nacht, die auf die Sonnenwende folgt,
gibt's viel zu tun im freien Wald.
Zu Osmundis

Jetzt geh,
Osmundis. Schür das Feuer an daheim,
bereite mir die Mahlzeit, eh ich komme.

SIGWIN
zu Siegtraut
Und du geh nach der Kammer, leg dich nieder,
's ist Mitternacht.

SIEGTRAUT
ihre Arme um Sigwins Hals legend
Du lieber, lieber Vater.

SIGWIN
küßt sie auf die Stirn
Schlaf wohl, mein holdes Kind.

EBER
Gut' Nacht, Siegtraut.

OSMUNDIS
indem sie mit Siegtraut nach deren Kammer geht, durch eine Tür links
Nur auf ein Wort noch, eh ich scheide, Siegtraut.
Beide ab.

SECHSTE SZENE

Die übrigen, außer Osmundis und Siegtraut.

FLAVUS
geheimnisvoll
Brüder, wir sind allein?! Gewiß, nicht wahr?!
Ihr wißt, daß ich verwegne Rolle spiele.
Ihr wißt, daß, wenn mich Varus hier entdeckt,
zugleich mit mir der Förderer eurer Pläne,
der Varus' Gunst besitzt, erstirbt.

SIGWIN
Hier sind wir
so sicher wie im Urwald mitteninne.

KATTWALD
düster
Drauß ächzt der Wald, wie ihn der Sturm durchrast:
so ächzen wir. Genug der Schand' und Qual —
und zögert nicht.

SIGWIN
Auf Sonnenwende, Freunde,
mit eurem Willen setzen wir den Thing.

FLAVUS
Ist Marbod nicht gewonnen?

SIGWIN
Nein, er nicht.

FLAVUS
leise für sich
Hm. Marbod steht zu Hermann, gegen Varus.
Laut
So will ich euch was sagen: Marbod hofft
auf Fest'gung seiner Macht, steht er zu Römern.
Daß er zu Römern hält, bewirkt mein Bruder,
den sie Arminius zu nennen pflegen.
Ihm also Krieg! Arminius und Marbod!

ALLE
Arminius und Marbod, den Verrätern!

FLAVUS
verschlagen
Und dabei bleibt's, Arminius, Marbod, Varus,
das Kleeblatt falle, wenn sich Deutschland hebt.
Ängstlich
Doch wir sind sicher?

ALLE
wild
Hermann, Marbod, Varus,
Tod ihnen!

SIGWIN
Und nun schwört, nie zu verraten,
was wir geplanet! Schwört!
Zu Flavus, der einen Augenblick zaudert, seine Hand zu geben
Du zitterst, Flavus?

FLAVUS
schnell
Nicht doch! hier meine Hand!
Jeder hat seine Rechte in Sigwins Rechte zum Schwur gelegt.

SIEBENTE SZENE

Osmundis, aus Siegtrauts Kammer kommend, geht nach der Tür im Hintergrunde, unter welcher sie lauschend stehnbleibt, bis der Schwur beendet ist.

SIGWIN
feierlich
              Hohe Götter,
gewaltige, gerechte, heil'ge Götter!
Wir schwören uns mit Leben, Gut und Blut,
mit Hand und Herz dem Vaterlande zu,
und eure Rache fordern wir herab
auf den Verräter. Treff' ihn euer Fluch
auf ewig und auf Erden unsre Rache.

OSMUNDIS
indem sie verschwindet
Das war ein Schwur, ein Schwur fürs Vaterland!

ACHTE SZENE

Verwandlung. Nacht, Mondschein. Wald um Sigwins Hütte.

OSMUNDIS
aus der Hüttentür tretend, immer noch lauschend, mit gedämpfter Stimme
Endlich, endlich wird sein Gesang zur Tat.
Jetzt bist du nicht der schwache Greis wie eh,
jetzt Ehre dir!
Leise, feierlich
              Deutschland, Deutschland erwacht.
Nach einer Pause, in der sie lauscht
Das war ein Schwur, ein Schwur fürs Vaterland.
Was senkt ihr nicht die Zweige andachtsvoll
herab zur Erd' und lauscht, ihr alten Eichen!
Deutschland erwacht, Deutschland erwacht.
Aufmerksam lauschend; es dringen Töne von Sprechenden aus der Hütte.
                              Sie reden
von jenem Thing auf Sonnenwende, von

Arminius, dem Römerfeinde; Flavus
warnt sie vor ihm.
Zu sich
Heiß nur Arminius
und leugne deinen Namen Hermann ab!
Sei nur ein Römer, wie wir Deutsche sind!

NEUNTE SZENE

Numonius und Hermann kommen, letzterer ungesehn von Osmundis.

OSMUNDIS

Wen seh' ich da? Es ist Numon, der Römer.
Hat man die in der Hütte wohl verraten,
und kommt er, sie zu fangen? Still! Nein, nein,
es scheint, als spräch' er mit 'nem anderen —
und die da drinnen, wie errett' ich sie?.
Pause.
Er sucht das blinde Lamm.

NUMONIUS
leise zu Hermann
Ist das sein Bau,
ist das des alten Schäfers faul'ge Hürde?

HERMANN

Geht immer hin, ich halte mich verborgen.
's gibt, glaub' ich, manche Lücke im Gebälk.

NUMONIUS

Glaub mir, Armin, ein Kind ist leicht betört,
bald kehr' ich wieder, harre mein, Armin.
Will gehen, nach der Hütte, wendet sich aber wieder, als Armin schweigt.
Was schweigst du? Zürnst du mir? Sei doch nicht töricht —
wer kann gebieten, wenn die Liebe spricht?

HERMANN
sich kleinlaut stellend
Bedenkt den alten Vater.

NUMONIUS
Sagst du Vater?
Ein jeder hat 'nen Vater so wie sie,
und überdies ist er ja ein Germane.
Wann hielten je die Väter mich zurück,
wann Mitleid um die Väter?! Ha, ha, ha!
Glaub mir, Armin, ein Kind ist leicht betört,
bald kehr' ich wieder, harre mein.

OSMUNDIS
sich mühsam bewältigend
Still, still,
fromm sei und still, erstarrt, ganz ohne Regung,
gleichwie der Spiegel eines eis'gen Sees.
Sie stellt sich, als schau' sie aufmerksam durch einen Spalt im Gemäuer der Hütte.
Numonius hat sich leise bis zur Hüttentür geschlichen und lauscht. Es drängt Stimmengewirr aus der Hütte.

NUMONIUS
Höchst sonderbar, in tiefer Mitternacht
ein Lärmen gibt's, als gält' es Roma stürzen,
und wirr und wüst dazu. Vielleicht ist's wichtig.

OSMUNDIS
für sich
So falle, Römer! Schleifet eure Waffen
da drinnen, ihr Germanen, für ein Opfer.
Plötzlich mit verstellter Stimme, laut
Bei allen Göttern, rettet, rettet sie!

NUMONIUS
der Osmundis bemerkt, eilt auf sie zu
Wer spricht da? He! Was stierst du durch den Spalt?

OSMUNDIS
indem sie aufmerksam durch die Mauerlücke blickt, nimmt sie sich nicht Zeit, Numon zu betrachten, und spricht ingrimmig
Schmachvoll, o gräßlich schmachvoll!

NUMONIUS
Was ist schmachvoll?

OSMUNDIS
wie oben
Die Blinde, ach, die Blinde!

NUMONIUS
Meinst du Siegtraut?

OSMUNDIS
wie vorher
Die Blinde, Herr!

NUMONIUS
hastig
Was gibt's mit ihr? — So rede!

OSMUNDIS
wie vorher
Der Alte schlägt sie!

NUMONIUS
Wer? der alte Sigwin? —
Was tat Siegtraut?

OSMUNDIS
sich halb aufrichtend, bitter lachend
Nichts, Herr, er ist betrunken.

NUMONIUS
Osmundis hinwegdrängend
Laß mich die Greuel selber sehen, Weib!
Weh über ihn!

OSMUNDIS
Da schaut nur durch den Spalt,
o Herr, es ist schmachvoll, 'ne Blinde schlagen.

NUMONIUS
der durch die Mauer geblickt hat, richtet sich auf
Ich sehe nichts.

OSMUNDIS
bückt sich abermals, abgebrochen
Jetzt, eben jetzt.

NUMONIUS
Was denn?

OSMUNDIS

Er schlägt sie wieder. — Wie er wankt und lallt!
Der Sänger wälzt im Kote sich, der sonst
maiduft'ge Lieder singt. — Wär' ich ein Mann!

NUMONIUS
die Hand um den Schwertknauf klammernd, bebend vor Wut

Was tätest du?

OSMUNDIS
sich aufrichtend, schnell

O solch ein Tier und Unmensch!
Herr, denkt, er trank den ganzen langen Tag
und tut es oft. Kommt er dann abends heim,
mißhandelt er sein Kind wie einen Hund.
Es ist 'ne Wut bei allen gegen ihn,
doch alle haben Furcht, ist er betrunken.
Hastig
Da stöhnt es wieder.
Durch die Mauer blickend
      Götter, Götter, Götter!
Er lallt und faßt sie bei den Haaren. Oh!
Jetzt schlägt er sie,
Wild
      er mordet sie,
Schreiend
       o rettet!

NUMONIUS
reißt sein Schwert heraus und stürmt in die Hütte

Jetzt schone nicht mehr graues Haar und Alter,
Fluch über dich und Tod, mattfüß'ger Sigwin,
Blut ströme dir vom Scheitel!
Ab in die Hütte.

ZEHNTE SZENE

OSMUNDIS
triumphierend, kalt und höhnisch ihm nachblickend

      Ah — gut' Nacht,
du erster einer langen, langen Reihe —
gut' Nacht, Numonius.
Indem sie geht

Gehab dich wohl.
Schnell ab.

ELFTE SZENE

Lärmen aus der Hütte und Numons Stimme.

NUMONIUS
in der Hütte
Verrat, Verrat!

HERMANN
tritt aufhorchend in den Vordergrund, gedämpft
Die Flamme glimmt und flackert:
Heil, Deutschland, Heil! Bald rast sie durchs Geäst,
römisches Eisen schmelzend, Ketten brechend.
Indem er sich wieder verbirgt
Zurück!

ZWÖLFTE SZENE

Der Lärm in der Hütte wird ärger. Kattwald stürzt heraus, in der Linken eine Fackel haltend, in der Rechten das Schwert.

KATTWALD
rufend
Nun kommt heran, ihr geilen Römerbuben,
büßt so wie er den Kitzel mit dem Leben!

DREIZEHNTE SZENE

Sigwin, die Leiche Numons schleifend, und Eber, den Hammer schwingend. Hinter ihnen, immer sich möglichst verborgen haltend, Flavus.

SIGWIN
rufend
Ich habe eine Tochter, blind dazu,
leicht zu erobern euren frechen Lüsten.
Kommt, holt sie euch!

EBER
rufend
Was lauert ihr und lauscht
im Busch wie Katzen?
SIGWIN
*hat die Leiche bis unter einen Eichbaum geschleift und spricht,
neben ihr kniend*
Sieh, du lächelst noch
und zeigst die Zunge mir. Nun küsse mich,
küsse mich, gleißend schlüpfriger Gesell!
Was wolltest du mit dieser Zunge, he?
Mein Kind beschwatzen? Natter, zische jetzt!

FLAVUS
für sich
O grauenvoll!
HERMANN
der Flavus bemerkt, leise zu sich
Flavus ist unter ihnen?!
Säugt ihr den Tiger, Ziegen?!

EBER
Nun wohlan!
Hervor aus euren Löchern, feige Ratten,
mit feilen Reden tändeln, das ist leicht,
tändelt mit meinem Hammer, und ihr seid,
so wahr ich lebe, Helden! Kommt hervor!
Der Eber wetzt den Zahn!

VIERZEHNTE SZENE

Hermann ab.
SIGWIN
immer noch an der Leiche
Was raschelt da
im dürren Laub?
KATTWALD
nach dem Wald zu leuchtend
Gedungne Knechte, haltet!
Er geht suchend ab.

FÜNFZEHNTE SZENE

SIGWIN

Warum so still, so bleich, Numonius?
Ihn rüttelnd
Steh auf, steh auf, allmächt'ger Römer, steh! —
Er rührt sich nicht.
Zu Eber

Du hast ihn gut getroffen;
beim Thor! des Hammer deinen wohl gebar,
du trafst ihn gut.

SECHZEHNTE SZENE

Allerlei Volk in wirrer Hast.

ERSTER GERMANE
Was gibt's in finstrer Nacht?

ZWEITER GERMANE
Ich hört' Geschrei.

EIN KIND
an der Hand seiner Mutter
Es kam von Sigwins Hütte.

DRITTER GERMANE
Da liegt wer?

ERSTER GERMANE
Leuchtet!

VIERTER GERMANE
hart an Sigwin
Hierher!

EIN WEIB
Näher!

FÜNFTER GERMANE
mit der Fackel leuchtend
So?

DRITTER GERMANE
zurückschreckend
Ein Römer?!

ZWEITER GERMANE
ebenso
Ein Erschlagener?

ERSTER GERMANE
Da ist Sigwin,
der ihm die Wunden bindet.

VIERTER GERMANE
Alter Sigwin,
das ist vergebne Mühe, der ist hin.

SIGWIN
höhnisch aufblickend
Wahrhaftig, der ist hin!

ZWEITES WEIB
Sag, wer erschlug ihn?

EBER
den Hammer hoch erhebend, wild
Ich tat's mit diesem Hammer.

ALLE
schaudernd zurückweichend
Ha, der Schmied?!

EBER
lauter, wie vorher
Ich tat's mit diesem Hammer! Schaudert ihr?
Ihr Memmen, zittert ihr? — Er war ein Römer!

ALLE
noch weiter zurückweichend
So sei dir Odin gnädig!
Ein Greis kommt. Erster Germane ihm entgegen.

ERSTER GERMANE
flüsternd
Er erschlug ihn.

DER GREIS
Was gibt es hier, antwortet!

ERSTES WEIB
Ein vornehmer,
mächt'ger Römer ward vom Schmied erschlagen.

DER GREIS
Erschlagen? Wo liegt er?

ZWEITER GERMANE
Da, da!

ALTE FRAU
Ihr Männer,
errettet euch! Wenn man euch hier erblickt,
seid ihr des Mordes alle schuldig — alle!
Andere kommen.
DRITTER GERMANE
ihnen entgegen
Der Schmied erschlug 'nen Römer.

ALTE FRAU
indem sie davoneilt
Rettet euch!
ALLE
Götter, seid ihm gnädig!
Der Schwarm verläuft sich.

SIEBZEHNTE SZENE

FLAVUS
indem er geht, mit gedämpfter Stimme für sich
Auch für mich
ist's hohe Zeit. Wenn man mich hier entdeckt,
wo Römerhaß sein blutig Wesen treibt,
bin ich verloren. Frei will ich's verraten
dem Varus, ohne Zwang. Säh' man mich hier,
in Fesseln schlüg' man mich. Wollt' ich alsdann
verraten jene, von der Römer Nutzen,
den ich im Aug' gehabt, in Ketten sprechen,
man würde lachen und mir nimmer glauben.
Heil dir, Augustus, großer Imperator!
Schnell ab.

ACHTZEHNTE SZENE

Sigwin an der Leiche. Eber steht mit gesenktem Haupt und finstrer Miene unweit Sigwins. Pause.

SIGWIN
sich erhebend
Was sinnet Ihr so düster, Meister Schmied?

EBER
Von diesem Volke hoffst du Deutschlands Freiheit?

SIGWIN
treuherzig, zuverlässig, Ebers Hand ergreifend
Von diesem Volke hoffe ich die Freiheit!

DRITTER AUFZUG

ERSTE SZENE

Im Palaste des Varus. Eine Halle, von Säulen getragen, nach dem Hintergrunde zu offen. Man sieht durch die Arkaden den fernen Waldsaum. Hart hinter der Halle Parkanlagen. Links ein hohes Portal, nach dem Gemache des Varus führend, mit einer kleinen Treppe versehen. Diese Treppe ist mit einem kostbaren Teppich belegt. Prachtvoller Sonnenschein bedeckt die Landschaft im Hintergrunde.
Segest kommt aus einer Tür rechts. Flavus aus dem Garten in die Halle. In der Mitte derselben treffen sich beide.

FLAVUS

Wohin so eilig, würdiger Segest?

SEGEST
hastig

Das Römerheer schreit nach Rache, wirr und wüst. Weißt du, was geschah?

FLAVUS

Wie sollt' ich?

SEGEST

Ein Mord! Ein Römermord! Weißt du, wer ihn begangen hat? — Hermann hat ein blutiges Schwert. *Flavus beiseite nehmend* Schaff dir eine Spürnase an, Flavus; die Luft ist schwül, und man kann das Unheil riechen wie den Blitz. — Schau hin nach Norden! Da droht ein Wetter. — Schau hin nach Süden! Da droht ein Wetter. — Schau hin nach Osten! Da droht ein Wetter. — Schau hin nach Westen! Die schwarzen Wolken bäumen dir entgegen. — Bei allen Göttern, Flavus, der schlafende Riese hat einen Finger bewegt, und ein Zwerglein starb. *Sarkastisch* Armer Numonius!

FLAVUS

Hört mich doch an!

SEGEST

Nein, Flavus, der alte Wolf will kämpfen. — Der alte Adler sieht, wie sein Junges einen Geier vernichtet, und ihm züngelt nach Kampf. Das rostige Eisen hört Kampfgeschrei, da

blinkt es und funkelt's unter dem Roste wie Frührot. —
Kennst du den Mörder?

FLAVUS

Ja, Segest, ich kenne ihn.

SEGEST

Wenn du ihn kennst, Flavus, so kennst du mich und weißt,
daß ich nahe daran bin, ihm all meinen Groll vor die Füße
zu legen. Hermann hat ein blutiges Schwert.

FLAVUS

Ihr irrt, Segest.

SEGEST

Nein, Flavus, ich irre nicht, denn ich bin ich, und du bist du,
ich sage dir, ich bin ich und habe meine Gedanken wie du
deine Gedanken. *Ingrimmig* Und meine sind besser als deine.

FLAVUS

Was sprecht Ihr da von Hermann?

SEGEST

Geh deinen Weg, auf den ich mich verirrt, ich will indes
rückwärts tappen und nach dem meinigen suchen. Zwar
ist es Nacht hinter mir — Nacht — Nacht. Tiefe, schwere,
dumpfe Nacht! — Oh, das sind grausame Bilder.

FLAVUS

Raff dich, Segest!

SEGEST

Hab' ich genug gebuhlt um Gunst? — Hab' ich genug in den
Staub gebissen? — Hab' ich den Boden vor Römerfüßen
nicht genug gefegt mit meinem Haupthaar?

FLAVUS
plötzlich scharf und sicher
Höre, Segest, hat dich Hermann entehrt?

SEGEST
noch zitternd vor Aufregung
Freilich, freilich!

FLAVUS

Hat er dich wie ein Kind unter seine Füße getreten?

SEGEST
finster

Freilich!

FLAVUS

Hat er all deine Pläne unterdrückt? Dich getrieben von Cheruskern und Römern? Hat er in dein heiliges Hausrecht gegriffen und dein eignes Fleisch und Blut geschändet? Hat er's getan?

SEGEST
aufbrausend

Ja denn! und bei dem Heer der ew'gen Leuchten! ich zahl's ihm heim!

FLAVUS

Und wenn ich nun die Tat, die dich ihm verpflichtet, hinwegblase wie eine Feder? — Weißt du, woher ich komme?

SEGEST

Nein, Flavus.

FLAVUS
ganz leise

Von den Mördern Numons.

SEGEST

Wer sind die?

FLAVUS

Schurken sind es, nichtswürdige Verräter, die Tod und Rache ausbrüten allen Römern. *Nach der Sonne deutend* Sieh da, wie die Morgensonne unschuldvoll herableuchtet, als gälte es, den Römern ein fröhliches Fest schaffen, Glück zu verkünden. — Und doch gebar die Nacht, die vor ihr kam, einen Vernichtungskeim, der wie ein Pilz wachsen kann, wenn man ihn nicht schnell zu dämmen vermag. Ich habe mich unter die Verräter gemischt und habe mitgeschworen einen finsteren Schwur: laut zur Vernichtung der Römer, in meinem Herzen aber zur Vernichtung der Germanen. — Ich werde den Keim ausbrennen mit Feuer! — Wo ist Varus, daß ich ihm mit Numons Mördern zugleich das Haupt einer giftigen Viper in die Hände gebe!

SEGEST

Du willst die Verschwörung verraten, Flavus? Du kamst nicht früh genug. Man hat sie schon verraten.

FLAVUS
außer sich
Feuer und Flammen! — Was sagst du? — Man hat — wer hat — verraten, Segest?

SEGEST

Ja, Flavus, man hat! Und dich mit, als Anstifter der Verschwörung. Verdächtig macht dich dein Neid gegen Hermanns Vorzug. Dein vergebenes Haschen nach der Gunst des Varus. — Du hast viel gewagt, Flavus!

FLAVUS

Ich will bekennen, Segest, gleich — gleich. Alles tat ich nur um Roms willen. Ich bin schuldlos, hatte nur Gutes im Sinne, man wird, man muß mir glauben.

SEGEST

Wer glaubt dem Dieb, den man beim Stehlen ertappt hat, seine Unschuld?

FLAVUS
hastig
Dann bin ich ein Opfer meiner Treue für Rom. — Segest, dann — *will gehen* — muß ich fliehen.

SEGEST
ihn zurückhaltend
Bleibe! — Du siehst, wie du töricht gehandelt! Man hat dich nicht verraten, noch weiß man nichts von den Mördern Numons. Eile also mit der Entdeckung, verliere keine Zeit, gehe zu Varus, bekenne alles! Aber frei — frei. Werden die Mörder vorher verraten, gefangen und gehangen, so wirst du mit verraten, gefangen und gehangen, trotz allen Schwüren der Treue.

FLAVUS

Ja, Segest. Ich habe zuviel gewagt! — Wenn man mich unter den Bluthunden gewahrt hätte! — Das Volk ist tückisch und falsch, die Fama dringt in das Innerste der Erde, Segest.

ZWEITE SZENE

Varus kommt im Gespräch mit einem Zenturio und Hermann durch den Park im Hintergrunde. Wie er in die Halle tritt, wird das Gespräch hörbar.

SEGEST
Varus und Hermann! Sei gefaßt!

FLAVUS
Ich bin's.
Segest und Flavus, abseits.

VARUS
Wo fandet ihr die Leiche?

ZENTURIO AURELIUS
Im Gewälde.
Der deutsche Wald, Ihr wißt, ist dicht und groß,
und keiner seiner alten, breiten Bäume
verrät den andern.

HERMANN
mit einem finsteren Blick auf Flavus, leise zu sich
Das ist schwerer Irrtum,
es gibt Verräter.

ZENTURIO AURELIUS
Darum suchten wir
die Stelle, da er lag, gewiß vergebens.

VARUS
Und fandet ihr von Tätern keine Spur,
zertretnes Gras, zerknicktes Waldgesträuch,
das euch die Richtung zeigte, sie zu fahnden?

ZENTURIO AURELIUS
Wir fanden keine.

VARUS
Nun, so nehm' ich an,
er war des Lebens müde.

ZENTURIO AURELIUS
Nein, o Herr.
Er ist erschlagen von Germanen!

VARUS
Wie,
ihr fandet keine Spur und schiebt die Schuld
wie niedre, feige Herren auf die Knechte?!
Pfui über dich!

ZENTURIO AURELIUS
Verzeiht, o Herr, die Spur
fand sich im eingeschlagnen Haupt Numons,
draus gähnte eine Wunde mir entgegen,
so tief, so klaffend, grauenerregend, Herr,
als schriee sie den Himmel an um Rache,
Rache an den Germanen.

VARUS
An den Römern!
warum nicht an den Römern?

ZENTURIO AURELIUS
Nur Germanen,
nicht aber Römer schlagen solche Wunden.

VARUS
Aurel, das lass' ich gelten! Willst du mir
nun sagen, ob gerechte Rach' ihn fällte,
ob bloßer Neid vielleicht? — Du weißt es nicht? —
So geh und forsche erst danach, anstatt,
ein wildes Tier, nach Blut zu dürsten, nur
weil Blut geflossen ist.

FLAVUS
unterwürfig zu Varus und spricht, Mitleid heuchelnd
Mein edler Feldherr,
niemand ersetzt Euch den Numonius.

VARUS
sinnend
Du sprichst die Wahrheit, er war stark und treu.

FLAVUS
leise zu Varus
Ich hätt' ein Wort für Euch, doch insgeheim.

VARUS
Wenn's Wahrheit ist, von Wichtigkeit für mich,
so hat Arminius ein Recht darauf;
sprich nur.

FLAVUS
leise zu Varus
Herr, es betrifft...

HERMANN
der alle Bewegungen des Flavus scharf beobachtet hat, kommt jenem nun im Augenblicke des Verrates zuvor, indem er ihm in die Rede fällt

...Numonius!
Wir wissen seine Mörder, ohne dich.

FLAVUS
niedergeschmettert, leise zu Segest

Doch wahr, Segest?!

HERMANN
zu Flavus

Warum erbleicht mein Bruder,
wird fahl wie Schnee? Varus, ist das ein Mann,
des Galle Blut trinkt, greift ein andrer nur
bescheiden auch nach einem Fünkchen Ruhm?

FLAVUS
halblaut

Varus, ich bin unschuldig.

VARUS
Schafft mir Licht!
Was soll das alles? Redet! — Ich bin irre.

HERMANN
stellt sich so, als spräche er nur zu Flavus und als wüßte Varus schon um alles

Am Waldsaum, wo der Weg führt durchs Gebirg,
im letzten, kleinsten Haus von Teutoburg,
da wohnt ein Spielmann, alt und grau. Bei ihm
lebt seine blinde Tochter. — Sigwin ist
des Alten Name, und sein Kind heißt Siegtraut.

FLAVUS
wie vorher

Varus, du weißt genug, um zu verdammen.

HERMANN
wie vorher

Numon, o Herr, entbrannte für die Blinde.
Ich nenn's nicht Liebesglut, was ihn durchdrang,
denn, Herr, das ist geläuterte Begierde;
ich nenn's Gelüst, schmutzig und sumpfig.

VARUS

                    Und
woher ward dir dies alles?

HERMANN
wie vorher
        Hört mich weiter.
Numon war mein Gebieter — war ein Römer,
wenn er befahl, war's meine Pflicht zu folgen.
So hatte er auch gestern mich erlesen
als seinen Helfer bei verruchtem Tun.
Ich mußte folgen und ich folgte. Vor
des Barden Hütte aber hieß er mich
ein wenig, wie er sagte, gar nicht lange,
auf seine Rückkehr warten. Denn es sei
ein blindes Kind, so meint' er, leicht betört. —
Ich wartete. — Kaum barg die Mauer ihn,
hört' ich ein wüst Geschrei und Waffenlärm,
    Feurig
der Sänger übte Hausrecht an Numon,
stieß mit dem Schwert von seiner Tür die Schande.

VARUS
mißtrauisch zu Flavus
Und wie kamst du den Mördern auf die Spur?

HERMANN
Hört mich nur weiter, Feldherr. Ich verbarg
mich im Gebüsch und sah, wie man, was irdisch war
vom Mann Numonius, zur Schwelle schleifte.
Eber, der Meister Schmied von Teutoburg,
hat meines Achtens nach die Tat vollbracht
für seinen Freund, den greisen Sänger Sigwin.
Als er heraustrat, schwang er seinen Hammer
und rief zum Kampfe alle, die etwa
im dichten Walde sich verborgen hätten. —
Von seinen wilden Rufen aufgeschreckt,
kam nun halb Teutoburg. Männer und Weiber,
Greise und Kinder. Unter ihnen sah ich
    Hier wirft er einen verächtlichen Blick auf den zitternden
    Flavus
auch meinen Bruder Flavus.

FLAVUS
freudig aufatmend
Ja, so ist es.

VARUS
schmerzlich
Armer Numonius.
Auffahrend, Aurel herbeiwinkend
Aurel, komm näher.
Hast du noch jetzt Gelüst nach Rache an
dem Vater, der, sein Kind vor Schande rettend,
Numonius erschlug?
*Er zieht einen Ring vom Finger und reicht ihn dem Aurel,
der zögert, ihn zu nehmen.*
Nimm diese Vollmacht,
geh hin und laß ihn hängen! — Willst du nicht?

DRITTE SZENE

Eggius kommt. Gemurmel hinter der Szene.

SEGEST
zu Varus
Herr, Eggius, der Tribun, verlangt zu reden.

VARUS
Nun, Eggius, so rede!

EGGIUS
Großer Varus,
wenn mich nicht alles trügt, so sind's die Mörder
Numons, die ich gefangen.

VARUS
gleichgültig
Fingst du welche? —
Gut. Führe sie herein.
Der Tumult hinter der Szene wird ärger.
Ich höre Lärm
und Drohungen und Flüche.

EGGIUS
Herr, das Heer

umringt neugierig die gefangnen Männer,
erregt sind die Gemüter. Wie ein Meer
sich zornig bricht am felsigen Gestade,
so schreckt ihr Zorn vor deiner Macht zurück.
Ein Wort von dir, und er ist frei.

VARUS
  Dies Wort
will ich hier sprechen. Darum, Eggius,
verwehre niemandem den Eingang. Hörst du?

EGGIUS
Ich gehe, dein Gebot zu tun.
  Varus läßt sich nieder. Eggius ab.

VIERTE SZENE

FLAVUS
leise zu Segest
  Segest!
Wenn es die wahren Mörder sind?!

SEGEST
ebenso leise
  Dann stelle
dich nicht, daß sie dich sehen können, Flavus.

FÜNFTE SZENE

Der Park im Hintergrunde füllt sich teils mit bewaffneten, teils mit unbewaffneten römischen Kriegern. Flüche werden ausgestoßen und Drohungen, geballte Fäuste geschwungen etc. Zenturionen teilen die Menge, diese bildet Spalier bis ohngefähr in die Mitte der Halle. Sigwin und Eber, beide mit gebundnen Händen, durchschreiten das Spalier. Hinter ihnen vier römische Soldaten mit bloßen Schwertern.

ERSTER ZENTURIO
wie Sigwin und Eber kommen, zu den Römern
Zurück, ihr Männer!

ERSTER SOLDAT
aus der Menge
Schlagt sie tot, die Bestien!

ZWEITER SOLDAT
Den ruß'gen Hund schlagt tot!

DRITTER SOLDAT
Haut doch dem Alten
mit seinem Klimperholz das Hirn entzwei!

VIERTER SOLDAT
Gebt ihm 'nen Fußtritt, brecht sein dürr Gestell
doch voneinander!

ZWEITER ZENTURIO
Ruhig, Leute, ruhig!

FÜNFTER SOLDAT
mehr im Vorderteil des Spaliers, zu Eber
Was macht Er solch ein bissiges Gesicht,
als könnt' Er Sonne, Mond und Sterne packen,
mit seinen Zähnen Eichenbäume fressen?!

SECHSTER SOLDAT
ganz im Vordergrunde
Du Feueresse, steh!

SIEBENTER SOLDAT
ebenfalls im Vordergrunde, zu Sigwin
Gerippe, steh!

EGGIUS
rufend
Schweigt vor dem Feldherrn! Ruhe vor dem Feldherrn!
*Unter der Menge entsteht ein dumpfes Gemurmel, was aber
alsbald einer Totenstille Platz macht, als sich Varus erhebt.
Sigwin und Eber stehen mit gesenkten, finsteren Blicken.
Das Spalier schließt sich hinter ihnen.
Varus nach einer langen Pause, in welcher er die beiden Ge-
fangenen mit ernster, halb mitleidiger Miene betrachtet hat.
Aller Augen sind erwartungsvoll auf Varus gerichtet.*

VARUS
langsam auf Sigwin zugehend, zu diesem mit leiser, freundlicher Stimme
Wer bist du?

SIGWIN
gelassen das Haupt erhebend, langsam
Herr, nichts mehr in diesen Fesseln.

VARUS
wie oben
Sag deinen Namen.

SIGWIN
wie vorher
Knecht in diesen Fesseln.

HERMANN
zu Varus
Es ist Sigwin, mein Feldherr.

VARUS
für sich
Stolz und groß!
Wendet sich an Eber, ebenso sanft und freundlich
Was blickst du finster, mächtiger Germane,
wie ist dein Name?

EBER
ohne den Kopf zu erheben, finster, ehern
Todgeweiht, doch frei.

VARUS
tritt einige Schritte zurück und spricht dann laut und vorwurfsvoll
Wo habt ihr meinen Freund Numonius?

EBER
erhebt sein Haupt. Seine Augen funkeln, seine Hände greifen krampfhaft in die Fesseln, als er mit dröhnender Stimme ruft
Mit meinem Hammer hab' ich ihn erschlagen!
Unter der Menge entsteht eine Bewegung der Wut, die auszubrechen droht.

VARUS
gelassen
Löst ihnen ihre Fesseln! Sie sind frei.
Alle stehen wie vom Blitz getroffen.

VARUS
lauter
Löst ihnen ihre Fesseln! Sie sind frei.
Er wendet sich nach dem Portal links. Alle weichen zurück.

EGGIUS
tritt ihm entgegen und spricht schüchtern
Verzeiht mir, großer Varus, wenn ich zweifle.

VARUS
laut gebietend
Wer zweifelt hier, wenn Varus spricht?
Die Fesseln los! Und sie sind frei!
Schnell ab nach dem Portale links.
Eine Pause des Erstaunens, dann löst man den Gefangenen die Fesseln, und die Menge verläuft sich schnell.

SECHSTE SZENE

Sigwin und Eber, die sich von ihrem Erstaunen erst nach und nach erholen; zu ihnen schleicht sich Flavus. Hermann, unbemerkt von allen im Parke hinter der Halle, beobachtet Flavus genau.

SIGWIN
Ist der ein Römer?

EBER
Höre, alter Sigwin,
träf' ich den Varus einst im Schlachtgetümmel,
beim großen Thor, es böge sich mein Schwert.

FLAVUS
leise, lauernd
Freunde, mir dankt die Rettung, nicht dem Varus! —
Auf Sonnenwende! — Und es bleibt dabei?!
Gewiß, es bleibt dabei?!

SIGWIN
in überströmender Dankbarkeit, schüttelt Flavus die Hand
Das dank' ich dir,
und wenn ich dir zum Lohn aus Hellas Rachen
ein Opfer reißen müßt', ich tät's! Beim Thor!

EBER
die andere Hand des Flavus ergreifend
Dank! braver, braver Mann!

FLAVUS
hat an der linken Hand Eber, an der rechten Sigwin und geleitet beide, während er spricht, seitwärts nach dem Ausgang der Halle.
Nun still davon.
Trollt euch von dannen, trollt euch! — Launen kommen
und Launen gehen mit dem Winde. Varus
könnte bereuen, was er tat. — Trollt euch!
Sie stehen am Ausgange.
Auf Sonnenwende, also bleibt's dabei?!

EBER
bedeutsam und Flavus herzhaft die Hand schüttelnd
Es bleibt dabei!

SIGWIN
wie Eber
So wahr ich lebe, Flavus!
Sigwin und Eber ab.

SIEBENTE SZENE

FLAVUS
sich dehnend
Ha, nun ist alles gut und rein die Luft,
durchsichtig wie an schönen Maientagen.
Ha! Wie dem Schwimmer, dessen Fahrzeug barst
auf offner See, dem Land zusteuert, müd
und hoffnungslos, so war mir baß zumut! —
Doch wie dem Schwimmer, wenn nach langer Not
er festen Grund gefaßt mit einem Mal,
wenn er den Ufersand betritt mit Jauchzen,
ist mir jetzo zumut!

Er tut einen Schritt nach dem Gemache des Varus.
Nun, nicht gezaudert,
jetzt will ich frei bekennen den Verrat.
Eber und Sigwin, Kattwald und ihr andern,
hauptlose Leichen seid ihr alsobald
wie eure Stämme. Römerrache kommt,
das Henkersbeil für den Gelüst nach Freiheit.
Und was den Schurken Hermann anbetrifft,
dem sag' ich dies: Jetzt zünd' ich's an, mein Licht,
er sehe zu, ob es sein Fünkchen noch
zu überstrahlen wagt.
Er steht an den Stufen, die zu dem Gemache des Varus führen.
Wohlan, zu Varus.

HERMANN
ist während des Monologes unbemerkt näher getreten
Flavus, ich hab' mit dir zu reden.

FLAVUS
zuckt zusammen, wie von einer Otter gebissen
Später!
Er greift nach dem Türgriff.

HERMANN
springt mit einem mächtigen Satze nach der Tür, stößt Flavus die Stufen hinab, so daß dieser am Fuße der Treppe ins Knie sinkt. Hierauf spricht er, indem er das Portal öffnet, bleich, monoton
Ich habe mit dem Varus noch zu reden.
Ab ins Gemach des Varus.

ACHTE SZENE

FLAVUS
sich aufrichtend
Du tückischer, verpuppter Römerhasser,
greifst du in meinen Plan?! — Du kannst ihn hemmen,
doch nicht vernichten!
Vorhang fällt.

VIERTER AUFZUG

Nacht, Sturm, Gewitter.
Hintergrund: Felsenpartien, hie und da von Tannen besetzt. Nach der Höhe zu wird die Waldung dichter. Einige Wege führen durch die Waldung herab nach einem freien Platze, der wieder von Felsen mit spärlicher Bewaldung eingeschlossen ist und in dessen Mitte sich eine uralte, dem Wodan geweihte Eiche erhebt. Am Fuße der Eiche ein Altar, der ebenfalls dem Wodan geweiht ist. Die Seitenfelsen sind von Schluchten durchbrochen, die alle in den freien Platz münden.

ERSTE SZENE

Wie der Vorhang aufgeht, steht Hermann neben dem Altar, seine Hand darauf stützend.
Pause.

HERMANN
Ich hab's geschworen. Wodan vernahm meinen Schwur. Thor ballt finsteres Gewölk, schleudert Blitze, als wollte er uns zerschmettern. Gut! Müssen wir sinken, so sinken wir wie dein Hammer, donnernd im Falle! Aber Knechtschaft, Knechtschaft, das Wort soll mit uns fallen. Ich hab's geschworen.
Geht ab.

ZWEITE SZENE

Flavus und Segest kommen aus einer der Seitenschluchten, in Mäntel gewickelt.

SEGEST
Die Eulen schreien, und die wilde Jagd jauchzt durch den Wald; Flavus, mir ist frostig zumut und schwül im Herzen.

FLAVUS
Segest! Jetzt laß uns handeln und nicht träumen; da wir träumten, schliefen wir. *Sich umsehend* Es ist kein Mensch am Platz?!

SEGEST
Noch ist's vor Mitternacht; weiß Varus um den Thing?

FLAVUS
Arminius hat Schildwache gestanden bei ihm, bei Tag und zur Nachtzeit, bis jetzt! — Der Thing ist da, und kein Römer ahnt davon! Doch es ist gut; was ich nicht hemmen konnte, werde ich zähmen unter meiner Hand, untertan machen meinem Willen gegen Arminius und Marbod.

SEGEST
unmutig
Flavus, die Götter hassen uns!

FLAVUS
Tote Götter können nicht hassen! Und die lebenden lieben uns, Jupiter ist der Götter Vater, und ihm werde ich ein Opfer bringen, wie es noch kein Großer dieser Welt gebracht hat. Ganz Deutschland!

SEGEST
Und wie das? — Arminius hat mit Marbod einen Bund geschlossen gegen die Römer. Hermann ist ein großer Feldherr, Marbod ist ein großer Feldherr, und beide sind mächtig! *Er deutet auf den Thingplatz* Und hier, was soll's hier geben? Was anders als eine Verbrüderung aller noch übrigen Stämme zum Kampfe gegen die Römer.

FLAVUS
bedeutsam
Nicht gegen die Römer und Varus, sondern gegen Arminius und Marbod.

SEGEST
Flavus, bist du von Sinnen? Wann kämpft Kattwald für die Römer? Wann Eber für die Römer? Wann Bojokal für die Römer?

FLAVUS
fortfahrend
Wann kämpft Bojokal für Hermann? Wann Kattwald für Hermann? Wann Eber für Hermann und Marbod? So rede doch! — Eher für Varus und die Römer als für die, welche ihnen abtrünnige Überläufer und Verräter sind.

SEGEST
Geht es gegen die alte Schlange Rom und Varus, so sind sie

alle ein Wunsch und ein Wille, und die Feindschaft zwischen ihnen fällt herab wie eine zersprungene Schaumblase.

FLAVUS
lauernd

Und wer sagt ihnen denn, daß Varus und Marbod gegen die Römer kämpfen? Ah! nun wird's hell um dich! Wen halten sie für der Römer engsten Verbündeten? Arminius und Marbod. Wem schwuren sie denn Tod und Verderben? Arminius, Marbod, Varus! Und so sage ich dir, sie werden den Schwur halten, ich werde sie zwingen dazu unter meiner Hand! — Tod und Verderben auf Arminius und Marbod!

SEGEST
Flavus, die alten Götter leben noch.

FLAVUS
Deine alten Beine schlottern, deine alten Hände zittern, und du bist furchtsam.

SEGEST
So willst du Freund gegen Freund hetzen?!

FLAVUS
Freunde gegen Freunde! Germanen gegen Germanen! Verräter gegen Verräter! Den Wolf Eber, Kattwald gegen den Wolf Arminius, Marbod. So verschlingen sie sich, und der verratene Römer zertritt beide.

SEGEST
Das hat Loki ersonnen! — Wie gedenkst du das zu vollbringen?

FLAVUS
geheimnisvoll

Heute ist Heerkönigswahl?!

SEGEST
zögernd

Man wird wählen.

FLAVUS
Der Heerkönig hat die Macht! — Wer Heerkönig werden könnte, hätte leichtes Spiel und freies Handeln.

SEGEST

Warum sagst du so?

FLAVUS
hastig
Weil ich Heerkönig werden will und muß!

SEGEST
ausweichend
Laß uns Schutz suchen vor dem Wetter. So hat der Forst nie getobt, seitdem ich ihn bewohne.

FLAVUS
ihn betrachtend, langsam
Und du wirst stark sein, Segest?!

SEGEST
senkt das Haupt
So stark als ein Mensch.

FLAVUS
sich hinter Segest schleichend
Und wenn du flügellahm würdest, Segest?!

SEGEST
ohne sich zu bewegen, entschlossen
Dann falle ich.

FLAVUS
hinter ihm stehend
Und ich?

SEGEST
wie vorher
Du fällst mit mir.

FLAVUS
Und Rom?

SEGEST
Fällt mit dir.

FLAVUS
sein Schwert halb aus der Scheide ziehend
Vielleicht wär's besser.

DRITTE SZENE

Kattwald kommt aus einer der Schluchten rechts mit Marsen-Kriegern. Unter diesen Horst.

KATTWALD
zu seinen Kriegern

Haltet! Hier ist der Thingplatz, mein' ich. Aber der Sturm peitscht mir ins Gesicht. Horst, schau einmal um dich.
Siegmund kommt mit Sigambrern über das Gebirge im Hintergrunde.

HORST
Kattwald, da kommen andre über das Gebirg'.

KATTWALD
zu Horst

Ob es Freunde sind? Ich will sie anreden. — Römer oder Germanen?!

SIEGMUND
Fluch und Tod allen Römern! — Was seid ihr?

KATTWALD
Kattwald ist mein Name.

SEGEST
hinzutretend

Segest ist mein Name.

FLAVUS
Mich nennt man Flavus unter den Römern.
Alle sich untereinander die Hände schüttelnd.

SIEGMUND
Schütze uns Wodan und gebe uns gute Arbeit.

FLAVUS
Er wird's wohl tun. *Gen Himmel deutend* Und Thor steht uns bei.
Bojokal kommt mit seinen Ansibaren übers Gebirge im Hintergrunde.

BOJOKAL
zu den Seinigen

He, Leute, da hör' ich Stimmen, faßt eure Schwerter. *Zu denen auf dem Thingplatz* Wer seid ihr?

FLAVUS

Wer ihr?

BOJOKAL

Nein, gebt mir Antwort!

HORST

Es ist Bojokal mit seinen Ansibaren.

BOJOKAL
herabsteigend

Das war Horstens Stimme! Ihr seid Germanen! Der Sturm und die Finsternis, Horst, haben meine alten Augen überwunden. Heil und Sieg, Brüder!

ALLE

Heil! Heil!
Sigwin kommt und tritt schnell unter sie.

SIGWIN
hastig, freudig·

Heil und Sieg, Brüder! Die Nacht ist gut, und der Sturm ist gut, Brüder!

ALLE
ihn umringend

Die Götter mit dir, Sigwin!

FLAVUS

Wo ist der Meister Schmied von Teutoburg?

BOJOKAL

Der den Numonius erschlug?

SIGWIN

Freunde, das ist ein deutscher Mann!

FLAVUS

Wo bleibt er heut?

SIGWIN
deutet in eine der Schluchten links

Schaut doch den Bach entlang! — Wer ist das?

HORST

Das ist Teutofried mit seinen Wangionen.

SIGWIN

Und Meister Eber kommt mit ihnen des Wegs.

EBER
noch unsichtbar in der Schlucht, ruft

Der Sturm hat uns die Fackeln verlöscht!

Einer der Germanen hat eine Fackel angezündet, die ihm Sigwin aus der Hand nimmt.

SIGWIN
in die Schlucht leuchtend

Laßt euch die Blitze leuchten!

Adgandest, Ebertrud mit Katten und Gothonen aus den Schluchten rechts.

SEGEST
zu ihnen

Was ist die Losung?

ADGANDEST

Freiheit!

EBERTRUD

Und Germanien!

SEGEST

Seid willkommen.

Begrüßung. Eber und Teutofried mit Wangionen, denen Sigwin geleuchtet hat, kommen aus der Schlucht links.

EBER

Seht, wie des alten Sigwins Augen funkeln.

SIGWIN

Eber, heut fluch' ich meinem morschen Leib; o wäre mein Leib mein Geist!

EBER

Heute nicht fluchen, Sigwin, heute ist ein heiliger Tag, Wodan schütze dich!

SIGWIN
begeistert Eber umarmend

Beten und danken! Germanien wird frei!

Ingomar kommt mit Friesen. Stumme Begrüßung.

Ja! es wird frei!

SIGWIN

Sahst du mein Kind, meine Siegtraut?

EBER

Osmundis ist zu ihr gegangen, Alter.

SIGWIN

Das ist lieb, das ist gut. *Schwermütig* Mir ist bange um meine Siegtraut.

EBER

Bange?

SIGWIN

Hab' mich just zu sehr an das Kind gewöhnt, und wenn sie nicht bei mir ist, bin ich nicht bei mir! — Doch da kommen die letzten.

Godomar kommt und Cambris mit Hermunduren und Bruk-terern; Cambris über das Gebirge, Godomar aus einer der Seitenschluchten.

FLAVUS
zu Godomar

Halt! sagt, wer seid ihr?

GODOMAR

Einer, der euch so wenig fürchtet als Sturm und Gewitter.

FLAVUS

Römer oder Germanen?

GODOMAR

Godomar bin ich, ein Germane.

FLAVUS

Thors Hammer den Feinden der Germanen! Und Geier ihren Gebeinen! Reicht eure Hand dem Flavus!
Begrüßung.

CAMBRIS

Holla! wer seid ihr?

EBER

Feinde des Verrats.

CAMBRIS

Freunde der Germanen. Fluch ihren Feinden!

EBER

Was sucht ihr?

CAMBRIS

Deutsche Kraft.

EIN BRUKTERER

Freies Wort.

EBER

Männer zu Heerkönigen.

ALLE
durcheinander

Männer zu Heerkönigen!
Der Tumult legt sich, alle bilden um die Eiche einen Halbkreis.

VIERTE SZENE

SIGWIN
in den Halbkreis tretend

Männer zu Königen! Männer! — Habt ihr sie gefunden, Germanen? Von Sonnenaufgang und von Sonnenuntergang seid ihr gekommen um einer heiligen Sache willen. Nun gilt's, Männer zu finden, uns zu führen würdig.

KATTWALD
in den Halbkreis tretend

Wer regiert eure Glieder? Das Haupt! Die Glieder verfaulen ohne Haupt. Unsere Sache wird morsch wie Zunder ohne Haupt.

FLAVUS
in den Halbkreis tretend

Wenn ihr aber wen wählt und ihm die Macht gebt über Leben und Tod, Glieder sein wollt eines Körpers, zu dem er das Haupt ist, so wählt mit Umsicht, Germanen, mit Bedacht. Denn wenn das Haupt blind ist, rennen die Glieder in den Sumpf, wenn das Haupt feig ist, verkriechen sich die Glieder und verharren in tatenloser Ruhe. Wenn das Haupt falsch ist, wird es vom Rumpfe abgeschlagen, und der Rumpf modert. Und wie muß das Haupt sein, das ihr wählt? Klug, denn die Römer sind klug; verschlagen, denn die Römer sind verschlagen; kriegskundig, denn die Römer sind kriegskundig. — Marbod hat den Kinderschuh abgelegt, Arminius ist ein gefährlicher Feind, Varus nicht minder. Denkt ihr diese drei mit Haselgerten zu schlagen? Die Usipeter haben sich erhoben, die im Osten wohnen. Hermann führt die römischen Legionen, unsere aufständischen Brüder fester ins Joch zu spannen. Und Marbod, so geht das Gerücht, steht ihm bei.

ALLE
erstaunt, entrüstet
Marbod, der Suevenfürst?

EBER
Hermann und Marbod, sagst du, zögen aus gegen die ihres Volkes?

FLAVUS
Das sagt' ich, und ihr findet's bald bestätigt.

EBER
Mein Hammer soll euch suchen, soll euch finden, ihr hündischen Verräter!

SEGEST
Zur Heerkönigswahl! — Ich wähle Kattwald den Marsen.

FLAVUS
mit einem finstern Seitenblick auf Segest
Ja, ihr Brüder, das ist auch meine Wahl; Kattwald führe uns gegen die Römer!

KATTWALD
den Kopf schüttelnd
Nein, Freunde, beim großen Thor! Ich kann's nicht. Kämpfen kann ich, und ich will's beweisen; fordert mein Schwert, mein Blut, und es mag rinnen fürs Vaterland, aber nicht meinen Geist, der ist nicht klug wie der der Römer, nicht verschlagen, nicht kriegskundig — doch ich wüßte wohl wen an meiner Statt, und ich lese aus euren Augen, meine Wahl ist euch genehm. *Flavus' Hand erfassend* Hier steht unser Heerkönig, er mag uns führen zum Sieg oder zum Tode!

ALLE
wirr durcheinander
Ja, er mag uns führen! — Flavus mag uns führen! — Heil! Heil! Heil Siegmars Sohn!

FLAVUS
sich gelassen stellend
Brüder! — Freunde! — Ihr handelt töricht!
Gemurmel und abwehrende Bewegung unter der Menge.

ALLE
durcheinander
Sei unser Heerkönig!

FLAVUS
sich entrüstet stellend

Ihr seid Männer?! Ist es so? — Oder seid ihr Kinder? Spielt ihr mit dürrem Herbstlaub oder mit Blut und Leben?

SEGEST
für sich

O Falschheit!

FLAVUS

Was ist es für eine Sache, um derentwillen ihr kamt? Ein Ringelreihn oder ein fröhliches Götterfest, eine Hochzeit, eine Schwertleite? — Nun, ihr werdet euch eines Besseren besinnen, werdet mit euch zu Rate gehn, dann erst wählen.

EBER
mit Eifer

Brüder, ihr habt gewählt, wo fändet ihr einen Beßren? Das ist Bescheidenheit, falsche Bescheidenheit! *Zu Flavus* Oder, Siegmars Sohn, bist du feig? Hast du Furcht vor dem Hündlein Marbod, vor der Katze Hermann und vor ihrem Gebieter Varus? — Ich schlug den wilden Ur, der Siegmars Garten verwüstete, mit diesem Hammer nieder, schraubte Grandmars Streithengst mit dieser Rechten die Fesseln zusammen, daß er sie um kein Haarbreit verrücken konnte, und sollte zittern vor dem Buben Hermann? *Hohnlachend* Ich will dich vor ihm sicher halten, wenn du Furcht hast.

FLAVUS

Das wohl nicht!

EBER

Nun, so meinte ich auch, ehe ich fragte, so wußte ich vorher! Aber es gibt kräftige, schnelle Gäule, die dennoch erst der Sporen bedürfen. So einer scheint mir Flavus. *Zu den Germanen* Bedenkt, keiner kennt die Römer wie er, keiner kennt den Varus wie er, denn er hat Macht über ihn wie ich über meinen Hammer!

SIGWIN

Erlöst hat er uns von der Rache der Römer, als wir dem schleichenden Schurken Numonius seine Gelüste gestillt hatten.

EBER

Und ich habe die Tat nicht gestanden wie ein Sklave, mit

flehend hündischer Gebärde, nicht kriechend und die Sohlen meiner Kläger leckend, sondern mit trotziger Miene, wild und unbändig. Dennoch erwirkte Flavus unsre Freiheit.

SEGEST
sich kaum mehr bändigend
Flavus, sagt ihr?

FLAVUS
ihm schnell in die Rede fallend und ihn beiseite nehmend
Auf ein Wort, Segest, auf ein Wort!

ADGANDEST
zu den übrigen
So euer Plan gelingen soll, wählt Flavus!

FLAVUS
abseits, leise und hastig zu Segest
Willst du Verrat üben? Willst du mich preisgeben? Willst du meine Pläne durchkreuzen? Meineid'ger! denk an Hermann, denk an dein geschändetes Kind! Denk an alles, was dir heilig und was Hermann zertreten, raffe deine alten Glieder zusammen! Sei mutig an meiner Seite, und wir siegen. Bei Jovis Thron! *Die anderen Germanen sind indessen wieder näher getreten, Flavus wendet sich plötzlich abbrechend zu ihnen.* Kattwald hat meine Stimme, und mich laßt aus dem Spiel!

ALLE
durcheinander
Du sollst unser Heerkönig sein! Du mußt unser Heerkönig sein!

SIGWIN
dicht an Flavus herantretend
Wie ist es Brauch beim Thing? Antworte, Siegmars Sohn! Der Spruch der Mehrheit ist Gesetz, und wer dem Gesetz widerspricht, dem gehört der Tod.

FLAVUS
Aber ich bin zu jung, da stehen Männer, die ein Recht haben auf solche Ehre.

SIGWIN
Bist du ein Glied unsres Bundes? Hast du mitgeschworen einen heiligen Schwur, Gut und Blut, Haus und Hof der

guten Sache zu opfern? Hast du des Himmels Rache herabgeschworen auf den Verräter? Und bist du kein Verräter, wenn du dich weigerst?

SEGEST
ruft

Ja! ein Verräter!

FLAVUS
finster, fest

Wer nennt mich also?
Drückende Pause.

EBER

Ehe ich dir antworte, Siegmars Sohn, antworte du mir: Willst du uns führen gegen die Römer?

FLAVUS
wie vorher

Wer nennt mich Verräter?

EBER

Wir alle, wenn du dich weigerst, unser Heerkönig zu sein.

ALLE
durcheinander

Wir alle!

FLAVUS
sein Schwert ziehend

Ich bin's. *Er geht nach dem Altar.* Und nun Gehorsam!

ALLE
jubelnd

Heil dir, Flavus, Rächer der Knechtschaft! Heil! Heil!
Segest ist unbemerkt bis dicht an Flavus herangetreten und spricht nun mit gedämpfter Stimme.

FÜNFTE SZENE

Hermann erscheint auf der Höhe im Hintergrunde. Er hat seinen Mantel umgeschlagen und schreitet langsam, immer den Fortgang des Things beobachtend, herab nach dem Thingplatz. Der Mond bricht für einige Augenblicke durch die Wolken und beleuchtet Hermann und die versammelten Germanen. Ein leises Grollen verrät das in die Ferne gezogene Gewitter.

SEGEST
zu Flavus
Ich sage dir, Verderber deines Volkes — denn was bist du mir jetzt mehr als eine Sumpfkröte —, schüttle die Lose nicht, wirf die Zügel der Rosse von dir, oder ich will sie stacheln, daß sie sich aufbäumen und deine Falschheit zerstampfen mit ihren Hufen — dich mit deiner Tücke!

FLAVUS
nachdem er einen Augenblick verlegen geschwankt, kommt plötzlich zu einem Entschluß; von Segest wegtretend, spricht er laut und vernehmlich
Was redest du mir von Verrat, törichter alter Römer! Kriecher, der du nach Gold lechzest und Ehrenketten der Römer, was redest du mir von Verrat, Neiding! Was brütest du finstere Pläne unter dem Mantel des Lammes? Was grinsest du, während du doch besser die Zähne wiesest!

ALLE
Was will Segest von dir, was gibt's mit ihm?

FLAVUS
Verraten will er mich und euch, Germanen, faßt ihn und bindet ihn!

ALLE
Wen binden?

FLAVUS
Diesen hier, der euch verrät.

SEGEST
schreiend, sich gegen die Germanen wehrend, welche ihn binden wollen
Frei! Frei! laßt mich nur frei! Ihr seid verraten!

EBER
Horst, mach ihm einen Knebel, dem ränkevollen Wichte. Reiß ihr den Giftzahn aus, der Schlange! Reiß ihn nieder, reiß ihn nieder! Unser König befahl!
Tumultuarische Bewegung. Segest wird abgeführt.

SECHSTE SZENE

SIGWIN
zu Flavus
Was hat er getan, daß wir ihn binden?

FLAVUS
Was er getan? *Siegesbewußt, herrisch* Es ist nicht gut, daß ihr alles wißt und den Grund erfahrt von allem, denn das raubt Zeit vor der Tat. Laßt mich handeln und tun für euch. Haben wir die Römerhorden besiegt und aus dem Lande getrieben, dann fragt, und ich werde Antwort geben. Ich sage euch, Segest ist ein Verräter; daß er's ist, beweise ich nachher.
Steht an dem Altar, die Germanen um ihn einen Halbkreis bildend. Hermann ist bei den letzten Worten des Flavus bis nahe an den Altar gekommen und spricht nun, eine unbändige Wut unter äußerem Gleichmut verbergend.

HERMANN
Beweis es jetzt, beweis es jetzt, ich will's!
Es wird wieder dunkel.

FLAVUS
mißtrauisch, zurückschauernd
Wer bist du, Mann?

HERMANN
Ein Deutscher bin ich.

FLAVUS
verlegen zu den übrigen
Laßt uns weitergehen, Freunde, laßt uns beraten. *Zu Hermann* Und du gedulde dich.

HERMANN
heftiger
Nein! Nein! Seit wann ist's Brauch beim Thing, Brüder zu verdammen ohne Urteil?!

FLAVUS
Was wagst du?

HERMANN
Alles für mein Land!

FLAVUS
tritt rückwärts schreitend einen Schritt von dem Altar nach dem Vordergrunde zu und spricht, von einer plötzlichen Angst befallen
Du bist...?!

HERMANN
Flavus folgend, wirft er seinen Mantel zurück und steht nun in seiner Rüstung als Cheruskerfürst vor ihm. Kaum vermag er noch seine Wut zu bändigen.
Ich bin!

FLAVUS
Hermann erkennend, noch weiter zurückschreckend
Bist Hermann!

HERMANN
sich in rasender Wut auf Flavus stürzend
Ja, ich bin's,
der dich entlarvt, zertritt.
Sie ringen miteinander.

ALLE
durcheinander
Helft! rettet Flavus!

SIGWIN
Es donnert in der Ferne.
Nein, Brüder, nein, laßt unsre Götter richten.

KATTWALD
Wer ist der Jüngling?

EBER
Löwenmutig ist er.
Hermann hat Flavus niedergeworfen.

HERMANN
Nun, Schurke, Bube, jag uns aneinander!
Nun hetze, hetze, hetze aneinander
Freunde zu Freunden, Deutsche wider Deutsche!
Hat Flavus das Knie auf die Brust gesetzt, hält ihn mit der rechten Hand nieder und ruft, sich möglichst hoch aufrichtend
Hört mich, Germanen!

EBER
Wer bist du?

HERMANN
zu Flavus
Lieg still, du gift'ger Molch. Verdammt und ekel,

daß uns ein Vater beide hat erzeugt!
Wüßt' ich, von wem's ihm kam, den wollt' ich schlagen
wie einen Hund.

ALLE
erstaunt
Du bist Arminius?

EBER
Der morgen auszieht mit dem Römerheer,
aufständige Germanen fest zu spannen
ins alte Joch?!

SIGWIN
knirschend vor Zorn
Was willst du?

HERMANN
immer noch auf Flavus kniend, mit äußerster Anstrengung
Euch erretten!

EBER
ohne darauf zu achten, spricht, Hermann immer näher tretend, in äußerster Leidenschaft
Aufständige Germanen bändigen?
Mit Marbod kämpfen gegen deine Brüder,
das Joch festschrauben deinem eignen Volk,
den Leib zerreißen willst du deiner Mutter?
Du bist der Hermann, seiner Brüder Geißel
in Römerhänden, bist der, der mit Gier
die Hefe trank aus jedes Römers Glas,
du bist's und wagst zu stehn vor meinem Blick,
vor meinem Hammer.
Er erhebt den Hammer.
Knabe! Knabe! Knabe!

SIGWIN
fällt Eber in den Arm
Den Hammer nieder, Schmied, laß deinen Hammer,
such beßre Beute dir als Frösch' und Nattern,
die man zertritt.
Er tritt nach Hermann.

HERMANN
springt auf. Im Übermaß der Wut und Beschämung nach Worten ringend

Ha! so ist's denn vorbei?!
Ist keine Rettung! — Fahr hin, matter Bube,
nun sucht Arminius ein andres Wild!
Schreiend
Wer trat mich eben?
Alle weichen zurück.
Zu Eber
Reiß ihn 'raus, den Hammer,
du deutscher Wolf, kämpf mit dem deutschen Bären! —
Stirb hin, mein Vaterland, und sterbt mit ihm!
*Germanen drängen sich zwischen den anstürmenden Hermann
und Eber. Flavus entweicht.*

EBER

Zurück, Gesellen, ich fecht's mit ihm aus,
zurück, ich zahl's ihm heim.

HERMANN
eilt nach dem Altar
Hört mich noch einmal!

EBER

Was! flüchtest du dich zu den Göttern, Bube!

HERMANN
am Altar stehend, ruft über die Menge
Hört mich noch einmal!

EBER
Bist du feig dazu,
auch aus der Götter Armen reiß' ich dich.

HERMANN

Nicht doch, mein Freund, so war es nicht gemeint.
*Er entwindet Eber blitzschnell den Hammer und steht im
nächsten Augenblick mit wogender Brust, mit flammendem
Blick, mit erhobener Waffe auf den Stufen des Altars.*
Her deinen Hammer, der ist nicht für Kinder!
*Unter der Menge entsteht eine Bewegung, man sucht umher
und ruft den Namen Flavus, indessen steht Eber, wie vom
Schlage gelähmt, finster zur Erde blickend.*

ALLE

Den memm'gen Hasenkönig, bringt ihn wieder!

Reißt ihn hervor, wo ihr ihn findet!
Entfernen sich suchend von der Szene.

SIGWIN
leise zu Eber
Flavus...

EBER
aus dumpfem Brüten aufwachend, monoton
Was Flavus?

SIGWIN
...ist entflohen.

EBER
gedankenlos nachsprechend
Ist entflohen.
Plötzlich zur Besinnung kommend
Thor! — Flavus ist entflohen?

SIGWIN
Ja, er ist's.

EBER
Entflohen, sagt Ihr?

KATTWALD
vom vergebenen Suchen zurückkehrend
Wie am Sumpf ein Irrlicht.

SIGWIN
Vielleicht tat'st du dem Hermann unrecht, Alter.
Alle Germanen kehren nach und nach mit Zeichen der Entrüstung auf den Thingplatz zurück.

STIMME SEGESTS
Laßt mich nur frei! Laßt mich nur frei!

SIEBENTE SZENE

SEGEST
tritt auf, sein Haar ist wirr und wüst, seine Kleider sind in Unordnung gebracht und hie und da zerrissen beim Sträuben gegen die Fesseln; er stürzt auf Eber zu und ruft
Halt ein!

Mich tötet! Mich, mich tötet! Blöde Toren!
Erhebt ihr eure Waffen, den zu morden,
der euch allein die Freiheit geben kann?
Mich tretet mit den Füßen, zaust mein Haar,
wie ihr es tatet, als ihr mich gebunden,
schlingt mich an eines wilden Rosses Schweif
und laßt mich schleifen, bis mich von dem Kot,
in dem ich weiland kroch, auch noch im Tode
niemand mag unterscheiden, laßt mich schleifen
durch Dorn und Disteln, über Stock und Stein!
Er wird schwach, man stützt ihn.

SIGWIN
Sprecht nicht, bei Wodan, nicht ein Wort!

SEGEST
Vernehmt! Wir beide, jener Schurk' und ich...

EBER
Wer? jener Schurke? Hermann?

SEGEST
Flavus mein' ich,
wir hatten solche Dinge ausgebrütet,
daß die Enthüllung mir ein Grauen schafft.
Nur eins wißt, Freunde!

EBER
herb
Was nennst du uns Freunde?

SEGEST
Da sagt ihr recht, das darf die Kröte nicht.
Gönnt mir den Odem nur, daß ich entschleire
den schnöden Trug, der unser Banner war.
Schwach
Er ließ mich binden...

KATTWALD
Warum hieß er uns
dich binden? Rede, rede, alter Mann!

SEGEST
...weil ich in mir so was wie Reue fühlte,

weil sich in meiner Brust begann zu regen
unbändig die betäubte Mannesehre.
Scham überkam mich, Wut und Angst und Reue
und Rachedurst und alles, alles, alles!
Ich wollte greifen in des Buben Anschlag,
ihn hemmen, wenn's noch möglich, ihn vernichten,
zertreten, einerlei. Drum band er mich,
Weinend
drum band er mich, den Greis mit weißen Haaren.
Nach einer Pause
Hermann ist keiner, der sein Land verrät,
ist euer Freund, das wußten ich und Flavus
und eilten auch, dem Varus zu enthüllen,
daß Hermann ihn betrog. Doch Varus glaubt
an Hermann fester wie an alle Welt,
und unser Ohrenflüstern war vergebens.
Da suchten wir auf andre Weise Hermann
zu hintergehen, eure Augen, die
er selbst, vor dem Verrate sich zu sichern,
gar wohl geblendet, noch mehr zu verwirren.
Wir schürten euern Haß auf gegen Hermann,
auf daß ihm die Rechtfertigung vor euch,
wie einem zehnfach überwiesnen Mörder,
unmöglich werden sollte.

EBER
Weiter!

SEGEST
Und
das war bis jetzt gelungen. — Tötet mich
nur gleich, ich bitt' euch, ich bin ein Verräter.

EBER
Und Hermann ist es doch, der die Legionen
des Varus führt durch Deutschlands Mark hindurch,
um Deutschlands Herz zu treffen?!

HERMANN
zwischen sie tretend
Ja, er ist's,
und hierin, deutsche Männer, seid ihr recht
berichtet. Merkt auf meine Worte, wäget,

bedenkt sie hin und her, und ob ich log,
eurem erfahrnen Urteil überlass' ich's.
Wohl lernt' ich lügen, weil ich lügen mußte,
doch was zum Lug mich trieb, das war die Wahrheit,
die Freiheit war's, die unsre Wahrheit ist.
Und scheut' ich auch die Lüge, haßt' ich sie,
so war's ein Haß, wie ihn der Kranke fühlt
zu bittrer Arzenei, der dennoch sie,
weil sie ihm nützt, gebraucht. So übte ich
die Lüg' mit Abscheu! Ihr habt mich geschmäht,
getreten, und das ist ein gutes Zeugnis
dafür, daß ich den bittren Trank genoß;
nun macht zu Gift mir nicht die Arzenei,
scheucht die Genesung nicht von eurem Lager!
Wohl zieh' ich aus mit Römern gegen Deutsche,
der letzte bittre Trank ist's, den ich trinke,
der letzte, Brüder, und die letzte Lüge.
Dann werf' ich ab das gleißende Gewand
und bin ein Löwe, wie ich einst ein Lamm war,
ein Löwe, der die Römerbrut zerreißt.
In eben diesem Maße mess' ich Mut,
in dem ich Demut übervoll gemessen!
Bedenkt, daß ich gelitten mehr wie ihr,
wenn mir das brennend heiße Jugendblut
emporschoß nach dem Haupt bei ew'ger Schmach,
wenn ich vor mir errötete und mich
verlor in Selbstverachtung, mich verfluchte
ob meiner Kriecherei, dennoch vermied,
der Rache Schwert nur leise zu berühren,
so zwang ich mich um einer Hoffnung willen,
die, eine Feuersäule, vor mir stand,
blutend und dampfend. Diese Feuersäule
rückt näher, Freunde, näher, immer näher,
und wie sie näher rückt, reißt die Geduld
mir mehr und mehr! Der Lug hat mich erhoben
auf eine Höhe, die das reinste Herz
verpesten könnte. Meine Hand regiert
in wenig Tagen Roms geprüftes Heer.
Was werd' ich wohl mit diesem Heere tun?
Antwortet, Brüder! — Führen will ich es
an einen Abgrund, also jäh und tief,
daß einem Adler davor schwindeln sollte!

Und wenn es an dem Abgrund steht, was dann?
Er faßt ein Horn, das ihm um die Hüfte hängt
Dann weck' ich Wettersturm mit diesem Horn,
befreie die Vulkane eurer Brust
und peitsche sie hinab, hinab, hinab,
die ganze Römerbrut, die dieses Land
wie Pesthauch überflutet, die es quält,
die an ihm hängt und saugt, hinab, hinab!

ALLE
Heil Hermann, Hermann Heil!

SEGEST
Ertönt das Horn, Germanen, heißt es Freiheit;
Marbod ist mit ihm, Marbod der Gewalt'ge.
Und eh zwei Sonnen sich verjüngen, sollte
das schon geschehn. Daher war's hohe Zeit,
daß Flavus eure Hände sicherte,
daß sie im Notfall gegen Marbod stritten,
daß er euch Feind schien wie Arminius.

EBER
Das ist nicht wahr, so ich ein Mensch mich nenne!

SEGEST
ernst, feierlich
Ist das Beweis, wenn vor dem Angeklagten
der Kläger flieht, schon wenn er ihn erblickt,
der Kläger, der umstanden ist von Zeugen,
die alle ihm gehorchen, willig, blindlings,
indes der Angeklagte ganz allein
hinein sich wagt, vertrauend auf sein Recht,
so habt ihr den Beweis! — Doch gilt das nicht
und wollt ihr mehr, ist das vielleicht euch Bürgschaft,
wenn einer seiner falschen, schurk'schen Kläger,
von Reu getrieben, des Verklagten Unschuld
mit seinem Blut beschwört,
Er zieht einen Dolch und ersticht sich
                    so nehmt die Bürgschaft.

HERMANN
Halt! Vater meines Weibes!

SIGWIN
Was geschah?

KATTWALD
Er gab den Tod sich.

EBER
Hermann ist unschuldig.

SIGWIN
Für seine Unschuld blutet er.

KATTWALD
Du bist...
O haltet ihn!

SEGEST
scharf
Ich bin...?

KATTWALD
Du bist gesühnt.

SEGEST
Verzeihung, Hermann.

HERMANN
Dir ist längst verziehen.

SEGEST
Grüß meine Tochter, auch sie soll verzeihen.

HERMANN
Dir ist verziehen.

SEGEST
Bin ich ganz gesühnt?

ALLE
gerührt
Ganz, ganz.

SEGEST
Leb wohl! — Hermann — tritt her, Hermann!
Ganz nahe — so. — Wenn ich nun ganz gesühnt bin,
zeig mir das Horn!
Hermann gibt es ihm.

SEGEST
zu dem Horne
Sei gesegnet, schaffe
dir eine Donnerstimme an, es gilt
ja Blitze zu erwecken! Töne gut,
und merkt, Germanen, auf des Hornes Klang,
es macht euch frei — das Horn — es macht euch frei.
*Er sinkt zurück, alle umstehn ihn in stummer Ehrfurcht.
Plötzlich rafft er sich empor mit letzter Kraft, setzt das Horn
an den Mund.*
Gib her! ich will noch leben — Freiheit, Freiheit...
*Ein Röcheln dringt aus dem Horne, Segest bricht zusammen.
Vorhang fällt.*

ACHTE SZENE

Dieselbe Nacht. Vor Sigwins Hütte. Mondschein.

SCONEA
sitzt auf einem Steine vor der Hütte
Denken da drinnen, die alte Vettel schläft und sieht die Schande nicht und die Buhlerei mit dem Römer. Die alte Sconea war auch schön und jung und hatte noch Augen dazu und Tugend. — Armer Sohn! Während er den Wolf jagt, sitzt dieser an seinem Herde und tut sich gütlich in ekler Brunst. Komm heim, komm heim, Sohn! Es ist besser, kein Fleisch nach sich wissen als madiges. — Die Augen sind der alten Sconea schwer, und die Luft ist kalt! Hu, wie kalt!
Sie schläft ein.

NEUNTE SZENE

Sigwin und Eber kommen vom Thing.

SIGWIN
Gute Nacht, Eber. Überm Walde färbt sich der Himmel schon. Das war eine gute Nacht, Eber.

EBER
Schlaf wohl, Sigwin, und wenn du erwacht bist, dicht uns einen Schlachtgesang und laß Hermann darin gepriesen sein

hoch, hoch! Eine einfache Singweise sollst du dazu zurechtlegen. Ich gehe heim und wache bis zum Morgen. Hammer und Amboß haben heute noch einen bösen Stand, und die Funken sollen auch ihre Nachtruhe verlieren, sollen hüpfen und springen unter meinen Schlägen wie Römerlein. — Gute Nacht!

SIGWIN

Gute Nacht.

Beide schütteln sich die Hände. Eber ab.

ZEHNTE SZENE

Sigwin geht zur Türe seiner Hütte, da gewahrt er seine Mutter.

SIGWIN

Mutter, was sitzest du hier?

SCONEA
erwachend

Kommst endlich heim?! Wie war's beim Thing? — Gut, hoff' ich.

SIGWIN

Gut, Mutter, aber was sitzest du hier?

SCONEA
bitter

's geht lustig her in deinem Haus drinnen! Hat mich nicht gelitten unter den Blutschändern. — Sohn, du hast kein reines Fleisch mehr! Ist besudelt von Römern!

SIGWIN

Mutter!

SCONEA

Hab' nicht lang mehr zu leben, Sigwin! Ich bin alt, meine Haut ist nicht fein, sondern alt und runzlig. Mein Herzschlag geht träge, und mein Blut schleicht wie Harz. Aber jede Fiber meines Körpers ist Haß und Verachtung gegen die Römer.

SIGWIN
schaudert zurück, seine Augen rollen, seine Lippen beben

Mutter, was soll's?

SCONEA

Nichts, als daß ein Römer bei deiner Tochter Nächte durchwacht, daß dieser Römer ihre Hüfte umschlingen darf ungestraft — daß er — daß er — sie verlockt zur Schande ungestraft.

SIGWIN
halb wahnsinnig seine Mutter rüttelnd
Das lügst du, das ist Lug und Trug! *Fällt an ihr nieder.* Ihr Sterne, fallt herab! — O Mutter, Mutter!
Vorhang fällt.

ELFTE SZENE

In Sigwins Hütte. Im Kamin brennt Feuer. In einem Ringe an der Wand ein brennender Kienspan. Siegtraut und Severus im Gespräch. Osmundis auf Tierfellen schlafend am Boden.

SEVERUS

Leb wohl, leb wohl! Wenn mir wer wieder sagt:
»Es gibt noch Unschuld auf der Welt«, ha, ha —
den — den...

SIEGTRAUT
　　Du sollst nicht böse scheiden, Lieber,
nicht so im Sturm der bösen Leidenschaft;
bezähme dich!

SEVERUS
　　Nein, nein, war das von dir?

SIEGTRAUT

Was denn?

SEVERUS
　　Das von dem Varus mein' ich.
Wie nenn' ich's doch, daß ich sein großes Herz
stillstehen heißen soll?

SIEGTRAUT
nachdem sie geschwankt
　　Es war von mir.

SEVERUS

Stellt mir die goldne Sonne vor die Augen,
ich finde dunkle, schwarze Flecken drin.

Kind! weißt du, was du sprichst? Ahnst du es, Blindheit,
weißt du, was Mord ist, ekler, blut'ger Mord?
 Schnell abgehend
Leb wohl!
 Ab.

ZWÖLFTE SZENE

OSMUNDIS
träumend

Greif zu, greif zu! du stolzer schwarzer Aar,
noch einen Schlag!
 Sie erwacht.
 So ist er fort!

SIEGTRAUT
 Er ist's.

OSMUNDIS
Hast du getan, Siegtraut, was ich dir riet?

SIEGTRAUT
schwermütig

Ich tat's!

OSMUNDIS
 Und was tat er?

SIEGTRAUT
wie vorher
 Das weiß ich nicht.

OSMUNDIS
Ging er, dich zu verklagen, oder dich
durch Taten zu erringen?

SIEGTRAUT
spöttelnd, wehmütig
 Zu erringen?

OSMUNDIS
Nun ja, was sonst? Ich sagte, zu erringen.

SIEGTRAUT
wehmütig
Nein, zu erringen nicht, ich werde sterben.

OSMUNDIS
Das kannst du nicht mehr, denn du bist es schon!
Bist für dein Land gestorben! — Wisse denn,
wie ich die Sache hin und her erwog,
die spielet zwischen dir und jenem Römer,
da kam mir doch zuletzt die Reue. Ja!
ich sah es ein, die Kluft ist allzu tief,
die zwischen Römern und Germanen gähnt,
und wohl zehntausend Römer-Feldherrn deckten
mit ihren blut'gen Leichen sie nicht zu,
wie denn der eine! — Ich muß fort. Ich muß!
Ich mag mit dir nicht mehr ein Wille sein. —
Ich träumte, zwei gewalt'ge Adler packten
in Wolkenhöhe sich. Der eine hatte
goldglänzendes Gefieder. Schwarz wie Nacht
war, der mit ihm sich rang. Hei, das ging scharf!
Die Federn stoben, Kampfgeschrei ertönte,
bis plötzlich sich der schwarze hoch erhob,
indes der goldne matt zur Erde sank.
   ([Am Rand] Ausruf)
Das war ein Traum!!!

SIEGTRAUT
   Du nennst die Kluft zu tief,
und doch, wer war's, die mir das Gräßliche
geraten? — Er eilt jetzt vielleicht, Osmundis,
die Tat zu tun, die ihn auf ew'ge Zeit,
statt zu erheben, brandmarkt.

OSMUNDIS
   Geh hinein,
er tut es nicht, ich bürge dir dafür.

STIMME SIGWINS
von außen
Siegtraut, mein Kind, mein Kind!

OSMUNDIS
   Da kommt der Alte!

SIEGTRAUT
ängstlich
's ist seine Stimme, und doch ist sie's nicht.

STIMME SIGWINS
Siegtraut, mein einz'ges Kind, wo bist du?

OSMUNDIS
zu Siegtraut
Nun,
was schreckt dich so?

SIEGTRAUT
Nichts. Aber nie, nein nie
hat er sich so gebärdet.

OSMUNDIS
Wer, dein Vater?
Eindringlich
Es ist dein Vater, Siegtraut.

DREIZEHNTE SZENE

SIGWIN
kommt, wirr, wüst, bleich; auf der Schwelle bleibt er stehen und spricht sarkastisch
Vater? Nein!
Geht unruhig auf und ab.
Ich bin sehr müde, Kinder; Dank, Osmundis,
für deine gute Wacht. — Geh jetzt!

SIEGTRAUT
Willkommen,
mein guter Vater.

SIGWIN
Guter Vater? — Hm.
Zu Osmundis
Dank dir, Osmundis, für die gute Wacht,
Dank dir von Herzen.

OSMUNDIS
Habt ihr viel verrichtet?
Wie ging's beim Thing?

SIGWIN
ungeduldig
Hm. — Gute Nacht, Osmundis.

OSMUNDIS
Mir scheint, Ihr habt Euch heute überwacht,
darum Ihr also wirr und wortkarg seid.

SIGWIN
wehmütig
Ja, überwacht!

OSMUNDIS
Schlaft nur recht gut.

SIGWIN
wie vorher
Oh, schlafen!
Plötzlich wirr und ungeduldig
Ich will's schon.

OSMUNDIS
an der Türe zaudernd
Gute Nacht, Siegtraut!

SIGWIN
schreit
Gut' Nacht!
Osmundis zaudernd ab.

VIERZEHNTE SZENE

Sigwin schreitet unruhig auf und ab, plötzlich bleibt er vor Siegtraut stehen, als wollte er reden.

SIEGTRAUT
Mein Vater!

SIGWIN
Ja!

SIEGTRAUT
Habt Ihr gelitten, Vater?

SIGWIN
geht weiter, barsch
Du hast gelitten.
SIEGTRAUT
nach einer Pause
Vater, sagt, was ist Euch?

SIGWIN
Nichts, nichts, ein wenig Bitterkeit im Herzen,
ein wenig Galle. — O der dummen Menschheit!
Was sagt sie, Kindermord sei Unnatur,
indes sie duldet, daß ein Kind die Ehre
des Vaters tötet! Das beängstigt mich.

SIEGTRAUT
Was, Vater?
SIGWIN
auf sie zeigend
Dieses da. — Ei, du bist blind
und siehst mich nicht. — Komm einmal her.
Faßt ihre Hand
So, so,
zeig deine Hände! So! Nun deinen Mund.
Schande klebt an, mein Kind, Schande klebt an.
Wie lebtest du, seit ich dich jüngst verließ,
wie lebtest du? Gut, gut, vortrefflich, gut.
Brauchst drum nicht rot zu werden.

SIEGTRAUT
sich an ihn klammernd
Vater, Vater!
SIGWIN
Die Sache muß beschleunigt werden, Kind!
Mit Überwindung
Sieh, ob man dir vom Herde nichts entwendet;
ein Wolf sprang mir entgegen, als ich kam.
Auf und ab gehend
Ich bin so närrisch, ach so schrecklich närrisch...
Bleibt stehen, sinnend
Doch, da geht mir ein Nam' im Kopf herum,
wie war er doch? — Quintilius Varus? Nein!
Valla Numonius? — Auch dieser nicht.
Vielleicht Severus?

SIEGTRAUT
niedersinkend
Gnade!

SIGWIN
wild, rasend
Ja, Severus!
Sie emporziehend
Der Name war's, ja, ja! der Name war's.
Was schreist du Gnade? — Leg dich nieder, Kind.
Komm, komm in deine Kammer.
Er reißt sie mit sich in ihr Schlafgemach.

FÜNFZEHNTE SZENE

SIEGTRAUTS STIMME
von innen
Gute Götter,
seid mir gnädig, gnädig. — Oh, ich sterbe.

SIGWINS STIMME
Fahr hin, du Metze!
Plötzlich lautlose Stille.

SECHZEHNTE SZENE

SIGWIN
schleicht aus der Kammer, einen blutigen Dolch in der Hand
Still — stumm — alles still —
nun, Vater, hattest du und hast nicht mehr,
nichts mehr, nichts mehr! — Nichts mehr? Ach, alter Tor,
nun endlich scheint mir's zum Erwachen Zeit;
was lastest du auf mir, todwüster Traum,
der alles mir verwirrt, Schlechtes und Gutes! —
Umhergehend
Ich aß zuviel zur Nacht, das ist nicht gut,
nein, wahrlich nicht! Ich sagt' es früher immer...
Sich besinnend
Mir schwante Unnatürliches vom Thing,
die sonst Verräter waren, wurden Helden,

und die sonst Helden, wurden mir Verräter.
Ha, ha, ha, ha!
Reibt sich die Augen und tritt ans Fenster; der Morgen tagt.
Ei! wie's den Wald durchdringt
so rot und goldig. Jede Blätterlücke
kann ich durchschaun, und doch ist es ein Traum,
ist alles, alles, alles bloßer Traum ...
Verfluchter Traum, fahr hin, ich will erwachen,
umklammre mich nicht mit den langen Armen,
den Spinnenarmen, die mich ekeln. Fort,
zu Hülfe, Hülfe, Hülfe, Hülfe, Hülfe,
laßt immerhin zur Knechtschaft mich erwachen,
nur gebt mir meine einz'ge Tochter wieder!
Wer pocht?! — mein Kind — wer pocht?
Er wankt nach dem Eingange des Schlafgemachs.
Ich will sie wecken,
es scheint mir, daß der Morgen schon begann!
Er läßt den Dolch fallen
Was willst du, blut'ge Waff', in meiner Hand?
Er zieht die Vorhänge zurück und bricht mit einem Schrei zusammen.
Es ist nicht wahr, bei Wodan, ist nicht wahr!

SIEBZEHNTE SZENE

Gegen Ende des Monologs vernimmt man fernes Herdengeläute, das immer stärker wird; wie es näher kommt, vermischt sich damit der Gesang der Hirtin Osmundis. Letztere wird auch für einen Augenblick durch das Fenster sichtbar.

DER GESANG
Sonnige Hügel, finstere Tannen,
Herdengeläute und Waldhornklang,
Morgen im Herzen, zieh' ich von dannen. —
Sonnige Hügel, finstere Tannen
und in den Lüften der Lerche Gesang.
Während des Gesanges und Geläutes fällt der Vorhang.

FÜNFTER AUFZUG

ERSTE SZENE

Römisches Feldlager im Teutoburger Walde. Die Sonne ist eben untergegangen, ein rötlicher Abendschein überdeckt die Gegend. Trinkende, singende, plaudernde Soldaten hin und wieder.
Varus tritt auf, in seinem Gefolge Hermann und Severus.

VARUS

Die Usipeter haben sich erhoben,
jetzt?! — Welch ein traurig Flämmchen! Denke, Hermann,
ihre Empörung raubt der Römermacht
so viel von Glanz, als wohl ein winzig Licht
der Sonne rauben kann. Sieh hin, sieh her!
Was denkst du über ihr törichtes Handeln?
Wenn diese Römer hier im Schlafe liegen
und werden von dem winz'gen deutschen Stamme
im fernen Osten überfallen, heißt
das wohl soviel als: tausend matte Wachteln
stürzen ins Meer.

HERMANN
 Da sagt Ihr leider wahr,
indes Ihr wißt nicht, wie die Knechtschaft tut.

VARUS

Ich weiß es, und ich führe diese Waffen
lieber, um sie zu töten, als zu knechten.
Das glaube mir, Armin!
  Leise und bedeutsam
 Sei du ein Mann,
und wer die Wachteln sind, vielleicht beweist's
die Zukunft.

HERMANN
begeistert
Feldherr! Feldherr! Feldherr!

VARUS
kalt, ablenkend

Wie weit sind wir gekommen diesen Tag?
Arminius, du kennst dein deutsches Land.

HERMANN

Noch immer ist's cheruskisches Gebiet,
mein hoher Feldherr.

VARUS

       Du bist heut mein Feldherr.
Leb wohl! — Das Sonnenlicht zieht finstre Wolken an. —
Du schläfst in meinem Zelt, Armin.

HERMANN

              Ich schlafe
wohl wenig diese Nacht, doch werd' ich wachen
in deinem Zelt, mein Feldherr.

VARUS

          Tu's, Armin.
Im Gehen erblickt er Severus.
Ah! Da ist auch Sever, der Dichter. Nun,
du machst dich rar, Severus. Wo hast du
geweilt in diesen Tagen? — Ich verzeihe.
Wenn du dich nur von selber wieder findest
zu denen deines Volkes, magst du wandern
und einsam dichten hier in Wald und Feld.
Man sagte mir, du schriebst, du träumtest, schriebst
und hättest keinen Sinn für alle Welt,
nur für ein Etwas, das sie wieder nicht
zu nennen wissen.

SEVERUS
traurig, düster
    Ja, so ist es, Feldherr!
Nur für ein Etwas.

VARUS
      Ah! Ich bin's zu wissen
begierig. Noch vor Nacht lad' ich dich zu mir,
du liest mir dann und sagst mir dein Gedicht.
Ab.

ZWEITE SZENE

SEVERUS
zusammenschreckend

Dir lesen?! — Ja, ich will's.
Ab.

DRITTE SZENE

Hermann in tiefen Gedanken. Einige Schritte von ihm entfernt ein junger römischer Soldat, auf seine Befehle harrend. Kriegsvolk im Hintergrunde, immer hin und wieder.

HERMANN
Ruf mir den Crassus und den Marc Aurel!

DER RÖMER
Sogleich, mein Feldherr.
Ab.

HERMANN
für sich
Schwere, schwere Wahl!
Hie Vaterland, hie Freund. — Der Freund muß fallen.

VIERTE SZENE

Aurelius und Crassus kommen.

HERMANN
Ich ließ euch rufen.

AURELIUS
Ja.

HERMANN
Ihr habt die Enden
des Lagers, die ins Tal sich öffnen?!

BEIDE
Ja.

HERMANN
Sind sie befestigt, stark befestigt?

CRASSUS
Ja.
Doch auf den Seiten, wo die Berge sich

gen Himmel heben, fand ich weder Wall
noch Graben, Feldherr.

HERMANN
kurz, schneidig
Das ist einerlei.
Meinst du, o Crassus, daß die Berge fallen?

CRASSUS
Das nicht.

HERMANN
Und wenn sie fielen, meinst du dann,
daß eure Wälle euch beschützen würden?
Soldaten trinkend und singend vorüber.
Geht jetzt! Wenn ich euch brauche, ruf' ich euch.
Aurelius und Crassus wollen gehen, Hermann ruft sie zurück.
Eins noch! Ich schlafe in des Varus Zelt.
Weist meinen Kriegern dort ihr Lager an!
Was zaudert ihr? Ich meine die Cherusker,
die ich mit mir geführt.

BEIDE
gezwungen
Gebiete, Feldherr!
Ab.

FÜNFTE SZENE

HERMANN
Nun sei mir gnädig, Donar, Gott der Wolken!
Stoß auf das Tor Walhalls, daß Balken krachen
und innen bebt und dröhnt Walvaters Thron!
Heiß sich die Nacht mit Glutgewand bekleiden
und allen Tau, der sonst unschuld'ge Blätter
mit Silber überzieht, in Blut sich wandeln!
Doch laß die Blätter auch den andern Tau
nicht missen, den unschuld'gen. Mache ihren
frischgrünen Gaumen durstig, daß sie Blut
statt süßen Taues trinken.

SECHSTE SZENE

Horst, seine deutsche Tracht unter einem Römermantel ver-

bergend, schleicht sich unbemerkt zu Hermann. Es ist indessen dunkler geworden.

HORST
flüsternd
Hermann, Hermann!
Der Suevenfürst Marbod entsendet mich.
Er überschritt die Weser. Dort nach Norden
hin steht sein Heer. Im Osten steht der Marse
Kattwald mit seinem Volk.

HERMANN
gepreßt
Sprich leise, leise!
Faßt Horstens Hand.
HORST
Und dort im Süden steht Fürst Bojokal,
der Ansibaren Führer.

HERMANN
Weiter, weiter!

HORST
Im Westen stehen Brukt'rer, Wangionen,
Gothonen und noch viele andre Stämme.
Wie sollen wir's mit deinem Zeichen halten?

HERMANN
ungeduldig
So sollt ihr's halten; wenn es tönt, so kommt!
Antwortet von den Bergen ringsumher,
gebt Feuerzeichen und dann kämpft wie Männer!
Eil dich!

HORST
Leb wohl! Der nächste Gruß in Freiheit!

SIEBENTE SZENE

Das Zelt des Varus. Die Bühne ist in der Mitte geteilt; rechts von den Zuschauern die Schlafkammer des Varus. Diese ist durch eine Tür mit dem Raume auf der linken Seite verbunden. Die Tür ist durch einen Vorhang geschlossen. Der Raum links dient der Leibwache des Varus zum Aufenthalt. Es steht ein

Tisch in demselben, auf diesem ein Armleuchter mit brennenden Lichtern. An dem Tisch, vor sich hinbrütend, in düsteren Gedanken verloren, Severus. In der Schlafkammer des Varus ein einfaches Feldbett. Vor dem Bett auf der Erde schlafend Selin. In dem Vorraum eine Tür nach dem Hintergrunde. Durch diese Tür tritt, als der Vorhang aufgeht, Varus im Gespräche mit Crassus und Marcus Aurelius.

VARUS
Crassus, Aurelius, was bringt ihr mir?

CRASSUS
verlegen
Verzeiht, o Herr, es ist nicht meine Art,
ein Winkelträger sein.

VARUS
erstaunt
Ein Winkelträger?
Nur weiter!

AURELIUS
Feldherr! Denn das bist du uns
und nicht Arminius!

VARUS
scharf
Was sagt Aurel?!

AUREL
unmutig
Daß ich dem Mann nicht fürder dienen mag,
  Mit gedämpfter Stimme
der Roms Verräter wird.

VARUS
laut lachend
O blinder Neid!
Aurelius und Crassus, blinder Neid!
Ihr meint Arminius, des kühnen Geist
ich nach Gebühren würdige.

AUREL
Mein Feldherr,
er läßt das halbe Lager unbefestigt!

VARUS
sich wegwendend
Dann hat er guten Grund dazu, Aurel! —
Geht jetzt! Ich — bin sehr müde.
Aurelius und Crassus ziehen sich zögernd zurück.

ACHTE SZENE

VARUS
nachdem er Severus, welcher während des ganzen Gesprächs anteillos in düsterem Brüten verharrt hatte, eine Weile betrachtet
                              Dichtest du,
Severus?
SEVERUS
gepreßt
Nein, o Herr, ich kämpfe.

VARUS
                              Ah!
Scheinkämpfe deiner Phantasie. Dein Auge
sieht Schlachtgetümmel, Lanzenwurf und Blut,
hört Rosse traben, Kampfgeschrei ertönen.
Kämpf immerhin, Severus, denke, sinne,
ich störe nimmer eines Dichters Werk.
Und tät' ich's, trieb' die Neugier mich dazu,
so wär's nicht edle Neugier, sondern solche,
wie sie die Vetteln haben. — Doch, Sever,
ist reif die Frucht, bringst du sie mir. Schlaf wohl!
Er hat den Armleuchter genommen und geht durch die Verbindungstür in das Schlafgemach. Hier läßt er sich auf einen Sessel nieder und verfällt in Sinnen.

SEVERUS
ihm langsam nachsprechend
Ist reif die Frucht, dann will ich sie dir bringen.
Du bist der erste, der ihr Gift genießt.
Indessen keimt sie noch im schwarzen Grund
und wurmt und wurmt empor. Ich habe Furcht,
daß sie nicht langsam wie die andern Pflanzen
der Erd' entsprießet, sanft und lind und leise,
sondern die Scholle donnernd von sich wirft,

nicht Blättlein ansetzt am noch winz'gen Stengel,
sondern auf einmal prangt, dämonisch, furchtbar,
geschwollen, blutig — eine blut'ge Blume.
Duft? — Hm, sie soll ihm duften! Duft betäubt,
man sagt, Duft sticht und tötet. Ist's der Sinn,
den er den Worten unterlegte, dann
stich ihm, du blut'ger Blumenduft, ins Herz
und schmücke dessen Kammern aus mit deinen
duftigen Stacheln! Blume, Blume, schlafe!

VARUS

Heran, Selin, nimm mir den Panzer ab! —
Er schläft. Schlaf zu, mein Knabe, immerzu,
ich will mich selbst bedienen.
*Er nimmt sich den Helm ab, alsdann löst er den Schwertgurt,
faßt die Scheide und zieht das Schwert prüfend heraus*
Dieses Schwert
gab mir. Roms Kaiserin. Ein gutes Schwert!
Mit Diamanten reich besetzt und Gold.
Sie sagte, daß ich seiner würdig sei.
Und dennoch ist das Schwert und dies Gewerbe
der Volksbedrückung wenig meine Art.
*Er wirft Schwert und Scheide weg und setzt sich, so wie er ist,
auf sein Lager. Es wetterleuchtet.*
Es war heut schwül am Tag und jetzt nicht minder.
's wird wohl ein Wetter geben.
Indem er sich langsam ausstreckt
Diese Römer,
Crassus und Marc Aurel — was tut man nicht,
um mir den deutschen Jüngling zu verleumden,
den ich zu großen Dingen noch bestimmt.
Vielleicht — wird er einmal Roms größter Feldherr,
und dann vielleicht, wenn er die Macht besitzt,
Befreier seines Volkes. O dies Volk!
Dies arme, arme Volk!
Indem er sich wendet
Sobald ich kann,
schüttl' ich das Amt ab, das mir aufgedrungen
in diesem Lande. Mehr kann ich für jetzt
nicht tun, als einen deutschen Falken hegen,
damit er groß ist, wenn — ich — nicht mehr — bin.
Entschlummert.

SEVERUS

für sich

»Töte den Varus, so erringst du mich.«
Bin ich allein? — Beim Jupiter, ich bin's.
Das heißt den Höllenhund gutmütig füttern
mit Leckerbissen. — Bah, es ist doch nichts,
was mich so zittern machte. Scheint mir's doch
wie eine Ehrenwache hier! Jawohl,
bei Ehrenwachen ist das Schwert entblößt,
so war's von alters her,
   Er zieht das Schwert und legt es vor sich auf den Tisch
            ich muß mich fügen.
Es ist ein alter Brauch, ich muß mich fügen.
Und wer mich darum tadeln wollte, der
wär' ein argwöhn'scher Hund. — Fasliger Narr!
Ein Wächter mit verbundnem Schwert, ha, ha!
   Pause.
Ob er wohl schläft? — Süß ist sie, das ist wahr,
und lieb und hold! — Wen ich wohl mehr vermißte,
   Er deutet nach dem Gemach des Varus
ihn oder sie, ihn oder meine Siegtraut?
Ich glaube, daß ich nichts bin ohne sie,
indes ich ohne ihn noch alles bin,
was ich gewesen. Doch — mein Volk — mein Volk?
Was da, mein Volk! Ist ihr Volk nicht mein Volk?
Ist es nicht eine Erde, die wir teilen,
sind wir nicht Menschen alle, ihr Volk, mein Volk?
Wer gibt uns Recht, die Deutschen zu verdrängen,
   Immer leidenschaftlicher werdend, faßt er das Schwert und
   kommt während des Selbstgesprächs der Verbindungstür immer
   näher
zu zücht'gen, zu berauben? Fahrt hin, Römer!
Ich schlage mich zu dem, der Unrecht leidet,
und kämpfe gegen den, der Unrecht tut!

NEUNTE SZENE

Hermann kommt im Gespräch mit Teutofried. Severus, in seinem Vorhaben gestört, sucht auf jede Weise äußere Ruhe zu gewinnen.

HERMANN
hat Severs Aufregung bemerkt, läßt aber davon nichts merken
Und heiß mir die Cherusker, Teutofried,
in Waffen schlafen, wie ein Dritteil von
dem Schwarm ganz wachen soll, hörst du?

TEUTOFRIED
Wohl, Hermann.
HERMANN
Bei Ehrenwachen ist die größte Vorsicht
viel zu gering, verstehst du, Teutofried?
Bei Ehrenwachen um das Feldherrnzelt.
Teutofried ab.

ZEHNTE SZENE

HERMANN
Gut'n Abend, Dichterlein.
Er gewahrt das Schwert
Wie das, ein Schwert?

SEVERUS
barsch
Ich teil' in Ehrenwachen deine Meinung,
die größte Vorsicht ist da keine Vorsicht.

HERMANN
spöttelnd
Grüß dich, Severus, mächt'ger, großer Krieger!

SEVERUS
aufgebracht
Arminius, ich habe Mut wie du,
wenn ich auch nicht so oft in Händeln stecke.

HERMANN
Ei, ei, in Händeln.
Indem er ihn prüfend betrachtet
Du bist schlecht gelaunt,
so scheint mir. — Nun, wir wollen uns ein wenig
die Kehle feuchten mit Falerner Wein.

Das heißt, wenn du nicht deine Ehrenwache
abschlafen willst, Severus.

SEVERUS
für sich
Geh zum Styx,
du deutscher Tölpel!
Laut
Es gefällt mir nicht,
daß du, ein Deutscher, so zu Römern hältst!
Was denkst du zu erringen? Ketten, Bänder,
ei, das ist Tand und hilft zu nichts, zum mindsten
kann's dir die Freiheit nicht ersetzen.

HERMANN
für sich
Hm!
Höchst sonderbar, der sonst mein Tun nur lobte.
Laut
Was ich sein will und was ich bin, Severus,
das bin nur ich.
*Ein Knabe bringt Wein, Hermann gießt in die Becher und
erhebt den seinigen zum Trunke*
Doch darum keinen Groll!
Hier ist der Wein; auf deine Liebste, Freund,
und sie soll leben!

SEVERUS
zusammenschreckend, schiebt sein Glas zurück
Dank, der Wein ist herb.
Und mir ist heiß, sehr heiß. Hätt' ich nur Wasser!
*Es donnert zum ersten Male. Hermann eilt nach der Tür,
öffnet sie und schaut gen Himmel.*

HERMANN
Das war, so ich recht hörte, Thors Gewaffen.
Er prüft des Hammers Wucht. — Heil, alter Thor!

SEVERUS
*Als er sich unbeobachtet sieht, gießt er in Hermanns Becher
einige Tropfen eines Schlafgiftes. Zu sich*
Jetzt Mut, Sever! Donar will deiner Sache
und seinem Volke wohl, drum schlafe, schlafe

die Ehrenwache ab, bis Mittagssonne
des morg'gen Tags dich weckt.
Laut
Ein stark Gewitter!
Ein geller Angstschrei drang vom Walde her.

HERMANN
Er übt im Wurfe sich und stählt die Kraft,
der große Thor, indem er Eichen spaltet
und in des härtsten Felsens kalte Brust
den Hammer treibt.
Für sich
Blut goß er in den Becher,
das man aus nachtgebornen Kräutern preßt,
ich kenn's, ich kenn's. — Laß sehn, was er beginnt,
wenn ich gestorben bin. Ist es Verrat
an mir, dann geh dorthin, wo deine Brüder
dir folgen werden.
Laut
Sprachst du nicht vom Wasser?
Er tritt an den Tisch, läßt sich nieder und ergreift das Glas
Ha ha, ich, Hermann, halt' es mit dem Wein
und bringe deinem Kaiser diesen Zug.
*Der Becher fällt aus seiner Hand, nachdem er heimlich den
Trunk verschüttet hat. — Hermann scheint entschlummert.*

SEVERUS
Recht so, und nun schlaf gut! — Jetzt komm, mein Schwert,
und halte Ehrenwacht. — Was stehst du da
und wankst und weichst nicht? Memme, Bube, vorwärts!
Es gilt ja einem Volke Freiheit geben,
zu töten den Tyrannen des Tyrannen.
Auf dich sein Blut, Siegtraut!

HERMANN
*der, sobald Severus ihm den Rücken gewendet hat, aufgestan-
den ist, ist demselben nachgegangen und klopft ihm nun auf
die Schulter*
Du wandelst nacht!

SEVERUS
Verflucht, was schläfst du nicht!

HERMANN
Sag, bist du krank?
So dämmrig auch die schwache Flamme brennt,
seh' ich die Röte doch auf deinen Wangen
in schneeig Weiß sich wandeln. Bist du krank?
Antworte mir.
Severus fassungslos.

WEIBLICHE STIMME
von außen
Ihr Männer, weist mich zu ihm!

SEVERUS
zu sich kommend
Wes Stimme ist es, die so heiser klingt?

MÄNNERSTIMME
von außen
Zurück! Niemand kommt hier herein!

WEIBLICHE STIMME
So bin ich
niemand und komme durch!

ELFTE SZENE

OSMUNDIS
erscheint an der Tür
Wo ist Severus?

HERMANN
Was willst du?

SEVERUS
Weib, da bin ich.

OSMUNDIS
bedeutsam
Tu es nicht!
Um die du's tust, Severus, die ist hin,
tot und
Höhnisch
vergessen!

SEVERUS
erbleichend, mit klangloser Stimme
Halt, sag das noch einmal!

OSMUNDIS
kalt
Ich tat, was meine Pflicht war. Und nicht mehr,
wär's eine Haaresbreit', tät' ich für dich.
Ab.

ZWÖLFTE SZENE

SEVERUS
Ein Wort noch! — Höhnst du mich?
Ihr schnell nacheilend
         Halt, steh mir Rede!
VARUS
zu seinem Knaben
Sieh nach dem Lärm, mein Knabe! He! Erwache!

SELIN
schläfrig
Was will mein hoher Herr?
VARUS
    Nichts, Kind, schlaf nur.

HERMANN
allein
Ich sinne und zergrüble mir das Hirn
und kann dennoch nichts finden, was mir Licht
verschaffte über diesen. Einerlei.
Es donnert abermals.
Da mahnt Gott Donar mich, und Stürme heulen.
Grüß euch, ihr Stürme!
Von außen dringt hin und wieder das Angstgeschrei der Soldaten.

DREIZEHNTE SZENE

EIN RÖMER
in Eile
Hermann! großer Feldherr!

HERMANN

Was gibt's?

DER RÖMER

Der Sturm faßt unsre Zelte!

HERMANN

Nun,
da tut er recht. Und baut sie künftig besser!

DER RÖMER

Nichts, Herr, hält stand, die Wagen wirft er um,
und von den Bergen fallen Bäche nieder,
und [in] die Eich' am Waldsaum schlug der Blitz!

HERMANN

Du Memme von 'nem Römer! Soll ich denn
dem Sturm gebieten und in meine Arme
die Wasser fangen, die vom Berge stürzen! —
Verkriecht euch, wo ihr könnt! Hört ihr? Verkriecht euch!
Der Römer ab.

HERMANN
setzt das Horn an den Mund

Ich brenne, gutes Horn.
Er läßt es sinken.

Entfeßl' ich sie,
die abertausend Männer, deren Grimm
wie Feuersbrunst, vom Sturmwind angefacht,
auflodern wird, wenn dieser Ruf ertönt? —
Die fallen dann wie Tiger über ihn,
der sich mein Freund genannt, der mich geliebt,
zerreißen ihn wie Wölfe, die der Hunger
zu übermäß'ger Gier getrieben. Den
zerreißen sie, den — den zerreiße ich,
Er deutet nach dem Gemache des Varus
auf diesen hetz' ich sie? Ich, ich? — Ihr Götter!
Der mich vieltausend Male Sohn genannt,
der mir vertraute, wie ein Vater nur
dem Sohn vertrauen kann, der mich erhob,
den stell' ich vor den Käfig wilder Bestien
und öffne diesen Käfig?
Er nimmt den Vorhang der Verbindungstür in die Hand und schlägt ihn zurück.

Da liegt er,
da liegt er nun und schlummert ruhig, friedlich:
das könnte mich entmannen. — Raffe dich!
Die Sach' ist größer, der du dienst. Millionen
gedrückter Menschen mehr wie dieser eine,
viel mehr — viel mehr! Und doch hab' ich ihn lieb.
Zu lieb vielleicht für einen Römer. So,
daß ich ihm das Erwachen gern ersparte.
Während der letzten Worte ist er mit gezogenem Schwert auf das Lager des Varus zugeeilt, vor welchem er nun zurückschrickt.
Doch schlafend — nein, ich töte niemand schlafend!

VARUS
erwachend
Sieh da, sieh da! Bist du bei mir, Armin?

HERMANN
verwirrt
Ihr rieft, mein Feldherr.

VARUS
Ach, es war ein Traum.
Ich hatte wüste Träume. — Wie der Sturm
durchs Lager heult und wie der Donner rollt!
Gib mir die Hand, Armin.
Hermann tut es.
Beim Jupiter,
du bist ein treuer Mann. — Sieh, ich bin freudlos,
hab' weder Weib noch Kind — nein, keines, keines,
du sollst sie mir ersetzen, Weib und Kind.

HERMANN
stockend
Varus, ich kann nicht!

VARUS
Nein, laß nur die Maske,
wir sind allein. Man kriecht mir sonst zuviel
und weist zurück, wonach man gierig doch
Gelüsten trägt. — Nimm meine Freundschaft und
laß mich dir Vater sein.
Entschlummert.

HERMANN
überwältigt, kniet an dem Lager nieder

Ja, Vater, Vater!
Sich aufraffend
Verrinnt, ihr Tränen! Gibt es Wankelmut,
Zaghaftigkeit, wem ich zu dienen habe?
Hier liegst du, Vater, ausgestreckt, indes
da drauß mein Vaterland sich krümmen muß.
Während er spricht, schreitet er rückwärts der Verbindungstür zu.
Hinweg, weibische Wehmut! Wenn du hier
schon um dich greifst, so mußt du Bäche reißen
aus meinen Augen, Länder überfluten,
beim Jammer meines Volkes.
Den Türvorhang in der Hand haltend, wirft er noch einen letzten, wehmütigen Blick nach dem schlafenden Feldherrn. Dann gleitet der Vorhang zur Erde, und Hermann steht wieder in dem Vorraum.
Gute Nacht!

VIERZEHNTE SZENE

Teutofried kommt.

TEUTOFRIED

Arminius!

HERMANN

Was gibt's da wieder?

TEUTOFRIED

Feldherr!

HERMANN
einfallend
Laßt Zelte sich im Sturme rasend drehen,
laßt Eichen fallen und die Wasser stürzen —
beim Zeus! ich kann und werde sie nicht halten!
Gemurmel außen und hin und wieder Tumult und Flüche der Soldaten.

TEUTOFRIED

Ein Mann, des Aussehn mir verdächtig scheint,
wünscht zu dem Feldherrn Roms.

HERMANN
Nun, der bin ich.
Sag ihm, ich schliefe gern zur Nacht und würde,
was er zu sagen hat, bei Tag gern hören.
Teutofried will ab.
Halt noch, wie hoch ist's an der Zeit?

TEUTOFRIED
Zu Mitternacht
fehlt nicht mehr viel, mein Feldherr.

HERMANN
Sei bereit
und pünktlich, Teutofried.

TEUTOFRIED
Bau auf mich, Hermann.
Teutofried ab.

FÜNFZEHNTE SZENE

HERMANN
Was will der Fremdling, und wer mag er sein?

STIMME VON AUSSEN
Laßt mich zum Feldherrn Roms, ich muß zu ihm!

HERMANN
Ha! Deine Stimme kenn' ich gut, mein Bruder!

SECHZEHNTE SZENE

Teutofried kommt zurück.

HERMANN
Was hast du wieder? Rede, Teutofried.

TEUTOFRIED
Der Fremde will sich nicht abweisen lassen.

HERMANN
indem er sich an den Tisch setzt, so, daß er der Eingangstür den Rücken wendet
So laß ihn ein; sag ihm, der Feldherr Roms
erwarte ihn.
Teutofried ab.

SIEBZEHNTE SZENE

Flavus erscheint an der Tür, zerlumpt, schmutzig, wüst. Er blickt zweifelnd auf Hermann und spricht dann stockend.

FLAVUS
Ich will zum Feldherrn.

HERMANN
         Der
bin ich.
Gleichgültig, ohne sich zu wenden
  Und dein Begehr?

FLAVUS
erkennt ihn, ingrimmig
Ich will zu Varus!

HERMANN
barsch
Varus bin ich jetzt. Was begehrst du, Fremdling?

FLAVUS
ingrimmig, im Laufe der Rede immer wilder und leidenschaftlicher werdend, bis er zuletzt in rasender Wut schreiend auf Hermann eindringt
Verfluchte Katze, Speichelhund, verdammter!
Was trittst du mir entgegen überall!
Was jagst du mich von Haus und Hof und Herd,
von Römern und Germanen wie ein gift'ges,
verpestetes Getier! Denkst du, daß ich
als Ausgestoßener, Verleumdeter
in Sumpf und Moor und Wald mich gut befand?

Denkst du, daß ich mich darum hergeschleppt,
um dir den Fuß zu lecken? — Nein! Ha ha!
Um dich auf immer zu vernichten, kam ich,
um zu entdecken den Betrug, zu retten
das Römerheer vor Untergang und Tod.
Jetzt noch — gib mir das Horn —, jetzt räch' ich mich
für deine Schändungen beim Thing! Hörst du,
gib mir das Horn! — Ich schlage Lärm. Erwache,
reiß dir den Schlaf von deinen Augen, Varus!
Erwache, Varus! Varus!

HERMANN
stößt ihn mit dem Schwerte nieder
Und du schlafe!
*Er sieht sich triumphierend um, seine Hand klammert sich
um das Horn, seine Augen funkeln, als er fortfährt*
Und wie du rufst: »Erwache, Varus, Varus!«,
so ruf' ich auch: Erwache, deutsches Volk!
und schleudre die Tyrannenketten nieder
wie morschen Zunder! Nun erwache, Deutschland!
Er bläst gewaltig ins Horn.
Von den Bergen umher antworten in bestimmten Zwischenräumen die Hörner der verbündeten Germanen. Als ihr letzter Klang in der Ferne verhallt ist, erhebt sich, erst langsam und feierlich, immer lauter werdend, zuletzt zu donnerndem Getöse anschwellend, der Schlachtgesang der Germanen.

SCHLACHTGESANG
Die Schwerter empor, du rächende Schar!
Hinaus, wo die Schlachten erbrausen!
Laßt flattern im Winde das goldige Haar,
laßt hoch euer Schlachtschwert sausen!

Es zucke herab ein sengender Strahl,
wie Thors Blitze die Wolken durchgleiten!
Das Gebirge durchdonnre der Widerhall,
wenn Deutsche streiten!
*Schon bei dem Rufe des Flavus ist Varus emporgesprungen
und nach dem Vordergrunde geeilt. Während der nun folgenden Handlung tönt der Gesang.*

VARUS
Was soll der Lärm?

HERMANN
Nichts weiter, Herr, als dies:
Ein Löwe ward gebunden, und der Löwe
entschlief in Fesseln, und derselbe Löwe
erwachte auch in Fesseln. Und so kam's,
daß er sie sprengte. — Kämpfe, dort dein Schwert.
Schnell ab.

ACHTZEHNTE SZENE

VARUS
Das war zu früh für mich — doch nicht zu spät,
so will ich hoffen. Tod, du Freudebringer,
umarme mich im Kampf.
*Will ab. Aurelius und Crassus kommen ihm mit Zeichen der
Bestürzung entgegen.*

AUREL
O Feldherr, Feldherr!
Verloren, alles hin!

CRASSUS
Dein Werk, dein Werk!
Die Schlange, die du säugtest!

VARUS
Nein, den Löwen!
Geht hin, bezwingt den Löwen, wenn ihr könnt!
Vorwärts!

NEUNZEHNTE SZENE

ZENTURIO
Die Furien sind los, Pluto ist los!
Da fallen sie vom Berg wie Vogelschwärme,
unzählig, wütig, knirschend. Rettung, Rettung!
Feldherr, beschütze uns!

FLAVUS
im Todeskampfe zu Varus
Du blinde Memme!
Stirbt.

VARUS
Zenturio das Schwert aus der Hand reißend
Du Knecht, was schwatzest du? Vorwärts zum Kampf!
Heftiger Blitz und Donnerschlag. Vorhang fällt.

ZWANZIGSTE SZENE

Verwandlung. Landstraße nach dem Hintergrunde zu, in weiter Ferne sich verlierend. Felsen- und Waldpartien. Morgendämmerung. Sigwin, abgehärmt, zitternd, sitzt mit Osmundis auf einem Felsblock. Die Landstraße hin und wieder eilen hastig Greise, Weiber, Kinder. In der Ferne Getöse des Kampfes.

OSMUNDIS
Severus war kein Römer wie die andern
und liebte sie aus vollem, ganzem Herzen.
Was sie ihm auftrug, war er zu vollbringen
gewillt, doch Hermann griff in seinen Plan.

SIGWIN
Wie du ihr sagtest, hieß sie ihn vorher
den Varus töten?
OSMUNDIS
Ja, wie ich ihr riet.
Und erst nach dieser Zeit versprach sie ihm,
sich hinzugeben, doch als ehlich Weib.

SIGWIN
Sie ist nun hin, Osmundis, diese Hand
ist rot von ihrem Blut.
OSMUNDIS
Das Rechte wollen,
Sigwin, ist bei den Göttern Rechtes tun.

SIGWIN
Die Schlacht ist aus, da kommt ein neuer Trupp.
Verbinde mir die Augen. Dieser Sieg —
weh über diesen Sieg! Ich mag nicht sehen,
wie sie heimkehren, jubelnd, singend.
Germanen führen Eggius gefangen vorüber. Viel Volk ihnen nach.

EIN GERMANE
Heil
dir, alter Sigwin! Sieh den Eggius,
den rutenpeitschenden Tribun! Lebt wohl!
Vorüber.

EINUNDZWANZIGSTE SZENE

*Eber im Streit mit einigen Germanen um den gefangenen Sever;
diesen wiederum halten Gesellen des Eber.*

EIN GERMANE
Was raubst du mir den Römer?

EBER
Der ist mein!
Mein ist der Adler, mein ist die Standarte,
und wer es wagt, mir eines anzutasten,
dem sag' ich meinen Namen: Hammerschmied!

GERMANE
Ich fing ihn aber, hab' mit ihm von eh
Abrechnung noch zu halten.

EBER
Fingst du ihn,
so war's, als ich ihm alle Kraft genommen
mit diesem Hammer. Kommt, Gesellen, faßt ihn!
Die anderen Germanen lassen von Severus.

EBER
Heil, Sigwin! Hörst du Hörnerschall? Sieg, Sieg!

SIGWIN
traurig
Und diese Hörner sind mein Grabgesang.

EBER
Stirbst du? Nun dann, wer stirbt auf Erden besser?
Du bist der erste, der in Freiheit stirbt.

SIGWIN

Wen bringst du da gefangen?

EBER

Einen Römer.
Der soll mir Feuer schüren, Wasser tragen.

OSMUNDIS
leise zu Sigwin

Es ist Severus, Götter!

SIGWIN
außer sich

Ja, er ist's.
Eber, sei mir ein Freund, leih mir die Waffe.
Nicht wahr, ich sehe aus, als wär' ich glücklich:
rollende Augen, flatternd Haar ums Haupt!
Leih mir die Waffe.

EBER

Zu was Ende, Sigwin?

SIGWIN

Was frägst du?! Sieh das rote, rote Blut
an meinen Händen! Fühle, wie sie brütet
auf Haupt und Brust und Herz, die gräßliche,
verfluchte Last des Mords, zu dem er mich
getrieben hat! — Schmied, leih mir deine Waffe!

EBER

Dann, Römer, sollst du mir nicht Wasser tragen,
so wahr ich Sigwins Freund bin.
Er holt aus zum Schlage.

SEVERUS

Schlag zu, Riese,
der seinen Feind in Ketten überwindet.
Laß deine Waffe niederkrachen auf
mein dumpfes Hirn. Was irdisch ist an mir,
das tötest du, doch nimmer meine Liebe.

SIGWIN
hastig

Zu wem die Liebe?

SEVERUS

Bist du Siegtrauts Vater?
Ich kenne dich und dennoch wieder nicht;
die hohe, ehrgebietend edle Stirn,
die tiefen Furchen drin, die kenn' ich wieder.
Vergebens such' ich in den tiefen Augen
des edlen Sängers Zeichen. Kennst du Menschen
und ihre reinsten, heiligsten Gefühle,
und ehrst du sie, wenn du in tier'scher Wut
sie alle gleichwie Würmer unter dir
zermalmest, die sie hegen? Deine Tochter
hast du ermordet, weil sie Liebe hegte,
mich willst du morden, weil ich Liebe hege,
und nanntest selbst dich einst der Liebe Priester.
O schleudre deine Harfe an den Fels,
du törichter Ergrauter, der du dich
so wahr in deinem Sängertum betrogen,
als ich dem Tod geweiht bin.

SIGWIN
zitternd

Deine Hand,
Osmundis, deine Hand! Mein Tag wird Nacht!
Und meine Nacht wird Tag.

EBER
Sigwin die Waffe in die Hand drückend

Nimm du die Waffe
und räche du dich, wie er dich geschändet.

SIGWIN

Gib ihm den Hammer, heiß ihn mich zerschmettern,
denn er war ihrer wert, o meine Siegtraut!

EBER

Was ist mit dir?

SIGWIN

Gewähr mir eine Bitte
und laß ihn frei! Ich will dein Sklave sein.

ZWEIUNDZWANZIGSTE SZENE

*Jünglinge kommen in Waffen, mit Jubel und Gesang, begleitet
von vielem Volk.*

ERSTER JÜNGLING

Wer noch im wüsten Schlummer liegt,
der raffe sich und spring' empor!

ZWEITER JÜNGLING

Wer Speichel leckt, im Kot sich schmiegt,
der raffe sich und spring' empor!

DRITTER JÜNGLING

Und wer sich vor Tyrannen biegt,
der raffe sich und spring' empor!

ALLE

Der raffe sich und spring' empor!
Vorüber.

EBER
zu den Gesellen

Führt ihn hinab nach Helakon, weist ihm
den Weg bis hin zum Rheine. Führt ihn heim
und labt ihn mir mit Speis und Trank, Gesellen.
Für sich
Ich fühle was wie eine Träne. Still,
willst weinen, alter Schmied, um deinen Feind?

EIN GESELLE

Wohl, Meister.

SIGWIN

Heißen Dank!
Eber ab.
Zu Sever

Du kanntest sie,
Gerührt und leise
du liebtest sie! — Sag, hatte je die Erde
ein Wesen, das ihr glich an Lieblichkeit,
an Innigkeit, an Reinheit?

SEVERUS
Sigwins Hand ergreifend, wehmütig
Nimmer, Vater.

SIGWIN
Dank dir, mein Sohn. — Leb wohl!
Sich wendend
                          Und lebe, lebe!
Indes ich wandre nach dem großen Saal,
wo Römer und Germanen friedlich wohnen,
wo alles, was getrennt auf Erden war
trotz allen Strebens nach Vereinigung,
sich endlich findet. Dort erzähl' ich i h r
von dir und wasch' ihn weg, den argen Fehl,
durch Tränen, den ein unabänderlich
steinherziges Geschick mir aufgebürdet,
damit ich einen kleinen Teil an i h r
erringen möge, eh du einst erscheinst
im heil'gen Saal der Römer und Germanen.
*Er wankt in die Hütte. Severus schaut ihm wehmütig nach,
geht dann zu den Gesellen, die seiner harren, und mit ihnen ab.*

DREIUNDZWANZIGSTE SZENE

*Das Getriebe auf der Landstraße nimmt zu. Rufe. Jubellaute.
Da auf einmal ferner Gesang der heimziehenden Germanen.*

ALLE
durcheinander
Er kommt — er naht! Streut Blumen, Blätter, Kränze!
Heil Hermann! Heil Befreier! Heil dir, Hermann!

VIERUNDZWANZIGSTE SZENE

*Hermann kommt mit Kriegsvolk. Osmundis auf einem Felsen,
von welchem aus sie die ganze Landstraße übersieht.*

OSMUNDIS
Kommt her, schaut hin, dort zieht das Römerheer.
Welch kleines Häuflein jetzt, so klein beinah
wie meine Herde, die am Berge grast.
Gesenkte Häupter, Blicke, die den Himmel
und unsre Sonne scheuen. Heil dir, Hermann!

Ein Haufe gefangener Römer, einige tragen die Bahre mit der Leiche des Varus.

HERMANN

Bleibt, haltet mit der Leiche!
Für sich

                      Ein Gedenken,
ein stilles Dein-Gedenken weih' ich dir.
Laut zu den andern
Ihr aber, stecket grüne, frische Reiser
an eure Helme! Jubelt, tanzt und singt,
und »Freiheit!« schalle wider von den Bergen!
Des Stromes Quelle und im Grund die Wurzeln,
die Nachtigall soll dieses Tönen hören
und ihren matten Klageton vergessen
bei diesem Donnerworte: »Freiheit! Freiheit!«
Eber gibt den andern Germanen Zeichen. Diese drängen mit ihm heran und heben Hermann unter wildem, unbändigem Jubel auf den Schild. Währenddessen ist die Sonne aufgegangen.

ALLE

Freiheit! Freiheit!

ERSTE ABTEILUNG

Dramatische Fragmente

HELENE

Entstehungszeit: 1877 oder Anfang 1878.

[PERSONENVERZEICHNIS]

⟨EDELMANN STRÖMLICH
SEINE GEMAHLIN
HELENE, seine Tochter
PRIOR DES KLOSTERS JURANITSCH
PETER ⎫
KLUNKER ⎬ Klosterbrüder
HANS ⎭
KARL VON ALBANIEN, junger Graf
GRÄFIN, seine Mutter
MARTHA, seine Schwester
ALBERT ⎫
GUSTAV ⎬ seine Freunde, Hauptleute
EIN EDELKNABE
KONRAD, ein alter Kriegsmann
ALTES WEIB, Mutter des Priors⟩

[ENTWURF]

ERSTES BILD

Zimmer im Kloster.
Prior
Peter ⎫
Klunker ⎬ Freunde
Hans ⎭
⟨Beratung wegen dem Überreden des Edelmanns Strömlich. Babeka tritt herein und schmäht ihren Sohn, weil sie ihn bei der Unterredung belauscht hat. Prior läßt sie hinauswerfen.

ZWEITER AUFZUG

Zimmer bei Strömlich.
Strömlich

Seine Gemahlin
Seine Tochter
Karl von Albanien
Prior
Klunker
Babeka
Edelknabe
Strömlich, seine Gemahlin beraten das Wohl ihres Kindes und ermahnen sie, sie möchte doch von Karl ablassen, da es ihr zum Heile gereichen würde. Helene aber weigert sich und spricht: »Nur mit Gewalt werde ich mich zwingen lassen.« Dann geht sie ab.
Prior tritt herein mit Klunker und überredet den Strömlich, biegt sich, wenn er die einstudierten Worte nicht mehr weiß, zu Klunker, der ihm immer wieder vorsagt, dann aber selber mit Strömlich spricht. Durch ihre Anstrengungen gelingt es, die Eltern zu überreden, und der Tag wird festgesetzt, an welchem sie geholt wird. Babeka stürzt herein, macht heftige Handbewegung, bekommt aber von Klunker einen Schlag, daß sie niederfällt. Gehen alle ab.
Helene wankt herein und hatte gelauscht und bricht nun in Klagen aus und fällt in einen Diwan. Da kommt Karl herein, und sie erzählt ihm alles; er verspricht ihr, sie zu retten. Geht ab.

DRITTER AUFZUG

Ein Zimmer bei Karl von Albanien.
Karl von Albanien
Seine Mutter
Seine Schwester
Gustav
Albert
Konrad
Beratung.⟩

VIERTER AUFZUG

Der Raub.
Im Kloster.
Prior
Helene
Klunker

Hans
Peter
Karl von Albanien
Gustav
Albert
Konrad

FÜNFTER AUFZUG

Zimmer bei Strömlich.
Strömlich
Seine Gemahlin
Helene
Gräfin von Albanien
Ihre Tochter Martha
Ihr Sohn Karl
Gustav
Prior
Klunker
Peter
Edelknabe
Mönche, Nonnen, Gerichtsdiener

Graf bittet einen Edelmann um seine Tochter. Dieser verweigert sie ihm und schickt sie in das Kloster. Der Prior liebt sie und hat den Edelmann überredet, sie dem Kloster einzuverleiben. Sie geht hin, der Graf sinnt auf Mittel zur Befreiung, bringt eine Masse Krieger zusammen und will das Kloster bei Nacht erstürmen und sie rauben, fällt aber bei diesem Unternehmen und stirbt.

[BEGINN DER AUSFÜHRUNG]

ERSTER AUFZUG

Klostergewölbe mit zwei Ausgängen. In der Mitte ein Tisch mit Weingläsern und Weinflaschen.
Prior, Klunker, Hans und Peter sitzen am Tisch.

[ERSTE SZENE]

KLUNKER
sein Glas erhebend

Das erste Glas sei dir gebracht,
du würd'ger Prior unsers Klosters!
Du riefst uns hier in diese stille Kammer,
so weit entfernt von dem Geplärr der Narren,
und so gewiß ich hier das volle Glas
des edlen Weins mit einem Zuge schlirfe,
so sicher bist du von uns hochgeehrt.
  Trinkt aus.

HANS
Auch ich, ich ehre dich, mein Vater,
⟨weil du den edlen Wein⟩
⟨weil du nur scheinbar Gottes Jünger bist⟩
und so gewiß der Wein
die starke Brust mir schwellt
und so gewiß das Auge in der Höhle,
vom Wein begeistert, Feuerfunken sprüht
und so gewiß wie ich der Narren spotte,
so lieb' ich dich aus voller Brust.

PETER
Ich dien' dir gern, das weißt du ja schon lange,
doch dieses Glas, das leer' ich auf das Wohl
des Klosters, das wir hier in ew'ger Lust bewohnen.
Ich wünsch', daß die verrückten Narren
recht lange, lange noch auf die Erlösung harren,
damit wir unsre Tage herrlich hier genießen.
Gern trag' ich die Kapuze um dieses Lohnes willen.
Der Rebensaft, er gibt dem Herzen neue Kraft,
er zwingt zurück in den entnervten Leib das Leben,
und wie ein Feuerstrom fließt wogend er durchs Haupt.
Von hoher Lust getragen, neu belebet,
greift noch der Greis in seiner Zither Saiten,
und mächtig voll beginnt er sie zu schlagen,
  Er trinkt
wenn er der Rebe Wundertrank genießt.

PRIOR
Wohl füll' ich bis zum Rande mir das Glas

und führ' die Feuerlabe auch zum Munde,
doch das kristallne Elemente,
es bringt in meiner Brust die Ruhe nimmer wieder.
Ich blick' zurück in die entschwundnen Tage —
war denn nicht liebelos und liebeleer mein Dasein?
Nur Liebe kann die rechte Freude geben,
und Bacchus' Jünger muß nach dieser Liebe streben.
Bei aller Freude, die wir hier genießen,
fehlt uns die eine doch: die Liebe fehlte stets.
Wenn Liebe schenkt den Becher ein
und Lieb' ihn führt zum Munde,
dann ist die schönste Stunde,
die höchste Freude dein.

⟨Und darum stürz' ich hier
den Becher der Labe
der Liebe als Gabe,
und darum ruf' ich aus freudiger Brust:
Es lebe der Liebe heilige Lust!
  Trinkt.

KLUNKER
Was wolltest du denn damit sagen?
Woher denn sollen wir noch Liebe hoffen?

PRIOR
Auf ew'ges Leben blüht uns keine Hoffnung,
drum wollen wir das Dasein doch genießen,
und wenn wir auch, um Freud' uns zu verschaffen,
zu schlechten, unerlaubten Mitteln greifen.

HANS, KLUNKER, PETER
Ha, wir verstehen schon!
Die Sache wär' nicht schlecht.
Doch wie, woher, wohin?

PRIOR
Wie? diese Frage ist noch nicht gelöst.
Woher? das wißte ich auch ohne viel Besinnen.
Wohin? hab' ich mir auch schon ausgesonnen.
  Schweigt nachdenkend.

PETER, HANS
So sag doch nur, woher, das andre findet sich.

KLUNKER
auffahrend
Ach! meinst du denn vielleicht die schöne Helene?

PRIOR
Du sagst es. Die und keine andre wär's.
Hast du der blonden Locken Fülle schon bewundert?
Hast du noch nicht besehn der blauen Augen Pracht?
Wie liebreich ihre Hand sie stets mir reichte,
und wie die Liebe sprach von ihren roten Lippen!

PETER
Der Wein und Liebe machen gar dich närrisch.
Bedenk, daß du der Jugend Jahre überschritten
und sie, ein junges Ding, bezaubern willst!

HANS
Laß ihn doch, je besser ist's für uns.⟩

ZWEITE SZENE

Ein Mönch kommt mit gesenktem Haupt.

MÖNCH
Ehrwürdiger Prior,
die Gemeine ist bereit,
Euer heiliges Wort zu vernehmen,
die Glocke hat zur Messe geläutet.

PRIOR
aufgebracht
Sagt der Gemeine bald,
um wichtige Dinge zu beraten,
sitz' ich in dieser stillen Kammer.
Ein andrer soll die Messe halten,
da ich beim besten Willen jetzt verhindert bin.

MÖNCH

Wie der ehrwürdige Prior befiehlt.
  Geht ab.

PRIOR

Das dumme Volk, das hält mich fromm und heilig.
Hört nur, wie ihr Geplärr in leere Lüfte schallt.
Und seht nur, seht, wie Pater Gregor schwatzt
und wie sein spitz'ger Leckermund
dieselbe Predigt an die tausend Mal,
mit hohem Pathos aufgewärmt, heruntersagt
und doch im Geiste schon den Mittagsbraten schmeckt.

PETER

Er macht ja es grad' wie du.

DRITTE SZENE

Babeka tritt herein.

BABEKA

Ja, grad' wie du, du wohlgenährter Pfaff,
du Auswurf der Menschheit, du weibischer Laff,
du gesunkener, schmählicher Bösewicht,
du bist nicht mein Kind, dich kenne ich nicht.
Ja, werde nur rot, ja, schaudre zusammen,
verbrenne in deines Zornes Flammen!
Ja, lieber mag mich der Drache bespeien,
als dir zum Küssen den Fuß nur zu leihen!
Erstich mich, hier lieg' ich, die dich gebar
und zum kindischen Pfaffen gemacht,
erstich mich, ich bin es wert fürwahr,
daß ein Schurke mich umgebracht.

PRIOR

Was wünschest du hier, ich kenne dich nicht,
entferne dich auf der Stelle!
Solch Lumpengesindel, solch Bettelvolk
wagt sich über meine Schwelle!

BABEKA

Ha, wie das Teufelsgesichte grinst,
wie schillern die grünen Augen!
  Bekommt von Klunker einen Schlag, daß sie niederfällt.
  Darauf klingelt Klunker. Mönche erscheinen.

VIERTE SZENE

KLUNKER
auf Babeka zeigend

Sie stand vor Gottes Strafgericht;
schafft sie hinweg und legt sie auf den Rasen,
damit das Leben wieder in sie kehre.

Die Mönche tragen Babeka hinweg.

FÜNFTE SZENE

PRIOR
's ist eine wunderbare alte Hexe,
die einen nicht verläßt bei Tag und Nacht.
Hast du ihr einen derben Schlag gegeben, Klunker?

KLUNKER
Nur auf zwei Stunden Ohnmacht war der Schlag berechnet.

[AMOR UND HERMES]

Entstehungszeit: 1877 oder Anfang 1878.

⟨PERSONEN⟩

AMOR
HERMES

AMOR

in seinem Palaste, hat einen silbernen Bogen, einen Köcher mit Pfeilen.

Schockschwerenot und Element,
Bomben und Granaten!
Wahrlich, 's ist um diese Welt
so verteufelt schlecht bestellt,
niemand läßt sich raten.
⟨Alles läuft nach seiner Art,
drunter geht's und drüber.⟩
Meine Pfeile, welche Schand',
werden schnöd zerbrochen,
alles außer Rand und Band,
umgekehret ist das Land,
Schmach, du wirst gerochen!
⟨So ein rüplich Erdenkloß
will noch meiner spotten.⟩
Schüttet die Pfeile aus, nimmt einen Wetzstein und wetzt die Spitzen. Beim Wetzen
Schärfer werden eure Spitzen,
wie die blanken Schneiden blitzen!
Ach, wie werdet ihr so lustig
meiner Feinde Häute ritzen!
Rache, Rache! ruft's von neuem,
rüstet euch, ihr meine Treuen,
tapfer in den Kampf gegangen,
und ihr werdet's nie bereuen.
Pause. Indem erscheint ⟨ein Jüngling⟩ Hermes, schüchtern. Amor erblickt ihn nicht, wetzt weiter.
Schärfer werden eure Spitzen,
wie die blanken Schneiden blitzen!
Ach, wie werdet ihr so lustig
meiner Feinde Häute ritzen!

⟨JÜNGLING
schüchtern
Ich komm', um Euch Visite zu machen,
freilich werdet Ihr über mich⟩

HERMES
Was seh' ich, Herr Amor, so emsig beschäftigt?
Sie hat wohl neue Beute gekräftigt.

⟨AMOR
Man pflegt mir Durchlaucht beizulegen.

HERMES
Entschuldigen Durchlaucht, daß ich so verwegen,
bin einmal der Lüfte freier Sohn.
Drum trat ich zu Durchlaucht ganz sans façon.⟩

AMOR
Ja wahrlich, Herr Hermes, Sie sprechen sehr zierlich,
doch wollt' ich Sie bitten, ein wenig manierlich.
Er hat mir mein Reich ganz umgekrempelt
und den Siegel des Handels darauf gestempelt.

⟨HERMES
Ich dachte, Durchlaucht würden sich freun,
das bringt ja viel größere Beute ein.⟩

AMOR
Mit seinen verdammten Heiratsbüros
pfuscht er mir in mein Geschäfte,
und alle Welt schreit: 's ist famos!
Die Sach' ist wirklich sehr kurios.
Woher hat Er die Rechte?

HERMES
Sei'n Durchlaucht nur nicht aufgebracht,
ich habe mir bloß ein Späßchen gemacht.

AMOR
Ja, schöne Späße, das muß man gestehen,
noch nie hab' ich solche Späße gesehen.
Ihr sucht nur den Kopf aus der Schlinge zu ziehen,

doch jetzt soll Er mir nicht mehr entfliehen.
Auf andermal rat' ich, zu Hause zu bleiben,
ich würde die Haut Euch sonst etwas zerreiben.
Denn wisset, jetzt lad' ich das schwere Geschütz.

HERMES

Das ist nun freilich ein anderer Sitz[?].
Da muß ich mein Heer auf die Schlacht vorbereiten.
Wart nur, meine Leute können auch streiten.

AMOR

Der Domestik wagt du zu sagen!
Da soll dich gleich der Satan plagen!

HERMES

Was! Domestike? Sie wollen mich kränken!

AMOR

Das Du werd' ich Ihm nimmer schenken.

HERMES

Zurück nehmt gleich den Domestiken!

AMOR

Das Du mag sich für Ihn wohl schicken.

HERMES
auf ihn zugehend
Ihr widerruft es, sonst werd' ich bös.

AMOR

Zum Guckuck auch, der ist courageuse!

HERMES
mit seinem Stabe aufstampfend
Hier, unverschämter kleiner Wicht,
du machtest mich böse, ich kenne mich nicht!
Hebt seinen Stock zum Schlagen.

AMOR

Oho, nur nicht eilig, Herr Vetter, oho,
bald schreit Ihr ja Zeter und Mordio.

HERMES
sich mäßigend
Das wollen wir sehen, das Blatt kann sich wenden,
dann laß ich Euch binden an Füßen und Händen.

AMOR
Still, still, sonst geht's Euch schon jetzt an den Kragen,
dann laß ich Ihn aber ganz jämmerlich plagen.

HERMES
Ha, ha, mit deinen kleinen Wichten!

AMOR
Herein, meine Garde, den Spötter zu richten!
Es erscheint ein Heer Soldaten.
Nun jetzt, erklärst du dich für gefangen?

HERMES
Du bist einer der nichtsnutzigsten Rangen,
die unter den Göttern existieren.

AMOR
Das nimmst du zurück! Ich laß dich kastrieren,
dir Hände und Füße mit Stricken schnüren.
Die Soldaten und Amor rücken näher.

HERMES
Zurück, daß ich dich beim Zeus nicht verklage!
Dann denkst du gewißlich an diese Tage.

AMOR
Ha, Zeus ist ja selber in meiner Gewalt!
Zurück, meine Treuen, noch einmal halt!

HERMES
Kommt her, ihr Soldaten, ich stoß' euch nieder,
daß euch zerknicken alle Glieder.

AMOR
Willst du?
HERMES
Nur immer zu!

Doch ja nicht[s] etwa von Friedensverträgen;
mein Szepter werd' nie ich zu Füßen dir legen,
die Liebe will ich zum Handel machen
und deine Scharen ganz tüchtig verlachen.
⟨Du hast mich beschimpft, und das ist genug.
Zum Himmel richt' ich meinen Flug.⟩
Komm immer heran mit dem schweren Geschütz,
mit Krachen und Poltern, mit Donner und Blitz —
ich weiche nicht von meiner Stelle,
und sprühte Feuer selbst die Hölle.

AMOR

Nur ruhig, mein Lieber, nicht getrotzt!
Zurück, meine Leute, aufgeprotzt,
die ganzen Battrien zur Erde gerichtet,
Kanonenkugeln hoch aufgeschichtet,
geschossen, bis die Läufe erglühn,
aus tausend Schlünden soll Feuer sprühn,
daß die Erde in ihren Grundfesten zittert,
man soll schon merken, daß Amor erbittert.
Und morgen bekomm' ich noch Mitrailleusen:
so'n Bombardement ist noch nie dagewesen.
Die Soldaten gehen ab.

HERMES
umgewandelt
Na, Amor, mach keine dummen Streiche.

AMOR

Geht's friedlich nicht, bring' ich's mit Feuer ins gleiche.
Und ich sag' dir, laß das verdammte Du.

HERMES

Sie eiteler Geck, nur immer zu!
Geht ab.

AMOR

Donner und Doria, Blitz und Hagel,
der Kerl hat im Kopfe 'nen großen Nagel,
der kann da nimmer mir widerstehn,
muß gleich mal nach meinen Kanonen sehn.
Hinter der Szene
⟨Nur forsch, Kameraden, gut gezielt,
daß der Feind auch unsere Stärke fühlt.⟩

Hurra, jetzt kommen die Mitrailleusen,
das Reservekorps. Kanoniere ablösen!
Gebt Feuer! So ist es schön, meine Treuen.
Den Lauf gekühlt, geladen von neuem.
Seht, seht, wie stürzt das Lumpengesindel,
und selbst den Hermes ergreift ein Schwindel.
 Kommt wieder herein, geht zum Fenster.
Doch halt, was seh' ich, sie kommen heran,
sie greifen meine Leute an.
Und Hermes fliegt an ihrer Spitze!
Sie rennen, kommen heran gleich dem Blitze!
 Ruft zum Fenster hinaus
Avantgarde, vorwärts in den Kampf,
dringt mutig durch den Pulverdampf!
Kanoniere Feuer eingestellt,
die Röhren gereinigt, die Toten gezählt
und dann schnell die blanken Schwerter entblößt,
damit ihr mit Blut euer Leben löst.
Hurra, meine Leute kämpfen gut,
ihre Schwerter sind gefärbt mit Blut.
Am rechten Flügel ist Blöße geschossen,
Reservekorps her auf den mutigen Rossen!
Stürzt euch in die Öffnung und füllt sie aus
und laßt herüber keine Maus.
Viktoria, die Bataille ist gewonnen,
Hermes, dein ganzes Glück ist zerronnen!
Doch nein! — Seh' ich recht? die Meinen weichen,
der Feind stürzt heran über Haufen von Leichen!
Vorwärts in die Schlacht, schwere Kavallrie,
die Feinde kämpfen ja wie noch nie.
Die Meinen fliehen, sie kommen zurück —
o Hermes, du hast heut verteufeltes Glück.
Du armer Amor, wie wird dir's gehn!
So eine Schlacht hab' ich noch nie gesehn.
Noch einmal alle Geschütze geladen —
seht, wie sich die Feinde im Blute baden!
Es ist vorbei, die Schlacht verloren,
o wär' ich Armer nie geboren.
 *Es durchzuckt ihn ein Gedanke, er ergreift den Bogen, nimmt
 immer einen Pfeil nach dem andern und schießt ihn ab.*
Bravo, bravo, so wird es gehn,
dem können sie nimmer widerstehn.

HERMES
stürzt herein, wird aber von Amors Pfeil getroffen, fällt ihm um den Hals
Nein, Bruder, wir wollen friedlich leben,
ich hab' dich gekränkt, will's gerne zugeben.

AMOR
Reich mir die Hand, ich schlage ein,
wir wollen auf ewig Freunde sein.

FRITHIOFS BRAUTWERBUNG
FRAGMENT

Entstehungszeit: 1879.
Erstveröffentlichung: In »Früheste Jugenddichtungen. Faksimile-Ausgabe.« — Freie Akademie der Künste in Hamburg, 1962.

Thingplatz. Hintergrund Meer. Volk. Helge und Halfdan. Könige. Königswahl. Hierauf Frithiof, auf seinem Drachen übers Meer kommend.

FRITHIOF
unter das Volk tretend
Seid mir gegrüßt, ihr Brüder alle!
Helge gibt Frithiof zögernd die Hand.

FRITHIOF
Nun, König, was ist das?
Reicht fest und treu die Hand,
wie's Königen geziemt.
Ein treues Volk braucht einen treuen König.
So hielten's unsre Ahnen, denk' ich, auch,
die unter diesem Hügel friedlich schlummern.
Des Herrschers Handschlag bietet Silber mir,
des Bauern Handschlag bietet Gold dem König. —
Doch höre, König, jetzt auf meine Worte
und wäge sie genau in deinem Sinn.
Bei dieses Hügels Heiligtum beschwör' ich dich,
daß dich nicht Haß noch böser Wille leite.
Bei unsrer Väter moderndem Gebein
gebiet' ich dir, genau das zu bedenken,
was meine Zunge jetzt dir offenbart.
In deine Hand hat deines Vaters Wille
der Heißgeliebten Schicksal übergeben.
Ich bitte hier vor Thor und aller Welt:
Gib mir die Schwester, gib mir Ingeborg.
Noch rede nicht! — Was runzelt sich die Stirn,
was sprühen deine Augen dunkle, wilde Glut?
Ein König bin ich nicht, doch bin ein freier Mann
mit Mut und Kraft genug und Lieb' und Treue.
Gibst du zum Weib sie mir, bedenk es wohl,
beschütz' ich ewig dieses Landes Marken.

Dies Schwert an meiner Seite, treu bewahrt,
soll für dich streiten jetzt und ewiglich. —
Doch reißest du die Braut aus meinem Arm,
dann wehe, wehe über Volk und Land!
Dann wehe, König Helge, deiner Macht!

HELGE

Was prahlest du mit großen Worten, Mann?
Hast du denn je gehört, daß Königsblut mit Bauernblut
  vermischt ward?
Du Tor, der Götter Erbin
wird nimmermehr des Bauern Weib.
Du hast ein gutes Schwert und starken Arm fürwahr und
  hohen Mut,
und alles dies steht einem Bauern an.
Doch Hochmut, merk es dir, zerfällt in Staub.
Der Dirnen gibt es viel im weiten Land.
Begnüge dich und nimm des Königs Sold,
so wirst du stets in meinen Gunsten stehn.

FRITHIOF

Ha, Bauernblut! — So soll das Bauernblut dein Auge nicht
  vergiften?
Der Ahnen zählst du viel, o schwacher, bleicher Helge.
So klettre doch an deiner Ahnen Zahl
hinauf bis zu Walhallas Pforten,
besiege deinen Feind mit deiner Ahnen Siegen,
und wenn in Schand' und Not
dein letzter Hauch verröchelt
und ruhmlos deine Bahn zu Ende geht,
so stiehl mit List von deiner Ahnen Ruhm
und kleide dich in das gestohlne Gut,
sie hätten ja fürwahr sonst Überfluß daran. —
O schwacher, stolzer,
  Stolz
      finstrer Königssohn,
umwogte nicht das Bauernblut den Thron,
was wärst du da in deiner Feinde Hand? Ein schwacher Ball
im wilden Meer der Zeit.

(Ende verloren.)

VERSCHIEDENE LIEDER UND SZENEN AUS KONRADIN

Entstehungszeit: 1880.
Erstveröffentlichung: In »Früheste Jugenddichtungen. Faksimile-Ausgabe.« — Freie Akademie der Künste in Hamburg, 1962.

ERSTER AKT

ERSTE SZENE

Ufer des Bodensees im Hintergrunde. Darüber hinaus die hinter den Bergen versinkende Sonne. Fischer und Bursche in zwei Kähnen stoßen ans Land. Der Alte steigt ans Land.

BURSCH
Sieh, Alter, wie die Sonne blutrot sinket.

DER ALTE
Ja, Sohn, es hat nun lange schon allhier
ein stiller Friede die Natur beglückt.
Wer weiß, wie's morgen ist, wer hat geschaut,
ob Glück, ob Unglück hinter jenen Bergen
verborgen liegt. Sieh — jene kleine Wolke,
so weiß wie Schnee, so zart und harmlos scheint
sie dir noch jetzt, doch harre nur, sie wächst
mit Windeseile groß, und eh der Tag
verjüngt im Osten auf die Welle fällt,
hat sie den ganzen Himmel überzogen.
Bind fest den Kahn ans sichre Ufer, Sohn,
daß er ausharre, wenn mit Riesenkraft
der heulende, gewaltige Orkan
sich donnernd in den Flutenbergen wälzet.
Die Netze wickle ein und spute dich.
Wer kommt die Straße?

BURSCHE
's ist ein Wandersmann.

WANDERBURSCH
kommt singend

In entlegne Ferne

trug mich hin mein Sehnen,
doch mit stillen Tränen
dacht' ich dein so gerne,
heilig Land, wo meine Wiege stand.

Vom Orangenhaine,
von Italias Strande
zog's zum Schwabenlande
mich, zum grünen Rheine.
All mein Sehnen hat sich heimgewandt.

Wo der Staufer Zinnen
in die Wolken reichen,
die als Trauerzeichen
düster sie umspinnen,
will ich weilen, edler Konradin.

Laß die Nebel fallen,
Staufens letzter Sprosse,
steige kühn zu Rosse,
laß die Banner wallen,
nur mit dir will ich zum Kampfe ziehn.

Hie Waibling, alter Mann! grüß Gott, grüß Gott!
Wie weit ist's noch bis Konstanz?

DER ALTE
Siehst du dorten
die bunten Wimpel wehen überm See?
Geh hurtig zu und nach zwei Stunden Wegs
bist du am Ort; dich wundert's wohl, daß drüben
so alles weht und wallt von bunten Fahnen,
als ob ein Fest in Konstanz' Mauern spielte?
Ha, ha, 's ist auch ein Fest — ja, wenn man's so nimmt.
Es wimmelt jetzt von Reisigen wie Rossen,
und — 's gibt gewiß ein herrliches Turnier.

WANDERBURSCH
Was sagt Ihr da?

DER ALTE
Ich mein', daß dieser Knabe,
der Konradin, ein Kind noch ist und daß

er sich Vergnügung sucht, wie's immerhin
auch seinem Alter ziemt. Ist doch die Bahn
des Ruhms für ihn verschlossen, die so glorreich
die Ahnen einst gewandelt; aber 's ist
der Lauf der Zeit, und wer will Eingriff tun
ins große Rad der Welten? Ein Geschlecht
entsteigt wie ein Komet dem Heer der Sterne,
es wird bestaunt und sinkt in Nacht zurück.

WANDERBURSCH
Ein Kind, sagst du, ein freudesüchtig Kind?
Nicht vom gewalt'gen Geiste seiner Ahnen
durchglühet und nicht voll des edlen Dranges,
den alten Glanz der Väter zu erneuen?

DER ALTE
Wär's denn auch klug, wenn er im Kindeskleide
mit Männern kämpfte, deren kühner Geist
und deren weltumfassend mächt'ger Arm
ihn knicken würde wie ein schwankes Rohr?

WANDERBURSCH
Ein echter Staufer ist kein schwankes Rohr.
Ha, Mann, trotz deiner weißen Haare scheinst
ein Kind du mir — oder — ein Staufenfeind.
Hie Welf! Das ist dein Kampfgeschrei, doch ich,
ich rufe: Schwert und Sieg, hie immer Waibling!
Schnell ab.

DER ALTE
Du Tor, fahr hin, ich bin nicht Welf noch Waibling,
doch bin ich nicht in neunzig langen Jahren
als Blind- und Tauber durch die Welt gegangen.
Rafft sich der junge Aar auch noch einmal
aus seinem Horst, will auch der Konradin
der Väter Ruhm und Glanz in sich erneuern,
so sinkt er doch trotz aller seiner Macht
von Anjous Händen, armer, armer Knabe.

BURSCHE
*der während dem ganzen Gespräch mühsam seine Bewegung
unterdrückt hatte*
Nicht armer Knabe, Vater, groß und herrlich

ist Konradin — o hätt'st du ihn gesehen
zu Rosse sitzend, wie sein Cherubsblick
mir eindrang in der Seele tiefste Tiefe,
wie da entfesselt tausend wilde Bronnen
ans Herz sich drängten, oh, da klang's in mir:
Wirf hin das alte Ruder in den See
und hänge deine Netze in die Zweige,
auch du bist in dem Schwabenland geboren,
auch du mußt deinen Konradin begleiten
zum alten Ruhm, zur alten Herrlichkeit.
Ich habe lange Jahre Euch gedient
mit regem Fleiß und unbeugsamer Treue,
nun laßt mich gehn. Es ruft des Landes Herr,
und wenn wir einst als Sieger wiederkehren,
dann schwimm' ich wieder mit Euch in den See,
dann will ich wieder Eure Netze stricken.
Bis dahin Gott befohlen — lebet wohl!

ZWEITER AUFZUG

ZWEITE SZENE

Landschaft wie im ersten Aufzug: im Hintergrunde der See, rechts im Vordergrunde eine Fischerhütte. — Gretli und der alte Fischer kommen aus der Hütte. Dialog. Kriegsknechte ziehn vorüber. Gretli und der Alte steigen in den Kahn und rudern hinaus. Hierauf der Fischerknabe als Krieger.

DER KNABE
Schon alles leer, die Gretli und der Alte
sind längst hinausgerudert in den See.
Vielleicht, daß ich sie noch erspähe, wenn ich
den Felsenzahn besteige, der sich weit
hinauslegt in des Sees grüne Fluten.
Da sind sie beide, doch zu weit entfernt,
um noch des Rufers Stimme zu vernehmen.
So lebt denn wohl, mög' euch der Herr bewahren!
Er will gehen, kommt aber wieder zurück und spricht

Leb wohl, o du See
mit der grünlichen Flut,

du murmelnde Welle
in funkelnder Glut,
ihr silbernen Firnen,
ihr Auen so grün,
ich muß in die Ferne
zum Kampfe nun ziehn.

Ich lenkte so lange
den schwankenden Kahn,
ich furchte so lange
die leuchtende Bahn.
Jetzt aber enteil' ich,
statt Ruder ein Schwert,
ade, o du liebe[r],
du heimischer Herd!

Ade, traute Hütte
am kühlenden Strand,
ade, o du heiliges,
sonniges Land.
Ade, all ihr Lieben,
die treu ich umfaßt,
ich finde zu Hause
nicht Ruh' mehr noch Rast!

ZWEITER AUFZUG

FÜNFTE SZENE

Konrad mit seinen Vasallen über den Kamm der Alpen ziehend.

EIN SENNER
singt, das Haupt auf seinen Stab gestützt

Auf den Bergeshöhn
lebt sich's wahrlich gut,
kühle Lüfte wehn
um mein wildes Blut.
Manches frische Lied
steigt so frei hinan,
und am Felsen blüht
still der Enzian.

O ihr Berge all,
o ihr Höhn umher,
unten grünes Tal,
ferne blaues Meer.
Alle, die mein Blick
oft gefangen hält,
ihr umkränzt mein Glück,
heil dir, schöne Welt!

Auf den Bergeshöhn
lebt sich's wahrlich gut,
kühle Lüfte wehn
um mein wildes Blut.
Und mein Hirtenstab
ist das Szepter mein,
sing' ins Land hinab:
Ich will Hirte sein.
Reißt um Länder euch
unter meiner Hand,
mir gehört das Reich,
mir gehört das Land.
Hier, nur hier allein
Königsmacht zerschellt,
laßt mich Hirte sein,
wo der Gießbach fällt.

DRITTER AUFZUG

ACHTE SZENE

Schlachtfeld. Rodi verwundet in Konrads Arm.

KONRAD

Was ist dir, Knab'? — Du siehst so bleich.

DER KNABE
schwach

                      Mir ist...

KONRAD

Sprich doch!

DER KNABE

    Ich sterbe.

KONRAD
So bist du verwundet?

DER KNABE
Nah, nah am Herzen.

KONRAD
O allmächt'ger Gott!
Für mich?

DER KNABE
Für dich, und das ist ja so süß.
Wenn du heimkehrest, edler Konradin,
grüß mir das Gretli.

KONRAD
Kehr' ich heim, so will ich's.

DER KNABE
Sag ihr, ich ruderte nicht mehr hinaus
mit ihr im kleinen Kahne, meld ihr ferner,
ich sei gestorben selig, selig, selig.
Und wenn du dann den Alten siehst, den Fischer,
den mit dem langen, langen weißen Bart
und mit den großen blauen Augen — o
die lieben Augen! —, ja, dann tu ihm kund,
ich sei gestorben wie ein Mann.

KONRAD
Ein Held!

DER KNABE
fiebernd, nach und nach schwächer werdend
Welch Tönen — welch Singen
in Ferne und Nähe? —
Welch Läuten und Klingen
in heil'ger Höhe? —
Glückseliges Reisen
auf Engelsgefieder —
o heimische Weisen,
euch hör' ich nicht wieder.

Wo lieblich auf Bäumen
die Vögel sich wiegen,
o könnt' ich dort träumen,

o könnt' ich dort liegen!
Wo glänzende Schwäne
am Ufergrün nagen,
wo spielende Kähne
die Fischerin tragen.

Was hebt mich so stille
und zieht mich nach oben?
Es falle die Hülle,
von Trübsal durchwoben!
Mögt hell mich umkreisen,
ihr himmlischen Lieder.
Nun, heimische Weisen,
nun hör' ich euch wieder.

VIERTER AUFZUG

ERSTE SZENE

Nacht. Hintergrund Meer. Zwei Schiffer im Gespräch miteinander. Konrad, Friedrich etc. etc. auf der Flucht.

KONRAD
Sprich mir von Treue nicht mehr und von Wahrheit,
nur Lug und Trug herrscht auf der Welt. Das Rom,
das wie 'nen Gott mich aufnahm, weist mir jetzt
nur kalte, mürrische Gesichter. Oh,
ich zweifl' an allem, Friedrich: an der Sonne Licht,
wenn's Nacht ist, nur nicht an der Nacht, wenn hell
die Sonne ihre Strahlen schickt.

FRIEDRICH
Konrad,
ich zweifl' an allem, nur an Gottes Treue
und der Gerechtigkeit in seinem Handeln
kann ich nicht zweifeln.

Der eine Schiffer zum andern.

ERSTER SCHIFFER
Höre, Freund, mich stach

'ne gift'ge Schlange, ich verflucht' das Tier
und stieß sie nieder; also tat ich recht,
denn ich bestrafte sie für ihren Biß.
Doch ihr geschah nicht recht.

ZWEITER SCHIFFER
Warum nicht, Alter?

ERSTER SCHIFFER
Sieh, weil sie Zähne hat und in den Zähnen
die gift'gen Drüsen. Daß sie biß, das war
nur die natürl'che Folge ihres Hungers,
der Hunger kommt von einem leeren Magen,
und wenn der Magen leer bleibt, muß man sterben.
Um aber nicht zu sterben, biß die Schlange,
und dafür starb sie: so gerecht ist Gott!

KONRAD
Was sagt der Mann?

GALVAN LANCIA
zu dem Alten
Du weiser Mann, dein Blick reicht wahrlich weit.

ERSTER SCHIFFER
Was wollt Ihr, Herr?

LANCIA
Euch um 'ne Antwort bitten.
Nenn mir das Wesen, das dem einzelnen
unter der Menschheit stets gerecht kann werden.

ERSTER SCHIFFER
Kein Wesen, Herr. Und darum, weil ein jedes
sein Leben fristet durch den Tod des andern.
Und weil die Wesen so sind, daß kein Gott
gerecht sie leiten kann, so hat sie auch
kein Gott geschaffen, sondern der Natur
und der Notwendigkeit sind sie entsprossen.

FRIEDRICH
So wär' kein Gott, des starke Rechte uns
beschützte und erhielte?

ERSTER SCHIFFER
Ha, ihr habt
den Gott erschaffen, doch der Gott nicht euch.
Ihr seid wie kleine Kinder, die die Stützen
nicht missen wollen. Darum malt ihr euch
in eurer Phantasie ein Truggebild'
und träumt, o Narrheit, unter beide Arme
ein Gängelband euch.

KONRAD
Mensch, wie wagst du's da,
hinauszusteuern in die wilde See
mit eigner schwacher Kraft?

ERSTER SCHIFFER
Ist sie auch schwach,
so ist's doch Kraft! Und was mit ihr ich fördre,
das ist mein Werk, und keinen Funken Ruhm
mess' ich 'nem andern zu als mir allein,
wenn ich die Wut der Wellen überwinde.
Im Wettersturm und -toben ist mein Glück!
Er springt in den Kahn.
Hinaus, ich bin ein Mann für mich allein,
ich stehe aufrecht ohne Gängelbänder.
Ich streite nicht um Kronen, nicht um Länder,
nur um zu leben, zieh' mein Netz ich ein.
Verschwindet.

ANFANG DES ATHALARICH

Entstehungszeit: 1880.
Erstveröffentlichung: In »Früheste Jugenddichtungen. Faksimile-Ausgabe.« — Freie Akademie der Künste in Hamburg, 1962.

Staatszimmer im Palaste zu Ravenna. Amalaswintha auf dem Thron. Römische Große um sie. Gotenedle mehr abseits. Athalarich im Hintergrund, anteillos den Kopf an eine Säule gelehnt.

AMALASWINTHA
Theoderich, der Herrscher dieses Lands,
mein hoher Vater, euer großer König,
er sank ins Grab, so hat es Gott gefallen.
Hat er euch Gut's getan, was braucht's des Rühmens.
Wir, seine Tochter, haben nun beschlossen,
da unser Sohn unmündig ist und unreif,
des Staates Wohl und Wehe zu verwalten
mit ganzen Kräften und auf unser Haupt
die schwere Müh' und Sorgenlast zu laden,
bis unser Sohn herangereift zum Manne;
dann mag er wandeln in dem Pfad der Ahnen
zu Glück und Ruhm.

ATHALARICH
Zu Glück und Ruhm wohl nimmer.

AMALASWINTHA
Er ist ein Schwärmer, ist ein Träumer noch,
mit traurigem Gesicht läuft er umher,
seit mein Gemahl, sein Vater, ihm gestorben,
der edle Eutharich.

ATHALARICH
Weh, daß er starb!

AMALASWINTHA
Verzeiht ihm seine Trauer und erkennt,
da nur ein kräftig Regiment vermag
des Staates Ruh' und Ordnung zu erhalten,
daß er unfähig ist zu solchem Amt,
und überdies vernehmt ihn selber, Freunde.

ATHALARICH
aufschreckend, kränklich

Was soll ich sagen, ihr hochweisen Herrn,
als daß ich krank und schwach und — traurig bin.
Krank, weil mein Kopf wie meines Leibes Nerven
gereizt sind bis aufs Haar, schwach bin ich darum,
weil mich die graus'ge Krankheit so entkräftet,
und traurig — nun, weil nichts auf dieser Welt,
was ich bis jetzt gekannt, mich fröhlich macht.
Wie meine gute Mutter euch berichtet,
ich tauge nicht zum Herrschen, das ist wahr.
Was täte ein so mürrischer Gesell
auf einem Throne, schaudert doch mein Geist
vor Stahl und Eisen wie vorm Tode selbst.
Ich bin sehr feige, meine Einbildung
hält mich in frevelnd strenger Haft gefangen,
mit einem Wort, ich bin ein armer Mann,
dem besser wäre, in sein Grab zu sinken.

AMALASWINTHA
Nicht so, Athalarich, du wirst genesen
mit deinen Jahren, und die dumpfe Schwermut
wird dich verlassen. Harre nur und hoffe!
Ihr, meine treuen Untertanen, habt
vernommen, was die schwache, zarte Frau
bewogen hat, das Ruder zu ergreifen.
Doch daß auch jeder Schein von Ruhmsucht falle,
den ein Verleumder in der lautren Absicht
erkennen mag, so soll Athalarich
den Namen leihen und die Frucht genießen,
die ich gepflanzet.
Die würd'gen Männer, die mich hier umgeben
und deren Treu' und Weisheit ich erprobte,
sie sollen ratend mir zur Seite stehn,
und gerne will ich ihrer beßren Einsicht
mein Urteil unterordnen. Edle Römer
und edle Goten, also hoff' ich auch
von euch Gehorsam, Liebe und Verehrung.

Ab mit dem römischen Gefolge nach rechts. Die Goten finster blickend nach links. Athalarich, in voriger Stellung, bleibt zurück, unbemerkt von ihm Hildebrand und Totila.

TOTILA
Sieh, wie er trauernd steht, der arme König!

HILDEBRAND
Ja, trauernd, das ist wahr, um seine Jugend.

TOTILA
Um seine Jugend?
HILDEBRAND
Weiberregiment!
O Totila, mir zuckt die Hand am Schwert,
mein graues Haupt umsausen Wetterstürme,
wie ich sie nicht im wildsten Kampf empfunden!
Ein Weib auf Dietrichs Throne! Dieser Arm,
unbeugsam, sehnig, schwielig, treu und bieder,
der ihm gedient, soll für ein Weib sich regen,
das sich anmaßlich Herrschaft über ihn
zu haben dünket? Nein, wem dienst du, Schwert?
Gezwungen keinem Gotte! Dienst du wem,
so ist's dem Herrn, den du dir selbst erkoren!

TOTILA
Sieh, wie er seufzend nun den Kopf erhebt
und wie verzweifelnd seine Locken schüttelt!
O welch ein Anblick!
HILDEBRAND
Das ist Dietrichs Enkel!
Nun, junger Mann, ich könnte dir erzählen,
warum der Gote da den Kopf so hängt.
Doch das hat Zeit. Ich könnte dir erzählen,
mit was man diesen Königsknaben kräftigt,
was man ihn üben läßt anstatt des Kampfes,
was man ihm gibt anstatt des scharfen Schwertes.
O Totila, die arge Bestie Zeit
schabt von dem stärksten Baum die Rinde ab,
dringt dann ins Mark und wirft den Stamm zu Boden.
Doch, alter Hildebrand, du hast gedient
dem Gotenvolke wohl schon manches Jahr
und hast gestritten, darum sei auch jetzt
fest, unverzagt und ringe mit der Zeit,
daß sie nicht ohne Kampf die Beute habe.
Eh werde rostig dies mein altes Schwert

und stumpf und schartig als mein Wille schwankend!
Du bist mein König, nicht Amalaswintha,
dich hat der große Dietrich mir empfohlen,
dich will ich schützen und in dir zugleich
das Volk der Goten.

>TOTILA

Unser König weint.

>HILDEBRAND

Ja, um das Gotenvolk, das jetzt verwaiste.
Zeig mir die Augen, die nicht Tränen haben,
zu weinen, wenn der Thron der Goten modert,
wenn Römermaden um sein Reis sich sammeln,
um ihn mit gier'gem Zahn zu untergraben.
Ich selbst, des Augen sonst wie Steine sind,
ich könnte weinen wie ein schwaches Kind,
wenn ich's bedenke. Nun verlaß mich, Jüngling!
Ich hab' mit diesem da ein Wort zu reden.
Ein ernstes Wort, und wenn dich jemand fragt:
»Was tut der alte Hildebrand?«, so sprich:
»Er rettet seinem Volke einen König.«

DAS ERBE DES TIBERIUS

Entstehungszeit: 1884.

⟨DRITTER AKT⟩

⟨ZWEITE SZENE⟩

⟨*Zimmer in Sejans Hause.*

SEJAN
allein

Als ich die Hand zum leisen Drucke legte
auf heißer Leidenschaft empörte Brust,
da riß sie mich hinweg. Ich kannte einen,
der mir von seines Lebens langem Wege
Geschichten trug, den hat sie nie bezwungen;
oft schmeichelte sie seine gier'ge Hand
an ihren Busen — nimmer überwand
sie ganz ihn. Mich, mich hat sie überwunden.
   Er geht nachden[klich.] [?] Fester
So steh' ich nun am Ende einer Tat.
Der, der mich schlug, ist hin. Mein feiner Geist
hat schuld an allem, was das Reich bewegt.
Er schuf mir Rach', und aus der Rache schuf er
'ne Schwelle nach dem Ziele. Doch die Schwelle
ist schaudervoll und graulich zu besteigen. —
Kaum, daß es graute, früh am Tage heut,
gab's ein Gewitter; um die Dächer fuhr
ein arger Wind, und kaum, daß er vertobt,
so brachte man die Kund' von Drusus' Tod.
Jetzt kommt der schlimmre Teil, jetzt heißt es scheinen,
wie man nicht ist, die ganze volle Kunst
der Heuchelei entfalten. Wie es ist,
so soll es weiter sein, und wie es nicht ist,
so soll es werden... Horch, Türhüters Glöcklein
hat nun getönt. Die Kräfte wirken alle.

SKLAVE
kommt

Herr, Opsius und Latinius.

SEJAN
Nur herein.

Opsius und Latinius.

OPSIUS
Du weißt um alles?

SEJAN
Und wie sollt' ich nicht?

LATINIUS
Drusus gestorben.

SEJAN
Lygdus eingemauert,
Livilla trüb und weinerlich gestimmt,
das Volk in Taumel, heute früh Gewitter
und Schlägereien allenthalben. Nur,
ob eure Werke sich vollenden werden
und wann sie's werden, das erfuhr ich nicht.

LATINIUS
Heut ist's geschehen, heut im Morgengrauen.

SEJAN
erschrocken
Was ist geschehen?

OPSIUS
Ihr Verrat entdeckt.

SEJAN
Wie habt ihr's angefangen?

OPSIUS
Ich, Sejanus,
hab' mich dem alten Titius angeschmeichelt
mit scharfen Reden auf des Kaisers Art
und mit Vergötterung der Agrippina
und ihrer saubren Söhne. Nicht zu teuer
war mir ein Dutzend fader Schmeichelwort'
für meinen Zweck. Der Alte wurde kindisch
und mitteilsam, gewann mich, wie er meinte,
für seinen Plan, den Kaiser fortzuschaffen
und Agrippinas Küchlein hinzusetzen
auf seinen Platz. Ich zog Latinius

in die Gesellschaft der hochweisen Herrn.
Sie legten ihrer plumpsten Anschläg' Herz
vor unsre Augen und enthüllten alles
vor uns. So liegt Asinius Gallus da,
Titius Sabinus, Nero, Agrippina
in unsren Händen, und ihr Leben schwebt
auf unsrer Zunge.

SEJAN
Bindet los dies Glied
und laßt's zur Schlange werden! — Welchen Grades
ist eure Klage?

LATINIUS
Daß Demosthenes
und Perikles und Cicero sie nicht
unschädlich machen könnten. Einen Anschlag
in seinen kleinsten Punkten können wir
erweisen vorm Senat, so plump wie blutig.
Du selbst, Sejanus, warst darin bedacht.
Hier Opsius und ich sind ausersehen,
auf unserem breitschultrigen Gewissen
zu tragen deinen Tod.

SEJAN
Verflucht, was sagst du?!
So hätt' ich diese Burschen unterschätzt!⟩

DRITTER AKT

ZWEITE SZENE

Immer noch Morgendämmerung.

SEJAN
aus einer Tür, tritt ins Atrium, ruft
Wo ist der Rufus?

HAUSMEISTER
Wo der Rufus ist?

SEJAN
Wo ist der Rufus, du verdammter Sklav'?!

HAUSMEISTER
Den will ich holen, Herr, so schnell ich kann.
Ab.
Rufus kommt in Eile.
SEJAN
Du weißt, 'ne Dirne steckt in dem Gemach.
Sie ist vom Schlag der Fürsten. Schon zu licht
ist mir der Tag. Schaff mir 'ne dunkle Sänfte,
und wenn ich winke, mir das Weib hinaus.
Dann heiß die Clytia und die Griechin kommen,
sie anzukleiden.
RUFUS
Schweigsam will ich tun,
was du gebietest.
Ab.
SEJAN
Tu's, das Weib ist toll.
Sie muß hinaus, soll sie mich nicht verraten. —
's ist kühl, mich dünkt, es habe arg getobt
ein grimmes Wetter um des Hauses Dach.
Sieh da, das Wetter ballt sich über Rom
zum schwarzen Rauch zusammen. Ah, die fahren
wie Ruten aus der Luft und peitschen brüllend
das Staubgeborne wieder in den Staub.

⟨Heißa, da geht es bunt. Ihr wohl nicht, ihr, ihr Zwerglein,
mit Namen Mensch benannt, könnt mich zerknicken.
Frischauf, nicht sinnen, du bist krank geboren,
du Schwächling von Gedanke, der du sagst,
es gibt 'ne andre Macht als diese hier
in meinem Gliederbau. Der Blitz am Himmel
blitzt mir im Aug' und ist von einem Stoff
mit dem gemacht, was mir die Fäuste krümmt:
ein andres Kleid, ein andres Kleid, nichts weiter;
ihr Licht hier Fleisch... und weiter gibt es nichts.
Ferner Donner und ein Blitz.
Heißa, ins Kapitol! Das war 'ne Flamme!
Glück zu! Genoß dem Starken ist das Licht.
He, Rufus!
Rufus kommt.
Heiß die Mäuler schirren, geh,

ich will sogleich zur Stadt; doch erst das Weib,
dann ich.

RUFUS
Ich will's besorgen.⟩

SEJAN
Drum zurück
zu meiner Buhle. Nein, beim mächt'gen Thron
der allgewalt'gen Mächte dieser Welt,
es wird mir schwer, in dieses Nest zu kriechen.
Muß man denn aus dem Miste Blumen ziehn?
Mich ekelt dieses buhlerische Weib,
und dennoch düngt sie meine größten Pläne!
Nicht ekeln, Schwachkopf, wenn man deinen Ekel
mit eines Juliers rotem Blut bezahlt.
Erst Lucius und dann Gajus, so ist's gut.
Doch Lucius hat ein Weib und Gajus nicht —
wie stürz' ich Gajus? Gajus ist ein Kind
und noch dazu ein Schwachkopf von Natur.
Heut also Lucius und morgen Gajus,
und darum zu der eklen Hur' hinein.
Ab. Paconian kommt mit dem Hausmeister.

PACONIAN
Wo ist dein Herr?

HAUSMEISTER
Im Himmel.

PACONIAN
Nicht zum Scherzen
ist Zeit. Sag, wo er ist.

HAUSMEISTER
Ihr seid durchnäßt.

PACONIAN
Durchnäßt, schaut, bis auf die Haut, ich komme
gradwegs von Rom mit Botschaft für Sejan.

HAUSMEISTER
So ruf ihn selbst, er hat 'ne Dirne bei sich.
Hausmeister ab.

SEJAN
aus dem Gemach
Was gibt's, Paconian?

PACONIAN
Viel Unheil gibt's.
Drusus ist tot.

SEJAN
Hast du auch recht gehört?

PACONIAN
Ich müßte blind und taub sein.

SEJAN
Sahst du ihn?

PACONIAN
Sah ihn und hörte des erregten Volkes
Gejohle und Gejammere. Er ist tot.
Bei meinem Leben, er ist tot wie Stein.

SEJAN
faßt ihn und prüft ihn
Du bist ein gutgebauter, glatter Bursch.
Dein Bart ist kaum ein wenig gelber Flaum.
Zart ist dein Arm, zart dünkt mich, zart und weich,
was hinter deiner schmalen Stirne liegt.
Du liebst mich, bist mir treu, hoffst hohen Dank
für deine Dienst' von mir — du sollst ihn haben,
einhergehn, wenn du willst, wie ein Senator
mit roten Schuhn und purpurkant'ger Toga.
Ist dir das zu gering, so sollst du bald
'ne strahlende, gewalt'ge Rüstung haben
und über Heere mächt'ge Worte sprechen.
Geh nun ins Vorgemach, ich werde dich
noch brauchen diesen Morgen.

PACONIAN
Göttlicher,
erhabener Sejanus, möchtest du
mir deine Gunst bewahren wie bisher.
Ab.

SEJAN
Du Bürschlein sollst mir meine Gunst bezahlen.

Nicht viel steckt freilich in der treuen Haut,
und wenig wird an ihm zu züchten sein.
Ich will mich drum mit wenigem begnügen:
Treib den blödsinn'gen Gajus mir ins Netz,
und ich, ich will für alle meine Mühe
bezahlt sein. — Drusus also ist dahin,
dann muß der Julier heute noch ihm nach.
Was kann geschehn vor Tage! Drusus ist
vor Tag gestorben. Lucius soll vor Nacht
ihm nach zum Orkus.

      OPSIUS
     hinter der Szene
      Gleich sollst du uns öffnen,
wir haben wicht'ge Botschaft.

      SEJAN
      He, Latinius,
he, Opsius, was gibt's?

      OPSIUS
      Hier, Herr [?], das Ganze.
Der Morgen ist so fruchtbar, wie zuzeiten
ein ganzes Jahr nicht ist.

      LATINIUS
     Wir bringen dir
'nen Anschlag, heiß vom Ofen schärfsten Hasses,
auf dich und auf Tiberius gemünzt.
Vier Menschen haben dran mit Wut gehämmert.

      SEJAN
Die Namen.

      LATINIUS
  Titius Sabinus!

      SEJAN
    Weiter.

      OPSIUS
Asinius Gallus!

      SEJAN
   Weiter.

      LATINIUS
   Nero!

SEJAN
Nero?
Der Agrippina höchster, ältster Sprößling
und Rechtsnachfolger des gestorbnen Drusus?

LATINIUS
Derselbe.

SEJAN
Habt ihr sonst noch wen?

OPSIUS
O ja,
das Haupt der Gorgo, das verletzlich ist
und neue Köpfe stündlich dir gebiert,
so es noch stark, unüberwunden steht.

SEJAN
Sie nicht! Ihr äfft mich. Agrippina? Nein!
Sprecht nein!

([Am Rand] Opsius' Erzählung des Hergangs.⟩

OPSIUS
Sie ist's, sie liegt in unsrer Hand;
ein Wink von dir, und alle, alles fällt.

⟨SEJAN
sinnt
Und rein gemähet wäre dann das Feld.

LATINIUS
Was sollen wir nun tun, Gebieter?

SEJAN
Löset
das Glied der Zunge, tut, was eure Pflicht ist.
Verrat ist strafbar. Klagt, und klagt mit Umsicht
die ganze Sippe an. Ich will euch schützen
und Gutes tun, so ihr mir willig seid;
wo nicht, bedenkt, ihr wärt, wenn auch zum Schein,
Mitschuld'ge der Verräter. Mein Gehirn
kann leicht vergessen, daß es Schein gewesen.

Vor Abend will ich eure Arbeit spüren.
Latinius und Opsius ab.
Langatmig war mein Plan; am Anfang glaubt' ich
zu sein und bin beinah am Ende schon.
Die Dinge gehen wunderlich geschwind,
beinahe überrascht mich's. Armer, alter,
betrogener Tiber. Fast fühl' ich Wollust
in dem Gedanken, deine Feind' zu würgen,
mehr als in dem, dem Ziele nah zu sein.⟩

⟨Ihr Herrn, mir schwindelt vor soviel Erfolg.
Zu leicht wird mir die Arbeit. Allzu leicht
wiegt mein Verdienst dabei. Langatmig schmiedet
verschlungne Pläne mein unkluger [?] Geist,
und wie er einen von vieltausend Schritten
beginnt zu tun, so sinkt der Schwarm der Feinde
zertreten in den Sand. Fürwahr, fürwahr,
dies raubt die Lust mir zu noch weitrem Tun,
das schläfert ein den aufgeregten Geist.
Die Rache [?] schadet also noch trotz allem.⟩

SEJAN
Geht denn, ihr Herrn, beinahe gehn die Dinge
zu schnell für meine Pläne. Jedenfalls
zu leicht für meinen Geist. Ich denke, Felsen
mit Feu'r und Stürmen aus der Erde Schoß
zu reißen, und mein Hauch bläst leichte Federn.
Sei's, wie's ihm wolle, sind's dieselben Dinge,
so dienen sie, ob leicht, ob schwer geschaffen,
zu meinen Plänen. Nochmals, lieben Freunde,
verlaßt mich, und ein jeder seinen Kopf
sich klar erhalten! Tut, was eure Pflicht,
klagt die Verräter vorm Senate an:
ich will vor Abend euer Wirken spüren.
Mein Dank wird hell in euren Säckeln klingen,
so ihr die Sache gut zum Ende führt.
Indessen sollt' ich unzufrieden werden
und regt sich etwa irgendwelcher Nerv
in mir, der euer Tun nicht ganz verstünde,
so könnt' ich leicht vergessen, daß ihr beide
zum Scheine nur Mitschuld'ge seid gewesen

bei des Gerüchts höchst frevelhaftem Anschlag.
Vorerst habt Dank.

OPSIUS

So wie ich bin, Sejanus,
will ich die Klage tragen vor die Konsuln.
Komm, laß uns gehn.

LATINIUS

Ich hege keine Furcht,
daß du, Sejan, den Lohn uns vorenthältst,
so du verspürst, was unsre Kraft vermag.
Ab beide.

SEJAN

⟨Die Burschen spinnen, beim gewalt'gen Zeus,
mehr an dem Kleide meines Geists wie ich.⟩
Die Sachen gehen wunderlich geschwind:
Drusus gestorben, Agrippina dicht
am Grabe, Nero, ihr erlauchter Sohn,
wie sie am Grabe, Gallus und Sabinus
dicht am Verderben; Lucius noch und Gajus,
dann sind die Staffeln alle überstiegen,
die mich vom Erbe des Tiberius trennen.
So wie die Wittrung angibt, scheint es mir,
daß Lucius' Stunden karg bemessen sind,
wenn anders Leidenschaft und niedre Triebe
dies Weib genug entmenschten. Still, sie kommt.

Julia kommt. Sejanus geht auf sie zu und fällt ihr in die Rede.

JULIA

Sejan, Sejan!

SEJAN

Nicht weiter, schlangensüße
und männerknechtende Sirene, schweig!
Genug des süßen Spiels: die Wissenschaft
der Lieb' bei Nacht! Willst du die Mannheit mir
nicht reißen aus dem Mark, so schweig: ich bin
dir mehr als Liebe schuldig. Tatendrang
durchwallt den Busen mir: nicht will ich Liebe,
weil ich sie nicht durch Taten kann bezahlen.
Drum sag, ob du entschlossen?

JULIA

Ja, es sei!

SEJAN

Gewalt'ges Weib, dies eine tu, und dann
will ich die Welt mit diesen Armen fassen
und Städte zaubern aus der flachen Hand,
durch deinen Vorgang mächtig angefeuert.

JULIA

Er ist ein Schwächling, ist ein Narr mir immer,
von Sittsamkeit geschwollen und voll Tugend;
auf alles schilt und keift er, was ich tue,
und Worte, Worte schleudert er nach mir,
mit denen man nicht gerne Dirnen nennt.
Er weiß um Dinge, die mir schaden können,
ich weiß um Dinge, die ihm schaden können,
und so's zu deiner Ruh dir nötig ist,
daß er beseitigt werde, mag's geschehn.
Durch Zwang ward er mein Gatte, ich sein Weib,
dein Weib war[d] ich durch Lieb' und durch Natur.
Er, Lucius, schmäht mich oft, mein Herz ist ganz
und ganz dabei, wenn's gilt, auf ihn zu schmähen.
Mein Sklav' hat oft vor seiner Tür gehorcht,
und was ich dir erzählte, daß er oft
aus Lucius' Munde Flüche auf den Kaiser
und schnöde Reden hat vernommen, weißt du.
's ist wahr, ich schwör's. Auch was ich dir von mir
und meiner Wissenschaft gesprochen habe,
ist wahr wie Licht und muß ihn sicher stürzen,
so dieser Busen dieser Zung' befiehlt
zu reden. Doch, was gäb' der Julia
für alle diese Dienste nun Sejan?

SEJAN

Weib, es muß heute sein! Mein ganzes Leben,
so öd und dürr wie's ist, soll dir gehören.
Nichts weiter kann ich geben, aber dies,
dies will ich geben. Wisse, große Pläne
wälzt dieses Haupt, und todesschwanger sind sie
für manches hohe Haupt. Mich tragen sie
hinauf, hinauf auf jene goldne Insel,
die nur ein Mann bewohnt im Römerreich.
Du sollst mir dahin folgen.

JULIA

Ja, Sejan.
Das hab' ich oft an deiner Brust gefühlt:
dein Herz pocht nicht, wie andre Herzen pochen.
Was du mir jetzt enthüllt hast, sah ich längst.
Sejanus kann nur licht und fröhlich blicken,
wenn keiner ihm befiehlt, der menschgeboren ist.
Darum auch bin ich wortlos dir zu Willen.
Mein Gatte falle: über morsche Schwellen
magst du hinan zu deinen Sternen dringen.
Eins aber laß dir sagen: Zieh mich mit.
Halt deine Schwüre. Auch mit Lucius
war ich nicht hoffnungslos: auf dich indessen
fällt meine Wahl, mit dir will ich hinan.
⟨In irgendeiner Höhle der Subura
steckt wohl mein saubrer Gatte noch. Ich will
zur Stadt in Eile, eh er heimkehrt.⟩ Heiß
umglühe dich des Tages meine Liebe
und meine Sehnsucht. O verflucht die Stunden,
die neidvoll mir mit Übeln aller Art
entgegenbäumten, wenn ins Nest der Liebe
ich fliehen wollte. Noch ein kurzer Tag,
dann sollen uns die Stunden willig sein.
Umarmt ihn.
Leb wohl, ⟨ich tu's, Sejan, du sollst mich loben!⟩
Ab.

SEJAN

Vor den Senat die Klage gegen Lucius
zu bringen, eil' ich nun. Leb wohl, leb wohl.
Noch einmal: wenn nicht Erd' und Himmel stürzen,
ist Lucius hin. — Ha ha. Die Menschen sind
nicht wert, daß man mit Umsicht sie betölpelt.
Ich will zum dritten [?] noch den Gajus spießen.
Auf allen Meeren segeln meine Schiffe.
Jetzt, beim allmächt'gen Schicksal, bin ich furchtlos:
keins soll mir sinken noch an Klippen rennen,
noch soll's im Kampf mit Sturm und Wolk' erliegen.
Die Hand, die Hand und dieser Kopf hält alles,
ich könnte knien und beten vor mir selber.
Wo liegt die Kraft? Ich meine, hier im Haupt,
und fühle doch nicht, wie sie draus entsteigt.

Doch sehe ich, sie wirkt nicht, wie sie wirkt.
Paconian!

PACONIAN

Hier, Herr.

SEJAN

Du hast mit Gajus,
dem Wahnsinnskandidaten, Umgang, nicht?

PACONIAN

Man wünschte mich und ließ mich oft bei ihm.

SEJAN

's ist ein verwegnes Bürschlein, und der Kaiser
hält viel auf ihn, wie auf 'nen dummen Jungen.
's ist ein verwegnes Bürschlein und mir scheint,
sein Kopf ist voll von Rank und argen Listen
für den Tiber. Erforsch ihn, Paconian.

PACONIAN

Ich will versuchen, was aus ihm zu locken.
Doch wie wär's wohl zu tun?

SEJAN

Mit leichter Mühe.
Du sprichst ihm von Tiber, du schlägst zum Schein
'nen Anschlag auf Tiberius' Leben vor.
Ihr seid ja beide jung und werdet leicht
euch finden mit den Fühlern, die mir längst
verdorret sind.

PACONIAN
Das ist gefährlich, Herr!

SEJAN

's ist nicht gefährlich, Bursch!

PACONIAN

Laß mir nur Zeit
zur Überlegung, Herr!

SEJAN

's ist nicht gefährlich!

PACONIAN
Du sagst es, und ich habe immer dir geglaubt.

SEJAN
Beim Zeus, ich sage, es ist nicht gefährlich,
erringt man so die Senatorenwürd',
das Feldherrnamt. 's ist nicht gefährlich, Bursche.
Wenn ich erst Kaiser bin, wird dir's vergolten.
Ich werde Kaiser, Bursch. Tu's, sag' ich, tu's!
Willst du es nicht, so schüttelt seine Ägis
Sejanus über dir. Das ist gefährlich.

PACONIAN
Herr, ich bin dir willig;
nur hab' ich deinen ganzen Schutz vonnöten
bei solchem Auftrag.

SEJAN
      Meinen ganzen Schutz
lass' ich dir angedeihn. 's ist nicht gefährlich,
und ich will wissen, wie's mit Gajus ist.

⟨PACONIAN
Ich gäbe meine Hoffnung, meine Zukunft,
müßt' ich ihm diesmal, diesmal nicht gehorchen.⟩

SEJAN
Er murmelt was.
  Ein Bote.
Kommst du vom Kaiser?

BOTE
      Von Tiberius
dies Schreiben!
  Ab.

SEJAN
liest
    »Er ist tot. Die alte Nacht
senkt ihre Schleier. Komm und leuchte mir,
Sejanus, treuster Freund.
      Der Narr im Purpur.«

SEJAN
schlägt sich vor den Kopf
Da sticht mich was! — Ich will sogleich zur Stadt.

⟨Zum Kaiser und mit ihm zu Drusus' Leiche.
Fast will mich's dünken, daß ich furchtsam bin.⟩

Hier noch 'ne Nachschrift:

⟨»Meines Sohnes Leiche
will ich zum Abend sehn; hast du vor Leichen
nicht Furcht zur Nacht, oh, so geleite mich.«
Ich habe keine Furcht, selbst nicht, Tiber,
vor dieser Leiche, aber du, du Narr
im Purpur, machst mich zag und schwach.
Paconian, was stehst du da?

PACONIAN
Ich sinne.
Noch nie war mir dein Will' so schwere Last
wie heute. O wähl dir für dieses eine . . .⟩

»In der Dämmerung
will ich zum Totenhause meines Sohnes.«
Was, bei den Göttern, stimmt mich weinerlich?
War ich denn sinnlos, als zu handeln ich
begann? Zur Leich', zur Livia, zu ihm!

ZWEITE ABTEILUNG

Abgeschlossene dramatische Werke

CHRISTIANE LAWRENZ

Entstehungszeit: 1905—1907 (ein erster Ansatz vermutlich einige Jahre früher).

DRAMATIS PERSONAE

HERR LAWRENZ
CHRISTIANE, seine Frau, siebenunddreißig Jahre alt
HELMUTH LAWRENZ, fünfzehn Jahre alt
LEOKADIE LAWRENZ, vierzehn Jahre alt
HARRO LAWRENZ, dreizehn Jahre alt
VON COULON, Geheimer Justizrat
MANGELSDORF, Sanitätsrat
KAJUS BECK, Kandidat, achtundzwanzig Jahre alt
JOHANNA, Dienstmädchen

ERSTER AKT

Ein Salon im Wohnhause der Familie Lawrenz. Die Wände sind mit blauen Damasttapeten bezogen, die Fenster mit Vorhängen aus blauem Damast versehen. Die übrige Einrichtung ist im Empire-Geschmack. Der ganze ziemlich hohe Raum macht einen etwas frostigen Eindruck. Die Fenster, oben durch Bögen abgerundet, sind in der Wand links; zwischen ihnen ist der hohe Spiegel mit Mahagonirahmen angebracht. In der Rückwand befindet sich eine hohe weißlackierte Flügeltür; links davon ein Schreibsekretär, rechts eine schöne Harfenstanduhr: beide Gegenstände aus Mahagoniholz. An der Wand zur Rechten hängt, von einem gradlinigen Goldrahmen eingefaßt, das lebensgroße Bildnis eines etwa vierzigjährigen Mannes (Kniestück) in Gehrock und heller Hose; es zeugt mit seiner einfachen Auffassung und durch die Charakteristik in der Ausführung eines nicht uninteressanten männlichen Kopfes von der Hand eines tüchtigen Malers.

Das Sofa unter diesem Bildnis hat einen grauen Damastüberzug; den gleichen Überzug haben die Stühle, die den runden Tisch umgeben. Vor einem der Fenster steht ein Nähtisch, daran ein Stickrahmen befestigt ist mit einer unfertigen Stickerei. Vorn rechts ist eine zweite, kleine, einflüglige weißlackierte Tür. Von der Decke des Zimmers hängt ein schwerer Kronleuchter mit Prismen. Der Fußboden ist mit dunkelroten Teppichen bedeckt.

Es ist ein sonniger Oktobertag. Der Zeiger der Standuhr rückt stark auf zwölf.

Frau Lawrenz öffnet mit einiger Mühe die Flügeltür und tritt herein. Sie ist eine im ersten Augenblick überraschende Erscheinung; etwa siebenunddreißig Jahr alt, voll, stattlich und groß, macht sie mit ihrem schon ergrauten Wellenscheitel in einem Schleppkleide von bordeauxroter Seide den Eindruck einer vollendeten Dame und schönen Frau. Es ist aber nicht so zu verstehen, als ob sich das Damenhafte in irgendeiner angeflogenen Manier kundtäte, vielmehr ist die Wesensart der Frau Lawrenz resolut, selbständig und durchaus natürlich. Sie ist brünett.

FRAU LAWRENZ. Schrecklich mit diesen Türen! alles klebt zusammen! ich habe dem Friedrich das schon zehnmal gesagt, daß der Schlosser geholt werden soll. *Sie begibt sich mit großen, temperamentvollen Schritten an den Tisch und*

*schiebt mit flachen Händen die Decke zurecht; hierbei fällt
ihr Blick auf die Uhr.* Was? fünf Minuten vor zwölf?
*Leokadie Lawrenz, vierzehn Jahr alt, ist ebenfalls eingetreten,
und zwar durch die von der Mutter offengelassene Tür. Sie
ist ein hübsches, kindliches Geschöpf, von einem bleichen,
krankhaften Reiz. Sie trägt das Haar offen und ist hell und
kurz gekleidet.*

LEOKADIE. Mama!

*Frau Lawrenz, ohne, wie es scheint, den Anruf zu bemerken,
begibt sich, Leokadie fast mit den Armen streifend, zurück an
den Klingelzug, der, mit schönen Stickereien versehen, neben
der Flügeltür herabhängt, und schellt heftig. Hierauf kehrt sie
sich von Leokadie ab und faßt mit grüblerischem Ausdruck
das Bild über dem Sofa ins Auge.*

LEOKADIE. Mama!

FRAU LAWRENZ *schreitet in der Richtung des Bildes, versucht
es links von der Seite des Sofas aus zu erreichen, macht den
gleichen Versuch von rechts vergeblich, rafft das Kleid vorn
herauf, um auf das Sofa zu knien, tut es alsdann, und es
gelingt ihr, das vermeintlich schief hängende Bild grade-
zurücken.* So! Nur keine schiefen Verhältnisse, sagt der
Herr Pastor Gederström. *Sie ist nun zurückgetreten und
fixiert das Bild aufmerksam.*

LEOKADIE. Mama! die Johanna sagt etwas sehr Komisches:
der Kandidat...

FRAU LAWRENZ. Blumen! — Ich weiß nicht, es geht alles hier
bei uns einen richtigen Schneckengang. *Sie geht lebhaften
Schrittes, ohne nach Leokadie umzublicken, durch die kleine
Tür vorn rechts hinaus.*

LEOKADIE. Mama...

*Ein adrettes Dienstmädchen, Johanna, tritt ein, ebenfalls
durch die Flügeltür. Sie steht im Alter zwischen dreißig und
vierzig.*

JOHANNA. Haben Sie geschellt, Freilein Leokadie?

LEOKADIE. Madame hat geschellt.

JOHANNA, *im Begriff, durch das Zimmer und durch die kleine
Tür Frau Lawrenz zu folgen.* Nee, was die Madam aber
ooch heut morgen mit uns fer a Gehetze hat!

LEOKADIE *springt hinter Johanna drein und hält sie fest.*
Johanna, warten Sie mal!

JOHANNA. Nee, Freilein, was denn? ich kann ja nich, wenn de
Madam geschellt hat!

Leokadie, sie fest um die Taille fassend, an Johanna geschmiegt, lacht erregt, steckt ihr ein Bonbon mit der freien Hand in den Mund, selbst welche kauend.
JOHANNA. Ah, ah!
LEOKADIE. Pst, Johanna! nu sagen Sie mal, Johanna ... pst! ... ist das wahr, was unten die dicke Seipelten in der Küche erzählt, daß der Kandidat Beck beim Waschen oben in seinem Schlafzimmer immerfort lacht und ellenhohe Sprünge macht?
JOHANNA, *heimlich lachend.* Pst! Etwa nich, Freilein! Sie müssen bloß mal bei Gelegenheit zu mir in de Kammer raufkommen, Freilein, da kenn' S' 'n immerfort Fisematenten machen hern!
LEOKADIE. Ach! das ist ja zum Totlachen, Johanna. — Wer wird denn das Zimmer rein machen oben beim Kandidaten? Sie?
JOHANNA. Wolln Sie 's etwa tun, Freilein?
LEOKADIE. Ich? Unsinn!
STIMME DER FRAU LAWRENZ. Wo bleibt die Johanna?
JOHANNA. Madame!
Johanna folgt dem Ruf der Frau Lawrenz durch die kleine Tür. Leokadie, allein geblieben, stellt dies mit einem Blick fest, geht auf Zehenspitzen zum Tisch, zieht die Decke schief, danach, auf dem Sofa kniend, ebenso das Bild. Während sie noch damit beschäftigt ist, tritt Harro ein. Harro ist ein etwas unproportionierter Bengel von dreizehn Jahren, der älter wirkt: kurzer Hals, dicker Kopf, weibische Hüften und Beine; Neigung zur Fettleibigkeit. Bei alledem trägt er eine Jagdjoppe und Schaftstiefel.
HARRO, *beide Hände in den Mufftaschen des Jacketts.* Sage mal, Didi, was bedeutet denn dieser Blödsinn?
LEOKADIE, *mit Geistesgegenwart.* Ich rücke Großpapas Bild zurecht.
HARRO. Daß wir uns um zwölf Uhr hier einfinden sollen, mein' ich. Das ist ja was ganz Neues! das paßt mir nämlich wahrhaftig nicht.
LEOKADIE. Geht mich das was an? mach doch Mama Vorwürfe!
HARRO. War Helmuth schon hier?
LEOKADIE. Nein.
HARRO. Na ja, ich bin wieder so eselsdumm und bin pünktlich. Ich soll bloß mal zu spät kommen, gleich ist der

Teufel los. Helmuth natürlich erlaubt sich alles! — Hast du den neuen Abc-Pauker schon gesehen, Didi?

LEOKADIE. Denkst du, ich gucke durchs Schlüsselloch?

HARRO. Das denke ich nicht bloß, das weiß ich sicher. Ich hab' im Obstgarten hinten zwei Eichhörnchen totgeschossen. Wenn du zu Hause warst, hättst du das Schlüssellochgucken diesmal ja gar nicht nötig gehabt. *Ohne die Hände aus ihrer Lage zu lösen, tritt er phlegmatisch ans Fenster.* Äh! Bäh! fulminant widerwärtig!

Die Uhr schlägt zwölf. Helmuth kommt in Eile durch die kleine Tür herein. Helmuth ist fünfzehn Jahr alt, eine feine, wohlproportionierte Erscheinung. Er hat keine Ähnlichkeit mit seinem Bruder Harro. Man erkennt sogleich den Jüngling von großen Anlagen, aber zarter Gesundheit.

HELMUTH. Komm' ich zu spät? *Harro, dem die Anrede galt, antwortet nicht.* Es hat doch eben erst zwölf geschlagen!

HARRO, *ohne umzublicken, laut.* Na, was mich anbelangt... wenn Mama etwa denkt... da ist sie im Irrtum! Keine acht Tage, sage ich euch, da hat der Kerl einen solchen Begriff von mir gekriegt... da soll er mich wohl in Ruhe lassen!

HELMUTH, *Harros Äußerung übergehend.* Hast du Herrn Beck schon gesehen, Didi?

LEOKADIE. Nein. Ich interessiere mich nicht für den Indianertanz.

HELMUTH, *leicht amüsiert.* Indianertanz?

LEOKADIE *ist blitzschnell ans Fenster geeilt.* Ein Wagen ist eben vorgefahren.

HARRO, *noch am Fenster, mit Bezug auf den soeben im Wagen Angekommenen.* Gott sei Dank, daß doch wenigstens Coulon kommt. Da wird Mama doch wohl notgedrungen kurzen Prozeß machen mit unsrer Vorführung. Ich habe wahrhaftig andres zu tun.

DIE STIMME VON COULONS, *von unten.* Ist die verehrliche Frau Mama zu Hause, kleine Gnädige?

LEOKADIE, *hinausgebeugt.* Ich will gleich nachsehen, ich glaube nicht.

HELMUTH. Treib keinen Unfug, Leokadie. *Zum Fenster hinausgebeugt.* Gewiß, Herr Justizrat, Mama ist hier.

DIE STIMME VON COULONS. Und hoffentlich ist Papa auch nicht abwesend.

HARRO, *der seit Leokadiens Lüge sehr belustigt ist.* Sag mal, er ist für niemand zu sprechen; er schläft seinen Königstiger von gestern aus.
Frau Lawrenz, einen Strauß Astern in der Hand, kommt wieder durch die kleine Tür.
FRAU LAWRENZ, *die Blumen in eine Vase steckend.* Schön, Kinder, daß ihr pünktlich alle versammelt seid. Worum es sich handelt, wißt ihr ja. Ich setze voraus, daß ihr die Wichtigkeit dieses Tages fühlt wie ich; wenigstens alt genug seid ihr doch wirklich dazu. — Ich rede eigentlich nicht von Helmuth, denn Helmuth ist in seinem Bildungsgange zurückgehalten worden durch Kränklichkeit, nicht durch eigene Schuld. Ich weiß ja auch, daß er sich auf den Umgang mit einem Manne freut, der gekommen ist, den reichen Schatz seines Wissens mit euch Kindern zu teilen; aber von dir, lieber Harro, setz' ich voraus, daß du endlich zu einer gewissen Einsicht kommst und dir endlich klar wirst, daß du ja schließlich ein anderes Ziel hast, als Kutscher oder Hausknecht zu werden.
Übrigens kennst du mich! und du kennst mich wohl ebenfalls, Leokadie. Ihr werdet sicherlich nicht unnützerweise euch und mir und womöglich dem Herrn Kandidaten das Leben schwermachen. Du und Harro, ich weiß es, ihr habt euch eine gewisse saloppe Manier, ich will sie nicht näher bezeichnen, angewöhnt — es ist eine Art Verwilderung! —, und damit müßt ihr ein für allemal, bevor ihr noch irgendwie mit Herrn Beck in Berührung kommt, abschließen.
Jetzt geht, Kinder, wartet ab im Musikzimmer.
HARRO, *die Hände noch immer in der Mufftasche, sich hinausflegelnd.* Ach wenn man doch bloß solch 'n Musterknabe wie Helmuth wär'!
FRAU LAWRENZ. Was meinst du, Harro?
HELMUTH. Ach laß nur, Mama! Justizrat Coulon ist übrigens vorgefahren.
FRAU LAWRENZ, *nicht grade angenehm berührt.* Der Justizrat ist hier? Was will er denn?
Justizrat von Coulon, etwa fünfundvierzig Jahr alt, tritt durch die Flügeltür ein. Er hat den Typus eines Lebemannes von großer Intelligenz. Seine Statur ist groß, aber bereits etwas schwammig. Nur noch spärlich umgibt graues Haar die Schläfe. Sein ebenfalls grauer Schnurrbart dagegen ist

üppig und über die Lippen heruntergezogen. Er trägt Ringe, ein Monokel und Berlocken an der Uhrkette. Das Samtjackett wie überhaupt eine gewisse Sonderlingseleganz im Anzug verrät den Junggesellen. Er hat, als er mit überaus energischem, lebhaftem Wesen eintritt, eine saffianlederne Mappe unterm linken Arm, in der rechten Hand einen grauen Filzhut mit breiter Krempe. Ihre Lachlust nur mühsam beherrschend, auf Harros Bemerkung hin, entfernt sich Leokadie mit diesem durch die kleine Tür. Helmuth folgt, nachdem er dem eintretenden von Coulon eine Verbeugung gemacht hat.

VON COULON. Gehorsamster Diener, gnädigste Frau!

FRAU LAWRENZ. Wirklich, da sind Sie, und zwar mit der Mappe unterm Arm; das hat ja ein förmlich drohendes Aussehen.

VON COULON. Vor allen Dingen bitte ich wegen meines inkommentmäßigen äußeren Menschen um Entschuldigung. Wir sind aber leider, wie Sie vielleicht nicht wissen, mit Geschäften in einer so sträflichen Weise wieder mal überhäuft, daß uns nichts anderes übrigblieb, als vom Büro aus gleich nolens volens in die Kutsche zu steigen. *Er steht wie versteint, Frau Lawrenz betrachtend.* Ich bin aber wirklich ganz beschämt! ich komme wohl gar zu einem Geburtstag?

FRAU LAWRENZ. In einem gewissen Sinne, Justizrat: vielleicht.

VON COULON. Dann fall' ich also erst recht sozusagen am Ende mitten auf den Geburtstagstisch! *Er küßt ihre Hand.* Im Ernst, ich komme mir vor wie ein Eindringling. Aber Ihre höchst bewunderungswürdige Zofe Johanna, auf Wort, hat mich, wie ich annahm, um dort geduldig auf den Bescheid der Gnädigen zu warten, in die mir Gott sei Dank nicht ganz unbekannten Gemächer verwiesen.

FRAU LAWRENZ. Erbarmen, Justizrat, stolpern Sie nicht!

VON COULON *stutzt, sieht sie durchs Monokel kurz und mit funkelnden Augen an, sagt mit Wichtigkeit.* Recht so, meine Gnädige, wir wollen nicht stolpern. Und so, da die grade Linie der kürzeste Weg zwischen zwei Punkten ist, in grader Linie auf den Punkt kommen. Nur noch eins, was Sie möglicherweise interessiert: Sie sehen in mir ... kurz, gestern bin ich Geheimrat geworden.

FRAU LAWRENZ, *lustig.* Na also! und da wundern Sie sich noch gar über mein altes Bordeauxrotes aus dem Mottenschrank, in das ich mich Ihnen zuliebe gesteckt habe?

VON COULON. Sie wußten von meiner Rangerhöhung?
FRAU LAWRENZ. Nein, Gott bewahre! ich spaße nur. Lassen Sie sich also gratulieren, Sie alter, würdevoller Justizveteran. Obgleich mir die Sache insofern nichts Neues ist, als ich Sie ja bereits vor vierzehn Jahren zu meinem Geheimrat ernannt habe. Jetzt fehlt Ihnen also nur noch der »Wirkliche«, dann sind Sie auf dem Gipfel des Glücks, und es fehlt dann bloß noch ein schönes Begräbnis.
VON COULON. Ja, ja, ja, ja, ich kenne das Lied! Sie müssen nicht denken, daß ich mir in dieser Beziehung irgendwie Illusionen mache.

Wir wollen aber doch, wie gesagt, vor allen Dingen zur Sache kommen. Gestatten Sie bitte, daß ich Platz nehme.
FRAU LAWRENZ. Justizrat... lieber Geheimer Justizrat, wollt' ich sagen!... mir schwant etwas. Ich glaube... Lawrenz hat mir schon etwas angedeutet!... ich glaube, wir werden zu keinem Resultate kommen.
VON COULON, *der sich gesetzt hat.* Sprechen Sie von der Hypothek?
FRAU LAWRENZ. Ich spreche davon.
VON COULON. Ihr Gemahl wird also in dieser wenigstens momentan bedrohlichen Kalamität auf Sie nicht zu rechnen haben?
FRAU LAWRENZ. Nein.
VON COULON. So wäre denn eigentlich der geschäftliche Teil meines Morgenbesuches erledigt. Ich könnte vielleicht noch im Interesse der schlichten und anstandslosen Erledigung dieser Schwierigkeit Sie drauf aufmerksam machen, daß Sie in der Lage sind, Frau Lawrenz, Ihrem Manne gefällig zu sein, auch ohne das Kapital anzugreifen, was Ihr seliger Pflegepapa als eisernen Fond für Helmuth und Sie gesichert hat. Es haben sich Zinsen angesammelt.
FRAU LAWRENZ. Reden wir weiter nicht davon. Wären Sie vielleicht früher gekommen! wären Sie vor drei Wochen gekommen! grade in dieser Zeit habe ich meine Bilanz gemacht. Und da hat sich herausgestellt, daß ich jeden verfügbaren Groschen für mich und die Kinder, ganz ohne Rücksicht auf andere, anwenden muß, wenn wir nicht wirklich und endgiltig wollen Schiffbruch erleiden.
VON COULON. So wird mir nun weiter nichts übrigbleiben, als mit diesem Bescheid zu Ihrem Gatten hinaufzugehn. Wir haben keine Zeit zu verlieren. Schiffbruch, meine Gnädige,

ist jedenfalls augenblicklich ein bei weitem zu starkes Wort. Und schließlich, Sie sagen es ja auch mit einer ziemlich heiteren Miene, wie jemand, der so was wirklich fürchtet, für gewöhnlich nicht spricht.

FRAU LAWRENZ. Es gibt, wie Sie wissen sollten, eine Klarheit, die heiter macht, eine Entschlossenheit, die erfrischt. Alles Wohl und Wehe, nach einer gewissen Richtung genommen, geht mich ganz einfach nichts mehr an; und ich höre ganz auf, damit zu rechnen. —

VON COULON *erhebt sich*. Wo find' ich dann also wohl den Hausherrn, gnädigste Frau?

FRAU LAWRENZ *begibt sich an die Klingelschnur und schellt*. Werden Sie nun in diesem November wieder nach Monte Carlo gehen, alter Freund?

VON COULON. Ich denke. Wie kommen Sie plötzlich darauf?

FRAU LAWRENZ. Na, Sie werden doch wohl den Geheimrat ein bißchen spazierenführen!

VON COULON. Sie sind aber heute in einer ganz charmanten Weise besorgt um mich. Meinen Sie denn, daß der Geheimrat sofort hasardieren muß?

FRAU LAWRENZ, *lachend*. Ach nein, das könnten Sie ja auch hier haben! *Johanna tritt ein.* Johanna! der Herr liegt noch zu Bett?

JOHANNA. Ich weiß nicht. Der Kutscher schläft noch. Die Kutschfrau sagt, die Pferde sind erst gegen viere nachts in den Stall gekommen.

FRAU LAWRENZ. Ich habe dich nicht nach den Pferden gefragt. *Sie nickt gebieterisch mit dem Kopf, Johanna wird rot und entfernt sich.*

VON COULON, *nach kurzem Nachdenken, währenddessen er Frau Lawrenz kopfschüttelnd, um seinen Schnurrbart kauend, fixiert*. Ich möchte Sie doch für alle Fälle vor einem gewissen Irrtum bewahren, Frau Lawrenz. Falls Sie etwa auf etwas anspielen wollten. Ich spiele nämlich außer in Monte Carlo und auf dem Klavier schon lange nicht mehr. Und man sieht mich auch nicht an den Donnerstagen, wo, wie Sie ja wissen werden, Herr Lawrenz noch regelmäßig ist. Es ist ja wohl, denke ich, Freitag heute.

FRAU LAWRENZ. Lieber Justizrat, ich meine so. Handeln Sie darin, wie Sie wollen; zumal da Sie Junggeselle sind. ([Am Rand] Er stutzt: früher war sie eifersüchtig.) Ich muß sogar sagen, ich liebe am Manne einen gewissen Zug von

Verwegenheit — nur muß er auch für die Folgen einstehen. Ich sehe im Spiel ein Auskunftsmittel. Alle diese mehr oder minder reichen und vornehmen Herren haben ja eigentlich in sich nichts. Es sind ja nicht etwa ausnahmsweise begabte Naturen, wie etwa mein Pflegevater, sie sind ja innerlich gähnend leer, sie sind ja über die Maßen gewöhnlich, und darum ist natürlich Zigarre, Weiber, Spiel der allernotwendigste Zeitvertreib.

VON COULON. Sie gehen heute wieder mal, meine Gnädige, schärfer, als es seit langem geschah, mit unseren provinzlerischen Schwächen ins Gericht. Sie verlangen wirklich zuviel von den Menschen. Natürlich sind es nicht alle Ausnahmsnaturen; das geht ja auch nicht. Und Sie werden mir außerdem zugeben, daß selbst Ausnahmsnaturen — es brauchen nicht grade männliche sein! — mitunter an Langeweile kranken.

FRAU LAWRENZ. Nun, dieses Übel kenne ich nicht!

VON COULON. Da bitte ich nun aber wirklich tausendmal um Entschuldigung: ich war das letztemal hier im Haus vor vier Wochen, und da haben Sie, wie ich mich ganz genau erinnre, zu mir mit einem förmlichen Schauder gesagt: »Jetzt kommt nun wieder der endlos lange schreckliche Winter, die über die Maßen öde Zeit mit ihrer entsetzlichen Langeweile.«

FRAU LAWRENZ *lacht auf.* Täuschen Sie sich da wirklich nicht?

VON COULON. Sie haben sogar in Aussicht gestellt, diesmal wirklich und endlich einmal mit an die Riviera zu reisen. Und zwar waren Sie Feuer und Flamme dafür. Sogar hab' ich mir daraufhin erlaubt, bei Lawrenz vorsichtig anzuklopfen, der insgeheim mit der Sache schon rechnet und natürlich für Monte Carlo begeistert ist.

FRAU LAWRENZ, *am Stickrahmen, lachend.* Nehmen Sie doch in Gottes Namen Lawrenz mit!

VON COULON. Dazu ist, wenn Sie selbst zu Hause bleiben, kein Anlaß vorhanden.

FRAU LAWRENZ. Und ich fühle mich überaus wohl zu Haus. — Im Ernst, warum soll ich's vor Ihnen geheimhalten: ich bin in mich gegangen! ich habe mir meine Pflichten gegen die Kinder, gegen Helmuth besonders, klargemacht, und da ist es nun eben nichts mit Vergnügungsreisen.

VON COULON, *sie mit funkelnden Augen ansehend.* So!? Mein Beruf sowohl als mein sonstiger Stand haben mich im Verkehr mit Frauen bis zu einem gewissen Durchschnittsmaße skeptisch gemacht, so daß ich nicht leicht von dieser Seite zu überraschen bin. Nur was mir von einer gewissen verehrungswürdigen Dame immer aufs neue zu erleben bestimmt ist, stellt sich als jeder Berechnung spottend heraus. — Nun, ich empfehle mich, meine Gnädigste. *Er küßt ihre Hand.* Wenn Sie mir allerdings mit Bezug auf Ihre erste Bemerkung noch sagen wollten, wieso heut in einem gewissen Sinne Geburtstag ist — denn unter den mir seit Jahrzehnten bekannten Daten Ihrer Familie, die ich soeben bei mir Revue passieren ließ, ist der heutige nicht —, so würde ich mich durch diesen neuen Beweis von Vertrauen glücklich schätzen.

FRAU LAWRENZ *sieht ihn einen Augenblick lang grade und forschend an.* Wozu? Wir wollen eine so simple und selbstverständliche Sache nicht aufbauschen. *Lachend.* Sie sind ein Mann von scharfem Blick und scharfem Verstand. Man soll eine zarte Pflanze dieser so zersetzenden Nachbarschaft vielleicht nicht aussetzen. Später! heut nicht! leben Sie wohl!

Von Coulon küßt nochmals stumm die Hand von Frau Lawrenz und entfernt sich. In der offenen Flügeltür trifft er Herrn Beck, den das Hausmädchen Johanna mit den Worten Sie sollen gefälligst hier eintreten, bitte *ins Zimmer hineinweist. Beck tritt ein wenig zurück und dem Justizrat aus dem Wege, von Coulon bemerkt ihn im gleichen Augenblick, stutzt, wird begrüßt, erwidert den Gruß mit etwas nachlässigem Hochmut und fixiert den Ankömmling darnach noch sekundenlang mit plötzlich aufleuchtender Neugier. Ein wenig zögernd an ihm vorüber und ab.*

FRAU LAWRENZ, *schnell auf ihn zu, reicht ihm die Hand.* Ich hatte Besuch. Hoffentlich habe ich Sie nicht warten lassen, Herr Kandidat.

Beck ist ein achtundzwanzigjähriger blonder stattlicher Mann mit blondem, gutgepflegtem Schnurrbart und Kinnbart. Kopf, Nacken und Schultern scheinen ein wenig nach vorn geneigt wie bei einem Athleten. Er hat eine gute freie Stirn, dichtes, rundgeschorenes Haupthaar, ein durchaus nicht mageres Gesicht von gesunder Farbe und lebhafte Augen. Sein Anzug ist sorgfältig, von mittlerer Eleganz (schwarzer Gehrock, schwarze Krawatte), schlecht und recht, ohne die leiseste Geckerei.

BECK, *sehr natürlich und ungezwungen, mit temperamentvollem*

Ausdruck des Erstaunens. Wieso? das würde doch keine Bedeutung gehabt haben, Frau Lawrenz. Wer war der Herr?

FRAU LAWRENZ. Das war der Geheime Justizrat von Coulon. Sein Vater schon war der Freund und Berater meines verstorbenen Pflegepapas, und ich kann wohl sagen, das alte Vertrauen der Vorväter hat sich fortgeerbt.

BECK. Ich war nur erstaunt; es kam mir nur vor, nach dem Blick, den der Herr Jurist auf mich warf, als müsse er mich schon irgendwo mal gesehen haben.

FRAU LAWRENZ, *belustigt, aber nicht ohne Befangenheit.* Ach! das müssen Sie ihm zugute halten! das ist nichts weiter! das ist nur der sogenannte Juristenblick. Der gute Justizrat ist stolz darauf. Mir kommt es vor, als wüchse bei weitaus den meisten Männern mit dem Alter die Eitelkeit; er hat noch mehr solche Eigenheiten. — Nun bitte, Herr Beck, nehmen Sie hier auf dem Sofa oder hier auf dem Sessel, ganz wie Sie wollen, Platz. Ich will Ihnen gleich meine Kinder vorstellen. — Das heißt, meinen ältesten Jungen haben Sie ja schon kennengelernt.

BECK. Ja; doch nur dem Namen nach und vom Sehen. Gesprochen habe ich ihn, wie Sie wissen, bis jetzt noch nicht.

FRAU LAWRENZ. Richtig, das war bei der Wohltätigkeitsmatinee für die Hinterbliebenen der verunglückten Bergleute, wo Sie sich nicht getrauten, ihn anzusprechen. Mit Helmuth war es ganz ebenso. Wissen Sie, wie er nach Hause gestürmt kam? »Mama, Mama, du kannst dir nicht denken, ich hab' einen neuen Rubinstein spielen gehört.«

BECK, *mit einem innerlich glücklichen Lachen, das wie ein kurzes Aufwimmern klingt, indem er seine gekrümmten Handflächen betrachtet.* Ich spiele gut! ich spiele natürlich sehr gut, Frau Lawrenz. Und vielleicht werden Sie und Helmuth erstaunen, wie gut ich spiele, wenn ich nun erst oben meinen eigenen Flügel haben werde in einiger Zeit. Aber da... da... — *er packt mit der rechten Hand seinen linken Oberarm mehrmals* — ich hab' es leider mal einen Winter lang zu maßlos getrieben.   Aber Helmuth hat damals seinen langsamen Violinsatz sehr brav geleistet, besser als die ganze lächerliche Gesellschaft zusammengenommen auf dem Podium. Ich habe zum Ärger des ganzen Saales geklatscht und gerast wie ein Wahnsinniger.

FRAU LAWRENZ. Auch das sagte er mir.

BECK. Können Sie sich wohl denken, Frau Lawrenz, daß ich eigentlich nur, um Helmuth noch mal zu hören, in die spätere Abendwiederholung des ganzen Programms gelaufen bin?

FRAU LAWRENZ. Wo Sie dann leider so schrecklich enttäuscht wurden.

BECK. Nein, denn ich habe Sie ja an jenem Abend kennengelernt.

FRAU LAWRENZ. Nun, wenn Sie wirklich enttäuscht worden sind, weil Helmuth nicht geigte, ich wurde es auch, denn auch Sie spielten ja nicht.

BECK. Ich konnte den Geist eines so läppischen Dilettantismus, der sich um mich her auf dem Podium blähte und breitmachte, schon das erstemal kaum aushalten. Er schlug der Kunst und dem schrecklichen Anlaß der Veranstaltung zugleich mit der Faust ins Gesicht.

FRAU LAWRENZ. Und ich hatte Helmuth bereits das erstemal nur auf vieles dringende Zureden des Justizrats mitmachen lassen. Das zweitemal hatte man ihn irrtümlicherweise oder aus Schwindelhaftigkeit auf den Zettel gesetzt.

BECK. Da sehen Sie, sehen Sie! solcher Mittel bedient sich das Schicksal. Hätte man nicht irrtümlicher- oder unreellerweise Helmuths Namen und meinen auf den Zettel gesetzt, so hätten wir uns nicht kennengelernt, und ich würde zweifellos jetzt nicht hier sitzen.

FRAU LAWRENZ. Sie haben recht! Zwar muß ich Ihnen damals in der Konzertpause, als ich mich sans façon von der kleinen Kehlheim Ihnen zuführen ließ, so erschienen sein, als hätte ich längst die Absicht gehabt, Sie zu überrumpeln, und doch kam mir dieser Gedanke wirklich erst, als ich Sie stehen sah.

BECK. Wenn Sie nachdenken, werden Sie sicher auch in Ihrem Leben eine Anzahl von ganz geringfügigen, scheinbar bedeutungslosen Geschehnissen finden, die von richtunggebendem Einfluß für Ihr Schicksal gewesen sind.

FRAU LAWRENZ, *kurz seufzend*. O ja! davon könnte ich Ihnen vielleicht die wunderbarsten Geschichten erzählen! Aber freuen wir uns jedenfalls im gegenwärtigen Augenblick, und ich sage Ihnen aus wirklich erkenntlichem Mutterherzen nochmals Dank, daß Sie meinem Anerbieten gefolgt sind. — Kinder, wo seid ihr? kommt herein!

Helmuth, Leokadie und Harro erscheinen nacheinander. Helmuth voran, geht offen und treuherzig auf Beck zu und reicht ihm die Hand, die jener herzlich und temperamentvoll ergreift. Leokadie hält sich zurück, nicht ohne Bewußtheit ironisch verlegen und die Wimpern senkend. Sie wirft mehrmals den blonden Haarschwall zurück, mit eigensinniger Kopfbewegung, und hilft mit den Händen instinktiv kokett nach. Ihre Gesichtsfarbe ist noch um einige Grade bleicher. Harro hat eine Hand aus der Jackettmuffe genommen, den Mund offen, die Augenbrauen sehr weit hinaufgezogen, wie wenn er sagen wollte: Ich bin erstaunt und warte der Dinge. Jedoch wird das, was er zu markieren wünscht, zunächst von niemand beachtet.

FRAU LAWRENZ. Da haben Sie also meine drei Sprößlinge.

HELMUTH. Guten Tag, Herr Beck.

BECK. Guten Tag, Helmuth. Siehst du, so sonderbar über Erwarten fügt sich mitunter das Leben, Helmuth. Ich hätte das nicht gedacht, als ich dich spielen hörte, geschweige, da ich doch hier in eurer Gegend nur bei einer alten tauben Großtante zum Besuch war, als man mir keine Ruhe ließ mit dem Wohltätigkeitskonzert. Eigentlich ist überhaupt das Grubenunglück schuld daran, daß ich nun hier bin. Nun, hoffentlich seid ihr mit mir zufrieden. Ich werde mir jedenfalls alle Mühe geben. Freilich fürchte ich, eure Mama verspricht sich zuviel von mir.

HELMUTH. Wir werden uns alle Mühe geben, Herr Beck.

FRAU LAWRENZ, *lachend*. Das scheint mir durchaus auch vor allem das weitaus wichtigste. Sehen Sie, jedes von diesen Kindern macht mir auf seine ganz besondre Weise Sorge, Herr Beck. Helmuth hauptsächlich gesundheitlich. Ich glaube, daß es bei ihm vor allem das allernotwendigste sein wird, wenn Ordnung in seine Studien kommt. An Eifer zu lernen fehlt's ihm nicht. Hier halt' ich sogar den Schlüssel zur Bibliothek des verstorbenen Pflegepapas immer selbst verwahrt, weil sonst, wie ich überzeugt bin, dieser unsinnige Junge über dem Schmökern Essen, Trinken und Schlafen vergißt, geschweige daß ich ihn je ins Freie hinaus an die frische Luft brächte.

BECK, *noch immer Helmuths Hand zwischen den seinen haltend*. Wir werden botanisieren gehn.

FRAU LAWRENZ. Was Leokadie anbetrifft...

HARRO. Vor der muß man den Bibliotheksschlüssel auch versteckt halten.
Leokadie sieht Harro groß und entrüstet an.
FRAU LAWRENZ. Was hast du da zu bemerken? Wieso?
HARRO. Ich meine ja nur, daß sie auch gern hochinteressante Bücher liest.
FRAU LAWRENZ. Hochinteressante Bücher? Wie meinst du das?
HARRO. Na, es gibt doch wohl unter den vielen Büchern auch welche, die interessant sind, Mama.
FRAU LAWRENZ. Ja. Aber das sind jedenfalls nicht die, lieber Harro, die du dir von unserem Hausknecht leihst und auf der Stalltreppe liest.
HARRO. Papa hat gesagt...
FRAU LAWRENZ. Sei still. Papa hat dir sicherlich in bezug auf deine sehr schlimmen Instinkte das gleiche wie ich gesagt. Und nun bitte, laß mich gefälligst ausreden. — Leokadie ist nicht ohne Talente, Herr Beck. Vielleicht lernt sie bei Ihnen in musikalischer Richtung Ausdauer. Übrigens ist es mit ihr mein letzter Versuch. Und sollte sie sich auch diesmal, wie ich fast fürchte, meiner guten Absicht nicht anbequemen, so geht sie im Frühjahre aus dem Haus.
LEOKADIE, *seit Harros beleidigender Indiskretion auf das entsetzlichste verlegen, abwechselnd errötend und erblassend, trotzend und herausfordernd oder ein grimassenhaftes Lächeln der Verachtung um den Mund. Nun auf einmal linnenbleich und kalt.* Wenn du mich loswerden willst, Mama, bitte, du kannst mich ja heute gleich fortschicken!
BECK. Frau Lawrenz, es wird das beste sein, Sie sagen mir über diese drei jungen Leute nichts. Ich denke, ich muß mich selber zurechtfinden. *Immer frisch und scheinbar guter Laune fortfahrend.* Daß es Gegensätze in jeder Familie gibt, ist selbstverständlich. Ich bin sogar zu der Überzeugung gekommen, daß dieser Zustand der allernatürlichste ist und der gegenteilige unnatürlich. Lassen Sie mich von meinem Vorteil als Fremder, Unbeteiligter, liebe Frau Lawrenz, freien Gebrauch machen und abseits von allem Familienvorurteil jedem von Ihren Kindern der gleiche unbefangene Freund und Berater sein. *Er reicht Leokadie seine Hand. Diese legt zögernd ihre Fingerspitzen hinein.* Auf diese Weise werden wir uns unfehlbar auf das genaueste kennenlernen.

HELMUTH, *Leokadie betrachtend.* Mama! bitte, Mama, gib auf Didi acht! Mama, bitte paß auf, Didi wird wieder ohnmächtig.

FRAU LAWRENZ, *schnell und energisch Leokadie anfassend.* Didi, wo bist du?

LEOKADIE. Im Wagen, Mama!

FRAU LAWRENZ. Didi! fühlst du dich unwohl, Didi?

LEOKADIE, *wieder vollkommen bei sich mit klarem Augenaufschlag.* Wenn du mich loswerden willst, Mama, bitte, du kannst mich ja heute gleich fortschicken!

FRAU LAWRENZ. Torheit! Was ist denn? Dasselbe hast du mir ja bereits vor zwei Minuten gesagt!

LEOKADIE *lacht, stutzt, sieht an sich hinunter, streicht ihre Kleider, sagt erstaunt.* Wie bin ich denn überhaupt angezogen? *Lacht wieder und läuft lachend hinaus.*

BECK. Was war das? Hab' ich mich irgendeines Versehens schuldig gemacht?

HARRO. Das war ja wieder seit lange zum erstenmal Didis mit Recht so beliebte Komödie. Sind wir vielleicht nun entlassen, Mama?

FRAU LAWRENZ. Wir brauchen dich jetzt nicht mehr; du kannst gehen. So viel mußt du dir aber sagen, daß deine Art, Leokadien täglich zu reizen, und eben jetzt wieder, schuld an dem gar nicht leichtzunehmenden Ausbruch ist. *Harro entfernt sich achselzuckend durch die kleine Tür.*

FRAU LAWRENZ. Sage mal, Helmuth, seit wann neigt denn Didi wieder zu diesen eigentümlichen Anfällen? Hat sie das etwa der kleinen Basedow abgelernt?

HELMUTH. Ich muß dir aufrichtig sagen, ich weiß nicht, Mama. Didi geht ja meist ihre eigenen Wege.

BECK. Und wahrscheinlich, kommt mir vor, nicht genügend in die Felder und Berge hinaus.

FRAU LAWRENZ. Mit einem Wort, es gibt Arbeit, Herr Kandidat, Sie sehen, an allen Ecken und Enden. Ich sage ganz ehrlich, daß ich diesen Anforderungen schon seit langem nicht mehr gewachsen bin. Also, helfen Sie mir. Wir bedürfen der Hilfe. Wir beide verstehen uns, Helmuth und ich. Aber weiter hinaus muß ich Ihnen das offene Geständnis machen: Leokadiens Wesen begreife ich nicht. Trotzdem — ich bin Mutter mit Leidenschaft —, trotzdem ich mich auf alle erdenklichen Arten und Weisen bemüht habe, fehlt mir der Zugang zu ihrer Natur; und nun gar Harros

Manier ist mir gänzlich widerwärtig. Ich höre eben... es ist, glaub' ich, mein Mann.

Herr Lawrenz erscheint durch die Flügeltür. Er trägt einen leichten hellen Jackettanzug, wodurch er noch kleiner erscheint, als er ist. Sein kurzbeiniger, rundlicher Körper und großer Kopf sind absonderlich. Er hat kleine, dunkle, stechende Augen, die niemand gradezu ansehen können. Sein Gesicht würde eher an Mops oder Bulldogg erinnern als an irgendein anderes Tier. Es ist schwammig und wammig von gutem Essen und guten Weinen. Lawrenz hat kurze, dicke Finger mit vielen Ringen. Der Haarwuchs um Schläfe und Scheitel ist fast verschwunden. Sonst ist er, außer vom Ohr bis zum Kieferansatz, bartlos.

LAWRENZ *stutzt, bleibt stehen, zieht die Augenbrauen hoch.* Ach so. Ich dachte, du bist allein, Christiane.

HELMUTH *geht auf den Vater zu, nimmt seine Hand und gibt ihm den vorschriftsmäßigen Kuß auf den Mund, den Lawrenz sich ruhig gefallen läßt, ohne die Stellung zu verändern.* Guten Morgen, Papa.

FRAU LAWRENZ. Herr Beck ist heut morgen gegen zehn Uhr mit dem Zuge über Kohlfurt hier angekommen.

LAWRENZ, *Beck flüchtig mit einem Blick streifend, scheinbar uninteressiert.* So. — Christiane, ich wollte dich gern allein sprechen. — War der Geheimrat heute morgen bei dir?

FRAU LAWRENZ. Ja. Er wollte doch auch zu dir hinaufgehen!

LAWRENZ. Er hat mir nur diesen Zettel mit einigen Mitteilungen auf meinen Schreibtisch gelegt.

FRAU LAWRENZ. Erlaubst du nun also, daß ich dir hiermit Herrn Beck vorstelle, der die Erziehung der Kinder in unserem Hause von heute ab leiten wird. *Zu Beck.* Ich will Ihnen hier meinen Gatten vorstellen.

LAWRENZ *tut, als erinnerte er sich.* Ach richtig, es war ja heut der Tag! *Er rafft sich auf und beginnt umherzugehen.* Also, wie gesagt, Herr... Herr...

FRAU LAWRENZ, *aushelfend.* Herr Beck.

LAWRENZ. Herr... wie?... Herr...

BECK, *aushelfend.* Beck.

LAWRENZ. Also richtig mit ck? Beck? Hängt das vielleicht mit Bäcker zusammen? Na, einerlei; wie gesagt, Herr Beck: Sie werden in meinen Kindern drei brave, gut erzogene Menschen finden, wie sich das natürlich von selbst versteht, die natürlich nicht auf gewöhnliche Weise und natürlich nicht etwa wie dieser und jener zu behandeln sind. Ich hoffe, ich habe mich nicht getäuscht und habe in Ihnen hoffentlich die geeignete Kraft... es ist natürlich eine brillant dotierte Stellung, müssen Sie zugeben; in dieser Richtung spare ich nicht!... und so setz' ich voraus, daß Sie Ihre Pflicht tun. — Möchtest du mir jetzt auch vielleicht einen Augenblick widmen, liebes Kind?

FRAU LAWRENZ, *peinlich berührt, aber nun resolut über der Situation.* Sie werden mich eine kurze Minute entschuldigen, lieber Herr Beck. Helmuth, du führst vielleicht unseren neuen Hausgenossen zunächst mal in unseren Garten hinaus, oder zeige doch Herrn Beck deine Taubenschläge.

BECK, *der mit einem neugierigen Erstaunen, sehr interessiert und gar nicht devot, allem zugehört hat, frisch und laut zu Helmuth.* Ja, Helmuth, komm! Das ist ein wirklich höchst gescheiter Gedanke von deiner Mama. Ich bin überhaupt keine Zimmerpflanze.

Helmuth und er, Hand in Hand, sehr lustig ab. Es bleibt zwischen den Eheleuten ein längeres Stillschweigen. Frau Lawrenz, während ihr Gatte, die Hände in den Jacketttaschen, mit dem rechten Fuß leise aufklappend, am Fenster steht, zieht das von Leokadie schiefgezogene Bild ihres Pflegepapas grade, ebenso die Tischdecke und nimmt hernach, entschlossen, das Schweigen ihrerseits nicht zu brechen, am Stickrahmen Platz.

LAWRENZ. Du hast nun also deinen Willen, wie ich sehe, doch durchgesetzt, Christiane.

FRAU LAWRENZ, *eifrig arbeitend.* Jawohl, gewiß.

LAWRENZ. Und ich habe mich deinem Wunsche gefügt, trotzdem ich die Sache im Grunde nicht gutheiße und vor allem nicht finden kann, daß, wenn wir uns diesen Mitesser aufhalsen, das eine Vereinfachung unseres Hauswesens ist, Vereinfachung, die du ja immer predigst.

FRAU LAWRENZ. Es würde meines Erachtens nicht richtig sein, Kutscher und Gärtner für Pferde, Hunde und Garten zu halten und, wo es sich um die Kinder handelt, knausrig zu sein. Ihre Erziehung scheint mir das wichtigste. Und dann erst kommt meinethalben das Reiten, das Fahren, Spiel und Jagd.

LAWRENZ. Es hat den Kindern an nichts gefehlt. Aber wie das so ist, von Zeit zu Zeit entstehen in Köpfen von unbeschäftigten Frauen gewisse überspannte Ideen. Überspanntheit liegt ja in diesem Haus seit den Tagen des seligen Doktor Unzelmann in der Luft.

FRAU LAWRENZ *fährt grade in die Höhe mit funkelnden Augen.* Lawrenz! du wirst meinen Pflegevater in meinem Zimmer... du wirst ihn in diesem Zimmer mit keinem halben Worte verunglimpfen! da draußen meinetwegen, soviel du willst. — Du lügst außerdem. Der Geist dieses ausgezeichneten Menschen ist leider hier längst nicht mehr zu Hause, sondern deiner — das ist ein ganz andrer! — regiert.

LAWRENZ. Die alte Leier, ich kenne sie schon. Im Grunde ist mir das alles sehr gleichgiltig! — Ich möchte nur eines von dir wissen, nämlich, ob deine Weigerung, mir in einer gewissen unverschuldeten Klemme beizustehen, wirklich und ernstlich unabänderlich ist.

FRAU LAWRENZ *sieht ihm fest ins Auge.* Ich fürchte mich nicht vor Gewalttätigkeiten.

LAWRENZ. Pst! Ich frage dich nur, ob du entschlossen bist.

FRAU LAWRENZ. Ja.

LAWRENZ. Du könntest mich also, was dich betrifft, wir wollen mal sagen, ruhig vor deinen Augen, ohne mir einen Strohhalm zu reichen, ertrinken sehen?

FRAU LAWRENZ. Das sage ich nicht.

LAWRENZ. Immer sachtchen, mein Kind, so weit ist es noch nicht. Wenn du nur achtgibst, daß dir nichts zustößt; was mich betrifft, ich brauche dein verfluchtes Mitleid, deine verdammte Barmherzigkeit und dein bißchen erbärmliches Almosen nicht! *Er geht schnell ab.*

FRAU LAWRENZ, *einen Augenblick still, dann sich durch einen Seufzer befreiend, tritt ans offene Fenster und ruft hinaus.* Helmuth!

HELMUTHS STIMME. Mama!

FRAU LAWRENZ. Geht's euch gut auf dem grünen Rasenplatz?

HELMUTHS STIMME. Wir freuen uns unseres Lebens.

FRAU LAWRENZ. Recht so! *Sich ausdehnend, für sich.* Gott mag mir's verzeihen: ich auch.

ZWEITER AKT

Die Wohnräume des Herrn Beck im Lawrenzschen Hause. Es ist ein Zimmer mit zwei Fenstern in der Hinterwand. Eine Tür links, die zum Schlafraum führt, eine rechts auf den Hausflur. Die beiden Fenster, die nur oben sogenannte Lambrequins und innerhalb der Nische kleine, saubere Vorhänge haben, stehen offen. Die Fensterbretter haben die Höhe eines flachen, mit grünem Moose bewachsenen Daches, das sich draußen anschließt. Dieses Dach ist wieder umgeben von Anbauten mit Ziegeldächern, Dachluken, Schornsteinen und Blitzableitern. Aus der Mauer eines der Nebengebäude mündet auf das Dach ein Taubenschlag. Ein freier Blick auf Gärten läßt die hohe Lage von Zimmer und Dach erkennen.
Das Innere des großen, aber niedrigen Raumes zeigt eine alte, gediegene Studierzimmer-Einrichtung. In der Mitte steht ein großer, ovaler, grün verhangener Tisch. Darauf eine alte messingne Öllampe mit grüner Glocke. An den Wänden Bücherregale und Schränke mit Sammlungen. Einer davon hat Glasscheiben und enthält wohlgeordnet Manuskripte, Briefwechsel, kurz, ein ganzes Familienarchiv des weiland Doktor Unzelmann in festen Einbänden. Man sieht in Gipsabgüssen den sogenannten Kopf des Sokrates, den des Homer sowie die Büste der Venus von Milo. Ein vorhandener Stutzflügel wirkt etwas unorganisch und beengend im Raum, dessen Fußboden von weichen Teppichen fast bedeckt ist.
Die Sonne eines schönen Vormittags anfangs November verbreitet freundliche Helligkeit.
Es wird mehrmals von außen an die Tür rechts geklopft; alsdann öffnet sie sich, und Frau Lawrenz tritt ein, gefolgt von dem Sanitätsrat Mangelsdorf. Dieser, ein schöner und großer Mann von fünfundvierzig Jahren, trägt grauen Zylinder, hellen Überzieher, Handschuh und Stock, Frau Lawrenz ein knapp anliegendes schlichtes Kleid aus braunem Tuch mit schwarzer Borte, das den Reiz ihrer schönen Gestalt hervorhebt.

FRAU LAWRENZ, *resolut wie immer; nachdem sie einen Blick umhergeworfen hat.* Ausgeflogen! — Ich will Ihnen aber was sagen, Sanitätsrat: warten wir.
MANGELSDORF *legt den Zylinder auf den Tisch, die Handschuhe hinein.* Das müssen wir wohl. Ich habe mich nämlich um gute fünfundzwanzig Minuten verfrüht. — Gott, seit wie

lange bin ich nun schon nicht mehr in diesem Zimmer gewesen!
FRAU LAWRENZ. Wahrscheinlich seit vierzehn bis fünfzehn Jahren nicht.
MANGELSDORF. Leokadie war noch nicht geboren. Leokadie ist jetzt...?
FRAU LAWRENZ. Vierzehn Jahr.
MANGELSDORF. Wo sind die Zeiten hin, beste Frau Lawrenz? Wissen Sie noch, wo Ihr Pflegepapa damals saß, eh ich die letzte Untersuchung machte? Und wir auf seine Veranlassung vorher noch mit ihm hier oben Sekt tranken?
FRAU LAWRENZ, *mit kurzem Seufzer.* Sie fragen mich, ob ich das weiß, Sanitätsrat? Diese halbe Stunde von damals muß mir doch wohl vor allem, wie Sie sich denken können, unvergeßlich sein. Dort war's, in der linken Sofaecke.
MANGELSDORF. Ja, aber das Sofa stand an der gegenüberliegenden Wand, so daß man es, wenn man die Türe öffnete, gleich sehen mußte.
FRAU LAWRENZ. Richtig. Ich habe es, bevor unser Herr Beck hier einzog, umgestellt. Sonst aber ist alles beim alten geblieben.
MANGELSDORF. Bis auf das Klavier.
FRAU LAWRENZ. Ja natürlich. Sie wissen ja wohl, daß Beck Klavier spielt.
MANGELSDORF. Sie sind also mit Herrn Beck zufrieden?
FRAU LAWRENZ, *nach kurzem Zögern.* So viel muß ich jedenfalls von ihm sagen, daß er die Kinder gern hat und mit Lust und Liebe bei seinem Berufe ist.
MANGELSDORF. Er hat, wie mir Lawrenz sagt, außer dem Abitur kein Examen gemacht.
FRAU LAWRENZ. Das ist mir gleichgiltig. Helmuth liebt ihn, die anderen beiden respektieren ihn oder fürchten ihn, und wer nur will, kann genug von ihm lernen. Das ist die Hauptsache, wie mir scheint. Denken Sie doch, wie mein Pflegepapa in solchen Fragen gedacht und mich denken gelehrt hat.
MANGELSDORF *läßt sich aufs Sofa nieder, während Frau Lawrenz das Familienarchiv aufschließt.* Mein lieber Kollege Unzelmann, das ist mir in den Jahren, seitdem er fort von uns ist, wirklich in einem über Erwarten hohen Maße aufgegangen: er war ein wirklich bedeutender Mensch. Ich habe ihn damals schon, zum Beispiel im chirurgischen Fach,

trotzdem er sich seiner Neigung nach schon lange mit anderen Dingen beschäftigte, gewisse Dinge behaupten hören, die nunmehr erst seit einigen Jahren von großen Gelehrten aufgestellt und allgemein giltig geworden sind. Mir selbst erschienen sie damals müßige und, wie ich ehrlich sage, zwecklose Kombinationen zu sein, die man durchaus nicht ernst nehmen konnte.

([Am Rand] Positives)

Aus dem Nebenzimmer erschallt ein Geräusch, wie von einem heruntergefallenen und zerbrechenden Glase.

FRAU LAWRENZ *erschrickt leicht.* Um Gottes willen, wer ist denn da drin? *Sie geht mit schnellen Schritten, stößt die halboffene Tür auf und blickt ins Nebenzimmer.* Du, Leokadie? — Was tust du denn hier?

LEOKADIENS STIMME, *kleinlaut.* Nichts, Mama!

FRAU LAWRENZ. Bitte, komm mal zum Vorschein! *Sie ist ein wenig blaß geworden, geht aber scheinbar ruhig an den Archivalienschrank zurück und nimmt eine gebundene Mappe heraus.*

Leokadie erscheint in der Tür des Schlafzimmers. Sie ist sehr bleich, tut aber der Frage wegen befremdet.

FRAU LAWRENZ, *zu Mangelsdorf.* Was sagen Sie dazu? Das vierzehnjährige Mädchen treibt sich in den Privatzimmern unsres Herrn Kandidaten herum.

([Darüber] Erst Enzyklopädie bewundern, dann mehr schalkhaft fassen.)

([Am Rand] nein)

LEOKADIE. Wieso, Mama? Ich habe mir nur die Noten geholt, die ich nach der gestrigen Stunde vergessen hatte.

FRAU LAWRENZ *weist auf das Klavier.* Die Noten sind hier!

LEOKADIE. Gewiß! Doch als ich euch kommen hörte, hab' ich mich törichterweise erschrocken, ich weiß nicht warum, und versteckt ins Schlafzimmer.

FRAU LAWRENZ. Ich nehme ja auch nicht an, daß du in Abwesenheit des Herrn Beck etwa seine Sachen durchschnüffelt hast. Das tun ja nur schlecht erzogene Dienstboten.

MANGELSDORF, *bisher erstaunt und belustigt.* Komm, reiche mir deine Hand, mein Kind. Du bist ja ein langes Fräulein geworden. Das wächst heran, über Nacht sozusagen, wie Spargel im Beet. Warum besuchst du denn mein dickes Lenchen gar nicht mehr, Leokadie?

FRAU LAWRENZ, *ohne Leokadie noch irgendwie zu beachten, legt Mangelsdorf die geöffnete Mappe vor.* Ich bin überzeugt, mein Pflegevater hat Außerordentliches auf jedem Gebiete geleistet, dessen er sich bemächtigt hat. Seit vierzehn und mehr Jahren steht dieser Schrank, der seine Manuskripte enthält, unberührt. Ich glaube, es sind darin wirklich wertvolle ⟨Funde zu machen⟩ Sachen. ([Am Rand] Autographen, Erstausgaben etc.) Es ist erstaunlich, mit wie entgegengesetzten Dingen Papa sich beschäftigt hat. Hier zum Beispiel haben Sie Material für eine Anatomie für Künstler; wie Sie sehen, mit vielen unter Papas Leitung gefertigten Zeichnungen. Dabei ist ein Versuch zur Ergänzung irgendeiner, ich glaube, der milesischen Venus gemacht.

Leokadie hat ihre Hand aus der des Sanitätsrats, der sich von ihr ab- und dem Manuskript zugebogen hat, herausgezogen und entfernt sich mit schnippischem Achselzucken durch die Tür nach dem Flur.

MANGELSDORF. Sie haben also, wie ich sehe, dem neuen Hauslehrer das ganze Bereich Ihres Pflegevaters eingeräumt. Und ich finde das, muß ich gleich hinzusetzen, endlich einmal gesund und richtig von Ihnen gedacht. Denn, nehmen Sie mir's nicht übel, Frau Lawrenz: es war zwar eine rührende, aber keineswegs ganz gesunde Pietät, diese Räumlichkeit durch vierzehn Jahre hindurch unberührt und geschlossen zu halten. Solche Winkel ziehen gewissermaßen Gespenster an ([Am Rand] Wichtig), und ich finde, das ganze Hauswesen leidet darunter.

FRAU LAWRENZ, *während ein tiefes Weh flüchtig ihre Mienen durchgleitet.* Ich glaube auch, es war unter diesen Umständen recht getan. —

MANGELSDORF. — Nun sagen Sie mir doch mal, da wir jetzt grade Zeit haben, worüber Ihr Helmuth eigentlich klagt.

FRAU LAWRENZ. Eigentlich über nichts, er selber. Herr Beck hat dagegen bestimmt gefordert, daß man ihn auf den Zustand seiner Atmungsorgane hin und wieder untersucht. Und Sie wissen ja selbst, er hatte vor vier, fünf Jahren mitunter ein bißchen ⟨Blut im Taschentuch⟩ Bluthusten.

MANGELSDORF. Es ist aber dann doch weggeblieben! Ich glaube zwar nicht, daß etwas ist, muß aber Ihrem Kandidaten beipflichten, wenn er gegen diese alte Geschichte Mißtrauen hat und, was man so sagt, lieber sichergeht. Helmuth ist überhaupt nicht der festeste! Was eigentlich, wenn man seine stattliche Mutter betrachtet, ein nicht ganz leicht zu begreifendes Faktum ist.

FRAU LAWRENZ, *lachend.* Geben Sie sich wegen mir alten Frau nur nicht erst weiter Mühe, galant zu sein. Ich weiß ganz gut, daß ich vierzig Jahr bin, zum mindesten nicht mehr sehr weit davon. Wir Alten brauchen uns nichts mehr vormachen.

Man hört vom Dache her lebhaftes Rufen und Lachen.

MANGELSDORF. Sie? alt? wie eine Braut sehn Sie aus!

Frau Lawrenz lacht ablehnend, er stimmt lustig ein, und während sich das Lachen Helmuths und des Hauslehrers von außen einmischt, tritt

FRAU LAWRENZ *lustig ans Fenster und ruft.* Kinder, dort seid ihr? Was treibt ihr denn?

HELMUTH, *den gebeugten Kopf oben durchs Fenster hereinsteckend.* Ich habe Herrn Kajus nur mal den großen Mehlbeerenstrauch gezeigt; du weißt, auf dem Dach bei den Pferdeställen.

BECK, *im andern Fenster erscheinend.* Ich wollte zur Abwechslung doch auch mal von Helmuth was lernen, Frau Lawrenz. Nämlich, ich hatte bezweifelt, daß der Baum aus dem Dache wächst, und es ist auch nicht so. Er streckt seine Zweige nur über das Dach und wurzelt daneben in einer Böschung.

FRAU LAWRENZ. Bitte gefälligst hereinzuspazieren! Herr Sanitätsrat Mangelsdorf wartet seit einer Viertelstunde auf dich.

HELMUTH. Wo?

MANGELSDORF. Hier, meine Herren. Sobald Sie wieder etwas Licht durch die Fenster hereinlassen, werden Sie mich unfehlbar sehen.

Helmuth springt herein und herunter vom Fensterbrette. Ebenso durch das andere Fenster der Kandidat.

HELMUTH. Entschuldigen Sie, Herr Sanitätsrat!

MANGELSDORF *erhebt sich, sieht nach der Uhr.* Noch haben wir keine Minute versäumt. Aber wir müssen nun auch jede fernere ausnützen. Wo wären wir also ungestört?

HELMUTH. Ich fühle mich aber ganz fuchsmunter; mir fehlt wirklich nichts!

FRAU LAWRENZ, *vorstellend.* Herr Beck, Kandidat der Philosophie, Herr Sanitätsrat Mangelsdorf.

BECK, *lachend.* Da müßte ich eigentlich mich in eine längere

Auseinandersetzung einlassen, Frau Lawrenz; ich meine über den Kandidaten der Philosophie. Es war unsere Abrede, Sie nehmen mich, wie ich gebacken bin, ohne alle Würden und Titel. *Er hat ihr leicht mit dem Finger gedroht.*
MANGELSDORF, *lachend.* Sagen Sie einfach: der Hauslehrer!
BECK. Ja, Hauslehrer. Mädchen für alles! Warum nicht? Es muß ja wohl jedes Ding seinen Namen haben. *Zu Mangelsdorf, auf die Schlafzimmertür weisend.* Am besten, Sie treten hier herein, und Helmuth legt sich lang auf mein Bett. Die Untersuchung läßt sich doch wohl am besten auf diese Weise bewerkstelligen.
MANGELSDORF. Na, dann ohne Umstände. *Er geht mit schnellen Schritten, von Helmuth gefolgt, ins Schlafzimmer.*
FRAU LAWRENZ. Übrigens, wissen Sie, daß ich Bange habe?
BECK. Wieso Bange?
FRAU LAWRENZ. Ich meine, daß mir jetzt plötzlich um Helmuth bange ist.
BECK. Das brauchen Sie nicht. Sie brauchen nicht bange sein wegen Helmuth. Es kommt bei einer so zarten Natur eben nur drauf an, daß man vorsichtig ist.
FRAU LAWRENZ. Wenn Sie mir nur nichts verschwiegen haben!
BECK. Gewiß nichts; er hustet mir etwas zuviel. Das ist alles. Und ich halte für möglich, daß es vielleicht für ihn nützlich und sogar nötig ist, mal den Winter in unsrem rauhen Klima hier zu umgehen. Naturen wie er sind immer gefährdet.
FRAU LAWRENZ. Das hat mir leider mein Pflegepapa, als Helmuth kaum sein Vierteljahr überstanden hatte, bereits gesagt.
BECK. Ach, haben Sie das Archiv endlich aufgemacht!
FRAU LAWRENZ, *am Archivschrank, nimmt einen Gegenstand heraus.* Ja, und ich habe hier gleich beim Öffnen ein ganz frühes Bildchen von Helmuth, noch mit der Amme, vorgefunden, sorgfältig in ein Kuvert verwahrt, von der Handschrift des Pflegepapas beschrieben.
BECK *übernimmt das Bild, betrachtet es.* Wie es scheint, hat er Helmuth sehr geliebt.
FRAU LAWRENZ, *etwas beunruhigt.* Pst, wir wollen es wieder hineinlegen! *Sie legt das Bild wieder in den Schrank, schließt zu und zieht den Schlüssel ab.* Im übrigen leg' ich den Schlüssel in Ihre Hand, was ich nämlich schon längst beabsichtigte.

BECK, *leicht betroffen.* Beinah weiß ich nun nicht, Frau Lawrenz, ob ich ihn annehmen darf. Nicht etwa... ich bin nicht etwa der Mann, mit irgend jemands Vertrauen Mißbrauch zu treiben, aber wäre es trotzdem nicht besser, Sie geben mir etwa die Manuskripte, die mich besonders interessieren, einzeln heraus?

FRAU LAWRENZ. Sie finden ja alles auf dem Rücken der Bände genau vermerkt, und was Sie nicht wollen, das lassen Sie einfach unaufgeschlagen. Die zwanzig Jahrgänge gesammelter Briefschaften gehen ja sowieso über Menschenkraft.

BECK. Ich bin interessiert, Frau Lawrenz, nicht neugierig. Ich muß hier täglich durch das Glas die vielversprechenden Titel entziffern.

FRAU LAWRENZ. Es ist mir gleich: interessiert oder neugierig. Ich lege Ihnen sogar in keiner Beziehung Reserve auf, außer natürlich, daß Sie selbst Helmuth, geschweige die andern Kinder, von den Papieren fernhalten, soweit es sich nicht um Arbeiten handelt wie etwa diese hier auf dem Tisch.

BECK. Eigentlich möchte ich nun das Zimmer abschließen und mich von niemand mehr sehen lassen, vier, fünf Tage lang. Und die ganzen Skripturen hintereinander wenigstens obenhin mal durchmustern. Das wäre so meine Leidenschaft! Ach, was hab' ich nicht überhaupt für Wünsche. Aber die haben jetzt alle Zeit. *Er reibt sich die Hände vor Vergnügen.* Es eilt nicht! es eilt jetzt nicht mehr, Frau Lawrenz! nach etwas hatte ich mich gesehnt! nach etwas! nämlich nach einer Aufgabe! Nun habe ich eine! ich habe sie: schön! und ich werde selbst Harro noch zur Vernunft bringen. *Er hat dies mit einer überschäumenden Freudigkeit und lustig, wenn auch gedämpft vorgebracht und fährt nun fort.* Sagen Sie ehrlich, bemerken Sie nicht an den Kindern schon jetzt eine, wenn auch geringe Veränderung?

FRAU LAWRENZ. Keine geringe. Sogar eine große.

BECK, *impulsiv und naiv Frau Lawrenz bei der Hand fassend und diese drückend.* Nicht? Es ist mir wahrhaftig auch schon so vorgekommen. In welcher Hinsicht meinen Sie denn?

FRAU LAWRENZ *errötet wie ein junges Mädchen und dabei amüsiert.* Nun, selbst Harro liest ja doch jetzt mit Eifer landwirtschaftliche ([Am Rand] paßt nicht gut) Bücher.

BECK. Nicht? sehen Sie! und er fängt sogar Mäuse und Maulwürfe. Ich habe erst jedem sein besonderes Hauptinteresse abgemerkt und bin dann unmerklich mit jedem in seiner eigenen Richtung vorgegangen. Menschen! Menschen! Menschen! selig machen mich diese herrlichen Jungens! wenn es eine Schule in Deutschland gäbe, möchte ich wirklich Schulmeister sein.

FRAU LAWRENZ. Ich denke, Sie sind doch Lehrer, Herr Kajus!

BECK. Jetzt nennen auch Sie mich schon Herr Kajus. Daran ist nun Helmuth schuld, in seiner echten, übermütigen Kindermanier. Ich weiß nicht, was sich mein Vater gedacht hat, als er mir diesen Namen anhängte. Vielleicht, dachte er, wird ein Genie aus mir und ich käme dann wegen eines gründlich verrückten Namens nicht erst in Verlegenheit, ich brauchte mir dann nicht erst einen suchen. Damit hat er sich beiläufig gründlich getäuscht. Übrigens heiße ich ja auch Fritz. Aber natürlich, als Helmuth auf meinem Militärpaß den Kajus entdeckte, war es mit Fritz für immer aus.

FRAU LAWRENZ. Ich finde, Kajus paßt gut zu Ihnen. ([Am Rand] Warum? Wer war Kajus?)

BECK. Jetzt necken Sie mich natürlich noch. Wer den Schaden hat, braucht für den Spott nicht zu sorgen. Aber wissen Sie, daß mich Helmuths Zutraulichkeit im Grunde ganz außerordentlich freut. Er schließt sich mir an. Er ist wirklich zutraulich. Und Sie wissen ja, was für ein ganz charmanter, feiner und herzensguter Bengel er ist. Und wie überlegen! man muß sich in Acht nehmen. Und Sie wissen ja auch, er gibt sich nicht leicht.

FRAU LAWRENZ. Ich muß sogar sagen, er hat sich bisher, mich ausgenommen, vor jedem anderen völlig verschlossen.

BECK. Ja, Sie natürlich. Wenn Helmuth von seiner Mutter spricht, da verblaßt natürlich die Sonne am Himmel, und da können wir anderen niederen Sterblichen längst nicht mit. Ich liebe den Jungen wie meinen eigenen.
Sie lacht.

FRAU LAWRENZ. Und glauben Sie mir, deshalb bin ich hauptsächlich so froh in dieser Zeit! Ich bin eine Frau. Dem Jungen hat bisher — ich kann es Lawrenz nicht ersparen — die väterliche Liebe gefehlt, der Anschluß an einen Mannescharakter! — Nun besonders jetzt, wo ein gefährliches Alter nahe ist.

BECK. Man kann, ich glaube, Frau Lawrenz, bei Helmuths klarem Verstand ganz vollkommen offen mit ihm sein.
FRAU LAWRENZ. Mit Leokadie ist es schwieriger.
BECK. Ja natürlich. Ihre besondere Art natürlich, schon weil ich ein Mann bin, entzieht sich mir. Auch sind mir da freilich die Hände gebunden. Schließlich, ich habe auch schon mit Leokadie gelegentlich zwei, drei Worte gesprochen, ganz einfach, ohne Affektation, die mir doch auch die Überzeugung beibrachten, daß in ihr ein ganz natürlicher, recht vernünftiger Mensch verborgen ist, der eigentlich nur auf... wie soll ich sagen? na ja: sagen wir auf...
FRAU LAWRENZ *beendet mit sonderbarem Ausdruck.* ...auf Erlösung wartet, — was aber doch bei einem jungen Mädchen, mit kaum erst vierzehn, ein bei weitem verfrühter Zeitpunkt ist.
BECK, *Achsel zuckend, leicht befangen, nach kurzem Zögern knapp.* Über Leokadie will ich nicht mitsprechen.
FRAU LAWRENZ. Und ich glaube sogar, Sie denken auch etwas zu günstig von ihr.
Lawrenz öffnet die Tür ziemlich heftig und blickt ins Zimmer, bevor er eintritt. Sein Gesicht ist vom Frühstücken lebhaft gefärbt.
LAWRENZ. Was geht denn hier vor?
FRAU LAWRENZ, *sehr ruhig.* Es geht nichts Besonderes vor! Was meinst du denn? Außer daß Helmuth auf seinen Gesundheitszustand hier von Mangelsdorf untersucht wird.
LAWRENZ. Helmuth wird untersucht? Wieso?
FRAU LAWRENZ. Das leuchtet doch wohl ohne weiteres ein!
LAWRENZ. Ja, findest du das denn so in der Ordnung, daß der Herr des Hauses von euren Maßnahmen gar nichts erfährt? Es interessiert mich denn doch auch einigermaßen, was ihr miteinander hier oben ausbrütet.
FRAU LAWRENZ. Du solltest dich aber wirklich durch uns in deinen Beschäftigungen nicht stören lassen, Lawrenz.
LAWRENZ. Was heißt das? Geht mich das Wohl und Wehe meiner Kinder am Ende nichts an?
FRAU LAWRENZ. Natürlich geht es dich an, so gut wie es mich angeht, Lawrenz. Nur ist zunächst wohl kein Grund zur Beunruhigung, da Helmuth...
LAWRENZ. Ich habe noch andere Kinder.
Helmuth tritt noch etwas angegriffen von der Untersuchung

aus dem Schlafzimmer, sich die letzten Knöpfe der Weste zumachend.
LAWRENZ *fährt fort.* Nun, Junge, was hast du? wie steht's mit dir?
HELMUTH. Herr Mangelsdorf sagt, es könnte mir gar nichts schaden, wenn ich mal eine Molkenkur brauchte und dazu unsren hiesigen Brunnen tränke.
LAWRENZ. Das hast du, weiß Gott, schon manchmal getan.
Mangelsdorf kommt ebenfalls aus dem Schlafzimmer.
LAWRENZ. Morgen, Morgen! Na, natürlich mal wieder 'ne Erbse unter fünf oder sechs Bettüchern entdeckt, Mangelsdorf. Schöner Beruf! amüsanter Beruf! Was hat 'n Hausarzt hauptsächlich zu tun? Krankheiten festzustellen, die gar nicht da sind.
MANGELSDORF, *lachend.* Rede du von Sachen, die du verstehst.
LAWRENZ. Sie haben wohl diese Untersuchung wieder mal angeordnet, Herr Beck?
BECK, *mit kurzem Augenaufschlag.* Ich habe sie dringend an - geraten!
MANGELSDORF, *Lawrenzens Hand zur Begrüßung drückend, gleichzeitig sich verabschiedend, mit Laune.* Sei gegrüßt, lieber Freund! aber entschuldige mich. Du wirst, wenn du unzufrieden bist, das gefälligst mit den Deinigen abmachen. Geschehen ist eurem Helmuth nichts. Es hat nicht mal weh getan — oder doch, Helmuth? *Helmuth schüttelt eifrig verneinend den Kopf.* Siehst du! Ich habe jetzt leider keine Zeit. Hast du übrigens gut geschlafen, Lawrenz? Sorge doch ja dafür, daß du gut schläfst! Und wir, Frau Lawrenz, wir sprechen uns noch. Es ist alles in Ordnung mit dem Jungen, nur...
LAWRENZ. Nur eine Molken- und Brunnenkur!
MANGELSDORF. Nur — vielleicht begleiten Sie mich ein Stückchen, Herr Beck —, nur müssen wir sorgen, daß auch künftighin alles in Ordnung bleibt. Adieu! auf Wiedersehen, Herrschaften!
Mangelsdorf nimmt Hut und Stock, grüßt leicht und launig und geht, gefolgt von Beck, dem sich, in dem Wunsche, dem Alleinsein mit den Eltern zu entgehen, auch Helmuth anschließt. Lawrenz und Frau Christiane bleiben allein. Diese stößt einen ungeduldigen Seufzer aus, wie jemand, der sich gelangweilt findet, nachdem Lawrenz dem davoneilenden

Helmuth mit einem kleinen Schubs an der Tür nachgeholfen und diese selbst mit einer etwas überschüssigen Energie eingeklinkt hat. Lawrenz tritt nun ans Fenster, während Frau Christiane anscheinend mit großer Ruhe im Zimmer da und dort Ordnung macht.

LAWRENZ, *mit Plötzlichkeit und sich schnell umwendend.* Sag mal, du wohnst wohl jetzt förmlich hier oben?

FRAU LAWRENZ. Du weißt, ich wohne hier oben nicht.

LAWRENZ. Ich würde das auch nicht gerne sehn, Christiane, wenn etwa Gerede daraus... ([Darüber] Viel zu direkt und roh, oder roher!)

FRAU LAWRENZ *blickt ihm ruhig und bedeutungsvoll ins Auge.* Ich sehe es, wie du weißt, auch nicht gern, wenn du in den Zimmern meines verstorbenen Pflegevaters bist.

LAWRENZ. Das ist mir gleichgiltig. Ich suche dich, wo ich dich finden kann.

FRAU LAWRENZ. Du suchst mich?

LAWRENZ. Ich habe mit dir zu reden. —

FRAU LAWRENZ. Lawrenz! es ist eine ausgemachte Sache! verfolge mich nicht! ich kann das nicht! du wirst das nie und nimmermehr durchsetzen. Ich habe über das, was den Kindern gehört, was Helmuth gehört, kein Verfügungsrecht.

LAWRENZ. Du willst mich also zugrunde richten?

FRAU LAWRENZ. Wende dich doch an deine Freunde! du rühmst dich ja immer deiner Freunde! du hast doch wahrhaftig reiche und vornehme Freunde genug.

LAWRENZ, *verändert.* Na, jetzt werde mal endlich vernünftig, Christinchen! sei mal, zum Donnerwetter noch mal, die kluge, nette Frau, die du ja bist. Mach keine Umstände, ja? sei so gut. Laß mich nicht länger unnütz zappeln. — Ich habe Verluste im Spiel gehabt, gut. Ein Vorteil ist aber doch bei der Sache: nämlich, ich nehme von jetzt ab keine Karte mehr in die Hand und bin im Klub bereits abgemeldet.

FRAU LAWRENZ. Es freut mich für dich, Lawrenz, wenn du eingesehen hast, daß dein Leben, wie du es nun seit Jahren führst, kein Leben ist.

LAWRENZ. Das habe ich, glaub' ich, eingesehen.

FRAU LAWRENZ. Es freut mich für dich, aber helfen kann ich dir leider mit dem Vermögen der Kinder trotzdem nicht.

LAWRENZ, *furchtbar jähzornig aufbrausend.* Ich schlage das ganze Zimmer zusammen!

FRAU LAWRENZ, *sehr ruhig.* Das wäre ja nicht das erste Mal.

LAWRENZ, *sich bezwingend.* Christiane, antworte mir: Kannst du dich einer Zeit erinnern ... angesichts dieser Zimmer vielleicht? ... einer Zeit, wo ich etwas für dich getan habe?

FRAU LAWRENZ, *bleich, aber mit Entschiedenheit.* Nein! an eine solche Zeit erinnere ich mich nicht.

LAWRENZ. Du erinnerst dich nicht daran, Christiane?

FRAU LAWRENZ. Was du getan hast, hast du nicht wie ein Edelmann, sondern, auf Heller und Pfennig nüchtern deinen Vorteil berechnend und ausnützend, wie ein kühler Kaufmann getan.

LAWRENZ. War dein Pflegevater kein kühler Kaufmann?

FRAU LAWRENZ. Was mein Pflegevater gewesen ist, entzieht sich deiner Beurteilung.

LAWRENZ. Du weißt ganz gut, daß es nicht so ist.

FRAU LAWRENZ. Lawrenz, laß mich mit diesen im höchsten Grade widerwärtigen Dingen nun endlich in Ruh', auf die du immer wieder zurückkommst. Wenn du kein anderes Kapital besitzest als das, steht es übel um dich. Wenn du einen Mann, der dir Wohltat über Wohltat erwiesen hat, wie mein Pflegevater, nach etwas zu beurteilen vorgibst... nach dem Verhalten in kurzen Stunden, wo er leider aus Liebe zu mir in der Angst, wie man sagt, seinen Kopf verloren hat, dann tust du mir leid.

LAWRENZ. Hab' ich vielleicht dem Doktor Unzelmann keine Wohltat erwiesen?

FRAU LAWRENZ *sieht ihn mit unsäglicher Verachtung und Entrüstung an.* Verlangst du vielleicht, ich soll es als eine Wohltat gegen meinen Wohltäter auffassen, dazu noch als einen Akt des Opfermutes und womöglich als schweren Verzicht von dir, daß du die Gnade gehabt hast, mich zu heiraten?

LAWRENZ. Fasse das auf, wie du willst, mein Kind!

FRAU LAWRENZ, *im Ton durchaus beherrscht.* Pfui, du solltest dich schämen, Lawrenz.

LAWRENZ. Nun soll mich doch gleich der Teufel holen, wenn das nicht eine verdammte, frauenhaft unverschämte Logik ist. Treibst du mich etwa nicht zum Äußersten? zwingst du mich etwa nicht, dir endlich mal wieder deutlich zu machen, was du mir schuldig bist?

FRAU LAWRENZ. Was bin ich dir schuldig?
LAWRENZ. Zunächst alles das, was eine rechtmäßige Ehefrau einem rechtmäßig angetrauten Gatten schuldig ist und was du mir seit Jahren verweigerst. Und dann, wenn es drauf ankommt, Beistand in unverschuldeter Not.
FRAU LAWRENZ. Weißt du nichts mehr von unserer Abrede?
LAWRENZ. Jawohl, wir haben Unsinn verabredet. Auf überspannten Unsinn, wonach jede von zwei Ehehälften unabhängig vom anderen leben soll, besinnt man sich wohl, aber man wird ihn natürlich nicht ernst nehmen.
([Am Rand] ausführen)
FRAU LAWRENZ. So hast du dich also niemals als frei und unabhängig von mir betrachtet? dich niemals deiner Freiheit bedient?
LAWRENZ. Worauf du jetzt anspielst, begreife ich nicht.
FRAU LAWRENZ. Dann kann ich dich auch nicht weiter aufklären. Es widerstrebt mir, in Angelegenheiten mich einzumengen, die ausgesprochenermaßen deine Geschmacksachen sind. Ich wollte dich nur darauf aufmerksam machen, daß du in bezug auf das Ernstnehmen unserer Abrede doch in einem Irrtum befangen bist. Ja, du hieltest dich niemals für gebunden, nicht mal zu der Zeit, wo ich mich noch dafür hielt und als ich mich längst nicht, wie jetzt etwa, frei fühlte.
LAWRENZ. So!? du kommst mir nun also mit diesen Geschichten. Eine Frau natürlich, wenn sich's um Ausflüchte handelt, ist eben nie in Verlegenheit. Aber, so leicht, lieber Schatz, und wenn du noch einige Dutzend solcher Finten machst, entgehst du mir nicht. Mann ist Mann, und Frauenzimmer ist Frauenzimmer. Sieh dir doch alle die ersten Familien auf den großen Gütern im Kreise, ja meinethalben im ganzen Regierungsbezirke an, ob du da einen einzigen läppischen Kerl und keuschen Josef unter den Ehemännern findest. Da sind die Höfe von kleinen unter die Bank gefallenen rotznäsigen Barönchen und Baronessen voll; und es kräht auch noch nicht mal ein Gockel darüber. Du bist auch nicht so! du tust dich nur. Ich kann dir nur den vertraulichen Rat geben, daß du dich auf deine Pflichten besinnst und mich etwa nicht jeder Rücksicht entbindest. Denk nach, Christiane, und komm zur Vernunft.
FRAU LAWRENZ. Ich weiß ja — es macht nichts! —, daß du mir drohst. Die Zeit, wo deine Drohungen Kraft hatten,

ist, das weiß Gott, für immer und unwiederbringlich dahin. Nichts bin ich dir schuldig! Drohe nur, Lawrenz.
LAWRENZ. Auch meinen ehrlichen Namen nicht? —
FRAU LAWRENZ. — Es ist mir bekannt, daß du in der Verfolgung gewisser Zwecke wie wenige zäh und in deinen Mitteln nicht wählerisch bist.
LAWRENZ. Und zum Äußersten, mache dir klar, entschlossen.
FRAU LAWRENZ. Zum Äußersten! richtig! genauso wie ich! — Du wirst mich nicht einmal dazu verleiten, Lawrenz, dir etwa eingehend ins Gedächtnis zu rufen, in welchen Verhältnissen du gewesen bist, bevor dich mein Pflegevater hier einstellte.
LAWRENZ. In welchen Verhältnissen warst denn du?
FRAU LAWRENZ. Durchaus nicht, was man so nennt, in glücklichen; und ich habe mich dessen auch nie gerühmt und die Dankbarkeit gegen den Mann nicht vergessen, der mich in eine menschlich höhere Sphäre hob.
LAWRENZ. Es ist deine Sache, wie weit du dich dem alten Unzelmann für verpflichtet hältst. Freilich gibt es darüber verschiedene Ansichten. Er wußte ja doch, was er nahm und gab. Und ob das, was er dir damals genommen hat, als er dich erst mal adoptiert hatte, überhaupt zu ersetzen war durch Geld, das wird dir selbst vielleicht fraglich vorkommen.
FRAU LAWRENZ. Sage mal, Lawrenz... ich glaube... ich kann den Gedanken nicht abweisen... du weißt jetzt wahrscheinlich nicht recht, was du sprichst. In diesem Archiv, wie du weißt, liegen Schriftstücke. Du hast dich... dein Name... du stehst darin mit deinem schriftlichen Ehrenwort... es liegen da schriftliche, ganz ausführliche, eidesstattliche Versicherungen... und du...
LAWRENZ. Was denn, ich rede ja nur zu dir!
FRAU LAWRENZ. Ja, weil du eben vergessen hast, daß dir auch das von meinem Pflegevater ausdrücklich verboten worden ist! daß er es dir zur Bedingung gemacht, dich verpflichtet hat, mir eine gewisse Vergangenheit unter keinen Umständen, versteckt oder offen, vorzurücken; öffentlich nicht und auch nicht intim. Ich muß dich bitten, denke daran. — Ich möchte dir helfen! es ist mir unmöglich. Ich habe es hundertmal getan! ich habe dir ohne deine Aufforderung, aus freien Stücken hab' ich geholfen, so daß, bis auf einen geringen Rest, ein ganzes, großes Vermögen zusammen-

geschmolzen ist. Nun bin ich am Ende, ich kann nicht weiter.

LAWRENZ. Christiane, ist dies dein letztes Wort?

FRAU LAWRENZ. Es ist vielleicht möglich, du zwingst mich, daß ich es hundertmal wiederhole.

Harro, einige Schulbücher unterm Arm, tritt vom Flur aus ein.

LAWRENZ. Gut also! — Harro, was willst du hier? mach, daß du fortkommst, wir haben zu reden.

HARRO. Das kann ja schon sein, Papa, das weiß ich doch nicht.

LAWRENZ. Sag mal, willst du vielleicht noch dreist werden?

HARRO. Wieso? wenn ich zur Stunde komme, Papa, bin ich dreist?

LAWRENZ. Wie, wo denn, was denn? Was heißt das, Stunde?

FRAU LAWRENZ. Ganz einfach, daß er beim Herrn Kandidaten Beck seinen Unterricht hat.

LAWRENZ. Der Teufel hole den Kandidaten! Was brauchen wir einen Kandidaten? Gibt es denn nicht hierherum alle möglichen Schulen und Lehrer genug?

HARRO. Kann ich denn was dafür, Papa? ich komme doch nicht zu meinem Vergnügen!

LAWRENZ. Geh!

FRAU LAWRENZ. Bitte, Harro: warte! — Du bleibst.

HARRO. Mama, ich gehe schon lieber wieder.

FRAU LAWRENZ. Es kommt auf deine Wünsche nicht an. Weshalb sollte wohl etwa dein Unterricht ausfallen! Setz dich, wir gehen, wir stören nicht. Das Haus ist wahrhaftig groß genug. Wir können uns anderswo unterhalten.

Sie geht, ohne nach Lawrenz auch nur umzublicken, schnell durch die Flurtür hinaus. Lawrenz stutzt, beißt sich auf die Lippen und steht am Fenster, vor Wut bleich. Hinter ihm packt Harro, zuweilen pfiffige Blicke verstohlen auf seinen Vater richtend, die Schulsachen aus und legt sie auf dem Tische zurecht. Nach einigen Augenblicken erscheint in Eile Beck.

BECK. Ich habe mich etwas verspätet, mein Junge, entschuldige mich! Aber euer Sanitäts-Ober-Molken-Bade-Eselin-Milch-Kur-Brunnen-Doktor Mangelsdorf war etwas umständlich. Zeig mal die Hefte! Was hast du denn also nun Gutes gemacht? *Er bemerkt Lawrenz.* Ach! verzeihen Sie, daß ich Sie nicht begrüßt habe.

LAWRENZ, *sich brüsk umwendend.* Halten Sie sich an Ihre Schulsachen! *Er geht ab.*

DRITTER AKT

Das ehemalige Arbeitszimmer des Doktor Unzelmann, jetzige Wohnung des Kandidaten Beck, wie im zweiten Akt. Es ist spät im November am Vormittag eines trüben Tages. Helmuth, Leokadie und Harro sitzen um den ovalen Tisch, mit Schularbeiten beschäftigt.

HARRO. Sagt mal, habt ihr den Lärm heute nacht gehört?

HELMUTH. Ja, ich habe auch ein lautes Gepolter gehört, so gegen zwölf.

LEOKADIE. Johanna sagt, Papa sei das gewesen.

HELMUTH, *ungläubig*. Wieso?

HARRO. Na, natürlich ist es Papa gewesen. Er hat doch mit beiden Fäusten losgedonnert gegen Mutters Schlafzimmertür.

HELMUTH. Was hat er denn gewollt von Mama?
Leokadie hält sich den Mund zu, um nicht zu lachen, platzt aber doch heraus.

HARRO. O du Lamm Gottes, das weiß ich nicht.
Eine Weile lachen Harro und Leokadie für sich weiter.

HARRO. Hast du denn auch heut morgen wieder ordentlich deine sechs Gläser Eselsmolken gelutscht?

HELMUTH. Bitte, wir haben beide zu arbeiten, Harro, störe mich nicht! — Du scheinst zu glauben, daß krank sein oder wenigstens leidend sein ein Vergnügen ist. Ich wünschte, ich hätte deine Gesundheit.

LEOKADIE. Helmuth, Helmuth, Helmuth, Helmuth! Helmuth hinten, Helmuth vorn! Helmuth morgens, mittags und abends. Wir andern sind überflüssige Anhängsel.

HARRO. Ich kann mich weiß Gott nicht wundern, wenn Papa rabiat wird von dem Getue und wenn er gegen die Türen haut.

LEOKADIE. Wenn bloß der ekelhafte Herr Beck mal wieder erst aus dem Hause wär'!

HARRO *verbessert ironisch*. Herr Kajus, Herr Kajus!

LEOKADIE. Was das für läppische Intimitäten sind! Zum Totlachen ist das: Herr Kajus, Herr Kajus! eher würde ich mir die Zunge abbeißen.

HELMUTH. Meines Wissens, Didi, hat es Herr Beck weder von dir noch von irgend jemand verlangt, daß man ihn etwa

Herr Kajus nennt. Also brauchst du ja deine Zunge nicht abbeißen.

LEOKADIE. So gut, wie du dir etwas herausnehmen kannst, kann ich's auch.

HELMUTH. Na, so nenne doch Beck meinethalben Herr Kajus. ([Am Rand] Nicht reizvoll genug charakterisiert)

LEOKADIE. Pfui, so geschmacklos bin ich nicht.

HARRO *bekommt einen Einfall, läuft auf Leokadie zu und tupft sie an.* Paß mal Obacht, Didi! ich werd' dir mal Beckchen, Beck Beck Beck in seinen höchsten Momenten vormachen. *Er dreht sich mehrmals auf dem Absatze herum und stößt »Hihihihi!«-Gelächter innerer Freude aus.*
Leokadie windet sich vor Lachen, aber mit einer ziemlich krampfhaften Heiterkeit.

HELMUTH, *ruhig*. Wenn ich bedenke, welche wirklich ehrliche Mühe Herr Kajus sich täglich mit dir gibt ...

HARRO. Deshalb braucht er sich doch nicht so kindisch aufführen.

HELMUTH. Und Harro du? wie führst du dich auf?

HARRO *wiederholt den Scherz*.
    Beck, Beckchen, Beck Beck Beck,
    fall'n Se nich in 'n Dreck Dreck Dreck.
Leokadie lacht wie vorher. Helmuth erhebt sich und legt seine Bücher zusammen, um sich zu entfernen.

HELMUTH. Kinder, ihr wißt nicht, was ihr tut! Zwei Menschen wie ihr ... wenn ich euch so ansehe, ihr solltet doch dem lieben Herrgott auf Knien danken, daß Mama einen Lehrer wie Beck gefunden hat.

HARRO. Frag mal Papa, was Herr Kajus ist.

HELMUTH. Wenn er schlecht von ihm denkt, so ist er im Irrtum.

HARRO. Papa hat gesagt, daß er weder gute Manieren noch gute Zeugnisse hat und überhaupt gar nichts Richtiges vorstellt. ([Am Rand] Anrüchigkeiten?)

HELMUTH. Das glaube ich nicht, daß Papa das sagt.

HARRO. Ich stelle mich stramm auf Papas Seite.

Es wird sehr stark an die Flurtür gepocht. Helmuth, Harro und Leokadie fahren zusammen.

HARRO. Jawohl! Herein!
Geheimrat von Coulon tritt energisch ein. Paletot, Hut, Handschuhe und Stock.

VON COULON. Da seid ihr ja, Kinder! hier findet man euch!

Sagt mal, ist denn in eurem ganzen Christinenhof nicht ein
erwachsener Mensch zu Hause? Ich habe die Zimmer von
eurem Vater, im ersten Stock die Zimmer von eurer Mutter
abbesucht, habt ihr mich denn nicht die langen, entsetzlichen Korridore auf- und abrennen, die Treppen hinauf-
und hinunterknarren gehört? Ich bin auch in den Ställen
gewesen: die Kutscher sind fort, die Pferde sind fort...

HELMUTH. Herr Geheimrat, Mama ist zu Ihnen hinein in die
Stadt gefahren.

VON COULON. Zu mir in die Stadt?

HELMUTH. Ja, so sagte sie wenigstens.

VON COULON. Zu mir in die Stadt? ist das die Möglichkeit!
Und ich war die ganze Woche zu Haus und muß grade heut
hierher zu eurem Badeinspektor, weil da eine neue Quelle
erbohrt worden ist und die Herrschaft behauptet, sie wäre
geschädigt. Wo ist denn Papa?

([Am Rand] Die ganze Badeangelegenheit hinaus)

HARRO. Papa kutscht seit acht Tagen teils mit den Pferden,
teils mit der Bahn in der Welt herum. Erst gestern ist er in
Breslau gewesen. Ich weiß nicht, was los ist mit Papa.
Heute morgen mußte er wieder zum Gütertaxator König
abhüpfen.

VON COULON. Ich muß ebenfalls noch nach Freiburg hinunter.
Vielleicht treff' ich ihn da am Ende noch. Sonst ... überhaupt jedenfalls komm' ich dann noch mal heran auf dem
Rückwege. Sagt das eurer Mama bitte, wenn sie wiederkommt. — Und sollte dein Vater vor mir zurück sein,
Harro, so sage ihm, wenn er nach mir fragt, die Sache sei
günstig abgelaufen.

HARRO. Ist das die Sache im Klub?

VON COULON. Junge, was weißt denn du wohl von Klub-
sachen. Sage nur einfach, was ich gesagt habe: die Sache
sei günstig abgelaufen, sonst weiter nichts. *Er nimmt Platz*.
Na, nu erzählt mal: wie geht's euch denn? — Hübsch bist
du geworden, Leokadie! — Was tut sich? Was macht Papa
und Mama? Wie seid ihr zufrieden mit eurem Hauslehrer?
Pariert denn der Kerl auch ordentlich? *Leokadie und Harro
brechen in Lachen aus*. Sagt mal, wißt ihr, was eure Mama
mir geschrieben hat? Es geht ja nu bald, heidi, fort nach
Italien! »Kennst du das Land, wo die Zitronen blühn?
kennst du es wohl? dahin, dahin möcht' ich mit dir« und
so weiter, und so weiter. Famos, Kinder; ich möchte gleich

mit. Danke Gott, daß du 'n bißchen Hülsterkülster im Halse hast, Helmuth; für so 'ne Reise, da lohnt sich das! — »Kennst du das Land? dahin, dahin!« Ja prost, ich möcht's auch mal so haben! Was hab' ich eurer Mama nicht vorerzählt von Italien! Ja, Kuchen! sie wollte mit mir nich mit! Jetzt geht sie und läßt mich ... sie lädt mich nicht mal ein! — sie läßt mich am häuslichen Herde versauern! Eigner Herd ist Goldes wert! Ausgezeichnet. Ein Schnellzugbillett ist auch nicht übel! Kinder, ich verstehe die Welt nicht mehr! Euch gehört die Zukunft, Leokadie! Ihr seid unsere Totengräber! Ihr werdet alles mal schlauer einfädeln als wir. Also grüßt inzwischen! ich komme zurück! — Zeigt mal, was macht ihr denn da für Arbeiten? — Mathematik! — Viele Wörter sind auf -is masculini generis, panis, piscis, crinis, finis ... na, Helmuth, wieder mal 'n homerisches Epos mit neunundneunzig Gesängen gemacht? Adieu! — Herrgott, wie lange bin ich denn nicht in den Zimmern des alten Doktors vom Christinenhofe hier oben gewesen? — Helmuth, komm mal 'n Stückchen mit. Du kannst zu mir in den Wagen steigen und erzählst mir was über euren künftigen Reiseplan. *Er hat Helmuth den Arm um die Schulter gelegt und zieht ihn mit sich hinaus; beide ab.*

HARRO. Verstehst du das? der Ehrenmann ist ja heute so aufgeregt.

LEOKADIE. Das weißt du eben nicht, warum der Geheimrat so aufgeregt ist. Mama ist ja auch aufgeregt.

HARRO. Weil sie Papa aus dem Klub an die Luft setzen wollten, ganz einfach.

LEOKADIE. Wirklich? So einfach, wie du dir das vorstellst, ist es nicht.

HARRO. Die ganzen Geschichten ... was die miteinander auszuhecken haben, ist mir überhaupt vollkommen wurscht. Jedenfalls werd' ich mich ganz verdammt in acht nehmen und werde kein solcher Ochse sein, wenn sie alle spazierenlaufen, hier bis zur Erschlaffung weiterzubüffeln. Verpetz mich nicht! Lebe wohl, mein Kind.

LEOKADIE. Ich muß leider noch meine Sonate üben.

Harro fluchtartig ab. Leokadie horcht, bis sein Schritt verhallt ist, und öffnet dann das Klavier. Einige Sekunden lang übt sie wirklich Beethoven. Alsdann hört sie auf und versinkt in Nachdenken. Plötzlich verfinstert sich das Fenster.

LEOKADIE, *zusammenschreckend.* Sie sind's, Johanna? Was wollen Sie denn?

JOHANNA, *draußen am Fenster, stößt einen kleinen, überraschten Ruf aus.* Mein Jesus, wer spricht denn? Wer ist denn da drin?

LEOKADIE. Ich bin's doch, Johanna! Was kriechen Sie denn da draußen auf den Dächern herum?

Johanna springt über das Fensterbrett herein.

JOHANNA. Was Sie eim aber auch für'n Schrecken einjagen können, Freilein. Ich zittere ja noch am ganzen Leibe. Man geht sowieso hier oben nich gerne rum. Ich war bloß im Taubenschlag hinten und hab' nach jungen Tieren gesucht. Sind Sie allein, Freilein?

LEOKADIE. Natürlich, Johanna.

JOHANNA. Das ist doch nicht etwa natürlich, daß man [im] Zimmer vom Herrn Kandidaten alleine ist. Sie sind woll gerne hier, kleenes Ding? Hübsches flottes Kerlchen, so'n Hauslehrer!

LEOKADIE. Herr Kajus hübsch? Sie sind wohl verrückt?

JOHANNA. Na sagen Se das mal nich der Mama, Freilein. Noch ein, zwei Jahre, dann wär' das was. *Sie bricht in unterdrücktes Lachen aus.* Ach du meine himmlische Güte, Freilein, ich hab' doch da Sonntag morgen hier vom Dach aus eine Sache gesehn ... o du himmlischer Vater, das war ja zum Totlachen! Wissen Sie denn, daß er manchmal stundenlang frühmorgens am Piano sitzt? Aber wie, Freilein Didi, sitzt er am Piano. Er sitzt am Piano ... ich hab' ja beinah laut losgeschrien.

LEOKADIE. Er ist oben nicht ganz recht, wie mir scheint.

JOHANNA. Wie er aus'm Bett gestiegen is, saß er am Piano. Ich lief ja fort! ich hätte ja beinah auf der Leiter die Beine gebrochen vor Schreck, Freilein Didi. Er liebt mich, liebt mich nich! liebt mich! ... nich! liebt mich, liebt mich nich! Na, ich merk's ja doch, wie Sie bloß immer rumlaufen und Blumen zerzupfen und Knöppe abzählen. Zählen Se mal hier auf meiner Schürze, die Karos, wie's mit den Karos is. Grade Zahl heiraten, ungrade sitzenbleiben! I, wenn er halt mal so neben Ihnen sitzt, er is Ihnen doch schon mal, sagen Sie, doch ganz plötzlich so durch die Haare gefahren. Na also: Ihr Haar is ja lang genug, da müssen S'n einfach mal um und um festbinden. Ich leg' dir mal schnell die Karten, paß auf. — Haste denn schon mal sein Bett aus der Nähe gesehen? — I, kleener Deibel, zieren Se sich nich. So'n Kopfkissen beißt nich, kommen Se man, Liebchen!

LEOKADIE, *die immer blasser und erregter geworden ist, mit jähem Entsetzen.* Um Gotteswillen, es kommt jemand! *Johanna, die schon ein Spiel Karten aus ihrem Mieder gezogen hatte, erschrickt ebenfalls, drückt die Hand auf Leokadiens Mund; beide schleichen zum Fenster und steigen hinaus.*

In lebhaftem Gespräch begriffen, dessen Laute bei noch verschlossener Tür bereits zu hören gewesen sind, treten Christiane und Herr Beck vom Flur aus herein. Frau Lawrenz in eleganter Spätherbsttoilette, Beck in gewöhnlichem Düffelpaletot und Schlapphut.

FRAU LAWRENZ. Ich dachte mir's doch: die Tauben sind ausgeflogen.

BECK. Ich kann's ihnen nicht verdenken; stundenlang hat's geregnet, nun wollten die jungen Leute wohl das bißchen Sonnenschein ausnützen.

FRAU LAWRENZ. Also leben Sie wohl, Herr Kandidat, und vergessen Sie, was wir gesprochen haben.

BECK. Nein, das werde ich nicht vergessen, Frau Lawrenz, im Gegenteil! — Aber Sie haben von einer Stelle in der c-Moll-Sonate etwas gesagt, Opus 111. Ist es die? *Er hat im Überzieher, wie er ist, vor dem Klavier Platz genommen und spielt die vermeintliche Stelle mit Kraft.*

FRAU LAWRENZ. Wissen Sie, daß Sie diese Sonate neulich über alle Begriffe herrlich gespielt haben? So daß mir dieses Klavierstück förmlich zum Lebensereignis geworden ist?

BECK. Die ganze Musik ist das Lebensereignis. Sie ahnen nicht, sagt Beethoven selbst, daß Musik höhere Offenbarung ist als alle Weisheit und Philosophie! — Haben Sie diese Stelle gemeint? *Er spielt wieder.*

FRAU LAWRENZ. Ich kann mich nicht mehr genau erinnern.

BECK. Wollen Sie nicht bald ablegen, Frau Lawrenz?

FRAU LAWRENZ *tut es mit seiner Hilfe.* Ja, es ist etwas heiß hier im Zimmer. Ich nehme die Sachen dann überm Arme mit. *Sie steht da, in einem kurzärmligen schwarzen Schleppkleide von leichter Seide, das einen nicht zu kleinen, spitzen Ausschnitt hat. Ärmel und Hals sind von Brüsseler Kanten umgeben. Sie erscheint jugendlich und verführerisch schön.* Habe ich Ihnen eigentlich schon das Gedicht gezeigt, das ich neulich auf Helmuths Schreibtisch entdeckt habe?

BECK. Von wem ein Gedicht?

FRAU LAWRENZ. Von Helmuth, er hat's mir eingestanden. Ich hab' es mir, glaube ich, weil es doch charakteristisch für seinen eigentümlichen Zustand ist, beiseite gesteckt. *Sie sucht.* Wir Frauen haben immer unsere Not mit den Taschen! — Ich bedaure übrigens unendlich, daß der Geheimrat nicht zu Hause gewesen ist.

BECK. Ich möchte Ihnen Ruhe empfehlen. Ich habe in meiner Familie die Erfahrung gemacht, daß man sich in solchen Angelegenheiten zu leicht übereilt.

FRAU LAWRENZ. Nein, nein, nein. Meine Geduld ist am Ende! — Ich habe Sie nun auch noch mit meinen Angelegenheiten behelligt, es tut mir leid! aber Sie kamen mir grade so in den Wurf, und wie gesagt, unglücklicherweise hatte ich den Geheimrat nicht zu Hause getroffen.

([Am Rand] Zu kampflos, zu sehr trockne Geschäftsfrau)

BECK. Ich verstehe die Männer eigentlich nicht. Ich komme ja wohl nicht in Betracht für die Frauen, weil ich für vielerlei Äußerlichkeiten, die sie wahrscheinlich nötig haben, nicht zu gebrauchen bin. Ist aber ein Mann mal der Auserwählte ...

FRAU LAWRENZ. Weshalb kommen Sie nicht in Betracht für die Frauen, Herr Beck? Sie brauchten nicht im entferntesten das zu sein, was Sie sind, und kämen doch in Betracht für die Frauen. Sie können sich, wie es scheint, nicht denken, daß die Frauen über alle Begriffe im edleren Sinne instinktlos sind. Ein Weib hat keine Ehre im Leibe. — Sie schütteln den Kopf, aber glauben Sie mir. Ihr Respekt vor der Frau ist unangebracht. Glauben Sie mir, die ich meine Erfahrungen vielleicht nicht an sehr fern abliegenden Weibsnaturen gemacht habe. Die meisten Frauen werfen sich weg. Ich kann Sie versichern, daß sie im allgemeinen den Augenblick kaum erwarten können dazu. Ich meine: um sich nur schnell wegzuwerfen.

([Am Rand] Das ist zu trocken, das ist nicht Ödipusqual.)

BECK. Ich glaube, Frau Lawrenz, daß Sie heute nach der durchwachten Nacht und den Vorkommnissen in Ihrem Hause nervös, ermüdet und in Ihrem Urteil vielleicht etwas ungerecht sind.

([Am Rand] Schlecht)

FRAU LAWRENZ. Da haben Sie das Gedicht von Helmuth. *Sie überreicht Beck ein kleines Oktavblatt; während er hinein-*

blickt, fährt sie fort. Finden Sie, daß Helmuth irgendwie meinem Manne ähnlich ist?

BECK, *schnell.* Nicht im allergeringsten.

FRAU LAWRENZ. O nein, ich bin keineswegs ungerecht. Man ist meist nur dann ungerecht, glauben Sie mir, wenn man die eigene Natur verhimmelt, aber nicht, wenn man den Stab über sich bricht.

BECK *legt das Blättchen auf den Tisch und braust auf.* Nein, nein, so dürfen wir gar nicht reden, Frau Lawrenz, beileibe nicht. Unsere Selbstachtung dürfen wir uns nicht antasten! Sie wissen vielleicht nicht, was für ein schrecklicher, böser Sumpf — das hab' ich erfahren! — der Mangel an Selbstachtung ist. So bin ich: basta! Ich muß zu mir »ja« sagen. Wenn ich »nein« zu mir sage, was hilft es mir!

FRAU LAWRENZ. Trotzdem, ich sage doch »nein« zu mir! Haben Sie eigentlich schon das Archiv durchstudiert?

BECK. Frau Lawrenz, das durchzustudieren, was in diesen Fächern hier aufgestapelt ist, dazu hat man ein halbes Leben nötig. Freilich habe ich einiges resolut beim Wickel gefaßt. Natürlich Sachen, die ich einigermaßen verstehe: die spanische Reise, die griechische Reise ...

([Am Rand] Immer ein Drücken um den Gehalt des Archivs)

FRAU LAWRENZ. Haben Sie auch gewisse Tagebuch-Jahrgänge durchstudiert?

BECK. Ich weiß nicht, welche Sie meinen, Frau Lawrenz.

FRAU LAWRENZ. Ich meine die, in denen das ganze Leid, der ganze Jammer, das ganze Unglück, das ganze Entsetzen, die ganze Marter, die ganze Verzweiflung aufgezeichnet ist, die mein Pflegevater zu erdulden hatte, in dem Jahre vor und nach meiner Verheiratung, wo er eingeschlossen hier oben für sich lebte und nur die Tauben und Katzen auf den Dächern, aber keine Menschen mehr sehen wollte. Lesen Sie, lesen Sie diese Bekenntnisse, bester Herr Beck. Da werden Sie wirkliche Qualen finden; Qualen, die einer, der eigentlich schon ein Weiser geworden war, in einem Hause, einem letzten Asyle erdulden mußte, wo er vor den Anfechtungen der Welt glaubte sicher zu sein.

BECK. War der Christinenhof im Anfang nicht teilweise zur chirurgischen Klinik bestimmt?

FRAU LAWRENZ. Mein Pflegepapa war an Arbeit gewöhnt. Er konnte sie anfänglich, seine berufliche Tätigkeit mein' ich, nicht entbehren. Deshalb brauchten wir ja auch anfänglich einen Mann wie Lawrenz unglücklicherweise hier im Haus. — Er hat sich zu seinem Vorteil verändert, glauben Sie mir. Wenn mir jemand, als er die ökonomische Leitung der Klinik übernahm, gesagt hätte: diesen Mann wirst du heiraten, ich hätte ihm ins Gesicht gespien! — Ich kann nicht mehr, ich gehe zugrunde. *Ihre Stirn sinkt auf den Tisch, ein trockenes Schluchzen ringt sich aus ihrer Brust.*

BECK *geht ein wenig erregt auf und ab und dreht seinen Schnurrbart.* — Können Sie meine Hilfe brauchen, Frau Lawrenz? — Ich meine, ich frage, ob die gute Absicht, Ihnen behilflich zu sein, in allen den unausgesprochenen Nöten, kann man wohl sagen, — ob die gute Absicht, der gute Wille in irgendeiner Weise von Wert für Sie ist? — Ich weiß wohl, was ich sage, ist anmaßend! Schließlich, ich will lieber anmaßend sein als vielleicht wiederum, wie schon mehrmals im Leben, aus übertriebenem Zartgefühl vielleicht versäumen, das Rechte zu tun. Verfügen Sie ganz über mich, Frau Lawrenz! — Sollte vielleicht meine Gegenwart, wie ich fast den Eindruck habe, die Ursache des Unfriedens im Hause sein, so muß ich natürlich mein Bündel schnüren. Ob mir das schwer oder leicht wird, ist dann durchaus eine Sache für sich. — Ich habe Helmuth sehr liebgewonnen! — Freilich, ich muß es mir eingestehen, daß ich Herrn Lawrenz, seinem ganzen Verhalten nach, wohl im Wege bin. Also bitte, nur weiter kein langes Federlesens. Auch wenn ich gehe, weiß ich gewiß, an Ihnen habe ich keine Feindin gehabt.

FRAU LAWRENZ, *mit Energie sich erhebend.* Ich habe es meinem Pflegevater gelobt auf dem Sterbebette, Helmuths Erziehung, Helmuths Glück soll der erste und höchste Zweck meines Lebens sein, und entweder ich kann dies Versprechen halten, oder ich werde den Weg ... einen Weg, der mir schon seit beinahe fünfzehn Jahren offensteht, mit entschlossener Seele gehen.

([Am Rand] Wir wollten gegen das Fatum, gegen die Erinnyen ankämpfen.)

BECK. Was ist das denn für ein Weg, Frau Lawrenz?

FRAU LAWRENZ. Wenn Sie erst das Archiv ganz durchforscht haben, so werden Sie auch eine Abhandlung darin finden über das Recht des Menschen, freiwillig aus dem Leben zu gehn. Ich werde Ihnen sogar noch mehr sagen. Erinnern Sie sich an das Ende, das erst kürzlich ein weltbekannter alter Gelehrter in München genommen hat? Er und mein Pflegepapa waren innig befreundet. Der alte Mann, der ein zweiter Justus von Liebig war, half sich selbst vermittels der gleichen Kunst aus der Welt, die er sein Leben lang zum Wohle der ganzen Menschheit geübt hatte. Es weiß es niemand; auch unser guter Badearzt Mangelsdorf hat keine Ahnung davon. Und doch nahm der Einsiedler, der zuletzt hier oben gehaust hat, wie ich sicher weiß, ein gleiches Ende.

BECK. Was Sie mir sagen, wundert mich nicht. Sie müssen nicht denken, weil ich etwa lustig bin und herumspringe, daß mir Fragen und Neigungen dieser Art etwas Fremdes sind. Mein Vater ist eines natürlichen Todes gestorben; meine Mutter auch. Aber alles, was ich in meinem Familienkreise, im Kreise meiner Geschwister erlebt habe, erzeugte in mir absolut keine starke Anhänglichkeit an die Welt.

FRAU LAWRENZ *zieht ein Giftfläschchen hervor.* Wissen Sie, daß ich stets Gift bei mir trage?

BECK. Die Zeit ist vorüber, wo ich das tat. Schon seit Jahren bin ich ein andrer geworden. Einer, der entschlossen zu leben ist. Ich kam mir früher verachtet vor und habe mich selber mit verachtet. Heut acht' ich nur mich und verachte die Welt. *Er hat sich unauffällig an Frau Lawrenz herangepirscht und versucht nun mit einem schnellen Griff ihr das Fläschchen aus der Hand zu reißen. Sie hält es aber fest, und so stehen sie einander gegenüber, er die Linke um ihr Handgelenk gelegt, mit der Rechten versuchend, ihre Finger auseinanderzubiegen.* Wir dürfen aber mit so etwas doch nicht leichtsinnig spielen, Frau Lawrenz.

FRAU LAWRENZ. Ich will! Ja! Lassen Sie mich, ich will! Ich habe es satt, auf diese Weise mit einem Fremden weiterzuleben! ([Am Rand] Jetzt erst packt mich der ganze Ekel.) Der Ekel erwürgt mich, ich kann es nicht. Ich brauche nur seine Stimme zu hören, so überkommt mich entweder die Wut, oder ich möchte mir die Ohren zuhalten, oder ich laufe, laufe, so weit ich nur immer kann, vor Angst. Entweder... oder sonst kann es kommen, ich begehe noch ein Verbrechen an ihm.

BECK. Frau Lawrenz, Beherrschung! Beherrschen Sie sich!

FRAU LAWRENZ. Gut, aber lassen Sie mir mein Fläschchen.

BECK. Das ist mir unmöglich; geben Sie's mir!

FRAU LAWRENZ. Sie wissen ja nicht, wer ich bin, Herr Kajus.

BECK. O ja, ich weiß es, Sie täuschen sich.

FRAU LAWRENZ. Sie wissen... was?

BECK. Ich weiß, daß Helmuth der Sohn Ihres Pflegevaters ist.

FRAU LAWRENZ. Das wissen Sie, aber Sie wissen nicht alles!

BECK. O ja, ich weiß auch noch mehr als das. Ich weiß, daß etwas im Ursprung Ihrer Beziehung zu Ihrem Pflegevater verborgen ist, wovon man munkelt. Und das in den Augen von Pfaffen, zusammengehalten mit Helmuths Geburt, eine sogenannte untilgbare Sünde des Blutes ist, — und Sie werden trotzdem das Gift nicht trinken.

FRAU LAWRENZ, *plötzlich mit freiem Trotz.* Nein, behalten Sie es! Deshalb trink' ich es wahr und wahrhaftig nicht. ([Am Rand] Da muß freier Aufschwung erfolgen.) Lieber... diesen Gefallen kann ich der Welt nun einmal nicht tun. Ja auch Ihnen, Herr Beck, auch Ihnen nicht... denn, sehen Sie ihn doch an, da ist Helmuth! Ja wäre nicht Helmuth, dann vielleicht! Aber Helmuth! Ein Blick auf Helmuth genügt! Verbrechen tragen nicht solche Früchte! Und wenn sie sie tragen, muß man welche begehen; lieber zehnmal nicht sein, als daß Helmuth nicht wäre! Er ist mir der ganze, reine, einzige, göttliche Sinn der Welt. Wer sagt, daß ich ein Verbrechen beging, der tastet die reinste Frucht meines Lebens an. Warum? Er müßte ja Helmuth den Tod wünschen. Nein, nein, ich kann niemand brauchen, euch alle nicht! Ich lasse mir nicht mein Liebstes antasten.

Frau Lawrenz steht zitternd am Fenster, Beck schließt das Giftfläschchen ins Archiv, wobei auch seine Hände vor Erregung unsicher sind. Alsdann tritt er an den Tisch und sagt ruhig.

BECK. Frau Lawrenz, wenn Sie mich nicht aus Ihrem Lebensprogramm gestrichen haben ([Am Rand] dürr), so möchte ich Ihnen nur wiederholen, daß ich zum Wohle Helmuths mein ganzes bißchen unnützen Daseins bis zum letzten Blutstropfen einsetzen will.

FRAU LAWRENZ. Auf diesem Boden ist alles vergebens.

BECK. Und darum also, verlassen wir ihn!

FRAU LAWRENZ. Sie kennen Lawrenz nicht, wenn er entschlossen ist. Er war, als er dieses Haus betrat, der Mann, der nichts zu verlieren hat. Heut hat er indessen viel zu verlieren, ein wildes Leben, wie er es führt. Er wird auch kein Mittel unversucht lassen, das Wohl der Kinder ist ihm ja gleichgiltig, um das Haus von jedem unbequemen höheren Streben gereinigt zu sehen.

BECK. Dann ist nur die Frage, ob wir ⟨Mut haben.⟩ das zulassen!

FRAU LAWRENZ. Wie meinen Sie das? Ja, ich habe Mut. Und ich will auch kämpfen wie eine Verzweifelte. Meine Tugend war immer Entschlossenheit. Aber Gott weiß es — mit aller Entschlossenheit, ich habe mich, so entschlossen ich war, meist nicht gut gebettet. Und am wenigsten, als ich es durchgesetzt, daß Helmuth den Namen Lawrenz erhielt.

BECK. Frau Lawrenz, ein Name allein ist nichts. Der größere Zweck, die größere Aufgabe! Ich weiß nicht, woher mir auf einmal der ungeheure Mut und die Kraft in die Seele kommt — ich möchte Helmuth ein Vater sein! — Verstehen Sie mich? Oder immer noch nicht!? — Frau Lawrenz, obgleich mir dieser Gedanke jetzt plötzlich gekommen ist, so weiß ich doch, er war immer da! Er ist auch in Ihnen schon dagewesen! — Er ist eigentlich ganz ungeheuerlich! Ich hätte mir niemals zugetraut... ich weiß aber jetzt, daß es so kommen mußte! Ja, habe ich recht? Oder täusche ich mich? — Eigentlich bin ich ein Weiberhasser, wahrhaftigen Gott! Ich habe nie im geringsten an Ehe oder so was gedacht. Und ich möchte auch nicht um alle Welt so ein leeres Püppchen von sechzehn, siebzehn, achtzehn heiraten... Na, bin ich nun endlich so weit, wie es sich für die Zwangsjacke schickt?

Frau Lawrenz steht mit weit aufgerissenen Augen, ihn anstarrend, bewegungslos; schließlich tastet sie gegen die Wand und gleitet mit einem leisen Seufzer ohnmächtig daran nieder auf die Erde.

BECK *springt hinzu und hält kniend die Sinkende.* — — — Christiane! — *Sie schlägt die Augen groß auf, und seine Leidenschaft reißt ihn hin, so daß er einen langen Kuß auf ihre Lippen drückt.*

Es wird sehr stark an die Tür gepocht. Entsetzt zu sich kommend, raffen sich beide auf.

FRAU LAWRENZ. Nicht »Herein« rufen! Schweigen! Nicht »Herein« rufen!

BECK *schleicht an die Tür und riegelt zu.* Was ist das? Wer lärmt denn dort draußen so?

Es wird stärker wie vorher mit den Fäusten gegen die Tür

geschlagen, und ein seltsam wildes Gelächter wird hörbar. Das Gelächter entfernt sich.

FRAU LAWRENZ. Das war Leokadie?

BECK. Ja, sie war's!

FRAU LAWRENZ *bringt, hoch aufatmend, ihr Haar und ihre Toilette wieder in Ordnung.* Sie müssen einen schlechten Begriff von meinen Nerven bekommen haben, Herr Beck. Und dabei hasse ich selber nichts mehr als die weibliche Hysterie, die meistens grade dann immer eintritt, wo die Frauen mehr als sonst auf ihre Verstandeskräfte angewiesen sind.

Was Sie gesagt haben, will ich überlegen, Herr Beck! — Und Ihnen empfehl' ich, das gleiche zu tun. *Sie greift nach ihrem Mantel, den Beck ihr anziehen hilft.*

BECK. Zu überlegen habe ich nichts.

FRAU LAWRENZ. Ich bin eine alte Frau, Herr Kajus.

BECK. Ich weiß nicht, ob Sie jung sind oder alt. Ich weiß nur, daß ich nie mehr, solange ich lebe, aus Ihrer Nähe verbannt sein möchte. Mir fehlt der Sinn für die übrige Welt.

FRAU LAWRENZ. In einer Stunde denken Sie anders! — Und Sie haben sich auch nicht klargemacht, wie die Last Ihrer Aufgabe sich nach einem gewissen Schritt verdoppeln, ja verzehnfachen muß.

BECK. Ich freue mich der verzehnfachten Aufgabe. Aber es ist nun genug, und ich will nun mit keiner Silbe weitergehn und unnützerweise für mich sprechen, wo doch in Ihnen nichts für mich spricht.

FRAU LAWRENZ. Ich habe nie den Gedanken erwogen, daß ein Mann wie Sie, dessen ganzes Wesen Jugend, Tatkraft und Zukunft ist, sich mit einem Weibe verbinden könnte, das ein halbes Leben, die ganze Jugend hinter sich und eine Zukunft nicht vor sich hat. Ich fasse es auch noch immer nicht. Herr Kajus, ich kann das nicht verantworten! Ich habe Ihnen tagtäglich so viel vorgeklagt! Ich habe Ihr Mitleid hervorgerufen! Sie sind, glaube ich, noch nicht dreißig Jahr; Sie wissen nicht, was das Leben bedeutet, sonst würfen Sie es wahrhaftig nicht weg.

BECK. Ich kann darauf nun nicht weiter antworten.

FRAU LAWRENZ. Sind Sie mir böse?

BECK. Böse nicht.

FRAU LAWRENZ. Sie dürfen mir auch wahrhaftig nun und nimmermehr böse sein, Herr Kajus. Von allen Menschen

vertrüge ich das... Wenn ich mich nur erst gesammelt habe, erst wieder ganz zu mir selber gekommen bin, so sollen Sie auch die Antwort erhalten: eine Antwort, wie sie für Ihr ferneres Leben und Wohl nach meiner Meinung ersprießlich ist.
([Am Rand] Gerede)

BECK. Denken Sie nicht an mein Wohl, Frau Lawrenz. Schicken Sie mir ein Briefchen herauf — Herrn Lawrenz war ich ja wohl von Anfang an ein mit Recht verdächtiger Hausgenosse! Ihnen bin ich jetzt ebenfalls unbequem —, also schicken Sie mir ein Briefchen herauf, und ich mache mich stillschweigend aus dem Staube.

FRAU LAWRENZ. Sie wollen fortgehn?

BECK. Ja, Frau Lawrenz.

FRAU LAWRENZ, *ihm nach kurzem, tiefem Ringen die Hand hinstreckend*. Nun also — Herr Kajus, so nehmen Sie denn unter Ihrer Verantwortung die Heimatlose, die Obdachlose — wenn Sie es wirklich nicht anders wollen! — als treuen Reisegefährten mit. ([Am Rand] viel tiefer)

Beck reißt sie an sich.

([Darunter] Schluß fraglich. Nur Hoffnung machen.)

VIERTER AKT

Das blaue Zimmer, wie im ersten Akt. Die Vorgänge schließen sich unmittelbar an diejenigen des dritten Aktes. Herr Lawrenz und Geheimrat von Coulon kommen durch die Flügeltür ins Zimmer.

LAWRENZ. Hier ist meine Frau auch nicht! — Johanna!
JOHANNA, *aus dem Nebenzimmer.* Gnäd'ger Herr? *Johanna tritt ein durch die kleine Tür.*
LAWRENZ. Wo ist meine Frau, Johanna?
Johanna lacht verlegen, tut, als ob sie nicht reden könne.
LAWRENZ. Warum lachst du so blödsinnig, alte Katze? Ich will wissen, wo meine Frau ist, verstehst du mich?
JOHANNA. Die gnädige Frau ist seit dreiviertel Stunden oben beim Herrn Kandidaten Beck.
LAWRENZ. Geh und rufe den Kandidaten herunter! *Johanna geht ab durch die Flügeltür im Hintergrund.* Na, ist uns nun der Beweis in die Hände gelaufen, Geheimrat, oder glauben Sie's immer noch nicht?
VON COULON. Ich glaube, daß Ihre Frau Gemahlin nicht vorsichtig ist und dem Anlaß zu Redereien nicht hinreichend aus dem Wege geht. Das ist aber alles, was ich glaube einstweilen. Sehen Sie, lieber Lawrenz, Sie sind durch mancherlei Vorfälle in der letzten Zeit überreizt gemacht. Sie haben sich in das Mißtrauen gegen den jungen Mann, und zwar unterstützt durch die Abneigung, die Sie, berechtigterweise oder nicht, gegen ihn hegen, Sie haben sich in das Mißtrauen selber hineingehetzt. — Nein, nein, ich sage, Sie irren sich! Selbstverständlich kennt ein Gatte vor allen andern seine Frau. Sie müssen aber zugestehen, daß ich Frau Christiane lange vor Ihnen gekannt habe, und zwar, als sie noch ein junges und schließlich trotz allem vielumworbenes Mädchen war, das so manchen Freier schnöde zurückweisen konnte. Und außerdem, ich habe Beweise, daß grade diese Persönlichkeit, deren Ursprung von abenteuerlichen Zügen durchaus nicht frei ist, eine abgesagte Feindin von jeglichem Abenteuer ist. — Sogar in der Zeit, lieber Lawrenz, wo jene kleine Affäre zutage kam, mit der Waldhüterstochter in Buchenberge, die Ihnen ja noch heut von Zeit zu Zeit etwas Kopfzerbrechen macht, — ich sage, sogar in jener Zeit, da ich zwischen

Ihnen und Ihrer Frau den Vermittler zu machen die Aufgabe hatte, habe ich auch nicht die leiseste Neigung, etwa in ähnlicher Weise Rache zu üben, bemerkt.

LAWRENZ. Gleichviel, der Mensch fliegt zum Hause hinaus! — Ich bin kein Mietling, ich bin nicht gekauft! Ich habe unter dem Rufe dieses Hauses genug gelitten, jahrzehntelang. Ich habe, seit der Mensch im Hause ist, auch nach außen hin in meinen gewohnten Gesellschaftskreisen Schwierigkeit über Schwierigkeit. Die Sticheleien hören nicht auf. Ich habe es satt, ich bin keine Zielscheibe! Ich will nicht für allerlei versteckte Angriffe und Verspottungen eine Zielscheibe sein. Man zieht mich tatsächlich auf mit dem Hauslehrer! Man unterminiert mir auf diese Weise direkt meine gesellschaftliche Position. Erst vorgestern, auf dem Pferdemarkt standen mehrere Herren, darunter der Landrat, zusammen und waren auf einmal bis hierher, bis obenhin zugeknöpft, als ich sie wie gewöhnlich begrüßte. Freilich würde ich jeden, und zwar mit der Waffe, fünf Schritt Distanz, zur Verantwortung ziehen...

VON COULON. Nur keine Revolverschießerei! Sonst haben wir höchstens wieder die gradezu unsägliche Mühe eines Vergleichs. Über Standesvorurteil ist nicht zu rechten. Und von vornherein kommen wir nicht um die peinliche Frage der Satisfaktionsfähigkeit herum.

LAWRENZ. Sie meinen also, man kann mich ausbeuten, man kann mir meine Goldstücke aus den Taschen ziehen, meinen Sekt, meine Austern hinunterschlucken und verweigert mir, wenn ich am Ende bin und man mich obendrein noch tödlich beleidigt, das Recht jedes Ehrenmannes auf Satisfaktion.

VON COULON. Sie verwechseln ja wieder, lieber Lawrenz, die Anschauungen dieser gewissen Kreise mit meinen... Wir sind aber wirklich zu alt und vernünftig für Schießereien. Wir sind ja heute nicht mehr etwa zwanzigjährige Korpsstudenten! Man gerät doch nicht etwa mehr jedes Fliegenquarkes wegen außer sich! — Tun Sie, was Sie nicht lassen können, ich meine in Ihrem eigenen Haus. Zeigen Sie, wenn es nun einmal sein muß — zeigen Sie auch der Gattin den Meister! Jeder billig Denkende wird auf Ihrer Seite sein.

LAWRENZ. Bin ich ein Strohmann? Bin ich etwa vielleicht ein ausgestopfter, beliebig am Drahte zu ziehender Hanswurst? Man verschließt mir das Vermögen des Hauses!

Man verrammelt vor mir die Schlafzimmertür! Man macht ohne mich ein Reiseprogramm! Die Gnädige, heißt es, reist nach Italien und nimmt dabei ihren ältesten Sohn und den Hauslehrer mit. Was heißt das!? Das werde ich ihnen versalzen!
Beck tritt durch die Flügeltür.
BECK, *sehr sachlich und frei.* Sie haben mich rufen lassen, Herr Lawrenz.
LAWRENZ, *ihn geflissentlich überhörend.* Das glaub' ich wohl, daß ein armer Hungerleider, lieber Geheimrat, die Gelegenheit gern beim Schopfe faßt, mal kostenlos nach dem Süden zu reisen. Da wird einer Mutter der Kopf verdreht! Da wird mit einem gesunden Bengel, der verzärtelt ist und ordentlich was hinter die Ohren verdient, — mit einem gesunden Bengel gefischt, um nur ja eine fette Reise zu angeln! Hier zwickt's, hier sticht's, hier kratzt mich's, Mamachen! Dort hab' ich Wehweh, und da bin ich krank! Wo der Junge im Grunde fidel und gesund wie ein Eichhorn ist.
VON COULON. Sie haben zu tun, ich erwarte Sie drinnen. *Ab durch die kleine Tür.*
Lawrenz geht verbost auf und ab. Beck beobachtet ihn interessiert.
BECK. Es scheint wohl ein Irrtum vorzuliegen; das Mädchen hat mich heruntergestellt.
LAWRENZ. Warten Sie freundlichst, bis Sie gefragt werden!
BECK. Dazu habe ich leider jetzt keine Zeit, Herr Lawrenz. Didis Klavierstunde wegen, die eben beginnt.
LAWRENZ. Bin ich oder sind Sie der Herr hier im Hause?
BECK. Offen gestanden habe ich mir über diese Frage niemals Gedanken gemacht.
LAWRENZ. Das empfehle ich Ihnen hiermit ganz dringend! Und übrigens sagen Sie mir gefälligst, was das denn wieder mit Didi ist: warum weint das Mädchen den ganzen Morgen?
BECK. So? Weint sie? Ich weiß gar nicht, daß sie weint.
LAWRENZ. Ist das vielleicht Ihre Erziehungsmethode? Bemühen Sie sich gefälligst in mein Arbeitszimmer hinauf, da finden Sie Didi sitzen und weinen. Sie ist untröstlich. Sie weint seit einer Stunde und länger, in einem fort. Ich habe das satt. Das muß nun aufhören.

BECK. Ich bedauere, ich habe Leokadie am heutigen Morgen noch nicht gesehen.
LAWRENZ. Warum? Weil Sie Ihre Pflichten vernachlässigen! Ich wünsche, daß Sie Ihre Sachen packen und zwar wenn möglich noch heut Ihrer Wege gehen! — Wie hoch war Ihr Gehalt? Was bin ich noch schuldig?
BECK. Wollen Sie bitte in diesem Punkte ohne Sorge sein! *Helmuth kommt, sichtlich bewegt, und umarmt Lawrenz.*
HELMUTH. Ach bitte, Papa, schick Herrn Kajus nicht fort! Sieh mal . . . ich mag ja nicht nach Italien! Wir haben ja hier so wunderbar schöne Touren gemacht! Ich fühle mich ja schon wirklich viel besser und viel gesünder als vor der Zeit.
LAWRENZ. Du wirst aber nun mit diesem Mann keine Touren mehr machen.
Lawrenz macht sich los und geht schnell durch die kleine Tür ab. Helmuth läuft ihm einige Schritt nach und macht hinter ihm drein mit geballten Fäusten die Gebärde eines verzweifelt Bittenden, der, die Zähne aufeinandergepreßt, die Tränen zurückhalten will.
BECK. Helmuth!
HELMUTH, *sich gewaltsam mäßigend.* Ja, Herr Kajus!
BECK. Du mußt doch nicht denken, daß irgend etwas in der Welt die wirkliche Freundschaft zwischen zwei Menschen etwa hinwegdekretieren kann. Wir bleiben, was wir waren, mein Junge! Das zum mindesten, glaube mir. *Er drückt Helmuth die Hand und will sich entfernen. In der Flügeltür trifft er auf Frau Lawrenz. In Absicht, an ihr schweigend vorüberzukommen, nickt er nur grüßend mit dem Kopf.*
FRAU LAWRENZ, *verweint, aber mit einem gefaßten Wesen.* Wollen Sie nicht einen Augenblick hierbleiben, Herr Beck?
BECK. Ich gehe hinauf in mein Zimmer. *Er verbeugt sich und geht ab.*
FRAU LAWRENZ. Hat Papa mit Herrn Kajus eine Auseinandersetzung gehabt?
HELMUTH, *sich an die Mama schmiegend.* Ja, Mama, er hat ihm gekündigt! — Übrigens, bitte Mama, ich möchte nicht nach Italien gehn.
FRAU LAWRENZ. Warum nicht, Helmuth?
HELMUTH. Weil dieser Plan doch eigentlich schuld an Papas Eingenommenheit gegen Herrn Kajus ist.
FRAU LAWRENZ. Mache dir keine Gedanken deshalb, lieber

Junge! Was geschehen soll, wird geschehen, so viel ist
gewiß. — Wir müssen noch später darüber sprechen! —
Jetzt spring in den Garten und laß mich allein.
*Helmuth küßt seiner Mutter die Hand und geht. Frau
Lawrenz mit ruhigem Nachdenken im Zimmer auf und ab.
Man hört nun Lawrenzens Stimme im Nebenzimmer, und
sogleich begibt sich Frau Lawrenz an die kleine Tür und ruft.*
FRAU LAWRENZ. Lawrenz!
Herr Lawrenz tritt sehr schnell und erstaunt ein.
LAWRENZ. So, du bist hier? Ich stehe vollständig zu deiner
Verfügung, mein Kind.
FRAU LAWRENZ. Du hast Beck gekündigt?
LAWRENZ. Das habe ich mir erlaubt, jawohl.
FRAU LAWRENZ, *sehr ruhig*. Dieser Umstand würde mich etwa
noch gestern in einer ganz anderen Weise berührt haben,
Lawrenz. Heut frage ich nur nebenbei danach.
LAWRENZ, *gewissermaßen freudig betroffen*. Wie? Du hast am
Ende über den Mann — man könnte fast sagen den Mann
deines Herzens — ebenfalls umgelernt?
FRAU LAWRENZ. Nein, ich habe nicht grade über ihn um-
gelernt, wenigstens nicht in dem Sinne, den du andeutest.
Aber da du, wie du ja sagst, jetzt grade für einige Zeit zu
meiner Verfügung bist, so möchte ich etwas mit dir verabreden, etwas, das mir bei weitem wichtiger ist.
LAWRENZ. Bitte, tue dir keinen Zwang an, mein Kind. Niemand ersehnt diesen Augenblick mehr als ich. Und hätte
sich nicht die Gelegenheit über Erwarten schnell gemacht,
dann hätte ich sie vom Zaune gebrochen.
FRAU LAWRENZ. Was verlangst du für meine Freigabe?
LAWRENZ, *verdutzt*. Wieso deine Freigabe? Inwiefern?
FRAU LAWRENZ. Ich frage ganz wie ein Händler den andern
fragt: unter welcher Bedingung ... was müßte ich zahlen,
wollte ich frei und unbehindert durch dich meiner Wege
gehn?
LAWRENZ, *unsicher*. Du meinst nach Italien, liebe Christiane?
FRAU LAWRENZ. Nach Italien, oder sonstwohin.
LAWRENZ. Du willst mir, wenn ich dich recht verstehe, die
Reise nach Italien abkaufen, weil du nun endlich doch ein-
sehen mußt, daß, wenn ich entschieden dagegen bin, ganz
einfach eben nichts wird aus der Sache.
FRAU LAWRENZ. Bitte, mißverstehe mich nicht. Ich möchte
ganz fort, und du sollst mich freilassen.

LAWRENZ, *ohne zu verstehen.* Ganz fort? ganz fort? Ja, was heißt »ganz fort«?

FRAU LAWRENZ. Lawrenz, wir wollen uns in aller vernünftigen Ruhe einigen. Es ist nicht anders! Wir können uns das unmöglich verhehlen: ein Unstern hat von Anfang an über unsrem Verhältnis geschwebt. Die Hauptschuld liegt wohl auf meiner Seite. — Ich war, als mich das Schicksal mit Helmuth betraf, trotzdem ich schon zweiundzwanzig Jahre zählte, nicht anders, nicht klüger, wie eben Frauen in solcher Lage — zum ersten Mal in solcher Lage! — gewöhnlich sind. Und es kam hinzu — ich rede jetzt selbst davon! —, es kam etwas hinzu, was mich kopflos machte! — Du hattest damals das Vertrauen des Doktor Unzelmann, du warst es, der ihm die Klinik hier oben einrichtete, du hast sie dann wieder aufgelöst, als er krank wurde und sich entschloß, fortan von jedweder Praxis auszuruhen, und du warst uns damals in vieler Beziehung die rechte Hand. Nun, so standest du am nächsten in meinen Nöten, und es schien bequem und natürlich, den nächsten Schritt zur Rettung zu tun — der uns aber beide, nach deinen oft wiederholten Worten zu schließen, mehr wie einmal gereut hat seitdem.

LAWRENZ. Christiane, fange doch nur nicht wieder mit diesen bis zum Erbrechen unnützen Redereien wieder an. Wir sind Eheleute, wir sind verheiratet! Wir sind keine Engel! Wir gehören zusammen in ein Schlafzimmer! Wir haben vernünftig zu sein! Pack schlägt sich, Pack verträgt sich! Wir sollen uns keine Flöhe ins Ohr setzen lassen! Uns keine Flausen vormachen! Und so weiter, und so weiter! Der Geheimrat ist hier. Komm, sei vernünftig. Wir wollen mit dem Geheimrat frühstücken. Der Hauslehrer geht, das unerquickliche Intermezzo ist abgeschlossen, und wir wollen wieder die alten sein.

FRAU LAWRENZ. Ich sehe, Lawrenz, du begreifst den Ernst meiner Frage nicht. Es ist nicht, was du zu glauben scheinst! Es ist nicht die hunderteinste, hundertzehnte, hundertfünfzehnte Auseinandersetzung, der eine ebenso große Anzahl folgen wird. Es ist die letzte, glaube mir. Und du siehst mich unwiderruflich entschlossen.

LAWRENZ. Zu was entschlossen?

FRAU LAWRENZ. Von dir zu gehn.

LAWRENZ, *ironisch.* Ach! Sage doch mal, wie denkst du dir das?
FRAU LAWRENZ. Ich denke, wir müssen uns scheiden lassen.
LAWRENZ. Scheiden? Du bist verrückt, mein Kind. Du wirst unter Kuratel gestellt! Wenn alte Weiber wahnsinnig werden, dann fängt's gewöhnlich im Kopfe an.
FRAU LAWRENZ. Deine Roheiten sind mir nicht neu, lieber Lawrenz. Aber die Sache ändern sie nicht.
LAWRENZ. Was, du willst aus dem Hause gehen? Na wart, meine Gnädige, wir sprechen uns noch!
FRAU LAWRENZ. Du würdest mich also nicht freiwillig loslassen?
LAWRENZ. Da hast du ganz recht: nein, das werde ich nicht.
FRAU LAWRENZ. Unter keinen Umständen?
LAWRENZ. Nie, Christiane!
FRAU LAWRENZ. Gut. Brechen wir unser Gespräch also ab. *Sie nimmt, scheinbar gleichmütig, an ihrem Stickrahmen Platz. Lawrenz schnell ab. Man hört im Nebenzimmer kurze, heftige Reden Lawrenzens und Gegenreden des Geheimrats. Dann schlägt eine Tür, es tritt Stille ein, und der Geheimrat erscheint. Während der Zeit hat Frau Lawrenz nur horchend vom Stickrahmen aufgeblickt.*
VON COULON, *mit schnellen Schritten auf Frau Lawrenz zu und ihr die Hand küssend.* Es gilt vielleicht Unheil zu verhüten, Frau Christiane. Bitte, gehen Sie Ihrem Gatten nach.
FRAU LAWRENZ *wirft ihren Kopf zurück, mit Entrüstung.* Das werde ich nicht tun, bester Geheimrat.
VON COULON. Ihr Mann hat Unannehmlichkeiten im Klub gehabt; es ist mir gelungen, die Sache bis zu einem gewissen Grade beizulegen, nur muß ...
FRAU LAWRENZ. Das ist seine Schuld. Wer nicht genügenden Stolz besitzt, sich von Kreisen fernzuhalten, die ihn verachten, der kann sich nicht wundern, wenn er eines Tages moralisch geprügelt wird.
VON COULON. Treiben Sie Ihren Mann nicht zum Äußersten! Ich gebe ja zu ... ich weiß, daß Lawrenz in dieser Hinsicht allerdings nicht zu raten ist. Er hat nun einmal die unglückselige Neigung — die Neigung zu unglückseligen Vorbildern! —, es den flotten Herren von Adel in jeder Beziehung gleichzutun. Wir werden ihn darin unmöglich ändern. Er hat mir heut morgen sein Leid geklagt. Ich kann Sie versichern, der Mann ist unglücklich, weil er sich

auch zu Haus nicht geachtet fühlt. Gewiß, man wird ihn von Schuld nicht freisprechen. Aber ist denn auf dieser Welt irgendwer, sagen Sie mir, Frau Lawrenz, irgendein Mensch etwa frei von Schuld? Ihr Mann wünscht endlich klare Verhältnisse.

FRAU LAWRENZ *steht auf.* Gott sei Dank, Geheimrat, das ist auch mein inständiger Wunsch.

VON COULON. Also tun Sie ihm zunächst den Gefallen und schicken Sie diesen Herrn Kajus fort.

FRAU LAWRENZ. Das hat Lawrenz selbst bereits unternommen.

VON COULON. Sie verzeihen mir, wenn ich als alter Freund der Familie ehrlich bin. Es ist hohe Zeit, daß der Jüngling verschwindet. Und besonders, daß diese Fahrt in die Welt mit ihm unterbleibt. Denn es war für Ihre Freunde nicht angenehm, dem Geschwätz, was überall über diese Sache kursiert, bei jeder Gelegenheit standzuhalten.

FRAU LAWRENZ. Oh, dieses Geschwätz, an das ich seit zwanzig Jahren gewöhnt bin, ist lange noch nicht auf dem Höhepunkt. Es wird bald ganz andere Nahrung erhalten.

VON COULON. Liebe Frau Christiane, verhüte das Gott!

FRAU LAWRENZ. Sie wissen, daß ich heut bei Ihnen war?

VON COULON. Ja, ich habe es von den Kindern erfahren. Nun, da es sich höchstwahrscheinlich um dieselbe Angelegenheit handelt, die Sie mir brieflich dargelegt haben: ich rate tausendmal ab davon.

FRAU LAWRENZ. Sie meinen, nach dem Süden zu reisen?

VON COULON. Ja! Reisen Sie meinethalben mit Helmuth, wenn Helmuth es wirklich nötig hat; aber reisen Sie keinesfalls mit dem Hauslehrer!

FRAU LAWRENZ. Was haben Sie eigentlich gegen Herrn Beck?

VON COULON. Ich liebe ihn nicht, aber das ist hier gleichgiltig. Es handelt sich hier nicht um Herrn Beck. Es handelt sich darum, in Ihrem Interesse, in dem der Kinder und dem des Gatten eine gradezu unvermeidliche Nachrede zu vermeiden.

FRAU LAWRENZ, *gedankenvoll nachsprechend.* Eine gradezu unvermeidliche Nachrede! —: die zu vermeiden, wie macht man das? — Übrigens, eine Frage, Geheimrat: Würden Sie im Fall einer Scheidung auf Lawrenzens Seite oder auf meiner stehn?

VON COULON. Wieso? Warum im Fall einer Scheidung?

FRAU LAWRENZ. Ganz einfach, weil ich das wissen muß: denn ich würde mir dann nicht noch einmal die unnütze Mühe machen, Sie wie heute morgen in Ihrem Anwaltsbüro zu beunruhigen. Nämlich über den Zweck meines Morgenbesuches täuschen Sie sich!

VON COULON. — Das wird eine Frau wie Sie mir nicht weismachen.

FRAU LAWRENZ. Haben Sie mich vielleicht jemals als eine Frau ohne Willen kennengelernt?

VON COULON. Durchaus nicht! Im Gegenteil, Frau Lawrenz. Ich habe Sie in einem Zeitraum von siebzehn und mehr Jahren, fast möchte ich sagen leider, immer nur als vollkommene Herrin Ihrer selbst gekannt.

FRAU LAWRENZ. Und auch Sie blieben immer Herr Ihrer selber.

VON COULON. Nicht ganz.

FRAU LAWRENZ. Aber doch im entscheidenden Augenblick.

VON COULON. Das kommt darauf an, wohin Sie diesen Moment verlegen.

FRAU LAWRENZ. Ich verlege ihn in die kritische Zeit, wo Sie an Stelle Ihres seligen Papas als junger Rechtsanwalt der Berater meines Pflegevaters geworden waren und wo Sie Gelegenheit hatten, den Verhältnissen, die mich damals betroffen und an den Rand der Verzweiflung getrieben hatten, bis auf den Grund›zu schauen. ‹Vielleicht wären wir beide besser gefahren, wenn Sie damals Ihrem Herzen gefolgt und meinethalben Ihre Karriere vorläufig an den Nagel gehängt hätten: denn jedenfalls hatten Sie damals ein Herz für mich.

VON COULON. Und das hab' ich wahrhaftig noch heut, Frau Lawrenz.

FRAU LAWRENZ. Aber damals blieben Sie Herr Ihrer selber. Das heißt, anstatt mit Ihrem Herzen, mit Ihrer ganzen Persönlichkeit dem verehrten Mann, dem geliebten Weibe beizuspringen, verhinderten Sie ... ja förderten Sie den entsetzlichen Handel ... und verhinderten den Verkauf einer armen, an Händen und Füßen gebundenen, hilflos preisgegebenen Menschenseele nicht.

VON COULON. Das war damals ganz unmöglich, Frau Lawrenz.

FRAU LAWRENZ. Nun, was Sie von mir oft seither begehrt haben, mußte deshalb nicht minder unmöglich sein.›

VON COULON. ‹Sie wissen, ich habe bereut, Frau Lawrenz. Sie

wissen, daß ich damals in meiner Beunruhigung die Heirat in eine der ersten Familien hierzulande angestrebt, aber, ehe sie definitiv wurde, wieder gelöst habe.⟩ Ich konnte mich zähmen, mußte mich zähmen, weil sich mir ein Glück meines Lebens in Ihnen ganz einfach verschloß. Aber ich war auch nicht imstande, müssen Sie zugeben, andere Verbindungen einzugehen, und blieb verurteilt, mein Leben unbeweibt zuzubringen.

FRAU LAWRENZ. Das ist Ihre Sache, das geht mich nichts an.

VON COULON. Ach wie manches Mal hab' ich das hören müssen!

FRAU LAWRENZ. Heut ist nur die Frage, ob Sie noch immer mein Freund und Anwalt oder der Anwalt meines Mannes sind!

VON COULON. Am liebsten wär' ich mein eigener Anwalt.

FRAU LAWRENZ. Dafür scheinen Sie mir nicht grade ausgesprochen begabt zu sein.

VON COULON. Nun, ich fühle mich heut als Lawrenzens Anwalt. Ich bin im Wagen mit ihm gefahren von Freiburg her. Er tut mir leid, und sein Jammer geht mir wirklich zu Herzen.

FRAU LAWRENZ. Der meinige nicht so, wie es scheint.

VON COULON. Ja um Gottes willen, was haben Sie denn?

FRAU LAWRENZ. Warum soll ich nicht gegen Sie offen sein. Ich rede also zu Ihnen als meinem Freund und meinethalben nicht zum Anwalt. Zu dem Manne, der ein Herz für mich hat, in das ich nun also das meine ausschütte. Meine Zeit ist um hier in diesem Haus. — Als damals mein Pflegepapa und ich dieses alte, verlassene Hotelgebäude inmitten der weiten, verwilderten Parkanlagen entdeckten, da war die schicksalsschwere Minute nah, hineinzuziehen. Jetzt ist die Epoche Christinenhof, ich danke dem Himmel, abgeschlossen. Ja, seit ich heut morgen bei Ihnen war, ist etwas eingetreten, das jede Umkehr unmöglich macht.

VON COULON. — Was? Sollten die Lästermäuler recht haben?

FRAU LAWRENZ. Die Lästermäuler haben nie recht.

VON COULON. Es liegt auch nicht im Bereich der Menschenmöglichkeit, daß etwas so Widersinniges eintreten könne, als eine Verbindung zwischen Ihnen und einem so linkischen und, es tut mir leid, durchaus unrepräsentablen Manne ist.

FRAU LAWRENZ. Vielleicht geben Sie sich einer Täuschung hin. Aber — werden Sie nun mein Anwalt sein?

VON COULON. In einer solchen Sache, Frau Lawrenz?
FRAU LAWRENZ. Sagen Sie einfach ja oder nein.
VON COULON, *die Achseln hochziehend.* Bedaure!
FRAU LAWRENZ. Leben Sie wohl, Geheimrat!
Sie steht vor ihm, er zögert, die gebotene Hand anzunehmen, sie wirft den Kopf zurück, ihn mit fester Miene, beinahe triumphierend anfunkelnd, und rauscht durch die Flügeltür davon. Der Geheimrat sieht ihr einige Augenblicke nach und stampft dann mit dem Fuß auf die Erde. Mittlerweile ist Lawrenz wieder durch die kleine Tür eingetreten. Sein unstetes Wesen verrät Wut und Besorgnis. Er zittert vor innerlicher Erregung, tritt da und dort hin und steht schließlich, den Rücken gegen das Zimmer gekehrt, am Fenster still.
LAWRENZ. Sie werden vielleicht gefunden haben, daß meine Frau, wenn sie ihren gradezu ungeheuren Eigensinn durchsetzen will, an immer neuen Auskunftsmitteln nicht Mangel leidet.
VON COULON. Lieber Lawrenz, wo hatten Sie Ihre Augen? — Ja, ich muß Ihnen diesen Vorwurf machen: Sie hätten hier müssen beizeiten und in ganz anderer Weise auf dem Posten sein.
LAWRENZ. Herr von Coulon, was wollen Sie damit ausdrücken?
Helmuth ist unbemerkt durch die kleine Tür eingetreten und steht im Begriff, da er fühlt, ungelegen zu kommen, sich zurückzuziehen.
VON COULON. Damit will ich das Alleräußerste sagen. Ich will — es tut mir leid! — damit ausdrücken, daß die bösen Gerüchte, die über Ihre Frau und den sogenannten Prinzenerzieher kursieren, leider doch wohl nicht aus der Luft gegriffen sind.
LAWRENZ, *tief erbleichend.* Es fragt sich, wieweit sie recht behalten.
VON COULON. Geben wir uns keiner Täuschung hin. Sie hätten müssen weit mehr auf dem Posten sein. Wer seine Frau, solange sie will, mit dem Feuer spielen läßt, der kann sich nicht wundern, wenn sie zuletzt das Haus anzündet.
LAWRENZ. Meine Frau hat, solange ich denken kann, mit dem Feuer gespielt.
VON COULON. Diesmal aber legt sie das Haus in Asche.
LAWRENZ. Nun also, Sie werden von mir nicht glauben, nach dem, was ich Ihnen alles gesagt und was Sie alles bezweifelt

haben, daß ich von Ihrer nackten Eröffnung etwa betroffen bin. Ich traue ja überhaupt keinem Frauenzimmer.

VON COULON. Ich aber, was Ihre Frau anbelangt, und zwar trotzdem gewisse jugendliche Verfehlungen vorliegen... ich habe Ihrer Frau völlig getraut. Ich habe mir das... ich meine, eine so unerhörte Geschichte... ich habe mich einer Sache von ihr nicht versehen, die ebenso unappetitlich als lächerlich ist. Ich sah in ihr in langen fünfzehn Jahren ein Musterbeispiel weiblich unantastbarer Sittlichkeit — und jetzt: eine Liebschaft mit ihrem Hauslehrer.

Helmuth ist zunächst nach einigem Zögern zum Entschluß gelangt, etwas aus der Schublade des Tisches zu nehmen. Als er es gefunden hat, läßt er, gebannt durch das Gespräch, die Hände im Kasten. Er wird in der Folge wachsbleich, erhebt sich, nähert sich dem Geheimrat und steht nach dessen letzten Worten unerwartet vor ihm.

HELMUTH. Herr von Coulon, haben Sie etwas über meine Mutter gesagt?

VON COULON. Du bist es? Was willst du denn hier, mein Junge?

HELMUTH. Herr von Coulon, was haben Sie eben gesagt?

VON COULON. Beileibe nichts, was dich angeht, mein Junge.

HELMUTH. Sie haben — ich hab' es gehört, Herr von Coulon! —, Sie haben eben von meiner Mama... Sie haben von ihr eine Schurkerei... Sie haben gegen sie eine schurkige Schufterei gesagt! Sie sind in meinen Augen ein Schuft, ein Schurke.

VON COULON. Mein bester Helmuth, mäßige dich!

HELMUTH. Ich bin nicht Ihr Helmuth, Sie Schuft, Sie Schurke! Läßt du das zu, Papa, daß dieser niederträchtige Schurke solche Sachen von unserer Mutter sagt?

LAWRENZ. Nun mache mal, daß du dein Maul hältst, Junge, und mische dich bitte nicht in Angelegenheiten von Männern ein!

VON COULON. Du hast dich verhört, mein lieber Helmuth.

HELMUTH. Pfui Teufel, ich bin nicht Ihr lieber Helmuth, ich weiß es, ich habe mich nicht verhört.

LAWRENZ. Sage mal, Helmuth, du bist wohl nun mit Hilfe deiner verehrten Frau Mutter vollständig und endgiltig übergeschnappt? Sie haben dich nun wohl so weit gebracht...

HELMUTH. Papa, er soll seine niederträchtigen Worte zurücknehmen! Er soll zurücknehmen, was er gesagt hat ... oder ...oder...

Frau Lawrenz kommt durch die Flügeltür mit dem Ausdruck erschreckter Besorgnis.

FRAU LAWRENZ. Helmuth, was ist dir denn?

HELMUTH. Mir ist — gar nichts — Mama — er soll das — zurücknehmen.

FRAU LAWRENZ. Junge, du wirst ja auf einmal so bleich!

HELMUTH, *vollständig entfärbt und augenscheinlich von einem inneren Grauen gepackt, redet plötzlich nur leise, angstvoll und mühsam.* Ich glaube, Mama... ich glaube, Mama... innerlich... ich spüre — hier etwas... ich weiß nicht... Mama, wie vor Jahren einmal. — Ich glaube... innerlich... innerlich... die Brust... in der Brust hier, Muttchen.

Frau Lawrenz umarmt und stützt den von grauenvoller Angst fast gelähmten Jungen, der sein Taschentuch vor den Mund preßt.

FRAU LAWRENZ. Was machst du denn mit dem Taschentuch?

Helmuth schüttelt ablehnend den Kopf, da sie ihm das Tuch wegziehen will.

FRAU LAWRENZ. Warum drückst du dir denn das Tuch in den Mund, Helmuth? Warum denn? Atme doch!

HELMUTH. Mama — Blut.

FRAU LAWRENZ. Was denn? Wieso denn Blut?

VON COULON. Mein bester, liebster Junge, jetzt sage doch mal, aus welchem Grunde du...

FRAU LAWRENZ. Lassen Sie meinen Jungen zufrieden, rühren Sie meinen Jungen nicht an! *Sie ruft.* Herr Kajus!

Harro kommt neugierig herein.

HARRO. Was gibt's denn mit Helmuth mal wieder?

FRAU LAWRENZ. Nichts. Geh und rufe sofort Herrn Kajus!

LAWRENZ. Junge, nimm das Taschentuch doch vom Munde. Du leidest ganz einfach an Einbildungen. Warum hast du hier wie ein Unsinniger herausgeschrien und dich aufgeregt?

Harro läßt sich herbei und geht ab, um Herrn Beck zu holen.

VON COULON. Harro, laß zwei oder drei Zitronen ausquetschen, bringe den Saft von zwei oder drei ausgedrückten Zitronen mit und dann schickt doch nach Mangelsdorf auf der Stelle.

FRAU LAWRENZ. Und Sie, Geheimrat, verlassen das Haus! — Glauben Sie, daß ich spaße, Geheimrat? — Sie sehen, daß Ihre Gegenwart hier meinem Sohn und mir eine unerwünschte Zugabe ist! — Sehen Sie doch Helmuths Augen an! Sie erregen hier Ekel und Widerwillen.

Der Geheimrat zuckt mit den Achseln und geht hinaus. Beck kommt durch die kleine Tür, eine Serviette voller Eisstücken in den Händen.

BECK. Helmuth! *Er geht sogleich auf Helmuth zu und legt ihn auf die Erde.* Ich habe gleich eine Menge Eisstücke mitgebracht, und dann bringt Harro gleich die Zitronen. — Schiebt ihm ein Kissen unter den Kopf! *Es geschieht; Helmuth liegt auf der Erde.*

HELMUTH. Blut! — Mama, Blut.

BECK. Hier, nimm ein Eisstückchen in den Mund, Helmuth. *Zu Harro.* Komm, gib — das übrige auf die Brust!

HELMUTH. Mama, Mama, ob ich sterben muß?

FRAU LAWRENZ. Mein einziger, süßer Liebling — nein. Du hast das ja schon einmal gehabt! Es ist ja auch damals vorübergegangen! Es scheint ja auch diesmal nur eine kleine Attacke zu sein! Nur still liegen, gar nichts sprechen, Helmuth. — Wenn du still liegst, glaub' ich, wird alles für diesmal vorüber sein. — Und dann, gib acht, beginnt ein ganz anderes Leben für dich! Dann gehen wir nur noch darauf aus, dich ganz von Grund auf gesund zu machen. Wir gehen in ein südliches Klima mit dir! Wir bringen dich in das schöne Italien.

HELMUTH. Mama, nach Italien will ich nicht! Mama... ich muß dir mal was ins Ohr sagen — ich bin am liebsten mit dir allein. Versprich mir, Mama.

FRAU LAWRENZ. Ja, alles, mein Kind.

HELMUTH. Versprich mir, daß wir beide allein bleiben. Ich...

FRAU LAWRENZ, *aufschreiend*. Schnell den Doktor, den Doktor, liebster Herr Kajus.

FÜNFTER AKT

Begonnen am 28. Juli [1907].

Das ehemalige Studierzimmer des Doktor Unzelmann, jetzige Wohnung des Kandidaten Beck. Es ist Nachmittag gegen halb vier Uhr des gleichen trüben und regnerischen Novembertages, an dem die Ereignisse des vorigen Aktes sich vollzogen haben. Sanitätsrat Mangelsdorf sitzt am Tisch und schreibt ein Rezept. Im Kamin brennt ein niedriges Feuer, daran Beck seine Hände wärmt.

MANGELSDORF. Es kommt jetzt alles nur darauf an, daß die Attacke sich nicht wiederholt. Der Junge hat nichts mehr zuzusetzen.

BECK. Wissen Sie, daß es einen erbärmlicheren Zustand wohl kaum geben kann, als der ist, in dem ich seit dem Eintritt der Krisis in Helmuths Zustand bin.

MANGELSDORF. Eigentlich sind Sie doch gerechtfertigt.

BECK. Ich danke für eine solche Rechtfertigung. Meine Mutter und meine Schwestern würden mit einem wahren Höllentriumphe feststellen: Wir haben es dir vorausgesagt! Fange du an, was du willst, es mißlingt! — Sie sind der erste Mensch, den ich seit der Katastrophe zu sprechen Gelegenheit habe. Ich fühle mich, weiß der Kuckuck, plötzlich in diesem Hause ganz fremd und getraue mich kaum, jemand anzusprechen. Seien Sie doch so gefällig und sagen Sie mir, was war denn eigentlich die unmittelbare Ursache, was bewirkte denn des armen Jungen so jähen Zusammenbruch.

MANGELSDORF. Ich nehme an, eine plötzliche, außergewöhnliche Aufregung. Ganz klug bin ich aus der Sache übrigens auch nicht geworden. Wir Ärzte sehen in einem solchen Fall ja zunächst das, was ist, und gewisse Auslösungsursachen sind dabei eigentlich ziemlich gleichgiltig; — außerdem bekommt man weder von Lawrenz, der sonst, wenn er nicht grade seine tückischen Viertelstunden hat — manchmal tückscht er gehörig, der gute Lawrenz! —, meist recht offenherzig ist... bekommt man weder von Lawrenz, meine ich, noch viel weniger von der Gattin diesmal etwas heraus.

BECK. Ich denke, daß meine Mission hier zu Ende ist. Damit, glaub' ich, verzicht' ich wohl überhaupt auf irgendeine Mission in der Welt, obgleich ich oder grade weil ich nichts so sehr als irgendeine wirkliche Mission auf Erden erstrebt habe. Ich habe genug. Es schlägt mir ja doch jede reinste und beste Absicht ins Gegenteil, ja beinah ins Verbrechen um.

MANGELSDORF. Sie wollen sich doch um Gottes willen nicht etwa Schuld beimessen an diesem in Helmuths Konstitution ja längst begründeten Ausgang, Herr Kandidat.

BECK. Ich würde das nicht, wenn ich von solchen und ähnlichen Schrecknissen nicht von Jugend auf begleitet gewesen wäre, leider. Worauf ich nur immer die Hand gelegt, das war weit entfernt, sich in Gold zu verwandeln! Mein Handauflegen macht nicht gesund! Ich sehe nur immer, es richtet zugrunde.

MANGELSDORF *erhebt sich*. Sie sind einer der unmodernsten Menschen, die ich kenne, Herr Beck. Asiatisch, mystisch in jedem Zug; wirklich gar nicht aufgeklärt europäisch. Können Sie wirklich ernstlich glauben, es sei zwischen Ihrer augenblicklichen Misanthropie und den infektiösen Prozessen in Helmuths Lunge ein kausaler Zusammenhang?

BECK. Nein. Aber warum sind wir nicht schon vor drei Wochen nach dem Süden gereist? Warum fehlte mir denn die Energie, oder besser der Mut, es damals kurzerhand durchzusetzen? Dieses Zögern, dies Halbe ist stets mein Verhängnis! — Und ich werde Ihnen auch das noch sagen: Wissen Sie, warum Helmuth plötzlich mir gegenüber zurückweicht? Mir gegenüber scheu, ablehnend, ängstlich ist? Das ist instinktiv! Die Krankheit macht den Jungen hellsehend! Er sieht, was von einem so unglückseligen Tölpel wie ich, mag seine Absicht noch so vierschrötig gutmütig sein, zu erwarten ist.

MANGELSDORF. Hoffentlich ist das nur so aus Müßigkeitsgründen, so eine Art Gedankenspiel, bester Herr Beck. Sie würden sich andernfalls vollkommen grundlos, ja ganz absurderweise quälen mit solcher Selbstgeißelung. Wer weiß, was dem Jungen für eine Fieberhalluzination in der Seele sitzt, und er weiß gar nicht mehr, daß Sie Herr Beck sind oder Beck heißen.

Frau Lawrenz, temperamentvoll wie immer, tritt ein.

FRAU LAWRENZ. Er schläft noch immer.

MANGELSDORF. Das ist gut.

FRAU LAWRENZ. Die Pflegeschwester ist eben gekommen.

MANGELSDORF. Wir haben hier jemand, der sich unnützerweise Vorwürfe macht.
BECK. Ja, ich mache mir allerdings Vorwürfe.
MANGELSDORF. Die nicht am Platze sind, lieber Herr Beck.
FRAU LAWRENZ. Ich bin noch nicht zum Bewußtsein gekommen seit dem schrecklichen Augenblick. Ich kann nur sagen: ich spüre nur etwas über mir... ich spüre nur etwas, gleichsam wie eine Hand von oben durch das Dach oder wie durch Blätter in unser erbärmliches Nest hineingreifen, eine Faust von unsäglicher Brutalität.
BECK. Man kann es auch Fang oder Kralle nennen.
FRAU LAWRENZ. Wenn es irgendwie eine Art Strafe sein soll, verstehe ich's nicht. Immerhin, es ist nichts dawider zu machen. Ein solcher Wink ist nicht mißzuverstehen. — Sanitätsrat, retten Sie meinen Jungen!
MANGELSDORF. Frau Lawrenz, wir wollen das mögliche tun.
BECK, *unruhig, gequält, voll Ungeduld*. Wäre es möglich in diesem Augenblick... könnten Sie für die Angelegenheiten eines andern, die an sich gleichgiltig sind, nur eben so viel Interesse erübrigen, als für die kurze Beantwortung einer Frage erforderlich ist? Die Frage ist die, ich will Sie nur dies fragen: ob meine Gegenwart hier noch notwendig ist. — Würden Sie es als Feigheit auslegen, wenn ich aus einem Gefühl der Beschämung heraus — fortginge? Weiß der Himmel, nicht ohne Kampf! — Fortginge, weil irgendeine Gelegenheit, mich nützlich zu machen, nicht mehr vorhanden ist! Weil ich schrecklich leide an meiner Ohnmacht! Weil alles, die Hände im Schoß, mit anzusehen für mich beinahe der höchste Grad einer Folter ist.
FRAU LAWRENZ. Nicht Sie allein, wir sind alle gefoltert! Mangelsdorf, retten Sie mir mein Kind! Retten Sie mir meinen lieben Jungen! Retten Sie mir mein Kind, Sanitätsrat! Helfen Sie! Retten Sie mir mein Kind! — Ihr macht euch Vorwürfe!? Ich mache mir Vorwürfe! Warum hab' ich nicht nur von der ersten Minute seines bedürftigen Daseins an, warum hab' ich nicht nur meinem Kinde gelebt? Warum hatte ich andere Sachen im Kopfe? Warum tat ich das, warum tat ich jenes? Warum machte ich Hemden für arme fremde Kinder, die mir gleichgiltig sind? Warum ließ ich ihn Geige spielen? Warum hielt ich Helmuth zum Üben an? Warum lebt' ich nicht längst mit ihm im Süden? Warum dacht' ich an mich? Warum ließ ich nicht

Leben Leben sein und lebte in Helmuths Wohlbefinden? Das war ja das Glück, und ich wußte es nicht!

MANGELSDORF. Fassen Sie sich, meine beste Frau Lawrenz!
Johanna stürmt herein.

JOHANNA. Gnäd'ge Frau, gnäd'ge Frau, Helmuth ist aufgewacht!
Frau Lawrenz schrickt auf und eilt hinaus. Mangelsdorf folgt ihr langsam.

MANGELSDORF. Johanna, hier haben Sie ein Rezept! Schaffen Sie's gleich in die Apotheke! *Johanna ab.*

MANGELSDORF. ...Und Herr Beck — zu Ihrem Trost sei's gesagt: Die Übel, an denen diese arme Familie leider krankt, haben gar nichts, durchaus nichts mit Ihnen zu tun! Sie stammen aus bösen und tiefen Wurzeln. *Er grüßt ernst und entfernt sich. Beck schließt den Archivschrank auf, schiebt einen Stuhl in seine Nähe und vertieft sich in ein Manuskript. Gleich darauf tritt Leokadie ein, das Haar offen, Noten in der Hand. Sie ist bleich und verweint und hat dunkle Ringe um die Augen.*

BECK *blickt auf, erstaunt.* Du kommst allen Ernstes zur Klavierstunde? *Leokadie schweigt.* Liebe Leokadie, mit unsrem Klavierspiel ist es für heut und für immer aus.

LEOKADIE. Soll ich die Noten da vielleicht hierlassen?

BECK. Du kannst sie hierlassen, du kannst sie mitnehmen. Halte das, wie du willst, mein Kind. *Er vertieft sich in sein Manuskript. Nach einer Weile, da Leokadie noch immer da ist.* Hast du denn sonst noch was auf dem Herzen?

LEOKADIE. Nein. — Soll ich vielleicht die Lampe anstecken?

BECK. Meinethalben; obgleich ich eigentlich nicht recht weiß, was, bei Lichte besehen, noch Nennenswertes, das sich einer Betrachtung lohnte, von meinem hiesigen Dasein übrig ist. — Wo ist denn Harro?

LEOKADIE. Harro ist mit Papa nach der Stadt gefahren. Der Geheimrat Coulon wollte Papa mit einem reichen Klienten zusammenbringen.

BECK. Weißt denn du etwa, Leokadie, was zwischen Helmuth und dem Geheimrat vorgefallen ist?

LEOKADIE *sieht Beck fest an.* Der Geheimrat hat unsere Mutter beleidigt.

BECK. Und da fährt dein Papa gleich darauf ohne weiteres zu ihm wieder hin? Verzeihst denn du auch so leicht, Leokadie?

LEOKADIE *schüttelt heftig den Kopf.* Ich seh' ihn mit keiner Wimper mehr an.

BECK. Hast du heute morgen an die Tür gepocht?
Leokadie schweigt.

BECK. Sage doch einfach, ich bin es gewesen. Warum sollen wir denn in diesen Stunden, wo weder noch was zu gewinnen oder auch was zu verlieren ist, nicht offen und ehrlich sein. — Warum hast du denn also so gelacht und so wütend an die Türe geschlagen?

LEOKADIE. — Ich hatte um meine Mutter Angst.

BECK *sieht sie lange forschend und mißtrauisch an.* Angst hattest du also um deine Mutter!? — Ich habe jetzt mehr als heut morgen, Leokadie, um sie Angst. Warum stehst du eigentlich deiner Mama so fremd und kalt gegenüber, Leokadie? Warum bist du eigentlich in jedem Wort, das du über sie sagst, beinahe gehässig und jedenfalls ungerecht?

LEOKADIE. Ich kann meine Mutter nicht achten, Herr Kajus.

BECK, *erschrocken.* Bist du denn ganz von allen guten Geistern verlassen, Kind? Warum willst du denn deine Mutter nicht achten? Eine Frau, die bewunderungswürdig wie wenige ist.

LEOKADIE. Für Sie vielleicht, aber nicht für mich.

BECK. Was hast du denn gegen deine Mama?

LEOKADIE. Ich kann sie nicht achten! Ich weiß es nicht. — Und außerdem geht Mama ihren Weg: wir sind ihr ganz gleichgiltig! Mama führt immer das große Wort! Mama hält uns immer große Vorträge! Sie denkt vielleicht, wir wissen es nicht, wie es mit ihrer Vergangenheit beschaffen ist.

BECK *springt auf, geht umher.* Und jetzt muß ich nun meiner Wege gehn, mit einer solchen Gewißheit im Herzen, wo wieder ein neuer Abgrund sich auftut und zwischen Mutter und Tochter klafft. Du bist noch viel zu jung, Leokadie! Du verstehst die starke Natur deiner Mutter nicht! Du hast noch keinen Respekt vor menschlichen Schicksalen, vor der unabwendbaren Führung dieser unabwendbaren Macht! Du hast keine Ehrfurcht, Leokadie! Ich wünschte, du könntest in diesen Papieren die Tiefe menschlichen Duldens und menschlichen Leidens wie ich und mit meinen Augen sehn. — Achtest du deinen Vater?

LEOKADIE. Nein! Manchmal tut er mir leid, das kann ich

sagen; aber ich habe weder zu Mutter noch zu ihm jemals Vertrauen gehabt. Höchstens hatte ich Angst vor beiden.

BECK. Zu wem hattest du denn Vertrauen?

LEOKADIE. Zu wem?

BECK. Jawohl; ich meine zu welchem Menschen?

LEOKADIE. Eine alte Waschfrau hat mir mal den Kopf gekraut; und die hat gesagt: »Ihr tut einem leid, ihr ganzen Lawrenzschen! Euch hat der Teufel von Anfang an in kein gutes Bette gelegt.«

BECK. Das ist eine Waschfrau gewesen, gewiß. Wir sind nicht da, um im Bett zu liegen. Um so besser, wenn das Bett nicht darnach ist. Um so früher werden wir aufstehen und arbeiten. — Du bist auf dem Holzwege, Leokadie! In deinem Alter richtet man nicht! Es ist in jedem Alter gefährlich! In deinem Alter zerstört es Jugend, Glück und Schönheit durchaus. Ich würde sagen, richte dich selbst, Leokadie; aber obgleich dies das Zeichen höher gearteter Menschen ist, muß ich dir das auch widerraten. Lebe! Blühe! Richte nicht! — Deine Mutter hat niemand auf der Erde! Eine edle, bewunderswerte Natur, hat sie niemand, der ihren Wert ermißt. Sie überragt uns alle an Haupteslänge! Stolz müßtest du ... müßte ein Mädchen wie du auf eine solch köstliche Mutter sein.

LEOKADIE. Ich habe kein Mitleid mit anderen, Herr Kajus. Ich habe auch niemand in der Welt — außer Köchin und Waschfrau in der Küche.

BECK. Wie du krank warst, hat dich da deine Mutter nicht gepflegt?

LEOKADIE. Sie hat meinen Körper gepflegt, Herr Kajus. Es demütigt mich, wenn Mama mich pflegt. Ich will, ich mag von Mama nicht gepflegt werden.

BECK. Kinder, ihr seid eure Mutter nicht wert.

LEOKADIE. Lieben Sie meine Mutter, Herr Kajus?

BECK. Schweig, geh. Pack deine Sachen zusammen. Geh! Was stehst du? Ich antworte dir, einem Mädchen von vierzehn Jahren, auf eine so überraschend kühn gestellte Frage nicht. Natürlich liebe ich deine Mutter! Noch mehr: ich achte sie, wie du wohl fühlst! Aber laß mich! Frage nicht solche Sachen! Schütte mir dein Herz aus, wenn du willst, aber verlange nicht, daß ich es tue, einem unerfahrenen Ding gegenüber als dir. Ihr klagt über Alleinsein, wünscht euch mitzuteilen; ich brauche das nicht! Ich sterbe durchaus nicht vor Langerweile, wenn ich fünf Minuten allein bin, wie das bei Weibsleuten üblich ist. Ich kann alles sehr gut für mich behalten. Höchstens schwatz' ich manchmal allerlei Unsinn vor mich hin, wo es niemand stört, im Selbstgespräch. Du hast geweint? Warum weinst du denn? Warum hast du die ganze Zeit im Zimmer deines Papas gesessen und hast ganz unvernünftig geweint? Was heißt das? Wenn starke Schicksale einen überkommen, so weint man nicht.

Deine Mutter und ich, wir gehören zusammen! Ja ja ja ja! Es ist mir ganz gleichgiltig, ob du ein kleines Mädchen bist. Ich gehe allerdings dabei von der Überzeugung aus, daß deine Seele schon ebenso alt ist heut wie in fünfzig Jahren. Deine Seele wie meine sind uralt! Sie sind nicht geworden, sie gehen nicht unter. Verstehe das oder verstehe das nicht! Ein Weib hat ja doch überhaupt keine Religion im Leibe. — Verzeih, Leokadie, gib mir die Hand! Ich muß dir ganz ehrlich sagen, ich bin wie in eine schwere Gewitterwolke narkotischer Dämpfe hineingestellt. Es ist mir, ich weiß nicht, so stille, so stille, so stille zu Sinn. Es ist mir so bang, so beklommen zumut, als wie ... als drohte ein furchtbarer Blitz, dessen Donner ich nicht mehr vernehmen würde. — Geh! Ich weiß, was du willst! Geh! Mein Weg ist anders!

Johanna, das Dienstmädchen, stürzt herein.

JOHANNA, *in größter Hast.* Leokadie, Sie sollen runterkommen! Nicht der Herr Hauslehrer! Leokadie!

LEOKADIE. Was gibt's denn?

JOHANNA. Der arme Herr Helmuth will Sie, glaub' ich, noch einmal sehn! Nich'n Herrn Hauslehrer: Leokadie! — Der Hauslehrer, sagt die Krankenschwester, soll, glaub' ich, lieber nicht runterkomm'.

BECK. Du darfst keine Zeit verlieren, Kind.

Leokadie, die sich merkbar schwer trennt, wird von Johanna hinausgerissen. Beide ab.

BECK *steht am Tisch, streicht sich über die Stirn.* Ja, ja, ja, ja! Die Wege des lieben Herrgotts im Himmel sind wunderlich. *Er schreitet, die Hände auf dem Rücken, langsam auf und ab und setzt sich plötzlich mit einem kleinen Ruck auf das Fensterbrett.* Sollt' ich nun etwa durchs Fenster steigen und ohne Leiter gradezu übers Dach hinuntergehn? — Bin ich nicht eigentlich tödlich verwundet? *Er springt vom*

Fenster. Na also! — Was treiben wir also nun in diesen unwiderruflich letzten Bankrottierer-Minuten noch?
Frau Lawrenz kommt mit einer seltsamen, fremden, scheinbar gefaßten Art und Weise lebhaft herein.
FRAU LAWRENZ. Da bin ich, Herr Kajus.
BECK, *mit rauher Stimme.* Guten Abend, Frau Lawrenz.
FRAU LAWRENZ, *schnell und sachlich.* Helmuth ist tot.
BECK. — Ich weiß, Frau Lawrenz.
FRAU LAWRENZ, *mit großen Schritten auf und ab.* Helmuth ist unwiderruflich von uns fort! Helmuth hat uns allein gelassen. Ich bin aber seltsam ruhig, finden Sie nicht?
BECK. Solange etwas Geliebtes den schrecklichen letzten Kampf um das Leben durchzumachen hat, leidet man über alle Maßen. Wenn er ausgerungen hat, wird man still.
FRAU LAWRENZ. Ja, unser Helmuth hat ausgerungen. — Ich dachte, ich könnte das nie überleben, Herr Kajus. Und denken Sie, jetzt, wo es aus ist, wo alle Sorge und Angst um den Jungen vorüber ist, jetzt kann ich mich aufrichten! Jetzt ist mir, als wär' ich von einer ungeheuren, niederdrückenden Last befreit! Ist das nicht gradezu furchtbar, Herr Kajus?
BECK. Frau Lawrenz: nein. Die Menschen sind durch und durch altruistisch! bei weitem mehr, als man gemeinhin denkt. Geheime Abhängigkeiten gängeln uns alle! Das Wohl und die Meinung eines Vaters, Bruders, Freundes, die Meinung der Mutter oder irgendeiner Tante vielleicht ist es, die uns zu Taten treibt, die wir um unsertwillen nicht tun würden, zu Entsagungen, die uns oft über alle Begriffe schmerzlich sind. Zum Beispiel, seit nun auch mein Vater gestorben ist, führ' ich ein Leben fast ohne Sorgen. Und doch, ich habe beide Eltern, mehr als ich selber wußte, liebgehabt.
FRAU LAWRENZ. Er hat sein frühes Ende geahnt.
BECK. Das besagt auch der Vers oder das Gedicht, das Sie mir heut morgen gegeben haben.
FRAU LAWRENZ. Ich hab' es vergessen. Wie war es doch?
BECK. Hier ist es.
FRAU LAWRENZ. Lesen Sie es, Herr Kajus!
BECK *liest.* »Wohin mein Blick durch Nebel sieht . . .«
FRAU LAWRENZ. Ja richtig! Richtig! Jawohl, das war es! Und ich habe mich noch in meiner Verblendung über die todesbangen Verse des Jungen gefreut! Ich bin so vergeßlich!

Großer Gott! In meinem Alter und so vergeßlich! Ich weiß nicht mal, wie das schöne Gedicht meines armen Jungen weitergeht.

BECK *liest.*

>>Wohin mein Blick durch Nebel sieht,
ich weiß es nicht, ich weiß es nicht.
Wohin mein trüber Wunsch mich zieht:
In ewige Nacht? Ins Sonnenlicht?
Ich weiß es nicht! — Manchmal im Dunst
schau ich ein ödes Hügelgrab,
ein Holzkreuz drauf, bar aller Kunst.
Wer weiß, was ich gesehen hab'? — «

FRAU LAWRENZ. Sehen Sie, sehen Sie! Er hat sein eigenes Grab gesehen, Herr Kajus.

BECK *liest weiter.*

»Manchmal auch schau ich wolkenhoch,
wo feuerstirnige Berge stehn.
Ein Banner scheint zu winken, doch
wer weiß, wer weiß, was ich gesehn.«

FRAU LAWRENZ. Ich bin ohne Religion, ganz ohne Religion, Herr Kajus! Denn ich glaube nicht . . . ich glaube, daß der Junge durch das Leben betrogen worden ist! . . . Ich glaube nicht, daß es dort oben himmlische Heerscharen gibt, wo etwa mein armer Junge schon jetzt, von seligen Chören begrüßt, das Banner trägt.

BECK. Wir wissen darüber nichts, Frau Lawrenz.

FRAU LAWRENZ. Wie war doch die letzte Zeile?

BECK. So:

»Ein Banner scheint zu winken, doch
wer weiß, wer weiß, was ich gesehn.«

FRAU LAWRENZ. Ich kann nichts denken! Ich kann nichts behalten! Mir schwindelt fast. Ich bin so vergeßlich . . . ich glaube, ich weiß nicht mehr, ob ich in meinem Bette Nachmittagsschlaf halte und träume oder ob an diesem schrecklichen Hagel von Steinen, der mich trifft, etwas Wahres ist. Ich will nichts vergessen! Ich will meinen Jungen nicht vergessen! Ich will meinen Schmerz um meinen Jungen nie mehr vergessen, Herr Kajus! Ich lebe, ich atme von meinem Schmerz! Wer mich um meinen Jammer betrügt, dem will ich wie einem Mörder mit Messer und Krallen zu Leibe gehn. — Darf ich bei Ihnen bleiben, Herr Kajus?

BECK. Christiane, es ist etwas Ungeheures, daß du gekommen bist.
FRAU LAWRENZ. Ich weiß. Es ist etwas Ungeheures. Aber es konnte nicht anders sein. Mit wem sollte ich wohl von Helmuth reden! — Wie denkst du, wir schließen die Türe, nicht?
BECK. Freilich, wir müssen die Türe zuschließen. *Er tut es.*
FRAU LAWRENZ. Es wäre das beste, wir könnten die Tür mit dicken eisernen Querstangen fest verschließen.
BECK. Rücken wir doch den Tisch davor.
FRAU LAWRENZ. Bitte! Jawohl, das wollen wir tun. Niemand soll über die Schwelle treten! Keine von diesen toten, herzlosen Menschenlarven da draußen soll hier herein. *Sie schieben den Tisch vor die Eingangstür.* Und dann müssen wir auch den Schrank dort zumachen.
BECK. Warum?
FRAU LAWRENZ. Weißt du, mein Pflegepapa ist pedantisch darin. *Sie schließt den Schrank.*
BECK, *nach kurzer Pause.* Christiane, kann irgend etwas in dieser Welt jetzt noch zwischen uns sein?
FRAU LAWRENZ. Nein, Kajus! — Aber weißt du, weshalb ich gekommen bin?
BECK. Ja. Wie lange Zeit bleibt uns noch?
FRAU LAWRENZ. Es bleiben uns nur Sekunden, Kajus ...
Sie fliegen einander mit rasender Glut in die Arme und pressen Mund an Mund.
FRAU LAWRENZ, *stammelnd.* Töte mich, Kajus!
BECK, *ebenso.* Töte mich!
Nach längerer Berauschung lösen sie sich voneinander.
FRAU LAWRENZ. Ist das eine Gruft, in der wir begraben sind?
BECK. Dann werden wir bald zum Lichte steigen. Das Saatkorn wird auch in die Gruft gelegt ... — Christiane, wir machen es feierlich! — Wir machen es wie ein Totenopfer!
Er zündet zwei Lichter an, nimmt eine große Photographie Helmuths aus einer Mappe, stellt sie auf den Tisch und die Lichter davor. Er faßt in seiner überschäumenden Art und Weise Christiane an, um sie in seinem Taumel der Liebes- und Todesraserei fortzuziehen.
Komm, wir wollen tanzen, Christiane! Wir wollen Weihrauch und Myrrhen abbrennen! Wir wollen die Ampel in unserem Schlafzimmer anzünden! Wir wollen trinken! Du sollst den Liebeswein ausleeren bis zur Trunkenheit! Du

sollst mich austrinken! Mein ganzes Leben sollst du hinnehmen im Taumel! Und du sollst nichts übrigbehalten von deiner Liebe! Du sollst keinerlei Leben zurückbehalten! Die Schauer der Wollust sollen uns Schauer des Todes sein!
Sie hängt, hingegeben, wie tot, in seinen Armen. Er bettet die fast Ohnmächtige auf das Sofa, richtet sich auf und horcht. Es lehnt eine lange Leiter draußen herauf bis zum Dach; ich will gehn und will die Leiter umstoßen.

FRAU LAWRENZ. Ja, Kajus, laß uns hinunterspringen! *Beck ist durch das Fenster verschwunden. Man hört Regenrauschen draußen und nach wenigen Sekunden einen dumpfen kurzen Fall.* Kajus, Kajus ... nicht ... nicht fort! *Sie schrickt empor und blickt entsetzt um sich.* Wo bin ich? — Bist du hier, Pflegepapa? — Helmuth!? — Helft mir doch zur Besinnung kommen!

BECK *erscheint wieder im Fenster*. Ich habe die Leiter hinuntergeworfen. Christiane, komm doch mal hier heraus! Es ist herrlich! Hörst du den Regen rauschen?

FRAU LAWRENZ. Hab Mitleid, Kajus, verlaß mich nicht! *Beck tritt vom Fenster zurück, und man hört ihn draußen nach Art der Bergsteiger mehrmals laut aufjauchzen. Darnach erscheint er wieder am Fenster.* Hast du gerufen?

BECK, *ins Zimmer springend*. Ja, denn jetzt stört uns keiner mehr: vor Glück! *Nach längerer, stummer Umarmung.* Ich reiße jetzt dein Haar aus den Fesseln!

FRAU LAWRENZ, *die alles geschehen läßt*. Höre doch, wie der Wind draußen klagt!

BECK. Hunderttausend Nonnen, schwarze Nonnen mit grauen Schleiern, blutlosen Händen, bläulichen Lippen, leeren Augenhöhlen und kalten Stirnen, Lichtern in Händen meinethalben, hunderttausend Miserere singende Nonnen stören uns nicht und hindern uns nicht!

FRAU LAWRENZ. Kajus, sage mir, ob das nicht Wahnsinn ist.

BECK. Hunderttausend klagende Nonnen, hunderttausend drohende Angesichter ... jetzt bist du mein, sie schrecken mich nicht! Jetzt ist kein Zurück, jetzt bist du geborgen! — Mädchen, zeige mir deine Geheimnisse! Sträube dich nicht! So heißt das Wort: Mädchen, zeige mir deine Geheimnisse!

FRAU LAWRENZ. Willst du mich etwa töten?

BECK, *ihren Mund mit einem rasenden Kusse schließend*. Gewiß!

Sie hängt abermals wehrlos in seinen Armen..Plötzlich reißt sie sich los, mit einem Schrei gegen das Bild.

FRAU LAWRENZ. Helmuth! *Halb zu Beck, dessen Hals sie hingegeben umschlingt.* Nimm mich! — Ich muß dir ja nachfolgen!

Beck führt sie, gleichsam im Kuß, ins Schlafzimmer. Nach einigen Sekunden wird heftig an die Tür gepocht, und Leokadiens Stimme läßt sich vernehmen.

LEOKADIE. Mama, Mama! Wer ist denn hier drin? — So mach doch um Gottes willen auf, Mutti! — Herr Kajus, ist denn Mama nicht bei Ihnen drin? Mama — ich kann ja Mama nicht finden, Herr Kajus! Sie haben doch eben gesprochen hier drin!

Beck, der Rock und Weste abgelegt hat, kommt aus dem offenstehenden Schlafzimmer und tritt leise an die Tür.

BECK, *mit ruhiger Stimme.* Willst du etwas von mir, Leokadie?

LEOKADIE. Ich will wissen, wo meine Mutter ist. Ich habe so furchtbare Angst, Herr Kajus! Ich habe doch eben Stimmen gehört!?

BECK. Hier drin bei mir aber jedenfalls nicht. Oder ich hätte denn etwa im Schlafe gesprochen. Nämlich, du hast mich aus dem Schlafe geweckt.

LEOKADIE. Sie haben geschlafen?

BECK. Fest, mein Kindchen!

LEOKADIE. Und Sie wissen auch gar nicht, wo Mutter ist?

BECK. Nein; wenn sie nicht etwa über die sieben Berge zu den sieben Zwergen gegangen ist. Ich kann dir leider die Tür nicht aufmachen, meine Toilette erlaubt es nicht.

LEOKADIE. Gut' Nacht, Herr Kajus.

BECK. Gute Ruh, mein Kindchen.

Er geht wieder auf den Zehen ins Schlafzimmer, von wo man in diesem Augenblick ein tiefes Röcheln und Aufseufzen hört. Die Tür schließt er diesmal sorgfältig hinter sich zu, man hört den Riegel vorschieben und das Schloß zweimal umschnappen. Ein Windstoß fegt durch das Fenster, bläst fast die Lichter aus vor Helmuths Bild und jagt Blätter von Manuskripten umher.

[NOTIZEN]

Denke an die Liebe in »Rot und Schwarz«.
Denke an die Goncourts.

———

Die Absicht war diese: das Reine und Gemeine gegeneinanderzusetzen.

———

Christiane Lawrenz
I. Schluß unzulänglich
II. Entbehrt der Fülle, des Fleisches, der Konsistenz.
Den Gestalten fehlt Körper und Überzeugung.

———

Ödipus-Fall umgekehrt.

HERBERT ENGELMANN

Drama

Entstehungszeit: 1924; 1928; 1941.
Erstveröffentlichung: Einzelausgabe. München, C. H. Beck 1952.

DRAMATIS PERSONAE

HERBERT ENGELMANN
FRAU KURNICK, Pastorswitwe, Inhaberin einer Pension
CHRISTA, ihre Tochter
KOHLRAUSCH, Major
RIEDEL, Major
BARON MÜHLING DE RIBERA
WEISSFLOCK
DR. KNOLL, Tierarzt
DR. RUCKSTUHL
RAUMER, Justizrat
EMMI LADEGAST, Schauspielerin
EVELINE MAY, Schauspielerin
WERNER GOLDSTEIN, Schauspieler
FRITZ KUTSCHE, Maler und Photograph
FRÄULEIN ZIEM, Klavierlehrerin
RÜBSAMEN, Student
ELISE ⎫
AUGUSTE ⎬ Hausmädchen
GEMEINDEBOTE KLEEBERG
EIN HERR

Das Stück spielt in Berlin etwa um 1923
(Höhepunkt der Inflationszeit)

Begonnen: Lugano, 10. November 1924.
Durchsicht und Bearbeitung: [September,] Oktober 1941.

ERSTER AKT

Berliner Zimmer in der Pension Kurnick.

ERSTE SZENE

Frau Kurnick und Major Kohlrausch, Hut, Paletot, Stock.

FRAU KURNICK. Es wäre eben nur noch ein ganz kleines Zimmer frei, wie ich schon sagte. Eigentlich ist es nicht frei, sondern es wird erst morgen frei. Sie haben ja übrigens einen Blick hineingetan.

KOHLRAUSCH. Es wird mir bei den Nachkriegsverhältnissen kaum eine Wahl bleiben.

FRAU KURNICK. Versuchen Sie es doch noch mal in der Pension schräg gegenüber. Ich glaube, es sind dort heut und gestern eine Anzahl Personen abgereist.

KOHLRAUSCH. Sie haben hier Sonnenseite. Sonnenseite würde mir lieber sein.

FRAU KURNICK. Eigentlich ist das Zimmerchen schon halb und halb einem armen Kriegsbeschädigten zugesagt, einem Grafen Kramm, der mit seinem Polizeihund spazierengeht. Seine Mutter hat mich darum gebeten.

KOHLRAUSCH. Eigentlich, sagten Sie: aber uneigentlich...?

FRAU KURNICK. Es hapert noch etwas an der Geldfrage. Der junge Mensch ist sehr intelligent, Stenotypist in einer Flugzeugfabrik. Er leistet so viel wie andere, die ihre zwei Augen haben. Auch unterstützt ihn die Mutter noch. Trotzdem reicht es für das, was ich meinen Pensionären biete, eben nicht.

KOHLRAUSCH. Ich stoße mich nicht an dem Preis, wie Sie wissen. Ich würde mich viel eher an der Gesellschaft stoßen, wenn sie nicht nach meinem Geschmack wäre. Was wohnen zum Beispiel für Leute hier?

FRAU KURNICK. Ja, du lieber Gott, wir sind natürlich ein bißchen zusammengewürfelt: eine Sängerin, ein Musikhochschüler. Es wird Gesang, wird Geige geübt. Ich habe die Emmi Ladegast, die bekannte Schauspielerin. Die

Leute stehen im Beruf. Man kann ihnen nicht verbieten, daß sie in ihrem Beruf fleißig und strebsam sind.

KOHLRAUSCH. Sind Männer bei Ihnen eingemietet?

FRAU KURNICK. Selbstverständlich! Warum interessiert Sie das?

KOHLRAUSCH. Man will ja doch wissen, mit wem man zusammen ist.

FRAU KURNICK, *lachend*. Fast möchte man Ihnen raten, einen anderen Platz ausfindig zu machen. Vielleicht haben Sie doch für meine Pension zu zarte Nerven.

KOHLRAUSCH. Wird gemeinsam gespeist?

FRAU KURNICK. Natürlich wird gemeinsam gespeist, nur in Krankheitsfällen auf dem Zimmer. Ich könnte ja sonst mit einer Köchin und zwei Mädchen und den bescheidenen Preisen, die ich habe, unmöglich bestehen. Es wird hier in diesem Raume gespeist. Darf ich fragen, welchen Beruf Sie haben? Ich bin nicht neugierig, aber wenn Sie zum Beispiel Stunden geben müßten oder chemische Experimente machen oder dergleichen mehr, so ginge das bei uns leider nicht.

CHRISTA, *aus dem Hintergrund*. Muttchen, ich glaube überhaupt, daß wir über das Zimmerchen nicht mehr verfügen können. Herbert hat dringend gebeten, es nicht zu tun. Er möchte es sich als ⟨Schreibzimmer⟩ Laboratorium einrichten.

KOHLRAUSCH. Das wird sich bei der heutigen Wohnungsnot nicht durchführen lassen. Irgendwo muß man ja schließlich unterkommen. Und es gibt ja auch Mittel und Wege dazu!

FRAU KURNICK. Ich weiß eigentlich gar nicht, mein Herr, wieso Sie gerade auf uns verfallen sind. Es ist ja beinahe, als ob es außer der unsern in Berlin keine Pension gäbe.

CHRISTA. Herbert, komme doch mal herein.

KOHLRAUSCH, *forciert lustig*. Nachkriegszustände, gnädige Frau. Mann gegen Mann, jeder sieht, wo er bleibt.

([Notiz] Man muß auch für ihn eine volle Menschlichkeit in Anspruch nehmen.)

ZWEITE SZENE

Herbert Engelmann tritt ein.

HERBERT. Was steht zu Diensten?

FRAU KURNICK. Es geht um Ihr Zimmer, guter Herbert.
HERBERT. Was?! Sie wollen mich doch nicht vor die Tür setzen?
FRAU KURNICK. Das kleine, das morgen frei wird, meine ich.
HERBERT. Ich kann mir nicht denken, daß der Herr dort hineinziehen wird.
KOHLRAUSCH. Aus welchem Grunde bezweifeln Sie das?
HERBERT. Es ist einem Menschen am Ende wohl anzusehen, was für Ansprüche er ungefähr hat.
KOHLRAUSCH *faßt Herbert scharf und flüchtig ins Auge*. Mir ist sehr schwer etwas anzusehen.
HERBERT. Das Zimmer ist jedenfalls nur ein Alkoven, wo außer dem Bett kaum ein Stuhl stehen kann.
KOHLRAUSCH. Wir wissen ja, daß der Teufel in der Not Fliegen frißt. Ich möchte demnach für den Monat vorauszahlen.
CHRISTA. Darauf können wir uns nicht einlassen. Wir bestehen auf Dollarparität. Was Sie uns heut für einen Monat bezahlen, könnte übermorgen die Pension für einen Tag ausmachen.
KOHLRAUSCH. Ich deponiere dreihundert Dollar, genügt Ihnen das?
Frau Kurnick, Herbert und Christa sehen einander verlegen an.
FRAU KURNICK. Es ist mir förmlich unangenehm, daß ich einen Herrn wie Sie in, verzeihen Sie mir, − in ein solches Loch einquartieren soll und außerdem dafür Geld nehmen.
KOHLRAUSCH. Das lassen Sie meine Sorge sein. *Er zählt das Geld auf.* Ich werde mich schon vertragen mit Ihrem Herrn Sohn.
FRAU KURNICK. Mein Sohn? Ich habe keinen Sohn. Gott sei Dank, möchte ich beinahe sagen. Der Kaiser hätte mir ihn sonst wahrscheinlich als Leiche oder, was noch schlimmer, zum Krüppel geschossen zurückgeschickt.
KOHLRAUSCH. Ich dachte, der Herr namens Herbert wäre Ihr Sohn. Aber was nicht ist, kann vielleicht noch werden, wenn diese Dame da Ihre Tochter ist.
CHRISTA. Mama, der Baron möchte dich sprechen.
KOHLRAUSCH. Ich bitte um eine kleine Quittung, dann störe ich Sie fürs erste weiter nicht. − Ich kann Sie übrigens noch beruhigen: Stunden gebe ich nicht, chemische Experimente mache ich nicht. Darf ich dagegen erfahren, mit

welchem Beruf ich bei meinem künftigen Herrn Nachbar zu rechnen habe?
HERBERT. Sagen wir, mit dem Trappistenberuf. *Er geht hinaus.*

DRITTE SZENE

KOHLRAUSCH. Ihr Herr Pensionär leidet scheinbar an einer gewissen Reizbarkeit.
FRAU KURNICK. Das ist wohl öfters so bei Leuten, die jahrelang in russischer Gefangenschaft gelebt haben.
KOHLRAUSCH. Woraus ich entnehme, daß der Herr sozusagen ein Kamerad von mir ist.
Baron Mühling de Ribera tritt ein.
BARON. Ich habe heute abend eine kleine Gesellschaft bei mir zu Gast. Würden Sie uns, meine gute Frau Kurnick, nach dem Essen natürlich, das Speisezimmer einräumen?
FRAU KURNICK. Ich müßte aber darauf bestehen, daß diesmal alles noch vor zwölf beendet ist.
BARON. Es ist alles bereits um elf beendet.
FRAU KURNICK. Verzeihen Sie, ich muß nur noch eine Quittung ausstellen.
BARON *erblickt die Dollars.* Ah, Dollars! Edelvaluta nennt man das. *Faßt Kohlrausch durch das Monokel ins Auge.* Glücklich, wer in dieser jammervollen Zeit damit zu rechnen hat.
KOHLRAUSCH. Es geht mir nicht besser wie anderen Leuten.
BARON. Anderen Leuten? Wie meinen Sie das?
KOHLRAUSCH. Nach Ihrer Äußerung mußte ich annehmen, daß Sie sich selbst für weniger glücklich halten als mich. Diesen Irrtum wollte ich aus der Welt schaffen.
BARON. Ach so! Nun, es war mehr so eine Redensart.
Zwei Hausmädchen, Elise und Auguste, beginnen ziemlich ungeniert die lange Pensionstafel zu decken.
BARON. Teufel, ist es denn schon so spät?
KOHLRAUSCH. Würde es Ihnen störend sein, wenn ich Ihnen noch heut einen Teil meiner wenigen Effekten heraufbringen ließe oder selbst heraufbrächte?
FRAU KURNICK. Platz ist freilich nicht viel vorhanden. Sie haben wohl gesehen, daß man sich im Korridor vor allerlei Krimskrams kaum fortbewegen kann. Aber natürlich, man kann schon Rat schaffen.

KOHLRAUSCH. Besten Dank. Dann empfehle ich mich. — Auf Wiedersehen.
FRAU KURNICK. Guten Abend.
Kohlrausch ab.

VIERTE SZENE

BARON. Werden wir diesen Mann als Zuwachs erhalten?
CHRISTA. Leider! Er hat es durchgesetzt.
FRAU KURNICK. Diese Frontmenschen gehen überall vor wie in Feindesland.
BARON. War er im Krieg?
FRAU KURNICK. Er ist Major.
CHRISTA. Man sieht's ihm auf hundert Schritt an.
BARON. Was ist er denn im Zivilberuf?
FRAU KURNICK. Das werden wir, wenn er aufzieht, erfahren.
BARON. Frau Kurnick, es ist eine wilde Zeit. Alles ist auf den Kopf gestellt. Man kann nie wissen, ob der oder jener ein Biedermann, Juwelendieb oder Agent der Sowjets ist. Nächstens werde ich meinen Adel ablegen. Er ist schließlich nur ein Hindernis. Man wird, der Titel Baron braucht nur zu fallen, auf eine ganz eigentümliche Weise angesehen, wie zum Beispiel von diesem Ehrenmann.
CHRISTA. Wir wollen nur keine Gespenster sehen.
BARON. Mein liebes Fräulein Christa, es ist am Ende kein Wunder, daß ich Nerven habe, da ich ja nur so aus Zufall noch am Leben bin. Sie wissen ja, daß ich mich aus dem berüchtigten Geiselkeller in München während der Rätezeit nur durch einen ungeheuren Dusel und durch Bestechung eines Wächters frei gemacht habe. Dem Fürsten von Thurn und Taxis gelang es nicht. Er wurde ohne Gnade von dem Lumpengesindel erschossen.
Herbert kommt wieder.
HERBERT, *im Eintreten.* Diesen Menschen hätte ich um keinen Preis aufgenommen, Frau Kurnick, trotzdem er das Eiserne Kreuz unter dem Mantel auf dem schwarzen Rock hat. Ich war nur Muschkote und habe es auch, wie Sie wissen. Es ist aber völlig zweierlei, ob ein Muschkote, ein Hauptmann oder gar ein Major es hat. Ich habe wenigstens Pulver gerochen. Solch ein Etappenhengst wie dieser wahrscheinlich nicht.

⟨Der Kerl sieht aus, als hätte er nichts getan als den Kompanieproviant verschoben. Wir steckten im Dreck und mußten hungern. Und die Frau Major verkümmelte mittlerweile, was uns gestohlen war, in Berlin. Waggonweise ist das täglich geschehen. Kein Wunder, wenn alles schließlich so kläglich gescheitert ist.⟩

FRAU KURNICK. Regen Sie sich nicht auf, bester Herbert.

⟨HERBERT. Aufregen? Eine rasende Wut kommt mich an. Das muß man gesehen, das muß man erlebt haben. Die Feigheit und das Wohlleben dieser Vorgesetzten muß man erlebt haben, und dann muß man wissen, was ein Schützengraben, was Hunger im Schützengraben und was Trommelfeuer ist, um die ganze todeswürdige, landesverräterische, verbrecherische Niederträchtigkeit und nichtswürdige Gemeinheit zu ermessen, die darin liegt, der eigenen Truppe, der man ein Vater sein sollte, die für sie bestimmten Nahrungsmittel zu unterschlagen und sich damit reich zu machen. *Er bekommt einen Schüttelanfall.*
CHRISTA *eilt herzu.* Herbert, Herbert, um Gottes willen!⟩

Es ist ein sehr großer Fehler, daß Sie sich immer so in Harnisch bringen lassen, Herr Engelmann.

⟨HERBERT. Zwei Minuten, dann ist es vorüber.⟩

Herbert wird von Christa weggeführt.

FÜNFTE SZENE

FRAU KURNICK. Diese Menschen haben zuviel durchgemacht.
BARON. Vom Kriege hat er die Nase plein, wie man sagt. Dabei ist der kleine Engelmann gar nicht so uneben. Ist er nicht Dr. Engelmann?
FRAU KURNICK. Wenn der Krieg nicht gekommen wäre, würde er es jedenfalls sein.

BARON. Ja, wenn der Krieg nicht gekommen wäre! Ich habe, Gott sei Dank, meine Beziehungen. Hätte ich meine Beziehungen nicht, so müßte ich heute, nur um mein Leben zu fristen, als Barkeeper gehen oder mit einem Droschkenauto herumkutschen. Um mein Vermögen, das teils in Italien, teils in England, teils in Deutschland angelegt gewesen ist, hat mich der Krieg gebracht.

FRAU KURNICK. Und wie ist es dem armen Herbert gegangen?! Sie sollten nur seine Mutter gesehen haben. Der Vater Geheimer Justizrat. Das einzige Kind. Ein Vermögen ist auf seine Erziehung verwandt worden. Kaum siebzehn Jahre, war er Student. Gleich im Anfang als Freiwilliger eingetreten, kaum vierzehn Tage war erst Krieg. ⟨Bis dahin hat er das Militär gehaßt. Der Drill erschien ihm menschenunwürdig.⟩ Und nun Verwundung, gefangen in Frankreich, durchgebrannt, gefangen in Rußland, in Sibirien. Ein Jahr nach Friedensschluß zurückgekehrt. Vater und Mutter tot. Bei Pontius und Pilatus keine Hilfe. Schüttler, Kopfverletzung dazu. Und wie hat sich der junge Mensch trotz alledem wieder herausgemacht!

BARON. Ja, wer doch so ein bißchen Talent hätte!

⟨FRAU KURNICK. Der Roman, an dem er noch arbeitet, wird in drei, vier Zeitungen gleichzeitig abgedruckt.

BARON. Wie ist doch der Titel?

FRAU KURNICK. »Nie wieder Krieg!«

BARON. Richtig, richtig, »Nie wieder Krieg!« Ich sehe es geradezu als einen Wink vom Himmel an, daß ich hier mit Herbert Engelmann zusammengetroffen bin. Er muß unbedingt meiner Loge beitreten. Man muß endlich mal die Völker aufklären. Ich bin Baron. Ich stamme aus einer alten Familie. Trotzdem bin ich ausgesprochener Antimilitarist und darum auch Antimonarchist. Ich war Delegierter beim Völkerbund, nicht als Deutscher natürlich, sondern als Spanier. Sie wissen, daß ich mich in Spanien naturalisieren lassen mußte, um meine verflossene Frau zu heiraten. Unter dem öffentlichen Völkerbund, wie er in Genf zusammentritt, gibt es einen geheimen eigentlichen Völkerbund. Ich darf mich nicht näher darüber auslassen, in welcher Weise ich mit diesem verflochten bin. Sie haben da einen Mann im Haus, beste Frau Kurnick, dessen Papiere auf einen Tierarzt Dr. Knoll lauten. Das klingt recht bescheiden: Dr. Knoll. Und doch haben wir es, wie ich Ihnen freilich nur ins Ohr flüstern darf, mit einem der einflußreichsten Männer und dazu noch mit einem Prinzen von Geblüt zu tun.

FRAU KURNICK. Sie haben mir das schon mehrmals gesagt. Mag sein, daß Sie recht haben. Mir kommt er eigentlich mehr wie ein Tierarzt vor. Weshalb sollte er auch diese Maske annehmen? Und warum erzählt er mir denn, er sei mehrmals von tollwutkranken Patienten gebissen worden? Gelegentlich bekomme ich ausgesprochen Angst vor ihm.

BARON. Er ist allerdings ein vielvermögender Mann. Ich möchte im Bösen nicht mit ihm zu tun haben. Aber wir stehen in seinem Schutz, Frau Kurnick. Sie wissen vielleicht oder wissen es nicht, welchen Einfluß zum Beispiel der Malteserorden besitzt. Der Orden ist wie ein Netz um die Weltkugel. Sie hängt darin, geradezu wie ein Ball, den ein Kind mit sich trägt. Dieser Orden hat einen Großprior, und dieser Großprior...

FRAU KURNICK. Es ist mir am liebsten, Herr Baron, Sie erzählen mir von allen diesen geheimen Angelegenheiten nichts. Was soll ich am Ende damit anfangen? — Die Entreetür hat geklingelt. Ich denke, es kann Herr Weißflock sein. Er wollte heut oder morgen eintreffen.⟩

FRAU KURNICK. Er ist dem Scharlachbazillus auf der Spur: Er möchte ein zweiter Pasteur oder Koch werden. — Die Entreetür hat geklingelt. Ich denke, es kann Herr Weißflock sein. Er wollte heut oder morgen eintreffen.

BARON. Das ist ein beneidenswerter Mann.

FRAU KURNICK. Es ist ein sehr fleißiger, ein sehr rechtlicher, ein sehr achtungswerter Mann.

BARON. Deshalb kann man ihn doch um sein Amsterdamer Geschäft und seine holländischen Gulden beneiden. Übrigens habe ich Grund, mich zu freuen, und zwar in seinem Interesse, wenn er gekommen sein sollte. Er interessiert sich für meine Abende, und gerade heute wird in einem gewissen Betracht ein großer Abend sein.

FRAU KURNICK. Offen gesagt, ist mir gar nicht besonders wohl dabei, wenn ich sehe, wie Sie den prächtigen Herrn Weißflock in Ihre Angelegenheiten hineinziehen. Ich verdanke diesem Manne zuviel. Wo wäre ich schließlich ohne ihn! Im besten Fall würde ich als Wäscherin oder Kehrfrau mein Leben fristen. Sie werden mir jedenfalls dafür bürgen, Herr Baron, daß er nicht zu Schaden kommt.

SECHSTE SZENE

Christa kommt wieder.

FRAU KURNICK. Ist es vorüber?
CHRISTA. Er liegt auf dem Bett. Ich habe das Zimmer dunkel gemacht und ihm eine Kompresse aufs Herz gelegt. — Herr Weißflock ist eben angekommen.
FRAU KURNICK. Hast du ihn auf sein Zimmer geführt?
CHRISTA. Er fragte nach Ihnen, Herr Baron. Und ob heute irgend etwas im Werk wäre.
BARON. Natürlich ist etwas im Werk, wie gesagt. Ich muß gleich zu ihm hinübergehen. *Der Baron geht ab.*
FRAU KURNICK. Was sie nur mit Herrn Weißflock vorhaben?
CHRISTA. Herbert sagt, es sei nicht ganz richtig mit dem Baron. Er hat allerlei Wunderliches aus ihm herausgebracht.
FRAU KURNICK. Wenn ich nur wüßte, wie ich ihn loswerde. Mir gefällt er schon lange nicht.
CHRISTA. In seinem Zimmer liegen sechs oder acht Pakete Stearinkerzen.
FRAU KURNICK. Sie werden nach Tisch wahrscheinlich wieder so eine mystische Gokelei anfangen. Meinetwegen, mag er tun, was er nicht lassen kann. Die ganze Welt ist ja schließlich verrückt geworden.
CHRISTA. Herbert meint, man sollte den Tierarzt Knoll doch mal unauffällig von einem Irrenarzt untersuchen lassen.
FRAU KURNICK. Dr. Ruckstuhl sagt es ja täglich, er gehöre nach Dalldorf hinaus.
CHRISTA. Er behauptet, sagt Herbert, auf die Anrede »Durchlaucht« ein Recht zu haben. Er will ein Prinz Aran, der Dritte, sein.
FRAU KURNICK. Nun, er zahlt jedenfalls seine Rechnungen. *Ein Gong wird geschlagen.* Ach, meine liebe Christa, ich habe eigentlich ein nur höchst mäßiges Vergnügen an dem

Pensionsbetrieb. Deines seligen Vaters Pastorei war mir lieber.

CHRISTA. Sprich doch mal mit Weißflock, Mama.

FRAU KURNICK. Weißflock kann auch nicht immer, wie er will. Er hat ja alles mögliche, was er nur irgend konnte, für uns getan. Ich habe gar nicht gewußt, daß es solche Freunde geben kann. Wenn ihn der liebe Gott nicht geschickt hätte ...

CHRISTA. Und für Herbert können wir dem lieben Gott auch dankbar sein.

FRAU KURNICK. Gewiß ist Herbert ein braver Junge. Aber ohne Weißflock ginge es eben trotzdem nicht.

CHRISTA. Wie bist du eigentlich mit ihm in Beziehungen geraten, Mama?

FRAU KURNICK. Das habe ich dir noch nicht erzählt, Christa? Sein Vater hatte den Kramladen in dem Dorfe, wo dein Großvater Gutsbesitzer war. Schon auf der Dorfschule ist mir der kleine Junge nachgelaufen. Ich habe ihn schon damals ganz gern gemocht. Als dann dein Vater kam, war er wohl, glaub' ich, ein bißchen traurig. Dann, als ich wieder Witwe geworden war und es mir gerade ganz elend ging, ist er ganz plötzlich, ganz unerwartet aufgetaucht. *Weißflock tritt ein.*

WEISSFLOCK. Das Gong ertönt, das Gong ertönt, das Gong ertönt! Da wären wir wieder einmal, Mama heilige Elisabeth. Um euch noch einmal, bevor die vulgäre Masse kommt, schnell die Hand zu küssen. *Er tut es.* Beste Grüße von Savade! *Er händigt Frau Kurnick einen Konfektkarton ein.* Beste Grüße von Savade. *Christa desgleichen.* Habt ihr auch mit Rücksicht auf meine niederländischen Fleischtöpfe, von denen ich herkomme, den Pensionsfraß ein bißchen aufgebessert? Sonst schickt doch Auguste um die Ecke zu dem Delikatessen-Fritzen und laßt Ölsardinen und kalte Sachen herbeischaffen. Und außerdem müssen wir etwas Wein haben.

FRAU KURNICK. Wir geben es, wie wir es haben, Onkel Weißflock. Wenn du mehr willst, mußt du selbst sorgen. Man bekommt ja schließlich jetzt wieder alles. Aber fragt mich nur nicht, in welchen Preislagen. Zehn Flaschen Wein und einige Flaschen Kognak sind noch von deiner letzten Sendung da. Jedenfalls hab Dank und sei willkommen.

WEISSFLOCK, *zu Christa.* Was macht dein kleiner Herbert, mein Freund? — Werdet ihr also wirklich heiraten?
CHRISTA. Einstweilen geht es noch nicht, Onkel Weißflock.
WEISSFLOCK. Er verdient doch mit seiner Feder, denk' ich.
CHRISTA. Des Verdienens wegen zögern wir schließlich auch nicht. Er steht nur immer noch auf dem Standpunkt, er könne als kranker Mensch nicht heiraten. Die Kriegsfolgen müßten erst überwunden sein.
WEISSFLOCK. Man muß diesen Standpunkt achten, Christinchen. Was kann daraus werden, wenn er dir kurz nach den Flitterwochen zusammenbricht! Dann ist deine Ehe ein Lazarett, und du bist eine unbezahlte Krankenpflegerin. Der Junge ist höchst vernünftig, Christa.

SIEBENTE SZENE

Die Pensionäre kommen, begrüßen einander mehr oder weniger steif und nehmen an der Speisetafel Platz. Unter ihnen ist Dr. Knoll, Dr. Ruckstuhl, Emmi Ladegast, Eveline May, Filmschauspielerin, Fritz Kutsche, Maler und Photograph, eine alte Klavierlehrerin, etc. etc. Einige Stühle bleiben leer. Elise und Auguste servieren etwas kalten Aufschnitt, diesem und jenem eine Flasche Bier. Gespräche entwickeln sich, werden lebhafter, man hört die Worte: Freud, Freudsche Theorien; Einstein, Relativitätstheorie; Steinach, Sexualdrüsen-Unterbindung; Rudolf Steiner, Yoga, Mystizismus, Reinkarnierung Jesu Christi, Spiritismus, Materialisation von Geistern, Klopfgeister, Gesundbeten, suggestive Fernwirkung, Hypnotismus, Hellsehen, Mr. Slade, Frau Blavatzky, Freimaurerloge, Meister vom Stuhl. Stirner: Der Einzige und sein Eigentum. Schopenhauer. Der heilige Franz von Assisi. Die Lauden des Jacopone da Todi. Verlaine. Baudelaire: Fleurs du mal. Kokain, Absinth, American Bar, Apokalypse, Weltuntergang, Vertrag von Versailles, Wiedergutmachungs-Kommission, Militär-Kontrolle.
Der Baron kommt verspätet.

BARON, *sich neben Weißflock niederlassend.* Da sind Sie, ich habe Sie gesucht. Sobald wir mit Speisen fertig sind, ist eine feierliche Sitzung anberaumt.
CHRISTA, *zur Mutter.* Ich will Herbert ein bißchen Aufschnitt aufs Zimmer tragen.

FRAU KURNICK, *zu Dr. Ruckstuhl.* Sie sollten sich Herberts ein bißchen annehmen. Seine Nervosität scheint mir eher im Zunehmen als im Abnehmen.

DR. RUCKSTUHL. Der junge Mann überarbeitet sich. Er gehört in ein Sanatorium, und dafür hätte der Staat, für den er sich ruiniert hat, zu sorgen. Es ruiniert ein gesundes Nervensystem, wenn man bei schwarzem Kaffee und Zigaretten bis zum Morgengrauen am Schreibtisch sitzt.

FRÄULEIN ZIEM, *die Klavierlehrerin.* Was für seltsame Störungen bei diesen gewesenen Frontsoldaten an der Tagesordnung sind. Mein Bruder ist, ebenso wie der junge Herr Engelmann, zweimal verschüttet gewesen. Er wird jedesmal totenbleich, und der kalte Schweiß tritt ihm auf die Stirn, wenn ein Lastauto vorüberrollt und das Haus auf die übliche Weise zittert.

FRAU KURNICK. Es klingt fast komisch: aber jedesmal, wenn er einen Briefträger sieht, tritt bei Herrn Herbert dasselbe ein.

CHRISTA. Das hat sich in letzter Zeit gegeben.

WEISSFLOCK. Was ist, wenn er einen Briefträger sieht, mit dem jungen Herrn Engelmann?

EMMI LADEGAST. Er wird grün im Gesicht, ich habe es selbst mit Augen gesehen. Er wird grün, und der kalte Schweiß bricht ihm aus.

WEISSFLOCK. Wie soll man sich aber das erklären?

DR. RUCKSTUHL. Ein Problem für Freud. Das liefe auf eine Freudsche Untersuchung hinaus.

Herbert Engelmann tritt ein.

CHRISTA. Da ist ja Herbert. Ich wollte dir eben das Essen hinüberbringen. Wie geht's dir?

HERBERT. Gut. Wie immer sehr gut.

FRAU KURNICK. Ist der Anfall vorübergegangen?

HERBERT. Der Anfall? Sie meinen das Schütteln, Frau Kurnick. Ach, das habe ich mir ja nur aus praktischen Gründen so angewöhnt. Wenn ich etwa mal an der Passage oder Budapester Straße das bekannte ambulante Streichhölzergeschäft aufmache.

WEISSFLOCK. Ich bin Pazifist bis auf die Knochen.

HERBERT. Das sagen Sie nur beileibe nicht laut, Onkel Weißflock. Heut ist das Evangelium Jesu Christi so ins Hintertreffen gekommen, daß selbst ein protestantischer Pastor für dieses Bekenntnis Sie totschlagen würde.

STUDENT RÜBSAMEN. Ich bin Pastorssohn, aber ich sage ganz offen, das Christentum hat eine Schwächung unsrer nationalen Kräfte zuwege gebracht. Der Hammer Thors und Wotans Speere sind mir lieber als das Kreuz.
HERBERT. Natürlich, es wird gar nicht lange dauern, da ist die Bayreuther Reformation mit Wotan und Thor in den evangelischen Kirchen durchgeführt. Ihr Herr Vater könnte sich ja das Verdienst erwerben, als erster einen Heidengötzen in seiner Kirche wiederaufzustellen, um bei dem Popanz Priesterfunktionen auszuüben. Wie wäre es mit Swantewit?
STUDENT RÜBSAMEN. Ein Mann wie Sie, der das Eiserne Kreuz besitzt... Ich habe mich oft gewundert und wundere mich immer wieder, welch einem schlappen und schwachen Pazifismus Sie trotzdem das Wort reden.
HERBERT. Ja, wenn ich, wie Sie, kein Pulver gerochen hätte und bei Muttern geblieben wäre, würde ich heut wahrscheinlich ebenso kriegerisch sein. Darf ich Sie übrigens, wenn Sie so kriegerisch sind, für den nächsten Krieg als Flammenwerfer vormerken? Da könnten Sie Ihre Mitmenschen braten nach Herzenslust und, nicht zu vergessen, zugunsten des Vaterlandes, sich selbst. *Er hat Platz genommen und ißt.*
STUDENT RÜBSAMEN. Ich gebe zu, daß ich nicht im Kriege gewesen bin und daß Sie den Krieg besser als ich kennen. Aber der nächste Krieg gegen den Erbfeind wird mich ganz gewiß auf dem Posten sehen. Ich bin bereit, mein Leben zu opfern.
HERBERT. Wenn nur das die Hauptsache wäre, aber die Hauptsache ist das nicht. Etwas ganz anderes ist die Hauptsache. Die Blinden, die Verstümmelten, die körperlich und seelisch Ruinierten sind die Hauptsache, die zum Weiterleben verurteilt sind. Darf ich Ihnen zwei vollständig gleiche Fälle servieren, von denen der eine meinen liebsten Kameraden betrifft? Durch einen Kopfschuß wurde er Epileptiker. In einem Zustand epileptischer Bewußtlosigkeit hat er seine Geliebte und Mutter ermordet. Heut ist er auf Lebenszeit im Irrenhaus interniert. Ein lieber Junge, der keinerlei böse Neigungen zeigt, aber den man hinter eisernen Gittern festhalten muß, weil man nicht dafür bürgen kann, daß seine Anfälle sich nicht wiederholen. Der andere Fall betrifft einen Familienvater, der mit einer

Kopfverletzung zu den Seinen zurückkehrte, ein Gasthaus kaufte, mit seiner Frau, zwei Töchtern und einem Knaben darin wirtschaftete, Ziegen hielt, seltsam redete, menschenfeindliche Neigung zeigte und endlich in einem Wahnsinnsanfall seine Frau, die eine seiner Töchter und seinen neunjährigen Sohn mit der Axt erschlug. Ich habe an einem grauenden Novembermorgen, als ich von Rußland zurückgekommen und in Swinemünde gelandet war, auf meiner Fußwanderung nach Berlin das Haus, das er angezündet hatte, brennen, ihn selbst sterbend neben seinen Opfern auf dem bereiften Rasen liegen sehen, denn er war selbst aus dem obersten Stock des brennenden Hauses gesprungen. Haben Sie sich überhaupt einmal erschlagene Menschen angesehen? Das tun Sie doch mal gelegentlich.

DR. RUCKSTUHL, *zu Fräulein Ziem*. In diesen Dingen kann ich Ihnen nicht folgen, Fräulein Ziem.

FRÄULEIN ZIEM. Es ist sehr bitter, daß Sie das sagen und daß ich das wirklich annehmen muß. Ich könnte Autoritäten nennen. Der verflossene Reichskanzler Michaelis ist doch wohl eine. Die Offenbarung St. Johannis weist ganz unzweideutig auf das Jahr 1925 hin, an welchem die Schrift sich erfüllen soll. Verlassen Sie sich darauf, es wird geschehen. In diesem Jahre geht die Welt unter.

DR. RUCKSTUHL. Ich will nicht nein und nicht ja sagen. Aber die Sache interessiert mich nicht. Mich kann jeden Augenblick der Schlag rühren, und das würde für mich ebendasselbe sein.

FRÄULEIN ZIEM. Da nehmen Sie doch die Sache zu leicht.

DR. RUCKSTUHL. Das Jüngste Gericht, die Hölle und dergleichen haben für mich keine Schrecken. Ich bin Rationalist, wenn Sie wollen auch Atheist. Der Mensch ist eine ephemere Erscheinung. Wollen Sie meine Ansicht hören? Die Erde hat viele Millionen Jahre bestanden, bevor der Mensch auf ihr erschien. Er ist auf ihr eine sehr junge Erscheinung. Sie wird Millionen von Jahren bestehen, ohne daß irgend etwas darauf an den Menschen noch eine entfernte Erinnerung hat.

MAJOR RIEDEL. Die Welt kann jeden Augenblick untergehen. Man kann ihr nicht auf fünf Schritte trauen. Aber denken Sie doch, mit welchem Todesmut Millionen von jungen und alten Männern im jüngstverflossenen Kriege dem Tode entgegengegangen sind. Was soll denn die Angstmeierei nützen? Lasset uns essen und trinken und lustig sein, denn morgen sind wir tot. Sich von Apokalypsen bange machen lassen ist eine Lächerlichkeit. Seit sie geschrieben sind, müßte die Welt schon hunderttausendmal untergegangen sein. Das weiße Pferd und das siebenarmige Tier oder — wollte ich sagen — der siebenarmige Leuchter, die babylonische Hure und die vielen gewaltigen Engel und so fort, das ist etwas, um Kindern Angst einzujagen. Ich halte es mit Nansen, mit Shackleton und den andern großen Forschern, die sich den Teufel um solchen Kram kümmern.

EMMI LADEGAST. Ich muß fort, ich muß fort, sonst komm' ich zu spät zu meiner Szene. *Sie springt auf und läuft davon.*

FRITZ KUTSCHE. Es ist übrigens höchste Zeit, wer zu dem Henny-Porten-Film ins Kino geht.

MEHRERE STIMMEN. Wieso höchste Zeit?

FRITZ KUTSCHE. Sonst müssen wir bis nach neun warten.

Außer Weißflock, Tierarzt Knoll, Baron Mühling de Ribera, Major Riedel, Herbert Engelmann, Frau und Tochter Kurnick hasten alle davon.

ACHTE SZENE

BARON, *zu Weißflock.* Das fügt sich ja überaus günstig heute. Wir müssen nur noch den Riedel loswerden.

RIEDEL. Sie sehen mich ja so an, Herr Baron.

BARON. Ich freue mich immer über Ihre kraftvolle Männlichkeit.

RIEDEL. Für solche Einschätzungen von Ihrer Seite interessiere ich mich nicht.

BARON. Was soll das heißen: »von Ihrer Seite«?

RIEDEL. Ach Gott, das können Sie sich ja leicht an den fünf Fingern abklavieren, wenn Sie an den Ball denken, auf dem ich Sie neulich nachts als spanische Tänzerin getroffen habe.

BARON. Ich als spanische Tänzerin?!

RIEDEL. Sie waren so in Anspruch genommen, Sie werden mich nur nicht gesehen haben. Ich war mit einigen Kollegen vom Dienste da.

BARON. Von welchem Dienst, Herr Major, und wo?

RIEDEL. Ach, lassen wir das, mein lieber Herr Baron von Mühling de Ribera.

BARON. Es ist mir übrigens ganz gleichgültig, wo und wie Sie mich gesehen haben, es ist nämlich meine Sache, in welcher Maske ich einen Maskenball mitmachen will. Aber wenn Sie die Absicht haben, mich zu beleidigen, so kommt es mir auf einen Kugelwechsel bis zur Abfuhr des einen oder anderen nicht an.

RIEDEL. Regen Sie sich nicht auf, Herr Baron. Ich bin ja im Grunde ziemlich weitherzig, nur etwas reizbar. Sie sahen mich, wie gesagt, etwas eigentümlich an, als ob ich Ihnen im Wege wäre. Warum wollen Sie mich denn schließlich an Ihrem Hokuspokus nicht einmal teilnehmen lassen? Stoßen Sie sich an das »Hokuspokus« nicht. Ich bedaure sehr, nicht in der Zeit der Blüte des Malteserordens geboren zu sein, ich hätte mich ganz gewiß aufnehmen lassen. Ich interessiere mich auch jetzt ungeheuer für ihn. Es ist ihm seinerzeit der Prozeß gemacht worden wegen der geheimnisvollen Zeremonie mit dem Kopfe, dem Baphomet. Das soll der Kopf Jesu Christi gewesen sein. Man hatte ihn bei den geheimen Sitzungen auf den Tisch gestellt, und man soll ihn gelästert haben.

BARON. Eine solche Insinuation weisen wir weit von uns zurück. Warum soll ich es Ihnen nicht sagen: auch wir stellen bei unseren Sitzungen einen Kopf, aber einen verhüllten, auf den Tisch, und es geschieht durchaus nichts mit ihm, was man auf Lästerung deuten könnte.

RIEDEL. Nun also: lassen Sie mich doch einmal teilnehmen.

BARON. Wie wollen Sie denn an einer Sitzung teilnehmen, da Sie weder zum Beitritt entschlossen sind noch die lange und schwere Probezeit durchgemacht haben?

RIEDEL. Sind Sie derselben Meinung, Herr Dr. Knoll?

DR. KNOLL. Ich bin im Grunde derselben Meinung. Allein, vermöge meiner Machtbefugnis könnte ich jederzeit eine Ausnahme machen.

RIEDEL. Durchlaucht, ich bitte dringend darum.

BARON. Ich möchte mir, ehe Sie einen Entschluß fassen, untertänigst noch diesen Einwand erlauben, Prinz.

DR. KNOLL. Reden Sie freimütig, bester Baron.

BARON. Sie wissen, daß heute ein Abend ist, an dem wir eine hochwichtige Investitur vornehmen wollen.

WEISSFLOCK. Ich halte mich ganz still, meine Herren. Ich sage nicht, was in mir für oder gegen die Sache spricht. Wenn ich auch heute nicht zum Malteserritter geschlagen werde, so stört es mich nicht. Ich bin ja beinahe fünfzig geworden ohne Ritterschlag. Machen wir eine ganz gewöhnliche Sitzung gleichsam vorbereitender Art, in der niemand das Lokal zu verlassen nötig hat. Ich muß nämlich morgen früh wieder fort und würde gerne den Abend mit Frau Kurnick, Tochter und künftigem Schwiegersohn ausgenießen. Aber machen Sie deshalb die Sitzung, es ist ja nicht weit von Weihnachten, recht feierlich.

RIEDEL. Und wie denken Durchlaucht, der Prinz, über meine Gegenwart?

DR. KNOLL. Herr Major, Sie sind zugelassen.

BARON. Dann bitte ich alle, sich zu erheben und in aller Form einen Eid abzulegen, von dem, was hier vorgehen wird, außerhalb dieses Kreises nicht das geringste verlauten zu lassen.

ALLE, *außer Frau Kurnick und Tochter, mit erhobenen Schwurfingern*. Wir schwören!

FRAU KURNICK. Ich schwöre nicht, aber ich will auch der Sitzung nicht beiwohnen. Was soll ich mich damit quälen, etwas, das ich gar nicht wissen will, geheimzuhalten.

DR. KNOLL. Stehen Sie nicht Ihrem Glück im Wege! Verpassen Sie nicht die Gelegenheit! — Wir ziehen uns jetzt ein wenig zurück. Lassen Sie sich inzwischen durch Ihren künftigen Schwiegersohn über den Ernst der Sache ein wenig aufklären. Es ist in dem furchtbaren Chaos der Zeit der einzige Rettungsweg.

Tierarzt und Baron ab.

NEUNTE SZENE

RIEDEL. Diese beiden Hechte machen mir einen diebischen Spaß!

FRAU KURNICK. Ach, es ist Ihnen also nicht ernst mit der Sache.

RIEDEL. Mit solchem Humbug? — Frau Pastor, für was halten Sie mich?

FRAU KURNICK. Ich weiß nicht, für was ich Sie halten soll. Ich weiß das eigentlich von niemand in dieser aus den Fugen geratenen Zeit, wenn ich meine Tochter, Herrn Weißflock und Herrn Herbert Engelmann ausnehme. Aber warum bringen Sie denn dem Baron und dem Tierarzt die Meinung bei, daß Sie im Ernst an der Sache teilnehmen? Sie haben sogar einen Schwur geleistet.

RIEDEL. Ich habe den Schwur geleistet, nichts von dem Blödsinn verlauten zu lassen, der sich hier abspielen wird. Es wird mir leicht sein, den Schwur zu halten. Übrigens fasse ich auch den Schwur als Farce auf.

HERBERT. Ich bin nicht ganz Ihrer Meinung, Herr Major. Es gibt so vielerlei dunkle Strömungen in der heutigen Zeit. Baron Mühling de Ribera war sicherlich in Paris, und zwar während des Krieges. Sein Französisch ist glänzend, die Einzelheiten seiner Erzählungen von seinen Erlebnissen in der Seine-Stadt sind überzeugend, können unmöglich erfunden sein. Er spricht Spanisch. Er hat mir die Bilder seiner spanischen Frau und seiner Kinder gezeigt. Er kennt persönlich die Delegierten des Völkerbundes und gibt Schilderungen von ihnen, die eine so große Unmittelbarkeit an sich tragen, daß sie unmöglich erfunden sein können, und so fort und so fort. Er kann kein Betrüger, er könnte höchstens wahnsinnig sein.

RIEDEL. Warum denn nicht? Er ist vielleicht wahnsinnig. Ist etwa der Tierarzt nicht wahnsinnig?

HERBERT. Ich glaube es manchmal, manchmal nicht. Ich bin überzeugt, daß der Malteserorden heimlich fortbesteht, daß der Ordensmeister ein Grande von Spanien ist, daß er ungeheuren Einfluß besitzt, ja sogar die Macht hat, Verbrecher der Strafe des Gesetzes zu entziehen, wenn sie heimlich Malteserritter sind. Der Orden soll reich sein, und es ist gar nicht unmöglich, daß er sich in dem allgemeinen Chaos, ähnlich wie die Arche Noah, bewähren wird.

RIEDEL. Verbrecher dem Arm des Gesetzes entziehen? Selbst in unseren zerrütteten Verhältnissen gibt es das nicht.

HERBERT. Die doch so viele »Verbrecher wider Willen« geschaffen hat.

WEISSFLOCK. Ich glaube, es ist etwas Wahres daran. Ich habe schließlich meine Beweise. Baron Mühling de Ribera hat mich mit einer Reihe seiner Standesgenossen bekannt gemacht und mir einige Leute vorgestellt, an deren Bedeutung und gesellschaftlicher Stellung nicht zu zweifeln ist. Was kann da sein? — Ich lasse mich in den Orden aufnehmen.

RIEDEL. Tun Sie das, wenn es Ihnen kein Geld kostet, und geben Sie acht, daß Ihnen nicht überraschenderweise eines

Tages zu Ihrem allergrößten Staunen der Staatsanwalt auf die Bude steigt.

Der Baron und der Tierarzt, beide im Frack, mit Orden bedeckt, jeder eine brennende Kerze in der Hand, treten ein. Hinter ihnen drei vermummte Gestalten, nach Art der in Italien bei Begräbnissen üblichen, jede ebenfalls eine Kerze in der Hand. Alle erheben sich, ein Choral, auf dem Grammophon gespielt, begleitet die Szene.

ZEHNTE SZENE

Als die Vermummten um den Tisch geschritten sind und sich eben arrangieren wollen, geht die Entreeklingel.

FRAU KURNICK. Einen Augenblick, wer kommt denn so spät?
BARON. Schließen wir bitte die Zimmertür.
Auguste kommt herein.
AUGUSTE. Der Herr mit seinem Gepäck ist da, der vor einer Stunde gemietet hat.
BARON. Wir müssen jetzt unbedingt allein bleiben.
AUGUSTE. Der Herr hat gebeten, Sie noch einmal sprechen zu dürfen, Frau Kurnick.
BARON. Wir müssen die Zeremonie verschieben, wenn Sie ihn hereinlassen.
Kohlrausch erscheint in der Tür.
KOHLRAUSCH. Ich möchte nicht stören, meine Herrschaften.
HERBERT. Es gibt doch um Gottes willen noch andere Zimmer, um einen Fremden zu empfangen, Mama Kurnick.
KOHLRAUSCH. Ja, wo es auch sei, verehrte Frau Kurnick. Sie werden mir gern behilflich sein, den jungen Herrn nicht aufs neue zu reizen.
FRAU KURNICK. Aber bitte, wenn etwas zu Diensten steht...
KOHLRAUSCH. Ich möchte nur wissen, wo der Gepäckträger meine Sachen absetzen kann.
BARON. Es gibt nur ein einziges Wort, und zwar das Wort »unverschämt«, für solche Zudringlichkeit!
HERBERT. Sie haben recht, ich muß mich anschließen.
BARON. Der Mensch ist geradezu unverschämt.
KOHLRAUSCH. Das Mädchen hat mich hereingeführt, ich muß Ihre kühnen Behauptungen ablehnen.
HERBERT. Wer sind Sie? Was wollen Sie überhaupt?

Der Baron, der Tierarzt und der Mummenschanz entfernen sich mit dem Worte »unverschämt«.
Erkennungsszene zwischen Kohlrausch und Riedel, aber nur mimisch.

CHRISTA, *zu Herbert.* Dieser Kerl ist geradezu unheimlich. Ich bitte dich, Herbert, reize ihn nicht!
Herbert geht ostentativ hinaus. Sie folgt.
WEISSFLOCK. Ja, Mama Kurnick, ich denke, ich trete noch einen kleinen Bummel an, trinke irgendwo ein Glas Wein oder so und würde mich freuen, Sie mitzunehmen.
FRAU KURNICK, *zu Kohlrausch.* Was kann ich nun weiter für Sie tun? Einziehen, wie Sie wissen, können Sie leider heute noch nicht.
KOHLRAUSCH. Könnten Sie wohl dem Gepäckträger ein Fläschchen Bier geben?
FRAU KURNICK. Das kann ich. Gewiß, warum sollte ich das nicht?
Weißflock ist hinausgegangen, sie folgt. Kohlrausch und Major Riedel sind allein.
KOHLRAUSCH, *leise.* Wie kommen Sie denn hierher, lieber Riedel?
RIEDEL. Und Sie, lieber Kohlrausch, das frage ich Sie.
KOHLRAUSCH. Es gibt hier jemand, der möglicherweise nicht allzu weit von der Schneide des Henkerbeils ist.
RIEDEL. Mann oder Weib?
KOHLRAUSCH. Mann natürlich.
RIEDEL. Jung oder alt?
KOHLRAUSCH. Na, sagen wir jung.
RIEDEL. Es war mir auch irgendwie so. Da bin ich neugierig.

ZWEITER AKT

Das gleiche sogenannte Berliner Zimmer wie im ersten Akt. Nachmittag gegen vier Uhr. Die Speisetafel ist mit einer gewöhnlichen Tischdecke bedeckt. Es brennt Licht. Links Tür, rechts Tür. Man sieht das Zimmer der Länge nach von der Seite, die dem einzigen Fenster gegenüberliegt. Rechts in der Hinterwand dritte Tür zum vorderen Entree führend.

ERSTE SZENE

Am Tisch sitzt Christa mit einer Stickerei. Der Baron kommt von links, winterlich angezogen, im Begriff auszugehen.

BARON. Ah, schönste Christine, so allein?
CHRISTA. Ein Zustand, der mir so ziemlich der liebste ist.
BARON. Aber es ist nicht gut, daß der Mensch allein sei, sagt schon unser Herr Zebaoth. Immerhin ist es ein fast romantischer Anblick. Nur das Spinnrad fehlt.

Freudvoll und leidvoll, gedankenvoll sein,
Hangen und Bangen in schwebender Pein...
CHRISTA, *betroffen*. Wieso, Herr Baron?
BARON. Ich habe noch fünf Minuten Zeit. Der Staatssekretär hat mich erst für fünf Uhr zu sich gebeten. Darf ich die wenigen Augenblicke bei Ihnen verbringen?
CHRISTA. Das Zimmer steht unseren Pensionären zur Verfügung, Herr Baron.
BARON. Meine Erziehung würde mir verbieten, Ihnen gegenüber von meinem Rechte als Pensionär Gebrauch zu machen, falls ich im allergeringsten störe.
CHRISTA. Warum sollten Sie stören, Herr Baron?
BARON *legt Hut, Stock, Handschuh auf den Tisch und nimmt Platz*. Sind Sie immer noch so mißtrauisch gegen mich, schöne Christa? Vergeben Sie mir, wenn ich der Gelegenheit nicht widerstehen kann, die so überaus selten ist, wo wir einmal ohne Zeugen ein Wort sprechen können. Es gibt zwischen uns leider seit einiger Zeit eine Unstimmigkeit. Ich will nicht in Abrede stellen, daß ich einigermaßen daran die Schuld trage. Nun ja, — *er faßt ihre Hand* — Sie haben mir eines Tages kleine, liebe Beweise Ihrer Geneigtheit unauffällig zugeteilt, Sie haben mir sogar eine

kleine Kühnheit hie und da ungestraft hingehen lassen, so daß ich in meinem Glücksrausch vielleicht etwas zu übermütig geworden bin. Und so habe ich denn vielleicht einen unerlaubten Schritt getan, der aber schließlich als eine Verfehlung aus Leidenschaft zu betrachten ist.

CHRISTA. Sie haben etwas getan, was man möglicherweise bei einem lüderlichen Dienstmädchen riskieren kann, womit Sie mich also in diese Kategorie degradiert haben.

BARON. Es war vielleicht ein unverzeihlicher Akt blinder Leidenschaft. Aber gerade diese unverzeihlichen Akte sind im Moralkodex der Liebe die verzeihlichen. Ich kann Sie versichern, daß gerade dergleichen in meinen Kreisen am leichtesten verziehen wird. Der schöne Romeo steigt ja doch immer wieder, und zwar ganz öffentlich, zur höchsten Freude aller Zuschauer über den Balkon in Juliens keusche Mädchenkammer ein. Ich glaube nicht, daß sie ihm vorher ausdrücklich dazu Erlaubnis gegeben.

CHRISTA. Sie haben meine Mädchenehre, meinen Ruf in Gefahr gebracht.

BARON. Zur Leidenschaft kam die Eifersucht. Trotzdem, Sie mir das Gegenteil immer wieder versichern, geben Sie sich auf eine ziemlich auffällige Art und Weise mit dem jungen Herbert ab. Es geht so weit, daß die Pensionäre bereits in ihm Ihren künftigen Ehegatten sehen. Es ist ein vielleicht nicht uninteressanter junger Mann. Aber, um Himmels willen – eine Ruine! Bedenken Sie doch, was dieser Jüngling im besten Fall, ich dagegen auf jeden Fall Ihnen bieten könnte. Der Adel, sagt man, ist abgeschafft. Das ist eine Lüge sondergleichen. In Frankreich, in England, in Italien und demnach im größten Teil der zivilisierten Welt jedenfalls nicht. Demnach kann ich Sie zur Baronin machen.

CHRISTA *lacht*. Sprenkel für die Drosseln, mein lieber Baron.

BARON. Christa, ich bin vollständig ohne Vorurteil. Und überdies eine Frau wie Sie, eine Erscheinung wie Sie, ein liebenswürdiger Geist wie Sie darf sich überall sehen lassen. Ich wünsche mit Ihnen Furore zu machen. Sie sind nicht die erste und nicht die letzte Frau, die sich meine Kreise im Sturme erobert hat und erobern wird. Mit Bezug auf die Frauen ist man bei uns in gewissen Fällen weitherzig.

CHRISTA. Man wird einfach sagen: Sie war eine Tippdame.

BARON. Dann werde ich sagen: Das ist nicht wahr.

CHRISTA. Dann werden Sie lügen, Herr Baron.

BARON. Wann haben Sie denn getippt, möchte ich wissen?
CHRISTA. Während der letzten Jahre des Krieges im Büro eines Rechtsanwaltes. Und augenblicklich, wie Sie ja wissen, tipp' ich den neuen Roman von Herrn Engelmann.
BARON. Binnen wenigen Jahren wird Weib und Mann, hoch und niedrig durch die Bank tippen. Was geht mich schließlich Ihr Tippen an? Mögen sie hecheln, soviel sie wollen, meine lieben Standesgenossen. Mir ins Gesicht wird keiner es tun. In meinen Kreisen wird sowieso alles durchgehechelt. *Er rückt Christa näher.* Geliebte Christa, zweifeln Sie nicht an der Redlichkeit meiner Absichten. Ich nähere mich dem vierzigsten Jahr. Ich bin durch manches hindurchgegangen. Ich war zweimal verheiratet. Aber ich habe in Ihnen zum ersten Male ein weibliches Wesen kennengelernt...
CHRISTA. Das hätten Sie lieber nicht sagen sollen, Herr Baron. Diese Redensart ist zu abgegriffen.
BARON. Nun, trotzdem entspricht sie den Tatsachen. Wir würden zunächst nach Nizza gehen. Ich bin mit dem künftigen Fürsten von Monaco in Genf bekannt geworden, wir haben uns heftig angebiedert, wie man sagt, und uns für das Frühjahr in Nizza verabredet. Er möchte mich gern zum Generalbevollmächtigten seiner Güter und Liegenschaften machen. Warum denn nicht? Dieser Posten ist glänzend bezahlt, und ich habe so viel an Vermögen verloren, daß wir mit dem, was übriggeblieben ist, nur eben standesgemäß auskommen würden.

ZWEITE SZENE

Herbert Engelmann tritt ein.

HERBERT. Um Verzeihung, wenn ich gestört habe.
BARON. Sie stören niemals, Herr Engelmann. Ich habe nur eben mit Fräulein Christa ein überaus ernstes Wort gesprochen, von dem ich hoffe, daß sie es ernstlich in Erwägung ziehen und nicht in den Wind schlagen wird. — Nun aber wartet mein Staatssekretär. *Er nimmt Handschuh, Stock und Hut und geht nach Verbeugung rechts ab.*
HERBERT. Der Baron hat ja etwas so Triumphierendes.
CHRISTA. Das ist seine Art. Gott weiß, über was alles er täglich und stündlich triumphiert.

HERBERT. Weiß der Teufel, man hat den Eindruck, als ob er die ganze Welt, ja das ganze Universum in Gang halten müßte. Ist das nun Albernheit oder Gerissenheit? Man weiß nicht, ob man ihn für einen Schwachkopf, einen Hochstapler oder einen ehrlichen Weltverbesserer halten soll.

CHRISTA. Seine Aussagen stimmen doch einigermaßen. Onkel Weißflock hat er doch mit amerikanischen Großfinanziers und mit den ersten Leuten aus der Regierung zusammengebracht. Onkel Weißflock ist sehr befriedigt.

HERBERT *legt ihr sanft die Hand auf den Scheitel.* Liebe, liebe Christa, was ist heute wieder für ein Tag!

CHRISTA. Wie meinst du das, Herbert?

HERBERT. Liebe, liebe Christa, was ist heute wieder für ein schaudervoll finstrer, naßkalter, öder, hoffnungsloser Tag!

CHRISTA. Ist dir nicht gut? Hast du wieder Kopfschmerzen?

HERBERT. Nein, das nicht. Aber ich befinde mich in einem Zustand, wo ich im Wachen gleichsam schlafe, gegen alle Lebensreize abgestumpft, und wo ich dagegen im Schlafe zu wachen glaube. Kaum lege ich mich ein bißchen aufs Ohr, so habe ich Träume, wie ich sie meinem ärgsten Feinde nicht wünsche. Christa, wenn der Krieg bloß das zur Folge hätte, was ich in meinen Träumen durch ihn erleide. Ich habe nämlich vierzig oder fünfzig Sturmangriffe mit Handgranaten mitgemacht, und dieser Kursus in der Abdeckerei und Menschenschlächterei ist eine Lektion, deren Folgen ich nicht aus dem Blute kriege. — Übrigens, sage doch mal, was war denn das für ein ernstes Wort?

CHRISTA. Ernstes Wort? Was für ein ernstes Wort?

HERBERT. Das ist es ja eben, was ich dich frage. Das, was der Baron mit dir gesprochen hat.

CHRISTA *lacht.* Lieber Gott, du weißt ja, er will mich heiraten.

HERBERT. Er will dich heiraten? Glaubst du ihm das?

CHRISTA. Vielleicht. Weil er ganz genau weiß, daß ich ihn nicht heirate. Überhaupt weißt du ja, ich heirate nicht.

HERBERT. Das sind alles so Sachen, liebe Christa. Die Ehe ist ganz gewiß kein gelobtes Land. Und doch, wenn ich mich solche miserable Wintertage hindurch mit meinem bißchen Existenz fortschleppe und den Versuch mache, an ein gelobtes Land zu denken, so steht es immer mit der Ehe im Zusammenhang. Ich sage dir immer wieder: ich möchte mit dir allein eine kleine Farm bewirtschaften, ganz gleich wo, wenn es nur nicht in Europa ist.

CHRISTA. Das sagst du ja immer. Aber ich kann nicht verstehen, weshalb du dich lebendig begraben willst.

HERBERT. Verpuppen willst, sage lieber, Christa. Daß du das nicht verstehen kannst, ist sehr schade. Wenn du das nämlich verstehen könntest, Christa, würdest du dich ganz gewiß mit mir verpuppen und dann als Schmetterling mit schönen, großen, bunten Flügeln wieder aufwachen. Es würde dir dann ganz deutlich werden, daß du in eine selige Welt geraten und im Gegenteil hier, hier in Berlin, hier in diesem sogenannten Berliner Zimmer begraben gewesen bist.

CHRISTA. Du weißt ja, Herbert, daß ich dich gern habe, wenn mir auch alle die Sonderbarkeiten, die du in deinem Kopfe ausheckst, keine Gegenliebe abnötigen.

HERBERT. Ohne dich wäre ich längst nicht mehr hier, Christa. Keine Menschenseele würde wissen, wo ich wäre und ob ich überhaupt noch lebte. Wie habe ich mich nach der Zivilisation gesehnt! Seit ich aus Sibirien zurück bin, kommt es mir vor, als ob ich in einen Schlamm- und Dreckpfuhl versunken wäre. Dieses Land, diese Nation, diese Zivilisation, für die ich mein Leben unzählige Male in die Schanze geschlagen habe, in deren Dienst ich meinen gesunden Körper zerrüttet habe, hätte mich ohne Wimperzucken nach der Heimkunft zum Danke dafür krepieren lassen. — Ja, wenn ich reich wäre, Dollars besäße, englische Pfunde besäße, meinetwegen! Warum denn nicht?

CHRISTA. Es ist dir doch aber einmal geglückt, eine ganz erhebliche Summe zu verdienen. Du hattest in einer Hamburger Auktion Teppiche aufgekauft und sie wenige Stunden nachher mit Nutzen wieder losgeschlagen. Damals warst du ganz hingenommen. Du wolltest auf diesem Wege weitergehen. Dann hast du es leider nicht getan.

HERBERT. Ja, Christa, das glückt nicht jedesmal. Das zweite Mal konnte ich den Kauf noch grade rückgängig machen, sonst kam ich vielleicht vor den Staatsanwalt, und das wäre das Letzte, was ich nach all dem Kriegselend mir noch wünschen möchte. — Nun, ich will jedenfalls wieder an die Arbeit gehn.

CHRISTA. Wie weit bist du denn heut gekommen, Herbert?

HERBERT. Ich hoffe Kapitel dreizehn heut abzuschließen.

Oder wie denkst du: Wollen wir ins Varieté? und dann ins
»Rheingold« essen gehen?
CHRISTA. Hast du Geld?
HERBERT. Es reicht, noch ungefähr fünfzig Mark. Was mir
von meinem letzten Romanvorschuß übriggeblieben ist.

⟨Ach, ich möchte viel lieber wieder mit Malen anfangen.
CHRISTA. Aber in diese verdammte Bodenkammer, in dein
sogenanntes Atelier, das sage ich dir vorher, bringen mich
zum zweitenmal keine zehn Pferde hinauf.
HERBERT. Warum denn? das kann sehr gemütlich sein.
CHRISTA. Mir aber war es höchst ungemütlich. Dort, wo in den
Mietshäusern die Treppen aufhören und die Leitern anfangen, fallen mir nichts als Dachstuhlbrände und die bekannten Jagden über die Dächer ein.
HERBERT. Im Gegenteil, mir wird wohl, wenn ich da oben bin,
meine Leinwanden sehe und Terpentin und Ölfarbe rieche.⟩

DRITTE SZENE

*Major Riedel, fertig zum Ausgang, von links, im Begriff, das
Zimmer zu passieren.*

RIEDEL. Ein Schäferstündchen, schöne Christine?
CHRISTA. Sie erinnern mich an mein Elternhaus. Zeiten, die
vergangen sind.
RIEDEL. So hielt Hochwürden, Herr Pastor, Ihr Herr Vater,
auch Schafe?
CHRISTA. Jedes Frühjahr zähmte ich mir eins. Es lief mir
überallhin, bis in die Zimmer, bis ins Schlafzimmer nach.
RIEDEL. Bitte, wollen Sie mir nicht ein Glöckchen umhängen?
HERBERT *grinst*. Das ist gar nicht nötig, Herr Major.
RIEDEL. Ich weiß ja, Sie sollen ja überhaupt sehr witzig
sein. — Sie holen sich wohl von Zeit zu Zeit bei Fräulein
Christine neue Inspirationen?
HERBERT. Sie hätten hoffentlich nichts dagegen.
RIEDEL. Bewahre, fällt mir gar nicht ein. — Aber lassen Sie
Ihren Freund nur nicht allzuviel arbeiten. Sorgen Sie, daß
er das letzte bißchen Fleisch nicht verliert, das er noch auf
den Knochen hat.
HERBERT. Das fehlende haben mir meine Herren Vorgesetz-
ten im Krieg abgefressen, Herr Major.

RIEDEL. Hammelfleisch hätte ich vorgezogen.
HERBERT. Da sind Sie ein Sonderling, Herr Major. Der weitaus größte Konsum im Kriege war Menschenfleisch.
RIEDEL. Nun, lassen Sie's gut sein, Herr Engelmann. Ich will gerne zugeben, daß Sie ein beklagenswertes Opfer des Krieges sind.
HERBERT. Und doch habe ich nicht durch den Krieg meine Stellung verloren.
RIEDEL. Man braucht uns Majore schon wieder einmal. Eins ist gewiß: Sie würden, wenn der Kaiser nicht geflohen, der Krieg nicht verloren worden wäre, sich verdammt in acht genommen haben, einen Ton gegen mich anzuschlagen, wie Sie heut ohne weiteres tun.
HERBERT. Das könnte vielleicht doch fraglich sein. Vergessen Sie nicht, wir haben im Krieg nicht nur unser eigenes Leben verachten gelernt, sondern, wenn man uns aufbringt, auch das eines andern.
RIEDEL. Halten Sie mal: da sagen Sie etwas, was mich außerordentlich interessiert, guter Freund.
HERBERT. Verzeihung, ich bin nicht Ihr guter Freund, es gibt überhaupt keine guten Freunde.
RIEDEL. Sollte Ihnen Ihr eigenes Leben wirklich so gleichgültig wie das Leben eines anderen Menschen sein?
HERBERT. Allerdings, das möchte ich beinahe annehmen.
RIEDEL. Das wird sich vielleicht einmal deutlich herausstellen, bester Herr Engelmann.
HERBERT. Ich habe mein Eisernes Kreuz und meine sonstigen Ehrenzeichen nicht, wie die meisten Herrn Majore, hinter der Front verdient. Hätte ich mein eigenes Leben geschont, ich würde nicht, was mir lieber gewesen wäre, eine so beträchtliche Menge Menschen Auge in Auge erschlagen haben.
CHRISTA. Um Gottes und Christi willen, so schweig doch, Herbert!
HERBERT. Wieso? Der Krieg war doch durchaus öffentlich.
CHRISTA. Aber man spricht doch von solchen Sachen nicht!
HERBERT. Man sollte vielleicht viel mehr davon sprechen.
RIEDEL. Geschmacksache! Aber regen Sie sich nun nicht mehr weiter auf, guter Freund! Glauben Sie nicht, daß mir für das, was Sie sagen, jedes Verständnis abginge. Es ist sogar allgemeine Pflicht, gegen Menschen wie Sie nachsichtig zu sein. Was ist denn der Unterschied zwischen

Ihnen und mir? Ich habe mich mit der allmächtigen menschlichen Bestialität vollkommen abgefunden. Seien wir Bestien unter Bestien, wenn Bestie nicht ein euphemistischer Ausdruck ist. Ich heule darüber höchstens noch mal im Traum, trotzdem ich gar nicht nach Heulen aussehe. Was Sie betrifft, Sie wollen immer noch gegen das, was ewig war, ist und sein wird, angehen. »Nie wieder Krieg!« Ach, du lieber Gott! Sie könnten ebensogut »Nie wieder ein Kalbschnitzel« sagen. Ich wünsche weiter viel Amüsement, meine Herrschaften! *Er geht ab.*

Rapallo, Villa Carlevaro,
23. November 1928.

VIERTE SZENE

CHRISTA. Warum bist du eigentlich immer so gereizt gegen den Major?

HERBERT. Er zieht mich an, und er stößt mich ab. In sein Gesicht kommt mitunter ein Ausdruck von Treuherzigkeit, ja geradezu etwas menschlich Verstehendes, aber gerade aus diesem menschlich Verstehenden, aus der Tiefe dieses menschlich Verstehenden haucht mich mitunter ein unerklärliches Grauen an. *Er steht auf und geht hin und her.* Aber ich sage dir ja, man müßte fort, man müßte aufs Land, etwas Neues sehen, in den Süden womöglich, wo man Zeit gewinnen, in der Sonne liegen, die Seele ausheilen, alle diese quälenden Erinnerungen loswerden kann. Oh, oh, oh, wie furchtbar hat man an Heimweh gelitten hinter den Palisaden und Drahtzäunen der Barackenlager in der Gefangenschaft! Was hat man an Kälte, Hunger, Krankheit, Strapazen und Mühsalen aller Art zu erdulden gehabt und wirklich erduldet, in dem Gedanken, doch eines Tages den Fuß wieder auf deutsche Erde setzen zu können. Schließlich und endlich meine Flucht, meine viele, viele Monate dauernde Wanderung durch verschneite russische Einöden. Man faßt sich an den Kopf, man begreift es nicht, daß dies alles wirklich gewesen und überstanden ist. Etwas so Ungeheures ist passiert, und jetzt, kein Mensch hört auch nur zu, wenn man davon spricht. Ich habe gezittert, ich habe geheult, als ich zuerst um mich her wiederum deutsche Laute hörte. Ich bekam freie Fahrt bis Berlin.

Hier erfuhr ich, daß mein Vater gestorben war. Meine Mutter lebte ja längst nicht mehr. Das Vermögen hatte die Inflation restlos geschluckt. Um Ärzte und Sanatorien zu bezahlen, waren die Möbel verschleudert worden. Mit allem, was etwa noch übrigblieb, hatte sich die Hausdame auf und davon gemacht.

Ich lief natürlich von Pontius zu Pilatus umher, und man wies mir überall — ebenso natürlich — die kalte Schulter. Die Unterstützungsstellen funktionierten nicht, zum mindesten viel zu langsam und umständlich. Was am Ende heraussprang, konnte den nackten Hunger nicht abhalten. Und nachts, wenn es nicht eine Bank im Tiergarten oder ein Wartesaal sein konnte, mußte ich mit dem Asyl für Obdachlose Bekanntschaft machen.

Kind, Kind, Christa, als ich da mit einem Male meine Lage erkannte, die grauenhaft unbarmherzige, unabänderliche Tatsache meiner Lage erkannte — was war das für ein Augenblick! Das Vaterland, mein Vaterland, das ich mit sinnloser Liebe liebte, dem ich Jahre meines Lebens, ja Leben und Gesundheit selbst geopfert hatte, nach dem meine Seele geschrien hatte, stieß mich gleichgültig in das Elend ungeahnter Höllen hinab, wo Heulen und Zähneklappern ist. Es war, als ob es mir teuflisch zuraunte: Warum bist du so stupid? hast du es denn nicht gemerkt, als du, nämlich im Gefangenenlager zu Irkutsk, im Himmel gewesen bist?

CHRISTA *steht auf, entschlossen, sich anzuziehen.* Wir wollen im »Rheingold« zu Abend essen. Komm, zieh dich an. Du mußt dich ablenken, du mußt etwas Wein trinken. Es geht dir ja doch wieder besser, Herbert. Man muß solche Sachen vergessen, man muß sie auslöschen.

HERBERT *tritt dicht vor Christa.* Ach, wenn du mich doch nur ein wenig liebtest, Christa.

CHRISTA. Du tust mir leid, und ich habe dich gern, Herbert, aber du bist so aufgeregt.

HERBERT. Ich bitte dich, Christa, um Gottes willen, ist denn ein solcher Krieg und seine Folgen, seine Geschehnisse und seine Erinnerungen nicht aufregend? Ein Wunder ist es, daß man noch lebt. Sollte man nicht als sehender, hörender, denkender und fühlender Mensch vernichtet sein? — Und eigentlich bin ich auch vernichtet.

CHRISTA. Gerade mit dieser Redensart, die du so oft wiederholst, bringst du mich immer außer mir. Das ist ja nicht wahr! Der Eifer, die Leichtigkeit, mit der du schreibst, und der Anklang, den du gefunden hast und immer mehr findest, ist ja der klarste Beweis, daß es nicht so ist.

HERBERT. Nun, so willige doch endlich ein, mich zu heiraten, ich meine, wenn du dieses ausgesprochene Vertrauen hast. Wir ziehen aufs Land. Wir machen etwas Ähnliches wie eine kleine Pastorei auf, wenn ich auch kein Pastor bin. Wenn ich Tinte, Feder und Papier habe, kann ich schließlich leben, wo ich will.

CHRISTA, *bewegt.* Du sollst mich nicht immer quälen, Herbert.

HERBERT. Ein Baron bin ich freilich nicht.

CHRISTA. Sei nicht gemein. Ich habe dich lieb, Herbert, ich ...

HERBERT. Aber heiraten willst du mich nicht?

CHRISTA. Herbert, du mußt erst ganz gesund werden, du mußt erst die Folgen ...

HERBERT. Im Gegenteil, du mußt mich gesundmachen. Nimm mich in Gottes Namen und mach mich gesund, Christa!

CHRISTA. Wenn es in meiner Macht liegt, ich sage nicht nein, Herbert. — Aber nun komm unter Menschen, Herbert. Das Alleinsein, das Hocken und Stocken und Grübeln in deinem Zimmer bekommt dir nicht.

HERBERT. Und das Bett, das verfluchte Bett, in das man doch eben nolens volens Nacht für Nacht kriechen muß. Beinah ist es besser, in einem geheizten Wartesaal zu nächtigen, wo wenigstens Licht, Leben und Bewegung ist. Aber so muß man schließlich doch immer wieder hierher zurück, man muß sich auf diesen glühenden Rost legen, sich mit entsetzlichen Träumen herumschlagen, die einem den Schlaf und die Seele auffressen und in denen man alles im Kriege Erlebte in infernalischer Steigerung nochmals durchmachen muß.

CHRISTA. Du solltest mal eine Freudsche Kur durchmachen.

HERBERT *erschrickt.* Um Himmels willen was, Freudsche Kur?! — Schluß mal zunächst! Also komm in die Luft. *Sie machen sich schnell für die Straße zurecht und eilen ab.*

FÜNFTE SZENE

Frau Pastor Kurnick. Dr. Ruckstuhl.

FRAU KURNICK. Was soll man tun, was soll man tun?
DR. RUCKSTUHL. Zunächst mal die Sache nicht so schwernehmen.
FRAU KURNICK. Sie schicken uns diese armen jungen Menschen wie ausgepreßte Zitronen zurück, und dann sollen sie unsere Töchter heiraten, daß sie Kinder mit vielen Schmerzen und Nöten ins Leben setzen, die von Geburt an Krüppel sind.
DR. RUCKSTUHL. Reden Sie Christa ins Gewissen.
FRAU KURNICK. Sie glauben ja selbst nicht, daß das hilft, wenn Sie ehrlich sind. Liebe ist Mitleid, Mitleid ist Liebe, sagte immer mein seliger Mann. Liebe und Mitleid ist ein und dasselbe. Ich selbst habe Mitleid mit dieser jungen Feuerseele, die sich ja schließlich noch zuletzt im eigenen Feuer verzehren wird. Wer will sich wundern, wenn Christas Liebe, Christas Mitleid mit dem jungen Menschen noch stärker ist. Das Mädel heult um ihn halbe Nächte. Wie sehen Sie denn seinen Zustand an?
DR. RUCKSTUHL. Ich sehe ihn vorläufig gar nicht an. Dazu müßte ich ihn erst mal untersucht haben.
FRAU KURNICK. Man hat doch irgendeinen Eindruck von einem Menschen, sowieso.
DR. RUCKSTUHL. Dieser Eindruck ist ziemlich ungünstig.
FRAU KURNICK. Weil er überall opponiert? sich so gereizt gebärdet? Kann man sich wundern, wenn ein Mensch, den die Allgemeinheit so um Gesundheit und Leben betrogen hat, zum Bolschewisten wird?
DR. RUCKSTUHL. Nein, vielleicht nicht. Doch das meine ich auch eigentlich nicht. Er möchte noch viel reizbarer sein, er könnte noch wildere Ansichten haben, wenn er nur nicht im Auge oder wie oder wo etwas hätte, was einem nicht gefallen kann.
FRAU KURNICK. Er sagt ja selbst, daß er sich nicht als normal betrachtet.
DR. RUCKSTUHL. Weshalb also weiter darum herumreden? Wenn Sie wollen, stelle ich gern mal eine Generaluntersuchung mit ihm an. Wenn er es selbst will, notabene. Denn bisher hat er jede Anregung dieser Art sehr geflissentlich überhört.
FRAU KURNICK. Leider, leider sehe ich es kommen, daß Christa eines Tages seinen Werbungen nachgeben wird. Was soll ich tun, wenn es soweit ist?

DR. RUCKSTUHL. Scheinbar zustimmen und die Trauung nach Kräften hinausschieben.

FRAU KURNICK. Aber der junge Mensch ist im Grunde strebsam und rechtschaffen. Könnte ein solcher Mensch sich ausheilen, würde er mir als Schwiegersohn gar nicht so unwillkommen sein.

DR. RUCKSTUHL. Liebe Frau Pastor, ich sage nichts weiter. Aber wenn es einmal ganz stille ist, so horchen Sie doch mal gelegentlich vor die Fenster hinaus, es muß eine Totenstille sein, und dann fragen Sie sich, ob Sie irgend etwas Undefinierbares, kaum Vernehmbares hören, was Ihnen ein leichtes Frieseln über den Rücken laufen läßt.

FRAU KURNICK. Das habe ich oft, das liegt in der schauerlichen Zeit, da brauche ich nicht erst zum Fenster hinauszugucken.

SECHSTE SZENE

Die Vorigen und Major Kohlrausch, der, zum Ausgehen angezogen, erschienen ist.

KOHLRAUSCH. So! Wieder einmal fertig zum Ausfliegen.

DR. RUCKSTUHL. Wo werden Sie Ihren Abend verbringen, wenn man fragen darf?

KOHLRAUSCH. Das würden Sie gerne wissen, Doktor!

DR. RUCKSTUHL. Ich habe gefragt, weil ich heute abend sozusagen Strohwitwer bin und weil ich auf den Gedanken kam, falls eine Möglichkeit bestünde und die Sache mir gefiele, mich Ihnen anzuschließen.

KOHLRAUSCH. Das wird sich heute nicht machen lassen. Es gibt heute nacht eine Razzia durch die Verbrecherkeller Berlins. Mein alter Freund, der Regierungsrat von Schmitz im Polizeipräsidium, der mir einmal die Sache zeigen will, hat mich eingeladen. Mich interessiert so etwas fabelhaft.

FRAU KURNICK. Was versprechen Sie sich davon?

KOHLRAUSCH. Nun, das oberirdische Berlin hat man nun ja wenigstens einigermaßen durchgestöbert. Das unterirdische lohnt aber dem aufmerksamen Beobachter dieser Zeit der Nachkriegswehen sicher noch viel mehr. Es ist ja doch riesig angewachsen.

FRAU KURNICK. Bewahre mich der Himmel davor, daß ich noch die Senkgruben dieser Zeit absuchen muß.

KOHLRAUSCH. Was soll man tun? Eine gewisse Nebenabsicht will ich nicht ableugnen. Ich bin zu jung, meine Pension beträgt ein Minimum. Ich habe gar nicht üble Lust, bei der Kriminalpolizei unterzuschlüpfen. Man hat keine Wahl in dieser hundsmiserablen Zeit. Guten Abend, Herr Doktor, guten Abend, Frau Kurnick. *In der Tür wendet er sich.* Ihr künftiger Schwiegersohn ist nicht zu Hause, Frau Kurnick?

FRAU KURNICK. Mein Schwiegersohn? So weit ist es noch nicht. — Vielleicht ist Herbert auf seinem Zimmer.

KOHLRAUSCH. Ich habe geklopft, dort ist er nicht.

FRAU KURNICK. Soll ich Herrn Engelmann etwas ausrichten?

KOHLRAUSCH. Nein, nein, es ist weiter nichts. Er hatte nur an der Unternehmung, die heute in Gang kommen soll und von der ich ihm vor einigen Tagen erzählte, Interesse gezeigt und wollte sich möglicherweise anschließen. Di nuovo: buona sera, wie der Italiener sagt. *Ab.*

Frau Kurnick und Dr. Ruckstuhl allein.

DR. RUCKSTUHL. Was halten Sie von diesem Manne, Frau Pastor?

FRAU KURNICK. Vom ersten Augenblick an war er mir unheimlich, obgleich er ganz einfache Sachen, ganz simple Dinge spricht. So kommt es mir vor, als ob jedes Wort, was er sagt, einen doppelten Boden hätte.

DR. RUCKSTUHL. Wenn ich Ihnen sagen sollte, was ich von ihm halte, dann müßte ich meiner Sache ganz sicher sein. Darum sag' ich es vorläufig lieber nicht.

FRAU KURNICK. Baron Mühling und Tierarzt Knoll sind seinetwegen ja ausgezogen, was für mich einen ziemlich starken Ausfall macht. Die Leute haben schließlich bezahlt, und keiner ist mir was schuldig geblieben.

DR. RUCKSTUHL. Obgleich sie sicherlich Gauner sind und etwas wie einen Detektiv in ihm gewittert haben.

FRAU KURNICK. Dann wäre ja seine Mission erfüllt, und ich würde ihm, wenn er die Konsequenzen zöge, nicht nachtrauern.

Die Schauspielerin Eveline May von der Straße herein.

EVELINE MAY. Es ist kalt, es ist draußen kalt, meine Herrschaften. Mein Fritz war nicht da, er hat mich versetzt, mich im Café Bauer vergeblich warten lassen. Wer weiß, wo der Lümmel sich wieder 'rumtreiben wird. Das war das letzte Mal, jetzt mache ich Schluß — aber was fängt man mit dem angebrochenen Abend an ohne einen Mann an der Seite, als ein schwaches Weib, das man ist? Man kann sich ja nicht vom Fleck rühren. — Es ist sicherlich hübsch bei Ihnen, Mama Kurnick, gewiß, man ist herrlich bei Ihnen aufgehoben, aber am Abend ein bißchen langweilig. Der Doktor natürlich, gestiefelt und gespornt, er wird wohl auch nicht daran denken, mich auszuführen und mit mir in ein hübsches warmes Lokal mit vielen Lichtchen und vielen Fräcken und einer niedlichen Jazzband schmausen, trinken und tanzen zu gehen!

DR. RUCKSTUHL. Topp! Jawohl! er wird dran denken. Sie plumpsen ja wie ein Engel vom Himmel mitten in meine Verzweiflung hinein. Ich wollte mir ja schon vor Langerweile etwas Bleiernes durch den Kopf schießen!

EVELINE MAY *umarmt den Doktor.* Medizinalrat, Sie machen mich irrsinnig. Gut' Nacht, Mutter Kurnick, auf Wiedersehen!
Beide schnell ab. Frau Kurnick beschäftigt sich einige Augenblicke still mit häuslichen Obliegenheiten.
Nach einiger Zeit hört man draußen die Entreetür heftig ins Schloß fallen. Die Zimmertür wird aufgerissen, Herbert stürzt ins Zimmer, und nachdem er es wie gehetzt durchquert hat, verläßt er es durch die Tür zu den Wirtschaftsräumen, ohne, wie es scheint, Frau Kurnick bemerkt zu haben.

FRAU KURNICK, *tief erschrocken.* Herbert! *Sie zittert. Nach einiger Zeit sammelt sie sich und eilt ihm nach.* Herbert!
Einige Augenblicke bleibt das Zimmer leer. Alsdann hört man wiederum den Schlüssel draußen in der Entreetür gedreht, diese öffnen und schließen, und weniger äußerlich als innerlich erregt erscheint Christa. Da tritt, als sie die gegenüberliegende Tür eilig durchschreiten will, ihr durch ebendiese Tür die Mutter, Frau Kurnick, entgegen.

CHRISTA. Wo ist Herbert?

FRAU KURNICK. Er hat sich im Zimmer eingeschlossen. Was ist um Himmels willen geschehen, sage doch mal?!

CHRISTA *geht an der Mutter vorüber und klopft, bei weit geöffneter Gangtür, an die erste Zimmertür rechts.* Herbert, mach auf! mach auf, Herbert!

FRAU KURNICK. Da ist nichts zu machen, er antwortet nicht. Was ist denn geschehen um Gottes willen?

CHRISTA *kommt erregt wieder herein und schließt die Gangtür.*

Sie legt ab. Gar nichts. Ich weiß es selber nicht. Einer seiner plötzlichen Anfälle.

FRAU KURNICK. Was soll das heißen: »plötzlichen Anfälle«?

CHRISTA. Kriegsideen! Als ob er verfolgt würde, auf der Flucht vor dem Feinde wäre oder so.

FRAU KURNICK. Kriegspsychose, sagt Dr. Ruckstuhl. Kriegshysterie!

CHRISTA. Jawohl, eben Kriegspsychose, Kriegshysterie. Aber, Muttelchen, dabei kann einem angst werden.

FRAU KURNICK. Aber wieso denn? Sage doch mal.

CHRISTA. Ich sage dir, dabei kann einem angst werden! Was hat die Kriegszeit aus ihm gemacht!

FRAU KURNICK. So erkläre dich doch einmal deutlich, Kind!

CHRISTA. Da ist weiter gar nichts zu erklären. Wir stehen am »Rheingold«, wir wollen hinein... Aber erst mal der Weg bis dorthin... Er war heute geradezu wie von Sinnen. Schon gleich, als wir auf die Straße traten, wenige Schritt von der Haustür fing es an.

FRAU KURNICK. Was fing denn nun an, in Gottes Namen?

CHRISTA. An dem ersten Menschen, der vor uns ging, wollte er nicht vorübergehen. Da mußten wir unseren Gang verlangsamen und machten uns in der entgegengesetzten Richtung davon.

FRAU KURNICK. Kriegspsychose, Kriegshysterie.

CHRISTA. Als wir dann eine Weile gelaufen waren...

FRAU KURNICK. Ihr wart eine Weile gelaufen — nun?

CHRISTA. ...und zwar nach dem Norden, nicht wo wir hinwollten, nach dem Zentrum, nach dem »Rheingold« hin, da machte ich ihn darauf aufmerksam...

FRAU KURNICK. Du machtest ihn darauf aufmerksam...

CHRISTA. Im selben Augenblick kam ein Briefträger. Er tauchte auf, es war eben ein Briefträger. Aller Augenblicke kommt ja ein Briefträger. Aber da mußten wir plötzlich abbiegen, und Herbert riß mich mitten durch den Straßenschmutz, durch den dicksten Verkehr, nach der andern Seite. Das fiel natürlich niemandem auf. Wie wird das wohl in Berlin jemandem auffallen! Aber Herbert ließ den Briefträger nicht aus den Augen, bis er um die Ecke verschwunden war. Dann stieß er mich in ein Auto hinein, als ob wir Verbrecher wären und verfolgt würden.

FRAU KURNICK. Dr. Ruckstuhl sagt: Kriegshysterie.

CHRISTA. Nun wollte ich ihn denn doch zur Vernunft bringen.

Ich war auch erregt, ganz natürlicherweise. Wer kann denn wissen in einer Stadt wie Berlin, was da alles möglich ist. Ich wollte den Wagen halten lassen, ich wollte aus dem Auto hinaus. Geh allein in dein »Rheingold«, wenn du besessen bist! Mit einem Übergeschnappten mag ich nicht auftreten...! Aber nun muß ich mal nach ihm sehen, er ist imstande und macht noch Dummheiten.

FRAU KURNICK. Höre auf mich, Christa, mache dich los von ihm!

CHRISTA. Eher ⟨springe⟩ geh' ich mit ihm ⟨in die Spree⟩ ins Wasser.

FRAU KURNICK. Ah, so weit bist du?! Das ist mir neu, Christa.

CHRISTA. Ich bin so weit, ich bin so weit! Daran ist kein Tittelchen mehr zu ändern, Mama.

FRAU KURNICK. Du hast gestern mittag noch anders gesprochen.

CHRISTA. Dann habe ich eben gelogen, Mama.

FRAU KURNICK. Man kommt sich manchmal wahrhaftig vor, wenn man hier unter diesen Menschen lebt, als ob alles alles bedeuten könnte. Ja nein, nein ja, schwarz weiß, weiß schwarz und kein Wort mehr, was es nach seinem Sinn bedeutet, sondern hunderttausenderlei! Was machst du mir doch für Sorgen, Christa!

CHRISTA. Mutter, was wäre man denn für ein miserables Geschöpf, wenn man diesen Ausnahmemenschen, diese grundedle Natur in seinem Ringen, in seinen Kämpfen um die Wiedererlangung seiner körperlichen und geistigen Kräfte, in seinem Verlangen nach oben allein ließe.

FRAU KURNICK. Gib acht, er wird dich mit sich hinabreißen.

CHRISTA. Dann reißt er mich eben mit sich hinab. Ich sage dir ja, auch dazu bin ich entschlossen.

FRAU KURNICK. Das hast du in der Erregung gesagt, ich hoffe, du wirst zur Besinnung kommen. Ich sage dir, du bist noch zu jung, um dein Leben auf diese Art wegzuwerfen.

CHRISTA. Ich denke nicht dran, es wegzuwerfen.

FRAU KURNICK. Christa, du hast es doch eben gesagt.

CHRISTA. Daß ich von ihm nicht lasse, hab' ich gesagt, und daß ich eher in die Spree ginge. Aber wir denken nicht daran, in die Spree zu gehen. Ich bin überzeugt, daß er bei seinen Begabungen, das sagt ja auch Eveline May, beim Theater oder an einer Zeitung hier in Berlin irgendwie an der Spitze ist.

FRAU KURNICK. Auch nach solchen Erscheinungen wie die heutige, die ja doch auf die schwersten geistigen Störungen hindeuten?
CHRISTA. Ach Muttchen, Muttchen, was nutzt denn das! Später wollen wir weiter darüber sprechen. — Er kommt. Du mußt uns zunächst allein lassen.
Frau Pastor Kurnick geht beleidigt hinaus.

SIEBENTE SZENE

Nachdem Christa eine Weile an der Gangtür gelauscht hat, öffnet sie diese Tür.

CHRISTA *ruft in den Gang.* Herbert, ich bin da! Wir sind ganz mutterseelenallein. Es ist niemand hier.
HERBERT *tritt ein.* Ich bin vollkommen närrisch, du mußt mich entschuldigen. Ich bitte dich um Entschuldigung.
CHRISTA. Nicht der Rede wert, laß es gut sein, Herbert.
HERBERT. Nicht der Rede wert ist es freilich nicht. Wasche mir gründlich die Kappe, Christa. — Wenn diese Geschichte über mich kommt, so ist es, als wenn die Pferde durchgingen.
CHRISTA. Deine Hände sind eisig kalt und feucht, Herbert.
HERBERT. Na ja, der kalte Schweiß bricht einem aus.
CHRISTA. Nun setz dich hin, es ist wie es ist, wir wollen's uns hier gemütlich machen.
HERBERT. Eigentlich sollte man seiner Schwäche nicht nachgeben. Wenn du willst, gehen wir trotzdem doch wieder aus.
CHRISTA. Wie kommst du bloß auf den Gedanken, Herbert, daß jemand an dir und mir und ob wir zu Hause bleiben oder im Restaurant zu Abend essen, das geringste Interesse hat?
HERBERT. Ich weiß ebenso gut wie du, daß das Unsinn ist. Aber die gesunde Vernunft wird eben von einem solchen Angstzustand über den Haufen geworfen. Schließlich muß man geduldig abwarten und sehen, daß man seine Nerven wieder in Ordnung kriegt.
CHRISTA. Wer soll dich verfolgen? wer soll dir nachschleichen?
HERBERT. Ich will dir mal etwas sagen, Christa: Wenn man gesehen hat, was ich gesehen habe, und in seinem Nerven-

leben so mitgenommen ist, so wird man eben gelegentlich
von den blödesten Zwangsvorstellungen heimgesucht. Ich
will nicht sagen, man bildet sich ein, etwa ein Verbrechen
auf dem Gewissen zu haben, obgleich der Unschuldige, der
sich zu irgendeinem Verbrechen meldet und Täter zu sein
behauptet, eine in der Kriminalistik ganz bekannte Erscheinung ist. Aber ich bekenne mich zu der Zwangsvor-
stellung, ich könne in einen Kriminalprozeß verwickelt
und das Opfer eines Justizmordes werden. Und siehst du,
das ist durchaus nicht unmöglich. Das ist eine Sache, vor
der bei unseren Polizei- und Justizverhältnissen niemand
sicher ist.

CHRISTA. Ich hole etwas Aufschnitt herein. Ich lasse uns ein
paar Eier kochen.

HERBERT. Ach, warten wir noch einen Augenblick. Man ist
schließlich immer unbefriedigt, wenn man sich etwas in den
Kopf gesetzt, sich darauf gefreut und aus eigener Schuld,
ich möchte sagen, durch eine Albernheit darum betrogen
worden ist. Ich denke, wir werden doch noch ausgehen.
Aber, um auf besagten Hammel zurückzukommen, es ist
mir schon mit siebzehn, achtzehn Jahren passiert, daß ich
auf eine seltsame Weise verlegen und betreten wurde,
wenn mir jemand mit »Wissen Sie schon?« oder »Haben
Sie schon gehört? Das ist ja etwas Furchtbares, da ist
ja«, na, sagen wir, »der Kommerzienrat Schönborn ermordet worden...«, also wenn mir jemand so eine Moritat
mitteilte und mir, wie das so ist, um die sensationelle
Wirkung zu genießen, ins Auge blickte. Mein Zustand war
dann übrigens, zunächst wenigstens, nicht eigentlich der
der Verlegenheit. Aber da ich ein Beobachter bin und mir
der Sensationshunger des Berichterstatters meistens Spaß
machte, so war ich fast immer unfähig zu der erwarteten
adäquaten Reaktion. Aber einer, der lacht oder in einem
solchen Augenblick gleichgültig ist und Zeichen von Un-
sicherheit merken läßt, macht sich vielleicht verdächtig.
Und wenn ich in diesem Zustand war, so muß ich wohl
öfter rot geworden sein, weil ich tatsächlich an die Möglichkeit einer prozessualen Verwicklung dachte, deren Folgen
man nicht überblicken kann. Mitunter habe ich mir gedacht, mein Betragen in einem solchen Moment sei so, daß
man mich für einen geradezu Überführten halten müßte.

CHRISTA. Solche Momente haben wir alle, Herbert.

HERBERT. Vorwärts also, ziehen wir uns an. Wir suchen uns was in der Nähe aus, sagen wir »Habel«, dort essen wir Seemuscheln.
CHRISTA. Wie kamst du eigentlich auf den Gedanken, daß uns jemand auf den Hacken war?
HERBERT. Liebe Christa, die Kriminalpolizei ist in diesen nervös zerrütteten Zeiten eben auch hysterisch geworden. Und schließlich, auf hundert Schritt erkenne ich den Geheimpolizisten. Der Mensch mit dem Praliné und dem Düffelpaletot, der dastand, als wir vor dem »Rheingold« ausstiegen, war einer. Ich hätte ihm sollen eine hineinhauen, so sah mich der unverschämte Bursche an.
CHRISTA. Aber laß ihn doch stehen, er wird einfach Dienst haben.
HERBERT. Ich bin auch nicht deshalb umgekehrt, sondern weil, was du nicht gesehen hast, dieser widerliche Major Kohlrausch gerade vor uns in das Lokal gegangen ist. Und diesen Menschen womöglich am Tisch zu haben, hätte mir den ganzen Abend verdorben.
CHRISTA. Nun, so oder so, entscheide dich.
HERBERT. Auf! Ich bin wieder normal, schöne Christa.
Sie ziehen sich schnell an und gehen.
CHRISTA *lacht laut auf.* Ich bin wirklich neugierig, ob wir heute abend noch in ein Lokal hineinkommen und einen warmen Bissen in den Leib kriegen.

DRITTER AKT

Spielt in einem Vorort von Berlin. Die kleine Mietsvilla des jungen Ehepaars Herbert Engelmann. Man blickt in den Wohnraum.

ERSTE SZENE

Christa Engelmann, geborene Kurnick, sitzt am Nähtisch. Die Schauspielerin Eveline May sitzt unter ihr auf dem Fenstertritt. Der Schauspieler Werner Goldstein, Sommerpaletot, Hut und Stock in der Hand, steht aufmerksam in der Nähe.

CHRISTA. Erst in zwanzig Minuten darf ich ihn stören, er arbeitet.
GOLDSTEIN. Etwas Neues?
CHRISTA. Ja, doch wohl!
GOLDSTEIN. Also jeden Tag beinah ausverkauft. Das Theaterchen ist ja man klein, aber so sechzig, siebzig Mark Tantieme kann er doch täglich einstreichen.
CHRISTA. Er hat ja auch mit der Novelle Erfolg gehabt.
EVELINE MAY. Aber hör mal, du machst uns ja traurig, Christa. Wir wollten es uns nicht nehmen lassen, wir kommen mit den herrlichsten Nachrichten, wir dachten, ihr würdet beide springen ellenhoch. Was hast du denn nur? Was ist denn geschehen?
CHRISTA. Geschehen ist gar nichts. Nur immer die alte Sorge um ihn.
EVELINE MAY. Gott, ein nervöser Mensch, ein nervöser Schriftsteller. Man muß eben noch eine Weile warten, bis er die Kriegsfolgen überwunden hat. Schließlich, sagst du ja selbst, ist schon vieles besser geworden.
GOLDSTEIN. Er ist ein vollkommen anderer Mensch, seit er hier draußen wohnt und verheiratet ist.
CHRISTA. Aber nicht gesund, er hat Blut gespuckt.
GOLDSTEIN. Das kommt vor, auch bei mir. Was ist denn ein bißchen Blut aus den Bronchien?! Ihr lebt doch hier ruhig, ihr habt gute Luft, die Karre läuft, was wollt ihr denn weiter?!
CHRISTA. Und doch sitzen wir manchmal und heulen eine halbe Stunde lang, weil er glaubt, daß er die neue Arbeit nicht mehr vollenden wird.

EVELINE MAY. Warum nicht?
CHRISTA. Einfach, er denkt, er wird vorher sterben.

ZWEITE SZENE

Herbert tritt ein.

HERBERT. Wer alt gestorben ist, weiß nicht, daß er alt gestorben ist — wer jung gestorben ist, weiß nicht, daß er jung gestorben ist. Guten Tag, liebe Leutchen! Hübsch, daß ihr uns hier draußen nicht ganz vergessen habt.
GOLDSTEIN. Du hast dich erholt, du siehst besser aus, Herbert.
HERBERT. Soll ich nicht? Ich habe die beste Frau von der Welt, werde von morgens bis abends gepflegt und verhätschelt, wir baden im See, ringsherum ist nichts als der weite Kiefernforst — und nun wollen wir, denk' ich, zum Mittagessen.
EVELINE MAY. Sind wir euch in die Suppe gefallen?
GOLDSTEIN. Gegenüber ist ja ein Restaurant, wir machen doch lieber keine Umstände.
EVELINE MAY. Ihr seid doch schließlich nicht vorbereitet.
HERBERT. Die gute Christa weiß immer Rat.
CHRISTA. Aber sicher. Eveline, komm, du kannst in der Küche ein bißchen mithelfen.
Sie und Eveline ab.
GOLDSTEIN. Also weißt du schon? jeden Tag ausverkauft.
HERBERT. Vielleicht kann man doch mal weiterkommen.
GOLDSTEIN. Du meinst . . . ?
HERBERT. Ich meine so überhaupt. Vielleicht bin ich jemand und weiß es im Augenblick nur noch nicht. Vielleicht kann ich noch mal was ganz Gutes machen.
GOLDSTEIN. Davon kann niemand mehr überzeugt sein als ich, sei es als Autor, sei es als Schauspieler. Ich war wirklich erstaunt darüber, was du ohne weiteres gleich als Regisseur geleistet hast. Du hast keine Praxis auf dem Theater, auch auf Schauspielschule warst du nicht. Mancher lernt es nie, und manchem wird es schon angeboren.
HERBERT. Ich habe eine recht blutige Schauspielschule durchgemacht.
GOLDSTEIN. Und dann dein Talent für das Kriminalistische.

Du bist ein geborener Detektiv. Du weißt — man kriegt eine Gänsehaut! —, wie es in der Seele eines armen Verbrechers aussehen muß. Du würdest der größte Kriminalist werden.

HERBERT, *leicht ablenkend.* Tja, wo ich das herhabe, weiß ich nicht. Oder aber, wenn ich darüber nachdenke, so möchte ich fast glauben, daß Träume dafür, ich meine für die Vorgänge in Verbrecherseelen, wenn man selbst kein Verbrecher ist, eine Fundgrube sind. — Hast du im Traum schon Verbrechen begangen?

GOLDSTEIN. Ich erinnere mich nicht, ich glaube nicht. Aber die allerschrecklichste Gewissensangst habe ich oft gehabt, als ob ich welche begangen hätte.

HERBERT. Dieser Zustand ist fürchterlich.

GOLDSTEIN. Wenn man erwacht, ist man wie im Himmel.

HERBERT. Nun also, auf Kriminalistik verstehe ich mich?

GOLDSTEIN. Du bist ein Genie auf diesem Gebiet, Engelmann. Weißt du was, Mensch, schreibe den deutschen Kriminalroman, da kannst du das Gold mit Mollen scheffeln!

HERBERT. Gold, Gold! das verfluchte Gold!

GOLDSTEIN. Hat man keins, ist es noch verfluchter.

HERBERT. Nun, mein Vater war ja schließlich Jurist, eine Weile Staatsanwalt, bis ihn das anwiderte, späterhin Untersuchungsrichter, aber das deprimierte ihn später auch. Da sprang er ab und wurde Verteidiger. Er wurde bald ein berühmter Advokat und blieb es bis zu seinem ersten Schlaganfall. Ich glaube, das hat sechzehn Jahre gedauert. Bald danach war sein Leben herumgenudelt.

GOLDSTEIN. Du hast manchmal eine Ausdrucksweise, bei der es einen frösteln kann.

HERBERT. Lieber Junge, es ist nicht anders! Erst macht man sich in die Hosen, dann wird man stubenrein, erst liegt man, dann kriecht man, dann lernt man gehen. Dann läuft man dahin und dorthin, bis man etwas gelernt hat, womit man sich Brot kaufen kann. Dann geht man weiter und frißt das Brot. Man erreicht das eine, das andere Ziel und ist plötzlich vor dem einen, was allen gewiß ist, angelangt. Man weiß das nicht, fällt um und ist tot.

GOLDSTEIN. Mensch, hör endlich mit deinem verwünschten Schopenhauerschen Pessimismus auf. Es geht dir doch gut, was kohlst du denn! Der Krieg ist vorüber, allenthalben atmet man langsam auf.

HERBERT. Leicht gesagt, lieber Goldstein, aufatmen! aufatmen! Es gibt immer wieder irgendwas Neues, was Sorgen und Umstände macht, wenn das eine einigermaßen überwunden ist.

GOLDSTEIN. Das Neue, das wirst du dir wohl bloß wieder mal einbilden.

HERBERT. An sich etwas Schlimmes ist es nicht. Nur, wie ich es ansehe, ist es eben eine Sache, die einem an die Nieren geht. Ganz einfach: Christa fühlt sich Mutter.

GOLDSTEIN. Na dann freue dich, Mensch, daß du Vater wirst. Will man das eine nicht und das andere nicht, was hat es für einen Zweck zu heiraten.

HERBERT. Ich stecke in keiner gesunden Haut, lieber Freund. Was wird aus einer verwitweten Christa, wenn sie womöglich noch ein Kind durchbringen muß?

GOLDSTEIN. Unsinn, so leicht stirbt man nicht. Gerade du weißt davon ein Lied zu singen. Denke daran, welche Gefahren und Strapazen du glücklich überwunden hast. Deine phantastische Flucht aus Sibirien...

HERBERT. Mag sein, mag sein. Manchmal im Wald, wenn so plötzlich die Sonne in die Birken fällt, fühle ich auch etwas von meiner alten Zuversicht. Aber schließlich ein Knabe, der sein Leben doch wahrscheinlich mühsam erklettern muß, um, wenn er auch nur dreißig Jahre wird, durch Bomben oder Giftgase umzukommen oder, noch schlimmer, zum Krüppel Leibes und der Seele zu werden — und das ist die einzig gewisse Aussicht, die man dem Neugeborenen bieten kann —, macht mir die Freude an seiner Ankunft fast unmöglich.

GOLDSTEIN. Tust du gar nichts für dich? Ich meine, um deinen Depressionen sozusagen ein bißchen sachgemäß entgegenzuwirken. Es gibt da doch Mittel...

HERBERT. Jawohl, ich arbeite. Arbeit ist das einzige, was mich auf andere Gedanken bringen kann. Vielleicht nicht durchaus auf andere Gedanken, aber sie diszipliniert, Arbeit ist schließlich Wille, man bekommt sich damit in die Hand. Natürlich weiß ich nicht, wozu ich arbeite. — Christa hat heut Geburtstag, weißt du das?

GOLDSTEIN. Ach, nicht möglich! Und die Mama?

HERBERT. Ja, Christa ist eben sehr gespannt, ob sie kommen wird.

GOLDSTEIN. Ist sie denn noch nicht bei euch gewesen?

HERBERT. Nein, bis diese Stunde noch nicht.
GOLDSTEIN. Sie grollt immer noch?
HERBERT. Sie grollt immer noch. Zu deutsch: sie will von uns nichts wissen. Sie lehnt sogar Christas Besuche ab.
GOLDSTEIN. Ihr seid doch beinahe drei Monat' verheiratet. So lange hält diese Verbohrtheit an?
HERBERT. Kann sein, daß sie für immer anhalten wird. Das ist bitter für Christa, sie hängt an der Mutter. Es ist eben wie ein dunkler Schlund, in den alles so hineingerissen wird.
GOLDSTEIN. Was wird denn zum Beispiel hineingerissen?
HERBERT. Du, ich, Christa, alle, wie wir gebacken sind.
GOLDSTEIN. Hat sich was, nichts wird hineingerissen! So kann man nicht leben mit deiner verdammten Philosophie. Die mußt du nun bald mal gründlich aufmöbeln. Weißt du übrigens, daß zwei der prominentesten Zimmerherren deiner Frau Schwiegermama hier ganz in der Nähe sind?
HERBERT, *befremdet*. Zimmerherren? was, Zimmerherren?
GOLDSTEIN. Major Riedel und, wie heißt doch der andere, — Hauptmann Kohlrabi oder so...
HERBERT. Meinst du Kohlrausch?
GOLDSTEIN. Kohlrausch, jawohl.
HERBERT. Weißt du — um wieder auf meine kriminalistische Ader zu kommen —, daß ich überzeugt bin, die beiden sind Geheimkommissare.
GOLDSTEIN. Vor deinem sonstigen Scharfsinn Hut ab — das glaube ich nicht. Sie sitzen drüben im Restaurant, wo ich nach deiner Wohnung fragte. Sie waren es, die mir sofort Bescheid sagten. Sie haben einen Ausflug gemacht. Möglich sogar, daß sie hier erscheinen, sie wußten, daß Christas Geburtstag ist. Bekanntlich hast du ihnen ja Christa vor der Nase weggeholt. Jeder von beiden hätte sie gern geheiratet.
HERBERT *geht auf und ab, nachdenklich*. Dann sind es wahrscheinlich diese beiden gewesen, von denen mir vor einigen Tagen die pensionierte Frau eines Bahnmeisters — oder nein, der Mann war wohl Briefträger — gesprochen hat. Sie betreibt hier ein kleines Kramlädchen. Es langt nicht aus mit der Pension, da sie zwei Töchter und einen Jungen hat. Die ist von zwei Kriminalkommissaren besucht worden. Es handelt sich da um eine Geschichte, glaub' ich, die um zwanzig herum durch die Zeitungen gegangen ist. Also

richtig, ja, er war Geldbriefträger. Ihr verstorbener Mann war nicht Bahnmeister, meine ich. Es war also ein Geldbriefträgermord von der üblichen Art, wie sie immer wieder vorkommen. Und da ist sie nach anderthalb Jahren, wahrscheinlich hat man den Täter noch nicht, plötzlich wieder einmal verhört worden. Ich liebe übrigens solche Leute wie Geheimpolizisten und Kriminalkommissare nicht. Man fühlt sich von ihnen immer belauert.

GOLDSTEIN. Daß diese beiden jovialen Brüder dort drüben, die quietschvergnügt ihren Schoppen trinken, Kriminalkommissare sein sollen, wird mir nimmermehr einleuchten. Sie haben gefragt: »Wir würden gern unsern Glückwunsch anbringen, glauben Sie, daß wir wagen dürfen, erstens als simple Leute einem Genie gegenüber und dann auch dem jungen Ehemann gegenüber, der zwei alten Verehrern seiner schönen Gattin einen solchen Besuch vielleicht als Unverschämtheit auslegen wird?« Was sollte ich tun als sie beruhigen?

HERBERT, *in den Garten blickend.* Wahrhaftigen Gott, also doch, die Frau Schwiegermama! Für Christa eine unendliche Freude. — Gott sei Dank, sie ist auch von Christa entdeckt worden. Mögen sich Mutter und Tochter erst aussprechen, ich wüßte ja doch kaum, was ich mit ihr reden soll. Sie würde Christa am liebsten an den Major Riedel gegeben haben. Noch lieber vielleicht an Weißflock, weil Christa dann, wie sie meint, noch besser versorgt wäre. Mich hält sie für gottlos, für unmoralisch, aber an die Unmoral bei dieser Verkuppelung mit Weißflock würde sie sich nicht stoßen.

GOLDSTEIN. Etwas Rührendes läge aber doch im Verzicht.

HERBERT. Dazu wäre sie fähig. Sie liebt ihre Tochter. *Man hört Stimmen.* Wir wollen erst mal den Platz räumen, guter Freund. *Mit Goldstein ab.*

DRITTE SZENE

Frau Kurnick, mit allerhand Dingen beladen, und Christa.

FRAU KURNICK. Zunächst mal: bist du glücklich, Christa?
CHRISTA. Wir streiten uns nicht, wir quälen uns nicht.
FRAU KURNICK. Major Riedel ist ja nun ausgezogen. Er konnte

nicht länger dort sein, schrieb er mir, wo seine Hoffnungen gescheitert sind. Die Erinnerung wäre für ihn eine zu traurige. Aber sein Platz ist wieder ausgefüllt. Weißflock ist in der Zwischenzeit nur einmal dagewesen. Hat er sich Hoffnungen auf dich gemacht und ist nun enttäuscht — ich weiß es nicht. Es geht auch so.

CHRISTA. Ich habe noch keine Reue gefühlt.

FRAU KURNICK. Ich habe 's ja in der Zeitung gelesen, er wird ja in einem kleinen Theater aufgeführt.

CHRISTA. Goldstein und Eveline sind eben hier. Das Haus ist Tag für Tag ausverkauft. Sie sagten, die Nachricht sei ihr Geburtstagsgeschenk.

FRAU KURNICK. Werden sie denn nicht auch bald heiraten?

CHRISTA. Das weiß ich nicht, davon sagten sie nichts.

FRAU KURNICK. Und was du mir schriebst, ist also Tatsache?

CHRISTA. Glücklicherweise! oder leider, Muttchen?

FRAU KURNICK. Sorge natürlich macht so ein Kind, ganz abgesehen von dem, was für uns arme Weiber vor der Geburt zu erleiden ist. Aber das muß man eben in Kauf nehmen. — Ist Herbert zu Hause?

CHRISTA. Ganz gewiß.

FRAU KURNICK. So will ich denn also Frieden machen. Ich habe ihn eigentlich immer recht gern gemocht, dabei war er mir immer ebenso unheimlich. Gut, gut, es ist nun zu spät, und ich spreche nicht weiter davon, liebe Christa. Wie steht's mit den Nerven?

CHRISTA. Da steht's nicht zum besten. Er geht spazieren, er ist halbe Tage lang in den Wäldern. Dabei hat er wieder und wieder Blut gespuckt. Ein Äderchen sei geplatzt, sagt unser Landarzt, das mache nichts. Aber Herbert bildet sich ein und hat aller Augenblicke das Gefühl, ein Blutsturz werde seinem Leben ein Ende machen. Er hat eben doch seinen Knacks weggekriegt.

FRAU KURNICK. Ich habe gewarnt, nun, es ist nichts zu ändern. Er muß eben alles tun, daß er kräftiger wird. Hier ist Butter, Prager Schinken, Bouillonwürfel.

CHRISTA. Er trinkt viel Milch, er soll viel Milch trinken.

FRAU KURNICK. Eure Hochzeit war hübsch?

CHRISTA. Zwei Zeugen und wir, vier Personen, Muttchen.

FRAU KURNICK. Es war vielleicht falsch, aber ich hatte eine so trübe Ahnung, ich konnte nicht. Wenn ihr nach Berlin kommt, wohnt ihr bei mir. Ihr könnt ja zur Not in einem Bett liegen.

CHRISTA. Das täte Herbert wohl kaum, wenn Major Kohlrausch noch bei dir ist.

FRAU KURNICK. Kohlrausch ist ebenfalls ausgezogen. Durch Kohlrausch ist Major Riedel nun wirklich, wie es scheint, bei der Polizei untergekommen. Er soll eine gut bezahlte Stellung haben, ihr hättet ein sicheres Brot gehabt.

VIERTE SZENE

Herbert, begleitet von Eveline May und Goldstein, kommt.

HERBERT. Guten Tag, Frau Pastor.

FRAU KURNICK. Da es nun so weit ist, Herbert, kannst du die Frau und den Pastor weglassen.

HERBERT. Also herzlich willkommen, Mama.

FRAU KURNICK. Nun, ihr zwei miteinander, segne euch Gott. *Sie zieht Tochter und Sohn an sich und küßt ihre Stirnen.*

EVELINE MAY. Herrlich, herrlich! Was könnte es Schöneres geben, als bei einer solchen Versöhnung Zeuge zu sein.

HERBERT. Und nun also schnell eine Flasche Wein. *Er geht. Die Rührung legt sich bei den Zurückbleibenden ein wenig. Er kommt mit Weinflasche und Gläsern wieder, entkorkt die Flasche und gießt ein.* Seien wir fröhlich, liebe Kinder. Das tägliche Brot ist nicht so notwendig. Es ist eine Sache, die unsereiner erst nach und nach wieder lernen muß.

CHRISTA. Wenn du doch fröhlicher würdest, lieber Herbert.

GOLDSTEIN. Mensch, ich sage dir ebenfalls: Freue dich! Eine süße Frau, der Wagen fährt, du hast Talente, hast Aussichten...

HERBERT. Also prosit, Talente, Aussichten, Fröhlichkeit, eine versöhnte Schwiegermama. Die liebe Schwiegermama soll hochleben!

Sie stoßen an. Goldstein singt den Hochzeitsmarsch aus »Lohengrin«. Eveline stimmt ein. Das löst ein allgemeines herzliches Lachen aus.

HERBERT, *zu Goldstein.* Nun möchte ich nur noch wünschen, daß uns der andere hohe Besuch erspart bleibe, Goldstein, von dem du gesprochen hast.

EVELINE MAY. Ja richtig, im Gasthaus gegenüber sollen Riedel und Kohlrausch sein. Sie werden möglicherweise vorsprechen, weil dein Geburtstag doch von allen in der Pension immer so nett gefeiert worden ist.

FRAU KURNICK. Jeder brachte was mit, es war immer reizend.

HERBERT. Kurzum, zu meinem Behagen fehlen mir diese beiden wackeren Männer nicht. Ich will eine zweite Flasche aufmachen. *Er geht.*

FRAU KURNICK. Kohlrausch und Riedel? Eigentlich wunderlich.

GOLDSTEIN. Herbert sagte, es gäbe hier einen dunklen Fall, dem sie nachschnüffeln.

CHRISTA. Etwa die Briefträgerswitwe, deren Mann ermordet ist?

GOLDSTEIN. Ich glaube ja, eine Briefträgerswitwe. Sie ist von zwei Kriminalbeamten neuerdings wieder vernommen worden. Herbert behauptet, Riedel und Kohlrausch sind Kriminalbeamte.

FRAU KURNICK. Riedel ist es geworden, wahrscheinlich. Aber Kohlrausch — der ist irgendwo bei der Stadt, ich glaube, ⟨auf dem städtischen Schlachthofe⟩ angestellt.

GOLDSTEIN. Sie zechten höchst vergnügt miteinander.

CHRISTA. Es ist ja bedauerlich, diese Frau, aber sie kann einen zur Verzweiflung bringen. Mir hat sie diese schauerliche Mordgeschichte ihres armen Mannes schon zum fünften- oder sechstenmal erzählt. Ich mache schon immer einen großen Bogen, wenn ich sie kommen sehe.

GOLDSTEIN. Ich erinnere mich, wie war es doch?

CHRISTA. Lassen Sie mich um Gottes willen.

GOLDSTEIN. Er hat ihn an einen Stuhl geschnürt, oder nicht?

CHRISTA. Ich mag nichts hören von dieser Geschichte.

FRAU KURNICK. Da fällt mir ein, es ist länger her als ein Jahr, Riedel und Kohlrausch saßen im Berliner Zimmer, ich im Zimmer nach vorn hinaus, die Tür stand auf, ich hörte sie flüstern, sie sprachen tatsächlich damals auch von einem solchen Briefträgermord. Der Mann war geknebelt und mit vielen Schnüren an einen Stuhl und an die Wände geschnürt, so daß er sich nicht rühren konnte.

CHRISTA. Ja, ja, ein entsetzliches Ende. Als man ihn loslöste, war er noch warm. Er mußte also verhungert oder sonst vom Schrecken getötet worden sein.

Herbert kommt mit der Weinflasche.

HERBERT. Von was sprecht ihr?

GOLDSTEIN. Sprechen wir lieber von was anderem. Wir sprachen von dem Briefträgermord.

HERBERT. Das sieht ja ein Blinder, es war ja kein Mord! *Er gießt ein.* Die Witwe selbst ist sogar der Meinung, der Verbrecher habe die Absicht, ihren Mann zu töten, nicht gehabt. Er hat ihn eben nur festgeschnürt und vorausgesetzt, daß man ihn binnen kurzem auffinden würde.

CHRISTA. So ein Schurke, ich glaube das nicht.

HERBERT. Na ja, prosit, Kriminalistik mangelhaft. — Die Sache kommt mir übrigens ganz gelegen, weil sie in meine neue Arbeit paßt. Ohne Modelle geht es nicht. Ich verhöre das Weib nach allen Richtungen.

CHRISTA. Irgend etwas muß los sein heut. Der Wachtmeister Schanzer ist eben wieder am Garten vorbeigeritten. Das ist schon zum dritten Male heut.

EVELINE MAY. Mir fällt eben ein, das ist wirklich merkwürdig, uns fragte ein Mensch, als wir durch das hintere Gartenpförtchen hereinkamen: »Können Sie mir sagen, ist der Amtsvorsteher im Haus?«

HERBERT *wird bleich.* Was fragte der Mensch? Der Amtsvorsteher?

EVELINE MAY. Ja, der Amtsvorsteher, gewiß.

HERBERT *stürzt mehrere Gläser Wein.* Hört mal, übrigens, wenn diese Burschen kommen, ich meine, dieser Riedel und dieser Kohlrausch, so seht ihr mich nämlich während der Zeit der Gratulationscour, mein' ich, nicht. Ich werde mich lieber inzwischen zurückziehen. Ich fühle nämlich unbedingt, daß mich der Gedanke, sie wiederzusehen, gallig macht. Sie werden ja schließlich nicht lange dableiben. *Er geht schnell in sein Arbeitszimmer.*

FRAU KURNICK. Das sind doch immer noch dieselben Sprünge, die einem den Umgang mit Herbert so schwermachen.

GOLDSTEIN. Nun Gott, Frau Kurnick, ein junger, verliebter Ehemann. Eifersucht, nicht ganz unbegründet.

Es klopft.

CHRISTA. Wer ist da? Herein!

Der Gemeindebote [Kleeberg] erscheint.

GEMEINDEBOTE. Guten Tag. Ich möchte gern Ihren Mann sprechen.

CHRISTA. Was wollen Sie denn von meinem Mann?

GEMEINDEBOTE. Nur eine Auskunft. Gemeindesache.

CHRISTA *ruft ins Studierzimmer.* Herbert! — Herbert, wo bist du denn? — Lieber Goldstein, sehen Sie doch mal nach ihm.

Goldstein ins Studierzimmer ab.

GEMEINDEBOTE. Schönes Wetter ist heut, Frau Engelmann.

CHRISTA. Augenblicklich ja noch. Aber schließlich sind wir schon mitten im Oktober drin.

FRAU KURNICK. Das Barometer ist furchtbar gesunken.

EVELINE MAY. Ob das Wetter schlecht oder gut ist, ist mir gleichgültig, wenn man nur seine Arbeit hat.

GOLDSTEIN *kommt wieder.* Im Arbeitszimmer ist Herbert nicht.

CHRISTA. Vielleicht ist er oben, ich will mal nachsehen. Herr Kleeberg, kommen Sie doch gleich mit.

Sie und Kleeberg ab.

FRAU KURNICK *setzt sich erschöpft.* Es ist immer so was Banges in der Luft, wo dieser Mensch in der Nähe ist.

EVELINE MAY. Meinen Sie Herrn Herbert, Frau Pastor?

FRAU KURNICK. So etwas Banges, Bleiernes, Lähmendes. Gott weiß, daß es bei mir nicht böser Wille ist.

4. Dezember 1928.

FÜNFTE SZENE

Major Riedel und Major Kohlrausch treten sozusagen vorsichtig ein.

RIEDEL. Frau Pastor, wie kommen Sie denn hierher? Zwischen hier und der Taubenstraße war doch Krieg angesagt.

FRAU KURNICK. Guten Tag, Herr Major. Ich könnte Sie vielleicht noch erstaunter fragen: wie kommen Sie denn hierher?

RIEDEL. Ja, wie komme ich denn hierher!

FRAU KURNICK. Nun, nichts für ungut. Wenn es in Ehren geschehen kann: alte Liebe rostet nicht. Sie wollen der Christa gratulieren.

RIEDEL. Ich wünschte, es wäre so, Frau Pastor. Leider, leider, so ist es nicht.

KOHLRAUSCH. Wir haben hier eine Pflicht zu erfüllen.

FRAU KURNICK. So, so, ich habe davon gehört.

KOHLRAUSCH. Das heißt, wir sind dienstlich hier, Frau Pastor.

FRAU KURNICK. Die Herren sind heut so feierlich, man möchte beinahe ängstlich werden.

RIEDEL. Es wird gut sein, Frau Pastor, da Sie nun leider gerade hier weilen, Sie nehmen die Dinge, wie sie sind.
FRAU KURNICK. Die Dinge? Die Herren sprechen in Rätseln.
EVELINE MAY *blickt durchs Fenster.* Da steht ja ein Auto vor der Gartentür.
RIEDEL. Es ist unser Wagen, jawohl.
GOLDSTEIN. Ich wußte ja gar nicht, daß Sie per Auto gekommen sind.
KOHLRAUSCH. Wir suchen Herrn Herbert Engelmann.
FRAU KURNICK. Was heißt das, Sie suchen Herbert Engelmann?
KOHLRAUSCH. Es heißt ganz einfach, daß wir ihn suchen.
FRAU KURNICK. Der Gemeindediener hat eben in einer Steuersache nach ihm gefragt.
GOLDSTEIN. Frau Christa ist eben mit dem Gemeindediener zu ihm hinaufgegangen.
KOHLRAUSCH. Es scheint aber, daß er oben nicht ist. Er sollte doch keine Dummheiten machen!
FRAU KURNICK. Dummheiten? Ich verstehe Sie nicht.
Christa tritt ein.
KOHLRAUSCH. Jede Möglichkeit zu entkommen ist ausgeschlossen.
FRAU KURNICK. Die Herren fragen nach deinem Mann, Christa.
CHRISTA. Im oberen Zimmer ist er nicht.
RIEDEL. Guten Tag, Frau Christa.
CHRISTA. Herr Major?
RIEDEL. Wir haben eine sehr traurige Pflicht.
CHRISTA. Eine traurige Pflicht, Herr Major? das wäre?
KOHLRAUSCH. Es wäre sehr töricht, wenn Ihr Mann den Versuch machen wollte, uns unsere traurige Pflicht zu erschweren, und Sie ihm womöglich dazu verhälfen. Sie würden ihm dadurch keinen Dienst leisten.
CHRISTA. Keinen Dienst leisten? inwiefern?
KOHLRAUSCH. Durch Verstecken, Flucht oder ähnliche Torheiten.
CHRISTA. Flucht? Verstecken? Das ist ja unsinnig! Braucht sich Herbert verstecken? Was heißt denn das?!
EVELINE MAY. Hier scheint ja ein Irrtum obzuwalten.
GOLDSTEIN. Ein unglaublicher, ungeheurer Irrtum, gewiß.
Herbert in Begleitung eines Herrn tritt ein.
DER HERR. Bitte, bitte wollen Sie eintreten.

HERBERT. Gewiß will ich eintreten. Aber ich verstehe Ihre Auffassung nicht, da ich ja hier in meinen eigenen vier Wänden bin.

DER HERR. Sie hatten aber die Absicht auszugehen, wie mir schien.

HERBERT. Nun und? Das steht doch in meinem Belieben.

DER HERR. In Ihrem Belieben steht das nicht.

HERBERT. Guten Tag, Herr Kohlrausch. Guten Tag, Herr Major. Es ist nett von Ihnen, daß Sie gekommen sind. Aber Sie geraten da in ein recht eigentümlich gestörtes Geburtstagsfest. Ich scheine der unglückselige Gegenstand eines ländlich-schändlich polizeilichen Irrtums zu sein. Nun, es muß sich ja alles klären.

KOHLRAUSCH, *nach einer bleiernen Pause.* Ich will noch die überflüssige Frage tun: Sind Sie der Schriftsteller Herbert Engelmann?

HERBERT. Wenn ich es nicht ganz genau wüßte, ich würde es, so geradezu konfus, wie ich im Augenblick bin, bezweifeln.

KOHLRAUSCH. Aber Sie sind Herbert Engelmann?

HERBERT. Und Sie sind der Mann, den ich in seiner wahnwitzigen Absicht schon durchschaut habe im ersten Augenblick, als er auftauchte, ich meine, in Frau Kurnicks Pension. Aber es soll Ihnen nicht gelingen, Ihren zähen, monomanischen Einbildungen einen schutzlosen Menschen zu opfern. Ich sage es Ihnen auf den Kopf, Sie haben mich für einen Verbrecher gehalten, im ersten Augenblick. Und Sie haben sich bisher nicht entschließen können, sich einzugestehen, daß Ihr kriminalistischer Übereifer Sie betrogen hat. Ihr Scharfsinn bewährt sich an einem Unschuldigen.

KOHLRAUSCH. Die Gerichte werden das feststellen. Wir haben hier übrigens nicht zu diskutieren, sondern den Haftbefehl auszuführen, weiter nichts. Ich erkläre Ihnen, Sie sind verhaftet.

HERBERT. Darf ich fragen, welcher Verdacht auf mir ruht?

RIEDEL. Regen Sie sich nicht auf, Herr Engelmann, je ruhiger Sie sind, um so besser für Sie. Wir dürfen Ihnen hier nicht antworten. Sie werden ja in ein bis zwei Stunden alles erfahren, was zu erfahren für Sie wichtig ist, und auch die Gelegenheit, den Gegenbeweis zu führen, wenn Sie zu Unrecht beschuldigt sind.

KOHLRAUSCH. Wir müssen Ihnen Handfesseln anlegen.

Es geschieht. Herbert bricht in eine wilde Lache aus, die in eine Gemütserschütterung übergeht.

HERBERT. Ich danke dir! ich danke dir! ich danke dir, mein Vaterland!

CHRISTA *fliegt ihm an den Hals.* Herbert, um Gottes und Christi willen!

HERBERT. Laß! laß! Mir ist eigentlich zum erstenmal wohl seit langer Zeit!

Frau Kurnick seufzt auf und wird von einer Ohnmacht befallen.

CHRISTA. Was? Was? So lassen Sie die Maske fallen? So sehen Sie aus, Herr Major? Das ist Ihr Geschäft? schuldlose Menschen heuchlerisch zu belauern, zu verleumden und hinzurichten? Sie sind ein Schurke, ein Schuft, Herr Major!

RIEDEL. Sie bringen sich ins Gefängnis, Christa. Ihr Schmerz ist begreiflich — aber halten Sie Ruhe, um Himmels willen. Es trifft mich nicht, es beleidigt mich nicht, doch könnte ich Ihre Bestrafung am Ende nicht hindern.

HERBERT. Nein, Christa, nicht so! Es nutzt nichts auf diese Weise sich auflehnen, wenn man einmal in die Räder einer toten Maschine geraten ist. *Blick auf die Handfesseln.* Muß ich so durch die Straßen des Ortes gehen?

RIEDEL. Nein, wir haben das Auto da.

HERBERT. Kind: gefaßt! Es handelt sich jetzt darum, hart, ganz hart, kalt, ganz kalt und nicht weich und weichlich zu sein. Der erste Blitz ist heruntergefallen, das Gewitter ist losgebrochen, nun ist mir schon wohler. Die Spannung war unerträglich geworden. Denn, Herr Riedel, Herr Kriminalkommissar, ich habe seit länger als einem Jahr gefühlt, daß sich das Maschengewebe eines nichtsnutzigen, jämmerlich falschen Verdachtes gleichsam um mich zusammenzog. — Lebe wohl, Christa! lebe wohl!

Was für ein Vergehen oder Verbrechen man immer mir auch zur Last legen wird, sei gewiß, Christa: Ich bin unschuldig. Und laß mich denken, daß du immer tapfer und des guten Ausgangs sicher bist. Lebe wohl, lebe wohl, Christa.

Wie gesagt, mir ist wohl, denn der Kampf beginnt. Die Herren sollen mich kennenlernen. Das geduldige Lamm auf der Schlachtbank werde ich ihnen nicht abgeben, sicherlich! Wofür war ich im Krieg? wofür war ich verschüttet, verwundet, wofür habe ich die furchtbare Schule

des blutigen Auge-in-Auge durchgemacht?! — Darf sie bis an den Wagen mitgehen?
RIEDEL. Ohne weiteres, warum nicht.
HERBERT. Also kommen Sie jetzt. *Im Abgehen beginnt bei ihm das Schütteln.* Verfluchtes Schütteln! Es geht vorüber! Das fehlte noch! *Begleitet und umarmt von der weinenden Christa, geht er dann mit allen Kriminalbeamten ab.*
EVELINE MAY. Das hätte man sich nicht träumen lassen.
GOLDSTEIN. Ob es mit der Geldbriefträgerswitwe und ihrem ermordeten Mann zusammenhängt?
EVELINE MAY. Ist es nicht furchtbar, ist es nicht grauenvoll, was jeden Augenblick über einen schuldlosen Menschen hereinbrechen kann?!

VIERTER AKT

Wiederum die Mietsvilla in einem Vorort. Dieselben Räume wie im dritten Akt. Ein halbes Jahr später, also Frühjahr.

ERSTE SZENE

Christa ist häuslich tätig, deckt für den Frühstückstisch. Die Mutter, Frau Kurnick, sitzt in der Nähe und liest Zeitung.

FRAU KURNICK *faltet die Zeitung zusammen.* Wegen Mangels an Beweisen freigesprochen. Überall steht das gleiche: Wegen Mangels an Beweisen freigesprochen.
CHRISTA. Es genügt ihm nicht, und ich kann ihm nicht unrecht geben. Es genügt ihm nicht.
FRAU KURNICK. Freigesprochen, das ist die Hauptsache.
CHRISTA. Ich habe ihn wieder: das ist die Hauptsache. Aber wie, wie habe ich ihn wieder! Der von den Nachwehen des Krieges fast schon zerrüttete Mensch, durch welche Foltern, durch welche Hölle hat er hindurch müssen! Und nun, wegen Mangels an Beweisen freigesprochen: ist das überhaupt freigesprochen? Muß sich ein solcher Mensch nicht vor den Menschen verstecken, der auf solche Weise freigesprochen wird?
FRAU KURNICK. Freigesprochen ist freigesprochen!
CHRISTA. Jeder Mensch, der ihn sieht und erfährt, wer er ist, muß sich natürlich mit Grauen fragen: Hat er den scheußlichen Mord an dem armen Postboten begangen oder nicht? Wir haben die halbe Nacht disputiert, wo wir hin können, wo wir hin sollen. Wir müssen an einen Ort, wo man ihn nicht kennt, wenn er überhaupt wieder Mut zum Leben gewinnen soll. Früher war in solchen Fällen die Rettung Amerika. Heute bekommt er keine Einreise, geschweige die Erlaubnis zu dauerndem Aufenthalt. Außerdem haben wir ja kein Geld. Und wenn er wirklich wieder so weit ruhig geworden ist, daß er schreiben kann, wird es ihm schwer genug werden, selbst unter angenommenem Namen, seine Sachen anzubringen.
Gewiß, er ist wie ein Löwe in den Kampf um seine Ehre und seine Unschuld hineingesprungen. Er hat seinen Freispruch durchgesetzt, aber er selber nennt es einen Pyrrhus-

sieg, was er erstritten hat. »Vielleicht wäre mir wohler, wenn ich verurteilt wäre«, hat er heute nacht drei- oder viermal zu mir gesagt.

Im ersten Augenblick, als wir uns auf dem Flur trafen, nach dem Spruch der Geschworenen, als man ihn in Freiheit gesetzt hatte, da hing er schluchzend an meinem Halse, da war es eine glückselige Erschütterung. Aber dann kam eine Nacht, Mutter, eine Nacht — ich werde denken an diese Nacht! Es war eine Nacht mit einem Wahnsinnigen. Mutter, es ist etwas Furchtbares, wenn der Geist eines Menschen, den man so liebt, wie ich Herbert liebe, einem zusehends fremder und fremder wird, bis schließlich nichts von dem, was man an ihm geliebt, mehr zu erkennen ist. Es gibt da Augenblicke, Mutter, wo ich mich frage, warum ich mit einer so namenlosen Qual seine Befreiung aus dem Gefängnis ersehnt habe.

FRAU KURNICK. Du hast diese Ehe ja gewollt, mich kostet sie viele Jahre Leben. Wo aber sind Kinder je der besseren Einsicht ihrer Eltern gefolgt?!

CHRISTA. Diesen Schuft hätte ich sollen heiraten? Hast du gesehen, wie der Major bei der Verkündung des Freispruchs höhnisch herausplatzte? wie er seine Umgebung so, als wollte er sagen: Herr, wie groß ist dein Viehstall!, gleichsam händeringend anguckte?

FRAU KURNICK. Er haßt eben Herbert, aus Eifersucht.

CHRISTA. Nein, Mutter, das ist nicht Eifersucht. So weit versteigt sich die Liebe von Major Riedel zu deiner Tochter nicht. Einer solchen Liebe ist er nicht fähig. Sein Haß ist ebenso wie der Haß dieses Kohlrausch ein angeborener. Es ist der Haß, mit dem der Hund eine Katze haßt, ein irgendwie elementarer, grundloser, instinktiver Haß, dem Rache nur um der Rache willen natürlich ist. Ich hätte mich eher umgebracht, als einen solchen Menschen zu heiraten.

FRAU KURNICK. Nun, du hast eben Herbert geheiratet und mußt eben sehen, wie du mit dieser Tatsache fertig wirst.

CHRISTA. Mutter, ich werde bei Herbert ausharren!

FRAU KURNICK. ...was dir noch manche schlaflose Nacht verschaffen wird.

CHRISTA. Hundert, tausend schlaflose Nächte, dann gewöhne ich mir das Schlafen ab. Der soll noch geboren werden, Mutter, der mich von ihm losreißen könnte.

FRAU KURNICK. Wenn man ihn aber zu lebenslänglichem Zuchthaus verurteilt hätte?
CHRISTA. Erst recht würde ich dann seine Frau geblieben sein.
FRAU KURNICK. Du weißt nicht mehr, was du redest, Christa.
CHRISTA. Weißt du, was ich für einen Verdacht habe?
FRAU KURNICK. Nein — aber äußere ihn lieber nicht.
CHRISTA. Dann will ich ihn lieber für mich behalten.
FRAU KURNICK. Ja, behalt ihn lieber für dich.
CHRISTA. Warum soll ich ihn lieber für mich behalten?
FRAU KURNICK. Träfe er zu, so ist es immer besser, wir berühren ihn nicht.
CHRISTA. Und daß er zutrifft, Mutter, daran zweifle ich nun, nach dem, was du eben gesagt hast, keinen Augenblick.
FRAU KURNICK. Was ist da zu tun? ich weiß es nicht.
CHRISTA. Du trägst einen Fluch in unsere Beziehungen.
FRAU KURNICK. Einen Fluch in eure Beziehungen? ich?!
CHRISTA. Ja, du, du, du! du ganz allein, Mutter!
FRAU KURNICK. Ich mache dich für das, was du in deinem jetzigen Zustand sagst, nicht verantwortlich. Wenn aber ein Fluch in deiner Beziehung zu Herbert ist, ich habe ihn ganz gewiß nicht hineingetragen. Meine Warnungen schon widerlegen das.
CHRISTA. Von deinen Warnungen ist nicht die Rede. Jetzt, heut machst du uns unglücklich!
FRAU KURNICK. Warum? So kann ich ja gehen, Christa.
CHRISTA. Weil ich es deinen Augen ansehe, daß du...
FRAU KURNICK. Meinen Augen siehst du was an?
CHRISTA. ...daß du auf seiten der andern bist!
FRAU KURNICK. Auf seiten der andern bin ich nicht.
CHRISTA. Aber auch nicht auf unserer Seite.
FRAU KURNICK. Christa, hör auf, es führt zu nichts! Du bist mein Kind. Das Schicksal Herberts mag bitter sein, es geht mir natürlich menschlich nah. Aber nur deine Verknüpfung mit diesem Schicksal ist es, wodurch es mir so besonders furchtbar wird. Auch ich schlafe ja schließlich nur noch nach Schlafpulvern. Ich zweifle wahrhaftig nicht daran, daß der Freispruch kein Fehlspruch ist, aber sage doch selbst — du stehst ihm ja hundertmal näher als ich —, fängst du nicht immer wieder von vorne an? Bist du denn mit Erwägungen, Grübeleien und scheinbar überzeugenden Nachweisen seiner Unschuld jemals fertig geworden? Du drehst dich ja immer im Kreise herum, ohne jemals zur

Ruhe zu kommen. Er ist unschuldig, gut, ich zweifle nicht. Aber kann man in Menschen hineinsehen?

CHRISTA. Mutter, schweig! oder du findest mich heut oder morgen am Fensterkreuz aufgehängt!

FRAU KURNICK. Das wirst du nicht tun. Du hast für ein Kind zu leben, das unsere einzige Hoffnung ist.

CHRISTA. Ich sollte dem Kind eines Mörders das Leben geben?

FRAU KURNICK. Er ist freigesprochen! wer dürfte das sagen, Christa?!

CHRISTA. Du würdest es aber denken, Mutter.

FRAU KURNICK. Herbert stammt aus guter Familie. Justizrat Raumer hat ihn aus Freundschaft für seinen Vater verteidigt. Er sagte ja auch, Herbert zeigte als Knabe, als Gymnasiast, als junger Student vorzügliche Anlagen. Dann kam der Krieg. Warum sollte eine Tochter von ihm, ein Sohn von ihm nicht zu einem ordentlichen und glücklichen Menschen heranwachsen?

CHRISTA. Justizrat Raumer kommt durch den Garten, ein Auto steht vor dem Gartentor. *Sie geht hinaus, ihm entgegen.*

ZWEITE SZENE

Justizrat Raumer tritt, geleitet von Christa, ein.

RAUMER. Also nochmals, ich gratuliere, gratuliere von Herzen, Frau Engelmann. — Frau Pastor Kurnick, wir haben allen Grund, mit dem Resultat zufrieden zu sein. Die Haltung des Gerichtes, die ärztlichen Gutachten, die merkwürdige Zähigkeit der Kriminalbeamten, auch der anderen Zeugen und die Undurchsichtigkeit, die vollständige Undurchsichtigkeit der Geschworenenbank ließen das Schlimmste befürchten.

CHRISTA. Aber er ist nur mangels an Beweisen freigesprochen.

RAUMER. Er ist freigesprochen: das ist die Hauptsache. Machen Sie sich gefälligst klar, daß jede andere Wendung den Henker für ihn bedeutet hätte. Nun ist er frei, die Welt ist groß, und er kann arbeiten.

FRAU KURNICK. Wie doch überhaupt ein solcher Verdacht sich auf ihn richten konnte?

RAUMER. Das weiß man nicht. Das weiß ich nicht. Es ist aber nach der Dünung, die der Sturm des Krieges zurückgelassen hat, nicht wunderlich. Die geforderte ⟨Kriminalität⟩ Härte des Krieges läßt sich über Nacht nicht abblasen. Das schafft einen Zustand, wo man jedem alles zumutet. Übrigens hat mir Herbert seine Verteidigung nicht immer leicht gemacht.

FRAU KURNICK. Er muß Ihnen ewig dankbar sein.

RAUMER. Ich kenne Herbert, wie Sie ja wissen, von Jugend auf. Ich mußte ihn schon in der Wiege bewundern. Sein Vater und ich waren Schulkameraden, machten zu gleicher Zeit das Abiturium, wurden ebenso gleichzeitig Referendare etc. Es ist mir eine Genugtuung, daß ich meinem verstorbenen lieben Freunde diesen posthumen Dienst leisten konnte.

Herbert war immer ein Sorgenkind. Bis zu drei Jahren traten bei ihm krampfartige Störungen auf, die von den Ärzten als epileptiform bezeichnet wurden. Ungewöhnlich ist das wohl nicht, zumal da sie später völlig aufhörten. Er war ein Junge von besten Anlagen. Es gab für ihn keine Schwierigkeit. Mit Leichtigkeit, fast ohne zu arbeiten, durchflog er das Gymnasium. Aber man mußte ihn zweimal umschulen, weil er von gewissen originalen Gedanken und Ideen nicht abzubringen war, die er selber in Menge produzierte und die dem Geist der Schule ins Gesicht schlugen. Er hat ja nur zwei Semester studiert, bevor er als Freiwilliger unter die Fahnen trat. Aber er wurde sogleich auffällig. Man konnte nicht über ihn hinwegsehen. Professoren der kleinen Universitätsstadt, mit denen ich jetzt wieder über ihn sprach, haben es mir aufs neue bestätigt. Ich meine, er sollte diesen Weg nehmen und sein juristisches Studium dort wieder aufnehmen, wo er es liegengelassen hat.

CHRISTA. Aber die Mittel, wo soll man die hernehmen?

RAUMER. Das ist nicht anders. Man muß sich hindurchwinden, man muß sich heute hindurchwinden, liebe junge Frau. Natürlich kompliziert sich die Angelegenheit, weil er verheiratet ist. Vergeben Sie mir meine Offenheit. Aber schließlich, Sie haben ja Ihre Frau Mutter. Warum soll sie Ihnen in der Fremdenpension nicht Wohnung und Kost geben, wie sie Ihnen, bevor Sie verheiratet waren, Wohnung und Kost gegeben hat.

CHRISTA. Und Herbert?

RAUMER. Herbert muß für sich selbst sorgen. Übrigens ist das eine Sache, die heute das Los unzähliger armer Studenten ist. Die Not dieser jungen Leute ist groß, aber ihr Idealismus noch viel größer. Viele sind ohne Unterkunft. In den Nächten arbeiten sie als Straßenräumer, Kellner, Klavierpauker, schlafen im städtischen Obdach während des Winters und in Bahnhöfen. Im Sommer natürlich bei Mutter Grün, um tagsüber die Kollegs zu besuchen.

CHRISTA. Um Gottes und Christi willen nein! Dort soll man ihn wieder hinunterstoßen?!

RAUMER. Gut, ich verstehe Sie, beste Frau Christa.

CHRISTA. Wenn er nochmals in diese Schichte hinuntersinkt, dann steh' ich für nichts, dann wird vielleicht Wahrheit, was jetzt Gott sei Dank nur wie ein böser Traum auf uns lastet.

RAUMER. Sie haben nicht unrecht, ich meine das nicht. Ich werde Mittel und Wege finden, ich habe schon Mittel und Wege gefunden, daß das vermieden wird. Es war nur das Beispiel des Idealismus dieser jungen Leute, an das ich anknüpfe. Er ist es, dieser Idealismus ist es, der in ihm wieder lebendig werden muß.

CHRISTA *geht umher.* Oh! oh! oh! ich fürchte, ich fürchte... zu spät, zu spät! einen idealistischen jungen Studenten macht man aus dem heutigen Herbert nicht.

RAUMER. Aber man kann seinen Wissenshunger aufwecken. Ich werde eingehend mit ihm reden. Eine kleine Universitätsstadt, Jena, Heidelberg oder so, wo sich sein Nervenleben wieder beruhigt. Unter die Heilfaktoren, die für ihn wichtig sind — das sagt auch der Arzt —, gehört die Konzentration auf ein Studium. Der Ofen raucht, der Ofen ist undicht geworden. Das Feuer des Geistes muß wieder begrenzt werden. So ist es für ihn und seine Umgebung eine ständige Feuersgefahr. Wohltätig ist des Feuers Macht und so fort und so fort, wenn sie der Mensch bezähmt, bewacht und so fort.

CHRISTA. Und mit diesem Makel, »wegen Mangels an Beweisen freigesprochen«, glauben Sie an die Möglichkeit, daß sich Herbert noch eine ehrenvolle juristische Karriere auftun könnte?

RAUMER. Bei seinen juristischen Fähigkeiten glaube ich das. Nicht als Anwalt, nicht als Richter oder Staatsanwalt, denn das widert ihn an, davon will er nichts wissen. Vielleicht aber auf dem Wege der Wissenschaft durch bedeutende wissenschaftliche Arbeiten. Ich kenne ihn, ich weiß genau, er wird sich auf diesem Gebiet einen Namen machen. Dazu kommt die Zeit. Die heutige Zeit ist noch immer krankhaft aufgeregt. In vier oder fünf Jahren wird man vieles entschuldigen, vieles verstehen, was in diesen überreizten Zeiten geschehen ist. ⟨Übrigens bin ich herausgekommen, weil mir daran liegt, daß Ihr Mann sich richtig verhält, wenn gewisse Dinge an ihn herantreten sollten. Nämlich die Gegenseite rast. Der Staatsanwalt und mit ihm alle Vertreter der Anklage bis herunter zum Kriminalkommissar sind außer sich. Ich kann es mir zwar nicht denken, aber immerhin ist es möglich, daß sie einen Weg zur Wiederaufnahme des Verfahrens ausfindig machen.⟩

DRITTE SZENE

Herbert tritt ein.

HERBERT. Vieles entschuldigen, vieles verstehen! Also doch, ich habe mich nicht getäuscht, als ich die Stimme des Herrn Justizrat Raumer zu erkennen glaubte.
RAUMER. Nun, ich mußte doch mal nach dem Rechten sehen. Nun, wie ist Ihnen denn, da Sie wieder auf freiem Fuße sind?
HERBERT. Bin ich denn wieder auf freiem Fuße?
RAUMER. So dürfen Sie sich wahrhaftig fühlen.
HERBERT. Ich wurde wegen Mangels an Beweisen freigesprochen. Es fehlten also nur die Beweise meiner Schuld. Darum, weil die Beweise fehlten, konnte ich freilich nicht bestraft werden. Aber die Schuld bleibt auf mir sitzen.
RAUMER. Nein, es ist auch wieder nur der strikte Erweis nicht erbracht, daß Sie unschuldig sind. In den Augen der Welt sind Sie demnach weder schuldig noch unschuldig. Ihre Sache ist einfach suspendiert worden.
HERBERT. Demnach stehe ich dauernd unter Verdacht. Es steht also jedem Menschen frei, mich entweder für einen rechtschaffenen Mann oder für einen Mörder zu halten.
RAUMER. Keines von beiden steht jemandem frei.
HERBERT. Man könnte beinahe selber konfus werden.
RAUMER. Bedenken Sie doch, daß binnen weniger als einem Jahre die ganze Sache vergessen ist.

HERBERT. Herr Justizrat, Sie werden mit uns frühstücken. Ich danke Ihnen, daß Sie herausgekommen sind. Ich danke Ihnen für alle Ihre uneigennützigen Bemühungen. Ohne Sie wäre es sicher anders gekommen. Ich würde jetzt in der Zelle Blut schwitzen und bald auf einem letzten Gang dem blutigen, schmachvollen Ende entgegengehen. — Christa, wir haben noch mehrere Flaschen Wein. Ich habe nun doch noch die zwei Stunden tief geschlafen, seit du aufgestanden bist. Sagten Sie nicht gestern, Mama, Sie hätten einige gute eßbare Dinge eingekauft? das wollen wir alles auf den Tisch setzen. Denn unbedingt eine kleine Feier zu Ehren der wiedergewonnenen Freiheit muß sein.

RAUMER. Leider, leider kann ich nicht mitmachen, ich habe um elfeinhalb Uhr Termin.

HERBERT. Was gibt's da schon wieder?

RAUMER. Gattenmord.

HERBERT. Mord, Mord — das geht immer so weiter. Sind Sie einmal auf einem Massenkirchhof gewesen, wie man sie in Belgien, in Frankreich, in Rußland und auch bei uns zu sehen bekommt? Unabsehbares Schilf von Grabkreuzen! Macht man sich klar, daß alle diese Toten, einer wie der andere, unfreiwillig Mörder waren und von anderen unfreiwillig ermordet worden sind?

CHRISTA. Herbert, du kommst von diesen Sachen nicht los. Sprich endlich einmal von etwas anderem!

HERBERT. Von etwas anderem sprechen, ist leicht gesagt.

RAUMER. Wir haben soeben von etwas anderem gesprochen, als wir an Ihre Zukunft dachten. Und, um keine Zeit zu verlieren, ich machte und mache folgende Vorschläge: Diese Wohnung geben Sie auf. Sie tauchen in der studentischen Welt unter. In der studentischen Boheme werden Sie in keiner Weise, wie es immerhin in bürgerlichen Kreisen möglich wäre, peinlichen Zwischenfällen preisgegeben sein. Inzwischen geht Ihre Frau auf ein, zwei, drei Jahre, während Sie Jura studieren, zu ihrer Mutter. In dieser Zeit sind Sie, dessen bin ich gewiß, ein guter Jurist, vielleicht einer unserer besten geworden. Ich war erstaunt, und man war allgemein erstaunt, wie sehr Sie, allein durch Ihren Prozeß, bereits in die Materie hineingewachsen sind.

HERBERT. Mama, die Gänseleberpasteten und, liebe Christa, den Wein, den Wein!

Frau Kurnick und Christa ab.

RAUMER. Um Ihnen diesen Weg zu ermöglichen, ist es mir gelungen, Ihnen eine monatliche Unterstützung von hundert Goldmark auf zwei Jahre sicherzustellen. Können Sie etwas dazuverdienen, gut. Aber ich würde mich nicht zersplittern.

HERBERT. Bitte, nur einen Augenblick, bevor meine Damen wiederkommen. Man wird mich in eine geschlossene Anstalt bringen müssen, fürchte ich.

RAUMER. Es geht nicht, Sie dürfen sich solche Dinge nicht einreden.

HERBERT. Wenn es nur das wäre! Aber ich rede mir noch ganz andere Dinge ein. Ich habe, man hat das festgestellt, zwei Tage nach Ermordung des Briefträgers in einer Bank im Norden Berlins 2500 Mark eingezahlt.

RAUMER. Aber Sie haben glaubhaft zu machen gewußt, daß Sie das Geld in der Tasche eines alten Rockes Ihres Vaters gefunden hatten, als Sie ihn anzogen. Sonst wären Sie doch nicht so töricht gewesen und hätten das Geld, wenn es nämlich verräterisches Geld gewesen wäre, auf einer Bankfiliale niedergelegt.

HERBERT. Vielleicht bin ich trotzdem so dumm gewesen.

RAUMER. Jetzt schweigen Sie. Das Amtsgeheimnis hat Grenzen, guter Freund.

HERBERT. Sie werden mir nun wohl also das Reifezeugnis für eine geschlossene Anstalt erteilen müssen.

RAUMER. Wenn Sie so weiterreden, gewiß.

HERBERT. Ich bin einmal volle acht Tage in einem Dämmerzustand herumgelaufen. Meine Bekannten haben mir gesagt, sie hätten mir während dieser Zeit etwas Absonderliches nicht angemerkt. Und doch bin ich ohne Bewußtsein gewesen. Denn von dem, was wir in diesen acht Tagen miteinander angestellt hatten, hatte ich nicht die allergeringste Erinnerung.

RAUMER. Machen Sie, daß Sie so schnell wie möglich hier fortkommen. Stürzen Sie sich in das Studentenleben von Jena oder von Heidelberg. Und meinetwegen, wenn solche Dämmerzustände bei Ihnen möglich sind, dehnen Sie Ihre Bewußtlosigkeit von dem Augenblick, als Sie von der Universität fort in den Krieg traten, über den ganzen Krieg bis zu dem Augenblick aus, wo Sie jetzt wiederum im Kolleg sitzen. Sie finden da ohne weiteres einen Arzt an jeder kleinen Universität, der sich ein Vergnügen daraus macht,

Sie in dieser Beziehung mit Hypnose und Suggestion zu bearbeiten.

HERBERT. Justizrat, hier, hier, hier! Es sitzt mir ein Bleiklumpen in der Brust.

RAUMER. Sie sind ja närrisch! Was heißt das: Bleiklumpen! Genießen Sie Ihre Freiheit! Freuen Sie sich!

HERBERT. Wird ihn der kleine Arzt in Jena oder Heidelberg mir durch seine Suggestion auflösen können, den Bleiklumpen?

RAUMER. Das wollen wir hoffen, das gebe Gott. — Aber nun ist es Zeit, ich muß starten, wenn ich meinen Termin nicht versäumen will.

HERBERT. Wissen Sie, was das Schlimmste ist?

RAUMER. Wie meinen Sie das, wie soll ich das wissen?

HERBERT. Daß man sich nicht mitteilen, nicht entspannen, daß man sich nicht ausschütten, nicht einmal gründlich und ganz und voll das Herz entladen kann.

RAUMER. Bevor ich gehe, noch eins, bester Herbert. Vermeiden Sie es jetzt unbedingt, nachdem alles beendet ist, mit der Witwe des bewußten Postbeamten und ihren Kindern in Berührung zu kommen. Sie wissen, wie Ihnen das Interesse für diese Menschen gedeutet und wie verhängnisvoll es Ihnen geworden ist.

HERBERT. Die Witwe von welchem Postbeamten? Ach so, Sie meinen den, um dessentwillen ich wegen Mangels an Beweisen freigesprochen bin?

RAUMER. Und, Herbert, werden Sie endlich wieder ein Mann! Schieben Sie einen Riegel vor. Sie waren ein tapferer Feldsoldat, Sie haben das Eiserne Erster Klasse. Heut sind Ihre Nerven ruiniert. Dieser Zustand macht Sie zum Rohr im Winde. Ein Schwächling mag sich zum Helden entwickeln, aber das traurigste aller Schicksale ist, wenn der Held als Schwächling zugrunde geht.

HERBERT. Sie meinen also, ich könne mich nach diesem Krieg, nach dieser schwarzen Vergangenheit, nach diesem Sturz, in dieser schwarzen Gegenwart wieder aufrichten?

RAUMER. Wenn Sie es wirklich wollen können und den Mut Ihrer besten Stunden aufrufen, können Sie das.

HERBERT. Im Bewußtsein des noch immer überzeugten Staatsanwalts und einer ganzen Menge von lauernden Augen, die mich eines Raubmordes nach wie vor schuldig halten?

RAUMER. Ja, ja! Was geht Sie das an?
HERBERT. Ich werde mit mir zu Rate gehen. *Er entfernt sich, nachdem er dem Justizrat bewegt die Hand gedrückt hat, ins Nebenzimmer. Der Justizrat ist allein. Christa kommt, Wein und verschiedene Delikatessen auf einem Tablett tragend.*
CHRISTA. Wo ist denn Herbert?
RAUMER. Hier nebenan. Leider, Frau Christa, muß ich fort. Halten Sie nur, ich bitte Sie, daran fest, was wir besprochen haben und was unbedingt geschehen muß. Ich habe Herbert nicht gut gefunden. Voller Hoffnung, voller Dankbarkeit gegen das Schicksal, voller Freude, voller Elastizität, voller Pläne, geradezu überschwenglich hatte ich ihn zu finden gehofft — gestern sah er dem Tod ins Auge, und heute ist ihm die ganze weite und große Welt wiedergeschenkt! — Wen das nicht berauscht, um den ist mir bange. Ich nehme an, daß der Aufschwung noch kommen wird. Halten Sie jedenfalls den Nacken jetzt doppelt steif. Morgen hören Sie wieder von mir, Frau Christa. *Christa beißt sich auf die Lippen, hat die Augen voll Tränen und sagt kein Wort. Der Justizrat geht.*

VIERTE SZENE

Herbert kommt wieder.

HERBERT. Wie stellst du dich zu der Sache mit Heidelberg?
CHRISTA. Ich sage natürlich dazu nicht nein, nämlich wenn du diesen Ausweg für richtig findest.
HERBERT. Ausweg, jawohl, das richtige Wort.
CHRISTA. Ich habe mir nichts dabei gedacht.
HERBERT. Dein Gefühl ist aber ganz richtig, Christa. Wenn ich auch heute auf freiem Fuße bin, so bin ich doch in anderer Beziehung noch immer in Gefangenschaft.
CHRISTA. Weil du von dem Verdacht noch nicht gänzlich gereinigt bist?! — Weißt du, Herbert, welche schauerliche Erfahrung ich in den letzten Tagen an mir gemacht habe? Ich habe in mir eine schreckliche Fähigkeit entdeckt: ich könnte morden, und zwar ganz kaltblütig. Diesen Riedel zum Beispiel könnte ich morden, der ganz gewiß diesen widersinnigen Verdacht gegen dich zuerst aufbrachte. Er ist es auch, der das ganze Kesseltreiben veranstaltet hat.

HERBERT. Also wirklich, du könntest morden, Christa?
CHRISTA. Gott ist mein Zeuge: diese Kanaille sicherlich!
HERBERT. Das ist, ich meine, wenn dieser Zustand eintritt, ein seltsamer Augenblick. Den hast du nun also auch erlebt, Christa?
CHRISTA. Erlebt! Erlebt! Mir wurde eiskalt, mir starben dabei die Glieder ab.
HERBERT. Wie war es bei mir? Ich will mal nachdenken. — Ich sah etwas Rotes, fällt mir ein. Nicht groß. Eine mittelgroße Muschel. Es konnte auch eine Mohnblume sein, die sich auf und zu und auf und zu machte. Oder auch eine Qualle meinethalb. ⟨Es war damals, damals, als die Medusa mir ihr Gesicht zeigte ([Frühere Fassung] als das Bewußtsein des großen Betrugs, des großen Mißbrauchs, den man mit meiner Person getrieben hatte, über mich kam, als mein Vaterland mir sein wahres Gesicht zeigte.)⟩ Ich war nach unsäglichen Kämpfen und Leiden in die Heimat zurückgekehrt. Mit offenen Armen, dachte ich, wirst du empfangen sein, Preis, Ruhm und Ehre wirst du einheimsen, denn das hatte man dir ja beim Auszug in der goldenen Wolke gezeigt. Aber um mal von diesem Auszug zu sprechen, mit klingendem Spiel, bekränzt und so fort und so fort, damals warst du schon nicht mehr lebendig. Der Mord, den du später erlittest, war an dir moralisch bereits ausgeführt. Du galtest nicht mehr, du warst nicht mehr. Man log dir etwas vom Leben vor, und damit du nicht etwa vom Tode aufwachtest, in doppelzüngiger Weise von Unsterblichkeit. Ja, Leichname läßt man sich wohl gefallen, aber wehe dem Leichnam, der wider die Abrede heimkehrt und lebendig ist!
CHRISTA. Willst du Kaffee?
HERBERT. Nein, lieber gleich ein, zwei, drei Gläser Wein, Christa! *Er trinkt.* Also bist du nun auch so weit, daß du kaltblütig töten könntest?
CHRISTA. Natürlich nur einen schurkischen Feind.
HERBERT. Ich habe auch andere töten müssen, es wurde uns ja zur Pflicht gemacht.
CHRISTA. Ach, wenn man doch von dem allen einmal loskommen und weit fort könnte! Aber so bohrt, wühlt, würgt, dreht sich das alles immer wie eine tausendrädrige Maschinerie in einem herum.

HERBERT. Obgleich ich dich immer noch mit dem Letzten und Schwersten verschont habe.

CHRISTA. Was das heißen soll, Herbert, verstehe ich nicht.

HERBERT. Wenn du nicht gewesen wärest und wenn mir nicht an dir und deiner Liebe und deiner Achtung und deinem Verstehen alles gelegen wäre und wenn ich nicht Mitleid mit dir gehabt hätte, ich hätte meine Verteidigung, wie ich es anfangs wollte, auf einer besseren Grundlage, kühner und freier durchgeführt.

CHRISTA. Der Ausgang wäre darum kein besserer gewesen, glaube mir.

HERBERT. Wie kannst du das sagen? Kennst du die Grundlage? Christa, schließen wir für eine halbe Stunde alle Türen zu ...

CHRISTA. Ach, bitte, nein, du machst mir ja Angst, Herbert.

HERBERT. Ich kann dich nun nicht mehr schonen, Christa, wenigstens, wenn ich vom Leben noch irgend etwas erwarten soll.

CHRISTA. Tu es nicht, ich bin zu schwach, Herbert.

HERBERT. Wenn du zu schwach bist, liebst du mich nicht.

CHRISTA. Ich liebe dich, aber schone dein Kind, Herbert. Sage mir nichts! erzähle mir nichts! ich folge dir bis ans Ende der Welt, weil ich weiß, daß du unschuldig bist.

HERBERT. Welcher Mensch auf der Erde ist unschuldig?

CHRISTA. Du! du! bis ins Innerste deines Herzens, deiner Seele, deines Gewissens kenne ich dich. Willst du, so renne ich durch die Straßen Berlins und schreie es aus wie ein Marktschreier, daß du unschuldig bist.

HERBERT. Aber wenn ich nun sage, daß ich, der Mißbrauchte, der Betrogene, der Belogene mit einem Betrug, einem Mißbrauch deiner Person, kurz, einer Lüge gerade zwischen mir und dir nicht leben kann —

CHRISTA, *umgewandelt, mit schneller, bleicher Entschiedenheit.* Dann müssen wir beide gemeinsam sterben!

HERBERT. An ein gemeinsames Leben in der Wahrheit glaubst du also nicht.

Völlig verändert, eine bleierne Blässe im Gesicht, geht Christa auf und ab.

CHRISTA. Entschuldige, ich bewege mich, weil mir wieder die Glieder abstarben.

HERBERT. Ahnst du, Christa, wie mir in diesem Augenblick zumute ist?

CHRISTA. Ich weiß es nicht, ich weiß es nicht.
HERBERT. Ohne mich zu verfluchen, ohne mir ins Gesicht zu speien, erträgst du mich?
CHRISTA. Ich habe es von Anfang an gewußt! Glaube doch nicht, daß ich es jemals nicht gewußt habe. Daß du eine blutige Last auf dem Gewissen mit dir herumtrugest, habe ich am zweiten Tage, nachdem du mich auf der Straße angesprochen hattest und du hernach in unsere Pension gezogen warst, gewußt.
HERBERT. Du hast es gewußt? du hast es gewußt, Christa? *Er rutscht an ihr herab auf die Knie. Sie macht sich los.*
CHRISTA. Verzeih mir, Herbert, es schaudert mich.
Nun wäre die Frage: Haben wir Mut, Herbert?
HERBERT. Den Ausweg ins Leben siehst du nicht?
CHRISTA. Die Luft ist gereinigt zwischen uns. Es ist erstaunlich, wieviel leichter mir auf einmal das Atmen wird. — Komm, nun wollen wir ruhig frühstücken.
Beide nehmen am Tisch Platz.
HERBERT. Seltsam, mein Hirn hat gebrannt, mein Herz hat gerast — auf einmal ist alles abgekühlt. Leben und Tod sind mir plötzlich gleichgültig.
CHRISTA. Auch mein Haß gegen Riedel brennt nicht mehr. *Während des Frühstücks.* Warum waren denn nun aber die Einzelheiten deiner Tat so grauenhaft?
HERBERT. Ich bin nicht allein gewesen, ich weiß es nicht. Sobald man begonnen hat, ist man wahnsinnig.
CHRISTA. Mit kühler Überlegung gesprochen: du hast vorher und nachher furchtbar gelitten und alles vor Gott und Menschen abgebüßt.
Herbert steht auf, streicht sich durchs Haar, geht befreit auf und ab.

⟨HERBERT. Das hast du gesagt? Du hast mich entsühnt, Christa. Nun jetzt, eben jetzt in diesem Augenblick läßt mich der Himmel etwas sehen, etwas erkennen, etwas fühlen, was mit den Höllensümpfen, aus denen es stieg, keine Berührung mehr hat. Namen können es nur besudeln, ich nenne es nicht. Aber sterben, jetzt sterben, wo ich es gefunden habe, wo ich es mit tiefem, unendlichen Staunen erkannt habe — sterben will ich nicht.
CHRISTA. Herbert, Herbert, ich liebe dich.⟩

Oktober 1941.

HERBERT. Das hast du gesagt: du hast mich entsühnt, Christa! Christa, gib mir darauf deine Hand!
CHRISTA. Da, nimm sie, da ist sie — für ewig, Herbert!
HERBERT. Für ewig, Christa, nicht nur auf Lebenszeit!
CHRISTA. Was willst du denn damit sagen, Herbert?
HERBERT. Du hast mich für Zeit und Ewigkeit, Christa, entsühnt: und also kann ich nun ruhig sterben.
CHRISTA. Sterben? Warum jetzt sterben, Herbert?
HERBERT. Weil es so und nicht anders vom Schicksal beschlossen ist.
CHRISTA. Liebster, was hast du? Du bist ja so bleich!
HERBERT. Das hat seine Gründe, geliebte Christa!
CHRISTA. Um Gottes willen, was ist denn geschehen? Du hast doch nicht etwa . . .?
HERBERT. Schon als ich ins Feld ging, nahm ich mir für alle Fälle ein kleines heilsames Pulver mit.
CHRISTA. Mutter, Mutter, komm schnell: er stirbt!
Frau Kurnick tritt ein.
FRAU KURNICK. Herbert, du hast dir was angetan!
CHRISTA. Was soll das heißen? Was meinst du damit?
HERBERT. Nicht traurig! — Ich habe den Frieden gefunden!
CHRISTA. Den haben wir beide gefunden, Herbert!
HERBERT. Liebe vor allem unser Kind! *Er stirbt.*
CHRISTA. Wir beide wollen es lieben, Herbert!
FRAU KURNICK. Es ist vorbei, er hört dich nicht mehr — oder aber er kann nicht mehr antworten.
CHRISTA. Mutter, du meinst doch nicht: er ist tot?
FRAU KURNICK. Ja! Und wo je einem Menschen, wird Gott ihm verzeihen, wenn er freiwillig aus dem Leben gegangen ist.
Christa beugt sich still weinend über den Leichnam. Die Mutter bleibt aufrecht und trocknet die Augen mit dem Taschentuch.

DIE FINSTERNISSE

Requiem

Entstehungszeit: Februar 1937.
Erstveröffentlichung: Einzelausgabe, herausgegeben von Walter
A. Reichart. Aurora (New York), Hammer Press
1947.

DRAMATIS PERSONAE

LUTZ JOEL, Sohn des verstorbenen Kommerzienrats Joel
ESTHER JOEL, geb. Israel, seine Frau
SIEGMUND ISRAEL, deren Bruder, Arzt
PROFESSOR FRIEDLÄNDER
KRONER, Bildhauer
VON HERDBERG, Dichter
FRAU VON HERDBERG
ROTHERFUSS ⎫
AUMILLER   ⎬ Diener im Hause Joel

DER PROPHET ELIAS ⎫
DER JÜNGER JOHANNES ⎬ Erscheinungen
AHASVER ⎬
KOMMERZIENRAT JOEL ⎭

Ort der Handlung: eine kleine schlesische Stadt. Zeit: 1934

Ein hoher Raum. Schwere Renaissance. Lastende Stuckdecke. Nacht. Eine Tafel für acht Personen gedeckt. Das Weiß der Damasttischtücher und -servietten tritt besonders hervor. Kristallglas, schwere Bestecke, ebensolche Armleuchter mit Kerzen. Eine Standuhr mit Glockenspiel schlägt zwölf Uhr.

ERSTE SZENE

Siegfried Kroner und der Diener Rotherfuß treten ein. Rotherfuß ist im Frack.

KRONER. Wann ist er gestorben?
ROTHERFUSS. Samstag vormittag. Wir haben heut Dienstag — schon Mittwoch, da es ja eben zwölf geschlagen hat. Also heute wird er begraben. — Aber Sie müssen sich umziehen.
KRONER. Wo ist die Leiche?
ROTHERFUSS. Drüben im andern Haus.
KRONER. Es wird zu spät sein für die Maske. Man hätte mich früher rufen müssen. Kein Wunder, wenn die Leute dann unzufrieden sind.
ROTHERFUSS. Am besten, wir gehen gleich hinüber. Haben Sie Gips oder Wachs oder was Sie sonst für den Abguß brauchen zur Hand?
KRONER. Natürlich wohl. Es liegt beim Chauffeur. Übrigens lag ich zirka acht Stunden auf der Landstraße. Hätten Sie wenigstens etwas zu trinken? Die Sache geht schnell. Mit dem Essen warte ich bis nachher.
ROTHERFUSS. Der Hausmeister beim verstorbenen Kommerzienrat wird sicherlich eine Flasche Bier haben. — Wir erwarten hier einen Herrn von Herdberg — Sie wissen, den Dichter mit seiner Gemahlin. Er kommt mit dem Auto. Wegen des heftigen Regens wohl stark verspätet. Er war ein Freund des verstorbenen Kommerzienrats. Man wartet mit der Tafel auf ihn.
KRONER. Ich will mich beeilen, so gut es geht. Ich bin mit dem Dichter sehr befreundet.
ROTHERFUSS. Aber — Herr Kroner, Sie müßten sich umziehen. Sie haben doch hoffentlich wenigstens einen schwarzen Rock im Koffer mit?
KRONER. Dies Gewerbe, zu dem die Not mich zwingt, macht ihn zu einer Art Berufskleidung.

ROTHERFUSS. Also kommen Sie! Der Gärtner bringt Sie zum Hausmeister.
Beide gehen ab.

ZWEITE SZENE

Rotherfuß und Aumiller. Aumiller ebenfalls im Frack.

ROTHERFUSS. Was wird mit uns, guter Aumiller?
AUMILLER. Mit dir wird alles beim alten bleiben, Rotherfuß. Denn schließlich, du stehst bei Lutz im Dienst. Ich war bei dem Vater, und der ist tot. Ich sitze mit Weib und Kind demnächst auf der Straße.
ROTHERFUSS. Gott weiß es, ob sich Lutz halten wird. Schlecht Wetter auf einmal für die Juden!
AUMILLER. Himmel, ich beneide sie nicht.
ROTHERFUSS. Wenn man bedenkt: der Kommerzienrat... er hat Rahstadt mit seinen Fabriken groß gemacht. Die Damaste gingen in alle Erdteile. Schlesisches Leinen ist weltberühmt. Er hat auch die Juden nicht vernachlässigt; aber denk an die interkonfessionellen Krankenhäuser, Kinderheime! Und niemand ging ungetröstet von ihm.
AUMILLER. Alles, was recht ist: verbrenn dir nicht deine Schnauze!
ROTHERFUSS. Und heut, statt daß die ganze Stadt hinter seinem Sarge zieht, wird man seinen Tod erst bekanntmachen, wenn er heimlich bei Nacht und Nebel verscharrt worden ist.
AUMILLER. Ein Auto ist eben vorgefahren.
Sie nehmen beide Handleuchter und gehen etwas beschleunigt hinaus.

DRITTE SZENE

Von drei verschiedenen Seiten treten drei Schattengestalten ein und nehmen am Tisch Platz: der Prophet Elias, der Jünger Johannes und Ahasver.

ELIAS. Bist du zu Tische geladen? Bist du von Joel zu Tische geladen?
AHASVER. Ich bin von Joel zu Tische geladen.

ELIAS. Und du, Johannes? Auch du bist geladen?
JOHANNES. Auch ich.
Sie nehmen getrennt voneinander am Tische Platz.
ELIAS. Weiß Joel, daß wir gekommen sind? *Zu Johannes.* Geh, sag ihm, wir sind gekommen.
Johannes entfernt sich schwebend wie ein Gewölk durch eine der Türen.
ELIAS. Dies ist die Last, welche der Prophet Habakuk gesehen hat.
AHASVER. Ich trage von Ewigkeit zu Ewigkeit diese Last. Joel ist tot. Aber Israel stirbt nicht.
Johannes schwebt wiederum herein. Neben ihm Joel in weißen Grabtüchern. Sie nehmen beide Platz, Joel an der Spitze der Tafel.
JOEL. Ich habe vieles im Leben von euch gehört. Nun seid ihr bei mir.
ELIAS, AHASVER, JOHANNES, *gleichzeitig.* Ja!
JOEL. Ihr werdet bittere Speise zu essen bekommen.
ELIAS. Ich habe niemals andere gegessen, Joel.
JOEL. Eßt!
AHASVER. Ich würge an der Speise des Lebens. Die unversöhnliche Grausamkeit stopft sie mir in den Mund. Ich schlafe tags unter marternden Träumen. Ich wandere nachts von Grabstätte zu Grabstätte, gefoltert von lechzendem Todesdurst. Oft schwebt ein taubenflügliger Engel auf mich zu. Endlich! jauchzt es in mir. Aber er bringt einem andern den Tod.
JOEL. Bin ich gestorben?
ELIAS. Ja, du bist's. Und ich der Gesandte des gnädigen Gottes.
JOEL. Kannst du nicht sterben wie der?
ELIAS. Ich lebe auf einer höheren Ebene.
JOEL. Und du? Und du?
JOHANNES. Ich warte geduldig der Rückkehr des allbarmherzigen Gottessohnes auf diese Erde.
JOEL. So bist du denn besser dran als Ahasver?
Johannes blickt auf seinen Teller und antwortet nicht.
JOEL. Eßt!
ELIAS. Und was hast du zu trinken, Joel?
JOEL. Trinkt, saugt an dem gallenbittern Essigschwamm!
Die Erscheinungen verblassen und verschwinden.

VIERTE SZENE

Esther tritt ein mit Rotherfuß und Aumiller.

ESTHER. Ist alles gerichtet?
ROTHERFUSS. Ja, gnädige Frau. — Wir freuen uns, daß Herr von Herdberg und seine Gemahlin nun doch gekommen sind.
ESTHER. Sie freuen sich, Rotherfuß? — Ach so! Sie meinen, weil selbst die wenigen unter den Nichtjuden, die meinem Schwiegervater ganz nahegestanden haben, nicht zum Begräbnis gekommen sind. — Sagen Sie nur in der Küche, man kann anrichten. *Sie prüft die Gedecke.* Hier mein Mann — Frau von Herdberg zur Rechten — neben Frau von Herdberg Professor Friedländer — dann komme ich und dann Herr von Herdberg. — Hier Fräulein Zeiß — sie war zwar nur die Haushälterin des Verstorbenen, aber sie hat ihn ja doch verloren, und so wird Herr von Herdberg über seine Nachbarschaft diesmal nicht böse sein. Da sind nun zwei Gedecke zuviel. Möglich, daß mein Bruder noch kommt. Er steht noch aus, bei den schlechten Wegen. Aber dies Gedeck könnt ihr wegräumen.
ROTHERFUSS. Der Bildhauer aus Berlin hat eben die Maske des Herrn Kommerzienrats abgenommen. Er rechnet darauf, mit am Tisch zu essen.
ESTHER. Ach, dieser Kroner! dieser Kroner! dieses Bleigewicht! — Was rumpelt denn da durch den Torweg, Aumiller?
Die Diener sehen sich an und geben keine Antwort.
ESTHER. Ach ja, ich weiß. Er wird abgeholt. — Ist es still vor dem Tor? oder haben sich Gaffer angesammelt?
ROTHERFUSS *blickt durch die Fenstergardine.* Ganz still, gnädige Frau.
ESTHER. So ist Gott sei Dank das Geheimnis gewahrt worden.
AUMILLER. Kein Mensch in der ganzen Stadt weiß davon.
Lutz Joel tritt herein, im Frack.
LUTZ. Ich höre, die Herdbergs sind eingelaufen.
ESTHER. Ja. Gott sei Dank, daß du da bist, Lutz.
LUTZ. Man ahnt nicht, was alles zu tun ist, bis man einen Verstorbenen unter die Erde bringt. — Ich habe mich auch erst umziehen müssen.
AUMILLER. Der Herr von Herdberg wird ebenfalls im Frack

kommen. Dem Bildhauer Kroner habe ich einen alten vom gnädigen Herrn hingelegt.

LUTZ. Der Bildhauer Kroner! Der Bildhauer Kroner! — Sieh mal, Esther, was Vater in der letzten Nacht vor seinem Tod auf diesen Zettel geschrieben hat!

ESTHER. Ich werde es später lesen, Lutz!

LUTZ *liest.* »Herr, wie lange soll ich schreien, und du willst nicht hören? Wie lange soll ich zu dir rufen über Frevel, und du willst nicht helfen?« — Was war das für ein dumpfes Geräusch im Hof?

ESTHER. Irgend etwas wird auf den Wagen geschoben.

LUTZ *seufzt schwer.* Ja, schließlich wird man zu irgend etwas. — Übrigens Kroner: ein guter Bildhauer! Vater hielt große Stücke auf ihn!

ESTHER. Er höhlt einen aus mit endlosen Fragen.

Man hört wiederum das Rumpeln eines Wagens durch die Toreinfahrt hinaus. Alle stehen lautlos.

LUTZ. So. Das war nun der Augenblick. Alles muß man am Ende zurücklassen. Kroner kam scheinbar noch gerade im letzten Augenblick.

ESTHER. Der Mensch mit seinem Gewerbe wird einem ganz unheimlich. Mir widersteht fast das Essen neben ihm.

LUTZ. Er reist herum und nimmt Totenmasken. Mit seinen Plastiken kann er nicht durchdringen. Was soll er tun, wenn er nicht verhungern will?

ESTHER. Hu! Leichenwäscher und ähnliche Leute mag ich nicht.

Bildhauer Kroner tritt ein, einigermaßen grotesk im schlechtsitzenden Frack. Er hat den Gipsabguß der Totenmaske des Kommerzienrats Joel in der Hand.

KRONER. Guten Abend. Wo darf ich die Gipsmaske abgeben?

LUTZ. Sie hätten sie können dem Hausmeister abgeben.

KRONER. Ich dachte, sie wäre ein Heiligtum. — Übrigens ist die Maske sehr merkwürdig.

LUTZ. Esther, hol ein seidenes Tuch. Wir wollen sie sorgfältig einhüllen und ins Musikzimmer legen.

ESTHER. Sie können sie nebenan auf den Steinway legen.

KRONER. Die Maske ist wirklich überaus merkwürdig. Sie scheint Gesicht und Seele eines ganz anderen Menschen als Ihres Vaters zu sein. Ich kenne ja jeden Zug im Gesicht Ihres Vaters, weil ich eine Büste von ihm modelliert habe. Der Kaufmann, der Fabrikant und — entschuldigen Sie! —

die sitzende Lebensweise, die Wohlhabenheit, der Reichtum und gewissermaßen die Fettlebe waren ihm anzusehen.

LUTZ. Wie meinen Sie das — was heißt das: Fettlebe?

KRONER. Ein Mann, der nie ein Hotel zweiten Ranges besucht, in Berlin bei Borchardt und Hiller ißt, eine exquisite Tafel im Hause führt und so fort und so fort. Das ist nun alles wie weggeblasen. Dieses Gesicht hier könnte einem Araber angehören, vielleicht einem Beduinenscheich, sehnig, noch nicht vierzig Jahr, einer, der auf feurigem weißem Hengst durch die Wüste fliegt, den Koran am Sattel hängen hat und den scharfen Säbel immer wieder vom frischen Blute reinigen muß. So einer, von dem Goethe im Diwan sagt: »Laßt mich nur auf meinem Sattel gelten!« und: »Über meiner Mütze nur die Sterne.«

LUTZ. Ich kann in der Tat meinen Vater nicht wiedererkennen.

ESTHER, *ebenfalls in Betrachtung der Maske.* Nein. Es ist wahr.

Aumiller, der sich entfernt hatte, kommt mit einer großen, dampfenden silbernen Suppenterrine wieder.

KRONER. Ich lege sie also auf den Konzertflügel.

Er geht mit der Maske ins Nebenzimmer.

ESTHER. Wir müssen die Herdbergs nun wohl persönlich heraufholen.

Esther und Lutz ab. Kroner kommt wieder.

KRONER, *hinter einem Stuhl am Tisch stehend, zu dem Diener.* Wer leidet am meisten im Hause unter dem Tod des Kommerzienrats?

ROTHERFUSS. Mit den Söhnen stand er sich nicht. Gut stand er sich mit der Schwiegertochter. Ich glaube, daß er Frau Esther Joel am meisten fehlt.

KRONER. Sie ist eine Makkabäerin. Sie müßte von Feuerbach gemalt werden.

ROTHERFUSS. Wenn Sie nur nicht darüber sprechen wollen: Sie ist die allerstolzeste Frau, die sich denken läßt. Ich habe mich oft gefragt, ob es heutzutage auf irgendeinem Throne der Welt eine zweite so stolze Frau geben kann. In ihr ist der unnahbare Stolz und Gram einer entthronten Königin.

KRONER. Ihr seid ja poetisch, hierzulande!

ROTHERFUSS. Oh, ich habe das Gymnasium bis über die Hälfte durchgemacht. Es dauerte dann eine Weile, bis mein Leben diese Wendung nahm. Es hängt mir noch von den alten Tragikern mancherlei an, und das tritt einem nun recht nahe in dieser Zeit, wenn man mit dem, was diese Menschen heut erleben, so eng wie unsereiner verbunden ist.

AUMILLER. Rotherfuß, die Suppe wird kalt werden!

Herr von Herdberg, Frau von Herdberg, Professor Friedländer, Lutz und Esther treten gemeinsam ein.

LUTZ. Darf ich Ihnen, gnädige Frau und Herr von Herdberg, den Bildhauer Kroner vorstellen?

VON HERDBERG. Oh, wir kennen uns indirekt. Sie hatten im vorigen Jahr in der Kunsthandlung Gurlitt eine Ausstellung.

KRONER. Ohne damit dem geringsten Interesse zu begegnen.

VON HERDBERG. Dann außer bei mir. Vielleicht reden wir einmal später davon.

ESTHER. Ich bitte nun, hier, da, dort, Herr Professor hier, Sie da Platz zu nehmen.

Es geschieht, wie sie angedeutet hat. Die Uhr mit dem Glockenspiel schlägt eins.

VON HERDBERG. Die erste Stunde im neuen Tag.

Die Suppe ist aufgetragen worden. Man beginnt zu löffeln. Kurzes Schweigen.

ESTHER, *nach einigen Löffeln Suppe*. Ich will keine großen Worte machen. Aber mir ist es beinahe gleichgültig geworden, ob Tag oder ob Nacht ist.

LUTZ. Wir wollen davon nicht reden, Esther.

VON HERDBERG. Wie ist der alte Herr gestorben?

LUTZ. Plötzlich. In seiner Bibliothek.

VON HERDBERG. Man müßte ihn eigentlich auch darin beisetzen. Er hat ja fast nur noch mit seinen Büchern gelebt.

PROFESSOR FRIEDLÄNDER. Jawohl. Und mit Ping und Pong, seinen beiden Hunden.

LUTZ. Jawohl. Und seinem Eigensinn.

PROFESSOR FRIEDLÄNDER. Der Kommerzienrat hat einen starken Willen gehabt.

LUTZ. Einen unbeugsamen Starrsinn! sagen Sie lieber. Er wollte durchaus noch zu Ihnen nach Ronstock, Herr von Herdberg. Hätte ich ihn nicht zurückgehalten, er wäre an Ihrem Kamin gestorben.

FRAU VON HERDBERG. Er saß gerne abends mit uns an unserm Kamin.

LUTZ. Es war nicht leicht mit dem alten Mann.

VON HERDBERG. Aber er war auch dafür nicht der erste beste! Wir wollen auf sein Andenken trinken.

Es geschieht mit dem Champagner, den die Diener serviert haben.

VON HERDBERG. Warum sollen wir nicht über Ihren Herrn Vater offen sprechen? Sie haben recht, Herr Lutz Joel. Ein Mann seines Schlages kann es vertragen. Er hat seine Unternehmungen großartig ausgebaut. Außer seinen Steuern gab er für die Zwecke der städtischen Wohlfahrt große Summen aus. Orthodox als Jude war er nicht, und doch auch, was sie nicht waren, seinen Glaubensgenossen zu Diensten bereit. Kaisertreu war er bis in die Knochen. Nach Sprache und Seele war er ein Deutscher, und kein zweiter liebte wie er Schlesien, seine Provinz. Das beweist ja wohl schon ohne Worte seine monumentale Bücherei, die alles enthält, was je und je die schlesische Seele, das schlesische Herz, der schlesische Geist hervorbrachte.

LUTZ. Herr von Herdberg, mein Vater hat Sie geliebt. Fast glaube ich: mehr wie seine Söhne.

VON HERDBERG. Wir sind gute Freunde gewesen, nun ja.

PROFESSOR FRIEDLÄNDER. Wenn der Verewigte von Ihnen sprach, hatte er meistens Tränen in den Augen.

VON HERDBERG. Er war gern bei uns auf dem Schlosse, nun ja. Es gab Zeiten, wo er des Anschlusses dringend bedurfte. *Es sind Austern serviert worden.* Erstaunlich: Austern und Kaviar. Ganz frisch. Wo haben Sie das wohl herbezogen?

LUTZ. Ein Schwager von mir, der durchschnittlich hundert Kilometer die Stunde fährt, hat beides im Auto von Hamburg mit heruntergebracht.

KRONER. Ich habe mit dem alten Herrn Joel einmal in London Austern gegessen. Ein Kunsthändler hatte mich kommen lassen. Es wurde mir mit meinen Sachen ein großer Erfolg prophezeit. Leider verlief danach alles im Sande. Da hörte ich, daß der Kommerzienrat im Carlton sei. Und da lud er mich zum Abendessen ein. Schließlich hat er mir noch eine kleine Bronze abgekauft.

PROFESSOR FRIEDLÄNDER. Er half, wo er konnte. Das ist nicht zu leugnen.

ESTHER. Ihre Bronze steht auf dem Schreibsekretär meines Schwiegervaters.

PROFESSOR FRIEDLÄNDER. Der nackte, zusammengekauerte Mann, der sich in sich selbst zu verkriechen scheint?

KRONER. Er will nichts sehen, er will nichts hören.

ESTHER. Wenn's ihm gelingt, tut er recht daran.

KRONER. Wir leben in einer großen Stunde.

LUTZ. Das ist ein Wort. — Wieso, Herr Kroner?

KRONER. Ich lese jetzt viel den Josephus. Titus schleifte Jerusalem.

VON HERDBERG. Ich las jüngst wieder die Makkabäer. Zweihundertundfünfzig Jahre früher ungefähr tat Antiochus so ziemlich das gleiche. Ich kenne kein Schicksal irgendeines Volkes — da wir nun schon einmal dem, was uns alle in diesen Zeiten beschäftigt, nahegekommen sind —, das an Gewalt und tragischer Größe dem des jüdischen Volkes gleichkommt. — Aber verzeihen Sie mir diese Banalität.

LUTZ. Ich könnte aufspringen, ich könnte umherlaufen, ich könnte alle Welt, Gott und den Teufel zum Zeugen aufrufen, daß man uns widerrechtlich, widernatürlich, unsinnig und barbarisch mißhandelt. Aber ich habe diesen Kampf bereits in mir selber ausgekämpft und zum Schweigen gebracht. — Trinken Sie diesen Johannisberger! Sie werden sehen, daß mein Vater von deutschen Weinen etwas verstanden hat.

KRONER. Ich habe nie anders gelebt, wie Sie heute leben. Was Ihnen heute wieder einmal deutlich wird, war mir niemals undeutlich. Glauben Sie nicht, daß ich je irgend etwas anderes als die Klagelieder Jeremias modelliert und in Marmor gemeißelt habe?

LUTZ. Jawohl. Ihre Frau hat darüber geklagt. Sie sollen ja stundenlang in Ihrer verschlossenen Werkstatt zwischen Ihren Bildhauerarbeiten, als wenn Sie gefoltert würden, herumheulen und herumschreien.

KRONER. Und ich habe auch meine Familie hereingeholt. Sie mußten um einen Altar knien, den ich aus Ton gemacht und in Gips gegossen habe. Und ich sprach ihnen vor, was sie nachsprechen mußten: »Herr, wie lange soll ich schreien, und du willst nicht hören? Wie lange soll ich zu dir rufen über Frevel, und du willst nicht helfen?«

LUTZ. Hat das mein Vater von Ihnen, oder haben Sie es von ihm? Denn auf dieses Papier hat er es in der letzten Nacht eigenhändig geschrieben.

KRONER. Wir haben es beide vom Propheten Habakuk. Da steht auch noch ein anderes Wort: »Wehe dem, der die Stadt mit Blut baut und zurichtet die Stadt mit Unrecht!«

VON HERDBERG, *zu Lutz.* Wie stand Ihr Vater im ganzen zu dem plötzlichen Wandel der Zeit?

ESTHER. Davon kam nie ein Wort über seine Lippen.

LUTZ, *zu Kroner.* Wie kamen Sie eigentlich zu solch einem Prügelgefühl? Sie stammen aus einem reichen Hause. Was soll Gott dafür können, wenn Sie Ihr schönes Vermögen verlottert haben?

KRONER. Der Ausdruck ist falsch. Bevor ich Bildhauer wurde, wo ich es hätte brauchen können, habe ich es aus Überzeugung, wie Franz von Assisi, von mir getan.

VON HERDBERG. Da nun einmal unsere Unterhaltung diesen allzu naheliegenden Weg genommen hat und es vielleicht sogar das beste ist, das rückhaltlos vor die Seele zu führen, was ist, ihm ins Auge zu blicken sozusagen, möchte ich auch die Frage tun, ob Sie meinen, daß alle Schuld auf der anderen Seite ist. Wenn Sie zum Beispiel das Buch der Makkabäer lesen, finden Sie bei Judas Makkabäus eine grenzenlose Wut entfesselt, weil die Griechen ein Abbild des olympischen Zeus in den Tempel zu Jerusalem gestellt haben. Und dieser Zeus wird ein Greuel genannt. Ebenso wollten die Römer vor Titus nichts anderes als im Tempel ein Bild des römischen Kaisers aufstellen. Das absolut und durchaus zu verneinen, war das nicht äußerst starrsinnig? Verriet es nicht ein Unverständnis gegenüber allem Nichtjudentum?

LUTZ. Aber wir gerade sind keine Juden in diesem Sinne mehr! Wir haben den Starrsinn aufgegeben! Wir sind ganz aufgegangen in der europäischen, in der deutschen Kultur!

ROTHERFUSS *sagt Esther ins Ohr.* Ihr Bruder ist eben eingetroffen.

ESTHER. Er möchte heraufkommen.

Rotherfuß geht zur Tür und gibt den Auftrag weiter an jemanden, der draußen steht.

LUTZ. Da kommt nun mein Schwager. Ein Deutscher in jeder Faser, in jedem Atemzug. Er war Assistent an der Charité. Er hat seine Stellung verlassen müssen.

VON HERDBERG. Für die Betroffenen bitterste Tatsache. Aber was brauchen wir weitere Beispiele, da Ihr Vater mit seinen Verdiensten um den schlesischen Geist und den deutschen Geist doch das überzeugendste ist! Doch gerade er hat mir manchmal gesagt: seine Glaubensgenossen, wie er sie nannte, hätten doch auch manchen Fehler gemacht.

Ein heftiger Wind stößt ein Fenster auf und einige Türen. In einer der aufgerissenen steht Siegmund Israel.

FRAU VON HERDBERG. Um Gottes willen! Um Gottes willen!

ROTHERFUSS. Es ist nichts, gnädige Frau. Schon seit Wochen ist es trocken und schwül. Das Getreide verdorrt auf den Feldern. So ein Gewitter ist goldeswert! Prozessionen um Prozessionen winseln um Regen.

Die Diener und Lutz schließen Fenster und Türen. Nachdem es geschehen, geht Lutz auf seinen Schwager zu und zieht ihn in den Raum.

LUTZ. Sei herzlich willkommen, wenn auch der Anlaß ein trauriger ist. Hier ist dein Gedeck. Nimm Platz ohne Umstände. Mein Schwager, Dr. Siegmund Israel — Freiherr von Herdberg und seine Gemahlin. Alles übrige kennt sich ja.

Esther steht auf, faßt nach ihrem Herzen.

PROFESSOR FRIEDLÄNDER. Haben Sie eine gute Fahrt gehabt?

SIEGMUND ISRAEL. Wie soll eine schlechte Fahrt gut werden? Eine gute Fahrt müßte schlecht werden, wenn sie einen solchen Anlaß hat.

PROFESSOR FRIEDLÄNDER. Sehr wahr, sehr wahr, Dr. Israel!

SIEGMUND ISRAEL. Warum siehst du mich so erschrocken an, Taube?

ESTHER. Kein Wunder, wenn man in solchen Zeiten Gespenster sieht! ... weil du mir so gänzlich verändert scheinst, Siegmund!

SIEGMUND ISRAEL. Ich bin auch grundgründlich verändert, Taube. Ich bin anderthalbtausend und mehr Jahre jünger geworden.

VON HERDBERG. Die vielen Umleitungen sind dieses Jahr ganz unerträglich.

SIEGMUND ISRAEL. Ganz unerträglich! Nur zu wahr! Aber alle Straßen sind unerträglich! alle Fahrten sind unerträglich! alles Wandern ist unerträglich! Ich traf den Wagen mit dem Sarg des Kommerzienrats. Diese Fahrt — und nur diese — würde nach meinem Sinne sein. Ich würde sie ihm mit Freuden abkaufen.

LUTZ. Nimm dir die Sache mit deiner verlorenen Stellung nicht so zu Herzen, Siegmund.

SIEGMUND ISRAEL. Vor eine Lokomotive, wie Professor Rahn und Geheimrat Landsberg, werde ich mich nicht werfen.

Es würde mir auch durchaus nichts nützen. Diese Auskunft Senecas und Marc Aurels habe ich nicht.

LUTZ. Was ist dir, Esther?

ESTHER. Ich weiß es nicht.
Sie ist aufgestanden und wankt gegen die Tür. Lutz geht ihr nach und stützt sie.

ESTHER. Entschuldige mich bei den Gästen! Ich ruhe mich nur einen Augenblick. *Sie faßt sich an die Stirn und rafft sich.* Nein! Man wird sich in solchen Minuten nicht gehen lassen! Herr von Herdberg hat recht: Man muß der nackten Wahrheit ins unversöhnliche Auge sehen.

SIEGMUND ISRAEL. Ja, Taube, du bist eines Hohenpriesters Tochter! Du hast den Herodes abgewiesen, hoch und stolz, als er dich um Liebe anbettelte. Du hast das Mysterium Juda durch die Zeiten getragen bis heut.

ESTHER. Ich höre nur immer Worte an mein Ohr schlagen und weiß nicht, ob sie gesprochen werden und wer sie spricht. Mir ist, wenn ihr mich anhören wollt, als ob wir auf einer schwarzen Arche beisammen wären, auf schwarzen Wogen, in schwarzer Luft. Spreche ich, oder spreche ich nicht? Die schwarze Arche schwimmt durch die schwarzen Zeiten. Das Wasser, mit dem sie flutet, verläuft sich nicht. Wir sind die Bürger der Sintflutgewässer. Stets log uns noch jeder Ararat.

SIEGMUND ISRAEL *erhebt sich.* So halten wir denn den schwarzen Schild der eisernen Wahrheit über uns. *Er verschwindet. Es ist eine allgemeine Erregung ausgebrochen. Professor Friedländer und Lutz sind um Esther bemüht, die bewußtlos geworden scheint. Kroner geht auf und ab und hält sich mit beiden Händen die Schläfen.*

KRONER. Was ging da vor? Stehen wir noch in der Wirklichkeit?

VON HERDBERG. Ich muß gestehen, mir war, als wäre die Luft mit Magie geladen. Irgendeine Hypnose kam über uns. Das Gewitter war schuld und der Wolkenbruch, nehme ich an. Aber wir wollen ins nüchterne Dasein zurückkehren.

KRONER, *mit schwachem Pathos.*
> Wo bist du hin verschlagen, schwarzer Nachen?
> Ihr aber, die er trägt, wo kommt ihr her?
> Ich muß euch heilig nennen, unterm Wind
> des Fluchs, der eure schwarzen Segel bläht.

Es ist nun so, als habe das einsetzende Gewitter die Gesellschaft derangiert, die Diener abgelenkt und man finde sich nun in die Ordnung zurück.

PROFESSOR FRIEDLÄNDER. Das Wetter ist vorübergezogen. Der Sternenhimmel ist wieder da.

VON HERDBERG, *zu Kroner.* Wo haben Sie diese Verse gefunden?

KRONER. In meinem Kopf! Ich habe sie an die Plinthe einer Sintflutgruppe gesetzt.

ESTHER, *sich zwingend, mit weit aufgerissenen Augen, noch aufrecht.* Der Sternenhimmel ist wieder da! Der Sternenhimmel! der Sternenhimmel!

VON HERDBERG. Jawohl. Und es liegt ein Trost darin. Was ist ein Menschenschicksal dagegen! Wie groß und erhaben kann wohl ein Schicksal sein, das sich um uns armselige Menschlein überhaupt bemüht!

ROTHERFUSS. Servieren wir weiter, gnädige Frau?

LUTZ. Den Château d'Yquem, Rotherfuß!

ROTHERFUSS. Aumiller hat ihn schon in Händen.

VON HERDBERG, *dem Aumiller eingießt.* Flüssige Sonne nannte ihn der Kommerzienrat.

KRONER. Flüssige Sonne! Flüssige Sonne!

PROFESSOR FRIEDLÄNDER. Mir ist, als sei er noch unter uns.

VON HERDBERG. Ich weiß nicht, ob es die Tibetaner sind, die behaupten, die höchste Erkenntnis gewinne man im Augenblick des Todes.

PROFESSOR FRIEDLÄNDER. Sie sagen auch, der Tote habe zunächst nach dem Übergang gar nicht das Bewußtsein, nicht mehr unter den Menschen zu leben, ja er lebe unter den Menschen und begreife nicht, daß man ihn weder höre noch sehe.

KRONER. Ich glaube, wir haben etwas erlebt. Ich glaube, der Tote war gegenwärtig.

LUTZ. Reden Sie doch nicht solchen Unsinn, Kroner!

VON HERDBERG. Standen wir wirklich in einem Mysterium — und was ist schließlich nicht Mysterium! —, so soll man nicht nach dem Wahr oder Falsch fragen. Hat Herr Kroner etwas dergleichen gefühlt: mir ging es ähnlich, ich muß ihm recht geben.

PROFESSOR FRIEDLÄNDER. Es gibt Wellen und Fluiden aller Art. Man hat schon geheimnisvollste unter ihnen in den praktischen Dienst des Menschen gezogen. Unzählige rätselvolle und wunderbarste aber noch nicht.

ESTHER. Ja. Mein Schwiegervater ist hier gewesen! Er saß dort drüben. Der Stuhl ist leer.

LUTZ. Kein Wunder! Wir haben in diesen letzten Tagen eben ein bißchen viel durchgemacht. Wir werden, wenn alles geordnet ist, irgendwohin zur See eine längere Reise tun.

VON HERDBERG. Haben Sie je einer spiritistischen Sitzung beigewohnt?

LUTZ. Ich habe nie etwas davon gehalten.

PROFESSOR FRIEDLÄNDER. Wo ist denn Herr Dr. Israel hingekommen?

ROTHERFUSS. Er sagte, ich solle ihn entschuldigen. Er müsse unbedingt erst ein Bad nehmen. Er werde sich eilen und so schnell wie möglich oben sein.

VON HERDBERG. Es gibt seltsame Tatsachen einer verwirrenden Suggestion.

KRONER. Das Tor ist nicht sogleich zu schließen, durch das ein Toter davongegangen ist. Es gibt dann ein Hin und Her zwischen zwei Reichen.

PROFESSOR FRIEDLÄNDER. Der Tod eines nahen, geliebten Wesens ist wohl das gewaltigste unter allen Ereignissen, die einen gebildeten Geist treffen können. Die Seele des Menschen wird davon unbarmherzig gepackt und vorübergehend mit einem neuen, qualvollen Sinn ausgestattet.

VON HERDBERG. Das innere Sehen und Fühlen erfährt eine ungeheure Steigerung.

KRONER. Und dermaßen ober- und überweltlich ist diese Steigerung, daß man darüber geneigt wird, alles, was sonst den Menschen treffen kann und was uns Juden getroffen hat, als geringfügig anzusprechen.

VON HERDBERG. Jetzt sind wir nun im Gebiete der Religion.

KRONER. Es ist den meisten abhanden gekommen.

VON HERDBERG. Sie macht beinahe unangreifbar, die wahre Religion.

KRONER. Meinen Sie die katholische Kirche?

VON HERDBERG. Ich meine das Beheimatetsein auf Erden und mehr noch im bodenlosen Mysterium.

LUTZ. Wollen wir uns in so tiefe Gespräche einlassen?

KRONER. Ja! Es wäre falsch, sich dagegen zu sträuben, da wir doch fühlen, daß wir von immer dunkler werdenden Nächten und Mächten ins Leere gezogen werden, vielleicht nie wieder in unserem Leben so wie bei dieser Zufallsnachtwache, die unserem toten Wohltäter gewidmet ist.

VON HERDBERG. Wir wollen uns vor Charon nicht fürchten. Warum sollen wir nicht an das stygische Ufer ganz nahe herantreten, ja, sei es, mit dem Schatten im Nachen Gespräche halten?

ESTHER. Ja. Mir wird wohler, freier, ja heiterer dadurch. Und die Wunde der Schmach brennt weniger.

LUTZ. Mein Vater hat einmal selbst den Tod gesucht. Ich weiß eigentlich nicht, warum ich das sage.

ESTHER. Das sagst nicht du, dein Gewissen spricht.

FÜNFTE SZENE

Siegmund Israel, im Frack, tritt ein. Die Uhr schlägt.

SIEGMUND ISRAEL. Ich bitte sehr um Entschuldigung.

LUTZ. Nun bist du es aber doch wirklich, Siegmund?

SIEGMUND ISRAEL. Wirklich?

LUTZ. Du warst schon einmal hier, hast dort gesessen und mit uns gesprochen.

SIEGMUND ISRAEL *lacht*. Es wird der Prophet Elias oder der Ewige Jude gewesen sein.

KRONER. Oder der Jünger Jesu, Johannes.
Die Vorstellungen werden abgemacht. Dr. Israel nimmt hinter seinem Gedeck Platz und beginnt zu essen.

SIEGMUND ISRAEL. Kinder, ich habe einen Wolfshunger. — Die Spießbürger haben also alle dem Begräbnis abgesagt.

LUTZ. Nein. Wir übten Barmherzigkeit. Wir wollten sie nicht in Konflikte stürzen. Die Todesanzeige steht morgen im Abendblatt, wenn Vater schon unter der Erde ist.

SIEGMUND ISRAEL. Wohl ihm! So hat er ausgelitten!

ESTHER. Und wie geht es dir selber, Siegmund?

SIEGMUND ISRAEL. Gut. Ich bin die Treppe hinaufgefallen. Ich habe einen Ruf nach New York erhalten, als leitender Arzt eines Krankenhauses der Columbia-Universität. — Habt ihr die Maske nehmen lassen?

KRONER *erhebt sich*. Darf ich sie holen? Man muß diese Maske als ein unlösliches Rätsel ansprechen.

LUTZ. Wir gehen ja nachher ins Musikzimmer.

SIEGMUND ISRAEL. Bringen Sie sie nur! Ich bin Chirurg. Mich

stört so was nicht. Wir Mediziner sind abgehärtet.
Aumiller kommt mit einer gewaltigen Fruchtschale.
VON HERDBERG. Woher haben Sie dieses herrliche Obst, gnädige Frau?
LUTZ. Alles aus Vaters Gärtnerei.
ESTHER *legt Herdberg vor.* Versuchen Sie diese schwarze Weintraube!
KRONER *hat sich entfernt und kommt mit der Maske wieder, hält sie Dr. Israel vor.* Ein Berberhäuptling! Ein Hamit, der auf weißem Hengst durch die Wüsten fliegt!
SIEGMUND ISRAEL. Das — wirklich? — ist der Kommerzienrat? Ich würde ihn niemals wiedererkennen!
VON HERDBERG. Und doch — es hat ihm nichts ausgemacht — ist er zwei- oder dreimal rings um den Erdball gereist, nicht auf Wüsten-, sondern auf Wellenrossen. — Wir sagen uns nichts Neues: Als der alte Herr seine späte Liebesleidenschaft loswerden wollte, hat er es unter anderem auf diese überaus großzügige Weise versucht.
FRAU VON HERDBERG. Nachdem er es in kürzerer Form vergeblich versucht hatte.
SIEGMUND ISRAEL. Gut, daß ich damals zufällig grade im Hause war! Sonst würde er sicher verblutet sein.
KRONER. Ich komme über die Maske nicht weg. Es ist, als hätte sich eine frühere Existenz, vielleicht seine wahre, ganz andere Gestalt wie der Kern aus einer Schale befreit und herausgelöst.
Kroner trägt die Maske wieder ins Nebenzimmer hinaus.
PROFESSOR FRIEDLÄNDER. Die Klarheit der Sterne wächst von Minute zu Minute.
VON HERDBERG. A propos: halten Sie die astronomischen Lösungen der Probleme des Sternenhimmels für endgültig?
PROFESSOR FRIEDLÄNDER. Keine Lösung im Gebiet der menschlichen Wissenschaft ist endgültig. Schon darum, weil das, was wir Natur nennen, und ebenso der Mensch in ihr, in ewiger Wandlung begriffen ist.
VON HERDBERG. So stünden wir also nicht anders wie der verstorbene Patriarch inmitten derselben ungeheuersten Wandlungen?
SIEGMUND ISRAEL. Die Chirurgie ist eine nüchterne Wissenschaft. Aber es ist mir doch im Auto einigermaßen kalt über den Rücken gelaufen, als ich nacheinander drei Stern-

schnuppen dicht über dem Hause des Kommerzienrats niederschießen sah.

VON HERDBERG. Es steckt eine große Dämonie in dem Gedanken seiner Bibliothek. Man sollte, so bald wie möglich, ihren genauen Katalog feststellen. Man würde dadurch erfahren, aus welchen unzähligen geistigen Einzelelementen die schlesische Seele besteht. In einer gewissen geistigen Hellsicht dieser Stunde und innerhalb des nun einmal religiösen Raumes dieser gewissen heiligen Leere, der sich nun eröffnet hat, fühle ich fast die Geister des Jakob Böhme, des Angelus Silesius, des Martin Opitz, des Johann Christian Günther, um nur wenige von so vielen zu nennen, gegenwärtig, ihm huldigend für das Asyl, das er den Zerstreuten, Versprengten der allgemeinen deutschen Seele mit aller denkbaren Liebe geboten hat, den Vernachlässigten, ja den Verachteten und Vergessenen.

Man hört aus dem Musikzimmer lautes Schluchzen und Weinen. Alle außer Dr. Israel erheben sich, einigermaßen erschreckt. Dabei wird von Esther die Tafel aufgehoben.

LUTZ. Wer ist denn da drin? — Es ist Fräulein Zeiß, meines Vaters Haushälterin.

KRONER. Ich glaube, sie hat die Maske gefunden.

LUTZ. Mein Vater hat seine Jahre erreicht. Er mußte sterben. Das müssen wir alle. Das müssen auch die, die im Sprechchor »Juda, verrecke!« schreien. Behielten sie recht, wer hätte wohl etwas dagegen? Aber...

KRONER. ...der gestrenge Ratschluß unseres gestrengen Herrn Herrn Zebaoth gestattet es nicht. Er hat uns in eine Ebene und in ein Element über den Erdboden gesetzt, den unsere Füße nicht dürfen berühren. So schwimmen wir hin, verfolgt, gemartert, getötet, ahasverisch und ruhelos, aber unsterblich durch die Ewigkeit!

VON HERDBERG. Nicht nur ihr Juden! Das trifft uns alle.

ZWEITE ABTEILUNG

Größere dramatische Fragmente

DER MUTTER FLUCH

Entstehungszeit: 1894

[PERSONENVERZEICHNIS]

[DER KÖNIG, auch HERZOG (ALFRED, ALF, HEINRICH)
DIE KÖNIGIN (ANNA, MAGDALENA)
DIE KÖNIGINMUTTER, auch DIE ALTE KÖNIGIN
ALF ⎫
PHILIPP ⎬ die Prinzen
DER KLEINSTE ⎭
DER PRIESTER, auch OBERHIRT, VATER, BISCHOF (HANNO)
EIN MÖNCH
DER LEIBARZT DER KÖNIGIN, auch OBERARZT, ARZT (JULIAN)
DER NARR (THOMAS)
DER ARZT, auch DOKTOR (LEWY, ERASMUS, JAMNITZER)
FRIDOLIN (sein Gehilfe)
DAS MÄDCHEN (WILDE, WILDROSE, FELIX-FELICIA, AMALEIA)
DER SCHLOSSHAUPTMANN (OTTO, ALF)
EIN LEUTNANT
DER HAUSHOFMEISTER, auch KASTELLAN (VATER BEICHT)
DER KELLERMEISTER
DER JÄGERMEISTER
DER KOCH
HOFPOET, HOFDAMEN, DIENER, JÄGER]

[ERSTER ANSATZ]

7. März 1894.

Entwurf

1.

Der König, der in Tiefsinn und Einsamkeit lebt. Die Königin, welche mit ihren Knaben und dem Reichsverweser kommt. Der Reichsverweser, der Priester, der ihn belauscht hat, fragt, wer da sei. Einen Arzt habe der König sich verschrieben. Einen Arzt. Der Priester und der Arzt begegnen sich. Der Arzt verspricht sich nicht viel von dem Wiedersehen wie dem Verbindungsversuch. Der Priester beschwört ihn, doch zu versuchen. Ab. Der Narr und der Arzt. Der Versuch, meint der Arzt, sei erschwert. Er wüßte nicht, wie er ihn vor den König bringen solle. Als Mönch. Die Königin zum Arzt gedrängt. Ob er Hoffnung habe, ihn zu heilen. »Ja, doch nicht so.« — Der König kommt, sieht die Königin: »Was willst du?« Das Speisen beginnt. Arzt und Narr. Ab. Arzt und Priester. Arzt, Kinder, Priester. Arzt, König, Kinder, Priester. Arzt, König, Priester. Der Priester will den Einwirkungsversuch machen, der Arzt verhindert es. Der Narr also Mönch. Der König sieht Dornröschen im Ring. Die Türen und Fenster auf: sie suchen! sie suchen! Wer geht mit? Alle sind bereit. — Die Königin kommt fragen. Arzt: »Er ist dem Leben gerettet.« — Königin: »Und mir?«

2.

Bei Gewitter und Regen flüchten sie alle in eine unterirdische Höhle. Zank. Sie wollen den Narren umbringen, weil er ein Betrüger. Immer verworrener und wegloser ist der Wald geworden. Viele sind unterwegs schon abgefallen. Der König schützt den Narren. Da tut sich die Wand fort, und man sieht das Innere des verzauberten Schlosses.

ERSTER AKT

Großer Saal, verbunden durch eine große Tür mit einem zweiten, in dem eine Tafel gedeckt ist. Schwarze Diener tragen

Silbergeschirr. Schwarze Vorhänge verhüllen die Fenster. Haushofmeister unter ihnen. Kerzenbeleuchtung.

KELLERMEISTER
Habt Ihr ihn schon gesehen?

HAUSHOFMEISTER
Nein — aber seht Euch doch um. Ich gebe Euch die Versicherung: er kommt schlimmer zurück, als er gegangen ist.

KELLERMEISTER
Es scheint so. Was für Weine sind befohlen?

HAUSHOFMEISTER
Schwarze und schwere. Je schwärzer und schwerer, um so besser. Da habt Ihr den Zettel. — Und auf dem Tisch nichts wie Silber. Schwarze Gedecke und Silber darauf. Wie die Beschläge eines schwarzlackierten Sarges. Und unter der Dienerschaft darf kein weißes Gesicht sein: immer diese Schufte. Der Teufel mag fertig mit ihnen werden.

KELLERMEISTER
Soll das auf Wiedersehensfreude deuten?

HAUSHOFMEISTER
zuckt die Achseln
Die Königin ist bereits eingetroffen mit den drei Prinzen. Gegen elf Uhr morgens. Auch die Königinmutter wird teilnehmen an der Begrüßungstafel.

KELLERMEISTER
Ist Musik befohlen?

HAUSHOFMEISTER
Musik? Ich möchte Euch nicht raten, auch nur fünf Takte auf einer Holunderpfeife zu blasen, wenn er es hören kann.

KELLERMEISTER
Wieso?

HAUSHOFMEISTER
Als er heut nacht zwischen zwölf und eins hier ankam, hat er

geknirscht vor Wut, ja, buchstäblich. Und warum? Als der Wagenzug oben aus dem Walde herausbog und die Dorfstraße schnitt, da haben junge Bursche noch vor dem Wirtshaus gesessen und Handharmonika gespielt. Er hat das Wirtshaus sofort für immer schließen lassen.

KELLERMEISTER

Ja, da war es also nichts mit dem Süden. Da hat also auch das Reisen nichts geholfen. Um welche Zeit ist die Tafel angesetzt?

HAUSHOFMEISTER

Vier Uhr, auf die Sekunde.

KELLERMEISTER

Also will ich in meine Gewölbe hinunterfahren und den Stechheber an die ältesten Fässer setzen, und wenn der Wein, den ich bringe, nicht schwarz und dick ist wie Tinte — dann, dann, ja dann ... Tut Eure Pflicht und haltet den Kopf gerade, damit der Henker nicht zuviel Mühe hat.
Ab.

HAUSHOFMEISTER

Nur sachte, sachte.

KELLERMEISTER

Sprach der Hahn zum Regenwurm und pickte ihn auf. *Beide lachen. Kellermeister legt Hand auf Mund.* Pst, nicht lachen! Adieu.
Königinmutter und Hofdamen.

KÖNIGINMUTTER

Hat der König, mein erlauchter Sohn, seine Gemahlin schon zu begrüßen geruht?

HAUSHOFMEISTER

Nein, Majestät.
Königin[mutter] rauscht vorüber mit den Hofdamen.
Narr schleicht sich herein, in Mönchskutte. Er schlägt seine Kapuze zurück und hat eine Schellenkappe.
Himmel! was wollt Ihr, Thomas, wie kommt Ihr herein?

NARR

Ich will den König sehen.

HAUSHOFMEISTER
Wißt Ihr denn nicht, daß das soviel heißt als: Ihr wollt Euren Kopf verlieren und meinen dazu?

NARR
Wie sieht er aus? Sind die Ränder um seine Augen dunkler geworden?

HAUSHOFMEISTER
Was weiß ich! Ich sah ihn ebensowenig wie irgendein anderer hier im Schloß. Ich bitt' Euch, tut mir und Euch die Liebe und entfernt Euch.

NARR
Hat er denn seine alte Gewohnheit beibehalten und ist bei Nacht und Nebel eingezogen?

HAUSHOFMEISTER
Ganz wie immer. Alles mußte erleuchtet sein, aber niemand durfte er begegnen.

NARR
Wer ist bei ihm?

HAUSHOFMEISTER
Ich kann Euch auf Eure Fragen ferner nicht mehr antworten. Ich verliere mein Leben.

NARR
Wer sei bei ihm, sagtet Ihr?

HAUSHOFMEISTER
Wenn Ihr Euch nicht bald hinwegbegebt, so werdet Ihr seine Bekanntschaft machen. Und danach solltet Ihr durchaus keine Gelüsten haben.

NARR
Der Priester Hanno ist bei ihm.

HAUSHOFMEISTER
Nun also — und wenn er nur eine Eurer Schellen klingeln hört, dann seid Ihr so gut wie gerädert — Ihr werdet das selbst ermessen.

NARR
Ich würde meine Pritsche nehmen und ihn zum Teufel jagen.

HAUSHOFMEISTER
Ihr habt Euren Witz eingebüßt, Narr.

NARR

Ich werde die schwarzen Vorhänge herunterreißen und die Fenster aufsperren.

HAUSHOFMEISTER

Euer Geist wird sich überschlagen und das Genick dabei brechen. Die Zeiten sind vorüber, wo Ihr hier freies Spiel hattet. Heut steht ein toller Hund nicht tiefer in Ungnade.

NARR

Ich werde den Frühling hereinlassen und wieder zu Gnaden kommen. — Auf Wiedersehen.
Ab.
Der Priester Hanno kommt. Ein Mönch.

[PRIESTER]

Hier diese Briefe nach der Residenz —
und mündlich sag, des Königs Majestät
ersuch' den Inquisitor mündlich dringend,
aufs strengste nach dem Narrn zu fahnden, der
in Städt' und Flecken schlimmsten Unfug treibe,
das Volk verderbe und die Sitte schäd'ge.
Gelobt sei Jesus Christ.

MÖNCH
    In Ewigkeit.
Ab.

PRIESTER

Amen von ganzem Herzen. Nun, wie steht's?
Des Königs seltsame Gewohnheit ist
mir neu, doch sehr verständlich. Eine Seele,
der seinen gleich, von wildem Lebensdrang
einstmals beseelt, muß sich gewaltsam scheiden
von aller Weltlust, wenn sie siegen will.
Die Königin!

([Am Rand] Szene zu verbinden.)

Königin Anna. [Königin]mutter und Kinder.

KÖNIGIN ANNA
    Wie geht [es] Eurer Hochwürden?

PRIESTER

Ich danke Eurer Hoheit, wohl, durch Gottes Beistand.

KÖNIGIN ANNA
Es ist so dumpf hier, Mutter.

PRINZ
Und so schwarz.

KÖNIGINMUTTER
Hofmeister, sollte man nicht die Fenster öffnen?
Der Hofmeister tiefe Verbeugung, leichtes Achselzucken.

PRIESTER
Die Weisung meines gnäd'gen Herren war streng,
doch wenn die Majestäten — doch erlaubt,
daß wir zurück uns ziehn, er naht höchstselbst.
Ab.

[KÖNIGIN ANNA]
Sei nur nicht furchtsam, Alf, nicht furchtsam, Philipp.
Der Kleinste, seht ihr, ist der Tapferste.
Euer königlicher Vater, müßt ihr wissen,
ist durch und durch ein König. Und ist gut
und hat euch lieb.
König, jung, kommt grüblerisch.

KÖNIGINMUTTER
Mein Sohn, mein lieber Sohn!

KÖNIG
besinnt sich, freundlich, aber ohne Affekt
Du bist es, Mutter!

KÖNIGINMUTTER
Ja. Und hier — wer steht denn hier?

ANNA
Ja, Alfred, ich . . .

KÖNIG
wird rot einen Moment, will den Affekt hemmen. Dann warm, aber ohne Ungestüm, beide Hände Annas erfassend
Du, Anna — Anna, du . . .
Er küßt sie auf beide Hände.
([Am Rand] Der Individualist. Er kann nicht regieren. Er ist auch nicht von dem Priester beherrscht.)

DIE ALTE KÖNIGIN
Nun, Kinder, lass' ich euch allein.
König mit Anna auf und ab schreitend.

[KÖNIG]
Ich bin voller Unruhe. Es zog mich zurück. Ich wollte den nordischen Frühling. Und nun liegt eine graue Wolke über dem Reiche. Heut früh ist es ein wenig lichter geworden. Aber nun macht mir die Sonne Kopfweh. Der Norden drückt mich schon wieder, ich werde nach dem Süden hinunter müssen. — Wie ist es dir ergangen, Anna, und euch, ihr Buben?

ANNA
Wir haben still gelebt.

KÖNIG
Still, still. Bei dir ist es immer so friedlich.

ANNA
Friedlich?

KÖNIG
Oder nicht friedlich?

ANNA
Alf — wenn du Frieden hättest ...

KÖNIG
Seid ihr zur Jagd gewesen, Kinder? *Er wehrt ihre Zärtlichkeiten sanft ab.* Du hast noch immer dein schönes Haar, Anna.

DER KLEINSTE
Ach, Papa, wir haben immer Nixe und Fischer gespielt auf dem Burgteich, da hat Mutter das Haar aufgemacht, auch so wie jetzt, und Alf ist der Schiffer gewesen. Aber Mütterchen hat immer so viel geweint.

KÖNIG
klopft in die Hände. Tiefer Gongton
Wir wollen zu Tisch gehen. Komm, Gemahlin.
Alles wird lebhaft von Dienern, die Schüsseln bringen etc.
Alle begeben sich zur Tafel und setzen sich nieder.
([Notiz] Zwei: Arzt und Mönch. Es wird klar, daß sie einen Plan zur Heilung des Königs haben.)
Dienergespräche beim Servieren.
Der Arzt Lewy. Der Priester. Der Mönch (Narr).

LEWY

Ein junger, frommer Bruder, Ehrwürden. — Ich ging den Morgen in der Umgegend des Dorfes ein wenig botanisieren. Ich bin, wie Euer Ehrwürden weiß, niemals in dieser Gegend gewesen. Ich geriet auf einen Waldweg und so schließlich an einen Teich. Es waren sehr viel Frösche darin, die einen sehr großen Lärm machten. Sie feierten ihre Frühjahrssaturnalien. Ich wollte mir einige von den Burschen fangen, denn ich gebrauche sie zu meinen Experimenten.

DER PRIESTER

Man sagt, Herr Doktor, Sie sezieren die armen Tierchen bei lebendigem Leibe.

LEWY

O ja, ich habe gewiß an die dreitausend Froschseelen auf dem Gewissen.

DER PRIESTER

Man muß Bedacht nehmen, seine eigene unsterbliche Seele dabei nicht aufs Spiel zu setzen.

LEWY

Ganz gewiß, Ehrwürden. Besonders, wenn die Frösche tot sind. Ein kleiner Schnitt in den Finger, und es kann Blutvergiftung eintreten. Also wie gesagt: ich wollte Frösche fangen und wußte nicht, wohin ich sie tun sollte. Da half mir der ehrwürdige Bruder hier.

PRIESTER

Ihr seid Einsiedel, Bruder?

NARR

Ja, Euer Ehrwürden.

ARZT [LEWY]

Er hat seine Klause dicht bei dem Teich, in dem ich Frösche fangen wollte.

NARR

So ist es.

PRIESTER

Und was ist Euer Begehr?

MÖNCH

Euer Ehrwürden, durch Gottes Gnaden bin ich ein Kräuterkundiger geworden. Mein Leben im Wald und in der freien

Natur hat mich darauf gewiesen, die Pflanzen auf ihre Heilkräfte hin zu prüfen. Ich kenne ein Kraut — und es zu kennen, verdanke ich einem Geheimnis, das mein Vater mir hinterließ —, das den König von seinem Trübsinn heilen würde.

PRIESTER
Was sagt Ihr, Herr Doktor, zu dieser Laienwissenschaft?

DOKTOR
Es ist ein Mittelchen, welches nicht schaden kann, wenn es auch nicht nützt. Mir gefällt der Bruder.

PRIESTER
Tretet ab, Bruder, und ich werde dem König über Euch berichten. Man wird Euch rechtzeitig rufen, wenn der König geruht, Euch Audienz zu bewilligen.
Narr ab.
PRIESTER
Euch gefällt der Bruder. Mir nicht.

ARZT
Hat er nicht Augen wie ein Häher?

PRIESTER
Ja — nicht die rechten für einen Diener Gottes.

ARZT
Er hat eine freie, offene Stirn, er spricht klug und mutig.

PRIESTER
Demütig wäre mir lieber.
ARZT
Er ist ein Kind des Landes und dem König blind ergeben.

PRIESTER
Hoffentlich Gott nicht minder.

ARZT
Er scheint ihn mit einer närrischen Liebe zu lieben und durch Jahre an nichts anderes gedacht zu haben, als ihn zu heilen.

PRIESTER
Ein sonderbarer Heiliger.

ARZT
Ich denke, wir können ihn dem König empfehlen.

PRIESTER
Ich habe meine Bedenken. Übrigens, da er ein Kleriker ist und unter mein Ressort gehört, werde ich Euer Exzellenz bitten, sich in dieser Sache keiner Mühwaltung zu unterziehen.

ARZT
Ehrwürden!
Verbeugung.

PRIESTER
Exzellenz!
Die drei Prinzen kommen.

DER KLEINSTE
Wie heißt du denn, Mann?

PRIESTER
Hanno, zu dienen, Königliche Hoheit!

DER KLEINSTE
Da drinnen sitzt mein Papa — ja?

PRIESTER
Sehr wohl, Königliche Hoheit!

DER KLEINSTE
Das ist ein großer König, weißt du. So groß ist er, daß er dir niemals lacht wie andere Menschen.

DER ZWEITE
zum Arzt
Wie heißt du denn? Du hast ja eine so krumme Nase.

ARZT
Ich bin ein Jude, Kind! *Priester lacht.* Ich habe eine krumme Nase und einen graden Rücken, bei manchen ist es umgekehrt. *Der Arzt beschäftigt sich mit den Kindern, erzählt ihnen und hat sie schließlich auf Knien und Rücken hocken. — Der Priester steht blaß dabei. Da erklingt der Gong, und die*

Herrschaften erheben sich von [der] Tafel. Die Herrschaften verteilen sich.

DER KÖNIG
in einer der Türen, beobachtet ernst
Also die Wissenschaft ist doch noch ein wenig kindischer als die Religion. Wohl ihr. — Was sagt Ihr zu diesen Exemplaren Mensch, Meister?

LEWY
Die Werke loben den Meister.

DER KÖNIG
[*zu Hanno*]
Diese Phrase hätte sich in Eurem Munde mehr zu Hause gefühlt.

LEWY
Wenn sie sich auf den Meister im Himmel bezogen hätte, Majestät.
Die Kinder lachen.

DER KÖNIG
Worüber lacht ihr doch, Kinder? Verratet mir doch euer Geheimnis. Ich will jedem von euch zehn arabische Ponys dafür schenken. Nun — *er faßt sich an die Stirn* — geht, eure Mutter verlangt nach euch. *Er seufzt, setzt sich nieder. Pause.* Glaubt ihr, daß es Väter gibt, wie es Mütter gibt?

LEWY, HANNO
Nein. Ja.

KÖNIG
Ich bin derselben Meinung. *Pause.* Nun? was nun? — Kaffee, Tabak, Haschisch, Morphin. — Doch Eure Projekte ...

LEWY
Welche meint Eure Majestät?

KÖNIG
Welche Ihr wollt: Waisenhäuser, Findelhäuser, Hospitäler.

LEWY
Die gibt es genug und leider zuviel in den Reichen Eurer Majestät.

KÖNIG
Was sagt Ihr dazu?

HANNO
Ich bin ein Christ, Majestät.

KÖNIG
Wollt Ihr damit sagen, daß Lewy ein Heide ist?

HANNO
zuckt die Achseln
Das Christentum lehrt die Barmherzigkeit.

ARZT
Meine Weisheit ist: ihrer nicht zu bedürfen.

HANNO
Gott schütze uns vor Hochmut.

ARZT
Gott gebe uns hohen Mut.

KÖNIG
Ihr seid ein Schwärmer, Lewy.

ARZT
Zu dienen, Majestät. Aber ich bin vom Einzelnen zum Allgemeinen angestiegen. Ich kannte mein eignes Haus, eh ich daranging, fremde Häuser kennenzulernen. Ich kannte mein eignes Land, eh ich fremde Länder bereiste. Ich schulte meinen Blick an dem, was ist, eh ich ihn hinaussandte ins Ungemessene, und fand, was sein wird.

⟨KÖNIG
Mit einem Wort: ich soll Euch Schiffe für Utopia ausrüsten – Schwärmer!

ARZT
Majestät, die Schwärmer haben das Schlimmste und Beste bewirkt.

KÖNIG
Und doch ein Schwärmer!⟩ Ihr besitzt Reichtümer, Lewy.

ARZT
Ich bin nicht arm.

KÖNIG
Ihr sollt zahllose Millionen erworben haben.

ARZT

Ich war ein Kaufmann, eh ich die Wissenschaft suchte.

KÖNIG

Und seid ein Meister in ihr geworden.

ARZT

Ein Meister — Majestät! Es gibt keine Meister, Majestät, außer im Ballschlagen und anderen Fertigkeiten, worin man Meister ist. In der Wissenschaft, darin ist man der blutigste Schüler.

KÖNIG

Man sollte nicht glauben, daß Ihr die Sechzig überschritten habt. Ich bin mit meinen dreißig Jahren ein Greis gegen Euch. — Was geht mich Eure Welt an! Was habe ich auf dieser Schlacke zu suchen!

ARZT

Gesundheit, Majestät.

KÖNIG

Hanno, Eure Lehre gefällt mir besser. Es ist noch ein Rest von Schmerz darin. Den will ich auskosten.

ARZT

Ihr wißt nicht, was in Eurer Gesundheit liegt.

KÖNIG

Bin ich denn nicht gesund?

ARZT

Nein, Majestät.

KÖNIG

Ihr mögt übrigens recht haben. Aber ich habe — ja ich habe eine Sehnsucht danach, noch kränker zu sein. Ich möchte am Kreuze hängen und daran sterben wie — er.

ARZT

Ihr hängt am Kreuz.

KÖNIG

Meint Ihr? Dann habe ich keine Sehnsucht mehr herunterzusteigen.

ARZT

Ihr werdet die Sehnsucht wiederbekommen.

KÖNIG

Ich wünsche es mir nicht.

ARZT

Ihr habt sie gesucht — gesucht auf der ganzen Erde.
Der König steht auf und geht bewegt ab. Es klingelt schwach.

DER KÖNIG
stutzt

Was ist das?

ARZT

Was meint Eure Majestät?

KÖNIG

Hanno, hörtet Ihr etwas?

HANNO

Ich habe, mit Erlaubnis zu sagen, es schon eine geraume Zeit gehört.

KÖNIG

Was bedeutet es?

HANNO

Ich würde sagen, es sind die Schellen eines Narren gewesen, wenn nicht die Narren von Eurem Hofe verbannt wären.

KÖNIG

Hörtet Ihr nichts?

ARZT

Nein, aber ich würde sagen, es ist das Läuten einer Glockenblume gewesen, wenn nicht der Frühling aus Eurem Hause und Reiche verbannt wäre.

KÖNIG

Ihr solltet Gedichte für Kinderfibeln schreiben, Lewy.

ARZT

Gern, Majestät. Es wäre nicht die schlechteste Beschäftigung. Nur fürchte ich ...

KÖNIG

Was gibt es zu fürchten bei einer so harmlosen Beschäftigung?

ARZT

In Eurem Reiche werden sich bald keine Kinder mehr finden.

KÖNIG

O seid unbesorgt. Die Halme des Roggens schießen weniger

schnell aus der Erde, — wie kommt Ihr auf den abenteuerlichen Gedanken?

ARZT

Die schwarze Pest wütet unter den Kindern.

KÖNIG

Ist das Euer Ernst?

ARZT

Mein voller Ernst.

KÖNIG

Warum hat man mir darüber nichts berichtet?

HANNO

Ich habe in den Kirchen Bittgottesdienste abhalten lassen und Prozessionen angeordnet.

KÖNIG

Hat es geholfen?

ARZT

Es hat geholfen, die Pest zu verbreiten, Majestät.

HANNO

Will Eure Majestät mich beurlauben?

KÖNIG

Weshalb?

HANNO

Ich bin ein Mann des Friedens, Majestät.

KÖNIG

Sind wir Männer der Zwietracht?

HANNO

Ich bin weit entfernt, von Euer Majestät derartiges zu denken.

ARZT

Seine Ehrwürden zielen auf mich, Majestät.

KÖNIG

Ist es so, Hanno?

HANNO

Ich zielte nicht, Majestät, aber ich traf.

KÖNIG

Gut gesagt, Hanno. Ich denke, lieben Freunde, ihr vertragt euch. Verwandelt die Kirchen in Lazarette. Macht sie zu ebensoviel Toren ins Himmelreich. Ich denke, der Arzt und der Priester müssen Hand in Hand gehen. Der Himmel will gespeist sein. Bereitet in Eintracht die Himmelsspeise.
Will gehen.

ARZT

Majestät!

KÖNIG

Was gibt es noch?

ARZT

Es ist ein junger Kleriker bis ins Schloß vorgedrungen. Er hat keinen sehnlicheren Wunsch, als Euch zu sehen, Majestät.

KÖNIG

Was bedeutet das?

HANNO

Es ist ein junger Mönch, Majestät, ein Quacksalber, der die närrische Idee hat, Euer Majestät sei krank, leide an Melancholie. Er will ein Kraut gefunden haben, was sie heilt. Ich würde Euer Majestät nicht raten ...

KÖNIG

Und Ihr, Lewy? Der Fürsprecher eines Mönches und überdies der Fürsprecher eines Quacksalbers, diese zwiefache Kuriosität reizt mich. Ich will den Mönch sehen.

HANNO

Ich gebe Euer Majestät zu bedenken ...

ARZT

Da ist er schon.
Narr als Mönch ist aufgetreten.

KÖNIG

Wie heißt du?

NARR

Plenusspëi.

KÖNIG

Wohl dir, wenn du voll Hoffnung bist. Nehmt Platz, ihr Herren. Was begehrst du, Plenusspëi?

MÖNCH

Euer Majestät zu dienen.

KÖNIG

Ehrlich?

MÖNCH

Ehrlich, Majestät.

KÖNIG

Was hast du davon?

MÖNCH

Was Ihr mir gebt.

KÖNIG

Richtig, aber ich werde dir nicht mehr zurückgeben, als du mir gibst.

MÖNCH

Ich bin zufrieden.

KÖNIG

Dann bist du zufrieden mit nichts; denn da du mir nichts geben wirst, wirst du auch nichts empfangen, oder bist du anderer Meinung?

MÖNCH

Ich gebe Euch das Leben, und Ihr werdet mir das Leben wiedergeben.

KÖNIG

Lebe ich denn nicht, Mönch?

MÖNCH

Nein!

KÖNIG

Du mißfällst mir nicht, Plenusspëi, und weil ich nun einmal sitze, wie ich eben sitze, und deine Worte meine Ohren immerhin ein wenig kitzeln, so magst du getrost sagen: Wieso lebe ich nicht? Du siehst, ich bewege meine Arme so und so, ich spreche, ich trinke, ich kann dahin und dorthin gehen. Ich kann diese Orange essen, wenn ich will.

MÖNCH

Aber Ihr eßt sie nicht.

KÖNIG

Wohl, weil mich nicht hungert; aber ich könnte mir ein Jagdhabit überwerfen, einen Speer zur Hand nehmen und auf die Eberjagd gehen.

MÖNCH

Aber Ihr tut es nicht.

KÖNIG

Wohl, weil ich kein Schlachter bin und daran kein Vergnügen finde — aber ich könnte es doch. Warum lebe ich also nicht?

MÖNCH

Weil Ihr nicht lacht.

KÖNIG

Die Wendung ist sonderbar. Sie zwingt mich, zu deinem Unglück, dich ernst zu nehmen. So sage ich dir denn ernstlich: Du könntest eher einen Toten lebendig als mich lachen machen. Geh!

MÖNCH

Ich kannte einen, der das konnte.

KÖNIG

Mensch, wer bist du?

MÖNCH

Plenusspëi ist mein Name.

KÖNIG

Du bist kein Mönch.

Mönch wirft den Habit ab, steht als Narr da.

MÖNCH

Dann bin ich Thomas, dein alter Narr.

HANNO

Er ist's, Majestät. Er ist Thomas. Wir haben auf ihn gefahndet seit Wochen und Monden. Ich lasse die Türen bewachen. Er entrinnt uns nicht.

THOMAS

Ihr werdet den König eher lachen als mich weinen machen. Hochehrwürden, vergebt mir den Mißbrauch des geistlichen Kleides. Ihr mögt alle meine Schellen dafür mißbrauchen und auf die Türme Eurer Kirchen hängen.

Er wirft ihm eine Handvoll Schellen hin.

HANNO

Mensch, was sagst du?

KÖNIG

Laßt ihn, er ist ein Narr.

HANNO

Deshalb soll man ihn binden. Ein Narr ist des Teufels.

THOMAS

Ehe Ihr von dannen geht, Hochehrwürden, vergeßt Eure Schellen nicht.

KÖNIG

Thomas, wie kommst du hierher? Aus Hof und Land [habe] ich dich hinweggewiesen. Weißt du nicht, daß ich eine Belohnung auf deinen Kopf gesetzt habe?

THOMAS

Wir wollen eine Wette machen. Lacht Ihr, bevor mein Kopf in den Staub rollt — dann ...

KÖNIG

Thomas, geh deines Wegs. Packe dich. In drei Tagen sei außer Landes, und du magst dein armseliges Leben behalten.

THOMAS

Dann gebt mir eine Bitte frei.

KÖNIG

Sprich und packe dich. Ich habe mit dir nichts zu schaffen.

THOMAS
öffnet ein Fenster

Seht hier herein.

KÖNIG

Was soll das? Bring deine Bitte vor.

THOMAS

Seht diesen Stein an, das ist meine Bitte.

KÖNIG

Ein Diamant, was soll's? Du bist der alte Narr. Es ist zum Lachen.

THOMAS

Lacht Ihr schon — o Ihr werdet bald besser lachen lernen.

KÖNIG

Narr, was ist das? Mach's kurz.

THOMAS

Seht nur hinein — und nun, was seht Ihr nun?

KÖNIG
Eine sonnige Wiese sehe ich.

THOMAS
Und Blumen darauf. Und was noch? Schaut nur genau hin.

KÖNIG
Ich sehe ...

THOMAS
Was sieht der König?

KÖNIG
Pst, tretet zurück.

PRIESTER
Soll ich die Häscher rufen, Majestät?

KÖNIG
Schweigt still, bei Gott!

ARZT
Was sieht Euer Majestät?

KÖNIG
fährt sich über die Augen
Ich weiß nicht, was mir ist. Wes ist das Kind?

NARR
Ein Kind?

KÖNIG
Nun ja, das Kind — das Kind, das Mädchen dort.

ARZT
Ein Mädchen, ei wahrhaftig ...

HANNO
Unerhört.
Pest, Zauberei! Ihr, Lewy, steht dabei,
rührt keine Hand.

KÖNIG
Seid still, beim Himmel, still!

NARR
Ein Mädchen, sagt Ihr?

KÖNIG
Still, verscheucht es nicht!

NARR

Ein Mädchen.

KÖNIG

Ja, auf blumiger Wiese
fliegt sie gleich einem bunten Kolibri
und hascht nach Schmetterlingen. Süßes Bild!

NARR

Und sie gefällt Euch wohl?

KÖNIG

Gefällt mir? Sie?
Nein, sie gefällt mir nicht. Was ist Gefallen?
Gefällt das Meer, der Himmel und die Sonne,
gefällt des Frühlings Blütenübermacht
und alles, das vergessen und versunken?
Eins seh' ich: sie und sie und immer sie,
nichts will ich sehn als sie und sie und sie.
O Kind, o wonnig süßes Kind — o Wunder,
o ewiges Wunder!

NARR

Will Euer Majestät
geruhn, Befehl zu geben, mich zu köpfen?

KÖNIG
lacht

Wie sie nun hetzt und jagt, ganz rot im Antlitz.
Die Haare fliegen. Wie sie lacht. Sie lacht
noch einmal. Wie sie lacht. Ich hör' ihr Lachen.
Trug eine Blume, sei's die schönste auch,
so viele Freude in des Menschen Herz
als dieses Kindes Lachen? O du Lachen,
ich will dich immer hören. Immer, immer.
Ich glaub', ich weine noch bei diesem Lachen.

NARR

Herr, erlaubt...
Er zieht den Ring weg.

KÖNIG

Wo bin ich — wo?
Mensch, Schuft, wo hast du sie? Gib sie heraus,
gib sie, bei allen Himmeln, gib sie her!

Ich lass' dich rädern, köpfen. Dieb und Mörder,
wo hast du sie?

NARR

Geduld, Euer Majestät.

KÖNIG

Und den Ring, den Ring. Zehntausend Pfund, Millionen,
mein Reich, nimm, was du willst.

NARR

Euer Majestät, verzeiht. An meinem Finger ist er festgewachsen.

PRIESTER

Dann trennt den Finger ab von seiner Hand und legt den
Rest in Ketten.

NARR

Dank, Ehrwürden. Die Kraft des Ringes sitzt in meinem
Herzen.

KÖNIG

Du stehst fortan an meinem Thron zunächst.
Was ist geschehn, bin ich in einer Gruft?
Was soll der Vorhang, bin ich denn begraben?
Bin ich 'ne Leiche? Auf die Türen, sag' ich!

DIENER

Was ist, was gibt es?

[KÖNIG]
Auf die Türen, sag' ich!
Herein den Sonnenstrom, herein den Jubel!
Die Fenster auf! Ich lebe, lebe, lebe!
Er bricht zusammen, weinend.
[*Königinmutter,*] *die Königin und die Kinder kommen.*

[KÖNIGINMUTTER]

Mein Kind!

[KÖNIGIN]

Mein Gatte!

ARZT

⟨Still, Majestäten. Ich bitt' Euer Majestät.⟩ Der König ist
gerettet, Majestät!

([Notiz] Die Frau fürchtet und liebt den Narren.)

ZWEITER AKT

([Notiz] Der König gegen seine Frau schlimmer.)

Ein Marmorsaal. Der Hintergrund Säulen. Blick in einen frühlingsgrünen Garten.

KÖNIGIN
Der König ist verwandelt und wohlauf?

ARZT
Zu dienen, Majestät. Er hat Tatkraft und Leidenschaft wiederbekommen. Er ißt, trinkt, schwimmt, reitet, macht Fechtübungen, geht auf die Jagd.

KÖNIGIN
Eurer Weisheit verdankt er die Gesundheit. Nehmt auch meinen Dank, Meister.

ARZT
Majestät!

KÖNIGIN
Ich höre, er hat Festlichkeiten in der Residenz mitgemacht. Er tanzt auf Bällen gegen seine frühere Gewohnheit. Er sucht jede Gelegenheit dazu. Verhält es sich so?

ARZT
Er ist allerdings auf dem Ball der Stände getanzt.

KÖNIGIN
Ich weiß nicht, die schnelle Wandlung hat fast etwas Beunruhigendes für mich. Aber Ihr seid Arzt und werdet bessere Einsicht haben.

ARZT
Durchaus nichts Beunruhigendes, Majestät.

KÖNIGIN
Ist denn der Narr immer um ihn?

ARZT
Er ist die beste Gesellschaft für ihn in diesen Zeiten.

KÖNIGIN
Meint Ihr? Ich muß Euch bekennen – ja, mich überläuft ein

Grausen, wenn ich des Menschen ansichtig werde. Mir wird nicht wohl in seiner Gegenwart. Er hat etwas vom Raubvogel.

ARZT

Lämmer, Majestät, sind kein Umgang für Könige.

KÖNIGIN

Ihr mögt nicht unrecht haben, aber ich bitte Euch, berichtet mir noch eins. Der König hat im Lande etwas ausrufen lassen, wovon ich die sonderbarsten Dinge vernommen habe.

ARZT

Wer hat Euer Majestät darüber Bericht erstattet?

KÖNIGIN

Hanno.

ARZT

Er hat Euer Majestät keinen Dienst getan.

KÖNIGIN

Er hat mir im Gegenteil einen großen Dienst getan. Ich bin die Königin. Ich bin des Königs Gemahlin. Sein öffentliches Ausschreiben schädigt seinen Ruf und mein Ansehen nicht minder.

ARZT

Nicht in meinen Augen, Majestät.

KÖNIGIN

Kurz, ich verstehe meinen Gemahl jetzt weniger als je. ⟨Er sucht eine Dirne. Ein König jagt einer Dirne nach.⟩ Wie lautet der Wortlaut des Aufrufs?

ARZT

Majestät, ich werde mich nie zum Werkzeug Eures Schmerzes machen.

KÖNIGIN

Denkt Ihr, ich kenne den Wortlaut nicht? Er heißt die Töchter des Landes vor ihn führen. Ist er ein Jüngling, der zur Gattenwahl schreitet?

ARZT

Euer Majestät lieben Ihren Gemahl gewiß mit zehnfacher Liebe als ich. Euer Majestät gebe ich zu bedenken: ein nahezu

Toter ist wieder aufgewacht. Das Fünkchen Leben, das in ihm noch war, anzufachen ist es gelungen. Um nun die Flamme wieder groß und hell zu machen, gibt es nur ein Mittel: Liebe. Die Sehnsucht nach Liebe durchdringt ihn ganz wie ein Frühlingssturm. Danach kommt der Frühling selbst mit den Milliarden Keimen, und aus den Keimen wieder wird der Sommer mit seinen reinen Saaten werden. Ein König, Majestät, gehört nicht mir und Euch, er gehört seinem Volke.

KÖNIGIN

Ihr seid, ich fühl's, ein weiser Mann. Aber Eure Weisheit ist kalt wie Marmor. Ihr liebt den König, ich fühl's, aber vielleicht liebt [Ihr] nicht einmal ihn, sondern seine Macht, um Eurer Pläne willen: ich bin Euch nichts.

ARZT

Majestät — der König — — ich . . .
Der König. Der Narr springt vor ihm her, schlägt alles mit seiner Pritsche. Unter dem Gefolge der Hofpoet.

[NARR]

Der König kommt. Achtung, wollt ihr wohl springen! Ergebener Diener, Exzellenz.
Allerhand Kurzweil. Der König winkt, alle verschwinden. König. Arzt.

KÖNIG

Ich habe sie nirgend finden können. Ich habe Frauen gesehen, welche Salomo an Weisheit nichts nachstanden. Schönheiten, die die Venus verdunkelt hätten. Üppige, stolze, königliche Frauen. Mädchen, welche bei dem Worte Kuß wie purpurn anliefen und die Hände bei der Annäherung einer Manneshand mimosenhaft zurückzogen. Aber ich habe für alle nichts gehabt als mein Lächeln. Ich habe an der Brust eines Mädchens gelegen, welche man die Hure von so und so nannte. Ich muß sagen, daß es kurzweilig gewesen ist, aber es hat meinen Durst nicht gestillt.
([Notiz] Die Wilde ist gesehen worden in dem Schloß.)
Wie weit seid Ihr mit Eurem Entwurf?

ARZT

während der Narr Seifenblasen macht und es draußen immer stärker gewittert

Er schreitet fort. Auf den Bergen des Landes werden Gymnasien gebaut nach dem Muster der griechischen. Die Lernenden gehen in den Wandelgängen der Gärten. Sie ringen, werfen Diskus, rudern, fechten, reiten und jagen. Achtundzwanzig solche Gymnasien sind in Angriff genommen.

([Notiz] ⟨Der Staat übernimmt den Unterhalt der [Kinder].⟩ Die Ehe ist frei. Etc., etc., etc., etc.... Eine schöne Utopie.)

KÖNIG

Es beruhigt mich alles für einige Zeit, aber die Hauptsache ist: Narr, dein Ring! *Jagdfanfaren.* Narr, horch, die Jäger kommen von der Jagd.
Grade wie sie durch das Hoftor reiten, erblickt der König das Mädchen wie in dem Ringe. Die Jäger fingen sie.

STIMMEN

Wir bringen gute Beute. Halali.

NARR

Der Ring ist nicht mehr vonnöten. Sieh, König!
Der König sieht hinunter und zittert.

JÄGERMEISTER

Wir jagten — da fanden wir sie. Es war schwer, sie zu fangen. Das scheuste Wild. Wir bringen sie dir. Sie hatte Blut am Munde. Ein Täubchen hatte sie gewürgt. Wir mußten ihr die Hände binden.

KÖNIG

Frei laßt sie! Kennst du mich?

WILDE

Ich kenne dich.

KÖNIG

Da bist du nun.

NARR

Der König braucht euch nicht — auch mich nicht mehr.

[Andere Fassung der letzten Partie]

KÖNIG

Was bringt Ihr, Jägermeister?

JÄGERMEISTER
Ich weiß es nicht. Sie ist trotzig und gibt keine Antwort.

KÖNIG
So löst ihre Fesseln und tretet ab. — Mädchen, wie heißt du?

WILDROSE
[Wildrose.]

[NOTIZEN]

Liebeskinderszene bei hereinbrechendem Frühling.
Ihr Lauern. Ihr Staunen über die Pracht. Ihre Kinderei.
Ihre Zutulichkeit. Ihr Schmeicheln. Ihr Verliebtsein.
Ihre Wildheit. Ihr Lachen.

[SZENENBRUCHSTÜCK]

KÖNIG
Was macht den Frühling schön, daß, wenn er floh,
des Sommers Pracht mißfällt? Weil er voll Frische,
voll zarter, erster Jugend ist und Duft.
Im Frühling lachst du. Deine Brust erfüllt
ein lachend Glück. Die Seligkeiten wehen
aus dem [...?] Blau der Himmelskuppel
unsichtbar und auf Schritt und Tritt dich an.
Und sie? — O sieh auf sie! Doch lieber nicht.
Ich neid' es dir, zu sehen, was ich sehe,
und dennoch möcht' ich preisen [?], wie sie ist.
So sei denn keusch, und bist du's nicht, so werde
die Schönheit anschaun dir zum schwersten Fluch.
O Jugend, Jugend, Duft der Pfirsichblüte,
was bist du mir bei dieser Blüte Duft!
Der kleine, wirre Kopf, das kecke Leben
im braunen Aug', das Freiheit nur gekostet,
der süße Mund, des Plaudern wie ein Bächlein,
um den das Leben zuckt, der Übermut,
Verachtung, Hohn, in Schönheit eingebettet.
Und ewiger [?] Sieg in Gang und Haltung.
Das Fest in allem.

[ANDERER ANSATZ]

[SZENENBRUCHSTÜCK]

Ein dumpfes Gemach. Kruzifix. Erasmus. Otto.

OTTO

Tretet ein, Meister.

ERASMUS

Hier wohnt König Heinrich?

OTTO

Ja, hier. So sehet, Meister: die Nässe trieft von den Wänden. Der Schwamm kriecht bis unter den Tisch. Kein Licht, keine Luft.

ERASMUS

Warum zieht er nicht hinauf in die oberen Gemächer oder dort hinüber auf die Insel?

OTTO

Fragt ihn.

ERASMUS

Ei, wollt Ihr nicht wenigstens ein Fenster öffnen?

OTTO

Nicht einmal das darf geschehen.

ERASMUS

Ist denn so gar nicht mit ihm zu reden?

OTTO

Nicht viel.

ERASMUS

Wie lange ist er so?

OTTO

Seit — seit — ja richtig — er ist so seit vorige Pfingsten, wo man das große Fest in der Hauptstadt feierte, zu dem König Karl herübergekommen war.

ERASMUS

Verfluchte Mücken!

OTTO

Sie plagen uns weidlich.

ERASMUS
Seit vorige Pfingsten, sagt Ihr?

OTTO
Ja, als der oberste Priester der neuen Lehre, leider Gottes der mächtigste Mann im Reich, zwanzig rückfällige Ketzer verbrennen ließ.

⟨ERASMUS
Ich weiß, Ihr meint jene zwanzig Scheiterhaufen.⟩

OTTO
Das war ein Tag. Keiner wollte beichten. Keinen Laut hörte man: nur die Flammen knisterten, und ihr blutiger Schein durchleuchtete das ganze königliche Schloß.

ERASMUS
Und da ging er.

OTTO
Ja, am nächsten Morgen vor Tage ritten wir aus der Stadt.

ERASMUS
Ohne Abschied?

OTTO
Ohne Abschied. Die Königin schlief noch oder hörte den Frühgottesdienst. Als wir die Tore hinter uns ließen, da sagte der König zu mir: Sie wird sich trösten, sie hat den toten Gott lieber als mich.

ERASMUS
Wie war es: Sie hat den...

OTTO
... toten Gott lieber als mich.

ERASMUS
Hm — und nun: jetzt heißt es natürlich, er sei verrückt.

OTTO
Vom Teufel besessen.

ERASMUS
Und Ihr, was haltet Ihr nun davon?

OTTO

Krank ist er, krank vielleicht auf den Tod. Doch kann einer helfen: wer sonst, als Ihr?

ERASMUS

Ich bin nur ein Mensch.

OTTO

Aber einer der besten. O hättet Ihr nie dieses Reich verlassen!
Pause.

ERASMUS

Seht, ich hab' viel erfahren, viel gesehen, viel selbst durchlebt. Ich hätt' aber nicht gedacht, daß es so kommen würde, als sein Vater noch lebte.

OTTO

Wer hätt' es gedacht. War er nicht stark, frisch, sonnig und hell wie einer? Aber wißt Ihr, da kam diese Liebe zu König Karls Tochter: sie hat ihn entmannt, sie hat ihn erwürgt. — Pst, Meister, er kommt.

HEINRICH

Guten Tag, Meister Erasmus.

ERASMUS
grüßt

Verzeiht, König Heinrich.

HEINRICH
da Erasmus ihm weinend die Hand küßt

Was ficht Euch an?

ERASMUS

Nichts, nichts.

HEINRICH
lang

O Ihr seid grau geworden!

ERASMUS

Weiß, mein König.

HEINRICH

So laßt mich Eure Hand noch einmal fühlen.

ERASMUS

Noch oft, sooft Ihr wollt.

HEINRICH

Nicht oft mehr, nein.
Die Hand ist müd', die Ihr in Eurer fühlt,
wie alles müd' ist an dem Manne hier,
der gerne schlafen geht.

ERASMUS

Mein edler König,
so ruht getrost, die Sonne wird Euch wecken.

HEINRICH

Die Sonne! hm! Die Sonn' ist fortgezogen.
Es war ein Traum und nicht so ganz ein Traum:
Ich sah sie fliehn. Ich sah die Sonne fliehn. —
Doch kommt und setzt Euch. — Und Ihr seid ... wie alt?

ERASMUS

Fast bin ich achtzig Jahr.

HEINRICH

Und habt die Speise,
die fade Speise, die man Leben nennt,
Euch noch nicht leid gegessen?

ERASMUS

Nein, o Herr.
Noch nehm' ich jeden Tag wie ein Geschenk
und trink' ihn leer gleich einem Kelche Weins.

HEINRICH
verändert, finster

Wohl Euch, Erasmus, handelt nach Gefallen.
Ich meinesteils fand Wermut in dem Becher.
Was liegt daran? Und wem erzähl' ich dies?
Verzeiht, da Gottes hehre Majestät
die Bettlerworte meines Munds nicht achtet,
möcht' ich fast sagen, daß er übeltat,
die Welt zu machen, oder wenn sie schon
erschaffen war, nicht wieder zu vernichten.
Ein Spott der Himmel, rollt sie durch den Raum.

ERASMUS
So hab' auch ich zuweilen wohl empfunden.
Doch heut: ein seltsam Wunder ist geschehen.

[NOTIZEN]   9. März 1894.

Nietzsche, Morgenröte: Abschnitt 195.

Koch und Kastellan, die mit den Worten prahlen, die der Herzog zu ihnen gesagt hat.

»Sonst hatt' ich diese Frühlingsschwermut, Sehnsucht im Frühling: jetzt bin ich wieder eins mit ihm. Nichts trennt mich von ihm.«

DER ARME HEINRICH
SZENENFOLGE

ERSTE SZENE

Der Schloßhauptmann und Jugendfreund des Herzogs Heinrich, Alf, kommt mit dem Arzt Jamnitzer und dessen Schüler Felix. Er ist höflich und zuvorkommend dem alten Manne gegenüber, befragt ihn über den Verlauf der Reise, ob er gut untergebracht sei, wie er geschlafen habe etc. Der Arzt dankt, bittet, ihm ein höher gelegenes Zimmer zu geben, des Fiebers wegen. Der Schloßhauptmann seufzt und meint, das Fieber grassiere, aber der Herzog sei nicht fortzubekommen. Es sei eine nicht sehr einladende Gegend, wie der Arzt sich wohl überzeugt habe. — Ihm sei diese Gegend nicht ganz unbekannt, meint der Arzt. Er habe sie auch schon mit seinem Schüler durchstreift und sich an der Fauna und Frühlingsflora der Niederung erfreut. Es seien auch Spuren von Entwässerungsanlagen vorhanden. Es müsse einmal früher der Versuch gemacht worden sein, die Sümpfe trockenzulegen. Der Schloßhauptmann bejaht das. Der verstorbene Herzog hätte in der letzten Zeit durch einen Gelehrten, Arzt und Staatsmann, dem er großes Vertrauen geschenkt habe, auf dessen Rat und Plan hin die Trockenlegung in Angriff genommen. — Wie lange dies her sei? — Etwa elf Jahre. — Warum er nicht beendet habe, was er begonnen? — Er sei, als der alte Herzog gestorben war und der junge um die Nachbarkönigstochter gefreit habe, außer Landes gegangen. — Das sei sehr zu bedauern, meint der Arzt, denn er wäre dem Lande von unberechenbarem Vorteil gewesen. — Wo der Arzt jetzt lebe? — Der edle und weise Mann steht vor mir, und er wolle einem einfachen Manne erlauben, ihm in Ehrfurcht die Hände zu küssen. — Arzt: »Seid Ihr nicht Alf, der Busenfreund des Knaben und Jünglings?« — »Ja, der bin ich. Der einzige von seinen früheren Kameraden, den er nicht von sich gestoßen hat. Aber wir sind uns doch fremder und fremder geworden. Früher zog er mich noch manchmal ins Vertrauen, jetzt schon seit Monden nicht mehr. Er lebt ganz einsam, und wenn Ihr ihn früher gekannt habt, so werdet Ihr vergebens in dem Manne von heut eine Ähnlichkeit mit dem Jüngling von früher suchen.« Der Arzt: »Sein Vater war eine begnadete Natur. Ein klares Sonnenhaupt, ein fröhliches, gewisses Herz.« — Alf: »So war auch der Sohn.« — »Wie ist er so geworden?« — »Ich will Euch zu gelegenerer Zeit gern sagen, was ich darüber weiß. Aber Ihr müßt wissen, alles das ist nicht ganz ungefährlich, denn wir werden beobachtet. Die Späher des Königs Ernst sind überall. Soviel steht fest: sein Zustand ist in eine Krise getreten. Entweder Ihr könnt sie zur Genesung hinausführen, oder sie ist das Ende.« — »Ich, wieso ich? Ich bin ein alter Mann. Ich bin kraft- und saftlos geworden. Noch vor zehn Jahren vielleicht, aber die letzten zehn Jahre haben an mir genagt, mehr als mein ganzes früheres Leben. Wie verfiel er auf mich?« — »Von selbst, und das gibt mir einen Schimmer von Hoffnung.« — »Wollt Ihr mir nicht ein weniges über sein Leben und seine Gewohnheiten mitteilen?« — »Es ist ein strenges Leben mit strengen Gewohnheiten. Er scheint mir an Askese die strengsten Orden im Reiche seines Schwiegervaters zu übertreffen. Er liest, schreitet die Loggien ab, liest, nimmt sein Mahl, Gemüse, Brot und Milch, schläft sechs Stunden, hört Gottesdienst und schließt sich in seine Gemächer ein. In der letzten Zeit drückt ihn etwas. Er machte mehrmals einen Anlauf, sich mir anzuschließen. Er überwand sich aber nicht. Es ist eine bestimmte Sache, die ihn drückt und zur Mitteilung drängt. — Aber da steht einer, der Euch längst erkannt hat, und, so geheim Ihr berufen und gereist seid, vor dem morgigen Tag weiß es die Königin Anna und der Schwiegervater, daß Ihr hier seid.« — Ein Erzklang. — »Das ist der König.« Der Schloßhauptmann geht zum König hinein. Der Arzt und sein Schüler sind allein für einige Stunden. Felix möchte den Herzog so gern sehen. Arzt: »Das geht nicht, sei vernünftig.« Der Schloßhauptmann kommt wieder. Erklärt: »Der König ist von einer seltsamen Entschlußlosigkeit. Er kann Euch nicht sehen. Er weiß kaum mehr, daß Ihr hier seid. Ich bitte Euch, zieht Euch zurück.«

[ERSTER AKT]

[ERSTE SZENE]

Zimmer im Mittelgeschoß des Schlosses. Gotische Fenster, offen. Schränke, Tische etc.
Jamnitzer vor einem Tischchen mit Chemikalien.

JAMNITZER

Herein!

SCHLOSSHAUPTMANN

Guten Morgen, Herr Doktor.

JAMNITZER

Guten Morgen, Herr Schloßhauptmann.

SCHLOSSHAUPTMANN

Ich wollte mich nur erkundigen, wie der gelehrte Herr die erste Nacht in unsern Mauern geruht haben.

JAMNITZER

Ich schlafe nicht über vier Stunden. Das bringt das Alter so mit sich.

SCHLOSSHAUPTMANN

Aber hoffentlich [haben] Eure Weisheit diese gewohnte Zeit des Schlafes genossen.

JAMNITZER

Ich will Euch etwas sagen, Schloßhauptmann. Eure Betten sind feucht. Da hab' ich denn alles herausgeworfen und mich in meine Reisedecken gewickelt. Das war gegen elf Uhr nachts. Nun waren aber wieder die Frösche. Man muß sich an alles erst gewöhnen. Dies Froschgequak in der ganzen Gegend, das ist ja ohrenzerreißend.

SCHLOSSHAUPTMANN
Oh, da bedaure ich aber wirklich ganz unendlich.

JAMNITZER
Zudem muß man hier während der Nacht die Fenster geschlossen halten, wegen des Fiebers. Da wird es denn so dumpf und ungesund innen. Nein, ich kann nicht sagen, daß ich mich besonders wohlbefunden habe. Aber setzt Euch, Herr Schloßhauptmann. Widmet mir einige Minuten, wenn es Eure Zeit erlaubt. Ich will inzwischen hier eine kleine Untersuchung beenden. — Da seht doch, wie der Nebel aufsteigt, wie er die Wasserläufe entlangzieht. Überall quillt es gelb und dick aus dem Boden. Das ist nicht das Klima, darin ein geschwächter Organismus wieder zu Kräften kommen kann, und wenn Euer Herzog . . .

SCHLOSSHAUPTMANN
Gewiß, Euer Weisheit, es ist ein Jammer. Was habe ich schon geredet, auf die Gefahr hin, davongejagt zu werden. Aber es prallt alles an ihm ab.

JAMNITZER
Tut denn die Herzogin nichts oder der Schwiegervater, um ihn hier fortzubringen? *Schloßhauptmann zuckt die Achseln.* Einem Kranken gegenüber muß man zur Gewalt greifen, wenn Güte nichts hilft. Und König Johann ist doch der Mann der Gewalt.

SCHLOSSHAUPTMANN
Darf ich mit Eurer Weisheit offen reden?

JAMNITZER
Wir sind allein.

SCHLOSSHAUPTMANN
Für König Johann ist sein Schwiegersohn, unser armer Herzog Heinrich, ein verlorener Mann.

JAMNITZER
Und Herzog Heinrichs Gemahlin?

SCHLOSSHAUPTMANN

Herzog Heinrichs Gemahlin steht unter dem Einfluß ihres Erziehers. Sie hat diesen Erzieher zur allmächtigen Person im Herzogtum gemacht. Und diese allmächtigste Person im Herzogtum ist wieder eine willenlose Puppe, die König Johann am Drahte zieht.

JAMNITZER

Dann ist, um es ungeschminkt zu sagen, Euer Herzog Heinrich ein Schwächling.

SCHLOSSHAUPTMANN

Ja und nein.

JAMNITZER

Wollt Ihr mir das erklären?

SCHLOSSHAUPTMANN

Unterliegt nicht der einzelne noch so starke Mann einer Übermacht von Hunderten? Herzog Heinrich war zwanzig Jahr, als sein Vater starb. Da war ein übermächtiger Nachbarkönig.

JAMNITZER

Er hätte ihn dennoch angreifen sollen. Seine Vorfahren haben viel größere Siege erfochten.

SCHLOSSHAUPTMANN

Aber König Johanns Tochter war schön. Statt den Vater zu bekriegen, girrte er nach der Tochter, warb nun um sie und erhielt sie um den Preis seiner Mannheit.

JAMNITZER

Er ging in das Netz.

SCHLOSSHAUPTMANN

Er sprang hinein.

JAMNITZER

Hatte er niemand, der ihn warnte?

SCHLOSSHAUPTMANN

Es gab deren, die ihn warnten. Da war vor allem ein Mann, dessen Namen alle die noch heut mit Ehrfurcht aussprechen, die unseren Herzog und unseres Landes Wohlfahrt und Freiheit mehr als ihr Leben lieben.

JAMNITZER

Wer war der Mann?

SCHLOSSHAUPTMANN

Er mußte in die Verbannung für seine Treue. König Johann ruhte nicht früher. Er war der Leibarzt des verstorbenen Herzogs: Jamnitzer.

JAMNITZER
wendet sich weg, wischt eine Träne aus den Augen
Und er schlug also seinen Rat in den Wind?

SCHLOSSHAUPTMANN

Eure Weisheit: Die Liebe beherrschte ihn ganz. Und ob er gleich einsah — und er sah es zuzeiten ein —, daß Jamnitzer recht hatte, so hielt ihn doch die Liebe in goldenen Netzen so fest, so fest, daß er zu tun gezwungen war, was sie von ihm forderte.

JAMNITZER

Ja, und sie forderte viel, aber sagt mir: Er lebt getrennt von der Königin?

SCHLOSSHAUPTMANN

Ja — es ist zu Ende.

JAMNITZER

Wieso?

SCHLOSSHAUPTMANN

Er war ihr Hündchen geworden, und plötzlich fiel es ihm ein, ihr fortzulaufen.

JAMNITZER

Und ließ alles, was er besaß, in den Händen seiner Feinde. Die Herzogskrone, das Szepter, sein Reich und seine Mannheit.

SCHLOSSHAUPTMANN

Ich kann Euch nicht widersprechen, obgleich mir das Herz blutet.

JAMNITZER

Ich bin mit meiner Untersuchung zu Ende. — Nun, Herr Schloßhauptmann, um auf unseren vorigen Punkt zu kommen. Nach dem, was Ihr mir sagt, hat also die Herzogin keine Macht mehr über ihn.

SCHLOSSHAUPTMANN

Sie so wenig als irgend eine andere Frau. Er hat sich zum vollkommenen Weiberhasser entwickelt.

JAMNITZER

Gut, also kann sie ihn auch nicht aus dieser mörderischen Umgebung herausreißen.

SCHLOSSHAUPTMANN

Nein, er weicht keinen Schritt. Obgleich die Herzogin darunter vielleicht schwerer leidet, als man meint. Denn soweit sie überhaupt lieben kann, liebt sie unsern Herrn — das ist das Seltsame.

JAMNITZER

Sehen wir ganz ab davon. Aber König Johann. König Johann müßte ihn mit Gewalt von hier wegführen. Es handelt sich hier um Leben und Tod.

SCHLOSSHAUPTMANN

König Johann hat kein Interesse daran, daß Herzog Heinrich lebt.

JAMNITZER

Meint Ihr?

SCHLOSSHAUPTMANN

Stirbt Herzog Heinrich, dann leben zwei unmündige Kinder von fünf und sieben Jahren als einzige Erben, und König Johann erhält die Regentschaft. Das aber darf nicht geschehen. Und deshalb: Bei Eurer Weisheit! bei Eurer Heimatsliebe! bei Eurer Liebe zu dem verstorbenen Herzog! — Jamnitzer! denn ich weiß, Ihr seid es. Ich habe Euch erkannt beim flüchtigen Fackelschein gestern abend auf den ersten Blick. Wer sollte die edlen Züge nicht wiedererkennen! Rettet ihn! Rettet den Herzog!

JAMNITZER

Ihr seid Alf, nicht? Der Gespiele des Herzogs, als er noch Prinz war.

ALF

weinend

Der bin ich.

JAMNITZER

Ich erinnere mich noch gut an Euch beide kleinen Unzertrennlichen. Damals erhoffte ich mir viel von dem kleinen Heinrich.

ALF

Oh, wie hatte ihn der Himmel begnadet.

JAMNITZER

Steht auf und beruhigt Euch! Seht, der Herzog hat mich durch geheime Boten rufen lassen. Unter dem Siegel tiefsten Geheimnisses bin ich hier.

ALF

Ihr irrt. Noch während wir sprechen, stehen die Spione Johanns vor der Herzogin und melden, daß Ihr hier seid.

JAMNITZER

Einerlei. Jedenfalls Ihr seht: ich bin alt. In diesem aussichtslosen Kampfe eine Waffe zu ergreifen, mich in Reih und Glied zu stellen: verlangt es nicht von mir. Ich bin ein Arzt und gehe zu jedem Kranken, der mich ruft. Der Herzog rief den Arzt, und als Arzt stehe ich hier vor Euch. Es gab andere Zeiten: sie sind vorbei.

ALF

So wird man erleben, daß dieses ganze ehemals blühende Herzogtum zuerst ein Sumpf wird wie dieser, wo Pest und Fieber ihre Würgearbeiten verrichten, und dann versinkt, wie die Stadt da draußen im Meer versunken ist, deren Glokken man, wie die Schiffer sagen, noch aus dem Wasser heraufläuten hört.

JAMNITZER

Vineta.

ALF

Aber so soll [es] nicht sein. Hört mich an, Jamnitzer. Wenn Ihr schon keine Partei ergreifen wollt, dann seid ein Arzt. Macht Euer ärztliches Meisterstück, stellt ihn wieder her, bewegt ihn, von hier fortzugehen, und wenn er gesund ist, dann will ich vor ihn treten und sagen: Winke mit der Hand, Herzog Heinrich, und achttausend stählerne Jünglinge aus dem Mark deines Volkes stellen sich hinter dich. Ziehe voran und als Eroberer tritt in deine Residenz, wirf die Fremdlinge heraus, heiß die finsteren Tempel abbrechen und die Glocken von den Kirchen werfen – dein Land ist kein Opfertier. Denk an Vineta.

JAMNITZER
Tut, was Ihr müßt — und ich werde tun, was ich kann.

FELIX
[*erscheint*]
Meister, hier bring' ich Palmenkätzchen.

JAMNITZER
Mein Lieblingsschüler, Herr Schloßhauptmann.

FELIX
Fridolin ist mit dem Frühstück unterwegs. Es [ist] gar nicht so übel hier. Ich bin schon überall herum. Brauchst du Blutegel, Großpapa? Hier sind welche. Ich habe sie im Schloßteich gefangen. Ich war im Garten, im Keller, in der Küche, oben beim Türmer, sogar auf dem Dache: da kann man so furchtbar weit sehen, weißt du, weil alles so flach ist.

SCHLOSSHAUPTMANN
Ich möchte mich beurlauben, Eure Weisheit.

JAMNITZER
Auf Wiedersehen, Herr Schloßhauptmann.

FELIX
Bekommt man denn den Herzog gar nicht zu sehen?

SCHLOSSHAUPTMANN
In dieser Beziehung sind wir selbst auf den Zufall angewiesen. *Ab.*

FELIX
sieht ihm nach, bis er fort ist, schneidet ein Gesicht hinter ihm drein und wirft sich dem Doktor um den Hals
Kuß, Großpapa!

JAMNITZER
Hier, du Wildfang. Benimm dich etwas jungenhafter, Mädel. So wirst du dein Inkognito nicht lang durchsetzen, und wir haben die Unannehmlichkeit. — Wo hast du dich also wieder herumgetrieben?

FELIX
Überall, sogar im Verlies war ich, wo sie die Verbrecher hingerichtet haben. Da sind auch viele enthauptet worden, sagt

der Schließer. Es riecht wirklich ganz süßlich, richtig wie Blut, Großpapa — ach du, aber ärmlich sind sie. Ich hab' mit wenigstens acht Leuten gesprochen. Kein einziger Diener hat eine ganze Livree. Zu essen kriegen sie gedörrtes Fleisch und getrocknetes Gemüse, und der Herzog ißt auch nicht viel besser. — Ach du, ich bin schon ganz verliebt in den Herzog. Ein schöner Mensch muß er sein, aber schlimm schwermütig. Es ist gut, daß wir Fridolin mithaben, denn so schlechtes Essen könnt' ich nicht hinunterbringen. Weißt du, weshalb sie so schlechtes Essen haben? Der Deckelmeister soll seine liebe Not haben, bloß so viel aus der Residenz zu bekommen, wie gerade für dieses armselige Leben hinreicht. Potz Donnerwetter! Ich sollte nicht Herzog Heinrich heißen.

FRIDOLIN

Na, endlich komm' ich. Gut, daß wir Vorräte mithatten. Das Huhn ist noch ganz leidlich, aber wie der Tee schmecken wird: das Wasser ist miserabel.

JAMNITZER

Laß gut sein, laß gut sein!

[ANDERE FASSUNGEN DER ERSTEN SZENE]

Ein Schloß an der Meeresküste. Innenräume. Die Wände weiß, kahl, klosterähnlich. Hintergrund: Portal, schwarzer Vorhang davor. Gotischer mächtiger Tisch mit Schweinslederbänden darauf. Fackelbeleuchtung.
Ein Priester. Der Kastellan.

DER PRIESTER

Ist der Flügel zum Empfange der Königin hergerichtet?

DER KASTELLAN

Zu dienen, Euer Ehrwürden. Aber meiner Treue, es hat Mühe und Schweiß gekostet. Wenn Euer Ehrwürden in Erwägung ziehen wollen, daß allein die Ratten, von den Mäusen ganz zu schweigen ... also, was sagt' ich doch? Ja, wir hatten acht volle Tage zu tun, ehe wir es so weit brachten, daß eine Kuhmagd im Schlafzimmer der Königin eine Nacht durchzuschlafen vermochte, ohne durch das Springen, Poltern, Quieken, das Kratzen und Nagen der Mäuse und Ratten geweckt zu werden. Und wollen Euer Ehrwürden bedenken, wir mußten unsere Vertilgungsarbeit verrichten ganz im geheimen, ohne daß der König etwas davon merken durfte. Denn, seltsam zu sagen, Mäuse und Ratten sind seine Lieblinge. Auf meine Ehre, Euer Ehrwürden. Er macht ihnen in den Vorhängen seines Schlafzimmers Nester, darin sie hecken, und wacht über ihrem intimsten Familienleben.

DER PRIESTER

Wie geht es dem König?

KASTELLAN

Wie meint Euer Ehrwürden?

DER PRIESTER

Ganz im allgemeinen, Vater Beicht.

KASTELLAN

Nun, man kann wohl sagen, denk' ich, daß er ein heiliges Leben führt. Seine Nahrung besteht aus Brot, Wasser und Gemüsen. Ab und zu bringt ihm der Diener einen Becher Kuhmilch hinauf, ein Ei, wenn es hochkommt: das ist aber alles. Wollen Euer Ehrwürden nun erwägen, daß er ein junger Mensch, neunundzwanzig Jahre, sieben Monate bis zum heutigen Tage, so wüßte ich nicht, was ihm zur Heiligkeit noch fehlen sollte. Zumal und hauptsächlich, weil er jahraus, jahrein, obgleich er verheiratet ist, in diesem verdumpften und abgeschiedenen Schlosse allein lebt und, ohne doch durch eine Gelübde gebunden zu sein, keusch ist wie Joseph. Ich weiß nicht, inwieweit Euer Ehrwürden über unsere Hausordnung unterrichtet sind. Da ist ein Paragraph, der jedes Weibsgesicht bei Strafe des Stäupens aus diesen Mauern verbannt. Für uns Ehemänner unter der Dienerschaft, die wir von unseren Frauen getrennt zu leben gezwungen sind, insbesondere für mich, der ich an ein gewärmtes Bett von meinem achtzehnten Jahre an gewöhnt bin, eine sehr harte Nuß. Eine sehr harte Nuß.

DER PRIESTER

Wie steht es um seine Gesundheit, Vater Beicht?

KASTELLAN

Darüber kann man nichts in Erfahrung bringen, Euer Ehrwürden. Nur daß ein alter Arzt, den er wer weiß woher verschrieben hat, mit einem Schüler, einem recht netten Bürschchen, einem Diener und einem Koch hier bei uns eingezogen ist. Er soll sehr gelehrt sein, ist aber bis heut vom Könige noch nicht zur Audienz befohlen.

PRIESTER
Mit einem Schüler, einem Diener und einem Koch?

KASTELLAN
Er hat es zur Bedingung gemacht.

PRIESTER
Das muß ein gar hoffärtiger Herr sein.

KASTELLAN
Euer Ehrwürden können sich von seiner Gemütsart leicht selbst überzeugen, denn dort ist er selbst samt seinem Begleiter.
Der Arzt und der Schüler betrachten die Wand.

PRIESTER
Ist das der Schüler?
KASTELLAN
Zu dienen, Ehrwürden.
PRIESTER
Sie sehen eher wie grüne Zeisige als wie gelehrte Leute aus.

KASTELLAN
horchend
Die Maultiere der Königin.
Der Priester bewegt sich hin und her, getraut sich aber nicht, die beiden anzusprechen. Der Doktor.

FELIX
Nichts als Spinnweben. Nichts als Spinnweben.

DER DOKTOR
Es ist eben ein altes, ein uraltes Schloß, mein Sohn!

FELIX
Sieh doch, die Bücher!

DER DOKTOR
Wo, Kind?

FELIX
Dort, Meister! *Komisch betont.*

DER DOKTOR
Richtig! — Ist es erlaubt, Herr?

PRIESTER
Ich bin ein Diener Gottes.

DER DOKTOR
Vergebt, Ehrwürden. *Indem er die Folianten aufschlägt.* Ich denke, ich werde diesen alten Würdenträgern nicht wehe tun. Konfuzius. Das Neue Testament. Die Veden. — Siehst du, Kind: hier sind wir bei der Seele dieses Schlosses angelangt. *Felix lacht.* Du lachst?

FELIX
⟨Ist das nicht komisch, Vater, eine Seele aus Schweinslederbänden. Besteht eine Seele aus Schweinslederbänden?⟩ Aus der Seele dieses Schlosses kroch eben ein Ohrwurm.

PRIESTER
Ehrfurcht vor dem Heiligen, junger Mann!

DOKTOR
Vergebt, Ehrwürden. Er ist in einem Lande herangewachsen, wo es keine Bücher gibt. Er weiß noch nichts von den Schauern der Ehrfurcht vor toten Dingen.

PRIESTER
Sind dies tote Dinge?

DOKTOR
Ja und nein.

PRIESTER
Verzeiht, mich rufen Pflichten.
Ab. Felix schneidet hinter dem Priester her ein Gesicht.

DOKTOR
Kind! Kind!

FELIX
leicht
Laß ihn doch laufen.

DOKTOR

Ich hätte dich nicht mitnehmen sollen. Du machst mir allzuviel Ungelegenheiten.

FELIX

Ach du! Väterchen, ich hatte mir's auch wahrhaftig leichter gedacht. Immer so steif daherstelzen wie so'n gelehrter Kranich. Immer den Mund halten, damit man bloß nicht sein bißchen Dummheit verrät.

DOKTOR

Hast du es denn anders gewollt, dummes Kind? Hast du mir nicht Tag und Nacht in den Ohren gelegen, bis ich auf deine Tollheit einging?

FELIX

Ach Väterchen, ich muß dir einen Kuß geben.
Sie tut es blitzschnell und sieht im nächsten Augenblick ein Bild an, wie wenn nichts gewesen wäre.

DOKTOR

Was hab' ich dir gesagt, Amaleia!

FELIX

Felix, Felix! Ich bin der Felix!

DOKTOR

Nimm also Vernunft an, Felix, und bringe uns nicht mutwillig in Gefahr.
Sie gehen weiter.

FELIX
streicht mit dem Finger an der Wand
Brrr, dicker Staub. Ach Väterchen, — *dehnt sich* — Langeweile. Wenn man wenigstens den König zu sehen bekäme.

VATER

Dies ist der Saal. Ich bitt' Euch, tretet ein.
Ihr werdet hier des Königs Majestät
sogleich erblicken. Harret seiner hier.
Und wenn er kommt, seid still! sprecht nichts! seid still!
Sprecht ihn nicht an! Ihr mögt ihm sagen, Freund,
was, tut er's, seiner harrt: Ungnade, Strafe!
Der König ist ein gottergebner Mann,

sanftmütig und voll Demut, abgekehrt
von allem Irdischen, ein Diener Gottes,
nur einzig denkend auf ein selig Ende.
Doch ist der finstre Geist, mit dem er ringt,
ringt, ringt wie Saul, nicht ganz in ihm ertötet.
Mitunter, jählings, steht er auf, und dann
ist Blut vor seinen Augen.

ARZT

Frommer Vater,
versteh' ich recht, berieft Ihr mich als Arzt,
und Euer König ist ein kranker Mann.
So halt' ich Eures Schutzes mich versichert.

VATER

Als Arzt berief ich Euch? O nicht doch, Herr!
Gott ist der größte Arzt, und Gott ist bei uns.
Gott war bei uns, als Ihr nicht bei uns wart.
Nein, nicht als Arzt. Die beste Arzenei
ist Gottes Wort, und alles heilt der Glaube.
Ich schrieb Euch.Briefe, weil — doch besser so:
der König selbst, nicht ich, begehrte Eurer.
Warum? Gott weiß es! Eines ist gewiß:
nicht weil er mit dem Herzen Euch gesucht —
und warum lög' ich, Lüg' ist Sünde —, nein,
nur weil ihn ein Gelöbnis, scheint mir, zwingt,
das ihm der Vater sterbend auferlegt.
Ich selbst, weil rein ich sein Gewissen wünsche
und gänzlich unbeschwert, ich riet ihm zu,
mit Brief und Botschaft Euch zu suchen, Herr.

ARZT

Das tatet Ihr?

VATER

Ich tat's.

ARZT

Ihr ruft den Heiden
ins Land zurück?

VATER

Ich tat's als Christ.

ARZT

Als Christ

habt Ihr den Heiden ehemals vertrieben
aus seiner Heimat; seiner Väter Land,
sei's eines Schuhs breit, habt Ihr ihm mißgönnt.
Und auch als Christ?

VATER
Ihr sagt es, auch als Christ
und nur als Christ. Ich hab' um Euch getrauert,
um Eure Gaben, die Euch Gott gegeben,
um Eure Wissenschaft und Mild' und Einsicht.
Und bei der Nacht hab' ich für Euch gebetet,
mit heißer Inbrunst, wie ich anders nicht
für meinen Sohn und Bruder beten könnte:
Gott möge Euch erleuchten, Eure armen,
verirrten Schritte auf den Heilsweg lenken.
Und hab' ich, Aug in Aug, Euch nicht gestanden
mit meiner Lehre und ...

ARZT
... mit Eurem Buch.
Laßt's gut sein, frommer Vater. Euer Buch
hat Blätter, die so morsch wie Zunder sind;
da weiß ich mir ein beßres, größres Buch.

VATER
Laßt mir mein Buch. Behaltet Ihr das Eure.
Und wenn wir einst uns oben wiederfinden,
so wird mein altes Buch erglühn wie Gold,
daß selbst die Sonne glanzlos wird erscheinen.
Ab.

ARZT
Die Sonne nicht. Ihr kennt die Sonne nicht.
Wie spräcÞt Ihr »Gott« und hättet Glanz im Auge,
spräch' nicht die Sonn' aus Euch.
So sind sie alle.
Sie liegen trinkend an der Mutter Brust,
Säuglinge hülflos ganz und gar, und wüten doch
mit Fäusten gegen sie.
Gedenkt des Sprüchleins von der Mutter Fluch.

ALF
[erscheint]
O lieber Meister! seht mich an! Erkennet Ihr
noch jenen Alf, der einst mit Buch und Griffel

und dicht bei dicht mit unsrem armen Herrn
in Eurer Schule saß?

ARZT

Wie sollt' ich nicht.

ALF

Und wißt Ihr noch, wie eines Tags im Hornung
Ihr zu mir spracht: Geh Alf, steh auf, du bist
für Schwert und Kampfspiel, Jagd und Krieg gebildet.
Dein Geist ist grad, dein Herz schlägt frisch und stark,
du hast des Falken Blick, des Löwen Mark.
Geh, tummle dich, stell deine Brust dem Wind,
kämpf, nackend, mit der Brandung, teile du
des Meeres Flut mit Arm und Ruder. Lerne
die Segel führen und das Steuer halten.

ARZT

Ich weiß es wohl.

ALF

Und also ist's geschehn.
Mein Drachschiff hat das Heidenmeer durchpflügt,
Tribut zu heischen von den fernsten Küsten.
Mein Schwert ward schartig, und ich schleift' es wieder.
Zu Spreißeln ging mein Schiff, und nackend kämpft' ich,
wie Ihr mich lehrtet, nackend mit der Brandung,
und endlich kam ich heim.

ARZT

Ich weiß, du kamst.
Die breite Brust voll Glück, das Meeresauge
voll Sonn' und Stolz, ein junger, blonder Bär.
Von Amme Meer mit Sturm [und] Schaum gesäugt,
auf ihren Wellenauen großgeäst,
in ihrer Wasserwiege großgeschaukelt,
zum Mann, zum Helden.

ALF

Ja, so kam ich heim.
Und um die Zeit des großen Frühlingsfestes.
Ich stand am Mast, ich ließ des Schwertes Klinge
im roten Frühlicht funkeln, sah das Meer
zum Fest der Sonne flammend sich bekleiden.
Ich sah die Insel mit des Gottes Tempel,
den unser Volk seit Ewigkeit verehrt,

und lachte laut und hieß das Steuer stellen
grad nach der goldnen Kuppel unsres Tempels,
der gelben Sonne, die mich blendend grüßte
mit diamantnem Blitz aus Buchengrün.
Ich sah den blauen Rauch des Opfers quellen,
mir war's, als trüg' der Hauch der Luft — er schien,
von Veilchenduft geschwängert, mir berufen,
die seidnen Festesbanner leis zu blähen [?] —,
mir war's, als trüg' die Luft der Sonnenhymne
geliebte Klänge zu mir übers Meer.
Und als ich Anker warf, den weißen Strand
erstiegen hatte, in die alten, hehren
vielhundertjähr'gen Buchenhallen trat —
was sah ich da?

ARZT
Du sahest Ketzer brennen,
man brachte Opfer einem neuen Gott.
Dem Allerbarmer.

ALF
Ja, so nennt man ihn.
Ein Kreuz fand ich erhöht und einen Jüngling
mit Nägeln dran geheftet, blutend, sklavisch [?],
unheldisch, jammervoll — und Blaßgesichter,
nicht Mann, nicht Weib, in schwarzes Tuch gehüllt,
mit Stricken um die Lenden, sangen Lieder.

ERSTER AKT

ZWEITE SZENE

Am 11. März 1894, Vormittag.

[NOTIZEN]

Arzt: »Wir haben den Sonnenflügel, der König wohnt in dem Schattenflügel.«

Zu erwägen, ob der Vorschlag des Schloßhauptmanns und die Enthüllung seines Planes für die spätere Szene, nachdem der Arzt den Herzog gesehen, vorzubehalten ist.

Er ist zu verschlossen, man weiß zu wenig.

Raum im Nordflügel des Schlosses, halbdunkel. Kerzenbeleuchtung.
Herzog Heinrich, blaß und in Kamelhaarkutte mit goldner Kette, geht langsam auf und ab. Er schlägt an ein Gong.

DIENER

Durchlaucht befehlen?

HERZOG

Rufe den Schloßhauptmann!

DIENER

Zu befehlen.
Ab.

HERZOG
geht, schiebt die Vorhänge eines Fensters ein wenig zurück, starrt, angelehnt, hinaus und sagt
Nebel...
([Am Rand] Das Bild mit den zufälligen Formen.)

SCHLOSSHAUPTMANN
ist eingetreten
Guten Morgen, Herzog Heinrich.

HERZOG

... wie wehklagende, händeringende Schatten, die fliehen, über den Moorgrund dem tiefen, ungeheuren Meere zu.

SCHLOSSHAUPTMANN

Guten Morgen, Herzog Heinrich.

HERZOG
wendet sich
Du bist's, Alf — was willst du?

SCHLOSSHAUPTMANN

Euer Durchlaucht verlangten nach mir.

HERZOG

Ja so. — Hast du den Arzt gesehen?

SCHLOSSHAUPTMANN

Ja, Herzog Heinrich.

HERZOG
er will etwas Schwereres sagen
Sorge dafür, daß man ihn aufs beste verpflegt.

SCHLOSSHAUPTMANN
Soweit unsere Mittel reichen, Herzog Heinrich.

HERZOG
Sind wir so arm?

SCHLOSSHAUPTMANN
Mancher Kaufherr in Eurem Reich lebt königlich im Vergleich zu Euer Durchlaucht.

HERZOG
Was liegt daran! — Also du sahst ihn? Ist er alt geworden?

SCHLOSSHAUPTMANN
Alt und weiß, aber immer noch ungebeugt.

HERZOG
Meine Frage war falsch gestellt. Wie kannst du wissen, ob er alt geworden ist. Kennst du den Mann?

SCHLOSSHAUPTMANN
Ja.

HERZOG
Er mag Ähnlichkeit mit einem Manne haben, den du kennst, aber er ist es nicht.

SCHLOSSHAUPTMANN
Herzog Heinrich, er ist es.

HERZOG
Wer?

SCHLOSSHAUPTMANN
Jamnitzer. Kein anderer.
Pause.

HERZOG
Nun ja, da du es aussprichst: Er ist es. Ich ließ ihn kommen. Warum? Ich weiß es selber nicht. Es ist etwas von letztem Willen in der Berufung: soviel magst du erfahren. Halte das fest, damit du falschen Schlüssen vorbeugst.

SCHLOSSHAUPTMANN
Herzog Heinrich hat seine Getreuen daran gewöhnt, ihre

Hoffnungen nicht höher wachsen zu sehen als das Hungermoos auf Felsblöcken.

HERZOG

Rufe den Arzt!

SCHLOSSHAUPTMANN

Sogleich!

HERZOG

Halt. Reiße ihn nicht aus seinen Gewohnheiten. Wenn es ihm gefällt, mich zu besuchen, melde ihn.

SCHLOSSHAUPTMANN

Er muß jetzt bereit sein, Durchlaucht. Ich schätze, er hat in diesem Augenblick sein Frühstück beendet und er wartet, zu Euch gerufen zu werden.

HERZOG HEINRICH

Warte! setze dich!

SCHLOSSHAUPTMANN

Herzog Heinrich!

HERZOG

Du siehst mich ein wenig unruhig. Ich stehe, gleichsam wider Willen, in einer Angelegenheit, die nicht mein ist. Ich fühle mich fremd darin, ganz fremd. Ich habe die Nacht wachend hingebracht und darüber gesonnen, sie zu umgehen. Ich finde keine Möglichkeit. Ich habe schon lange keines Menschen Rat gebraucht. Ich fühle, daß ich eine Torheit begehe, wenn ich den deinigen erbitte. Und doch weiß ich, daß ich es tun werde.

SCHLOSSHAUPTMANN

Herzog Heinrich hat Wermut für seine Freunde und süßen Wein für die Feinde.

HERZOG

Ja, ja, so sagst du. Das ist mir kein neues Lied, Alf. Nichts mehr davon: höre mir zu. Mein Vater, dessen Leben zu leben mir versagt sein mußte, gab mir diesen Rat, kurz eh er starb: Nimm von dem besten und weisesten meiner Freunde persönlich Abschied, wenn du jemals entschlossen bist, deinen letzten Gang anzutreten.

ALF
erhebt sich

Herzog Heinrich!

HERZOG

Ich sage nicht, daß ich entschlossen bin. Aber ich möchte den

Weg leer wissen. Weißt du, Alf: ganz leer. Ich will zwischen mir und dem großen dunklen Tor freie Bahn haben — ganz freie Bahn.

ALF

Und da stünde nur noch dieser eine Mensch?

HERZOG

Nur einer, und der eine auch nur deshalb, weil ihn die gleichsam aus dem Grabe gewachsene Hand meines Vaters auf diesem Platz festhält.

ALF

Nur dieses eine?

HERZOG

Nur es.

ALF

Führt Euer Weg nicht durch die verödeten Strecken Eures Herzogtums?

HERZOG

Nein.

ALF

Seht Ihr nicht rechts und links vom Wege Kinder und Mütter, Jünglinge und Greise die Hände nach Euch ringen: Euch winken, anflehen, fordern, rufen und, wenn Ihr nicht stehen bleibt, Euch nachfluchen?

HERZOG HEINRICH

Ich sehe sie nicht, aber ich kann deinen Rat nun nicht mehr suchen. Du bist nicht der Mann, mir den Weg freizulegen. Du wirst mir nie und nimmer das letzte Hindernis überwinden helfen.

ALF

Nie und nimmer.

HERZOG

So werde ich es selbst zu tun wissen. Geh also und rufe den Arzt!

Alf mit Verbeugung ab. Herzog unruhig auf und ab, setzt sich, steht wieder auf. Immer unsteter. Jamnitzer tritt ein.

Jamnitzer!

JAMNITZER

Euer Durchlaucht zu Diensten!

HERZOG
gedehnt
Ja — ja — ja — das ist er. Nun erkenn' ich ihn Zug für Zug.

JAMNITZER
Durchlaucht: Des Menschen Leben währet siebzig Jahr, und wenn es hoch kommt, so sind es achtzig Jahr, und wenn es köstlich gewesen ist, dann ist es Mühe und Arbeit gewesen.

HERZOG
sinnend gedehnt
Ja — ja — ja — Euer Leben war köstlich. Ich weiß, Ihr wart ein rastlos tätiger Mann. Setzt Euch, Jamnitzer.

JAMNITZER
Platz nehmend
Rastlos tätig? Euer Durchlaucht tut mir unrecht. Ich habe gern und viel gerastet. Die Rasttage, die schreiten einher wie Sonnenjünglinge, die mit Glanz und Tanz sich um das große Licht bewegen.

HERZOG
Und erlebt Ihr jetzt noch solche Tage?

JAMNITZER
Aufrichtig gesprochen: ja.

HERZOG
Jamnitzer, um Euch von vornherein alle Unklarheit zu nehmen — und ich bin es einem Manne wie Ihr, der auf den ersten Ruf kommt, obgleich er die Dienste, die er dem Vater dessen, der ihn rief, geleistet, sich schlimm vergolten sah, schuldig, ganz offen zu sein —, also um offen zu sein, Jamnitzer, Ihr habt eine zwecklose Reise getan. Verzeiht mir, Ihr seid ein Mann, der seine Zeit braucht, sei es, wie Ihr sagt, zur Arbeit oder zum Rasten. Was Euch hier blüht, ist weder Arbeit noch Rast. — Ihr seid ein großer Arzt: in den Hütten der Armen und in den Palästen der Reichen lebt Euer Name als der eines Wundertäters. Ihr habt Tausende dem frühen Grab entrissen. Mir kann kein Arzt helfen: warum? Ich hasse das Leben. Wer mein wahrer Arzt sein will, der hetze einen Mörder auf mich, und wen ich hassen und fürchten soll wie einen wahren Mörder, der dinge mir einen Arzt.

JAMNITZER

Euer Durchlaucht hat recht. Das ist eine verzweifelte Gemütslage, bei der ein Arzt meist mehr schadet als nutzt.

HERZOG

Nun, seht Ihr, Jamnitzer.

JAMNITZER

Ich sagte meist. Wenn es aber ein sehr guter Arzt wäre, so gut, wie ihn die Erde wohl heut noch nicht hervorgebracht hat, so könnte er — vorausgesetzt, daß er eine bestimmte, überhaupt heilbare Art von Lebensekel vor sich hätte — dieses Übel doch vielleicht mildern.

HERZOG

Dann, Jamnitzer, habe ich die unheilbare Art.

JAMNITZER

Darüber, um Verzeihung, Durchlaucht, hätte wohl der Kranke selbst am wenigsten das zutreffende Urteil. Es käme dabei — wenn Ihr einem alten Schwätzer gestatten wollt, einiges aus seinem vermeintlichen Wissensschatz auszukramen —, es käme dabei ausschließlich darauf an, die gesamte Krankheitsgeschichte zu kennen, denn sie führt zu den Ursachen des Leidens. Da ist es dann wirklich, wie man zugeben muß, zuweilen gelungen, ein unendlich kompliziertes, verwirrtes und scheinbar unheilbares Leiden durch ein paar geschickte Schnitte an der rechten Stelle derart zu beseitigen, daß die Geheilten und die Zuschauer an ein Wunder glauben müssen.

HERZOG

Es ist möglich — Ihr werdet das wissen. Aber es ist mir einerlei. *Er erhebt sich.* Ich muß auf das verweisen, was ich von dem Arzt und dem Mörder sagte, und ich nehme an, daß Eure Weisheit nicht in die Maske des Arztes schlüpfen werden, der mir so sehr verhaßt ist.

JAMNITZER

Euer Durchlaucht rechnen nicht mit einer fünfzigjährigen Gewohnheit. Ich bin ein Arzt und kann den Arzt in mir nicht zum Schweigen bringen, so gern ich Herzog Ruprechts Sohne zu Diensten bin. Es steht bei Euer Durchlaucht, das Geschwätz des Arztes nicht höher anzuschlagen als das Geklapper einer Wassermühle.

HERZOG

Und, Jamnitzer, obgleich ich Euch hiermit tödlich verletze, so muß ich Euch doch sagen, alles was wir jetzt reden und noch reden werden, kann niemals für mich einen größeren Wert gewinnen als eben dieses Geklapper. Ich habe mir dieses alles aufgeladen, mich Euren spähenden Augen, mich Euren tastenden Fingern ausgesetzt, weil ich den närrischen Einfall hatte, einen, vielleicht den belanglosesten Ratschlag meines Vaters zu befolgen. O diese Ratschläge! Ein Mensch wird ins wildeste, unwegsamste Gebirge geschickt, wo ihm Schlangen, Tiger, Hyänen blutdurstig hinter jedem Felsblock auflauern werden, und man gibt ihm einen Sack voll Turteltauben mit, um sich zu verteidigen.

JAMNITZER

Worin bestand dieser eine Ratschlag, den Ihr anzudeuten geruhtet, Durchlaucht?

HERZOG

Nun, sei es drum, da ich nun bald nichts mehr hören werde. Ich will reden, und dies wird meinen Ekel auf die Spitze treiben. Zuerst ein Bekenntnis: Die Menschen alle, ohne Ausnahme, haben einen negativen Reiz für mich. Spricht einer zu mir, so ist mir zumute, als ob mich etwas Unreines, Schmutziges anfaßte, spreche ich zu einem, so möchte ich meine Worte in Tücher hüllen, wie man mit der Hand tut, wenn man einen ebenso ekelhaften als gefährlichen Gegenstand von sich abzuhalten gezwungen ist.

JAMNITZER

Eine Art Schlange also ist Euch der Mensch, die Ihr, wie man zu sagen ⟨pflegt⟩, nur mit der Zange anzufassen Euch entschließen könnt.

HERZOG

Nennt's, wie es Euch beliebt. Eine Art Schlange meinetwegen oder sonst ein bösartiges und widerwärtiges Tier. Ihr seht also: Ich habe keine Illusion mehr, die mir zerstört werden könnte, und nach dieser Seite bin ich gesichert. Kurz und gut, wie Ihr mich hier seht, betrachtet mich als einen Abgeschiedenen, betrachtet mich als jenseits aller Pein, alles Ekels und alles Erdenjammers stehend: denn ich bin entschlossen, mir selbst das Tor zu öffnen, das aus dem Unsinn dieser Erde herausführt. Ich muß es selbst tun, denn ich habe keinen Freund, und es gibt überhaupt nichts dergleichen, das man Freundschaft nennen könnte. Ich habe den Tod gesucht, ich wollte ihn lüstern auf mich machen, ich habe mich hier sozusagen nackt und bloß vor seine Füße gelegt. Er hat mich nicht zertreten. Nun denn — ich werde ihn zwingen, ein Ende zu machen.

ARZT
Das Licht, Durchlaucht, verlischt, wenn es ihm an Öl gebricht.

HERZOG
Euer Vergleich mag hingehen, so gut er kann, Jamnitzer, und somit bin ich am Schluß. Denn meine Laune oder, wie Ihr es nennen wollt, der Rat meines Vaters ist befolgt. Er riet mir, mit Bezug auf Euch, von einem alten, erfahrenen Freunde Abschied zu nehmen, wenn ich an der Stelle stünde, wo ich heut stehe. Es bleibt mir also nur übrig, Euch die Hand zu reichen und zu sagen: Ich danke Euch, daß Ihr gekommen seid. Lebt wohl!

ARZT
hält des Herzogs Hand fest. Pause
Euer Vater war ein anderer Mensch, Herzog Heinrich. Aber — ich halte Euch nicht. Niemand kann Tote erwecken und, wie ich sagte, das Licht erlischt, wenn es ihm an Öl gebricht. Habt Ihr irgendeinen allerletzten Willen?

HERZOG
Ihr wißt meinen allerletzten.

ARZT
Laßt Ihr nichts Liebes zurück?

HERZOG
Ich lasse nichts zurück.

ARZT
Euer Volk, Euer Herzogtum?

HERZOG
achselzuckend
Lebt wohl!
Ab.

SCHLOSSHAUPTMANN
[*erscheint*]
Nun, Eure Weisheit?
ARZT
Der Herzog bedarf meines Rates nicht.

SCHLOSSHAUPTMANN
Er trägt sich mit schlimmen Gedanken. Das darf nicht geschehen. Er darf sich nicht töten. Ihr seid ein Arzt. Gebraucht Gewalt! Hindert ihn mit Gewalt!

ARZT
Gemach, Herr Schloßhauptmann. Ich fürchte, er ist sein bester Arzt.

SCHLOSSHAUPTMANN
Ihr gebt ihn auf, Jamnitzer.

ARZT
Ein Häufchen Asche und wenig Funken.

SCHLOSSHAUPTMANN
Doch solange noch der kleinste Funke glimmt: man kann ihn zur Flamme anblasen, Meister Jamnitzer.

ARZT
Mischt die Liebe einer guten Mutter und den Atem eines reinen Kindes, und Ihr habt den Schimmer einer Möglichkeit. Aber der leiseste Atem, der den Funken anfachen soll, er löscht ihn vielleicht für immer.

SCHLOSSHAUPTMANN
Dann ist die Stunde demnach gekommen.

ARZT
Welche Stunde?
SCHLOSSHAUPTMANN
Die Stunde der Tat.
ARZT
Wo die Jünglinge zu den Waffen greifen? Wer führt sie?

SCHLOSSHAUPTMANN
Wenn nicht der lebendige Herzog, dann führt sie der tote.

Wir tauchen unsere Fahnen in sein Blut und schreiben darauf:
Rache! — Rache an den Mördern Herzog Heinrichs!

[BRUCHSTÜCKE EINER ANDEREN FASSUNG DER ZWEITEN SZENE]

Der düstere, romanische, mit Fackeln beleuchtete Raum, in dessen Mitte der Tisch mit den Büchern steht, ist leer. Der Herzog tritt, die Augen an die Erde geheftet, durch den schwarzen Vorhang rechts. Er ist in eine Kutte von Kamelhaaren gekleidet, die eine dicke Goldkette als Gürtel hält.

HERZOG
stehenbleibend, vor sich hinsprechend
Ich mag ihn nicht sehen, nein, wer hat mir geraten, diesen alten Heiden hierherzurufen? Ich? Warum? Weil ich nicht weiß, was ich will. Aber wißt ihr denn, was ihr wollt? Ihr andern? Nein, noch viel weniger. Ja, ja, ihr behauptet es. Was behauptet ihr nicht! Im Behaupten kann ich mit euch nicht Schritt halten, Alf! — Ich will den Doktor sprechen, ruf ihn herbei. Wo ist Alf? Es ist besser so. Besser, daß er nicht hier ist. Ich will ihn nicht sehen. ⟨Ich schäme mich.⟩ O Gott! Müde! *Er läßt sich nieder.* Schämen? Wer sagt, daß ich mich schäme? Weise mir nach, Weisester! daß es für mich etwas Weiseres zu tun gibt als das, was ich zu tun mich entschlossen habe. Entschlossen? Hm. Versuche es, mich daran zu hindern, wenn du kannst. Jawohl, versuche es. *Alf ist stumm eingetreten. Der Herzog, der ihn bemerkt, schrickt zusammen.* Was willst du?

ALF
Mir war, als hört' ich meinen Namen rufen.

HEINRICH
Wo ist der Alte jetzt?

ALF
Er ging mit seinem Schüler hinunter zum Strande, um Bernstein zu suchen.

―――――

HEINRICH
Will ihn nicht sehen! nein! Wer riet mir doch
den alten Heiden rufen? Ich. Warum?

Ich weiß nicht, was ich will. Wer weiß es sonst?
Ihr andern? Ihr? Viel wen'ger als selbst ich.
Behaupten, ja behaupten könnt ihr viel;
da halt' ich schwerlich Schritt mit euch. Alf, komm!
Ich will den Doktor sprechen. Wo ist Alf?
Nicht hier? Viel besser so. Ich mag den Doktor
nicht sehn. Was soll er mir? — Ach, müde, müde,
zum Sterben bin ich müde. Schämen? Ich?
Du Weisester der Weisen, tritt vor mich
und weise mir mit deiner Weisheit nach,
es gäb' für mich noch Beßres zu verrichten,
als zu verrichten ich entschlossen bin.
Entschlossen? hm. Versuch es, mich zu hindern,
wenn dir's beliebt; was willst du, Alf?

ALF
                    Ihr rieft mich.

HEINRICH
Versuch es, mich zu hindern, sag' ich dir.
Was willst du, Alf?

ALF
        Ihr rieft mich.

HEINRICH
                Ja, wo ist
der Doktor jetzt? Ich will ihn sprechen, gleich.
Wo ist er jetzt?

([Am Rand] Alle die Schwankungen.)

ALF
        Sein Schüler, wie mir scheint,
lüstern nach Bernstein, Muscheln und Korallen,
hat ihn hinunter an das Meer gelockt.

HEINRICH
Sein Schüler?

ALF
        Ja. Ein mähnenschüttelnd Füllen,
voll tollen Übermuts. Er nennt es Schüler.
Gott weiß, warum.

HEINRICH
      Den Schüler schenk' ich dir
ruf mir den Meister.
            ALF
         Gleich, im Augenblick.

            HEINRICH
Halt. Wart ein wenig. Setz dich! leiste mir
Gesellschaft. — Nun, wie sieht der Alte aus?
Verändert? Weiß? Ganz weiß? Ein wenig gramvoll,
gefurcht das Angesicht? Trägt er sich stolz?
Meint er, wir brauchen ihn, und macht sich teuer?
Scheint es dir so? Dann sag ihm, Alfred, sag ihm,
ich hätte einen Kanzler nicht mehr nötig:
es gäbe nichts zu tun in meinem Reich.
Ich hätte es an Gott zurückerstattet.
Im Ernst, hast du auf seinen Mienen, Alf,
von unverwundner Kränkung nichts bemerkt?
mischt sich kein bittres Wort, von ungefähr,
in seine süße Rede?
            ALF
            Seine Worte
sind kühl und ernst und freundlich, Herzog Heinrich.
Seit Euer Vater tot ist, hört' ich keinen,
der Euren Namen ausspricht so wie er,
mit so viel Sorg' im Klang, so väterlich.

            HEINRICH
Nichts mehr davon. Ich will ihn morgen sehn,
in zweien Tagen, dreien meinetwegen,
in einer Woche, einem Jahre — gar nicht.

———

            ARZT
Du bist hierhergeflohn.
            KÖNIG
Verlangen, Fordern! Und wer gibt mir was!
Des Hoffnung, jenes Hoffnung zu erfüllen
soll ich berufen sein. Sie mäkeln, messen tastend an mir 'rum
wie Schneider, um ihr Kleid mir anzumessen,
ihr Kleid, das aus Urväter-Hausrat sie
herausgegraben. Bin ich denn nicht neu?

Ein neues Hirn, Haupt, Herz, zum erstenmal
in dieser schalen, qualerfüllten Erde
mein Liedlein schlagend. Pfui, mich ekelt's! Fort!
Und Freundschaft! Machen die Gesellen Jagd
und kann ein mutig Wort des Freundes helfen,
wo blieb das mut'ge Wort? Ich warte, und niemals kam es
                                                                              noch.
Die Waffe, die der Stolz zu führen mir verbot,
geschliffen lag sie da, wer hob sie auf?
Soll ich, ein König, mich mit Buben schlagen?
Ist's nicht ein Bube, der sich dort mir naht?

ZWEITER AKT

ERSTE SZENE

Angefangen 12. März 1894, Abend;
fortgesetzt 13. März 1894, Morgen;
13. Vormittag beendet.

[NOTIZEN]

Sie hat Blumen dagelassen. Das Ahnungsvolle des Königs.
Ein Bote hat den Tod berichtet.

Schlafzimmer des Herzogs. Der Herzog liegt im Bett. Jamnitzer erhebt sich von der Bettkante. Felix hält ein Wasserbecken.

JAMNITZER

So, nun sitzt der Verband. Einstweilen ist weiter nichts zu tun.

SCHLOSSHAUPTMANN
der bereitgestanden

Jamnitzer, verschweigt mir die Wahrheit nicht. Ist keine Hoffnung?

JAMNITZER

Er lebt.

SCHLOSSHAUPTMANN

Armer, armer Freund!

JAMNITZER

Das nächste ist, daß wir ihn in gesündere Räume bringen. Gleich morgen früh. Sonnige Zimmer im Oberstock laßt für ihn herrichten, gleich morgen früh. Wir bringen ihn hinauf, wenn es sein muß, im Schlaf.

SCHLOSSHAUPTMANN
Ist die Wunde gefährlich?

JAMNITZER
An sich nicht. Aber sie war unrein. Es steht Fieber zu befürchten. Und hier ist Fieber eine doppelte Gefahr. — Wie gesagt, hoch oben sind die Zimmer gesünder. Wer bleibt bei ihm?

[Hier fehlt ein Stück des Textes]

[Felix tritt] näher, beugt sich über das Bett und lauscht den Atemzügen des Schlafenden. Dieser seufzt. Sie schrickt zurück. Als er wieder ruhig schläft, beugt sie sich tiefer und tiefer über ihn. Da knackt das Schloß, und sie fährt tieferschrocken zurück. Hochrot steht sie, als der Schloßhauptmann vorsichtig eintritt.

SCHLOSSHAUPTMANN
Schläft er noch?

FELIX
Ja!

SCHLOSSHAUPTMANN
Was ist Euch, junger Herr?

FELIX
Ihr habt mich erschrocken.

SCHLOSSHAUPTMANN
Verzeiht mir. Mir ist, als hinge ich am Strick und müßte jede Sekunde erwürgen. Junger Herr, wenn uns der Mann stirbt, dann wehe uns allen! *Er setzt sich nieder.* Junger Herr, ich will mich ganz still verhalten, laßt mich nur ein wenig bei ihm. Mir ist leichter, wenn ich ihn sehe.

FELIX
Was war das?

SCHLOSSHAUPTMANN
Eine Nachtschwalbe, die gegen das Fenster flog. Nichts weiter.

FELIX
Ihr seid sein Jugendfreund?

SCHLOSSHAUPTMANN
Ich kenne ihn, und was auch Euer Meister sagt: In ihm

steckt noch Kraft. Wißt Ihr, in alten Märchen, da ist es oft ein Wort, ein einziges Wort, womit [man] den Bann der Verzauberung löst.

FELIX

Ja, wer das Wort wüßte!

SCHLOSSHAUPTMANN

Ja, junger Herr, wer das wüßte! Wenn es zehn Klafter tief in der Erde läge, ich würde es mit den Nägeln ausgraben; wenn es auf den höchsten Gipfeln, im Meer, irgendwo auf der Erde wäre, man müßte [sich] die Augen aus dem Kopfe suchen. Ein Schlaf, ein Traum hält ihn fest, er muß, muß erweckt werden. — Wenn Ihr ihn gekannt hättet, als er ein Jüngling war: Kein zweiter wie er auf der ganzen Erde. Ein Lichtmensch ganz und gar. Er sah Euch an, und die Seele wurde Euch hell, wie wenn Ihr in die Sonne seht. Er lachte: nur eines Menschen Lachen hat mich an seines erinnert.

FELIX

Wessen?

SCHLOSSHAUPTMANN

Das Eure, junger Herr!

FELIX

Ihr scherzt, Herr Schloßhauptmann.

SCHLOSSHAUPTMANN

Jetzt? Nein. Freilich, nun lacht Ihr auch nicht mehr, aber Ihr werdet Euer Lachen bald wiederfinden.

FELIX

Vielleicht.

SCHLOSSHAUPTMANN

Ihr werdet es überhaupt niemals wie er ganz verlieren. Aber das kam so. Er glaubte den Lichthimmel zu greifen. Er liebte und liebte ganz. Und als er, kühn wie er war, in das Bett dieser Liebe sprang, da umschlossen ihn Netze von Eisen. Er ward gefangen, und als er sich rettete, da blutete er aus tödlichen Wunden. — Er regt sich, ich gehe. Klopft leise hier, wenn Ihr mich braucht.

Ab. Felix ist wieder spähend ans Bett getreten.

HERZOG

Geh, geh Magdalena! Aus deinen Augen blickt der Tod. Ja,

denn du hast Schlangengift gegessen, und dein Kuß will mich töten. ⟨Deine Küsse sind⟩ blaß und weiß, ja deine Lippen sind Totenlippen. Siehst du, ich stecke eine rote Rose mit dem Stiele dazwischen, sie schrumpft zusammen, und ihre welken Blätter werden weiß wie Milch. Geh, geh, Magdalene! Zu dir kommt ein toter Gott des Nachts und ruht bei dir und will sich lebendig lieben. Er trinkt deine Glut, vampyrhaft — was bleibt für mich? Ich mag nicht die kalten Reste. Und deine Kinder — es sind nicht meine Kinder. Sie kamen alle tot zur Welt. Tote sind es. Du meinst, sie leben, weil sie gehen und sprechen. Tot sind sie. Der tote Gott zeugt nur Tote. Dein Vater steht hinter der Mauer. O du, ich· sehe dich. Seine Häscher klirren mit meinen Ketten. Zu fürchten? Nein. Ich könnte Euch niederschlagen mit meines Vaters gutem Schwert, aber — es lohnt nicht der Mühe. — Die Glocken — die Glocken — Vineta. Horch, Wogen — tief — tief — Korallen — Fische — *öffnet die Augen* — wie — kommst du hierher? *Felix zittert, bewegt sich zurück.* Wie heißt du doch gleich?

[FELIX]

Felix.

HERZOG
Ach freilich: Felix. Was willst du unter den Toten?

FELIX
Ich, ich ...

HERZOG
Ach ja, nun weiß ich es. Du steigst in die tiefsten Tiefen und auf die höchsten Höhen und über die höchsten Höhen schwebst du. Ungefesselter, Freier! Den toten Gott nimmst du vom Marterpfahl und begräbst ihn zur Ruhe. Rosen auf sein Grab. Du fliegst zwischen Sterne hin und machst sie jauchzen. Lache! Ich kenne dein Lachen, obgleich ich es nie gehört: Lache! *Erwacht mehr.* Wer bist du?

FELIX
Ich bin Euch zur Pflege bestellt, Herzog Heinrich, aber — aber ...

HERZOG
Ach so — ich bin krank — doch was — fehlt mir?

FELIX
Nicht viel.

HERZOG
So komm, du Süßer! Komm, setz dich zu mir!

FELIX
Ach, wollt Ihr nicht . . .
HERZOG
Komm doch — und mach mich — mach mich gesund! Wie heißt du?
FELIX
Felix.
HERZOG
Ach ja, ich träumte. Du bist mein. Nicht wahr: Gott sendet dich?
FELIX
Herzog Heinrich, kommt zu Euch, Ihr träumt noch immer. Euch ist ein Unglück zugestoßen, aber nun seid Ihr gerettet. Ich bin Felix, Jamnitzers Schüler, und Euch zur Pflege bestellt.
HERZOG
O bleib, du Lieber, geh, geh nicht fort! Und wenn ich dich träume, so — laß mich träumen.
Er schläft ein.
FELIX
sobald er eingeschlafen ist
Schloßhauptmann, Schloßhauptmann, wacht bei dem Herzog.

SCHLOSSHAUPTMANN
[*erscheint*]
Wo wollt Ihr hin?
FELIX
Zum Meister, zum Meister!

ZWEITER AKT

ZWEITE SZENE

Angefangen 13. März 1894, Nachmittag.

[NOTIZEN]
Der Herzog sagt, daß er sie durchschaut.
Die Wunde und Ursache in erster Szene.
Des Königs Abscheu vor Unschönem.

FRIDOLIN
Meister, ich bringe die beste Nachricht!

JAMNITZER
Nun, ist er erwacht?

FRIDOLIN
Erwacht und fragte, was mit ihm geschehen sei, und so weiter und so weiter.

JAMNITZER
Was sagtest du ihm?

FRIDOLIN
Mit gelinden Abänderungen die Wahrheit. Er sei hinausgefahren im Boot. Verunglückt. Ein wenig geschürft am Scheitel. Ihr wäret zugegen gewesen, Gott sei Dank, und so habe er gleich die beste Behandlung erfahren.

JAMNITZER
Wie nahm er das auf?

FRIDOLIN
Nachdenklich — nachdenklich, aber sehr ruhig. Er fragte, weshalb man ihn in diese Zimmer und nicht in seine eignen gebracht habe.

JAMNITZER
Nun?

FRIDOLIN
Ich sagte ihm den Grund, sagte ihm, daß wir ihn erst diesen Morgen im Schlaf heraufgetragen hätten, weil es Euer Weisheit nicht hätten verantworten wollen, ihn in den ungesunden, sonnenlosen Räumen zu belassen.

JAMNITZER
Und er?

FRIDOLIN
Auch dies nahm er ruhig auf, und die Sonne scheint ihm wohlzutun, Meister. Ich machte die Fenster weit auf und ließ Luft und Licht voll herein. Er erklärte, aufstehen zu wollen, und es gelang ihm leicht. Ich half ihm, sich ankleiden. Als er fertig war, trat er sogleich ans Fenster und schien sich an dem weiten Blick und dem schönen Frühlingsmorgen überhaupt zu erfreuen. Ich weiß nicht, sein ganzes Wesen, obgleich ich nicht weiß, wie es früher war, hat einen recht, wie

soll ich sagen, einen recht vielversprechenden, günstigen Eindruck auf mich gemacht.

SCHLOSSHAUPTMANN
stürzt herein
Jamnitzer, auf zwei Worte!

FRIDOLIN
Er wünscht Tee und Früchte.
Ab.

SCHLOSSHAUPTMANN
Jamnitzer, wie steht's mit dem König?

JAMNITZER
Noch hab' ich ihn selbst nicht gesehen. Aber der Bericht meines Dieners ist gut über Erwarten.

SCHLOSSHAUPTMANN
Jamnitzer, wenn er sich wiederfände!

JAMNITZER
Junger Stürmer, der Ihr noch seid. Geduld, Geduld.

SCHLOSSHAUPTMANN
Man sieht's an Euren Augen, Jamnitzer. Auch Ihr habt wieder Hoffnung.

JAMNITZER
Hoffnung? Nicht ganz, aber laßt mich zusehen.

SCHLOSSHAUPTMANN
Er muß leben, Jamnitzer, denn er muß kämpfen. Der Würfel ist gefallen, sag' ich Euch.

JAMNITZER
Behüte Gott. Wenn Ihr den Herzog Heinrich liebt, übereilt in diesen schweren Stunden nichts.

SCHLOSSHAUPTMANN
Ihr wißt nicht, was ich weiß. Die Schlinge ist um Herzog Heinrichs Hals gelegt. Da hilft kein Zögern. Der Oberhirt hat mir gedroht, mich köpfen zu lassen. Ihr seid geächtet, ich bin entsetzt, wenn wir nicht trotzen. Und also trotzen

wir. Er oder wir heißt nun die Losung. Er weiß, wie es steht. Der Krieg ist erklärt.

JAMNITZER

Was habt Ihr getan?

SCHLOSSHAUPTMANN

Er hat mir gedroht, ich hab' ihm mit Gleichem gedroht.

JAMNITZER

Ihr seid ein — ein — ein Wahnwitziger, wißt Ihr das?

FRIDOLIN
der schon wieder beim Herzog war
Der Herzog wünscht Euch zu sprechen, Jamnitzer.
Jamnitzer hinein.

EIN LEUTNANT

Alf, ich suchte Euch überall.

ALF

Wie steht's?

EIN LEUTNANT

Gut, zwölf Strandgrafen mit zweitausend Reitern sind Eures Winks gewärtig. Hißt die grüne Fahne auf dem großen Turm. Wenn die Sonne aufgeht und wenn sie im Mittag steht, werden sie unter den Mauern des Schlosses sein.

ALF

Gut, ich komme hinunter zu Euch.

EIN LEUTNANT

Wie geht's dem Herzog?

ALF

Besser, hoff' ich, als dem Oberhirten lieb ist.
Leutnant ab. Jamnitzer.

ALF

Nun?

JAMNITZER

Es ist — aber man muß vorsichtig sein mit Euch. Laßt Euch das eine sagen: ja, ich habe Hoffnung, aber ich bitt' Euch ...

ALF

Jamnitzer, ich halte mich kaum. Wenn sie nun kommen und

ihn wieder hineintrieben? Der Oberhirte wird zu ihm dringen, dieser gekaufte Hund von Arzt wird sich an ihn machen.

JAMNITZER

Das wird nicht geschehen. Habt Ihr treue Leute?

ALF

Dem Himmel sei Dank.

JAMNITZER

Dann legt eine Wache hierher.

ALF

Weiß Herzog Heinrich von der Gegenwart des Oberhirten und seiner Meute?

JAMNITZER

Nein.

ALF

Darf er davon erfahren?

JAMNITZER

Ja, aber fallt nicht, wie man zu sagen pflegt, mit der Tür ins Haus. Spart es auf. Wartet die günstige Minute ab. Geduldig, vor allem geduldig.

SCHLOSSHAUPTMANN

Jamnitzer, und Euer Wort? Seid Ihr noch immer nur der Arzt?

JAMNITZER

Man kann seinem Schicksal nicht entgehen.

SCHLOSSHAUPTMANN

Seid Ihr nicht mehr zu alt?

JAMNITZER

Wenn Tote lebendig werden, warum sollten nicht Greise zu Männern werden? Es geschehen Zeichen und Wunder.

SCHLOSSHAUPTMANN

So kann [ich] auf Euch zählen?

JAMNITZER

Soweit diese Maschine ausreicht, ja.

SCHLOSSHAUPTMANN

In wenigen Minuten bin ich bei Euch.

JAMNITZER

Und nicht zu stürmisch, sonst verlischt Euch das Flämmchen unter der Hand.

ALF

Verlaßt Euch auf mich.

Jamnitzer ab. Alf tritt ans Fenster, reißt es auf, starrt erregt hinaus. Leise ist der Herzog, einige Blumen in der Hand, eingetreten.

HERZOG
dem Freunde auf die Schulter klopfend

Alf!

ALF
wendet sich, sprachlos

Heinrich!

Beide liegen sich in den Armen, sie wandeln stumm auf und ab.

HERZOG

Weißt du, Alf, mir ist anders, anders wie seit Jahren. — Es war ein recht langer, furchtbarer Traum. Und wie er am furchtbarsten geworden war, da — da wurde er süß.

Er seufzt, riecht an den Blumen und versinnt sich.

ALF

Woran denkst du?

HERZOG

Woran ich denke? Ja, woran denke ich? Weiß ich es selbst? Entweder — ja du, ich fürchte, ich bin zum Kinde geworden. Wenn ich es beschreiben soll, ich meine das Gefühl, mit dem ich aufgewacht bin heut: es ist schön. Es ist wie eine schöne, berauschende und sehnsüchtige Melodie. Ach Alf, ich will leben. Es lockt, es lockt in mir. Es ist ein süßes, schmeichlerisches Verlocken. *Er versinnt sich.* Sieh mal, da ist mir ein Käferchen auf die Hand geflogen. Es ist gut, daß ihr mich hier heraufgebracht habt. Ach, wie die Liebesinsel sonnig daliegt. Wie lange ich nicht da drüben war. Sie haben sie verpönt. Sie haben sie zur verruchten und verfluchten Stätte gemacht, die Liebesinsel.

ALF

Ach, und erinnert Ihr Euch noch der herrlichen Feste, die Euer Vater dort feierte, [...?], wo der Wein floß und Jubel scholl und Lachen und Musik an allen Enden.

HEINRICH
versonnen

Liebe! — Weißt du, ich hatte einen seltsamen Traum heut nacht. Ein schönes Bildnis: halb Knabe, halb Jungfrau. Es ist doch seltsam, ich sehe wieder alles.

ALF

Was denn?

HERZOG

Die Sonne, die schießenden Schwalben, das blaue Meer, das junge Grün, ach so viel Grün — und rieche den Duft — Veilchen — woher hab' ich diese Veilchen? — *er drückt sie an die Nase* — o Wonne!

ALF

Heinrich, du hast dich wiedergefunden.

HERZOG

Meinst du? Wache ich denn? Mir ist immer noch träumerisch. So weich und träumerisch. Träume ich dies, dann erweckt mich nicht. — Ja du, es ist — es ist wunderbar seltsam. Es ist etwas in meine Seele gezogen wie in eine Wohnung. Meine Seele hat einen neuen Bewohner bekommen. Es ist schön und schöner, als du glaubst, aber es ist ein Rätsel.

ALF

Es ist die Genesung.

HERZOG

Nenn es so, aber sage noch mehr: es ist, was lockt; es ist, was am Leben hält; es ist, was zum Leben führt; es ist, was das Leben lohnt. Es ist alle Blüte und aller Blüten Duft. Es ist Musik. Himmel, was weiß ich! Es kommt — woher? Wer es trägt, ist Gott! Es wandelt über dem Staube. Lache mich aus, denn ich bin ein Narr geworden. Und alles das — wodurch? Mir träumte die Nacht — ich sah — ich sah — über mich gebeugt — ein Wesen — ja mein Gott — wie soll ich dir das süße Rätsel schildern? Es — es — ein Kind — ein Knabe — eine Jungfrau — des Leichtsten Leichtestes — des Holdesten Holdstes. Ein Wunder — nun, was sagst du? — Zu was anderm. Im Ernste gesprochen, Alf, dieses Nest für Mäuse und Ratten gefällt mir nicht mehr. ⟨Die Residenz noch weniger. Ich habe keine Lust, Tempelgeplärr zu hören und Priesterlug.

ALF

Da fällt mir ein — weißt du, wer hier ist? Der Oberhirte, der Leibarzt Julian, barmherzige Schwestern und ein ganzer Troß ...⟩
[*Felix erscheint.*]

HERZOG
freudig

Felix!

ALF

Er ist ein Schüler des Meisters Jamnitzer, Euer Durchlaucht. Er hat diese Nacht an Eurem Bett gewacht. Wir sind gute Freunde geworden, wir beide: er und ich, gelt Felix?
Felix wird rot und blaß und will fort.

HERZOG

O geh nicht fort, o schwinde mir nicht hin! Ich bin ein Narr. Komm, Felix, reiche mir deine Hand! Bin ich dir zuwider? Sieh, bleibe bei mir! Ich — ich will deinen Meister bitten. Du sollst eines trüben Tages Sonne sein. Sei mein Kamerad in der Einsamkeit, willst du?

FELIX
nickt mit dem Kopf, offen

Ich will!

[ZWEITER AKT]

[DRITTE SZENE]

Jamnitzers Zimmer.

JAMNITZER

Fridolin!

FRIDOLIN

Meister!

JAMNITZER

Wenn wir jetzt Glück haben, sehen wir die Heimat wieder.

FRIDOLIN

Ja, Herr!

JAMNITZER

Wenn wir jetzt Glück haben, brechen bessere Zeiten herein über das Herzogtum.

FRIDOLIN

Ja, Meister!

JAMNITZER

Sollen wir die Hände in den Schoß legen?

FRIDOLIN

Nein, Meister.

JAMNITZER

Sollen wir also herzhaft hineinfassen in das Schlangennest des König Johann?

FRIDOLIN

Ihr seid der Mann dazu.

JAMNITZER

Vorwärts also. Heraus, ihr alten Pläne und Träume, heraus, Arbeit meines Lebens! Heraus noch einmal. — Siehst du, da drüben, Fridolin, da hatten wir begonnen. Da arbeiteten Tausende von Händen, die Sümpfe trockenzulegen. Aber als der alte, weise Sonnenkönig starb, der aus seiner Freude heraus, aus seiner Kraft heraus, aus seinem Lachen heraus die Menschen liebte, — leider, leider starb, da war es vorbei. Da kam wieder das große Sterben über die Kinder, die schwarze Pest. — Nun, ich will den Kampf noch einmal aufnehmen, ich will. Ich habe erkannt, Herzog Heinrich ist kein krankes Lamm, sondern ein kranker Leu. Heut geduldig und matt, mit dem Dorn in der Brust, aber der Dorn eitert heraus, man muß versuchen, ihn herauszuziehen — und den Tag darauf wird man den Löwen brüllen hören. Verlaß dich drauf. — Wo ist Felicia?

FRIDOLIN

Ich dachte eben an sie, als Ihr von dem Dorne spracht.

JAMNITZER

Wieso?

FRIDOLIN

Hat er nicht Euch den Dorn aus der Brust gezogen, als Ihr unter enttäuschten Hoffnungen halb tot daniederlagt, fünf Jahre und mehr, damals, als der Herzog [...?] gestorben war.

JAMNITZER

Gott weiß es, das tat er.

FRIDOLIN

Sollte sie nicht nun, die sie so märchenhaft erblüht ist, an dem Herzog das gleiche Wunder tun?

JAMNITZER

Ich verstehe Euch nicht.

FRIDOLIN

Wollt Ihr ein wenig herantreten und auf das Dach hinausschauen — sitzen sie nicht, wie zwei Kinder, auf dem Mauerrand zwischen dem Efeu?

JAMNITZER

Wie kommt sie zu ihm?

FRIDOLIN

Ich sage Euch, sie hat es ihm angetan.

JAMNITZER
wischt sich eine Träne ab
Fridolin, warum sind wir nicht gereist?

FRIDOLIN

Meister, wollt Ihr sie verkümmern lassen?

JAMNITZER

Liebt er sie?

FRIDOLIN

Dann lebt sie.

JAMNITZER

Dann kommt sie in Schmach und Verfolgung; und liebt er sie nicht, dann bricht der Kummer in ihr Herz wie der Eber in einen kostbaren Weingarten. Fridolin — ich bin alt. Eben schien ich mir stark genug, nun bin ich wieder schwach, zum Sterben schwach.

DRITTER AKT

ERSTE SZENE

14. März 1894.
Ende 15., Vormittag.

Bischof kommt mit dem Arzt der Königin.
Es ist ihm noch nichts gesagt worden von der Ankunft der Königin.
Er ist träumerisch.
Vertraulich zu Alf:
»Du siehst mich manchmal lachen. Ich habe einen so [...?] Traum gehabt. Halb Mädchen, halb Knabe.«

Alf fällt da ein.
Geht immer mit den Blumen herum.
Er sagt den Traum vielleicht nicht.
Nun kommt die Mitteilung: König Johann [zur] Residenz aufbrechend.
Der Brief der Königin.
Sie ist schon da.
Finster.
Will sie nicht sehen.
Die Blumen: er riecht daran.
Er sieht ihn durchs Fenster.
Der König geht ins Nebenzimmer, als er wieder geweint hat.
Der Schloßhauptmann. Felix vorgestellt.
König Johanns Festsetzungsplan.
Königlich.
Er empfängt stolz und ruhig den Arzt und den Kanzler.
»Ich fühle mich gesund.«

Es sollen Realitäten sein und doch Symbole.
Die Ernennung des Arztes zum Kanzler.
Etwas mit Fischblasen.
Wenn es ganz Märchen würde und auch die Heilmittel märchenhaft?
Das ganz reine Drama der Liebe wird es nicht sein: es wird vielmehr das Baumeistermärchen.
Wachtstubenszene.

Das ist nicht der Glanz. Altes Gerümpel schien mir alles
Jetzt geht mir's auf mit einemmal. Jetzt ist es Gold, Glück, Pracht, Freude.

DIENER

Seine Heiligkeit, der Oberhirte, und der Leibarzt Ihrer Durchlaucht, der Herzogin.

Oberhirt. Leibarzt. Jamnitzer, stolz hochaufgerichtet.

OBERHIRT
nachdem sich beide gemessen

Wir sind gekommen, um Eurer Gelahrtheit Zeit, Mühen und Gefahren zu ersparen. Wir glaubten einem Diener des in Gott ruhenden Herzogs dieses Landes schuldig zu sein, persönlich jeden Irrtum zu zerstreuen, der sein Handeln in einer für ihn verderblichen Richtung beeinflussen könnte.

JAMNITZER
Ich bitte Eure Heiligkeit, Platz zu nehmen.

OBERHIRT
Die Krankheit des Königs hat nun nach der Ansicht der Ärzte dieses Landes einen Grad erreicht, der es leider, leider zur zwingenden Notwendigkeit macht, wenn anders schwerstes Unheil von dem Lande abgehalten werden soll, diejenigen Obliegenheit[en] aus seiner Hand zu nehmen, deren Erfüllung allein dem Ruin des Landes vorbeugen kann. Deshalb ist es der Wille der Königin, die als Frau sich weder berufen noch fähig fühlt, die Geschäfte des Herzogtums nach innen und außen zu leiten, daß bis zum Tage der Mündigkeit des ältesten Prinzen Johann eine Regentschaft eingesetzt werde. Unsere Vollmachten sind von der Herzogin gezeichnet als der Mutter und von König Johann als dem Vormund der Knaben. Sie lauten dahin, den leider geistesumnachteten Herzog in das Schloß Magdalenenfels zu bringen, um ihn aller Pflege und Sorgfalt, die ein Kranker seiner Art bedarf, teilhaftig werden zu lassen. Ich ersuche Euch deshalb, Eure ferneren Bemühungen um den Herzog einzustellen und Eure Forderungen an die Schatulle der Königin uns schriftlich zu überreichen.

JAMNITZER
Ich bin gern bereit, auf die Forderungen Eurer Heiligkeit einzugehen, soweit es mein Gewissen mir nicht verbietet. Aber die Voraussetzungen Eurer Heiligkeit sind Gott sei Dank falsch, und ich bin in der glücklichen Lage, Euch eine Nachricht zu überbringen, für die ich des Dankes der Königin gewiß bin. Des Herzogs Krankheit ist gebrochen. In weniger als acht Tagen wird er genesen sein.

LEIBARZT
Eure Nachricht würde uns in der Tat glücklich machen, wenn sie die Kraft besäße, uns zu überzeugen. Aber leider, Eure Weisheit, kann von einer Genesung des Kranken aus folgenden Gründen nicht die Rede sein ...

JAMNITZER
Verzeiht, jetzt erkenne ich Euch erst, Ihr wart mein Schüler einst. Nun, um so besser. Leicht und mühelos werd' ich den Fall Euch auseinandersetzen. Ich bitt' Euch, tretet hier herein.

OBERHIRT
Das, Eure Weisheit, kann den Kern der Sache nicht berühren. So oder so. Die Vollmacht lautet kurz: Den Herzog nach dem Schlosse Fischbach bringen.

JAMNITZER
Dann, Eure Heiligkeit, bliebe mir, nachdem ich mich persönlich von dem Herzog unter Klarlegung aller Gründe beurlaubt hätte, mein Gutachten über den Gesundheitszustand seiner Durchlaucht in längrer Schrift dem Volk anheimzugeben, mich zu salvieren gegen jedermann.

OBERHIRT
Eure Weisheit verkennen unsere Absicht. Wir werden natürlich das Gutachten eines so hochgelehrten Mannes erbitten, und ohne Zweifel wird König Johann das ihm gebührende Gewicht darauf legen. Jamnitzer, die Leuchte der Wissenschaft!

OBERARZT
O edler Meister!

OBERHIRT
Nur jetzt, nur jetzt im Augenblick bleibt uns kein Ausweg. Strikt ist die Ordre. Und wir möchten Euch, damit Ihr in des Herzogs Nähe bleibt, was ganz unschätzbar für den Kranken wäre, sogar ersuchen, in Gemeinschaft mit diesem Herrn die Überführung zu leiten und auch ferner in seiner Nähe zu bleiben. Ohne Zweifel würde Herzog [König] Johann und Ihre Durchlaucht die Herzogin sich aus dankbarster Seele erkenntlich zeigen.

JAMNITZER
Den Dank der hohen Herrschaften zu verdienen ist meiner Wünsche Ziel, aber wie Ihr mich hier seht: Ich steh' in Herzog Heinrichs Dienst.
Ich halt' ihn für nicht krank. Was folgt daraus?
Kein Höhrer über ihm! Solang er mich
nicht selbst entläßt, bin ich sein Diener.

OBERHIRT

Dann führt uns zu ihm.

JAMNITZER

Nicht im Augenblick. Das würde seine Genesung gefährden.
In zwei bis drei Tagen gern. Ich bin untröstlich,
jedoch verantwortlich als Arzt, Ihr wißt.
Für übermorgen gern, für heut unmöglich.

OBERHIRT

Kommt, Julian, ich merke, wie die Dinge stehn.
Der Herzog wird umgarnt. Man spielt
ein höchst verwegnes Spiel mit ihm,
ein höchst verwerfliches zu gleicher Zeit.
Freibeuter halten ihn als Geisel fest.
Der König Johann soll die Dinge wissen.
Ab.

JAMNITZER

Gut — also rollt der Stein.
Felix.

Wo kommst du her?

FELIX

Ach, Vater, ich mag nicht mehr als Schüler herumlaufen.

JAMNITZER

Du weißt, es ist des Herzogs strenges Gebot.

FELIX

Ach du, der Herzog! Vor dem fürchte ich mich nicht.

JAMNITZER

So! Kind, du kennst ihn nicht. Er ist ein Schwächling halb,
halb ein Tyrann.

FELIX

Das ist dein Ernst nicht.

JAMNITZER

Hm, weißt du es besser?

FELIX

Viel besser, Großvater. Er ist der schönste Mann auf Gottes
Welt.

JAMNITZER

Ist das ein Gegenbeweis für meine Behauptung?

FELIX
Ja. Die schönen Menschen sind gut und edel, und, weißt du, morgen soll ich mit ihm speisen.

JAMNITZER
Das darfst du nicht.

FELIX
Ich will es aber.

JAMNITZER
So brenne, brenne, wildschöne Flamme,
und wenn du mußt, verzehre dich.

[DRITTER AKT]

[ZWEITE SZENE]

SZENE AUF DEM DACHE

Der Herzog auf und ab. Alf am Tisch. Jamnitzer steht an einem Sessel.

HERZOG
Dies alles hat er dir also gesagt. Nach alledem werden wir also den Beweis unserer vollkommenen Genesung mit dem Schwerte zu führen haben, wenn er Erfolg haben soll. — Also tot war ich.

JAMNITZER
Ja, Durchlaucht. Das Gerücht Eures Todes scheint im ganzen Lande verbreitet zu sein. In den Tempeln wird für Euer Seelenheil gebetet etc. Allerdings mischen sich andere Gerüchte in die wirklich tiefe Trauer des Volkes, das nun seine Hoffnung auf bessere Zeiten schwinden sieht. Gerüchte von Eurer Gesundung, denen aber, wie ich erfahre und begreiflich finde, da sie immer in solchen Fällen auftauchen, nur der weniger intelligente Teil der Masse Glauben schenkt.

HERZOG
Ich lebe noch. Allerdings ist das Leben, das ich in diesen wiedergeborenen Tagen in mir fühle, so neu, so unbekannt, daß ich keinen Wunsch habe, als es langsam, langsam, ungestört schlürfen zu können.

JAMNITZER

Euer Durchlaucht haben mich zu Ihrem ersten Ratgeber ernannt, und es ist meine Pflicht, Euch meine Ansicht über die gegenwärtige Lage der Sache rückhaltlos auszusprechen. Noch weilen die Gesandten des Königs Johann und Eurer Gemahlin in diesem Schloß. Sie haben strikte Order und haben schon am ersten Tage ihres Hierseins, als sie an der Ausführung gehindert wurden, hinter sich Boten gesandt. Außerdem Boten auf Boten bis zu dieser Stunde, denn sie stehen in fortgesetztem Verkehr mit König Johann, der in seinem Grenzschlosse Soest weilt. Nach dem, was der Herr Schloßhauptmann und ich selbst erfahren haben, wird der Bericht an König Johann lauten: Ihr, der Herzog, befändet Euch in der Gewalt von gewissen Leuten, von meiner Wenigkeit etc., und es käme darauf an, Euch zu befreien, das Herzogtum zu schützen. In diesem Augenblick — meiner festen Überzeugung nach — hat König Johann bereits ein starkes Heer zusammengezogen und wird es binnen wenig Tagen auf Euer Durchlaucht Residenz marschieren lassen.

HERZOG

König Johann läßt die Maske fallen. Er hätte es nicht nötig gehabt, ich habe sein wahres Gesicht längst erkannt.

JAMNITZER

Was denkt Eure Durchlaucht dagegen zu tun?

HERZOG

Ihr quält mich, Jamnitzer! Soll ich, kaum gereinigt vom Schlamm und Schmutz der Vergangenheit, mich kopfüber wieder hineinstürzen in all das widerwärtige Getümmel? Mich ekelt davor.

JAMNITZER

Und dennoch, wenn Euer Durchlaucht jetzt nicht handeln, dann dürfte man schwerlich, Herr Herzog, Euch in Zukunft auch nur die Freiheit lassen, die Ihr auf diesem Schlosse genossen habt.

HERZOG

Ihr übertreibt, Jamnitzer.

JAMNITZER

Das wolle Gott! Wäret Ihr gestorben, Herzog [König] Johann würde für das glänzendste Leichenbegängnis Sorge getragen haben. Ihr lebt, und seine einzige Sorge, Herr, Tag und Nacht ist ...

HERZOG

Was meint Ihr?

JAMNITZER

... ist, wenn Ihr mir das freie Wort gestattet, ein eiserner Sarg für Eure Durchlaucht, um Euch darin lebendig zu begraben.

HERZOG

Brrr, es gruselt einen bei Euren Vorstellungen. Aber was soll man tun? Ich werde die Boten empfangen und entlassen, sie mögen mich in der Residenz anmelden, und, da Ihr meint, daß das Volk mir anhängt, mich persönlich nach der Residenz begeben.

JAMNITZER

An der Spitze eines starken Heeres.

HERZOG

Soll ein Gatte gegen seine Gattin und Kinder gleichsam zu Felde ziehen? Ich will die Boten hören. Ruft sie vor mich.

JAMNITZER

Ist meine Gegenwart Euer Durchlaucht noch vonnöten?

HERZOG

Wenn Ihr Euren Schüler küßt, denkt auch an mich und flüstert ihm des Herzogs Gruß ins Ohr.

DRITTER AKT

DRITTE SZENE

Abend 15. März begonnen.

[NOTIZEN]

»Jetzt fühl' ich erst, daß ich ein König bin. Zu ihren Füßen schütte ich allen meinen Plunder, und nun erst sind es Schätze, wahre Schätze.

Der Frühling durchdringt mich mit einem tiefen, tiefen Schmerz. Ich empfinde Schmerzen vor Sehnsucht.

Auf einem Wölkchen komm' ich herzugefahren, mein Du, lache und nicke dir zu.«

Speisesaal, mit Blumen und Ampeln reich geschmückt.

ERSTER DIENER

Versteht Ihr das?

ZWEITER DIENER

Ich nicht.

ERSTER DIENER

Ich auch nicht.

ZWEITER DIENER

Zwei Kähne sind noch unterwegs. Da drüben auf der Sonneninsel muß ein Reichtum liegen.

KASTELLAN

Wie steht's, Jungens? — Es ist zum Tollwerden.

SCHLOSSHAUPTMANN

Habt Ihr alles gut ausgeführt?

KASTELLAN

Wie, ums Himmels willen, soll man das alles zusammenbekommen? Auf einmal die besten Weine, die edelsten Speisen. Ich habe reitende Boten nach Hähnen und Tauben geschickt, nach Gänsen, was weiß ich. Es gibt also — ja, dem Himmel sei Dank, daß der Jäger einen Rehrücken brachte.

KOCH

Es gibt also bis jetzt Suppe mit Einlauf. Rehrücken.

KASTELLAN

Fisch, Fisch.

KOCH

Ja, zunächst Fisch natürlich.

SCHLOSSHAUPTMANN

Ihr müßt aber etwas zwischen die Suppe und den Fisch legen.

KASTELLAN

Wenn wir Austern hätten!

SCHLOSSHAUPTMANN

Heißt zwanzig Fischer in See gehen und bietet ein Goldstück für jede Auster. Macht es gut, Leute, legt euch dahinter, als wenn es den Hals kostete, denn ich sage euch, es ist sogar so. Lebt der Herzog, dann — dann wird das drüben wieder andere Tage geben, verfällt er uns, dann leb wohl, Tag.

KASTELLAN
Könnt Ihr mir nicht sagen, wer hier essen wird?

SCHLOSSHAUPTMANN
Wer weiß? Ich sage Euch, haltet das gelobte Geheimnis. Wie steht es mit der Musik?

KASTELLAN
Vier Leute, die geigen können, sind unter den Bläsern. Sie kommen hier hinter die verschlossene Tür, oben kommt der Schall herein. Ampeln auf der Veranda, alles in Ordnung.
Schloßhauptmann aufs Dach.

KOCH
Ich denke mir, es ist zu Ehren des Oberhirten.

KASTELLAN
Mag's Gott wissen — aber entweder ist dies ein Ende mit Glanz oder ein Anfang mit Glanz.

KOCH
Da kommt der Herzog.

HERZOG
Guten Abend, Koch, wird Vollmond werden?

KOCH
Euer Durchlaucht, Durchlaucht!

HERZOG
Danach wollte ich dich wohl nicht fragen? Wie lange haben wir uns nicht gesehen, guter Freund?

KOCH
O Euer Durchlaucht, ein Jahr und länger, Euer Durchlaucht waren immer, immer . . .

HERZOG
Nun, wo war ich denn?

KOCH

Ja, Euer Durchlaucht.

HERZOG

Und Ihr seid der Kastellan. Alter, guter Kastellan, Ihr stammt auch aus meines Vaters Zeit. Ich erinnere mich Eurer, Ihr wart auch immer dabei, wenn es herüberging nach der Insel, gelt?

KASTELLAN

Ja, Euer Durchlaucht. Ach die schönen Zeiten!

HERZOG

Nun gebe uns der Himmel eine fröhliche Auferstehung. Der Frosch hat seinen Winterschlaf, der Dachs, die Schildkröte, aber wenn der Frühling kommt, wachen sie wieder auf. Warum sollten wir nicht wieder aufwachen? — Alf, da bist du ja. Komm, gib mir deinen Arm. Ich kann nicht anders, ich muß dir sagen, mir ist wohl. An diesen Stuhl müßt ihr dreimal soviel Rosen heften. Blumen, Blumen, Blumen. Kerzen, Kerzen, Kerzen. Sieh, der Mond wird kommen, die Fledermäuse fliegen, und unten singt die erste Nachtigall. Süß und mild für diese Jahreszeit.

ALF

Bist du jetzt so gestimmt, Heinrich, daß du eine Nachricht hören kannst, die ...

HEINRICH

Was betrifft sie?

ALF

Deine Gemahlin, den König Johann.

HEINRICH

Nicht jetzt, Alf! Nein, ich darf davon nichts hören, nichts jetzt. Es kommt die Zeit. Ich will nichts hören.

ALF

Noch eins: soll ich in Fällen, wo ich zweifele, wie ich handeln soll, Jamnitzers Rat anhören?

HEINRICH

In allem, Alf. Es wird sich vieles ändern, sag's ihm. Ich rechnete auf seine Dienste. Doch still davon, soll ich dir was vertrauen?

ALF

Ihr kennt mich, Heinrich.

HEINRICH

Schweigen wie das Grab! — Sie ist ein Weib.

ALF

Wer?

HEINRICH

Sie — sie ist ein Weib!

ALF

Wer?

HEINRICH

Nun sie, — ein Kind, ein Weib, ein Elfchen, eine Fee, das
Wunder, danach ich blind gesucht habe, das Sonnenmädchen,
das mir als Jüngling vorgeschwebt. Die Lerche, der Genius,
das wilde Füllen.

ALF

Wen meint Ihr nur?

HEINRICH

Du Tropf, bist du denn blind?
Hast du in dieses Knaben Zügen nicht
das schönste Weib der Welt erkannt, du Narr?
Ist dies ein Mannesaug', sind diese Lippen,
der süße Gliederbau dir etwa männlich?
Ich sage dir ...
([Notiz] Lobüberfluß)

———

9. März 1894.

O dieser Mund! Ich bitt' dich, hör mich an,
sonst muß ich's diesen Wänden vorerzählen,
daß es — du magst den Erdkreis auch umschiffen —
kein größeres Wunder gibt als diesen Mund.
Du kannst an diesem Mund zwei Dinge trinken,
du fühlst: den Tod enthält er und das Leben.
Gleich süß und namenloser Wonnen voll,
entsaugst du beides diesem Purpurkelche,
entsaugst im Gottrausch. Alf, ich bitte dich,
tu deine Augen auf!
([Am Rand] Du siehst's nicht, hörst's nicht.)

10. März [1894].

O dieser Mund! Ich bitte dich, hör mich an, sonst spreche ich zu den Wänden. Es ist ein Wunder, du magst den Erdkreis umschiffen: kein größeres Wunder als dieser Mund. Laß mich nach Sibirien verschlagen [sein], an den Nordpol, begraben im Stillen Ozean, ich werde an diesen Mund denken und nur an diesen Mund und für den Sturm, die Größe der Natur blind sein. — Tu deine Augen auf. Ich will diesen Mund küssen, und sollt' ich darob zum Narren werden. Und küss' ich mich um mein Herzogtum auf Erden und meinen Platz im Himmel. Beschau ihn dir genau. Nicht um Millionen ist diese Stunde mir feil. Sage mir jetzt: Heinrich, springe hinaus diese Minute, sonst verlierst du Leben und Land in einer Stunde, ich ginge nicht. Die eine Stunde ist mir nicht feil, Alf. ([Am Rand] Was ist ein König, der nichts verschenken kann!)

ALF
Ich hab' es mir gedacht. Doch voll von Sorg'
den Kopf, verfolgte ich's nicht weiter.
So bist du denn, mit einem Wort, verliebt.

HEINRICH
O armes Wort, du winz'ger Fingerhut
willst einen ganzen Frühling einbegreifen.
An sonn'gen Meeren, Wiesen, Blüten, Luft,
an Düften, Zephyren, Gerüchen, Vogelstimmen,
an Silberlachen, Süße ohnegleichen.
Was wie ein Strom von Wohllaut uns verschüttet,
was toll und süß und ohnegleichen ist,
was schmelzen macht in Wonnen — alles dies
in diesen Fingerhut: er ist verliebt.
Geh, Alf! Du liebster Freund, selbst du,
gesteh' ich, bist mir jetzt zuviel, ich hab'
was Süßes vor, was Holdes wartet mein.
Sei mild und gönn es einem, der gedarbt,
gedarbt, bis er verging — und sei getrost.
   [Alf] ab. Felix.
Kommt, neugewonnener und lieber Freund,
wir wollen traulich miteinander speisen,
zwei gute Kameraden.

FELIX
Was ist dies?
Und niemand sonst ist bei Euch?

HEINRICH
Bei mir ist alles Liebe dieser Welt.
Nie war ich weniger allein als jetzt,
nie war ich in so seliger Gesellschaft.
Erlaubt, mein Freund,
Er setzt ihr einen Rosenkranz auf
daß ich zum stillen Fest
Euch schmücke. Lieblich seid Ihr wie ein Bote
des Lichts.

FELIX
Schmückt Ihr mich, so schmück' ich Euch wieder.
Doch der nicht, auch nicht das. Zwei Kränz' in einen:
nicht Ros' allein, nicht Lorbeer, sondern beides.

HEINRICH
O süßer Freund, wie fanden wir uns doch,
wie sind wir doch mit eins so altvertraut.
Komm, setze dich. Musik. Willst du Musik?
Was sinnst du?

FELIX
Seltsam ist mir.

HEINRICH
Froh?

FELIX
O nein,
ein wenig bang.

HEINRICH
O bange nicht, mein Herz.
So wahrst du mehr, wo deine Heimat ist.
Wie zart du bist. Gelenke, fein und zierlich.
Eh wie ein Mädchen bist du als ein Mann.
Bist du ein Jüngling?

FELIX
Herzog: ich . . .

HEINRICH
Erlaub, es scheint gelehrte Art,
doch offen laß dein Haar herunterwallen.
Erlaub . . .

FELIX
Was tut Ihr?

HEINRICH
Nichts, o gar nichts, nichts.

FELIX
lacht plötzlich übermütig, entwindet sich ihm
Nein, ich erlaub's Euch nicht.
Wie küßt ein Freund den Freund? Zum Wiedersehen,
zum Abschied, doch nicht so.

[HEINRICH]
O süßes Bild!

FELIX
Nun ist das Haar mir offen. Unartig seid Ihr, Herzog!

HEINRICH
Wildes Füllen, wie heißt du?

FELIX
Felix heiß' ich.
Sie wirft eine Rose nach ihm.

HEINRICH
Du wagst zu viel.

FELIX
Meint Ihr? Ihr kennt mich nicht. Ein Anjekind war ich, wild
wie eine Biene, ich bin es noch — da seht.

HEINRICH
Zur Strafe laß ich Veilchen regnen über dich.

FELIX
Ich steche Euch.

HEINRICH
Ich fürcht' mich nicht.
Er fängt sie.

FELIX
O pfui! ist das galant?

HEINRICH
Galant? und einem Mann?

FELIX
sie entwindet sich ihm, reißt die Kutte herunter und steht als Mädchen da
Bin ich ein Mann?

HEINRICH
O du — und ich, ich wollte sterben.

FELIX
Du du — komm nicht zu nah!

HEINRICH
O Süße, komm. O du, laß mich verschmachten nicht. O du, o du!

FELIX
Du du. »O du« und »Du du« waren zwei Verliebte.

HEINRICH
Mein »O du« denn.

FELIX
Mein »Du du«! Nun, so komm denn.
Sie breitet ihre Arme weit aus, er umschlingt sie. Langer, langer Kuß, engverschlungenes Gehen.

HEINRICH
Ich danke dir. Du, Vater, grüßest mich.
Nun fühl' ich dein Geschenk zum erstenmal.
In mir, in dem, was einer Purpurblütenflamme gleich
in mir allselig auflon, ist dein Geist.
Du gabst mir dieses Kind. Jetzt bin ich du.
Dein Sohn. Bin Sonnensprößling. Von der Sonne leiblich,
wie eines Blutes. Und du, mein »O du«, bist
wie ich ein Sonnenkind.
Er klatscht in die Hände. Musik.
                    Dir, Vater, diesen Becher
edlen Weins!
Sie trinkt, er trinkt.

[DRITTER AKT]

[VIERTE SZENE]

Herzog. Alf.

[HERZOG]

Ach Alf — ich bin allein, allein mit ihr. Versänket ihr doch alle in die Erde! Ich sage dir, ich ziehe nach der Insel dort drüben, sener. Werd' ein Fischer oder Gärtner mit ihr, der Himmelsjüßen. Euer Reden macht mir Pein. Wo sie nicht ist, ist Schlacke alles Feuer. Um was denn kämpfen? Laß ihm doch den Bettel, dem König Johann. Kann der Ländergierige denn Erde fressen? Und schluckt er Erde, wünsche ich prosit Mahlzeit. Er lebt im Kerker, sag' ich dir, mehr als ich je darin gelebt. Und jetzt, jetzt schweb' ich hin — und leise hin, und senke ich mich, so ist'ş, um mit den Sohlen die linden Blütenkelche schwebend nur zu streifen. Armselige Menschlein, die ihr alle seid. Ihr wißt es nicht, wie arm, doch wüßtet ihr's, ihr könntet nur verzweifeln. Nein, nicht arm. Ein König will ich sein. Und Länder will ich rauben, Schätze häufen, Gold, Purpur, Diamanten, für sie, für sie. O Alf, ich wollte diese Glieder hüllen in Seide kostbar, wie keine Kaiserin sie trägt, sie sollte auf Zobel gehen, und in sündhafter Pracht möcht' ich sie denken. Und alles ist mir nichts. — Langweil' ich dich? Gewiß. Doch kann ich nichts als immer nur von meiner Liebe reden. Was sollt' ich sonst wohl tun? Ich könnt' ein Schneider werden, der nichts tut als Jäckchen ihr und Röckchen anprobieren. Ja, lache, Tag für Tag könnt' ich das stets neu und immer wieder. Dieser festen Glieder anmutigen Bau studierend würd' ich weiser tun als Koran, Bibel, Veden zu studieren, wie der Einsiedler tut. O seliges Zweisiedlertum mit ihr! Sie lacht wie'n Bächlein, von der Seele sprudelt's mit Lauten von Kristall dir Staub und Druck. Sie zaubert. Sorge, wo bist du? Keine Sorge, soweit ich schaue, keine, als sie verlieren. — Was soll die weiße Fahne auf dem Turm?

ALF

Seit diesem Morgen flattert sie. Am Mittag wirst du über zweitausend Reiter zu verfügen haben.
Wieso ich das bewirkt? Durch langes, heimliches Bemühn. Und brauchst du mehr: achttausend Jünglinge sind dir bereit, der edelsten Geschlechter kühnste Sprossen.

HERZOG
Sei wie es sei, man wird ihrer nicht bedürfen.
Doch treu und klug bist du, mein lieber Alf.
Die alte Krankheit kommt. Alf, bleibe hier.
Oberhirt und Arzt kommt.
Herzog finsterer
Ich grüße Eure Heiligkeit. Bringt Eure Botschaft,
doch jenen Teil nicht, den ich kenne. Er
beruht [auf] einem Irrtum, Gott sei Dank.
Und Eure Vollmacht, die auf jenem Irrtum
basiert, sie ist zunichte. Wie Ihr seht,
bin ich gesund und kräftiger denn je,
mehr meines Geistes Herr denn je, mehr
entschlossen, meines Landes Herr zu sein
denn je zuvor. — Habt Ihr was andres, also
vielleicht was Neuerliches zu berichten,
da Ihr Verbindung habt mit König Johann,
so bringt es vor.

OBERHIRT
Euer Durchlaucht Rede muß
den treusten Diener Euer Durchlaucht tief
und bitter schmerzen. Merk' ich doch, wir sind
aufs schändlichste verleumdet.

HERZOG
Habt Ihr Vollmacht,
mich einem Klotze gleich nach S[oest] zu bringen
um jeden Preis? Sprecht! oder nicht?

OBERHIRT
Euer Durchlaucht,
die Zeit wird alles Dunkel sicher klären.
Zunächst von Euer Gemahlin diesen Brief.

HERZOG
Ich will ihn lesen. Bis ich ihn gelesen,
zieht Euch zurück.
Sie tun es.
Ich lass' Euch rufen. Alf,
soll ich es lesen — ja, lies ihn mir vor.
Tu's nicht — ich fühle was von alten Netzen.

Es ist Sirenensang und Abgrundslocken.
Bind fest mich, Alf, am Mast des neuen Schiffes.
Und gut, nun lies.

ALF

»Mein armer, armer, heißgeliebter Gemahl, zu allen den furchtbaren Martern der letzten Jahre fügst Du heute die furchtbarste.«

[BRUCHSTÜCK EINER ANDEREN FASSUNG DIESER SZENE]

10. März 1894.

ALF

Ich bin nicht gerade ganz und gar ein Neuling in der Liebe.

HEINRICH

Narr — du bist es. Du bist ein Neuling. Glaubst du, daß Diamanten und Rubinen auf der Straße liegen? Nein. Wen Gott liebhat, dem schafft er welche zu finden. Millionen harren vergebens ein Leben hindurch. Sprich mit diesen, und viele, die ihr ganzes Leben hindurch gesucht haben, sterben in Gram danach. Sie sagen: Das ist nicht von dieser Welt. Ihre Hoffnung werfen sie mit ihrer letzten Kraft jenseit des Grabes, in das sie sinken müssen. Ich sage dir: Sehnsucht nach Liebe hat den Himmel geschaffen. Alles Himmlische, alle Kunst, alle Größe quillt aus dieser einen Begabung: der Begabung zur Liebe. Der Frühling: das ist das Symbol. Liebe macht den Frühling zum Frühling. Hört auf, ihr wahnsinnigen Selbstvernichter, euer Bestes zu besudeln. Zeigt nicht mit Fingern einer auf den andern als auf die, so unter sich sinken. Umgebt die Liebe mit dem schönsten eurer Tempel, überschüttet sie mit Blumen statt mit so vielen schönen anderen Dingen.

---

10. März 1894.

[NOTIZEN]

»So steh' ich vor der Liebe wie vor einem Brunnen der Wüstenwanderer und schöpfe. Immer quillt die Erquickung nach, nach jedem Trunk, den ich trinke.
Ich stehe vor der Liebe wie vor einem Baume, der alles Süße und Schöne trägt, das mich reich macht und rein — ja rein etc.
Kennt ihr das arme Kind, dem ein Vögelchen alles das von einem Baume herunterwarf, dessen es bedürfte?

Das Festliche tut sich mir auf — das von seidnen Fahnen rauscht.«

Die neue, noch nie dagewesene Schönheit. Das, was einzig ist. Das Staunen der Schönheit.

Charakter Heinrich.
Grundstimmungen.

Die Unruhe vor der Liebe. Gelegenheit suchen, über den Gegenstand zu reden, ohne sich zu verraten. Die Veränderung in Gegenwart der Geliebten. Die Beeiferung, ihr Wünsche abzusehen und zu erfüllen.

Er schreibt an einem Gesetzbuch. Er dichtet daran.

Der Trotz, der sich in sein Gegenteil umkehrt.

VIERTER AKT

16. März 1894.
ERSTE SZENE
Dem Herzog wird die Nachricht gebracht, Felix sei fort. Unruhe, Fragen. Keiner weiß: einzelne vermuten; die Priester werden belastet! Er herrscht die Geistlichen an: sie weichen aus. Er jagt sie fort. »Bei meinem Leben, ich muß sie wiederhaben.«

ZWEITE SZENE
Am Hofe. Wütende Anklage der Priester. Der Scheiterhaufen brennt.

Zu Kindern:
Ihr wißt nicht, was die Welt
Schönes enthält.
Ihr wißt nicht, was die Welt
Liebes enthält.

Untertitel: Eine Phantasie.

[NOTIZEN UND EINZELNE VERSE]

König.
Die furchtbare Tragik: im Lieben zu zerstören.

———

⟨Aus den Küssen deiner Lippen,
aus den Tönen deiner Geige
strömet Glück in Feuerwellen,
und ich ...⟩

———

Sie ist, eine Heidin, erzogen.
Sie spricht ihr Heidenvaterunser.
Sie spricht das Lob der Sonne und der Gesundheit.
Es ist kein Tod.

———

Am 12. März 1894.

Felix macht sich schön für den Herzog.

Dritte Szene.
Der Schmerz, das ist ein Tiger,
die Lust, das ist ein Leu,
die kämpfen in meiner Seele
und kämpfen täglich neu.

Der Fond von Fröhlichkeit und Lachen, das große Kapital,
was das Christentum aufgezehrt hat.
Die Sperma-Untersuchung: das größte Wunder.
Die Zugvögel.

Der Arzt: er schaut nachts, wenn sie kommen. Reizt seinen
Widerspruch.
Das Lachen. Die Fröhlichkeit.

HELIOS

Entstehungszeit: 1896; 1915.

Erstveröffentlichung: Teildruck (Erster Akt, Erster Teil) in der Zeitung »Neue Freie Presse«. Wien 1898; wiederholt als Manuskriptdruck, Berlin, Otto von Holten 1899; danach in »Gesammelte Werke« 1906, Band 6 und in »Gesammelte Werke. Große Ausgabe 1922«, Band 12.

Titel: Der Entwurf, »begonnen: Capolago, April 96«, trägt den Untertitel: »Mythendichtung für die Bühne«.

[NOTIZEN]
[Auf verschiedenen Einzelblättern]

Die Stadt, welche versunken ist, ist das griechische Heidentum. Die Glocken.

Das Märchen. Das Sonnenmärchen.
Der Arzt ein Zauberer.

Giesebrecht.
Ostsee das Heidenmeer.
Fischerei. Heringe.
Deutsche Pferde groß, stark; einheimische klein, schnell, nicht kräftig, noch wild in Pommern.
König ißt Walnüsse von dem importierten Baum bei Stettin.
Gerstenbier. Honigmet.
Gedörrte und gesalzene Fische. [...?]
Bewaffnung Reiter, Fußvolk: Reiter nur Schilde, keine schwere Rüstung des deutschen Ritters. — Schwert, Streitaxt, Wurfspieß, Schleuder.
Die schwarzen und die weißen Götter.
Der große Traum der fliehenden Sonne. Die Sonne kleiner und bleicher wiedergekehrt. 103 Giesebrecht. [Ludwig Giesebrecht, Wendische Geschichten, Berlin 1843. Band 1, S.103.]

Psychiatrische Untersuchung des Arztes. Vorsicht.
Der König banal [?] in der Familie. Aber ein Grauen lähmt ihm sein Urteil. Es tut ihm selbst weh, wenn er seine Familie beurteilt.
Die dadurch bedingte Qual der Zurückhaltung.

Der Vater war mit »schaffender Glut« begabt.

Die Sonne tut ihm weh.
Augen ausstechen. Quell des Lichtes. Becher der Lust aufnehmen.

Die Lustseuche lass' ich in einem alten Weibe symbolisiert auftreten. Ist die Tochter des Pförtners daran gestorben und im Garten begraben?

Der König spricht: »Ich habe Kopfweh. Kopfweh, das ist eine klägliche Sache. Die Philosophie kann dawider nichts tun. —

Stumpf und stumm ist mein Inneres. Überhaupt Krankheit. Die ganze Schmach des Menschen liegt darin. Ein kranker Mensch, ein schmachvoller Mensch. Glücklich bist du? Gib nur acht, daß du keine Zahnschmerzen bekommst!
Ich bin traurig. Meine Seele ist stumm, mein Herz sagt nichts. Ich habe eine Sehnsucht nach Sehnsucht.«

Omaijidische und abbassidische Kalifenmünzen. Verkehr mit dem Orient. Russische Handelsleute mit Wagen verkaufen Pferde und Sklaven.

Krieger: »Ich habe Smertniza gesehen. Es hat gepocht und geworfen. Wir werden bald eine Leiche haben.«
Krieger: »Der große Eber ist aus dem Meer gestiegen und hat sich mit Lust entsetzlich im Schlamm gewälzt. Sein weißer Zahn war schaumglänzend.«

Wer führt das herrschende Schwert?
Der alte König hat sich daran verdorben (Magen).

Der Oberpriester hat wieder welche verbrennen lassen. Sie haben ein heidnisches Fest begangen. Volle Hingabe an das sinnliche Dasein. (Dazu gehört Kraft. Wer die Kraft nicht hat, sieht hämisch zu. Er wird ein Christ. Deshalb: jedes ausgelassene Fest »heidnisch«. Tanz, Geschrei, Spiel, Mummenschanz, Jubel, Trunkenheit verpönt.)

Der König zum Arzt: »Ich hatte einen bösen Traum: ich sah die Sonne fliehn. Sie floh hin über das Meer. Schwarze Wolken folgten ihr nach.« (I 103)

Die Angst: Mauern sind eingestürzt etc. etc.

Einiges zur Fabel
Herzog im Zwist mit dem Nachbarkönig; als er den Tod fühlte, Vermählungsidee. Sein Sohn und die Tochter des Nachbarkönigs. Der alte Herzog hat das Kind flüchtig gesehen, der König willigt ein. Es wird aber eine ältere Schwester untergeschoben. Der junge Herzog heiratet, liebt, er behält aber eine Sehnsucht nach der jüngsten Tochter, von der er erfahren hat. Diese jüngste Tochter ist verschollen. Über diesen Fall

spricht er mit dem Arzt. Zu dem Arzt [?] nun ist die Tochter geflohen und unerkannt mit ihm.

Sie reden immer von »Helden« und nennen tatarme Menschen Schlappjes. Romeo? Die Fabel schafft psychologisch taube Stellen.

Es heißt, dort, im Meer, sei eine Stelle, wo man die Glocken von Zion läuten höre. Dort sei der Eingang ins Himmelreich. Schließlich erfährt der Herzog, eine Stadt, welche sich nicht habe wollen zum Christentum bekehren, sei dort zur Strafe vom Meer verschlungen worden. Also Zion ist eine heidnische Stadt.

Der Name »Geliebte« muß über allen Namen sein.

Der Arzt: »Jung warst du, nervig, Feuer und Kraft lag in deinen Augen, Mut und Übermut, Tollheit, Lebenswille. Du warst wie ein schönes junges Raubtier, ein Wunder an zukunftsvoller Kraft.«

Nietzsche. Karikatur, Mißgeburt. »Ein armer, jämmerlicher Sünder, von Schatten und Schemen geschreckt, von Worten geängstet, kümmerlich, voller Lebenshaß und Antriebe zum Leben. Galle gegen Stärke und Glück.«
Dort, Arzt, da hast du dein Kloster.
Götzen-Dämmerung 53.

Der König grüblerisch vor dem Kruzifix.

Der salzige Wasserstaub in der Luft, die Meereswellen, sich im Ufergrün überschlagend. Disteln, am Rand grünes Schilf, flache Sandzunge. Dort Riesenseichen, einsam und frei erwachsen, trutzig [?], starkknochig, grün bebuscht. Wölbige Laubdome, urwaldhaft, aber jeder Riese frei, den andern nur mit den gestreckten Armen berührend. [...?] Knacken alter, halbverfaulter Zweige. Mücken über schwarzen Tümpeln, Frösche, gelbe Blumen, Lilien. Meeresrauschen am Kreideufer — weiß. Der Mond floß darauf.

Der Augenblick, wo der König zum erstenmal wieder lacht, selbst erschrickt, sich wundert.
Das verlorne Lachen.

Der König: Was zum Licht will, was Flügel hat, was sich selbst krönt, was von eigenen Gnaden ist.
Der Freund (krank), treu mit zum Licht dringend, nur instinktiv verstehend, unentwegt stützend.
Der Minister (das Gewissen), aufoktroyiert vom Nachbarkönig (Reich der Nacht). Früher waren fünf, die wurden in einer Nacht ermordet, weil angeblich dem Teufel verfallen und gottlos, nachdem der König Vater langsam vergiftet worden war. Der Minister war nachher auf folgende Weise des Königs Herr geworden:
1. Hatte ihn die Zionsglocken im Meer hören machen.
2. Er hatte ihn an eine Tote vermählt. Die Sehnsucht nach Leben war irregeleitet, ging nicht mehr auf zur Sonne, sondern tief ins Meer nach unten.
3. Durch ständige Aufsicht und Kritik all seiner Handlungen und Taten.

1. Akt
Der Minister ist ihm, gehaßt von dem Freunde, nach dem einsamen Schloß gefolgt, ja, er hat den König hingeführt. Hier läßt er kein Weib herein, »aber aus dem Falter ward die giftige Fliege«. Er frönt geheimen Lastern und Lüsten. Der König hat Todesgedanken, und riet ihm der Minister selbst, das Gelübde einzulösen, das er dem sterbenden Vater gegeben hat. Der Arzt wird berufen, der Ratgeber des Vaters, und kommt.
Der Arzt. Lebensweisheit, nicht Todesweisheit.
Umbine vom Arzt an der Hand geführt, als Knabe hereingebracht — die Lebenslust, die den Apfel der Liebeslust trägt.

Die kleine Tochter des Arztes war, weil der Königssohn auf sie blickte, verfolgt worden, bedroht mit dem Tode, gefangen, ausgesetzt und doch gerettet. Man hielt sie außerdem für eine Teufelin, die ihr langes goldnes Haar zum Fangen von Teufelsopfern verwerte. Die Hexe, eine wahnsinnige Alte, verfolgt das Kind. Sie hat sie mit einer vergifteten Spindel gestochen, aber die Vergiftungen waren nur partiell und nicht tödlich. Keiner weiß, woher die Alte kommt etc. Der Minister sieht sie nicht an, so verflucht ist sie, allen Christen ist dasselbe geboten. Ungestört nimmt sie ihre Opfer deshalb — wie Smertniza. Sie ist, wie die höchste Glut ist. Der Arzt läßt sie nahe herankommen, das Kind ist instruiert, wie ihr zu begegnen, den König hat sie als Jüngling geschreckt.

Mache dich vertraut
mit dem vollen Seelenlaut:
Nimmt er ganz dich ein,
wird er dich befrein.

[Fortlaufende Aufzeichnungen Gerhart Hauptmanns in ein Notizbuch]

Personen
1. Der König
2. Der Freund
3. Der Minister
4. Der Arzt. Jambulos
5. Umbine
6. Die Hexe
7. Die Frau des Königs
8. Der Koch ⎫
9. Der Baumeister ⎬ des Königs, die wieder zu Gnaden kommen
10. Der Spielmann ⎭
11. Der Satyr ⎫ Bewohner der Insel
12. Der Narr ⎭
13. Der Barbier ([Am Rand] Eitelkeit)
14. Der klagende Jüngling
15. Der Jäger
16. Der Luchs
17. Haushofmeister
18. Der Hund

8, 9, 10, 12, 13, 14, 15, 16, 17, 18: alle haben Todesfurcht
Der Küchenjunge

1. Der König

Der König hat Umbine beim Baden belauscht und erkannt als Weib. Er sagt es seinem Freunde. Er sagt ihm: »Ich kenne dich. Würdest du in eine gemeine Seele mein süßestes Wissen und Empfinden auffassen, so würdest du selbst, nicht meine Kostbarkeiten geschändet sein. Ich habe sie gesehen. Ich habe diese junge Pfirsichblüte gesehen, die so paradiesisch duftet. Eva! Aus Gottes Hand hervorgegangen, herrlich und über alle Worte.«

Er hält und pflegt eine schwarze Schlange in seinen Gemächern. Der Minister füttert sie.

Er legt sein Ohr an ihre Brust: »Dein Herz lacht immer mit.«
Wunsch nach der redenden Weintraube, der [dem] lachenden
Apfel und die [dem] klingende[n] Pfirsich.
Das Todesgrauen angesichts irgendeines verwesten Tieres.
Das Rauschen des Heidenmeers.
Die Phantasien des Königs um den Handschuh.
In der Regeneration des Königs Abscheu vor Unschönem,
solang er mit G. nicht zusammen ist.
Er hat die weißen, der Sonne geheiligten Tauben behalten.
Von Zeit zu Zeit läßt er eine ausfliegen. Eine kam mit einem
Ölzweig zurück, ein Ringelchen mit einem blutroten Stein.
Es erinnerte ihn an seine Gespielin.
Der König sagt: »Ich bete ja wieder, einem glänzenden
Gegenstand zugewandt.«
O brenne, brenne weiter, schöne Flamme, und wenn du mußt,
verzehre mich.
In der Dachszene: die Reflexionen über die spielenden Mücken
im Sonnenschein.

Man staunt über die Fülle der Gemeinheit, und wie sie sich
beim leisen Anstoß zum Berg aufrollt. Ein Freund tritt für
dich ein. Sofort denkt die Gemeinheit an Bezahlung. Sie
kann, vermöge ihrer niedrigen Eigenschaft, nichts anderes als
Niedriges denken.

Sollte ich das Recht zu klagen nicht haben, weil andere vielleicht unglücklicher sind, so dürfte nur einer klagen: der
Unglücklichste. Und wo ist der?

Ich stürze von einem Tage kopfüber in den andern. Nur los
von diesem Tage. Vielleicht bringt der nächste das Glück
oder doch Besserung. Vor der Fadheit ist er geflohen.

2. Der Freund
Feueranbeter. Zoroaster.
Betet, das Gesicht einem glänzenden, leuchtenden Gegenstand zugewandt.
Scheu vor Licht und Feuer. Scheu, ein Licht auszublasen:
Empörung, wenn es der Minister tut.

Ihr kleinen Weiberverleumder: was fehlt euch? Euch fehlt die
Kraft zur ganzen Leidenschaft.

Er sagt mir, ich sei ein Mensch mit Anläufen zur Energie. Die ganze Menschheit bringt es nicht zu mehr.

Ideale werden meist als unreife Früchte genossen.

3. Der Minister
hält Jambulos für den Teufel.
Erwägen, inwieweit der Minister Zauberer ist und sein soll. Er hat Macht über alle außer Umbine, den Arzt und den Freund. Die Entzauberung geschieht durch Umbine.
Harden.
Er liebäugelt gierig mit Umbine und macht ein Attentat auf sie.
Er hat Gicht. Den geraden Arzt beneidet er. Aber er geht doch zu ihm, um sich von ihm helfen zu lassen.

4. Der Arzt
Jambulos. Altes und neues Heidentum.
Tommaso Campanella. Vir, qui omnia legerat, omnia meminerat, praevalidi ingenii, sed indomabilis.
Land des Wissens und der Erdbeben.
Mein Wissen erregte Verdacht. Jambulos ist angenommener Name. Er ist im Kerker gewesen. Sechsundzwanzigeinhalb Jahr Kerker. Siebenmal gefoltert. Vierzig Stunden gebunden aufgehängt.
Jambulos ist Renegat eben der Religion und des Stammes, den der Minister zum Sieg geführt hat.
Wo die Sonne nicht hinkommt, dort kommt der Arzt hin.
Laßt uns den Tod fürchten, wie die Juden und Perser, aus Lebensliebe, als Abschied vom Leben und ihn verachten, wie der Hindu, als Schmerz.
Jambulos diagnostiziert Wahnsinn bei dem Minister. Schleicht er nicht blaß umher, mit dunklen, vagen, unruhigen Augen? Harden. Sieht er nicht aus und ähnelt er nicht einer Pantherkatze? Raubgierig, bissig, rasend, tückisch und hinterhältig. Ist denn nicht alle Freude aus seinem Antlitz und die gelbe Galle sein Leben?

Wenn ein Seevogel, mitten im eisigen Winter, tausend Meilen von Land, den Tod im Herzen fühlt, so fliegt er, solange ihn seine Schwingen tragen, bis er das Land und womöglich die Brutstätte erreicht, an der er geboren ist.

5. Umbine

ist instruiert, wie sie der alten Hexe zu begegnen hat. Ihr Anschaun tötet sie nicht. Sticht sie mit der Spindel, so weicht sie aus, hüpft dahin, dorthin, überall beiseit.

Umbine wirft die Scheiben, und wenn sie des Königs Hand anfaßt, auch er: So gibt es den wundervollen Klang. Die Scheiben leuchten wie bunte Sonnen.

Ich erwürge dich mit meinem Haar, ehe du schwach wirst. Feueranbeterin. Scheu vor Feuer, ein Licht auszulöschen etc. Ihr Schönheitsdurst, worin sie und der König sich finden. Ihre Liebe zu Rosen, Hyazinthen etc. etc. Ihre Schönheitstrunkenheit. Schönheit ist für sie eine Entschuldigung, ein Adel etc., Häßlichkeit ein Verbrechen.

Ich hasse dich, weil du nicht lieben kannst. Ich verachte dich, weil du dich nicht freuen kannst. Ich tanze über dich hin, ich zertrete dich, weil du mit deinen Krücken alle geraden Gliedmaßen bedrohst.

6. Die Hexe

Im alten Reich erschien Smertniza. Der Arzt war drauf und dran, die Erscheinung zu bannen. Mit dem Einzug der neuen Religion gewann sie an Macht. Sie stach und verletzte damals des Arztes Tochter. Er heilte sie aus. Nun versucht sie sich neu an dieser, erscheint ihr im Garten. Unzählige Opfer hat sie in der Zwischenzeit dahingestreckt.

Im Heidentum liegt die Heilung seiner Übel. Höheres Heidentum wider niederes, Kultur wider Barbarei.

7. Die Frau des Königs

8. Der Koch

9. Der Baumeister

hat Gräber und Grüfte gebaut. Er hat hoffnungslose Sehnsucht nach dem Sonnenstil. Die Pferdeköpfe von den Giebeln abgerissen. Die Sonne als Motiv der Architektur.

Der Spielmann

Traurig, halb versauert, bissig. Er vertrocknet. Er darf seine alten Lieder nicht spielen, seine Sonnen- und Frühlingslieder. Er weiß nicht mehr, wie ein Weib aussieht. Er beneidet die Vögel, die draußen singen, das Männchen dem Weibchen vor.

Wenn er singen soll übrigens, so kann er nichts. Angesichts der Umbine kommt ihm der Gesang wieder.
Eine Szene, darin der Spielmann eine Mücke bei sich saugen läßt.
Er findet die goldnen Scheiben wieder, aber niemand kann sie werfen.
Keine Galle mische in dein Lied. Wie ein Mensch Verstand, Herz etc. hat, so sei das Kunstwerk seiner Seele Abbild.

Satyr

Der Narr
Zappelmann.
Muß versteckt gehalten werden.
Er schneidet seine Schellen ab: »Hier habt ihr Glocken für die Tempel.«
Er macht in der Dachszene Seifenblasen. Der König und der Knabe sehen zu.

Zwei Kugeln von gleicher Durchschlagskraft kommen zu verschiedenen Zeiten zum Stillstand, je nachdem sie durch Holz oder Eisen gehen. Gr. M. und die Gefahren des Typus. Setze Maus zum Beispiel diesen Gefahren aus, sie erträgt nicht ein Drittel derselben.

Der Mann ohne Logik, der alles, was er sagt, von vornherein für falsch hält und sogleich zurücknimmt: man könne es auch anders ebensogut behaupten.

»M.«, sagt der Narr, »macht Seifenblasen, die er mit Stinkgas füllt.«

Der Morgentraum kommt abends beim Hinlegen wieder und tritt wie in eine schöne, bekannte Halle.

Der Barbier

a. Der klagende Jüngling
Aussätzig. Trägt Knarre und Glöckchen, geht vermummt.

b. Der Küchenjunge
badet im Meer und berauscht sich daran im geheimen.

Handlung:
Das Gewitter vor der Sonne, die Entladung. Unter Blitzen und Donnern schlafen.
Die Sonnenpfeile.
Starke, harte, energische Linien müssen den Grund bilden. Die ganze Tragik in der Verhärtung gegen die Königin. Die Szenen seiner Rohheit wider die Königin.
Die Szene mit dem Arzte: Der vollkommene Weltekel des Königs. Er hat Gutes gewollt, die Welt hat es in Böses verkehrt. Er hat Geschenke gegeben, man hat sie ihm vor die Füße geworfen, insonderheit seine Liebe.
Galle ist alles in ihm.
»Ich habe weiße Haare«, sagt der Arzt. »Ich habe mehr erduldet. Aber ich lebe, weil ich wirke.«

Botanisch-Zoologisches:
Froschquaken, Mücken (was für welche?), Fieber.
Rohrsperlinge, Störche, Rohrdommeln, Wasserläufer, Kranich.
Florfliege (grüne Flügelchen, rote Augen).
Schwämme im Keller, Ohrwürmer, Tausendfüßler, Kröten, Fledermäuse.
A[n] d[er] Schloßsonnenseite Mauerpfeffer, Glockenblumen.
Weiden, Erlen, Sumpfgras, Reiher.
Die Fischsorten: Meer, Süßwasser.
Holzwurm — Erdschmiede.
Kalmus, Fieberklee, Wasserliesch, Speerkraut, Igelkolben, Froschlöffel.
Schwäne, Krickenten, Gänse.
Die Kiebitze.
Weidenbohrer, Libellen, Bienen.

Szenenfolge:
I
1. Szene. In der Küche.
2. Szene. Arzt und König.
II
1. Das Schlafzimmer des Königs.
2. Teil. Das Zimmer des Arztes.
III
1. König und Knabe. Der Knabe schon fordert ihn auf, das Fest zu feiern. Der Minister.

IV
1. Die Königin kommt herangebraust. Der Minister. Der Freund: er sei gebrochen gewesen, sie habe ihn gerettet. Es macht keinen Eindruck.
Der König. Szene mit der Königin.
2. Das Liebesgelage. Das Fest.
3. Der Scheiterhaufen. Der König opfert sich mit.

Soll in dem Weibe nicht Güte und Liebe aufkeimen? Soll sie nicht Ähnlichkeiten mit M. haben und am Schluß sich versöhnen?

Neunte Symphonie. Gibt es etwas Tragischeres und über die tiefste Not Erhebenderes?

Wortregister:
Sommerdonner.
Sonnendonner.

[ENTWURF]

Begonnen: Capolago, April 96.

[NOTIZEN]

Der David, auch Narr, muß fortwährend das Selbstbewußtsein des Königs stärken etc., ihm nach Wunsch antworten.

Fridigern.

ERSTER AKT

ERSTER TEIL

[NOTIZEN]

Personen I, 1. Szene.
Einer, der fett und aufgeschwemmt dasitzt: die neidische, moralisierende Null.
Der Scharfsinn der Galle.

Der Miselsüchtige mit Kapuze und kleiner Schelle.

ERSTE SZENE

Im Erdgeschoß eines alten Schlosses. Die Küche. Ein altertümlicher Herd mit Rauchfang. Die Asche verkohlt. Ein mageres, altes Huhn steckt am Spieß. Der Koch ist über dem Drehen des Spießes eingeschlafen. Eine schwarze Katze springt dem weißen Koch auf die Schultern, schnurrt, macht einen Buckel und Funkelaugen.
Rechts führt ein niedriger Türbogen ins Freie: man muß Stufen herabgehen. Auf diesen Stufen sitzt in Lumpen und ganz verkommen der Spielmann. Die durch die offne Tür einströmende Abendröte beleuchtet ihn, während sie den Raum dahinter in Dämmer läßt. Man sieht: der etwa dreißigjährige Mann ist in einem Zustand des Traumwachens. Er hat eine Panflöte lässig am Munde und entlockt ihr nach langen Intervallen gezogene und sehnsüchtige Töne. Er spricht auch träumerisch vor sich hin. Etwa so dem Sinne nach: »Es will ein junger König sterben. Ich trage ein Lied in der Brust, und wo er es wollte anhören: er würde leben. Aber der junge König will mein Lied nicht hören. Er hat mir Schweigen auferlegt. Er hat seine singende Seele stumm gemacht, stumm und krank auf den Tod.«

ZWEITE SZENE

Die traumhaft zauberische Stimmung der ersten Szene wird nun um weniges nach der Realität hin verändert dadurch, daß ein junger Fischer hereinkommt, der eine Narrenkappe aufhat und Heringe in einem Netze bringt. Auch dieser Mann verrät Müdigkeit durch halbgeschlossene Lider und schleppende Bewegungen. Seine Anrede erweckt den Koch und den Spielmann mehr. Sie fragen, wie spät es sei.
»Der Kranich fliegt durchs Abendrot zu Nest.« — »Es ist immer Abend«, sagt der Koch, »es wird niemals hell bei uns. Und dabei die vielen Mücken, die uns stechen und unser Blut saugen.« — »Es wird bald ganz finster werden«, sagt der Fischer. »Sie haben unten in den Hütten Smertniza gesehn. Es hat gepocht und geworfen. Wir werden bald eine Leiche haben.«

DRITTE SZENE

Der Küchenjunge kommt. Er spricht auch leise, aber wollüstige Schauer durchrieseln seinen Leib. Gefragt, woher er komme, erzählt er: er habe im Meere gebadet, das habe ihn berauscht förmlich und mit Lust erfüllt. Das sei eine teuflische Lust, meint der Koch. »Ich habe es schon lange insgeheim getan. Ich schwamm auf dem Rücken, eine schönflüglige Wasserjungfer setzte sich auf meinen Bauch.« Der Fischer mit der Narrenkappe kichert. »Laß nur den Oberpriester nicht dahinterkommen«, meint er. »Dieser hat wiederum viele Menschen verbrennen lassen, weil sie fröhlich waren und ein Fest feierten mit Tanz, Geschrei, Spiel, Mummenschanz, Jubel und Trunkenheit. Das nennt er heidnisch, und mit Recht.« — »Es ist einerlei«, sagt der Küchenjunge, »ob meine Seele im Kerkerverlies verschmachtet oder in den Flammen zugrunde geht.« — »Es ist besser in den Flammen«, sagt der Spielmann. »Was bringst du für Fische?« fragt der Koch den Fischer. »Kleine, magere Hungerheringe«, sagt dieser, »richtige Fastenfische. Man fängt nichts mehr als Quallen, Tang und diese, sagen die Fischer. Seit wir keine Fackeln auf den nächtlichen Fang mitnehmen dürfen, beißen die besten Fische nicht.«

DER KOCH. Ich will der Schloßwache das Nachtessen zubereiten. Geh, Junge! sieh, was wir im Keller haben.

KÜCHENJUNGE. Nichts als Wasser, das mir bis an die Knie reicht, schwarzes Wasser, darinnen es Kröten und Molche gibt und das übel riecht. Ein Faß gesalzner Fische, aber weder Schmalz noch Brot.

DER KOCH. Ich will ein wenig Licht machen.

DER FISCHER. Weißt du nicht, daß es verboten ist, Licht anzuzünden?

DER KOCH. Ob ich es weiß! Meine Augen sind rot und halb erblindet, die Speisen, die ich bereite, kaum halb gar. Ich fange an, im Dunkeln besser zu sehen als im Tageslicht.

Küchenjunge läßt einen Span aufflammen und lacht dazu.

DER SPIELMANN. Was tust du? wehe dir!

KÜCHENJUNGE. Ich habe die Tür geschlossen. Niemand kann von außen hereinsehen.

Sobald der Span aufgeflackert ist, erfaßt alle eine religiöse Feierlichkeit, sie starren in die Glut voller Andacht, falten die Hände und werfen sich anbetend zur Erde.

VIERTE SZENE

Neben der Fackel, die der Küchenjunge im Kellereingang an der Wand befestigt hat, erscheint jählings eine hohe, fürchterliche Frauengestalt. Langes Haar, bräunlichgrau, gleichsam hundert Jahre im Grabe gelegen, fällt zu beiden Seiten des bläulichen Gesichts bis auf die Erde, auf der es noch in Wellen liegt. Große, furchtbar funkelnde Augen. Während der Spielmann noch das Gebet spricht, schaut der Küchenjunge von ungefähr auf, erblickt die Erscheinung, schreit: »Smertniza!« und krümmt sich wiederum zitternd zusammen. Die Fackel verlischt fast ganz.

FÜNFTE SZENE

»Was gibt's? Was hast du geschrien?« fragt man den Küchenjungen ängstlich und voller Scheu. »Ich hab' Smertniza gesehen«, antwortet er. »Ich muß sterben.« Und nun weint er kläglich. Man versucht es ihm auszureden, aber er bleibt dabei. »So haben wir gesündigt«, meint der Spielmann, »indem wir zu dem Feuer gebetet, sind wiederum ins Heidentum verfallen und müssen büßen.« — »Löscht die höllische Fackel aus!« schreit der Koch. Selbst aufgefordert, es zu tun, macht er Ausflüchte und meint, sie ginge von selbst aus in dem modrigen Nest. Die Fackel brennt langsam zu Ende, keiner getraut sich vor heiliger Scheu, sie auszulöschen. Hierauf geht der Koch an die Arbeit, stumm nimmt der Fischer aus dem Netz die Fische. Einer ist darin, der phosphoresziert. Sie fassen alle den heiligen Fisch an, und ihre Hände leuchten.

SECHSTE SZENE

Die Tür nach außen geht auf. Blaues Mondlicht fällt herein. »Es hat geklirrt wie von Waffen«, sagt der Spielmann. »Es ist die Wache«, der Koch. Und wirklich tritt ein Krieger herein. Blauer Stahlhelm, kleiner, blauer, runder Stahlschild, Wurfspieß und Schleuder sind seine ganze Rüstung. Auf Befragen gibt er zur Antwort: er komme, weil er hungrig sei und friere, die Kühle und Feuchtigkeit der Nacht dringe durch und durch. »Uns friert wie dich, und wir sind hungrig wie du«, sagt der Fischer. »Früher gab es Gerstenbier und Honigmet, wir verspeisten fränkische Rehe, Fasanen und allerlei Wildpret. Das ist nun vorbei!« — »Was hast du auf deiner Runde bemerkt?« — »Wißt ihr das noch nicht?« fragt der Soldat. »In dem Fischerdorf eine Meile von hie, erzählen sich die Leute, ist der große Eber aus dem Meere gestiegen, hat sich mit Lust im Schlamme gewälzt, sein weißer Zahn war schaumglänzend. Es bereiten sich große Dinge vor.«
Der Spielmann: »Der Tod bereitet sich vor. Das Ende bereitet sich vor. Zieht nicht das schwarze Gewölk seit Monden von Osten her über das Land? Kein Tropfen Regen, schwarz, furchtbar und stumm. Wir haben die alten Götter verlassen und sündigen wider den neuen Gott. Die Erde wird erbeben und wird uns verschlingen.«
»Es sind russische Kaufleute vor dem Tore, führen schöne Pferde mit sich und Sklaven«, sagt der Krieger. »Es gibt nichts als Sklaven mehr in unsrem Land, was brauchen wir neue?« sagt der Fischer. »Was bringen die russischen Kaufleute für Zeitung mit?« erkundet sich der Koch. »Sie sagen, ganze, ungeheure Völkerschaften erhöben sich in den Ländern gen Sonnenaufgang und nehmen ihren Zug gen Sonnenuntergang.« — »Ist es wahr, daß der Schloßhauptmann nun auch krank geworden ist?« fragt der Fischer.
Der Krieger: »Unser Hauptmann ist krank, wir Krieger sehen es ihm an, er will es uns nicht merken lassen, trägt Helm und Lanze und Schild wie sonst und schläft wenig. Aber er ist nun doch auch krank geworden. Was fehlt dir, Junge?«

Küchenjunge, hält an sich und sagt dann wimmernd: »Ich hab' Smertniza gesehen, ich muß sterben!«
Der Krieger: »So hast du Sünde getan und dem Teufel gedient.« Er geht hinaus.

SIEBENTE SZENE

Der Koch hantiert müde am Herd. Der Fischer schlägt den Fischen die Köpfe ein. Der Spielmann bläst auf der Panflöte, und der rußige Küchenjunge winselt, indem er eine Mohrrübe schabt. Da öffnet sich eine Tür links in der Ecke, es wird ein schöner Krieger sichtbar, blauäugig, blondgelockt, ein wenig blaß, aber voll Kraft. Er steht auf der untersten Stufen einer Wendeltreppe, in die er hinaufflüstert. Es ist der Schloßhauptmann.
Schloßhauptmann: »Vorsichtig, zerbrechet Euch nicht Eure jungen Beine.« Unterdrücktes Gelächter kommt ihm zur Antwort. Er tritt ein wenig vor, und sogleich kommt im Hui ein junger, schlanker, goldgegürteter Knabe das Geländer heruntergerutscht, steht da und fragt lachend: »Wo sind wir hier?« — »In der Küche.« — »Dumpfig und modrig riecht es hie.« — »Wie überall im Schloß. Was habt Ihr in der Hand?« — »Eine Maus hab' ich gegriffen.« — »Fürchtet Ihr Euch nicht vor Mäusen?« — »Weder vor Ratten noch Mäusen, weder vor Molchen und Kröten. Gott hat sie alle schön gemacht, jegliches nach seiner Art. Wollt Ihr nicht Licht machen?« — »Wer ein Licht anzündet, riskiert den Scheiterhaufen. Wir wollen den Mond hereinlassen.« An der Tür stehend, die der Schloßhauptmann geöffnet hat, sagt der Knabe: »Dies ist der Kanal?« — »Ja!« — »Auf diesem Kanal pflegt der König sich nächtlicherweile hinauszurudern bis ins Meer?« — »Ja! von seinen Gemächern führt eine Marmortreppe zum Wasser herab, dort besteigt er den Kahn.« — »Und rudert hinaus?« — »Und rudert einsam hinaus!« — »Es ist schön hier!« — »Schön? Sumpf, Nebel, Weiden und schwarze Kanäle.« — »Kannst du schwimmen, Tierchen? Versuch's!« Der Knabe schleudert die Maus ins Wasser. »Seid Ihr so grausam?« — »Ja! Seht Ihr die Flämmchen auf dem Wasser?« — »Irrlichter, böse Geister.« — »Sumpfgas, das sich selbst entzündet.« — »Sündigt nicht!« — »Was ist Sünde?« — »Das laßt Euch die Priester des gemarterten Gottes sagen.« — »Swatowit ist mein Gott. Auf seiner Fahne stehet: Was gelüstet, ist erlaubt. Ich empfinde

Schauer, es ist seltsam hie.« Die Leute werden befragt. »Es ist seltsam zuerst, alsdann umfängt es die Sinne, umstrickt Leib und Seele. Wer lange hie bleibt, wird krank. Ihr tätet mir leid.« — »Ich fürchte mich nicht. Was ist es doch für ein ehernes Tosen, das mir zu Ohren dringt?« — »Das Meer.« — »Das große Heidenmeer?« — »Ja! das große Heidenmeer ist es, und dort drüben der weiße Streif, wo Ihr es im Mondschein hüpfen und springen seht wie weiße Schaumrosse...« — »Die Brandung. Ich will hin. Ich will das Meer sehen, ich will das Heidenmeer sehen!« — »Habt Ihr das Meer noch nicht gesehen?« — »Nein, ich will hin!« — »Ihr könnt nicht hier hinaus, Ihr versinkt im Sumpfwasser.« — »Thalatta, Thalatta! sei mir gegrüßt, du ewiges Meer! Ich springe hinüber.« — »Seid still, ich höre Ruderschläge.« — »Ist es der König?« — »Es ist die Stunde, in der er hinauszurudern pflegt.« — »Kann man ihn sehen, wenn man sich hier verborgen hält?« — »Ja!» — »Er leidet keine Weiber im Schloß?« — »Nein. Die Priester des zu Tode gemarterten Gottes sagen: das Weib sei des Teufels Werkzeug.« Kichern. »Armer König! Und weshalb meint Ihr, daß er nächtlicherweile hinausrudert ins Meer?« — »Niemand weiß es — aber die Fischer sagen: man höre in stillen Nächten da draußen im Meer Glocken läuten vom Grunde herauf. Und wer diese Glocken einmal gehört habe, der müsse sie hören und wieder hören und verginge in der Sehnsucht nach der Tiefe.« — »Hat Euer König die Glocken gehört?« — »Niemand weiß es!« — »Ist Euer König jung?« — »Dreißig Sommer.« — »Ist Euer König schön?« — »Schweigt und seht ihn selbst.« — »Ist das der König?« — »Geduldet Euch. Der Kahn biegt sogleich um die Erlen, und der Mond wird ihm ins Gesicht scheinen. — Jetzt! könnt Ihr sein Gesicht sehen?« Verzückt: »Ich sehe sein Gesicht!« Starren und Versinken in Schauen.

Der Spielmann singt vor sich hin: »Es will ein junger König sterben. Ich trage ein Lied in der Brust, und wo er es wollte anhören, er würde leben. Aber der junge König will mein Lied nicht hören. Er hat seine singende Seele stumm gemacht, stumm und krank auf den Tod.«

(Schluß des ersten Teils.)

ERSTER AKT

ZWEITER TEIL

[NOTIZEN]

Die Unterhaltungen Szene eins und zwei erheben sich nicht viel über den Flüsterton, wie man ihn in Krankenzimmern hat.

Der Affenfratz.
Der Lümmel.
Die Zynismen des Königs.
[...]

ERSTE SZENE

Man befindet sich in einem hohen und unheimlichen Raume, dessen mächtige Bogenfenster mit schwarzen Stoffen verhangen sind. Die Tür[en] in einer Ecke des winkligen und verbauten Saales im Hintergrund sowie links vorn sind ebenfalls schwarz verhangen. Auf dem schwarz gedeckten Tisch steht ein Stengelglas mit Wasser, in das eine gelbe große Wasserlilie gesteckt ist. Ein schwarzes Pfühl rechts an der Wand, daneben auf der Erde ein großes goldnes Becken, in diesem ein silberner Ball von der Größe eines Kinderkopfes. Von links sind eingetreten der Minister und Jambulos im Gespräch, alsdann der Freund, welcher aus der Ferne zuhört. Jambulos ist ein neunzigjähriger stattlicher und schöner Greis mit langem, bis über den Gürtel reichendem, spitz geschnittnem weißen Bart. Seine Bewegungen sind ruhig und edel, seine Gesichtsfarbe gesund, das Gesicht durchgeistigt, seine Stirn hoch und frei. Er trägt sich reich und hat Gold und Edelsteine an sich.

Der Minister, obgleich erst fünfzig Jahre alt, hat viel mehr Greisenhaftes an sich. Er hat einen vagen, unsteten Blick in dem blassen, kränklichen Antlitz, dessen lauernder Ausdruck im übrigen an eine Pantherkatze erinnert. Der Minister hinkt. Er hat Gicht, er trägt sich ähnlich wie ein Mönch.

Der Minister erklärt dem Arzt, wie der König ein gottgefälliges, entsagendes Leben, ja fast das Leben eines Heiligen führe. Alle Weltlust liege hinter ihm und er bereite sich einzig für den Himmel vor. Der Arzt tut ruhige Fragen, die zu seiner Information sind. Der Minister fährt fort, von dem wahren Heil und worin es bestehe zu reden. Er polemisiert gegen alle Wissenschaften. Er spricht davon, welch ein Glück es gewesen sei, daß der junge Prinz die Tochter des Christenkönigs zur Ehe genommen hätte, so sei nun er selbst und das ganze Land auf den Heilsweg gekommen. Der Arzt ist sichtlich schmerzlich berührt und fragt, warum man ihn berufen habe, da doch alles so wohl stehe. Der Minister erwidert, es sei infolge eines Versprechens geschehen, das der Prinz seinem heidnischen Vater, dem Gott gnädig sein wolle, gegeben habe. Der junge König, der wie ein Christ viel mit Todesgedanken umgehe und sein Ende fortwährend bedenke, habe sich in seinem Gewissen bedrückt gefühlt, solange er sich nicht entschlossen, das Versprechen einzulösen. Auch er, der Minister, habe dazu gedrängt. Das verwundere ihn, meint Jambulos und gibt verblümt zu verstehen, daß er ja doch einstmals durch den Minister vertrieben worden sei. Der Minister beteuert, ihm habe sein Herz dabei geblutet, aber er sei nichts weiter als ein geringes und gehorsames Werkzeug Gottes und müsse tun, was sein Gewissen, das heißt Gott, ihm gebiete. Im übrigen liebe er den Arzt und habe für ihn oft und inbrünstig gebetet.

Jambulos hat ruhig und schwach ironisch zugehört, nun fragt er, ob dies der Raum sei, darin er dem König gegenübertreten soll. Der Minister bejaht dies, und jetzt tut der Arzt Frage auf Frage, welche die seltsamen Gewohnheiten des Königs berühren. Er fragt auch nach der Königin und dem Grunde der Isolierung. Der Minister weicht aus, ohne sich darüber zu erklären. Er hat wichtige Regierungsgeschäfte und geht, nicht ohne dem Arzt Verhaltungsmaßregeln dem König gegenüber gegeben zu haben, die beweisen, daß er die Schwächen des Königs kennt und zu benützen gewöhnt ist: dies erkennt der Arzt und drückt es dem Freund aus, der herantritt.

ZWEITE SZENE

([Am Rand] Jambulos. Der Holzwurm. Erdschmiede. Der Freund: von allen Giebeln seien die Pferdeköpfe gerissen. Die Sonne aus den Tempeln. Er hat, der Minister, den alten König langsam vergiftet, er tut es mit dem neuen.)

Der Freund schüttet sein Herz aus, er schildert die Situation. Er schildert die furchtbare und verderbliche Macht des Ministers, er deutet an, wie nach dem Tode des alten Königs der junge König allmählich das geworden sei, was er jetzt darstelle. Er gibt in biderber Art die Gründe an, die den allmählichen Verfall bewirkt haben, und dazu macht der Arzt gütig überlegene Glossen. Eigentlich, bekennt der Freund, lägen die Dinge jetzt so trostlos, daß man alle Hoffnung aufgeben sollte, aber der merkwürdige, überraschende Umstand, daß Jambulos, der Verbannte, plötzlich auftauche, erfülle ihn mit einer seltsamen Hoffnung.

Jambulos ist ruhig und tröstet durchaus gütig, er meint, man werde ja sehen, aber man fühlt wenig Hoffnung an ihm bei aller Bereitschaft zum Guten ([Am Rand] Ein Baum, der nicht mehr blühen kann, kann auch keine Frucht mehr bringen.), ein reiner, heitrer, philosophischer Gleichmut erfüllt seine Seele. Er sagt auch noch, er würde wohl ungerufen auch noch einmal heimgekehrt sein. Der Seevogel, wenn es zum Sterben ginge, suche tausend Meilen von Land die Stätte seiner Geburt wiederzufinden.

DRITTE SZENE

Der König tritt ein, der Arzt und der Freund sind abwartend und flüstern miteinander, denn man darf ihn nicht anreden. Der König ist schwarz gekleidet und trägt an einer Kette um den Hals ein silbernes Kruzifix. Sein Angesicht ist blaß und verzehrt. Die Augen liegen tief darin. Um den Mund, der schmerzlich geschlossen ist, ziehen sich tiefe Gramfalten. Er grübelt düster vor sich hin. Beiläufig bemerkt er den Freund, er zitiert ihn durch einen stummen Wink an seine Seite. ([Am Rand] Der Arzt fragt den König nach seinem Haß. Er haßt und darf nicht mehr hassen.)

KÖNIG. Horch, Alf! hörst du das?
ALF. — Nein. Nichts! Ich höre nichts.
KÖNIG. Ganz aus der Ferne! — Ganz aus der Tiefe! — Nichts?
ALF. Es ist die Stille, die uns umgibt, Majestät!
KÖNIG, *bestimmt*. Nein. — Früher, da ist es gewesen, wie wenn ein fernes Licht lockte. Man wollte Flügel, um hinzugelangen. Jetzt ist es ein ferner, friedlicher Glockenton. Man möchte dort sein. Man fühlt, wofern man stille ist, ganz ohne Wunsch, ganz durchdrungen von süßer Mattigkeit, so muß man sinken, sinken, sinken. *Er gewahrt Jambulos.* Wer bist du?
JAMBULOS. Jambulos!

KÖNIG. Was willst du?

JAMBULOS. Dir dienen, wenn du meine Dienste begehrst.

KÖNIG. Ich bedarf keiner Dienste. Ich bedarf keines Menschen Dienste.

JAMBULOS. Weil deine Boten zu mir kamen, bin ich zu dir gereist. Bedarfst du meiner nicht, heiß mich gehen.

KÖNIG. Geh!

JAMBULOS, *nachdem er sich verneigt.* Wirst du andern Sinnes, so sende deine Boten zum andernmal. *Er wendet sich.*

KÖNIG. Bleib!

Jambulos kehrt sich um und steht wieder gelassen, ernst abwartend.

KÖNIG, *nachdem er stumm eine Weile umhergegangen, sichtlich mit sich ringend, spricht er abgerissen vor sich auf die Erde.* Ich habe dich rufen lassen, und du hast unnütz Gefahren und Strapazen einer weiten Reise erduldet. Es war Torheit, Narrheit, es war ohne Sinn, es bedeutet nichts. Was will ich von dir? Was kann ich von dir wollen? Was könntest du mir geben als neue Qual, neuen Ekel und neue Pein.

Der König stellt einen Menschen dar, welchen ein mächtiger Wille zum Guten beseelt hat. Sein Unheil führte ihn unter Feinde, die ihn unter dem Mantel der Liebe nach und nach entwaffneten, entkräfteten, entmannten und zerstörten. In dieser Szene tritt er einem Manne entgegen, der ihn in seiner Kraft gekannt hatte; da steigt ihm, der sich unter namenlosen Qualen bis an die Grenze vollkommner Resignation herabgearbeitet hat, noch einmal Scham und Qual der Erniedrigung auf. Die bloße Gegenwart des Zeugen aus der Vergangenheit foltert ihn: diese steigt herauf mit all ihren Hoffnungskeimen, die nun abgestorben und verdorrt sind. Er sucht deshalb dem Gespräch und der Qual schnell ein Ende zu machen. Sein Wesen ist das eines nervös zerrütteten Menschen, den man mit jedem Wort verletzt. Alle seine Nerven liegen gleichsam bloß. Er ist ungezogen, kindisch, auffahrend und eigensinnig. Das Königliche seines Wesens tritt erst heraus, als des Arztes große Persönlichkeit ihn so bewältigt hat, daß er eine Zeitlang weich und vertrauensvoll wird. In dieser Verfassung sucht ihn der Arzt auszuholen und auf den Grund seines Seelenleidens zu kommen. Hier kommt des Königs Empfindung in reinen und schönen Bildern zutage. Bis Mißtrauen und Ekel wiederkommt und er plötzlich ganz hart und ganz fremd wird und davongehend den Arzt stehenläßt.

VIERTE SZENE

Alf, welcher, als der König weich wurde, hatte abtreten müssen, erscheint wieder. Der Arzt sagt ihm, daß seine Hoffnung dahin sei und er abreisen werde.

ZWEITER AKT

ERSTER TEIL

[NOTIZ]

Der Minister mit seinen Gebrechen kommt zum Arzt.

ERSTE SZENE

Dieser Teil spielt in einem kleinen Turmzimmer mit Erker. Es hat den Charakter eines Laboratoriums. Durch das große Butzenfenster fällt breites Mondlicht auf einen mit allerhand Werkzeugen und Büchern bedeckten Tisch. ([Am Rand] Ich liebe jede Lichtwolke.) Schmetterlinge sind auf Korken festgespießt, Palmenkätzchen stehen in einem Spitzglase. Pflanzen und Blumen liegen herum. ([Am Rand] Man sieht von hier aus die Insel.)
Jambulos ist beschäftigt, ruhig und friedsam die Dinge zu betrachten und zu ordnen, während Alf still bei ihm sitzt. Ob er denn unbedingt fortwolle. Der Gelehrte bejaht es. Den verzweifelten Freund tröstet er mit Philosophie. Dazwischen in lebendigstem und leidenschaftlichstem Interesse ihm seine botanischen und zoologischen Funde weisend.

ZWEITE SZENE

Da fliegt Umbine, in Schülerkleidern, schnell und frisch herein, umhalst ihn von rückwärts und drückt ihm einen Strauß Wasserlilien ins Gesicht. Der Gelehrte erkennt sein Kind, umfaßt es zärtlich, und man fühlt sein großes Glück. Das Kind erzählt nun und plaudert mit kindlicher und zuweilen wilder Frische seine Schloßeindrücke her. Wie draußen die Frösche quakten, wie unten alles so schläfrig sei, wie der

Koch das Fieber habe, wie der Storch in dem Sumpfe herumstolziere, wie ihr ein Ohrwurm ins Ohr gekrochen sei. Wie sie Mauerpfeffer gefunden habe und Glockenblumen, wie eine Fischotter vor ihren Augen ins Schilf geschlüpft sei und wie alles von Mücken so fürchterlich geplagt werde, aber sie spüre nichts. Der Gelehrte hört zu, schließlich sagt er, sie solle nur immer weiterreden, und zu Alf gewandt: er begriffe kein Wort von dem, was sie sage, aber wenn sie nur rede, sei er glücklich. ⟨ Jetzt fährt Umbine fort — die dem Arzt übrigens als Knabe gilt und unter dem Namen Helios bekannt ist — zu erzählen, und zwar von einem Abenteuer mit dem Minister, der ihr im Gange begegnet.⟩ Er beleuchtet nun Alf gegenüber sein Verhältnis zu Helios, der Alf als Knabe und Schüler gilt. Er spricht von seinem Frohmut, von seiner Tüchtigkeit und Gedächtniskraft, von seiner musikalischen Begabung, die dazu beigetragen habe, seine Saulnatur aufzuhellen. Er gibt eine kurze Geschichte seiner Heilung durch Helios. Das alles wirkt auf Helios durchaus nicht sentimentalisch machend, er erzählt weiter, und zwar sein Abenteuer mit dem Minister, mit dem er in dem modrigsten und engsten Gange des Schlosses zusammengetroffen sei. Er habe verlangt, sie solle das Zeichen des Kreuzes machen, ihn grüßen und ihm die Hand küssen. Er sei zuerst streng und dann zärtlich gewesen. Sie lacht. Sie zeigt ein Körbchen mit Kiebitzeiern, die sie gesammelt habe und dem König schenken wolle. Alf erhebt sich, dadurch an den König erinnert, und jetzt entsteht Lärm und Gelauf, und der

DRITTE SZENE

Fischer mit der Narrenkappe stürzt herein und erzählt: der König sei ins Wasser gesprungen, aber er, der Narr, habe ihn herausgezogen und mit andern Fischern im Kahn heimgebracht. Der Arzt solle kommen, Alf solle kommen. Der Arzt, gefragt, ob er nun bleiben werde, sagt es zu.

[NOTIZEN]

Du Sumserin von Gold, wo kommst du her?
Du Honigschlürferin, Wachsmacherlein.
Soll ich dich strafen? Nein, fahr deines Wegs.

Die kraftvolle, gymnastische Durchbildung der Umbine.

ZWEITER AKT

ZWEITER TEIL

ERSTE SZENE

Das niedrig gelegne Schlafzimmer des Königs. Hoher, unheimlicher, gotischer Raum. Der König liegt wie tot auf dem Bett, Jambulos steht bei ihm. Helios gießt Medikamente zusammen. Alf steht am Kopfende des Bettes, der Minister erklärt einigen Boten, daß der König sterben werde und daß man die Königin herbeirufen solle. Damit geht er und die Boten ab.

ZWEITE SZENE

Er wird daran nicht sterben, meint der Arzt. Alf will die Wache übernehmen. Der Fischer, der Spielmann und der Koch bieten sich an. Er bedürfe ihrer jetzt noch nicht, meint der Arzt. Helios will wachen, und es gibt eine seltsam mystische Szene zwischen ihm und Jambulos.
»Es kann keiner so gut pflegen wie du, aber ich empfinde etwas wie bange Ahnung, dich zu verlieren.« — »Du bist geheilt«, sagt Helios, »der Kranke bedarf meiner.«

DRITTE SZENE

Helios ist mit dem fiebernden König allein. Die Szene mit dem Blumenstrauß und dem Kuß, wo nachher der König Fieberphantasie und Wirklichkeit vermischt und Helios flieht.

DRITTER AKT

[NOTIZ]

Hier muß der Spielmann eingeführt werden. Er singt: Meine . . .

Spielmann

Meine Seele will auffliegen.
Wie ein Vogel mit seinen Flügeln

flattert meine gebundene Seele.
Sie hebt sich, ängstlich zitternd, schwingenschlagend,
aber sie muß.

Meine Seele will auffliegen,
denn sie hat Flügel von Gott.
Und Gott gab ihr die Schwingen,
damit sie fliege.

Gott gab meiner taubenflügligen Seele
die singende Sehnsucht,
aus hocherflogenen Höhen
Klänge zu tauen [?].

Gott gab meiner sehnsuchtsvollen Seele
Augen des Falken.

———

Heiß mich doch das Frühlingslied anstimmen.
Du mußt es mich heißen!
Du Vielgeliebte!
Das Sonnenlied.
Reich mir die Flöte und sage zu mir:
»Singe, mein Freund!
Singe, ich höre dir zu!«
Ich weiß eine Melodie
tief in mir schlummern.
So schön wie keine,
nie noch gesungen,
unerhört,
einmal geboren, unsterblich.
Die auszusingen
sehnt meine Sehnsucht. — —
Heiß mich doch das Frühlingslied anstimmen.
Reich mir die Flöte und küsse mich:
so entriegle den heiligen Schrein:
denn küssen mußt du mich
und erwecken, verzücken,
Befreierin.

ERSTER TEIL

ERSTE SZENE

Das Turmzimmer wie in Akt zwei, Teil eins. Es ist die Stunde vor Sonnenaufgang, der Arzt sitzt bald lesend, bald hinausschauend am Tische vor dem geöffneten Fenster, durch das Morgenröte hereinstrahlt. Helios träumt auf einer Bank. Jambulos weckt ihn und zeigt ihm den Sonnenaufgang. Er zeigt ihm sehnsuchtsvoll die Sonneninsel im purpurnen Meer. Helios schüttelt Traum und Befangenheit ab und eilt fort, um zu baden.

ZWEITE SZENE

Alf kommt; seine Fragen nach des Königs Befinden. Er schläft, und man müsse abwarten, wie er nach dem Erwachen sei. Die Stimmung des Arztes ist zurückhaltend, voll zögernder Hoffnung.

DRITTE SZENE

Der Fischer mit der Narrenkappe kommt aus dem Krankenzimmer. Er berichtet von der seltsamen Veränderung, die mit dem König vorgegangen sei. Alle drei fangen nun an zu schwelgen von der Vergangenheit, von dem Frühlings- und Götterfeste, wie es früher gefeiert worden sei, drüben auf der Insel. Noch förmlich berauscht von der großartig aufgehenden Sonne, bemerken sie nicht, wie der König, blaß, ruhig und träumerisch, eingetreten ist.

VIERTE SZENE

Der König hat seine Hand auf Alfs Schulter gelegt. Freude und Rührung bei allen. Der König ist weich und freundlich, es gibt eine förmliche Erkennung. Seiner süßen Stimmung gibt er Ausdruck. Einen Strauß Veilchen, den er trägt, betrachtet er mitunter träumerisch und gedankenvoll. Mehrmals versucht er einen Traum zu erzählen, welcher sehr düster beginnt und mit der Erscheinung des Helios schließt. Der Minister läßt sich anmelden. Eine Sekunde lang wird der König finster. Er nimmt ihn nicht an.
Jambulos erklärt dem König manches aus seiner Wissenschaft. Er legt ihm ein großes Buch vor und spricht von der

geheimnisvollen Weisheit, die es enthalte. Es ist das heilige Buch Swatowits, das dem König noch nicht eröffnet worden sei. »Lehre mich«, sagt der König. »Nicht ich«, antwortet der Arzt, »junge Lippen nehmen die Siegel leichter von den Geheimnissen.« Er geht, nachdem Alf sich hiebevor schon entfernt hat.

Der König blättert in dem Buch, da

FÜNFTE SZENE

tritt Helios herein. Nun entwickelt sich eine poesieschwere Erkennungsszene. Helios ist heiter, voll Liebe, voll Frische, voll Übermut. Der König staunt das Rätsel an, und immer wieder drängt sich das »Lehre mich« auf seine Lippen. Und sie belehrt ihn, aber nicht aus dem Buch.

([Am Rand] Der Augenblick, wo der König zum ersten Male wieder lacht, selbst erschrickt, sich wundert.

Das verlorne Lachen.

Dann fällt er in Tiefsinn: »Es war — ich ging — es war ein böser Traum — ich ging — am Meer — und sah — die Sonne sah ich — ich sah die Sonne fliehn.«)

SECHSTE SZENE

Der Minister dringt herein. Helios lacht ihn aus. Der König weist ihn hinaus in lachendem Übermut.

VIERTER AKT

ERSTER TEIL

ERSTE SZENE

Das Zimmer aus Akt eins, Teil zwei. Die Königin, ganz in Schwarz, ist gekommen. Der Minister hält ihr Vortrag. Der König sei auf dem Wege der Genesung, körperlich, aber seine Seele nahe sich dem ewigen Tode statt wie früher dem zeitlichen. Um das Nähere befragt, erzählt er, er sei in die Gewalt des Arztes und seines Schülers geraten. Und diese

Schüler sei ein Mädchen, wie man in Erfahrung gebracht habe. Die Königin beherrscht ihren Schmerz, nur ihr Haß äußert sich. Sie läßt Alf rufen.

ZWEITE SZENE

Alf hat mit ihr ein Gespräch, durch welches er ihr klarmacht, daß der König durch Jambulos und seine Tochter gerettet worden sei. Er fragt, ob sie den König lieber lebendig oder tot wolle. Sie wird weich und macht einen Kampf durch. Der Minister akkompagniert hölzern, er schürt. Sie will den König sprechen, dieser verweigert, sie zu sehen. Mit Haß, Wut, Scham und Verachtung schüttelt sie den Staub von ihren Füßen und geht, der Minister mit ihr.

VIERTER AKT

ZWEITER TEIL

ERSTE SZENE

Ein Saal mit geöffneter Tür auf ein flaches Dach. Alles voller Blumen und prachtvoller Stoffe. Der Koch, der Narr und der Spielmann sind beschäftigt, eine Tafel für ein Gastmahl vorzubereiten. Überall Obstblüten, Kristallkaraffen mit Wein etc. etc. Der König kommt mit Alf, um die Vorbereitungen in Augenschein zu nehmen, er erkennt seine Leute wieder und ist sehr leutselig mit ihnen. Sie brechen in Tränen aus und küssen ihm die Hände. Was er vorhat, deutet er dem Freunde an. So treten sie beide durch die offne Tür aufs Dach.

ZWEITE SZENE

In den menschenleeren Raum tritt Helios. Sein Staunen über das, was er sieht. Der König erscheint wiederum in der Dachtüre, und nun entwickelt sich eine neckische Liebesszene, welche damit endet, daß Helios sein Magdtum enthüllt. Der König hat es längst erkannt, und nun folgen Küsse. ([Am Rand] »Ich erwürge dich lieber mit meinem Haar, ehe du schwach wirst.«)

Der König winkt, und bunte Ampeln erfüllen den dunkel gewordnen Raum mit Halblicht. Der König winkt wieder, und Musik erklingt. Die Liebenden werden stiller, und eine Stimme singt ein inbrünstiges, nachtigallenhaftes, klares Liebeslied. ([Am Rand] Erst wird er gekratzt, dann gestreichelt. Sie ahmt den Tatzenschlag der Katze nach.)

FÜNFTER AKT

ERSTER TEIL

ERSTE SZENE

Das Innere eines Marmortempels auf der Sonneninsel. ([Notiz] Das sexuelle Leben ist auf der Insel geheiligt, Zynismus in dieser Hinsicht mit dem Tode bestraft.) Überall sind Pferdeköpfe angebracht. Ein Altar mit Rosen umkränzt, auf welchem Räucherwerk brennt. Jambulos in würdiger Tracht funktioniert als Priester. Der Narr, der Spielmann, Alf und der Koch dienen ihm. Das Volk sammelt sich, die Insel ist von seidnen Segeln umrauscht. Der König kommt, um das Fest zu eröffnen. Er tritt an den Altar und spricht den Hymnus vor, der danach gesungen wird. Nachdem die Feierlichkeit beendet ist, erwartet man die Braut. Unruhe entsteht, da sie nicht erscheint. Angst bemächtigt sich aller und vor allem des Königs. Da kommt der Narr und gibt einen Bericht, wie Umbine durch ein Schiff mit schwarzen Segeln geraubt worden sei; nun fliehe das schwarze Segel und viele purpurne jagten hinter ihm drein. Alf tritt vor. Er weiß, wer Umbine geraubt hat. Er bittet, der König möge sich an die Spitze seiner Harnischreiter stellen und gegen seine eigene Hauptstadt zu Felde ziehen. Alles Schwarz solle vertilgt werden im ganzen Lande. Der König ergreift das Schwert und stürmt voran. ([Am Rand] Aus einem frisch gefallenen Meteorstein ist das Schwert geschmiedet.) Jambulos ist allein, er betet zur Sonne, die ihre Kinder gebäre und vernichte. Sie verlange ein Opfer, und er bringe es ihr dar.

FÜNFTER AKT

ZWEITER TEIL

ERSTE SZENE

Zimmer im Königsschloß der Hauptstadt. Der Minister berichtet der Königin von der Greuel des Heidenfestes und von dem Raube. Die Königin empfindet eine furchtbare Genugtuung. Die Hexe verdient den Tod. Alle Gutachten der Richter, Ärzte und Laien des Hofes gehen auf Tod.

ZWEITE SZENE

Die Königin läßt sich Umbine vorführen. Umbine ist in einem Zustande von Dämonie. Sie, die Gefesselte, foltert, peinigt und quält die Königin. Als ihr der Flammentod verkündet wird, lacht sie wild und dämonisch. Sie siegt untergehend über ihre Peiniger. Sie wird abgeführt.

DRITTE SZENE

Die Königin ist in Verzweiflung. Draußen knistert und loht der Scheiterhaufen. Man hört das Singen und Lachen der Hexe. Der Minister kommt und beruhigt die Königin mit befriedigter Rachsucht. Die Königin weist ihn zurück: »Ihr vergiftet die Welt, Ihr habt mich vergiftet.«
Jetzt kommen Boten, welche verkünden, die Brunst des Scheiterhaufens greife um sich, Häuser und Kirchen fingen Feuer.

VIERTE SZENE

Jetzt erscheint Alf, packt den Minister und läßt ihn binden. Er tritt mit der Königin ans Fenster, und beide bemerken, wie der König in den Scheiterhaufen und in die Flammen springt. Die Flammen verlöschen. Es wird still, ganz still. Die Königin brütet verfallen und stumpfsinnig vor sich hin.

FÜNFTE SZENE

Harnischreiter bringen die Leiche Umbines. Jambulos folgt ihr. Die Leiche wird niedergestellt, Jambulos spricht mit der

Königin. Der König liege gebrochen und zerstört. In der Königin lebt kein Haß.

SECHSTE SZENE

Der König kommt wankend. »Diene dem großen Licht!«, sagt der Arzt, »und sie ist bei dir.«

[BEGINN DER AUSFÜHRUNG]

[ERSTER AKT]

[ERSTER TEIL]

Küche im Erdgeschoß eines alten Schloßbaues. Ein altertümlicher offener Herd mit Rauchfang. Der Koch ist unter dem Drehen des Spießes, an dem ein Huhn steckt, eingeschlafen. Rechts führt ein niedriger Türbogen ins Freie; man muß dort Stufen hinabgehen. Krank und zerlumpt sitzt auf den Stufen der junge Spielmann. Die durch die offene Tür einströmende Abendröte beleuchtet ihn, während sie das Dunkel im übrigen Teile des Raumes nur schwach aufhellt. Eine Panflöte hält der Spielmann am Munde. Wenn er der einen langen, weichen, klagenden Ton entlockt hat, spricht er in einem traumschweren Zustand vor sich hin.

ERSTE SZENE

DER SPIELMANN. Es ist ein junger König. Und es zieht ihn ins Dunkel. Es umhüllt ihn ein schwerer Traum. Ich trage ein Leuchten in meiner Brust, und wo er es wollte nähren mit reinem Öle, es würde die Nacht erhellen. Ich trage in meiner Seele ein Lied, es würde ihn wecken. Aber der junge König will mein Lied nicht hören. Er hat meine singende Liebe stumm gemacht, stumm und krank auf den Tod.

ZWEITE SZENE

Ein junger Fischer tritt herein. Er hat eine Narrenkappe auf dem blonden Kopf und bringt Heringe in einem Netze. Seine schleppenden Bewegungen verraten Müdigkeit.

DER FISCHER. Oho! Schlaft ihr immer noch? Ich bringe Fische. Ich bringe Fastenfische für König Bettelmanns Tisch. Holla! Koch! Willst du den König Bettelmann verhungern lassen?

KOCH, *aus dem Schlafe.* Was willst du? Laß mich schlafen. Ich will lieber sterben, als mich in den giftigen Dünsten dieser Höhle mit halbwachen Augen noch weiter herumzuschleppen.

FISCHER. Drehe deinen Spieß, Koch. Du stirbst zeitig genug. Aber das letzte Huhn ist noch nicht gebraten, und deine Hand ist noch nicht erstarrt.

SPIELMANN. Wie hoch ist's an der Zeit?

FISCHER. Die Sonne verblutet tief im Westen. Ich sah den Kranich hoch durchs Himmelsrot zu Neste fahren.

SPIELMANN. Es will Abend werden. Die Nacht ist kühl und stumm.

FISCHER. Ich denke, daß es noch gute Zeit hat, bevor die Nacht kommt, denn seht: die Schellen meiner Kappe klappern noch ein wenig. Zwar riecht sie schon stockig genug, aber den Schimmel und die Flechten, die sie zerfressen wollen, behindert der salzige Wasserstaub bis jetzt noch immer. *Die kleinen Fischchen aus dem Netz nehmend.* Freilich, wenn ich nicht mehr hinaus kann mit Angel und Netz und die kleinen, zappligen, schnalzenden Silberfischchen fangen, so ist es um meine Kappe geschehen.

DRITTE SZENE

Der Küchenjunge kommt.

FISCHER. Woher kommst du?

JUNGE *platzt heraus.* Gebadet habe ich.

FISCHER. Wo?

JUNGE. Im Meere, an dem heiligen Badeplatz. Schön war's! Ich habe mir Mut gefaßt, trotz des Verbotes. Die Kleider herunter — eins, zwei, drei — unter dem heiligen Nußbaum. — Der rauschte. Grau war die Luft. Beinahe hätte mich Furcht übermannt, denn es flüsterte so in den Blättern — ihr wißt — hoch zwischen den Zweigen, wo sie das Kreuz aufgehängt haben mit dem blutenden Manne. Als aber der Schaum meine Füße spülte, floh die Furcht wie ein krächzender Rabe von mir. Ich mußte jauchzen und warf mich ins Tiefe — hei! Und wie ich schwamm und schwimmend lachte, da schoß die Sonne ein Bündel Strahlen durchs Bleigewölk. So wälzte ich mich in grüner Kristallpracht, warf mich herum auf den Rücken und dankte laut schreiend der Mutter Sonne. Und siehe da: ein bläulich schillerndes Wasserjungferlein kam über die Fläche herüber mit feinem Klirren der Flügelchen und ruhte wippend auf meinem Bauch ...

FISCHER. Du sollst dich in acht nehmen, Junge! Zwei Galgen hat der Oberpriester aufrichten lassen neben jedem Kreuz. Und die Raben sind hungrig.

JUNGE. Besser, durch das hänfene Fenster gucken, als Nägel durch die Hände geschlagen, Nägel durch die Füße; besser, als mit Essig und Galle getränkt und mit dem Spieß in die Seite gestochen zu werden.

KOCH, *zum Fischer.* Was machst du da?

FISCHER. Ich lasse eine Mücke mein Blut saugen und schaue ihr zu. Es ist lustig zu sehen, wie sie den langen Stachel in die geschwollene Ader bohrt und anschwillt von meinem Lebenssaft. Es ist ein gutes Vergnügen zuzuschauen. Aber das größere folgt hinterdrein. Gebt acht: nun ist sie voll bis zum Bersten — nun schlag' ich zu. *Er erschlägt sie und lacht.*

KOCH. Unser König ist ein verlorener Mann.

FISCHER. Wir alle sind es. Es saust mir vor beiden Ohren, und ich fühle mich oft übel zum Sterben. Das Fieber verzehrt mich. Ich höre meinen schnellen, hastenden Atem, wo ich gehe und stehe.

KOCH. Pfui Teufel! Was ist das wieder für eine Art Muscheln — nach Sumpf riechen sie, pestilenzialisch! Ich bin kein Giftmischer, sondern ein Koch — und deine Fische stinken nicht weniger.

FISCHER. Ja, Alter, da siehe du zu. Meinst du, ich sollte mich mit diesen kraftlosen Armen aufs offene Meer hinauswagen? Ich will froh sein, wenn ich mit meinem elenden Fahrzeug mich durch die Kanäle schleichen kann. Was ich greife und angele, ist mir gut.

SPIELMANN. Der Tod bereitet sich vor. Das Ende bereitet sich vor. Zieht nicht das schwarze Gewölk seit Monden von Osten her über das Land? Schwarz, furchtbar und stumm. Wir haben die alten Götter verlassen und sündigen wider den neuen Gott. Die Erde wird erbeben und wird uns verschlingen.

VIERTE SZENE

Ein Krieger im blauen Stahlhemd, mit blauem Stahlschild, Wurfspieß und Schleuder tritt ein.

KOCH. Wache, was gibt es Neues?

KRIEGER. Mich friert. Die Kühle und Feuchtigkeit der Nacht

dringt durch und durch. Erst will ich mich erwärmen und dann erzählen. — Erstlich ist ein Wagen über die Zugbrücke gefahren, sechs kleine russische Pferdchen davor. Jetzt stehen sie drinnen im Schloßhofe. Im Wachtzimmer sagten sie, daß der Beichtvater der Königin in der Kutsche gesessen sei; ein alter, fremder, unbekannter Mann und ein Knabe. Mehr weiß ich nicht. Ich mußte dann meine Runde machen.

KOCH. Es scheint zu Ende zu gehen mit unserem König, wenn die Königin ihren Beichtvater sendet. Wer doch nur wüßte, wie dies alles gekommen ist!?

KRIEGER. Sie munkeln in der Wachtstube, des Königs Krankheit rühre daher, daß er in seinen geheimen Gemächern eine schwarze Schlange füttere. Sie lebe von seinem Mark, sagen sie, und trinke täglich drei goldene Becher seines Blutes leer.

FISCHER. Wenn es wahr ist, was du sagst, so wollt' ich, weiß Gott, ich bekäme sie zu Gesicht, daß ich mein bißchen übriggebliebene Kraft daranwenden und ihr meine Kappe könnte in den offenen Rachen stopfen. Was läge daran?! Entweder sie würde an ihr verrecken, oder es wäre um meine Kappe geschehen. Dann müßte ich freilich ohne Kappe ins Grab. Aber kitzeln sollte es mich, noch im Grabe kitzeln, wenn ich die Schellen im Bauche der schwarzen Schlange klingen hörte!

KRIEGER. Ich muß hinaus. — Wißt ihr, daß russische Kaufleute heute vorübergezogen sind? Sie haben drüben Rast gehalten auf dem Erlenhügel. Sie hatten Sklaven und Pferdchen zum Verkauf, schöne, blasse Mädchen mit großen schwarzen Augen und Haaren wie Kohle. Sie saßen ums Feuer und erzählten sich, wie ganze ungeheure Völkerschaften von Sonnenaufgang sich erhöben und ihren Zug nähmen gen Sonnenuntergang. *Er geht.*

FÜNFTE SZENE

Stille. Verschlafenheit. Der Küchenjunge erschauert. Der Spielmann bläst langgezogene Töne auf der Flöte und spricht dazwischen.

SPIELMANN. Es will ein junger König sterben. Er gleicht dem Seevogel — tausend Meilen vom Land seiner Heimat, spürt er den Tod in der Brust. So strebt er, mit matten Flügeln schlagend, der Heimat zu — fliehend den Tod der Fremde, suchend mit letzten Kräften den Tod der Heimat.

SECHSTE SZENE

Es öffnet sich eine Tür links in der Ecke. Es wird ein schöner Krieger sichtbar, blauäugig, blondgelockt, ein wenig blaß, aber voll Kraft. Er steht auf den untersten Stufen einer Wendeltreppe, in die er hinaufflüstert. Es ist Alf, der Schloßhauptmann.

ALF. Tretet mit Vorsicht! Die Stufen der Wendeltreppe sind morsch und abgenützt.
Gelächter als Antwort.
Er tritt ein wenig vor, und sogleich kommt ein junger, schlanker, goldgegürteter Knabe das Geländer heruntergerutscht.
HELIOS *steht da und sagt lachend.* So mache ich das! — Brrr — aber wo sind wir hier? Hier duftet es gar sehr nach Spülwasser, geschabten Mohrrüben und so süßlich nach Fett. Könnt ihr kein Licht machen?
ALF. Koch!
HELIOS. Soll hier ein Koch sein? Das ist mir eine recht saubere Höhle! Hier kocht man für einen König?
ALF. Koch! Schlaft Ihr schon wieder?! Es sind Gäste gekommen, sind von der Reise ermüdet, wollen essen und trinken.
Der Koch grunzt im Schlaf.
HELIOS *stößt an den Fischer.* Heda! Du! Was bist du für einer?
FISCHER. Was ich für einer bin?
HELIOS. Ja, du kannst es mir sagen, wenn du willst.
FISCHER. Ein Spaßmacher.
HELIOS. Du bist ein trauriger Spaßmacher, scheint mir.
FISCHER. Da habt Ihr den Nagel zu meinem Sarg recht eigentlich auf den Kopf getroffen, junger Herr. Ich bin ein trauriger Spaßmacher. Ich habe einstmals eine hübsche Portion Witz besessen — ein ganzes Netz voll kleiner, kribbelnder, krabbelnder und flatternder Vögelchen. Die reizendsten Kolibrichen, sage ich Euch! Wenn ich sie fliegen ließ — wie ich denn manchmal tat — so in der Sonne, wißt Ihr, das war lustig genug. Ja, ja, junger Herr, ich sage Euch reine Wahrheit. Faßt Ihr in Eure beiden zierlichen Hände lauter geschliffene Edelsteine — grüne Smaragde, Karfunkel, Rubinen, Perlen und Diamanten — und werft sie wie Sand

in die Luft, es funkelt und blitzt und leuchtet nicht bunter
wie meine lieben Vögelchen alle.

HELIOS. Wo habt Ihr sie denn gelassen — die lieben Vögelchen
alle, wie Ihr sie nennt?

FISCHER. Ja, seht Ihr, das hat seine Bewandtnis. Ich weiß
nicht, wie ich Euch das erklären soll. Es kam — sozusagen —
eine böse Seuche. Viele starben, viele blieben im Sumpfe
stecken, das Alter raffte die letzten hinweg. Und da die
Sonne unserem Lande zürnt, so hat sie mir keine neuen
ausgebrütet — aber desto mehr Maden.

HELIOS. Was tust du mit dieser Angel, Freund?

FISCHER. Daran hefte ich diese Maden und fange Fische mit
ihnen. Ich fange Fische. Ich habe mich auf den Fischfang
verlegt. Aber von Hunderten, die ich fange, ist oft nicht
einer genießbar. Entweder sie schmecken nach dem Sumpf,
oder, was meistens geschieht, ich zerquetsche ihnen die
Galle. Ich kann mich anstellen, wie ich will, so bringe
ich Gallenfische. Da ist's denn ein Fressen für die Schweine
— weiter nichts.

HELIOS. Ihr müßt an die Sonne, guter Freund.

FISCHER. Das gebratene Huhn am Spieß wird eher Flügel
bekommen und durch die Luft davonfliegen, als daß mich
die Sonne wieder bescheint.

ALF. So wollen wir wenigstens den Mond hereinlassen.

Er öffnet die Tür ins Freie.

HELIOS. Seltsam fremd ist es hier.

SPIELMANN. Hüte dich, Knabe!

HELIOS. Sprichst du zu mir?

ALF. Hüte dich! hat er gesagt — und wahrlich, ich sage wie er:
Hüte dich! Das Feuer der ewigen Mutter durchglüht dich
noch. Du trägst in deinen Augen den Stolz und den Glanz
und das Glück des Lichtes. Ich weiß nicht, woher du bist,
Knabe. Aber dein Gang ist nicht schwer wie unser Gang.
Bei deinem Lachen erschrecken die Fledermäuse und
fliehen hastig. Aber der Gewalten der Nacht sind viele in
unserem Lande. Es wäre schade um dich, du Sonnenkind.

HELIOS. Ich fürchte mich nicht. — Heda! Du! Küchenjung'!
Was nickst du mir immer heimlich zu? Kennst du mich
denn?

JUNGE, *Mohrrübe schabend, dumm in sich kichernd, verlegen.*
Freilich kenne ich dich.

HELIOS. Hast du vielleicht zu Salamanca mit mir studiert?

JUNGE, *kichernd.* Du bist nicht, was du bist.

HELIOS, *ihn am Ohr ziehend.* Nun halt deinen Mund, Herr Junker Schmutzfink! Verstehst du wohl?!

ALF, *an der Tür.* Hörst du das dumpfe, eherne Brausen? Das ferne Tosen? Die See?

HELIOS. Ist es das Meer — das große Heidenmeer?

ALF. Ja — das große Heidenmeer ist es! Und dort drüben, wo Ihr es im Mondschein hüpfen und springen seht — weiße Schaumrosse . . .

HELIOS. Die Brandung! Ich will hin! Ich will das Meer sehen! Ich will das große Heidenmeer sehen! Ich hab' mich nach ihm gesehnt — gesehnt. Ich habe mir große rosenfarbene Muscheln ans Ohr gedrückt und halbe Tage gehorcht, was sie mir rauschten, raunten und sprachen. Laßt mich hinaus! Ich will hin! Meer! Großes Heidenmeer! Sei mir gegrüßt! Ich komme zu dir. Warte nur. Halte mir einen Delphin bereit — er soll mich nach Helixoia tragen!

ALF. Was ist Helixoia, Knabe?

HELIOS. Weißt du das nicht? So laß dir's von meinem Vater erzählen, Mann. Dort lebt ein Volk, ganz anders als ihr. Und immer im neunzehnten Jahre kommt Apollo zu ihnen herab, tanzend, Kithara spielend und von kreisenden Schwärmen singender Schwäne begleitet. Sei mir gegrüßt, du Meer!

ALF. Hast du das Meer noch niemals gesehen?

HELIOS. Niemals! Nein! Ich will hin!

ALF. Du kannst nicht hier hinaus. Du versinkst im Sumpfwasser.

HELIOS. Ich springe hinüber.

ALF. Ich höre Ruderschläge. Seid still! Es ist die Stunde, in welcher der König hinauszurudern pflegt.

HELIOS. Kann man ihn sehen, wenn man sich hier verborgen hält?

ALF. Sei still und rühre dich nicht.

HELIOS. Euer König ist krank?

ALF, *bewegt.* Ja!

HELIOS. Euer König ist schön?

ALF. Unser König ist schön und krank.

HELIOS. Sie sagen, es gleiche sein Haupt der weißen Lilie, welche auf schwarzem Wasser ruht . . .

ALF. Still! Dort ist er.

HELIOS. Weshalb rudert er doch hinaus — so allein des Nachts?

ALF. Niemand hat es erforscht. Unsere Fischer meinen, man höre in stillen Nächten, draußen, vom Grunde des Meeres herauf, Glocken läuten, und wer diese Glocken einmal gehört, so meinen sie, der müsse sie hören und wieder hören und verginge in Sehnsucht nach der Tiefe.
HELIOS. Hat euer König die Glocken gehört?
ALF. Das weiß Euch niemand zu sagen.
HELIOS. Ist euer König jung?
ALF. Dreißig Sommer. Hört Ihr, wie langsam, langsam er mit den Rudern ins Wasser taucht? Gebt acht, jetzt könnt Ihr das silberne Kreuz an der Spitze des Nachens sehen. Er biegt um die Erlen — da, jetzt leuchtet der Mond in sein Gesicht.
HELIOS, *verzückt*. Ich sehe ihn. Ich sehe sein Gesicht.
Starrt hinaus und versinkt in Schauen.
SPIELMANN, *wie im Traum*. Es ist ein junger König. Und es zieht ihn ins Dunkel. Es umhüllt ihn ein schwerer Traum.

[NOTIZ]

Einst sichelte ein Mädchen Gras. Da lag plötzlich die Smertniza vor ihm und sprach: »Wenn ich ein solches Auge hätte, wie du hast, so würde ich aus den Knochen der Menschen eine Brücke bauen.«

ERSTER AKT

ZWEITER TEIL

Ein hohes, dämmriges Gemach, altertümlich, winklig und mit feuchten Wänden. Ungefähr den Halbteil der Rückwand nimmt ein durch schwere schwarze Draperien verhangenes Portal ein, durch welches man auf Stufen unmittelbar an das Wasser gelangt. Der übrige Teil der Hinterwand besteht aus einer Art Erker, aber auch dessen Fenster sind schwarz verhangen, es führt ein Treppchen zu ihm hinauf. Links verfallene Treppe ins Obergeschoß. Auf einer Treppensäule ein Kohlenbecken. Rechts eine Tür. Der einzige Tisch in dem Raume ist schwarz verhangen, imgleichen das Ruhepfühl und die wenigen Armstühle. Eine weiße Wasserlilie auf dem Tisch, in venezianischem Stengelglase.

ERSTE SZENE

Ein schwarzer Sklave im roten Burnus kommt mit einer Fackel. Er schiebt die Vorhänge des großen Portals beiseite, und man sieht die grade Linie eines Kanals, von Weiden und Erlen umsäumt, der fern ins Meer mündet. Wolkiger Himmel. Mondlicht von Zeit zu Zeit. Der Sklave schreitet Stufen hinab und erklimmt unten einen Sockel, worauf ein Dreifuß steht, der als Kohlenbecken verwendet wird. Der Sklave entzündet das Feuer darin, kehrt zurück, löscht seine Fackel auf den Stufen und schließt, ins Gemach getreten, die Vorhänge wiederum.

ZWEITE SZENE

Von links ist Alf gekommen.

ALF. Hassan!
SKLAVE. Herr?
ALF. Was tust du hier?

SKLAVE. Im Kohlenbecken habe ich Feuer entzündet. Es ist eine wolkige Nacht. Vor länger als einer Stunde ist der König hinausgerudert.
ALF. Ich weiß es. Hat er dir den Befehl gegeben?
SKLAVE. Ja.
ALF. Wann, meinst du, wird er zurückkehren?
SKLAVE. Ich habe ausgespäht, aber bis jetzt vernahm ich den Klang seiner Ruder noch nicht.
ALF, *rückwärts sprechend.* Tretet näher, ehrwürdiger Bruder!

DRITTE SZENE

Ein blasser, hagerer Mönch in weißer Kutte tritt ein. Er ist nicht über dreißig Jahre alt, hat schwarze Haare, edle Züge und brennende Augen. Seine Haltung ist demütig. Der Sklave beugt sich, im Abgehen, tief vor ihm.

ALF, *allein mit dem Mönch. Laut, nicht ohne innere Unruhe zu verraten, aber doch mit einem Anflug von Geschäftsmäßigkeit redend.* Weil Ihr den König sprechen müßt, wie Ihr sagt, frommer Bruder, und im Auftrage der Königin, deren Willen zu ehren mir geziemt, so biete ich meine Hand. Doch, um Euch lieber mit reiner Wahrheit zu dienen, ich bin ein Kriegsmann vom alten Schlag und meinem obersten Herzog und Herrn mit ganzer Seele ergeben. Sein Wille ist meiner und keiner über seinem. Wenn ich Euch jetzt nun bei ihm einführe, seinem festen Befehle zuwiderhandelnd, so sind es andere Gründe, die mich bewegen, als Euer Muß und der Gehorsam gegen die Königin. Und somit log ich zuerst. Jetzt aber lüge ich nicht und sage Euch denn: die Freundschaft und Liebe, die ich für meinen König hege, bewegt mich allein, ihm diesmal nicht zu gehorsamen. Die Königin sendet einen Arzt, und wie Ihr mir andeutet, ist Euer Auftrag, den König zu bitten, daß er geruhen möge, den Rat dieses Arztes zu hören. Der König ist krank. Ich sah den Arzt und faßte Vertrauen zu ihm. So wünsche ich, gleich Euch und der Königin, der König möge ihn sehen und mit ihm reden. Denn wie es nun einmal mit ihm steht, ist wenig Zeit zu verlieren. Gott sei es geklagt!
MÖNCH, *mit verhaltener Glut.* Ihr solltet Gottes Namen nicht unnützlich führen!
ALF, *treuherzig.* Ehrwürdiger Bruder! Ich rede nach Kriegs-

manns Brauch. Gott hat mich nicht zarter gebildet. Ich weiß nicht einmal, womit ich jetzt sollte gesündigt haben.

MÖNCH, *mit gleicher verhaltener Glut, stockend, aber zunehmend eifervoll.* Mit Blindheit hat Euch der Herr geschlagen. Das tut er denen, die er verderben will. Ihr Heuchler! In diesem Hause herrschet der Geist der Finsternis. Nicht Glockenklang noch Gebet wird hier erhört. Verstockte Sünder, die der Gnade des gütigen Gottes den Rücken kehren!

ALF, *frei.* Ich bin ein Kriegsmann und meinem König Gefolgschaft schuldig. Wohin er sich wendet, dort ist mein Weg. Wie lebt die Königin, sagt mir doch, frommer Bruder?

MÖNCH. Ein Weib, welches liebt, lebt in der Anfechtung. Sie hofft und hofft.

ALF, *schnell.* Und sollte nicht hoffen, wie Ihr meint. Wie denkt wohl der Vater der Königin über die Krankheit ihres Gemahls?

MÖNCH, *wie vorher, dazu gewichtig, eindringlich, feierlich belehrend.* Nicht anders wie es ihm ansteht als einem christlichen Herrscher und Herrn. Er lehrte seine Tochter, nicht mit stumpfer Beharrlichkeit den Schickungen des Himmels entgegenzuwirken, sondern nach der tiefen Weisheit Gottes in ihnen forschen. Er ließ ihr sagen: ein Haus, darin Gottes Geist dem bösen Geiste des Abgrundes nicht gänzlich obsiegen möge, fege Gottes Ratschluß oft über Nacht in Trümmer. Und besser, hieß er den Boten hinzufügen, es liege zu Schutt geschlagen danieder, denn daß der abgründische Geist ein königlich Haus besitze und daraus Böses auf Böses um sich wirke.

ALF, *gleichsam sich erinnernd, gesund visionär.* Der Vater der Königin ist ein stolzer Mann. Er hat den weichen Mantel des Friedens um seine Schultern gelegt, aber sein stählerner Blick weiß nichts davon.

MÖNCH. Ich höre Ruderschläge.

ALF. Ich trete zurück.

Alf ab.

VIERTE SZENE

In demütiger Stellung, das Gesicht dem verhangenen Portal zugewendet, harrt der Mönch. Die Ruderschläge nähern sich. Der Sklave kommt wieder und schiebt die eine Hälfte des Vorhangs beiseite, so daß man den König sieht, welcher unter dem Lichte des Kohlenbeckens im Begriff ist, aus dem Nachen zu steigen.

Der Sklave eilt nun zu ihm. Der König stützt sich auf seine Schulter und springt auf die Stufen. Er steigt sie müde herauf. Seine Erscheinung ist edel und jünglinghaft. Sein langes Haar ist weißblond. Er trägt sich ganz schwarz.

KÖNIG *steht und spricht, ohne sich nach dem Sklaven umzuwenden, mit einer müden Stimme.* Hassan.
SKLAVE. Herr?
KÖNIG. Nimm Wasser. Lösche das Kohlenbecken. Der Rauch beizt mir die Kehle.
SKLAVE. Sogleich, Herr.
KÖNIG *nimmt ein paar Stufen, bleibt wiederum stehen und lauscht zurück. Alsdann kommt er ganz herauf, erhebt seine Augen von ungefähr, stutzt, erkennt den Mönch, der sich tief neigt, und betrachtet ihn mit einem langen, befremdeten, sich mehr und mehr verfinsternden Blick.* Was willst du? Wie bist du hereingekommen?
MÖNCH. Der höchste Gott helfe Euch, edler König! Die Siegel der Königin, Eurer durchlauchtigsten Gemahlin, haben mir die Pforten geöffnet.
KÖNIG, *königlich vorschreitend.* Du irrst. Die Siegel der Königin öffnen die Türen zu meinen Gemächern nicht. Du bist mit meinem Willen hier. *Mönch verbeugt sich tief.* Dein Auftrag?
MÖNCH. Geruhet, dieses Schreiben entgegenzunehmen, Herr.
KÖNIG. Nein — oder vielmehr, legt es dort auf den Tisch. — Wie lebt die Königin, meine Gemahlin?
MÖNCH. Herr . . .
KÖNIG. Und geht es ihr wohl?
MÖNCH. Ihr geruhet zu scherzen, Herr. Eure edle Gemahlin verzehrt sich in Sorgen um Euch. Sie trauert gleich einer Wittib. Ihr freudloses Leben ist eitel Beten und Bitten zu Gott für Eure Genesung.
KÖNIG. So bin ich denn krank? *Mönch, schwaches Achselzucken.* Es will mir scheinen, wofern ich in Euer abgezehrtes Gesicht, in Eure seltsam glimmenden Augen hineinblicke, als wäret Ihr kränker als ich. Und doch betet Ihr und Euresgleichen in mehr als hundert Tempeln für meine Gesundheit. Doch dies beiseite. — Wie geht es meinen beiden Söhnen?
MÖNCH. Sie wachsen auf in Gehorsam und Gottesfurcht.
KÖNIG, *bitter.* Du konntest mir schwerlich etwas Lieberes

sagen, frommer Bruder. Und somit, denke ich, sind wir
am Ende. Reise mit Gott und berichte der Königin, meiner
Gemahlin, daß ich in der Tat krank bin. Aber ich lasse den
Mut nicht sinken, sag ihr, denn erstlich befinde ich mich
nicht so übel, als es vielleicht scheint, und schließlich
scheint es mir, als würde mein Zustand binnen kürzester
Frist eine Wendung nehmen, wie sie uns und Euch und ihr
— ich meine der Königin — und, nicht zu vergessen, ihres
Vaters christlicher Majestät durchaus nur genehm sein
kann. — Achte auf das, was ich sage, frommer Bruder!
Bewahrt meine goldenen Worte wohl! Ich wüßte Euch keine
zu schenken, die für gewisse Ohren, die Eurem Munde ja
immer offen sind, wohlklingender wären. Ich bin arm. Ihr
werdet mir zugestehen, daß mein bißchen Narrheit nicht
gerade kostspielig ist. Dennoch werdet Ihr wissen, was ich
meine, wenn ich Euch versichere, daß ich drauf und dran
bin, einem gekrönten Diebe ein sehr königliches Geschenk
zu machen.

MÖNCH. Verzeihet mir, Herr, ich verstehe Euch nicht.

KÖNIG. O doch, frommer Bruder! Ihr verstehet mich so gut,
als Ihr immer wollt. Doch weil Ihr Euch eingedrängt habt
— ich weiß nicht, aus welchem Grunde — und weil ich in
Zukunft, wie ich gewiß weiß, sicher vor Euch sein werde,
so soll es mich nicht gereuen, ein wenig Atem noch ferner
daranzusetzen. Von Herzen gesprochen: Ich liebe Euch
und Euresgleichen nicht. Ihr verehrt den Gott, welchen
Ihr selber ans Kreuz geschlagen. Für seine Freunde, sagt
Ihr, ließ er sein Leben; aber Ihr lügt — er ließ es für seine
Feinde. Kein Mensch hat größere Liebe, sind seine Worte,
als wer dies tut. Nun wohl. Sein Einsatz und meiner sind
gleich — doch meine Feinde liebe ich nicht. Ich kann nicht
sagen, daß ich Euch hasse. Verachtung, ja, das wäre das
Wort. *Er schlägt an eine Metallplatte, welche laut erklingt.
Sogleich kommt der Sklave.* Hassan, der Bruder wünscht
zu gehen. *Hassan und der Mönch, der sich tief verbeugt, ab.*

FÜNFTE SZENE

*Der König hat den Abgehenden keines weiteren Blickes ge-
würdigt. Er steht nun, das Gesicht nach der Tür gewandt, dahinter der Mönch verschwunden ist, und stampft mit dem Fuße.*

KÖNIG. Sie reizen mich. *Zum Sklaven, der wiederkehrt.* Seit wann ist der Bruder hier?
SKLAVE. Ich weiß nicht, Herr.
KÖNIG. Wer hat ihn hereingebracht?
SKLAVE. Der Hauptmann der Schloßwache.
KÖNIG. Ruf ihn!
Der Sklave ab, nach tiefer Verbeugung.
DER KÖNIG *unruhig auf und ab schreitend, unwillkürlich.* Mich ekelt's!

SECHSTE SZENE

Alf tritt ein. Er bleibt ernst und abwartend an der Tür stehen.

KÖNIG. Alf, was bedeutet dies?
ALF. Mein König und Herr . . .
KÖNIG. Bin ich dein König und Herr, warum denn machst du meine Befehle zu einem Spott?
ALF. Ich verdiene Strafe.
KÖNIG. Du bist kein Sklave, dein Gehorsam ist frei. Ich nahm ihn bis diese Stunde wie ein Geschenk. Ich hasse Geschenke, doch nahm ich deins. Nun hass' ich auch deins. Geh, laß mich! Ich nahm dich für mehr als du bist. Du bist wie alle, und weil du wie alle bist, kannst du mein Freund nicht sein. Geh zu den andern, sie warten deiner.
ALF. Mein Herr und Freund . . .
KÖNIG. Keines von beiden bin ich. Du lügst! Aus Hunderten wählte ich dich. Ich sagte zu dir: Komm und umfriede mir meine letzte Stätte. Ich bin verwundet, sagte ich dir, ich bin auf den Tod verwundet, so mache, daß niemand den Raum entweihe, darin ich mich niederlege, um zu verbluten. Nichts kannst du dawiderreden, schweig!
ALF. Herr, willst du mich hören?
KÖNIG, *neu aufflackernd.* Nein, denn was du mir sagen wirst, wird eine zärtliche Lüge sein, nichts mehr. Es ist der Traum meiner elenden Nächte, daß ich durch Schlangen gehen muß, grüne, graue, gefleckte, schleimige, giftige Schlangen, auf die ich trete bei jedem Schritt, die nach mir züngeln und stechen. Lügen! Lügen! wohin ich mich wende.
ALF. Herr, höre mich! Herr, sprich ein einziges Wort, und ich bringe das Haupt der Schlange, die bei dir eindrang, noch blutend auf einer Schüssel hereingetragen!

KÖNIG *wirft sich auf das Ruhepfühl.* Ihr quält mich alle.
Pause.
ALF. Vergib mir, Herr! *Er tritt näher und kniet an dem Pfühle des Königs.*
Der König macht, tief und weh seufzend, eine müde Handbewegung, welche Vergebung bedeutet. Alf ergreift des Königs Hand und küßt sie inbrünstig. Pause.
ALF. Herr, weint nicht. Ich wollte viel lieber, daß mir ein vergifteter Speer durch den Leib gerannt würde, als dies zu sehen.
KÖNIG. Laß.
ALF. Seit ich ein Schwert zu schwingen vermochte, Herr, ich schwang es für Euch, und Euch zu gehorsamen ist das Glück meiner Wahl gewesen. Nur daß ich die Waffe hier soll senken, das streitet mir wider mein Bestes, die Liebe zu Euch.
KÖNIG. Wo sollst du die Waffe senken, Alf?
ALF. Wo Ihr sie senkt.
KÖNIG. Jawohl, ich senke die Waffe vor dem Tode, Alf. Er soll mir hochwillkommen sein. Genug! *Er springt auf, verändert; sieht, faßt und erbricht den Brief. Nachdem er gelesen.* Wo ist der Arzt?
ALF. Er wartet Eures Bescheides und Winkes.
KÖNIG. Hm. *Er geht auf und ab in nachdenklicher Unruhe. Plötzlich bleibt er vor Alf stehen.* Was führt ihr im Schilde mit mir? Was schmiedet ihr wider mich für heimliche Ränke und Anschläge? Die Königin schickt mir Ärzte über den Hals. Was ist es mit diesem fremden Arzt, der, wie du sagst, meines Winkes gewärtig ist? Was ist es, daß ihr mich überfallt? Meinet ihr denn, daß ich wehrlos bin? Oh, ich durchschaue euch! Der große Arzt, dieser weise Mann, er soll mich zum kindischen Narren machen. Wie nun, wenn ich mich etwa darauf besinne, daß ich gelernt habe, ein Schwert zu handhaben, und diesen wandelnden Berg von Gelehrsamkeit, den er nach der Meinung der Königin vorzustellen scheint, in einen Haufen Aas umschaffe? Nehmt euch in acht! Es liegt mir wenig daran, der Himmel weiß es, in dieser durchgefallenen Farce des Lebens am Schlusse noch etwas wie einen Helden zu machen. Aber wo es euch einfallen sollte, meinen friedlichen Ewigkeitsgang zu durchkreuzen, so würdet ihr mich bereit finden, mir meine Gasse zu erzwingen. Das laßt euch

gesagt sein. — Was ist es für eine Sorte Mensch? Wie sieht er aus? Wo kommt er her?

ALF. Er ist ein Grieche, Herr. Doch er redet die Sprache unseres Landes wie Ihr und ich.

KÖNIG. Alt oder jung?

ALF. Alt, Herr, steinalt. Aber ich habe nur einmal so viel Kraft und Schönheit bei einem alten Manne gesehen.

KÖNIG. Bei welchem, Alf?

ALF. Bei Eurem Vater, Herr.

KÖNIG *geht umher, steht, öffnet ein Fenster des Erkers und starrt hinaus.* Mein Vater ist tot, Alf, bald werde ich bei ihm sein. — Geh, hole den Arzt. Ich will ihn sehen um deinetwillen, und weil ich dich ehrlich liebhabe — ein Stück der Jugend, die mir versunken ist. Tritt hierher, Alf. *Alf tritt neben den König, der seine linke Hand um seinen Hals legt.* Wenn du den Blick deines Späherauges hinausschickst dort über das breite Wasser, dort, wo es vom weißen Mond niedergeht, der Strahlenregen eines blassen Lichtes, sanft auf der festlich spielenden Fläche bleibt es ruhen . . . Siehst du das?

ALF. Ja, Herr.

KÖNIG. Wenn du den Blick in Zukunft dort hinaussendest und ihn in jenem stillen Lichtbezirke ruhen lässest — in Zukunft, Alf —, so kannst du meiner gedenken, wenn du willst. Warum ich so müde bin, ich weiß es nicht, vielleicht ist die Luft vergiftet, die wir atmen, der Brodem der Sümpfe vielleicht. Siehst du, aber ich liebe das Schwere und meine Träume, das ist es. Ich liebe die schweren, berauschenden Träume, die in mir wohnen, allbereits zu sehr. Ich werde durch eine See von Träumen hinab in den grünen Garten der Stille sinken — Gräser, die leuchtend wehen, hängende Zweige von Trauerbirken, alles lautlos. — Geh und hole mir deinen Arzt. Um deinetwillen geschieht es und aus der letzten Liebe zu dir. Ich tue dir mehr zuliebe, als du begreifst. Geh, hole den Arzt. Ich will die Pein seiner Weisheit ertragen um deinetwillen.

Alf ab.

SIEBENTE SZENE

Der König nimmt auf den Stufen zum Erker Platz. Jambulos wird von Hassan hereingeführt. Er ist ein stattlicher, weißbärtiger Mann und bleibt ruhig abwartend stehen. Er bemüht sich merklich, mit seinen Augen den Dämmer des Raumes zu durchdringen, ohne den König zu erblicken. Hassan entfernt sich. Jambulos glaubt sich allein. Er tritt an den Tisch und betrachtet die weiße Wasserlilie.

KÖNIG. Kennst du die Blume?
JAMBULOS, *schwach erschreckend, sich sogleich sammelnd.* Ja, es ist eine weiße Wasserlilie.
KÖNIG. Liebst du die Blume?
JAMBULOS. Ich liebe das ewig drängende, quillende Leben.
KÖNIG. Deine Liebe ist nicht von der rechten Art. Wenn du weise sein willst, so nenne mir das Geheimnis dieser Blume.
JAMBULOS. Das Leben ist ihr Geheimnis.
KÖNIG. Du verstehst mich nicht. — Gestern fuhr ich hinaus zur Nachtzeit im Nachen, wie meine Gewohnheit ist, da lag sie bleich auf der schwarzen Fläche. Sie war die erste, die aus der Tiefe heraufkam. Sie winkte, sprach zu mir, denn Blumen sprechen, — sage mir, was sie sprach, wenn du weise sein willst.
JAMBULOS. Sie lockte dich.
KÖNIG. Wohin?
JAMBULOS. Ins Unbekannte — und wenn du willst: ins Ewigstille lockte sie dich.
KÖNIG. Nun wohl. Die Blume kennt mich. Sie ist mein lieber Arzt. Dem reinen Halle ihrer stillen Mahnung, ich lausche ihm gerne. Der Stille lebe ich zu, der tiefen, letzten. Wirst du die Weihe dieser Stunden mir vergällen wollen?
JAMBULOS. Nein. Heiß mich gehen, Herr, so gehe ich. Ich kam, weil du mich riefst.
Pause.
KÖNIG *erhebt sich, geht langsam auf den Arzt zu und reicht ihm tief bedeutungsvoll die Hand.* Ich danke dir. Du hältst eine Hand in der deinen, die sich wenigen gereicht hat und die ich keinem mehr zu reichen gedachte. So ist es gut. Mein letzter Blick gilt einem Menschen, dessen Erscheinung mir nicht weh tat. So lebe wohl. Es sei genug. Sprich nichts, zerstöre nicht meinen letzten wohltätigen Traum. *Er geht langsam hinaus.*

ACHTE SZENE

JAMBULOS, *allein.* Sonne, du rächende Flamme!

ZWEITER AKT

ERSTER TEIL

Ein Turmzimmerchen mit Erker. Ein Pförtchen von der Wendeltreppe her, links ein anderes Pförtchen, auf ein flaches Dach führend, im hinteren Teil der Turmrundung. Durch die Butzenfenster fällt Mondlicht auf einen mit allerhand wissenschaftlichen Werkzeugen und Büchern bedeckten Tisch. Schmetterlinge sind auf Korken aufgespießt. Palmenkätzchen stehen in einem Spitzglase. Gesammelte Pflanzen liegen gehäuft.

ERSTE SZENE

Jambulos ist beschäftigt, zu ordnen und zu betrachten. Da tritt Alf ein.

JAMBULOS. Wer bist du?
ALF. Ein Diener des Königs.
JAMBULOS. Tritt näher, der du dich einen Diener des Königs nennest. Was willst du?
ALF. Ich höre, daß man die Pferde aus den Ställen zieht — Ihr wollt fort?
JAMBULOS. Ich habe nichts weiter zu tun in diesem Bereich. Und da ich des Klimas nicht gewohne, das bei euch herrscht, so will ich nicht länger verweilen, als ich muß.
ALF. Habt Ihr den König gesprochen?
JAMBULOS. Ja.
ALF. Wird er gesund werden?
JAMBULOS. Du liebst deinen König, wie es den Anschein hat, mehr als der Mönch, in dessen Geleit ich kam. Ich wollte, ich könnte dir Tröstliches sagen, doch kann ich's nicht. Seit wann ist dein Herr so krank?
ALF. Vor zween Jahren, meinen die Ärzte des Tempels, hat sich der finstere Geist der Seele des Königs bemächtigt. Damals begann er, die Kirchen zu meiden, von seinem Weibe und seinen Knaben sich fernzuhalten, auch, wie es hieß, die Pflichten des Herrschers zu versäumen.
JAMBULOS. Vor zween Jahren, sagen die Ärzte des Tempels — wann meinst denn du, daß seine Krankheit sich anhub?
ALF. Als Frieden wurde.
JAMBULOS. Wann wurde Frieden?

ALF. Sobald der alte König gestorben war, da machte der junge König Frieden mit unserem Nachbarreich. Damit begann seine Krankheit.

JAMBULOS. Wie kann das sein?

ALF. Herr, ich habe die Gabe des Wortes nicht, ich könnte Euch sonst begreiflich machen, wie nicht nur der König, sondern unser ganzes Volk krank ist seit diesem Frieden. Er kostet uns wahr und wahrlich mehr an Blut und Männerkraft als hundert verlorene Schlachten.

JAMBULOS. Erkläre mir das. Ich habe mir sagen lassen, vor diesem Frieden lebtet ihr in beständigem Krieg?

ALF. Ja, Herr, das taten wir. Die Linke führte den Pflug, die Rechte das Schwert.

JAMBULOS. So danket denn eurem Gott, daß er euch beide Hände zu friedlicher Arbeit frei gemacht.

ALF. Nein, denn damals waren wir frohgemut. Wir lebten im Licht, und wir starben im Licht. Heute sind wir zu kranken Schemen geworden. Oh, wüßtet Ihr, was wir damals gewesen sind, wie würdet Ihr jetzt auf unser verzweifeltes Dasein schauen. Herr, damals lebten wir! Die Wälder widerhallten von unseren Gesängen, Kampfspielen und Tänzen. Wir jauchzten dem Leben zu, aber wir jauchzten nicht minder in unsere Schilde, wenn unsere Könige uns in Schlacht und Tod führten. Wir waren der Schrecken unserer Feinde, sie nannten uns: »Die, die lachend kämpfen«. Heut sind wir ihr Spott. Der Hauch der Verwesung hat uns berührt. — Es war ein Mann, der lebte und wirkte in unserem Volk, und unser gestorbener König liebte ihn wie sich selbst. Der hat uns alles vorausgesagt. Er rief nur immer, wo er im Ringe der Männer die Stimme erhob: »Streckt euch der Nachbarkönig, dem sie das Kreuz mit dem toten Gotte vorantragen, die Rechte als Freund entgegen, so haut sie ihm ab mit dem Schwert!«

JAMBULOS. Wie hieß dieser Seher, von dem du sprichst?

ALF. Wir nannten ihn . . .

JAMBULOS. Er scheint mehr grausam als weise zu sein. — Komm, setze dich. Wir wollen ein wenig Feuer im Kamine entzünden, die Nächte sind lang und kühl bei euch. Es bleibt mir alsdann eine kurze Zeit, die will ich gerne mit dir verplaudern. So! Es ist harziges Tannenholz — die Forsten, die ich gepflanzt habe, sind doch gewachsen, obgleich ich davonmußte.

ALF. Was sagt Ihr, Herr?

JAMBULOS. Nichts; setze dich, junger Krieger. Schnell züngelt die Flamme auf, siehst du: sie grüßt mich förmlich. Setze dich, Alf.

ALF. Ihr kennt meinen Namen?

JAMBULOS. Ich hörte den König deinen Namen aussprechen. Der Name gefällt mir, und dich sehe ich gern. Sieh, wie das Licht sich verbreitet und unseren modrigen Raum wärmt und hellt! Was wären wir ohne das Licht?! Ein jeder mit sich verschlossen. Das Licht allein, mußt du wissen, führt deine Seele zu meiner. Es trägt das forschende Auge hinaus in die Weltenräume: mittels des Lichtes und der Wärme reden die fernsten Welten zu uns. Die Sonne ist unsere Mutter. Sie tränkt ihre Kinder täglich mit goldener Milch. Und sollte man seine Mutter nicht ehren und lieben? Gott spricht durch das Licht zu uns. Siehst du, und deshalb lieb' ich die kleine Lichtwolke, die über den nächtlichen Himmel geht, den Funkenregen, der aus dem knackenden Holze sprüht. Die Flamme ist heilig — ich löschte noch keine aus, so alt ich bin.

ALF. Wohl sollte man's tun, Herr — aber — ei, wer seid Ihr, Herr?

JAMBULOS. Wir wollen die Füße gegen das Feuer stellen und gut und gelassen zueinander reden. Ich fühle dir an, wie du bitter leidest ob allem, was du mit deinem König und deinem Lande geschehen siehst. Wahrlich, ich fühle mit dir. Als mich der Ruf der Königin traf, lag mir das Schiff im Hafen bereit; es sollte mich zu den Wundern der Tropen wiederum tragen. Ich wollte das Senkblei in die Tiefen des tropischen Himmels werfen, die Schranken des Firmamentes an dieser Stelle durchbrechen, mich verlieren und finden in erhabenem Rausch. — Doch folgt' ich dem Ruf deiner Königin, sieh, es war mir mehr als der Ruf eines Weibes. Es war aus dem Unbekannten für mich ein Ruf, darin alles von Ewigkeit her beschlossen ist.

Ich liebe dies Land wie du — als du noch nicht warest, Alf, liebte ich es. Ich kannte sogar den Mann, den du weise nanntest. Er war ein Baumeister. Noch sah ich auf meiner Reise die Trümmer seiner Befestigungen an den Grenzen. Aus vielen seiner Paläste haben sie Kirchen gemacht. Dort drüben aber auf der Insel im Meer stand sein größtes Werk. Woher ich dies alles weiß? Ich weiß noch mehr. Er baute nicht nur aus Stein — er baute aus Fleisch und Blut. Er trocknete Sümpfe aus, und aus dem gesunden Nährboden sproßten die jungen Speerträger wie Maiengras. In den stählenden Fluten des Meeres schwammen die Söhne und Töchter des Landes, übten die Kräfte wider die Brandung in heiligem Bade und rangen nackt, die Glieder noch triefend von salzigem Seewasser, in den Palästren miteinander. Hochfunkelnd flogen die goldenen Scheiben, von nackten Armen geworfen, im Spiel durch die Luft: klingende Sonnen im Niederfall, zischend im sausenden Flug Blätter der Buchenkronen abschneidend.

Jawohl, ich kannte den Mann, von dem du gesprochen.

ALF. Ihr seid es selbst — so helfe mir Gott! *Er fällt, aufs tiefste erschüttert, zu Jambulos' Füßen und umfaßt seine Knie schluchzend.*

JAMBULOS. Nun ja, du hast recht: ich bin es, Alf. Ich mußte den Namen verleugnen, welchen ich früher mit Ehren trug, denn weitverbreitet ist die Gemeinschaft der Christenpriester über das Erdreich, und schwer entgeht man ihrer Verfolgung.

Als ich davonmußte, Alf, vom Bau meines Lebens, daran ich aushielt, du weißt, bis zuletzt, als mich die meisten Helfer und Handwerker, Gesellen und Freunde längst verlassen hatten, — als ich davonmußte, vergessen von meinem jungen König — leicht fällt man den Adler zur Zeit der Brunst —, der in den Netzen der Liebe lag, durch Pöbelhaufen bedrängt und am Leben bedroht, da war ich so arm an äußeren Gütern, nichts konnte ich mit mir nehmen als das graue Zwillichgewand, das mir ein Bauer aus Mitleid reichte. Ich war aber auch hier innen verarmt. Ich hatte zuviel gesehen. Die Schloßenwolke des Unheils, von mir so lange gefürchtet, sie war heraufgezogen, und prasselnd stürzte der Hagel über mein herrliches Frühlingsland. Noch steht es mir deutlich vor der Seele: ich schleppte mich unerkannt, ein schmutziger Bettler, meine Straße, nicht anders ausgestoßen als ein räudiger Hund. Da klangen zum ersten Male Glocken von eines Tempels Spitze, den ich der Sonne errichtet und den man zur Kirche, zur ersten Kirche geweiht.

Ich stand und hörte dem seltsamen Halle zu, von dem sie sagten, daß er ewigen Frieden bedeute. Mir war er ein höhnisches, herrisches Siegesrufen der finstersten Mächte.

Ich wußte: unten im Tempel feierten sie die Hochzeit meines jungen Königs; ich wußte: hinter dem Kreuze her und an der Hand eines bleichen Christenmädchens schreitet er jetzt zum Altar, jetzt kniet er nieder als Heide, nun aber erhebt er sich wieder als Christ: der Herr und König von einst als Vasall und Sklave. Ich sah, ich fühlte, ich schmeckte die bittere Stunde bis auf den Grund. Dann schleppte ich mich fort, nicht wissend, wohin.

ALF. Oh, wäret Ihr niemals von uns gegangen!

JAMBULOS. Ich wußte, während ich ging und vor dem betäubenden Klange floh, der von den Türmen herab die Luft erfüllte: das, was ich zurückließ, war dem Schlaf verfallen. Wie umgekehrte Kelche einer Riesenblume der Nacht hingen die Glocken und quollen die sinnbetörenden Wellen ihres giftigen Duftes über die Welt. Aus diesem Taumelskelche des Heiles, so stand bei mir fest, werdet ihr nichts als schwere, bedrückende Träume trinken. Es war mir, als sähe ich die Murawa, in Gestalt eines adlergroßen schwarzen Falters, aus dieser metallenen Blüte kriechen, die Flügel spannen und das Land eisig beschatten. Ja, die Murawa ist es, die bei euch herrscht.

»Oh, wäret Ihr nie gegangen«, sagst du zu mir. Wo ich nicht ging, wie hätte ich hoffen dürfen wiederzukehren? Denn siehe: ich hoffte, als ich ging.

ALF. Nun seid Ihr wiedergekehrt – und wollt uns wieder verlassen, Herr?

JAMBULOS. Es muß dich in keinem Weg verwundern, Alf, daß du mich über allem heut gelassen und heiter findest. Der tieferen Weisheit, die ich im Gang der Jahre erwarb, ihr wichen die kleineren Schmerzen.

Ich liebe dies Land wie du, und seinen kranken, jungen König lieb' ich wie du – und dennoch schreit' ich gelassen meines Weges weiter im Lichte, Alf. Auch jene Blume, die euch verdirbt, sie wuchs auf den Feldern der Sonne. Und liebt euer junger König den Tod – ich liebe das Leben. Und sehnt er sich nach der Stille, so ist es Zeit zu ruhen für ihn. Schlimm und jung hat ihn der Traum übermannt, ihn hat die Nacht um den Tag betrogen: er hat es erkannt, so sei ihm das Ende gegönnt.

[Frühere Fassung der voraufgehenden Szene]

ERSTE SZENE

Jambulos ist beschäftigt, gelassen und friedsam zu ordnen und zu betrachten, während Alf stillsitzt und zusieht.

ALF. Es ist so seltsam.
JAMBULOS. Zweifelst du an mir?
ALF. Ich zweifle nicht an Euch. Je mehr ich Euch ansehe, um so unbegreiflicher wird es mir, daß ich Euch nicht auf den ersten Blick erkannt habe. Aber man hielt Euch bei uns für tot; seit mehr denn zehn Jahren hielt man Euch für gestorben. Die Priester sagten: »Gott hat ihn geschlagen, der Aussatz hat ihn gefressen.« Und andere, die Euch wohlwollten und die Segenszeit Eures Wirkens im Lande niemals vergessen haben, auch heute noch nicht, die glaubten ein anderes Märchen, das man erzählte. Da waret Ihr in Sklaverei geraten, vor den Kalifen von Bagdad geführt, von ihm zum Wesir erhoben, alsdann aber mit dem Schwerte gerichtet — man wußte nicht recht, warum. Ich glaube, Ihr solltet eine Moschee entweiht oder von den Gebräuchen der Priester Schlechtes geredet haben. Kurz: Ihr waret tot, Herr. Wie sollte ich Euch in dem Arzte vermuten mit einem fremden, griechischen Namen, überdies einem Manne, der auf das Geheiß der Königin hier erschien.
JAMBULOS. Wir wollen ein wenig Feuer in dem Kamine entzünden, Alf. Die Nächte sind kühl bei euch. Es bleibt mir alsdann eine kurze Zeit, und meine tägliche Arbeit ist so weit gefördert, daß ich mein Stündchen Behagen genießen darf. So. Es ist harziges Tannenholz. Die Forsten, die ich gepflanzt habe, sind doch gewachsen, obgleich ich davonmußte. Schnell züngelt die Flamme auf, siehst du: sie grüßt mich förmlich. Nun setze dich zu mir, Alf. Wir wollen die Füße gegen das Feuer stellen und gut und gelassen zueinander reden.

Ich habe mich dir zu erkennen gegeben, weil du mir lieb bist und weil ich dich ganz so einfach und fest gefunden, wie du mir immer in freien Zeiten früher gewesen bist. Es tut mir nun wohl, mich vor dir ganz zu zeigen. Ich weiß auch, daß es dein Wunsch ist, über mich ganz in Klarheit zu sein.

Es muß dich in keinem Weg verwundern, Alf, daß du mich

über allem so heiter findest. Ich fühle dir an, wie du bitterlich leidest ob allem, was du mit deinem König und deinem Lande geschehen siehst. Wahrlich, ich fühle mit dir. Als mich der Ruf der Königin traf, lag mir das Schiff im Hafen bereit, welches mich zu den Wundern der Tropen wiederum bringen sollte. Aber ich folgte dem Ruf gen Norden. Sieh, es war mir mehr als der Ruf eines Weibes. Es war aus dem Unbekannten für mich ein Ruf, darin es regiert, darin es beschlossen ist, wie wir die Schritte setzen, wozu wir erwählet sind und wo unser Grab geschaufelt ist. Denn weil ich die Priester nicht liebe, mußt du nicht meinen, ich weiß nichts von Gott. Ich weiß von ihm, Alf, und ich wollte dir Dinge sagen von dem, was ich sah und empfand, da ich den Schleier seiner Füße lüften durfte, nicht mehr als um Haaresbreite, — Dinge wollt' ich dir sagen, du solltest erschauern in Ehrfurcht und anbeten lernen ohne Worte.

Ich liebe dies Land wie du, und seinen kranken, jungen König lieb' ich wie du. Dennoch schreit' ich weiter meines Weges im Lichte, Alf. Auch meine Seele hat den schwarzen Göttern und den weißen zu einem Kampfplatz dienen müssen. Der alte König starb königlich. Sein Sohn war mein Sohn. Er wandte sich von mir und trat in die Netze des Christenkönigs. Der kannte den schlimmen Jägerbrauch: Sorglos ist der Adler zur Brunstzeit. So schnitten sie meinem jungen Adler die Flügel und legten um seine Königskralle die weiche Fessel der Weibeshand. Ich aber mußte vom Bau flüchten, der halb vollendet stand. Ich war dabei, meinem Volke den Bau der Zukunft zu errichten und aus Barbaren Menschen zu machen. Das Auge des alten Königs folgte dem Werk meiner Hände lächelnd und begeistert. Schon rangen die Kinder der Sonne, nackte Knaben und Mädchen in den Palästren, und auf den geschorenen Wiesen ausgetrockneter Sümpfe flogen die goldenen Scheiben, von jauchzenden Händen geworfen, im Spiel durch die Luft, sausend flogen sie: klingende Sonnen im Niederfall, zischend die Buchenblätter von den Ästen schneidend im Flug. Schön fing es sich an. Und neu errichteten wir den Tempel der Sonne, siehst du, da drüben auf der Aue im Meer, wo es jetzt noch weiß und traurig im Mond herübergleißt. Noch hör' ich die heiligen Rosse wiehern, die Hundsfellpauke dröhnen, die Zimbeln und schmetternde Fanfaren der Lust beim Frühlingsfest — oh, es war ein seliges Bauen dazumal. Und alles lief herzu, freiwilligen Herzens, und bauete fröhlich mit. — Da trugen sie uns das Kreuz herein, und vor dem Kreuze mußte die Sonne fliehen. Es kamen die Schatten, die Schemen, die Schrecken der Worte, das Kümmerliche entstand, die Angst regierte. Man geißelte mich hinweg vom Bau; ich war geblieben, wie alle ihn schon verlassen hatten.

Nun siehst du, Alf: ich blieb der Sonne treu.

[SZENENBRUCHSTÜCKE FRÜHERER FASSUNGEN]

Die Küche. Die Schlafenden, Müden.
Der Spielmann spielt in langen, klagenden, sehnsüchtigen Tönen mit großen Intervallen.
Abendrotstimmung, zwischen Tag und Abend.

DER SPIELMANN. Es will ein König sterben.
  Flötenspiel.

Burgküche. Der Koch schläft am Herd. Der Narr muß Heringe fangen und kommt. Der Spielmann auf der Schwelle im Halbschlaf.

DER SPIELMANN. Dudeldideldumdarei.
KOCH. Schweig! mach kein Geschrei.
DER SPIELMANN. Ich schreie nicht, Kröte, laß mich in Ruh!
KOCH. Mach die Türe zu.
SPIELMANN. Warum?

⟨DER SPIELMANN. Ich wollte meinem jungen König ein Lied singen. Aber der König wollte mein Lied nicht hören. Er hieß mich verstummen.
KOCH. Wie spät ist es, Spielmann?
DER SPIELMANN. Der Kranich fliegt hoch durch den Himmel.⟩

Spielmann flötet.

KOCH
Wie spät ist's, Spielmann?

DER SPIELMANN
Hoch am Tage, Koch!
Der graue Kranich fliegt durchs Abendrot
und strebt zu Neste.

KOCH
Schließ die Türe, Spielmann.

NARR
Hallo, laßt mich herein. Ich bringe Fische.

KOCH

Da, komm herein, doch laß die Mücken draußen,
sie martern uns zu Tode.

SPIELMANN
er schlägt um sich
Mücken! Mücken!

NARR
die Fische abwerfend
So bin ich euch um etwas doch voraus.

Akt I, Teil 2, Szene 3.
DER KÖNIG, *leise*. Alf! — Bist du da?
ALF. Ja, Herr!
DER KÖNIG *seufzt, mit tränenerfüllten Augen, sich gegen die Vorhänge des Fensters lehnend. Danach.* Komm zu mir! — Tu die Vorhänge ein wenig beiseite.
ALF. Ja, Herr.
DER KÖNIG. Siehst du! Regen. — Der Regen ist übers Land gezogen — wie lange schon?! Es hat geregnet, geregnet — horch!
ALF. Was, Herr?
DER KÖNIG. Hörst du das nicht?
ALF. Nein, Herr. Es ist still rings um uns, allzu stille.
DER KÖNIG. Allzu stille? — Nein, Alf! Tiefer muß sie werden, die Stille. Jeder Laut schmerzt, jede Berührung macht Qual.
ALF. Ihr seid krank, Herr!
DER KÖNIG. Vielleicht. — Siehst du, wie graue triefende Tücher schleppen die Regenschauer über Heide und Moor — Trauer. Trauer ist mein Leiden, Gram ist das Gift, das mich verdirbt. — Laß gut sein. — Horch!
ALF. Ich höre nichts.
KÖNIG. Es lockt — es verspricht — es lockt — es verspricht

⟨JAMBULOS. Kennt Ihr mich, Herr?
KÖNIG, *nachdenkend*. Ob ich Euch kenne? — Ja und nein. — Was sucht Ihr hier? *Er geht auf und ab.*
JAMBULOS. Ihr schicktet Boten, und so folgt' ich ihnen.
Pause.

KÖNIG. Ich schickte Boten, nun: du kommst umsonst.⟩

[Versfassung des vorhergehenden Szenenbruchstücks]

KÖNIG
leise

Alf! Bist du da?

ALF

Ja, Herr.

KÖNIG

Komm zu mir! näher.

ALF

Ja, Herr.

KÖNIG

Den Vorhang tu ein wenig mir
beiseit'.

ALF

Wollt Ihr, flugs reiß' ich ihn herab
und lasse Licht herein, soviel nur immer
die Fenster fassen.

KÖNIG

Wohl, laß gut sein, Alf.
Du bist ein guter Bursch.
Es regnet, regnet.
Wie lange schon? — Horch, Läuten, horch!

ALF

Was läutet?

KÖNIG

Hörst du das nicht?

ALF

Nichts hör' ich. Allzu stille
ist es um uns.

KÖNIG

Nicht allzu stille, Alf!
Der Stille leb' ich zu, der tiefsten Stille.

ALF

Herr, Ihr seid jung.

KÖNIG
Und weil ich jung bin, Alf,
soll ich nicht müde sein und Ekel fühlen?
Ich fühle Ekel.

[SZENENBRUCHSTÜCK EINES SPÄTEREN ANSATZES]

[Vermutlich 24. September 1915.]
ZWEITER SCHAUPLATZ

Ein hohes, gewölbtes Gemach. Hohes, rundes Fenster mit Aussicht auf die mondbeglänzte See.
Der Beichtvater, mit einem Geierkopf, der fremde Mann, hochgewachsen, bärtig, würdig, sind soeben, von Alf geführt, eingetreten.

ERSTE SZENE

DER BEICHTVATER. Wie hoch ist's an der Zeit?
ALF. Die Turmuhr hebt aus, es ist Mitternacht.
DER BEICHTVATER, *nach zwölf schweren, langsamen Schlägen.* Wie kann man hier leben!
DER ARZT. Man hat Beispiele von Weltflucht immer reichlich gehabt, Herr Kardinalstaatssekretär. Nicht zum erstenmal hat sich ein König von allem abgewandt, um dessentwillen man Tihn mit Unrecht beneidet.
DER BEICHTVAER. Wer das tut, dessen Platz ist im Kloster. Fühlt Ihr nicht, daß hier eine Stätte von Dämonen ist?
DER ARZT. Ich komme aus einem sonnigen Lande. Ich erblicke hier vieles, was vielleicht einem trüben Gemüt die angemessene Nahrung ist: eine fremde, schwermutsvolle Natur, grundlose Watten, Sümpfe mit sinkender und steigender Flut. Meer. Die monotone Musik der Brandung, der Möwe, Klagen der Kiebitze und gespenstischer Ruf der Wildgänse in der Nacht. Dazu altes Gemäuer, jahrtausendalt! das heißt fremde Vergangenheit, fremde Gegenwart. Das traurige Reich für jemand, der, allen fremd, noch am ehsten im Allerfremdesten heimisch ist.
DER BEICHTVATER. Ein König hat Pflichten.
DER ARZT. Die freilich hinfällig werden, wenn dieser trübselige Hang eine Krankheit ist.

DER BEICHTVATER. Um dies zu ergründen, sind wir gekommen. Dazu haben wir diese lange und beschwerliche Reise gemacht. Ihr seid ein Arzt. Während der Fahrt ist manches zwischen uns zur Sprache gekommen. Dinge, die man als Staatsgeheimnis zu betrachten hat.

Es ist nun ein Jahr, seit der König die Hauptstadt verlassen hat. Im zweiten Jahre seiner Regierung, im dritten seiner Ehe hat er die Residenz verlassen. Kurz nachdem die Gott dem Herrn so wohlgefällige junge Königin dem Reiche einen Erben geschenkt hatte. Es ist nur natürlich, daß die Schiffsleute meutern, wenn die Staatsgaleere lange ohne den angestammten Führer ist.

DER ARZT. Ich begreife die Welt aus ihren Krankheiten. Ich meine natürlich die Menschenwelt. Oder wäre sie etwa vollkommen? Immerhin ist auf dem Wege zur Vollkommenheit, was nicht vollkommen ist. Was aber krank ist, will gesunden. Kein Staat ist gesund, und wie wäre also ein Herrscher nicht krank?

DER BEICHTVATER. Ihr seid eines anderen Reiches Untertan. Ihr würdet sonst wissen, welcher unter den Staaten unangreifbar von Pestilenz, Tod und Teufel ist. Ich meine, Ihr würdet es sonst wohl wissen. Sonst, wenn ich Euch früge, sagtet Ihr wohl: der Gottesstaat! Fragtet Ihr aber mich: ich wollte es Euch nach dem Einmaleins überzeugend beweisen.

Unser König ist krank, sofern sich bestätigt, daß er aus den Grenzen des Staates Gottes gewichen ist.

DER ARZT. Ihr belehret mich, Durchlaucht, Herr Kardinal. Kein Reich, sagt in unsrem Lande die Volksstimme, sei so wie das von dem Gehenkten begründete Himmelreich von Fiebern, Krämpfen, Seuchen und aller Art Elend heimgesucht worden.

DAS HIRTENLIED

Entstehungszeit: 1898–1899.

Erstveröffentlichung: Teildrucke einzelner Fragmente in der Zeitschrift »Die neue Rundschau« 1904 und in der »Nationalzeitung« (Berlin), 25. 12. 1906. Wiederabdruck des Textes aus der »Neuen Rundschau« in »Gesammelte Werke« 1906, Band 6 und in »Gesammelte Werke. Große Ausgabe 1922«, Band 12 sowie in Bibliophilenausgaben 1922 und 1924. Weiterer Teildruck unter dem Titel »Paralipomena zum Hirtenlied«, herausgegeben von C. F. W. Behl; Berlin, Maximilian-Gesellschaft 1932.

Erste Einzelausgabe: »Das Hirtenlied«, herausgegeben von Felix A. Voigt; Breslau 1935.

Titel: Die früheren Fragmente tragen den Titel »Patriarchenluft«.

[PERSONENVERZEICHNIS]

[DER KÜNSTLER, später JAKOB
DER STARKE, MÄNNLICHE ENGEL
DER JUGENDLICHE ENGEL
LABAN
LEA $\Big\}$ Labans Töchter
RAHEL
ANA
MAGDIEL $\Big\}$ Hirten Labans
SIMEON
BILHA, Magd Leas
ENGEL
BEGLEITER JAKOBS
VOLK]

FRAGMENTENGRUPPE I

PATRIARCHENLUFT

[FRÜHE ENTWÜRFE UND SZENENBRUCHSTÜCKE]

Vorspiel
Der Maler. Er lebt in verzweifelter Misere. Er spricht leise. Er ist linkisch und lächerlich geworden. Berliner Hinterhaus. Die Quälereien seines Weibes und seiner Kinder. Er hat ein Bild vor: Patriarchenluft. Er läßt sich nicht sprechen. Ist stundenlang eingeschlossen. Wachträume. Er liegt auf seinem Divan. Ein Engel tritt zu ihm. »Folge mir!«

Hügelige Landschaft. Herbst. Brunnen auf dem Felde.
Beer-Seba.
Isaak zu Gerar.
Gründe Gerar.
Brunnen Sitna,
darnach gen Beer-Seba.
Der arme Meister.
Der Schutzengel.
Meister: »Wo bin ich hier?«
Mesopotamien.
Laban.

———

Der arme Künstler liegt auf dem Divan. Es schellt. Es pocht. Es schellt wieder.

DER ARCHITEKT
Stimme
Herr Meister! wir sind's!

KÜNSTLER
Wer?

ARCHITEKT
Der Architekt.
Ich hab' den Auftraggeber mitgebracht.
Ich bitte, machen Sie doch endlich auf.

KÜNSTLER

Sogleich.
Er erhebt sich und öffnet.

Ein hoher, nicht großer Raum, der nur wenig Licht durch ein Fenster über der Tür erhält. Ist diese (in der Hinterwand) geöffnet, so blickt man in einen großen, kahlen Hof, der von den Hinterwänden fünfstöckiger Mietskasernen eingefaßt ist.

KÜNSTLER

Was willst du?

ENGEL

Dich besuchen.

KÜNSTLER

Warum besuchst du mich immer?

ENGEL

Weil du allein bist und meiner bedarfst.

KÜNSTLER

Setze dich! – – – du hast Flügel.

ENGEL

Weil ich ein Engel bin.

KÜNSTLER

Also die Engel besuchen mich. Bist du durch die Straßen gekommen, die mit Steinen gepflastert sind, wo die eisernen Wagenräder schmettern und die Menschen einander stoßen?

ENGEL

Nein.

KÜNSTLER

So kamst du hoch oben über die Dächer?

ENGEL

Ja. Ich hing ein Weilchen in meinen Flügeln hoch über dem Qualm deiner Stadt. Alsdann fuhr ich herab.

KÜNSTLER

Ich glaube dir nicht.

ENGEL

Warum sollt' ich lügen?

KÜNSTLER

Nun, ich bin krank. Mein Körper ist abgezehrt, ich habe am gestrigen Tage ein wenig Brot, am heutigen noch nichts genossen. Ich glaube, ich habe ein Fieber. Wenigstens summt und saust es in meinen Ohren, und kalter Schweiß überdeckt mich.

ENGEL

Darum, so meinst du: ich sollte dir Lügen sagen?

KÜNSTLER

Ich glaube, du bist ein Phantom!

ENGEL

Du irrst! Ich bin in mir und wie du aus Gott.

KÜNSTLER

Ich verstehe dich nicht. Sei's drum. Sage mir also, warum du kommst!

ENGEL

Ich bin gesandt.

KÜNSTLER

Bist du gesandt, mich zu töten, so sage es! Erwürge mich denn. Es ist aus mit mir.

ENGEL

Lästere nicht!

KÜNSTLER

Deine Stimme ist meine, ich erkenne sie wohl. Mit all deiner Majestät entstammst du doch mir. Aber du magst noch ein Weilchen leben und bei mir sein. Deine Flügel sind schön, weiß und mit vielen braunen Federn darin, ähnlich den Flügeln des großen Uhus. Meinst du nicht? — Also, du trägst nichts Übles im Schilde. Warte! ich will meine Türe dreifach verriegeln. Denn es gefällt mir, mit dir allein zu sein. Du scheinst mir die letzte Kraft meines Hirns, das letzte Glück. Die Leute reden und heißen mich einen Sonderling, weil ich sie nicht in meiner Stille dulde, in meiner Umfriedung. So! — Bist du mein guter Engel vielleicht?

ENGEL

Ja.

KÜNSTLER

Wirklich? und jetzt machst du dich sichtbar, wo ich schon alles gelitten und nichts zu hoffen habe?

ENGEL

Du hast noch vieles zu hoffen.

KÜNSTLER

Lieber! ich glaube dir nicht! Du hast eines Falken Augen, buschige Brauen, und deine jungen Arme scheinen von eisernen Sehnen und Muskeln zu spielen.

ENGEL

Ich bin stark.

KÜNSTLER

Nein! du bist schwach, lieber Schutzengel! Wärest du stark, ich läge nicht hier, schwach und zermürbt. — Geh! ——— Bist du noch hier?

ENGEL

Lieber, schicke mich doch nicht von dir! Du tust mir leid.

ENGEL

Du hast das Leben, und du hast den Schlaf.
Leben ist Schlaf.

KÜNSTLER

Dann will ich traumlos schlafen
und von dir, Mutter Nacht, beschlossen sein
bis tief ins Herz. Oder du sollst mich wecken
mit dessen Stimme, der ob allem wacht.

DAS HIRTENLIED
Unvollendete Dichtung
aus dem Jahre 1898

ERSTER AKT

Der arme Künstler liegt auf dem Ruhebett seines Arbeitsraums. Ein starker, männlicher Engel tritt aus dem Mittelvorhang, der diesen Raum teilt.

DER KÜNSTLER
Was willst du?
DER ENGEL
      Warum liegst du trüb und faul
auf deinem Lager, ganze Tage lang,
und rührst dich nicht?

DER KÜNSTLER
      Mich hungert! ich bin schwach!

DER ENGEL
Steh auf! geh aus! und suche dir dein Brot!

DER KÜNSTLER
Ich mag nicht!
DER ENGEL
      Wer zu träg ist, aufzunehmen,
was Gott der Herr zur Nahrung ihm bestimmt ...

DER KÜNSTLER
Das Brot, das in dem Kot der Straße liegt,
ist mir zum Ekel. Bücke sich, wer will,
es aufzuheben. Weiß mir Gott im Himmel
nicht reinre Speise, meid' ich seinen Tisch.

DER ENGEL
Du sündigst!
DER KÜNSTLER
      Nein. Gott sündigt, und nicht ich.

DER ENGEL
Du lästerst!

DER KÜNSTLER
Nein, Gott lästert, und nicht ich.
Wo hat ihm einer treu wie ich gedient?
Ich hab' ihm rein bewahrt die reine Flamme,
warum versagt er mir das heil'ge Öl?
Mit Talg von Schweinen mag ich sie nicht nähren.

DER ENGEL
Was Gott gereinigt, mache du nicht unrein!

DER KÜNSTLER
Was willst du und wer bist du?

DER ENGEL
Ich? Dein Engel!

DER KÜNSTLER
Mein guter Engel?

DER ENGEL
Ja!

DER KÜNSTLER
Darf ich dir's glauben?

DER ENGEL
Betrachte mich vom Scheitel zu den Füßen:
du findest weder Falsch noch Fehl an mir.

DER KÜNSTLER
Du bist ein Spuk, nichts weiter! Sieh: ich liege,
vor Hunger fiebernd und vor Dunkelheit,
allein, vergessen unter Staub und altem
Gerümpel, und da malt mein armes Hirn
dich in die Leere.

DER ENGEL
Fasse meine Hand!

DER KÜNSTLER
Warum? sie scheint mir stark, doch ist sie's nicht.

DER ENGEL
Du kennst sie nicht!

DER KÜNSTLER
Du spottest! wäre sie
nicht schwach und unnütz, deine Engelshand,
wie läg' ich hier geschlagen und entnervt?
Nein! nein! nur fort! du hohles Trugbild, fort!

DER ENGEL
Ich bin kein Trugbild!

DER KÜNSTLER
Aus der wüsten Gärung
der großen Babel bist du aufgestiegen,
aus Blasen, gift'gen Dämpfen, was weiß ich!
Hör, wie sie tost, die Stadt, die mich begräbt,
mich und mein reines Licht!

DER ENGEL
Du irrst, mein Freund!

DER KÜNSTLER
Spuk! hebe dich hinweg! Schreib meinethalben
dein »Mene mene tekel« an die Wand!
Mich schreckst du nicht. —

DER ENGEL
Steh auf, der Frühling kommt.

DER KÜNSTLER
Du machst mich lachen!

DER ENGEL
Und das will ich tun!

DER KÜNSTLER
Du machst mich bitter lachen. Sprichst du nicht,
als wärest du die Macht und Herrlichkeit?
Erborgte Majestät von meinen Gnaden!
Leb noch ein Weilchen, meinethalben, Freund!

DER ENGEL
Fühlst du es nicht von meinen Flügeln strömen

wie Duft von Blumen, die am Wasser tändeln?
Siehst du das Wasser nicht durch Wiesen sprudeln,
in schmaler Rinne, über blanke Steinchen?
Sieh doch ein Veilchen! Sieh, ein Gänseblümchen!
Leg dich doch nieder, dort, am trocknen Hang,
wo leis umher, noch trunken, kaum erwacht,
ein Molkendieb sich tummelt in der Sonne.

DER KÜNSTLER
O ferne Heimat! weißer Schmetterling!
O Frühling! Land der Jugend! Land der Freiheit!

DER ENGEL
Was säumst du noch? steh auf und folge mir!

DER KÜNSTLER
Ins Grab?

DER ENGEL
In deine Heimat folge mir!

DER KÜNSTLER
O Gabriel! — denn also tauf' ich dich,
weil wie Verheißung deine Worte brennen
in meinem Herzen — ob ich es auch weiß,
daß du nichts bist, nichts sagst, als was du lügst ...
O Gabriel, Phantom, ich kenne besser
den Weg, den, tret' ich einmal hier hervor
aus meiner finstren Kammer, ich muß pilgern.
Durch abgelegne Gassen muß ich schleichen,
in Keller kriechen, die nach Fusel duften,
muß Speise schlingen, die mich ekelt, muß
Gestank, verdorbne Dünste in mich atmen.
Dort, wo die Pest des Lasters ewig frißt,
Verworfenheit Gott schändet, wo der Mensch,
ein viehisch Zerrbild, sich im Schlamme wälzt,
ist meine Wohnung: dorthin führt mein Weg.

DER ENGEL
Du irrst!

DER KÜNSTLER
Da hast du recht. Ein Labyrinth,
umgibt mich diese Stadt, darin ich nun

seit zwanzig schweren, leeren Jahren irre.
Die Gänge sind von scharfem Qualm erfüllt.
Hier gleicht die Nacht dem Tag, der Tag der Nacht.
Hier sind der Schrei der Lust, der Schrei des Wehs
zwei Brüder: Zwillingsbrüder! mehr als das:
ganz eins sind beide, unzertrennlich eins.
Und immer gellt der eine, gleiche Schrei
gehetzter Kreatur! Schlaf ist nicht Schlaf!
Wachen nicht Wachen! und der Friede ist
ein altes, totes Wort, das nicht mehr gilt.
Such ihn, den Frieden, Engel Gabriel,
und bring ihn mir! Vergebens gehst du aus:
du wirst nicht auf dem Markt, nicht in den Gassen,
nicht in den Kirchen, noch in den Palästen
die weiße Taube finden, die du suchst.

DER ENGEL
Vertraue mir! Die Stadt hat Tore. Komm!

DER KÜNSTLER
Gib mir die Hand, dies war ein Wort, das gilt.
Ja, führe mich, du lieber Friedensfürst —
denn jetzt erkenn' ich dich — zu meiner Pforte.
Öffne sie leise und entlaß mich lind.
O könnt' ich dir vertrauen! Sieh, ich selbst,
wie Kork auf einem breiten, wilden Strom,
bin willenlos. Ich kann den Mut nicht finden,
den mancher fand: den letzten Mut ins Freie.
Sooft ich in Bereitschaft mich geglaubt,
den Torgriff in der Hand, bebt' ich zurück.

DER ENGEL
So komm, vertraue mir!

DER KÜNSTLER
Ich kann nicht! geh!

DER ENGEL
Was hält dich noch?

DER KÜNSTLER
Mein Werk.

DER ENGEL
Was für ein Werk?

DER KÜNSTLER
Das Werk, darum ich lebte.

DER ENGEL
Lebtest du
um eines Werkes willen?

DER KÜNSTLER
Allerdings!
Was denn rechtfertigt mich, wenn nicht mein Werk?

DER ENGEL
Rechtfertigen vor wem?

DER KÜNSTLER
Vor meinen Brüdern.

DER ENGEL
Die du zurückläßt in der Stadt der Schmerzen.
Sie fragen nichts nach dir und deinem Werk.
Geh nur von ihnen, Mann! so wie du kamst!
Sie wissen nichts von dir und deiner Schuld.
Komm nur!

DER KÜNSTLER
Noch nicht. Phantom, heb dich hinweg!
Bedarf ich deiner, sprech' ich deinen Namen.
Du kamst zu früh! Du bliebst zu lang! Nun geh!
Ich wische dich von meiner Tafel aus,
wie Linien aus Kreide, die ich zog.
Noch stehst du! willst du mehr sein als du bist?
Die Zeiten sind vorüber, wo die Engel
des Herrn wie gleich und gleich gewandelt sind
unter uns Menschen.

DER ENGEL
Wieder irrst du!

DER KÜNSTLER
erhebt sich, traumwach, tritt zur Staffelei
Nun!

wenn du nicht weichen willst, steh denn, Phantom!
Steh still, auf daß ich dich mit meinem Pinsel
auf diese Leinwand banne.

DER ENGEL
Sag, was malst du?

DER KÜNSTLER
Rahel am Brunnen!

DER ENGEL
Armer, armer Mann!
Wie willst du malen, was du nie gesehn?
Was weißt du von dem frischen, starken Weinstock
im Garten Israel? Vergebens langst du
nach seinen jungen Trauben. Deine Seele,
so sehr sie schmachtet nach der Himmelssüßen,
so brünstig sie verlangt, kennt sie doch nicht.
Rahel war schön . . .

DER KÜNSTLER
Ich weiß!

DER ENGEL
Was weißt du? nichts!
Sie war, daß, wer sie sah, sich niederwarf
vor Gott, anbetend, stammelnd, ganz zerknirscht.
Sie war ein Weib . . .

DER KÜNSTLER
Ich habe sie erblickt,
einmal, in meinem Traum!

DER ENGEL
Rahel war schön:
so schön, daß deine Träume sich erleuchten
von ihrem Schatten. Dieses Schattens Schatten
auf deiner Leinwand wäre Glücks genug.
Doch er versagt sich dir.

DER KÜNSTLER
O Rahel! Rahel!

DER ENGEL
Du seufzest! sieben Jahre diente Jakob
um Rahel, und die Jahre däuchten ihm
wie Tage, also hatte er sie lieb.
Und nie hat Gott der Herr ein Menschenkind
höher begnadet, als er Jakob tat
mit diesen sieben Jahren.

DER KÜNSTLER
Rahel! Rahel!
um deines Schattens Schatten dien' ich nun
dreifach die Zeit als Jakob, hoffnungslos.

DER ENGEL
Um Rahel dient ihr alle!! Ja, so ist's!
um Rahels Schatten. — Dieser Zeiten Sturm
und Krieg ist Krieg und Sturm um ihretwillen.
Doch Rahels Schatten flieht, indes sie kämpfen:
er flieht und flieht! Betrogner! folge mir!
Worum du harrst und harrst, das ist nicht hier.
Ich aber führe dich ins Land der Träume,
der bunten Wolken, deren Mutterschoß
allein uns geben kann, wonach wir schmachten.

DER KÜNSTLER
Mit Träumen ward ich schon beschenkt genug,
o Gabriel! das bunte Rauchgeschwele
beklemmt mir Herz und Hirn, erstickt mein Haupt.
Willst du mich führen, leite mich ins Helle!
ins klare Sonnenlicht des frischen Tages!
Mit Träumen schreckst du mich. Laß endlich mir
den starken Morgen alles Traumgewölk
durchtrennen! Gib mir jenes ganze Sein,
das keines Traums bedarf.

DER ENGEL
Tor, der du bist!
Das Sein, das keines Traums bedarf, heißt Tod.
Blick um dich!
Finsternis. Allmähliche Verwandlung.

DER KÜNSTLER
Wo denn sind wir? sage mir —

bist du mir noch zur Seite, Gabriel?
Wie lange, sag mir, sollen wir noch wandern?
*Man erblickt die Gestalten des Engels und des Künstlers wie
die zweier Wanderer zuweilen hervortreten. Der Engel ist
Führer.*

DER ENGEL

Im Osten, tief, ob fernen Hügeln, sieh,
ein schmaler Wolkenstreif, der sich durchhellet.
Dort steigt uns bald das große Licht herauf,
das einen neuen Tag uns muß gebären.

DER KÜNSTLER

Mich dürstet! ich bin müde! laß uns rasten!
Die Nacht war lang und steinicht ist der Weg.
Wir haben rauhe Klüfte überstiegen,
einsame Pässe, Gletscher, und durch Ströme,
die kalt und tosend aus den Felsen brachen,
sind wir geschwommen. Meine Zähne klappern
im Frost. Bald wieder wird in heißen Wellen
Glut mich durchdringen, die mich ganz ermattet.
Ich bleibe hier! ich will nicht weitergehn!

DER ENGEL

Wohlan! so diene uns zur Ruhestätte
auf jener Halde ein bemooster Stein.
Ich lasse dich aus einer Quelle schöpfen,
die manch Jahrtausend jene Stätte heiligt.
Gar viele Wandrer Himmels und der Erden
hat sie erlabt: erlabe sie nun dich!
Und — Jakob! strecke deine Hände aus:
die Frucht des Feigenbaumes über dir
wartet auf dich, daß du sie nimmst und issest.
*Die Szene verändert sich. Im allmählichen Tagen sieht man
den Künstler und den Engel an einem Felsenquell sitzen. Aus
dem Felsen über ihnen ist ein mächtiger Feigenbaum herausgewachsen. Sonst eine Ferne von Wiesen und sanften Hügelungen. Gruppen uralter Bäume.*

DER KÜNSTLER

Herr, hier ist gut sein! — Sieh, ich wußte nicht,
daß du hier weilest, Herr! — O Gabriel!

Freund du und Mittler! habe Dank! Ich bin
geborgen hier, ich fühl's, nah dem Allgütigen!
bin heimgekehrt zum Brunnen meines Vaters.
Und er, mit seiner Hand, von Ewigkeit
getreu, reicht mir den Becher, schenkt mir Früchte
voll süßen Lebens. Nun, ich küsse sie:
die Früchte küß' ich und den Becher küß' ich
und falle reuig auf mein Angesicht.
Morgenröte.

DER ENGEL
Ich aber recke hoch in Gottes Frühe
das Schwert. Entfach' es sich am Himmelsfeuer
zum Flammenzeichen dieser jungen Welt!
Denn, Bruder, wo dies Schwert uns nicht mehr brennt,
so ist des Blinden leere Augenhöhle —
vergleichst du sie mit unsrer Blindheit — Licht!
ein Quell des Lichtes! Reichtum! Segen! Gnade!
Horch, Herdenglocken!

DER KÜNSTLER
— Nichts! zu meinem Ohre
dringt deine Stimme, meine, sonst kein Laut.
Von solcher Stille hab' ich nie gewußt.
Verlaßne Wiesenflächen, grün gebreitet.
Gewalt'ge Wälder Laubes, über Stämmen
von Riesenmassen. Haine, welche beben
und schillern, wenn das junge Blattgewölk
ein Lüftchen regt. — Hier möcht' ich Hütten bauen!!!
Wo blickst du hin?

DER ENGEL
Auf jene Herde dort,
die, langsam wandelnd, immer höher grasend
am weichen Hügel, sich zum Brunnen nähert.

DER KÜNSTLER
Wo?

DER ENGEL
Dort! und hörst du nun die Glocken?

DER KÜNSTLER
Ja,
nun hör' ich Glocken. Kühe wandeln dort,

vom braunen Stier geführt, der, tief gesenkt
den schwarzen Nacken, schwer sich aufwärts grast —
und unten seh' ich Hirten. Sage mir:
wie heißt dies Land und wer bewohnt es?

DER ENGEL
ruft durch die Hände
         Hört,
ihr Hirten! Hier, ein Mann, unkund der Gegend,
fragt, wer ihr seid, woher des Wegs ihr zieht
und wie das Land sich nennt, darauf ihr weidet.

DER KÜNSTLER
Ich höre sie lachen.
     DER ENGEL
      Warum lacht ihr? sprecht! —
weil ich ein Engel bin und sie befrage.
Gedulde dich! — schon hör' ich nah und höher
die Herde schnauben ...
Zwei junge Hirten kommen.
        Richte nur getrost
dein Wort an sie.
     DER KÜNSTLER
  Wer seid ihr?

ERSTER HIRT
     Hirten Labans!

DER KÜNSTLER
Wie heißt dies Land?
     ERSTER HIRT
  Mesopotamien!

DER ENGEL
Du siehst mich fragend an und fast bestürzt:
Was diese Männer sagen, darfst du glauben.
Wie geht es Laban, eurem greisen Herrn?

ERSTER HIRT
Es geht ihm wohl.
    DER ENGEL
   Und Rahel?

ERSTER HIRT
                Rahel? ei!
kein Füllen ist so wild und so gesund
in Labans Herden.

ZWEITER HIRT
         Wenn du warten willst,
sie bringt die Lämmer hinter uns zur Tränke.

DER ENGEL
Ich kann nicht warten: meine Zeit ist um.
Leb wohl nun — Jakob! Du bedarfst fortan
nicht mehr des Führers. Wohlgeleitet sind
die Kinder dieser jugendlichen Triften.
Zum Vater dieses Gartens eil' ich auf,
des starkes Herz euch liebt, des mächt'ger Arm
euch schützt, in dessen Hut die Herden weiden.

DER KÜNSTLER
dem entschwindenden Engel nachblickend
Er wirft sich in den Raum! Die Flügel breiten
sich aus wie Segel. Ruhig trägt er sich
fort über Täler, Flächen, höchste Wipfel,
und eilig folgt sein Schatten übers Erdreich.

ERSTER HIRT
Woher denn kommst du, Fremdling?

DER KÜNSTLER
                    Fragst du mich?

ZWEITER HIRT
Wir hätten gern gewußt, woher du stammst.

DER KÜNSTLER
Wißt ihr, was Träume sind? Ihr schüttelt beide
die braunen Köpfe. Nun, was hilft es euch,
wenn ich euch sage, daß ich aus dem Lande
der Träume stamme!

ERSTER HIRT
     Wohin pilgerst du?

DER KÜNSTLER
Ich bin am Ziel. Ich höre singen . . . ?

ZWEITER HIRT
Rahel,
mit ihres Vaters Lämmern, kommt zur Tränke.
Heil, Tochter Labans!

DER KÜNSTLER
Rahel, nahst du dich?

Rahel erscheint.

RAHEL
Ana und Magdiel, ich suche euch!
Ihr hütet schlecht. Die Tiere eurer Herden
zerstreuen sich und suchen Wasser: tränket
sie doch!

ERSTER HIRT
Wir warten deiner Brüder, Rahel!
Wir sind die Schwächsten nicht, doch ihrer zwei
bewegen nicht den Stein von dieser Tränke.

RAHEL
Die Schwächsten seid ihr nicht, doch seid ihr schwach!
Was aber soll geschehn? Die Lämmer schreien
und wollen trinken.

DER KÜNSTLER
plötzlich mit Entschiedenheit
Locke, Tochter Labans,
die Schafe! ich indessen will den Stein
vom Wasserbrunnen wälzen. — Hirten, treibet
auch euer Vieh zusammen und alsbald
heran zum Wasser, nach den Schafen Rahels.
Denn neue Herden schwimmen aus der Ferne
hierher und wollen trinken. Sputet euch!
auf daß der Zug nicht stocke, ein Gedränge
wohl gar entstehe, wo der Stier das Lamm
zertritt und sich die Schafe quetschen, eins
das andre überdrängend. Geht und eilt!

ERSTER HIRT
Erst laß uns sehn, wie dir gelingen will,
was einem Engel Gottes einst mißlang.

DER KÜNSTLER
Wohlan!
Er wälzt den Stein vom Brunnen.
Nun fort! und tut, wie ich befahl!
Die Hirten entfernen sich mit Zeichen des Entsetzens.

RAHEL
Ich heiße, starker Fremdling! dich willkommen,
denn, wie es scheint, du bist uns gut gesinnt.
Wenn dir's beliebt: zu meines Vaters Zelten
geleit' ich dich, sie sind nicht fern von hier
in einem Schattengrunde aufgeschlagen.

DER KÜNSTLER
Ihr wohnt in Zelten?

RAHEL
stolz
Unermeßlich reich
ist Laban, und so weit du wandern magst
in dreißig Tagen, alles Land ist sein.
Die ungezählte Menge der Kamele,
Schafe und Esel, Rinder und Ziegen decken
auf Meilenweite rings die Erde zu.
Um ihrer Nahrung willen reisen wir
von Ort zu Ort. — Und ich bin Labans Tochter!

DER KÜNSTLER
Auch ohne Reichtum bist du reich genug.
Doch sage mir, du wilde Blume, sprich:
Dein Vater, der ein Fürst ist, wird er mich —
den Mann, der seine Armut hat, sonst nichts —
wie du willkommen heißen?

RAHEL
Deine Augen
sind voll Erstaunen, wie nach langem Schlaf.
Und weil dich jäh die Hirten hier erweckten,
so kommt's, daß deine Fragen seltsam klingen.
Ich höre Leas Stimme. Lea! Schwester!
Hier wächst ein Heilkraut für des Vaters Wunde.
Du weißt, er klagt, daß sie sich nicht will schließen!
Ich sammle mir davon und bring' es ihm.

LEAS STIMME
Wer hat den Stein vom Brunnen uns gewälzt?

RAHEL
zögernd
Ich weiß nicht!

DER KÜNSTLER
Rahel, warum sagst du das?

RAHEL
Ich will nicht, daß sie kommt und dich erblickt,
denn anders hab' ich mich nunmehr besonnen.
Eh ich dich führe zu den Jurten Labans,
wo meines Vaters Weiber dich umringen
und Kinder sich an deine Kleider hängen . . .
wo du mußt essen, trinken und erzählen,
sollst du, in dieser Stille, Worte sprechen
allein zu mir.

DER KÜNSTLER
Was willst du hören? frage!

RAHEL
Dich will ich hören! deiner Stimme Laute!
Sonst nichts. Erzähle, sage, was du magst!
Woher du kommst, wohin du nun mußt reisen,
aus welchem Volke du entsprungen bist . . .
kurz, was du meinem Herzen kannst gewähren!

DER KÜNSTLER
Nun, so gedulde dich, bis meine Seele
sich klärt und ich aus Klarem Klares schöpfe.
Bevor du kamst, verließ ein Engel mich,
der mein Begleiter war auf dunkler Straße.
Wo war ihr Ursprung? Wüßt' ich das nur selbst!
Von diesem Feigenbaume nahm ich Früchte,
und als ich sie gegessen, losch in mir
das Gestern aus. Kaum daß ich niedersaß,
nach vielen Mühen, trüben Wanderungen,
an diesen Quellen, da umdrängte mich
die Heimat, und von meinen Schultern fiel
die Last der Fremde. Einsam und verloren
war ich, nun bin ich nicht mehr einsam, bin
dem Vater nah, dem Schutze und der Liebe.

RAHEL

Aus einem fernen Lande, Kanaan,
von meines Vaters Schwester, ward uns Kunde,
durch Wanderhirten, wie wir selber sind:
Es heißt, sie habe Jakob, ihren Sohn,
hinausgesendet, daß er sich ein Weib
unter den Töchtern meines Vaters wähle.
Nun sieh! mir scheint: du bist es! bist der Jakob,
Sohn Isaaks, des großen Patriarchen,
und der Rebekka, meines Vaters Schwester...?!
Und bist du's wirklich, der da kommen soll,
so sprich! dann wart' ich fürder keines andern.

DER KÜNSTLER

Ich bin's — und bin es nicht.

RAHEL

Und bist es doch!

DER KÜNSTLER

Woran erkennst du mich?

RAHEL

Ich lag am Feuer
im hellen Mittag einsam bei den Schafen,
da kam es über mich, daß ich den Gürtel,
womit ich meinen Leib gegürtet, nahm
und ihn ins Feuer warf. Er ward verzehret.
Und wie der grade Rauch gen Himmel quoll,
sprach ich zu unsrem Gotte: Herr und Gott!
wenn einer kommt, ein Mann allein, und mir
den Felsen von dem großen Wasserbrunnen —
und ungebeten — wälzt, so sei es Jakob!

DER KÜNSTLER

Je nun, was ich dir bin, das will ich sein!
Ward je ein König so wie ich empfangen?! —
O Rahel, hat dein Gott mich so geführt,
so darf ich auch den Namen nicht verleugnen,
den er mich tragen heißt: Ich bin's! bin Jakob!

[SZENENBRUCHSTÜCKE]

[Vor dem?] 5. Mai 1898.

Wiese. Rahel, Jakob.

RAHEL

Lieber, steig hier hinüber. Mühsam haben
urbar die Wiese wir gemacht und hier
Geröll und Blöcke aufgehäuft in Dämme.

JAKOB

Dort seh' ich Zelte.

RAHEL

Labans Zelte sind es.
Sie haben uns bemerkt. Die Pauken schallen,
ein Trupp von Weibern eilt uns schon entgegen.

JAKOB

⟨Seltsam! ich sehe dies! Und deutlich zwar!
Ich höre deine Stimme, deinen Atem
und fühle, Tochter Gottes! deine Nähe,
bis tief ins Mark beglückt. — Nur eine Stimme,
ganz leis im Innern, warnt, daß ich⟩
Seltsam! Ich sehe dies — und deutlich zwar,
die frischen Stimmen hör' ich. Haare fluten
in langen, dunklen Wellen hinterdrein.
Und dennoch —!

RAHEL

Was?

JAKOB

Mir ist — ja, lache nur! —
als kämen Luftgebilde hergezogen.
Mir ist, als müßten jene Hände sich,
die lustig nach uns langen, alsogleich
in Luft verwandeln, wollt' ich sie ergreifen.

RAHEL

Ergreif sie nur!
Geduld! Noch wirkt in dir der Geist der Nacht.

Die dort, wie Böcklein springend, sich uns nahn,
sind Weiber meines Vaters, Mägde, Kinder,
denen die Hirten von dem starken Mann
berichtet, der den Stein vom Brunnen nahm.
In ihres Alltags Einerlei gebannt,
hasten sie nun, dem Fremdling zu begegnen.

JAKOB

Klar tönt dein Wort. Ich fühle, Tochter Gottes!
vom Wohllaut deines Munds erfüllt um mich
den nahen Raum. Ich zweifle nicht
an dir und deines Atems Hauch und nicht
an deiner Heidefrische, die mich anweht. —
Bis tief ins Mark beglückt mich deine Nähe.
Nur daß kein Nebel komme, bitt' ich Gott.
Denn diese ganze Welt, darin ich wandle —
im dünnsten Nebelflor ertrinkt sie mir.

RAHEL

Die Kinder der Nacht — die Nacht ist ihr Bereich —
stehlen sich in den Tag, ich weiß, und mischen
sich unter jene, die im Lichte wandeln.
Auch mich besuchten Schatten oft am Tag,
am hellen Mittag. Doch sprich: Gott!, so weichen
sie von dir und in ihr Bereich zurück.

JAKOB

Erkläre mir das!

RAHEL

Dies sind nicht Schatten, Jakob.
Die Schatten herrschen des Nachts! Hörst du die Trommeln,
Zimbeln und Harfen? Laban naht sich uns
inmitten seiner Diener, thronend hoch
auf des Kameles Rücken, welches dort
unter dem Volke schwankend sich bewegt.

⟨JAKOB

Die Kinder des Lichtes loben Gott den Herrn!⟩

[Vor dem] 23. Juni 1898.

JAKOB

Ja, du bist Laban, der die Schatten bannte
in ihr Bezirk und seiner Kinder Land
umfriedete mit seinem Geist. Er ist es!
Umtanzt von Hirten und umjauchzt von Weibern! —
Das jüngste Lamm der Herde weich im Arm,
trägt ihn das Tier. Zu seiner Linken schreiten
zween Engel, zween zu seiner Rechten, einer über ihm
schwebt langsam, hingeruht auf weiße Flügel,
ihm sorgsam schattend das ehrwürd'ge Haupt.
O Rahel, wie besteh' ich doch vor ihm,
⟨dem Ehrwürdigen, dem Erhabnen? Reich
die Hand mir du, gewöhnt an seinen Anblick!
Verlaß mich nicht, stütze mich, stehe mir bei!

RAHEL

Blick ihn nur an, du Starker! Schwache stehen
vor ihm durch seinen⟩

[ZUR FORTFÜHRUNG]

[NOTIZ]

Laban ist Jakob entgegengegangen als einem Fremdling. Lea hat ihm berichtet. Jakob wird ihm von Rahel vorgeführt. Laban fragt ihn aus, heißt ihn willkommen. Rahel erbittet ihn zum Gemahl. »Ja! Diene mir sieben Jahre.« Jakob: »Mit Freuden.«

PATRIARCHENLUFT
23. Juni 1898

[ENTWURF]

Jakob in Labans Armen.
»Der hier ist Jakob, meiner Schwester Kind« etc.
»Wieviel hat Isaak Schafe?«
»Erzähle, erzähle.«
»Setzt euch herum, laßt ihn erzählen, inzwischen Hammel braten« etc.
Die Stimmung des einsamen Nomaden, der Neuigkeiten erfährt.
»Er sei euch wie ich, behandelt ihn wie meinen Sohn.«
Rahel: »Ich will Jakob.«
Jakob.
Jakob redet, bittet.
»Diene mir sieben Jahr!«
»Ja.« — »Ich bin müde, geht schlafen.«
Es fängt an zu dunkeln[?].
Der Rufer. »Jakob! Jakob! Jakob!«
Die Engelsszene im Halbschlaf.

Ich will nicht weitergehn, will nicht, daß die Zeit so fliegt. Ich bin eins mit ihr.

Dritter Akt
Laban kommt. Szene.
Szene mit Rahel.
Szene mit Lea.

Laban weckt Jakob.
»Ich finde dich hier schlafen.«
Jakob erzählt, was er alles getan.
Wirtschaftsangelegenheiten.
L[aban]: »Weshalb kamst du?«
J[akob]. Seine Werbung.
»Du bist schon groß geworden. Willst dich von mir reißen? —
Nimm sie hin.«

Vierter [Akt]
Laban und die murrende Rahel.
Jakob. Wut, Haß, Verzweiflung.

[BEGINN DER AUSFÜHRUNG]

[ERSTE FASSUNG]

*Auf einem Hügel. Laban, Jakob im Arm, allem Volke sichtbar.
Unweit stehen Rahel und Lea.*

LABAN
Jakob, Sohn Isaaks und meiner Schwester
Rebekka, sei willkommen unter uns.
Seht, meine Kinder, dies ist Jakob! Schlank
emporgeschossen wie Rebekka, stark
wie Isaak, der große Patriarch.
Er sei als Herr und Bruder euch willkommen,
der mir so wert ist wie mein ein'ger Sohn.
Wie geht es meiner Schwester, deiner Mutter?

JAKOB
Herr, gib mir Zeit und Frist, mich zu ermannen!
Sieh, deine Liebe hat mich stumm gemacht,
stumm bis ins Herz. — Ich wüßte von Rebekka
dir nichts zu sagen, nichts von Isaak.
Es sind mir Namen, die wie Baumesblätter
im heißen Sturme meiner Brust ertrinken.
Ich bin bei dir, Ehrwürdiger, ich darf
in deinem Anschaun leben, auf der Stirne
brennt mir dein Kuß. Mir ist, als wärest du
Vater und Mutter mir, Schwester und Bruder.
Er kniet.

LABAN
Ihr Männer und Weiber, Hirten ihr und Mägde!
Eilt, leset fette Hammel aus zum Opfer,
backet uns süßes Brot, bringet die Harfen
aus euren Hütten und die hellen Zimbeln,
lasset die Pauken schallen, dieser Tag
soll Gottes sein vom Morgen bis zum Abend!

DAS VOLK
Eilt, leset fette Hammel aus zum Opfer,
backet uns süßes Brot, bringet die Harfen
aus euren Hütten und die hellen Zimbeln,
lasset die Pauken schallen, dieser Tag
soll Gottes sein.
Über die Hälfte ab.

LABAN
Du aber, Lea, bringe
dem Wandrer, welcher redlich uns gesucht
und rastlos pilgernd endlich uns gefunden,
Milch, Käse, Brot und Früchte: auserlesen
sei alles, ohne Fehl, den Gast zu ehren,
der mehr ist als ein Gast. Erhebe dich!

JAKOB
Erhebe du mich! Höre, was ich bitte,
o Herr! auf daß ich nicht vor dir erniedrigt bleibe.
Laß mich dir dienen.

[ZWEITE FASSUNG]

PATRIARCHENLUFT

24. Juni 1898

Zweiter Akt

Auf einem mäßigen Hügel unter einem alten Laubbaum steht Laban; Jakob ruht an seiner Brust. Zur Seite Labans, ein wenig zurück, zwei Engel mit Schwertern. Labans Weiber, Knechte und Mägde bilden einen Kreis. Rahel sowohl wie Lea halten sich voneinander und von den übrigen abgesondert.

LABAN

Jakob, Sohn Isaaks und meiner Schwester
Rebekka, hoch willkommen bist du mir.
Die Kinder Gottes, hin und wider schwebend,
erfüllten mit Gerüchten deines Nahens
die Weideplätze, ungeduldig schlug
nach dir mein altes Herz. Wie sich Rebekka
verjüngt, die Schwester, und somit mein Fleisch,
mit Augen das zu schauen, verlangte mich.
Seht, meine Kinder, dies ist Jakob,
der uns verheißen ward. Ein Patriarch,
größer denn ich, dem gleichen Gotte dienend,
der mächtige Isaak hat ihn gezeugt.
Wohl uns, daß er uns fand. Gefährlich ist,
was außer den Bezirken Gottes liegt,
das weite, wüste Land, das er durchreiset.
Nun aber ist er bei uns und geborgen.

JAKOB

Wie ich den Weg gefunden, weiß ich nicht,
denn mühsam war er, ohne Stern. Im Wandern
durch Staubgewölke, heiße Wüstenwinde,
im Ringen mit Gefahr und Durst und Not,
vergaß ich Ziel und Ursprung meiner Bahn.
Doch daß, mir unsichtbar, mich eine Hand
geführt, erkenn' ich nun.

LABAN
      Ich sandte Boten
auf manchen Wegen dir entgegen, Jakob.
Doch keiner, der zu meiner Hütte kehrte,
brachte mir frohe Kundschaft.

JAKOB
      Herr, wer bin ich?
Laß als geringen Knecht in deinen Grenzen
mich wohnen, daß ich dir als Hirte diene.
In deinem Frieden laß mich meine Hütte
mir zimmern, eine Feuerstatt mir richten,
des Nachts dabei zu ruhen, das Zicklein mir
daran zu rösten, wenn ich ohne Rast
durch Tag und Tage mich für dich gemüht.

[Lücke in der Handschrift]

die sich verbreiten über alles Land.
Herr, du bist mehr als Laban. Isaak
ist nur ein Mensch. Du sagst, er gleiche dir:
wenn das ist, sah ich ihn noch nie mit Augen,
obgleich du seinen Sohn mich hast genannt.

LABAN

Iß, trink und ruhe; meine Engel sollen
dir deinen Schlaf bewachen, daß nicht Schatten
sich um ihn drängen, die nach Seelen gehen
wie Schafe nach der Tränke. Wachst du auf,
gestärkt, so sollst du mir beim Hirtenfeuer
von Isaak erzählen und Rebekka,
von deinem Bruder Esau, euren Herden,
von deiner Kindheit, wie sie dir verging,
von deiner Wanderung und wie du mich,
trotzdem die Boten dich verfehlt, gefunden.

JAKOB

Herr, zu der Pforte der Vergangenheit
fehlt mir der Schlüssel. Wie ich auch mag suchen,
verloren scheint er mir auf ewig. Sieh,
ich zweifle, ob ich gestern lebte, und mir ist,
als wäre Isaak mein Vater nicht,
noch auch Rebekka meine Mutter, noch
Esau mein Bruder, noch ich selber Jakob.
⟨In einer Fremde war ich⟩

[DRITTE FASSUNG]

HIRTENLIED

Grunewald, 15. September 1898

([Notiz] Rahel bittet um Jakob. Rahel. Der Vater ruft sie. Sie gehen ins Zelt.)

Ein Nomadenzelt. Nicht weit davon brennt ein Feuer. Wiesen und einzelne Baumgruppen. Laban, uralt, weißbärtig, sitzt auf einem Steine am Feuer. Ein Engel, fast noch Knabe, steht

DAS HIRTENLIED

hinter ihm, das Kinn auf einen Stab gestützt. Rahel kommt, sie zieht Jakob, der zögernd schreitet, hinter sich her. Jubelnde Stimmen unsichtbarer Sänger erschallen. »Halleluja« und »Hosianna« erfüllt die Luft. Laban erhebt sich, und der Gesang verstummt.

LABAN

Jakob, Sohn Isaaks, sei mir willkommen.

JAKOB

Herr, zögernd folgt' ich deinem Kinde nach.
Nun steh ich hier, vor deinem Blick erbangend.
Die Hirten jubeln rings auf allen Hügeln,
die Räume jauchzen. Unsichtbare Chöre
wanderten mit mir bis vor deinen Sitz:
Bin ich's, den ihr erwartet?

LABAN

Ja, du bist's.
Denn deine Augen sind Rebekkas Augen.
In deinem Angesicht hat sich vermählt
die Mannheit Isaaks, Rebekkas Klugheit
zu einem neuen Bunde, und du wandelst
mit Gottes Freiheit wie dereinst die Schwester
aus ihres Vaters Hütte, magdlich blühend.
Komm, setze dich ans Feuer, trink und iß.
Und wenn du ausgeruht von deinem Wandern
dich hast und dich gelabt, so sollst du uns
einsamen Hirten, die wir sind, erzählen,
was du von denen weißt, die ferne sind.

JAKOB

O laß mich Gnade finden, Herr, vor dir,
unwissend, arm und niedrig wie ich bin.
Was du nicht weißt, wie könnt' ich das dir sagen?
Mit Bitternissen bin ich großgesäugt.
Als Bettler fand ich mich vor einer Pforte
aus Erz, die, fest verwahrt, den Eingang mir
zur Stätte meiner Sehnsucht ewig wehrte.
Jenseits der Pforte steh ich nun, und sieh:
ein ärmliches Erinnern kämpft in mir
gegen ein neues Licht, das mich umgibt.

LABAN

Du bist nicht arm. Der mächtige Patriarch,
von dem du stammst und den in deinem Herzen
du mit dir trägst, er hat dich reich begabt
mit ungenützten Gütern; noch vielleicht dir selber
verborgen, sind sie da. Du sollst sie finden
mit mancher reichen Ernte dieser Triften
und meiner Hügel, die dich rings umgrünen.
Nimm Platz an unserem Feuer, zögere nicht.

JAKOB

Bin ich's, den ihr erwartet? Sag mir das.
Zum zweiten Male frage ich. Meine Worte
sind nicht von mir! Wie ich mich auch mag nennen,
so nenne du mich nicht. Ob Isaak
mein Vater ist, Rebekka meine Mutter,
ich kann's bekennen, und ich kann es leugnen.
Ja, lieber leugn' ich's. Nimm mich, wie ich bin,
als namenlosen und als niederen Knecht.
Denn deines Feuers Frieden zu genießen,
wehrt ein Gedanke mir, der heimlich nagt,
als sei ich Jakob nicht, von dem du redest.

LABAN

Kind Gottes, sprich mit ihm.

DER JUGENDLICHE ENGEL

     Du lieber Fremdling,
nimm Teil an dieser Flamme, die uns wärmt.
Wirf ab den Pilgerstab, das Pilgerkleid,
sei heimisch an der Seite unsres Vaters.
Auf meinen Flügeln streif' ich weit umher.
An deines Vaters Feuern saß ich oft.
Eh du mich kanntest, kannt' ich dich. Ja, ehe
du selbst von dir gewußt, so warst du mir
vertraut.

JAKOB

Du scheinst mir jung.

DER JUGENDLICHE ENGEL

     Jung bin ich, ja.
Der Atem Gottes hat mich aufgeweckt

in diesen ersten Morgen; doch der Tag
ist lang. Ich kenne dich und deine Freundschaft,
weiß, daß du Jakob bist, der uns Verheißene.
Dein Name steht in Gottes Buch verzeichnet,
und Himmelschöre haben dich begrüßt.

RAHEL

Herr, als er dich erblickte, wollt' er fliehen.
Hoch zu Kamele sahen wir dich kommen.
Du hattest einen Engel über dir,
der, auf zween weißen Flügeln sorglich schwebend,
dein Haupt beschirmte vor der Sonne Glut.
⟨Umtanzt von Hirten und umjauchzt von Weibern,
sah er dich staunend nahn.⟩

JAKOB

Ich zitterte, o Herr, und wollte fliehen.
Umtanzt von Hirten und umjauchzt von Weibern
erschienst du wie das ewig Unbegriffne,
dich mir, der ich unwürdig bin, zu nahen.
Jetzt aber, tief vertrauend, steh' ich hier,
und dein erhabnes Antlitz, Herr, durchforschend,
erkenn' ich meiner fernen Mutter Züge,
der lieben fernen Mutter! Ja, du bist
mein Oheim Laban, den ich nie gesehn,
bis heute nie gesehn und doch gekannt
in meiner Mutter, die mich wieder nun
aus seinen milden Vateraugen grüßt.
Er kniet nieder.

LABAN

Du kniest vor meinem Alter. Sieh, ich hebe
vom Sitz mich auf um deiner Jugend willen.
Nicht ein geringer Knecht sollst du mir sein,
sondern ich will dich setzen über alles
das Meine: Weiber, Knechte, Mägd' und Herden.
Nur daß du meinen alten Willen ehrest
und so mit Liebe in dich fassest, wie
ich deine frische Jugend in mich fasse.
Ihr Männer und Weiber, dieses Jünglings Haupt
sei über euch wie meines, und sein Wort
sei euch Gesetz. Er, dem wir opfern: Gott!
hat seine Stirne hoch und rein gewölbt

wie eines Cherubin und ihn begabt,
mit stolzer Kraft zu herrschen. Eilet denn
zu euren Zelten! schlachtet! backet Brot!
und aus den Felsenhöhlen tragt herzu
Schläuche voll süßen Weines, daß wir Gott
mit Jubelliedern loben, ihm mit Jauchzen
für diesen Jüngling danken.

[SZENENBRUCHSTÜCK]

[Vermutlich April 1899.]

Vor dem Zelt um das Feuer.

LABAN
Bringt Kumys und bedienet unsern Gast!
Willkommen! Sei aufs neue mir willkommen!
Und wenn du ausgeruht und dich gelabt,
erzähle von Rebekka, meiner Schwester,
sprich mir von deinem Vater, Isaak,
dem großen Patriarchen.

JAKOB
    Sieh, mir ist,
als wärst du zwiefach der, den ich verließ,
zwiefach der König, den in Kanaan
ich alt und krank auf seinem Lager sah,
zwiefach mein Vater und verjüngt und stark.
Mir ist, als säß' ich hier zum erstenmal
mit meinesgleichen um ein Hirtenfeuer,
und was ich gestern lebte, sei ein Traum.

FRAGMENTENGRUPPE II

[SZENE JAKOB–RAHEL]

[BRUCHSTÜCK]

[Vor dem?] 23. Juni 1898.

RAHEL
Oeda! Oeda! Oedaha!

JAKOB
kommt aus dem Walde
Bist du's, Rahel?
Der dreimalige Ruf.

PATRIARCHENLUFT
20. Juni [1898]

Jakob ruht am Feuer. Rahel sitzt auf einem Stein.

RAHEL
Lieber, steh auf! und laß uns Reisig suchen.
Das Feuer schwelt nur noch. He, Träumer! Jakob!
's ist Zeit, ans Nachtmahl denken.

JAKOB
Liebes Kind,
mir scheint, das Feuer brennt noch lichterloh.
Das große Licht erfüllt die Himmelsräume
und wärmt mein Kleid.

RAHEL
Sieh doch! ein Engel wandelt
zwischen den Herden, und du achtest seiner
so wenig, der doch schön und herrlich ist.

JAKOB
Du sagst es, Rahel.

RAHEL
Höre doch! er singt.

JAKOB
Du sagst es, Rahel!

RAHEL
Hörst du nicht?

JAKOB
Ja. Dich.

RAHEL
Ei, allzu eifrig bist du mir und rastlos
im Dienste Labans. Meine Brüder lachen
ob deiner Mühsal. Spare deine Kraft!
Eh Gott den Morgen gibt, besteigst du schon
dein Dromedar, und durch die dunkle Heide
von Feuerstatt zu Feuerstatt es treibend
und so hinfort den lieben langen Tag
denkst du an Labans Schafe, Labans Rinder,
an Labans Hirten, Labans Weidegründe,
an Labans Tochter aber denkst du nicht.

⟨JAKOB
Blüte des Himmels, darin irrst du dich!

RAHEL
Gen Abend kommst du müd und leer und bringst
die Reste, die mir Laban ließ, getragen.

JAKOB
lacht
Du Tochter Gottes! wenn du irrst, so gleicht
dein Irrtum einer Perle. Sieh, rubinfarb
und köstlich ist die Muschel⟩

JAKOB
Ich sehe eine Muschel. Sie erschließt
rubinfarb ihre Schalen. Köstlich ist sie
und rein dem Purpurgrund des Meers entrungen.
Du Tochter Gottes! Wenn du irrst, so gleicht
dein Irrtum einer Perle. Sie entrollt
der Muschel lustig klingelnd! — Höre zu:
Ich bin nicht müde, Rahel, wie du wähnest.
Wie sollt' ich müde sein?! Der Engel dort
in seiner Pracht, wie er flamingoflüglig
und leicht mit schwerer Federschleppe wandelt,

ist müder denn ich. Gott, der Cherubim
zu seinen schnellsten Boten hat gemacht
und ihnen zween Paar Flügel gab und mehr,
womit sie segeln zwischen seinen Himmeln,
gab mir, daß ich der Flügel nicht bedarf.
⟨Siehe, eh ich dich sah, nach langem Wandern,
da war ich müde. Doch da sah ich dich.⟩
Einst sehnt' ich mich nach Flügeln und war müde,
doch nun nicht mehr.

RAHEL
Und liegst doch faul gestreckt,
erloschnen Blicks, meiner nicht achtend.

PATRIARCHENLUFT
21. Juni [1898]

Die Totenspenden.
Die Toten.

Jakob. Feuer. Rahel und Lea bereiten das Opfer.

RAHEL
Jakob, Sohn Isaaks, erhebe dich.
Komm, hilf auch du zum Opfer Reisig tragen,
damit die Flamme auch von dir erzähle
dem ewigen Vater. — Sieh, schon dehnt Gewölk,
ein silbern Vließ, sich durch des Himmels Blau,
und bald von dort wirst du den Klang vernehmen,
⟨der Silberzimbeln, die⟩
den du noch nie vernahmst.

([Am Rand] Die Vermenschlichung und Vergöttlichung der Natur.)

⟨JAKOB
O Rahel, rede!
Mir ist, als kläng' ich selbst, indem du sprichst.

RAHEL

Komm, du bist träg. Wenn erst die Silberzimbeln
des Himmels reinste Laute niederströmen⟩

([Am Rand] Ich bin und bin nicht.)

JAKOB

Sprich, welchen Klang?

RAHEL

⟨Die Kinder des Lichts im blauen Kuppelraum,
die Silberzimbeln lautlos tragen, harren
des Opfers, gleich wie wir —⟩

⟨Die Kinder des Lichts im blauen Kuppelraum
hoch über uns, mit ihren Silberzimbeln,
harren, gleich uns, des Opfers.⟩
([Am Rand] Der Klang des Lichts, den du noch nie vernahmst.)

JAKOB

Rahel, rede!
Mir ist, als kläng ich selbst, indem du sprichst.

([Notiz] Ein großes Opfer wird abgehalten.)

[BRUCHSTÜCK ZUR FORTSETZUNG]

[JAKOB]

Einst sehnt' ich mich nach Flügeln und war müde,
doch nun nicht mehr. — Nach langer Wanderung —
woher? — Aus tiefem Dunkel —! und wohin? —
auf eines Schattens Ferse — wiederum
ins Ungekannte! — doch ins Dunkle nicht.
Nach jener Wanderung, der hoffnungslosen,
die doch so lichte Hoffnung in sich barg,
ward ich zum letzten Male müde. ⟨Nun
leb' ich in deiner Kraft, die du nicht kennst.
Du warst es, die den Stein vom Brunnen wälzte,
wie du es bist, die mich mit Leben füllt.⟩ Doch
Gott nahm von mir den Geist der Schwere.

HIRTENLIED
8. September 1898

[NOTIZEN]

Rahel und Jakob.
Sie tragen Holz zum Feuer.

Jeder Absatz kämpft Kampf mit dem Ganzen.

———

Ein Hirtenfeuer am Waldrand.
Daran ruhend, die Hände unterm Nacken: Rahel.

Hori, sein Knabe.

[ENTWURF]

Zweiter Akt

Waldrand. Hirtenfeuer. Grasige Hügel und sehr viele zerstreute Herden. Rahel liegt am Feuer.
Sie singt Wechsellieder mit den andern Hirten.
Etwas vom ersten Akt des Tell muß in diesem sein.
Jakob kommt aus dem Walde, als Jäger, mit Pfeilen und Bogen und einem Hasen über der Schulter.
Die Spiele der Hirten. Die Tänze. Die Hunde. Der Schlauch.
Das Zuschauen, wie das Reisig verknistert.
Die Hirten: wie sie Jakob schon anerkennen.
Der Spaß Rahels und Jakobs beim Kochen.
⟨Als Rahel fort ist,⟩ kommt Lea aus dem Walde. Sie sagt: »Ich wollte euch Holz bringen.« Kurze Härte Jakobs. — Lea ab.
R[ahel]. Sie springt, als die Nacht herankommt, auf und eilt davon.
Der Engel.
([Am Rand] Ist heut gestern, ist gestern heut oder morgen?)

DAS HIRTENLIED

[BEGINN DER AUSFÜHRUNG]

Zweiter Akt

Waldrand. Rahel am Hirtenfeuer. Andere Hirtenfeuer zerstreut in der grünen, hügligen Landschaft. Nachmittag.

EIN ENGEL
unsichtbar, singt
Zwischen zwei Himmeln
grasen die Herden,
Halleluja!
⟨Gottes Lämmer, die weißen Wolken,
Labans Schafe und Rinder.⟩
Oben im Blauen, was Gottes ist,
unten, auf grünem Teppich
in buntem Getümmel
Labans Schafe und Rinder,
Halleluja!

JAKOB
als Jäger, tritt aus dem Walde
Rahel! — Rahel, ich bin's!

RAHEL
Wo kommst du her?

JAKOB
Ich? Von der Jagd. Mit guter Beute. Siehe,
ein köstlich Nachtmahl ist uns heut beschert.
Rüste das Feuer! — Rahel! hörst du mich?

RAHEL
Ei wohl! Dich und den Engel!

JAKOB
Welchen Engel?

RAHEL
Laß doch, du Gottgesandter! deine Augen
wie ich durch meines Vaters Triften weiden,
von Feuer zu Feuer, Herde zu Herde —

GESANG DES ENGELS
Ehre sei Gott in der Höhe,

Friede auf Erden
und den Menschen
ein Wohlgefallen,
Halleluja!
Gott hat seinen Bund gemacht
mit Laban
und bleibet eingedenk des Bundes
ewiglich.
Halleluja!

       HIRTENSTIMMEN
     von verschiedenen Plätzen
   Halleluja! Halleluja!
Der Ruf erstirbt.

          RAHEL
Hörst du nun, Jakob?

     ⟨JAKOB
   Wohl mir, daß ich höre
Botschaft und Gruß des Vaters, daß ich spüre
den reinen Liebesatem seines Mundes,
vor dem sich kosend Blum' und Gräser neigen.
Wohl mir, daß sich der Friede mir erneut,
wo nichts denn Glück und Friede in mir ist
und aus des Engels goldner Schale wieder
auch meines Herzens Blüte süßer Tau
wie alle Myriaden Blüten netzt.⟩
([Am Rand] **Traum.**
Sieh, wie er geht, der Engel!
Die springenden Herden.
Zwei Erklärungen.)

        HIRTENSTIMMEN
         Halleluja! Halleluja!
Die Rufe ersterben.

         RAHEL
Hörst du nun, Jakob?

       JAKOB
   Lob und Preis sei Gott,
der seine Engel sich zu Boten macht
und ihnen Flügel gibt, zween Paar und mehr.
Ich höre! wohl mir, daß ich höre, Kind!
Botschaft und Gruß des Vaters, daß ich darf

die Engel Gottes täglich wandeln sehn.
Ich höre und sehe, darum bin ich reich,
und mehr noch fühl' ich.

[BRUCHSTÜCK ZUR FORTSETZUNG]

Einst sehnt' ich mich nach Flügeln und war müde,
doch nun nicht mehr. Auf eines Schattens Ferse
schleppt' ich mich damals, der doch ewig floh,
durch Glutsand, mühsam watend, durch die Wüste.

[ANDERE FASSUNG]

*Waldrand. Wellige, üppig begrünte Ebene. Hirtenfeuer. Rahel,
die Hände unterm Kopf, ruht daran.*

JAKOB
aus dem Walde

Rahel!

RAHEL

Wer ruft?

JAKOB

Ich, Jakob, rufe dich.

RAHEL

Laß mich! ich höre einen Engel singen.

JAKOB

Die Kinder Gottes suchen deine Nähe.
Was singt der Engel?

RAHEL

Halleluja! Siehe,
dort, unter den Herden wandelt er: die Flügel
flamingofarben schleifen hinter ihm.
Ein Cherubim! Die Stapfen seiner Füße
füllen mit gelben Dolden sich, gleich wie
Schalen mit Wein sich füllen, wo er trat.
Wo kommst du her?

JAKOB
Vom Jagen. Müde bin ich
und froh. Ein köstlich Nachtmahl bring' ich uns.

RAHEL
Höre doch zu, wie schön der Engel singt.

JAKOB
Ehre sei Gott, der sich die Cherubim
und Seraphim zu Boten hat gemacht,
der ihnen zween Paar Flügel gab und mehr,
womit sie segeln zwischen seinen Himmeln.
Doch ihren Flug beneid' ich nicht. Noch hungert
nach ihrer Stimme Laut mein Ohr: Ich stehe
auf Labans Weidegrund und stehe fest,
bis ich erwarb, was mein ist, Rahel! dich!
Und hier ist Gott! was brauch' ich Flügel! hier
ist der glücksel'ge Quell, draus seines Herzens
innerste Süße drängt: wem soll ich lauschen
als ihm, der mir doch quillt. Denn sieh, die Engel
haben die Flügel, weil sie ferne sind
und kreisen müssen um das Gottesherz.
Ich aber bin ihm nah, so nah wie dir!
Er kniet nieder, umarmt und küßt Rahel.

RAHEL
Sie rufen Halleluja, horch, die Hirten
antworten von den Feuern, wo sie ruhn.
Grüße doch auch, wie sie, den Friedensbringer!

[NOTIZEN]
Blick nicht nach außen.
Engel singen von ihrem Herren.
Wenn wir eine Liebe nicht teilen, so lähmst du mich mit
deiner Liebe.

[SZENE JAKOB–LABAN]

PATRIARCHENLUFT
PASTORALE

[NOTIZ]

Bedenke: in gewissen Gemütszuständen kann uns ein einfacher Bauersmann wie ein Engel Gottes vorkommen.

ZWEITER AKT

Zelt Jakobs im Hintergrunde, rechts ein Wasserfall. Jakob liegt schlafend, den Kopf auf einen Stein gebettet. Zu seinen Füßen ausgebranntes Feuer.
Laban kommt, steinalt, langer weißer Bart. Er ist von zwei Engeln geleitet, einer von ihnen ist der aus dem ersten Akt.

LABAN

Hier, Kinder Gottes, will ich niedersitzen
und warten, bis der Schläfer uns erwacht.
Ihr wißt, wie ich ihn liebe, und ich häufe
von meinem reichen Segen gern auf ihn,
der ihn nur mehrt, indem er nimmt.

DER ERSTE ENGEL

                                  Wach auf,
du Schläfer!

JAKOB

Ja doch! wecke mich!

LABAN

                                  Er träumt!

JAKOB

Ich träume. Wecke mich, der du das sagst!
Berühr und wecke mich und brich den Zauber
der finstren Macht, die mich gebunden hält.

DER ZWEITE ENGEL

Wach auf, du Träumer!

JAKOB
erwachend
Laban! Fürst und Vater!

LABAN

Wo warst du?

JAKOB

In den Tiefen! unterm Fluch!
Weit, weit von deinem Reich und deinen Herden.

[SZENE JAKOB–ANA]

HIRTENLIED
14. Oktober 1898

ZWEITER AKT

Zelte. Ein Feuer.

JAKOB
liegt auf der Erde
Hab' ich geschlafen? Ana, tritt herzu!
hab' ich geschlafen?

ANA
Ja, du schliefst.

JAKOB
Wie lange?

ANA
Als du dich niederlegtest, stund die Sonne
hoch über dieser Aue. Nun berührt
ihr Feuer schon die Wipfel ferner Haine.
Bald wird es dunkel sein.

JAKOB
Ich höre Stimmen.

ANA
Die Hirten singen bei den Feuern.

JAKOB
Sag,
war Rahels Bote hier?

ANA
Ich weiß es nicht!

JAKOB
Bin ich ein guter Hirte?

ANA
Ja, du bist's.
Laban ist alt. Der krumme Simeon
erzählte uns, da wir herüberstiegen

in dieses Tal und unsre Herden sich
ergossen in den Teppich dieser Triften,
es habe Labans Fuß sie nicht betreten
noch Labans Augen sie erblickt seit mehr
denn hundert Jahren.
([Am Rand] Bund)

JAKOB

Dies ist Labans Grund.
Er kennt die Hufen, die ihm Gott geschenkt,
und seine Boten haben schnelle Flügel.

ANA

Die Kinder Labans richten ihren Flug
nach den Geboten Labans: unter ihnen
ist keiner, dessen Blick dies Land ersah.

JAKOB

Nun denn, so hat doch Gott es ihm bewahrt!
Mit seinen Engeln hat er es umstellet,
die längs den Grenzen hin und wider wandeln.
Auf Hügeln hielten sie die ernste Wacht,
und an den Furten tiefer Ströme blitzte
der Cherubime Schwert, bis daß wir kamen.

ANA

Bis daß du kamst, nicht Laban. Du allein
fandest die Straße. Du allein, nicht er.
Er saß am Feuer, ferne, vor der Hütte,
denn eine Hütte hat er sich gebaut
aus Holz und Stein, die fest im Grunde wurzelt
und an der Stätte haftet gleich wie er.

JAKOB

Und trügst du zween Paar Flügel an den Schultern
und strichest ohne je zu ruhn umher,
so überfliegt dich Labans Seele doch.
Laß ihn, den Vater, dem wir dienen, ruhn.
Wir, Ana, sind in ihm und er in uns.
Gott hat mit Laban seinen Bund gemacht,
der ist ein starker Hirt uns allen, sieh,
und wir sind Bettler ohne ihn.

ANA

Nicht du!
Mit dir ist Gott, gleich wie mit ihm, und mehr
mit dir als wie mit ihm.

JAKOB

Ana, du irrst.

ANA

Ich irre nicht.

JAKOB

Du irrst! höre mir zu!
Besinne dich und sage mir, wer zog
vor mir und meinen Zelten diese Straße?
Wem folgten wir?

ANA

Wir folgten niemand, Jakob,
denn dir. Du zogst voran.

JAKOB

Nicht ich. Du irrst.
Besinne dich: von wannen kam dies Licht
zwischen den Felsen, als die Nacht sich senkte?
In wessen Stapfen traten unsre Tiere?
Wer machte, daß wir jauchzten statt zu beben
und höher stiegen, jener Leuchte nach,
wenn Dunkelheit uns wie ein Tuch umschloß?

ANA

Das machtest du.

JAKOB

Nein! Rahel! Labans Tochter.

ANA

Herr, ich verstehe deine Worte nicht!
Du gingst voran. Ich war auf deinen Fersen.
Nach mir klomm Magdiel mit seinen Herden.
Nach ihm zog Lea, dann kam Simeon
und endlich Rahel.

JAKOB

Doch ich sage dir:
sie zog voran. ⟨Geh nun und laß mich ruhn.
  Ana ab.
O süßes Paradies! Nicht schlafen will ich.⟩

[NOTIZEN]
⟨Er klammert sich ans Wachen; einstmals mit Pinsel festhalten.
Jakob!
Bilha. Schatten.
Baum der Erkenntnis.⟩

[BRUCHSTÜCK]

[ANA]
Die Hürden ging ich zimmern mit den Knechten.
Wir tränkten die Kamele dann und luden
die Lasten ab, erbaueten die Zelte
und zündeten die Feuer.
JAKOB
Nun, wohl uns,
daß unsre Zelte diesen Grund gefunden
und unsre Flammen diese Opferstätten!

ANA
Und unsre Herden solche Weide, Jakob!
⟨Du bist ein guter Hirte!
JAKOB
Bin ich das?⟩
Die Hirten jauchzen laut und loben Gott,
der dich hierhergeführt und uns durch dich.

[SZENE JAKOB–BILHA]

PATRIARCHENLUFT
27. Juni 1898

ZWEITER AKT

Hirtenfeuer in einem Haine uralter Bäume. Jakob liegt nahe dabei auf dem Rücken. Bilha, die Magd Leas, kommt suchend durch die Stämme.

BILHA

Jakob!

JAKOB

Hier bin ich.

BILHA

Jakob!

JAKOB

Hier! Hier bin ich.

BILHA

Ich höre deine Stimme überall.
Vergeblich aber trugen meine Füße
von Hirtenfeuer mich zu Hirtenfeuer.
Tritt vor mich! Zeige dich!

JAKOB

Du güldne Stimme,
gemischt mit allen Klängen dieses Haines,
als schönster findest du den Weg zu mir.
Tritt her, du Himmelskind, du Wohllautsquell,
und zeige dich mir.

BILHA

Herr, ich bin Labans Magd
und Lea, seiner Tochter, zugeordnet.
Sieh, dieses Lamm ist krank. Auf meinem Arm,
mit matten Gliedern, hängt es; meine Brust
muß ihm, dem Frierenden, die Wärme geben.

Gehe zu Jakob, sagte Lea mir,
wenn er nur will, so wird es uns gesund.

JAKOB

Dich sendet Lea? Mehr denn hundert Meilen
sind Leas Weideplätze von den Triften
entfernt, auf denen meine Herden grasen.
Wie kannst du ohne Flügel, junge Magd,
in wenig Stunden alles Land durchreisen
von ihr zu mir? — Wie heißt du?

BILHA

Bilha.

JAKOB

Bilha!
Und bist wie alt?

BILHA

Ich weiß nicht, was du fragst.

JAKOB

Ei, deines Lebens Tage will ich wissen;
wieviele Male du das große Licht
aufsteigen sahst am Himmel und versinken.

BILHA

Ich kann nicht zählen, Herr, und könnt' ich zählen,
so wären meiner Tage doch zu viel!

JAKOB

Da irrst du, Kind. Dein junger, schlanker Leib,
so schlank und biegsam wie die Haselgerte,
die frühlingsfrische Brust und deiner Augen
funkelnde Helle strafen dich Lügen. Sprich:
wie lange atmest du die reine Luft
über den grünen Wogen dieser Hügel?
Wie lange wandelst du im Lichte?

BILHA

Ewig!

JAKOB

Was dir verborgen bleibt, das macht dich groß!
Gib her dein Lamm, womit dich Lea sandte.

Ich will es heilen. Ewig! sagst du. Ewig!
Seltsam! — Gib her dein Lamm. Es ist nicht krank.
Seltsam! wie nun auch deiner Brust ein Wort entsteigt,
das überall mich anweht. Ohne Mund
rauscht es die Eiche in den Schatten nieder,
darein ich wohlig müde mich gelagert;
die düfteschweren Winde tragen es
mir zu in tiefster Seele, und der weiße Täuber
gurrt es, im Grase pickend, seiner Taube.

[ANDERE FASSUNG]

JAKOB

Ich höre rufen.

BILHAS STIMME

Jakob!

JAKOB

Ich bin hier!

Wer ruft nach mir?

BILHA

Gib Antwort! Jakob! Jakob!

JAKOB

Hier bin ich, Stimme!

BILHA
tritt vor
Jakob! — bist du Jakob?

JAKOB

Ich bin's! was bringst du mir?

BILHA

Ein krankes Lamm.

JAKOB

Wer sendet dich zu mir?

BILHA

Mich sendet Lea.

JAKOB

Wer bist du?

BILHA

Bilha bin ich, Leas Magd.

JAKOB

Tritt denn beiseite, Bilha, denn du deckest
mir dieser Flächen grünes Paradies,
wonach mein Auge dürstet.

BILHA

Herr, dies Lamm,
dies kranke Lamm, wie ich's am Busen trage,
hieß Lea mich zu deinen Füßen legen,
daß du es, sprach sie, guter Hirte, heilest.

JAKOB

Bin ich ein guter Hirte? — Junge Magd
gib her dein Schäflein, das ihr mir vertrauet.
Es soll fortan in meinem Zelte ruhn
unter der Decke, die auch mich bedeckt.
Mich dauert sein. —

BILHA

Ob Leas Herden flattern

[SZENE JAKOB–ANA–MAGDIEL]

[Frühjahr 1899.]

JAKOB

Ana und Magdiel, laßt mich allein!
Hier will ich ruhen. Diese Talterrasse,
hoch am Gebirg versteckt, ist mir genehm.
Versprengter Ölbaum! Meine Hirtentasche
sei dir vertraut, und gönne mir den Schatten.
Laßt mich allein!

ANA

Kundschafter sandtest du
zu forschen, ob die Pässe frei von Schnee.

JAKOB

Wie fanden sie's?

ANA

Hoch über ihnen hing
um weiße Spitzen weißes Schneegewölk.
Sie aber schritten trocknen Fußes fort
und über junges Grün, soweit sie stiegen.
Und oben hoch vom Sattel des Gebirgs
in jenseits tief erschloßner Ferne sahen
sie Vater Labans Zelte aufgereiht.

JAKOB

Bringt Reisig! Schichtet Reisig hier zuhauf,
und wenn ihr rauchen seht die Feuerzeichen,
dann blast zum Aufbruch in das Widderhorn!
Ana und Magdiel schichten einen Scheiterhaufen.

⟨JAKOB
sitzt nieder auf einem Felsblock
Hier sitz' ich nun erhöht und überschaue
die Weideplätze der verwichnen Zeit.
Wieviele Monde sind's? wieviele Tage?
Ich habe Tag' und Monde nicht gezählt,
Gott aber zählte sie. Er führte mich
zu dieser ernsten Rast, mich dran zu mahnen.
Geht nun, laßt mich allein!

Ana und Magdiel ab.
Nun ist erstorben der letzte⟩

MAGDIEL

Und, Jakob, wenn die Hirten zu uns sprechen,
wo finden wir den Herrn?

JAKOB

So saget ihnen,
daß Jakob sich berät mit unserm Gott.
Denn hier, hier will ich opfern. Zögert ihr?
([Notiz] Er hat sich verwandelt unter deinen Augen. Die
Frömmigkeit mein bestes Teil.)

ANA

⟨Herr, kehre heim mit uns. Auf diesen Höhen,
wohin wir zitternd nur dir nachgefolgt,
ist der Dämonen schreckliches Bereich.
Sieh, wie es bläulich zuckt, hör, wie es grollt,
und wie die Riesenhäupter zornig sich
mit schwerer Nacht umhüllen über uns,
nimm wahr, o Herr. Furchtbaren Dräuens Worte,
uns unverständlich, mußt [?] von⟩
Herr, kehre heim. Hier zwischen diesen Felsen,
wohin wir zitternd nur dir nachgefolgt,
ist der Dämonen schreckliches Bereich.
Schon wölkt um diese Häupter sich der Zorn,
und murrend aus den Klüften langen sie
das Feuerschwert, uns jählings zu vernichten.

JAKOB

Hier will ich opfern. Laßt mich hier allein!
Ihr aber, Hirten, steigt zur Ebne nieder
und sorget nicht um mich. Sobald der Qualm
sich ob der Klippe dehnt, auf der ich hocke,
und langsam aufwärts wallt, dann ist es Zeit.
Dann blast die Hörner, daß die weite Steppe
mit allen unsern Herden wie ein See
rückflutend ins Gebirge sich ergieße.
Geht nun.
Ana und Magdiel ab.
Und Gott mit euch. Soll ich mich fürchten,
einsame Stimmen? Nein! Fern sei mir Furcht.

[BRUCHSTÜCK]

JAKOB

Ana und Magdiel, laßt mich allein!
Hier will ich ruhn, hier dehnt sich groß und weit
in[s] Ungemeßne meine Seele aus.
Die Sonne

Ana und Magdiel, hier will ich ruhn.

FRAGMENTENGRUPPE III

[SZENE: RAHEL–LEA–JAKOB VOR LABAN]

[Die folgende große Szene trägt in den Teildrucken die Bezeichnung »ZWEITER AKT«.]

Das Zelt Labans im Hintergrunde. Vorn rechts aus einfachen Steinen ein Altar. Laban sitzt auf einem Stein vor der Hütte. Rahel steht vor ihm.

LABAN

Willkommen, Rahel! du, mein liebstes Kind!

RAHEL

Ich dank' dir, Herr!

LABAN

Wo hast du deine Schwester?

RAHEL

Nach Lea fragst du mich? Ich weiß nicht, Herr!
Der alte Mann, der zu Kamele abends
die Runde macht, der krumme Simeon,
berief mich her zu dir. Da bin ich nun.
Von Lea aber ward mir keine Kunde.

LABAN

Ihr meidet euch! ihr Schwestern! du und Lea! — ?
Kind, hebe deine Augen auf! Ich weiß
von deinen Heimlichkeiten mehr als du,
auch wenn du mit den Wimpern sie verschleierst:
Um Jakobs willen seid ihr uneins.

RAHEL

Herr,
wir sind nicht uneins!

LABAN

Setze dich und höre.
Viel hab' ich dir zu sagen. Merke auf!
Wenn morgen früh die Sonne sich erhebt,
um von den Weideplätzen deines Vaters

die Finsternis zu scheuchen, siehe, dann
beginnt der Tag, an dem vor sieben Jahren
du einen Mann zu meinen Hütten führtest,
Jakob, Sohn Isaaks.

RAHEL
Ich weiß es, Herr!

LABAN
Er ward empfangen unter meinem Volk
von mir mit Freuden. Während dreier Tage
stellten wir Feste an und brachten Opfer,
aßen und tranken fröhlich, und es schien,
als sollten Spiel und Tanz und Harfenschlagen
kein Ende finden. Wahrlich, Jakob ward
empfangen wie ein Fürst, Rebekkas Sohn
von mir geehrt wie meiner Lenden Kind.
Es sind dieselben Bäume, unter denen
die Pauken damals dröhnten. Blick umher!
Und wo mein Zelt vor sieben Jahren stand,
dort hieß ich meine Knechte heute es
mir wiederum errichten. Rahel, siehe:
Weiß ist mein Scheitel, weißer noch als Silber
mein Bart. Ich sehnte mich. Ich wollte wieder
mit Jakob fröhlich sein. Denn meine Seele
war diesem Mann geneigt von Anbeginn.
Den Jubelklang der Harfen jener Tage,
wo Gott ihn mir geschenkt — in stillen Nächten
hat er seitdem mich oft besucht! — ich will
ihn wieder hören.

RAHEL
küßt seine Hand
Vater! Herr und Vater!

LABAN
Mich schmerzt dein Dank. Noch ist er nicht verdient
um dich. Ich sage besser: liebes Kind!
Wenn du erst ganz erfahren, was mir Gott
im Traum gebot zu tun, wirst du vielleicht
mir deinen Dank entziehn vorerst. Laß sehn!
Morgen ist Hochzeit! Jakobs und der Lea.

RAHEL
Ei nun, so laß auch mich beim Feste sein,
ich habe bunte Röcke mir gewebt,
und Jakob, der dir sieben Jahre dient
um meinetwillen, wird dir's danken, Vater!
Oh, laß mich jauchzen! Mein ist Jakob, mein!
Und weil er mein ist, will ich opfern, will
mein schwarzes, schweres Haar, so lang es ist,
dir auf den Altar legen: Kleider, Schuhe,
mein Lieblingslamm, den Stier, kurz: was du willst.

LABAN
Und Lea, deine Schwester, soll verschmachten?

RAHEL
Vater, eh Jakob ging aus Kanaan,
war er schon mein. Die Kinder Gottes kamen
und warben um mich: Ich harrte Jakobs. Sieh,
ein starker Engel führte ihn, den Starken,
zu uns, ihr aber aßet miteinander
und tranket, während rings die Täler schollen
vom Lärm der Zimbeln, Harfen und Trompeten.
Gesegnet sei die Stunde, da du kamst,
sprachst du zu ihm, und bleibe bei uns, ewig!
Er blieb — um meinetwillen! — diente dir
um meinetwillen, mehrte deine Güter
ins Ungemeßne, und aus einem Volke
sind wir zwei Völker worden. — Nun wohlan,
Jakob ist mein! Was schiert mich Lea?!

LABAN
      Rahel!
Der Trotz Rebekkas, meiner Schwester, bäumt
in dir sich auf. Von ihrem harten Sinn
lebt auch in dir ein Teil. O wärest du
nun auch bedacht mit ihrer Klugheit! — Lea,
mein Kind gleich dir, verbringet ihre Tage
mit Seufzen, ihre runden Wangen sind
verfallen, ihre Augen ohne Glanz,
ihr Tun ganz ohne Kraft und ohne Glück.
Dem Weinstock gleich siecht deine Schwester hin,
wenn Frost ihn in der Blüte trifft. Sie wähnt

um ihrer Zukunft Früchte sich betrogen:
und ist betrogen, wahrlich, wie sie wähnt,
wo meiner Väter Gott — der starke Gott! —
sich ihrer nicht erbarmt in letzter Stunde.

RAHEL

Lea betrügt sich selbst. Jakob ist mein!
Wer ihn mir nimmt, betrügt mich. Er betrügt
die Götter, die ihn mir geschenkt, betrügt
auch den, um den er mich betrogen: Jakob!
Jakob ist mein!

LABAN

O Törin! Jakob ist
niemandes Eigentum. Nicht deins noch meines.
Dein ist die Magd, die ich dir schenkte, dein
der Knecht, der Hund, der Esel, das Kamel,
das Schaf, die Ziege! Alles, was du nimmst
aus meinen offnen Händen; das Gezelt
ob deinem Haupt, das Lager unter dir,
obgleich es mein ist, wie du selber mein,
gehört dir mehr und kann mit größrem Recht
dein eigen heißen. Dieser Jakob aber
wird herrschen! — Keines Weibes Gürtel kann —
auch deiner nicht, obgleich du schön bist, Rahel! —
ihn binden, daß er liege, wie ein Farren,
beschickt zum Opfer. Selber wird er schlachten
die Hekatomben Gottes, als ein Zeichen
des Bundes der Gewalt'gen: nicht ein Knecht.
Blind war dein Auge, wenn du nicht erkanntest,
was doch am Tag ist, unwert Jakobs. Geh!

RAHEL

Wo Jakob mir nicht wird, so will ich sterben.

LABAN

Geh zu den Jägern. Laß in deinen Käfig
dir einen Adler sperren, Närrin du!
und achte, bis er dir zum Spotte wird:
Dann komm und sprich von Jakob. Bis dahin
leb oder stirb! Doch dies, bei meinem Zorn:
Gleich einer Stummgebornen sollst du sein
in diesen Tagen! Und in Furcht und Beben
erkenne mein Gebot, Jakob zu meiden.

Lea erscheint.
Weh, wenn du wolltest gen den Stachel löcken!
Tritt näher, Lea!
Lea tritt heran.
                    Reichet euch die Hände!
Ihr seid ein Blut! so werdet auch dereinst
ein Herz! Nun, Rahel, sei gesegnet, geh!
Rahel ab.
Bring Krug und Becher mir aus meinem Zelt.
Mich dürstet. — Sage mir ... dein Gang ist müde!
unstet und scheu dein Blick! Was fehlt dir?

LEA

Nichts.

LABAN

Nun, so belog mich Silpa, meine Magd.
Sie kam zu mir und sagte: Lea kränkelt!
Du weigerst, Milch zu trinken, Brot zu essen,
und auch vom Opfertiere nimmst du nichts.
Ich aber, der dich liebt, dein Herr und Hirte,
will nicht, daß du verwelkest vor der Zeit,
wie Gras im Sommer; komm, vertraue mir!
Ich sehe, daß du sprichst, doch hör' ich's nicht.
Wenn irgendeine Krankheit an dir nagt,
so weißt du, wie ich durch der Götter Gunst
Heilkräfte kenne, die in Kräutern wohnen.
Wenn aber ihnen dann dein Leiden nicht
will weichen, nun so mag um deinetwillen
der Zehnte fallen meiner ganzen Herde
zum Opfer. Sprich! Ist irgend deiner Seele
geheim ein Wunsch bewußt? Ein Wunsch vielleicht,
der unerfüllbar dir erscheint und den
du dennoch wünschen mußt mit einer Glut,
die jeden andern Wunsch in dir verzehrt,
so nenn ihn mir. Sieh, groß ist meine Macht,
und viel kann ich gewähren.

LEA

So gewähre
mir eines, Herr und Vater! Sende mich
zu deinen Weiden unten an den Flüssen,
die gegen Abend liegen, mit den Hirten.

Heiß mich und Silpa heut noch unser Zelt
auf der Kamele Rücken tun und wandern,
weit, weit von hier!

LABAN
Erbitte, was du willst,
nur das nicht, Lea! Ist dir unbekannt,
wie jedermann im Volk auf morgen rüstet?
Die Weiber backen, und die Knechte metzgen,
und Schläuche Weines liegen aufgereiht.
Du darfst nicht fehlen, wenn zur Ehre Jakobs
der Lobgesang erschallt. Du darfst dich nicht
entziehn dem Auge Labans, deines Vaters.
Der alte Hirte, der ich bin, er würde —
nicht achtend seiner übergroßen Herde —
nach dem vermißten Lamme suchen gehn.
Das aber will ich nicht. Mein Eigentum
sei morgen mein. Und nichts von alledem,
was je mein eigen war, will ich entbehren.
Die Totenspenden sollen reichlich fließen,
und wer im Licht ist, wird mit vollen Händen
von meinem Tische greifen Wein und Brot,
wird mit mir schwelgen und wird jauchzen: So,
im Taumel meiner Freude, sollt ihr schmelzen
mit mir in eins. Aus allen euren Herzen
werde mein Herz, aus dem ihr stammt! Mein Herz ..
mit euren tausend Pulsen soll es schlagen.

LEA
Dann gebe Gott, daß meins darüber nicht
zerbreche, Vater.

LABAN
Nun, so wappne dich!
Nicht gegen Schmerzen, gegen Freude, Lea!
Denn morgen, wenn das laute Fest erstirbt,
die Kränze fallen von dem Kopf der Zecher,
die Feuer nur noch glimmen und im Reich
des Himmels Mond und Sterne klar
die laue Nacht regieren, wirst du, Lea! . . .
Du hörst mich? Du! nicht Rahel! Lea! Du!
in Jakobs Zelt an Jakobs Seite ruhn.

DAS HIRTENLIED

LEA

O Rahel! Arme Rahel!
Sie wankt.

LABAN

Fasse dich!
Was dieser Kelch an Honig dir enthält,
das sauge du getrost. Auch Rahels Becher
steht ihr bereit in eures Vaters Hause.
Indes wir reden, sind die goldnen Bienen
nicht müßig in den Feldern, und von Blumen
brennt rings die Flur: Was dein ist, nimm es hin.

[5. Mai 1898.]

⟨JAKOB
als Hirte, ein kleines Lämmchen unterm Arm
([Am Rand] Das Traumorakel muß mit auftreten.)

LABAN

Jakob, Sohn Isaaks, sei mir willkommen!
([Am Rand] Da kommt der Jakob, den ich liebe, wie aus einer andern Welt.)

JAKOB

Ich grüße dich in Ehrfurcht, Fürst und Vater!
Er kniet.

LABAN
steht auf

Du kniest vor meinem Alter. Sieh, ich hebe
vom Sitz mich auf um deiner Jugend willen.
Wie geht es meinem Sohn und lieben Bruder?

JAKOB

Du ehrst mich, Laban! wie ich nicht verdiene.
Es geht mir wohl. Seitdem ich deine Grenzen
betrat und unter deiner Gnade lebe.
Seitdem ich deines Hauses Götter ehre
und meinem Gott gehorche, der mir nah ist,
fühl' ich durch meine Seele Tag' und Nächte
wie weiß und schwarze Schwäne ruhig fließen.

LABAN

Auf diesem Steine sollst du sitzen, Bruder!
— einst meines Vaters Stuhl vor hundert Jahren

und heilig mir und meinem ganzen Volk —
zum Zeichen, daß ich dankbar bin. Geschieht
mir doch im Herzen wohl, dieweil ich merke,
daß du auch mich Genade finden lässest
vor deinen Augen. Komm und setze dich!

JAKOB

O Laban! du erhöhst mich ohne Maß.
Doch eh in Demut deinem hohen Willen
der Knecht sich fügt, laß ihn zuvor bekennen
und noch auf eignen Knechtesfüßen sagen,
was durch drei Tagesreisen rastlos ihn
getrieben, was ihn zwingt, vor dich zu treten.
Ich habe mir vor meinem Gott gelobt:
Ich will nicht essen, sitzen oder liegen,
bevor ich nicht, frei in dein Angesicht,
bekannt, was mich bewegt.

LABAN

Ich bin bereit.
Die Kinder meines Gottes brachten mir
die Kunde deines Nahens. Ehe denn
die schnellen Reiter, deine Boten
ins Lager kamen. Rede!

JAKOB

Bilha, deine Magd,
o Lea! brachte mir dies kranke Lamm.
Sieh, es gesundet schon auf meinem Arm.
Den Sattel teilt es meines Dromedars
und nachts des Teppichs Wärme, der mich deckt.
Es dir zu weisen, nahm ich's mit hierher.
Trag mir den Zärtling nun, wenn's dir gefällt,
zurück zu meiner Hütte, wo ich ihn
noch gänzlich heil dir pflege.

LEA

Herr, befiehl!
Lea mit dem Lamme ab.

LABAN

Du bist ein guter Hirte! Gottes Herden
bedürfen deiner. Beichte denn! Ich höre . . .〉

*Lea küßt Laban den Fuß und entfernt sich auf seinen Wink.
Jakob, ehemals der Künstler, kommt.*

Am 18. Oktober, vormittags, 1898.

LABAN

Jakob, Sohn Isaaks und meiner Schwester
Rebekka, hochwillkommen bist du mir!
Jakob kniet.
Du kniest vor meinem Alter. Sieh, ich hebe
vom Sitz mich auf, um deiner Jugend willen.

JAKOB

Du ehrst mich, Laban!

LABAN

Setze dich und sprich.
Auf diesem Steine sollst du sitzen, Bruder!
— einst meines Vaters Stuhl vor hundert Jahren
und heilig mir und meinem ganzen Volk —
zum Zeichen, daß ich dankbar bin. Geschieht
mir doch im Herzen wohl, dieweil ich merke,
daß du auch mich Gnade finden lässest
vor deinen Augen. Komm und setze dich!

JAKOB

O Laban, du erhöhst mich ohne Maß!
Doch eh in Demut deinem hohen Willen
der Knecht sich fügt, laß ihn zuvor bekennen
und noch auf eignen Knechtesfüßen sagen,
was durch drei Tagereisen rastlos ihn
getrieben, was ihn zwingt, vor dich zu treten.
Ich habe mir vor meinem Gott gelobt:
Ich will nicht essen, sitzen oder liegen,
bevor ich nicht, frei in dein Angesicht,
bekannt, was mich bewegt.

LABAN

Ich bin bereit.

JAKOB

O Laban, Vater, großer Patriarch!
Nun da ich reden soll, stockt mir die Zunge.
Was ich ersehnt, erstrebt mit Ungeduld,

nun hat es seine Stunde, und die Brust,
die jauchzen wollte, ist voll banger Trauer.
Um dieser Stunde willen dient' ich dir,
und nun sie da ist, Herr, umgibt sie mich
mit einem stillen Volk wehmüt'ger Schatten.
Und alles, was in frischem Safte schwoll,
ist nun auf einmal welk in meiner Hand.

LABAN

Du lieber, heim'scher Fremdling, laß dir sagen:
In allen Traumgefilden unsres Gottes
gehet die Sonne früh im Morgen auf
und senket sich gen Abend in die Nacht.
Des alten Tages Abend heißt ein Weh!
Des neuen Tages Morgen heißt ein Glück!

JAKOB

Herr, deine Worte klingen mir herauf
wie aus der Seele Isaaks, sie kommen
aus tiefer Fremde, wie ein Vogel fliegt,
langsamen Fluges, lautlos, und ihr Sinn,
wie jenes Vogels Schatten, schattet mir
durch meiner Seele Licht. — Wo bin ich hier?

LABAN

Du bist in Kanaan.

JAKOB

Im Paradies?
Und jener dunkle Vogel überfliegt
auch dieses himmlischen Bezirkes Grenzen?
Das dacht' ich nicht.

LABAN

Gott machte seinen Tag
aus Abend und aus Morgen überall.

JAKOB

Das dacht' ich nicht. Und seine Schatten dringen
auch hier herzu und saugen gierig sich
aus unsrem heißen Gottesblut ihr Sein,
das uns beschwert?

LABAN

O Jakob, stehe fest,

was sind die Schatten deiner sieben Jahre?
Siehe doch jene, die mich hier umgeben!
siehst du sie nicht? Sie drängen sich herzu,
wie Herden an die Tränke. Sieh, ich reiche,
ach, gern und ruhig, ihnen meine Brust.
Ein guter Hirte hütet auch der Schatten.
Du bist ein guter Hirte! sei getrost!

JAKOB

Bin ich ein guter Hirte?

LABAN

Ja, du bist es!
Von allen Hirtenfeuern steigt dein Lob
wie eine klare Flamme ohne Rauch.
Du warst gerecht als Herr, als Knecht getreu:
Hab Dank! — Du mehrtest meine Herden, hast
das Land geweitet, hieltest mein Gesinde
in Zucht, und immer stand an deinem Lager
des Nachts der goldne Friede und erhob
mit weißem Fittich sich an jedem Morgen,
um über meine Auen hinzuschweben.

JAKOB

Bin ich ein guter Hirte? War ich das?
Willst du die Gnade krönen über mir
und mich so nennen? Herr, ich bin ein Nichts!
Ich kam im Sturm, ich wollte vor dich treten
und fordern, doch vor deinem Angesicht
zerschmilzt mein hoher Mut. Ich bin ein Bettler,
den du beschenkt mit sieben Seligkeiten:
den sieben Jahren, die ich dir gedient —
um Rahel: denn du setztest Rahel mir,
dein ein'ges Kind, in unbegriffener Güte
zum Lohn für meine sieben Seligkeiten:
Zum Lohn für Lohn — o gib mir Rahel, Herr.
Ich habe nie gedient und nichts verdient!
Unwürdig bin ich deiner ganz und gar!
Staub bin ich! Dein Geschöpf! Ein Narr und Nichts!
Doch gib mir Rahel, gib mir Rahel, Vater!

LABAN

Du weißt, wer Rahel ist? Sie gleicht dem Sterne,

der, auserlesen, zwischen meinen Herden
uns alle überflammt. Du bittest viel.
Die Kinder Gottes harren aus der Ferne,
wenn sie vorübergeht, bis sie sich neigt,
und Cherubime senken ihre Augen.
Gott schuf in allen seinen Himmeln nichts,
das so glückselig könnte sein als sie:
Und alle seine Süße ruht beschlossen
in dieses Kindes Schoß — doch — nimm es hin!

[SZENE JAKOB–LEA. HOCHZEITSNACHT]

[Vorbemerkung Gerhart Hauptmanns für die Erstveröffentlichung der folgenden Szene in der »Nationalzeitung«. Berlin, 25.12.1906.]

Es hat ein Hochzeitsmahl stattgefunden, angeblich zur Vermählung des Jakob mit Rahel. Laban, der alte Patriarch und Vater Rahels sowie Leas, hat nun diese statt der Rahel in Jakobs Zelt abgeordnet. Lea, deren Liebe zu Jakob vielleicht größer ist als die Rahels, erscheint vor ihm, fast erdrückt durch das Bewußtsein, ungeliebt sich ihm aufdrängen zu müssen und dennoch voll Sehnsucht nach seinem Besitz. Jakob, im Rausche der nächtlichen Liebeserwartung, erkennt sie zunächst nicht, bis ihm allmählich die furchtbare Enttäuschung peinvoll offenbar wird.

Jakobs Zelt. Nacht. Sternenklarheit.
Jakob wird mit Gesang bis an seine Zelttür begleitet. Er tritt ein.
Der Gesang schweigt.

JAKOB
Bilha! du hier?

BILHA
Ja, Herr.

JAKOB
Ich dank' euch, geht!

DIE BEGLEITENDEN
Gesegnet seist du, Jakob!

JAKOB
Rahel!

BILHA
Herr!
das Lager ist bereitet. Soll ich gehn?

JAKOB
Ja, geh. Zeig her. Ein weiches Lager, breit,
aus trocknem Laub der rauschenden Platane,
bedeckt mit Fellen. Geh! Hier ist gut ruhn.
Er will sich darauf werfen.
Noch nicht! noch nicht!

BILHA
Ein Krug mit Kumys, Jakob,
ist hier am Fuß der Lagerstatt.

JAKOB
Hab Dank!
Bilha ab.

JAKOB
Geduld! Was ist es, das hier innen pocht,
wild und begehrlich? still! — Geduld! Geduld!
Wo bin ich? — Brausen füllt mein Ohr. Es tost
wie von befreiten Wassern. Still. Geduld!
Er saß mir gegenüber — seltsam war's —
und Rahel neben ihm, ernst, gleich dem Engel
des Todes. Bleich und ernst. Ihr Auge brannte
mir zu, gleich wie in Haß, und seines quoll
gleichwie ein Brunnquell: Liebe. — Wo war Lea?
Ich saß und trank den dunkelfarb'gen Wein . . .
und neben mir —? wer war es, der mit mir
aus einem Becher sog? Verhüllt in Schleier,
saß mir zur Seite . . . wer? Ein Weib. Geduld!
Die Nacht ist klar. Hochwölb'ger Sternengrund,
mir aufgetan in allen Seelentiefen,
nun geht ein heimlich Jauchzen durch dich hin
von Stern zu Stern! — O Erde, ew'ge Mutter,
die mir mit Gräslein schmückt des Zeltes Grund:
ich küsse dich! Rahel wird mein. Ihr Fuß,
die süße Last des reifen Leibes tragend,
er küßt, was er berührt. — Fülle mit Dolden
die Stapfen ihrer Füße, reiche Mutter
und Paradiesgebärerin. — Geduld!
Laban bricht auf. Der Ruf der Rinderherden
erfüllt die Mondnacht. Geh! fahr hin! fahr hin!
Und ließest du mir nichts als Rahel und
ringsum Gerölle, Wüstensand und Fels:
so ziehst du arm davon — und bliebest arm;
und schlügest du die Jurten auf an Strömen,
wo Milch und Honig fließt: arm gegen mich.
O Paradiesesweide! Rahel! — Horch!
Die Harfner harfen durch des Lagers Gassen!
Sie bringen mir mein Weib. Sie sind's, sie sind's!
Nein. Wie? — Das sind die Harfner nicht.

Das sind des Himmels Kinder selbst, die Kinder
des Lichts mit ihren Silberzimbeln, die
mit ihren Klängen Gottes Herze schmelzen,
wenn er sie hört. Komm, o Geliebte, komm!
Denn fast wird Qual das Glück nun. Komm, o komm!
Sprengt mir die Brust mit euren Klängen nicht,
daß ich nicht sterbe.

Vor dem Eingang des Zeltes steht im Mondschein eine verschleierte Frauengestalt: Lea.

LEA
Jakob!

JAKOB
immer ohne Lea zu erkennen
Hier, hier bin ich.

Wer ruft?

LEA
Ich bin es.

JAKOB
Wer?

LEA
Ich, Jakob.

JAKOB
Du?

LEA
Ja, ich.

JAKOB
Wer bist du? — Schatten, riefst du mich?
Trink! Komm und trink! Ich will ein Näpflein dir
mit Blut aus meinen heißen Adern netzen.
Das setz' ich vor dies Zelt, so komm und trink!

LEA
Ich bin nicht mehr ein Schatten als du selbst.

JAKOB
Bleib! Tritt nicht hier herein.

LEA
Nein. Wie du willst.

JAKOB
Denn nicht für dich ist dieser Raum umfriedet
und meines Zeltes Linnen ausgespannt.

LEA
Für wen? wenn nicht für mich?

JAKOB
Heb dich von hinnen
und frage nicht. Trink, Schatten, und zerrinne
im düfteschweren Odem unterm Mond.
Zerteile als ein Wölklein dich im Raum:
Denn hier ist einer, der mit allen Sinnen
nur dessen wartet, was da kommen muß.

LEA
Und wenn nicht meiner ... wessen wartest du?

JAKOB
Wo kommst du her? Hat dich die Totenspende
gelockt in dieses Land? Umschwebtest du
die Opferschalen Labans, und du findest
den Weg zu deiner Gruft nicht mehr? Sag an!
Gram rinnt wie Blut aus schmaler Herzenswunde
und schwimmt um mich und wogt, in eins verschlungen
mit Weihrauchwolken, durch mein Zelt. Sag an:
Was kommst du und beschwerst mir diese Stunde,
die niemals wiederkehrt? ⟨Wer bist du?⟩

⟨DIE GESTALT
Lea.

JAKOB
Gott grüß dich, Lea! nun erkenn' ich dich!
Vergib mir, Lea! Lea, komm tritt ein.
Verwirrt vom Wein und Lärm und Opferreigen,
von Schmausen und Schwatzen bin ich; tritt herein.
Das Mondlicht trog mich. Und in wieviel Schleier
bist du verhüllt? Ich warte und vergehe;
wo habt ihr Rahel?

DIE GESTALT
Rahels wartest du?

JAKOB
Ich warte meines Weibes Rahel, ja.

DIE GESTALT
Herr, heiß mich gehn. Ich will ein wenig sitzen⟩

LEA
Ich weiß es nicht.

JAKOB
Denn sieh, ich warte Rahels! Rahels wart' ich.
Und wenn sie kommt, so darf ich zu ihr sagen . . .
ein Wort, das meinem Gaumen süßer ist
wie Manna Gottes: Weib. Sie ist mein Weib!
Und ihrer wart' ich nun. Verstehst du das?
Sieh, ich bin blind. Ich war ein blinder Mann.
Nun aber wogen Wellen ew'gen Lichts,
schon im Erwarten, rings um meine Brust.
Und sieh, dies Paradies, das uns umgibt,
ist eine Schlacke, die sich will begrünen.
Aus Rahels Augen trink' ich nun das Licht.
Von ihren Lippen saug' ich Gottes Atem
und das Geheimnis meines tiefsten Seins.
Und dieses Bettes Raum, so klein es ist,
wird Seligkeiten ohne Maßen tragen,
gleichwie der Altar heil'ges Feuer trägt.

LEA
Herr, ich will gehn.

JAKOB
Ja, geh! Geh, Schatten, geh!

⟨Schwer lastest du auf mir.
Ich höre die Zimbeln nicht mehr.
Du willst mich glauben machen, daß ich träume.
Du steigst aus einer andern Welt auf.
Es geht vor dir etwas her, so daß ich fürchten muß, jede
    Seligkeit im Arme Rahels ist eine Marter für dich.
Und doch [?] kenne ich dich nicht und doch will ich dich
    nicht martern.⟩

[EINZELNE BRUCHSTÜCKE ZUR VORIGEN SZENE]

Zelt Jakobs. Hintergrund offen. Nacht. Feuerschein. Zimbeln. Jakob tritt ein.

BILHA
Das Lager ist bereitet, Jakob.

JAKOB
Geh —!

BILHA
Herr, willst du einen Becher Kumys trinken
zum Schlaftrunk?

JAKOB
Geh!

Bilha ab.

Er winkte mit der Hand,
Laban; da stund ich auf und ging hierher.
Der Engel tritt aus dem dunklen Hintergrunde des Zeltes.
Wer bist du?

DER ENGEL
Kennst du mich?

JAKOB
Was willst du hier?

JAKOB
Hier! hier bin ich!
wer ruft?

DIE GESTALT
Ich bin es.

JAKOB
Wer?

DIE GESTALT
Ich, Jakob.

JAKOB
Du?
Was willst du, Schatten? Schatten, riefst du mich?

Trink, komm und trink. Ich will ein Näpflein dir
mit Blut aus meinen heißen Adern füllen,
das setz' ich vor dies Zelt: so komm und trink.

DIE GESTALT

Ich bin nicht mehr ein Schatten als du selbst.

JAKOB

Bleib, tritt nicht hier herein.

DIE GESTALT

      Nein. Wie du willst.

JAKOB

Denn nicht für dich ist dieser Raum umfriedet
und dieses Lager nicht für dich bestellt.

DIE GESTALT

Doch, Jakob, denn ich bin dein Weib.

JAKOB

      Wer bist du?

DIE GESTALT

Dein Weib?—

JAKOB

  Das bist du nicht.

DIE GESTALT

      Ja, Jakob, ja.

JAKOB

Wo kommst du her? Aus welchem Abgrund, sage.
Wie fandest du den Weg in dieses Land?
Denn nun erkenn' ich dich an deinen Flechten.
Wie heißest du? Als ich nicht Jakob war
und Rahel suchte durch das Tal des Leides,
da kannt' ich dich. Du keuchtest neben mir,
und dann ward ich entrückt.

DIE GESTALT

      Sieh mich doch an.
Mich hat des Vaters Wort vor wenig Stunden

im Opferflammenrauche dir vermählt.
Ich bin . . .

JAKOB
Du lügst! denn du bist Rahel nicht.

DIE GESTALT
Ich lüge nicht.

JAKOB
Du lügst. Heb dich hinweg!
Dein Blick ist feig und scheu. Es bebt dein Fuß.
Die Angst der Lüge macht dich schlottern. Geh!
Du bist dem Grab entstiegen. Deine Schleier
sind Grabestücher. Grabesbrodem dringt
entgegen mir. Du leeres Schemen, fort.

⟨DIE GESTALT
Du irrst!

JAKOB
Nicht mehr! Denn ich bin Jakob, Jakob,
und dient' um Rahel sieben lange Jahre.
Dies ist mein Zelt: erfüllt mit Wohlgerüchen
im Lande Kanaan. Dies ist mein Zelt,
weihraucherfüllt, dies⟩

DIE GESTALT
Du irrst.

JAKOB
Bin ich nicht Jakob?

DIE GESTALT
Ja, du bist es.

JAKOB
Der euch den Stein vom Brunnen wälzte?

DIE GESTALT
Ja.

JAKOB
Der sieben Jahr um Rahel diente?

DIE GESTALT
Ja.

JAKOB
Der ihr vermählt ward heut?

DIE GESTALT
Ich gehe, Herr!

JAKOB
Der ihr vermählt ward heut? — Antworte mir!

———

DIE GESTALT
Herr! ich will gehn. Ade! gedenke mein.

JAKOB
Bleib. Trink, du banges Bild! — Nicht ungetröstet
sollst du von meiner Schwelle gehn. Komm näher
und wärme dich. Du frierst, du ziehst die Schleier
so fest um dich, als wären's Grabeslinnen,
die niemand wärmen.

DIE GESTALT
Nein, Herr, laß mich gehn.

[NOTIZ]
Er soll nicht fühlen.

———

⟨DIE GESTALT
Herr, heiß mich gehn. Denn alle meine Schleier,
womit die Mägde bräutlich mich umhüllten,
umschnüren mich wie feuchtes Spinngeweb.⟩

DIE GESTALT
Herr, heiß mich gehn. Ich bin in Grabeslinnen
gewickelt, wie du sagst. Ja, du hast recht.
Denn wahrlich, meine bräutlich weiten Schleier,
feucht von dem Hauch der Nacht, umschnüren mich
wie das Geweb der Spinne, die ihr Netz
in Grüften spinnt. — Ich will es um mich ziehn
fest, fest und will mich in ein Brautbett legen,
wo Scham und Gram nicht mehr mit wilden Bränden
das Herz mir würgt.

JAKOB
Tritt ein, wer du auch seist.

[Schließt an die oben Seite 660f. gestrichene Fassung an:

DIE GESTALT
Herr, heiß mich gehn. Ich will ein wenig sitzen]
auf deines Bettes Rand, dann heiß mich gehn,
und deines Wortes Mark wird mich erquicken,
daß ich den Weg nun finde, wie du sagst,
zu meiner Gruft. Ja, du hast recht.
Denn wahrlich, meine bräutlich losen Schleier,
feucht von dem Hauch der Nacht, umschnüren mich
wie das Geweb der Spinne, die ihr Netz
in Grüften spinnt.
JAKOB
Lea, was redest du!

⟨#### DIE GESTALT
Jakob, ich bin dein Weib.
JAKOB
Wer, Lea, bist du?

DIE GESTALT
Ich bin dein Weib.
JAKOB
Du lügst.

LEA
Ich lüge nicht.⟩

[JAKOB]
Ich bin ein guter Hirte. Komm, tritt ein.
Tritt hier ans Feuer, denn du fröstelst, komm,
trotzdem die Nacht in Wohlgerüchen badet
und warme Ströme blütenduftbeschwert
durchs Laub der Rüstern buhlen und Platanen.
Kaure dich nieder, wärme dich und sag,
von wannen irrst du her? wo willst du hin?

zu welches Mannes Zelt?
Die Gestalt beugt ihren Kopf.

[JAKOB]
Ich bin ein guter Hirte. Komm, tritt ein.

DIE GESTALT
zögert
Nein, Herr. Reich mir das Näpflein, und ich gehe.
Für einen Schatten hast du mich erkannt,
ein Schatten will ich bleiben und ein Schatten
nur zu dir wiederkehren.

⟨JAKOB
Herr, wo bin ich?
Ich breite meine beiden Arme weit,
ein unermeßnes Glück darein zu betten,
das du verheißen hast, und sieh, du sendest
in beide led'gen Arme mir den Gram.
Du hast's verheißen und⟩

⟨JAKOB
Herr, was ist's?
Ich breite meine beiden Arme, Herr,
das Glück, das du mir schenktest, zu umfahn,
und sieh: du legst mir wieder Gram ans Herz.
Erst sage mir: schwör mir's bei deinem Gram,
bei deinem Grame, Weib, wer bin ich?

DIE GESTALT
Jakob.⟩

⟨JAKOB
Herr, was ist's?
Ich breite meine beiden Arme aus —
jedoch wer bin ich, daß du mein gedenkest —
genug, statt des verheißnen Glückes legst du
mir bittern Gram ans Herz.⟩

JAKOB
Bin ich Jakob?

GESTALT

Ja, Herr.

JAKOB

Und Rahel, die man mir vermählt,
wird Rahel kommen?

GESTALT

Nein!

JAKOB

Und wer bist du?

GESTALT

Die bin ich, die beim Mahle dir zur Seite
aus deinem Becher trank von deinem Wein,
Lea, dein Weib!

JAKOB

Wer hat mir das getan?
Er sinkt ohnmächtig aufs Lager.

JAKOB

O Vater, Vater!
was hast du mir getan. Was tat ich dir,
daß du mich so verfluchst! Vater, Vater!
Er sinkt nieder.

DIE GESTALT

Jakob,
ich weiß es nicht! Frag Laban, unsren Vater.
Nur eines weiß ich: meines Schicksals Becher
schnitt er aus Quassiaholz. Und wenn ich trinke,
so wird mir bitter selbst der Honigseim.

JAKOB

Weib, wer du seist ... von deinen Schleiern weht
die reine Luft des Paradieses nicht.
Du lastest auf der Erde mit den Sohlen
und schwebst nicht, wie des Himmels Kinder tun.

DIE GESTALT
Ich weiß es nicht.

JAKOB
Denn sieh: ich warte Rahels, Rahels wart' ich.

———

DIE GESTALT
Ich weiß es nicht.

JAKOB
Trink mit den andern Schatten, trink und geh.
Kostgänger meines Herzbluts, geht, entweicht
aus dieser wonnereichen Nacht.

DIE GESTALT
Nein, Jakob.

———

DIE GESTALT
Ich weiß es nicht.

JAKOB
Geh, denn du lockst von deinem stillen Volk
mir viele aus den Tiefen. Trinkt und geht,
Kostgänger meines Herzbluts! Hörst du nicht?

DIE GESTALT
Ich kann nicht, Jakob, denn an deinem Herzen
zu liegen ist mein Los. Nicht heut, nicht morgen,
von Ewigkeit zu Ewigkeit.

JAKOB
Wer bist du?

DIE GESTALT
Die dir vertraut ward durch des Lammes Blut.

JAKOB
O hilf mir, Gabriel, was ist mit mir?
Die Zimbeln schweigen. Stille wird's umher,
und eisig, wie aus Grüften, bricht ein Hauch
durch meines Zeltes Linnen! — Sage mir,

bin ich nicht Jakob? Ist dies Bette nicht
bereitet für mein Weib?

DIE GESTALT
Das bin ich, Jakob.

JAKOB
Wer bist du?

DIE GESTALT
Lea.

JAKOB
Und du bist mein Weib?

LEA
Jakob, ich bin's, die heute neben dir
aus deinem Becher sog von deinem Wein.
Ich bin dein Weib.

JAKOB
Du redest irre, Lea!

LEA
Nein, Jakob, nein.

———

DIE GESTALT
Jakob, ich bin's, die heute neben dir
aus deinem Becher sog von deinem Wein.

JAKOB
Du redest irre, Lea.

DIE GESTALT
Und ich bin's,
die mit des Opferlämmleins Blut besprengt
und dir vertrauet ward.

JAKOB
Wer bist du, Lea?

LEA
Ich bin dein Weib!

JAKOB
Du lügst.

LEA
Ich lüge nicht.

[FORTFÜHRUNG DER SZENE JAKOB–LEA. HOCHZEITSNACHT]

[ENTWURF]

Der Engel tritt vor.
»Wo willst du hin?«
»Rache!«
»Friede!«
»Mich ekelt euer Friede.«
»Kehre dich um, was hast du ihr getan? ([Darüber] [...?] höhere Auftrag. Sie ist nur Sklavin.) Und doch handelt sie nur im tiefsten höheren Auftrag.
Sieh an, wie du sie zerstört hast. Sie will dir nur dienen, sie liebt dich.«
»Ich hasse diese Liebe. Ich kenne diese Liebe, die zur Tyrannei wird. Sie hat mich auch einmal verfolgt. Fort, fort.« —
»Nein«, ruft Lea.
»Rache!«
»Frieden!«
»Lege alle deine Sachen ab.« Nimmt ihm Schwert ab.
»Und gehe nach dort. Dort wirst du einen alten Mann treffen, mit dem Krieg [?].«
Engel hebt Lea auf.

[BEGINN EINER AUSFÜHRUNG]

[JAKOB]
Rühr mich nicht an, verdammte Buhlerin!
rühr mich nicht an!
Er will fortstürzen. Der Engel aus dem Anfang vertritt ihm den [Weg.]

DER ENGEL
Steh still!

JAKOB
Tritt aus dem Weg.

DER ENGEL
Steh — oder stirb!

JAKOB
So sterb' ich!

DER ENGEL
Friede!

JAKOB
Rache!

DER ENGEL
Lege dein Schwert aus deinen Händen!

JAKOB
Rache!

DER ENGEL
Nicht Rache, sondern Friede!

JAKOB
Rache! Rache!
denn euer Friede ekelt mich.

DER ENGEL
Kehr um!

JAKOB
Wohin? Mein Zelt ist nicht mehr mein. Es widert
mich an.

DER ENGEL
Warum?

JAKOB
Da, Engel, sieh du selbst.

DER ENGEL
Ich sehe nichts als Lea, Labans Tochter,
dein Weib, das unter deines Wortes Geißel
vor Schmerz sich windet.

JAKOB
Fluch auf dessen Haupt,
der sie zu meinem Weibe machte.

DER ENGEL
Jakob!

DAS HIRTENLIED

JAKOB

Fluch dem, der mich betrog. Der mir die Trübsal
an meine Fersen hing. Glück war es, Glück,
um das ich diente: Rahel, Lea nicht.
Zu Lea
Was tat ich dir, daß deine kranken Blicke
mich so verfolgen all die Zeit? Warum,
wenn ich mit Rahel saß am Hirtenfeuer,
umschlichst du uns von ferne, feig und scheu,
und kamst und krochest bettelhaft heran,
dienstfertig, Dienste bietend, die ich nie
von dir begehrt? Warum? — Was willst du hier?
Muß ich dein Opfer sein? Dein Wild, dein Ding,
das du, mit zähem Eifer auf der Fährte,
dir hast erjagt?

LEA

O Laban, Vater Laban,
was tust du mir!

DER ENGEL [JAKOB]

Meint er mich abzulohnen
mit seines Gartens angefaulten Früchten,
so lach' ich seiner! Wirft er mir zum Dank
für Knechtschaft den zerschlißnen Mantel nach —
der schlaue Greis — ei nun: wer hebt ihn auf?
Ich nicht!

DER ENGEL

Geh in dich, Jakob! Sieh, hier liegt ein Mensch
im Staub, den du zertrittst. Es ist genug
mit Schmähn und Lästern.

JAKOB

Rache!

DER ENGEL

Friede, sag' ich!
⟨Du stampfst die Gärten nieder, die dir keimen!
Die Stätte, die dein Vater dir bereitet,
besudelst du, blind, taub und ganz verstockt.⟩
Komm! was du hast erniedrigt, heb nun auf.
Es ist genug mit Wüten.

DAS HIRTENLIED

[ANDERER ANSATZ EINER AUSFÜHRUNG]

[JAKOB]

Aus welcher Tiefe dringst du bis hierher?
Schon einmal hört' ich dich. ⟨Doch wo? Was willst du hier?

STIMME

Ich bin der Warner, Jakob. — Kehre um!⟩

DER ENGEL AUS DEM ERSTEN AKT
tritt heran
           Kennst du mich nicht?

JAKOB
starrt ihn an

Ob ich dich, ernster Flügelbote, kenne?
Was soll ich sagen? Nein — und ja — und nein.
Was willst du? — Wo du trittst, da scheinest du
zu schweben, und in deinen Locken wühlen
seltsame Falter, sumsend fliegen sie
von dir zu mir und wiederum zu dir.
Ich sah dich schon. Doch wo? Wie damals wogen
um mich die weiten Auen, kreisen seltsam
um mich die Bäum' und Berge, alles lösest
du auf mit deinem schweren Hauch. — Nun sage:
was denn bedeutet deine Nähe mir
in dieser Stunde? wie denn nenn' ich dich?
wo warst du all die Zeit? wo kommst du her?

DER ENGEL

Wo war ich all die Zeit? Ich war bei dir!
Wo komm' ich her? Aus dir: denn sieh, ich wohne
in dir — und nirgend sonst. Du magst mich nennen
wie dir's geliebet: Ausgeburt des Traumes,
Traum, Schatten, Schemen, Leben oder Tod.
Ich bin dein Freund, dein Feind, bin du und ich
und aller deiner Zwiesprach' Antwort.

JAKOB
           Geh!
ich lebe! geh und hebe dich hinweg.
Du kamest einst zu mir in schwerer Nacht,

aus allen Bitternissen stiegest du,
Phantom! hervor und sprachst zu mir, ich weiß.
Gelichter deinesgleichen flieht den Tag,
das Leben und die Kraft. Den Geiern gleich
fallt ihr auf alles Sterbensreife nieder.
Ich war's, war sterbensreif: nun aber ist
gesunde Kraft mein Teil. Spuk, der du bist,
ich lebe, lebe, hebe dich hinweg!

DER ENGEL

Du ringst, und also lebst du. Sei getrost,
ich bin kein Spuk und Trugbild. Ohne mich
bist du nicht du. Mit immer reger Hand
knüpf' ich ans Dasein dich, wenn du verzweifelt.
Gedenkst du, Jakob, wie ich dich geführet
aus deines Vaters Haus, von Isaak,
in dieses Land . . . ?

JAKOB

Nun aber bin ich hier,
nicht mehr in Wüsten ein verlorner Waller,
sondern ich bin ein Volk, und hinter mir
harren die Scharen voller Kampfbegier
auf meinen Wink. — Was drohst du mir?

DER ENGEL

Ich drohe
dir nicht!

JAKOB

Du drohst mir.

ENGEL

Nein.

JAKOB

So tritt beiseit',
kreuze nicht meinen Weg.

ENGEL

Was suchst du hier?

JAKOB

Du weißt es, Rahel! Hebe dich hinweg,
sonst, beim lebend'gen Gotte, wider dich
heb' ich mein Schwert.

ENGEL

Halt ein! Du tötest Rahel.

Jakob starrt ihn an.

[NOTIZEN]

Ich trete zuletzt hervor.
Damals war ich krank.
Alle haben das Gesicht des Traumengels.
Die Sekunde.
Situation am Schluß wie am Anfang.
Der Trieb (künstlerisch und zu Laban), den Traum zu bekämpfen.
Du liebst — dich.
Der Engel mit Laban vertrauter Umgang.

[SZENENBRUCHSTÜCKE]

⟨JAKOB

Betrug! — Verrat! — Betrug! — Der Himmel wankt!
Laban belog mich! Rache!⟩

———

JAKOB

Ana und Magdiel! herbei! herbei!
zäumt unsre Rosse! wappnet meine Knechte!
nehmt eure Schleudern! zücket eure Schwerter!
Wir wollen auf des Schurken Labans Fährte
blutlechzend, einer Meute gleich, uns werfen
und wehe jedem, der uns widerficht!
Verrat, Verrat! des Himmels Decke birst.
Laban betrog mich, Laban! Hört, ihr Brüder:
der große Patriarch log und betrog.
So fahre denn aus meinem Munde Fluch,
beschwingt mit hundertfachen Adlerflügeln,
bluttriefend sausend ob der Friedenstrift,
und schlage Mann und Weib und Greis und Kind,
verschone nicht des Lammes und des Zickleins,
denn Rache will ich, Rache!

RAHEL [ENGEL]
Jakob.

JAKOB
Fort!

———

JAKOB
Ana und Magdiel! herbei! herbei!
zäumt unsre Rosse! wappnet meine Knechte!
schwingt eure Schleudern! zücket eure Schwerter!
Wir wollen auf des Schurken Labans Fährte,
blutlechzend, einer Meute gleich, uns werfen
und wehe jedem, der mir widersteht!
So fahre denn aus meinem Munde Fluch
wie fressend Feuer! schwinge sich der Haß,
ein schwarzbeschwingter Räuber, vor mir her,
ein Engel mit Geierkrallen, dessen Blick
die Paradiesesauen sengt wie Gift,
wohin er fällt. Er schlage Mann und Weib
und Kind und Greis, denn ich will Rache, Rache!

⟨DER ENGEL
tritt Jakob, der davon will, entgegen
Wohin so eilig, Jakob?

JAKOB
Tritt beiseit'!⟩

DER FÜHRER-ENGEL
kommt
Jakob, erkennst du mich?

JAKOB
Herbei, ihr Knechte,
wappnet und gürtet mich!

DER ENGEL
Wo willst du hin?

JAKOB
Was mein ist, reißen aus des Volkes Mitt' [?]
mit diesem Arm, mit diesem scharfen Schwert.

DER ENGEL

Sieh dort hinaus! schon sind sie durch die Furten,
Laban und seine Scharen. ⟨Und die Engel⟩
([Am Rand] Die Engel wandeln über ihnen.)

[NOTIZEN]

Ich lege den Gram zu dir in dein Bett auf die eine Seite.
Laban, Laban, warum betrogest du mich!

FRAGMENTENGRUPPE IV

[SZENE: GESPRÄCH LABAN–JAKOB]

Vor Tagesanbruch. Laban. Bilha mit einer tief Verschleierten. Magdiel. Zelt.

LABAN

Hier laßt uns rasten! führet sie ins Zelt!
Gebt unsren Tieren Futter! tränket mir
auch die Kamele wohl! — Heißt alles Volk
sich lagern und zu neuer langer Reise,
der kaum begonnenen, gerüstet sein.
Lang wird der Tag und, fürcht' ich, mühsam.

ANA
kommt
            Herr,
wappne dein Volk. Auf schnellen Rossen jagen
uns Feinde nach.

LABAN
    Komm zu dir, Ana! Feinde?
Sprich deutlich! Wo? wo siehst du Feinde, sage!

ANA

Während ich spreche, fegen sie herzu,
und kleiner, immer kleiner wird der Raum,
der uns von ihnen trennt. Sie tragen Fackeln
und schwingen sie hoch, und gellend rufen sie
ein furchtbar Wort, das Rache, Rache klingt.

LABAN

Fürchtet euch nicht.

SIMEON
kommt
     Herr, Feinde! Feinde kommen!
Heuschrecken gleich an Zahl. Der Boden dröhnt
vom Hufschlag ihrer wilden Rosse. Wiehern
zerreißt die Luft.

LABAN
   Bleib ruhig, Simeon.

Der, welcher kommt, ist Jakob, ist mein Sohn
und nicht ein Feind. — Nehmt Fackeln, Simeon,
Ana und Magdiel, besteigt die Rosse
und reitet in des grauen Morgens Licht
denen entgegen, die ihr Feinde nennt.
Geht nur getrost.

STIMMEN
Herr, schütz uns! Feinde, Feinde!
Ana und Magdiel und Simeon ab.

LABAN
Tretet ins Zelt, verbergt euch! Ich indessen
warte des Friedensbrechers, der da kommt.

JAKOB
kommt gewappnet

Herr, wo ist Rahel?

LABAN
Ei, in meiner Hut.

JAKOB
Wo ist mein Weib? Gib mir, was mein ist.

LABAN
Setze
dich nieder, junger Mann, und sage mir,
der du im Sturm so früh vor Tage schon
daher fährst durch den Frieden meines Reichs —
lege dein Schwert doch aus der jungen Faust,
du siehst, ich bin ein alter Mann, und offen
sind meine Hände, gänzlich unbewehrt —,
ja, sage mir: was willst du? und wer bist du?

JAKOB
Du weißt wohl, wer ich bin und was ich will.
Ich will, was mein ist, Rahel. Hier, hier steh' ich
mit meinem bloßen Schwert, zum ersten Mal,
und fordere mein Recht. — Du hast die Macht.
Wohlan, gen deine Macht empör' ich mich,
gen deine Macht und List. Wer unterliegt,
der falle. Stoße mich aus deinem Reich —
wenn du's vermagst: das finstre Labyrinth,

daraus ich einst in deine Grenzen trat,
ist schlimmer nicht als ohne Rahel mir
verhaßt dein Reich.

LABAN

Wer bist du?

JAKOB

Jakob bin ich.

LABAN

Beweise es!

JAKOB

Ja. Rufe deine Knechte,
bewaffne sie, so will ich es beweisen
mit diesem Schwert.

LABAN

Du bist nicht Jakob. Siehe,
wie sollte Jakob wohl das Schwert ergreifen
wider den Bruder seiner Mutter?

JAKOB

Ei,
nenne mich, wie du willst! heiß meinethalben
mich Lügner, Fürst der Finsternis, Rebell,
zieh unter meinen Füßen mir den Grund
hinweg, so will ich dennoch mit dir ringen
um Rahel.

LABAN

Mann! bedenke, was du sprichst!
Sei dankbar! Sieh, ich habe dich gesetzt
über den Halbteil aller meiner Güter.
Die Früchte meiner Palmen labten dich.
Der Saft der Traube ward dir unverwehrt.
Die Felle meiner Tiere gab ich dir
zu Zelten, und du wohntest friedlich drin
und brietest meiner Lämmer Fleisch am Feuer.
Auf meinen Rossen, Mäulern und Kamelen
rittest du durch das hochgelobte Land,
das mir mein Gott umfriedet, und zuletzt
gab ich dir Lea, meine Tochter. Engel
führten sie in dein Zelt, und sie ward dein.
Sei dankbar! denn dies alles tat ich dir,
damit du dankbar würdest.

⟨JAKOB
Dankbar, ich?
Du nahmst mir Rahel doppelt, als du mir
Lea zum Weibe gabst.⟩

JAKOB
Deine Gaben
machen mich arm. Du nimmst, indem du gibst,
und ohne Rahel bist du selbst ein Bettler.
Und teiltest du mit mir dein Paradies,
was ist mir diese Schlacke!

LABAN
Frevle nicht!
Du lästerst, was mir meines Gottes Liebe
zum Erbe gab. Schweig! Fürchte meinen Gott!
Aus seinen Wasserbächen trankest du,
und seine Sterne wiesen dir die Wege
durch ferne Wüsten und von Ort zu Ort,
wohin du meine, seine Herden führtest.
Er war's, der Rahel hat hervorgebracht
aus ihrer Mutter Leib, aus seiner Hand
kam Lea, Rahels Schwester und ihr Schatten.
Gott machte Rahel reich und Lea arm.
Die Engel dienen Rahel. Lea aber
dient ihrem Gott und dir — und dir und mir
und allen dienet Lea. Siehe, Jakob,
Gott ist der Ursprung, und er ist das Ende.
Frevle nicht gegen Gott. Denn er allein
kennt das Geheimnis Himmels und der Erde,
auch deins und Leas.

JAKOB
Herr, was soll mir Lea?
Um Rahel dient' ich dir! Um Rahels willen
bin ich gewandert durch die Wüsteneien
der Fremde bis hierher in dieses Land,
um Lea nicht. — Denn dies geringe Gut
war feil auf allen Märkten, die ich traf:
Trübsal in Weibsgestalt! Was soll mir Lea?
Ich mag sie nicht. Gib mir, was mein ist!

LABAN
Rahel
ist fern von hier. Ich sandte mit den Hirten
sie in die Berge gegen Mitternacht.

JAKOB

Nun denn, so klag' ich hier, vor deinem Gott,
dich, Laban, an des Lugs und des Betrugs.
Betrogen hast du mich. Hast wie ein Dieb
mich um den Lohn bestohlen meiner Tage.
Dein Gott ist groß, und nieder werf' ich mich
vor ihm in Ehrfurcht. Doch du, Laban, bist
nicht wert des Bundes, dessen er dich würdigt.
Bist seine Fratze, nicht sein Ebenbild.
Was hast du mir getan! Du warest mir
wie Gott. Was hast du mir getan! Dein Friede
lag, eine endlos grüne Aue, weich
um mich gebreitet. Deine Treue stund
gleich wie ein ewiger Stern zu meinen Häupten.
Du warst mir ferne immer nah, und gläubig
zu jeder Stunde ruhte meine Liebe
in deinem Schoß. Was hast du mir getan!
Du würgtest meine Liebe, du zerbrachest
die himmlische Umfriedung meiner Seele,
daß, gleich der Sintflut Wassern, sie der Haß
nun überschwemmt. Ein furchtbar Gaukelspiel
war all dein Friede, all dein Paradies,
damit ich in der Schlange gift'ges Nest
wie in ein Blumenbett mich möchte legen,
wie ich auch tat. Nun denn, was du gesät,
das ernte nun. Und hast du mich zum Schein
auf deiner Väter Thron erhoben, mich
zum Schein vermählt mit Rahel, siehe, Laban,
so stoß' ich jetzt von deinem Sitze dich
als den, der seinen Gott und mich betrog,
als einen schlechten, ungetreuen Knecht.

LABAN

Gemach! Steck ein dein Schwert. Du schreckst mich nicht,
noch schreckt mich deiner Knechte Kriegsgeschrei,
womit sie ihrem alten Hirten drohen.
Nennst du mich Knecht, noch bin ich doch dein Herr.
Mein ist die Kraft, die Macht und Herrlichkeit,
und Legionen Cherubime brausen
herab auf meinen Wink, mit Flammenschwertern
euch auszutilgen von der Erde Grund.
Gott hat dein Tun gesegnet bis hierher.

Doch willst du mir zum Fluch den Segen kehren,
so lähmt er deine Hand. Noch hält er fest
über dem Worte unsres Bundes, Jakob!
⟨Gemach! gedulde dich! Ich trete nun,
mit Gott mich zu bereden, in mein Zelt.
Du aber harre außen, vor der Tür.⟩
Ich führte dich, als du im Finstern tapptest,
hervor in unser Licht. Ich sandte Boten
durch alle Wüsten, dich zu suchen, aus.
Sie fanden dich und schritten dir zur Seite,
verlorner Wandrer du, und waren dir
ein starker Schutz. Ich habe dich beschenkt
mit einem sel'gen Wandel ohnegleichen
durch sieben Jahre. Ich erhöhte dich
auf meiner Väter Thron zuletzt vor Gott.
Was willst du noch?

JAKOB
Herr, mehr, du tatest mehr!
Im Regen deiner Gaben stund ich da
und wuchs und wuchs, bis daß ich heimisch ward
in alledem, was karg und köstlich ist.
Und kurz: hoch über alle Paradiese
aus Goldgewölken schufest du ein Land,
ein zweites Paradies, wie eine Decke
gebreitet über dem, darin ich war,
und meiner neuen Sehnsucht grüne Zweige,
Herr, griffen in dein Gold. Du aber riefest:
dies sei dein Erbe! dieses Land sei dein!
⟨Doch du betrogst mich, Herr! Wo ist mein Land?
wo ist mein Erbe?⟩

[NOTIZ]
Er gibt ihm den Kampf mit in Lea und Rahel.

[EINZELNE BRUCHSTÜCKE
ZUR VORIGEN SZENE]

[LABAN]
Wie sollte Jakob wohl das Schwert ergreifen
wider den Bruder seiner Mutter? — Nein,

du bist nicht Jakob: bist ein fremder Mann,
ein Fürst der Finsternis mit seinen Scharen,
ein Räuber, der, was mein ist, rauben will,
ein Feind des Friedens und ein Feind des Lichtes.
Geh, hebe dich hinweg von diesem Grunde.
Mit Licht und Frieden hat ihn Gott bestellt
und ihn geheiligt.

⟨JAKOB

Nein, mit Lug und Trug.
Und du, du heiligst ihn mit List und Schande.
Was hast du mir getan? Wer ich auch sei:
was hast du mir getan?

LABAN

Was ich dir tat?
Ich führte dich, als du im Dunkel tapptest,
und meine Engel zeigten dir den Weg.⟩

JAKOB

Was soll mir Lea? Rahel will ich, Rahel!
Und Rahel ist es, die du mir versprachst.
Nach Rahel sucht' ich alle meine Tage,
⟨um Rahels willen trat ich in die Welt,⟩
von Rahel träumt' ich, da ich wie verloren
fern diesen Küsten schwamm im öden Meere.
Du gibst mir Lea, gibst mir Blei statt Blut,
statt Honig Wermuth, Trübsal gibst du mir
in Weibsgestalt und Gram und Bitternisse.
Kurz: Lea! Lea! — Wo ist Lea nicht?!
Lea ist feil, auf allen Märkten feil.
Lea ist da und dort und überall.
An jedem Tag, zu jeder Stunde: Lea.
In jedem Flecken: Lea! nichts als Lea.
Zum Überdruß. — Nein, Lea will ich nicht!
Wo Rahel mir nicht wird, so will ich sterben.
Mir graust vor Lea!

LABAN

Lea! hörst du das?

LEA

steht mit gekreuzten Armen
Ja! Gib ihm Rahel, Vater! gib ihm Rahel.

JAKOB
starrt Lea an
Wer bist du, Schatten? und aus welchen Gräbern
stiegst du zu mir. Was willst du? wieviel Namen
hast du in meinen Träumen schon getragen,
wievielmal starbst du, schmerzensreiche Mutter?
Bist du nun wieder hier? Wo willst du hin?
Allein mit deiner Liebe? Wer allein
geboren wurd' zur Liebe, wurd' gelegt
ach, in ein Schmerzenbette voller Stacheln.
Schließ deine Augen! — O erbarme dich,
schließ deine Augen.

LABAN
Kennst du Lea nicht?

JAKOB
Wer bist du?

LEA
Lea.

JAKOB
⟨Du zerbrichst mich, Vater!
Lea, mein armes Weib.⟩
Herr, Herr, deine Hand
liegt schwer auf mir! Ich kann nicht mit dir ringen.
Erbarm dich meiner!

LABAN
Gib den Hirten Befehle . . .

[NOTIZEN]

Ist all dein Glück auf Trug gebaut auch hier?
Ohnmacht und Macht sind Brüder.

[JAKOB]

Wohlan: verheißen hast du mir das Land.
Die Engel raunten mir des Nachts ins Ohr:
sei ruhig, Laban ist ein guter Hirte,
und eher geht des hohen Stammes Feste
zu scheitern als sein Wort. Es ging zu scheitern.
Die Engel logen und du logest mir.
Du stahlest dich davon gleichwie ein Dieb,
und nahmst mit dir, was mein ist. Darum siehe:

du hast mich hoch erhöht, um desto tiefer
mich in den Abgrund wiederum zu stürzen.
Doch eh ich falle, Herr, steh auf mit Macht,
und wärst du Gott, so müßt' ich mit dir ringen.

LABAN
Noch nicht. Was nahm ich mit mir wie ein Dieb?

JAKOB
Du nahmst mir Rahel.

LABAN
Und ich gab dir Lea.

[NOTIZEN]

Ich gab dir die Felle der Tiere zu Zelten.
Große Rede von der Macht.
Die Todesengel etc., die Würger.
Das Furchtbarste, daß ich dich nicht mehr lieben kann.
Deine ganze Schöpfung ist nichts ohne Rahel — eine Schlacke.
Was habe ich dir alles geschenkt: Licht, Herden, Diener,
Sterne; nun ich dir eines entziehe, willst du undankbar sein?
Weil doch eine alles ist.

NOTIZEN UND EXZERPTE

OHNE BESTIMMTE ZUORDNUNG ZU DEN EINZELNEN FRAGMENTEN

[NOTIZEN]

Du sollst nach mir ein Zeuge Gottes werden.

Jakob in Akt zwei entwickelt Ideen der Selbständigkeit, will fort etc.

Der Klang der Silberzimbel der Söhne des Lichts.
Der traumhaft kosmische Überblick zum Schluß.

Vergiß nicht, auf Akt zwei zurückzugreifen im Gespräch zwischen Jakob und Laban. Jener muß diesen auf sein heuchlerisches Verhalten aufmerksam machen.

———

Dann, als Gott in der Natur zur selben Zeit waltete.
Als alter, weißbärtiger Mann, das Göttliche mag hier Gott repräsentieren, der Teil das Ganze.

———

Der Trost. Das Schmerzvolle alles Glücks.

———

Erste Szene
Jakob und Rahel. Warum sind sie fortgezogen? Sie trotzt.
Geh in das Zelt. Rahel wittert gleichsam das Nahen Jakobs.
Sie triumphiert. Jakob kommt.
Labans Freude darüber, daß Jakob ihm nachzieht.

———

Das Zelt Jakobs auf einem Hügel.
Nein! kein Zelt.
Das gänzlich Unbehauste muß merklich sein, ausgedrückt werden.

———

Die Zimbeln klingen nicht mehr.
Ich muß an deinem Herzen liegen.
Der Gram.

DAS HIRTENLIED

[EXZERPTE]

[Aus: Steger, »Centralasien und das Land des Amur«. — In: »Westermanns Illustrirte deutsche Monatshefte« April 1861. S. 51 ff.]

Reinbeck, den 3. April 1899.

Das große Vorratshaus von Völkern.
Grasflächen.
Das Fleisch der Wassermelonen köstlich.
Eine Händlerkarawane: Tee, Seide, getrocknete Früchte, Felle von grauen und schwarzen Füchsen, hölzerne Näpfe, Pferde.
Wenn auf den Bergen im Frühling der Schnee schmilzt, setzt er die Steppe weithin unter Wasser. Flutmassen.
»Nichts als die Hufe lassen sie von meinen Herden mir.«
Ein großer Sultan: 10000 Pferde.
Da wird mit kahlen Sandflächen der Grasteppich durchsetzt.
Seen mit einer in der Sonne funkelnden Einfassung von Salz, um die sich rote Salzpflanzen wie Rubinen um Diamanten schlingen.
Die Ufer eines großen Sees der Wintersammelplatz.
Der brausende Wind reißt Löcher in den Boden.
600000 Köpfe bekommen Heimweh. Kalmücken. Sandstürme.
Die Freude Labans an glänzenden Gegenständen. Das Kindliche.
Die Burane. Winde. Schneestürme. Volksglaube läßt sie aus der Erde hervorbrechen.
Und aus der Erde brach der Sturm hervor,
die Jurten wirft er um, zerreißt die Decken,
mit denen wir das Weidengeflecht unserer Hütten bekleiden.
Wirbel.
Kumys: Stutenmilch.
Hier wird das Gras nicht welk, doch muß ich fort
aus dieser saft'gen Grüne (Amalfi).
Die Ringwälle, in denen Opfer geraucht haben.
Die künstlichen Steinkreise und Wegweiser. Ukräne. Mohillen. Kurgane. In einer Mohille begraben, an einem Wegplatz.
Der Eisbogen von hundert Ellen Breite. Eisspalte, mehr als hundert Fuß, unten die Kora. Donnernd.
Durch die Decke drang das Brausen.
Stimme unter dem Dome ihres Kristallpalastes.

Kirghisen. Kleiner Stamm.
Im Aul grasten, nahe den Zelten, Kamele, Pferde, Ochsen.
Die Männer auf Teppichen, tranken Kumys. Weiber arbeiten.
Kleider von Schaffellen.
Das Leiden der Weiber.
Die Weiber sollen dir ein Zelt errichten.
Der Sklavenräuber. Die Händler.
Hirten und Herden auf der Wanderung von Staubwolken umgeben.
An diesem Zeichen ... :
Es schnitten Adler zahlreich durch die Luft
und wiesen mir den Weg.
Raubvögel begleiten die Horden. Machen Jagd auf die Jungen der kleineren Haustiere. Große, wenn sie durch Sturz verunglücken.
Der Abgrund, in dem der Fluß als einzige Schaummasse tobt, braust und wie Schnee leuchtet.
Zwergzedern.
Oben der Wasserfall wie ein weißer Pferdeschweif, unten zerstiebt er in eine Dunstwolke.
Erdbeben. Ton aus der Ferne, tief unter den Füßen vorbei. Eigentümlicher Dunst vorher. Gebirge in Nebel.
Schrankenloses Gräsermeer.
»Die große Schlucht«, Gebirge an Steppe grenzend. Ebene mit Jurten und Herden bedeckt.
Beim Essen bilden die Weiber hinter den Männern einen Kreis und nagen Knochen ab.
Schafhirt. Barde. Gesang des Hirtenliedes. Als er von Sitten, Gebräuchen [des] Hirtenlebens ... : Ruhige Zug [Züge]. — Heldentaten: Springen nach den Waffen. — Tod des Häuptlings: Trauer.
Die Kundschafter. Die Gebirge sind gangbar. Aufbruch. Das betäubende tierische Konzert. Alles reitet. Auf Kälbern, Kühen, Pferden.

DIE WIEDERTÄUFER

Entstehungszeit: 1901—1902; 1906; 1909; 1911; 1916.

Erstveröffentlichung: Einzelne Szenen in der Zeitung »Der Tag« 1905; in der Zeitschrift »Die Jugend« 1909; in der Zeitschrift »Die neue Rundschau« 1937.

Titel: Zeitweilige Arbeitstitel »Jan von Leyden« und »Das heilige Volk«.

[VORBEMERKUNG]

Die Wiedertäufer-Bewegung zu Anfang der dreißiger Jahre des sechzehnten Jahrhunderts in der Stadt Münster ist bekannt. Es war einer der großartigsten und rätselhaftesten Paroxysmen, die Deutschland gesehen hat. Wie so oft im Laufe des Mittelalters, und noch in der neuesten Zeit in Amerika durch die Mormonen, sollte das neue Zion errichtet werden. Man erwartete täglich die Wiederkunft Jesu Christi, des Heilandes, der als König des neuen Zions auf Erden tausend Jahre die in ein Paradies verwandelte Welt beherrschen sollte. Es würde unmöglich sein, mit wenigem auf die Ursachen jener religiösen Massenpsychose einzugehen, deren Symptome überall in Deutschland zu spüren waren. Ihr krampfhafter Ausbruch zu Münster war fürchterlich. Jedenfalls hatte die Kirche damals die Glaubenskraft der Massen zugleich so sehr gepflegt und mißbraucht, daß der Glaube nun an Stärke und Blindheit nicht mehr zu steigern war: er war eine unabhängige, von denen, die ihn geweckt hatten, nicht zu bezwingende Macht geworden.

Die Vorgänge in Münster sind im großen und ganzen unverstanden geblieben und durch die Geschichte niedergeschlagen worden. ⟨Im deutschen Bewußtsein leben sie nicht, weil das tiefe deutsche Bewußtsein ([gestrichen] in dieser Gegenwart hauptsächlich mit äußerlichen Dingen beschäftigt ist) im Schwinden begriffen ist. Und doch zeigte das münstersche Zion ein Aufleuchten der deutschen Seele, eine Flamme, die nicht nur schlechthin Pech und Schwefel war! sondern sie war auch ein Licht, das erloschen ist! Nie mehr ist so Ungeheures erhofft, geglaubt und mit Hintansetzung jeder persönlichen Rücksicht erstrebt worden.

Ich wollte das große Aufleuchten, den großen münsterschen Seelenbrand ins Bewußtsein der freigebliebenen Geister unsrer Nation zurückbringen und es damit bereichern: eine Absicht, die wahrscheinlich an den Schwierigkeiten des Gegenstandes scheitern wird.⟩

Als man zu seiner Zeit den sogenannten König von Zion, Jan von Leyden, und seine Genossen folterte und hinrichtete und ihre Gebeine seltsamerweise in eisernen Käfigen auf den Turm der Kirche Jesu Christi, des verzeihenden Heilands, zog — die Käfige sind zur ewigen Schande der Zeit bis heutigen Tages am Turme zu Münster hängengeblieben —, trat man Unkraut und Weizen zugleich in den Kot. Und ich glaube, man ist mit größerer Wut auf dem Weizen als auf dem Unkraut herumgetreten. Den Weizen zu retten scheint mir Pflicht gegen die schuldlos-schuldigen Märtyrer eines ihnen eingeimpften heiligen Wahnes zu sein, gegen die gottestrunkenen ⟨deutschen⟩ Dionysier jener Zeit und gegen ein Volk wie das unsere, das allen Grund hat, gegen sich selbst gerecht zu sein.

[PERSONENVERZEICHNIS]

[JAN BOCKELSON, Schneider, Wiedertäufer, genannt JAN VON
  LEYDEN
SEINE FRAU, Besitzerin der Schankwirtschaft zu den Drei
  Heringen in Leyden
JAN MATTHIESEN, Bäcker aus Harlem, wiedertäuferischer
  Prophet
DIVARA, seine Frau
DUSENTSCHUR, ein Wiedertäufer
GEORG VOM BERGE, Schneider, ein Wiedertäufer
BERND ROTTMANN, ehemals lutherischer Prediger zu Münster,
  jetzt Wiedertäufer
SEINE FRAU
BERND KNIPPERDOLLING, ehemals Tuchmacher in Münster,
  jetzt oberster Bürgermeister der wiedertäuferischen Stadt
SEINE FRAU
BERND KRECHTING, Prädikant ⎫ führende Persönlichkeiten
HENRIK GRAIS ⎬ der wiedertäuferischen
TILBECKE ⎭ Stadt
FABRICIUS, ehemals Superintendent ⎫
  zu Münster, landgräflich hessi- ⎪ in Münster verbleiben-
  scher Rat, Nuntius in Münster ⎬ de, aber nicht wieder-
CORVINUS ⎪ täuferisch gesinnte
HENRIK MOLLENHOECK, Schmied, ⎪ Bürger
  ehemals Aldermann ⎭
DOKTOR WESSLING ⎫
WINTERKAMP, Ratsherr ⎬ auf der Flucht vor den Wieder-
THEODOR MÜNSTERMANN, ⎪ täufern
  ehemals Bürgermeister ⎭
HILLA FEIKEN, ein schönes junges Weib, eine Wiedertäuferin
DIE KNÜPPERSCHE, Hebamme zu Münster
Münstersche Weiber und Männer, Wiedertäufer, Lands-
  knechte und so fort]

[PAULUS ⎫
PETRUS ⎬ Bacchanten
AUGUSTUS ⎭
AMBROSIUS HOLBEIN, Maler
Bauer und Bürger zu Leyden]

[FRAGMENT I]

Agnetendorf, 19. Mai 1901.
JAN VON LEYDEN

ERSTER AKT

Schenke in Leyden.

FRAU BOCKELSON
läßt einige Gäste hinaus
So. Nun sind die letzten davon!
Endlich ist Ruhe bei Bockelson.
Jan! he Jan!
Matthiesen, Divara und Dusentschur kommen.

MATTHIESEN
Weib, sei dir Frieden
und Gnade bei Gott dem Vater beschieden!
Matthiesen bin ich! Wo ist dein Mann?

FRAU BOCKELSON
Mein Mann ist schlafen.

MATTHIESEN
Wer jetzund ruhte,
der, wahrlich, hätte den Teufel im Blute
und verschliefe den ewigen Himmelslohn!
Geh und wecke Jan Bockelson!

DIVARA
Pfui, hier ist ein ekler Gestank!
([Am Rand] Kneipe)

MATTHIESEN
Hänge den Mantel hier an den Schrank,
wärm deine Füße und laß das Maulen!
Hier innen stinkt's, weil sie draußen verfaulen.

FRAU BOCKELSON
kommt zurück
Herr Matthiesen! 's ist nachtschlafende Zeit,

mich reut's, den Mann aus dem Schlafe zu reißen.
([Am Rand] Er hat viel zu tun gehabt bei den Verfolgungen etc.)
Ist es ein Handel von Wichtigkeit?

MATTHIESEN

Ja, außer Ihr wollt's einen Hundsfott heißen.
Die Welt ist reif für das Jüngste Gericht,
weck deinen Eh'herrn und fackele nicht!
Frau Bockelson ab.

MATTHIESEN

Wenn will der Satanas einen nicht lassen,
den tut er mit solcher Zange fassen:
dem hängt er an den geistlichen Leib
ein dumpfes, träges, fleischliches Weib.

DIVARA

So bin ich am Ende auch solch eine Last?

MATTHIESEN

Nein, da du die Taufe genommen hast
und auch bereit bist, dein Blut und dein Leben
für Jesum Christum dahinzugeben,
so bist du dem Heiland angetraut.
Sie aber ist eine Teufelsbraut.

DIVARA

Hat sie Kinder?

MATTHIESEN

Zwo oder drei.
Liegen schon tief in der Abgötterei.
Sind getauft mit dem Antichrist,
ob auch der Vater ein Heiliger ist.

DUSENTSCHUR

Hat Jan Bockelson die Taufe genommen?

MATTHIESEN

Heute noch soll er die Taufe bekommen
und auch nach allem äußeren Scheine
zählen zur großen Täufergemeine,
obgleich er längst schon ein Täufer gewesen. —
Setzt euch! Wir sollen von Sünden genesen!
Also: zu Münster, du seliger Mann,

faht sich das neue Zion an?
Wahrlich, es trifft zu genauer Stunde!
Hab' ich's doch aus prophetischem Munde
des neuen Elias, den Gott belehrt
und der sich zu Straßburg im Kerker verzehrt.

DUSENTSCHUR

Hast du den Melchior Hofmann gekannt?

MATTHIESEN

Elias? er hat mich den Henoch genannt!
Elias und Henoch: ob wir uns kannten!
sind wir doch Guts-, Bluts- und Gottesverwandten!
»Matthiesen«, rief er oft, »laß dich nichts schrecken:
wir beide werden den Tod nicht schmecken,
bis daß sich erfüllet, was sicher ist!«
Er ist ein wahrer, versiegelter Christ.
Ich hab' seine heiligen Hände gedrückt,
ihn gewartet, sooft er zu Gott ward verzückt.
Auf meinem Scheitel ruhet sein Segen.
Er liegt in Ketten: ich will mich regen.

DUSENTSCHUR

Bruder, so wahr ich ein Täufer bin
und auch ein gläubiger Melchiorite,
ein immer Getreuer in eurer Mitte,
helft mir aus meinem irrigen Sinn:
Melchior hat uns geweissagt klar,
es soll im vierunddreißigsten Jahr
anfahen zu Straßburg das Gotteshag.
Nun sich die Zeichen zu Münster mehren,
soll man die Augen gen Straßburg kehren?
Jan kommt.

JAN BOCKELSON

Friede und Gnade von Gott dem Herrn!

MATTHIESEN

In Ewigkeit! Du verschlafener Mann! —
Zu Münster faht das Reich Gottes an!
Christ, der begrabne, steht auf mit Gewalt!
Hab acht, steht geschrieben, ich komme bald!
Halt fest, was du hast, du säumige Seele,

daß niemand dir deine Krone stehle!
Es ruft eine Stimme! bist du bereit?

JAN
bescheiden und errötend
Ich bin's, Jan Matthiesen! Ist es Zeit?

MATTHIESEN
Hör zu! Divara, was stehst du dort?
Setzt euch. Wir sprechen ein ernstes Wort.
Die Tür ist geschlossen? Ja, schließe, Johann!
Also, zu Münster fahet's sich an.
Wo ist dein Weib? Jan, halt sie davon,
zu leicht verdient sich ein Judaslohn.

JAN
Ich bürge. Doch ist sie schlafen gegangen. —
Was hat sich zu Münster angefangen?

MATTHIESEN
Da, siehe, dies ist Bruder Dusentschur,
von Knipperdolling und Rottmann geschickt:
zu Münster ist Babel erdrückt und geknickt,
erdrosselt die Babylonische Hur'.

DUSENTSCHUR
Bernd Knipperdolling ist Bürgermeister.

MATTHIESEN
Es regen sich alle guten Pfingstgeister,
und, Jan, der ewige Morgen tagt!
Dies ist Divara, Gottes Magd:
mein ehelich Weib seit kurzer Frist,
das mir geistlich vertrauet ist,
von schlechter Geburt und aus niedrem Stand,
voll Einfalt! doch herzlich zu Gott gewandt.
Was ist dir?

⟨DIVARA
verzückt, weissagend
Nichts! Mich erfüllet Gott!

Der Geist verbrennet mich! welche Not!
Helft! Himmlischer! fahre sänftlich mit mir!
Zunge und Worte leih' ich dir!
Ich höre ein Rauschen, von Wassern erbrausend.
Einhundertundvierundvierzigtausend
Apostel seh' ich um ihn geschart.
Kraus, weiße Wolle ist sein Bart.
Seine Augen sind wie Feuersflammen ...

MATTHIESEN
Heut zum erstenmal hat sie der Geist erfüllt.⟩

DUSENTSCHUR
So ist die Erde mit Nacht umhüllt,
und die Herzen der Heiligen sind voll Licht.
([Notizen] Wie sie den Himmel stürmen.
Wie eine heiße, alles mit fortreißende Sturmwoge.)
Matthiesen hat sich um seine Frau bemüht. Jan hat Wein gebracht, blickt in einer Art starrer Neugier [auf Divara.]

MATTHIESEN
Nun, Dusentschur, tu ihm von allem Bericht.

DUSENTSCHUR
Wohlan! Ich weiß nicht, wer du bist,
außer, wie Matthiesen sagt, ein Christ,
ein Täufer, obgleich noch nicht wiedergetauft.
Doch sollst du den ganzen Handel wissen.
Sie haben die Lutherischen niedergeschmissen
und auch die Papisten. Ausgerauft
aus dem münsterschen Boden ist Satans Same
durch Christum Jesum. Gelobt sei sein Name!
Doch eh ich dir sage, wie's geschehn —
kaum kann ich mehr auf den Beinen stehn!
Gib mir ehebvor einen Bissen zu essen
und, wenn es sein kann, einen Trunk.
Vertrocknet ist mir vor Durst der Schlunk.
Und, Bruder, tu anabaptistisch messen!
Jan holt Wein.

MATTHIESEN
Jan Bockelson ist ein freigebiger Mann.

JAN
Steht dir ein warmer Imbiß an,
so hol' ich das Weib.

DUSENTSCHUR
Kalt oder warm,
nur etwas in meinen hungrigen Darm!

JAN
Ein wenig Patienz! noch ist Glut auf dem Herd.
Ich kann dir gern selber ein Hähnchen braten.
Er beschäftigt sich am Herd, dreht den Spieß.

DUSENTSCHUR
Solcher Wollust hab' ich, wie lange! entraten.
Ihr seht mich in Lumpen und ausgeleert,
barfuß bin ich gerannt und gereiset,
doch hat sich der Vater gnädig erweiset
und aller Fahrnus mich glücklich entrückt.
Ja, wahrlich, mein äußeres Kleid ist geflickt,
meine Glieder verkrümmt, mein Gesicht voller Narben.
Doch kenn' ich viele, die innen verdarben,
und waren außen wie Lilien rein.

JAN
Ich gehe nicht nach dem äußeren Schein.

MATTHIESEN
Sie atmet ruhig. Es drängt die Stunde.
So also lautet von Münster die Kunde,
hör zu! von Rottmanns eigner Hand:
»Mann Gottes!« — warum er mich so genannt,
er mag es dereinst vor Gott vertreten!
»Kommt«, schreibt er, »Brüder, helft uns beten!
Helft uns ringen und zürnen zu Gott
und fordern, daß er erfülle sein Wort!
Helft uns, daß wir mit Eifern nicht ablassen.
Und sollten wir's mit gewappneten Händen fassen
und herniederzwingen, das Friedensreich!
Wahrlich, Brüder, ich sage euch,
schon hat die rote Erde gezittert
vom ersten Donner. Es blitzt und gewittert
näher schon über Heide und Sand!

Kommet, o kommet ins münstersche Land
und laßt uns die große Stunde erwarten!
Münster die Stadt ward zum Gottesgarten,
hier ruhet ihr unter des Vaters Hut.«

DUSENTSCHUR

Das ist so! wahrlich! Er rät euch gut.
Hier dienet ihr Gott unter Schrecken und Schmach,
dort habt ihr sicheres Brot und Gemach.
Wo der starke Bernd Knipperdolling regiert,
da ist es Gott, der die Zügel führt.

MATTHIESEN

Ein Simson ist er in unseren Tagen.

JAN

Möge er alle Philister erschlagen!
Mög' er sie streichen mit eisernen Ruten,
bis sie verrecken oder am Schandpfahl verbluten! —
Wann hat sich zu Münster so alles gewend't?

DUSENTSCHUR

Schon wollte es nehmen ein schlimmes End'.
Waren wir Täufer doch glaublich bericht't,
daß Lutheraner und Papisten
sich heimlich täten wider uns rüsten.
Mir selber zeigt' es der Herr im Gesicht.
Da mahnte ich auf, und wir schlugen Lärm!
Und den Ketzern fuhr die Angst ins Gedärm.
Fünfhundert Täufer stunden wir stracks
gewappnet und nahmen selbigen Tags
das Rathaus ein mit stürmenden Händen:
da war es! da tat sich das Blättchen wenden,
die Gottfresser waren nicht müßig derweil,
sammelten sich in Angst und Eil'
in Überwasser und warfen Schanzen.
Wollten aber mit uns nit tanzen,
lagen stille die ganze Nacht.
Als wir den Morgen herangewacht
mit Psalmensingen, Beten und Weissagen
und keiner sich wollte wider uns wagen —
trotzdem sie großer Zuzug erstarkt' —,

wo wir lagen verschanzt auf dem Markt,
da schrie Knipperdolling überlaut:
»Weil keiner von euch wider Gott sich traut,
so will ich mich wider den Teufel trauen«,
und empfing den Geist und verzog die Brauen
und ward getrieben, allein, durch die Stadt
und rannte allein wider die vom Rat.

MATTHIESEN

Ein Simson, wahrlich!

JAN

Und weiter?

DUSENTSCHUR

Nun,
wir hörten ihn schrecklich rufen und schreien:
»Tut Buße! Wollt ihr nicht Buße tun,
so wird euch der Vater von sich speien!
Reinigen wird er von euch sein Haus!
Vater! Vater! rotte sie aus!«
Ohne Waffen und Harnisch, zerlumpt, halbnackt
hat er den ersten Ketzer gepackt,
den zweiten — mitten ins feindliche Läger
ist er gesetzt, wider Vettern und Schwäger,
und alles gewütet mit Hieb und Stoß,
und immer geschrien, er sei einer bloß
und ohne Waffen. Doch voll Verlangen
harrten wir andren anzufangen,
die wir stunden in Waffen und Wehr
und mutig, wenn auch nit mutig wie er.

JAN

Da drangt ihr nach, da begann das Morden?

DUSENTSCHUR

Nein. Wir sind Herren der Stadt geworden
ohne Schwertstreich! durch Gottes Beistand allein.
Er trieb es in unsre Feinde hinein,
daß sie schier vor Angst vergaßen das Pochen,
Frieden gaben und eilig zu Kreuze krochen.
So ward der Handel vertragen alsbald.
Uns aber, uns Täufern, verblieb die Gewalt.

MATTHIESEN

So schreibt auch Rottmann: »Kommt zu uns herein!
Zwar haben wir noch die alten Partein,
aber ihnen ist ganz das Herz entsunken.
Die Lutheraner sind ein erlöschender Höllenfunken,
die Papisten ein winziges Flämmchen Gift.
Wo ein Ketzer auf einen Täufer trifft,
so schlägt er furchtsam die Augen nieder.
Der Täufer in Münster ist halb ein Gott —
und außer Münster ein Höllenspott.
Sammelt euch, ihr zerstreuten Glieder!«

Das Hähnchen ist fertig gebraten, Jan setzt es vor Dusent-
schur.

JAN

Iß nun und trink. —
Gen Münster gehn?
Wohl möcht' ich Simson mit Augen sehn
und also auch gerne gen Münster fahren.
Nicht aber möcht' ich nach Münster hinein,
um sanft zu leben und sicher zu sein.
Hier wüten des höllischen Königs Scharen
mit Mord, Verfolgung und Tyrannei.
Fürstenbuben und Klerisei
überschütten Christum mit Martern und Hohn:
also leidet der Menschensohn!
Und ich, was bin ich, daß ich aus Leyden
mich flüchten soll in die münsterischen Freuden?

DUSENTSCHUR

Sanft leben zu Münster, Bruder? Nein!
Gar zu sanft wird zu Münster das Leben nit sein.
Der Bischof, den wir verjaget han,
fahet schon mächtig zu rüsten an.
Nit lang, und er liegt wider uns zu Feld
mit Reutern und Knechten, Stücken und Schanzen.
Der sparet Euch weder Gut noch Geld,
sein Teufelsbanner wieder zu pflanzen.
Denkt an die Domherrn und ihren Pracht,
der ihnen ward zuschanden gemacht!
Sie lassen ihn nit so leichtlich im Stich.

MATTHIESEN
Der Bischof ist nur ein Gänserich!
Aber der Bischof nit nur allein —
das ganze Reich wird wider Münster sein!
Jan, willst du denn nit die Läufte verstehn?
Gott will es: wir sollen nach Münster gehn
und machen den Kindern Gottes dort
eine feste Burg, einen Eckstein und Hort!
Hör zu! versteh mich! begreife mich, Jan!
Du bist ein stiller, gottseliger Mann,
voll Treue zur evangelischen Sachen.
Du bist zu Leyden ein Trost der Schwachen.
Kein Verfolgter pochte an deine Tür
vergebens, du gabst ihm Schutz und Quartier.
Du hast die hungernden Brüder erquickt,
die Durst'gen getränkt, die da froren, gewärmt.
Du hast dich mit den Betrübten gehärmt,
die Kranken und Sterbenden hast du beglückt
mit Zuspruch! Wir segnen dein stilles Walten.
Du hast Gottes Banner im stillen gehalten.
Nun sollst du es tragen frei-öffentlich,
Jan, denn wir brauchen Männer wie dich.
Entziehe dich nit dem Rat der Gemeinde
der Heil'gen! du bist uns nötig im Rat!
Unterstütze nit unsere Feinde!
Bedenke, was Rottmann geschrieben hat!
Kein Zögern und Zaudern zu solcher Stunde!
Jetzt heißt es wuchern mit seinem Pfunde!

JAN
Jan Matthiesen ... ich im Rat der Propheten?
Was soll der Zöllner und Sünder im Rat?
Ich bin ein grober Knecht! ein Soldat
des Heilands: bereit für sein Reich zu beten
und mit dem Schwert seine Feinde zu töten,
sonst aber schwersinnig und ungeschlacht,
zum Raten und Tagleisten nicht gemacht.

MATTHIESEN
Das irrst du!

JAN
Auch bin ich herum in der Welt,

möchte nit gern meinen Herd verlassen
und wieder außen auf Gassen und Straßen
mich umherbetteln ohne Not.
Hab' ich doch hier ein leidliches Brot,
genug mit Weib und Kindern zu leben
und bedürftigen Brüdern das Ihre zu geben.
⟨Und endlich: soll — kann ich verlassen die Herden
zu Leyden? Was soll aus den Schafen werden?⟩
Von reißenden Wölfen sind sie umdroht!
Wie also darf ich von hinnen gehn
und lassen die Meinen in Ängsten stehn,
die Herde, der ich zum Hirten berufen?

MATTHIESEN

Jan, wer an des himmlischen Thrones Stufen
zaudernd die Blicke rückwärts senkt,
an Weiber und Kinder und Brüder denkt,
dem hat der Teufel ein Bein gestellt,
der ist verloren! der strauchelt! der fällt!
Nicht du, Jan! du bist ein echter Christ!
So fahre hindurch durch des Teufels List!
Wohl möcht' es dem bösen Feinde gefallen,
dich niederzureißen, den Treusten von allen!

DUSENTSCHUR

Es pocht.

JAN

Sind Brüder!
Er öffnet.
Tretet herein.
Drei Weiber und einige Männer, ärmliche Gestalten, treten ein.

ERSTES WEIB

Jan! am Himmel drauß' ist ein blutiger Schein.

JAN

Wo?

ZWEITES WEIB

Überm Wasser, gen Mitternacht.

JAN
an der Tür

Wahrlich!

DRITTES WEIB
Es ist eine blutige Schlacht
zu Münster geschlagen, sagen die Leute.

ERSTER MANN
Keinen einzigen Bissen im Leibe heute.

JAN
Da, nehmet und esset.
Er gibt ihnen ein Brot, sie teilen und essen.

ERSTER MANN
Sage uns, Jan:
Wer ist dort am Tische der bärtige Mann?

JAN
Ein Täufer wie ihr.

ERSTER MANN
Ein Anabaptist?
Sie sagen, daß es Jan Matthiesen ist,
der Bäcker aus Harlem, auf dessen Kopf
ein Preis gesetzt ist.

JAN
Schweig, du Tropf!

ERSTES WEIB
Ist es wirklich der große Prophet?

JAN
Jan Matthiesen, den die Kraft Gottes umweht:
er ist es. Doch stille! Häscher und Schergen
schleichen umher.

ERSTES WEIB
Gott wird ihn verbergen,
den neuen Johannes des Niederlandes.

ZWEITES WEIB
Ich möchte ihm küssen den Saum des Gewandes!

DRITTES WEIB
Den neuen Elias ...

[NOTIZ]

Schluß dieses Aktes

Divara steht auf, heißt Matthiesen abtreten und läßt ihre Künste der Jugend, Leidenschaft und des Fanatismus spielen. Dabei sagt sie:
»Ihr beide: Männer wie du und Matthiesen, könnt die Welt aus den Angeln heben«.
»Du kennst mich doch nicht!«
»Ich hab' dich gekannt, ehe denn ich dich kannte«, etc.
»Nach Münster!«
»Verlaß dein Weib. Er verließ das seine!«

[FRAGMENT II]

Zu den drei Heringen in Leiden. Es wird an rohen Tischen und aufgestellten Fässern gezecht. Wohlhäbige Wirtin an der Grenze der Dreißig. Ein Dudelsackpfeifer.

ERSTER BAUER
dick
Wirtin, noch eine Kanne Wein.

WIRTIN
Soll's besserer oder geringerer sein?

ERSTER BAUER
Besserer bei den schlechten Zeiten.

WIRTIN
Immer auf hohem Pferde reiten.

ERSTER BAUER
Was hohes Pferd, was niederes Pferd:
sie wär' mir Pferd und Wagen wert.

WIRTIN
Das hat Er mehr als zu oft gesagt,
ist beides längst durch die Gurgel gejagt.
Sie entfernt sich zu anderen.

ZWEITER BAUER
mager
Steckst wohl tief bei ihr in der Kreiden?

ERSTER BAUER
Ist ein sündhaft Leben zu Leyden.
Hilf Himmel und alle guten Geister.

⟨ZWEITER BAUER
Sie ist die Schwester vom Bürgermeister.

ERSTER BAUER
Ein Weibsbild voller Saft und Kraft.
Hat sich in einen jungen Schlingel vergafft.⟩

ERSTER BAUER
Ihr Mann ist der Schwager vom Bürgermeister.
Ein toller Geselle, voll Saft und Kraft,
hat sich in ihre Larve vergafft.

ZWEITER BAUER
Machte wohl schwerlich allein die Fratzen.

ERSTER BAUER
Sie war eine Wittib mit reichlichen Batzen.
Er kam ohne Kanne und Würfel nit aus
und stand gehörig bei ihr zu Brette.
Da stieg er einfach zu ihr ins Bette,
und sie löschte dafür die Tafel aus.

ZWEITER BAUER
Er soll ja viel in der Welt herumstreichen.
Ich hab' ihn noch nie zu sehen gekriegt.

ERSTER BAUER
Er lügt, daß sich die Decke biegt,
darin muß ihm der Satan weichen.
Eines aber ist gewiß:
Er schwatzt dir von Frankreich und Engelland
wie der Pfaffe von Hölle und Paradies,
der Jud' von der Münze auf flacher Hand.
Einige fahrende Schüler, sogenannte Bacchanten, treten ein.

PAULUS
Bacchant
He, Wirtschaft. Wir haben uns durstig gelaufen.
Wein her! Bacchanten müssen saufen.

PETRUS
Bacchant
Potz hunderttausend Sack voll Enten,
wir wollen saufen, wir sind Studenten!

ERSTER BAUER
Die sind nicht übel abgerissen.

AUGUSTUS
Frau Wirtin, einen guten Bissen.

WIRTIN
Wo kommen die Herren her des Wegs?

PAULUS
Über die Brücke, jenseit des Stegs,
dann immer der Nase nach durchs Tor.

WIRTIN
Ihr stellt wohl sehr was Hohes vor,
mir scheint, mit euren spitzen Antworten.

PETRUS
Wir haben dergleichen von allen Sorten:
kurz, lang, dünn und dick,
wir geben in jeder Münze zurück,
wir führen auch überdies Rapiere.

WIRTIN
Potz Bauch, die reinsten Wundertiere!
Aber die Beutel hohl und leer?

AUGUSTUS
Was? Jeder gut einen Zentner schwer.

WIRTIN
So zeigt, was ihr habt, dann mögt ihr essen.

PAULUS
Ich hab' meinen Beutel in Utrecht vergessen.

PETRUS
Meiner ging auf dem Wege durch Geldern verloren.

PAULUS
Mir hat man zu Münster das Fell geschoren.
Allgemeines Gelächter.

BÜRGER

Zu Münster? Wie sieht es zu Münster aus:
Haben sie sich mit dem Bischof vertragen?

PAULUS

Er liegt ihnen wie ein Stein im Magen.
Sie würgen und würgen ihn nicht heraus.

BÜRGER

Aber es soll sich zu Münster innen
ja ein seltsam' Wesen anspinnen.
Habt Ihr davon nichts erfahren?

PAULUS

Nein. Sie haben sich bei den Haaren.
Das konnte freilich ein Blinder bemerken.
Auch schimpfte man auf die Klerisei
und ihre Götzendienerei.
Ich konnte mir den Quark nicht merken.
Meines Zeichens bin ich zwar ein Christ,
aber vor allem ein Humanist.

BÜRGER

Spricht man nichts von den neuen Predigern?

PAULUS

Richtig, man sprach von der neuen Pest.
Ein Pfaffe hatte die Messe gelesen, Höllennest.

[FRAGMENT III]

ERSTE SZENE

Zu den drei Heringen. Einfaches Gastzimmer. Einige Gäste. Jan von Leyden, Ambrosius Holbein würfeln und trinken.

JAN

Ihr seid Maler?

HOLBEIN

Ja. Gott sei's geklagt. Mit unsrem Handwerk ist nichts mehr zu verdienen. Wer mag noch malen, wenn man die Bilder aus allen Kirchen reißt.

JAN

Ach was, der Pöbel war immer wahnwitzig.

HOLBEIN

Nicht so wie jetzt, was man allenthalben wohl sehen kann.

JAN

Wo kommt Ihr her?

HOLBEIN

Einerlei. Weiß selbst kaum mehr, wo ich herkomme. Den Rhein herauf, von Basel aus, wenn Ihr's wissen wollt. Von Basel, wo mir erst Vater und Mutter, hernach Weib und Kind weggestorben ist.

JAN

Ihr seid noch jung.

HOLBEIN

Trotzdem ist mir das Leben längst leid geworden.

JAN

Warum?

HOLBEIN

Warum? Darum.

JAN

Trinkt. Es ist März. Dann kommt ein bißchen Aprilwetter mit Regen und Sonnenschein, hernach kommt der Mai, und Ihr

habt dann auf jeder grünen Wiese saubere Dirnen genug,
Euch schadlos zu halten. — Wie geht es in Basel dem hochberühmten Erasmus von Rotterdam?

HOLBEIN
Hans, mein Bruder, hat ihn gemalt, der jetzt in Diensten des
englischen Königs ist.

JAN
Ihr habt einen Bruder in englischen Diensten?

HOLBEIN
nickt

Am liebsten möchte ich auch dorthin. In England kann der
Maler sein Glück machen.

JAN
Nehmt mich mit, wenn Ihr einen Dolmetscher braucht. Ich
bin ein Jahr lang drüben gewesen. Man ist ja mit einem Fuß
in England, wenn man in Holland ist.

HOLBEIN
Ich muß nach Münster.

JAN
Was wollt Ihr in diesem Pfaffennest?

HOLBEIN
Ich hab' eine Aufforderung von Ludger zum Ringe, dem
Maler, erhalten.

JAN
Ich kenne ihn. Er hat eine schöne Tochter, wenn es derselbe
ist.

HOLBEIN
Es heißt, er hat eine schöne Tochter.

JAN
Auch in Münster kenne ich manchen Mann. Bin viel in der
Welt herumgekommen.

HOLBEIN
So scheint's.

JAN
Da ist Bernd Knipperdolling, der tolle Tuchhändler, einer
der Meister der Tuchmacherzunft.

HOLBEIN
Münster, sagen sie, sei arg unruhig.

JAN
Die alte Leier. Heut zankt sich der Rat mit dem Bischof, morgen mit den Zünften und mit dem Pöbel herum, übermorgen der Bischof mit Zünften und Rat. Ein andermal allesamt mit dem Domkapitel. Es hört nicht auf mit der deutschen Zerrissenheit.

HOLBEIN
Eben das ist es. Das muß einem Kummer machen.

JAN
Trinkt und eßt, was geht's uns an.

HOLBEIN
So sagt Ihr. Das ist nicht jedermanns Sache. Ich habe jüngst einen Mann gesprochen, der durch Basel gereiset und auf einer Insel im Zürichsee gestorben ist. Den haben die Paffen zu Tode gehetzet. Warum haben sie ihn zu Tode gehetzet? Weil er kein Knecht des dreigekrönten Italieners auf dem römischen Stuhle sein wollte.

JAN
Ich habe den Ritter auch gekannt. Wir sind Woche um Woche, Seite an Seite durch das niedere und hohe Deutschland gezogen. Hat auch ein Scherzspiel und eine Tragödia für mich und meine Gesellschaft gemacht. — Ihr müßt wissen, daß ich in Kaisers Acht und in päpstlichem Banne bin, weil ich mich den fahrenden Leuten zuzähle.

HOLBEIN
Seid Ihr nicht hier der Wirt Zu den drei Heringen?

JAN
Meinethalben, wenn Ihr so wollt. Heute das, morgen das, übermorgen in Geiers Küche. Ich treibe, was mir vorhanden kommt.

[FRAGMENT IV]

DAS HEILIGE VOLK

ERSTE SZENE

Platz bei der Kreuzporten. Männer, Weiber und Kinder, bepackt mit Hausgerät, ziehen ab. Schneegestöber. Am Tor stehen Landsknechte, die den Abziehenden das »Überflüssige« abnehmen. Hänschen von der Langen Straße ist unter den Knechten. Fabricius und Corvinus sehen zu.

CORVINUS
Herr Bruder, kommt! mir würgt's in der Kehle
vor Jammer. Es friert mich an Leib und Seele.

FABRICIUS
Was ein erschreckliches Hasten und Laufen!
Der Schneider Georg vom Berge wirft sich den Fliehenden entgegen und bewegt sich in der Masse wie ein Schwimmer gegen den Strom.

GEORG VOM BERGE
Haltet, ihr Brüder, und lasset euch taufen,
Gott will es! Gott sucht euch! Gott ruft euch durch mich!

FABRICIUS
Der rasende Schneider ist widerlich!

GEORG VOM BERGE
Gehet nicht von uns, christliche Brüder!
Was verlasset ihr Münster, die heilige Stadt,
das Fleisch in den Töpfen, das Mehl im Katt?
Tut Buße! Buße! Werfet euch nieder,
auf daß nit der Herr euch verwirft und vergißt...
Henricus Grais kommt, bewaffnet.

GRAIS
Heiden, Heiden! wo ist ein Christ?

Packt euch, schert euch, verworfnes Gesindel!
Gott Vater erhebt sich in seinem Zorn.
Ihr seid verflucht, verdammt, verlorn!

HÄNSCHEN
hält am Torplatz einen alten Mann fest
Sohn Esaus, halt! mach offen dein Bündel!

GRAIS
Ihr babylonisches Hurengeschmeiß,
lauft, sonst macht euch Beine Heinz Grais!

FABRICIUS
Bürger Grais, ist das dann der Täufergeist,
die armen Leute ins Elend zu jagen?

GRAIS
Da möget Ihr Gott im Himmel fragen,
der es uns also vollbringen heißt.
Den Söhnen Jakobs gehört die Stadt.
Ab u[nter] d[as] Tor.

FABRICIUS
Man merkt's, Knipperdolling sitzet im Rat.

CORVINUS
Ein Catilina, so Gott mir helfe!
*Theodor Münstermann kommt, gefolgt von Weib und Kind,
unter den Flüchtigen.*

MÜNSTERMANN
Herr Fabricius, sehet doch an,
mitten im Rudel der reißenden Wölfe!

FABRICIUS
Gott zum Gruße, Herr Münstermann!
Wollet Ihr auch nit innen bleiben?

MÜNSTERMANN
Wo der Teufel auf allen Straßen hofiert
und jetzund auch auf dem Rathaus regiert,
da lass' ich mich lieber mit Christo vertreiben.
Und Ihr?

FABRICIUS
Noch harre ich aus, mit Gott.

MÜNSTERMANN
Umsonstige Mühe! vergebliche Not!
Ich hab' auch geharrt. Nun ist es vertan.
Klebt einer sich jetzt an das Seinige an,
der muß auch in solcher Sintfluß ersaufen.
Entweder Ihr nehmet des Satans Taufen ...

FABRICIUS
Herr Münstermann, reiset glücklich selbdritt.
Seid getrost! Ich nehme die Taufe nit!
Münstermann, Weib und Tochter ab durch das Tor.

FABRICIUS
Münster verliert seine besten Söhne.
Fernes Geschrei.

CORVINUS
Herr Bruder, höret Ihr diese Töne?
Ich kann es nit fassen, was hier geschicht.

GEORG VOM BERGE
Tut Buße! nahe ist Gottes Gericht!
Seht ihr den Vater in seiner Wolke,
die Fahne des Sieges in seiner Hand?
Er zeigt sich seinem heiligen Volke!

FABRICIUS
Der Schneider ist außer Rand und Band.

CORVINUS
Entsetzlich zu sehen! erschrecklich zu hören!
unmöglich zu denken obendrein,
wie dies Schwärmergezücht unter frommem Schein
die teuren evangelischen Lehren
entweihet, beschmutzet, besudelt, zertritt.
Doktor Johann Wessling kommt unter den Vertriebenen.

DOKTOR WESSLING
So steht es, ihr Herren! Kommt ihr mit?
oder wollet ihr auch mit den Wölfen heulen?

CORVINUS
Münster ist Hiob! ein Leib voller Beulen,
Herr Doktor Wessling! daß Gott sich erbarm'!

DOKTOR WESSLING
Viel lieber vertrieben, verachtet und arm,
als, gebettet in diesen Wespenschwarm,
an Leib und Seele zerstochen werden.
Manches hab' ich erlebt auf Erden.
Aber solche unsinnige Raserei —
potz Küren, Tanzwahn und englischer Schweiß!
wie das geschieht zu des »Vaters« Preis,
so bin ich gottlos, ich sag' es frei!

FABRICIUS
Ihr solltet nit fliehen, ihr solltet standhalten!

DOKTOR WESSLING
Nein! nein! ich bin bloß ein münsterscher Mann,
hab' für die Stadt noch zu wenig getan,
bestehe nit vor den neuen Gewalten.
Lebet wohl, lebet wohl, der Gehetzte hat Eil'!
Holländer und Friesen sind hier jetzt das Heil!

GEORG VOM BERGE
wie am Anfang
Haltet, ihr Brüder, und lasset euch taufen!
Gott will es! Gott sucht euch! Gott ruft euch durch mich,
das neue Zion erbauet sich!
Wer treibt euch? Was rennt ihr? was flieht ihr zu Haufen?
Draußen ist Babel, hier innen ist Gott,
laßt euch versiegeln! nehmet das Zeichen
des Heiles, nach unsres Propheten Gebot!
Winterkamp unter den Fliehenden.

FABRICIUS
Herr Winterkamp, wollet Ihr auch entweichen?

WINTERKAMP
Zu viel des Unsinns! ich halt' es nit aus!
lieber verlass' ich Hof und Haus!

FABRICIUS

Will's Gott, nit auf lange!

WINTERKAMP

Die Stadt hanseliert,
solange Knipperdolling regiert.
Und bevor ihr den Rottmann nit lasset henken,
ist auch an Wiederkunft nit zu denken.
Ab durch das Tor.

FABRICIUS
gedankenvoll

Der Rottmann! Er war ein lutherischer Christ —
heut ist er der wildeste Anabaptist,
steht auf dem Markt und taufet die Leute.

CORVINUS

Ein Paulus gestern, ein Saulus heute!
gegen Christum wütend mit Feuer und Schwert.
Matthiesen, mit einem Spieß bewaffnet, hat es von ungefähr gehört.

MATTHIESEN

Wer hat dich die stinkende Weisheit gelehrt?

CORVINUS

Mensch, was hab' ich mit dir zu schaffen!

HÄNSCHEN
am Tor, schreit herüber

Sind lutherische oder papistische Pfaffen!
Stehen schon hier geraume Weil',
richten uns aus, halten Maulaffen feil.

FABRICIUS

Das lügt er! wir stehen hier niemand zuleide!

MATTHIESEN

Ihr seid lutherische Pfaffen, beide.

FABRICIUS

Ich bin landgräflich hessischer Rat
und Nuntius bei dem münsterischen Staat.

MATTHIESEN
Das wird Euch vor Verdammnis nit schützen.

HÄNSCHEN
Bruder, stoß ihn nit an die Mützen,
er ist gewest Superintendent!
hat geführet das Kirchenregiment
zu Münster auf schmalkaldische Weise.

MATTHIESEN
Euer schmalkaldischer Bund ist Sch . . . .,
davon kriegen die armen Leute kein Brot.

CORVINUS
mit Hinweis auf die Vertriebenen
Und so treibt sie der Anabaptist in den Tod.
Ab mit Fabricius.

MATTHIESEN
Ja! Ja! Unser Gott ist ein furchtbarer Gott!
ein Gott der Vergeltung! ein Gott der Rache!
Er hat verworfen der Gottlosen Sache,
macht Luthern, den Papst und den Kaiser zum Spott!
Hinaus, ihr Kinder der Finsternis!
Die Erde erbebt, der Vorhang zerriß!
die Baalstempel stürzen zusammen.

EINER AUS DEM ABZIEHENDEN HAUFEN
Das Stift Sankt Mauritius stehet in Flammen!

MATTHIESEN
verzückt
Gelobet sei Gott in Ewigkeit!
Brüder, werft euch aufs Angesicht:
der Vater ist nahe! der Vater spricht!
Tut Buße! betet! Barmherzigkeit!
Er wirft sich in Kreuzform auf die Erde. Es bildet sich ein Kreis um den Hingesunkenen.

HILLA FEIKEN
Wer ist es?

EIN MANN AUS DEM VOLKE
Einer von den Propheten!

GRAIS
drängt sich zu
Jan Matthiesen ist es, aus Niederland,
der große Prophet! Gottes rechte Hand!

HILLA FEIKEN
Werfet euch nieder! lasset uns beten!
wir haben den neuen Elias erblickt,
den Gott seinem münsterschen Volke geschickt!
Er wird den irdischen Tod nit sehn,
bis, was verheißen ist, ist geschehn.

[NOTIZEN]

Szene am Kreuztor, wo nachher die Belagerer eindringen.

Jan: »Wie heißt du?«
Gresbeck: »Gresbeck ist mein Nam'.«
Jan: »Milchbart. Fräulein, halt dich wacker!«
Einer: »Hat es hinter den Ohren, der Racker.«
Jan: »Ich weiß nit, was mein'n Blick so hält.«
Eine: »Daß doch so gefällt, was dir nit recht gefällt.«

Man sieht bis hinauf auf das geldrische Blockhaus.

[FRAGMENT V]

ERSTER AKT

[NOTIZ]

Die Einheit in den Massen wird durch gemeinsame Ideen erzielt. Daher Dogmen die Mittel der Herrscher.

Haus Knipperdollings am Markt zu Münster. Ein Gemach mit Erker. Rechts und links Türen in anstoßende Gemächer. Lichter. Mittag. Fabricius, Pfarrer Krechting und Corvinus.

FABRICIUS
Herr Bruder, wo führt dieses alles hin?

KRECHTING
Zu christlicher Freiheit! zu ew'gem Gewinn
uns allen: aus Unflat und Abgötterei!

FABRICIUS
Wohin? In Unflat und Tyrannei!

KRECHTING
Das denk' ich nit!

FABRICIUS
Sehet die Ärmsten doch an!
Was haben sie denn so Übles getan,
daß sie müssen von Hof und Haus
im Schneegestöber zur Stadt hinaus?

KRECHTING
Wen Gott nit verständigt in diesen Sachen —
wie soll ein Mensch den wohl sehend machen?
Bittet zu Gott, so werdet ihr sehn!

FABRICIUS
Ich will solche Greueln nimmer verstehn!
Zitterndes Volk, zu Haufen getrieben:

Weiber, Greise, Kinder, halbnackt,
mühselig mit ärmlichem Hausrat bepackt!...
Heißt das der Täufer den Nächsten lieben:
ihn verjagen von Haus und Herd?
Hat Christus solche Liebe gelehrt?

KRECHTING

Herr Bruder, suchet doch in der Schrift,
ob Gottes Zorn immer sänftlich trifft!
Ihr könnt's im Buch Samuelis ergründen.
([Notiz] Das Alte Testament rumort in ihren Köpfen.)

CORVINUS

Pfui, sag' ich! das nenn' ich waten in Sünden!

FABRICIUS

Ich nenn' es: ertrinken im Irrtum zumeist!

KRECHTING

Ich nenn' es: versinken im Heiligen Geist!
Wer Ohren hat, der wird es auch hören,
was der Geist den Gemeinen sagt!
([Am Rand] Schlagwort!)

CORVINUS

Es ist der Geist, der Besessene plagt
mit höllischem Wüten und teuflischen Lehren!
Der Rottengeist von Mühlhausen ist's!
der Bannerträger des Antichrists!
Es ist des Münzers blutiger Schatten,
zu Frankenhausen durch Gott gericht't!
aber leider nit völlig vernicht't!

KRECHTING
blaß, erregt

Und wenn sie auch Gott im Himmel verfemen,
sie richten ihn nimmermehr zugrund'!
Stopfet ihr seinen Propheten den Mund:
dennoch wird sich der Geist befreien!
Schwiegen wir, würden die Steine schreien!

FABRICIUS

Bruder! bedenket doch ja, was Ihr sprecht:

der Geist, der hier sich Rumorens erfrecht —
kann der wohl göttlichen Ursprungs sein?
Er brüllt wie ein Ochse, er grunzt wie ein Schwein!
Er rüsselt im Unrat! er wühlet im Schlamme!
Er fegt, eine übelriechende Flamme,
daher durch Münster, die gute Stadt.
Er flicht die schuldlose Armut aufs Rad,
reißet den Kindern das Brot vom Munde
und wirft es vor die wütenden Hunde,
die in Schafsfellen schleichen umher.
Wehe dir, Münster, du sündigst schwer!
Deiner Kinder Wehruf erfüllt deine Gassen!
Gott wird es nit ungesühnet lassen!

KRECHTING

Herr Bruder, ich bin nicht so weltlich gesinnt.
Hie münstersche Kinder! hie Gotteskind!
Wenn sich die beiden müssen bekriegen,
so sollen die Kinder Gottes siegen
und peitschen die Kinder von Münster davon.
Der Herr hat kein Mitleid mit Absalom!
Die ihr nit wollt Gott im Himmel ehren,
euch soll man den Rücken mit Ruten kehren
und soll euch führen auf Gottes Geheiß
wie Adam einst aus dem Paradeis
und soll euch stoßen zum Tempel hinaus!
Ganz Münster soll werden Gottes Haus!

CORVINUS

Wenn Münster ein Gotteshaus soll sein,
so rufet doch nit alle Teufel herein!

FABRICIUS

Herr Bruder, Herr Bruder, nur immer mit Maßen!

KRECHTING

Entweder Ihr werdet Euch taufen lassen ...

FABRICIUS

Ich bin von Kindesbeinen getauft!

KRECHTING

Das heißt: Ihr seid dem Teufel verkauft
von Kindesbeinen!

FABRICIUS
So seht Ihr es an!

KRECHTING
Das heißt: Ihr seid ein verlorner Mann!

CORVINUS
Kindtaufe ist eine Greuel vor Gott —
so sagt Ihr! Was ist denn Eure? ein Spott!
eine scheußliche Lästerung ist sie, nichts weiter:
ein böses Geschwür! eine Beule voll Eiter!
zehnfache Todsünde obendrein!

KRECHTING
Da solltet Ihr besser berichtet sein:
der Gläubige darf die Taufe empfahn
und nit ein Kind, das nit glauben kann.

CORVINUS
Leugnet Ihr, daß wir in Sünden geboren?

KRECHTING
Das leugn' ich! Ein Säugling sündiget nit!
bringt sein weiß Hemdlein vom Himmel mit.

CORVINUS
Ist nit unter Sünden erdrückt und verloren?

KRECHTING
Nein!

CORVINUS
Nit seit dem Sündenfalle verflucht?

KRECHTING
Nein! Gott ist nit, wie Herodes, verrucht,
daß er die Kindlein um nichts läßt schlachten.
Was Adam und Eva in Sünden vollbrachten,
wie sollten das haben die Kindlein getan,
die doch noch gar nit gelebet han?!
Wie redet Ihr selber denn fort und fort?
»Unschuldige Kindlein« ist euer Wort!
Nun, wahrlich, sie kommen glaslauter zur Erden!
sie brauchen mit Blut nit gewaschen zu werden.

FABRICIUS
Genug und zuviel des müßigen Gezänks!
Es ist nit der Sinn des Gnadengeschenks,
die Seelen machen durch Zwietracht zuschanden.
Die bittere Sintfluß ist einmal vorhanden:
Tauft Kinder oder taufet sie nit!
Nur wen ihr lasset des Heiltums genießen,
den tut mit geweihtem Wasser begießen,
aus geweihten Gefäßen, geweihter Hand!
geweihten Geistes zum Himmel gewandt!
nit aber, wie jetzt auf dem Markte geschicht,
aus Weinfässern, Butten, Trögen und Gelten,
mit Fluchen, Schwören, Lästern und Schelten!
Was bedeutet die Röte am Firmament?
Heinrich Mollenhoeck, Schmied, Aldermann, stürzt herein.

MOLLENHOECK
Ihr Brüder, das Stift Sankt Mauritius brennt!

FABRICIUS
Das Stift Sancti Mauritii stehet in Flammen?

MOLLENHOECK
Der Pöbel hat es in Brand gesteckt!

CORVINUS
Seht dort, wie die Lohe gen Himmel leckt!

FABRICIUS
Gott helf' uns!

KRECHTING
Babel stürzet zusammen!

MOLLENHOECK
Wahrlich, Münster ist Babel worden,
wird regnieret vom Narrenorden,
bis an den Hals ins Verderben geführt!

FABRICIUS
Endlich einer, der nit hanseliert!

MOLLENHOECK
Einer, ihr Brüder, was will das heißen!

einer in ganz Münster der Stadt,
die Christum den Laufpaß gegeben hat!

KRECHTING

Du solltest dir lieber die Zunge abbeißen,
bevor sie so übele Rede getan!

MOLLENHOECK

Ich bin Heinz Mollenhoeck, Aldermann,
rede, wie mir der Schnabel gewachsen,
kenn' es nit anders von Jugend auf,
hasse Pfaffen und pfäffische Faxen.
Droht mir einer, so spei' ich drauf!
Wärst du geblieben zu Gildhausen!
Wir haben genug Prädikantenflausen!
Und hättst du gelegt dein Teufelsei
daheim in deiner eignen Pfarrei!
Oder ist es der Krechting nit?

KRECHTING

Ich bin's, das sollst du auch bald wohl merken!

MOLLENHOECK

Den Satan merkt man an seinen Werken!
Hab' ihn gemerkt! mit jedem Schritt!
Ihr Herren, wollt ihr ein Stücklein sehn,
so müßt ihr auf den Domhof gehn,
noch besser in das Münster hinein!
Zerschlagen Bilder und Altarschrein!
Die Fliesen aus dem Estrich gerissen!
Heiligenknochen umhergestreut!
Bunte Fenster zerbeult und verbleut!
Gräber geschänd't, in Monstranzen gesch...!

KRECHTING

Es soll keine Kirche in Zion sein!
wir sollen Gott in der Wahrheit anbeten!
Er ist der Becher, er ist der Wein!
Höret ihr nit den Ruf des Propheten?
Er ist A und O, ist Anfang und Ende,
braucht keine bemalten Tafeln und Wände!
Und also müssen sie werden veracht't,
zertreten, zerstampft, zunichte gemacht!

MOLLENHOECK

Pfäfflein, du machst dich höllisch breit!
Ja, randaliere du eine Zeit,
mit Rottmann und seinen Prädikanten,
bis dich der Satan nit fürder schützt!
Knipperdolling nit mehr im Rathaus sitzt
mit Täufergesindel und Diebsverwandten.
Ihr habt des Teufels Bibel gefressen
und Münster kläglich und schändlich vergift't.
Gib acht, wie des Bischofs Rache dich trifft!

KRECHTING

Wollt ihr die münsterschen Büchsen vergessen,
die Faule Gret' und den Umpenplump?
die schleudern wohl noch manchen eisernen Klump
und bringen dem Bischof noch manchen Gruß,
eh daß er setzt in die Stadt einen Fuß!
Aber höret dies noch, Heinz Mollenhoeck:
Ob er gleich mir das Fell von den Ohren zög,
Ihr werdet es nun und nimmer erleben!
Euch wird man früher den Laufpaß geben!

MOLLENHOECK

Das wird geschehen, wie Gott es will!
Knipperdolling stürmt herein. Jan von Leyden, scheu, still, kommt ein wenig nach ihm.

KNIPPERDOLLING
sehr laut

Männer! Taufgesinnte und Brüder!
Höret mir zu und schweiget still!
Elias fähret vom Himmel hernieder!
Von Holland kommt geleuchtet ein Licht!
Er naht, der die Pforten der Hölle zerbricht!
Hosianna dem, der da kommt, dem Propheten!
Lasset uns danken dem Vater und beten!

MOLLENHOECK

Knipperdolling, es ist itzt zum Beten nit Zeit:
zum Beten ist einer nit Bürgermeister.
Zu Sankt Mauritius gibt's Arbeit!

KNIPPERDOLLING
Itzt würgen wir alle Höllengeister
und machen ihnen den Atem so kurz —
blau! — wie einen Altweiberfurz.
Frau Knipperdolling a[n] d[er] Tür rechts, festlich gekleidet.
FRAU KNIPPERDOLLING
Was gibt es, Bernd?
KNIPPERDOLLING
Weib! backe, brate!
Jan Matthiesen kommt, aus Niederland!
der große Prophet! Gottes rechte Hand.
Ich will ihn machen zum König im Rate,
zum Herrn und Meister in meinem Haus.
Wir wollen ihn ehren mit einem Schmaus,
daß Tische wanken und Tafeln zerbrechen.

MOLLENHOECK
Der Bürgermeister denket ans Zechen,
derweilen die halbe Stadt verbrennt!

KNIPPERDOLLING
Daß dich, potz Küren, Marter schänd'!
Geh und kotze ins Feuer hinein!
Mögen verbrennen alle Stifter und Raubtürme!
was scher' ich mich um das Höllengewürme!
Ein Pfaff, ein Stiftsherr — ein Hund, ein Schwein!
Mollenhoeck ab.
FABRICIUS
Meister Bernd! dies ist ein böses Lästern,
solche Rede verwickelt in Irrtum und Schaden.
Philipp von Hessen, landgräfliche Gnaden,
müßte sich arg darüber betrüben,
sollt' es ihm kund und zu wissen sein,
wie Münster die Stadt, unter frommem Schein,
das Evangelium Jesu zu lieben,
sich stürzet in Ufruhr, Sünde und Not.

KNIPPERDOLLING
Geht! saget Philippen Gottes Gebot:
Er soll sich herein zu Münster bequemen,
bekehren und unsere Taufe nehmen!

FABRICIUS
eindringlich
Knipperdolling, Ihr seid ein redlicher Mann!
Wie konntet Ihr also in Irrtum verfallen!

KNIPPERDOLLING
Hört Ihr Gottes Posaune nit schallen,
so ist es um Eure Seele getan.
So weichet von hinnen: ich kann Euch nit retten!

FABRICIUS
eindringlich
Euer Ohr ist verstopft! Ihr schmachtet in Ketten!
Mann! Knipperdolling! Meister! erwacht!
Öffnet die Augen! um Euch ist's Nacht!

KNIPPERDOLLING
glotzt einen Moment zweifelhaft, dann schlägt er auf den Tisch
Tag ist's! sag' ich. Hellichter Tag!
So einer das Licht nit verspüren mag,
den soll man stoßen in Finsternis!

JAN
ruhig
Ihr Männer, es geht durch die Welt ein Riß,
tief und gewaltig, nimmer zu schließen,
der die Lämmer itzt von den Böcken trennt.

KRECHTING
Und wer sich itzt nit zu Christo bekennt,
dem wird sich Zion auf ewig verschließen,
er wird des Lammes Glorie nit sehn
und muß mit Babel zugrunde gehn.

CORVINUS
Nun, Meister Bernd, noch ein letztes Wort!
Fahret Ihr hier zu Münster so fort
und lasset Herrn Omnes schalten und walten,
statt, wie sich's ziemt, ihn im Zügel zu halten
mit Schwertern, Ruten, Galgen und Rad —
und tut Ihr die Tore auf dem, der jetzt naht:
jenem Bäcker aus Harlem und seiner Lehre,
die von Irrtum starrt und von Blute raucht . . .

JAN
Er hat sie ins Blut des Lammes getaucht.

FABRICIUS
... so wird der Landgraf nehmen die Schere
und das Tischtuch zerschneiden grade und glatt
zwischen sich und Euch und Münster der Stadt.

KNIPPERDOLLING
lachend
O lieber Lipps, dann mag dir Gott helfen!

CORVINUS
Lasset Ihr hie den Ächter herein,
den grimmigsten unter den reißenden Wölfen,
die die Herde Christi zerstreun,
so werdet Ihr sein mit einem Streich
geächtet von Pfaffen, Fürsten und Reich!
Denn Matthiesen ist ein toller Hund,
zehnmal dem Stricke des Schinders verfallen,
verfolgt, verflucht und geächtet von allen!

KRECHTING
Sehet doch an, er hat Schaum vor dem Mund!

CORVINUS
Tritt erst Jan Matthiesen Münsters Gassen,
so soll der Christ seinen Mantel fassen,
dieweil die Stätte verflucht ist ...

KNIPPERDOLLING
faßt ihn am Kragen
Sieh, Pfaff! deinen Mantel fasset ein Christ.

CORVINUS
... und soll sich bekreuzen ob solcher Not
und eilig sich heben aus Sodom wie Lot.

KNIPPERDOLLING
Pfäfflein, dieweil du gelästert den Bäcken
aus Harlem, so sollst du dafür ihm lecken
die Schuhe, verstehst du, und sollst deswegen

deinen Mantel vor seine Füße legen:
Holla! Stadtknechte! packt ihn an!

FABRICIUS

Halt ein, itzt, du toller, wahnwitziger Mann!
wir stehen in Landgraf Philipps Schutz!

KNIPPERDOLLING

Bewirft er Gottes Propheten mit Schmutz,
so muß er werden gestäupt und geblockt!

JAN

Laß ihn! Gott selber hat ihn verstockt
und hat ihn gelegt in des Satans Klauen.

KNIPPERDOLLING

So pack dich! und lasse dich nimmer erschauen
im Weichbild von Münster, verfluchter Tropf,
sonst ist es geschehen um deinen Kopf!
*Schnell ab, links. Corvinus bleich ab, weil Fabricius ihm
durch einen Wink zu gehen bedeutet. Pause. Hosianna-Rufe.*

FABRICIUS

Verzeiht mir, Ihr scheint von gesetzterem Sinn,
reifer an Geist, obgleich jung an Jahren.
Ich möchte es gerne durch Euch erfahren:
Wo, meint Ihr, will dieser Handel hin?
ich kann von alledem nichts nit begreifen:
mir scheint, die Geister schwärmen und schweifen,
sind an Bibel und Babel erkrankt...

JAN

Mir, Bruder, scheint's, daß die Erde wankt.

FABRICIUS

Recht so! mir will es nit anders erscheinen.
Wer aber hat sie ins Wanken gebracht?
Rom mit seiner Wollust und Pracht?
mit Pfründenschacher und Ablaßscheinen?
Woher kommt es, das ewige Ringen und Kämpfen?
Lieget das Reich in Todeskrämpfen
und will es ersterben über Nacht?

Oder hat es der Luther schellig gemacht?
Oder sind es die Fürsten gewesen?
Der Kaiser sollte nehmen den Besen
und sollte auskehren ganzer Gewalt
die Tenne des Reiches mit eisernen Händen.
Meinet Ihr nit?

([Notiz] Das Römische Reich ist noch nit gestürzt.
    Wenn es nit ist dem Boden gleich,
    wird nit erstehen das neue Reich!)

JAN
Die Welt ist alt!
Wo Gott nit erneuert ihre Gestalt,
so wird sie in Sünden schmählich verenden.

FABRICIUS
Und meinet Ihr also, Gott wird sie erneuen?

JAN
Bruder, du scheinest kein Täufer zu sein,
kein auserwählter, versiegelter Christ!

FABRICIUS
Wahr! ich bin kein Anabaptist.
Aber ich möchte mich gerne vom Bösen
wie du und alle lassen erlösen.
Ich bin's bedürftig und bin's bereit.
Nur leider, mir fehlet Weg, Ziel und Geleit.

JAN
So verlaß deine lutherische Lehre
und gib wieder Gott im Himmel die Ehre!
Aber fleh ihn zu allermeist,
daß er dir schickt seinen Heiligen Geist!

[ANDERE FASSUNG DES SZENENSCHLUSSES]

JAN
Mir Bruder, scheint's, daß die Erde wankt!

FABRICIUS
Wankt sie — und wirklich mag sie wanken —,
so stelle der Christ umso fester den Fuß.

JAN

In dieser greulich[en] Sintfluß
heißt es fischen nach Balken und Planken
und zimmern ein Schifflein, so gut es geht,
das wie Noae Arche im Wetter besteht.

FABRICIUS

Und meint Ihr, daß Münster die Arche wird sein?

JAN

Das gebe Gott!

FABRICIUS

Ich kann's nit glauben!
Es ist ein Faß ohne Reifen und Dauben,
wie soll es schwimmen und halten den Wein?
Eure Schiffsleute hat ein Taumel gefaßt,
zerschneiden die Segel, kappen den Mast.
In solcher Arche kann Noah nit reisen.

JAN

Bruder, wir wollen den Himmel preisen
für einen Strohhalm, den er uns schickt.
Ihr sehet die Menschen entzückt und verrückt:
das Gute ist ihnen verhindert worden,
nun haben sie sich im Bösen befreit.
In Ohnmacht hat uns gehalten die Zeit
durch blutiges Wüten, grausames Morden.
Wir haben gebetet, gebettelt, gelitten,
und uns durch Duldung und Sanftmut gestritten,
bis daß sich die Ohnmacht erlöset hat
wie hier und immer zur sinnlosen Tat.
Aber habt nur Geduld! Der Most wird sich klären.

FABRICIUS

Wie heißet Ihr, Bruder?

JAN

Ich heiße Jan,
»von Leyden« hängen die Leute mir an.

FABRICIUS

Ihr seid Holländer?

JAN

Meine Mutter war münsterisch.
Mein Vater selig war Schultheiß im Haag.
Ich selber bin weder Fleisch noch Fisch.

FABRICIUS

Was einer dagegen auch sagen mag,
Ihr redet vernünftig und nit wie die andern.

JAN
achselzuckend

Mag sein. Bin sonsten in nichts nit gelehrt.
Nur daß ich sehe, die Welt geht verkehrt,
und daß ich manches erfahren beim Wandern.

FABRICIUS

Ihr seid wohl viel in der Welt herum,
daß Ihr das Weltwesen so habt ergründet?

JAN

Das darf ich wohl sagen, ohne Ruhm.
Hab' manches erlebt, ersehn und erkündet
zu Lübeck! Flandern! Engelland!
Bin auch zu Lissabon gesessen,
nit nur mit der Schneiderelle gemessen
weltliche Herren und geistlichen Stand!

FABRICIUS

Man sieht es Euch an auf den ersten Blick!
Hätten wir hie doch mehr ruhiger Leute!
Es ließe sich wahrlich wenden noch heute
vielleicht der unseligen Münster Geschick:
Wüßt' ich den schlimmen Handel zu schlichten,
zu vertragen, das Recht wieder aufzurichten . . .

JAN

Vertragen? — ich weiß nichts von Vertrag.
Der Tag, der da kommt, ist ein blutiger Tag.
Und wenn sie zu Münster sich wollen vertragen,
so will ich es Gott im Himmel klagen
und bitten, daß er sich nicht verträgt.
Sie haben Hofmann in Ketten gelegt

zu Straßburg. Sie haben in Salzburg verbrannt
ein Versammlungshaus voller unschuldiger Leute.
Sie wüten und morden im Niederland.
Den Nachrichter sah ich ertränken Bräute,
kaum sechzehnjährige Mägdelein.
Sie wollten des Satans Metzen nit sein,
drum mußten sie unter der Brücken versaufen.
Zwölf christliche Brüder nahmen die Taufen
zu Augsburg am Marterholze mit Blut.
Sie rissen Augustin Badern mit Zangen
das Fleisch von den Knochen. Die Heiligen prangen
mit Striemen und offner Wunden Glut.
Bleibt bei uns, so werdet ihr sehen den Mann,
der nit nur Münster bezwingen kann.
Er wird die schwelenden Dünste zerstreun,
die Stadt verjüngen, die Erde erneun!

FABRICIUS

Und Ihr . . .

[NOTIZEN]

Der Luther ist stark.
Aber was er geschaffen ist ohne Mark.

Knipperndollings gewaltiger Bürgerstolz!

Wer hat ihn zum Bischof postuliert?

Verschmitzte Buben, des Kreuzes Feinde,
verführen und quälen der Christen Gemeinde!

»Ihr habt früher die Kindertaufe verworfen. Gut, nun aber,
wie kommt ihr zu der Neuerung, Erwachsene zu taufen?«
sagt Fabricius (Dusentschur, Jan etc.).

[FRAGMENT VI]

In des Rates Kammer. Tisch. Die Bibel aufgeschlagen. Kippenbroick, Knipperdolling, Tilbecke, Rulle, Rottmann, Henricus Grais, Krechting etc. sitzen um den Tisch, gedeckt durch Landsknechte. Fabricius steht vor den Schranken. Stadtdiener Teba.

TEBA
Stehet draußen der hessische Prädikant,
den vor Zeiten Landgrave Philipp gesandt,
wünscht Gehör beim ehrsamen Rat.

KNIPPERDOLLING
Ist der Fabricius noch in der Stadt?

TEBA
Jawohl! der ist's, Bruder Bürgermeister.

KNIPPERDOLLING
Greift ihn! werft ihn zur Stadt hinaus
oder sperret ihn ein ins Fraterhaus!

TILBECKE
Halt, lieber Bruder! Die Lügengeister
wollen wir abtun nach und nach.
Alles mit Muße! nit allzu jach.
Wir dürfen es, denk' ich, nit vergessen:
Hinter ihm stehet der Landgraf von Hessen,
hat Münster manches zugute getan.
Ist er kein taufgesinnter Mann —
Gott kann ihn erleuchten über Nacht.

KNIPPERDOLLIMG
Ich speie in aller Fürsten Macht!

ROTTMANN
Lasset ihn kommen! gebt ihm Gehör!
Allein Gott in der Höh' sei Ehr'!
Wir wollen uns christlicher Milde befleißen.
Teba läßt Fabricius ein.

FABRICIUS
Ehrsame, weise, hochmögende Herrn!

ROTTMANN
Wir sind nichts weiter dann arme Sünder,
des himmlischen Vaters unwürdige Kinder,
Brüder in Christo ...

FABRICIUS
Das hör' ich gern!
Nun, lieben Brüder in Christo dann:
Ich komme als christlich gesinnter Mann,
freundwillig, doch mit beschwertem Herzen.
Ich komme von meinem Gewissen gedrängt ...

GRAIS
Zur Taufe?

FABRICIUS
Gott hat mir den Mut geschenkt,
und sollt' ich darüber mein Leben verscherzen.

ROTTMANN
Kurz, Bruder!

FABRICIUS
Gewiß!

ROTTMANN
Und mit Bündigkeit.
Zum Disputieren ist itzt keine Zeit.

FABRICIUS
seufzend
Nun, Gott! du mußt meine Zunge lenken
und meinen Worten schenken die Kraft,
die Böses bändigt, Gutes schafft.
Ihr Herrn! Ihr Brüder! seit Menschengedenken,
solange Flecken und Städte bestehn.
wann wären je solche Dinge geschehn?

ROTTMANN
Wahrlich, Bruder, da sagst du wahr.
Gott erweist sich in diesen Läuften so klar,
Gott zeiget so herrlich den Seinen das Heil,
daß nur die Verdammten verwirken ihr Teil.

FABRICIUS

Bernd Rottmann! Ich bin nit gekommen zu streiten.
Wohl haben wir disputieret zuzeiten.
Ich hatte auch wohl eine Klinge bereit.
Dazu aber ist, wie du sagst, itzt nit Zeit.
Itzt heißt's nit: hie Luther! hie Papst! hie Calvin!
ob Glaube, ob Werke das Heil bedeuten,
sondern zu helfen armen vertriebenen Leuten,
die von Haus und Hof und ins Elend ziehn.
Was haben die armen Leute getan?

ROTTMANN

Sie nehmen die Taufe Gottes nit an.

FABRICIUS

Sind alle von Kindesbeinen getauft.

ROTTMANN

So hat man Kinder dem Teufel verkauft.

FABRICIUS

Ich weiß, das ist Euer A und O,
das Alpha und Omega Eurer Lehre.
Bernd Rottmann! Ihr dachtet nit immer so!

ROTTMANN

Wo nicht: heut gebe ich der Wahrheit die Ehre.

FABRICIUS

Einst stundest du dort, wo Melanchthon steht
und der teure Gottesmann Martinus Luther.

ROTTMANN

Wohl, damals war ich ein Höllenfutter,
heut bin ich vom Odem des Vaters durchweht!

FABRICIUS

Sei's! Sei's, Bernd Rottmann! mag Gott das ergründen.
Wir alle sind geboren in Sünden
und sind in Schuld und Sünde gezeugt.

KNIPPERDOLLING

Ich nit! mich hat Gottes Mutter gesäugt.

In Gotteskindschaft bin ich empfangen.
Makellos bin ich hervorgegangen
aus meines himmlischen Vaters Lenden.
Will einer mir Vater und Mutter schänden,
dem will ich stopfen das bübische Maul.

FABRICIUS
unbeirrt
Knipperdolling, Ihr tobet wie Saul.
Es ist nit christlich, schreien und wüten.
Ich bin gekommen, Euch Frieden zu bieten.
Und weil Euer Gruß, Brüder, »Friede« heißt,
sei Friede, meint' ich, der Täufergeist.
So bitt' ich euch denn mit beweglicher Bitte,
wehret der blutigen Tyrannei!
Machet nit Münster zur Wüstenei.
Ist eure Lehre und Taufe von Gott,
so wird sie bestehn. Es tut nit not,
sie mit Gewalttat und Blute beflecken.
Wollet ihr Seelen zum Glauben erwecken,
vergesset Liebe und Milde nit,
man rettet nit Seelen, die man zertritt.

ROTTMANN
Sag uns, wann haben wir Seelen zertreten?
Soll man des Satans Samen nit ausjäten,
so man bestellet ein Ackerfeld?

FABRICIUS
Heißet ihr das ein Feld bestellt:
Schlösser zerbrechen, Türen zerschlagen?
Unschuldige Leute bedrohn und verjagen?
bei Schneegestöber und Winterfrost?

ROTTMANN
Wir haben für Gottlose keinen Trost!

TILBECKE
Wen Gott nit verständigt in diesen Sachen,
den kann ein Mensch auch nit sehend machen.
Bittet zu Gott, so werdet ihr sehn.

FABRICIUS
Ich will solche Greueln nimmer verstehn,
zitterndes Volk zu Haufen getrieben,
schwangere Weiber, Kinder halbnackt,
mühselig mit ärmlichem Hausrat bepackt.
Heißt das der Täufer den Nächsten lieben:
ihn verjagen von Hof und Herd?
Hat Christus solche Liebe gelehrt?
daß ihr den Kindern von Münster das Brot
nehmet und werfet es vor die Hunde ...

KRECHTING
Das Wort sei verfluchet in deinem Munde!
Tumult.

ROTTMANN
Still! Bruder, ich bin nit so weltlich gesinnt:
hie münstersche Kinder, hie Gotteskind.
Und wenn sich die beiden müssen bekriegen,
so sollen die Kinder Gottes siegen
und jagen die Kinder von Münster davon.
Itzt beginnet die Restitution!
Geh und sag deinem irdischen Herrn,
Landgrave Philipp von Gottes Gnaden:
Der Tag der Vergeltung ist nit fern.
Wir wollen ihn haben gen Münster geladen.
Dieweil er sich löblich getan herfür,
will Gott ihm öffnen die Gnadentür.
Und sunsten: Es ist mit Händen zu greifen,
Gott wird die Burg der Gewaltigen schleifen.
Die alte Erde ertrank in der Flut,
die neue wird zerschmelzen in Glut.
Noah ward in der Arche bewahrt,
uns aber hat Gott, unser Herr, offenbart,
daß Münster die neue Arche wird sein,
die uns bewahret vor Feuerspein.
Auf dieser Stätte, auf diesem Grund
wird erneuert der Alte Bund.
Auf diesem Grunde, in diesem Bereich
wird sich anheben das dritte Reich.
Das, Bruder, sollst du dem Landgraven verkünden.

FABRICIUS
Bernd Rottmann! vergeb' uns Gott unsere Sünden!

Wie hast du doch alles verkehrt und versehrt,
wer hat dich solche Lehre gelehrt?
O teure evangelische Sachen,
wie hat man dich also verzerrt und verderbt,
wie werdet ihr, o ihr Papisten, lachen,
auf rauchenden Trümmern, die ihr erbt!
Aber, Bruder Bernd, noch ein letztes Wort.
Fahret ihr hie zu Münster so fort
und lasset Herrn Omnes schalten und walten,
statt, wie sich's ziemt, ihn im Zügel zu halten,
so werdet ihr fallen in Bann und Acht.
Und wo ihr noch fürder die Wege macht
jenem Bäcker aus Harlem und seiner Lehre,
die von Irrtum trieft und vom Blute raucht ...

KRECHTING

Er hat sie ins Blut des Lammes getaucht!

FABRICIUS

... so wird der Landgraf nehmen die Schere
und zerschneiden das Linnen grade und glatt
zwischen sich und euch und Münster der Stadt!

Es gibt Tumult. Knipperdolling springt hervor, packt ihn beim Arm, hält ihn fest.

KNIPPERDOLLING

Männlein, Pfäfflein, putziger Wicht!
Das, was du sagest, weißt du nicht!
Ich sage: Du weißt nicht, was du sagst,
noch daß du das ewige Leben wagst.
Du Mücke! du Sandkorn! du Hänslein von gestern,
du unterstehst, den Propheten zu lästern,
den gewaltigen Elias, den du nit kennst
und einen Bäcker aus Harlem nennst?
Ich sage dir, Judas, diesem Bäcken ...
du wirst ihm die Sohlen der Füße lecken,
daß er dir öffne die Gnadentür!
Er winkt: so müssen die Himmel zerbrechen,
Posaunen dröhnen und Donner sprechen,
und Ströme von Feuer stürzen herfür.
Du Menschlein redest von Acht und Bann,
zu dem, der die Erde zerschmettern kann?
Geh, geh, heiß Papst und Kaiser sich rüsten,

Türken, Heiden, Juden und Christen,
Pfaffen, soviel des Gesindels ist,
den ganzen leibhaftigen Antichrist:
Elias läßt seine Stimme erschallen,
sie werden zu Staub und Moder zerfallen.
Tumult.

                DIE STADTRÄTE ETC.
                  durcheinander
Hosianna! — Hängt ihn! — Schlagt ihn tot! —
Gebt dem Verräter den Judaslohn! —
Verflucht sei! — Kyrieeleison!

                      ROTTMANN
                      intoniert
»Ein feste Burg ist unser Gott . . .«
Alle stimmen ein, öffnen die Fenster, und auch die Menschen auf dem Markt singen mit und den Vers zu Ende. Fabricius starrt sprachlos, schüttelt den Kopf und faltet die Hände.

[NOTIZ]

»Diese Stadt war nahe daran, dem großen Bunde der evangelischen Fürsten beizutreten, in ihn aufgenommen zu werden«, sagt Fabricius.

[FRAGMENT VII]

Im Hause Knipperdollings. Fabricius und Frau Knipperdolling.

FRAU KNIPPERDOLLING
Ihr wollt fort, Herr Fabricius?

FABRICIUS
                Fort! Fort! Fort!
Keine Stunde länger an diesem Ort.
Ich ersticke in dieser verpesteten Luft.
Münster gleicht einer Totengruft,
in der lebendig Begrabne rasen.

FRAU KNIPPERDOLLING
Ihr meint, daß Gott hier Tote erweckt?

FABRICIUS
Nein, Frau! in diesen wilden Ekstasen,
mit denen ihr eure Seelen befleckt,
seh' ich kein Fünkchen göttlichen Feuers.
Im Rachen des höllischen Ungeheuers
gibt es Schwefelgedünst und Gestank,
nichts weiter! die Stadt ist besessen, ist krank!

FRAU KNIPPERDOLLING
Wer solches sagt, wahrlich, ist fern der Gnaden.

FABRICIUS
Lieber zehnmal Todsünde auf mich laden
als teilhaft solcher Gnaden sein.
Münster wälzt sich im Kot wie ein Schwein.
Hört Ihr das viehische Mordgeheul?
Kein Ende des Unflats und der Greul.
  Frau Rottmann stürmt herein.

FRAU ROTTMANN
Das Stift zu Sankt Moritz steht in Brand!

FRAU KNIPPERDOLLING
Das ist des Allmächtigen strafende Hand.

FABRICIUS

Des Satans! Laßt Gottes, was Gottes ist,
und Satan zu Münster den münsterschen Mist.

FRAU ROTTMANN

Sohn Esaus, nimm deine Zunge in acht!

FABRICIUS

Weib Rottmanns! Das hat er übel gemacht,
dein Mann! daß er so hat den Pöbel verführet,
daß alle Welt nun wie er hanselieret.

FRAU ROTTMANN

Ihr hanselieret, nit aber mein Mann!
Ihr seht nit die Zeichen, von Gott getan,
Ihr höret nit die Posaunen in Lüften,
die himmlischen Harfen und Zimbeln nit.

FRAU KNIPPERDOLLING

Herr Fabricius! Gott, der am Kreuz für uns litt,
befiehlt Euch: Gürtet das Schwert um die Hüften.
Betet: Zu uns komme dein Reich
und werdet ein Heil'ger, uns Heil'gen gleich.

FABRICIUS

So wären es Heil'ge — verzeih Euch Gott —,
alle die lockeren Weiber und Männer,
Kirchenschänder und Maulbekenner,
die gen Münster kommen in Lumpen und Kot?
Die von Holland, Friesland und Paderborn
hereinpilgern, Gottes Fluch zu verdienen?
Entlaufne Nonnen, leichte Beginen? —
So wären es Schäflein, auserkoren,
die aus den Kirchen die Bilder reißen,
bunte Fenster zertrümmern, ins Heiltum sch...?
was Gottesfurcht, Fleiß und Kunst gefügt,
zerstoßen, zertreten, zerschlagen, vernichten?
Zu solchen Heiligen zähl' ich mitnichten.
Will lieber ein madiger Adam sein,
in Sünden versinken mit Fleisch und Bein.

FRAU ROTTMANN

Was, Gottesesser, willst du die Täufer schmähn?

Fürchte den Schnitter, er dengelt die Schneide.
Gib acht: bald fängt er auch an zu mähn!

FABRICIUS

Weib Rottmanns, in deinem weißen Kleide
kenn' ich dich dennoch und weiß, wer du bist!
Einer solchen wie du verzieh Jesus Christ:
So will auch ich dir deine Sünde vergeben.
Gott beschütze dich! schenk' dir das ewige Leben!
Frau Rottmann streckt ihm die Zunge heraus.
Tue mehr! Du hast mir zu wenig getan!
Die Wahrheit muß sich beschimpfen lahn
in dieser unglückseligen Stadt.
Die Tugend und Keuschheit flicht man aufs Rad.
Schon hab' [ich] allhier müssen Dinge erfahren,
wie sie kein Türk' oder Heide erfuhr,
Buhlen, Buben, Huren und Paaren,
rasendes Laster! Widernatur!
Jan kommt.

FRAU KNIPPERDOLLING

Jan!

JAN

Gottes Friede sei mit euch!

FRAU ROTTMANN

Jan!
wollte [?] man diesem Ketzer trauen,
so wären wir alle Vetteln, nicht Frauen,
und Münster wäre ein Trebertrog ...

[FRAGMENT VIII]

Domplatz. Im Hintergrund das erleuchtete Rathaus. Vor Sonnenaufgang. Mondschein. Geflüster. Die unangefachte Pechpfanne. Ein Kreis dunkler Gestalten, meistens Weiber. Divara, verhüllt, und die Knüppersche darunter.

ERSTES WEIB
Ist Licht in der Ratsstuben!

DIE KNÜPPERSCHE
                    Will's wohl glauben.
's ist Sach', unser Bischof ziehet heran.
Itzt heißt es, Büblein, fangt essen an!
Sonst setzt es Ketten und Daumenschrauben.

ERSTES WEIB
Meint Ihr, sie werden zu Kreuze kriechen?

DIE KNÜPPERSCHE
Die Täufer können kein Pulver riechen.
Glaubt mir! so wahr ich die Knüppersche bin.
Haben sie heute die Stadt gleich inn',
morgen werden sie laufen wie Hasen,
vom Satan in alle Welt geblasen.

ZWEITES WEIB
Ach, heute war gar ein schrecklicher Tag.

DRITTES WEIB
Und morgen beginnt dieselbige Plag'.
Die redlichen Leute fast alle vertrieben.
Sind aber noch zu viel innen geblieben.

DIE KNÜPPERSCHE
Ihr Weiber, es geht, solange es geht.
Aber nun, itzt der Bischof in Rüstung steht,
so wird es gar lange nit mehr gehn.

DRITTES WEIB
Habet Ihr auch wohl die Zeichen gesehn?

DIE KNÜPPERSCHE

Nein, solange die Weiber gebären,
kann ich mich nit an Zeichen kehren,
muß die Nächte am Kindbett stehn.

ZWEITES WEIB

Was Zeichens und Wunders ist geschehn?

DRITTES WEIB

Ich bin der Jutte Bisbinck begegnet,
sie sagt, am Zwinger hat's Blut geregnet.

ZWEITES WEIB

Ei!

DRITTES WEIB

Und ein Bauer kam nächten herein,
sagte, man säh' einen blutigen Schein
über Münster her lohen und wogen.

ZWEITES WEIB

Ihr Weiber, der Bauer hat nit gelogen.
Ich selber, da ich verwichne Nacht
in Schrecken und Sorgen am Fenster verwacht,
da sah ich auch schreiten im Stöbersturm
einen Mann so groß wie Sankt Lamberts Turm,
funkelnden Auges, zähnefletschend
und in den Händen Blut zerquetschend.

ERSTES WEIB

Wo kam er her?

ZWEITES WEIB

Von Servatii Porten,
ist gegen den Markt immer größer geworden.

DIE KNÜPPERSCHE

In Summa: Es ist eine böse Zeit.
Viel Not! viel Sünde! viel Herzeleid!
Doch wollen wir deshalb nit verzagen.

⟨*Mollenhoeck kommt und steckt seinen Kopf zwischen die Weiber.*

MOLLENHOECK
Ist euch die Angst in die Beine geschlagen,
verwünschtes, heimliches Weiberpack?
Der Gottseibeiuns sitzt auf der Ratsstuben.
Der nähet euch einen Bettelsack.〉

DIE KNÜPPERSCHE
Meister Mollenhoeck, haltet Ihr nit zu den Buben?

MOLLENHOECK
Ich? zu den Fremden? Gott helf' mir! Nein!
Lieber ein Hund als ein Täufer sein.
Eher will ich des Satans Huf beschlagen
als einem Fläming guten Abend sagen.
Ich wollte mich eher lassen spießen
als Bruder zu nennen einen Friesen.

DIE KNÜPPERSCHE
Da habet Ihr itzt einen schlimmen Stand.

MOLLENHOECK
Ich hab' einen Flamberg und hab' eine Hand.
Rottmann geht vorüber an dem Rathaus.

DIE KNÜPPERSCHE
War das nit Bernd Rottmann?

MOLLENHOECK
                      Ich weiß es nit.
Hole der Satan die Prädikanten,
Täufer, Schwärmer und Taufverwandten
und fahre zur tiefsten Hölle damit.
Ein wachthabender Landsknecht geht vorüber.

DER LANDSKNECHT
Friede sei mit euch!

MOLLENHOECK
              Friesen und Flamen!

DER LANDSKNECHT
Friede sei mit euch!

DIE WEIBER
In Ewigkeit, Amen!

DUSENTSCHUR
[...?] *zu Mollenhoeck*
Kennst du nit den Täufergruß?
Er stößt ihn mit dem Fuß an.

MOLLENHOECK
Au! Ein Tritt mit dem Pferdefuß!

[FRAGMENT IX]

Vor Sonnenaufgang. Markt. Vor dem Rathaus. Eine Pfanne mit brennendem Pech erleuchtet den Platz. Schneider Georg vom Berge hält dabei Wacht, schläfrig. Dusentschur sitzt halb schlafend auf der Rathaustreppe. Die Knüppersche geht über den Markt, auf ihrem Berufsgang. Sie trifft auf einige Weiber, die sie in höchster Angst anreden.

ERSTES WEIB
Gut'n Morgen, Knüppern!

DIE KNÜPPERSCHE
Ist noch arg finster
für einen guten Morgen, ihr Frauen.

ERSTES WEIB
Ist's wahr, der Bischof zieht gegen Münster?

DIE KNÜPPERSCHE
Weiß nit! ich glaub's nit! da müsset ihr schauen!

ZWEITES WEIB
Es ist noch Licht in der Ratsstube droben!
Sie haben beraten die ganze Nacht.

DIE KNÜPPERSCHE
Habe sie hören bis drüben toben.

ZWEITES WEIB
Hat sie das Kindlein zur Welt gebracht?

DIE KNÜPPERSCHE
Die Bäckin? Ja! ja! eine schmucke Magd.
Die Welt stirbt nit aus, sei's Gott geklagt.
Lebet wohl, miteinander! hab' keine Zeit!

ERSTES WEIB
Was sagt Ihr zu alle dem Herzeleid?

DIE KNÜPPERSCHE
Ist Gottes Sache! ich weiß es nit.

Er treibet die Herde. Ich laufe mit.
Drittes Weib findet sich ein.

DRITTES WEIB
Der Bischof ziehet gen Münster heran
mit vielen tausend Reutern und Knechten!

DIE KNÜPPERSCHE
Wer sagt das?
DRITTES WEIB
In Überwasser ein Mann.

ERSTES WEIB
Mir eine fremde Begine nächten.
Und sehet ihr, suster um diese Zeit
schreien die Täufer schon durch die Gassen.
Will heute sich keiner sehen lassen.

MOLLENHOECK
angetrunken
Ihr Unterröcke! macht Platz! macht Platz!
Heute gibt's eine Täuferhatz!
Heut kommt der Bischof mit Knechten und Reutern.
Itzt, Meuterer, hat's ein Ende mit Meutern,
mit Heulen und »Vater! Vater!« Schrein,
mit Benedein und Vermalmedein,
mit Schäumen, Springen und Zähneknirschen,
mit Psalmenwinseln und Augenverdreh,
mit Erdefressen, Toben und Krähn.
Wie tolle Wölfe wird man euch pirschen.
Ihr faules, verlaufnes, tückisches Pack,
man wird euch rädern! ertränken im Sack!
Man wird den Bäcker aus Harlem spießen.
Jan von Leyden, du wirst in Stücke zerrissen!

DIE KNÜPPERSCHE
Meister, Ihr brüllt Euch um Euren Kopf.

MOLLENHOECK
Ein Rotte-Mann ist Rottmann! Knipperdolling ein Tropf.
Du, Rottmann, genennet Stuten-Bernd,
hast nichts vergessen und nichts nit gelernt.
Dein Weib ist eine verlaufne Trulle.

Ein Fastnachtsmorio ist der Mönch Rulle.
Galgen für alle Schneider und Bäcken,
so der Christenheit Jammer und Schande aushecken.
Galgen für alle Prädikanten,
Ufruhrstifter und Zwietrachtanzettler!
Fahrt zur Hölle, ihr Buben und Schmalzbettler,
statt daß ihr Münster stürzet in Schanden.
Ketten für alle verluderten Petzen,
ausgelaufene Nonnen und Metzen,
die itzund Münster überschwemmen,
wie läufige Hündinnen ein Aas:
man soll euch mit glühenden Kämmen kämmen
und selber den Hunden geben zum Fraß.
Aus den Fenstern der Ratsstube dringt der Gesang »Allein Gott in der Höh sei Ehr'«.

DIE KNÜPPERSCHE
Meister, denket an Weib und Kinder!

MOLLENHOECK
Heult! heult! Ihr Räuber und Bürgerschinder!
Heuchelt, winselt, stinket zu Gott!
Ihr sollt noch werden ein Kinderspott!
In Käfige wird man euch setzen wie Affen,
daß Kinder und Pöbel euch können begaffen.
Ein Holländer, der bei der brennenden Pfanne Wacht hat, tritt herzu.

DER HOLLÄNDER
Sohn Esaus, was hanselierest du dort?

MOLLENHOECK
Du Sohn einer Hure, holländischer Geck,
was fragst du? Ich frage nach dir einen Dreck.

DER HOLLÄNDER
Sohn Esaus, ersticke an diesem Wort!
Will ihn angreifen. Mollenhoecks Tochter kommt und wirft sich dazwischen.

TOCHTER
Friede! — Vater! — er ist betrunken,
Bruder! noch tief in Sünde versunken.
Gib ihm Frist! Komm, Vater, hier fort!

Friede! Ich bin getauft vom Propheten.
Kann rein vor den himmlischen Vater treten.
Bin versiegelt mit Seele und Leib.

DER HOLLÄNDER

Ist das deine Tochter?

MOLLENHOECK

Hebe dich, Weib!
Ich kenne dich nit! ich mag dich nit kennen!
laß von dem Buben dich Schwester nennen.
Ich hab' einen Wechselbalg nit gezeugt.
Deine Mutter hat keine Metze gesäugt.
Was glotzt mich der Bursche so grünlich an?
Ich bin Heinz Mollenhoeck! Aldermann,
ergeben meinem Bischof und Herrn!
Er kommt. Er ist vor die Porten geruckt.
Will's glauben, daß euch das Wolfsfell juckt:
er wird es euch über die Ohren zerrn!

Die Sturmglocken beginnen zu läuten, Mollenhoeck wird von seiner Tochter abgeführt.

FERNE STIMMEN

Mordio! Rettio! Feurio! Hoho!

MOLLENHOECK

Itzt, Täufergesindel, kriechet ins Stroh!
Itzt sollet ihr Pulver bekommen zu schmecken!

Ab mit der Tochter.

Jetzt füllt sich der Platz nach und nach mit bleichen, hastenden Gestalten, Männern und Weibern, die sich durcheinanderbewegen und flüsternde Gruppen bilden. Einige kommen hernach, stehen und starren den Himmel an, das sind die sogenannten »staunigen« Täufer, andere bewegen ununterbrochen die Lippen im Gebet. Andere, die zum Skelett abgemagert sind und wie Tote aussehen, sind »abgeschiedene« oder »geistliche« Täufer.

VIERTES WEIB

Wehe! Wehe! Entfliehe, wer kann!
Wehe! Der Jüngste Tag bricht an!

ERSTER MANN

Läuten! Waffen! Beten! Wecken!

FÜNFTES WEIB
Sie kämpfen schon an Sankt Ludgeri Tor!

SECHSTES WEIB
Sie morden an Unserer Frauen Porten,
fünftausend Lanzen liegen davor!

SIEBENTES WEIB
Wir haben gesündigt mit Taten und Worten,
gesündigt! gesündigt! die Saat ist reif!

FÜNFTES WEIB
Am Dome liegt einer wie Holz so steif.
Hat vordem geschrien sieben Stunden:
»Gewogen! gewogen! zu leicht befunden!«

ZWEITER MANN
zu Georg vom Berge
Bruder! Friede! Kannst du mir sagen,
es schleicht ein Gerücht durch die ganze Stadt:
Zwölf Läger sind rings um Münster geschlagen?

DRITTER MANN
ruft
Wir sind belägert! Itzt wend't sich das Blatt!

GEORG VOM BERGE
der sich aus dem Halbschlaf noch kaum ermannt hat
Ist Gott mit uns, wer will wider uns streiten!

VIERTES WEIB
Wehe! Wehe! Fliehe, wer kann!
Tut Buße! das letzte Stündlein bricht an.
Gott will seine Tenne mit Feuer kehren.

VIERTER MANN
Man soll den Weibern das Schreien wehren. —
Vom Kreuztor kommt es wie Waffengeklirr.
In allen Gassen Geschwärms und Gewirr.

FÜNFTER TÄUFER
Warum läuten sie?

GEORG VOM BERGE
Weiß nit.
Zeigt nach der Ratsstuben
Die werden's wissen.
Haben alles in Zeiten bedacht.

NEUNTES WEIB
Ihr Männer, um Bisbinck geschieht eine Schlacht.
Der Bischof ist schon innert der Schanzen.

GEORG VOM BERGE
Man stürmt nit so leichtlich Jehovas Sitz.
Eh wird ihn zehnmal zerschmettern der Blitz,
dann daß er sein Banner hie wieder wird pflanzen.

EIN STAUNIGER TÄUFER
verzückt
Ihr Brüder, ich sehe im Feuersturm:
ein Mann, so groß wie Sankt Lamberts Turm,
weiß ist sein Antlitz — entstellt von Wut! —,
und in den Händen zerquetscht er Blut.

STIMMEN, SCHREIE
Gnade! Gnade! — Die Würgengel treten
mit bloßen Schwertern durch die Welt! —
Wir sind verführt durch falsche Propheten! —
Gnade! Der Ruf der Verdammnis gellt!
Gott hat uns verstoßen! er hilft uns nicht!
Hilla Feiken stürzt unter sie.

HILLA FEIKEN
Menschlein! erhebet das Angesicht!
Brüder und Schwestern in Jesu Christ!
wer in Gott getauft und erneuert ist.
Der Herr der Lebendigen und der Toten
hat durch seine Propheten euch Friede entboten!
Himmel und Erde werden vergehen,
aber was er verheißen, das wird bestehn.
Kleinmütig[e], richte[t] die Blicke empor,
wo die Füße der Engel die Wolken röten!
Schon funkelt das ewige Licht hervor.
Ich sehe das Paradiesestor

und höre Posaunen, Zimbeln und Flöten.
Ich bin eine Lerche, ich fliege ins Licht!
Freut euch! freut euch! verzaget nicht!
Sie macht Flugbewegungen mit den Armen. Es ist heller geworden und leises Morgenrot sichtbar. Da kommen unter Vortritt von Herolden aus dem Rathaus auf die Treppe: Knipperdolling, gefolgt von Rottmann, Krechting, Tilbecke, Kippenbroick, Matthiesen, Rulle und andere Prädikanten, Propheten, Ratsherrn etc. Der Herold bläst. Die Aufregung unter dem Volk, das Kopf an Kopf steht, geht in eine schon mehr freudige Spannung über. Da tritt Knipperdolling auf die Treppenwange und spricht.

KNIPPERDOLLING
nüchtern und energisch

Ihr Kinder Jakobs, höret mich!
Die Zeit der Verheißung erfüllet sich!
Schneller als einer der Unsern gedacht,
hat Gott die große Babel erreget,
erhebt sich der Sturm, der die Tenne feget.
Freut euch! Freut euch! nun weichet die Nacht!
Ohne Zweifel habt ihr vernommen,
ihr, Abrahams wahre Nachkommen!
ihr, Versiegelten alle des Neuen Bunds,
wie sich unser Bischof erhebet itztunds,
mit etzlichen Reutern und gekauften
Knechten — Buben und Ungetauften! —
der babylonischen Kumpanei!
Wenig Wolle und viel Geschrei! —
Ich sage euch: Dieser neue Kaiphas
ist arm wie die Mäuslein auf den Feldern.
Heut zahlet er den Sold von erborgten Geldern,
und morgen fehlet ihm auch das.
Was wird dann aus seinem gedungenen Haufen?
Sie werden rufen: Kein Geld keine Knecht'!
und werden ihm übermorgen entlaufen.
([Notiz] Anrufen das Römische Reich. Es ist tot. [...])
Schwaches Gelächter bei den Zuhörern.
Ei nun, dieses Bischöflein hat sich erfrecht,
etzliche Fähnlein um Münster zu bringen,
⟨Dieser verdammte Hurensohn
meint zu verdienen den Judaslohn,

meinet, Christum, Gottes Sohn,
aufs neue blutend ans Kreuz zu zwingen!
Meinet Münster, die unbezwingliche Stadt,
mit großen Worten ins Mausloch zu jagen.⟩
Läger zu schlagen, die Stadt zu umringen.
Mit geliehenen Dukaten und aus dem Erlöse
guldnen und silbernen Kirchenguts,
die er geraubt in der Diözese,
will er nun Münster bieten Trutz.
Aber wäre auch zehnmal größer die Schar
und er ein Nebukadnezar —
nit nur als Räuber von Kelch und Monstranzen —,
was vermöchte der Diener des großen Baal
gegen Münsters Mauern und Wall,
Büchsen, Kanonen, Türme und Schanzen?!
Beifall.
Wer, Bürger von Münster! so will ich fragen,
wollte sich da wohl fürchten und zagen? —
Niemand! Es ist keine Furcht in der Stadt!
Weil Gott unsre Herzen gewappnet hat,
nit nur unsre Brücken und festen Basteien!
Weil, mögen die Feinde vom Himmel schneien,
doch Gott, unser Vater, mit uns ist!
Weil, wenn uns die eignen Arme versagen,
Christus, das Lamm, unsre Fahne wird tragen!
Ja er, unser Herzog: Jesus Christ!
([Notiz] Luther ein dicker Bischof — Christus unser Herzog!)
Rasender Beifall, Jubel, Hosianna.
Welche Stadt wäre höher als diese bewährt?
Wir haben die Gottlosen ausgekehrt,
nun sind wir ein Volk von Brüdern und Schwestern.
Ehrten wir fremde Götter noch gestern,
heute wird hier ein Gott verehrt:
Ein Gott, ein Pott, eine Küchen, ein Ei —
und für die da draußen Pulver und Blei!
Tumult der Begeisterung.
Still, Brüder und Schwestern: klug und klar!
Wohl weiß ich, ihr seid rechte Israeliter,
fürchtet nit Römer noch Jebusiter,
ein heiliges Volk! eine heilige Schar!
Ein jeder von euch trägt ein hochzeitlich Kleid,
und jede von euch, ihr münsterschen Weiber,

ist bis zum Tode zu kämpfen bereit.
Erster Schuß von den Belagerern.
Für Christum werfet ihr eure Leiber
wie eine lästige Bürde weg.
Ihr werdet sein den Beherzten ein Schreck
und den Verwegensten Graun und Entsetzen.
Nun aber lasset uns Hauptleute setzen
und richten alles nach Kriegsgebrauch.
Er kann nicht weiterreden.
Drei Jahre könnt ihr euch füllen den Bauch,
und keiner von euch wird Mangel leiden.
Gott gab uns genug, euch zu nähren, zu kleiden,
daß keiner ichtwelchen Mangel spür'.
Izt Pulver gemahlen, Kugeln gegossen,
die Mauern bewacht, die Porten geschlossen.
Tumult. Matthiesen springt auf die Treppenwange.

MATTHIESEN
⟨*mit geschlossenen Augen und gen Himmel erhobenen Händen*
Sie ist geöffnet, die Gnadentür!
Halleluja! Heil! Preis! Ehre und Kraft
dem Herrn, der Himmel und Erde geschaffen,
der die Guten errettet, die Bösen straft.
Er will euch umgürten mit flammenden Waffen
und gibt, Volk Gottes! in deine Hand
das Oberland und das Niederland,
Sieg! Heil und ewige Freude! Amen!
Dies sei euch verkündigt in Gottes Namen!⟩
Und wo dies alles nit würde sein,
hie dränge doch kein Feind Gottes herein.
Wer Ohren hat zu hören, der höre,
was der Geist den Gemeinen sagt:
Hie ist alles gewonnen und nichts gewagt!
Gott hat entboten der Engel Chöre
und Münster, das neue Zion, umstellt.
Ja, Münster ist Zion! Der Nabel der Welt!
Volk Gottes! alles ist offenbar!
Erfüllet ist die Breite der Erde
vom Geklirr der Waffen, Gestampf der Pferde.
Babel bringt seine Schwäre dar
und will die geliebte Stadt Gottes zerschmeißen.
Seid getrost, sie werden die Hütte nit einreißen,

wo Gott will wohnen unter uns.
Er spottet ihrer, er lacht ihres Tuns.
Ja, Münster ist Zion, ist unser eigen.
Gott wird uns die Braut des Lammes zeigen.
Schart euch, schart euch um seinen Thron!
Der Sohn ist der Vater, der Vater der Sohn!
Und beide der Geist, und der Geist ist beide.
Und Münster wird sein des Lammes Weide,
das von Anfang der Welt erdrosselt ist:
Er heißet Rat, Friedefürst, Jesus Christ.
([Notiz] Das Volk drängt sich und küßt Matthiesens Füße, Hände, Gewand etc.)

DAS VOLK

Hosianna! es tagt! Halleluja! Hosianna!
Riecht ihr den Weihrauch? Es regnet Manna!
die Lüfte brausen! die Erde bebt!

MATTHIESEN
weist auf den Sonnenaufgang
Seht, wie sich die Gloria Gottes erhebt!
die Sonne!

DAS VOLK
schreit und kniet nieder
Die Sonne!

MATTHIESEN
Mit Schwertern durchstochen!
Ein Wunder! richtet die Blicke empor!
Ein Zeichen! ein Wunder! Gott selbst hat gesprochen!
Alle blicken starr in das Licht.

[NOTIZEN]

Schluß Rottmann: »Ich werde heut [?] hier auf dem Markt wieder taufen.«

Der Trieb der Vergottung. Alles wird vergottet, auch Knipperdolling. Knipperdolling der praktische.

Vom begeisterten Glauben zum Weissagen ist nicht weit. Die Grenzen schwer zu erkennen.

[FRAGMENT X]

ZWEITER AKT

ERSTE SZENE

Schmaler Raum, Kaufmannstube. Krechting sitzt hinter einem Ladentisch, führt die Feder. Nicht weit davon, mehr im Dunkel, Jan von Leyden an demselben Tisch hinter der aufgeschlagenen Bibel. Bürger treten von rechts ein und bringen Gold, Geld und Kostbarkeiten. Dusentschur, Divara, Rottmanns Frau, Knipperdollings Frau und andere Weiber und Hilla Feiken nehmen die Sachen von Krechting in Empfang und tragen sie in den Speicher.

ERSTES WEIB
zu Krechting
Hier hab' ich ein klein silbern Becherlein.

KRECHTING
nimmt es
Ist alles dem himmlischen Vater willkommen!
Soll alles den Gläubigen sein gar gemein.
Ein kleines Mädchen tritt zu Krechting.

DAS KLEINE MÄDCHEN
Meine Mutter konnte selbsten nit kommen,
so bring' ich hier ihren Ehering.

KRECHTING
Gut! Gott lohn's ihr! Leg her das Ding.
Kanonendonner.
Das war ein Schuß ...

FRAU KNIPPERDOLLING
... von den Unsern getan.

ALTER MANN
Uf Martini Kirchturm steht eine Halbschlangen,
damit können sie in zween Läger langen!

KRECHTING

Bernd Knipperdolling: ein wackerer Mann!
hat lassen abwerfen alle Turmspitzen,
damit das Hohe geniedrigt sei.

EIN KNABE

Sehet: es tät schon wieder blitzen!

FRAU KNIPPERDOLLING

Mein Bernd ist ein Simson, ich sag' es frei.

FRAU ROTTMANN

Mein Bernd ist Paulus und tut Pauli Werke!

DIVARA

Mein Mann heißt Friedefürst, Rat, Kraft, Stärke!

JAN

Ihr Weiber, wärt ihr mir untertan,
und wär' ich euer einer Mann,
ich wollte wohl eure Hochfahrt brechen:
ihr solltet mir nit meh so gottlos sprechen.
Was sind eure Männer und wir als Mist,
wert, daß der Herr uns zertritt und vergißt.

KRECHTING

Jan Matthiesen ist ein großer Prophet,
ein gewaltiges Rüstzeug vom Vater.

DIVARA

Ein Cherub, der über die Erde geht!

DER ALTE MANN

Er ist ein gottberatner Berater
und hie zu Münster an Gottes Statt.

KRECHTING

Weiter! weiter! wer etwas hat!

DUSENTSCHUR

Reichet her. Nichts behalte der Christ für sich selber.
Wir schmelzen hie keine goldnen Kälber,
wir legen es alles in Jesu Schoß.

KRECHTING
Wer Gott betrüget, den trifft das Los
von Ananias und Saphira,
er muß eines elenden Todes sterben,
bevor noch erklingt das Halleluja.

EIN ALTES WEIB
Gott lasse uns alle das Reich ererben.
Ich bringe Euch hie viel gutes Gestein!
Die Weiber sammeln sich darum.

KRECHTING
Soll Euch dereinst unvergessen sein,
der Vater lohnt es Euch tausendfach.

FRAU ROTTMANN
Perlen!

FRAU KNIPPERDOLLING
Ein Schälchen aus Karneol!

DIVARA
Diamanten!

DUSENTSCHUR
Die möchtet ihr wohl?

KRECHTING
zu Dusentschur
Rück es den Weibern aus den Zähnen!

DAS WEIB
Wisset ihr auch, wer mich hat geschickt?
Der Heiland! ich hab ihn leibhaftig erblickt!
Das Haupt voll Wunden, die Augen voll Tränen.

JAN
Das ist nun die zwölfte, die das sagt.

DAS WEIB
Ich hab' ihn gesehen und auch meine Magd.
Er kam von der Hörster Porten gegangen,
horchete auf, wo die Wachtposten sangen,
stand an der Ecke beim Fischmarkt stille,
ging langsam um Sankt Lamberts Pfarrei

und dieses sagende an uns vorbei:
»Ihr Weiber, es ist des Vaters Wille,
daß ihr ihm alles bringet dar:
Gürtel, Ringe, das Schappel vom Haar,
Gold, Borten, Seiden, Scharlach, Pelzwerke,
auf daß sich die Veste Zion stärke.«

EIN JUNGES ABGEMAGERTES WEIB

Auch mir ist der Heiland erschienen vorhin,
darumb ich so heftig erschrocken bin,
daß ich hinfiele auf die Steine.
Ich hab' mir beschunden Arme und Beine.
Stund aber doch auf mit heilen Knochen,
und klingt mir noch immer sein Wort im Ohr:
»Glaubet!«

DRITTES WEIB

    Ich kam von Servatii Tor —
hatte mit meinem Mann gesprochen,
ist ein Stückmeister dort uf der Mauer —
und lief hinunter den Hundesteg.
Da trat mir der Heiland in den Weg
und ließ mich nit weiter! Mich packte ein Schauer,
doch wie ich noch steh', ganz verzücket im Schaun:
uf einmal donnert eine Kartaun.
Die Kugel fähret vor mir in den Stadtkeller,
und wär' ich gegangen noch zween Schritt:
wahrhaftig, bei dem, der am Kreuze litt!
ich brächte euch hie nit acht silberne Teller.

KRECHTING

Wohl, wohl, der Heiland ist da und dorten,
bringt göttliche Hilfe aller Orten.

JAN

Zum Zeichen, daß dieses wahrhaft sei,
brech' ich den silbernen Teller entzwei!
Er zerbricht einen der von dem dritten Weib mitgebrachten Teller über seinem Bibelbuch.

FRAU KNIPPERDOLLING, FRAU ROTTMANN, HILLA FEIKEN, DIVARA

Jan!

FRAU ROTTMANN
Was eine gewaltige Hand!

DUSENTSCHUR
Wahrlich, ihr Schwestern, ist nit ohn!

DIVARA
zu Frau Knipperdolling
Gehet noch über deinen Simson!

JAN
Weil ein gewisser Glaube sie spannt.
Christ, unser Heiland, sucht sich Quartier,
will wohnen zu Münster! wohnet schon hier.
Ihr aber, gottbegnadete Frauen,
die ihr leibhaftig ihn durftet schauen,
ihr seid itzt Auserwählte geworden.
Mögen sie uns auch alle ermorden,
ihr werdet des Todes Schrecken nicht sehn
und lebendig ins Reich eingehn.

EIN JUNGER MENSCH
Herr, ich komme von weit her,
habe ein Gebresten, das martert mich sehr.
Möchte es aber gern noch erleben,
bin gewallfahrtet Tag und Nacht,
mich mühsam herein durch die Wachen gebracht:
Wann wird Christus hie zu regieren anheben?
Wann wird er besteigen Davids Thron?
sich aufsetzen die Herrscherkron'?
regnieren über den Erdkreis
und vertilgen das Fürsten- und Pfaffengeschmeiß?
an welchem Tage? in welchem Mond?

KRECHTING
Merkest du nit, daß Gott unter uns wohnt?
Und lehret er dich nit selbst in Gesichten,
so werden dich Menschen erst recht nit berichten!

DER JUNGE KRANKE MENSCH
Wo find' ich den Brunnen, der Blut speit?
Sind, denk' ich, auch fünf Klöster versunken?

KRECHTING
Genug! wir haben hie Arbeit.
Du hast noch nit Wasser des Lebens getrunken.
Bist du getauft?

DER JUNGE MANN
Nein, Herr, noch nit.

KRECHTING
Geh' einer und nehme den Heiden mit
und bring' ihn aufs Rathaus, daß man ihn taufe
und nit ein Bock unter Lämmern laufe.
Einer nimmt den Jüngling mit.
Halt! führet ihn vorher auf den Domplatz!
Sein Gut gehört dem gemeinen Schatz.

DER JUNGE MANN
Soll ich drangeben meine Habseligkeiten,
womit soll ich mein bißchen Notdurft bestreiten?

KRECHTING
Sammelt nit Schätze, die Motten und Rost fressen!
Man wird dir das Deine hie redlich zumessen:
Wohnung, Trank, Speise und Gewand.
Lege dich nackt in des Vaters Hand!
Zu Münster ist itzt die Stunde da,
wo omnia sunt communia!
Einer mit dem jungen Mann ab.

EIN KRÄFTIGER KERL
Ihr Herrn, hab' mich auch durch die Läger geschlichen,
einer Streifrott' entgangen mit Marter und Not.
Wisset ihr auch, was Münster droht?
Soll werden geplündert ganz jämmerlichen
durch die Landsknechte acht Tage lang:
hat ihnen der Bischof lassen zusprechen,
sobald sie ihme die Veste zerbrechen.

KRECHTING
Davor ist unser keinem bang.
Ein' feste Burg ist unser Gott,
machet Satan, Papst und Bischof zum Spott.

DER KRÄFTIGE MENSCH
Ich komme von Straßburg! hat dorten geheißen —
der Melchior Hofmann hat es gesaget —,
Gott werde von dort aus Babel zerschmeißen.

DUSENTSCHUR
Nun hat es zuerst hie zu Münster getaget.

DER KRÄFTIGE MENSCH
Gedachte selber den König zu salben,
zu krönen den neuen Gottesmann.
Straßburg sollte werden Zion.

DUSENTSCHUR
Er hat es gepredigt allenthalben.

DER MANN
Nun aber predigt er fürder nicht.
Ist worden im Kerker hingericht't.

JAN
Wen haben sie lassen morden, die Heiden?

DER MANN
Den Melchior Hofmann!

JAN
Hat müssen scheiden,
bevor er gesehen den Tàg des Herrn?
Melchior Hofmann! du warest der Stern,
der über Bethlehems ⟨Hütte⟩ gestanden.
Du machtest, daß wir sie endlich fanden:
Nun alles in himmlischem Lichte flammt,
hat dir Gott genommen dein Amt.
Es war keiner größer als Melchior.

KRECHTING
Bevor sich Gott einen andern erkor.

JAN
Wen?

KRECHTING
Jan Matthiesen, den Propheten,
herniedergefahren von Gott in die Welt,
uns allen zum Herrn und Meister bestellt.

EINE HÜBSCHLERIN
Muß man auch zu Jan Matthiesen beten?

[FRAGMENT XI]

ZWEITER AKT

ERSTE SZENE

Im Hause Knipperdolling. Ein kleines, niedriges Giebelzimmerchen, die Wohnung Jan Bockelsons. Täfelungen, reich-bürgerlich. Jan sitzt, über die Bibel gebeugt, bei einem Wachslicht. Zu seinen Füßen sitzt Hilla Feiken.

JAN
Du hast dich vom Mahle weggestohlen,
Hilla?!

HILLA
Ja, Herr! Ja, Bruder Jan!

JAN
Jan Matthiesen ist ein gewaltiger Mann.

HILLA
Ja, Herr!

JAN
Ein mächtiges Werkzeug vom Vater!

HILLA
Wie du!

JAN
seufzend
Wer bin ich? Ich bin ein Nichts,
tot! Lehm! Ein Scheffel des ewigen Lichts.

HILLA
Du Gottberatner, bleib unser Berater!

JAN
Höre, wie Matthiesens Stimme dringt
durch Dielen und Wände.

HILLA
Er predigt laut.

JAN

Sie halten Hochzeit! Münster ist Braut.
Allein, die Stadt ist von Feinden umringt,
es scheint mir, sie tafeln ein wenig lange.

HILLA

Und warum tafelst du, Bruder, nicht mit?

JAN

Ich frage Gott um den nächsten Schritt.
Ich sehe auf ihn. Ich suche mein Denken
nur immer in seinen Willen zu lenken.
Ich befrage das Buch! ich erwarte den Geist
kämpfe und ringe zuallermeist.

HILLA

Bruder, bist du nit fest im Glauben?

JAN

Frage mich!

HILLA

Glaubest du sicherlich dies,
daß Jan Matthiesen eingeht ins Paradies,
ohne des irdischen Todes zu sterben?

JAN

Er, der Prophet, er weiß dies allein!
Er sagt es und also muß es so sein.
⟨Wir alle werden das Reich ererben.

HILLA

Wie würde er auch sonst so hoch verehrt!
Wenn Matthiesen durch die Gassen schreitet,
so ist er von tanzenden Weibern begleitet.
Sie werfen sich vor ihm in den Staub ...⟩

HILLA

Wird er werden im feurigen Wagen
wie Elias in den Himmel getragen?

[NOTIZEN]

Die Zeichen, an die sie glauben.
Christuserwartung.
Wir warten! wir warten!

[FRAGMENT XII]

ZWEITER AKT

ERSTE SZENE

Haus Knipperdollings. Jan. Hilla.

JAN
Du hast dich vom Mahle weggestohlen,
Hilla?

HILLA
Ja, Herr! Ja, Bruder Jan!

JAN
Jan Matthiesen ist ein gewaltiger Mann.

HILLA
Ja, Herr!

JAN
Ein mächtiges Werkzeug vom Vater!

HILLA
Wie du!

JAN
Wer bin ich? Ich bin ein Nichts.
Tot. Lehm! ein Scheffel des ewigen Lichts!

HILLA
Du Gottberatner, bleib unser Berater!

JAN
Hör, wie Matthiesens Stimme dringt
durch Dielen und Wände.

HILLA
Er predigt laut.

JAN
Sie halten Hochzeit, Münster ist Braut.

Allein, die Stadt ist von Feinden umringt.
Es scheint mir, sie tafeln ein wenig lange.

HILLA

Und warum tafelst du, Bruder, nicht mit?

JAN

Ich war bei dem, der am Kreuze litt.
Ich war bei ihm. Ich suchte mein Denken
nur immer in seinen Willen zu senken.
Ich befrage das Buch. Ich erwarte den Geist,
kämpfe und ringe zuallermeist.

HILLA

Bruder, bist du nicht fest im Glauben?

JAN

Frage mich!
          HILLA
     Glaubst du sicherlich dies,

⟨daß Jan Matthiesen eingeht ins Paradies
ohne den irdischen Tod zu schmecken?

JAN

Ich hört' es die Leute rufen und sagen.

HILLA

Wird er werden im feurigen Wagen ...

JAN

Gott kann lebendige Tote erwecken.

HILLA

Daß er wird werden im feurigen Wagen
wie Elias einst in den Himmel getragen?

JAN

Ich hör' es die Leute rufen und schrein.
Doch das weiß niemand als Gott allein.

Doch kann einer fest im Glauben sein
und dennoch solchen Glauben bezweifeln.⟩

daß Jan Matthiesen eingeht ins Paradies
ohne des irdischen Todes zu sterben?

JAN

Die Heiligen werden das Reich ererben.
Divara kommt.
Divara!

DIVARA

Du hast mich am Schritte erkannt.

JAN

Ja! und so rauscht nur Divaras Gewand.

DIVARA

Hilla!

HILLA

Schwester!

DIVARA

Find' ich dich hier?

JAN

Die Liebe Gottes treibt sie zu mir.
Das Wort ward Fleisch. Sie will im geheimen
sehen das ewige Leben entkeimen.

[FRAGMENT XIII]

Haus Knipperdollings. Ein Gemach, klein, Butzenfensterchen. Jan sitzt über der Bibel am Lesepult. Divara tritt ein.

JAN
ohne sich umzusehen
Divara!

DIVARA
Jan! Hast mich am Schritte erkannt?

JAN
Ja! und so rauscht nur Divaras Gewand!
Wo ist dein Mann?

DIVARA
Auf dem Domhof, Bruder,
verbrennen Bücher, bei achtzig Fuder.
Riechst du den Qualm nicht?

JAN
Qualm und Gekreisch.
Wohl, wohl, meine Schwester! »das Wort ward Fleisch!«

DIVARA
So ist es, Jan! und nit zu bezweifeln.

JAN
Das Wort ward Fleisch! da gefiel es den Teufeln:
sie kamen und setzeten Maden hinein!

DIVARA
Das Fleisch ist von Gott, wie der Geist, und rein!

JAN
nachdem er sie stillschweigend angesehen
Divara!

DIVARA
Jan!

JAN
Weshalb bist du gekommen?

DIVARA

Was sitzest du immer hier oben allein
und müßig? Der erste solltest du sein.
Ein Christ muß wuchern mit seinem Pfunde!

JAN

Deine Worte kommen aus lieblichem Munde.

DIVARA

Du spottest! Du sündigst!

JAN

Weib des Propheten,
ich bin ein Schneider! Ich habe nit Zeit
itzt unter die Heiligen des Vaters zu treten.

DIVARA

Warum nicht?

JAN

Ich nähe ein hochzeitlich Kleid!

DIVARA

So sagst du itzt immer, sooft einer fragt.
Im Anfang da hast du geloht in Glut,
itzt ist dir abgestanden das Blut.
Bist du abtrünnig oder verzagt?

JAN

Weiß nicht!

DIVARA

Gedenk an den Tag des Gerichts!

JAN

Gottes Wille geschehe! ich bin ein Nichts!

DIVARA
dringlich

Jan, was bist du so gar verdrossen,
entziehest dich! rührest nit eine Hand!

JAN

Wären die Stadttore nit verschlossen,
so macht' ich mich wieder nach Holland,

von diesem unseligen Münster fern,
und ränge wieder allein mit dem Herrn.

DIVARA

Warum?

JAN

Warum? Divara, geh mit!

DIVARA

Ich? aus Münster? Nit einen Schritt.
Ich, Matthiesens Eheweib, sollte entweichen,
durch Tore, Wachen und Läger schleichen?
wie eine Diebin? weshalb? warum? —
Rede, Jan! oder bist du stumm?
Warum die Gemeinschaft der Heil'gen verlassen
und den Born, der sichtbarlich Gnade quillt?
den Geist der Wahrheit, der alles erfüllt?
Wandelt nit Christus durch Münsters Gassen?
Tragen wir nit das Zeichen des Bunds?

JAN

Bist du dir sicher des wahren Grunds?
Divara, setz dich! höre mir zu!

[FRAGMENT XIV]

*Zimmer Jans von Leyden im Hause Knipperdollings.
Jan vor dem Bibelbuch. Rottmann.*

JAN

Bruder Rottmann! wohl hab' ich nun alles gehört,
doch immer muß ich's Euch wieder sagen:
Noch ist die Menge von Gott nicht belehrt.
Sie werfen sich nieder vor Matthiesens Wagen
gleichwie vor dem Götzen von Jagernaut.
Eine geile, abgöttische Saat schießt ins Kraut.

ROTTMANN

Bruder Jan: sie glauben! Was willst du mehr!
Sollen sie wieder zweifeln und wanken?
Feinde liegen rings um uns her!
Das heißt ihnen öffnen Wälle und Schranken!
Er hält die Menge in seiner Hand,
ohne ihn ist kein Glaube noch Widerstand.

JAN

Und also ist Matthiesen worden zum Gotte!
an Jesu Christi, des Heilands, Statt!
Und was der Herr uns bereitet hat,
zertritt eine losgebundene Rotte!
Stillschweigen.

ROTTMANN

Jan von Leyden, wie soll ich dies alles verstehn?
Haben wir denn in diesen Tagen
nicht deutliche Zeichen und Wunder gesehn?
Ist nit das Buch weit aufgeschlagen,
das bis hierher versiegelt gewesen ist?
Ist nit zerbrochen der Antichrist,
hie zu Münster, lieget er nit im Sterben?
Und sind wir nit alle des Reiches Erben,
das tausend Jahre bestehen wird?
Ist nit Jan Matthiesen unser Hirt,
der uns zur gesegneten Hürde kann leiten?
Hast du mir nit selbst es gewiesen vorzeiten?

Hast du ihn nit selbst den Elias genennt
und ihn für den wahren Propheten erkennt,
mit dem Zeugnis Jesu bewehrt und gerüstet?

JAN
Es ist nit alles Gold, was gleißt!
Melchior Hofmann hatte den Weissagegeist,
mit dem sich manch einer nach ihm gebrüstet.
Stillschweigen.
Sei's drum! Ich will meinen Bruder nit schelten
und sagen zu ihm: Du Lügner, du Narr!
Ein Gulde mag einen Gulden gelten.
Doch aber noch lieget tot und starr
das Wort in modrigen Gräbern gefangen,
noch ist es lebendig nit aufgegangen!
Das ist gewiß am Tage und klar!
Die Läufte sind göttlich und wunderbar,
aber immer noch lüget das Täufergekreisch
auf Plätzen und Gassen: »Das Wort ward Fleisch!«

[FRAGMENT XV]

Zimmer Jans bei Knipperdolling. Jan. Dusentschur in einem Winkel. Jan schneidert. Das Bibelbuch ist aufgeschlagen.

JAN
Frage! Gott gibt dir durch mich Gehör.
Lasse den Geist deine Zunge lösen.

DUSENTSCHUR
Mein Geist ist träge, meine Zunge schwer.

JAN
Mache dich frei vom Zwange des Bösen.

DUSENTSCHUR
Hilf mir!
JAN
Von Herzen! so gut ich kann.

DUSENTSCHUR
Zu Straßburg lieget Melchior Hofmann
gefangen, mit Ketten geschlossen, im Kerker,
der hat von sich gesagt und gezeugt,
Gott habe die Welt seinem Willen gebeugt.
Der Papst sei gewaltig, Christus stärker.
Wie Samuel werde er aus den Söhnen
des Landes den mächtigsten König krönen,
den neuen David, den Gott erwählt
und mit Kraft und Rat und Stärke gestählt.
Nun sage mir: Wird dies wirklich geschehn?

JAN
Gott gab dem Melchior Hofmann zu sehn
Zeichen, Gesichte, gewaltige Träume!
Er führet' ihn durch die Himmelsräume
und an der Welten äußersten Rand.
Er zeiget' ihm das gelobte Land,
aber wie Mosen nur von ferne,
unerreichbar wie Sonne und Sterne.

Nächten hatte ich dieses Gesicht,
eine Stimme sprach: »Melchior ist es nicht,
der den künftigen König von Zion wird salben.
Sie werden ihn schleppen aus dem Stock
gerades Weges zum Henkersblock,
ehe noch südwärts reisen die Schwalben!«

DUSENTSCHUR

Das wird alle Gläubigen bitter erschrecken!
Ist Melchior nit unser Samuel?
An wen wird ergehen des Vaters Befehl?
und wird er uns einen andern erwecken?

JAN

Du fragest mich viel und mehr, als ich weiß!

DUSENTSCHUR

Matthiesen ist es, saget Heinz Grais!

JAN
zuckt mit den Achseln

Mag sein! aus den Straßen schallet es laut!
ein gefährlicher Glaube schießt geil ins Kraut.
Ich weiß nit: Gott läßt mich im Ungewissen.
Doch schneidet mir oftmals das Gassengeschrei
tief in die Seele wie Abgötterei.
Warum? Ich weiß nicht! Gott mag es wissen!

DUSENTSCHUR

So meinst du nicht, daß er der Samuel ist?

JAN

Jan Matthiesen war ein versiegelter Christ.
So kannt' ich ihn einst in Harlem und Leyden.
Gott mach' ihn teilhaftig der himmlischen Freuden.
Er hat mich aus Babel für Zion erkauft
und mit der wahren Taufe getauft.
Doch wie's um ihn jetzt steht, derweil er beweibet –
und was er allhier in die Leute treibet
mit täglicher Predigt und Prophezei:
ob das aus Bibel nit Babel sei,
darüber bin ich von Gott nit belehret.

Doch traue ich noch nit dem Gassenkreisch
von allenthalben: »Das Wort ward Fleisch!«
und bin zu der Botschaft mitnichten bekehret.

DUSENTSCHUR

Ich auch nit! Ich auch nit! So helfe mir Gott!
Nenne mich einen Hundsfott!
Aber dem Teufel will ich nit glauben.
Strecket mich! gebet mir Daumenschrauben,
ich sage: Jan Matthiesen ist kein Prophet!
  Geschrei.
Und wenn er auch itzt auf dem Markte steht
und verbrennet des Satans Bücherei,
und wenn sie ihm hie zu Münster lecken
Hände und Füße und sich ausstrecken
auf seine Straße, daß er sie tritt —
ich sage bei dem, der am Kreuze litt:
Er verführet die Gläubigen! macht sie zuschanden
und liefert sie in des Satans Banden.

JAN

Wieviele Nächte hab' ich verwacht,
Bruder, die Schrift und Gott zu durchforschen,
und habe den Läuften nachgedacht.
Wahr ist's, das Verderben sitzt in den morschen
Grundvesten dieser alten Welt.
Die Stunde ist nahe, daß sie zerfällt.
Steigt doch der Wein ihrer Hurerei
bis über die Stufen des himmlischen Throns,
und wider das Antlitz des Gottessohns
speien sie Mord, Fluch und Tyrannei.
Die Heiligen Gottes werden gehetzt,
geköpft, gepfählt, gefangengesetzt. —
Und weiter: Hie ist die Burg und ein Hort,
hie zu Münster wird Fleisch werden Gottes Wort.
Das, wahrlich, kann man mit Händen greifen.
Sie werden das neue Zion nicht schleifen,
so wahr Gott selber den Grundstein gelegt.
Aber was sich derweilen noch zuträgt,
Bruder, das kann ich nit verstehn,
möchte es lieber nit hören noch sehn!
  Divara tritt ein.
Divara!

DIVARA
Hast mich am Schritte erkannt?

JAN
Ja, denn so rauscht nur Divaras Gewand!
Wo ist dein Mann?

DIVARA
Auf dem Domhof, Bruder,
verbrennen Bücher, bei dreizehn Fuder.
Riechst du den Qualm nicht?

JAN
Qualm und Gekreisch.
Wohl, wohl, meine Schwester, »das Wort ward Fleisch!«.

DIVARA
So ist es, Jan, und nicht zu bezweifeln.

JAN
Das Wort ward Fleisch, da gefiel es den Teufeln,
sie kamen und setzeten Maden hinein.

DIVARA
Das Fleisch ist von Gott, wie der Geist, und rein
was hockest du immer hie oben allein?
Ein Christ soll wuchern mit seinem Pfunde.

JAN
Deine Worte kommen aus lieblichem Munde.

DIVARA
Und deine, Bruder, aus sündiger Brust!
Die Zeit ist erfüllet. Es ist eine Lust,
für Zion zu wirken mit Herz und Händen.

JAN
Gott hat nit jedem gegürtet die Lenden
so herrlich wie Matthiesen, deinem Mann.

DIVARA
Ziehe die wahre Kraft Gottes an,
Bruder! wir wollen für dich darum beten.

JAN
Itzt unter die Heiligen Gottes zu treten
Schwester, ist für mich nit die Zeit.

DIVARA
Warum nicht?

JAN
Ich nähe ein hochzeitlich Kleid.

DUSENTSCHUR
Frau! siehe, ein echter Israeliter.

DIVARA
Wer bist du, Bruder?

DUSENTSCHUR
Dusentschur.
Ein Hiob bin ich, ein Jebusiter,
ein zages Hälmlein auf Gottes Flur.

[FRAGMENT XVI]

⟨ZWEITER AKT

Zimmer Jans. Jan. Rottmann.

ROTTMANN
Jan Matthiesen [Bockelson], komm und erhebe dich,
draußen [...?] und bluten die Bäume.
Gott schickt uns Gesichte, Zeichen und Träume,
der Geist der Wahrheit erhebet sich.
Der Frühling ist da mit Zimbeln und Geigen,
du willst hier hocken, zusehn und schweigen.

JAN
zeigt auf das Bibelbuch
Bernd Rottmann, sieh, ich bin nit allein.
Ich sitze an allerlauterster Quelle.
Gott spricht. Wer soll da nit schweigsam sein.⟩

[FRAGMENT XVII]

Im Hause Knipperdollings. Jan. Dusentschur. Heinz Grais. [Hilla Feiken.] Jan hat eine Andacht gehalten. Schließt das Bibelbuch.

JAN

Dies nenne ich wahrhaft in Gott versinken
und Wasser des ewigen Lebens trinken.
Bewegung und Aufatmen der Anwesenden.

DUSENTSCHUR
seufzet, erhebt sich, sagt mit bewegter Stimme, indem er Jan die Hand küßt
Ich danke dir, Bruder, in Jesu Namen!

GRAIS

Auch ich, Bruder Jan!

JAN

In Ewigkeit. Amen.
Hilla Feiken steht auf, kniet an Jan nieder und küßt ihm stumm die Hand.

JAN

Weib, geh und sündige fürder nicht.
Ich will den Stein nicht vom Boden fassen,
den unser Heiland hat liegengelassen.
Auch stehet geschrieben: Mein ist das Gericht!
Steh auf!

HILLA

Herr, laß mich zu deinen Füßen
ewig des himmlischen Mannas genießen.

JAN

Ich bin ein sündiger Mensch wie du.

HILLA

Doch du gibst meiner Seele Ruh'.
Nur möcht' ich nicht immer so müßig bleiben.
Sage mir, o du großer Prophet,
wie kann ich das Rädlein Gottes treiben?
Durch Fasten, Geißeln oder Gebet?

Soll ich denn immer so müßig zuschauen,
wie sie das neue Zion aufbauen?
und selber nit regen eine Hand?
Heißet mich eggen, graben das Land.
Heißet mich nackt vor die ganze Gemeinde
treten und rennen wider die Feinde,
mitten in Spieße und Schwerter hinein.
Ich will euch danken und benedein.
Denn wahrlich, ich kann es kaum erwarten,
zu sehen den irdischen Himmelsgarten,
zu kosten die Paradiesesfrucht.
In meinem Herzen brennt eine Sucht:
für Christo zu jauchzen, zu kämpfen, zu sterben.

JAN

Du sollst darum nicht vergeblich werben.
Einstweilen harre du aus mit Geduld!
Noch fließen, stromgleich, im münsterschen Bette
tief, breit und lehmig die Wasser der Schuld.
Nur ganz auf dem Grunde, an verborgener Stätte,
quillet lauter der Gnadenquell
und machet das Trübe ein wenig hell.

GRAIS

Wohl, Bruder, so will es auch mich bedünken:
tut doch manch einer unten hinken,
der oben den himmlischen Vater preist.

DUSENTSCHUR

Bru ... Bruder! ich bin ein Glied der Gemeine,
trotz einem ... trotz einem zu kurzen Beine
und habe den wahren Täufergeist!

JAN

So ist's! Du hast wahr, Bruder Dusentschur.
Gleichnisweise redet er nur.
Du bist ein echter Israelit,
des Reiches Gottes ein würdiges Glied.
Möchte so jeder sein von den Brüdern!
Allein es hat sie ein Taumel erfaßt.
Hört ihr den Sturm, der die Gassen durchrast?!
Noch, scheint mir, fehlt das Haupt den Gliedern.

HILLA

Ist nit Jan Matthiesen unser Haupt?

JAN

Gott erhalte den Glauben dem, der da glaubt!

GRAIS

Jan Matthiesen ist ein versiegelter Christ,
ein gewaltiges Rüstzeug vom Vater.

JAN

Aber ein Größerer war sein Berater,
der itzo zu Straßburg gefangen ist:
ich meine den teuren Gottesmann
Melchior Hofmann,
den der Vater erwählt und gekürt,
daß er wie Moses uns hat geführt
durch Wasserfluten und brennenden Sand,
bis wir hie fanden ein heiliges Land.
Ja, Münster ist heiliger Boden und Grund,
Bruder, das lehren Wunder und Zeichen.
Hie brennet ein Feuer ohnegleichen,
hier wird erneuert der Alte Bund:
aber nit so, wie mancher meint!
der itzo jauchzet mit vollen Backen.
Es gibt noch manches Nüßlein zu knacken,
bevor uns die Gnadensonne bescheint.
Wahr ist's! es gleichet Münster die Stadt
der Arche Noae, von Gott beschirmet:
Jahrhunderte hat er die Wasser getürmet,
nun ist sie gelandet am Ararat.
Die Tiere springen, schreien und schnaufen,
aber das Wasser ist noch nit verlaufen.
Noah muß halten mit gutem Bedacht
in seiner Arche am Steuer die Wacht.

DUSENTSCHUR

Vater! bewahr uns vor ewiger Pein!

JAN

Viele sind es, die »Vater« schrein
mit wunden Hälsen und heiseren Kehlen.

Gott wird sie dennoch nicht auserwählen.
Und was auch lüget das Gassenkreisch:
noch blieb Wort Wort! und noch ward es nit Fleisch!

GRAIS

Meinest du das aus Herzensgrunde?

JAN

Bruder, ich trage das Herz im Munde.
»Das Wort ward Fleisch!«, sie zetern es laut.
Wohl! und so will ich es nit bezweifeln:
Das Wort ward Fleisch! das gefiel den Teufeln,
sie kamen und setzten Maden hinein.
Aber sehet: Das Fleisch muß bleiben rein,
will es würdig des Wortes sein,
das rein aus Gottes Geist entfließt
und lauter ins Lautere nur sich ergießt.

GRAIS

Jan, deine Rede begreift sich nicht klar.

JAN

Geduld! Verborgenes wird offenbar
zu seiner Stunde! dränget mich nicht.
Gott verbot mir, nachts im Gesicht,
zu meinen Brüdern frei-offen zu sprechen
und das Geheimnis des Reiches zu brechen.
Rottmann und Krechting kommen, ermüdet Akten unter den Armen schleppend.

KRECHTING

Mühsal, in der Ratsstube sitzen,
nachtwachen, zanken, schlichten und schwitzen,
Urkunden wälzen, siegeln, lesen!
Gott laß uns aus diesem Wirrwarr genesen!

ROTTMANN

Leid dich, Bruder! Viel Feuer, viel Rauch!
Nie hab' ich mit solchen Freuden geweket
als itzt, wo selbst der Verächter merket
des ewigen Vaters gewaltigen Hauch.

GRAIS

Amen! Gott möge es fürder so walten!

JAN

Habt ihr so lange Gespräch gehalten
auf dem Rathause?

ROTTMANN

Ja, bis itzt.

HILLA

Es hat von Martini Kirchturm geblitzt!

ROTTMANN

Alsogleich wird es mit Donnern anfangen.
Donner.
Es ist die neue Halbschlangen.
Wir haben sie auf den Kirchturm gestellt.
Gott wolle, daß sie auch beißt, nit nur bellt.

KRECHTING

Fresse die Pest das Papistengelichter!

ROTTMANN

Der Feind ist zahlreich wie Sand am Meer
und schiebet wider die Mauern daher
Rotten und Fähnlein, immer dichter.
Sei's drum! Wir haben Pulver und Eisen,
Streiter die Fülle und Proviant.
Fiele die ganze Hölle ins Land,
um so herrlicher wird sich der Vater erweisen.

JAN

Amen, Amen! so soll es geschehn!
Zu den Seinen wird Gott allezeit stehn!
Aber möchten wir doch mit Recht auch meinen,
daß wir gehören zu den Seinen.

ROTTMANN

Bruder, bist du im Glauben nit fest?

JAN

Ich hoffe, daß Gott mich nit verstößt.

ROTTMANN

In solchen gewaltigen Stunden zweifeln,
das heißt die Tore öffnen den Teufeln.

JAN

Sie schlüpfen auch durch das geschlossene Tor.
Ihr sehet sie draußen im Lager der Feinde,
ich mitten in dieser Christengemeinde.

ROTTMANN

Wohl! warum tust du dich nit hervor
und hilfst uns säubern mit eisernem Besen
die Stadt vom widerchristlichen Unwesen?
Bist du denn nit mehr taufgesinnt?

JAN

Ich bin des Vaters unwürdiges Kind!

KRECHTING

Bruder Jan, ich seh' es mit bittrem Harm!
Gott machet uns reich, du machest dich arm.
Als die Wasser noch unter dem Eise flossen,
da war dein Odem vom Geiste erfüllt.
Itzt, wo es aus tausend Brunnen quillt,
scheint deine Seele versiegt und verschlossen.

JAN

Der Vater hat Schlüssel und Aaronstab
und Macht, zu nehmen, soviel er auch gab.
Doch wahrlich, noch lieg' ich an seinem Herzen!
Nein, Brüder, mißverstehet mich nicht.
Ich sehe wie ihr das gewaltige Licht.
Doch windet sich in Geburtsschmerzen
furchtbar wimmernd die alte Welt:
der Mutter gräßliches Rufen gellt
in das Freudengejauchze der Kinder.
Mich jammert der Mutter: ich bin ein Sünder!

ROTTMANN

Erkläre dich deutlich, Bruder Jan!

JAN

Wie mir's gegeben ist. Hört mich an.
Mich jammert des Volkes! sie singen und beten,
springen und wälzen sich im Kot,
nennen sich Heilige und Propheten

und sind doch so ferne der Gnade von Gott.
Ein jeder hat Träume, ein jeder will weissagen!
Haare raufen, Brüste zerschlagen,
winseln und heulen, sich winden in Krämpfen —
das heiß' ich nit mit dem Satan kämpfen!
»Das Wort ward Fleisch«: ein gutes Geschrei,
doch das Fleisch versinket in Hurerei,
die Unzucht starret durch alle Ritzen,
und sie ziehen das Wort durch Gossen und Pfützen!

KRECHTING

Da wird uns itzt schwerlich werden Rat!
Wir sind in einer belägerten Stadt!
Es ist nit so leicht, Herrn Omnes zu zwingen
und Ordnung in dieses Chaos zu bringen.
Wir halten Gemeine. Wir treten in Ring.
Die Weile verlanget ein jegliches Ding.
Pulver mahlen, Geschütze gießen,
der Ausgetriebenen Häuser verschließen.
Auch ist nit umsonst die Stunde da,
wo omnia sunt communia.
Wir müssen Diakone ernennen
und senden bei Brüdern und Schwestern umher,
daß jeder das Seine auch reiche her.
Da gibt's ein ewiges Laufen und Rennen.
Und täglich muß werden die Menge gespeist,
das ist eine Kette, die nit reißt.
Dazu kommen geströmet von allen Seiten,
trotz feindlicher Schanzen, Kanonen und Wacht,
christliche Brüder, Tag und Nacht.
Man muß ihnen Mahl und Gemach bereiten.
Sind meistens zerlumpt, verhungert, zerschlagen.
bestürmen jeden mit tausend Fragen:
Wo doch die Wunder sind geschehen,
von denen man ihnen draußen berichtet.
Wollen sogleich neue Zeichen sehen.
Ob wirklich Gott alle Kirchen vernichtet,
ob wirklich die Klöster versunken sein,
ob die Brunnen Blut statt Wasser spein,
ob wirklich ein Löwe den Domherrn zerrissen.
Kurz: alles und alles wollen sie wissen.
Das und das und noch etwas meh,

mir tuen vom Reden die Kiefern weh.
Wundern sich, daß wir nur laufen, nit fliegen,
meinen, sie sollten gleich Flügel kriegen.
Kommen herein mit dem Bettelsack,
pochen aber sogleich und protzen,
ist ihnen auch nichts zu gut, dem Pack,
sie müssen's bemäkeln oder drein kotzen.
Arbeit genung und Mühe genung!
Da halte einer auch Ordnung
und versorge dazu noch Schanzen und Wachen
mit aller Notdurft und Proviant,
daß wir nit werden vom Feind überrannt.
Wahrlich, das soll wohl geduldig machen
und zufrieden, daß es noch geht, wie es geht,
und nit der Handel gar stillesteht.

JAN
Bruder, ich rede nit wider das.
Doch schöpfet man nit in ein leckes Faß.
Sonst möget Ihr tausend Jahre schöpfen
und habet doch nie in Kannen und Töpfen
einen einzigen Tropfen Wein.

KRECHTING
Soll Münster ein leckes Weinfaß sein?

ROTTMANN
Dann müssen wir eilen, das Loch zu stopfen.

GRAIS
Wohlan, Bruder Jan, gib du uns den Pfropfen!

JAN
Ich bin ein ungelehrter Mann.
Hab' nur mit Mühe ein Buch gelesen:
und wie ich daraus getrunken han,
so bin ich von allen Büchern genesen.
Denn seht, ich meine, daß Gott in mir
stärker ist als in totem Papier.
Kam aber Gott jemalen in mich hinein,
so war ich, so bin ich und werde ich sein
und bin dereinst durch die Wüste gezogen

vierzig Jahre im Sonnenbrand
mit Israel aus Ägyptenland.
Und als der Satan das Volk betrogen
und Aaron machte den guldnen Götzen,
da fassete mich, wie jetzt, Entsetzen!
Höret mich! Moses war auf dem Berg
im Rauche Jehovas den Menschen verborgen.
Er sprach mit Gott, zu vollenden sein Werk.
Und verzog daselbst bis zum vierzigsten Morgen.
Und das Volk ward ungeduldig und geil
und müde, des Gottgesandten zu harren:
da sucheten sie bei dem Götzen das Heil.
So machete sie der Teufel zu Narren.
Noch stehet Moses vor Gottes Thron,
und Matthiesen, der neue Aaron,
muß schmieden neue Götzen und goldne Kälber.

GRAIS

Ist beinah schon der Götze selber.

ROTTMANN

Brüder, nehmt eure Zungen in acht,
Jan Matthiesen hat die Kraft und die Macht.
Aber sage: Wo wäre ein Moses vorhanden?

JAN

Melchior Hofmann!

ROTTMANN

Gestorben in Banden!

JAN

Nit mehr am Leben, der Melchior?

ROTTMANN

Kam eben die Zeitung herein durchs Tor.

JAN

Haben sie ihn ans Kreuz geschlagen?

ROTTMANN

Er starb. Wie, kunden die Leute nit sagen.

DUSENTSCHUR
Und ward ... ward lebendig nit verzückt?
nit im feurigen Wagen zum Himmel entrückt?

ROTTMANN
Nein! war kein Elias noch Henoch.

JAN
Und ist zum Vater genommen dennoch
als lieber Sohn und als bestes Kind.
Von allen, die hier versiegelt sind,
ist kein so gewaltiger Israelit.
Ruhe und Frieden dem, der für uns litt. —
Du aber ... trunken vom Blut des Propheten
bist du, Straßburg! Du wolltest nit beten,
so fluche! bis daß du wüste liegst
und Füchse durch deine Gassen schleichen.
Weil du in Gottes Wage nichts wiegst
und verwarfst seine Wunder und Zeichen,
so bist du verworfen von seiner Hand.
Du solltest werden Zion genannt,
nun sollst du werden ein stinkiger Pfuhl
unter der babylonischen Hure Stuhl!

DUSENTSCHUR
Bruder, nun muß ich der Sache nachsinnen:
Ging wirklich der Melchior Hofmann von hinnen,
der von sich sagete allenthalben,
er werde den neuen David salben —
an wen wird ergehen des Herrn Befehl?
Wen wird er machen zum Samuel?
zum Hohenpriester in dieser Stiftshütten?
Wer wird uns salben den Kaiser der Welt?

JAN
Gott verwirft und erwählet, wie's ihm gefällt.

DUSENTSCHUR
Wird es Jan Matthiesen sein?

JAN
Wer weiß?

Es wird geschehen auf Gottes Geheiß!
Jan Matthiesen und Knipperdolling kommen.

MATTHIESEN

Brüder, merkt ihr den Schwefelqualm?
Wir haben verbrennet des Teufels Saaten
— bei fünfhundert Bücher! — auf dem Halm!

KNIPPERDOLLING

Dabei kunde man sich einen Ochsen braten!
Wir haben aber noch mehr getan.

ROTTMANN

Was denn, du ungestümer Mann?

KNIPPERDOLLING

Zion muß werden zugericht't!
Das Hohe muß werden geniedrigt.
Haben lassen abwerfen die Türme
von Sankt Jakobi und Martini Pfarrei!

MATTHIESEN

Herrlich erfüllt sich die Prophezei!
Gewaltiglich brausen die Lenzstürme,
itzt ist's mit dem Winter ewig vorbei!
Brüder, es scheinet ganz über die Maßen
selig, das Wunder, auch gar nit zu fassen.
Überall Fülle des Gnadenhauchs!
Münster stehet in einer Wolke
göttlichen Odems, heiligen Rauchs.
Und ist auch ein himmlischer Glaube im Volke.
Sie haben des Vaters Stimme erkannt
und küssen seinem Propheten die Füße.

KNIPPERDOLLING

Die Füße! die Arme! den Mund! das Gewand!
und fordern, daß er sie wiederküsse!
und werfen sich vor ihm und hinter ihm
nieder, als wär' er ein Cherubim!
Er bewegt die Lippen: gleich wird eine Stille.
Er winkt: und sein Wille ist schon geschehn.

JAN

Bruder, du meinest Gottes Wille!

KNIPPERDOLLING

Ihr hättet es sollen mit Augen sehn,
als sie wie Hunde auf seinen Pfiff
fegeten durch Sankt Lamberts Schiff!
Sprangen hinauf an Pfeilern und Wänden,
alles zerreißend mit Zähnen und Händen:
Bildtafeln, Schnitzwerk, Kelch und Monstranzen
lerneten fliegen und mußten tanzen!
Mit Hosianna und Kyrieleis
wüteten sie durch Grüfte und Schreine.
Schädel und morsche Heiligengebeine
flogen Sankt Petro wider den Steiß.

JAN

Genug! — Vergebt mir, Brüder im Herrn!
In Gottes Worte vertieft' ich mich gern!
Auch liegt hier, ihr seht es, ein Bündel Kleider
für bedürftige Brüder! ich bin ein Schneider.

MATTHIESEN

Was soll das heißen, Jan Bockelson?

JAN

Ich sehe im Geiste des Vaters Thron.
Und weil ich möchte vor ihm bestehn,
so will ich lieber nit um mich sehn.

MATTHIESEN

Meinst du, weil wir die Kirchen zerreißen!

JAN

Ich bin ein Schneider: ich weiß nit meh,
als daß, sofern ich jetzt um mich seh'
auf Menschenwerke und äußere Ehre ...
so tät' ich versäumen Nadel und Schere.

MATTHIESEN

Ihr Brüder, verstehet ihr, was er meint?
Itzt, wo die Sonne der Gnade scheint

und sich die Pforten des Himmels entriegeln,
denkt er an Sticheln und Schauben bügeln.

JAN
Will einer sich halten gerecht und bereit,
der bügle und nähe ein hochzeitlich Kleid!

MATTHIESEN
Meinest du, daß wir in Lumpen stecken?

JAN
Ich meine, man soll den Satan nit wecken
und selbst die Götzen zerschmeißen mit Gotte.
Man soll nit eine rasende Rotte
täglich reizen zu neuer Wut.
Dem Christen gebühret Sanftmut!
Der Täufer soll sein ...

KNIPPERDOLLING
... der Täufer soll spein
auf Kelche, Monstranz und Heiligenschrein!
Kein alt Weib soll der Täufer sein!
Höret er einen Pfaffen schrein,
so soll der Täufer flugs über ihm sein!
Soll hassen die Nester der Klerisei
und jedes wie ein verfaultes Ei
zerdrücken mit Gott in gewappneter Faust!
Deutschland muß werden abgelaust
von dem schwarzen Hämlingsgeschlecht!
Der blinde Simson ist Gottes Knecht,
und wo ein Kirchturm zur Erde kracht,
ist tausend Philistern der Garaus gemacht.
Und wo ein Pfaffe ist abgetan,
fehlet dem Antichrist ein Zahn.
Und wo eine Kirchwand niedersinkt
und wo ein Weihrauchfaß nicht mehr dreht
und wo eine Glocke nicht mehr läutet,
da ist ein Unkraut ausgeräutet,
da ist ein Grind von der Haut gefallen!
da lösen sich römische Geierkrallen!
da kann genesen der deutsche Leib!
Divara ist eingetreten.

JAN
zu Divara
Siehe, so sterben die Seelen, Weib!
Mehr und mehr ekstatisch
Hüte dich, Paulus! in deinen Blicken
zucken Sauli, des Königs, Tücken!
Der Herr ist mit mir! Ich rede wahr!
Wer widerficht mir? wer krümmt mir ein Haar?
Kehre um! sonst, beim lebendigen Gotte,
verschlingt dich der Abgrund mitsamt deiner Rotte! —
Samuel!

MATTHIESEN
Zu wem sprichst du, Jan?

JAN
Samuel! Samuel!!

HILLA
Gottesmann!

JAN
Samuel!!

DUSENTSCHUR
Rede, dein Knecht höret!

KNIPPERDOLLING
Weckt ihn!

JAN
Samuel! Hörst du mich nicht?

DUSENTSCHUR
Herr, rede, ich höre!

KRECHTING
Er hat ein Gesicht!

HILLA
Der Geist ist in ihm!

DUSENTSCHUR
Des Vaters Stimme!

[Andere Fassung der vorausgehenden Partie]
Divara ist eingetreten.

JAN

Siehe, so sterben die Seelen, Weib!
Wachsbleich. Plötzlich fährt er fort
Hüte dich, Paulus, in deinen Blicken
zucken Saulus', des Königs, Tücken.
Der Herr ist mit mir! ich rede wahr!
Wer widerficht mir? wer krümmt mir ein Haar?
Kehre um! Sonst, beim lebendigen Gotte,
verschlingt dich der Abgrund, mitsamt deiner Rotte.
Samuel!

MATTHIESEN

Zu wem sprichst du, Jan?

JAN

Samuel! Samuel!

DUSENTSCHUR

Gottesmann!

JAN

Samuel!

DUSENTSCHUR

Rede! denn dein Knecht höret.

KNIPPERDOLLING

Wer hat wohl den Papageien gelehret?

KRECHTING

Stille, hie ist des Sehers Haus!

DIVARA

Horeb! ziehet eure Schuhe aus.
Sie tut es.

JAN

Samuel!

HILLA

Seht ihr! Er ist eine Flamme!

ROTTMANN

Er schrie wie der Heiland am Kreuzesstamme!
Wem gilt der Ruf?

DUSENTSCHUR

Hier bin ich, Herr!

KNIPPERDOLLING

Bist du Samuel?

DUSENTSCHUR

Samuel!

DIVARA

Eitles Geplärr!
Du scheinst mir viel eher vom Satan besessen.

JAN

Die Stunden Elis sind kurz bemessen!
Ich will ein Ding in die Wege stellen:
davon sollen Eli die Ohren gellen.
Samuel! hört des Richters Gebot:
Eli ließ seine Kinder verderben,
gab ihnen Steine ... Steine statt Brot:
darum ... muß er ... des Todes sterben!! ...

ROTTMANN
fängt den ohnmächtigen Jan auf

Jan!

KRECHTING

Jan!

ROTTMANN

Er stirbt!

DIVARA
zu Matthiesen
Wen hat er gemeint?

MATTHIESEN

Melchior Hofmann, wie es scheint!

DIVARA

Was tut denn das Weib?

MATTHIESEN

Sie salbt ihm die Füße!

DIVARA

Und der stinkende, hinkende Dusentschur?

DUSENTSCHUR
weinend

David! David!

JAN

Vergebet mir nur!
Wo bin ich, was ist? was ist mir geschehen?

DIVARA

Die Herrlichkeit Gottes hast du gesehen.

[Andere Fassung des Schlusses

⟨DUSENTSCHUR
weinend

David! David!⟩

DUSENTSCHUR

Jan, König David, riefst du mich?
Zum Herrscher Zions salbe ich dich!

[FRAGMENT XVIII]

Im sogenannten Paradies, einem Raum vor dem Haupteingang in das Schiff des Domes. Der Raum ist geschmückt, und es ist daselbst eine Tafel für zwanzig Menschen von Frauen, darunter Divara, Hilla und Frau Knipperdolling, gedeckt. Erster Ostertag. Aus dem Inneren der Kirche rechts Musik und Gesang. Links, vom Platz, Geraune einer Volksmenge. Sonnenschein. Von rechts kommen Jan, Knipperdolling, Matthiesen, Krechting, Rottmann und andere. Dusentschur.

JAN
Ich sage, es war nit recht getan.

DIVARA
Fahet er schon wieder zu zanken an?

JAN
Mitnichten, Schwester im Herrn, mitnichten.
Wer Kläger sein will, darf nit richten.

DIVARA
Hat er geklagt und gerichtet zugleich?

JAN
Geklagt und gerichtet auf einen Streich!

MATTHIESEN
Nimm dich in acht, Jan!

KRECHTING
leise
Hüte dich, Jan!
Denk, was er Hubert Rüschern getan!
([Notiz] Hubert Rüscher hingerichteter Schmied.)

MATTHIESEN
Weil er gelästert hat Gottes Propheten!
Wie stehet geschrieben?

JAN
schnell
Du sollst nit töten!

MATTHIESEN
bleich
Ich bin ein Richter in Israel!

JAN
Sei immer ein Richter, doch sei kein Henker!

MATTHIESEN
Und du kein giftiger Stänker und Zänker!

ROTTMANN
Bruder, ich mache daraus kein Hehl:
mir scheinet, du hast ihn zu Unrecht gestochen.

MATTHIESEN
Sollte die Schande nit sein gerochen,
daß er uns Lügner und Pracher genennt?

ROTTMANN
Du führest ein blutiges Regiment!

MATTHIESEN
sieht sich verdutzt um. Dann reißt er das Gewand auf
Da! hier! stoßt zu! ergreift eure Schwerter!
Färbt sie mit eures Propheten Blut!
Was zögert ihr? Es ist nit zu gut!
Das Blut des Heilandes war lautrer und werter!
Ich geb' es hin, ich vergieße es gern,
sofern ihr meinet, ich diene dem Herrn
so besser als durch ein geistlich Leben!
In Demut bin ich dem Vater ergeben.
⟨In Demut hab' ich das Schwert geschliffen,
mit Schaudern hab' ich es angegriffen.⟩
Aus eigenem hab ich nichts nit geton!
Höre mich, Geist und Vater und Sohn!
Ich brachte den Tod mit diesen Händen
und empfang' ihn damit, Herr, willst du ihn senden!
Er steht mit ausgebreiteten Armen.

JAN
Ist leicht geredet und schwer vollbracht!
Wir haben an Blut und Mord nit gedacht.

MATTHIESEN
Du lügst! Der Himmel soll mich zerschmettern
mit allen heiligen Donnerwettern
und lebendig begraben im Abgrund,
wo das nit gelogen ein bübischer Mund.
Wer hat gestern gerufen nach Galgen und Block?
Wer? und nach Richter und Häscher und Stock?

JAN
Nit so ganz, Bruder, hast du mich nächten begriffen.
Wir brauchen ein Richtschwert, und scharf geschliffen.
Wir brauchen Häscher, Gericht und Profos,
Ordnung zu schaffen auf Gassen und Schanzen.
Ohne Zügel kann man ein wildes Roß
nit lassen im spanischen Tritte tanzen,
noch kann man es leiten mit sichrer Hand
durchs Gnadentor ins verheißene Land.
Doch jener, der itzt bald kommen wird
auf dem weißen Pferde, der Herr und Hirt,
er heißet nit Raub oder Eilebeute,
sondern Gerechtigkeit, Friede und Freude.

DUSENTSCHUR
Höret, wie süß seine Stimme klingt,
wie Davids, wenn er zur Harfe singt.

ROTTMANN
Wird aber schwerlich mit solchem Singen
Sauli finstre Dämonen bezwingen.

MATTHIESEN
Knipperdolling! Simson! Herrlichster Streiter!
Was sagst denn du zu dem Schimmelreiter?
Soll das ein Schneider aus Leyden sein?
Hüte dich vor dem Schneiderlein!

JAN
geht zu Matthiesen, kniet vor ihm nieder

Bruder! Friede! Es stehet geschrieben:
Die Heiligen sollen einander lieben.
Verzeih mir! und daß ich gestrafet sei
für mein eitles Prahlen und Pochen:
Nimm mich! Zerbrich auf dem Rad meine Knochen!
Doch, Bruder, gib die Gefangenen frei.

KNIPPERDOLLING
Brav, Bruder Jan!

ROTTMANN
Ein wahrhaftiger Christ.

KRECHTING
Und wenn er auch nur ein Schneider ist:
wer weiß, wen der Vater sich auserwählt!

ROTTMANN
Hat keiner die Sterne des Himmels gezählt,
viel wen'ger des ewigen Gottes Gedanken.

KNIPPERDOLLING
zu Matthiesen
Bruder, du solltest hie weiter nit schwanken!
Mir ging es vorhero übel ein,
daß du sie ließest in Banden schlagen.
Soll niemand meh ichtwelches Wörtlein wagen,
ohne daß er den Hals riskiert:
so haben wir alle bald ausregiert.

JAN
Bruder, als du den Schmied erstochen,
wahrlich, es hing an einem Haar,
und wir alle hätten für ihn gesprochen.

KRECHTING
Berndke Knipperdolling sogar!
Und wenn wir ihn wollten mit Stricken binden,
wo wäre ein zweiter Simson zu finden?

HILLA
Knipperdolling umhalsend
Simson! Simson! mache sie frei,
auf daß Freude hier und im Himmel sei!

MATTHIESEN
bleich

Geht. Nehmet ... ihr Brüder, hier ist mein Sigill.
Geschehe, was eine Gemeine will!
Tilbecke und Redecker,
die für den Jebusiter gebeten,
sollen vor die Gemeine treten.
  Einige ab.

FRAU ROTTMANN
Itzt setzet euch nieder! Das Mahl ist lecker!

FRAU KNIPPERDOLLING
Gott hat eure Tafel köstlich gericht't.

KNIPPERDOLLING
Nehmet und esset, eh daß sie zerbricht!
Steh auf, Jan!

ROTTMANN
Steh auf Jan! Komm und iß!

JAN
steht auf

Lasset mich wider der Schlange Biß
im Geiste ein neues Lied ersinnen.

DIVARA
Komm, wir wollen mit Essen beginnen!

JAN
Esset! Bringt mir mein Saitenspiel,
indes ihr genießet, was Gott gegeben,
lasset mich eure Seelen erheben.

HILLA
Hier ist deine Harfe, Jan.

ROTTMANN
gibt das Zeichen zum Niedersitzen. Alle setzen sich und beten stumm.

Wie Gott will!

⟨HILLA
Fürchte dich nicht, du Gebenedeiter.
Singe! ich sehe die Jakobsleiter
über dir herrlich zum Himmel weisen.

DIVARA
ironisch
Klopfet, ihr Herrn, so wird aufgetan.
Gelächter. Die anderen Frauen lachen.⟩

JAN
Knaben, traget die Glefe von hinnen,
sie tropfet von Blute! so will ich beginnen!

MATTHIESEN
Gehöret mir zu!

JAN
Was soll der Spieß?
Es ist, mir scheinet, im Paradies
nicht Haderns, Fechtens noch Blutvergießens
oder Christum in die Seite Spießens!
Der Spieß wird hinausgetragen. Matthiesen will emporfahren, die Frau drückt ihn auf den Stuhl.

MATTHIESEN
knirscht zu Divara
Zu Leyden hat er Treber gefressen!

DIVARA
leise zurück
Und du hast dein Abc vergessen!
Pause.

JAN
präludiert, beginnt dann
Ich habe den Gürtel von rotem Gold
um den weißen Kittel des Glaubens gelegt.

CHORUS
Halleluja! Hosianna!

JAN
Ich bin eine Stimme, gewaltig und hold,
die den Abgrund erregt und den Himmel bewegt.

CHORUS

Halleluja! Hosianna!

JAN

Ich war eurer Trübsal Mitgenoß,
nun bin ich des Reiches erster Sproß.

CHORUS

Halleluja! Hosianna!

MATTHIESEN
leise zu Divara

Ein Kopf hat an einem Hut genung,
ein Töpferhafen an einem Sprung.

DIVARA
laut

Nehmet und esset!
Leise zu Jan [Matthiesen]
Mensch, schweige still!

JAN
Divara zusingend

Sei wacker und stärke, was sterben will!
Dem Lamme vertraut des Lammes Braut,
so hat dich der Sohn des Vaters geschaut.

MATTHIESEN

Nennt er sich gar Gottessohn?
Ich nehme ihn höchstens für Abaddon,
den klimpernden König über Heuschrecken.

ROTTMANN

Fürwahr, er könnte Steine erwecken
mit seinem Lautenspiel und Gesang,
wie Apollyon oder Orpheus der Meister.

MATTHIESEN

Und Satan, der Fürst der Höllengeister.

JAN
beginnt aufs neue zu singen

Hört mich, Genossen an Wein und Brode!
Kein Leid geschieht uns vom anderen Tode,

sofern wir dulden und niemals matt werden,
bis vom verborgnen Manna wir satt werden.
Wer überwindet, der soll leben.
Ich will ihm ein gutes Zeugnis geben
und will ihn nennen mit neuem Namen,
einen jeden Erwählten, heimlich: Amen!

MATTHIESEN

Heimlich? Wie heiß' ich, sag es frei!
Ich will mich getrösten, wer ich auch sei.
David, der den Goliath fällte,
oder er, der die Füße des Tieres zerschellte,
Daniel. Oder Gideon,
der zehntausend schlug mit dem Ruf seines Mundes.
Ich bin ein Berufner des neuen Bundes,
ein Jonathan jedem Absalom.

JAN
singt

Flöten und Harfen, jubelt mit mir!
Daß du Gold von mir kaufest, rate ich dir,
Gold, das mit Feuer durchläutert ist;
weiße Gewänder, die Blöße zu hüllen
und die Erde mit Licht zu erfüllen.
Dran erblinde der Widerchrist!
Augensalbe sollst du dir kaufen,
daß du des Weges nicht fehlest beim Laufen.

DUSENTSCHUR
heimlich zu Matthiesen

Männlein, vernimm, was der Heilige spricht,
der Wahrhaftige. Männlein, vergiß es nicht!
Er schließet auf und niemand zu,
er schließet zu und niemand auf.
Den Schlüssel Davids spürest du.
Nimm meinen Rat und vollbringe den Kauf!

MATTHIESEN

Auf, laßt uns ein ander Stücklein vollbringen!
oder sind wir hier in den Drei Heringen
zu Leyden? Was trinken wir schales Bier
und haben das Wasser des Lebens allhier?

Gott hat mir . . . ich werde . . . mir ist offenbart . . .
hört mich . . . Ein Gaukler und Bänkelsinger,
nach Münster verschlagen auf seiner Fahrt,
ist darum noch lange kein Drachenbezwinger.
Gehabet er sich als ein Prophet und Erzengel,
so lasse man ihn durch Ludgeri Tor,
und er schlage die Feinde mit einem Bengel.

JAN

Jan Matthiesen! mach es uns vor!
Denn wie du begehret, ich sag' es laut:
Den neuen Gideon hab' ich geschaut!
*Matthiesen steht tief bestürzt, alle entblößen die Häupter.
Divara blickt erbleichend ihren Mann und hernach Jan an,
erhebt sich und schreitet auf Jan zu und drückt ihm einen
Kranz von Rosen aufs Haupt.*

⟨JAN
nimmt den Kranz vom Haupt
Weib, was hätt' ich mit dir zu schaffen?

HILLA FEIKEN
drohend zu Divara
Berühre niemand sein heiliges Haupt!⟩

ALLE
gegen Matthiesen
Hosianna dem Gideon!

DIVARA
gegen Jan
Hosianna dem Gottessohn!
Hilla Feiken Jan salbend und mit ihrem Haar trocknend.

MATTHIESEN
finster
Erweisen will ich, wer ich bin!
Erweisen will ich, wer du bist,
ob Gottessohn oder Antichrist!
ob Gaukler oder Cherubim!
Ich sage dir, Jan, zu deinem Heil:

Du tanztest niemals auf einem Seil
wie itzt, verloren in Abgründen.
Sofern du erwachst aus dem Schlaf deiner Sünden,
wirst du dir raufen die gelben Haare
und stürzen durch hunderttausend Jahre!
Matthiesen ab.

HILLA

Du duftendes Fleisch! Du weinfarbnes Blut!

JAN

Brennest du auch in lautrer Glut:
nutze die Stunde, denn sie ist da!
Hebe dich aus dem Zion der Täufer,
Judith, in das Lager der Blutsäufer,
nimm ein Schwert und errette Juda!
Holofernes wird länger nit leben,
des Bischofs Haupt ist dir übergeben!

⟨DIVARA

O du Auserwählete! Jubiliert!

HILLA

Barmherziger, Dank, der mich würdig befunden!
Ich küsse dich, süßes Fleisch voller Wunden!
Herz Jesu! nun hat mich dein Strahl berührt!

JAN
erhebt sich

Höret, hört der Hörner Gesänge!
das neue Lied, das Geheimnis der Klänge!
Lernet, ihr Ältesten, lernet mit Fleiß,
euch wird enthüllet, was niemand weiß.

DUSENTSCHUR

Die Opfer geweiht und die Krone bereit.
So siegen wir nun im heiligsten Streit!

JAN

Vor der Stadt wird die blutige Kelter getreten.
Laßt uns einander lieben und beten.⟩

DIVARA
zu Hilla

Freue dich, Tochter von Syon,
schöne Botschaft kommet dir!
Du solt singen süßen Ton
nach all deines Herzens Gier.
Du bist worden Gottes Schrein,
davon solt du fröhlich sein
und sollst nit leiden Herzenspein!
Wol her an den Reihen!

Alle bilden einen Reihen, singend

Jubilieren	Meditieren
Jubilieren	Meditieren
Jubilieren	Contemplieren
Jubilieren	Speculieren
Jubilieren	Concordieren!

[NOTIZ]

Hilla, schöne Schwärmerin, will der Judith nacheifern, bei Holofernes liegen und ihn hernach umbringen.

[FRAGMENT XIX]

[NOTIZ]

Erster Ostertag geht Matthiesen hinaus.

Jan im Hause Knipperdollings. Es ist Nacht, gegen Morgen.
Draußen auf den Straßen herrscht stärkste Aufregung.
Jan und sein Doppelgänger. Jener in schwachem Lichtschein.

JAN

Ich will etwas anderes sein als du.

DOPPELGÄNGER

Jan, wie sollte dir das gelingen:
Schlafe, schließe die Augen zu!

JAN

Ich sollte und kann es nit über mich bringen.

DOPPELGÄNGER

Der Tag, der dich ruft, ist nahe, Jan!
Schlafe.

JAN

Ich bin nit der rechte Mann!

DOPPELGÄNGER

Was willst du tun? Du wirst getrieben!
In Gottes Mühle! Wer kann widerstehn?

JAN

Die blutigen Steine hab' ich gesehn:
Soll ich auch werden zerquetscht und zerrieben?

DOPPELGÄNGER

Schlafe!

JAN

Ich will nit werden zerstückt!

DOPPELGÄNGER

Hast du den Freund nit hinausgeschickt?

JAN

Wen?

DOPPELGÄNGER

Matthiesen!

JAN

Lügst du das?

DOPPELGÄNGER

Tat König David mit Urias
dasselbe nit? Steht nit die Krone bereit
für dich und Davids Herrlichkeit?

JAN

Lügner! gesteinigter Teufel! Ich tat,
was David tat mit dem Goliath!

DOPPELGÄNGER

Nit aus dem Triebe heimlicher Lüste
und um Bathsebas Hüften und Brüste?

JAN

Ich kenn' sie nit! was schiert mich das Weib
dieses David el David!

DOPPELGÄNGER

Verflucht sei der Name
dieses falschen Messias von Satans Stamme!
Doch Immaculata: süß ist dein Leib.

JAN

Meinen Hut! meinen Kittel!

DOPPELGÄNGER

Wo willst du hin?

JAN

Verhüten will ich den Unsinn!
Er raset, haltet Matthiesen zurück:
lasset ihn nit aus der Pforten brechen
und nit den Wehrlosen niederstechen!
  Geschrei.

DOPPELGÄNGER
Versäumt hast du den Augenblick

ROTTMANN
tritt ein

Guten Morgen, Jan.

JAN
Gott zum Gruß, Bernd Rottmann.

ROTTMANN
Was schreist du da hinein in die Straßen?

JAN
Sie sollen Matthiesen nit aus der Porten lassen.

ROTTMANN
Zu spät. Schon brach er mit seiner Rotte
durchs Tor.

[ENTWÜRFE, NOTIZEN UND EINZELNE VERSE]

Johann von Leiden

Leiden.
Schenke Zu den drei Heringen.
Jan 23.
Seine Frau.
Matthiesen.
Seine Frau.

1.

Die Schenke. Schiffer. Jan bringt den Schiffern Schnaps. Sein unangenehmes Verhältnis zur Frau. Die Kneipe wird verlassen und geschlossen. Nun kommt Matthiesen, dessen Frau und einige Täufer, dazu Dusentschur aus Münster mit Nachrichten. Jan. Matthiesen. Das Weib.

2.

Münster. Knipperdollings Haus. Er ist Bürgermeister geworden. Rottmann und die Prädikanten.

II. Akt

Anfang. Die Propheten sind eingezogen.
Rottmann für Jan. Rottmanns Kampf mit Fabricius. — Blutschande.
Nach der Kirchenlehre ist der Glaube eine übernatürliche Tugend.
»In glühenden Särgen sollt ihr Ketzer liegen dereinst...«

Akt I.
Leiden.
Akt II.
Akt III.
Der Tod Matthiesens.
Liebeszwischenszene.
»Der neue Daniel lebe!«
Huldigung.
Jans großes Programm.
Akt IV.

Fabricius.
Jan mit seinen Weibern in einer Hofhaltung.

I. Akt
Bei Knipperdolling.
Einzug von Matthiesen und Jan.
Matthiesen sagt zu Fabricius: »Hebe dich weg!«
Fabricius geht.
Die Lage durch den Bischof wird erörtert.
Matthiesens Vision.
Sie werden der Belagerung entgegensehen.

II. Akt.
Vor dem Rathaus.
⟨Das Mahl in Knipperdollings Hause.⟩
Matthiesens Mut [?] und Entschluß.
Die Tat. Der Verlauf.
Liebeszwischenszene.
Der neue Daniel.
Huldigung.
Jans Programm. Die zwölf Schwerter. Knipperdolling Henker.

III. [Akt.]
Sieg verlorengegangen. Vorher Dusentschurs Apostrophe:
»Du sollst sein wie Gott.«
Das große Abendmahl unter den Bäumen.
Jans Aufzug.
Jans Dienen.
Sein erster Mord.
Der Sohn des Bischofs.

IV. [Akt.]
Der Schmied mit den 200.
Der Verräter Grais.
Das Blutwaten.
([Am Rand] Elisabeth Wandscherer will von ihm gehn. Er richtet sie selbst.)
Die Raserei der Liebe.
Die Leidende.
Der Hunger. Fabricius.
Die Zähigkeit.

»Noch ein Angriff, dann müssen wir fallen.«
Andeutung des Einbruchs.

V. [Akt.]
Im Rathaus. Sie begegnen einander wieder. Vorbereitung auch durch Fabricius.
Sie sehen die Prozedur vom Fenster aus.
Fabricius hat das letzte Wort.
Die Besprechung mit ihm und Corvinus.

I. Akt
Rottmann, Fabricius und Knipperdolling ⟨und Jan⟩ sprechen über die Androhungen des Bischofs und die erwartete Ankunft des Propheten Matthiesen. Die Weiber treffen Gastmahlanstalten. Der Prophet sei glücklich durch das Tor eingezogen. Matthiesen begrüßt alle und dann Jan. Er sagt: »Ich habe ein Weib genommen, Divara. Hör!« Divara bei der Gegenüberstellung weissagt. Hieran steigert sich Matthiesens Predigt und Aufforderung zum Widerstand.

II. Akt
1. Szene
Szenarium
([Am Rand] Motiv: er zeigt allen den Meister. —
»Ihr habt sie losgebunden, nun bindet sie wieder!«
Das Böse vorhanden und im Einsatz bemerkbar.
Die Aristokratennatur.)
Bockelsons Zimmer.
Bockelson beklagt sich gegen Rottmann, weist auf Mord hin. Es ist gut, daß sie ihm zu Füßen liegen, aber nur keine Abgötterei.
Knipperdolling und Matthiesen stürmen herein: »Zur Tafel des Herrn!«
Betretenheit.
Rottmann leitet ein. Jan sagt: »Ihr macht das Volk wahnsinnig mit eurer Art.«
Matthiesen flucht und verdammt.
Bockelson sehr ruhig. Er deutet an, daß das Nichtsterben doch zweifelhaft wäre etc.

»Mich jammert des Volkes.«
Standrecht.
Hiernach weint Matthiesen, fällt vor ihm nieder, betet ihn in Exaltation an etc.
Divara kommt: »Steh auf!«
Divara und Jan sehen sich furchtbar in die Augen.
(Die Macht der Feinde ist noch groß [...?])

2. Szene

Die Belehnung der zwölf Ältesten mit dem Schwert durch Jan.
Hinrichtungen.
Das Gastmahl in der Domhalle
Divara und Jan Liebe. Matthiesen fühlt seinen Stern untergehen, daher seine Weissagung und Tat. Selbstmord.

III. Akt
1. Szene

Schwerste Depression. Größte Gefahren innen und außen.
Nacht.
Jan wacht.
Divara kommt wie ein Geist.
Liebe. Er sagt, er sei bei dem Hause seiner Mutter gewesen, [...?]. Er denkt an sein Weib, Kinder, sagt, er liebe es mehr etc. Grauen.
⟨Sie⟩ vereinen sich nicht aus Furcht und Grauen.
Knipperdolling, Rottmann, Dusentschur.
»Die Feinde werden einen Sturm machen in unsrer Schwäche.«
»Das sollen sie, das brauchen wir.«
Da in der Exaltation weissagt Jan zuerst.
»[...?] Ich habe es gewußt, gesagt.« [...?] er greift den Schlachtshap heraus, der getroffen und geschmeichelt alles hingerissen eingesteht.
»Kommt! das will ich dem Volke sagen, und dann«, sagt er, »brauchen wir einen siegreichen Ausfall.«

2. Szene
Domplatz.
Proklamation der Vielweiberei.
Jan hat gesprochen. Der Sturm ist abgeschlagen.
Dusentschur.
Krönung.

Divara Königin.
Die Aussendung der Propheten.
Der Größenwahn.
Die Vergötterung.
Isiskult.

⟨III. [Akt]
1. Szene
Die Orientliebesnacht.
Die Verbindung zum Tode.
Der Größenwahn beider.
Zwei Frauen hat er.
Muhamed.
Der Zwang, die Weiber und Männer zu halten.
Sie vergöttert ihn, er sie, und so werden sie beide im Rausch
Götter. Das Liebespaar auf dem Thron.
Schreckensnachrichten: Tod der Apostel.
Der Sohn des Bischofs bedient sie.⟩

IV. [Akt]
1. Szene
Jans Antrag.
Eine Beratung im Rathause unter Vorsitz Jans.
Es wird von den Propheten und ihrer Hinrichtung geredet.
Die Diakone kommen. Steigende Erpressungen.
Die Urteilssprechung der Gefangenen der inneren Revolte.
Fabricius: Übergabe! — Niemals. Krechting Schriftführer.
Hilla Feiken: »Du mußt weissagen!« Jan verspricht es.
Das Treiben zum Weissagen.

2. Szene
Ein Kirchhof vor der Stadt.
Begräbnis.
»Ich kann das Leiern der Choräle nicht mehr hören.«
Der Verhungernde.
»Herr König, ich muß fressen.«
Auskünfte aller Art.
Die Schauspiele. Panis ist nicht, also wenigstens circenses.
Werfen ihm vor ...

V. [Akt]
1. Szene
Die orientalische Liebesnacht.

Die furchtbaren Rufe: »Brot!«
Die Gotteslästerungen des Königs.
Qual über den Verräter.
Er sieht, wie auf dem Domhof Gerichtete begraben werden.
»Ich kann kein Blut sehen, wie Mohammed«, etc.!
Andenken an Hilla Feiken.
Krechting kommt: »Die Landsknechte sind in der Stadt!«
Er sieht das Grab nachts auf dem Domplatz und Landsknechte die Totengräber überfallen. — Abschied von Divara.
Wiedersehen? wo?
Stürzt ab mit dem Schwert.
Sie stürzt ihm nach! Ihr ist, wie wenn ein Traum schwindet!

2. Szene

Das gleiche Zimmer.
Knipperdolling in Ketten, ab.
Krechting in Ketten, ab.
Jan in Ketten.
Fabricius etc. Tröstungen, Verhör.
[...?] hab' ich durchlebt das und das etc.
Er sieht die Zurichtungen etc.
Oberflächliches Nichts der Bemerkungen.
Ruf: »Vater, Vater, sie werden gemartert.«
Totenstille.

Jan von Leyden.
Fünf Akte.
Elf Verwandlungen.

Personen:
  Die verschiedentlichen Irren des Mittelalters.
  1. Eine Maniakalische.
  2. Der Melancholische, mit dem Sack umgürtet. Ich bin verflucht. Seine furchtbaren Visionen.
     Der Einfluß der Irren. Das Ganze ein Krankheitsprozeß.
  3. Paranoia.
  4. Der Arzt. Luthers Geist ist zu kurz, zu unfrei, nit hoch genung, zu wenig voll Geist.
     Kaspar von Schwenckfeld, ein schlesischer Edelmann.
  5. Ein abgeschiedener geistlicher Täufer (größte Strenge).

6. Ein gottgelassener, betender Täufer.
 7. Ein stauniger (verzückter) Bruder.
 8. Der Gebrandmarkte (Zeichen an der Stirn. Gestäupt und ausgewiesen aus Furcht.)
 9. Meister Hubert, Schmied, Gegner des Narrenregiments.
10. Heinrich Mollenhoeck, Schmied, sein Freund [...?]
11. Heinrich Grais, der Verräter.
12. Elisabeth Wandscherer.
13. Corvinus (von Philipp).

———

Szene »Wiedertäufer«

Zwei Haufen:
1. Wem dienet ihr?
2. Gott und dem Bischof!
1. Welchem König?
2. Gott und Kaiser Karls Majestät! Wem ihr?
1. Wir dienen dem Kaiser aller Kaiser, Jesum, und fechten auch vor den König Jesum!

———

Man muß das Volk in seiner Gesamtheit wie ein Individuum fassen, und zwar wie ein Kind. Nun hat das Papsttum das Kind krank, mürbe, geistesschwach gemacht, mit allen Mitteln seelisch verprügelt und auch physisch verderbt. Das Mittel der Angst war das übliche, um es, z.B. zum Geldgeben, gefügig zu machen. So brachen schwere Geisteskrankheiten in ihm aus, schlimme [...?], Fieber, durch hauptsächlich kirchliches Verschulden. Hier kann der Hohe Priester seine Hände nicht in Unschuld waschen.

———

Christliche Freiheit gekommen, weil die Obrigkeit dem [?] ins Gewissen gegriffen. Deshalb sei er nun niemand untertan als Gott.
Das Buch »Von der Rache« schrieb Jan.
Schmied Heinrich Mollenhoeck mit seinen 200 Bewaffneten.
Alit, Mutter Jans.
Das Gesetz macht sündigen.

———

Die Treue Jans gegen sein erstes Weib. Seine geheimen tiefen Ideen. Die Macht der Weiber!

Oft ist es die Ohnmacht, die die Tat erzeugt. Der Wunsch zur Tugend führt auf den Weg zur Tugend, und der Weg zur Tugend führt in ein Labyrinth.

Man sucht mit Erwägungen der Vernunft zu wirken. Das Weib verachtet sie von vornherein. Wenn es sich überzeugt und gehoben fühlen sollte, fühlt es sich leider besiegt und gedemütigt.

Die tiefe, gefährliche Schwärmerei, scheinbar harmlos und doch der Lebenskern.

Jan, der den Irrsinn zuzeiten durchschaut.
Die Prostituierten vor Jan.

Knipperdolling:
Ich kann nit reden von solchen Dingen.
Aber ich kann mit dem Teufel ringen!
Der heimliche Reichstag.
Willkür bricht Landrecht.
Der furchtbare Notschrei nach dem Messias. Jesus, hilf uns.
Münster ist eine Glucken,
laßt die armen Kindlein kommen und unter
ihre Flügel sich ducken.

Chiliasten.
Eine Chiliade (tausend Jahr) unzerstörbarer Seligkeit.
Tertullian, Lactantius.

Vielleicht ist er schon unter uns (Christus), auf Jan gedeutet.

Mönchskutte Schlupfwinkel für Ungeziefer und Irrlehren.

Die Behandlung des Lebens als Traum durchführen.

Knipperdolling:
Schüttle dich, Deutschland: schüttle dich, Reich,
geistliche Krallen sind dir geschlagen
in die Weichen, du wirst getragen
wie ein Lamm vom Geier in seinen Horst.
Schüttle dich.

Die furchtbare Weiberszene auf dem Marktplatz, etwa 8. oder 13. Februar [15]34.

9. April [1534].
Das Hohe geniedrigt etc. Knipperdolling.
Jan zu K[nipperdolling]: »Also sollst du der Niedrigkeit ein Scharfrichter sein.«

Der große Sturm abgeschlagen Dienstag nach Pfingsten, 22. Mai.

Hilla Feiken.

Divara will nur geehelicht sein, daher 23. Juli Vielweiberei, Offenbarung und danach Heirat Jans.

Eine große Szene im Schlafgemach.
Begrüßung mit Divara, die gesalbt hereingeführt wird.

Er war in Lissabon und hat dann den Norden mit dem Süden überwinden wollen.

Das Getreide in den Straßen.

So hat Rom im großen gewirtschaftet und in zynischer Kälte wie Münster im kleinen.

Schulmeister Grais von Anfang an.

Kampfszene in der Stadt mit Mollenhoeck um den Toten, den sie dabei nackt ausziehen!

Kind, es lebt ein Tiefstes in uns,
das möcht' ich langsam erschaffen.
(Sein geheimes Bildeprogramm.)

Laß meine Hülle erfüllen Gesangessturm.
Jan.
Brech nur erst immer die Galle ins Blut
und bringe mich hin zu rasender Wut.

———

Personen: Die Oberin, die Domina, die Jesebell: die muß
junges Mägdevolk regieren, wenn man sonst keine Teufelin
weiß.
Die Domina durchstäupte mich, mit andern vier Personen,
bis keine mehr zu schlagen vermochte.

———

Mordgruben Leibes und der Seelen.
Wahrlich, schlüpfrig ist das Fleisch und auch der Geist.

———

Szene: Ein Weib hat zu einem Gastmahl geladen. Der Engel
Gabriel hat ihr im Traum die Speisen verheißen.
Engelsgesichte.

———

Jan in einer stillen Stunde.
Die Bösen, die Teufel, verlornen Söhne
werden alle einst kehren heim
und sein wie Gott.
Hierin zeigt sich die Größe seiner immanenten Liebesleidenschaft.
Jeder hat eine andere Lehre.

———

Jan: »Ich seh' ein Weiblein kommen, ich liebe sie im Vorübergehen; mit einem tiefen, bittren Kummer geh' ich weiter.
Ich möchte mich mit ihr einen und kann nit.«
Jan:
Wie Christus mit seiner Kirche sich eint,
so sollen sich Männer und Weiber einen.

Die Umwandlung von Jans Wesen, nach der großen Liebes-
befriedigung.
Das Reich ist da.
Jan im Rausch:
Gib [...?] Kleid, alles, was du bist.
Gib dich selber dem Nächsten, Christin und Christ.
Liebesrausch!
Brüder, Schwestern.

———

Matthiesen: »Zerbrecht ihre Altäre, hat Gott gesagt, zer-
schmettert ihre Bilder und verbrennt sie.«

Die tiefe Humanität Landgraf Philipps.

Ich bin getaufet vor etlicher Zeit
von einem, den Gott dazu bereit't.
Sie haben ihm vor etlichen Tagen
zu Frankenhausen den Kopf abgeschlagen.
[...?] weiß ich von seiner Taufen,
wär' auch wohl selber danach nit gelaufen!

———

Jan tritt vornehm zurück.
Man flüstert nur über ihn, er sei Matthiesens Spiritus.
Er ist kalt gegen Weiber.
Wortkarg.
Plötzlich ändert sich alles.

———

Mensch, du weißt nit, was in dir ist,
wenn sich einmal deine Seele wird dehnen,
dein Wesen...
so wirst beherbergen etwas, wie...
wirst du das Wort begreifen: das Himmelreich ist in euch.

Im rohen Menschen liegt der Bilderzerstörungstrieb.
Augen durchstechen etc., die Bilder auf Fenstern und Wänden.

Jan der Schauspieler.
Der Schauspieltrieb!

———

Frau Divara: »Beim geschnitzten Heiland mag ich nicht ruhn.«
»Ich bin heilig. Mann und Weib sind ein Leib, und mein Weib
ist eine ausgelaufene Nonne.«

Laßt uns ein wenig im Sause Leben.

Ein verlauster König (Jan).

Die grade Linie von Karlstadt.

Kains Mord vertausendfacht.

Sie hat ein Wachsbild genommen, Jan,
und ihm getan alle die Greueln an,
die du der Hexe zugedacht.

In einem Sarge oder in Klüften
liegen verborgen des Magus Schriften.

Jan:
Geht, sagt dem Bischof, Gott wird ihm senden
einen Gesandten auf weißem Roß,
von dessen erstem Hufschlag werden erbeben die
Kirchen von Rom bis Lissabon etc.,
so daß die Glocken von selbst sollen läuten
[...?] des deutschen Kaisers Thron.

Fabricius:
König von Zion, Michael Sott
trieb einst einen ähnlichen Höllenspott.
Er ließ seine Feinde tanzen und rasen,
sie quäkten das Sprüchlein durch die Nasen:
»Herrn Michael Sott, sei's Gott geklagt,
ward ein Stücklein trockenes Brot versagt.«

Bürger, von Jan sagend:
Er speist uns, Bruder, aus allen Küchen,
durch einen Wink, sag' ich, ist's geschehn!
Bald Rindfleisch vom König von Frankreich,
Braten aus des Königs von England Haus,
Philipps, Friedrich[s] des Weisen, der Fugger
und Welser etc.

Jan:
Der Kaiser des Himmels hat mich erkoren,
daß keins seiner Kinder gehe verloren.

Das Rüstzeug Gottes!

Jan zu seinen Weibern:
Märtyrerinnen sollt ihr alle sein,
bereit zu leiden die höllische Pein
auf Erden für Gott, euren Bräut'gam und Herrn.
Dann wird kommen der Jubel ohnegleichen.

Die Trunkenheit.
Die Sodomiterei.
Züge von bekränzten Kindern.

Christum predigen.
Christum pflanzen.
Das Evangelium pflanzen.
Wort Gottes pflanzen.

Von den Kanzeln aus wurde regiert.
Rom: das sind 100000 Rednerbühnen und Lehrstühle, alle automatisch in Bewegung zu setzen, wie mit Automaten bepflanzt. Welch ein Regierungsmechanismus!

Sie befinden sich und tun ihre Taten in einem Rausch der Erhabenheit.

Knipperdolling: »Ich selber habe angeordnet, daß St. Mauritius verbrannt werde!«

Die Vertriebenen ließ der Bischof zum Teil hinrichten. Wer war grausamer: Wiedertäufer, die sie vertrieben, oder der Bischof, der sie hinrichtete. Den Wiedertäufern waren sie zuwider, dem Bischof neigten sie zu. Und welcher Mut und welche Findigkeit in Gerechtigkeit mußte in den Täufern, als sie das hörten, auflodern.

In die geängstigte Stadt kommt Matthiesen mit seiner Kraft und Siegeszuversicht.

Das ist des Teufels geistliches Wesen,
daß wir sollen zur Hölle genesen.

Jan und die Bischöflichen. Szene.

Spätere Szenen: Das stand verheißen auf der Verheißung.
Das Wunder muß eintreffen.

Ich werde Gott erkennen in meinem Fleisch,
und ob mich zehnmal die Würmer zerfressen.

Als die Zweifel kommen, wird der Grund des Chiliasmus von Rottmann eingehend entwickelt.

Jan: Das Glauben und zugleich Nichtglauben.

Divara: »Mancnmal erscheinst du mir ich, Jan!«

Herrschsucht ist eine Form der Liebe.

Sie sehen Christ überall.

Die Menschen empfanden eine tiefe Beunruhigung frommer [?] Art, die jetzt von uns gewichen ist. Ein Zeichen dieser Beunruhigung sind die höllischen Visionen etc. auch. Fortschreitende Beruhigung ist mit wahrer Philosophie verknüpft.

Akt IV
Jan. Die Suggestionsszene. »Siehst du das Zion in den Wolken?« — »Ja!« — »Jenes?« — »Ja!«
Der Junge bei Forel.

J[an].
Seine Stärke (physische).

Gott bauet eine Kirche, sogleich setzt der Teufel eine Kapelle daneben.

Rottmann bei Jan.
»Du Daniel, lös uns die vielen Siegel.«

Die Dogmen verdrängen niemanden, wie wenn gar keine da wären.

Die furchtbare Wut — gegen die Kirche als Zwang.

Zion ist ohne Kirchen.

Jesus. Heilandsidee.
Glaube muß in ihm sein.
Die Illusionen.
Die Kräfte zu den Illusionen.

Jan auf seinem Zimmer im Hause Knipperdolling. Morgendämmerung. Ich höre den Ruf, den Notschrei! Messias! Messias! Gottessohn! Könnte [?] man diese Sehnsucht befriedigen! Unwiderstehliche Leidenschaft dieses Wunsches.
Wir haben den furchtbaren Bann gesprengt.
Den Schrei nach Erlösung höre ich durch die Roheit brüllen.
Was kann ich schlimmer als Jesu leiden?
Das Verhalten der Menschen bei den Detonationen.

Jan, der das Ende Matthiesens systematisch erstrebt und erzielt hat, sagt nun zum Volk, daß ihm Matthiesens Ende durch den Geist Gottes längst offenbart sei. Eine bequeme Art, richtige Weissagungen zu erzielen.
Was soll mir denn ein Mann nutzen, der einen Wahn hat, an den er nit glaubt.
Eingeschlagen wie eine Münzen mit einem Stempel von Diamant.
Meine Diener sind den Münzen verwandt.

Ich will sein der Münzmeister.
Jan in der überhäuften Schatzkammer: erinnre an Washington!
Jan etwas von Ploetz. Der zähe Entwickelungsglaube. Der feste Punkt im Geist.
Jans furchtbare Träume nach seinen Blutbädern.
Szene. Der furchtbare Ruf: »Brot!« Die Diakonen treten vor Jan. Die Kammern sind leer. Das ist der alte Ruf [...?].
Er läßt die Begräbnisplätze machen.
Die Toten unter dem Domhof und der Domhof überhaupt.
Szene. Jan auf dem Kirchhof.
Jan:
Wir haben euch gezeiget ein Bild
der künftigen Wahrheit in vielen Stücken.
Der Vater tut es euch wieder entrücken
    ... wild

Wir haben es aus der Schrift gespürt
und aus den Gesichten rein ⟨erkundet⟩.
Das Schwert, das unsre Feinde geführt
und womit sie gen arme Christen gewütet,
das werden wir stoßen ihnen ins Herz!

Die Kraft des neuen Sehens, die mit dem Frühling kommt.
Hart gegen die Kranken und Sterbenden.
Szene.
Er und Divara treten einander gegenüber bei dem Tode Matthiesens.
Die Verleitung zum Uriastode.
Die »drei Heringe« werden ihm vorgeworfen.
Er schneidert als König etwas.
Er empfindet Stille wie nach einem Unwetter.
Die Berufung.
Die Verhältnisse versklaven ihn, um ihn zum Herrn zu machen.
Jan. Die Energie im Beten und Tun wie Münzer.
Jan. Astrolog. Der Komet, der Zwingli getötet hat.

———

Der zum Tode führende Zeugungsrausch des Frühlings.
Man bekränzt Jan. Da sagt er: Ich werde sterben!
Was bin ich mehr: Mensch oder Schneider? Ist die Nadel mit

mir geboren? — Und ein Ritter? wird er mit dem Schwert geboren? Wie sich plötzlich die Situation Auge um Auge gestaltet und die Willensentschlüsse, von der Situation gefordert, mit erstaunlicher Leichtigkeit gefaßt werden.
Allen entsinkt der Mut! Da erfaßt er das Steuer.
Jan: König wollt' ich sein. Gleich muß ich Fronvogt sein. Auch Hirte bin ich nicht: ich darf sie nicht bloß wie Hammel zum Fressen anhalten. König!!
Jan begütigt zweie. Schlichtet. Ein Mensch in einer Situation kämpft bis zum Tode um ein Nichts. Verändere die Situation ein wenig: er fällt seinem Feinde um den Hals.

In eure Schöffenbücher schreibt es ein,
dort stirbt es ab und wird zu Stein.

Gott selber fiel mir in die Hand,
Muhamed hat erobert sein Reich.

Jan und Divara. Sie hat ihn im Traume auf weißem Pferde gesehen. Er sagt, er habe nicht gewußt, wie einfach Regieren sei. Er verbrütet sich über der Bibel, und immer wird er düsterer und entschlossener nach so einer Nacht. Er ist gleichsam wie eine tief innere, intensive, schwarze Lebensflamme.
Jan klammert sich, je mehr die natürliche Entwicklung abwärts geht, um so krampfhafter an die Verheißungen. Sein Glaube wächst im umgekehrten Verhältnis zur Realität. Er fragt, wie die Eicheln geraten seien, weil er sehen will, ob sich die Verheißung bezüglich der Fruchtbarkeit der Erde erfüllt. Wenn er ein Mägdlein vorübergehen sieht, so hat er Freude der Näherung, Schmerz der ewigen Trennung.

[1911; 1916.]

Jan.
Jans Mutter wurde ertränkt, seinem Vater die Zunge herausgeschnitten.
Rache.
Blut. Der Blutwahnsinn. Das Wiesel in seiner Mordraserei.

Mit welcher Erkenntnis war ich geboren?
Welche Erkenntnis hab' ich verloren?

Die ganze Welt ist hoffnungsreich,
ich lieg' hier, krank und totenbleich.
Ihr sagt: Die Zeit ist jung und voll Kraft.
Ich bin es nicht. Bin alt und bresthaft
Die Gasse schreit: Die Welt ist rund.
Rund oder flach: stumm ist mein Mund.
Die Gasse schreit: Es kommt der Tag.

Das Feuer, von dem die Menge entbrennt,
kann das Eis in mir nit schmelzen
⟨Ich friere, geht ihr gleich in Pelzen.⟩

Draußen Frühlingssturm und Lebensbraus,
hier innen Fratzen etc., tanzen den Kehraus.

Das Ei, aus dem der Gedanke springt,
der, ungefesselt, das Ei verschlingt.

Jan.
Da, nimm auch diese Karte zur Hand,
da hast du ein neues Wunderland.

Saget die Kirche Vollmond an,
ist es nur vier Tag' hintenan —
kommt nit, wie die Kirche will etc.

Das Herz gehört der Sunnen,
die Milz gehört Saturnen,
dem Monde dein Hirn.
Drum auch ist wie der Mond deine Stirn.
Der Venus die Nieren, die Lunge Merkur,
die Leber ist Jovis etc.

      Bannes
vom Evangelio des gemeinen Mannes
(Das Täufertum).

    die sieben Weihen.
Ich lobe mir die Weihe des Laien.

      spät.
Was tun wir mit der Trinität?

Hat doch selbst der Parse nur einen Gott.

    Zwieträchtigkeiten mächtig geschwungen.
Vernichte Gott alle Lehrmeinungen.

      aus Jülich
kommet zumeist der Menschenspülich.

        Gott bezahl.
Ich hab' einen neuen Schlüssel des Nachtmahls.

1532 ging der Herzog von Kleve gegen die Neuerer vor. 88.
Gesch. d. W. [Ludwig Keller, Geschichte der Wiedertäufer. Münster 1880.]

Der Herzog von Kleve nimmt einen Prügel
und machet dem Täufergesindel Flügel.
Da kommet das Geschwärm wie Heuschrecken,
um des Münsterlandes Bresten zu decken.

       Domherrngesindel
fähret ein als Weib mit Haspel und Spindel.

     Seht den Stutzer
zwinglisiert wie der Straßburger Butzer.

      Geleit
hat Melchior Hofmann prophezeit.
Im Jahre eintausendfünfhundertzwanzigundsechs
rief er: die Welt hat sieben Jahr

    verdammt
dies ist das letzte Predigtamt.

Im siebenten Jahr verstummt die Predigt,
dann ist die Frist der Gnade erledigt:
die Zeugen stoßen den Papst vom Stuhl
in den höllischen Pfuhl.
Erst aber werden sie weissagen
bei zwölfhundertundsechzig Tagen.
Sie werden den Himmel verschließen,
kein Regen wird sich ergießen.

Dann erhebt sich das Tier aus dem Abgrunde
und vernichtet die Zeugen mit glühendem Munde.
Drachentier und falsche Propheten
machen ein höllisch' Konzil,
Papst, Kaiser und Mönche viel.
Alsdann ist Friede dreiundeinhalbes Jahr
bis zum Tage der Heiligen wunderbar,
bis zum Tage der Zukunft des Menschensohns
und der Verteilung des Gnadenlohns.

Mit einem Männlein tauscht ich Gruß,
aus Schlesien, Kopernikus.

Mann.
Schreiet zu Gott, wir klagen die Richter an.
Kein Henker läßt sich vergleichen
dem Blutrichter, dem Blutschlächter.

Jan.
Ziehe zur Erklärung seiner Grausamkeiten auch den Verfolgungswahn heran: Der sich isoliert Fühlende, der Herrscher, der Höchste, ungewohnterweise der Einsame, Vereinsamte und dadurch Furchtsame. Kein Mohammed, bei weitem kein Mohammed.

Über der Stadt schwebt die Furcht, schwebt die Angst, schwebt der Schrecken, schwebt das Entsetzen.

Jan.
Mißtrauen, Arglist, Caesarenwahn, Caesarengenuß, -rausch, -freude, -wollust — Eitelkeit! Eitelkeit!

Jan, der arme Hund, der arme vom Henker Bedrohte, wird zum Richter und Henker mit Hochgenuß, mit Wollust, mit Rache. Das Schwert, das ihn immer bedrohte, führt er nun.

Jan.
Eulenspiegelhaftes.
Er findet alle diese Benebelten: die Praktiker umnebelt, die scharf distinguierenden Theologen unpraktisch. — Er macht einen Herrschversuch durch Prophetie und ist erstaunt, welche

Folgen er hat. Vorsichtig geht er weiter, bis er selbst sein
eigner Narr wird.

Epileptiker. — Seine Lügen schlagen ihn in Bann. Er sieht
zuweilen rot.
Sein Sadismus.
Er lebt sich aus mit dem Bewußtsein: es gibt kein Zurück.

Vergiß nicht die Eitelkeit: die sintflutartig hereinbrechende
Verführung.

Jan.
Er wird durch die Lage zu einem geilen, priapischen Sardanapal. Zu einem Geschlechtswahnsinnigen.

Die feige, wahnsinnige Angst vor Komplotten.

Schulbeispiel der Entartung.
Alles ist gemeinsam, also gibt es keinen Diebstahl außer dem
Eigentum. Es wird also furchtbar gestohlen.

          ertragen.
Wer hungert, mag nit schwärmen und weissagen,
wer hungert, ist auch im Glauben schwach etc.

Zwischen der Wolkenbildung und dem Aufgang und Sturz
ganzer Zivilisationen Zusammenhang.

Fühlet dem Pfaffen auf den Zahn,
ob er gelesen den Tertullian.
Nach Christo im zweihundertzwanzigsten Jahr
hat er geraunzet [?] und hat geschrieben
wider die Kindtauf' klipp und klar.
Wahrheit ist dahinten geblieben.

hat schon Tertullian erkläret
und der Taufe von Kindern gewehret.

In sieben Tagen schuf Gott die Welt,
den Abgrund und das Himmelsgezelt.
Sechstausend Jahre stehet die Erden,
tausend Jahr sind wie ein Tag,

also muß itzt Sonntag werden,
wo das siebte Jahrtausend beginnt
und der Geist Gottes herniederrinnt.

Denke an Rembrandts orientalische Vorliebe.

Sitzet und frisset mit seinen Weibern,
und hernach, wenn das Schwänzchen steigt,
spanischer Pfeffer und Wein ihn kitzeln,
beginnet er unter dem Tisch zu scharmützeln,
hernach mit Worten geilen und witzeln.

Wenn der König gefressen hat,
verkündet man's der heiligen Stadt.
Dann reichet man ihm einen hölzernen Stift,
damit er das rechte Löchlein trifft.
Unter siebzehn Namen der siebzehn Weiber,
die auf die Tafel geschrieben der Schreiber.
Das ist der bacillus nomini
Doch [...?] der baculus domini ...
Aus siebzehn Weibern wie Mohammed
kriechet er täglich mit einer ins Bett.

Wenn der König gefressen hat,
verkündet man's der heiligen Stadt.
Dann wird ihm eine Tafel gezeigt,
worauf sogleich der Schwanz ihm steigt.
Man reichet ihm einen hölzernen Stift,
womit er das rechte Löchlein trifft.
Das ist der bacillus nomini,
ihm folgt der baculus domini.
Kaum ist gestoßen das Hurenbrett,
so sticht er auch schon die Hure im Bett,
die eine der siebzehn des Mohammed.
Schön gebadet, geölt und gestrichen,
wartet sie allbereits in der Bettnischen.

Roter spanischer Pfeffer und Wein
kitzeln den Buhler hinterdrein.
Bald gibts ein Beißen und Packen,
daß Federn fliegen und Pfosten knacken.
Heut streicht er die blonde Brabanter Kuh,

bald melkt er die Färse aus Friesland dazu,
bald reitet er auf der englischen Stute
und gibt ihr von vorn und von hinten die Rute
und gibt ihr die Rute von hinten und vorn
und gibt ihr von hinten und vorn den Sporn.
So ist es täglich, so geht es kläglich,
ein Ärgernis, ein Jammer unsäglich.
Vierzehnjährige münstersche Kind
bespringet er wie der Bulle das Rind,
reitet sie wie der Teufel zusammen,
wecket in ihnen höllische Flammen,
möge Gott den Verdammten verdammen!

Jan.
Immer wieder Eulenspiegel.
Rembrandt.
Rembrandt-Gesichter.

Als Satanas
die Bibel las,
das war ein Spaß.

Als Satanas
die Hostie fraß,
das war ein Spaß.

Als Maria eines Knäbleins genas
und Satanas
der Pate was,
das war ein Spaß.

Als Satanas
der Schnitter was
und mähte lautres Himmelsgras
und seine Kuh das Futter fraß
und alle Welt die Butter aß
und Teufelsmilch mit Mollen maß,
das war ein Spaß.

      Ziel
nit mehr dann ein blutiges Possenspiel.

                              heißt
erst Reue gibt den Heiligen Geist.

Das Wesen der »Reue«: Reue! ? — ?

Hier ist ein Götz, der Vater heißt,
und dort ein Götz, heißt Heiliger Geist.
Und da ein Götz, heißt Götz der Sohn,
da haben wir ein, zwei, drei Götzchen schon.
Drei Götzen, also drei Hauptgötter.
Ich hab' drei Hurlin aufgericht't,
darin [?] ich jeden Dienst verricht'.

                         Klarheit
und reiten auf dem Wort der Wahrheit.

O Herrgott, du reitest auf deinem Pferde,
zerstampfend die Breiten von Meer und Erde.
Deine Hufe zertreten die Saat,
Saat Satanis, die er gesäet hat.

Alle Pferde von Jeremias und Habakuk,
der ganze Gäuler- und Rösser-Spuk.

                              Maria
was sagt man vom Gaul bei Zacharia?
Jehova spricht: In jenen Tagen
werd' ich die Pferde mit Blindheit schlagen
und die Reiter schlagen mit Wahn.
Schimmelreiter, was hast du getan?

Der Blutkoller.

Ich sah den Himmel offen. Da erschien ein weißes Pferd,
und der darauf saß, hieß der Treu' und Wahrhaftige, der
gerecht richtet und streitet. Seine Augen flammten wie
Feuer, und sein Haupt war bediademt. Er trug einen Namen,
den niemand außer ihm kennt. Sein Gewand war blutgefärbt, und es heißt: das Wort Gottes. Die himmlischen
Heerscharen folgten ihm, in reines weißes Leinen gekleidet,
auf weißen Pferden. Auf seinem Gewand und seiner Hüfte

stand geschrieben: König der Könige — und: Herr der Herren.
Offenb. St. Johannis. XIX, 11—16.
Dies Wort hat Jan verschluckt. Darüber wurde er wahnsinnig.

Streichle den Bauern, so wird er rauch:
bitt ihn, so stolzet ihm der Bauch.

»Pater meus agricola est«, sagt Jesus Joh. XV,1.

Depositum fidei. Der Glaubensersatz, dessen Behüterin die Inquisition.

Flamme muß durch Deutschland wandern,
Holzstoß zündet sich am andern.

Peter von Bruis
eifert wild
wider Dom und Bild,
läßt Kirchen schleifen
nach Jesu Wort.
Nicht da, nicht dort
sollt ihr Gott anbeten,
sondern im Geist und in der Wahrheit.
(Emil Lucka, Die drei Stufen der Erotik. [Berlin und Leipzig 1913. S. 84.])

Des Vaters Reich: des Gesetzes Härte; des Sohnes Reich: das Reich der Gnade; des Geistes Reich der Liebe. (S. 89. Lucka)

1916 Juli.
Irrtümer müssen sein: damit sie tätig überwunden werden — ein Grund unter vielen —, Wahrheit würde vielleicht erschlaffen.

monacus in claustro
non valet ova duo:
sed quando est extra
bene valet triginta.
Zwei Eier kaum innerhalb, dreißig gut außerhalb.

Die Kaiser wissen alle, was sie gelten,

selbst wenn sie sich katholisch schelten.

Karl V.

Kerl, du hast einen fahlen Grips,
wie beworfen mit flandrischem Gips.

Origines meint, am Jüngsten Tag
wird Gott erlösen auf einen Schlag
mit den Menschen insgemein
Hölle und Teufel etc.

Diese Notizen von gestern (1916) scheinen mir heute (1937) ziemlich abwegig: man muß Jan in der Tiefe fassen, als eine Kinderseele, holländischerweise. —
Damit berührt sie sich mit dem gänzlich unaufgeklärten Taiping — Zionszeit in China. —
Es zeigt sich immer wieder, für den Menschen ist das einzige Problem: der Mensch!

BESUCH BEI FAMILIE KURNICK

Entstehungszeit: Etwa 1908—1910.

Titel: Vom Herausgeber, da das Dramenfragment ohne einen von Gerhart Hauptmann stammenden oder von ihm autorisierten Titel überliefert ist.

[PERSONENVERZEICHNIS]

[LEBRECHT KURNICK, Oberamtmann
SIDONIE KURNICK, seine Frau
DIE ALTE FRAU KURNICK, seine Mutter
REINHOLD (später KONRAD) SCHÜTZ, sein Neffe
KUNZ HARLAND, sein Schwager
RUTH, seine Pflegetochter
ANNA IMMOOS, Elevin
HEPPNER, Lehrer
BRUDER MÜLLER, Wanderprediger
BRUDER FABIG, Wanderprediger
PAULINE, Dienstmädchen
DER ALTE KLEINERT, Vorarbeiter
EINE KUHMAGD
EINE WASCHFRAU]

ERSTER AKT

ERSTE SZENE

*Im Wohnhause des Oberamtmanns Kurnick, nahe dem Gutshof.
Das Wohnzimmer. Anstoßend, durch eine Tür der Hinterwand
sichtbar, die Wirtschaftskanzlei. Eine Tür rechts verbindet mit
dem Vorsaal. Links vorn ein Fenster. An der gleichen Wand ein
Mahagoniflügel. Zur Linken der Tür an der Hinterwand ein
Harmonium, zur Rechten der weiße Kachelofen. Rechts vorn an
der Wand Mahagoni-Plüschsofa und ovaler Mahagonitisch.
Überm Harmonium hängt die große Photographie eines hübsch-
gelockten Knaben von dreizehn Jahren. Im übrigen ist das
Zimmer mit religiösen Darstellungen aus dem Kreise des Neuen
Testamentes geschmückt: »Lasset die Kindlein zu mir kommen«,
»Jesus und die Samariterin« und dergleichen.
Thorwaldsens »Nacht« und »Morgen«, aus sogenannter Biskuit-
masse, hängen neben dem Knabenbildnis.
Auf dem Mahagoni-Nähtisch am Fenster ist ein kleines Kru-
zifix aus Alabaster gestellt.
Durch den Rahmen der ausgehobenen Tür der Hinterwand reicht
der Blick durch ein weitgeöffnetes Kanzleifenster in das üppige
Frühlingsgrün des baumreichen Gartens hinaus. Pfingsten, das
liebliche Fest, ist gekommen.
Den Tisch bedeckt eine Plüschdecke. Eine Vase mit Blumen
steht darauf. Auf dem Harmonium, unter dem Bildnis des
Knaben, das mit Efeu umkränzt ist, steht eine Sandschale mit
Himmelschlüsseln.
Es ist gegen vier Uhr nachmittags. Die Vögel singen und piepsen
sehr lebhaft von draußen herein. Frau Sidonie Kurnick, farblos
gekleidet, ein einfaches Häubchen auf dem Kopf, sitzt am
Harmonium und spielt den Choral: »Laßt mich gehen, laßt mich
gehen, daß ich Jesum möge sehen ...« — Nach einigen Augenblicken tritt Pauline, das Dienstmädchen, ein. Es ist ein sogenanntes feines Mädchen, keine Bauernmagd.*

PAULINE. Soll ich draußen zum Kaffee decken?

FRAU SIDONIE. Wie? — Nein, hier. — Und, hörst du, du magst für meinen Neffen das Bett im Zimmer meines Bruders zurechtmachen.

PAULINE. Er wäscht sich schon drin, Frau Oberamtmann.

FRAU SIDONIE, *matt auflachend*. Jetzt können wir aber niemand mehr aufnehmen, das Haus ist voll.
PAULINE. Aber es freut doch Frau Oberamtmann sehr, daß Herr Reinhold gekommen ist.
FRAU SIDONIE. Gewiß. Da hast du ganz recht, Pauline.
PAULINE. Er ist ein reizender Herr geworden.
FRAU SIDONIE. Gewiß, gewiß.

ZWEITE SZENE

Der junge Reinhold Schütz kommt durch die Kanzlei herein. Die Kleidung des hübschen achtzehnjährigen Menschen sowie seine Haartracht haben etwas Künstlerisches.

REINHOLD. Na, Pauline, wie geht's?
PAULINE. Danke. Und Ihnen?
REINHOLD. Danke, Pauline. Ich freue mich, daß Sie immer noch bei Onkel und Tante Kurnick sind.
FRAU SIDONIE. Sie ist nun auch bald am längsten hier gewesen. Alles läuft fort. Zu Michaeli wird sie auch heiraten.
PAULINE *macht verlegen abwehrende Bewegungen*. Na, na, Frau Kurnick. Bis dahin soll noch viel Wasser die Oder hinunterlaufen. *Sie läuft unter kindischem Lachen nach dem Vorsaal ab.*

DRITTE SZENE

FRAU SIDONIE, *launig*. Du hast Glück bei den Damen, guter Reinhold.
REINHOLD, *freimütig*. Oh, das merkte ich schon zu meinem größten Erstaunen bei meiner Wanderung von Striegau hierher auf der Landstraße.
FRAU SIDONIE. Ach!? Erzähl doch mal! Aber erst komm, du herrlicher Jüngling, und gib trotzdem deiner alten Tante einen Willkommenkuß. *Sie schreitet ihm mit zwei langen, beinahe männlichen Schritten entgegen, zieht ihn an sich und küßt ihn ohne Umstände herzhaft auf Stirn und Mund.* Nun, was hattest du also für Anfechtungen?
REINHOLD. Die Feldarbeiter vom Dominium Leipe saßen, Weiber und Männer, unter den Pappeln am Straßenrand. Als ich vorüberging, sagte der eine alte Kerl zu einem

hübschen jungen Mädel, das neben ihm saß: »Dan koanst d'r oaschoffa!« Und das Mädel sagte: »Doas wär' a Hibscher!« Das ging auf mich.

FRAU SIDONIE, *lachend.* Na, siehst du, Reinhold. Was willst du denn mehr?

REINHOLD. Ich bin ja auch riesig stolz, liebes Tantchen.

FRAU SIDONIE. Weißt du übrigens, daß du an Gottholds Geburtstag gekommen bist? *Sie hat einen plötzlich schmerzlichen Blick auf das Knabenbildnis gerichtet.*

REINHOLD. Wirklich? Siehst du, ich habe den ganzen langen Weg über fast fortwährend an Gotthold gedacht. Aber seinen Geburtstag hab' ich vergessen.

FRAU SIDONIE. Er würde heut, wenn er noch lebte, denke, schon sechzehn Jahre alt.

REINHOLD. Richtig. Wir sind zwei Jahr auseinander.

FRAU SIDONIE, *sich aus einer längeren Versonnenheit aufraffend.* Du hast Papa auf den Feldern begegnet?

REINHOLD. Ja. Er sagte, er müßte noch auf den Rübenacker. Onkel Kunz ging mit mir zurück. Ich war nämlich ziemlich müde geworden.

FRAU SIDONIE. Natürlich, der weite Weg in der Frühlingsluft...

REINHOLD. Ich bin aber wirklich erstaunt, wie frisch und wie lustig Onkel Kunz mit seinen achtundvierzig oder gar fünfzig Jahren ist.

FRAU SIDONIE, *mit temperamentvollem Erstaunen.* So!? Lustig hast du ihn also gefunden? Das wundert mich. — Du weißt doch, er hat wieder einen seiner schrecklichen Anfälle gehabt und wiederum seine schöne Inspektorstelle verloren, die ihm dein lieber Vater verschafft hatte. Wir hatten schreckliche Sorgen mit ihm. *Man hört schwere Schritte im Vorsaal. Frau Sidonie ruft durch die Tür.* Kunz!

EINE MÄNNERSTIMME, *aus dem Vorsaal.* Hier, Sitta!

FRAU SIDONIE. Ich hörte ihn kommen.

VIERTE SZENE

Kunz Harland, ein etwa fünfzigjähriger, noch sehr beweglicher kleiner Mann mit scharfen und intelligenten Gesichtszügen und lebenslustig blitzenden Augen tritt ein. Er trägt eine Lodenjoppe und Jagdstiefeln.

ONKEL KUNZ. Ich war drüben beim Käser, liebe Sidonie, und habe die Abrechnung über Milch und Butter eingefordert. Ihr müßt kontrollieren. Ihr habt im Haushalt einen enormen Butterverbrauch. Fräulein Anna muß besser kontrollieren.

FRAU SIDONIE. Ja, ja, lieber Kunz, du hast ganz recht, das habe ich ihr gewiß schon sieben-, achtmal umsonst gesagt.

ONKEL KUNZ. Heutzutage muß man mit Milch, Butter und Futter knausern, sonst hängt nichts 'raus bei der Landwirtschaft. *Reinholden auf die Schulter klopfend.* Du hast noch beizeiten umgesattelt. Danke Gott, Knabe Reinhold, daß du dem Stoppelhopser- und Klütentreterberuf noch glücklich entronnen bist. Die Zeiten dafür sind miserabel. *Er geht in die Kanzlei.*

FRAU SIDONIE, *seufzend.* Wenn man den guten Bruder Kunz so reden hört, so möchte man glauben, daß er ein wahrer Ausbund von tüchtigem Landwirt ist. Leider muß man da manches abstreichen.

REINHOLD. Wer ist Fräulein Anna?

FRAU SIDONIE. Fräulein Anna ist als Elevin quasi deine Nachfolgerin. Die Tochter eines Kanzleidirektors. Ihr Vater will, daß sie sich in der Wirtschaft und, glaube ich, überhaupt ein bißchen vervollkommnen soll. Sie hat es nötig, doch wird es schwerhalten.

REINHOLD. Du hast also, scheint's, viel Müh' und wenig Freude an ihr.

FRAU SIDONIE. Ich möchte ihr herzlich gerne nützlich sein... nun, man muß eben ruhig abwarten. — Da ist sie! *Frau Sidonie weist durchs Fenster.* Dort! — Sie kommt grade über den Hof.

REINHOLD *blickt interessiert durchs Fenster.* Wie alt ist sie denn?

FRAU SIDONIE. Zwischen achtzehn und neunzehn. In diesem Alter sollte ein Mädchen schon ernster geworden sein.

REINHOLD. Was trägt sie denn?

FRAU SIDONIE. Sie hat Hühner geschlachtet.

ONKEL KUNZ *ist wiederum lebhaft interessiert und aufhorchend ins Zimmer getreten.* Dazu hat sie wieder mal eine geschlagene Stunde und achtzehn Minuten gebraucht.

REINHOLD *wendet sich lachend.* Zählst du das so genau, lieber Onkel?

ONKEL KUNZ. Ein alter Ökonomiebeamter ist das gewohnt, auf allem, was auf dem Hofe geschieht, ein Auge zu haben.

FRAU SIDONIE, *mit leichter Ungeduld.* Ein alter Ökonomiebeamter soll aber auch mit dem Splitter im Auge des Nächsten manchmal nachsichtig sein. *Sie kehrt sich schnell herum, tritt an den Kaffeetisch, auf dem die Kaffeekanne noch fehlt, und spricht gleichsam ins Blaue hinein.* Papachen, nun komm aber Kaffee trinken! *Alsdann fegt sie mit großen Schritten durch die Vorsaaltüre hinaus.* Entschuldigt! — Wo man selber nicht ist, da machen sie Dummheiten. *Sie geht ab.*

FÜNFTE SZENE

ONKEL KUNZ. Die brave Sidonie bündelt sich auch mehr auf, als sie leisten kann. Das spürt man dann auch an ihren Launen.
REINHOLD. Du meinst die Menge Besuch im Haus.
ONKEL KUNZ. Oben im Dachgeschoß eine achtzigjährige Schwiegermutter, die eine Menge Bedienung braucht. Morgen kommt Schwester Minchen und Linchen. Übermorgen kommt dieser ganz fremde Kanzleidirektor, der Vater von dieser Wirtschaftspriese, um nach der Tochter zu sehen, ins Haus. Dazu mittags und abends fast täglich Tischgäste. Die guten Verwandten führen ein Leben, von dem man bloß nicht begreift, wie es irgendein Mensch auf Erden aushalten kann. — Und dabei heißt's außerdem ein Landgut bewirtschaften.
REINHOLD. Da sollt' ich ja nun gleich, lieber Onkel, wieder mein sogenanntes Ränzel schnüren und meiner Wege gehen.
ONKEL KUNZ, *erschrocken.* Was? Du wirst doch wohl keine Dummheiten machen!
REINHOLD. Ganz recht, lieber Onkel, das tue ich nicht. Ich bin nun mal hier, und nun will ich auch einige Tage alte Erinnerungen auffrischen. Steckt mich doch meinethalben auf den Schüttboden oder in die Futterkiste hinein, wenn sonst keine Schlafstelle übrig ist.
ONKEL KUNZ. Ach Unsinn. Laß bloß nichts merken, Reinhold. Aber wirklich, gewisse Dinge in der Lebensführung der guten Verwandten — zum Beispiel, daß sie bei all dem Trubel noch ein kleines Pflegekind angenommen haben! — werden für meine Fassungskraft stets unbegreiflich sein.
REINHOLD. Aber das kann ich vollkommen begreifen.

ONKEL KUNZ. Sie kann ihren Jungen nicht zurückrufen. Und eine solche Lücke, ob sie das versucht oder jenes versucht, ersetzt sich nicht. Sie hat nun das kleine, blöde Ding von Mädel, das bereits nicht mehr Tante, sondern schon Muttel zu ihr sagt, seit zwei Jahren im Hause und ist dabei noch ganz, wie immer seit Gottholds Tode, voll Unruhe und immer der gleichen Rastlosigkeit.

SECHSTE SZENE

Lebrecht Kurnick tritt mit einer heiteren Geschäftigkeit durch den Vorsaal ein. Er ist ein starker und wohlbeleibter Herr von gesunder Gesichtsfarbe. Sein spärliches Haar ist, wo es noch nicht ergraute Fäden zeigt, strohblond. Der Anblick des jovialen achtundfünfzigjährigen Herren läßt eher auf einen Landarzt oder einen Bürobeamten schließen und hat durchaus nichts vom Gutsbesitzertyp. So trägt er denn auch einen steifen Hut, Rock, Weste und langes Beinkleid aus weiß und schwarz gesprenkeltem Sommertuch (Pfeffer und Salz), eine goldene Brille, graue Zwirnhandschuhe und ein spanisches Rohr als Stock.

ONKEL LEBRECHT. So, liebe Kinder! *Er legt Hut, Stock und Handschuhe auf einen Stuhl am Ofen.* Und jetzt, lieber Neffe, sag' ich dir erst, wie sehr ich mich freue, daß du gekommen bist! *Er streckt Reinhold seine beiden Hände entgegen, die jener ergreift, zieht den Jüngling zärtlich an sich und küßt ihn rechts und links auf die Wange.* Pfingsten, das liebliche Fest, ist gekommen.

REINHOLD. Ich konnte nicht anders, es zog mich mit aller Gewalt hierher.

ONKEL LEBRECHT, *immer mit merkwürdig starkem Gefühlstimbre*. Wie geht's deinen Eltern, lieber Reinhold?

REINHOLD. Sie lassen grüßen. Ich danke, gut.

ONKEL LEBRECHT, *gutmütig, lustig*. Und du hast also treulos umgesattelt und unserem schönen Gottesberuf in Wald, Feld und Flur auf immer Valet gesagt.

REINHOLD. Es war mir selbst sonderbar, lieber Onkel, wie ich, als ich kaum die Lehre bei dir verlassen hatte, in zwei, drei Tagen in einem neuen Fahrwasser war.

ONKEL LEBRECHT. Und du bist nun zufrieden in deinem Fahrwasser?

REINHOLD. Offen gestanden: vollkommen, ja!
ONKEL LEBRECHT. Nun, Reinhold, dann segne Gott deinen neuen Beruf. Er leitet ja doch einen jeden an seiner getreuen Hand. Er wird dir helfen, daß du mit dem überkommenen Pfunde zu seiner Ehre wuchern kannst. *Er ruft in die Kanzlei.* Liebe Sidonie, wir müssen jetzt Kaffee trinken. Ich habe nachher noch einen Gang auf die Wiesen hinaus. *Er geht einigemal hurtig im Zimmer auf und ab und bricht dann plötzlich in ein schalkhaftes Gelächter aus.* Also ein zweiter junger Thorwaldsen!
REINHOLD. Nein, Onkel, so weit bin ich, weiß der Himmel, noch lange nicht. Allerdings muß ich sagen, daß, wenn einer in der Kunst von Anfang an nicht einmal mit der Selbsttäuschung rechnen kann, das Höchste vom Hohen zu erreichen, dann soll er sich lieber auf gar nichts einlassen.

SIEBENTE SZENE

Die elfjährige kleine Ruth, nett gekleidet, kommt hereingesprungen und fliegt dem Onkel Lebrecht, der die Arme ausbreitet, sogleich um den Hals. Ihr folgt Pauline mit dem Kaffeebrett und der dampfenden Kaffeekanne.

ONKEL LEBRECHT. Hopsa, da bist du ja, kleiner Wildfang von einem Kinde. *Er hält Ruth, die mit großen Augen auf Reinhold starrt, in etwas ungeschickter Weise auf dem Arm.* Kennst du nun diese simple Gutsschreiberraupe von ehemals nach ihrer Verpuppung noch, kleine, dumme Ruth? *Sie nickt, lebhaft bejahend.*
REINHOLD. Weißt du auch noch, wie ich dich gleich am nächsten Morgen, nachdem dich Onkel und Tante mitgebracht hatten, hier auf dieses Fensterbrett setzte und mit dir in den Gutshof hinübersah? *Ruth nickt wiederum bejahend.*
ONKEL LEBRECHT, *sehr herzlich lachend, schalkhaft.* Du meinst wohl: »A Pfardla! Und noch a Pfardla!«
REINHOLD. Jawohl: »A Pfardla! Und noch a Pfardla!« meine ich.
ONKEL LEBRECHT. Die Knechte führten nämlich nacheinander unsere zehn Pferde aus dem Stall, kleine, dumme Ruth, und das soll dich immer und jedesmal, wenn ein neuer

Brauner oder Rappe erschien, zu dem gleichen Aufschrei veranlaßt haben.

REINHOLD. »A Pfardla! A Pfardla!«, das ging immerfort.

ONKEL KUNZ, *etwas ungeduldig am Kaffeetisch.* Ich denke, ich werde anfangen, Lebrecht.

ONKEL LEBRECHT. Wo bleibt denn Sidonie?

ACHTE SZENE

Frau Sidonie kommt mit großen Schritten durch den Vorsaal herein.

FRAU SIDONIE. Ich komme schon.

ONKEL LEBRECHT. Nun, dann muß ich das Klümpchen herablassen. *Er läßt Ruth auf die Erde gleiten.*

FRAU SIDONIE. Kinder, das schallt ja durchs ganze Haus. Die Leute bleiben ja auf der Straße stehen. Was ist denn der Grund von eurem Gelächter?

ONKEL LEBRECHT, *ein wenig wie ein ertappter Knabe, geht auf Frau Sidonie zu und gibt ihr einen Begrüßungskuß.* Wir haben nur an den ersten Morgen gedacht, den Ruth hier in unsrem Häuschen zubrachte.

FRAU SIDONIE, *halb ernst, halb lustig verweisend.* Ach Torheit. Hättet ihr doch, ihr klugen Männer, lieber an klügere Dinge gedacht. *Frau Sidonie nimmt auf dem Sofa Platz. Alle andern, ihrem Beispiel folgend, lassen sich um den Kaffeetisch nieder. Ein Stuhl bleibt leer.*

ONKEL LEBRECHT, *im Begriff, sich zu setzen.* Und die gute Mutter?

FRAU SIDONIE. Deine Mutter, Lebrecht, will oben trinken.

ONKEL LEBRECHT. Anna?

FRAU SIDONIE. Pauline, bitten Sie Fräulein Anna zur Vesper herein. *Pauline entfernt sich.*

NEUNTE SZENE

Unter dem Geklapper und Klingklang der Teelöffel und des Porzellans und den Geräuschen des Schlürfens und Zulangens verstummt das Gespräch eine kurze Zeit.

ONKEL LEBRECHT. Heut abend nach dem Essen, mein lieber Reinhold, mußt du uns zurückgebliebenen Dorfleuten aber wirklich etwas von deinem jetzigen neuen Leben zum besten geben.

REINHOLD. Eigentlich ist es weiter nichts, als daß ein förmlicher Raptus zu lernen, zu lernen und immer wieder zu lernen über mich gekommen ist.

ONKEL LEBRECHT, *kauend.* Das ist ja doch ein recht guter Raptus.

REINHOLD, *freimütig, lustig.* Er hat mich, nachdem ich doch früher eigentlich von dem ganz entgegengesetzten Raptus, — *Lachen der Tischgesellschaft* — jawohl! dem richtigen Trägheitsraptus geplagt gewesen bin, wie ein Fieber in die Mache gekriegt: Ich zeichne Akt. Ich höre Kollegien in Kunstgeschichte, Philosophie und Naturwissenschaft. Fünf Stunden täglich wird bei Professor Hansch in Ton modelliert.

ZEHNTE SZENE

Pauline kommt wieder mit dem Ausdruck der Verlegenheit.

FRAU SIDONIE. Was ist?

PAULINE. Fräulein Anna will nicht hereinkommen.

FRAU SIDONIE. Sie will nicht? Warum will sie denn nicht? — Sag ihr, ich wünsche, sie soll hereinkommen! *Pauline geht wiederum ab.*

ELFTE SZENE

FRAU SIDONIE. Nein, Lebrecht, dein Brummeln bei solchen Gelegenheiten könnte mich krank machen. Sprich deutlich aus, Lebrecht, wenn du andrer Meinung bist. Ich weiß mir mit ihr nicht mehr anders zu helfen.

ONKEL LEBRECHT, *kleinlaut, begütigend.* Sei gut, liebe Siddi, errege dich nicht. — Ich dachte mir bloß, man soll es so lange wie irgend möglich mit Güte versuchen.

FRAU SIDONIE. Und was Güte nicht kann, muß die Strenge durchsetzen. — Ihr Vater hat sie mir übergeben. Und da es ein Mädchen ist, bin ich ihm gegenüber mehr als du, guter Lebrecht, verantwortlich. Verstocktheit und Trotz muß gebrochen werden.

ZWÖLFTE SZENE

Anna Immoos kommt langsam durch die Kanzlei herein. Sie ist ein starkes Mädchen von außergewöhnlicher Schönheit. Ihr Haar liegt glatt an. Es ist braun. Sie hat große, meerfarbschillernde, kalte Augen, ein feines Näschen mit vibrierenden Flügelchen, einen schmalen und grausamen Mund. Sie trägt, gleichfarbig braun, Mieder und Rock anliegend und ohne Abzeichen, wodurch die Schönheit ihrer jungen Gestalt fühlbar und sichtbar wird. Am Kaffeetisch tritt Stille ein. Die Männer beherrscht eine nicht geringe Erregung und Verlegenheit.

FRAU SIDONIE. Nun, Fräulein Anna, wo bleiben Sie denn?
FRÄULEIN ANNA, *ohne ihren Schritt zu beschleunigen und den kalten Ernst ihrer Gesichtszüge irgendwie zu verändern.* Ich hatte noch in der Küche zu tun.
Reinhold ist aufgesprungen und wartet, daß man ihn vorstellt.
FRAU SIDONIE. Das ist unser Neffe Reinhold Schütz, von dem Sie ja hier schon viel gehört haben. Und das ist die Anna Immoos, lieber Junge, die im Grunde ja ein sehr gutes Wesen ist, aber auch deiner alten Tante manchmal einigen Kopfschmerz macht.
REINHOLD. Als ich hier war, macht' ich euch auch manchmal Kopfschmerzen. *Er tritt Fräulein Anna entgegen und reicht ihr die Hand, die sie nur lässig berührt. Dann rückt er ihren Stuhl zurecht, auf den sie sich ohne jede Übereilung niederläßt.*
DIE KLEINE RUTH. Fräulein Anna hat einen ganz weißen Kopf gekriegt und Onkel Reinhold einen ganz roten.

ZWEITER AKT

Die Kanzlei. Der Raum, in dem die Vorgänge des ersten Aktes stattfanden, ist nun durch die Mitteltür sichtbar. In der Wand zur Rechten ein Fenster, zur Linken eine Tür. Links vorn ein großer Schreibsekretär mit Schrank. An der Hinterwand rechts von der Mitteltür ein schwarzleinenes Sofa und ein Ausziehtisch davor. Links vor der Mitteltür vier Stühle in einer Reihe an der Wand. Über diesen Stühlen ein Schlüsselbrett. Rechts neben dem Sofa eine Nähmaschine. Das Zimmer ist ziemlich flach.

Es ist einige Tage nach der Ankunft des jungen Konrad, nach dem ersten Frühstück. Onkel Lebrecht beschließt eben die übliche Morgenandacht, zu der das Gesinde, soweit es sich nicht auf den Feldern befindet, zugezogen ist. Auf den vier Stühlen nebeneinander sitzen: Pauline, der alte Vorarbeiter Kleinert, eine Kuhmagd und eine Waschfrau. Onkel Lebrecht selbst und Frau Sidonie haben das Sofa inne. Der Onkel liest aus dem Bibelbuch. Am Fenster sitzt Fräulein Anna, die Hände gefaltet im Schoß, Onkel Kunz mit dem Rücken gegen das Schreibpult, Konrad sitzt schräg gegen den Ausziehtisch. Ruth ist zwischen Onkel und Tante eingezwängt.

ERSTE SZENE

ONKEL LEBRECHT *erhebt sich, und mit ihm erheben sich alle Anwesenden*. Vater unser, der du bist im Himmel, geheiliget werde dein Name. Zu uns komme dein Reich. Unser täglich Brot gib uns heute. Dein Wille geschehe, wie im Himmel also auch auf Erden. Führe uns nicht in Versuchung, sondern erlöse uns von dem Übel, denn dein ist das Reich, die Kraft und die Herrlichkeit, von Ewigkeit zu Ewigkeit. Amen. –
Der Herr segne uns und behüte uns. Der Herr lasse sein Angesicht leuchten auf uns und sei uns gnädig. Er lasse sein Angesicht leuchten über uns und gebe uns seinen Frieden. Amen.
Pauline, die Magd und die Waschfrau gehen hinaus. Der alte Kleinert macht Miene, ihnen nachzufolgen.

ONKEL LEBRECHT. Hört mal, Kleinert, Ihr könnt mal heut

mit den Mägden in die Luzerne gehn. Da morgen Sonntag ist, müssen wir heut ein bis zwei Fuder hereinbringen.

KLEINERT. Doas denk' ich wull au, Herr Oberamtmann.

ONKEL KUNZ. Und ich denke, wenn's dir recht ist, lieber Lebrecht, ich bleibe den Morgen über zu Hause und setze, da doch heut abend Lohnzahlung ist, die Tabelle auf.

ONKEL LEBRECHT. Ich wollte dich bitten, doch lieber mal auf das Leiper Feld nach den Gespannen zu sehen. Es ist freilich drei Viertelstunden zu laufen.

ONKEL KUNZ. Wünsche allerseits guten Morgen. *Er entfernt sich abrupt und mit merkbarer Mißlaune. Kleinert folgt ihm nach.*

ZWEITE SZENE

ONKEL LEBRECHT, *zu Sidonie.* Was hat denn Kunz?

FRAU SIDONIE. ([Am Rand] Hier viel über Onkel.) Ach laß ihn, Lebrecht. Seine Reizbarkeit ist schon von Kind auf sein Fehler gewesen. — Jetzt sag mal, Papachen, ich werde doch müssen diesen Morgen mal aufs Schloß zu den alten Damen von Schattenbach hinuntergehen. Die eine der Damen ist krank gewesen . . .

ONKEL LEBRECHT. Tu das, liebe Sidonie, und grüße von mir. Ich selber muß leider in einer unangenehmen Sache noch hinter Wandriß bei einem Lokaltermine sein. Ich gehe zu Fuß. Kommst du mit mir, Konrad?

KONRAD, *mit sichtlicher Ausflucht.* Schade, Onkel, ich kann leider nicht. Ich muß ein curriculum vitae für eine Eingabe an den Dekan der Philosophischen Fakultät aufsetzen.

ONKEL LEBRECHT. Na, dann laß dich nicht stören! Und lebt mir wohl. *Er streicht Ruth übers Haar, gibt Frau Sidonie die Hand, nimmt Hut und Stock und entfernt sich hurtigen Schrittes durch die Mitteltür.*

DRITTE SZENE

FRAU SIDONIE. Hat Ihnen Ihr Vater geschrieben, Anna?

FRÄULEIN ANNA. Er schrieb, daß er nächsten Mittwoch kommt. *Sie ist an die Nähmaschine getreten, die sie abdeckt und sorgsam untersucht.*

FRAU SIDONIE. Das wäre ja grade zum Missionskränzchen.

FRÄULEIN ANNA. Er kommt zu Wagen, wie er schrieb, und will noch am gleichen Tage von Schmolz mit der Bahn nach Breslau reisen.

FRAU SIDONIE. Er ist uns natürlich immer willkommen. — Wenn jemand mich sucht oder nach mir fragt, so wißt ihr ja, daß ich nur unten auf dem Dominium bin. *Sie nimmt Ruth bei der Hand.* Und du, liebe Ruth: an die Schularbeit! *Sie zieht das leise widerstrebende Kind mit sich durch die Mitteltür. Beide ab.*

VIERTE SZENE

Fräulein Anna hat Platz genommen und die Nähmaschine in Bewegung gesetzt. Sie näht Weißzeug. Konrad hat sich erhoben und schreitet nicht ohne eine gewisse Erregung auf und ab.

KONRAD. Darf ich ein bißchen auf dem Sofa Platz nehmen oder störe ich Sie, Fräulein Anna?
FRÄULEIN ANNA. Bitte schön.
KONRAD. Aber wenn ich Sie störe, so gehe ich lieber.
FRÄULEIN ANNA. Weshalb denn? Ich könnte ja ebenso gehen.
KONRAD. Sind Sie eigentlich religiös, Fräulein Anna?
FRÄULEIN ANNA, *immer sehr ruhig und nur mit den Augen schillernd.* Religiös? Das weiß ich nicht.
KONRAD. Wer es nicht weiß, der ist es gewöhnlich, wenn auch in einem anderen Sinne, als es in diesem Hause üblich ist.
FRÄULEIN ANNA, *einen Saum mit der Hand nähend, immer ganz ruhig, mit prüfendem Aufblick.* Sie mögen vielleicht ein Heide sein.
KONRAD. Warum?
FRÄULEIN ANNA. Warum? — Ja, warum? Das ist Gefühlssache.
KONRAD. Darin haben Sie recht: so orthodox wie meine lieben Verwandten bin ich nicht.
FRÄULEIN ANNA. Am Ende wohl überhaupt nicht Christ, glaub' ich.
KONRAD. Halten Sie Jesus für Gottes Sohn?
FRÄULEIN ANNA. Das muß man. Man soll darüber nicht nachdenken.
KONRAD, *nach kurzem Stillschweigen.* Sie werden mir glauben, daß ich meinen Verwandten hier mit einer großen, natürlichen Liebe ergeben bin. Aber ich habe hier viel gelitten.

FRÄULEIN ANNA. Ich zu Hause weit mehr als hier.
KONRAD. Aber ich finde doch, daß man Sie hier im Hause ähnlich wie mich nur mißversteht!?
FRÄULEIN ANNA. Aber zu Hause war eine Stiefmutter.
KONRAD. Ihre rechte Mutter ist tot?
FRÄULEIN ANNA. Gewiß.
KONRAD. Ist sie kürzlich gestorben?
FRÄULEIN ANNA. Vor dreizehn Jahren. Ich habe sechs Jahre lang drei kleine Geschwister fast ganz allein zu besorgen gehabt.
KONRAD, *bewegt und erregt.* Das kann ich aber fast gar nicht begreifen! Und Sie, die Sie das bei Ihrer Jugend geleistet haben, schickt man hierher... ich weiß nicht zu was, was sollen Sie denn eigentlich da noch lernen, und wie kann man es wagen, gegen Sie so wie in einer Besserungsanstalt zu sein?!
FRÄULEIN ANNA. Sonderbar, wie Sie sich gleich so aufregen.
KONRAD. *Er war aufgesprungen und läßt sich jetzt wieder ins Sofa fallen.* Das haben Sie also durchgemacht!
FRÄULEIN ANNA. Ja. Das wird mir auch niemand ableugnen. Ich habe Nächte und Nächte durchgewacht, Kleider genäht und Wäsche gewaschen, und wenn Sie mir's etwa nicht glauben wollen, sehen Sie doch meine Hände an. *Sie hält ihm beide Hände nebeneinander erst mit dem Rücken, dann mit den Innenflächen hin. Diese Hände sind hart und unförmlich.*
KONRAD *starrt auf die Hände, wagt aber nicht, sie anzufassen, und atmet schwer.* Wissen Sie, was ich mit Ihren Händen tun möchte, Fräulein Anna? — Wissen Sie das?
FRÄULEIN ANNA *hat ihre Hände zurückgenommen, kühl.* Nein. Wie soll ich das wissen, Herr Konrad?
KONRAD. Ich möchte für sie zwei Betten von Rosen- und Lilienblättern herrichten. Dort sollten sie Jahr um Jahr, bis sie wieder so weiß wie Lilien und so zart behaucht wie Blätter der Rosen geworden sind... Jahre um Jahre liegen und ruhen.
FRÄULEIN ANNA *erhebt sich mit großer Gelassenheit.* Ach!? Sie haben ja hübsche Absichten.

FÜNFTE SZENE

Onkel Kunz, feldmarschmäßig, tritt in äußerst mißgelaunter Stimmung zur Tür links wieder ein.

ONKEL KUNZ. Was? Du bist ja noch hier, lieber Konrad?
KONRAD. Allerdings. Wo sollt' ich denn sein?
ONKEL KUNZ. Ich dachte, du wärst so luftbedürftig. Du klagtest doch, daß du so viel in Kollegs gesessen oder dich in einem feuchten, stickigen Atelier monatelang herumgetrieben hast. Jetzt klebst du den ganzen Tag in den Zimmern.
KONRAD. Lieber Onkel, stört dich denn das?
ONKEL KUNZ. Nein. Ich sage dir nur als der ältere und erfahrene Mensch, daß ein Herumklosen in den Stuben nicht der Zweck eines Landaufenthaltes ist. — Und Sie, Fräulein Anna, gehören um diese Zeit in die Milchkammer. *Fräulein Anna geht langsam, ohne ein Wort zu sagen, hinaus.*

SECHSTE SZENE

KONRAD. Lieber Onkel, ich muß dir auf das bestimmteste sagen, ein für allemal: Ich verbitte mir das. Ich bin weder dein Kammerdiener noch dein Kutscher. Auch dein Schuhputzer bin ich nicht. — Und daß Fräulein Anna dir auf deinen unqualifizierbaren Ton nicht gehörig antwortet, wundert mich.
ONKEL KUNZ. Oh, mit Weibern weiß ich schon umzuspringen.
KONRAD. Mit Weibern?
ONKEL KUNZ. Mit Weibern, hab' ich gesagt.
KONRAD. Ich finde es aber widerwärtig, mir fehlt der Ausdruck, wie ich es finde, daß du einem Mädchen, das viel zu hoch steht, um sich zu wehren, solche beleidigende Rügen zu sagen wagst. Ich könnte dir mit viel größerem Rechte sagen, daß du um diese Zeit nicht hierher, sondern zu den Gespannen auf das Leiper Feld gehörst.
ONKEL KUNZ. Nein, ich werde hier meine Tabelle machen.
KONRAD. Mach, was du willst, nur belästige mich nicht. *Er schreitet der Tür zu, um zu gehen.*
ONKEL KUNZ, *plötzlich in Spaß übergehend.* Hui, ganz wie der Alte. Wie 'ne Rakete aus einem Flintenlauf. Bleib doch. Ich wollte ja nur mal 'nen Spaß machen.

KONRAD. Solche Späße rentieren sich nicht. *Er geht schnell ab durch die Tür links.*

SIEBENTE SZENE

Die kleine Ruth kommt aus dem Nebenzimmer.

RUTH. Onkel, Onkel!
ONKEL KUNZ. Laß mich in Frieden.
RUTH. Fräulein Anna hat Onkel Konrad ihre Hände gezeigt.
ONKEL KUNZ. Was?
RUTH. Wirklich, Onkel, ich hab's gesehn.
ONKEL KUNZ. Was hast du gesehen? Komm doch mal her. Hast du etwa gelauscht?
RUTH. Ich machte drin meine Schularbeit.
ONKEL KUNZ. Das ist Unsinn. Grade auf ihre Hände hat Fräulein Anna wahrhaftig am wenigsten Grund, stolz zu sein.
RUTH. Ich mag Fräulein Anna gar nicht leiden, Onkel Kunz. Du doch auch nicht?
ONKEL KUNZ. Mach, daß du wegkommst, kleine Krabbe. Was geht's dich an, wen ich leiden kann. Danke Gott, wenn du selber gelitten wirst und jemand sich überhaupt um dich kümmert.

ACHTE SZENE

Fräulein Anna kommt ruhig wieder herein, eine Tasse Bouillon tragend, die sie Onkel Kunz auf den Schreibtisch setzt.

ONKEL KUNZ, *mit einem Blick durchs Fenster.* Da fegt ja der Jüngling durch die Salatbeete.
FRÄULEIN ANNA. Wer?
ONKEL KUNZ. Der Jüngling Konrad: Konradin! Dem Sie gestern mit solcher Andacht gelauscht haben, als er mit etwas dünner Stimme zur Laute sang.
FRÄULEIN ANNA. Er hat uns doch nur etwas vorgetragen.
ONKEL KUNZ. Jawohl, er trägt vor. Er begeistert sich. Er hat noch den unverdauten Schiller im Leib. Übrigens habe ich, als ich noch wie er in Kinderhöschen ging, auch solche geschwollene Gedichte gemacht.

FRÄULEIN ANNA. Warum sprechen Sie denn so schlecht vom Herrn Konrad?
ONKEL KUNZ. Weil dieser eingebildete Bengel mich anödet, der von seinem Papperlapapp so viel Wesens macht. Er trippelt ja noch mit den Eierschalen.
FRÄULEIN ANNA *begibt sich wiederum an die Nähmaschine.* Ich könnte nicht sagen, daß er jemals gegen mich unbescheiden gewesen ist.
ONKEL KUNZ. Unbescheiden ist viel zu wenig, wenn einer den Größenwahnsinn hat. Er bildet sich ein, schon jetzt der Herrgott selber zu sein. Da kommt er bei mir allerdings an den Rechten.
FRÄULEIN ANNA. Ihre Bouillon wird ja kalt, Herr Harland. — Warum sind Sie denn gegen Herrn Konrad so aufgebracht? Womit hat Sie der harmlose Mensch denn beleidigt?
ONKEL KUNZ. Er hat mich persönlich gar nicht beleidigt, aber den allgemeinen Götzendienst, den sogar meine guten Verwandten jetzt mit ihm treiben, mach' ich nicht mit. Früher, als er noch hier im Hause war, da hat er nichts tun und nichts lernen wollen. Da gab es nichts weiter als einen einzigen Ärger und eine einzige Plage mit ihm. Da schüttelte meine Schwester den Kopf und mein Schwager den Kopf, und heute soll er auf einmal gottbegnadet, ein Genie, der Stolz der Familie, kurz, der Dalai-Lama und noch was sein.
FRÄULEIN ANNA, *an der Nähmaschine.* Ich finde, daß er ein netter, harmloser Junge ist.
ONKEL KUNZ, *zu Ruth.* Hier sind zehn Pfennig. Lauf und kaufe dir Fruchtbonbon. *Ruth nimmt das Geld in Empfang und springt zur Tür links hinaus.*

NEUNTE SZENE

Onkel Kunz, merklich erbleichend, geht im Rücken Annas mehrmals hin und her.

ONKEL KUNZ. Sagen Sie bitte, Fräulein Anna, haben Sie etwas gegen mich?
FRÄULEIN ANNA. Keineswegs. Ich wüßte nicht was! Wieso denn?
ONKEL KUNZ. Sie tun immer so, als ob Sie darüber beleidigt wären, daß man lebt.

FRÄULEIN ANNA. Das sagt mir auch immer zu Haus meine Stiefmutter.

ONKEL KUNZ. Aber ich bin nicht Ihre Stiefmutter. Es macht mich krank oder macht mich verrückt. Und ich lasse mir das nicht gefallen, verstanden?

FRÄULEIN ANNA, *erstaunt*. Ja, sagen Sie bitte, was ist Ihnen denn? *Anna erhebt sich unwillkürlich. In diesem Augenblick wird sie von Onkel Kunz ganz unerwartet umarmt und geküßt.*

ONKEL KUNZ. Und wenn ich mich gleich zugrunde richte, ich dulde das nicht. *Anna stößt ihn zurück. Sie steht dann ein wenig entfärbt und zugleich ein wenig lebhafter atmend mit einem unbewegten, ein wenig verächtlichen Ausdruck da.*

FRÄULEIN ANNA. Werden Sie nun nicht das Zimmer verlassen? *Onkel Kunz, der über und über bebend ans Fenster getreten ist und sich abgewendet hat, antwortet nicht.* Ja, werden Sie nun nicht das Zimmer verlassen?

ONKEL KUNZ *wendet sich zitternd, fast grün im Gesicht und in einer jämmerlichen Verfassung.* Wenn Sie mir nun nicht verzeihen können, Fräulein Anna, so jage ich mir eine Kugel durch den Kopf.

FRÄULEIN ANNA. Das ist Ihre Sache, was Sie jetzt tun. Sie haben jedenfalls eine feige und niederträchtige Handlung begangen, darüber täuschen Sie sich doch hoffentlich nicht.

ONKEL KUNZ, *mit deutlich merkbarem Einschlag von Komödianterei.* Was ist denn passiert? Was ist denn geschehen?

FRÄULEIN ANNA. Oh, Sie denken wahrscheinlich, eine Person wie mich zu beleidigen, das verschlägt weiter nichts.

ONKEL KUNZ. Ich kann nichts denken, ich bin wie wahnsinnig.

FRÄULEIN ANNA. Und ich kann nur das eine denken, nämlich daß diese Handlungsweise eines bejahrten Mannes nur die allertiefste Verachtung hervorrufen kann.

ONKEL KUNZ. Ein Wort, und ich büße sie mit dem Leben.

FRÄULEIN ANNA. Ihr Leben ist mir vollkommen gleichgültig. *Sie schreitet auf die Tür zu, er macht Miene, ihr entgegenzutreten.* Lassen Sie mich!

ONKEL KUNZ. Wenn Sie meinem Schwager oder meiner Schwester nur eine Andeutung machen, Fräulein Anna, so bin ich um mein letztes Asyl gebracht.

FRÄULEIN ANNA. Ich denke, Sie wollten noch eben freiwillig aus dem Leben gehen?

ONKEL KUNZ. Wenn Sie mich verraten, muß ich es tun.

FRÄULEIN ANNA. Verraten? Das würde schon besser für Sie passen.
ONKEL KUNZ. Fräulein Anna, Gott ist mein Zeuge, ich weiß nicht, welcher Satan mich überrumpelt hat. Ich kann es selber noch gar nicht begreifen. Ich sänke am liebsten vor Ihnen auf Nimmerwiedersehn unter die Erde hinein. Ich bin ein Mensch, das leugne ich nicht, der, solange er denken kann, mit bösen Leidenschaften zu kämpfen hat. Das ist mein Verhängnis. Das ist mein Schicksal. Das leugne ich nicht. Und diese seelensguten Menschen hier, die sich meiner annehmen — die sich noch immer unbegreiflicherweise meiner annehmen, haben ganz recht, wenn sie schließlich noch das einzige Heil im Gebete, den einzigen Anker für mich im kindlichen Vertrauen zum Höchsten sehen.
FRÄULEIN ANNA. Das ist ganz ausschließlich Ihre Sache.
ONKEL KUNZ. Nun, meinethalben, verachten Sie mich. Ich habe nach meinen Begriffen während meines Lebens vielerlei Unrecht, vielerlei gradezu Schlechtes getan. Ich bin in mancher Beziehung gestrauchelt. Sollen die Menschen mit mir ins Gericht gehen. Auf die Gnade unsers Herrn Jesu Christi hoff' ich gewiß. Aber ich habe auch unverschuldetes Unglück gehabt. Man hat mich vielfach zurückgestoßen. Und wüßten Sie, welche verzweifelte Sehnsucht nach einer fühlenden weiblichen Brust... Sie würden mich dann mit mehr Mitleid beurteilen. Ich bin alt. Sie sind jung. Ich habe mein Leben zu neun Zehntel verspielt und esse als alter Kerl hier das Gnadenbrot. Sie beginnen das Spiel und werden gewinnen. Was kann ich dafür, wenn Ihre sinnverwirrende Schönheit mich unsinnig macht.
Anna geht schweigend an Onkel Kunz vorüber durch die Mitteltür hinaus. Bald darauf wird an die Tür links geklopft. Onkel Kunz nimmt hastig Skripturen aus dem Schrank und stellt sich eifrig rechnend und schreibend. Das Klopfen erschallt wiederum.
ONKEL KUNZ. Bitte eintreten.

ZEHNTE SZENE

Der Schullehrer des Dorfes, ein etwa siebenunddreißigjähriger bärtiger Mann mit weichem Organ und weichen Gesichtszügen, hat die Tür bescheiden geöffnet und läßt zwei andre Männer an sich vorüber eintreten. Alle drei haben die Kopfbedeckungen in der Hand. Der Lehrer heißt Heppner, seine Begleiter sind zwei herrnhutische Wanderprediger, Bruder Müller und Bruder Fabig, Leute von globischem [klobigem?] *bäurischem Schlag, stark behaart, äußerlich sanftmütig, aber mit einem heimlichen Feuer im Blick.*

HEPPNER. Guten Morgen, Herr Harland.
ONKEL KUNZ. Guten Morgen, Herr Heppner.
HEPPNER. Ist Ihr Schwager und Ihre Frau Schwester anwesend?
ONKEL KUNZ. Der Schwager hat einen Lokaltermin, und meine Schwester ist, glaube ich, aufs Dominium. Sie wollte, glaube ich, einen Besuch abstatten.
HEPPNER. Schade. Ich bringe hier nämlich unsern lieben Bruder Fabig und Bruder Müller, die gern Ihren Schwager und Ihre Schwester begrüßt hätten. Sie kommen von Rawitsch...
BRUDER FABIG. Ja, wir haben auch Grüße von Bruder Immoos, Kanzleirat Immoos in Rawitsch, auszurichten.
ONKEL KUNZ. Ach so: dem Vater von Fräulein Anna, die hier im Hause ist.
BRUDER MÜLLER. Ist Anna Immoos auch ausgegangen?
ONKEL KUNZ. Ich denke, nein. Ich werde sie rufen. — Übrigens habe ich eben, wie ich glaube, die Stimme meiner Schwester gehört.

ELFTE SZENE

Frau Sidonie im schwarzen Bänderhut und schwarzen Umschlagetuch kommt mit großen Schritten aus dem Wohnzimmer durch die Mitteltür.

FRAU SIDONIE. Ich ahnte es doch. Willkommen, Herr Heppner. Wie geht's, Bruder Fabig? Ich freue mich herzlich, Bruder Müller, Sie wieder bei uns zu sehen. Herr Heppner, lassen Sie doch die Herren ablegen. Lieber Kunz, du wirst den Herren vielleicht ein bißchen behilflich sein. — Wo ist Anna? Sie kommen aus Annas Vaterhaus. Sie wissen ja wohl, daß Sie uns von Herrn Kanzleirat Immoos angekündigt sind. Anna wird sich freuen, aus dem Kreise ihrer Lieben hoffentlich gute Nachrichten zu erhalten.

Bruder Fabig, Bruder Müller, nehmen Sie Platz! Herr
Heppner, fürchten Sie sich vor dem alten, durchgesessenen
Sofa nicht. Ich werde Ihnen gleich unsre Anna hereinrufen.
BRUDER FABIG. Es möcht am End besser sein, Frau Kurnick,
wenn wir zunächst untereinander und ohne die Anna eine
Rücksprache hätten.
BRUDER MÜLLER. Es möcht auch vielleicht in der Tat besser
sein.
BRUDER FABIG. Denn wir habe nämlich allerlei Sach von
Bedeutung und nit ohne Bedeutung in bezug auf die Anna
von ihrem Vater auszurichten.
FRAU SIDONIE. Ja, ja, ich weiß wohl und kann auch ver-
stehen, daß manches in Annas Wesen ihrem Vater ein
Gegenstand des Kummers und der Besorgnis ist.
BRUDER FABIG. Ich meine, sie hat den wahre christliche Geist
der Demut und der Ergebung noch nit. Sie muß die böse
Triebe bekämpfe. Aber, liebe Frau Kurnick, das allein ischt
es nicht. Wir habe noch, im Vertrauen gesagt und ver-
traulich gesproche, in einer Angelegenheit von em große
Gewicht im apostolische Geist unsre Mitwirkung zugesagt.
FRAU SIDONIE. Auch davon habe ich läuten gehört.
BRUDER MÜLLER. Es ischt vom weltliche Standpunkt sowie
vom göttliche Standpunkt ohne Zweifel das Beste für sie.
Und unser Bruder Immoos hat, wir könne wohl sagen,
Tag und Nacht darum gebetet, daß Gott ihre starre Wille
zum Rechte lenke möcht. Erstlich hat Gott das Weib dazu
geschaffe, daß es dem Manne diene soll und soll in Züchte
Kinder zur Welt bringe. Und dann kann eine christliche
Tochter nit wohl als mehr wünsche, als daß sie mit eine
gottgefällige, christliche Manne am Altare vom unsre Herr
Jesus verbunde wird. Und mit eine gute Gewisse kann ich
als sage, daß unser lieber Bruder Nathanael Seidenwirker
eine von die wahre Bekennerseele ist.
HEPPNER. Bruder Seidenwirker war über drei Jahre als
Missionar in Südafrika. Augenblicklich ist er auf einem
Erholungsurlaub auf längere Zeit in Neudietendorf.
FRAU SIDONIE. Man muß im Leben eigentlich jede Stunde,
jede Minute bereit zu verzichten sein.
BRUDER FABIG. Wir müsse verzichte, hier auf Erde, das ischt
freilich eine ewige Wahrheit, liebe Frau Oberamtmann,
daß es so ischt. Aber sie braucht zunächst gar nit als so arg
sehr verzichte. — Übrigens müsse wir schon den andre

Herrn, der zugege ischt, ergebenscht bitte, in dieser interne Sache verschwiege zu sein. So etwas ischt immer ein Feld für Mißdeutunge.

ONKEL KUNZ *war scheinbar ganz in seine Arbeiten vertieft, horcht nun auf und kehrt sich schnell um.* Verzeih, ich habe nicht hingehört. Von wem war die Rede, liebe Sidonie?

FRAU SIDONIE. Die Herren wollten dich nur ersuchen, Kunz, du möchtest von dem, was wir hier sprechen, nichts verlautbaren.

BRUDER FABIG. Ja, wir möchte Sie gütigst und recht inständigst bitte darum.

ONKEL KUNZ. Ich habe leider — oder es ist mir schon lieber: Gott sei Dank — nicht einmal mit einem halben Ohre hingehört. Ich bin also ganz ahnungslos, beste Sidonie. Aber ich habe ja jetzt auf dem Hofe zu tun, und so empfehle ich mich, meine Herrschaften, und bleibe auf diese Weise überhaupt vor jeder Gefahr, etwas auszuplaudern, gänzlich bewahrt. *Er nimmt Stock und Mütze und geht leicht grüßend zur Tür links hinaus.*

ZWÖLFTE SZENE

FRAU SIDONIE. Ich habe über diese Sache und diese Absichten, die der Herr Kanzleirat mit seiner Tochter hat, auch immer wieder und wieder grübelt. Die Frage ist, ob in der Neigung, die ein Mädchen empfindet, nicht vielleicht Gottes Stimme ist. Ich möchte sagen, gradezu zielweisend. Und in der Abneigung Gottes Stimme im warnenden Sinn.

HEPPNER. Gedenken Sie ihrer Verfehlung, Frau Kurnick.

BRUDER MÜLLER. Gott antwortet, sobald man ihm fragt, Frau Kurnick. Bald man ihn nit frage tut und ihm links liege läßt, tut er nit antworte. Wir dürfe nit meine, daß etwa die Liebschaft der Anna mit deme ehemalige Kellner oder Geschäftsführer, der sich lügenhafterweis als für ein Freiherr oder Baron ausgebe hat, Gottes Stimme gewese ist, auch nit das Gesteck und Herumscharmuzier mit die Gymnasiaste.

BRUDER FABIG. Nei, nei, Frau Kurnick! Und was ich hab' sage wolle, ischt das gewese: der Bruder Seidenstricker ischt auch vom weltliche Standpunkt betrachtet kein unebener Mann. Man kann ihme getrost als eine stattliche Mann nenne! Gar nit zu rede, daß sie in die allerbeschte christliche Hut, in die allerbeschte christliche Hände ist.

BRUDER MÜLLER. Und da wolle wir gleich zur Hauptsache komme. Nämlich am 20. Juli geht der Bruder Seidenstricker mit eine Schiff von Breme aus in seine afrikanische Wirkungskreis am Oranje zurück. Nu solle die beide, nach dem Wille des Vaters und dem lebhafte Wunsche desch Bruder Seidensticker Gelegenheit finde, sich auf eine neutrale Gebiet zu begegne. Sonach ischt nun die Frag, ob wir dem Bruder schreibe dürfe, dasch er womöglich am kommende Mittwoch hier bei Ihne in Gottes Name mit deme Bruder Kanzleirat und Jungfer Anna zusammentrifft.

FRAU SIDONIE. Warum nicht? Freilich! In meines Mannes und meinem Namen: Ganz gewiß!

BRUDER MÜLLER. Amen. So danke wir schönstens, Frau Kurnick. Und ich denke, wir könne mit Gottes gnädigem Beistand das Gute fördere, wenn nit verwirkliche. Da ischt sie ja.

DREIZEHNTE SZENE

Fräulein Anna kommt, immer mit der gleichen Ruhe der Bewegung und dem gleichen unbeweglichen Ernst im Ausdruck des strengen und süßen Gesichtchens, durch die Türe links herein.

BRUDER FABIG. Da ischt sie ja. *Er steht auf, ohne aber seinen Platz zu verlassen.*

FRÄULEIN ANNA. Guten Tag, Bruder Müller, guten Tag, Bruder Fabig.

BRUDER MÜLLER. Wir habe eben von Ihne gesproche, Jungfer Anna. Wir komme direkt aus Rawitsch und solle vom Ihre Herr Vater als eine große Menge schönste Grüss' ausrichte.

FRÄULEIN ANNA. Danke schön!

FRAU SIDONIE. Nehmen Sie sich einen Stuhl, Fräulein Anna, setzen Sie sich.

BRUDER FABIG. Wir müsse nu aber leider fürs erste, nit wahr, Bruder Heppner ... müsse wir leider unsrer Wege gehn. Wir habe nämlich vor dem Mittagesche noch mancherlei unaufschiebbare Sach zu erledige.

HEPPNER. Ich will mit den Brüdern erst zu der alten kontrakten Siegerten gehn. Dann hat auch die Horanten drum gebeten.

BRUDER MÜLLER. Und da dürfe wir freilich nit zaudere, wenn eine arme Chrischteseele nach dem Troschte des liebe Gotteschwortes verlangt. Wir spreche uns aber noch, Jungfer Anna.

FRAU SIDONIE. Herr Heppner, ich denke, Sie kommen doch heut abend mit den Brüdern und Ihrer Frau zum Abendbrot.

HEPPNER. Ich werde es mit den Brüdern verabreden.

BRUDER FABIG. Also, liebe Frau Kurnick, da werde wir unsre Abschied nehme: der liebe Herrgott behüte Sie.

BRUDER MÜLLER, *Annas Hand nehmend*. Und gebe besonders Ihne, Jungfer Anna, ein ergebenes ... ein in seine Wille ergebenes und geduldiges Herz. *Die drei Männer, von Frau Sidonie hinausgeleitet, entfernen sich. Anna ist ans Fenster getreten. An der Art, wie sie sich schneuzt, sieht man, daß sie weint.*

VIERZEHNTE SZENE

Frau Sidonie kommt wieder.

FRAU SIDONIE *hat bemerkt, was mit Anna vorgeht. Immer mit großen Schritten sich bewegend, stellt sie die verschobenen Stühle um den Tisch zurecht. Plötzlich sagt sie*. Weine nicht, dumme Anna. Du weißt ja doch, daß schließlich ohne den Willen Gottes, wie es heißt, kein Sperling vom Dache fällt. — Freilich, wenn du meine Erfahrung hättest, so würdest du allem, was etwa kommt, nicht so wie jetzt gegenüberstehen. — Man bildet sich mancherlei ein vom Leben, aber das Leben kümmert sich um die Einbildungen, denen man sich in jungen Jahren leider noch immer hingibt, nicht. — Erwarte nichts, und du wirst nicht enttäuscht werden! Erwarte viel, und sicherlich zerbricht dir eines Tages, ohne daß du das Glück hast, daran zu sterben, dein ahnungslos vertrauendes Herz.

DRITTER AKT

Das Wohnzimmer wie im ersten Akt. Ein Tag später. Sonntagnachmittag.

ERSTE SZENE

Frau Sidonie sitzt am offenen Flügel. Noten sind aufgestellt. Konrad, den Stuhl ein bißchen zurückgerückt, neben der Tante. Die kleine Ruth umschmeichelt ihn. Nahe beim Nähtisch, am Fenster, haben Onkel Lebrecht und Onkel Kunz ihr Schachbrett aufgestellt. Sie sind ins Spiel vertieft. Auf dem Sofa hat sich die alte Frau Kurnick niedergelassen. Sie ist eine hochbetagte Dame, Kantorswitwe, und schwerhörig. Man hat sie festtagsmäßig herausgeputzt. Sie strickt. Anna, in einem braunen, enganliegenden Seidenkleid, sitzt am Tisch, beschäftigt mit einer Häkelarbeit.

ONKEL LEBRECHT, *vom Schach flüchtig aufblickend.* Ist es am Ende allmählich Zeit, liebe Sidonie?
FRAU SIDONIE. Der Bruder Müller beginnt seine Bibelstunde erst um sechs, Papa.
KONRAD. Ist sie wieder im Schulhaus, Tante?
FRAU SIDONIE. Wie immer im Schulhaus. Ganz gewiß. *Während sie in den Noten blättert.* Wirst du mit hingehen?
KONRAD. Ich weiß noch nicht.
ONKEL LEBRECHT, *mit mildem Vorwurf vom Schachspiel herüber.* Man darf niemand gegen den Zug seines Herzens zwingen wollen, liebe Sidonie.
KONRAD. Ich ginge sehr gern. Ich weiß ja, daß Bruder Müller ein gewaltiger Redner ist. Ich habe ihn ja gehört vor drei Jahren, aber...
ONKEL LEBRECHT. Wir wollen sagen, er ist ein wahrer und treuer Diener am Wort.
ONKEL KUNZ. Erlaube, ich muß dir Schach und Gardez sagen.
ONKEL LEBRECHT. Ach! *Er brummelt erschrocken und studiert mit Kummer seine Partie.* Das war mir entgangen. Das tut mir leid.
FRAU SIDONIE, *Notenblätter herumwendend.* »Es geht ein Butzemann...«, das wollte Gotthold auch immer gern hören. »Es geht ein Butzemann in unserm Haus herum. Er

rüttelt sich, er schüttelt sich, er wirft sein Säckchen hinter sich.« *Sie hat den Text abgelesen und intoniert einige Takte auf dem Klavier.*

KONRAD. Dann gab es ein Lied von einem verirrten Knaben, was Gotthold immer wieder hören wollte...

FRAU SIDONIE. »Sing uns das Lied, wo man weinen muß, Muttel.«

KONRAD. Jawohl. Er weinte immer dabei. Das weiß ich noch.

FRAU SIDONIE. Ja, ja, das ist lange, lange, lange her, guter Konrad, wo ich euch beiden Kindern immer und immer wieder diese Liedchen vorsingen mußte.

KONRAD. »Wer will unter die Soldaten, der muß haben ein Gewehr.«

FRAU SIDONIE. »Seht ihr drei Rosse vor dem Wagen und auch den stillen Postillon: von weitem hört man ihn schon klagen...« — »Bitte, bitte, nur noch zum letzten Mal die drei Rosse, Muttel!« — — — Du hast damals, als unser Gotthold von uns gegangen war, so eigentümliche Träume gehabt, Konrad?

KONRAD. Ich habe einmal einen seltsamen Traum von der Jungfrau Maria gehabt.

FRAU SIDONIE. Sie erschien dir, wie du mir damals sagtest, glaub' ich, braungekleidet im Traum.

KONRAD. Ja. Sie trug ein braunes, enganliegendes Kleid, liebe Tante.

FRAU SIDONIE. Hast du gehört, Lebrecht? Ich hatte mich also nicht getäuscht.

ONKEL LEBRECHT. Es wird dich vielleicht interessieren, Konrad, zu hören, daß nach dem Zeugnis eines gottbegnadeten Mannes, Jung-Stilling mit Namen, Braun die Lieblingsfarbe der heiligen Mutter Gottes ist, wenn sie Menschen im Traum oder im Gebet persönlich mit ihrem Anblick begnaden und trösten will.

KONRAD. Wirklich? Das ist in der Tat höchst merkwürdig. Ich habe noch heute an jenen Traum die allerklarste Erinnerung.

FRAU SIDONIE. Sagtest du nicht, sie habe Gottholden an der Hand geführt?

KONRAD. Sie hatte ihn an der linken Seite. Sie hielt seine Rechte in ihrer rechten Hand und hatte den linken Arm über seine linke Schulter heruntergelegt. Einmal beugte sie sich und küßte ihm gütig den blonden Scheitel.

FRAU SIDONIE. Und sie habe etwas gesprochen, sagtest du mir.
KONRAD. Ganz deutlich: »Dein kleiner Freund ist in treuer Hut.«
ONKEL LEBRECHT. In treuer Hut! So ist es, Sidonie ... Du hast da eine Gnadenerfahrung zu verzeichnen, mein lieber, guter Konrad, die keinem von uns geworden ist. Vergiß das niemals im ganzen Leben. Es kann dir auf mancherlei Irrwegen, in mancherlei Finsternissen dieser Welt den bleibenden, führenden Lichtstrahl bedeuten.
FRAU SIDONIE. Wollen Sie singen, Anna?
FRÄULEIN ANNA. Nein.
FRAU SIDONIE. Warum nicht? *Zu Konrad.* Sie hat eine hübsche Altstimme.
DIE ALTE FRAU KURNICK. Ja, ja, es wird wieder Regen kommen.
FRAU SIDONIE, *wie alle ein wenig belustigt, laut zu der alten Frau.* Es war die Rede von Annas Altstimme.
DIE ALTE FRAU KURNICK. Jawohl, es kommt ganz dick, dick schwarz hinten herauf, hinterm Scheunendach. Ich hab' es die ganze Zeit beobachtet.
ONKEL LEBRECHT. Du siehst noch ausgezeichnet, Mama.
DIE ALTE FRAU KURNICK. Es hat auch zweimal gedonnert, heut nacht.
KONRAD. Ich würde Sie furchtbar gern mal singen hören, Fräulein Anna.
FRÄULEIN ANNA. Es lohnt sich nicht. *Sie erhebt sich und wickelt Wollknäuel und Häkelei zusammen.*
ONKEL LEBRECHT *steht vom Schachbrett auf.* Ich bin besiegt! Und jetzt müssen wir aufbrechen. — Du liebst wohl deinen Konrad recht von ganzem Herzen, kleine Ruth? *Ruth nickt bejahend, drängt sich an Konrad und blickt ihn mit verklärten Augen an.* Wenn er fortgeht, soll er dich etwa mitnehmen?
RUTH. Er soll hierbleiben. Heiraten will ich ihn.
ONKEL LEBRECHT *bricht in herzliches Gelächter aus.* Du meinst wohl auch: »Doas wär' a Hibscher!«, wie die Magd auf dem Damsdorfer [Dromsdorfer?] Felde gesagt hat.
FRAU SIDONIE. Nein, Lebrecht, diese Art Scherze kann ich eigentlich gar nicht recht ausstehen. Wenn ein kleines, dummes und albernes Ding Torheiten vorbringt, so lacht man nicht.

Fräulein Anna hat sich langsam durch die Mitteltür entfernt.

ZWEITE SZENE

ONKEL LEBRECHT. Liebe Siddi, sie weiß ja nicht, was sie spricht.

KONRAD. Sie meint es ja nicht so schlimm, liebe Tante.

FRAU SIDONIE. Was hatte denn Anna?

ONKEL KUNZ. Sie will nur immer das Entgegengesetzte als eben das, worum man sie bittet. Sie ist der leibhaftigste Widerspruchsgeist.

KONRAD. Ich weiß nicht, ob du dich gleich entschließen könntest, zum Beispiel auch nur das Lied vom lieben Augustin vorzusingen, Onkel Kunz, wenn man es plötzlich von dir verlangt.

ONKEL KUNZ *singt mit Emphase und humoristisch.* »Die Dame, die ich liebe, nenn' ich nicht, doch hab' ich ihre Farben mir erkoren.«
Onkel Lebrecht schmunzelt, die Tante lacht.

FRAU SIDONIE. Aber Kunz! — Hat immer noch, so alt wie er ist, den Kopf voller Dummheiten! *Zu Konrad.* Siehst du, da gibt er dir gleich den Gegenbeweis.

ONKEL KUNZ. Kinder, mir ist nicht zum Lachen zumut. Ein Mensch wie ich, bei meinem Alter, bei meinem Schicksal und meiner Lage, der noch Allotria treibt, muß wahnsinnig sein.

FRAU SIDONIE. Du gehst doch mit in die Andacht, Kunz?

ONKEL KUNZ. I, meinethalben: mitgehen, hierbleiben! Ich fürchte, es wird an einem Musterexemplar meiner Art sowieso nichts zu bessern sein.

ONKEL LEBRECHT. Nicht die Sünde des Kleinmuts auf sich laden, Schwager Kunz. Mutig Gott seine Sache vortragen. Komm mit, und du hast dazu sogleich die schönste Gelegenheit. *Die drei Herren und Ruth, die immer noch an Konrads Hand hängt, begeben sich in die Kanzlei. Man hört sie dort eine kleine Weile reden und sich dann ganz entfernen.*

DRITTE SZENE

FRAU SIDONIE. Mama, ich schicke dir gleich die Pauline herein. Sie wird bei dir bleiben und wird dich zu Bett bringen. Wir andern gehen nur drei Schritt zu Heppners in die Schule herum. Bruder Müller hält eine Bibelstunde.

DIE ALTE FRAU KURNICK. Ich sage ja, liebe Siddi, das Wetter wird umschlagen. Es kommt Regen. Ich beobachte schon den ganzen Tag am Himmel, wie es hinter dem Hofe immer dicker und dicker wird.
FRAU SIDONIE. Ja, ja, das kann wirklich sein, liebe Großmutter.

VIERTE SZENE

Fräulein Anna kommt von rechts wieder herein.

FRAU SIDONIE. Wollen Sie in Ihrem guten seidenen Kleide zur Andacht gehen? Wir quetschen da nämlich auf den Schulbänken zwischen Dorfleuten.
FRÄULEIN ANNA. Ich dachte, ich wollte lieber hier bei Frau Kurnick im Hause bleiben, dieses Mal.
FRAU SIDONIE. Da werde ich Fragen zu hören bekommen. Das werden die Brüder nicht gerne sehen.
FRÄULEIN ANNA. Ich war heut morgen bei Bruder Fabig.
FRAU SIDONIE. Ja, tun Sie, was Sie verantworten können: ich muß jetzt gehn. *Sie fegt schnell hinaus durch die Tür rechts, nachdem sie ein Umschlagetuch um die Schultern genommen hat. Fräulein Anna stellt die Ordnung im Zimmer wieder her und räumt das Schachbrett beiseite. Bald darauf tritt Konrad wieder ein.*

FÜNFTE SZENE

KONRAD. Ach, Sie sind hiergeblieben, Fräulein Anna?
FRÄULEIN ANNA. Stört Sie das?
KONRAD. Das werden Sie doch im Ernst nicht denken.
FRÄULEIN ANNA. Sonst könnt' ich ja in ein andres Zimmer gehen.
KONRAD. Vielleicht ist Ihnen aber meine Gegenwart unangenehm.
FRÄULEIN ANNA. Nein, ich habe zu tun, Herr Konrad.
DIE ALTE FRAU KURNICK. Wenn es euch recht ist, liebe junge Leute, könnte ich jetzt, nun die andren fort sind, ein paar Schritte mit eurer Hilfe durchs Zimmer gehn.
KONRAD. Freilich. Mit tausend Freuden, Frau Kurnick. *Konrad und Anna sind der Greisin behilflich, sich auf-*

zurichten. Konrad stützt sie unter dem linken, Anna unter dem rechten Arm, und so wird sie von beiden sorgsam hin und her durchs Zimmer geleitet.

DIE ALTE FRAU KURNICK. Ich bin alt. Ich bin sehr, sehr alt, meine Kinder.
KONRAD. Aber dabei doch frisch und gesund.
DIE ALTE FRAU KURNICK. Ihr seid jung! Ihr beide seid sehr, sehr jung.
KONRAD. Und wir freuen uns unsrer Jugend, Frau Kurnick.
DIE ALTE FRAU KURNICK. Nicht genug, liebe Kinder! Ach, lange, lange noch nicht genug.
KONRAD. Darin bin ich ganz Ihrer Meinung, Frau Kurnick.
DIE ALTE FRAU KURNICK. Denn das Alter, das Alter, das kommt geschlichen, eh man es denkt.
KONRAD *blickt Anna an und wiederholt.* Das Alter, das Alter, das kommt geschlichen.
DIE ALTE FRAU KURNICK. Ich höre nichts mehr, doch ich kann noch gut sehen. Rosen! Auch riechen! Alles kann ich sehen und riechen: alles Gras, alle Blüten, alles, was draußen im Garten ist. — Oh, ihr seid jung und schön, liebe Kinder. *Die Greisin weint vor Freude.*
KONRAD, *mit Entschluß und zitternder Stimme.* Ja, das sage ich auch, Fräulein Anna ist schön.
DIE ALTE FRAU KURNICK. Ihr müßt euch gewiß sehr liebhaben, Kinder.

SECHSTE SZENE

Pauline kommt herein.

PAULINE. Was müß man da sehen! Was ist denn das! Die liebe alte Frau Kantor Kurnick zwischen dem allerjüngsten Liebespaar! Das bedeutet noch zwanzig Jahr leben, Frau Kantor.
DIE ALTE FRAU KURNICK. Es kommt nicht darauf an, daß man lange lebt, sondern wie man lebt.
PAULINE. Aber augenblicklich: das heißt doch wohl gut leben.
DIE ALTE FRAU KURNICK. Freilich. Es könnte besser nicht sein.
PAULINE. Ich denke mir, wenn man links einen solchen jungen Mann und rechts ein solch junges, üppiges Mädchen hat, da müßte einem selbst der heiße, grüne, gesunde Frühlingssaft durch alle Adern bis hoch hinauf steigen.

DIE ALTE FRAU KURNICK. Jawohl! Und das ist auch nicht anders, Pauline. — Aber man muß doch schlafen gehn.
PAULINE. Doch? Sonst warten wir noch ein wenig! Nicht?
DIE ALTE FRAU KURNICK. Du kennst doch das Märchen von dem alten Weibe, das zu tief aus dem Jungbrunnen trank und darüber wieder ganz klein und zum lallenden Kinde wurde.
PAULINE, *halblaut, um von der Schwerhörigen nicht verstanden zu werden.* Dann nehmen wir also nun die alte Frau Kantor Kurnick tuse-tuse zwischen den beiden Liebesleuten heraus, jetzt, wo Sie das Altchen genug gewärmt haben. *Sie macht die alte Frau von den beiden los, faßt Annas Rechte und Konrads Linke, beide Hände einander annähernd.* Und nun machen wir es ganz einfach, wie es gehörig ist. Man weiß ja doch, wie oder wenn in der Welt, wenn man Augen hat! Und dann haltet die Hände hübsch artig zusammen und macht sie — sonst gibt es ein Unglück! — erst los, wenn wir draußen im Hausflure sind. *Sie führt die alte Frau Kurnick hinaus.* Frau Kantor, nicht umblicken! Jetzt nur nicht umblicken! *Beide ab.*

SIEBENTE SZENE

Anna und Konrad stehen etwas verlegen Hand in Hand.

FRÄULEIN ANNA. Wollen Sie jetzt meine Hand nicht loslassen?
KONRAD. Anna! *Der Ton seiner Stimme zwingt beide, einander in die Augen zu sehen. Plötzlich haben sich ihre Lippen gefunden. Es ist ein langer, endloser Kuß, und Himmel und Erde scheinen darin versunken zu sein. Sich loslösend.* Anna, mich schwindelt's.
FRÄULEIN ANNA *umarmt ihn aufs neue, dabei flüsternd.* Ich trinke ... ich trinke ... ich sauge dir deine junge, kleine Seele — aus deinem Leib.
Man hört Onkel Kunzens Stimme. Die beiden fahren auseinander.

ACHTE SZENE

Onkel Kunz tritt ein.

ONKEL KUNZ. Fräulein Anna, ich wollte Ihnen nur ausrichten, daß Ihr Herr Vater eben gekommen ist.
FRÄULEIN ANNA. Mein Vater? Das kann ich mir gar nicht denken. Er hatte sich doch auf Mittwoch angesagt.
ONKEL KUNZ. Nun, der Wagen hält vor dem Schulhaus. — Nein, er fährt sogar eben drüben, Sie können es sehen, ins Hoftor ein.
FRÄULEIN ANNA. Wo ist denn mein Vater abgestiegen?
ONKEL KUNZ. Er ist mit seinem Begleiter im Schulhause abgestiegen. Er glaubte, wie er sagte, bestimmt, Sie bei der Bibelstunde des Bruder Müller zu sehen.
FRÄULEIN ANNA, *schon wieder ruhig.* So?! Dann Adieu. Ich gehe hinüber. *Anna geht durch die Kanzlei ab.*

NEUNTE SZENE

ONKEL KUNZ. Tut mir leid, lieber Konrad, es ging nicht anders.
KONRAD. Wieso?
ONKEL KUNZ. Ich habe euer gemütliches Tête-à-tête zerstört.
KONRAD. Was will denn eigentlich Annas Vater?
ONKEL KUNZ. Seine Tochter besuchen doch wohl.
KONRAD. Vielleicht bringt er auch Grüße von der Stiefmutter.
ONKEL KUNZ. Ihr habt euch wohl gegenseitig ein bißchen eure Herzen erleichtert?
KONRAD. Ich weiß, daß sie eine böse Sieben von Stiefmutter hat. Auch von ihrem sonstigen Leben weiß ich genug, um sagen zu können, daß mir ihr Vater von vornherein gründlich wider den Strich geht. Man muß Fräulein Anna herzlich bedauern.
ONKEL KUNZ *zeigt durchs Fenster, lachend.* Da geht sie hin und singt nicht mehr.
KONRAD. Du meinst... Was willst du denn damit sagen?
ONKEL KUNZ. Daß man ihr Mosen und die Propheten mal wieder ganz gehörig klarmachen wird.
KONRAD. Was hat sie denn eigentlich verbrochen? Ist es vielleicht ein Verbrechen, daß sie sich für ihren Herrn Vater und seine drei Kinder zehn Jahre lang abgerackert und wie eine Magd die Hände zu harten Klumpen gearbeitet hat?
ONKEL KUNZ. Ja, ihre Pfoten sind wirklich entsetzlich.

KONRAD. Sie sind aber gleichzeitig eure Widerlegung und ihre Rechtfertigung. Sie sind Fräulein Annas Adelszeichen.

ONKEL KUNZ. Eure Widerlegung? Wen meinst du damit?

KONRAD. Weil ihr sie alle, du inbegriffen, behandelt, als ob sie silberne Löffel gestohlen hätte. *Er schweigt erregt.*

ONKEL KUNZ. Du interessierst dich wohl außerordentlich für die schöne Sünderin Anna, mein Sohn?

KONRAD. Wenn ich mich nur für Mustermädchen und Musterknaben interessieren sollte, so müßte mir ja schon mein Onkel Kunz völlig gleichgültig sein.

ONKEL KUNZ. Schlage nicht über die Stränge, Konrad!

KONRAD. Nein, denn deine Erfahrungen mit dem »Über-die-Stränge-Schlagen« sollen nicht fruchtlos an mir vorübergehn.

ONKEL KUNZ *zündet sich eine Zigarre an.* Das war ein ziemlich billiger Scherz, Freund Konradin: wir wollen ihn deinem Flaumfeder-, deinem Flügelkleide, deiner rosigen Jugend zugute halten — die übrigens weiter kein Fehler ist. Ich wenigstens hätte nichts dagegen, wenn ich noch mal von vorn anfangen könnte. — Du bist eine Krabbe, höre mal! Ein Krakeeler! Ein Zänker!

KONRAD. Wie du, lieber Onkel.

ONKEL KUNZ. Und außerdem weißt du nicht, was du sprichst, weil du, wie's scheint — »Es lebt' eine Ratt' im Kellerloch...« —, vergiftet bist.

KONRAD, *plötzlich verändert.* Onkel, versichere mir ehrenwörtlich Stillschweigen.

ONKEL KUNZ. Endlich wird er vernünftig: Ehrenwort!

KONRAD. Schweigsam wie das Grab, lieber Onkel!

ONKEL KUNZ. Ehrenwort, Konrad! Manneswort!

KONRAD. Nun also: Ich habe jetzt eine Aufgabe! Mein Leben ist nicht mehr inhaltslos! Und ich bin nicht mehr dieser und jener, der nicht einmal weiß, wo er etwas Nützliches leisten, wo er im Leben anfassen soll. Sieh mal: Ich hatte die Kunst. Gewiß. Zuweilen erfüllte mich auch ein Überschwang der Begeisterung. Ich wollte was ganz Immenses leisten — mit Sternenschritt — Größe! — Ruhm! Die Menschen auf die Knie zwingen! — Ich werde sie auf die Knie zwingen. — Schließlich aber: wozu das alles? Das wußte ich nicht! — Manchmal warf ich die ganze Geschichte weg, besonders wenn ich die Menschheit wieder mal in ihrer

Bedürftigkeit erkannte, und hatte einzig die fixe Idee, auf irgendeine Weise nützlich, wirklich nützlich zu sein. Aber ich habe bis heut noch nicht rausgekriegt, ob irgendeine Tat des Menschen, außer dem Selbstmord, seinen Mitmenschen wahrhaft nützlich ist. — Alledem bin ich nun enthoben! Ich weiß nun, was ich im Grunde doch noch nicht wußte — weiß nun auf einmal, daß mein Leben nicht ohne Zweck und was der Zweck meines Lebens ist.

ONKEL KUNZ. Und was ist nun der Zweck deines Lebens, Konrad?

KONRAD. Daß ich alles, was ich geistig erringe, in den Geist eines anderen Wesens ausschütten kann!

ONKEL KUNZ. Ja, die Anna hat ja doch gar keinen Geist, Konrad! Da sieh dich nur vor, daß du in der Wahl deines Ideales etwas vorsichtig bist.

KONRAD. Das ist alles Instinkt. Ich habe gewählt, Onkel.

ONKEL KUNZ, *halb gutmütig, halb beunruhigt herauslachend.* Nu höre mal bitte zu, du Sausewind! — Bist du denn deiner Sache ganz sicher?

KONRAD. Würde ich sonst so reden? Ganz!

ONKEL KUNZ. Dann gratuliere ich! — Du bist mir über! — Ein alter Knacker kann sich eben schwer daran gewöhnen, daß die Jugend den Vortritt hat. — Bon! — Ich habe ja früher immerhin auch manchmal Glück bei Weibern gehabt. — Wie alt bist du?

KONRAD. Bereits beinah neunzehn, Onkel.

ONKEL KUNZ. Da gehst du aber für deine Jahre, muß man sagen, verflucht ins Zeug, mein Sohn. Das Leben ist lang. Das kann ein recht langes Gewürge werden.

KONRAD. Jung gefreit hat noch niemand gereut!

ONKEL KUNZ. Wer wird euch denn aber etwas zu essen geben in der ersten Zeit?

KONRAD. Verlaß dich drauf, wir werden uns durchringen. Ich krieche auf Baugerüste und mache Gipsarbeit. Nachts und abends bild' ich mich weiter. Und schließlich gelingt mir doch mal irgendwas — das fühl' ich sogar! —, was uns mit einem Schlage aus aller Sorge für immer rausreißt.

ONKEL KUNZ. Gott, wenn sie mich wollte, ich könnte am Ende, trotzdem es eigentlich Dummheit wäre, ebensowenig nein sagen. Was sie will, das will sie, so ist sie nu mal. Will sie es, wird sie es ja auch durchsetzen, trotzdem es ja wirklich — du mußt's mir nicht übelnehmen, Konrad — Wahnsinn ist.

Sei nur nicht zu sicher: es ist noch ein Haken. Da drummen ist nämlich einer angekommen, mit dem Herrn Papa, der hat einen großen, großen Bart. Und große Bärte sind manchmal gefährlich.

VIERTER AKT

Die Kanzlei. Am Spätvormittag des nächstfolgenden Tages.

ERSTE SZENE

Anna kommt von links mit Tischzeug, geht durch die Kanzlei in das Wohnzimmer, wo sie das Tischtuch über den Tisch breitet. Gleich darauf kommt Konrad ebenfalls von links. Er sucht Fräulein Anna mit den Augen und vernimmt schließlich das Geräusch ihrer Bewegungen aus dem Nebenzimmer. Daraufhin tritt er in die Mitteltür.

KONRAD. Sie sind hier, Fräulein Anna?
FRÄULEIN ANNA. Was gibt es denn?
KONRAD. Man bekommt Sie heut morgen gar nicht zu sehen.
FRÄULEIN ANNA. Ich habe zu tun. Sie wissen ja, daß heut gegen Mittag eine große Gesellschaft kommt.
KONRAD. Leider Gottes kommt eine große Gesellschaft.
FRÄULEIN ANNA, *die nun scheinbar gleichmütig an Konrad vorüber die Kanzlei betritt und hier für den Empfang des Besuches Ordnung zu machen beginnt.* Warum denn leider?
KONRAD. Weil mir diese ganze Gesellschaft teils lächerlich, teils unsympathisch, im besten Falle gleichgültig und in jedem Falle nur störend ist.
FRÄULEIN ANNA. Jetzt sehe ich doch, daß Ihr Onkel Kunz in einer gewissen Beziehung nicht unrecht hat.
KONRAD. In welcher Beziehung meinen Sie, Anna?
FRÄULEIN ANNA. In bezug auf Ihr wirklich übertriebenes Selbstgefühl.
KONRAD. Allerdings, diesen Leuten vom Schlage des Bruder Müller, Bruder Fabig und auch Bruder Seidensticker gegenüber habe ich das. Da kann wirklich auch das Selbstgefühl gar nicht genug übertrieben sein. — Vergessen Sie aber nicht, Fräulein Anna, daß ich vor zwei Jahren, als ich noch als Wirtschaftlehrling und als quasi angenommenes Kind, als Vorgänger Ruths, hier im Hause lebte, von diesen Leuten fast geistig zugrunde gerichtet worden bin.
FRÄULEIN ANNA. Andre nennen es geistig aufrichten.
KONRAD. Nun, ich habe genug davon. — Merken Sie nicht,

wieviel dumpfer auf einmal die Atmosphäre dieses Hauses wieder geworden ist, seit der sogenannte Geist dieser Leute wieder im Dorfe sein Wesen treibt? Ich kann Sie versichern, ich habe Tante Sidonie die ganze Nacht in ihrem Schlafzimmer schluchzen hören und Onkels gute, brummelnde Stimme, die sich vergeblich zu trösten Mühe gab. Wenn diese Leute nur irgendwo eine halb verharschte Wunde sehen, sie reißen sie auf und wühlen darin. — Übrigens halte ich sie für schwachsinnig.

FRÄULEIN ANNA. Sie aber, glaube ich, werden von den Brüdern für einen gehalten, der den breiten Weg zur Verdammnis geht.

KONRAD. Das würde nichts schaden, wenn ich nur nicht mit dem Bruder Seidensticker den schmalen Weg in sein sogenanntes Himmelreich zu pilgern gezwungen bin.

FRÄULEIN ANNA. Was Sie immer grade mit Bruder Seidensticker haben, verstehe ich nicht.

KONRAD. O ja, Anna, Sie verstehen das schon gewiß.

FRÄULEIN ANNA. Durchaus nicht, es ist mir ganz unerfindlich. Sie kennen ihn ja doch übrigens nicht.

KONRAD. Hat er nicht gestern abend, als sie nach der Bibelstunde noch alle herüberkamen, eine rohe und ganz erbärmliche Reimerei vorgelesen, wo allen Ernstes behauptet wurde, die gesegneten Geister des Paradieses würden mit großer Genugtuung die Schar der Verdammten in der Hölle schmachten sehen: der Vater den Sohn, die Tochter die Mutter, der Bruder den Bruder und so fort. Ein netter Apostel der Liebe, Anna.

Anna will ruhig an ihm vorüber durch die Tür links davongehen.

KONRAD. Anna, Sie sagen mir wieder kein Wort?

FRÄULEIN ANNA. Was soll ich denn dazu sagen, Herr Konrad?
Sie geht ab.

ZWEITE SZENE

Konrad ist bebend ans Fenster getreten. Onkel Kunz kommt durch das Wohnzimmer herein.

ONKEL KUNZ *hängt Schlüssel ans Brett.* So, nun hab' ich mal wieder auf dem Getreideboden Ordnung gemacht. — Na, schläfst du im Stehen, Knabe Konradin?

KONRAD. Onkel Kunz, ich glaube, daß mir womöglich diese Ferienstreife noch zum Verhängnis wird.

ONKEL KUNZ. Ach was, mein Sohn, du hast schlecht geschlafen, weiter nichts.

KONRAD. Das kommt noch dazu, ich habe die ganze Nacht tatsächlich kein Auge zugetan.

ONKEL KUNZ. Heiß, heiß. Man möchte zerspringen vor Hitze. Ich kenne das. Da kann man im Bette nicht liegenbleiben. Man möchte am liebsten im Hemd in den Mondschein hinaus spazierengehn.

KONRAD. Hast du gemerkt, daß ich aufgestanden bin?

ONKEL KUNZ. Kunststück! Wie soll ich das nicht gemerkt haben. Übrigens, Fräulein Anna hat auch mehrmals Licht gehabt.

KONRAD. Ich glaube, man will sie verkuppeln, Onkel.

ONKEL KUNZ. Ach Unsinn, Junge, denkt keiner dran.

KONRAD. Man will sie verkuppeln. Verlaß dich auf mich. Ich bin aufgestanden. Mir war wie wahnsinnig, Onkel. Ich kann weiter kein Geheimnis draus machen. Ich muß mich erschießen, wenn Anna für mich verloren ist. Draußen im Mondschein wurde mir etwas ruhiger. Ich traf den Wächter. Und ging eine Weile mit ihm, wie in alter Zeit, als ich Gutsschreiber war und vor vier Uhr die Leute wecken mußte. Wir kamen auch an der Schule vorüber. Ich wäre am liebsten eingebrochen und hätte diesen Bruder Sanftleben, diesen schmalzigen Bruder Seidensticker an der Gurgel gekriegt. — Dann war wieder Licht in Annas Zimmer! — Sage mal, Onkel, verstehst du das? Gestern gibt sie mir unzweideutige Beweise dafür, daß sie mich leiden mag! Heute tut sie, als wär' nichts gewesen.

ONKEL KUNZ. Mach dir nichts draus, ich bitte dich, Konrad. Für dich stehen ja doch, wenn's diese nicht ist — für einen jungen, hübschen Bengel wie dich —, noch ganze Gänseställe voll Weiber, ganz andere Weiber, als sie ist, bereit.

KONRAD. Nein, Onkel, mein Schicksal ist entschieden.

ONKEL KUNZ. Das hab' ich auch mehr als einmal gedacht, Konrad. Und einmal, willst du die Narbe sehn, hatt' ich auch schon den Revolver abgeknallt. Leider gab es nur ein paar Blutstropfen.

KONRAD. Ich werde treffen, wenn's soweit ist. — Aber kannst denn du so was verstehen, daß man heute die pure Glut und morgen ein purer Eiszapfen ist.

ONKEL KUNZ. Immer munter, munter! So was läßt man nicht kalt werden! Du bist wahrscheinlich zu zaghaft, mein Kind. Meine Strategie war immer, aufs Ganze zu gehen. Du machst vielleicht zuviel Federlesens. — Jetzt bin ich vielleicht zu alt dafür. Aber wenn ich wie du wäre und sie hätte mir Avancen gemacht, dann, weiß der Himmel, kröch' ich in drei Deibels Namen auf den Apfelbaum und von da zu der Jungfrau ins Fenster hinein.
KONRAD. Aber wenn sie nun Lärm schlägt?
ONKEL KUNZ. Das muß man riskieren.
KONRAD. Ich kriege den Typhus oder so was. Ich kriege irgend 'ne schwere Krankheit. Ich hab' Fieber. Ich hab' hundertunddreizehn Puls. Um Gottes willen, sag nichts den Verwandten. Ich kann für meine Verfassung nicht stehen. Es sitzt mir hier. Ich möchte beinah laut brüllen, so quetscht's mir die Brust. Das ist ja ein ganz nichtswürdiger Zustand.
ONKEL KUNZ. Gerate in Wut! Werde tätlich gegen deine Peinigerin!
KONRAD. Ich muß heulen, heulen, ich werde sonst wahnsinnig. *Er stürzt durch die Mitteltür ab, hörbar schluchzend.*
ONKEL KUNZ. Konrad! — Gott sei Dank, daß unsereiner geimpft und nicht ganz so preisgegeben wie so'n nüchternes Kalbfleisch ist.

GALAHAD

Entstehungszeit: 1908—1914.

Erstveröffentlichung: Teildruck in der Zeitschrift »Pan« (herausgegeben von Alfred Kerr) 1912.

Erste Einzelausgabe: Nicht ganz vollständiger Bibliophilendruck, herausgegeben von C.F.W. Behl 1949.

Titel: Fassung vom 23. Juli 1908 unter dem Titel »Die Gaukelfuhre«, der sich zuweilen auch in den Notizen findet.

ERSTER AKT

*Vor der Baude des alten Wann auf dem Kamm des Gebirges.
Klarer Spätnachmittag Ende Mai.
Der alte Wann sitzt auf seiner Bank neben der Haustür hinter
einem roh gezimmerten Tisch und belehrt Kaspar, einen hübschen Knaben.*

WANN
Zu viel. Du fragst zu viel! Was früher war,
ob Sprache, ob Gesang, wer mag das wissen, Kind!

KASPAR
Mir scheint: Gesang.

WANN
Warum?

KASPAR
Ich denke mir:
Laut war vor Ton, Ton vor dem Worte, Meister Wann.

WANN
Wieso war Laut vor Ton?

KASPAR
Vielleicht auch wohl zugleich.

WANN
Und Ton vor Wort?

KASPAR
Weil neugeborne Kinder schrein.

WANN
lachend
Und also, meinst du, sei Musik die frühste Kunst.
Dein Grund ist triftig. Ist Musik gleich und Musik
sehr zweierlei. Doch, Kaspar, nun genug für heut.
Willst du noch weiter Fragen stellen, geh hinab
und lege nun dem Kuckuck deine Fragen vor,
dem lust'gen Eulenspiegel unsres Waldbereichs,
der viel zu lange schon vergeblich hat versucht,
vom Buch uns fortzulocken. — Was denn sinnst du noch?

KASPAR

Nichts, Meister Wann. — Ich dachte nur darüber nach,
ob nicht Musik die erste Kunst und letzte sei.

WANN

Dann meinst du wohl, wir sterben mit Musik, mein Sohn.
Er lacht, wird dann ernst
Und doch, mir ist, als hätt' ich Dinge schon erlebt,
die dich nicht Lügen strafen. — So, nun tummle dich!

KASPAR

Darf ich das kurze Fernrohr nehmen, Meister Wann?

WANN

Ja, und was noch?

KASPAR

Das Stahlnetz für den Vogelfang.

WANN

Wie wär's: du nimmst vielleicht die Vogelflinte mit
und schießest einen weißen Adler dir herab,
vorausgesetzt, daß einer dir zu Schusse kommt.

KASPAR

O ja, die Flinte! das Gewehr!

WANN

Und was nun noch?

KASPAR
errötet

Ich merke schon, Großvater, du verspottest mich.

WANN

Oh, Wünsche! Wünsche! — Kaspar, wie du wünschen kannst,
darin dir gleichzutun: ich wüßte keinen sonst!
Und nur noch einer konnt' es ähnlich so wie du:
den aber sah ich nicht seit langer, langer Zeit
und damals selbst, als ich ihn sah, im Spiegel bloß.
Doch halt: auf einmal kommt mich wirklich Rührung an,
als wäre etwas von dem alten Spiegelglas
ein Stücklein gar nicht fern von hier, das damals ihn,

den Wünschbold, mein' ich, oft so lustig mir gezeigt,
ja mehr: als säh' ich erst in diesem Glase ihn —
und dazu wurd' ich achtzig Jahr und älter alt! —,
so wie er wirklich war, und ganz gerecht! Denn einst,
die Mutter ausgenommen, sah ihn keiner so. —
Wie? Was? Sind das nicht Tränen? Warum Tränen, Kind?

KASPAR

Ich weiß nicht. Allzu blendend ist die Luft heut, scheint's.

WANN

Warum bist du nicht offen frei heraus mit mir?
Wenn du mich fürchtest, wem denn willst du je vertraun?
Dein Lachen überzeugt mich nicht: du hast geweint!

KASPAR

Heut nacht hat mich die Mutter wiederum besucht
im Traum.

WANN

  Der Nächte Klarheit dringt bis in den Schlaf,
ich weiß es, und der Seele Räume füllen sich
mit einem harten, diamantnen Lichte an.
In diesem Lichte schwimmen bleiche Fische wie
in einer starren Luft, die nie ein Wind bewegt.
Du aber biete deine Brust dem Bergeswind,
jedwedem frischen Nebel lieber, jedem Sturm,
der den granitnen Rücken unsrer Höhen fegt.

KASPAR

Leb wohl!

WANN

  Warum so eilig?

KASPAR

    Gerne bleib' ich hier,
wenn du es wünschest.

WANN

  Kaspar, du entgleitest mir:
entgleitest mir mit jeder Stunde immer mehr,
sosehr dich meines Herzens Hand zu halten strebt.
Was ist mit dir?

KASPAR
        Ich weiß es selbst nicht, Meister Wann! —
Doch warum hab' ich meine Mutter nie gekannt?

WANN
Sie hat dich, denk' ich, oft des Nachts im Traum besucht!?
Du sagtest mir, du habest ihre Hand berührt
und mit den Lippen ihrer Lippen Druck gefühlt.

KASPAR
Ja, aber nicht wie deine Lippen, deine Hand!
und niemals, wenn ich auch ihr noch so nahe war,
war sie mir nah wie du und nahe, wie ich dir.
Warum denn tritt sie nicht in diese wache Welt?

WANN
Sie wohnt in einem andren Element, mein Sohn;
für das, was du die wache Welt nennst, ist sie tot.

KASPAR
Und doch hat sie in dieser Welt dereinst gelebt?

WANN
Sie hat dereinst gelebt in dieser wachen Welt!

KASPAR
Und wie? Und wo?
                WANN
                    Ich weiß es und verschwieg es dir.

KASPAR
Hat irgend jemand tiefres Anrecht, Meister Wann,
als ich, das Kind, an meine Mutter?

WANN
                    Sag' ich: ja,
so hörst du eine Wahrheit, die dir nutzlos ist.
Und sag' ich: nein, so lüg' ich nutzlos. Wähle nun.

KASPAR
*zerbricht, vor Wut die Zähne zusammenbeißend, während ihm
zugleich Wasser in die Augen schießt, einen starken Baumast
unterm rechten Knie*

Oh, könnte man das Joch unmünd'ger Jugend doch
zerbrechen, wie man dieses dürre Holz zerbricht ...

WANN

Das Joch?

KASPAR

... und die Verachtung aller von sich tun ...

WANN

Verachtung?

KASPAR

... die uns wie ein Nessushemde brennt!

WANN

Verachtung? Nessushemde?

KASPAR

Nessushemde! Ja!
Verachtung, Joch und schmähliche Gefangenschaft!

WANN
*bleich, aber mit tiefster Ruhe, indem er an den trotzig da-
stehenden Kaspar herantritt, ihn sanft bei den Schultern faßt
und langsam im Kreis nach Süden, Osten, Norden und
Westen dreht*
Mein Sohn! Laß deine Augen schweifen und dein Herz.
Dort ist der Süd! die Bahn ist frei und wolkenlos.
Dort ist der West! unendlich ist auch hier die Bahn.
Und nun nach Norden, Kaspar, richte deinen Blick:
auch hier wird dich kein Schlagbaum hemmen, sei gewiß!
Und wenn die heiße Kraft dir in den Muskeln gärt:
dort gibt es Eisgebirge, die du schmelzen kannst!
Und dort nun, Kaspar, ist der heil'ge Orient!
Da mußt du dreimal dich verneigen. Hörst du mich?
Und dann nimm meinen Segen auf die Pilgerfahrt:
denn wer durch Millionen Welten wandern will,
er findet dort dem inneren Blick sie aufgetan
und auch die Ruhe, wenn er endlich müde ist.

KASPAR

Du stößt mich fort, du stößt mich in die fremde Welt!?

WANN
Ich dich?
Er lacht laut auf.

KASPAR
Längst bist du meiner überdrüssig!

WANN
Ich?
ist's möglich? Wie man sich doch manchmal irren kann:
ich dachte, daß du meiner überdrüssig bist
und allzu eng geworden sei dir meine Welt.

KASPAR
umarmt Wann stürmisch
Ich werde niemals von dir gehen, Vater Wann!

WANN
Schon gut! Dies lassen wir vorerst dahingestellt.

KASPAR
Beim Grabe meiner toten Mutter schwör' ich's dir:
niemals! — man schlüge schmählich mich in Fesseln denn —
niemals und nimmer will ich dich verlassen!

WANN
Wohl!
Wer jemals jung war, zweifelt nicht an deinem Wort. —
Doch sieh, was übers Hochmoor dort mit Lauf und Sprung
fanatisch wilden Eifers hastend zu uns kommt!
Eine sehr schmutzige, arg zerlumpte Zigeunerin dringt auf Wann und Kaspar ein.

DIE TRUD
Scheener alter Herr! Scheener junger Herr! Schenken Se einer armen alten Frau was, scheener junger Herr! Ich bin hungrig. Ich habe vierundzwanzig Stunden kein Stück Brot in a Händen gehabt. Schenken Se mir einen Teller Linsen, einen Teller Bohnen, was von Mittage übrig ist! Sie sollen auch Glick haben in der Welt, ich will Ihnen auch de Zukunft ansagen.

WANN
Der Wagen, der dort drüben fest im Sumpfe steckt,
gehört wohl Leuten deines Stammes, gute Frau?

DIE TRUD

Die Wahrheit zu sagen: nein, scheener Herr! Ich bin eine arme, verlassene Witwe. Ich bin Ihnen ganz allein auf der weiten Welt. Ich bin ganz allein auf mich angewiesen. Der Wagen, das mag so eine Zirkusgesellschaft sein. Wissen Se: schlechtes Volk, scheener Herr, das iebers Gebirge rieber nach Behmen auf die Jahrmärkte fährt, dumme Leute betriegen, scheener Herr.

Man hört lebhaft mit einer Peitsche knallen. Gleich darauf erscheint Signor Amerigo. Er ist zwischen fünfzig und sechzig Jahren an Alter. Sein Gesicht ist bartlos, klein, mit weichender Stirn und langer, spitzer Nase begabt. Er hat ein schwarzes Sammetbarett auf dem Kopf, trägt einen sehr schäbigen, aber nicht zerrissenen Rock, eine rote Weste und Schaftstiefel mit Sporen wie ein Stallmeister. Seine dicke Uhrkette ist schwer von Berlocks: Petschaften, Münzen, Ringen und Korallen. Er hat wulstige Lippen und Kalbsaugen. Seine dicken Finger sind mit unechten Siegelringen bedeckt. Er hält weiße Kutscherhandschuhe in der Linken, während seine Rechte die knallende Peitsche schwingt.

AMERIGO

Wer hat dich geheißen, Leute anbetteln? He! Hopp! Verdammte Krähe, hast du noch immer keinen Appell gelernt? — Schlichten Gebirgsgruß, meine Herren! *Er lüftet sein Barett mit zwei Fingern.* Wenn Ihnen dieses Schindaas von einem Weibsstück beschwerlich wird, so schlagen Sie ihr ganz einfach mit dem ersten besten Haselnußprügel über den Schädel, und zwar unter meiner Verantwortung! — Darf ich vielleicht etwas näher treten? *Zu Kaspar* Junger Mann, junger Held, junges Enakskind! Unser Wagen hat eine Achse gebrochen. Willst du nicht so herablassend sein und uns mit deiner unverbrauchten herkulischen Jugendkraft aus der Patsche heraushelfen?

WANN

Kaspar durch eine leise Berührung zurückhaltend
Nicht übereilen! Übereilung rächt sich oft.

AMERIGO

Aber Zaudern hat schon manchem ebenfalls den Hals gebrochen. Widerspricht es denn Euren Erziehungsgrundsätzen, alter Herr, edel, hilfreich und gut zu sein?

WANN

Noch kaum geboren, lachte Zoroaster schon.
Was Euch betrifft: Ihr, scheint mir, habt die Welt sogleich
mit großen Worten und mit Peitschenknall begrüßt.

AMERIGO

Und Ihr in jambischen Trimetern, wie mir scheint!
Auch ich bin auf dergleichen, glaubt mir, eingefuchst,
und etwas Metrik macht mir keine Schwierigkeit.
*Kaspar eilt in Sprüngen davon, um zu helfen. Die Trud
schleicht sich ins Haus.*

WANN

Nun, sprecht nur, wie der Schnabel Euch gewachsen ist!

AMERIGO

Oh, keine Sorge! War ich oftmals blöde schon,
mein Schnabel brauchte niemals noch Ermutigung. —
Nun eine Frage, alter Zoroaster: Ist
dein Blick so scharf noch, wie er einst vor Jahren war?

WANN

Ich weiß nicht.

AMERIGO

Nein! sonst wüßtest du, wer vor dir steht.

WANN

Du bist die Schlacke eines alten Feuerbrands.

AMERIGO

Und du ein alter, abgelegter Heil'genschein,
den niemand blasen braucht, dieweil er niemand brennt.

WANN

Was willst du denn hier oben, wenn man fragen darf?
Ist etwa Jahrmarkt im Bereich der Wolken hier?

AMERIGO

Im Wolkenkuckucksheim ist immer Jahrmarkt, Freund.

WANN

Lang ist es her, seit wir uns beide »Freund« genannt.

AMERIGO
Doch unser Bruch hat weder dir noch mir genutzt.
Wir wurden beide Menschenfeinde: du und ich.

WANN
Die Menschenfeindschaft gibt der Menschenfreundlichkeit
erst feste Dauer; darum ward ich Menschenfeind.

AMERIGO
Ich ward es, weil kein Mensch der Freund des andren ist,
und lieber hau' ich meinen Nächsten übers Ohr,
als aufzuheulen unterm Hieb des Selbstbetrugs.

WANN
So rollt dein Karren also stets den Weg der Wahrheit fort,
wenn er auch hie und da im Sumpfe steckenbleibt?

AMERIGO
Ein reiner Tor ist immer bei der Hand, mein Freund,
verfahrne Thespiskarren aus dem Sumpf zu ziehn.

WANN
Ei! alter Menschenhändler, willst du dort hinaus?

AMERIGO
Glaubst du, ich quälte meinen Karren hier herauf,
um leer hinabzurollen ins Beheimer Land?
Ich handle nicht nur Menschen, Pferde, Weibervolk:
Hunde und Götter handl' ich, Mittel gegen Gicht,
Franzosen, Pocken, Mütterkrankheit, Kälberruhr!
Wenn es verlangt wird, hökre ich Gott Vater, Sohn
und dutzendweise Engelchen und Teufel aus.
Nur schade, daß der Heil'ge Geist nicht käuflich ist,
denn grade diese Ware wird zumeist verlangt.
Ein Quentgen, an die Stock Exchange zu Markt gebracht,
zieht Gold mehr, als die Julisonne Regen zieht! —
Du lächelst, alter Zoroaster! Ja, mich drückt
der Schuh noch immer, wo er früher mich gedrückt.
Wenn du nur wolltest — doch du willst nicht! —, könntest du
mit mir ein goldnes Himmeldonnerwetter braun,
daß Nuggets fallen sollten dezimeterhoch
wie Schloßen, und wir brauchten nur die Speicher baun!

WANN
lachend
Daß du doch ganz so überspannt als nüchtern bist:
noch heut, sofort, gleichwie vor vierzig Jahren, Mann,
als wir uns im Gewühl der Stadt begegneten,
springt ein gigantisches Projekt dir aus dem Haupt!
Macht Hapag denn noch immer in Cuxhaven fest
und nicht am Königlichen Schlosse in Berlin?
Fährt man noch auf dem Ozean, nicht drunter weg
blitzschnell im Tunnelrohre nach Amerika?
Hast du die Beringstraße noch nicht überbrückt,
so daß man via Ostkap und Alaska glatt
im Schnellzug nach der Neuen Welt hinüberkommt?

AMERIGO
Viel ist in dieser Art bereits geschehn durch mich.
Dergleichen aber hat an Zugkraft eingebüßt.
Heut wiegt ein Pfeilspan Gottgeist alle Kruppschen Werke auf!

WANN
Ein Span, ein Sparren oder so was, meinst du wohl?

AMERIGO
Ja, ebendas, wodurch du Papa Nikolas,
der Dalai-Lama der Provinz, geworden bist.

WANN
lacht laut und wird dann ernst
Du hast den Weg herauf zu mir umsonst gemacht.
Ich bin nicht käuflich: nicht mein Körper noch mein Geist
noch irgend etwas, das in diesem Hause ist.
Du schwangst den Klingelbeutel, warst der Glöckner einst,
als ich, Savonarola, auf der Kanzel stand.
Heut ist das große Schweigen meine Kirche, und
Savonarola ruht in einer Totengruft.

AMERIGO
Ist dein westöstlicher Koran noch immer nicht
beendet? Oder grübelst du nicht mehr daran?

WANN
Sieh, du erinnerst dich an diese Torheit noch!

AMERIGO

Mensch! Torheit? Gib nur das Fragment in meine Hand —
was etwa fehlt, ergänz' ich selbst — und dann hab acht,
wie alle Welt nach deinen Suren schnappen wird.
Denn was uns fehlt, ist eine Bibel, ist ein Buch
der Bücher, das dem Geist der Zeit entgegenkommt,
ist eine neue, knappgefaßte Heil'ge Schrift
in lapidaren Sätzen, doch von Gott diktiert,
so wie von deinem Koran du behauptet hast.
Du hattest Paragraphen drin, erinnre ich,
moralisch-revolutionär, vielweiberisch,
mormonisch-kernhaft und auch über Mutterrecht,
und dabei alles apodiktisch-doktrinär
und strafgesetzbuch-schlagwortartig suggestiv:
was für den Marktgebrauch ganz unbezahlbar ist.

Die Trud schleicht sich aus dem Hause, augenscheinlich gestohlenes Gut in den Kleidern verbergend. In der Art, wie ein Stallmeister in der Manege das dressierte Pferd zum Stehen bringt, knallt Amerigo vor ihr in den Sand und läßt den Schmitz der Peitsche liegen. Sofort steht die Trud, ertappt und am ganzen Körper zitternd, still.

Halt, du Hyäne! Kannst du nicht gehorsam sein
und warten, bis dich der Dompteur auf Arbeit schickt?
Gib aus! gib aus! Tibo! Sofort! Im Augenblick!

Ein kleines Büchelchen fällt aus den Kleidern der Trud. Amerigo hebt es auf und weist es dem alten Wann.

WANN

Das ist mein altes Walenbüchelchen.

AMERIGO

Jawohl,
ich weiß! Ein Wort: zum Buche Mormons mach' ich es
und dich zum Stellvertreter Gottes auf der Welt!

WANN

Ich danke für die Ehre und genug davon.

KASPAR

zieht mit großer Frische einen zweirädrigen Karren heran, der mit einer farbigen Plane überspannt ist. Er hat das Geriemsel eines ärmlichen Pferdegeschirrs in der Hand.

Da drüben grast das Pferd! Ich hab' es losgemacht.

WANN

Und selber dich erniedrigt bis zum Karrengaul!

AMERIGO
zur Trud

Du rührst dich nicht!
Zu Kaspar, indem er ihm die Peitsche reicht
Dir aber tret' ich, junger Held,
sogleich und unbedenklich dieses Szepter ab.

WANN

Er meint, daß jeder, einem Kinderkreisel gleich,
solang' er peitscht, auch unermüdlich tanzen muß.

AMERIGO

Probier es, ob nicht jeder tanzt, mein lieber Sohn!

KASPAR
nimmt die aufgedrungene Peitsche und zerbricht sie
Ein solches Werkzeug schändet jedes Menschen Hand!
Ich hass' es, und mich ekelt's, es nur anzusehn.
Er schleudert die Stücke weit fort.

DIE TRUD
wirft sich mit einem Schrei zu Kaspars Füßen
Du bist, den wir erwarten, bist der neue Christ!
Sieh meine Schwielen, meine Mutternarben sieh,
die ich dem Bocksfuß, diesem Junker Voland hier
verdanke!

KASPAR
sich nicht ohne Betretenheit von ihr befreiend
Laß mich los! Was willst du, fremdes Weib?
*Er begibt sich zu Wann, ergreift dessen Linke mit seiner
Rechten und steht, wie um seine Zugehörigkeit damit aus-
zudrücken, Hand in Hand neben ihm. Betroffenes Staunen
malt sich auf seinem Gesicht.*

WANN
beruhigt und merkbar aufgeheitert zu Amerigo
Du siehst es: hier verfangen deine Künste nicht!
Drum rat' ich dir zum Guten, tu die Waffen ab

und sei, unhinterhältig, gleichsam nackt, mein Gast.
Behalt das Deine, laß dafür das Meine mir,
genieße, was ein Gastfreund dir zu bieten hat,
und reise dann des Weges weiter ungestört.
Was deine giergejagten Hündinnen betrifft,
die nach Erlösung lechzenden und fremdem Gut:
die schicke, wie man seinen Vortrab weiterschickt,
indes man rastet, schicke weiter sie voran,
denn Friedestörer, Freudestörer sind es nur,
unheimlich schattend durch den Bergesmaientag.
*Amerigo winkt mit einem gebieterischen Pfiff. Die Zigeunerin,
die, Gebete murmelnd und sich bekreuzend, auf der Erde liegt,
springt auf und jagt davon.*

AMERIGO
Zeit ist Geld! Ich habe keine Lust, Geld zu verlieren, und
danke für deine Einladung. Ich lasse mir auch nicht gern
ohne Ursache Schaden zufügen. Wenn es noch an der Seele
wäre! Aber ich habe Schaden am Inventar. Merke dir das,
junger Mann und Held: man soll meinethalben sittlich entrüstet sein, aber man braucht deswegen kein Glas an die
Wand werfen, das einem nicht selbst gehört, oder einen
Peitschenstiel kurz und klein knicken, der Eigentum von
jemand anderem ist. So etwas bleibt immer inkorrekt und
beweist bei dem, der es tut, daß er hinter den Ohren noch
nicht ganz trocken ist. *Er macht, als ob er die Peitsche in der
Hand hielte, eine unzweideutige Bewegung nach Kaspar hin;
danach fährt er gelassener fort* Ich bin übrigens schon mit ganz
anderen Remonten fertig geworden. — Komm Er doch einmal her, mein Herr Galahad, mein Herr Parsival!
Kaspar folgt, nach einem verlegenen Blick auf Wann.

AMERIGO
dicht unter Kaspars Augen
Er wird mit mir gehen! Hat Er verstanden?

WANN
bestimmt, jedes Wort betonend
Er wird nicht mit dir gehen, alter Scharlatan!
So wenig wirst du Macht gewinnen über ihn,
als über eine große Seele Macht gewinnt,
wer doch nicht mehr als nur ein kleiner Schurke ist!

AMERIGO

Bravo! Ich habe schon lange nicht den Sporn eines Hochmutteufels, wie du einer bist, in den Weichen gespürt. Ich merke plötzlich zu meiner Genugtuung, daß ich in meiner männlichen Konstitution noch sozusagen kein Unmann bin. Ich werde dir diese Seele abzwacken. Ich trete in einen Wettkampf. Nun soll mich das Podagra blind und lahm schinden, oder ich trete mit dir in den Wettkampf um diesen verwöhnten Schlingel ein! — Bengel, du kannst ja noch nicht bis auf drei zählen! — Wie? Was? Dann beweise es mir doch und gucke durch dieses Dreieckloch der Wagenplane mal tiefer in meinen Karren hinein!

Kaspar wird rot, will folgen, steht aber auf Anruf Wanns unschlüssig still.

WANN

Kaspar!

KASPAR

Ja, Meister Wann!

WANN

Was hoffst du dort zu sehn?

KASPAR

Ich weiß es nicht!

AMERIGO

Sieh zu!

WANN

Nein! Komm zu mir zurück!

AMERIGO

Prächtig! Jetzt urteile selbst, junger Held: Was wollte ich tun? Ich wollte dir eine Peitsche in deine Hand geben! Dich jemals ... einen herrlichen jungen Enaksbruder wie dich etwa jemals mit einer Peitsche regieren zu wollen fiel mir nicht ein! Hier dieser Alte braucht nicht einmal eine Peitsche zu schwingen, und du springst! Du parierst auf sein Augenzwinkern! Dabei bist du ein Kerl, der gut und gern seine acht, neun Kopflängen hat.

KASPAR

Glaub meinethalb, daß ich ein Milchpfropflutscher bin
und erst noch gehen lernen muß am Windelband!
Mich kümmert's wenig, und ich tue, was ich will.

*Er geht mit trotzigen Bewegungen auf den Wagen zu und
blickt durch die Öffnung der Plane, die Hände auf den Rücken
gelegt. Während er so unverändert steht, geht das Gespräch
zwischen Amerigo und Wann weiter.*

AMERIGO
zieht seine Schnupftabakdose und tritt mit ironischer Höflichkeit auf Wann zu
Ein Prischen, Meister?
Wann starrt unverwandt auf Kaspar.
       Meister, wenn's gefällig ist?

WANN
wie vorher
Mit was für Brocken kitzelst du die Nase ihm,
daß Hand aus Hand sich zitternd ihm im Rücken löst?

AMERIGO
O Zoroaster, hier! Vergiß das Prischen nicht!

WANN
Du spottest mein, und deines Fangs scheinst du gewiß.
Nun, deine Angel kenn' ich, deinen Köder auch.
Ich weiß wohl, daß ein Lumpensammler Zulauf hat.

AMERIGO
Daß du den Köder wirklich kennst, bezweifle ich.

WANN
Ich kenn' ihn! — Kaspar!

AMERIGO
     Wetten wir? Er hört dich nicht!

WANN
Kaspar!

AMERIGO
  Er hört dich, wenn er blind wie Michel ist!
Bis dahin sitzt der Haken fest im Kiemen ihm:
du hörst ja, wie er röchelt, wie's den Schlund ihm würgt.

WANN
Du irrst! So leichten Kaufs wird dir die Ware nicht.

Mit einem Stücklein Weiberfleisch — ich kenne dich! —
meinst du den Lachs aus jeder Tiefe dir zu ziehn,
den Königsadler aus der Höhe und
den scheuen Troglodyten an das Tageslicht.
Mag sein, wo nicht ein andrer Vogelsteller dir
die Jagd verdirbt, die fette Beute streitig macht,
ein beßrer Fischer dir den Fang vom Hamen nimmt
und ihn hinauswirft in ein sichres Element,
wo ihr, du und dein Fangzeug, niemals hingelangt!

AMERIGO

Versuch's!

WANN

Ich will's versuchen! — So beginn' ich's denn!
*Er schreitet auf Kaspar zu, faßt ihn sanft an den Schläfen
und dreht ihn langsam, aber unwiderstehlich herum. Das Gesicht des Jünglings ist blaß und verzerrt. Er atmet schwer, hat
die Zähne aufeinandergebissen, die Augen geschlossen.*
Kaspar, erwache! Ihn, der dich ergriffen hat,
den Dämon kenn' ich. Einem heißen Sturme gleich,
erwacht er plötzlich, der so lange schlummernd lag,
und braust, versengend alles, durch das Paradies
der Kindheitsjahre hin. Doch aus der Asche steigt
der Vogel Phönix, steigt das neue Paradies,
und aus dem finstren Dämon wird ein lichter Gott,
sofern du gutem Rat und treuer Führung dich
ergibst und nicht den bösen Gaukeleien folgst
goldgieriger Werber, Händler, Kuppler dieser Welt.
Komm mit mir!

KASPAR

Ach, ich bin verwundet, Meister Wann!

WANN

Vergiß, was du gesehn, streif es von deiner Stirn
wie Spinnweb! Eitel Blendwerk hat er dir gezeigt.
Du meinst, es war ein üppiges Kind, ein Weib,
süßatmend, nur im Mantel ihres dunklen Haars,
die ihren Traumblick feucht und weh und sehnsuchtsvoll
auf dich gerichtet hielt, die, scheu und bittend, dich,
furchtsam, verheißend, fremde Wonnen ahnen ließ.
Du irrst! Du sahst, was in dir ist, sonst sahst du nichts!
Nur eigne Schönheit blühte dir im Innern auf.

KASPAR

Ich blute! Laß mich! Ich verblute, Vater Wann,
wenn du den Pfeil mir aus der Wunde reißest, der mich traf.

WANN

Ich bin ein Arzt, der selber litt und selber sich
die Wunde heilte, die in seiner Seite brennt.
Nun komm und nimm den Balsam, den ich mischen kann!

KASPAR

Nein, keinen Balsam! Raube mir die Martern nicht!
Sie sind mir Balsam, sind mir einzig Lebensluft,
solang' ich ihr Befreiung und Erlösung nicht
von ihres Daseins Kerkerqualen bringen kann.

WANN

Von ihres Daseins Kerkerqualen?

KASPAR

Sahst du sie
nicht liegen?

WANN

Nein.

KASPAR

Nicht starren, überschwemmten Blicks
nach oben schaun, indes die Brust sich ächzend hob
und Gram, unendlich, bebend ihr vom Herzen schwoll?
Ich töt' ihn!

WANN

Wen?

KASPAR

Ich brech' ihm das Genick! Er muß
mir sterben zwischen meinen Fingern!

AMERIGO

Kommst du mit?

WANN

Still!
Zu Amerigo
Nein! — Du aber, Gaukler, rette dich!
Er führt den widerstrebenden, fast bewußtlosen Kaspar ins Innere des Hauses.

ZWEITER AKT

Im Innern von Wanns Baude. Ein niedriges, großes, freundliches Zimmer. Blockhauscharakter. Drei kleine Fenster an der Wand links sind geöffnet, darunterhin läuft eine befestigte Bank. Die Dämmerung, die gegen Ende des vorhergehenden Aktes eingetreten war, hat zugenommen. Der Schein des aufgehenden Vollmonds verhindert den Eintritt völliger Dunkelheit im weiteren. — Die Rückwand des Zimmers enthält eine kleine Tür in den Hausflur. Buntbemalte Bauernschränke bilden links einen wohnlichen Winkel. Sauber geordnetes Küchengerät und bunte Teller schmücken die obere Hälfte des einen Schrankes. Rechts von der Tür steht der große braune Kachelofen mit Ofenbank. Die Bank berührt die Wand rechts und setzt sich fort. In dem so gebildeten Winkel steht ein massiver Bauerntisch, buntbemalte Holzstühle umgeben ihn. Von der Decke herab hängt eine Lampe darüber. Eine große Schwarzwälder Uhr tickt neben der Tür. — Vorn an der linken Seite des Raumes befindet sich ein zweiter Tisch mit Lesepult, einem großen und mancherlei kleinen Büchern sowie seltsamen Gegenständen aller Art: Schusterkugeln, mit Wasser gefüllt, Kolben, Glasröhren, Reagenzgläschen. Hämmer zu geologischen Zwecken hängen an der Wand, Schiffsmodelle an der Decke. Der Fußboden ist mit orientalischen Teppichen belegt. — Rechts vorn ist eine zweite Tür. — An den Fenstern stehen blühende Blumen in Töpfen, ein Gefäß mit bunten südlichen Anemonen schmückt den Arbeitstisch.

Der alte Wann führt Kaspar vom Flur herein. Unmittelbar nach dem Ereignis vor der Haustür. Man hört noch das wilde Lachen Amerigos. — Kaspar macht den Eindruck eines Verwundeten. Sein Antlitz ist bleich, seine Mienen sind verzerrt, seine blutlosen Lippen zittern. Wann führt ihn sorgfältig bis zur Ofenbank und nimmt dort mit ihm Platz. Der linke Arm des alten Mannes ist um die Schulter des Jünglings gelegt, dessen Augen starr gegen die offenen Fenster gerichtet sind.

KASPAR

Er lacht noch immer!

WANN

Komm, vergiß, was draußen ist.

KASPAR

Hörst du ihn lachen, Vater Wann?

WANN

Gewiß, mein Kind.

KASPAR

Nun, und?

WANN

Ich weiß wohl, daß sein Lachen gräßlich ist
und Gott beleidigt! Gott und jeder Harmonie
der reinen Sphäre hohnspricht, die uns hier umgibt.
Doch sieh: im Glanz der Nacht ist es verhallt und ist
nicht mehr.

KASPAR

Doch wird es wiederkommen, Vater Wann!

WANN

Er flucht umsonst! Umsonst schallt seine Lästerung.
Denn aus der Ohnmacht, nicht aus Macht schreit sie empor.
Da hast du Wachs; leg Wachs in deine Ohren, Kind,
bis du gefeit und kugelfest geworden bist
wie ich vor diesem Lachen und in Drachengift
gebadet wie dein alter Pflegevater Wann.
Man hört das Lachen Amerigos wiederum.

KASPAR

Laß mich! Sein Lachen würg' ich in der Gurgel ihm!

WANN

Es hat ihn längst erwürgt! Was willst du noch an ihm
erdrosseln, dessen Seele längst erdrosselt ist.
Vergiß! Es war ein Bild, ein leeres Wahngesicht,
und neue, reinere Wahngebilde zeig' ich dir
mit jedem neuen Morgen und soviel du willst.
Von nun an soll das große Tor der Träume dir
in eine Welt der Wunder weit geöffnet sein.

KASPAR

Und find' ich sie dort wieder in der Wunderwelt?

WANN

Wen?

KASPAR

Die der Peitschenschwinger jetzt gefangenhält,
die Schwarzgelockte?

WANN

Ja.

KASPAR

Und ist sie dann befreit
von jenen Stricken, die mit blauen Striemen ihr
ins Fleisch einschneiden?

WANN

Stricke schneiden ihr ins Fleisch,
sagst du? Sie ist gefesselt?

KASPAR

Hilflos, einem Lamme gleich,
das, Gott mit stummen Blicken suchend, ausgestreckt
im blut'gen Karren eines rohen Schlächters liegt!

WANN

Du irrst! Wer sie auch sein mag, die er mit sich schleppt
in seiner Gaukelfuhre, eines glaub' ich nicht:
daß ihre Ketten, ihre Fesseln sichtbar sind.
Komm, Kaspar, lege zwischen dich und diese Not
den tiefen Jugendschlummer einer langen Nacht,
und heil und heiter wird dein Herz wie früher sein.

AMERIGO

tritt lachend vom Flur aus herein; jovial

Nun, alter Freund und Studienkamerad von ehemals, wollte sagen: von Olims Zeiten her, was beim lebendigen Gotte veranlaßt dich denn, so verdrießlich dreinzuschauen? Ich komme ja nur, um mich zu verabschieden! — Nämlich, mein Freund, so schlimm, wie du nach deinen Blicken zu glauben scheinst, bin ich lange nicht. Ich wollte mir nur einen Spaß erlauben. — Behalte um Gottes willen dein Zuckersöhnchen, ich brauche es nicht! Meine Gesellschaft ist nämlich noch immer sehr zahlreich, hat immer noch die ersten Spezialitäten der Welt, ist immer noch durchaus aus Elitekünstlern zusammengesetzt. Auch kann ich dir die Versicherung geben, daß der Name Barnum noch immer, und zwar in allen fünf Erdteilen, den alten, ungeschmälerten Ruf besitzt. — Ich habe es übrigens so eingerichtet, daß alle diejenigen, die bei mir und in dieser

Welt endgültig abtreten, sofort in eine andere Gesellschaft eintreten können, die von mir auf dem Planeten Venus bereits im voraus gebildet ist.

WANN

Deshalb sieht man sie auch jetzt stärker leuchten.

AMERIGO

Jawohl, die Venus leuchtet jetzt stärker als je am Himmelszelt.

WANN

Sie hat sich aber, wie's scheint, erkältet und vom vielen Leuchten den Schnupfen bekommen.

AMERIGO

Dem sei, wie ihm wolle: du siehst jedenfalls, daß ich um neue Mitglieder nicht verlegen bin. Meine Gesellschaft hat ganz einfach den bequemeren Weg per Bahn über Goldberg, Grunau nach Böhmen genommen. — Lebe wohl, mein Freund! Es war ein ergreifendes Wiedersehen.

WANN

Wer ist das Mädchen, das du draußen im Wagen hast?

AMERIGO

Du weißt ja: diese Luderchen hängen mir immer noch, soviel ich mir auch die Stiefel putze, wenn ich nur einige Schritte gemacht habe, mandelweise wie Lehm an den Fußsohlen. Des Weibes Lebensnerv ist die Eitelkeit. Keine will abtreten, jede will auftreten. Richte nur mal irgendwo aus zwei alten Kistendeckeln eine Art Bühne auf, und du wirst bald, nicht anders wie ich, ein Lied singen können davon. Ich schwöre dir, daß du Nachtigallen, Zeisige, Gimpel, Enten, Gänse und Schwäne fängst wie ein Leuchtturmwärter. Futter brauchst du deswegen nicht einmal erst auf die Bühne zu streuen. — Nichts für ungut! Lebe wohl, mein Freund! — Und Ihr, junger Mann, junges Enakskind, Ihr werdet Eurem alten Pflegepapa, ich hoffe zu Gott, eine brave, zuverlässige Stütze des Alters sein! *Er scheint plötzlich von Rührung übermannt, wendet sich ab und wischt sich die Augen.*

WANN

Es sind immerhin Tränen, die du vergießest, Signor Amerigo! — Laß uns allein, Kaspar! *Kaspar entfernt sich durch die Tür vorn rechts.*

Lebe wohl, Signor Amerigo! Wir gingen einst Seite an Seite, und zwar eine ziemlich lange Strecke den gleichen Weg: bis Mahomed zum Betrüger wurde. — Damals habe ich mich von dir abgewandt. Du glaubtest damals nicht mehr an mich, aber gerade deshalb wolltest du alle Welt an mich glauben machen.

AMERIGO
weinerlich

Mein Junge, du hast mich damals verflucht in die Patsche gebracht. Als du mich verließest, das war der Augenblick, wo sich in mir der Honig der Menschenliebe in die Galle des Hasses und der Menschenverachtung verwandelte. Ich habe eine gelehrte Erziehung gehabt. Ich habe als junger Student gläubig zu den Füßen meines Lehrers gesessen. Der Lehrer warst du. Du warst damals Dozent der Philosophie an ... ja, wo? ... sagen wir: an der Tierarzneischule. — Mein Freund, damals hast du meinen Glauben an alle philosophischen Pferde, Ochsen, Hunde, Katzen und Schafe gründlich zerstört, aber mein Glaube an dich wuchs um so mehr. — Erinnere dich, alter Junge, was hab' ich für dich im Handumdrehen für ein riesiges Kapital gesammelt! Und dann hab' ich dir draußen am Müggelsee, nach deinen schriftlich niedergelegten Ideen, Tempel, Palästra, Theater, Stadion, Bäder und Gärten mit Wandelgängen für die peripatetische Lehrmethode etc. gebaut. — Ich war ein Esel! Ich war ein Narr! Was machte ich nun mit meinen Geldgebern? Das Ding blieb leer, denn du, mein Herr Spiritus rector von damals, ließest Schüler und Gründung gründlich im Stich! — Du warst damals sehr für das Nackte gewesen: ich dachte bei mir, ich finge am besten die Sache aus eigenen Kräften trotzdem an. Nun also: wir hatten kaum etwas in griechischer Weise mittelst nackter Männchen und Weibchen reformiert, wir waren kaum ein bißchen paradiesisch auf grünen Wiesen herumgehüpft, wir waren kaum in die Badeanstalt der Verjüngung in splitterfasernackter Unschuld hineingestiegen, — da kam uns die Polizei auf den Hals. — Junge, was habe ich damals in alle Welt für verzweifelte Telegramme und Briefe geschrieben! Kein Mensch wußte deinen Aufenthalt.

WANN
Du dachtest, ich sei Alexander, der Lügenprophet: darin täuschtest du dich nun eben ganz einfach.

AMERIGO

Soviel steht fest: in dir täuschte ich mich! — Ich hatte hundert Prozent Zinsen versprochen, und meine Aktionäre behielten jeder gerade zur Not so viel Papier, als zu einem Fidibus hinreichend ist, in der Hand. — Junge, hätten wir damals an dir den moralischen Rückhalt gehabt, wir hätten ja Gold über Gold gescheffelt und geradezu ein phänomenales Geschäft gemacht!

WANN

Höre, wir wollen alles dieses beiseite tun. Ich war nicht der, für den du mich damals hieltest, und du warst nicht der, für den ich dich hielt. Das andere geht nicht die gleiche Straße. Geh die deine und laß mir den Knaben, den ich erzog!

AMERIGO

Ich gehe! Ich bin im Begriff davonzugehen. Meine Gesellschaft erwartet mich. Aber ich möchte dich bitten, wenn auch nur vorübergehend, ein bißchen sozusagen vernünftig zu sein. — An deinem Galahad liegt mir nichts. Ich bitte dich nur noch darum, mir eine mich geradezu marternde Frage freundlichst zu beantworten, nämlich: warum ein Mann wie du hier oben sitzt und Grillen fängt, während die Welt dort unten sich mit einer Anzahl weit minderwertigerer Köpfe behelfen muß.

WANN

Wollte ich dir diese Frage beantworten, so würde das der Anfang einer stundenlangen und für dich hoffnungslosen Belehrung sein.

AMERIGO

Ich habe Zeit. Ich bin der empfänglichste aller Menschen. Belehre mich!

WANN

Es ist zu spät: die Welt und du, ihr werdet den falschen Weg, den ihr gegangen seid, niemals zurückfinden!

AMERIGO

Erlaube: du bist ganz einfach der krasseste Egoist! Ich habe es dir bereits gesagt, woran die Welt Not leidet, wonach sie auf ganz verzweifelte Art und Weise hungrig ist. Nach himmlischem Manna! nach etwas wie eine Art Himmelsspeise! Es ist nicht wahr, daß man heute für gewisse verstiegene Intelligenzen kein Verständnis hat. Du bist einfach ein Hamster!

Du machst dich eben, indes die andern die peinlichsten Appetite niederkämpfen, für dich allein in der Stille satt.

WANN
Wie lange habe ich nicht gestritten, mein mißverständlicher Kamerad von ehemals!

AMERIGO
Ich aber rufe dir mit Emphase zu: Ich streite täglich! ich streite stündlich, weil Kampf die Mutter der Dinge ist! Und Gott sei Dank ist die Welt des Geistes in unserer frischfröhlichen Zeit von mutigem Kampfgetöse erfüllt! Mensch, wenn du mit deinen Gaben, mit deinem Hochmut, mit deinem Talent, deinem »Je ne sais quoi« plötzlich unter die Kämpfer trätest, meinethalben mit einem hocherhobenen Gralsgefäß in der Hand, was könntest du bloß für einen Effekt machen!

WANN
Ich sage dir, daß du nicht einmal ein guter Geschäftsmann bist. Höre! ich will dir ein Sprüchelchen sagen:

> Der Gelähmte ergeht es,
> der Blinde sieht's,
> der Stumme spricht es aus,
> der Taube kann es hören.

Glaubst du, daß eine solche Botschaft für irgendeine Marktbude angängig ist? Und ich hätte nur ähnliche Botschaften.

AMERIGO
Warum denn nicht? Glaubst du denn, daß der helle Unsinn, von einem bedeutenden Kopfe ausgesprochen, nicht tausendmal wirksamer als die richtige, klare Ansicht eines Herrn Müller oder Schulze ist?

WANN
Mag sein. Und doch irrst du, was mich betrifft! Du hast eine große Enttäuschung erlebt an mir. Ginge ich mit dir, die zweite würde noch größer sein. — Nimm an, ich erhöbe meine Stimme inmitten der Menge: niemand wird dasein, der sie hört! — Nimm an, ich trüge ein Gralsgefäß, sie zu speisen, über dem Gewimmel der Köpfe dahin: ungesehen, ungehört würde ich in dem Völkergewoge untergehen. ⟨Ich bin allein, und ich bleibe allein. Mitten im Völkergewoge der Städte würde ich allen fern, kalt und ein Fremder sein, sofern sie mich etwa doch wahrnehmen sollten.⟩

AMERIGO

Mein alter Junge, du scheinst noch immer nicht recht zu wissen, was ein Plakat, eine Litfaßsäule und eine Annonce ist! von alledem zu schweigen, was ein Meister im Fach der Reklame sonst noch in petto hat. Man wirft so lange die Wurst nach der Speckseite, als überhaupt noch eine Wurst und eine Speckseite im Lager von irgendeinem Schlächter hängt. — Tu mir doch bloß den Gefallen, mein Kind, und unterbrich, mir zuliebe, deine Geheimnistuerei einen Augenblick! Lüfte mir, eh ich geh', wenigstens einen kleinen Vorhangzipfel deiner geheimnisvollen Wissenschaft, von der man weiß Gott trotz deiner Zurückgezogenheit überall munkeln hört. Du glaubst wohl, daß du vergessen bist? O nein, mein Sohn, du bist nicht vergessen! Du kannst mir glauben, sie recken sich, seitdem du neulich die Kanonisierung durch Leo XIII. abgewiesen hast, nach deinem Buen Retiro die Hälse aus.

WANN

So gehe hinab, du alter Quälgeist, und bringe den Leuten einmal versuchsweise diese Botschaft von mir! Und dann, meinethalben, komm wieder und berichte mir, was geschehen ist!

[FRÜHERE FASSUNG]

[Vermutlich 1908.]

ERSTER AKT

Vor der Hütte des alten Wann.
Ende Mai.

[ERSTE SZENE]

Kaspar, Wann.

KASPAR
Ich möchte etwas fragen.

WANN
Frage!

KASPAR
Dieses Mädchen, jener Knabe sagen zu einem Mann Vater, zu einer Frau Mutter! Warum habe ich nie zu dir Vater gesagt und nie zu einem Weibe Mutter?

WANN
Sage Vater zu mir!

KASPAR
Aber die andern, Männer und Frauen, die zu dir kommen sagen auch Vater. Bist du unser Vater?

WANN
Gott ist dein Vater. Deine Mutter ist die Natur.

KASPAR
Darf ich noch eine Frage an dich stellen?

WANN
Frage!

KASPAR
Wo und wie bin ich auf die Welt gekommen?

WANN
Deine Frage zu beantworten ist nicht leicht.

KASPAR
Wie bin ich entstanden?

WANN
Ich weiß es nicht.

([Notiz] Kaspar erzählt die Rovieser Ziegengeburtsgeschichte.)

WANN
Ja, so kommen Ziegen zur Welt.

KASPAR
Und Menschen?

WANN
Das Weib bringt Kinder zur Welt.

KASPAR
Wie?

WANN
Mit Schmerzen.

KASPAR
Warum?

WANN
Ich habe unzählige Male selbst, ohne eine gewisse Antwort zu erhalten, danach gefragt.

KASPAR
Auch mich hat also eine Mutter mit Schmerzen zur Welt gebracht?

WANN
Höre, ich will dir etwas erzählen: (Erzählung von Hellriegel, Pippa, Huhn, Totentanz.) Ich begrub Pippa. Es vergingen neun Monate. Ende November der Gespensterbesuch. Sie gebar aus dem Grabe der Liebe.

KASPAR
Und mein Vater?

([Notiz] Wann schildert ihm ein Hünengrab.)

KASPAR
küßt Wann
Ich werde nie von dir gehen! *Küßt die Erde* Ich werde nie von dir gehen!

ZWEITE SZENE

WANN
Sieh, was dort kommt!
Die rasende Zigeunerin erscheint (Kundri).

([Notiz] Kundri: Bettelei. Wahrsagen.)

Sage mir wahr!
Kundris Orakel aus der Hand.
Sage diesem Knaben wahr!

KUNDRI
Es war ein Gott, der bewohnte ein irdisches Haus. Aus dem Haupte des Gottes sprang ein Riese. Es entsprang ein Mädchen aus dem Haupte des Gottes. Ein Riese hat ihn gezeugt. Eine Tote hat ihn geboren. Er wird leben, lieben und leiden wie wir.
Der Wagen kommt.

WANN
Was wollt ihr hier? Wir brauchen keine Seiltänzer und Gaukler. Fort!

([Notizen] Kundri wie vorher mit wilder Zudringlichkeit bettelnd.
Pferd lahm etc.; ein Wickelkind etc.
Kaspar weit aufgerissene Augen.
Der Thespis macht sich an ihn, wirbt um ihn.
Wann dagegen.)

THESPIS
zeigt ihm die Puppen
Mit diesen Puppen kannst du immer spielen.

WANN
Solche Puppen habe ich in Menge.

([Notiz] Er schickt Jonathan.
Die Puppenreminiszenz.
Thespis holt bessere Puppen.)

WANN
Nun will ich dir aber zeigen, was auf dem Grunde seines

Kastens grinst. *Er holt aus dem Puppenkasten des Thespis einen Totenschädel.*

THESPIS
rast

Du weißt nicht, wer mir diesen Schädel geschenkt hat. Er ist aus einem heiligen Grabe. Es ist ein Zauber in ihm, er klingt.

WANN

Aber bei dir nicht. Bring ihn zum Klingen!
Thespis versucht es vergeblich. Wann macht, daß der Schädel klingt und Kaspar die Harmonie der Sphären hört. Thespis rast.
Und nun will ich dir, mit Hilfe dieses Gefäßes, Gott, Welt, deine Mutter und deinen Vater zeigen etc. etc.

THESPIS

Von mir aber sollst du mehr sehen.

DRITTE SZENE

Ein schönes Mädchen tritt, kaum bekleidet, aus dem Wagen. Kaspar erbleicht. Wann erbleicht. Kaspar verzückt.

THESPIS

So, und nun adieu, Meister Wann! *Er läßt das Weib zurücktreten, spannt das Ziehseil fest und fährt lachend fort.*

VIERTE SZENE

Wann und Kaspar allein.

WANN

Komm hinein! — Doch halt! Ich weiß, was in dir vorgeht.

KASPAR

Ich werde dich nie verlassen! werde nie so undankbar sein. Werde dir nie Sorge und Qual bereiten. Lieber sterben als von dir gehn.

WANN

Mein Sohn, hier ist ein Beutel mit Gold zur Wegzehrung — wo blickst du hin?

KASPAR
der dem Wagen nachblickt

Ich — auf nichts!

WANN

Und hier ist eine Locke, von deiner Mutter Haar. Finde ich die Locke und das Gold nicht, so weiß ich, daß du nicht wiederkehrst. Finde ich das Gold, so weiß ich, daß [du] ans Grab deiner Mutter opfern gegangen bist.

KASPAR

Ich gehe nie von dir.

WANN

Wenn du gehst, so wisse, du bist Galahad. Galahad, nicht Kaspar ist dein Name.

[NOTIZEN]

Der Riese in Galahad, das Tier, die Kraft etc.
Man hört die Okarina. Wann geht hinein.

Galahads Kampf. Weinen. Die Okarina. Das Lachen des Weibes, er stürzt fort.

FÜNFTE SZENE

Wann: »Jonathan! Schnüre mein Bündel, schließe die Läden, wir wollen reisen und wandern.«

ZWEITER AKT

Der Marktplatz.
Der Gauklerwagen.
Das Zelt.
Das Seil.
Die Liebe.
Die Eitelkeit.

[ERSTE SZENE]

Galahad ist über das Turmseil gegangen. Brausende Begeisterung der Menge. Galahad kommt.

Thespis: »Heil dir! Du bist zum Herrn der Kunst aller Künste geworden. Das Höchste zu erreichen war so dir beschieden. Du sollst alles zur Hälfte haben, alles Gold, was wir einnehmen. Du sollst mehr als die Hälfte für dich haben, wie du's verdienst.«

Galahad geringschätzig. Er nimmt seinen Sohn auf die Knie.

Thespis, kupplerisch: »Die Bürgermeisterstochter wünscht dich zu sprechen. Der Fürst hat seinen Sekretär gesendet. Die Fürstin wünscht dich zu sehen.«

ZWEITE SZENE

Die junge Tänzerin kommt herein, Zigeunerin. Bauchtanz. Galahad stellt das Kind weg. Schäkert mit ihr. Man sieht, daß sie ihn festhält, quält, ihm untreu ist.

DRITTE SZENE

Seine kranke, verwelkte Frau, die ihn grenzenlos liebt, macht ihm Vorstellungen.
Er will sich nicht halten lassen, die dargebotnen Werte auskosten.
Er bleibt.

VIERTE SZENE

Nacht. Mondschein.
Wann fremdartig, krank.
Das Gespräch.
Ich wache ruhelos.
Ich bleibe unruhig.
Wann: »Versucht mich zu heilen!«
Galahad hegt grenzenloses Mitleid. Sein Handauflegen ist fruchtlos.

[ANDERE FRÜHERE FASSUNG]

DIE GAUKELFUHRE

23. Juli 1908

ERSTER AKT

Vor dem Häuschen des alten Wann auf dem Kamm des Gebirges. Es ist an dem späten Vormittag eines wolkenlosen Tages zu Ende des Monats Mai. Der alte Wann sitzt auf seiner Bank vor der Haustür, hinter einem roh gezimmerten Tisch und belehrt einen vierzehnjährigen Bauernburschen Kaspar, der, eng und vertraulich an ihn gedrängt, barfuß und barhäuptig neben ihm sitzt. Der knabenhafte Jüngling ist von großer Schönheit, ebenso der bartlose alte Wann, der noch das gleiche Aussehen hat wie damals, als Pippa mit allem, was ihr nachfolgte, zu ihm kam.

WANN
Zu viel. Du fragst zu viel! Du bist auch darin noch
ein Kind. Die Frage ist des Geistes Hunger, und
du möchtest eben, einem Kinde darin gleich,
verschlucken alles, was der Bäcker backen kann.
Das aber ist zuviel. Es trägt der Augenblick
zwar viele Fragen: doch nur eine Antwort ist
ihm oft zu schwer. Und Kinder überladen sich
in wahrer Hamstergier den Magen allzu leicht.
Gott schicke dir den guten Kameraden, wenn
nicht gleich den Freund: gleichaltrig, arm wie du und auch
so hungrig. Teller malt ihr dann auf eurem Tisch
mit Kreide und Lampreten — Prost die Mahlzeit! — euch
hinein.
  Man hört die Stimme des Kuckucks aus den tiefer gelegenen Wäldern heraufdringen.
Da! diesen frage! frag den Kuckuck! Er
gibt lust'ge Antwort, wie sie Kindern ansteht, und
bei ihm, dem ersten Rufer dieses Erdenjahrs,
steht, Kaspar, einen Wunsch zu wünschen außerdem
dir frei.

KASPAR
Ich möchte fliegen können!

WANN

Still! Zu spät!
Du hättest deinen Wunsch verschließen müssen, Kind,
in dem geheimsten Fache deiner jungen Brust.
Nun ist der Augenblick verscherzt, und in Geduld
mußt du des künft'gen Frühlings warten, wie bisher
die Füße festgebunden an den Erdenleib.
Wer schweigend wünschen kann allein, der andre nicht,
erhält vom Meister Kuckuck seinen Wunsch erfüllt.
Doch da wir, Kaspar, einmal nun beim Wünschen sind
und ich, der alte Griesgram Wann, kein Kuckuck bin:
wie wär's — weil ja, ungleich dem Wünschenden,
die Wünsche immer Flügel haben —, wenn du das
Verlies, in dem sie nisten, öffnetest und sie
wie jene Motten, jene Millionen dort,
aufflattern ließest, die mit einem Schlag das Licht
und lauer Regen von den Toten auferweckt.
Du schweigst. — Nun denn: du möchtest fliegen können: gut!
Gilt dieser Wunsch uns allen oder dir allein? —
Nur dir allein! — Du möchtest über uns empor
dich heben und von oben auf uns niederschaun.
Am Ende willst du uns verlassen, willst hinab
zur Tiefe streichen, gleich der Schwalbe, die sich selten nur
herauf zu uns verirrt.

KASPAR

Ich will nicht fort von dir!

WANN

Wenn du nicht fort willst und nach Flügeln Sehnsucht hast
trotzdem, so muß das stark sein, was dich halten kann.
Zu stark vielleicht, denn, sei es unbeflügelt auch,
mußt du dereinst von hinnen und die Niederung
allein mit tapferem Schritt durchwandern.

KASPAR

Ich allein?

WANN

Ich sorge, daß du, auch allein, Gesellschaft hast.
Auch ich war lange Zeit ein Wandrer, liebes Kind!
Und was nun zu mir kommt, fast ungerufen kommt
in jede Stille meines Feiertags herauf,
zu dem ging ich, lag wochen-, monde-, jahrelang

in qualvoll ruheloser Jagd auf seiner Spur.
Ich bin ein Wale, wie mit Recht mich mancher nennt:
von einem Volke stammend — unweit Kolchis saß es einst,
goldreichen Ödeneien nahe, wie ich hier —,
dem Volk der Walen! Längst verschollen ist es, dies
unbänd'ge Volk! Im gordyäischen Gebirg
grub es das Gold. Von wütend heißer Gier gepeitscht,
durchforschten Männer meines Bluts den Kaukasus,
mit wilden Tieren kämpfend, oft zu dreien nur,
zu zweien manchmal und am Ende oft allein,
wenn um des reichen Fundes willen — ach, wie oft! —
der Bruder seinen Bruder meuchlings niederschlug.
Verwegen, wild und abenteuerlustig war
und ausgehöhlt von einer Sucht nach Glanz und Gold
und hart und zur Gewalttat stets geneigt mein Volk,
zerquält von des Begehrens nie gestillter Wut.
Doch zu der Schar der Almagrurim zähl' ich sie,
das heißt, zu Tropfen jenes ungeheuren Meers
von Männern, denen endlich jede Hoffnung trog,
es ist ein ewig weinend blut'ges Meer des Wehs.
Er weist in die Tiefe
Dort unten ist es! dort am Fuße des Gebirgs
kannst du das Meer der Almagrurim branden sehn.
Er steht auf
Für heut genug. Geh nun hinein und stärke dich
mit frischer Milch, die Jonathan dir reichen wird,
und dann geh, schenke dich dem reinen Maientag,
pflück Bergesanemonen, Kaspar, tummle dich,
vergiß, was du gelernt und was vergessen hast,
und ruhe! ob du wanderst, ob im Grase liegst.
Sei ziellos!

KASPAR

Darf ich Wanna mit mir nehmen?

WANN

Nein!
Was Wanna ist, zerstört, was du bist. Geh allein!
Kaspar küßt Wann die Hand und geht ins Haus.
Er lehrt mich mehr, als ich den Knaben lehren kann:
wie denn der Meister stets der beste Schüler ist.
Und ist er's nicht, so wird er auch nicht Meister sein. —
Sie lärmen in den Bergen! Fette Männchen und

nicht wenig magre alte Weibchen haben sich
die goldnen Pfingsten aus dem Staub herausgemacht.
Ich gönn' es ihnen, gönn' es ihnen, ob sie gleich
wahrhaftig nicht liebreizend sind und wenn sie auch
mit bösem Johlen, falschem Älplerjodeln mir
die reine Stille dieser Berge schänden. Oh,
wie diese sauren alten Jungfern häßlich sind,
die, zwei zu zweien, von dem letzten Kaffeeklatsch
gewaltig schreitend, unermüdlich plappern, und
mit Stimmen, ach! wie Wäscheklammern hölzernen!
Und doch — ihr rührt mich: Unweib du! du Unmann auch,
der seehundsfett, asthmatisch seines Weges klimmt
und gräßlich tropfend, schwitzend platte Witze reißt;
Bierbäuche, fette, Wurstpapiere streuende
Fresser, die Hühnereierschalen hinter sich
als Rester lassen manches Kannibalenmahls!
Nicht nur, daß ihr mich rührt, ihr dauert schmerzlich mich.
Was ist mit euch geschehen, welcher Dämon hat
des Glücks der Götter euch beraubt und hält dafür
mit tausend armen Teufeln euch besessen, die
euch Glied für Glied verkrümmen, euch aufschwemmen, je
nachdem, ausdörren auch an Leib und Geist zugleich
und euer Herz verschrumpfen? Weshalb schreitet ihr
jetzt rülpsend zwischen dem Gewölk der Berge hin,
wo Götter blitzen, da euch jedes Rattenloch
wahrhaftig doch vertrauter und bequemer ist,
ihr Schiffsraumnager! Speisekellerschwelger ihr!
⟨*Man hört die heftigen Stimmen von Streitenden.*⟩
Und wären sie noch friedlich! Doch schon wieder hat
es, scheint mir, Zwietracht, Zank und Schläge abgesetzt.
⟨*Ein langer, hohlwangiger, bärtiger Mensch, dem das schwarze
Haar wirr in die Stirn hängt, wird von einem Förster, drei
Waldarbeitern und einer älteren Touristin im Lodenanzug
herbeigeführt. Er trägt schwarze Hosen, einen abgeschabten
schwarzen Gehrock, seine Weste ist aufgerissen, Kragen und
Schlips hängen herum, besudelt, als hätte er einen Sturz getan;
kalkbleich im Gesicht, macht er den Eindruck eines
Irrsinnigen. Der Förster trägt einen Revolver, den er dem
Manne abgenommen hat, ein Waldarbeiter dessen vorsintflutlichen
Zylinder und Regenschirm.*⟩

ERSTER WALDARBEITER
Mir missa da Moann uff ane Weile hie underbringa!

ZWEITER WALDARBEITER
Hal feste, Anton! Doaß a uns nich zusammabricht!

DIE TOURISTIN
kreischend
Der Mensch hat gestern und heut auf dem Wege nach der Schneegrubenbaude bereits alle Touristen inkommodiert. Besonders läuft er wie ein Verrückter den Mädchen nach. Es ist ja ein Unfug sondergleichen!

DER FÖRSTER
zu Wann
Ich traf ihn nämlich beim Revolverschießen im Walde an. Die Waffe hab' ich ihm abgenommen.

ERSTER WALDARBEITER
Herr Ferschter! a wulde sich salber d'rschissa, weiter war das nischt. Ich bin ebens grade d'rzune gekumma. Und da ich'n 's Ding aus d'r Hand schlug, da d'rmitte ging's erscht lus.

DRITTER WALDARBEITER
Festhaln! A springt in a Abgrund nunder!

WANN
ruft ins Haus
Jonathan, komm und hilf! Ein Verunglückter! Komm heraus!

DIE TOURISTIN
kreischend
Der Mensch hat gestern und heut auf dem Wege nach der Schneegrubenbaude alle Touristen inkommodiert. Es ist ja ein Unfug sondergleichen!

WANN
indem er die Hand des Fremden fest ergreift
Ruhe! Wir müssen zuvörderst ruhig werden, mein Freund!
Der Fremde, der sich bisher gewehrt hat, wird augenblicklich still und starrt Wann sprachlos ins Antlitz.

ERSTER WALDARBEITER

Ich sagt's glei, mir gehn zum Kammbaudenmann: der fackelt ni lange, da wird a stille.

WANN
zum Fremden, sehr bestimmt und ruhig

Was meinen Sie, treten wir nun zu mir ins Haus?

DER FREMDE
irrsinnig

Taumele hin! taumele hin! taumele hin in deinem Wahn! — Wer sind Sie? — Taumele immer so vor dich hin! — Du wirst in Blumen springen, die Englein werden singen! — Jetzt schließt der Küster die Tür zu, das Abendläuten ist aus! Ade! Du helle Stätte der Gemeinheit, lebe wohl! — Taumele hin! taumele hin!... *Plötzlich in einen gewöhnlichen Ton umspringend* Wenn Sie meine Visitenkarte sehen wollen, ich bin niemand anders als der Diakonus Wunsiedel! Wunsiedel! Wunsiedel, Diakonus! Ich habe mich übel aufgeführt, die Welt ist schlecht, meine Mutter ist tot, das Brot ist teuer! Es ist keine Religion mehr in der Welt, sela! — Taumele hin! taumele hin! taumele hin in deinem Wahn!

DER FÖRSTER

Dasselbe hat er in einem fort vor sich hingeschwatzt.

DIAKONUS WUNSIEDEL

Oh, ich habe auch andere Noten in meinem Register! Pfui! aber es ist zu ekelhaft: die Glocken schreien schon ins Land, es stehen viele Hütten in Brand! Die Großen stehlen sich's! Die Kinder können nicht! Mulier taceat in ecclesia! Ich bin von der Kirche abgefallen.

ERSTER WALDARBEITER

Nee, nee, das is a honetter Mann! Vornächten sahg ich'n unden in Gierschdorf in d'r Pohlmihle sitzen; da bracht'n d'r Gastwirt de ganze Nacht nich raus. Da mag a sich haben a bissel an Krele uffgeladen. Viel weiter wird das nischt sein dahier.

DIAKONUS WUNSIEDEL

Das Heilige geht durch den Gottesmann! Wahrlich, ich sage euch dieses. Sela! Zeitungen, Bierplakate, Konsistorien,

Henker, Staatsanwälte, Disziplinarverfahren und Luftschiffe tun es nicht. Die Zeit, die eilt! Die Zeit, die eilt! Die große Sonne geht immer unter! Die große Sonne geht immer auf! Immer wieder für andere Menschen! Was lebt, das stirbt; was stirbt, das lebt! Laßt doch die Telegrafisten klappern: schneller! schneller! Die Schwindsucht galoppiert noch nicht schnell genug! Ringsherum um den Erdball: Guten Morgen, Herr Fischer! Melbourne, London: Guten Morgen, Herr Fischer! Mars und Venus: Guten Morgen, Herr Fischer! Neuigkeit! Kolossale, ganz kolossale Neuigkeit! Taumele hin in deinem Wahn! Ergebener Diener! Guten Morgen, Herr Fischer! Das ist keine große Neuigkeit!

ZWEITER WALDARBEITER
A scheint doch im Koppe ni mehr recht richtig zu sein!
Der taubstumme Jonathan und Kaspar treten aus dem Hause. Beide machen erstaunte Gesichter.

DIAKONUS WUNSIEDEL
Ich bin, wie gesagt, der Diakonus Wunsiedel, der die allervertracktesten Ansichten hat. Ich weiß nicht, ob Sie von mir gehört haben. Ich bin gegen die Todesstrafe, verstehen Sie mich, gegen das Prügeln, auch in der Schule! Ich bin gegen die Schuldirektoren und Schülerselbstmorde! Ich bin gegen die Theologie und Philologie, gegen die allgemeine Wehrpflicht, gegen die innere und äußere Mission, vor allem gegen mich selbst! Ich weiß, ich mache mich lächerlich! Die ganze Welt macht mich lächerlich! Jede Handlung, die ich begehe, macht mich lächerlich: ich habe nicht einmal die Fähigkeit, mich mit dem geladenen Revolver in der rechten Hand, zwei Zoll von dem obersten Rand meines rechten Eselsohrs, in den Kopf zu treffen! Mein Zylinder, mein Regenschirm, meine Oderkähne von Stiefeln, mein Hals, meine Beine, mein eingefallener Brustkasten, mein Hackenwärmer von Rock machen mich lächerlich! Erlauben Sie mir, wenn ich bitten darf, mich in Ihren Schweinestall zu verkriechen!
Er macht, unter dem Gelächter seiner Begleiter, entsprechende Versuche, bricht aber dabei in der Nähe der Bank ohnmächtig zusammen.

WANN
mit Zeichen zu Jonathan
Wir wollen ihn auf die Bank legen, Jonathan! *Es geschieht.*

Und du, Kaspar, zapfe Wein und bewirte die Gäste, die
Samariter! — Gut, daß sein Bewußtsein ihn verlassen hat. —
Schlaf. Dieser Gehetzte braucht Schlaf und Ruhe.

DER FÖRSTER

Ich muß aber den Revolver mitnehmen, Herr Wann.

WANN

Ihr sollt auch noch außerdem einen Schluck alten Ungarweines und eine gute Zigarre mitnehmen. — Ihr habt sicherlich Mühe mit ihm gehabt.

DIE TOURISTIN

Wenn es wirklich der Diakonus Wunsiedel sein sollte, dann wäre das ja derselbe Mensch, der bei seiner neulichen Probepredigt in der Stadtkirche zu Straupitz plötzlich irrsinnig geworden ist und die ganze Gemeinde, den Pastor primarius, den König und schließlich ganz direkt unsern lieben Herrgott selbst eins, zwei, drei mit den tollsten Worten beleidigt hat!

Kaspar bringt Gläser. Wanna, hübsch, ländlich gekleidet, sechzehnjährig, folgt ihm mit Wein in einem silbernen großen Krug.

WANN

Kommt, meine Kinder: kredenzt diesen braven Leuten Wein! Jonathan wird die Havannas herausbringen.

Förster und Waldarbeiter treten zusammen, übernehmen die Gläser von Kaspar, sie hernach Wanna hinhaltend, die mit zwei Händen Wein eingießt. Während sie trinken, kommt Jonathan, und sie nehmen Zigarren, die sie einstecken.

ERSTER WALDARBEITER

Heute ist gar d'r Teufel los! Mir han unterwegens a Planwägel mit Zigeunern begegnet. Se han sogar zwee oder drei braune Bären mitgehabt.

DER FÖRSTER

Da hätten wir also den Unglücksmenschen vorläufig mal bei Ihnen untergebracht?

WANN

Sie brauchen sich keine Sorgen zu machen.

DIE WALDARBEITER

Schön'n guten Morgen! Leben Sie wohl!

DER FÖRSTER
mit Bezug auf Wanna
So'n Teufelsmädel wächst und wird hübscher von Tag zu Tag!

WANN
Siehst du, da kannst du dich freuen, kleine Wanna!
Er streicht dem Mädchen sanft über den Scheitel, während die Arbeiter sich entfernen, nachdem sie die Mützen gelüftet haben, der Förster, nachdem er bei flüchtigem Gruß und Blick nach Wanna hin errötet ist. Wann, um Wunsiedel bemüht
Besuch! Er nahm den umgekehrten Weg, mein Kind,
der dir bevorsteht. Dieser Vogel floh sein Nest,
und nun, nach vielen Jahren, sucht er's wiederum
und wußte keins zu finden außer jenem, das
der Leichnam mit dem Wurm der Erde teilen muß.
Selbst dieses Nest, genau gesprochen, fand er nicht.
Wir wollen seiner pflegen, Kinder, wollen ihm,
der Schicksalshand gehorchend, die ihn hergeführt,
das Lager richten, das ihm hier bereitet steht,
und wollen sorgen, daß sein Schlaf ein tieferer sei,
sofern er schläft, und seine schweren Träume ihn
verlassen, wenn er aufwacht, und, gestärkt, ein Gast
im wohlgefügten Hause unsrer Träume wird,
der heitren Träume, die zugleich erhaben sind. —
Behutsam! kommt! greift an! Wir tragen ihn ins Haus.

[SZENENBRUCHSTÜCKE]

6. August 1908.
ERSTER AKT

Vor der Baude des alten Wann auf dem Kamm des Gebirges. Nebeneinander an einem grob gezimmerten Tisch sitzen der alte Wann und Kaspar, sein Pflegesohn. Sie blicken gemeinsam in ein Buch. Es ist am Nachmittag eines herrlichen Tages Ende Mai.

WANN

Ich denke, wir wollen die Nase, wenn es dir recht ist, Kaspar, nun lieber aus dem Buche ein wenig herausnehmen.

KASPAR

Ich lese auch gern noch weiter von den ersten Menschen im Paradiese, Großvater.

WANN

Warum verstieß also Gott Adam und Eva aus dem Paradies?

KASPAR

Weil sie von dem Baum der Erkenntnis des Guten und Bösen gegessen hatten und dadurch Gott gleich geworden waren. Und dann, weil Gott fürchtete, Adam werde auch noch seine Hand nach den Früchten am Baume des Lebens ausstrecken. Das wollte Gott nicht. Er wollte nicht, daß Adam Früchte vom Baume des Lebens esse und damit das ewige Leben erwerbe. Gott wollte allein Gott und ewig sein. Er gönnte Adam die Erkenntnis und das ewige Leben, das heißt die ewige Gottheit, nicht. Den Weg aber, der zum Baume des Lebens führt, läßt er von einem geflügelten Riesen vor Adam und Eva schützen und ihrer Lüsternheit und ihrer lüsternen Gier nach Ewigkeit.

WANN

Nach vielen tausend Jahren setzte sich nun ein anderer, wiedergeborener Adam ebenfalls mit Gott, dem Vater des Paradieses, in Widerspruch.

KASPAR

Ja, Gott konnte nicht hindern, daß er von dem Baum der Erkenntnis des Guten und Bösen ebenfalls Früchte herunternahm und aß.

WANN

Da hatte er Gut und Böse erkannt. Und was tat er, als er es einmal erkannt hatte?

KASPAR

Er ging, ohne daß Gott, der milder geworden war, ihn vertrieb, zu Adam und Eva in die verfluchte Welt hinaus.

WANN

Aber vorher ... was hatte er noch getan?

KASPAR

Die Frucht vom Baume des Lebens gegessen.

WANN

Und wie er nun bei den Verfluchten, den Nachkommen Adams und Evas war ...?

KASPAR

Da sprach er zu ihnen, sie möchten ihm nachfolgen.

WANN

Und ging ...?

KASPAR

Und ging gelassen, barfuß und im ärmlichen Rock, wie er war, den Weg zum Baume des Lebens zurück.

WANN

Traf aber ... leider auf wen?

KASPAR

Auf den Cherub.

WANN

Nun stand er da mit den vielen Tausenden hinter sich. Er hatte keine geringere Idee gefaßt, als diese alle zu Göttern zu machen, indem er sie erstlich ins Paradies zurückführte und ihnen von den Bäumen des Lebens und der Erkenntnis zu essen gab. Aber der Cherub pflanzte sich auf mit dem bloßen Schwert und verstellte den Weg.

KASPAR

Er sagte zu Jesu: »Du magst eintreten! Aber die anderen bleiben unter dem Fluch des Todes zurück.«

Sestri Levante, den 20. November 1913.

SZENE

Galahad, auf der Flöte spielend. Wann, schlafend ausgestreckt. Morgen.

WANN
erwacht

Ah, schlag' ich meine Augen auf und sehe dich,
Geliebter, dich, den Genius des neuen Tags
mit meinem nun durch dich erweckten neuen Sein.
Erwecker du! mein Schöpfer! Nimm aufs neue mich
denn hin, als dein, mit meiner ganzen Liebe!

GALAHAD
lacht

Wär's, wie du sagst, als Gott mich fühlen sollt' ich wohl;
doch Schaffen, fürcht' ich, ist bei weitem nicht so leicht
als Flötenspiel.

WANN

    Die Welt geschaffen hast du mir
mit deinen Tönen: ob ich gleich sie nicht vernahm.
Denn schon mit beiden Augen faßt' ich dich,
als noch mein Ohr in tiefem Schweigen schlief.

GALAHAD

Oh, Vater, neunzig Jahre bist du alt und mehr;
jung bin ich. Oh, wie lange schon steht diese Welt!
wie lange hast du schon in ihr gelebt, als ich
geboren wurde.

WANN

    Älter bist du dennoch heut.
Denn herrschend in der lichten Welt des goldnen Scheins
treff' ich dich schon, durch deinen Hauch geboren erst.
Reich deinem Säugling nun die Windeln denn!

GALAHAD

Ich merke, Vater, daß du gut geschlafen hast.

⟨WANN

Du sagst es: heimgenommen war mein eignes Sein
und mit dem Allundeinen war es all und eins.⟩

[ANDERER ANSATZ]

Agnetendorf, 20. Mai 1910.
ERSTER AKT

Der Kramladen bei Horand: dürftiger, von einem Petroleumlämpchen ohne Glocke beleuchteter Raum, der mit den üblichen Waren überfüllt ist. Die Wand links zeigt die Glastür des Eingangs von der Straße. Dieser Tür gerade gegenüber ist eine zweite Glastür zur Wohnstube der Familie Horand. In einigem Abstand, parallel mit der Wand rechts, läuft der Ladentisch. Eine verhangene Tür der Hinterwand verbindet mit einem Gastzimmerchen, da Horand Schankkonzession besitzt. Alles ist sehr zusammengedrängt, sehr klein, sehr niedrig. — Das Horandsche Haus gehört zu einer verlassen gelegenen Gebirgskolonie, Goldseiffen. Im Laden werden die Bedürfnisse der etwa hundert Bewohner feilgeboten: Roggenmehl, Weizenmehl, Graupen, Hirse, grüne Seife, Runkelrübensaft, Salzhering, Tabak und andere Spezereien und Kolonialwaren. Wie üblich, sieht man in einem kleinen Schaufensterchen neben der Tür Glaskrausen mit Zuckerzeug, überm Ladentisch gebrauchsfertige Tüten, Peitschenschnur, weiterhin Peitschenstöcke und Spazierstöcke, einen Sack mit Backpflaumen sowie vielerlei andere Dinge mehr. Der Schnapsschrank nimmt einen geringen Teil des Ladentisches ein, der Handwaagen mit messingnen Waagschalen aufweist, die Spagatschnurrolle, eine offene Zigarrenkiste und ähnliches.

Es ist November, eines Tages gegen Mitternacht. Auch im kleinen Gastzimmer ist noch Licht, und man hört Männerstimmen.

Horand, über sechzig Jahr alt, hat einen verwahrlosten, das heißt unrasierten Schauspielerkopf, weißes Haar, weiße, buschige Augenbrauen. Er steht am Ausschank und braut für den Förster Bartuschke einen Grog zurecht. Die kleine, dicke Frau Horand schneidet Tüten aus dem »Riesengebirgsboten«. Sie ist schläfrig. Neigenfind, ein sehr wunderlicher, sehr ärmlicher, ziemlich verhungerter Stellenbesitzer und Dorfmusikant, der, die Hände frierend in den Hosentaschen, die Klarinette unterm Arm hat, trinkt stehend seinen Schnaps. Seine Nase ist ziemlich rot. Er hat einen Kropf am Halse.

Die Nacht ist finster und regnerisch.

ERSTE SZENE

HORAND

Das kenn'n Sie glooben und ooch nich glooben, meine Herrn!

BARTUSCHKE

Na, Horand, das wern mir lieber nich glooben, denk' ich mir halt.

HORAND

Meinswegen kenn'n Sie's glooben und nich glooben. Hauptsache is, daß ma wissen muß, ob ma liigt oder ob ma die Wahrheit spricht.

BARTUSCHKE

Wenn ich solchen verfluchten Unsinn glooben sollte, Horand, da hätt' ich viel zu tun. An Geistergeschichten gloob' ich nich. Wie sollte sich unsereens sonst bei Nacht ins Gebirge und in a Forst wagen, wo een d'r eigene Vater von so ein verfluchten Iser-Wilddieb erschossen worden is. Man hat gerade genug zu tun mit a Menschen! Nu gar noch Gespenster!

NEIGENFIND

Au! au! au! Ich hab' m'r richtig die Zehe erfrorn! Wenn Se erlauben — au! au! au! —, glooben Se da ooch nich an a Huckuff, Herr Ferschter?

BARTUSCHKE

Sie sind wohl dämlich? Wo wer' ich denn!

NEIGENFIND

Nu, da kennt' ich Ihn'n ooch ane Geschichte erzählen!

BARTUSCHKE

Erzähl'n Se mal los! Mir schad't's ja nischt.

NEIGENFIND

Au! — Nu also: um die acht Tage kann's her sein, da kam ich mit Benjamin Scheps und mit Matzke von der Tanzmusik. Mir spielten drei Nächte hingereinander uff Stonsdorf, uff Hain, uff Trautliebersdorf. Nu wollt' m'r a jeder uff seine Stelle zurück. An d'r Wegkreuzung taten m'r uns verabschieden. Na, sehn Se: ich ging! und wie ich so ging — 's war stockbrandfinstre Nacht, ganz natierlich! —, da ging ich Ihn'n die Chaussee entlang, wo se amal die Person, die Lydia Kadelbach, totgemacht han un wo se sprechen, daß de nachts zwölf Uhr aus'n Quirltale raus a langer Leichenzug ieber de Straße geht. Nu Gott ja, da wurd' ich a bissel unruhig. Erstlich heer' ich eens immer so durch de Gurgel wimmern. Nach'n Weilchen merk' ich: das bin ja ich! Nu flistert's aso! un flistert un flistert un flistert un flistert in eenem fort im mich rum, daß mir is, als wenn ich mittendrin unter am Zug von Grableuten wär'. Uff eemal klingt's: so a großer Ton, als wenn jemand mitten im Berge drin an Glockenkleppel mit Werg umwickelt und eemal stark gegen ane riesnige Glocke schlägt. Vielleicht, denk' ich, is ooch 'n Baum umgefallen. Das hätt' aber 'n Klange nach missen schon 'n geschälter sein. Na also: das alles war bloß a Stick Briefpapier, das de geknackt un das sich gerieben hat in meiner Brusttasche! Da wollt' ich lachen, sah schon de Dorfhäuser un fing ganz vergnügt und lustig zu laufen an. Uff eemal steh' ich mit an eenzigen Ruck – aber ich kann das nicht sagen, wie das gewesen is! – wie a Steen, wie a Pfahl steh' ich pletzlich still. Dabei tat ich Ihn'n aber beben un zittern, un war mir ni andersch, als wenn mir de ganze stundenlange Chaussee eener, a Teifel, a Bär, a Ungeheuer, a beeser Geist oder was – das ging wie der Blitz – nachgefahren un mit allen vier Tatzen in a Nacken gesprungen is. Ich ha' d'rnach zwee Tage krank gelegen.

BARTUSCHKE

Un nu wollen Se sich einreden, daß das d'r Huckuff gewesen is!

HORAND

Mag das nun d'r Huckuff oder mag das was andres gewesen sein: was ich gesagt habe, das kann meine Alte bestätigen.

FRAU HORAND

Mir wern ja sehn, ob se wiederkommt!

BARTUSCHKE

Das kann ja gut sein, daß se wiederkommt. Ich spreche, es ist niemand anders als die Behmsche aus der Baude nich weit von a Ellrichs Steinen gewesen, die vor drei Tagen in der Nacht so gekrissen hat.

HORAND
leise

Herr Bartuschke, ich kenne die Behmsche vom Ellrichsplan!

BARTUSCHKE

Und von a Langholz-Fuhrleuten hab' ich gehört, daß vorgestern nacht dort irgend a kleener Behmscher, der wieder mal außer seinen himmlischen Vater keen Vater kennt, uff de Welt gekommen ist.

HORAND

Wissen Se denn ooch, Herr Ferschter, wer de dort oben sonst noch wohnt, etwa zweehundert Schritte vom Ellrichsplan?

BARTUSCHKE

Nee! Oder meenen Sie am Ende die Neunzigjährige?

HORAND

Sagen Se: hundert, hundertzehn, hundertzwanzig Jahr!

NEIGENFIND

Die kennt man! un man weeß ooch, was die an Vieh un Menschen hier im Gebirge in den hundertzwanzig Jahren, daß die gelebt hat, für Krankheit, Schaden und Schabernack verbrochen hat. Wenn die stirbt, muß man se extra erscht totmachen!

BARTUSCHKE

Ach, red keenen Unsinn! A Ferschter gloobt nich an Geister un gloobt ooch an Hexerei nich!

NEIGENFIND

Aber wenn so eene stirbt, da muß man se uffgraben. Da wird bei der Leiche mit an glienichen Eisen erst d'r Herzstich gemacht, und 's Maul muß man ganz voller eiserner Nägel stoßen. A solcher Vampir kommt sonst immer wieder, quält Menschen un Viech und find't keene Ruhe nich.

HORAND

Das gloobt ebens, wer's gloobt. Ich will nischt gesagt haben. Aber ich meene ganz an andern, der dorte oben wohnt, ich meene das Ellrichstein-Weib ja nich. — Sin Se bei dem amal drinne gewesen?

BARTUSCHKE

Ach, Sie meinen den alten Krakeeler, der mit der Herrschaft wegen der alten Baude im Streite liegt, die er von dem Leiermanne gekauft hat und von der er jetzt immer behaupten will, daß sie sein freilediges Eigentum un nich Erbpacht is!

HORAND
Ich meene den Fremden, den Italiener.

BARTUSCHKE
Er selber sagt ja, er is'n Schlesier. Aber solche Schlesier, die kennten sich nach'n Ausland verziehn, die brauchen wir hierzulande nich!

HORAND
Na, 'n Kaufmann wie ich, der gute Kundschaft braucht, is andrer Meinung. Und in mancher Sache bin ich schon lieber oben bei dem als beim Pfarrer un unten beim Advokaten gewest. Ich hab' ooch von deswegen mit ihm gesprochen.

BARTUSCHKE
Nu sagen Se doch um Gottes willen, erzählen Se doch noch mal genau, wie das mit dem Mädel oder meinswegen der jungen Frau, die de vorgestern in de Nacht um zwölfe zu Ihn'n nach Fenchelsirup gekommen is, gewesen is!

HORAND
Na, Mutter, das kannst ja du erzählen!

FRAU HORAND
Na, es war halt Nacht, 's war halt finster wie jetzt, 's ging ooch 'n solcher Sturm, un Regen treeschte gegen de Wände. Na, nu war ich hier im Laden alleene geblieben un schnitt aus'n »Boten« Titten zurecht. Na, und pletzlich sahg ich halt draußen im Freien, halt vorm Schaufenster, sahg ich 'n schwaches Licht.

Neigenfind stellt sich gruselig, macht einen erschreckten Klang auf seiner Klarinette. Die Glastür vom Trinkzimmer öffnet sich. Lehrer Schott und Weber und Baßgeiger Matzke gucken heraus.

SCHOTT
Was hat's denn? Ist se wiedergekommen?

HORAND
Die wird wohl nich wiederkommen, wenn hier a solch a Getepse is.

SCHOTT
Uhu! Heert ihr den Uhu ums Haus revieren?

BARTUSCHKE

Das is keen Uhu! *Alle horchen; man hört den Eulenruf.* Das is 'n Kauz! das is das Männchen von der Puppeneule, die mir hier vor einer Stunde in den Schrotschuß gekommen ist!
Er zeigt einen toten Rauhfußkauz.

SCHOTT

Horand, wir möchten noch jeder 'n Grog haben!
Schott und Matzke ziehen sich zurück.

BARTUSCHKE

Also noch mal: Sie haben 'n schwaches Licht gesehn.

FRAU HORAND

Vorm Schaufenster war's. A schwaches Licht! Un nach un nach hab' ich genau gesehn, wie im Schaufenster draußen a Hering, de Krause mit Zuckerzeug, a Schälchen mit Linsen und de Glocke mit Sahnkäse beleuchtet gewesen is.

BARTUSCHKE

Man kann doch nich annehmen, daß 'n Gespenst etwa gerne Linsen und Käse ißt!

FRAU HORAND

Was wissen wir denn, was de Gespenster gern essen!

BARTUSCHKE

Nu weiter! Ich bild' mir ja ein, das war der versoffene Renner-Schuster, der sich ieberlegt hat, ob am Ende hier noch a Kornschnaps zu kriegen is.

FRAU HORAND

O beileibe, das war Ihn'n keen Renner-Schuster! Das war, wie wenn ane helzerne Muttergottes, wie se die Behmschen haben, aus'n Herrgottswinkel uff de Erde gestiegen is. Aber nich bunt! Ganz weiß! Ganz durchsichtig!

BARTUSCHKE

Na, se hat doch geklingelt! Wie kann se denn an de Tiere klingeln und de Tiere uffmachen, wenn se durchsichtig is?

FRAU HORAND

Oh, die konnte die Tiere ganz richtig uffmachen! Un die hat

a de Hand an de Klingel gelegt, die war so schön, se hat so'n silberner Rauch umschwebt, daß mir das ordentlich wie eine Hand aus'n Paradiese is vorgekommen.

BARTUSCHKE

Na, da hat man's! Nu reden Se meinswegen, was Se wollen! Aber das steht fest: Se kennten von hier aus unmeglich durch die Mauer draußen an Griff an de Klingel sehn.

FRAU HORAND

Und ich weeß trotzdem, daß ich an Griff gesehn habe. Hernach hat se 's Gesicht an de Scheibe gequetscht.

BARTUSCHKE

Frau Horand, wenn man nich wißte, daß Sie seit Menschengedenken eine Frau von gesundem Verstande gewesen sind! Sie sagen mir hier mit ruhiger Miene — ich trinke Grog, aber so betrunken bin ich doch nicht! —, Sie erzählen ganz ruhig von einem Gespenst und sagen, es hat das Gesicht gegen die Glastür gedrückt!

FRAU HORAND

Se wollte doch durch die Peitschenschnuren und Riemen durchgucken!

BARTUSCHKE

Da sagt sie ganz ruhig: »Sie wollte doch«!

FRAU HORAND

Na ja, se wollte doch sehn, ob noch jemand im Laden is!

BARTUSCHKE

Na, sehen! Und was wollte se denn noch, Mutter Horanden?

FRAU HORAND

Ich hab' genau gesehn, wie das Wasser vom Regen und das Wasser aus ihren Augen auf der Glasscheibe ineinandergeloofen is. Dann klinkt' se de Tür auf und kam se rein.

NEIGENFIND

Das is un bleibt eemal eine sehr eine gruslige Sache, Herr Ferschter.

BARTUSCHKE

Na, sehen! Nu sagen Se ... sehen! Sie sagen nu, daß se

richtig durch de Glastür rein in a Laden gekommen is. Nu haben Se se doch von nahe gesehn!

FRAU HORAND

Das hab' ich ooch! Ganz aus d'r Nähe, Herr Ferschter! Und da konnte eens sehn, wie daß das Blut ihr durch a ganzen Körper pulsieren tat. Das konnte man ganz genau mit Augen sehn.

BARTUSCHKE

Un dabei sagt se ganz ruhig: »Guten Abend, Frau Horand!«?

FRAU HORAND

Nee, ebens nich! Gesprochen hat se keen Sterbenswort. Se ging mit a Fingern, se lief mit a Fingern so hin und her ieber a Ladentisch, immer hin und her, raschelte in a Papiertitten, klapperte mit a Waagschalen, und ieberall, ieberall warsch halt so wie a weißer Rauch — 's giebt so'n Fisch, wissen Se, Dorsch oder wie a heißen tut, der de so'ne phosphorne kleene Wolken von sich gibt —, ieberall warsch halt wie a weißer Rauch von weißem Licht um de Finger rum.

BARTUSCHKE

Sie sind nich amal katholisch, Mutter Horand. Ich bin katholisch, aber ich glooube die ganze Geschichte eben trotzdem nich. Sonst kennt' ich ja sagen, wenn se nach Schwefel gerochen und wie Phosphor geleuchtet hat, kennt' se ja sein um irgendeener Sinde willen aus'm Fegefeuer in de Welt zurückgeschickt. Wer sollte 'n das aber sein, der de wiederkommt? 'n Tischler seine von Seifershau soll ja wiederkommen. Welche sagen, die nich richtig in Koppe sind, se haben de Meestern uff'n Hackeklotz im Schuppen sitzen und vor sich hin maulen sehn. Und a Lehrjunge hat ane Backpfeife von ihr bekommen. Aber das war noch 'ne alte Xanthippe und beileibe kee junges und hübsches Frauenzimmer nich.

HORAND

Waren Se amal uff die Teufelswiese?

BARTUSCHKE

Na ob und wie! Ferschter Hacke, wo ich Gehilfe war, hat ja doch das Revier gehabt.

HORAND

Sollten Se da vom Zölfelshübel gar nischt geheert haben?

BARTUSCHKE

Wieso nich? Hundertmal langt nich, daß ich dort durchs Gerölle gekrochen bin.

HORAND

Denken Se nu, daß es dort rum geheuer is?

NEIGENFIND

Dort hab' ich zweemal bei d'r Nacht a Leuchter leuchten gesehn.

BARTUSCHKE

Richtig. Dort weiter unten steht ja der Gedenkstein, wo der Holzarbeiter von der großen Fichte erschlagen worden is.

HORAND

Und außerdem weeß a jedes, daß dort a junges Zigeunermädel oder sowas verscharrt worden is.

BARTUSCHKE

Halt! Nee! Die Sache hab' ich andersch erzählen geheert. Das hängt mit einer Geschichte zusammen, die in der Isergegend, zwischen der hohen Iser und a preußischen Strickerhäusern im Behmschen um a Januar rum geschehen is. Da hat's doch im Walde 'ne alte gräfliche Glashütte. Dort soll so a Kerl unten aus Venedig gewesen sein. Ieberhaupt: 's stand ja im »Boten«, daß er soll von Glasmalern sein, weil a falsch gespielt hat, ermordet worden. Der Mann, sagt man, hat eine Tochter gehabt. Die is verschollen, un es hieß doch, wahrscheinlich im Schneesturm, wie sie nach Behmen wollte, auf'n Gebirge umgekommen.

HORAND

Ja, so wird's sein. Und ich kenne viele, die das Mädel — sogar Pascher sein darunter! mit Paschern hab' ich ja sonst nischt zu tun! —, die das Mädel haben uff verschiedenen Wegen dort oben spuken gesehen.

Fortsetzung Agnetendorf, den 14. Mai 1914.

Die Ladenschelle geht. In einem seltsamen Grauen verstummen alle. — Der alte Wann tritt ein, den Schlapphut in die Stirn gedrückt, einen gewaltigen Lodenmantel umgeschlagen, einen langen Bergstock in der Hand.

WANN

Guten Abend, Herrschaften!

FRAU HORAND

Wir haben uns aber, weeß Gott, alle sehr erschrocken, Herr Wann!

WANN

Warum haben Sie sich denn so sehr erschrocken?

HORAND

Wir haben uns deshalb so sehr erschrocken, weil ma — 's geht stark auf Mitternacht — meistens so spät niemand nicht mehr erwartet.

WANN

Haben Sie wirklich niemand mehr erwartet so spät?

HORAND

Nu, heechstens, weil der Forschtmeister heute nachmittag begraben worden is, etwa das un jenes von a Grableuten.

WANN

Richtig, der wurde ja heut zur Erde bestattet. Nun, zu den Grableuten gehöre ich nicht. Ich habe nur einem alten Kerl, einem alten Häusler und Ausgedinger, beigestanden, der mich an sein Schmerzenslager gerufen hat. Ihr könnt mir wohl ein Glas Warmbier zurechtmachen?

BARTUSCHKE

Entschuldigen Sie, mein Herr, war das vielleicht der alte Grigoleit? Ich traf nämlich a Herr Pfarrer mit der Wegzehrung.

WANN

Es kann schon sein. Unsere Wege sind sonst ja sehr verschieden, aber sie müssen sich auch wohl mal begegnen.

LEHRER SCHOTT
blickt herein

Wer hat denn so an der Klingel gerissen?

WANN

Mit Erlaubnis: die Klingel geht von selber. Ich habe nur die Tür geöffnet, bester Herr Schott.

LEHRER SCHOTT

Ach, schönsten guten Abend, Herr Professor! Ich dachte nämlich an ganz jemand anderen. Wenn Sie die Frau Horand fragen, die wird Ihnen sagen, auf was für einen sonderbaren Besuch wir ... ich will nicht gerade sagen: warten, aber doch vorbereitet sind.

WANN

Warten wir nicht täglich und stündlich? Sind wir nicht täglich und stündlich auf einen sonderbaren Besuch vorbereitet? Zumal wenn das Meer, auf dessen Grunde wir leben, sonnenlos und in einem so wilden nächtlichen Aufruhr ist. In solchen Nächten habe ich von jeher die bemerkenswertesten Besuche empfangen. — Bilden wir doch, da wir nun einmal hier zusammengeführt worden sind, um den kleinen runden Tisch einen Kreis, meine Herrn! Bilden wir eine Kumpanei, und das Ehepaar Horand wird in den Keller gehn und das Fäßchen Roten heraufholen, das für uns alle reichlich auslangen wird!

HORAND

O je! Solange ich lebe, haben wir kein Faß Wein im Keller gehabt.

FRAU HORAND

Das Haus steht seine zweihundert Jahre. Der Keller hat freilich allerlei, aber nimmermehr ein Faß Wein gesehn.

WANN

Liebe Frau Horand, lieber Herr Horand, gehen Sie ganz getrost in den Keller hinunter! Das Fäßchen hält dreißig Liter, nicht mehr. Und es ist durch einen Irrtum der Botenfrau anstelle eines Heringsfasses in Ihr Magazin gelangt.

FRAU HORAND

Unmöglich! Wie wollen Sie das denn wissen?

WANN

Diese Frage braucht uns ja jetzt nicht beschäftigen. Nehmen Sie nur ohne viele Umstände diesen Hahn dort, einen Hammer und einen Bohrer zur Hand und lassen Sie uns den freundlichen Trank in diese hübschen Gefäße aus Stein füllen!

FRAU HORAND

Aus Stein? Wir hätten nur Gläser, Herr Wann. Aber Sie wollen nur Ihren Spaß mit uns treiben!

HORAND
der hinausgegangen war, kommt wieder
Mutter, weiß Gott, es liegt ein Fäßchen mit Wein im Keller!

LEHRER SCHOTT
Das wäre ja doch! Ist das die Menschenmöglichkeit!

FRAU HORAND
Da muß das wirklich sein aus Versehen abgegeben. Wie han Sie das aber gewußt, Herr Wann?

WANN
Ja, vielleicht bin ich ganz einfach ein Zauberer. — Indessen, sehen Sie mich bitte nicht so erschrocken an. Ich bin nur ein ganz gewöhnlicher Sterblicher. Die Sache liegt nämlich im Grunde sehr einfach: die Botenfrau hat statt des erwarteten Weins Ihr Fäßchen mit Hering in meiner Baude abgeliefert.

LEHRER SCHOTT
Nu, sehn Sie wohl, so erklärt sich das Ding!

HORAND
Wenn sich die Sache so verhält, dann wollen wir auch mit Erlaubnis und weil der Herr gar so freigebig ist, wollen wir amal recht lustig sein.
Er entfernt sich mit Hahn, Hammer und Bohrer.

WANN
Sie brauchen jedenfalls gar keine Angst haben.

BARTUSCHKE
Irre ich mich, oder sind Sie der Herr, der die Baude von dem Leiermanne erworben hat?

WANN
Der bin ich.

BARTUSCHKE
Da sind Sie aber gar sehr alleine.

WANN
Nicht ganz so wie Sie, Herr Bartuschke, Herr Schott, Herr Matzke oder auch Herr Neigenfind. Da hat man überall seine Zuträger. Ich habe da eine Art Blitzableiter und werde von überallher angerufen. Aber auch, wenn mich niemand ruft,

sehe ich allerlei auf der steinigten Erde oder auf und in dem ewig bewegten steinigten Ozean. Übrigens blicke ich auch in die Vergangenheit und in die Zukunft hinein. Hier ist der Wein! Wir wollen anstoßen!
Man stößt an und trinkt.

NEIGENFIND

's is alles ganz gutt, aber wie soll ma sich in dieser stockbrettfinstren Nacht heemfinden?

WANN

Darüber machen Sie sich keine Sorge, Herr Neigenfind. Es ist leicht möglich, daß es über dem, was wir heute vorhaben, heller Tag werden wird.

LEHRER SCHOTT

Sie meinen, eh das Fäßchen zu Ende ist?

WANN

Das werden wir nicht zur Hälfte austrinken. Nein: uns erwarten andere Aufgaben.

LEHRER SCHOTT

Was Sie sagen! Da ist man doch neugierig.

WANN

Damit nicht unnütze Fragen in Ihrem Kopfe aufsteigen oder gar ein Bedenken und Furcht Sie kopfscheu macht, will ich Sie nach und nach vorbereiten. Wissen Sie übrigens, daß man hier oben Diamanten findet? — Und damit Sie gleich wissen, woran Sie sind, habe ich hier einen gestern gefundenen taubeneigroßen mitgebracht. Betrachten Sie ihn genau, meine Herrschaften! *Horand und die Gäste betrachten den großen Diamanten und verfallen starr geöffneten Auges in einen hypnotischen Zustand. Frau Horand allein bleibt unberührt.* Das wäre nun alles gut soweit. Und nun, Frau Horand, wissen Sie ja, weshalb ich gekommen bin.

FRAU HORAND

Herr Wann, sie ist wieder dagewesen!

WANN

Ängsten Sie sich nur gar nicht, Mutter Horand, wenn auch diese Gesellschaft vorläufig ein bißchen stumm geworden ist.

FRAU HORAND
Ich kann's nicht ändern, ich ängst' mich a bissel.

WANN
Ich habe das nur getan, damit das arme Irrlicht, falls es etwa wiederkommen sollte, Vertrauen faßt und es der wüste Lärm nicht verscheucht. Was hat die Erscheinung von Ihnen gefordert?

FRAU HORAND
Fenchelsirup und Zitwersamen, Herr Wann.

WANN
Fenchelsirup und Zitwersamen. Ich habe da meine besonderen Gedanken. Sie glich einem jungen Mädchen, nicht? Nach Ihrer Schätzung: wie alt konnte sie sein?

FRAU HORAND
Mir schien sie ein Kind von fünfzehn Jahren. Aber es war halt, als ob kein Tropfen Bluts in ihr wäre. Gesicht und Gliedmaßen waren wie durchsichtig.

WANN
Wer es auch sei, es ist eine Kreatur der allgemeinen, unendlichen Schöpfung, die bitterste Not leidet. Ich spüre in meinem Herzen, in allen meinen Nerven die Not dieser umgetriebenen Kreatur. Ich fühle mich aufgerufen, nach Kräften zu helfen.
Der sogenannte Seeger schlägt blechern zwölf Uhr.

FRAU HORAND
Nehmen Sie's mir nicht übel, ich bin so erschrocken, weil sie das letzte Mal genau nach dem zwölften Schlage erschienen ist. *Die Ladenschelle geht sehr heftig.* Gelobt sei Jesus Christus! Das ist sie!
Ein bleicher Schein erleuchtet ein wenig von außen durch Fenster und Tür den Laden. Gleich darauf tritt eine sonderbare Erscheinung umsichtig und langsam durch die Tür. Es scheint: ein liebliches Mädchen, Jungfrau und doch Kind. Phosphoreszierende Glieder scheinen durch ein aschfarbenes, spinnwebdünnes Hemd, reiches rötliches Haar wogt aschblond wie ein Mantel darüber herab. In den weit offenen Augen des schmerzlich gespannten, seraphisch süßen Gesichts liegt inneres Sehen und Blendung, wenn nicht Blindheit nach

außen. Die Erscheinung weiß ihren Weg, aber sie tastet ihn mit bloßen Füßen und nackten Armen.

WANN

Stellen Sie sich ganz ruhig hinter den Ladentisch!

FRAU HORAND

Was wünschen Sie denn, meine liebe Frau?
Die Erscheinung setzt ein kleines irdenes Töpfchen auf den Ladentisch.

FRAU HORAND

Ist es wieder Fenchelhonig, was Sie wünschen, wie das letzte Mal?
Die Erscheinung schüttelt verneinend den Kopf.

WANN

O du, bist du es!

[BRUCHSTÜCKE ZUR VORHERIGEN SZENE]

[Vermutlich 1909.]

Kramladen.
Fer feinf Fennige Graupe.
Die werd sein.
's dunkelt schunn.
Mutter, mach Licht.
Herrgott, bei euch gieht die Klingel.
Fer zehn Pfennig roggnes Mehl.
Sirup.
Der Wächter: Um welche Zeit kam se gestern?
Später, das war viel später — Gott soll uns bewahren.
Habt ihr se angerufen?
Ja.
Gab se Antwort?
Nee.
Da kommt der Herr Schullehrer.
Gu'n Abend, Herr Schullehrer.
Na — da wollen m'r also warten — der alte Wann wollte ooch kommen!
Ja.

Nu also.
Wie steht 'n 's Wetter?
's schneit.
's schneit?

Der Kramladen.
Nachts elf Uhr.
November, regnerisch.
Baberhäuser.

Der Krämer.
Die Krämersfrau.
Die Tochter, sechzehn Jahr.
Der Sohn, neun Jahr.

Am Ausschank:
Der Lehrer.
Der Förster.
Ein Waldarbeiter.
Der Viehdoktor.

Glastür ins Freie. Fenster.
Ladentisch.
Familienräume.

ERSTE SZENE

LEHRER
Um welche Zeit sagten Sie?

FRAU LANGER
Und ich bleibe dabei, 's war Punkt zwelf.

LEHRER
Ich sollte meinen, das mißte eene von a rumziehenden Zigeunern gewesen sein. Das kommt ofte vor, daß da eene kommt und um was für ihr Kind bittet.

FRAU LANGER
I, die und ane Zigeunern. Nimmermehr nich, Herr Schullehrer. Wo hatte ock je ane Zigeunern solche blonde lange Haare und solche blaue Augen gehabt!

FÖRSTER

Sagen Sie mal, Frau Langer, ich bin gestern noch spät gegen zwelf aus'm Revier gekommen: ich war ziemlich hoch oben, bis bei a Turmsteinen oben gewest. Kann das sein, daß das damit zusammenhangt, daß ich da immer solche

[Ende des Bruchstücks]

[NOTIZEN, ENTWÜRFE
UND KLEINERE BRUCHSTÜCKE]

[Aus einem Tagebuch Gerhart Hauptmanns mit Aufzeichnungen aus der
Zeit vom 1. März 1905 bis 14. November 1913.]

Venedig, den 23. Oktober 1906.

Folgende Dramen mit dem alten Wann: Das Buch des alten
Wann: der Miniaturenkodex. Die gleichen Wahrheiten und
verschiedenen Erscheinungen. Die Märchen der Wahrheit.
Der Schein.

17. Februar 1907.

Wann-Märchen. Fortsetzung. Wann verläßt sein Häuschen,
begibt sich auf die Wanderschaft.

[...]

Wann begräbt Pippa.

4. Juni [1907].

[...]

Der Maulwurf, feines Gehör (Plinius X § 121). Seit dunkelsten
Zeiten Tier der Wahrsagerei. Tonmaulwurf, ausgegraben in
Hissárlik. Chthonisches Tier. Seine aufgeworfene Erde, in die
Hand genommen (terra talparum), Maulwurfserde, mit Zauberformel, heilt vom Vipernbiß.

Agnetendorf, den 7. September 1907.

Sogenannte Einweihung der Hampelbaude.

[...]

Dies war der Gewinn des heutigen Tages: wir sahen, auf der
Wanderung von der Hampelbaude hierher, zwischen Spindlerbaude und Hain, oben einen unglaublich schönen alten
Mann an Blaubeersträuchern hocken und Beeren pflücken.
Den lieben Gott, Beeren pflückend, könnte man sich einbilden.

Agnetendorf, den 18. September 1907.

[...]

In einen kleinen Kramladen vor der Stadt kommt eine bleiche
Gestalt und kauft Kindersirup: eine Frau, abgezehrt, bleich.
Der Verkäufer ist freundlich zu ihr, verwundert, ehrfurchtsvoll. Er ist neugierig, geht ihr nach, kommt zum Kirchhof.
Er kehrt um. Die Frau kommt wieder, bittet ihn, ihr nachzugehen. Sie verschwindet in einem Grabe. Darin hört er ein
Kind schreien. Im geöffneten Grabe findet man den Leichnam
einer Frau und einen lebenden Säugling.

[Lafcadio Hearn,] Lotos. [Frankfurt am Main 1906.] S. 161.

Agnetendorf, den 16. Dezember 1907.

Almagrurim: die in der Hoffnung Betrogenen. Schreibe Drama mit diesem Titel.

17. Dezember 1907.

Erwecke den »Hanswurst«.

den 12. Februar [1908].

Sonnenschein im Zimmer. Pläne und Ideen aller Art kreuzen einander in meinem Kopf: Die Berliner Komödienreihe! Jesus. Telemach. Fortsetzung des Wann-Märchens. Bergmannsdrama. Eulenspiegel.

den 27. Juni 1908.

Walenzauber.
 I. Und Pippa tanzt.
 II. Nürnberger Märchen (Hypnose eingefügt).
 III. Alp Cortez.
 IV. Wanns Tod.

14. Juli [1908].
[...]
Das Puppentheater des Demiurgen: für »Gaukelfuhre«.

Bayreuth, 16. Juli [1908].
[...]
Für mein Wann-Märchen zweiter Teil ging mir während der »Siegfried«-Vorstellung allerlei durch den Kopf. Der singende Knochen, »das klagende Lied« fiel mir wieder ein.
[...]
»Bei mir ist es still«, sagte Wann, »und der furchtbar grausame Sturm der Musik darf nur auf Befehl hörbar werden. Ich liebe den Lärm nicht mehr wie einst und ersehne Ruhe.«
[...]
Laß im Wann-Märchen zweiter Teil den »Klingsor«, den Zauberer, auftreten.
Der Tempelbezirk um das Puppentheater.

Bayreuth, den 17. Juli [1908].

Keine lauten und schreienden Dramen.
Das »indische«: der Geist des Todesklosters. St. Margherita. Spaziergang.
Wann zweiter Teil.

Betone den Walen, den Bergmann. Lies über Bergbau.
Das Goldthema Wanns wird aufgenommen.
»Die goldsuchenden Walen des Fichtelbergs« von J. W. von Baumer. Bayreuth. Bibliothek.
Inhalt:
Scherber sagt in »Umsichten auf dem Ochsenkopf am Fichtelberge« (Kulmbach 1811): »So viel ist gewiß, daß die ersten Bergwerksversuche in Deutschland am Fichtelberg gemacht wurden und daß sich der Bergbau von hier aus zuerst in andere Gegenden verbreitet habe.« Otto von Weißenburg, Mönch, berichtet: schon zu König Ludwigs des Deutschen Zeiten (843–876) aus dem Goldmoder des Fichtelberges Gold gewonnen. Die »Zechen«.
Altdeutsch: Wallende, Walen, Welsche, Wallonen. »Man glaubt von ihnen, daß sie eine genaue Kenntnis des Gesteins und zugleich eine geheime Kunst besessen hätten, den edlen Gehalt von dem Erze zu scheiden.«
Ergo: Radium.
Walenbüchlein. Wallen- oder Fichtelbergische Geheimnisbüchlein (Kaspar erhält von Wann ein solches Buch zum Geschenk), von den Besitzern im Volk als Orakelbüchlein geschätzt.
Thüring, Schlesing, Amelung, Goth sind ursprünglich Geschlechtsnamen.
Die vorrückenden gewerbsfleißigen Slawen: »Slawni Ludi« (vortreffliche Leute). Nach der Völkerwanderung Ostsee, Oder, Elbe von Deutschen verlassene Wohnsitze. (Auch Walen darunter?)
Plinius, in seiner Naturgeschichte, erwähnt der Wallen und Swarnen, freier Völkerschaften, vom Kaukasus, im Gordyäischen Gebirge, trieben nur Bergbau auf Gold. »A portis Caucasiis per montes Gordyaeos Valli, Suarni, indomitae gentes, auri tantum metalla fodiunt.« Plin. hist. nat. VI, 11.
Wann: »Ich habe noch heut Brüder im Kaukasus.«
Die Walen, Serben und andere Völkerschaften am kimmerischen Bosporus oder der Meerenge zwischen dem Schwarzen und Asowschen Meere, die Sarmaten, ihre Nachbarn: Sarmaten der Sage nach von den Medern stammend. (Namen! Namen! Worte! Worte!) Die Kimmerier trieben den gewohnten Bergbau auch nach ihrer Auswanderung. Plinius. Wann. Aus dem Inneren Asiens: seine Lebens-, seine Weltschöpfungs- und Untergangserinnerungen.

Seine Steinhämmer. (Geologisch.)
Die Walen schon unter den nicht Bergbau treibenden Germanen der Römerzeit.
Schürfarbeit.
Der jungfräuliche Ural (Gold). Siehe eignes Walenmanuskript.
Nester und Gänge [?].

Das Castrum Doloris enthält das Verzeichnis seiner Taten.
»Castrum doloris«.

Walenzauber.
  I. Und Pippa tanzt.
  II. Die Gaukelfuhre (nicht Wanns Tod).
  III. ⟨Der Sonnensohn.⟩ Der Alp.
  IV. Das Kloster des Todes.
Wann selbst zeigt sich als Puppe [...?] darin.
Tot ruht er in seinem Stuhl vor der Bühne.

[...]
Bayreuth, 18. Juli [1908].

Wann II. Die Befreiung der Dämonen.
Die Figuren der Kiste: Spielwerk und Einkleidungen der Dämonen. Ich nehme an, daß der Mensch früher anders lokalisierte als heut, nämlich: die Welt in sich nach außen! den Gott, den Dämon in sich nach außen.
Durch den Dämon zum Gott.

Priap	Götter	Dämonen	Heroen
Apoll	Jehova	Pan	Nansen
Moloch			
Astarte			
Wotan			
Vitzliputzli			

Der Zug des Todes. Der ungeheure Zug.
[...]
Wann. Das gelbe Antlitz der Mutter. Das Weibchen, vor dem die Himmel erbeben.
Parzenfaden und Narrenseil. Inhalt dieser Symbole: Anschauungsinhalt. Faden des Lebens in Urzeiten angeknüpft.
Wann greift die Schöpfungen der Phantasie aus der Luft. Einige läßt er groß werden: zerstört sie aber, als sie ihn zu beherrschen drohen.
Die Kiste vollkommen unerschöpflich, wunderbar, zauberhaft: der Gestalten werden nicht weniger.

Das schlechteste Gesetz hat die schärfsten Zähne, das schlechte Gesetz fordert den besten Fraß.
Wann: Es sind uns sehr viele Typen verlorengegangen. Die wahre Jungfrau, das wahre Weib, der Halbmann! der Hermaphrodit!
Hier ist noch alles vorhanden in der alten Kiste.
Ihr werdet hierbleiben und uns [?] gemeinsam belehren.
Der grausame »Kasperle« und sein Panorama.
Hier sehen wir gemeinsam in etwas hinein, was wir sonst nur einzeln erleben.

Gaukelfuhre.
I.
Wann, Kaspar vor der Hütte.
Trulle. Tochter Pippas und des alten Huhn, im Grabe geboren, kommt mit der Pflegemutter.
Die Gaukelfuhre. Thespis. Das dicke Weib und der blinde Geliebte Hellriegel.
Die Tochter.

Agnetendorf, den 25. Juli [1908].

H. sagt, ich erhöbe mich mit schweren Flügelschlägen wie ein großer Vogel. So ist es. Im ersten Akt von »Gaukelfuhre« habe [ich] mich bisher, über Mitte, noch nicht erhoben. Das ist schlimm. Ich werde mit diesem Anfang nicht die reine, hohe und freie Flugbahn erreichen.

[Januar 1909.]
Zum Wann zweiter Teil.
Einer von den Toten ist auferstanden und besucht Wann.

Portofino, Villa S. Martino, den 17. April 1909.
Wann-Märchen. Zweiter Teil.

1. Akt.
Wann begräbt Pippa mit Hilfe der Holzleute. Der heilige Laurentius segnet sie ein.

2. Akt.
Im Kramladen. Der Krämer und seine Frau hat Wann zu Hilfe geholt. Es erscheint eine Fremde, Seltsame, holt Fenchelhonig. Wann beschwört sie und geht mit ihr.

3. Akt.
Nacht. Kirchhof. Wann und der heilige Laurentius heben das Kind aus dem Grabe.

4. Akt.
Wann Erzieher. Das Theater. Galahad Erzieher Wanns etc. Das Kind und die Schiffchen. Die Gaukelfuhre ist angekommen.

5. Akt.
Der Knabe und die Sünderin. — Er geht mit ihr in die Welt. Das heißt, er will sie, das heißt die Welt, erlösen.

Agnetendorf, 11. Juni 1909.

Gestern der unerhört großartige Abend des gelben Brandes. Der magische Reflex auf den Wiesen, dem langen Gras (Gras ist grün) und den leuchtenden blauen Glockenblumen sowie den Köpfen des roten Klee. Im Schwarzblau-Düster der Ansatz eines Regenbogens. Vergiß das nie zum »Galahad«. (Die Zeitungen berichteten am Tage darauf Erdbeben in Südfrankreich.)

―――

[Auszüge Gerhart Hauptmanns aus dem Tagebuch vom 1. März 1905 bis 14. November 1913 und andere Notizen.]

Und Pippa tanzt: Fortsetzung.
1. Szene:
Am Fernrohr.
»Was siehst du, mein Sohn?«
»Viehherden!«
Menschen, die unter den Rindern gingen.
Pabulatores, in den Gefilden Mesopotamiens grasende Mönche. Tagebuch 1. November 1907.
Der Kopf aus Erz, der einmal redete: und Wann schläft.
Die Tote, die im Kramladen Sirup holt. Sie hat im Grabe geboren. Tagebuch 18. September 1907.
Der unglaublich schöne alte Mann, der liebe Gott, Beeren pflückend (Wann). Tagebuch 7. September 1907.
»Wann wirst du ihnen das große Ganze furchtlos sagen?«
Wann zum Verirrten (im Aristophanes).
Wann hat Kästen mit Ameisen.
Der Maulwurf, feines Gehör, chthonisches Tier. Tonmaulwurf

in Hissarlik ausgegraben. Maulwurfserde mit Zauberformel heilt Vipernbiß. Terra talparum. Tagebuch 4. Juni 1907.
Die Archephoren.
Jenen gibt die Priesterin in einem verdeckten Korbe etwas zu tragen, was sie nicht kennt und die Trägerinnen nicht kennen etc.
Beginne mit dem Begräbnis Pippas durch Wann.
Beginne mit einem großen Gewitter.
Der Tod eines Menschen durch Blitzschlag.
Das irrsinnige Mädchen in der Höhle bei Salberg mit der Trommel.
Der Besuch der Bienenkönigin.
»Nun kommt die Wandlung zu höheren Wandlungen.«
Goethes Worte kurz vor seinem Tode.
Wanns Haus.
Der Teller mit Erde in Goethes Arbeitszimmer.
Wanns Tod.
O Erde, Erde.

[Fortlaufende Aufzeichnungen von Juli bis September 1908.]

Die Gaukelfuhre.
Vor der Hütte des alten Wann.
Mitte Juni.
Kuckuck, Frühlingswärme.
Wann pflegt die Pflanzen, Christusdorn.
Die Orgelpfeifen.
Die Gaukelfuhre kommt.
[...]
Michel II.
Pippa II.
Michel, der glückliche Blinde, aus der Tiefe des Wagens.
[...]
Die Moritat, dirigiert von Wann.
»Wißt ihr nicht, daß ich ein Troll bin?«
Hans Wurst.
Die Klage der Direktorin: »Meine alten Freunde verlassen mich.«
Die Puppen. Der ungeheure Puppenkasten.
Gauguin, als Dekorationsmaler, blind.
Was alles aus dem Wagen kommt: Cellos, Geigen etc.

Der Priapklotz ⎫
Astronom   ⎬ das Dämonentheater.
Astrolog   ⎭
Der Polizist, der die Fuhre begleitet.
Der Teufel.
Faust.
Ahasver.
Die Puppenkiste wird in den Abgrund geworfen, dieser klingt. Orgel.
Die Statuette aus Theben.

Kaspar Hauser. Musikunterricht.
Erfahrung von Dunkel ins Licht.
[...]
Pippa hat im Grabe ein Kind geboren: den Simplizissimus.
[...]

Erster Akt
Der alte Wann sitzt vor seiner Hütte und unterrichtet Kaspar Hauser. Harmonie-Lehre.

WANN

Kaspar, spürst du den Duft? Ein lauer Regen fiel
und näßte das gewalt'ge Trümmerfeld, das sich
zum Kraterrande in den Abgrund zieht. Granit
in grauen Blöcken ist's und Düfte hauchend. März
schickt würzigen Atem mit den feuchten Dämpfen auf.
[...]
Kasperle (Kaspar) trägt seinen Kopf in der Hand. Er hat sich vor die Eisenbahn geworfen.
[...]
Der alte Wann und seine Tochter.

Cortez.
Der Traum vom Bluten Gottes! Titel.
Der Traum vom Seesalz.
Walenzauber.
Gliedere an Nürnberger Märchen. Folterkammer.
Cortez-Märchen.
Immer erlebt im hypnotischen Augenblick.
Wahre Märchen werden von Kindern gelebt und von Greisen erzählt.

Schreibe Titel des Märchenbuches.
[...]
Physiker Wann Helmholtz.
[...]

Erste Szene
Wann und Kaspar vor der Tür.

WANN

Was war früher: Sprache durch Worte oder Gesang?

KASPAR

Gesang.

WANN

Woraus schließt du das?

KASPAR

Ton war vor Artikulation. Angst, Schmerz, Sehnsucht, Haß wurden in Tönen ausgedrückt, bevor das höhere Licht der Vernunft den Menschen mit Worten zu denken erlaubte: Schrei geht vor Wort.

WANN

Also ist die Musik eine frühe Kunst?

KASPAR

Musik war eine frühe Kunst, Meister.

WANN

Und sie wird auch die späteste, letzte und höchste sein.

Galahad I.
Thespis. Halbillusionist. Seine Sänger und Sängerinnen.
Gold und Phallus.
Also warum nicht goldner Phallus?
Die Moral in meinem Theater.
Die Verhältnisse werden zu groß.
Amerika.
Und doch wie gut, Amerika: der ausgeschlossenen Rückfälle wegen.

Galahad: »Wie wird das Leben?«
Der Keim aus Keim.
Immer in Wärme.

Der moralische Wert von Wanderungen mit Ziel.
Das Spazierengehen ohne Ziel, weniger produktiv.

Die Ewigkeit darf nur erkannt, nicht gelebt werden.
Nur unterbunden ist sie genießbar.
[...]
Die Wünsche. Das Verlangen.
»Ich seh' ihm ja doch seine Gier an«, sagt Thespis.
»Ich bin kein Erzieher«, sagt Wann.
»Du kannst aus einem Menschen eine Hölle und einen Himmel machen.«
»Er ist nicht für Geld, Geld spielt bei ihm keine Rolle!«
»Umso mehr vielleicht dies«, sagt Thespis und stellt ihm das Weib vor mit dem Mona-Lisa-Lächeln.
[...]
Galahad saß viel in der Zwiesel.
Wann will nur Gestein um sich.
Bist du verachtet worden?
[...]
Wann: »Du wirst hundertfach gespalten.«
»Du kannst die Geschichten von Tausendundeiner Nacht aus deinem Leben schreiben.«
Griechenland in der Tiefe.
Wie Silber spring' er, Galahad, ins Leben.
Gedenke der Miniaturen.
Der Miniaturenbesitz des alten Wann.
Breviarium Grimani.
Die Goldfische aus Tausendundeiner Nacht, historischer Bezug auf den Fischer, der den Gral hütet, Wann.
Das Wafeln der alten Stadt. Vineta.
Mohammedaner, Christen, Juden.
Wann Hüter des Gral schon Akt I.
Der Quietismus: die Zeit ist danach, ihn zu predigen.

Das Tanzen als Kind. Mein eignes. Pippa-Erbe.
Der Jähzornausbruch des alten Huhn. Die quälenden Phantasien des alten Huhn. Das Erbe Kaspars.

GALAHAD

[...]

Wann wirkt ein wenig dem phantastischen Wesen des Galahad entgegen.
Es fehlt in mir ihre Herschsucht! Goldgier.

Die Reisezüge.

Die alte Okarina im Kasten, die Galahad einen besonderen Eindruck macht.

Die Passionsblume.
Der Christusdorn.

Im See Teichrosen.
Die Begräbnisse.
Pippa in den Tod vorantanzend.

Der Körper ist geboren: der Geist ist in ihm wie das ungeborene Küken im Ei.

»Ein Schwert? Was willst du damit tun?« Galahad: »Menschen töten!« — »Wie willst du sie töten?« etc.

Das Judenkind.

Dein Vater hatte grauenvolle Vorstellungen.
Der große Unhold, den sie da unten erziehen, wird mit grauenvollen Vorstellungen kleingemacht.
Verbessert eure Illusionen.
Die wahre Illusion eines Paradieses ist das Paradies.
Das eine Geschlecht.
Zigeuner. Zank (?).
Die Wunde.
Das Wunschgefäß.
Fremd sind und bleiben ihm die Geschlechter der Menschen.
Behalte deinem Geschlecht einen Gral.

Wann über Schule.
Auguren.
Verbildungsanstalt.
Grausam.

Amerigo: »Warum? Warum? Warum?« (alles bezweifelnd.)
[...]

II. Akt.
Zimmer des alten Wann.
Der alte Wann kommt herein mit Kaspar. Kaspar alles fremd.
Der lachende Amerigo folgt ihm.
Wann will Amerigo fortschicken.
Amerigo lachend, aufdringlich: »Es ist dunkel geworden« etc., »ich kann nicht fort.«
Wann will Kaspar mit sich schlafen nehmen.
Kaspar schwankt, Wann gibt ihn frei.
Amerigo mit Kaspar allein. Amerigos Bemühungen: Orden, Ehrbefriedigung etc.
Kaspar im Mondschein allein.
Magdalena kommt.
Die Liebe aus Mitleid.
Die Liebesnacht.
Wann ungesehen. Sie ruhen Arm in Arm.
Die Verwundeten.
Der Teller mit Erde.

III. Akt.
Kaspar und Magdalena.
Sie beschließen, vor Wann zu treten.
Magdalena warnt.
Kaspar, Magdalena treten vor Wann. Kaspar.
Wann sagt: »Du wirst sie nicht erlösen« (sagt er zu Kaspar). »Sie wird dich schwächen, vernichten. Ich werde dich zum höchsten Glanze geleiten.
Ich will tun. Ich will nichts tun. Ich will dich warnen und glaube nicht an den Wert der Warnung. So ist es. Ich will dir etwas von meiner Vergangenheit erzählen.« Das Warten. Die Goldgier.
Beide sitzen, während Wann erzählt.
Unerwartete Flucht.
Der Teller mit Erde.

IV. Akt.
Die Großstadt. Mansarde. — Magdalena verdient für ihn (nimmt sein Ehrgefühl).

Galahad schwerkrank. Hunger.
Amerigo hat einen großen Zirkus. Er kommt, macht dem Weibe Anerbieten, verhöhnt den Mann.
Galahad tötet den Amerigo.
Fühlt sich freier. Ist bereit zu sterben.
⟨Da erscheint Wann.⟩
Will den Tod suchen.
Der Teller mit Erde.

V. Akt.
Haus der Brunnen.
Galahad als Bettler.
Hallende Gruft.
Sonderbare Schellen.
Krypten.
Pförtner.
Schweigende Brüder.
Der Teller mit Erde.
[...]

[Spätere Eintragung in das gleiche Notizbuch
im Anschluß an die vorstehenden Aufzeichnungen]

Rapallo, den 8. Januar 1934.
Seit letztern Blättchen sind ungefähr fünfundzwanzig Jahr vergangen: in meine[n] fortlaufenden Ideen nur eine Gegenwart. Galahad! – heut wie einst als Problem gegenwärtig. Aber was besagt »einst«?

———

Dresden, den 16. Januar 1942.

Faust oder Gaukelfuhre-Fortsetzung

Der neue Faust

ERSTE SZENE

Wann auf der Gebirgshöhe.
Er berührt den Vorstellungskreis von Merlin, Christophorus, Erdmann.

Faust redivivus.
Dämon Rübezahl: wilde, boshafte Naturkräfte, unberechenbarer Dämon.
Zaubermantel.
Anachoreten in den Ossa- und Thermopylen-Wäldern.
Urkunde mit goldnen Siegeln (Goldbulle).
Athos, der heilige Berg Athos.

Szenen

Kaiser und Trunkenbold Michael, Sohn Theophils, Thron von Byzanz.
Liebliche Waldöde.
Einsiedlerhütten, am Bach, in der Nußbaumschlucht, am Lorbeerbusch, am Wasserfall: immer bestritten.
Der rauschende Platanenbach am Hagion Oros. S. 28.
Frisches Lebensspiel: Athanasius (Wann), der neue Begründer des Gottesberg. Die vielen schlesischen Gottesberge. (Nicht der heilige Athanasius aus dem 4. Jahrhundert.)
Kreta heut in unsrem Besitz.
959 Ausrottung arabischen Blutes und Glaubens.
Schöner Burgflecken Karyäs.

[Auszüge aus: Jakob Philipp Fallmerayer, Der heilige Berg Athos. Leipzig. Reclams Universal-Bibliothek.]

⟨ERSTE SZENE

([Am Rand] Wann darf sich nicht mehr im Leben degradieren.)

WANN

Noch immer leb' ich, und warum?
in meinem Hüttenheiligtum,

verloren rings in Schnee und Eis.
Im Haupte kalt, im Herzen heiß:
grau hängt der Himmel um mich her –
die Jugend-Sonne ist nicht mehr! –,
der stumm gebiert den weißen Tod,
gleichmäßig tändelnd: unbeweint
begräbt er alle Erdennot.

OPERIN

Wir haben Wein, wir haben Brot,
dazu die Flamme wärmt und scheint,
die knackend im Kamine loht.

WANN

Nun ja, wir haben dies und das
und eins, das höher steht als alles:
gewiß [?], wenn wir nur wüßten, was?⟩
den Kindern dieses Erdenballes
Heilmittel gegen Glut und Frost,
der Ausgestoßnen einziger Trost.
Allein es gibt ein dunkles Tor:
verschlossen ist's und ist auch offen.
Nicht ganz geheuer kommt's uns vor:
vom Öffnen läßt sich nichts erhoffen,
doch hinter dem verschlossen ist,
was sich erhoffen Heid' und Christ.
Ich sang schon oft das alte Lied.

OPERIN

Wenn du es singst, ich hör's nicht gerne.
Es lähmt, Meister, deine Kraft,
es trübet deine Wissenschaft
und deines Himmels ewige Sterne:
ruf lieber, o geliebter Meister,
uns deine Diener, deine Geister.
Sei's aus des Himalayas Schluchten,
sei's aus des heiligen Athos Buchten.
Und willst du fort aus Eis und Schnee,
du brauchst dazu nicht Luft noch See:
wer schöpft wie du wohl aus dem Vollen?
Bei dir genügt ja, nur zu wollen!

WANN

Das Schneegeriesel, lieber Sohn,
spricht allen unsren Künsten Hohn:
und was vermögen sie wohl mehr
als Hadesschatten zu zitieren?
Was nützt der Toten Wiederkehr?
Verlornes nochmals zu verlieren?
Ich suche Frieden, suche Ruh',
am Lorbeerbusch, am Wasserfalle,
in laubig duft'ger Waldeshalle:
nach andren Wonnen suche du!
Dort möcht' ich zu dem einen beten,
den nie der Sehnsucht Klang erreicht,
den nichts verhärtet, nichts erweicht,
nur so wird mir das Leben leicht.

OPERIN

So werden wir Anachoreten!

WANN

Vorbei: die Hoffnung ist vertan.
Anachoret sein heißt verstummen
und zu verstummen heißt verdummen.
⟨Die Sprache ist des Gottes Pfand,
der Geist geht mit ihr Hand in Hand.⟩
Des Psalmodierens leerer Wahn
kann niemand vor dem Schicksal retten
und Völker nicht vor Schmach und Ketten:
Sie stürzen hin wie Wasser, nackt,
von Katarakt zu Katarakt.

DER DOM

Entstehungszeit: Vor 1917; 1917; 1922; 1924; 1932—1935; 1938; 1941.

Erstveröffentlichung: Einzelne Szenen in »Berliner Tageblatt« 1917; in »Festschrift zum 60. Geburtstag Gerhart Hauptmanns«, Berlin, Mosse 1922; in »Gesammelte Werke. Große Ausgabe 1922«, Bd. 12; in »Frankfurter Zeitung« 1924.

Erste Einzelausgabe: Bibliophiler Teildruck, herausgegeben von F. A. Voigt 1942.

[FRAGMENT I]

LUZIFER

Der obere Teil eines Turmes, der zu einem gotischen Dome gehört. Die Spitze ist abgetragen. Auf der gewonnenen Basis steht ein Geschütz. Neben dem Geschütz Luzifer als Stückmeister. Nacht. Sternenhimmel. Im Turm sichtbar ist die Glockenstube mit den Glocken. Darunter das Zimmer des Türmers und die Wendeltreppe. Der alte Türmer sitzt bei der Lampe, lesend, über dem aufgeschlagenen Bibelbuch. Außen am Turm Kunstuhr mit den zwölf Aposteln. Der Tod besorgt mit einem Hammer den Stundenschlag. Jan steigt die Wendeltreppe herauf.

LUZIFER
Nacht. Böse Sterne. Ohne Regung steht
mein schwarzes Flügelpaar. Rührt sich's auch nur
mit leichtem Schauder, gibt es Donnersturm
und schweflichtes Gekrach von Blitzen, die
der Menschen Städte fressen. Vater unser
im Himmel, du bist gut. Doch diese Welt
nenn' ich mein Werk. Ich schuf sie, und du mußt
sie dulden: denn du duldest sie. Gewürm
nennt sich dies Volk von Menschen unter mir,
nennt sich aus Hochmut so und Hoffart, denn
in Wahrheit dünkt sich's höher als das Höchste!
Und feig doch vor dem Höchsten, weil es etwa
doch könnte stärker sein, erheuchelt dies
Geziefer, diese Plage aller Plagen,
Demut. Liebst du dies Volk: ich hass' es! Haß —
Haß ist mir, was dir Liebe ist! Mir ist
Haß Wollust! — Wohl, im Hasse buhlen wir,
ich und die Meinen mit der Menschen Söhnen
und Töchtern, daß sie Haß gebären! Same
des Satans soll euch ganz verderben, ihr
Gelichter! Er, den ihr allmächtig nennt,
Haustiere Gottes! seine Allmacht ist
der Drüse meiner Bosheit nicht gewachsen,
Gift soll er melken von den Lämmern und

Wolfszähne statt der Wolle scheren. Qual
sei die Geburt und das Geborne Angst!
*Jan hat das Ende der Wendeltreppe erreicht und erscheint auf
der Plattform.*
He, was ist das, was treibt dich hier herauf,
Bürschchen?

JAN
Wer bist du?

LUZIFER
Der Stückmeister! Und du?

JAN
Hier geht ein kalter Wind. Die Sterne machen
mir Schwindel.

LUZIFER
Nimm dich denn in acht,
denn hier ist kein Geländer vor dem Abgrund.

JAN
Stückmeister nennst du dich?

LUZIFER
Ich denke ja,
und hier ist die Bombarde.

JAN
Mann, mir war,
als ragten hinter dir zwo schwarze Flügel.

LUZIFER
Das mag wohl sein, doch du bist noch nicht flügge.

JAN
Wer weiß! Sind das die Feuer unserer Feinde?

LUZIFER
Ich denke.

JAN
Was wird werden?

LUZIFER
Wer nicht stirbt,
bleibt leben, wer nicht leben bleibt, der stirbt.

JAN
Du bist kurz angebunden. Doch im Ernst:
was hältst du von dem Handel?

LUZIFER
Mir behagt er.

JAN
Die Welt ist toll.

LUZIFER
Sie war's von jeher. Sela.

JAN
Wie lange werden wir uns halten, Meister,
wider den Bischof Franz von Waldeck?

LUZIFER
Bis
die Bürgerschaft zu Kreuze kriecht und ihm
die Tore öffnet.

JAN
Das geschieht nie!

LUZIFER
Meinst du?
Du bist kein münsterisches Kind.

JAN
Ich bin
von Holland.

LUZIFER
Nicht so ganz und gar. Man sagt,
du stammst durch deine Mutter aus dem Bistum.

JAN
Du kennst mich?

LUZIFER
Ja, man kennt dich.

JAN
Inwiefern?

LUZIFER
Ich war leibeigen auf dem gleichen Gut
als deine Mutter Adelheid.

JAN
O Mutter!

LUZIFER
Wie manchmal haben wir uns karessiert,
eh sie davonging mit dem Schultheiß Bockel.

JAN
Nimm dich in acht mit solchen Späßen!

LUZIFER
Ei,
wer kann das immer?!

JAN
Kerl, ich stürze dich
beim nächsten Wort hinunter auf das Pflaster.

LUZIFER
Das klingt genau, als wärest du mein Sohn.
Er legt die Lunte auf, ein Schuß fliegt krachend aus dem Geschütz.

JAN
erschrickt
Teufel!

LUZIFER
Der bin ich: dazu half mir Gott!
Er verschwindet.

JAN
Was war das? Taubheit klingt in meinem Ohr.
Krachend zersprang die Stille. Ist mir nicht,
als sei mit dem Geschoß aus erznem Rohr
auch der Stückmeister abgestrichen? Holla!
Der Türmer ist heraufgestiegen und steckt den Kopf über die Plattform.

TÜRMER
Soll ich Sturm läuten?

JAN
Sturm! Ja, läute Sturm.

TÜRMER
Wo ist Hans Kohlenbrenner, der Stückmeister?

JAN
Fort! Nicht mehr da, sofern er jemals hier war.

TÜRMER
Wer hat den Schuß gelöst?

JAN
Ein Engel Gottes oder des Abgrunds.

TÜRMER
Wie kommst du auf meinen Turm?

JAN
Das weiß ich selbst kaum, war's auf Füßen, war's auf Flügeln.

TÜRMER
Du bist von den Heiligen, den Gesalbten, die durch unsre Gassen rasen. Vielleicht war's ein gesalbter Stecken, der dich rittlings hier heraneraraf.

JAN
Ja, wer weiß das?

TÜRMER
Das zu ergründen, gibt's ein Mittel.

JAN
Nennt es!

TÜRMER
Bist du von Gott, so wirf dich hier hinab. Verspritzest du dein Hirn – was lohnt es doch zu leben, wenn Gott seinen Engeln nicht gebieten will, dich sanft hinabzutragen.

JAN
Versucher!

TÜRMER
Du bist's! Ihr seid's! Ihr seid's alle!

JAN
Kann ich dafür, wenn sich durch eure Gassen
der Jüngsten Tage Graun und Schrecken hinwälzt?

TÜRMER
Ja, denn nun kenn' ich dich, weiß, wer du bist:
du bist das Hurenkind aus Leyden, Jan,
gezeugt von einem Inkubus, mit einer
Leibeigenen, bist der Gaukler, der hierher kam,
die satte Bürgerschaft der reichen Stadt
zur Raserei des Irrsinns aufzustacheln.

JAN
Tat ich das?

TÜRMER
      Liefst du nicht, gleich Adam, nackt
und schrecklich brüllend durch die Straßen: weh!
und weh! und wehe! rufend immerzu,
daß dein Gekreische bis zu mir heraufdrang?

JAN
Ist nicht die Welt ein Tal des Jammers, wie?
Und lebst du hier so fern der Welt, daß du
die Zeichen dieser Zeit nicht willst verstehen?

TÜRMER
Hast du die Singerin abgebrannt?

JAN
                    Ich weiß nicht.

TÜRMER
Wer sonst? Die ganze Kirche bebte, alle
Gewölbe hallten. In der Glockenstube
hängen die Glocken starr und summen, so
als wolle sie der Satan läuten, und
sie sperrten sich. Mir fiel der Schmerzensmann
am Kreuz mit Stein und Mörtel von der Wand.
Heb dich hinweg vom Turm des Gotteshauses,
du Hundesohn!
Die Turmuhr tut zwölf Schläge.

JAN
      Hast du das wohl gehört,
Türmer?

TÜRMER

Nein, was?

JAN

Nun, Freund, so hörst du zwar
den Knall aus einer Kinderbüchse, doch
den fürchterlichen Schlägen bleibst du taub,
womit die Schicksalsuhr das Gestern totschlägt:
es hat gelebt, der neue Tag will aufgehn.

TÜRMER

Narr! Bin ich's selbst nicht, der die Kunstuhr aufzieht,
die Räder ölt, die zwölf Apostel reinigt?
Ich gab dem Tod den Hammer in die Hand.
Soll es mich wundern, wenn die Puppe zuschlägt?

JAN

Du bist ein ausgedienter Wächter, bist
ein tauber Turmwart, danke ab! Der Dom
braucht einen andren! Denn du siehst auch nicht
des neuen, ungeheuren Anfangs Brunst,
die dort schon glimmt in blutiger Verheißung.

TÜRMER

Gründling, versäumt' ich je ein Morgenrot,
wo du Angst perltest unter heißen Betten,
Traumdünste gärend im verbuhlten Halbschlaf?

JAN

Und dennoch sag ich dir, du hörst, du siehst nicht!
Es geht ein Sterben durch die Mitternacht
und ungeheuer will ein Leben aufgehn!

[Einzelne Verse]

Aussatz ist unter mir, wie Pocken liegt's
auf meiner Erde Leib. Und im Geschwür
nistet's der Made gleich, was Mensch sich nennt,
die Dome Warzen, ihre Häuser Pusteln,
die Städte selber brandige Herde der
Zerstörung auf der Schöpfung kranker Haut.
Doch nein: euch so zu sehn, ihr grauen Läuse,

im kranken Schorf bringt wenig Spaß. Wer will
Milben dressieren? Mein Rundspiegel macht...

...und Grimm und Krampf und Wut und Pein.
Warum hast du die Frucht der Schöpfung mir
mit diesem Meltau giftig überdeckt?
Nicht Tier, nicht...

[FRAGMENT II]

FAUSTI BUCHDRUCKOFFIZIN

Nacht. Bruder Eckart an einem Pult in einem großen Buche lesend. Faust im Anzug des Handwerksmeisters.

FAUST
Nun, Bruder, wie gefällt Euch dieses Buch?

ECKART
schlägt die Bibel zu
Vergib, o Himmel, wenn sich meine Brust,
sooft ich diese heiligen Blätter wende,
peinvoll verengt und sich in bittrer Lust
fast herostratisch krampfen meine Hände.
Es ist voll Segen, und es ist voll Fluch.
Das aber wahrlich wäre dreist gelogen
zu sagen, daß in dem, was aus ihm floß,
dem, was die Welt durch es genoß,
etwa der Segen überwogen.

FAUST
Mir ist das Buch allein das Pergament
und was ich drauf gedruckt mit meinen Pressen.
Ich hab's geschrieben und vergessen,
wer etwa noch sich einen Autor nennt.
Hat es die Welt beseligt? sie beschwert?
den Frieden ihr gebracht? den Kampf? das Schwert,
als es noch nicht mein Werk war? Solcher Fragen,
ehrwürdiger Bruder, muß ich mich entschlagen.

ECKART
Wer sich auf seiner Hände Werk beschränkt,
erfindungskräftige Gedanken
auf es und auf nichts andres lenkt,
steht wohlbewahrt und braucht nicht schwanken.
Oh, hätte mich ein Vater doch als Kind
zu solcher Übung angeleitet,

wo man von Tat zu Taten schreitet
und nicht im Grenzenlosen ruhlos Fäden spinnt.
Ihr wirket froh am Tag, beim Licht der Kerzen.
Ich spule gleichsam Nebel auf und ab,
als büßt' ich ewige Strafe ab
mit Bitternis, mit Gram im Herzen.

FAUST
Nun, manchmal bin ich ähnlich aufgelegt.
Nicht immer hängt mein Himmel voller Geigen,
allein mit Euch, Verehrter, ist es eigen;
wenn irgendwo die Glocke schlägt,
gleich deutet Ihr es ohne Frage,
als sei's der Ruf zum Jüngsten Tage.
Wenn irgendwo ein Kindlein schreit,
gleich fühlt Ihr aller Kindlein Herzeleid,
und seht Ihr dann die Mutter stehen,
Ihr fühlet aller Mütter Kindeswehen.
Ihr lasset Euch mit Hexen sacken,
mit Ketzern auf der Folter placken.
Ihr leidet jedes Siechen Not
und jedes Täufers Feuertod.
Ihr habt die Welt doch nicht geschaffen
und müßt sie lassen, wie sie ist.
Die Blumen wachsen auf dem Mist,
und auf den Beeten trampeln Pfaffen.
Lacht doch dem Satan in den Rachen!
Ihr werdet ihn doch nie zum Engel machen.

ECKART
Wenn er mich nur nicht über Nacht
zum Teufel unter Teufeln macht.

[FRAGMENT III]

RITTER ULRICH
tritt ein
Ihr Freunde, welche wundervolle Nacht!
Ich bin gewandert vor den Toren,
und in des Maimonds Silberpracht
war meine Seele ganz verloren.
Ich hatte ganz den deutschen Gram,
des Landes tiefe Not vergessen,
bis daß ich wieder zu mir kam.
⟨Sie⟩ hatten nämlich unterdessen
schon wieder einen Holzstoß aufgehäuft
im Felde, nahe bei der Vorstadtmühle.
Die deutsche Freiheit wird in ⟨Blut ersäuft.⟩

FAUST
Da kommt ein neuer Trübsalbläser.
Er fühlt sich als der Reichsverweser,
nicht zwar wie Ihr des Himmelreichs,
nein, nur des deutschen Ententeichs.

[ANDERE FASSUNG]

RITTER ULRICH
Ihr Freunde, welche wundervolle Nacht!
Ich bin gewandert vor den Toren,
und in des Maimonds Silberschacht
war meine Seele ganz verloren.
Ich hatte ganz den deutschen Gram
und so die eigne Not vergessen,
bis daß ich wieder zu mir kam.
Wie uns die Romanisten pressen,
das Mark und Blut aus Deutschland quetschen
und ihre Wolfsgebisse fletschen,
das war mir völlig fast entschwunden.

[FRAGMENT IV]

[AUF DEM PRINZIPALMARKT]

Nacht. Prinzipalmarkt. Ausgestorben. Drückende Schwüle. Nächtiges Ungewitter. Erste, zweite, dritte Hexe plumpen wie schwere Steine nacheinander aus der Luft und hocken mitten auf dem Markt.

ERSTE HEXE
Wer bist du, Schwarze?

ZWEITE HEXE
Die Pest, die Pest.

ERSTE HEXE
Was suchst du hier?

ZWEITE HEXE
Ein Fest, ein Fest.

ERSTE HEXE
Welcher Art soll es sein, sag mir das,
willst du tanzen zur Pfeife?

ZWEITE HEXE
Ich suche Fraß.

ERSTE HEXE
Ja, du hast einen furchtbaren Rachen,
kannst Glieder zermahlen, Hirnschalen zerkrachen.
Aber du leidest gewiß nicht Not,
denn das Reich ist ein fetter Bissen.

ZWEITE HEXE
Ich bin geheißen der Schwarze Tod
und werde mich wohl zu nähren wissen.
Wer aber bist du, und was suchst du hier?

ERSTE HEXE
Ich bin die Habsucht, ich bin die Gier.

ZWEITE HEXE
Am Ende willst du mich um mein reichliches Brot beneiden?
Ich bin die stärkere von uns beiden.

ERSTE HEXE
Was tust du?

ZWEITE HEXE
Ich töte mit Hauch und Blick.

ERSTE HEXE
Ich sitze dem Leben im Genick.

ZWEITE HEXE
Menschenleichen häuf' ich zu Hügeln.

ERSTE HEXE
Ich reite die Menschen mit Zaum und Zügeln.

ZWEITE HEXE
Ich mache vor Kaisern und Päpsten nicht halt,
noch eben hochfahrend und heiß: im Nu sind sie kalt.

ERSTE HEXE
Was nützt mir ein toter Papst und ein toter Kaiser?
Kein Ritter reitet auf totem Pferd,
nur das Lebende ist eines Spornes wert.
Dort kommen Leute, reden wir leiser!

ZWEITE HEXE
Du hast dir selbst dein Urteil gesprochen.
Ich habe mit meinem Stachel und Sporn
noch immer die Schale und das Korn,
Reiter und Roß zugleich durchstochen.

ERSTE HEXE
Und doch leb' ich und hocke hier,
rüttle mich und zanke mit dir.
Dich hat die Hölle ausgeheckt,
Satan hat dich ausgesendet.
Er ruft dich zurück, wenn dein Werk vollendet.
Du bist ein Schreck, der Kinder schreckt.
Der Menschheit bist du nicht gewachsen,
nicht einmal dem Gegenpapst in Sachsen.

Mir aber gehört die Menschenwelt,
soweit die Sonne sie umkreiset,
eh Adam die erste Scholle bestellt,
ward ich mit allem Guten gespeiset,
durfte verschlingen oder besitzen
Pflanze, Mensch, Tier oder Gold.
Was ist mir nicht alles zu Füßen gerollt
von Opfern an Toten und Lebendigen!
Wo sollt' ich beginnen, wo sollt' ich endigen!
Szepter, Krone, Hermeline,
Bistümer, Herzogtümer und Grafschaften.
Ich schlief mit Paris, verschenkte Helenen, Phryne.
Ich brauchte nicht nur am Aase haften.
Trotzdem werden mir zahllose Opfer gebracht
in der endlosen menschlichen Riesenschlacht.
Aber alles und alles bekam ich billig,
und was ich erhielt, erhielt ich freiwillig.

ZWEITE HEXE

Ein größeres Maul hast du sicher als ich.
Wer aber bist du? Ich meine dich!

ERSTE HEXE

Die süßliche Alte ist meine Magd,
die den Leuten die falsche Wahrheit sagt.
Sie ist selbst eine falsche Katze
mit Sammetpfote und Tigertatze.
Sie kann sich in Mönch und Nonne verwandeln
und Christum Jesum für Gold verhandeln.
Sie verriet ihn als Judas mit einem Kuß,
und ihr Geschäft ist noch heute im besten Fluß.

Faust und sein Knabe Michael schreiten langsam über den Markt heran.

MICHAEL

Der Donner rollt gewaltig, Herr Magister.

FAUST

Komm nur, mein Sohn. Man muß an solches Tönen
des Himmelreichs beizeiten sich gewöhnen.

MICHAEL

Ich fürchte mich beinah, es ist so düster,
so leer der Markt, des Münsters Turm so drohend.

FAUST
Sieh da, noch brennt ein Licht beim alten Küster.

MICHAEL
Das war ein Blitz, der ganze Himmel lohend.

FAUST
Solch Schauspiel, wenn wir erst den Turm erstiegen,
wird uns noch herrlicher vor Augen liegen.

MICHAEL
Den Turm ersteigen und bei solchem Wetter?

FAUST
Nicht feige, Knabe, fasse dir ein Herz!
Die engen Stiegen führen himmelwärts
zum Türmer, deinem Oheim, meinem Vetter.
Wir waren stets dort oben wohl empfangen,
und wenn uns erst sein Stübchen warm umschließt,
vergeht dir ganz gewiß das Bangen.

MICHAEL
Eilt, Herr Magister, denn es gießt.

FAUST
Ein kleines Bad muß man ertragen.
Gedulden wir uns einen Augenblick.
Dort seh' ich etwas Graues ragen,
draus etwas glühte wie ein Katzenblick.
Auch regt sich's wohl. Komm, laß es uns betrachten.

MICHAEL
Trotz Eures Schutzes leid' ich Pein,
es kann ein Spuk der Hölle sein.

FAUST
So weniger Ursach, es gering zu achten.
  Zu den Hexen
Was treibt ihr hier?

MICHAEL
Drei nackte Weiber!

FAUST

                                Oh!
Dies ist, was ich gefürchtet; diese drei
sind eine fürchterliche Kumpanei.
Äbtissin, Dirne, wandernde Beghine
hat hier die Hand der Pestilenz gewürgt,
der Fall ist sicher, ist verbürgt.
Du magst ein Stoßgebetlein beten.
Die Pest hat unsre Stadt betreten!

[FRAGMENT V]

DER WILDE JÄGER

Der Türmer spricht:

Der Turm erbebt, die Nacht ist schwarz,
der Wilde Jäger droht vom Harz.
Sein Wolkengequille seh' ich nicht.
Mein Lichtlein blindet mein Angesicht,
und Nacht ist schwarz, so tief wie nie.
Des Unglücks Uhu aber schrie.
Jäger und Meute beginnt sich zu scharen,
bald kommt er brausend dahergefahren.
Anspanne dein Ohr, anspanne dein'n Blick,
hörst du nicht fernes Geräusch und Geknick?
Und da: Tag gebieret ein Augenblick.
Um so tiefer die Nacht nachher.
Mein Lichtlein ist aus, es brennt nicht mehr.
Begraben in Nacht erzittre ich.
Was wird er zerwüten, der Wüterich?
Hör' ich es nicht, das ferne Rauschen,
Gurgeln und Brummen, ohne zu lauschen?
Ich soll dich warnen, liebe Stadt.
Doch unter mir hockt ein Dämon im Turm,
der die Macht mir genommen hat.
Es ist der Satan, der Höllenwurm,
er hat mir den Mut im Herzen ertötet
und den Mund meines Hornes zugelötet.
Der Wilde Jäger kommt, hoiho!
Ich beuge mich über den Wasserspeier:
kein Laut, mein Schweigen klingt ebenso.
Jetzt schlägt mit den Flügeln der steinerne Geier,
der tausende Jahre sich nicht gerührt,
und schreit. Wann hörte ich solchen Schreier?
Der Tod erwacht, der den Jäger spürt:
Aasvögel heran, ich wittre Aas,
der Wilde Jäger sorgt für Fraß.
  Don Hernando tritt ein.

[FRAGMENT VI]

[IM TÜRMERSTÜBCHEN]

Stübchen des Türmers, genannt Eckart. Der Alte sitzt bei der Lampe. Es blitzt. Donner grollt. Der Wind pfeift. Es klopft.

ECKART
Herein!
Faust und Michael treten ein.

ECKART
Willkommen, Meister Faust!

FAUST
Hei, wie's in Eurem Turme saust!
Und wieviel Stufen muß man steigen
im Finstern um den Wendelstein!

ECKART
Oh, das gewöhnt sich. Nur herein!

FAUST
So arg wie heute war es selten.
Mein Knabe will vor Angst vergehn.

ECKART
Man muß den Schwindel überstehn.

FAUST
Ihr thronet zwischen zween Welten,
zu Haus in beiden. Aber wir
sind doch nur kriechendes Getier.

ECKART
Nehmt Platz in meiner niederen Hütte!

FAUST
Ein Scherzwort habt Ihr stets bereit,
Erquickung bei so schwerer Zeit.

MICHAEL

Horcht, Herr Magister — auf der Treppe! Tritte!

FAUST

Ihr könnt nicht glauben, dieser Fant
ist abergläubisch wie ein Hexenrichter.
Er malt Gespenster sich an jede Wand
und hält von höllischem Gelichter
sich für verfolgt und überall umlauert.

ECKART

Und hat, Ihr wißt, damit ein wenig recht.
Allein das Fürchten, Knabe, steht uns schlecht.

FAUST

Er ist verbildet, ist verbauert,
bei seinem Vater tief im Land
hat er gedient als Ministrant.
Dort hat er das Weihrauchfaß geschwungen,
auch ein wenig im Chor gesungen,
kann aber weder schreiben noch lesen.

ECKART

So sind wir alle einmal gewesen.
Nun, Ihr zieht ihn Euch bald heran
und macht ihn zu einem gelehrten Mann.
Sein Auge ist hell, seine Stirne ist frei.
Ihr werdet ihn nach der Kunst behandeln,
die Puppe in den Falter verwandeln.

FAUST

Es scheint, das Gewitter ist vorbei,
der Wind wird schwächer mit jeder Bö.
Was gibt es Neues in Eurer Höh'?

ECKART

Die Frage ist die: was wollt Ihr wissen?
Wieder hab' ich zu vieles sehen müssen.
Denn es geschieht auf dem Erdenrunde
Unendliches in jeder Sekunde.

FAUST

Getreuer Wächter im deutschen Dom,

plaudre gemächlich nach deiner Weise
von Wittenberg etwa, dem deutschen Rom.

ECKART

Still, Herr Doktor, reden wir leise!
Vergeßt nicht, aus welchen Gewölben und Streben
wir beide hier oben uns erheben.
Spielt nicht mit dem Feuer, vermeiden wir das!
Wir sitzen auf einem Pulverfaß.

FAUST

Ihr habt recht. Es trieft zum Glücke
von Wasser in diesem Augenblicke.
Sturzbäche fallen aus allen Traufen.

ECKART

Deshalb wird nicht ein Pfaffe ersaufen.
Und sei es Luther, sei es Denk,
im Grunde hasse ich Pfaffengezänk.

FAUST

Das gleiche wäre von mir zu sagen,
kenntet Ihr mich nicht lange genug.
Es ist die Plage aller Plagen.

ECKART
in einem Folianten blätternd, der vor ihm liegt
Ich blättre in einem furchtbaren Buch.
Der Erisapfel im Altertum
verblaßt vor seinem schrecklichen Ruhm;
um seinetwillen ward Troja vernichtet,
dies Buch hat Weltteile zugrunde gerichtet.
Jahrtausende hat sein Mordbrand verqualmet,
Zeitalter um Zeitalter hat es zermalmet,
um Patroklos' Leiche ward so nicht gestritten
wie um jede Zeile auf jedem Blatt;
um jedes Wort ward gestritten, gelitten,
ja um jeden Buchstaben, den es hat.
Es machte die Menschen zu reißenden Tieren,
zu feigen, schleichenden, blutgierigen Vampiren,
zu allem Scheußlichen, was man will,
will man es nur nicht menschlich nennen.

DER DOM

FAUST

Ich mache dazu ein Kodizill:
es soll ein jeder hängen und brennen,
der diesen Kodex anders liest
wie einer, der blind geboren ist.
 Es pocht.

MICHAEL

Nun hab' ich recht, daß ich Schritte vernahm?
Ich hörte genau, daß jemand kam.
 Don Hernando, in spanischer Tracht, den Degen an der Seite, Federbarett, steckt den Kopf zur Tür herein.

DON HERNANDO

Es sind dreihundertsiebzig Stufen.
Verzeiht: Ihr habt »Herein!« gerufen?

ECKART

Ihr werdet wohl ein Spanier sein
und tretet ungerufen ein.

DON HERNANDO

Ah, Ihr seid deutsch, seid geradezu.

ECKART

Womit, Sennor, kann man Euch dienen?

DON HERNANDO

Ich störe Eure Abendruh',
bin ungelegen hier erschienen.

ECKART

Von Ruh' war wenig zu verspüren.

DON HERNANDO

Ich ließ mich hier herauf verführen,
dieweil die Turmtür offen stand.
Ich bin ein Fremder hierzuland'.
Die Neugier macht mir viel zu schaffen,
ich möchte alles mir begaffen,
den kleinsten Umstand mir notieren,
und also, bitt' ich, sagt mir doch,
wieviele Stufen gibt es noch,
die in die höchste Spitze führen?

ECKART

O Herr, nach oben weiß ich nicht Bescheid,
ich sehe tief, ich sehe weit,
auf Erden jede Kleinigkeit.
So hoch ich stehe, bin ich hingestellt,
doch auf der Leiter in die Himmelswelt,
man nennt sie auch die Jakobsleiter,
komm' ich mit Blick und Hand nicht weiter.
Und ihre Sprossen abzuzählen
heißt, sich dem Wahnsinn anvermählen.

DON HERNANDO

Laßt nur ein wenig mich verpusten.
Was Jakobsleiter, mein verfluchter Husten!
Er läßt sich auf den Stuhl fallen.

MICHAEL
zu Faust

Oh, Meister Faust, habt acht, ich bitte,
der fremde Herr ist mir nicht unbekannt.
Geflissentlich, wo ich auch ging und stand,
verfolgte dieses Langbein meine Tritte.
Er hat mir täglich aufgelauert
auf meinem Gang zum Auditor.
Er hat was Arges mit mir vor.

FAUST

Ihr kommt wohl grade von Madrid?

DON HERNANDO

Nicht grades Weges kann ich sagen.
Seit ich dort aus dem Tore schritt,
hat manche Fahrt und mancher Ritt
mich durch die halbe Welt getragen.
Euer hübscher Junge sieht mich zweifelnd an.
Wirst du erst älter und ein Mann,
wie wär's, du könntest mit mir reisen.
Ich würde dann dir tausend Dinge weisen,
von denen selbst dein Doktor Faust nichts wissen kann.

FAUST

Ihr kennt mich, Sennor, welche Ehre —
ja, ja, ihr Spanier nehmt uns in die Lehre.

DON HERNANDO
Wär' ich ein Spanier reinen Blutes,
leicht brächte mich in Wallung Euer Wort.
Es trifft mich nicht, ich streich' es fort.
Der Spanier tut hierzulande wenig Gutes,
zum mindesten so obenhin besehn.
In meinem Sinn kann er bestehn.

ECKART
Euer Gnaden sind ein Freund von vielen Dingen,
die unsereins um Kopf und Kragen bringen.

DON HERNANDO
Gewiß: mein Degen wird nicht rostig.
Insofern bin ich kein vollkommner Christ,
als mir der Kampf Gewohnheit ist,
und Friedensglocken find' ich frostig:
der Türmer fühlt's und hat's im Blick.
So ist denn auch ein Donnerwetter,
wo Scheiben fliegen, Ziegeln, Bretter,
für mich weit besser angebracht
als etwa friedliches Geleier
bei der verflossenen Sonnwendfeier
von »Stille Nacht« und »Heilige Nacht«.

ECKART
Ja ja, so schätzt' ich gleich Euch ein.
Ihr müßt heut ganz in Eurem Elemente sein.
Ich meine, wenn ein Blitz Euch träfe,
er sengte Euch noch nicht die Schläfe.
Der Bannstrahl, der, von Rom gezückt,
jedweden in die Hölle schickt,
am Ende käm' er Euch gelegen
mehr als des Papstes großer Segen.
Nur eines möchte ich bezweifeln:
ob selbst ein feuerfester Mann
dergleichen Reden sich leisten kann
dort, wo sie den Teufel überteufeln,
um Kaiser Karle des Fünften Thron,
im Lande der Inquisition.

DON HERNANDO
Ich nehme nirgend ein Blatt vor den Mund.

Der Kaiser ist mir zum höchsten verpflichtet:
ich erwarb ihm Neu-Spanien, Peru und
habe ihm Gold zu Bergen geschichtet.
Auch der Großinquisitor erhielt seinen Teil.
Nährt man jemand mit diesem Haber,
so vergißt er sein Wenn und sein Aber.
Höre doch einmal, Michael,
was nützt das Gezänk um den Doktor Luther!
Gelüstet dich nicht nach dem gleichen Futter?
Sie suchen noch immer den goldnen Kaziken,
den hombre dorado, auf allen Meeren.
Wenn wir nun die glücklichen Finder wären?
Wir müßten uns ohne Zaudern anschicken,
da grade günstige Winde wehn;
leicht könnte uns sonst die Beute entgehn.

FAUST

Die Sache wäre zu überlegen.
Man soll nicht verhocken, man muß sich regen.

DON HERNANDO

Wir könnten auch nach Indien schiffen.
Wir haben ja nun das Astrolab
und nicht bloß den alten Jakobsstab.
Da heißt es nur: Wacker zugegriffen!
Eine solche Gelegenheit bietet sich selten
nach den Ländern der Gewürze.
Machen wir einen Vertrag in der Kürze!

ECKART

Das läßt sich hören, Michel, potz Velten,
höchstens bist du noch etwas zu jung.

DON HERNANDO

Mitten ins Leben mit einem Sprung:
das war noch immer das beste Rezept.

FAUST

Hidalgo, es ward schon mancher verschleppt,
der besser wäre zu Hause geblieben.

DON HERNANDO

Hier ist der Vertrag: nur unterschrieben!

DER DOM

FAUST
Ich mache dazu ein Kodizill:
es soll ein jeder hängen und brennen,
der diesen Kodex anders liest
wie einer, der blind geboren ist.
Es pocht.

MICHAEL
Nun hab' ich recht, daß ich Schritte vernahm?
Ich hörte genau, daß jemand kam.
*Don Hernando, in spanischer Tracht, den Degen an der
Seite, Federbarett, steckt den Kopf zur Tür herein.*

DON HERNANDO
Es sind dreihundertsiebzig Stufen.
Verzeiht: Ihr habt »Herein!« gerufen?

ECKART
Ihr werdet wohl ein Spanier sein
und tretet ungerufen ein.

DON HERNANDO
Ah, Ihr seid deutsch, seid geradezu.

ECKART
Womit, Sennor, kann man Euch dienen?

DON HERNANDO
Ich störe Eure Abendruh',
bin ungelegen hier erschienen.

ECKART
Von Ruh' war wenig zu verspüren.

DON HERNANDO
Ich ließ mich hier herauf verführen,
dieweil die Turmtür offen stand.
Ich bin ein Fremder hierzuland'.
Die Neugier macht mir viel zu schaffen,
ich möchte alles mir begaffen,
den kleinsten Umstand mir notieren,
und also, bitt' ich, sagt mir doch,
wieviele Stufen gibt es noch,
die in die höchste Spitze führen?

ECKART

O Herr, nach oben weiß ich nicht Bescheid,
ich sehe tief, ich sehe weit,
auf Erden jede Kleinigkeit.
So hoch ich stehe, bin ich hingestellt,
doch auf der Leiter in die Himmelswelt,
man nennt sie auch die Jakobsleiter,
komm' ich mit Blick und Hand nicht weiter.
Und ihre Sprossen abzuzählen
heißt, sich dem Wahnsinn anvermählen.

DON HERNANDO

Laßt nur ein wenig mich verpusten.
Was Jakobsleiter, mein verfluchter Husten!
Er läßt sich auf den Stuhl fallen.

MICHAEL
zu Faust

Oh, Meister Faust, habt acht, ich bitte,
der fremde Herr ist mir nicht unbekannt.
Geflissentlich, wo ich auch ging und stand,
verfolgte dieses Langbein meine Tritte.
Er hat mir täglich aufgelauert
auf meinem Gang zum Auditor.
Er hat was Arges mit mir vor.

FAUST

Ihr kommt wohl grade von Madrid?

DON HERNANDO

Nicht grades Weges kann ich sagen.
Seit ich dort aus dem Tore schritt,
hat manche Fahrt und mancher Ritt
mich durch die halbe Welt getragen.
Euer hübscher Junge sieht mich zweifelnd an.
Wirst du erst älter und ein Mann,
wie wär's, du könntest mit mir reisen.
Ich würde dann dir tausend Dinge weisen,
von denen selbst dein Doktor Faust nichts wissen kann.

FAUST

Ihr kennt mich, Sennor, welche Ehre —
ja, ja, ihr Spanier nehmt uns in die Lehre.

Herr Doktor, Euer Tintenfaß;
wahrhaftig, ich bin nicht Satanas
und brauche kein Blut zu meinen Verträgen.
Ihr sagtet ja selber, man muß sich regen.

FAUST

Entscheide, Michael, willst du mit?

DON HERNANDO

Oder wir machen zu Land einen Ritt
quer durch die Wunder des Morgenlandes
bis zu den Küsten des äußersten Weltrandes;
zum mindesten aber bis Ophir,
dem berühmten Goldland, gelangen wir.
Der Weg ist mitunter etwas schwierig,
indes man ist mutig, ist wißbegierig,
und er führt von Wunder zu Wunder.

ECKART

Allmählich wohl verfängt der Zunder.

DON HERNANDO

Von Märchenstadt zu Märchenstadt:
den Doppelgipfel des Ararat
werden wir unterwegs ersteigen.
Freilich wird er von Engeln bewacht,
doch wir gehören nicht zu den Feigen,
und oben finden wir ganz gewiß
die Arche, wie Noah sie verließ.
Aber wir machen vielleicht die höchste Entdeckung
und finden das irdische Paradies,
über dessen Lage und dessen Erstreckung
man mir wertvolle Winke hinterließ.
Und denke, Knabe, wie müßte das sein,
röchen wir nur seine Düfte von ferne,
vielleicht täten wir auch einen Blick hinein!

MICHAEL
seufzend
Wenn es sein könnte: oh, wie gerne!

[FRAGMENT VII]

DAS INNERE EINER BAUHÜTTE

DER STEINMETZLEHRLING
Ich schlage gern auf diesen Stein:
Warum? Das mag der Himmel wissen!
Es dringt von überall herein
Geräusch von Meißeln groß und klein
im gleichen Dienst, des ich beflissen.
Was ist es nun mit diesem Dienst,
dem sich mein Sinn so froh ergeben?
Es gilt, die Steine zu beleben.
Seit du in dieser Welt erschienst,
o Christe, aller Wunder Born,
ward unsere Hand gebenedeiet,
daß sie fortan vom Tod befreiet,
was leblos war in Gottes Zorn:
der Bildstock weint und betet an,
aus Steinen werden Weib und Mann.
Aus Steinen, wie von Luft getragen,
gewaltig über niedre Dächer
wölbt sich, ein umgestülpter Becher,
und doch voll Weins, so möcht' ich sagen,
das Münster. Oh, es scheint zu wanken;
die Glocken fangen an zu sprechen,
Erzdonner aus den Türmen brechen.
Wie mächtig sind doch die Gedanken,
die sie mir Tag für Tag erregen!
Mit Glocken und mit Meißelschlägen
entzucken Funken meinem Geist.
Wer hat mit Feuer ihn gespeist?
Der Äther, drin die Sel'gen wohnen,
Dreifaltigkeit, Apostel thronen?
Doch freilich gibt es auch Dämonen,
und einen eben meißl' ich hier,
halb Gottes Engel, halb ein Tier.

[NOTIZ]

Seit fünfzehn Jahren bin ich in der Welt. Wie kommt es, daß ich in all meinem Denken und Fühlen so tue, als ob ich von Anfang der Welt da wäre? Genau genommen, gehen mich ja nur die fünfzehn Jahre meines Lebens etwas an, und wiederum eigentlich nur die Zeit, in der ich bewußt lebe.

Zum Lehrling tritt der Baumeister.

DER BAUMEISTER
Ich höre deinen schönen Gesang.
Die Arbeit, scheint's, ist gut im Gang.
Dazwischen mag man freilich ächzen
und mit sich selber disputieren,
nach Wasser und nach Wahrheit lechzen,
aus staub'ger Zunge Flüche krächzen,
nur muß man nicht den Mut verlieren.
Die Arbeit, die du tust, ist klein,
doch achte du sie nicht geringe,
sie wird ein Teil im Ganzen sein.
Drum jeder seinen Schlegel schwinge.
Holz, Eisen, Stein verrät der Schlag,
verrät die Kraft des Klein und Großen.
Und treten Funken an den Tag,
so ist's, wo sie zusammenstoßen.
An diesem Schauspiel labe dich,
und Münster werden vor dir stehn,
aus tausend Türmen wird es wehn
und dich verehren königlich.
Oh, glaube nicht, mein braver Sohn,
es gäbe irgend höhren Lohn
und höhrer sei's, den ich begehre.
Ich schwöre dir auf Meisterehre,
er stellt mich ganz und gar zufrieden.
Auch Meistern ist es nicht beschieden,
dergleichen Werke auszubauen,
ja fertig nur im Geist zu schauen.
Längst ist dahin, der ihn beschloß,
und der, der seinen Grundstein legte,
dann jener, der das Erdgeschoß

ausbreitete, der Domerbauer.
Vom Dom, den er im Innern hegte,
sah er ein winzig Stücklein Mauer.
So geht es weiter, geht es fort.
Und doch, es ist ein heil'ger Ort,
auf dem wir stehn und uns verschwenden;
nur Gott kann solchen Bau vollenden.

[FRAGMENT VIII]

IN DER BAUHÜTTE

Meister Veit arbeitet an einer Pieta. Bruder Martin tritt zu ihm.

VEIT
Verzeiht, man kann Euch nicht verstehn,
weil allzuviele Hämmer schlagen.

MARTIN
Ich hab' Euch, Meister, nichts zu sagen,
mir ist's ein Glück, Euch nur zu sehn.

VEIT
Was seht Ihr mehr als einen Greis
noch immer mit dem Stoffe ringen,
den alten schweren Hammer schwingen.

MARTIN
Gigantisch nenn' ich Euren Fleiß
zu Gottes und der Kirche Preis.

VEIT
ausruhend
Mir scheint es, Bruder, keiner weiß,
für wen er einer Pflicht genüget.
Was macht mich heiß? Wem rinnt mein Schweiß?
Ob nicht gar mancher sich belüget,
der sich für Gottes Diener hält
in dieser dunklen Leidenswelt?!

MARTIN
Das mag wohl sein, doch sollt' ich meinen,
in dieser Werkstatt wird es klar:
in Eurer Werkstatt gilt kein Scheinen,
schnell macht sie Lügen offenbar.
Ein ungerechter Hammerschlag,
und Lug und Trug kommt an den Tag.

Das ist es ja, was ich beneide
in meiner Kutte leerem Zwang,
bei Predigt und bei Chorgesang,
daß Ihr in Eurem Arbeitskleide
als ganzer Mann und Meister steckt,
der Feuer schlägt aus Felsgestein
und es zu heiligem Leben weckt.
Ich möchte wohl an Eurer Stelle sein.

VEIT

Eins ist gewiß, ich kann mit Euch nicht tauschen,
mich läßt der Dämon meiner Kunst nicht los.
Gern mag ich Euren Chorgesängen lauschen,
mag sein, die Kirche ist mein Mutterschoß,
und meiner Mutter, wahrlich, dien' ich gern
mit allem, was ich kann und bin.
Allein Gehorsam liegt mir fern,
und meines Werkes Eigensinn
bleibt ungebrochen alle Zeit,
verlör' ich drob die ewige Seligkeit.

MARTIN

O Meister, beichtet, laßt Euch absolvieren,
ein solches Wort ertaubt mein Ohr.

VEIT

Ihr tratet durch das Hüttentor,
wo Geister andrer Art regieren
als oben in der Sakristei
und, kurzum, in der Klerisei.
Ich rat' Euch, Bruder, fasset Mut
und laßt Euch nicht so leicht erschrecken!
Wir sind's, die das Gestein erwecken,
Ihr sagtet es und traft es gut.
Wir sind der Dom ums heilige Blut,
doch ihn betrachtet Euch genauer:
es stammt das Bildwerk, stammt die Mauer
aus Jesu Christi Zeiten nicht,
sie sind geboren vor dem Licht,
als leer und wüste war die Erde
und überm Wasser, wie es heißt,
trotz allem schwebte Gottes Geist.

Aus dieser Wüste, diesem Nachten
entstammt der allgemeine Trieb,
das heiße Nach-der-Gottheit-Trachten,
der aller Schöpfung auch verblieb,
er ist's, den jeder Werkmann kennt,
und unsrer Hütten Element.
Dies, Bruder, ist ein Erdenklump
wie der, aus dem uns Gott gestaltet.
Schon hat er Form, einst war er plump,
weil Gottes Geist in mir gewaltet.
Sei du ein Schöpfer, mahnt er mich,
bei jedem Schlage, so wie ich.
Nichts Kleinres führ' ich drum im Schilde,
als wie einst Gott nach seinem Bilde
sich Menschen schuf, ich nach dem meinen
das gleiche tue und im Kleinen.
Im Kleinen? Ja, wer kann es wissen,
denn klein ist groß und groß ist klein,
wir wollen nicht bescheiden sein,
die Einheit wäre sonst zerrissen,
denn ich bin Gottes, Gott ist mein.

MARTIN
Ich nenne dies kein gutes Wort,
und Eure Rede macht mir bange.
Es ist der Herrgott unser Hort,
nicht aber sie, die alte Schlange.
Eßt! sprach sie zu dem Menschenpaar,
so werdet ihr dem Herrgott gleichen.
Und was Ihr sagtet, auf ein Haar,
steht in der gleichen Weisheit Zeichen.
Wir sind nicht Gott, wir sind ein Nichts,
auch Arbeitsfron macht nicht zum Gotte.
So denkend, gleicht Ihr einer Motte,
verzischend in der Glut des Lichts,
das heiß aus Jesu Wunden bricht.

VEIT
Und dennoch, Bruder, bräcft' ich nicht
des Meißels Schärfe an den Stein,
ich könnte nicht den Hammer heben,
denn beides kann nur Gott allein.

MARTIN

Es könnte auch der Teufel sein.

VEIT

Und hat er nicht von Gott sein Leben?
Gut ohne Böse ist nicht gut.
Es ist kein Böses ohne Gutes,
wie ohne Feigheit ist kein Mut.
Ich liebe den, der kühnen Mutes
sich göttergleicher Tat erdreistet
und sich mit Gottes Geist durchgeistet.

MARTIN

Das ist der alte Wahn des Wurms,
der böse Geist des Babelturms.

VEIT

Ich weiß nicht, Bruder, was es ist,
doch ohne dieses Geistes Wehen,
ich würde nicht hier vor Euch stehen
als Heide weder noch als Christ.
So aber muß ich mich entfalten
und tausendfältig Gott gestalten.

21. Januar 1934.

MARTIN

Gott selbst willst du gestalten? Armer!
Gott übe Gnade als Erbarmer.
Hoch sei gelobt, mit dir verglichen,
wer Bilderdienst und Bild verbot!
Bei Juda stand darauf der Tod.
Die Frucht, die Eva einst erschlichen
und deren Gift in dir rumort,
dazu des Wurms Verführerwort,
wirkt eh'r wie Sünde in dir fort.
Ihr werdet sein wie Gott, so sprach er,
und noch im Raunen tödlich stach er.
Der Türke selber scheut das Bild
und Bilderdienst als Lästerung.

VEIT

Was nicht für unsre Kirche gilt.

MARTIN

Und Skrupel macht mir das genung.
Doch ist, in Demut ausgestaltet,
ein Heil'genbild ein ander Ding,
als was in Eurem Bildwerk waltet:
der Hochmut ohne Maß und Ziel,
in Wettstreit mit Gott selbst zu treten!
Ihr treibt ein frevelhaftes Spiel,
anstatt in Demut anzubeten.

VEIT

Zu spät. Hier ist die Zeit versäumt
und leider nichts mehr gutzumachen.
Wer als Rebell sich aufgebäumt
und sich als Herr und Gott geträumt,
wer will den zum geduld'gen Schöpse machen?
Gottvater stellt' ich dar auf seinem Thron,
als Weltenrichter seinen Sohn,
Erzengeln gab ich die Gestalt.
Wer aber gab dazu mir die Gewalt?
Es ist in mir, mein Freund, das heil'ge Blut,
das täglich, stündlich neue Wunder tut.
Ich ringe mit den Kräften der Natur
und schreite fort von Sieg zu Siegen,
dem Grundgeheimnis bin ich auf der Spur.

[FRAGMENT IX]

DER PARAKLET
[GEBET DES MÖNCHES MARTIN]

[NOTIZ]

Laßt uns nichts wegwerfen, denn wir können einmal einen solchen Vers gebrauchen.
»Troilus und Cressida«, IV. Aufzug, 4. Szene.

Nacht. Sakristei der Sebalduskirche zu Nürnberg. Mondlicht durchs Fenster. Martin allein.

MARTIN

O Gott, Dreifaltiger,
Alleinig-Allgewaltiger,
wie oft schrie ich zu dir aus tiefer Not,
du mögest meines Herzens Blindheit heilen,
die Finsternis mit einem Strahle teilen,
den Schritt mir leitend gen ein Morgenrot.
Doch keine Straße will sich mir entrollen,
von Nachtgewölk bleibt meine Brust umquollen.

Bestimmt von meiner Mutter Herzeleide
zu deinem Dienst, kaum ihrer Brust entwöhnet,
zuletzt umhüllt mit diesem heiligen Kleide,
vom Hallen deiner Dome stets umtönet,
wuchs ich und wurde! voll dir hingegeben,
und liebte dich und wollte dir nur leben.

Ich schweige. Hab' Erbarmen, wenn ich schweige.
Du hörst ja dennoch, was ich schweigend spreche —
und darum schweig' ich nicht, dieweil ich feige;
nur daß mich Scham vor dir nicht ganz zerbreche,
denn meines Geistes Wirrnis wie ein Knäuel,
sie ist mir selbst ein Grauen und ein Greuel.

Was lall' ich! Wahrheit dir von mir zu sagen,

es hieße Wasser in das Weltmeer tragen.
Und hat die Wirrnis irgendeine Stätte,
wo sie nicht Wirrnis ist, so wär's bei dir.
Oh, schenk ein Fünkchen Klarheit mir,
damit ich mich vom Wahnsinn rette.

O Herr! Ich habe Stimmen in der Brust,
die Tag und Nacht mit meiner Seele streiten,
sie schmeicheln ihr, sie höhnen sie zuzeiten,
sie finden eine frevelhafte Lust
daran, sie bis ins Innre zu erschrecken,
indem sie deinen heiligen Namen schmähn
und ihre Schwachheit wohl erspähn,
um Böses in ihr aufzuwecken.
O Herr! Wie oft muß ich ergrimmen
beim Toben dieser innren Stimmen,
und wenn ich noch so sehr ergrimme,
zu schwach ist meine eigne Stimme,
sie bringt ihr Lärmen nicht zum Schweigen.
Und Zweifel über Zweifel steigen,
Irrwischen ähnlich überm Moor,
aus meines Wesens Grund hervor.

O Gott, ich bin ein Mönch, ein Christ,
von deinem Heiligtum umschlossen,
von dem, was meines Vaters ist.
Und sieh: Wen hab' ich zum Genossen?
Wer ist in diesem heiligen Raum,
ist in der Kirche, in der Klause
beinahe mehr als ich zu Hause?
Ich sehe, rede, denke kaum,
daß nicht mit meinem Blick und Wort
und in Gedanken fort und fort
der Satan sich mit mir vermische.
Mit jedem Beter tritt er ein,
taucht er die Finger in das Becken,
ja, selbst in deinem Brot und Wein
gelingt es ihm, sich zu verstecken.
Im Licht, das durch die Fenster strahlet,
auf jedem Bild ist er gemalet,
er wirbelt hin in Weihrauchdüften;
und tönt Gesang vom hohen Chor,

so dringt er herrlich mit hervor
und jubiliert in heiligen Lüften.

Wie kommt es, daß du solche Macht
dem Feinde deines Reichs gegeben?
Wie sollen wir dem widerstreben,
den du zum Herrn der Welt gemacht?
Ein Fürst der Engel an Gewalt,
unendlich vielfach an Gestalt,
unendlich reichen Zaubers mächtig,
allfältiger List und Bosheit trächtig;
dem es gelang, dich zu betrügen,
wie sollte den ein schwacher Mensch besiegen!

[FRAGMENT X]

[IM DOM]

ECKART

Was ist hier Kern, was ist hier Schale
an dieser heiligen Kathedrale?
Der leere Raum, von Stein umschlossen,
der Kern? Nur wenig mehr als nichts!
Nun wohl, an einem Kern gebricht's.
Denn Mauerwerk, um nichts gegossen,
kann nicht für Kern noch Schale gelten,
und doch verschwindet hier die Zeit,
umgibt mich hier die Ewigkeit,
Brust, Herz und Auge werden weit
und wachsen in die Himmelswelten.

SATANAEL
auf der Kanzel

Du sprichst nicht, Mönchlein, doch ich höre,
du wirst verzeihen, wenn ich störe.
Doch eigentlich bist du der Störer,
und du verwirrst mir meine Hörer.
Was gilt's, daß ich dir einsam scheine
und stumm dazu auf meinem Platz:
allein seit Stunden, Satz um Satz,
schluckt meine Predigt die Gemeine.

ECKART

Gespenst, bist du etwa der Kern
von dem versteinten Gottesleibe?

SATANAEL
predigend

Ich bin der holde Morgenstern,
ich wandre vor der Sonnenscheibe.
Ich bin es, der die Nacht zerriß,
der Leuchter ewiger Finsternis.
([Am Rand] Das ist der alte Prometheusmythos.)
Ein dreimaliges starkes Pochen erschallt durch das Kirchenschiff.

Was ich gesagt, es bleibt bestehn,
der Klopfer macht's nicht ungeschehn.
Und willst du wissen, wer es ist,
der dort im Chorgestühle kauert?
Ein Kirchenfürst, der Gott belauert,
ein Gernegroß und Widerchrist.

ECKART
Sag, was das Pochen wohl bedeute.

SATANAEL
Nicht mehr als: Schweig, genug für heute!
Allein er irrt, und meine Predigt
wird nie beendet, nie erledigt.
Er mag noch dreimal lauter pochen,
es wird doch immer fortgesprochen.
Er meint, ich sei sein Adjuvant,
hält mich für seine rechte Hand.
Wann ahnen diese Teufelspfaffen,
daß ich die Welt und sie geschaffen.
Er bewegt die Lippen und predigt lautlos weiter.

ECKART
Wie sonderbar! Der Dom ist leer.
Ich ganz allein hab' ihn betreten,
doch wo ich bin, da ist auch er
und will mich hindern anzubeten.
So komm, hochheil'ge Trinität,
und schütze mich und mein Gebet! —
Nun bist du fort, nun fühl ich Frieden,
der Friede ist's, des wir bedürfen. —
Welch ein Geräusch von Körnerwürfen?

SATANAEL
Du hast es richtig unterschieden,
denn sieh, mit vollen goldnen Händen
beginn' ich Saaten auszuspenden.
Die Körner hüpfen auf den Fliesen,
bald werden selige Saaten sprießen;
das Himmelszelttuch um die Hüfte
entsiegl' ich Seelen, Kerker, Grüfte.
Wurf über Wurf zu Boden fällt.
Wie bald in Halmen steht die Welt.
Es pocht wiederum dreimal, heftiger als vorher.

ECKART

Ja, poche, poche! Fürchterlich
hallt deine Warnung durch die Schiffe.
Sämann, ich bin ein Fels für dich
und deine Schliche, deine Kniffe.
Ich kenne wohl dein Säetuch,
du säest Unkraut, säest Fluch.

SATANAEL

Du irrst. Der alte Bischof liegt
dreihundert Jahre in der Krypte,
ihn quält sein langes Schweiggelübde,
und wenn sein alter Adam siegt,
so wälzt er sich in seinem Grabe
und poltert mit dem Bischofsstabe.
Was trockner Staub, was Würmer, Motten, Schaben,
was geht das uns an, die wir Leben haben?

ECKART

Wer hängt am Kreuze, blutend ausgespannt,
wer hat für uns sich sterbend hingegeben?

SATANAEL

Wer senkte in den Mutterschoß das Leben,
den Keim, aus dem so Gott als Mensch entstand,
sprich: oder wäre Gott für dich vorhanden,
wärst du nicht da und nicht entstanden?
Der Galgen ist dein heiliges Symbol,
mir macht ein andres Zeichen wohl,
was Wonne schafft und Leben weckt,
verpönt, verachtet und versteckt.
Fascinum nenn ich's, Mandragore.
Nimm hin, heb auf das kleine Amulett,
so wachsen Paradiese dir im Bett,
und alle Himmel haben offne Tore.
Wallfahrte nach Varailles zum heiligen Fontin,
was gilt's, die Kutte wird dir bald zu enge!

[NOTIZ]

Die Brüder Satanael und Christus. Satanael dasselbe wie Maro. Er bildet den Willens- und Gewaltmenschen aus. Jesus Schöpfer und Herr der Verfolgten.

[FRAGMENT XI]

Satanael und Eckart auf dem abgeplatteten Turme einer gotischen Kirche.

SATANAEL

Nun wohl, die Kutte ist herunter.
Du bist nun eher, was du bist.
Gib acht, nun wird das Leben bunter,
bleib nur ein aufgeweckter Christ.
Der Kirche brauchst du nicht entsagen,
du weißt, sie hat einen Straußenmagen;
so oder so, du wirst verdaut,
und wärst du Lilith angetraut.

ECKART

Wohlan, der Schritt ist nun getan,
wir beide sind nun zwei Bacchanten,
Gesellen, die sich immer kannten
und Brüder auf der neuen Bahn.
Das Kloster liegt nun hinter mir,
will heißen hinter mir und dir.
Wie aber nenn' ich dich fortan?

SATANAEL

Hans oder, wie du magst, Kumpan.

ECKART

Gut, und so sind wir denn hier oben.

SATANAEL

Bevor wir unser Glück erproben...

[FRAGMENT XII]

26. Januar 1934.

GOTISCHE WALPURGISNACHT

Bruder Martin ist im Straßburger Münster eingeschlossen, aus Versehen des Kirchners, und muß darin die Nacht zubringen. Er macht verschiedene Zustände des Grauens durch, findet dann aber vor einem Marienbildnis einigermaßen Ruhe. Gleichsam zu Füßen der Mutter Gottes schläft er ein.
Nun werden die plastischen Bildwerke des Domes lebendig. Nicht die auf gemalter Leinwand, sondern jene aus Stein ornamentaler Art, die mit dem Gesamtkörper des Münsters eine Einheit bilden. Sie stimmen ein Geflüster an, das nach und nach sich zu einem gedämpften Gesange steigert. Alsdann treten sie einzeln in Bruder Martins Traum.

Als uns des Meisters Hand geschaffen,
des Töpfers, aus dem Erdenkloß,
wir standen mächtig, standen groß,
und doch nur als die toten Affen
des Lebens und des Menschenkindes,
begafft von beiden und bestaunt,
und unser Lob ward ausposaunt.
Der Sehende, er lobte Blindes,
der Hörende das taube Ohr,
der Redende sein Lob verlor
an unsren unberedten Mund,
der schwieg, auch wenn er offen stund.
Doch dies war nur der Anbeginn.
All diese Gaffer sind dahin,
all diese Lober sind begraben,
indes wir kalten Steine haben
nun plötzlich jeden Menschensinn.
Wir hören, riechen, schmecken, sehen
und reden, jetzt erst recht erstanden
in täglich neuem Auferstehen,
wo jene in des Todes Banden,
die uns gebildet und begafft.
Wir haben jetzt der Rede Kraft

vieltausendmal wie sie besessen,
und sind sie heute nicht vergessen,
so ist's, weil unsrer Augen Licht
in alle ihre Gräber bricht,
und jede Fläche unsres Leibes
und jedes Glied, Manns oder Weibes,
nicht nur der Mund von ihnen spricht.
Und unsre Predigt kennt kein Ende.
Hut, Gurt und Kleid um unsre Lende,
selbst sie verstehn das Schweigen nicht.
Und um so lauter werden wir,
je mehr Geschlechter kommen, gehen,
um nie mehr wieder aufzustehen.
Bald reden wir wohl auch von dir,
denn auch dein Bilden, Denken, Lehren
wird bald zu deinem ew'gen Ruhm
das allgewalt'ge Schweigen mehren
in des Vergessens Heiligtum.

[NOTIZEN]

Agnetendorf, 12. Juli 1938.

Gestalten der Vigilien im Münster zu Straßburg [späterer Zusatz:] und der gotischen Walpurgisnacht, vor vielen Jahren zusammengestellt. Heut, am 16. April 1941, ein wenig zur Ordnung gebracht.

Stadtwächter mit einer Oboe.
Jüngling mit Sonnenuhr.
Ein Apostel (Paulus?).
Eremit (seltsame Erscheinung mit zottligem Hals; epiktetisch vielleicht, volkstümlich humorig).
Simson (Löwenritt).
Zwergheiliger, gnomisch (geblendet von Sonne).
Erster bis zehnter Prediger (Evangelisten).
Engel, Gesang der Engelpfeiler, Gespräch mit ihnen.
Die Synagoge (edle Frauengestalt mit verbundenen Augen, zerbrochener Speer).
Ecclesia mit Kelch und Kreuz.
Erster, zweiter, dritter Prophet.
Tugenden (schöne Mädchen).

Nun aber:
Tierschnuten, ungeheuerlich.
Schwein.
Halb Affe, halb Hund.
Wolfsrachen.
Esel (schreiend, kurzöhrig, mit Horn).
Pferd.
Wolf.
Widder.
Reh.
Kuh.
Ochse.
Grausigste Menagerie der Welt.
Fischweib.
Fischmann.
Der Trunkene (mit Weintraube).
Die klugen Jungfrauen.
Die törichten Jungfrauen.
Der Satan.
Dämonenfratzen, seine Diener, mit Tieren beschäftigt oder selbst halb Tiere.
Ein Zentaur.
Zentaurische Kleinwesen auf Schaf- oder Ziegenkörper mit Flügeln.
Solche in Fischschwanz, Klauen oder Hufe auslaufend, mit Musikinstrumenten.
Weibwesen, mit Schellentrommeln musizierend. Davor sich in Entzückung windender Hund.
Zwei Höllenwesen (fressen einen Sünder).
Adler (am Nest). Sonnensymbol, in das er blickt.
Pelikan.
Schlange.
Ritter.
Toter Bischof (spricht fliegend).
König.
Pflanzen (daraus blühen Mädchenköpfe).
Knabe (trägt Früchte).
Männerliebesgruppe (Johannes und Jesus? Johannes nackt).
Schellennarr.
Sankt Mauritius.
Judas.
Ein Häscher.

Pallenberg (Krieger vom Heiligen Grab)
Altes Weib (Schalmei).

Wichtige Rolle der Fabelwesen auf dem Turme von Notre Dame de Paris.

Das Symbol der Rolandsgestalt in Bremen etc.

[FRAGMENT XIII]

Der Klageort in Jerusalem.

VORSTEHER
Um des Ortes willen, der darniederliegt . . .

ANTWORT
. . . sitzen wir in Einsamkeit und trauern.

VORSTEHER
Um der Wälle willen, die zerstört sind . . .

ANTWORT
. . . sitzen wir in Einsamkeit und trauern.

VORSTEHER
Um unsrer Hoheit willen, die dahin ist . . .

ANTWORT
. . . sitzen wir in Einsamkeit und trauern.

VORSTEHER
Um unsrer Großen willen, die im Tode liegen . . .

ANTWORT
. . . sitzen wir in Einsamkeit und trauern.

VORSTEHER
Um unsrer Priester willen, die gefallen sind . . .

ANTWORT
. . . sitzen wir in Einsamkeit und trauern.

VORSTEHER
Um unsrer Könige willen, die ihn verachtet haben . . .

ANTWORT
. . . sitzen wir in Einsamkeit und trauern.

[FRAGMENT XIV]

Agnetendorf, 25. März 1941.

Im Glockenturm des Münsters zu Straßburg. Starkes Glockenläuten. Am Strange zieht ein nicht über sechzehn Jahre alter Ephebe, mehr Knabe als Jüngling, unbekleidet. Donatus, ein junger Franziskanermönch, tritt hinzu.

DONATUS
Was geht hier vor? Wo kommst du her?
Und wie an dieses Münsters Glocken,
du Heidenkind mit gelben Locken?

AMPELOS
Dir das zu sagen ist nicht schwer.

DONATUS
Vielleicht wie du die Sache nimmst:
du erlustierst dich mit den Strängen,
doch weißt nichts von den heiligen Klängen,
die du durch deinen Geist verstimmst.
Du bist im Land des heiligen Christ,
doch, wett' ich, weißt nicht, wo du bist.

AMPELOS
Mag sein, ich weiß nicht, wo ich bin.
Doch du, wo bist denn du, mein Held?
Du denkst, ich lebe in der Welt,
nun gut, ich lebe auch darin:
ich fliege auf und ab am Strange —
hinauf, hinab — nichts macht mir bange!

DONATUS
Hör auf mit Läuten! Überlaß
uns Mönchen, Knechten Gottes, das,
die Christi Kirche hat geeinigt,
der Heiland selbst mit Blut gereinigt.
Ein Wildling darf nicht Glöckner sein.
Und was, was läutest du denn ein?

AMPELOS

Die neue Welt, mein großes Kind!
Sie hat erst jüngst mit dir begonnen:
dein Atem ist ihr Schöpfungswind
und deine Augen ihre Sonnen.
Du stellst dich, wie mir scheint, noch blind,
willst deinen Genius verstoßen —
ein vielbeliebter, übler Fall —,
das mußte mich denn doch erbosen,
drum weck' ich dich mit Glockenhall.

DONATUS

Du nennst dich meinen Genius
und hast mir dorten aufgelauert,
wo Christi Kreuz vom Altar trauert.

AMPELOS

Ja, liebe mich: hier ist mein Kuß!
Er umarmt und küßt Donatus.

DONATUS

Hinweg, nichtswürdiger Dämon!

AMPELOS

            Nein,
nichtswürdig laß den Christen sein,
der unter Sündenlasten ächzt,
entwürdigt nach Erlösung lechzt.
Doch du erkenne, sei gescheit,
des eigenen Wesens Würdigkeit.

DONATUS

Altkluge Worte spricht ein Kind.

AMPELOS

Da wirst du manches noch erleben,
wenn wir erst wahre Freunde sind.
Ich werde stündlich um dich schweben,
gleichmäßig sorgend um dich her,
dich leiten über Land und Meer.
Solange du mich altklug nennst,
wird klar, daß du mich noch nicht kennst.

DONATUS
Ich las einmal, ich weiß nicht wo,
in einem gottverdammten Buche —
es drosch dazu noch leeres Stroh —,
daß, Höllengeister unterm Fluche,
ein wüster Götze namens Zeus
auf seinen Genius sich stützte,
wahrlich, kein Heiliger im Gehäus'!
Ares, der Mördergott, der Blitze
wie Spieße schleudert, Bakchos, andere mehr
auf Bürschlein sich wie dich gestützt: komm her
und laß dich einmal aus der Nähe sehn,
dann geh, wohin du willst, und laß mich gehn.

AMPELOS
Da, sieh mich an, du schlecht beratener Mann,
du forderst mehr von mir, als was ich kann.
Wohin ich will zu gehn, ist mir versagt
und ebenso dir, gleiches zu erlauben.
Allein, ich spreche nicht zu Tauben!
So sei noch einmal unser Bund vertagt.
Kriech denn ein wenig noch im Schlamm herum,
denn morgen wird dir doch der Star gestochen:
ist dir der Ruf der Weltenstunde stumm
noch heut, so hat sie morgen dir gesprochen.

[FRAGMENT XV]

Ein hundsköpfiger Dämon mit Affenschwanz läutet das Armesünderglöcklein.

DER HUNDSKÖPFIGE
Gelle, Schelle! belle, belle!
Du Höllenschreihals, sei nicht faul;
entschreitet er der Kerkerschwelle,
begrüßt ihn gleich das Hundemaul.
Schon plärren Pfaffen Litaneien,
die ihm, voran den Kreuzesstock,
hernach der Prior auf dem Bock,
den Weg zum Holzstoß benedeien.
Dominikaner, canes domini,
hetzt und zerfetzt das Menschenvieh.
Man führt einen schönen gelockten Jüngling in Ketten aus dem Turm auf die Straße. Stadtknechte umgeben ihn. Er wird von Mönchen und Weltgeistlichen in Prozession erwartet.

[FRAGMENT XVI]

[EINZELNE VERSREIHEN]

[1]

München, Hotel Continental, den 25. Juli 1922.

Dich seh' ich wieder, du geliebtes Paar,
allüberall in diesem düstren Hause:
die Gruft des Lebens, dennoch wunderbar
wie einer höchsten Wahrheit tiefste Klause.
Und drin dies Bild: Ureltern, Mann und Weib,
die wahren Schöpfer Himmels und der Erde,
getrennt der ewig junge Adamsleib,
zweieiniges Fiat, hundertfältiges Werde!
Lehrt ihr Entsagung euren fernen Sohn,
die alle meine Süchte schmerzhaft stauet?
Was drüben wartet unser für ein Lohn,
wenn uns vor eurem Paradiese grauet?
Denn warum schnitt dich Gott aus Adams Brust,
o süße Eva? Um dich ihm zu schenken,
damit er Gottes tiefster Schöpferlust
teilhaftig sei im Fühlen, Tun und Denken.
Ist denn die Schlange meine Lehrerin,
die euch, entgegen Gott, das Gut und Böse,
das Allerheiligste des Rats: Erlöse!
gelehrt? Ist denn des Feigenblattes Sinn
das Allerheiligste der Kathedrale?
Gewiß nicht: Licht des Lebens, strahle, strahle!
Denn Gottes wahre Welt kennt keinen Tod.
Die Mette schellt, sie nehmen Wein und Brot.
Es leuchtet auf, es blitzt. In Purpurfarbe
sticht's gen die Wölbung, schießt in goldner Garbe
mit Sternenkraft, mit überherrlicher Macht.
Getroffen schmilzt mein Herz in so viel Pracht.

[2]

Wie sich bunt die Fenster malen.
Güldne Äpfel gülden strahlen

in des Tückebaumes Wipfel,
draus die grüne Schlange züngelt.
Rötlich strahlen irdische Gipfel,
und das Metteglöcklein klingelt.
Weihrauch quellend steigt Ekstase
auf an bilderseligen Scheiben,
und Verrückung glüht im Glase.

[FRAGMENT XVII]

[NOTIZ]
Don Cabral versucht seine Verführung zum zweitenmal.

Kloster/Hiddensee, 16. Juli 1932.

IM DOM

Bruder Martin zelebriert die Messe. Michael ist einer der Ministranten.

MARTIN
nachdem die heilige Handlung vorüber ist
Was ist dir, Bub?

MICHAEL
Ich weiß es nicht.

MARTIN
Blaue Lippen und ein blutlos Gesicht!

MICHAEL
Ich glaube, mir vergehn die Sinne.

MARTIN
Bist noch nüchtern. Halt dich nur einige Schritte,
Freundchen, bis in die Sakristei:
dort finden wir eine Arzenei,
ein Schlückchen Wein und eine Brotschnitte.

MICHAEL
Nein, es ist nicht geheuer drinne.

MARTIN
Geheuer ist alles in Gottes Haus.

MICHAEL
Und doch, da war eine rote Maus,
die unter den Altar ist geschlupft
und dann über die Patene gehupft.

MARTIN
Mein lieber Sohn, du siehst Gespenster.

MICHAEL
Erst drückte er seine Nase ans Fenster,
dann trat er ein durchs geschloßne Portal.

MARTIN
Wer?

MICHAEL
Der dort steht: Don Hernando Cabral.

MARTIN
Der Spanier oder Portugiese,
der sich hier in der Stadt gefällt,
überall klimpert mit seinem Geld,
angeblicher Ritter vom Goldenen Vliese?

MICHAEL
Wenn ich ihn sehe, ich weiß nicht warum,
ist mir wahrhaftig nicht zum Lachen,
ich werde wie ein Kaninchen dumm
vor geöffnetem Schlangenrachen.

MARTIN
Aber was du siehst, ist nicht da.
Wir lasen ja nur unsre Totenmessen
vor leeren Bänken und Schiffen.

MICHAEL
Ja, ja,
und doch ist er erschienen unterdessen,
auf den Punkt, als die Schelle erklang,
und eben im gleichen Augenblicke,
als die rote Maus auf den Altar sprang.

MARTIN
Nun, so machen wir denn drei Kreuze,
sozusagen für jeden Fall.
Fremde und sonderbare Käuze
gibt es, glaub mir, bei uns überall.
Aber nun komm und laß uns gehn.

Gott sei Dank ist dir wieder besser,
nun hörst du auch auf, Gespenster zu sehn.

MICHAEL
hat unverwandt auf den Altar gestarrt
Nun durchsticht er die Hostie mit dem Messer.

MARTIN
Das mögen alle Engel verhüten!
In dir, mein Sohn, scheint das Fieber zu wüten.
*Don Hernando wird plötzlich, auf einer Ecke des Altars
sitzend, sichtbar.*

DON HERNANDO
Mitnichten, Frater. Das Auge des Jungen,
besser als Eures, blickt durch die Wand.
Ihr hantiert mir zuviel mit Sand,
den Ihr streut in die Augen der Frommen:
so ist er Euch selbst in die Augen gekommen.

MARTIN
O nein, wenn er sich ganz entkleidet,
so kann auch ich den Bösen sehn.
Ich weiß, daß Gott ihm nicht verleidet,
im Dome ein und aus zu gehn.

29. Januar 1934.

DON HERNANDO
Der Mensch ist böse von Jugend an,
bin ich da nicht der rechte Mann?
Unter Tausenden auserlesen,
ihn zu stützen im eigensten Wesen?

MARTIN
Ein wahres Wort im Weltverstande,
vor Gottes Wahrheit eine Schande.

DON HERNANDO
Das glaub' ich nicht. Du aber glaube mir:
Gott spricht aus mir gleichwie aus dir.
Wär' irgendwas an mir nicht ER,
wo bliebe Gottes Macht und Ehr'?

[FRAGMENT XVIII]

DAS GASTHAUS ZUM PILGERSTAB

DER WIRT
Herr, Ihr müßt mich nicht erschrecken,
denn ich weiß nicht aus noch ein.
Milch und Eier, Fleisch und Wecken
müßten tausendfältig sein.
Kann ich sie mit Heilandshänden,
guter Meister, so vermehren,
Eure Kinder zu ernähren,
zahlreich wie Heuschreckenschwärme,
Hungerkuren im Gedärme?

NICOLAUS
Jene Engel, die sie senden,
werden alles Euch vergüten.
Solcher Seelen Wunderblüten,
so im Heil'gen Geist entglommen,
hingeneigt zum Heil'gen Grabe,
saht Ihr nie im »Pilgerstabe«.
Man hört Kinderstimmen deutsch, französisch, italienisch durcheinandersingen.

DER WIRT
Ich verstopfe mir die Ohren,
doch das Singen muß ich hören.
Furchtbar, solchen Kinderchören
hingegeben, scheint verloren,
was man je erwarb im Leben.

NICOLAUS
Beßres ward Euch hier gegeben.
Dieser Gotteskinder Schwingen
werden's Euch zurückebringen,
allerhöchster Gaben Gabe,
aufgeschöpft am Heil'gen Grabe.

[NOTIZEN]

Der Erlösungsdrang und Rausch der Kinderkreuzzüge. Die Kathedralen sind gleichsam Bienenstöcke, die solche Schwärme aussenden. Der heilige Leichnam. Die Oriflamme.

Etienne, der predigende Hirtenknabe.

[FRAGMENT XIX]

UNTER EINER ALTEN LINDE

Vor einem Wirtshaus an der Landstraße. Bruder Eckart, Bruder Hans als fahrende Studenten sitzen bei einer Kanne Wein am Tisch. Nahebei ein deutscher Landsknecht an einem auf die flache Seite gestellten Faß. Er ist ziemlich verstaubt und abgerissen.

ECKART
Oh, höre, Bruder, wie in grüner Wolke,
es oben tief und schwelgerisch erbraust,
die alte Linde schenkt dem Bienenvolke,
indes wir hier getrunken und geschmaust,
den Nektar ihrer Millionen Blüten
und ganz umsonst, nicht gegen Batz und Gulden.
Wir leeren unsern Säckel, machen Schulden.

HANS
Man kann's der Magd mit Küssen auch vergüten.
Auf diese Art vergleicht Genuß und Säckel
sich ohne Zwang — du siehst es ein —
wie hier die Kanne, hier der Deckel
und drin verborgen süßer Wein.
Ännchen, komm her, du junges Kind,
ganz nah mit deinen sechzehn Jahren.
Es weht ein warmer Sommerwind,
willst du mit uns gen Himmel fahren?
([Am Rand] Denke an Gruben, Schmidt und Oscar Müller.)

ÄNNCHEN
Oh, ihr gefallt mir schon, ihr zwei.

LANDSKNECHT
Potz Marter, ich bin auch dabei.

ÄNNCHEN
Antwortet nit, ihr braven Gesellen.

Es ist ein arg verlauster Knecht,
hat seit dem Morgen hier gezecht.
Ich wette drum, er wird uns prellen.
Er hat ein übles Galgengesicht,
drum, brave Burschen, reizt ihn nicht!

HANS

Kommst von weither, Bruder Veit?

LANDSKNECHT

Wer das bestritte, tät' mir leid,
er hätte wohl bald ein Loch im Kragen.

HANS

Darf man Euch nicht Guten Abend sagen,
ohne daß zum Dank Ihr knirscht und spuckt?

LANDSKNECHT

Ihr habt mich hämisch angeguckt,
habt mich fixieret und vexieret.
Wer's nochmals wagt, der ist krepieret.

HANS

Ach Bruder, steck deine Plempe ein,
laß uns lieber behaglich sitzen,
nimm von mir eine Kanne Wein,
statt ohne Nutzen mein Blut zu verspritzen.
Ich trinke dir zu, Meister Schwartenhals!
Ännchen, vom besten! Ich bezahl's.

LANDSKNECHT

Gut! Aber gebt acht: hier wird nicht gewitzelt,
wundre sich nicht, wer den Teufel neckt,
wenn ihm sein Horn in der Wampe steckt.
Ich hab' den Papst mit der Glefe gekitzelt,
ich lag vor der Engelsburg zu Rom,
hab' plündern helfen Sankt Petri Dom,
Kaiser Karln des Fünften Sänfte getragen,
drei türkische Paschas zu Wien erschlagen,
beinah den Sultan Suleiman erstochen.
Und vor kaum erst zween Wochen
bin ich in Palos aus dem Kraweel gestiegen.

Was lag da nicht alles hinter mir!
Ich lebe noch. Gewiß, mein Seel'!
Ich trinke Wein, ich sitze hier,
doch der Donner mag mich erschmeißen,
bin ich nicht zehnmal so gut wie verreckt,
als Jonas im Walfischbauch gesteckt,
herumgebalgt mit Schwarzen und Weißen.

ECKART

Da ist er am Ende unser Mann.
In Palos, sagt Ihr, kamt Ihr an,
wart Ihr etwa in dem Goldlande?

LANDSKNECHT

Das will ich meinen und nicht nur am Rande.
Die Augsburger Welser hatten uns ausgeschickt,
freilich, der Zug ist übel geglückt.
Geritten, gewandert, Gebirge durchklommen,
Flüsse und Seen überschwommen,
gedarbt, gedürstet, fieberkrank,
Tage, Wochen, Jahre lang,
durch Sintflutregen, durch Sonnenbrand.
Unser Obriste ließ nicht locker,
drang tiefer und tiefer ins neue Land,
war unser keiner ein Ofenhocker,
doch mußten fast alle die Segel streichen,
will heißen: aus Männern wurden Leichen.
Ich mache so bald, geschworen bei Kaisers Bart,
keine zweite Doradofahrt.

HANS

So überlaßt uns die zweite,
uns zieht es mächtig in die Weite,
das Glück ist nicht einem jeden hold,
wir aber denken es zu zwingen.
Wir beide wollen Lasten Gold
dereinstens mit nach Hause bringen.
Wir reisen jetzt zum spanischen Re,
dann mit Vespucci in die See.

LANDSKNECHT

Wie, soll das heißen, ich sei feig?

HANS
Nun trink, du Schäker, trink und schweig!
Die Kanne steht Dir vor der Nase.

LANDSKNECHT
Ihr reizt den Leun.

HANS
Er ist ein Hase.

Faust und sein Knabe mit Wanderstäben.

FAUST
Laß uns ein wenig rasten, Knabe.

ECKART
Kennst du den Mann am Wanderstabe?

HANS
Ist es der Ewige Jude?

ECKART
Nein.

HANS
Dann mag's der ewige Deutsche sein.

ECKART
Wie meinst du das?

HANS
Der Unbekannte
und allbekannte Unbenannte.

[FRAGMENT XX]

LUTHERZELLE AUF DER WARTBURG

JUNKER JÖRG

Hier dieses Spieglein von Metall
zeigt Junker Jörgens Bart und Kleid,
und seiner Stimme Widerhall
zeigt Junker Jörgens Einsamkeit.
Das Burgtor schließt die schwarze Nacht,
die auch mein Fensterlein bewacht.
Allein da sind schon ihrer zwei,
der Junker Jörg und ich dabei.
Wie kamen wir auf diesen Berg:
der Bergmannssohn, der Junker Jörg?
Wie wurden wir hierher verschlagen?
Da müssen wir das Mönchlein fragen,
den dritten schon in unsrem Bund,
der jüngst vor Kaiser Karlen stund
mit bestem Wissen und Gewissen,
doch leider auch in Bann und Acht.
Er blättert, blättert Nacht für Nacht,
von Christi Not das Herz zerrissen,
im Buche, das wir alle kennen,
mit Recht das Buch der Bücher nennen.
Gut, Bruder Martin, gut, wir flohn:
Mönch, Ritter Jörg und Bergmannssohn.
Man hat uns weislich hier versteckt,
dieweil der welsche Antichrist
ein Feind der deutschen Freiheit ist.
Und Kaiser Karlens hoher Mut
dem Spanier sie verraten tut.
Oh, wie die Wahrheit bitter schmeckt!
Und einer hier, der andre dort
verraten Christum und Gottes Wort,
weshalb wir hier vereinigt sind,
Junker, Mönch und Bergmannskind,
eine versteckte Dreieinigkeit,
dreieinig im bittren Herzeleid.

Dreieinig aber noch viel mehr
in diesen Lettern, diesen Blättern,
diesen göttlichen Seelenerrettern.

[FRAGMENT XXI]

Kardinal Cajetan mit glänzender Umgebung im Anblick einer Prozession prächtig geschmückter hoher Geistlichkeit.

CAJETAN
Seht doch, wie vornehm und wie reich geschmückt,
man ahnet drunter kaum noch den Barbaren.
Rom mag getrost im goldnen Wagen fahren:
Stallknechte so wie diese sind geschickt,
uns Völker so wie Pferde zu dressieren.

[ANDERE FASSUNG]
Kardinal Cajetan mit glänzender Suite im Anblick einer Prozession von hohen deutschen Geistlichen.

CAJETAN
Das strotzt von Gold, das prunkt mit Brokat,
welch übertriebener Ornat.
Deutsche, sozusagen Sklaven im Joch —
welch vornehme Stallknechte haben wir doch.

[FRAGMENT XXII]

[1]
IM FOLTERKELLER

[SATANAEL]
Hier kannst du sehn, auf welchem Grund
unser Herr Jesus Christus stund.
Das Hängen, das Köpfen bedeuten nit viel,
und Brennen ist ein Kinderspiel.
Sieh, dort wird einer von rückwärts erstochen.
Auf Hölzern kreuzweis liegt ein Mann,
man fängt ihn eben zu rädern an.
Man zerschlägt ihm mit einem großen Rade
langsam die Knochen ohne Gnade,
die Finger zuerst, das Handgelenk,
hernach das Arm- und das Schultergelenk.
Nach dem rechten Arm den linken Arm,
die Hüften, die Knie, daß sich Gott erbarm'.
Dort haben wir das Folterbett,
es ist ein dickes Stachelbrett,
der nackte Sünder ist draufgebunden
und wird von Henkersknechten geschunden.
Dort hast du noch einen armen Gauch,
man schlägt ihm mit einem gewaltigen Schlegel
einen hölzernen Flock in den Bauch.

HENKER
Lache nicht, du Bacchantenflegel.

SATANAEL
Die vier Gliedmaßen mit hänfenen Trossen
an vier Brabanter Gäule geschlossen,
hängt dort in der Luft ein Weib,
man zerreißt ihren jungen Leib.
Kunstgerecht in vier Viertel getrennt
wie das Kalb auf der Fleischbank, dort ein Student.
Der Bursche hat es unterlassen,
als der Pfaffe vorüberging,
vor dem heiligen Leib an die Mütze zu fassen.

Und dorten hast du ein ander Ding,
an Stricken wird einer zur Decke gezerrt,
Gewichte hängen an seinen Füßen.

[NOTIZ]

Das Blockgefängnis.
Der verkehrt Aufgehängte wird durchsägt, in Fässern ertränkt. Die eiserne Jungfrau, lebendiges Ausdärmen, Riemenschneiden. Das Blenden.

[2]

SATANAEL

Hier kannst du im Vorübergehn
christliche Brüder tätig sehn.
Die Hölle ist verleumdet worden!
Die Kunst, zu martern, die Kunst, zu morden
findst du hier im höchsten Staat.
Hier sind die Meister von Galgen und Rad,
die Unerweichlichen, Kalten, Langsamen,
solche haben wir nicht in den Höllenflammen.
Bruder, beiß die Zähne zusammen:
du siehst hier lebendige Menschen ausweiden,
aus ihren Rücken Riemen schneiden,
die Zunge wird ihnen ausgerissen,
sie werden des Augenlichtes beraubt,
sie werden von glühenden Zangen gebissen.
Schlägt man ihnen vom Rumpfe das Haupt,
gestehe — es bedeutet nicht viel,
ist gegen das andre Kinderspiel.
Die Füße getrennt an zwei Balken gebunden,
den Kopf nach unten, wird einer geschunden.
Mit der Säge wird er lebendig durchsägt,
sie wird zwischen den Beinen angelegt.
Doch weiter, weiter. Ich bin ein Mann,
der seinen Puff vertragen kann.
Doch hier vergeht mir fast der Mut,
erstarrt dem Satan vor Grauen das Blut.
Und diese Henker, diese Richter,
dieses verruchte Mordgelichter,
diese Schnauzen, schäumend von giftiger Wut,
triefend von unschuldigem Blut —
sie wagen dem benedeiten Milden

allbarmherzige Namen zu bilden.
Freund, ein Ort der Verdammnis muß bestehn,
zwar hat ihn der Teufel nie gesehn.
Hier aber haben wir Höllenhunde
aus einem unbekannten Abgrunde.
Und als der Heiland hinabgestiegen,
da waren die Bestien nicht zu besiegen.
Ihre Rachen schnappten nach seinem geheiligten Namen
und bissen sich fest: verflucht seid! Amen.

[3]

Fasse, Bürger, in dein Gebet
die obrigkeitliche Autorität.
Recht, Gesetz, Verordnung, Mandat, Erlaß —
das obrigkeitliche Tintenfaß
hat Saft genung und Federn genung
zur Nationalbeschäftigung.
Der schwarze Saft, er färbt sich rot,
da heißt er Blut, da bringt er Tod.
Und daß es immer so bleiben mag,
betet zum Himmel jeden Tag.
Wie hurtig, alles ohne Verzug,
ist man nun erst beim Vollzug:
die Galgen, die Räder auf allen Richtstätten
arbeiten herzhaft und unermüdlich.
Die Henker köpfen und martern friedlich.
Das Rathaus hängt voll eiserner Ketten.
Die eiserne Jungfrau steht bereit,
Halsringe, Käfige, Säcke zum Sacken,
Messer zum Bauchaufschlitzen,
Zangen zum Zwacken,
das wartet alles auf seine Zeit
und eifrige, nützliche Tätigkeit.
Nur braucht's ein stilles, freundliches Wetter,
da kommt auch der Holzstoß noch in Brand
und säubert von Hexen und Ketzern das Land.

[NOTIZ]

Die Ketzer.
Sie sterben gut, muß man von ihnen loben,
man ist von ihrem Todesmut erhoben.

[FRAGMENT XXIII]

[EINZELNE VERSREIHEN UND NOTIZEN]

> Kloster/Hiddensee, 18. Juli 1932.
>
> Ein Gott, der nicht das Leiden kennt,
> ein solcher weiß auch nichts vom Leben.
> Auch ist ihm keine Macht gegeben,
> die doch nur Macht ist über Leiden.
> Kein Hirte kann die Lämmer weiden,
> dem nicht ihr Leid im Herzen brennt.
> Wer ewig selig von Natur,
> der wüßte nichts vom wahren Leben.
> Wer leidensfähig, diesem nur
> kann sich ein wahres Leben geben.
> Wo Leid nicht ist, ist keine Lust,
> und keine Lust ist ohne Leiden:
> deshalb bekenne sich zu beiden,
> wer eines trägt in seiner Brust.

Und so läßt der Mythos durch verschiedene Gottheiten bis zu Jesus Christus am Kreuz die Leiden der Erde bis ins letzte auskosten. Der Leidenskelch wird von ihnen bis zur Hefe geleert. Worin besteht hier das Leiden? In Ohnmacht. Das Gute, das Edle wird zur Ohnmacht verdammt. Der übermenschlich sehende, fühlende und wollende Mensch wird des freien Gebrauchs seiner Kräfte beraubt, bei vollem Leidensbewußtsein zugleich gefesselt und gemartert. Der ihn martert, fesselt und mit vollem Bewußtsein zur Ohnmacht verdammt, ist wiederum sein Artbruder, der Mensch.

1. August 1933

Ein Doppelprivileg hat der Mensch: die Fähigkeit, Leiden zu ersinnen, Leiden zuzufügen, wie kein anderes Lebewesen, insonderheit kein Tier, es vermag, und Leiden zu erdulden in einem Maße, hinter dem jedes andere Lebewesen, insonderheit jedes Tier, weit zurückstehen muß.
Nur was der Mensch dem Menschen zufügt und was der Mensch vom Menschen erleidet, kommt hier in Betracht.

Dem Wesen nach ist diese Art Leiden ein moralisch-physisches Gemisch.

Du lebst dahin: wie kannst du leben
in diesen Auen, wo das Gras
der Schmerzen geilt und Halme beben
im Wind des Wehs ohn' Unterlaß?!
Du bist ein Seher, bist ein Denker:
was ist nun deiner Weisheit Schluß?
Ein kurzer Satz aus einem Guß:
Es ist der Mensch des Menschen Henker.

Die Gier nach Gold? Mag sein vielleicht
ein Sporn des Geistes, ohne Zweifel.
Wohl manches ward durch ihn erreicht —
doch beßre Mittel hat der Teufel
im Kainfluch, im Brudermord.
Was hat nicht dieser Fluch erfunden?
All diese Wunder nennt kein Wort
und ihre Saat von Blut und Wunden:
Pfeil, Messer, Kugel, Beil und Strick,
Giftpulver, Gas und Ekrasit
bewaffnen mörderische Heere.
Nicht gegen wilde Tiere, nein:
der Mensch nur gibt sich so die Ehre,
sein nur höchsteigner Feind zu sein.
Hoch steiget, bis an Gottes Thron,
dein Preis und Ruhm, o Menschensohn.
Selbst der dort thront, er kann vom Bösen,
das immer neu in dir entbrennt
als ein allmächtiges Element
der Schaffenskraft, dich nicht erlösen.
Wenn Engel seine Kinder sind —
wo irgend auch ein Teufel wäre,
Mensch, wisse, jeder ist dein Kind!
Ist irgendwo ein wüst Gegäre,
Verwesungsdampf aus kot'gem Schlamm,
so, wolle meinen Worten trauen,
sind's deiner Sehnsucht goldne Auen.

[FRAGMENT XXIV]

[1]

Unterirdisches Gewölbe. An einem runden Tische, über dem eine Ampel hängt, sitzen Gestalten in Mönchskutte. Der älteste Mönch, uralt, wie alt ist nicht festzustellen: Aeternus. Michael, ebenfalls schon in Ordenstracht, ist ein Novize, der jüngste. Martinus-Montanus, Pater, Ordensmeister, vierzig Jahr, vierschrötig, gewaltig.

MARTINUS-MONTANUS
Ihr Herrn, wir Brüder unterm Rasen,
zutiefst versenkt in Schweigens Nacht,
sind immer noch, was wir gedacht.
Von Stürmen, die dort oben blasen,
bleibt unberührt die Geistergruft:
doch schwelt hier kein Verwesungsduft.
Eh lastet oben dumpfer Wrasen,
um Burgen, despotiebewohnt:
Despoten haben keine Nasen.
Von solcher Luft sind wir verschont.
Maremmenhauch dringt hier nicht ein
in unser unterirdisch' Sein. —
Nun ja, wir wurden herberufen,
hierher nach Sonnenuntergang.
Der Turm am Dom der Tiefe sang:
Jung Michel zog den Glockenstrang.
Es war ein fürchterlicher Klang. —
Zugleich erbebt von Donnerhufen
das obre Erdreich bis herab
in unser tiefes, offnes Grab.
Der Offenbarung wüste Reiter
sind oben los: Pest, Hunger, Krieg,
und ihre Mäuler heulen: Sieg!
Sah Jakob einst die Himmelsleiter —
ich nicht! Ich bin dort oben blind,
und nur nach unten seh' ich weiter,
⟨viel tausend Meilen unters Grab,⟩
wo Abgrundsleitersprossen sind.
Nun sage, was du willst, mein Sohn.

⟨ST. MICHAEL

Auf solchen Sprossen stieg auch ich
herab, ihr Herrn, zu eurem Kreise.
Doch war es keine Höllenreise
und keineswegs mir fürchterlich.
Ich trat sie an in einem Augenblick.⟩

JUNG MICHEL

Das ist nicht leicht, ihr hohen Herrn.
Ich bin der Wirrnis wirrer Sohn:
bei euch die Klärung fänd' ich gern.
Wir sind, die Schar, die ich vertrete,
aus Drachenzahnes Saat entsprossen:
ihr wißt es, welche Hand sie säte.
Wir sind unzählige Genossen,
Schwertbrüder, Speereschüttler, hell-
gelockt, -geäugt, gewandt und schnell.
Die deutsche Scholle trieb uns auf:
nun sind wir da, Millionen Hände,
bereit zu Hieb und Stich und Lauf,
⟨bereit auch, alles zu vernichten,
was Menschenwohlfahrt fördern kann,
mit Hammer, Sichel, Hobel, Meißel —
wo man nur ruft, wir treten an.⟩
doch auch auf friedlichem Gelände
der Wohlfahrt unsren Dienst zu weihn,
in Scheuer, Werkstatt, Flur und Hain.
Wir stehen allesamt im Saft,
voll strotzend ungenützter Kraft.
Was wird aus uns? Des Rufs gewärtig
stehn wir: allein kein Ruf erschallt,
es wäre denn ein ew'ges Halt!
Eh wir begannen, sind wir fertig.
Und doch herrscht oben schwere Not.
Ich hört' euch was von Reitern sagen,
von Hufen, die den Boden schlagen,
von Hungersqual und Schwarzem Tod:
das alles hab' ich nicht gesehn.
Wonach's uns hungert, ist nicht Brot:
wir wollen nur nicht müßig gehn,
auf unsrer schönen deutschen Erde.
Auch sind wir keine Hammelherde,

die eines Treibers blökend harrt
und eines Leittiers an der Spitze.
Man hat uns hin und her genarrt 20. Juli 1933.
durch Winterfrost und Sommerhitze,
uns vorgehalten dies und das
an Lockung: Klassen-, Rassenhaß,
Gehorsam, Volksdienst, heil'gen Zwang,
Erhebung, Kriegsruhm, Opfergang.
Zu all dem sagen wir nicht nein.
Zunächst jedoch: wir wollen sein!
Gewiß, ihr Herrn, man ist geboren,
doch wie geboren, so verloren.
Hernach dem Fleisch entsteigt der Geist:
in ihm entglimmt, als der Phiole,
das Ich als Funke, wie es heißt,
was uns ein erstes Sein beweist.
Nur dieses Ich kann wahrhaft leben,
sich tief versenken, hoch erheben,
begreifen Sein und Schein und alles
als Wunder ohne Maß und Zahl.
Des Lichts, des Duftes oder Schalles
genießen kann es ohne Wahl:
wohin es immer auch sich wendet,
harrt sein ein Schwelgerbacchanal,
in sich und um sich, über sich —
der Herr der Welten ist mein Ich!
Ihr Herrn, was hätt' ich sonst auf Erden,
um hier zu sein und hier zu werden.
Allein man macht dies Ich mir streitig,
des Jünglings einz'gen Hochbesitz.
Man braucht sein Dasein anderweitig.
Dies heil'ge Ich, genährt vom Blitz,
der von der höchsten Ägis fällt,
so heißt's, gehört nicht in die Welt:
's ist, bei Verlust von Leib und Leben,
an dem Bezirksamt abzugeben.
Und dort verschreibt ihr euren Leib,
verschreibt ihr alle eure Glieder
dem Staat. Er gibt euch dann ein Weib,
und euren Leichnam zeugt ihr wieder
auf sein Gebot zu ew'gem Tod.

[2]

Kloster/Hiddensee, 20. Juli 1933.

Verfluchtes Denunziantenwesen:
gib mir, Herr, deinen Donnerbesen.
Doch nein, du hast ja Fuß und Sohle,
um auszutreten solch Geschmeiß,
das züngelt, schleicht wie gift'ge Kohle:
doch ob du's tust, mein Gott, wer weiß.

[3]

Rapallo, 14. Februar 1938.

AETERNUS

Martinus, eh du ihn belehrst
und deine Worte uns beschämen,
laß mich das Wort ein wenig nehmen.
Mag sein, daß du mit Recht uns ehrst,
doch mußt du, Knabe, eins bedenken:
besäßen wir auch flugs die Macht,
um Erd' und Himmel zu verschenken —
der Mensch, ja selbst vertausendfacht,
so uferlos auch sein Verlangen,
wie sollt' er dies Geschenk empfangen,
wie sollt' er's fassen, wo es bergen?
Kurzlebiges Geschlecht von Zwergen,
wie mag man euch die Wahrheit sagen,
die Ewigkeiten nicht ertragen,
sie, die nichts fördert und nichts hemmt?
So mutig ihr die Schultern stemmt,
es bleibt ein Wagnis allerwegen,
ein Senfkorn nur daraufzulegen,
geschweige das, was Atlas trägt
und was die Erde in sich hegt.
Nun aber, selbst ein kleiner Rat —
was könnt ihr ihm für Folge geben?
Ihr habt ein allzu kurzes Leben,
und eine noch so gute Tat
läßt sich in Wahrheit nicht vererben.
Denn wie der Täter muß sie sterben.
Wie mancher oben will das Beste
und heckt nur Übel um sich her,
und endlich schafft er Palimpseste.

[PERSONENVERZEICHNISSE, ENTWÜRFE UND NOTIZEN]

[1. PERSONENVERZEICHNISSE]

DRAMATIS PERSONAE SECUNDI GRADUS

Der Mediziner
Der Bakteriologe
Der Biologe
Der Nationalquacksalber (deutscher Geist)
Der Kanzler (Bismarck)
Der Schattenkanzler (Bethmann-Hollweg)
Der Kaiser
Der Großadmiral

Kloster/Hiddensee, 17. Juli 1932.
DRAMATIS PERSONAE

Martin, Augustinerfrater.
Michael, sein Neffe und Zögling. Er steht vor dem siebzehnten Lebensjahr. Ephebenhaft. Etwa ich selbst im gleichen Alter.
Don Hernando Cabral, ein mysteriöser Spanier oder Portugiese.

Diese sind eine Art Dreieinigkeit. Michael stellt etwas wie die deutsche Seele dar, um die sich Gut und Böse, Martin und Cabral, streiten. Jeder einzelne ist zugleich einzeln und ein Bestandteil der beiden anderen. Aller drei geistiges Schicksal ist beschlossen vom Innen und auch vom Außen der gotischen Kathedrale.

Schwester Clara, eine Franziskanerin, achtundzwanzig Jahr alt.
Anna, deren fünfzehnjährige Schwester.

Die Nonne steht ebenfalls zwischen Martin und Don Hernando, zu letzterem vorwiegend uneingestanden. Anna wird von Michael vergöttert, von Cabral verführt. Sie gerät trotz mütterlicher Sorge der Schwester und Martins, vielleicht nach Geburt eines toten Kindes, auf die Straße.

Eckehart, der Türmer des Münsters.
(Faust) Fust, der Buchdrucker.

Alle sind sie noch umgeben vom großen Mythos des Mittelalters und seinen polytheistischen sowie dämonischen Elementen. Der gotische Dom ist aufgefaßt als ein Niederschlag, ein Kristall der deutschen Seele. Zugleich aber das Lebenselement, der Raum, das Haus der deutschen Geistigkeit wie der einzelnen Geister.

Aschenbrenner, studierter, genialer Mensch, Dieb, Falschspieler, Zuhälter, erotische Kindermißbrauchsdelikte, Dichter, Rebell.

DIES IRAE
Ein Mysterienspiel

DRAMATIS PERSONAE

Der Türmer
Der Pilger
Luther
Faust
Der Domerbauer
Meister Eckart
Peter Vischer
Martin Behaim
Der Kaiser
Fugger
Der Kanonengießer
Die himmlische Liebe ⎫
Die irdische Liebe   ⎬ drei Schwestern
Die Wollust   ⎭
Der Feldherr
Satanas
Admiral

[2. ENTWÜRFE]

Die Hauptgestalt, deren Schicksal sich vollendet, ist hier Michael. Kleinere und größere Schlingen seiner Bahn führen ihn immer wieder in das Bereich des Domes oder Münsters...

wo Dämonen schweigend reden,
wo die Engel sich befehden...

Unbegreifliches gegenwärtig ist, Unsichtbares gefühlt wird, Geist gleichsam zu greifen ist, Schicksal sich über dem Weihwasserbecken ballt, nicht nur das vergossene Blut Christi, sondern auch das aller wirren Glaubenskämpfer von Jahrtausenden beklemmend duftet.

Das Schwarz, das schwärzer als schwarz ist, muß in Michaels Leben Einschnitte bilden.

Martin, die Nonne Clara und Don Hernando, immerhin ein Halbgott, werden durchs ganze Leben Michaels mitgeführt.

Das ganze Werk ist wohl nicht anders als in zwei Teilen zu disponieren, wie Goethes »Faust«. Der erste Teil würde die Welt der Kathedrale noch ganz gegenwärtig zeigen. Im Laufe dieses Teils würde sich Michael mehr und mehr davon entfernen, bis die Kathedrale nur noch in seiner Seele stünde. Am Ende des ersten Teiles wäre alles wie durch ein Erdbeben versunken, vermöge allgemeiner und persönlicher Tragik Michaels.

Im zweiten Teil begönne Michael als Bettler. So läßt ihn die Kriegskatastrophe zurück. Die Kathedrale ist unterirdisch: um mit ihr in Beziehungen zu kommen, muß er das Ohr auf die Erde legen. Erst dann hört er auch ihre Glocke.

Michael steigt nun allmählich auf in die moderne Welt. Er verflacht, aber nicht, ohne es selbst zu fühlen. Hier nun begegnen ihm in wichtigen Augenblicken, aus der neuen Umgebung herausfallend, alte Gestalten wie Clara, Martin und Hernando in der alten Tracht.

Michael kommt an den modernen Kaiserhof und inszeniert hier einen Hokuspokus mit Hernando und Martin, eine Maskerade.

Als Interludium möchte ich hier eine Art Fronleichnamsspiel, in Calderonischer Art, einschalten, darin die moderne Welt allegorisch-symbolisch behandelt würde. »Das moderne Welttheater« oder »Das neue Welttheater« würde der Titel sein.

Eine bedeutende grotesk-tragische Szene, die im Schlosse des Fürsten Fürstenberg spielt, wo Generalstabschef von Hülsen im Kostüm einer Balletteuse vom Schlaganfall getroffen wird, gehört hierher.

Vielleicht ist es bedenklich, den Helden Michael zu nennen und sein Schicksal mit dem deutschen an sich zu identifizie-

ren. Zuletzt interessieren wir uns doch nur für individuelle Schicksale individueller Menschen.
Lutherische Sinnlichkeit, die Rubenssche Züge hat, muß eine Stätte finden: das niederländische Stilleben.
Michael, oder wie er sonst heißen wird, stirbt als wilder Franziskaner in der Kutte des heiligen Franz.
Seligsprechungen! Heiligsprechungen!
Eine Szene: Aschenbrenner ist der Zuhälter von Anna. Eine nächtliche Orgie.

DIE GROSSE BESCHWÖRUNG

Erste Szene.
Die Bauhütte. Die Maurerei. Geheimlehre, Geheimzeichen. Meister Erwin. Mönch Eckehart. Satanas als Prior.

Zweite Szene.
In Fausti Buchdruckoffizin. Nacht. Der Mönch Eckehart heimlich bei ihm. Er studiert und korrigiert die Bibel. Ritter Ulrich. Deutsche Seele und deutscher Körper. Meister Erwin. Es wird über das Münster gesprochen, das gegenüber liegt. Vom Münstergespenst.

Dritte Szene.
In der Stube des Türmers. Durch die geöffnete Tür erblickt man einen Teil der Treppe. Die Versammlung aus der Druckerei ist wieder vereinigt. Schlag zwölf Uhr steigt Christus, gefolgt von Kriegsknechten, aus der Krypte die Turmtreppe herauf bis auf die Plattform des unvollendeten Turms. Dort geschieht die Verspottung und Geißelung.

Vierte Szene.
Eckehart als Einsiedler, etwa auf dem Säntis. Die Landleute. Die Nonne Mechthild. Das Wildkirchlein. Denke an Emil Strauß. Ritter Ulrich kommt, aus Deutschland verstoßen. Er beschließt die Bekennerlaufbahn.

Fünfte Szene.
Die Predigt im Dom. Bruder Martin steht auf der Kanzel. Sein Romhaß, sein Aberglaube. Nach ihm besteigt Eckehart die Kanzel. Das Volk läuft entsetzt davon. Mechthildis jauchzt ihm zu.

Sechste Szene.
Wiederum im Stübchen des Türmers. Eckehart und Mechthildis sind dorthin geflüchtet. Meister Erwin kommt. Der große Geheimbund wird ihn vielleicht retten. Schlag zwölf Uhr wiederum der Gespensterspuk. Wiederum geht die Geißelung auf dem Turme vor sich. Der Zug kommt zurück. Die letzten Kriegsknechte treten schweigend ein und nehmen Eckehart aus der Reihe der Knienden. Mit Ketten belastet führen sie ihn ab. Mechthild schreit verzweifelt auf.

Siebente Szene.
Im Kerker der Engelsburg zu Rom. Neben Eckehart liegt Petrus, ein Wiedertäufer, auf dem faulen Stroh. Ein riesiger nackter Mann wälzt sich in Fesseln. Er ist seit tausend Jahren hier. Petrus, der Fels. Der römische Baumeister kommt und erquickt. Mitglied der geheimen Gilde.

Achte Szene.
Das päpstliche Gericht. Eckehart vor dem Kardinalskollegium. Er ist Deutschland. Er wird verurteilt ⟨eine Kugel am Bein zu tragen⟩ zum Ausstechen eines Auges und zum Verlust der rechten Hand. Die Zunge wird ihm ausgeschnitten.

Neunte Szene.
Mit Mechthildis auf dem Wildkirchlein. Sie sind Hirten geworden. Auf einem Saumpfad begegnet ihm ein Engel. Er ringt mit ihm. Der Engel gibt ihm eine neue Sprache, die Musik.

Zehnte Szene.
Wiederum im Dom. Eckehart ist von Kirche zu Kirche gezogen als Organist. Mechthild singt.

[3. NOTIZEN]

DER DOM

Mysterienspiel

8. Juli 1922.

Den Dom, die gotische Kathedrale, als Gegenstand festhalten. Traum, etwa eines Toten, der, im Dom begraben, seine erste Nacht in der Gruft verbringt. Er wird lange träumen, bis zum Tage des Jüngsten Gerichts.

Alles muß sich um den Dom herum bewegen und in ihm, was ihn, so wie er ist, gestaltet hat. Der heilige Antonius ebensowohl als der heilige Franziskus.
Sebaldusgrab im Dom selbst gleichsam ein zweiter Dom im Kleinen, der vielleicht einst die Schale sprengen wird.

Szenen:
Die große Zeremonie in der Peterskirche, wo der Papst die Messe zelebriert und den Segen erteilt am Ostersonntag.
Die Verbrennung des Hieronymus Guastavillano, des Sohnes von Michelangelo, als Ketzer. Der heilige Antonius und seine Versuchungen in dem »Rotlande« der östlichen Thebais. Die Höhlenfurcht der alten Ägypter.

Der Dom ist das Symbol eines ewigen Kampfes, ist die positive Kristallisierung dieses Kampfes. Dieser Kampf findet in der Seele der Christenheit seit der kurzen Spanne von etwa zwei Jahrtausenden statt. So ist der Dom auch gleichsam die kristallinische Form der Gesamtseele der Christenheit.
Der Dom und die Macht der Inbrunst bei seinem Bau. Von Inbrunst ist er durchtränkt.

Winfried (Bonifazius) als Apostel der Deutschen überaus wichtige Gestalt.

Baue um den Dom nur eine kleine Bischofsstadt. Die armen Witwen, Waisen, Kirchenbettler, Beichtkinder aller Art müssen vorhanden sein. Ebenso die Trinkstube an der Kirchenwand.
In nächtlichen Visionen muß sich wolkenartig um die Kathedrale der Kampf der christlichen und antichristlichen Dämonen abspielen.
Stelle Beethoven auf die Kanzel, nachts im leeren Dom den Dämonen seine Missa solemnis dirigierend.
Die ärmsten Sünderinnen, die Dirnen.
Wenn nachts die heidnischen Stürme gegen den Dom anrennen, unter vielen Gespenstern auch Wotan und Thor.
Die Gestalt des Erasmus: Griechenland, seine weißen und bunten Götter, seine Tempel und Vasen, seine Münzprägungen. Dann die Rolle der Griechengötter im Vatikan.
Das sogenannte Zeitalter der Entdeckungen eng damit verknüpfend.

Vision. Albuquerques Ende.
Angetan mit dem weißen Gewande des St. Jago-Ordens, dessen Kommandeur er war, und geschmückt mit dem Ordenszeichen, um die Schultern den Sammetmantel gelegt und über dem Goldnetz, welches das Haar umschloß, mit einem Samtbarett: so wurde seine Leiche auf einem mit Goldbrokat bedeckten Sessel ans Land getragen.
Z.d.E. — Ruge S. 182. [Sophus Ruge, Geschichte des Zeitalters der Entdeckungen. Berlin 1881.]
Kaiser Friedrich II.
Papst Gregor IX.
Julianus Apostata
Justinian

Gott	Teufel
Papst	Kaiser
Christentum	Heidentum
Weltverneinung	Weltbejahung
Buddha	Dionysos

Alles nicht rein zu verstehen. Die Sache des Teufels, des Kaisers, des Heidentums, des Dionysos hat den allesdurchebnenden Sieg. Soweit der Sieg der linken Seite zuzufallen scheint, ist er wesentlich Selbstbetrug und dadurch Betrug andrer. Insoweit der linken Seite Realität innewohnt, ist sie Realität der Idee, der Hoffnung, der Zukunft: es brennen die Opfer, es brennen die Wünsche, die Hoffnungen, es brennen die Bitten und Gebete inbrünstig zum Himmel. Das ist alles, das ist viel, ist vielleicht mehr als jede Realität irdischer Erfüllung, aber es ist keine irdische Erfüllung.

| Demut | Macht |
| Erleiden | Überwältigen |

Selbst der Gottesstaat des heiligen Augustinus ist schon als Idee ein Kompromiß.

| Kommunismus | Habsucht |
| Freiwillige Armut | Besitz |

Davon ist Kommunismus wesentlich von Armut weit entfernt. Es ist nur gerecht verteilter Besitz, ist sozialer Besitz. Ist die Kommune reich, so ist der einzelne reich. Die Franziskaner und Dominikaner, die das Gelübde der Armut geleistet haben, mußten sogar diesen Weg gehen, obgleich sie anfänglich in der Idee reine Bekenner der Armut und nicht Kommunisten waren. Der Kommunist muß zuvor geben, aber er hat auch zu fordern. Fordern hat im Armutsgelübde keine Stätte. Es gibt darin kein Recht auf Beteiligung an irgendeinem Besitz. Auch diese Orden also sind dem rechts rubrizierten Prinzip zum Opfer gefallen.

Verlege alles nach dem merkwürdigen Wittenberg von 1515 bis 1525.

Das Domgespenst.

Die Reformation: ist das der Titel, vielleicht der geheime?

Die Liebe. Sie hat doch wohl die Welt erzeugt und so auch den Dom. Gehe aus vom Innern der Bauhütte, von der Liebe des Handwerkers, von der denkenden Hand, der liebenden Hand. Bau. Was ist Bau im Sinne des Doms. Keinerlei grober Nutzen kommt zum Ausdruck. Bau im höchsten Sinne ist Erbauung, und zwar der Seelen. Der strenge Dante hat überall mit Eros und Amor zu tun. Sein Geist. Und doch geht sein Geist in der Gotik um, zum Beispiel der Westminster Abtei etc.

Die Dichtung »Dom« sei gleichsam ein inneres Münster. Es liege ihr Grund und Aufriß außen wie innen Schmuck des Münsters zugrunde. In der Schale fehle nicht der Inhalt, der Wein des Geistes. Es fehle nicht, was darin lebt und atmet. Auch das nicht, was darin als an einen Felsen brandet.
Wir werden von der Krypte aufsteigen bis zum Türmer, bis zum Dachdecker. Das wird zum Teil auf breiten Stufen, dann auf der Wendeltreppe geschehen.
Die Wendeltreppe. Ein durchgehendes Symbol. Tu getrost einen Seitenblick auf Notre-Dame de Paris.

Jungfrau, Mutter, Königin: nicht zu vermeidendes höchstes Symbol.

Die Krypta unterirdisch, mit ihren Altären für die Totenmessen. Die Totenbeschwörungen: Winfried, Dante, Bach. Beethoven. Die Kaiser.

Was jeder Klöppelschlag einer Glocke zu sagen weiß und was davon gehört wird.
Das Glockenlied.

Das Ganze muß ebenfalls als Traum gedacht sein oder als ein Spuk in den Zwölf Nächten. Das Ganze hat vielleicht nur einige Stunden der Nacht gedauert. Der Träumende wurde vielleicht versehentlich in der Krypte eingeschlossen.

Was nicht getauft ist, ist Heidentum: also Pflanze, Tier, Stein, Luft, Wasser, Erde. Also auch die Steine des Doms sind Heidentum: sie sind nicht getauft. Es ist gleich, ob es Bildwerke sind von Jesus, Maria, den zwölf Aposteln, allen männlichen und weiblichen Heiligen. Darum dünkt die Gotik Heidentum und bleibt Heidentum. Je mehr sie Christliches zu tragen hat, in sich aufzunehmen hat wie ein Magazin, um so heidnischer wird sie. [...]

München, Hotel Continental, den 25. Juli 1922.

Adam und Eva. Vor allen Dingen Adam. Die Schöpfung Adams für uns die wichtigste. Adam war androgyn. Er besaß beide Geschlechter in sich. Gott nahm das Weib aus ihm heraus. Die unendlich wiederholt versuchte Wiedervereinigung ist die wahre Erbsünde. Und doch, Erreichen der gesuchten Einheit wäre olympisches Glück. Wiedererlangung des verlorenen Paradieses.

Kinderkreuzzüge. Auch sonstige Büßerzüge des Mittelalters. Die Veitstänze, die Johannestänze und das Meerlied »Sub mare« etc.
Das Büßertum. Der tiefe Grund des Büßertums das Selbstbewußtsein, welches ihm zu Grunde liegt. Grundlegend die Voraussetzung, daß wir Ebenbilder Gottes durch eigene Schuld entartet.

Mohammed. Manes etc. etc.

Die konstantinopolitanischen Eindrücke. Der riesige Derwisch an der Moschee.

Dante in Paris.

Faust ist nur ein Magier. Diodatus, Eckehard, oder wie er immer heißt, leidet und geht unter im Konflikt zwischen Magie und Mystik.

»Es war aber ein Mann mit Namen Simon in derselben Stadt, der zuvor Zauberei trieb, und bezauberte das samaritische Volk und gab vor, etwas Großes zu sein. Und sie sahen alle auf ihn, beide, klein und groß, und sprachen: ›Der ist die Kraft Gottes, die da groß ist.‹« Simon wird fromm und läßt sich taufen, hält sich zu Philippus. »Da aber Simon sahe, daß der Heilige Geist gegeben ward, wenn die Apostel die Hände auflegten, bot er ihnen Geld an und sprach: ›Gebet mir auch die Macht...‹« etc. »›Daß du verdammet werdest mit deinem Gelde‹, sprach Petrus.« Apostelgeschichte, Kapitel 8, Vers 9 bis 24.
»L'homme n'est ni ange ni bête et le malheur veut que qui veut faire l'ange fait la bête.« Pascal.

Nochmals Magie und Mystik. Der Grundunterschied zwischen beiden ist der: Die Magie sucht zu bekommen, die Mystik sucht zu geben. In der Mystik verbindet sich der Wille mit den Gemütsbewegungen in einer leidenschaftlichen Sehnsucht, die Sinnenwelt zu überschreiten, damit das Selbst durch Liebe mit dem einen, ewigen und letzten Gegenstand der Liebe geeint werde. Hier ist das dichterische und religiöse Element wirksam in der Ebene der Realität. In der Magie verbindet sich der Wille mit dem Intellekt in einer leidenschaftlichen Sehnsucht nach übersinnlichem Wissen. Hier haben wir das intellektuelle, aggressive, wissenschaftliche Temperament, das versucht, sein Bewußtseinsfeld zu erweitern, bis es die übersinnliche Welt einschließt: offensichtlich die Antithese der Mystik, obwohl oft deren Mittel und Stil annehmend. Evelyn Underhill. [Mystik. Aus dem Englischen. München 1928.]
Mystik ist der Weg der Liebe, Magie ist der Weg der Macht.

Das Freimaurertum. »Vor Gott gehöre ich der Religion des heiligen Johannes an, der mystischen Kirche, der einzigen, welche die wahre Lehre bewahrt hat.« Balzac.

Die Erhabenheit des Dies irae, die Symboltiefe der gotischen Baukunst, die süße Reinheit des Madonnenideals, die mystische Steigerung der Erotik, die beseligende Botschaft von Erlösung und Liebe, das sind katholische Seelenwerke. Curtius.

Die Menschen umformende Macht der Caritas.

Bianor. Die schöne Tierheit. Auf Tierheit aufbauen.

Der titanische Bauwille der gotischen Hütten.

Das Zentrale des Werkes noch nicht gefunden. Auch der Film vom Sommer 1923 faßt es nicht. Der Mönch Franziskus ist sechzehntes Jahrhundert.

Man müßte vielleicht doch versuchen, einen Gegenwarts-Faust zu schreiben, einen Magier zu geben, der ähnlich aussieht wie Balzac von Rodin. Nicht etwa wie Strindberg, der allerdings auch in Erscheinung treten könnte.
Dieser neue Faust hätte sich die Goethesche Figur nicht als Vorbild zu nehmen. Er müßte zugleich Mephisto sein. Er müßte mehr als Faust, mehr als Mephisto in einem sein und sich von seiner Leidenschaft zur Allmacht nicht durch ein kleines bürgerliches Techtelmechtel abbringen lassen etc.
Man würde auch die Zufallsgeburt des Goetheschen Werks nicht zum Muster nehmen, sondern Einheit und Folgerichtigkeit zu schaffen suchen. Was könnte das Wesen eines solchen Magus sein? Daß er seine eigne Magie erkennt und lebt, in Wahn und Wahnsinn lebt, aber hindurchzugreifen sucht. Nicht wie der Wissenschaftler, nicht wie der Philosoph, sondern wie ein Gott.
Wenn man das Wesen dieses Faust spalten wollte, was müßte man ihm beigeben? Gewiß keinen Virgil. Gewiß keinen Mephistopheles. Aber was?
Man könnte auch nicht verfahren wie Flaubert mit seinem monologisierenden heiligen Antonius etc.

Diodatus: Konflikt zwischen Magie und Mystik. (Curtius.)

Die dionysische Welt der dämonischen Dombildwerke. Tierisches und menschliches Wesen stürzt sich auf den Mönch.

Vergötterung der Menschen in den Heiligen noch immer im Gange.

Advocatus diaboli, der Name dessen, der beim Kanonisationsverfahren im Namen des Teufels Einsprache gegen die vom sogenannten Advokaten des Himmels befürwortete Aufnahme eines Verstorbenen in das Verzeichnis der Seligen erhebt.

6. April 1924.

Talus, Erfinder der Töpferscheibe.

Baden-Baden, den 27. April 1932.

Momme Nissen: der Rembrandtdeutsche. Langbehn und dessen Kampf zwischen Kath[olizismus] und Protestantism[us]. —
Hier grundgebend.

Agnetendorf, 24. März 1941.

Sebaldusgrab.
Die Weltberge.
Dinge aus: K[aiser] W[ilhelm II., Studien zur] Gorgo. [Berlin 1936] und dann manches aus Frobenius-Erkenntnissen.

27. April 1941.

Zu »Dom«.
Anfang mit tote Stadt.
Alchimistenküche. Vielleicht Denker, ohne daß nur halb Physiker.
Faust.
Für Menschheit [... ?] wirken.
Johann Operin; Famulus des Theophrast.

———

Walpurgisnacht mitten im Schiff der Kirche. Die Gestalten des Straßburger Münsters.

———

4. Akt: Bauhütte.
Auch Faust wird geführt — so Michael von Hernando.

———

Das Schema der Weltberg: das Sebaldusgrab ist einer! — ebenso das Münster, die Kathedrale. Der Dom selbst.

———

Der Pater gründet einen Orden nach Analogie des Jesuitenordens zur Wiederherstellung der Religion oder ist bereits das geheimnisvolle Haupt einer solchen Gesellschaft. Es ist natürlich eine geheime Gesellschaft.

»Alle Pläne müssen fehlschlagen, die nicht auf allen Anlagen des Geschlechts vollständig angelegte Pläne sind.« Novalis: »Die Christenheit oder Europa.«
»Die Kapazität des Geschlechts ist unermeßlich.«
Wie von selbst steigt der Mensch gen Himmel auf, wenn ihn nichts mehr bindet: so Novalis, ohne etwas vom Buddhismus zu wissen, mit dem sich diese Ansicht seltsam berührt.

Die neue geheime Kirche.
Die wahrhaft heiligen Gemüter, die wieder entstehn.

Beth-El. Der Stein, auf den Jakob sein Haupt legt und die Himmelsleiter sah. Die Welt ist kahl, wie der nackte Stein Beth-El. Es gibt nur Träume.

———

Suchen nach dem »Urvolk der Erfindungen und Künste«.

»Die armen Krypten des jüdischen Landes, ursprünglich Höhlen der Troglodyten, nachmals Gräber der Könige und der Reichen; zu wie manchem haben sie Anlaß gegeben, was ohne sie schwerlich auf so viele Völker verbreitet wäre. In diesen unterirdischen Grüften war eine Versammlung der Väter, ein Totenreich (Scheol) voll ewigen Schattenlebens. Hier flossen Bäche Belials, hier nagte der Tod; **hier in diesen Felsenklüften ward Auferstehung offenbart.**« »Zur Philosophie der Geschichte«. Erster Teil. Cotta 1827.
[Herder, Sämtliche Werke. Zur Philosophie der Geschichte, Teil 1. Stuttgart und Tübingen 1827. S. 28.]

———

Der große Werkmeister in der Bauhütte. Stelle einen gewaltigen Bildner hin, etwa wie Michelangelo. Gehe von der Töpferscheibe aus. Aus einem Erdenkloß oder Tonkloß machte Gott den Menschen.

———

Zoroaster lachte bei seiner Geburt (»Hexenhammer«).

———

Wir lachen, es ist furchtbar, wie wir lachen
und tote Liebespaare neidisch machen.

———

Es sind Dämonen, die dich erhitzen,
die in des Menschen Lenden sitzen.

GRÖNLANDSTRAGÖDIE

Entstehungszeit: 1917—1918; 1944.

[PERSONENVERZEICHNIS]

THORGILS
THOREY
KOL (auch THRAND)
GUDRUN
SNÄKOL, Dienstmann des Thorgils
ÖSSUR, desgleichen
THORARIN, Genosse Thorgils'
SÖRLI, Gespenst
JOSTEIN VON KALFSHÖH, Führer des zweiten Schiffes, das ebenfalls gescheitert
THORGERD, seine Frau
ASLAUG, Pflegetochter
GIPAR, ein Knecht
KNECHTE

ERSTER AKT

Raum in einem Blockhause. Die Wände sind aus Treibholz und alten Schiffsbalken zusammengesetzt. Rechts eine Bretterwand ohne Tür. In der Linkswand ist eine dickverwahrte Pforte ins Freie.
Das düstere Gelaß wird von Thorgils, seiner Frau Thorey, Kol und seiner Schwester Gudrun bewohnt, ist Schlaf- und Vorratsraum seiner Expedition.
Im Winkel ist eine Feuerstelle mit Glut.
Es sind zwei Bettstätten aus Holz an der Hinterwand. In der einen liegt Thorey. Gudrun sitzt bei ihr. Hier gibt eine Tranlampe schwaches Licht.
Es stehen und liegen umher Fässer, Kisten, Felle, Fischerei- und Jagdgerät etc.

THOREY
Schwer ruht auf uns der Fluch des zornigen Gotts, Gudrun.
Das ist's, und darum leiden wir hier solche Not.

GUDRUN
Not litt ich immer, Thorey, seit ich denken kann.

THOREY
Nicht so wie wir in Nacht und Eis, am öden Strand,
vergessen und begraben lebend in der Welt.
Warum verließ er Island? Warum ging Thorgils
zu Schiff? Ich warnte ihn. War nicht des Guts
genug in unserm Haus? War Thorgils denn nicht reich?
Stark und gefürchtet wie ein König und geliebt?
Trug ich nicht seinen Samen unterm Herzen?
Er ist voll Unrast und voll Eigensinn.
Warum? Saß er nicht gut auf seinen Höfen, seinem Hof?
Erscholl nicht alles vom Gebrüll der Rinder, vom
Geblök der Schafe, vieler Herden um uns her?
Und schielte Not auch nur je übern Grenzstein uns?
Thorgils war kinderlos. Und endlich fügt' es Gott,
daß ich empfing zu geben, was dem Gatten fehlt':
den Erben seiner fetten Weiden, seiner Kraft
und aller goldnen Ringe, die sein Schatzhaus birgt.
Nun sind wir hier. Wen soll ich hier gebären, sag?
Tot oder lebend ist's ein totgebornes Kind.

Denn niemals öffnet sich uns je aus diesem Grab
ein Weg in das verlorne Glück der Menschenwelt.

GUDRUN

O Thorey, sei geduldig, faß dich in Geduld!

THOREY

Wem soll ich hier gebären? Wozu hüpft die Frucht
voll Übermut, dem Böcklein gleich, im Leibe mir?
Wär' ich zu Haus, in Eiderdaunen legt' ich jetzt,
glücksel'ger Schmerzen überreich, mein goldnes Ei.
Und hallend von Gelagen bebte rings der Hof.
Hier aber ist das Graun mein Lager, schaudernd bäumt
dem Unabwendbaren zuwider sich mein Leib.
Soll ich das kostbare Geschenk, das atmende,
den Teil von mir, der mehr als ich ist, dich, dich, dich,
geliebtes Kleinod, meiner goldnen Träume Stolz,
ausspein in diese Höllennacht zu Qual und Tod?

GUDRUN

Weiß eine Mutter, was aus ihrem Kinde wird,
und wär' es auch in Gold und Seide aufgewiegt?
Ist nicht das Leben eine steinige Straße, und
der Mensch, dem es bestimmt ist, drauf zu wandern, muß
er Steine nicht zu Steinen schleppen, immerfort,
bis er am Ziel ist? Und für alle ist das Ziel
ein gleiches, ist der Tod das Ziel. So sage mir,
warum sich blutigen Fußes auf dem Weg der Qual
vom Ausgang drängen, der doch schon das Ende ist.
Wer stirbt, nachdem er kaum geboren ist, der wirft
den Tod, das höchste Kleinod, nicht erst aus der Hand
und braucht es also auch nicht keuchend suchen gehn. —
Doch wende dich zur Seite, Thorey, und
bitte den Gott, daß er mit einem Schlummer dich
der Qual entrücke, die du selber dir zumeist
bereitest, und er stärke dich und schöpfe dir
die Kraft der Hoffnung aus des Schlummers heiligem Schacht.

⟨*Thorey schreit wie im Traume grell auf.*

GUDRUN

Was hast du?

THOREY

Thorgils, hilf!

GUDRUN

Nicht so! nicht so!
Und blicke nicht voll Angst ins Leere wiederum!
Du bist in guter Hut.

THOREY

O ja, das Grauen kriecht
um unsre Hütte, wie ein höllenäugiger Hund.
Hörst du ihn lechzen, kratzen an der Balkenwand?

GUDRUN

's ist meines Bruders, unsres treuen Wächters, Schritt.

THOREY

Was nützt er draußen? Ist der Tod doch hier im Haus
und lauert hinter jenen Brettern, stichbereit
das spitze Messer in der Mörderhand.

GUDRUN

Dort wohnt
Jostein von Kalfshöh mit den Seinen. Und seit wann
sind treue Fahrtgenossen, uns in Not und Tod
verbunden, Feinde, die zu fürchten sind?

THOREY

Sie sind,
sie sind zu fürchten, traue endlich meinem Schwur
und dem, was ich dir unterm Eide anvertraute,
daß Jostein mich verwichne Nacht ermordet hat.

GUDRUN

Und lebst du denn nicht? Sprichst du denn nicht jetzt mit
mir?

THOREY

Wirst du auch dann noch zweifeln, Gudrun, wenn du siehst,
und mich durch Zweifel bis zum Wahnsinn treiben?

GUDRUN

Nein,
gewiß nicht, Thorey, alles, alles glaub' ich dir.

THOREY

Da sieh, hier unterm Arme drang der Stich hinein,
hier, ganz versteckt, hier in der Achselhöhle. Dort,
kaum sichtbar, ist die Öffnung, die der Stahl gemacht.
Doch deutlich fühlbar, fühlst du sie? Im Achselhaar. —
Mich schwindelt's. Ich vergehe. Gudrun, Gudrun! Oh!
Sie unterliegt einer Ohnmacht.

GUDRUN

Was soll man wünschen?
Kol tritt ein, grönländisch mit Fellen vermummt, einen starken Speer führend.
Du bist's, Kol! Gut, daß du
kommst.
An diesem Bett zu wachen, glaub mir, ist nicht leicht.
Mir bangt um sie, mir bangt um Thorgils, bangt um uns.

KOL
ist langsam zu ihr getreten und streicht so über ihr Haar
Mir bangt um nichts, wenn du an meiner Seite bist,
Schwester, und also stärke deinen Mut auch du
an dir!

GUDRUN
Ach, sie ist voller Jammer, die hier liegt.

KOL

Ihr Blick war düster, hoffnungsarm von Anbeginn.
Thorgils, der mächtige Wiking, er vermochte nicht
den Feueratem seines hellen Mannesmuts
ihr einzuhauchen, als wir noch zu Weghöh erst
die Fahrt berieten.⟩

*Eine Weile herrscht Stille, dann öffnet sich die Tür, und Kol,
in Felle vermummt, einen Speer tragend, tritt ein.*

GUDRUN
Hört man und sieht noch immer nichts von Thorgils, Kol?

KOL

Warum bist du so ungeduldig? Nicht so nah,
als du wohl meinst, von hier aus, ist die Walroßbank,
und mühsam und beschwerlich ist der Weg dorthin.

GUDRUN

Um ihretwillen, nicht um meinetwillen ist's,
daß ich nach Thorgils frage. Sie zermartert sich
zwiefach vor Sorge, wenn er nicht im Hause weilt.

KOL

Es ist ein schlimmes Ding um Thorey, freilich wohl
in gleichen Nöten fand sich schwerlich je ein Weib.

GUDRUN

So ist's. Ihr Mut zu machen ist ein schweres Amt.
Ich lüge Trost. Nur mit Gewalt gelingt es mir.
Wie siehst du, Bruder, heute unsre Lage an?

KOL

Oh, ist nur erst die Nacht vorbei und kommt der Tag,
dann sollen wir wohl Wege finden aus dem Eis,
das sich gespenstisch rings um uns gen Himmel türmt.

GUDRUN

Und dies ist jenes Grünland, das ihr eingetauscht —
wie seltsam doch — für Islands fette Höfe, Kol.

KOL

Und du, Gudrun, bist du nicht lieber hier als dort?

GUDRUN

Ja, Kol, sofern du vor Grims Rache sicher bist.
Hier bist du, denk' ich, sicher vor dem Schlage Grims?! —
Was murmelst du? Was wendest du dich weg von mir?

KOL

Nun ja, Ellida-Grim und seine Sippe wird
den Weg nicht wagen noch ihn finden bis hierher,
und Grabgespenstern, die ihn finden, halt' ich stand.
Erschlug ich Sörli, da er noch am Leben war,
erwehr' ich seiner mich auch wohl ein zweites Mal,
wenn er des Nachts mit blutiger Stirn mich schrecken will.

GUDRUN

Laß ruhn, laß ruhn, Kol, nenne diesen Namen nicht,
denn wer des Toten Namen nennt, der ruft ihn auf.

KOL

Oh, er ist längst nicht mehr in seinem Grab, Gudrun.

GUDRUN

Tritt denn ans Feuer, lege Holz in den Kamin,
reib deine Glieder, wenn du ihm begegnet bist.
Wahrhaftig, einer Leiche gleichst du selber jetzt.

KOL

Ich rang mit ihm, ich würgte ihn im Schnee, ich brach
ihm das Genick, ich glaube wohl, er hat genug
für diesmal, kommt sobald nicht wieder.

GUDRUN

                    Er will mich.
Ich fühl's, noch immer ist der Wolf auf meiner Spur.

KOL

Und käm' er hundertmal, so oft erschlüg' ich ihn.
Nie streift sein ekler Odem auch nur deinen Leib.

GUDRUN

Nein, niemals! Das verhüte stets dein starker Arm.

KOL

Auf Messern mag er seinen Leichnam wälzen, und
ich will nicht, daß er eine deiner Flechten nur
mit einem Finger streife, würd' er dadurch auch
schon ledig seiner Folterqual.

GUDRUN

            So soll es sein.

KOL

Ja, könnte ein Gedanke ihn erlösen, der
nachts unter deine Decke dränge, Gudrun, sei
er doch verdammt, verflucht, ermordet schon im Keime.

GUDRUN

Sei ohne Sorgen, Bruder, denn auch ich vermag
mit Zauberrunen zu beschützen meinen Leib.
Berühre jetzt das Kreuz des Christ. Es hat die Kraft,
das Blut zu dämpfen, wenn es allzu heftig kocht.

Man hört Lärm von rohen Männerstimmen hinter der Bretterwand.
Jostein von Kalfshöh kommt nach Haus mit seinem Volk.
Nun geht das Lärmen wieder durch die ganze Nacht.

KOL
schlägt mit seinem flachen Schwert gewaltig gegen die Wand
Schweigt still, ihr Hunde, denn hier liegt die Frau des Jarls
krank und bedarf der Ruhe, wie ihr längst schon wißt.
Der Lärm reißt ab und geht in ein Gemurmel über.

GUDRUN
Warum denn tust du das? Bedenk, wir sind allein,
und diese wilden Spießgesellen reizen ist
gefährlich.

KOL
Freie Männer fürchten Knechte nicht.

THOREY
erwachend
Thorgils? Ist Thorgils heimgekommen? Thorgils ist
zurück vom Fischfang?

GUDRUN
Er wird kommen, Thorey, bald.
Einstweilen kam nur Jostein von der Walroßjagd.
Es wird kräftig an die Tür gepocht.

THOREY
Doch dies ist niemand sonst als Thorgils, der jetzt pocht.

KOL
Sei's, wer's auch sei, er trete vor mein Angesicht.
Er geht, schiebt den Riegel zurück, und Thorgerd, das Weib Josteins, tritt ein.

THORGERD
Nun ja, ich bin's. Was aber glotzt ihr so mich an?

KOL
Davon ist weiter nichts zu sagen, Thorgerd, nein.
Was aber wäre wohl am Ende dein Begehr?

THORGERD
Oh, nichts und manches. Wie man's immer nehmen will.

KOL
Aus solchen Worten macht man wenig.

THORGERD
Meinst du?
KOL
Ja.
THORGERD
Es scheint, daß ich nicht allzusehr willkommen bin.

KOL
Auch dies ist, wie man's nimmt. Ob ja, ob nein, Thorgerd,
ist unsre Sache nicht und steht bei dir allein.
Jostein, dein Mann, hat einen guten Fang gehabt?

THORGERD
Gut oder schlecht, auch dies ist, wie du's nehmen willst.
Denn essen Jostein und die Seinen Robbenfleisch,
so ist es gut für uns und schlecht für deinen Neid.

THOREY
Was kommst du her mit deinem bösen Blick, Thorgerd?
Du triffst die Frucht in meinem Leib mit seinem Gift.

THORGERD
Und du? Und du? Dein Auge leuchtet grün vor Haß.

GUDRUN
Geh, Thorgerd, denn du weißt ja, wie's um Thorey steht,
bring Frieden oder geh. Du bist ja selbst ein Weib
und hast mit Schmerzen Kinder in die Welt gesetzt.

THORGERD
Und wem verdank' ich's, Gudrun, daß drei Söhne mir
elend verdarben in der Salzflut und im Eis?
Wer hat von unsren fetten Höfen uns gelockt
in dieses Unlands grauenvolle Ödenei?
Aus der kein Ausweg ist und wo wir allesamt
dem Tod verfallen sind.

KOL

Nun faß dich kurz, Thorgerd!
Sag, was du willst! Uns zu besuchen tut nicht not,
wär's darum nur, um überflüssiges Geschwätz
von euch zu uns zu tragen. Wir bedürfen's nicht.

THORGERD

Nun freilich, wessen solltet ihr bedürfen, ihr,
die ihr nur immer aus dem vollen schöpfen braucht.
Hier sieht man Krüge, Kisten, Fässer, alles strotzt
von Reichtum. Wahrlich, hier herrscht keine Not wie dort,
dort hinter jenen Brettern nebenan.
Was dort der Hunger würgt, das mästet Überfluß
hier. Unser eignes Wasser saufen wir, und ihr
trinkt Wein.

KOL

Das lügst du. Alles ward gerecht verteilt
auf jeden Kopf, auf jeden Mann das gleiche Maß
von allem, was wir aus dem Schiffbruch retteten.
Thorgils, der Jarl, hat er nicht täglich euch gewarnt
und euch geboten, hauszuhalten mit dem teuren Gut?
Ihr aber habt gewürfelt Nächte durch,
gelärmt, euch zügellos dem Trunk, der Völlerei
ergeben, bis der Vorrat auf die Neige ging.
Und nun ist's euch genehm, mit uns zu teilen, die
wir sorgsam hausgehalten mit dem Unsren: oh,
das wäre! Nimmermehr! Hier ist die Unze Brot
nicht anders feil als gegen Kampf von Mann zu Mann.
Wer auf dem Platz bleibt, braucht ja dann des Brots nicht
mehr.

THOREY

Schenk ihr ein Nößel Weizenmehl und schick sie fort.

⟨Ich mag sie nicht mehr sehn. Weh, warum ist man doch
im engen Raum so unentrinnbar eingepfercht:
ein Haufe Menschen, der nichts als den Namen Mensch
gemeinsam hat.

THORGERD

So sprichst du jetzt. Ganz anders sprachst
du einst,
als du mich Schwester nanntest und beschwatzen kamst.

THOREY

Du lügst, du lügst. Stets war ich gegen diese Fahrt.

THORGERD

Warst du es, war es Gudrun, das ist einerlei.⟩

KOL

Nicht so viel, als man mit der Rechten fassen kann.

THORGERD

Steht es denn so mit uns: mir soll es recht sein, Kol.
Mich reizt es nicht, mit dir zu teilen; was du kochst
und was du deiner Schwester Gudrun etwa schenkst,
der Himmel weiß es, wäre ungenießbar mir
wie Eiter und Verwesung.

KOL

Gut, nun pack dich fort,
sonst ...

THORGERD

Nun, was sonst? O ja, dir traut man's freilich zu,
daß du an einem schwachen Weibe dich vergreifst.
Besucht doch Sörli unsre Mannen jede Nacht
und klagt, er sei erschlagen aus dem Hinterhalt.

KOL

Sein Rachen spie im Leben nichts als Lüge aus;
ein feiger, schwarzer Lügner bleibt er auch im Tod.

THORGERD

Gut ist's zu wissen, daß der tote Sörli lügt.
Denn ohne Beispiel scheußlich, unausdenkbar ist,
was er Jostein und seinen Mannen Nacht für Nacht
erzählt: von einem Bruder, der ... — was sag' ich? — und
von einer Schwester, die ... ein Paar, blutschänderisch,
verhaßt den alten Göttern und dem neuen Christ!
Ein Paar, das unterm Fluch ist, friedlos ward und uns
in seine Schuld, in seinen Fluch verstrickte, uns
mit schlauer Tücke und mit abgefeimter List
landflüchtig machte.

KOL

Vettel, nun sprich weiter nicht!

JOSTEIN
unsichtbar hinter der Wand
Nur weiter, denn du sagst, was wahr ist. Sprich nur fort!
Weil ihres Bleibens ferner nicht auf Island war,
so mußten wir ihr Buhlbett wiegen auf der See.
Thorgils ward aufgestachelt zu wahnwitziger Fahrt
und wir mit ihm. Und eh wir die Verfluchten nicht
ausrotten, ist auch Rettung nicht aus dieser Gruft.

KOL
schlägt wie vorher mit dem Schwert gegen die Wand
Dies galt dem Hunde, der hier hinter Brettern heult.

THORGERD
Pfui, du Verruchter! Da! Ich speie vor dir aus.
Jostein, das Haupt- und Barthaar wirr und zerzaust, stürzt herein, halb wahnsinnig vor Erregung. Er führt ein bloßes Schwert.

JOSTEIN
Wenn du das Herz hast, sage das noch einmal, Kol,
was ich nur halb verstehen konnte durch die Wand.

KOL
Auch ich, Jostein, verstand nicht, was du eben sprachst.
Er und Jostein stehen einander fast Stirn an Stirn gegenüber.

THOREY
Willst du den Frieden brechen, Vater Jostein, bist
du so von deines Weibes schlimmem Sinn verführt,
daß du hier bei uns einbrichst wie ein toller Wolf?
Hast du uns deine Kinder nicht dereinst genannt,
uns auferzogen, auf den Knien uns gewiegt,
mich, Gudrun, Kol, und keiner von uns dreien sah dich,
den guten Vater Jostein, auch nur zornig je.
Und so bist du verwandelt durch dein junges Weib.

JOSTEIN
Durch euch bin ich verwandelt: und verflucht der Tag,
da ich so schwachen Herzens war, an meinen Herd
drei Waisen, euch Geschwister, aufzunehmen, die
zum Dank für meine Wohltat mich hierher verlockt
ins Eis der Urnacht, wo uns weder Mensch noch Gott
je wiederum zu finden weiß noch retten kann.

KOL

Wie, Bauer, ward dir selber nicht der Boden heiß
auf deiner Scholle, als du Thorgerd zu dir nahmst,
um derentwillen Halftan elend sich entleibt,
weil sie um deines Reichtums willen ihn verließ?

GUDRUN

Ihr Männer hört nicht meine Stimme, denn ich weiß,
sie ist ganz Ohnmacht; aber hemmt die Raserei
der Zungen, Männer, einen kurzen Augenblick
und lauscht der Stimme, die in eurem Innern sich
gewißlich meldet, ob ihr gleich sie überhört.
Lauscht ihr und tötet nicht die Stimme der Vernunft:
sie sagt euch, ihr seid starke Äste eines Stamms.
Ihr seid die kühnen Enkel Odins oder Thors,
seid Brüder, und vereint als Brüder fuhrt ihr aus,
um das ins Werk zu setzen, was ihr Winter lang
sorgsam erwogen und zuletzt beschlossen habt:
nämlich zur See das Neuland zu erreichen, das
Grünland, das Weinland, das fruchtreiche Traubenland,
kurz, jenes helle, heiße Sonnenland, von dessen Wundern jetzt
der ganze Nord erklingt. Ihr littet Schiffbruch, kamt
in Not, so spricht sie fort, die Stimme eurer Brust.
Nun: stark ist der, der Schweres tragen kann. So tragt
denn Schweres, Männer, oder nennt euch Schwächlinge.
Und ist das Schwere allzu schwer für einen Arm,
tragt es gemeinsam, tragt es mit vereinter Kraft.
Gemeinsam ist uns allen ja die schwere Not.
Wer seinen Arm der allgemeinen Not entzieht,
ihn gegen seinen Bruder kehrt, der übt Verrat.
Und wahrlich, übel nützt er sich damit, denn wenn
das Ganze stürzt, begräbt es alle, so auch ihn.

THORGERD

Wer kennt nicht Gudruns aberwitziges Geschwätz,
das mit dem Schein von Weisheit hohl sich bläht.
Und ob von Tugend auch des Lasterhaften Mund
triefe, sein Speichel wäscht ihn nicht von Schande rein.

JOSTEIN

Nun sag' ich: Schweig auch du, sonst fühlst du meine Faust!
Jostein faßt Thorgerd mit festem Griff um das Handgelenk.

Wohl, ihr führt Reden, und man wird davon verwirrt.
So tut auch Thorgils. Nun, für heute sei's genug.
Ich gehe, und für diesmal schweig' ich meinethalb.
Die Zeit des Redens aber kommt und auch der Tat.
Er geht und zieht Thorgerd mit sich fort.

THOREY
schreit auf

Nacht! Nacht! Wie ein Gebirge liegt's auf meiner Brust.
Schafft Licht! Die finstre Abgrundslast, auf mich getürmt,
zerquetscht mich. Licht! Ich muß die Sonne sehn! Schafft
Licht!
Die Sonne! Licht! Ihr habt mich eingemauert. Licht!
Den Himmel laßt mich atmen! Sonne! Helft mir doch!
Begrabt mich nicht lebendig, habt Erbarmen! Oh!

GUDRUN
Mir fehlt die Kraft, sie festzuhalten; hilf mir, Kol!

KOL
schreit

Nein. Sie hat recht: warum ist es hier immer Nacht?
Recht hast du, Thorey, eingemauert sind wir hier.
Schafft Licht! Die Sonne will ich sehn, und müßt' ich es
mit Fäusten aus den Augen schlagen, ich will Licht!

GUDRUN
Was schreit ihr? Nun, auch ich will Licht, will Licht, will
Licht!
*Thorgils, begleitet von Snäkol, Össur und Thorarin, kommt
von der Jagd. Alle sind in Felle gekleidet. Thorgils überragt
die andern. Er trägt einen vollen blonden Bart, das reiche
Haar rollt über seine Schultern. Snäkol wird von Össur und
Thorarin geführt.*

THORGILS
Was heißt das? Was erhebt ihr hier für ein Geschrei?
Man sollte meinen, wenn man's draußen gellen hört,
es ging' euch drei Geschwistern an das Leben.

THOREY
Oh!
Bist du es, Thorgils, bist du endlich wieder da:

hier ist die Hölle, wenn du nicht im Hause weilst.
Doch mit dir kommt der Friede, kommt die Sicherheit,
und, Thorgils, kommt die Hoffnung.

THORGILS

Nichts ist hoffnungslos
für eines Mannes Herz, das sich der Furcht verschließt.
*Er beginnt sich aus der Vermummung zu schälen. Thorarin
und Össur tun das gleiche, nachdem sie Snäkol unweit des
Feuers niedergesetzt haben. Er bleibt dort sitzen und starrt,
ohne sich zu bewegen, vor sich hin. In unauffälliger Weise
gehen Thorarin und Össur daran, sich heißes Getränk und
Speise am Feuer zu bereiten, und jeder sucht dann die ihm
zustehende Lagerstätte auf.*
Nun hast du's wieder mit Gespenstern, Kol. Was ist's:
du stierst mich an und weißt — was gilt's? — nicht, wer ich bin.

KOL

Es zogen ihrer fünfe auf den Robbenschlag.
Wo blieb der fünfte?

THORGILS

Davon reden hilft zu nichts.
Denn wer bei Hel ist, kehrt doch nimmermehr zurück.

KOL

Wo ließt ihr Leif?

THORGILS

Es schnitt ein tiefer Spalt ins Eis,
bedeckt mit Neuschnee. Leif Grauhose trat darauf,
und keine Rettung gab es weiter mehr für ihn.
Es gibt drei laute Schläge gegen die Außenwand.

KOL

Da sagst du noch, daß von Hel keiner wiederkehrt.
Es pocht wie vorher.

SNÄKOL
erhebt sich mit großen Augen

Leif pocht.

THORGILS

Nun laß. Er sah ihn stürzen, hielt ihn fest.
Dann starb die Hand ihm ab vor Frost, und jener fiel.
Abermals drei Schläge.

SNÄKOL
wie vorher

Leif pocht.

THORGILS

Hel hat ihm ins Gesicht geblickt und ihn gezeichnet.

KOL

Ihn allein? Uns alle, denk' ich, Jarl.

THORGILS

Als Urahn nenn' ich Odin, der zu Asgard sitzt.
Von Odinskindern prallt Hels Auge kraftlos ab. —
Zu dir jetzt, Thorey. Pflegst du sie auch wohl, Gudrun?

GUDRUN

Solange diese Hand mir noch gehorchen will.

THORGILS

Wie? Gudruns Hand soll Gudrun nicht gehorchen? Nicht
die starke Hand Gudrun, der starken, Dienste tun?

GUDRUN

Gab es die starke Hand der starken Gudrun je?

THORGILS

Der Christ und der Allmächtige wissen's wohl, die dir
die Seele und den Körper stählten, und so wir,
die Weggenossen dieser schwerbedrängten Fahrt.
Du wanktest nie, standst immer fest und lehrtest uns,
jedweder Schicksalswoge mannhaft widerstehn.

GUDRUN

Wank' ich nun oder steh' ich fest? Wüßt' ich das doch!
Wohl möcht' ich doch noch einmal Islands Weiden sehn.

THORGILS

Dies ist ein neuer Tropfen dir im Blut, Gudrun.
Du haßtest Island, wolltest nie dorthin zurück.

GUDRUN

Ein letzter Blick verklärt, auf was er immer trifft.

THORGILS

Ein letzter Blick? Aus deinen Meeresaugen wirst
du strahlen, wenn du Schnee schon auf dem Haupte trägst.

GUDRUN

Das glaub' ich nicht, Thorgils.

THORGILS

Langt Hel nach dir, Gudrun,
so trag' ich hier die Odinsklinge Jardhusnaut.

GUDRUN

O armes Jardhusnaut!

THOREY

Was sprecht ihr immerfort?
Kommt doch nur näher, daß man euch verstehen kann.

THORGILS

Wie, Gudrun, hat dich Jardhusnaut nicht gut bewacht,
und gab es dir und Kol nicht volle Sicherheit?

GUDRUN

Vor Lebendem, Thorgils, vor Totem nicht.

THORGILS

So spukt
denn Sörli immer noch in deinem Kopf, Gudrun?

GUDRUN

Wär's nur in meinem Kopf! Er hat die blaue Hel
auf seiner Seite, und in seinem Vorsatz hemmt
ihn keine Weite, keine Woge, kein Gebirg'.

THORGILS

Meinst du, ich sei vor ihm geflohn? Wahrhaftig nicht.

GUDRUN

Wir alle flohen vor uns selber, wie mir scheint.

THORGILS

Dann sind wir uns, dann bin auch ich mir nicht entflohn:
so holte auch der tote Sörli leicht uns ein.

Er saß wohl einmal lebend eng zur Seite dir,
vielleicht gar näher als dein armer Bruder Kol,
von mir ganz zu geschweigen, den du von dir stößt.

THOREY

Was flüstert ihr doch immer miteinander?

THORGILS

Nichts!
Ich bin nun da und setze gleich mich auf dein Bett.

GUDRUN

Stößt man den fort, dem man zum Rand der Erde folgt?

THORGILS

Und wem zuliebe sucht' ich wohl ein Paradies?

GUDRUN

Des Wandrers Kinder sind ja alle ruhelos.

THORGILS

Dir eine Welt zu schenken, die von Milch und Wein
und Honig trieft im ew'gen Glanz des Himmelslichts,
nur darum setzt' ich meinen Fuß auf Schiffes Bord.

GUDRUN

Und dort liegt meine Schwester Thorey und dein Weib.
Du suchest ruhlos, Thorgils, doch du suchst für dich.

THORGILS

Liegt nicht das Milch- und Honigland mir greifbar nah,
das Weinland, das voll Rausch und jeder Süße voll ist?
Bist du die Herrin nicht darin, und kannst du nicht
es mir und wem du willst hinschenken überall?

GUDRUN

Sprich nicht so laut, dort wacht das heiße Auge Kols.

THORGILS

Des Höllenhundes Kol, der Leib und Seele dir
geknechtet hat.

GUDRUN

Geduld, Thorgils, die Kette bricht.

THORGILS
Nicht anders als mit seinem oder deinem Tod.

GUDRUN
Mit meinem!

THORGILS
Nein, mit seinem, wenn es sein muß, und,
bei Gott, ich lockre auf der Stelle mir die Axt
und schicke einen Meuchler einem andern nach.

GUDRUN
Nun hast auch du den Mörderblick im Angesicht,
der hier aus jedem glimmt. Oh, bleibe klar, Thorgils!

THORGILS
O bleibe klar, o bleibe klar: dein altes Wort!

GUDRUN
Bei dir allein ist noch die Kraft des lichten Gotts.
Wir andern alle kriechen hin im Schlamm der Nacht.
Erhalte dich der Schwester, deinem Weib, der Welt!

THORGILS
Schenk deinen Mund mir, deinen Nacken, deine Brust.
Schenk mir den Wahnsinn deiner blonden Hüften, du,
du einzige, der ich nachtrachte. Du allein
machst Odinssöhne wachsen dir im Mutterschoß,
die andren alle werfen räudige Katzen nur.

GUDRUN
O Thorgils, weshalb war ich schon in Schuld verstrickt,
als ich dein Haupt zum allerersten Male sah?

THORGILS
Und warum sah ich deine Schwester ([Darüber] Pflege-
                    schwester) denn vor dir?
Und warum bat dein Bruder winselnd mich um Schutz
und ich versprach ihn?

GUDRUN
Geh zu Thorey, Thorey weint.

THORGILS
Was geht's mich an. Laß alles weinen, heulen hier,

was will, laß winseln, zähneklappern, untergehn,
was mag, dem Frost, der Pest erliegen. Bleibst nur du allein
mit mir am Leben, um so mehr besitz' ich dann.
Und stürben wir dann engumschlungen auch im Eis,
wir blieben doch verbunden für die Ewigkeit,
wo Harfner harfen in den goldnen Himmeln.

GUDRUN

Nun,
so nimm mich in die Arme.

⟨*Thorgils fängt Gudrun mit den Armen auf; ihr Haar löst sich, ihr Körper wird schlaff, sie ist tot.*

KOL
ist nahe herangetreten
Wen hältst du in den Armen? Ich erkenn' es nicht.

THORGILS
Noch eben wußt' ich, wer es ist, nun nicht mehr, Kol.

KOL
Ich denke, daß sie meiner Schwester Gudrun gleicht.

THORGILS
Sie glich ihr, als sie lebte. Doch wer ist dies nun?

THOREY
Ihr martert eine, die im Bette hilflos liegt.
Warum bricht mir das Herz nicht, wenn doch das geschieht?

THORGILS
voll Qual, schreit
Gudrun! Was hängst du denn so schwer in meinem Arm?

KOL
Sie soll in deinem Arm nicht hängen, laß sie frei!

THORGILS
Mann, sieh doch, welche Blässe langsam sie beschleicht.
Stirn, Angesicht und Brust verwandeln sich in **Schnee**.

KOL

Ah, dies tat Sörli. Sörli ist hier irgendwo.
Mit seinem Leichenfinger hat er sie berührt
und sie vergiftet. Schurke, Meuchler, zeige dich!
Sörli, du feiges, niederträchtiges Gespenst,
Einschleicher du, Pesteiterträger, tritt hervor,
damit ich ins Gesicht dir schlage mit der Faust!
Es pocht mehrmals heftig.

SNÄKOL

Leif pocht!

KOL

Nein, das ist Sörli, Sörli und nicht Leif.
Zeig dich, Gespenst, daß ich dir zeige, wer ich bin.
Niemals, auch nicht im Tod, hast du an Gudrun teil.

THORGILS

Sie ist nicht tot. Noch eben hat sie ja gelebt,
der Hall von ihrer Stimme ist noch in der Luft.
Und ich, ich lebte doch von ihrem Hauch. Bin ich
nun also tot, da er versiegte? Oder wenn
ich lebe, wovon nährt mein Leben dennoch sich?
Vielleicht vom Schmerz. Weißglühend wie ein Tropfen Erz
hängt mir das Herz im Fleisch. Sie lebt, sie regt sich, lebt!

KOL

Ich höre Sörlis Schritte knirschen durch den Schnee.
Ich fang' ihn ab. Du, trage sie aufs Lager dort.
Thorgils legt die Tote auf Kols Lagerstatt.
Kol wendet sich gegen die Tür. Dort steht der erschlagene
Sörli als Gespenst.

KOL

Da ist er! Treibst du deine Possen immer noch?
Hätt' ich doch Hügel dreifach über dir gehäuft
und unter Bergen deine geile Wut erdrückt.
Doch schleppt sich tausendmal auch dein verwestes Fleisch
zu Gudruns Lager, pack dich fort! Hier geht kein Weg.

THOREY

Kol, Kol, was redest du doch immer in die Luft?

THORGILS

Geh, nimm dich Kols an, Össur, denn sein armes Hirn

ist auf der Wanderschaft. Es tut jetzt doppelt not,
daß jedermann Herr seiner Kräfte bleibe, denn
nun hat uns hier die Pest das stärkste Herz geraubt.⟩

KOL
tritt dicht heran, gefährlich
> Was geschieht hier?

THORGILS
> Nichts,
was irgend jemand angeht, außer ihr und mir.

KOL
Wen hältst du in den Armen, ich erkenn' es nicht.

THORGILS
Das liegt an dir und deinen Augen: was verschlägt's.

KOL
Nun bricht in meine Augen weiße Glut herein
von Speeresspitzen. Wer sann mir die Marter aus?
Und wes verfluchte Hand dreht solcher Speere Schaft?

THOREY
Was tut ihr dort? Was ist geschehn? Was redet Kol?

KOL
Sie soll in deinem Arm nicht hängen. Laß sie los!

THORGILS
Geringeres Gut als dies umrang wohl schon mein Arm,
nicht einmal das mir zu entwinden hat ein Mann
je sich getraut. Versuch dein Glück, Kol, wenn du meinst.

THOREY
Ihr Männer, Bruder, Schwester, haltet Frieden!

KOL
> Wes
ist diese Frau, die du mit geilen Fäusten greifst?

THORGILS
Kols Schwester, doch wohl nicht des geilen Bruders Weib.

THOREY
O Thorgils, Thorgils, gib mir doch den Gnadenstoß!

THORGILS
zu Kol
Kalbsäugiger Robbenbulle, glotze nicht so stier
und keuche nicht so deines Atems eklen Dampf
mir ins Gesicht. Vergeblich röchelst du dein Gift
in stinkigen Wolken zwischen uns. Ich bin wie Thor
und halte meinen Blitz bereit für dein Gedünst.

KOL
Verfluchter du! Verfluchter du!
Starkes Pochen.

GUDRUN
Hört, Sörli pocht.

THORGILS
Nun mach ein Ende, mach ein Ende, wenn du kannst
mit dem Gespenst, das bis zur Nasenwurzel dein
Gesicht vor Graun und Wut zu Schnee macht, dir das Haar
aufhebt gleichwie von unsichtbarem Wind gekämmt
und dir die Kraft der Knie fortbläst unterm Leib.
Du siehst: vor diesem Freiersmann vor unsrer Tür,
den selbst das Grab nicht hält, in das du ihn verscharrt,
der sein verwestes Leichenleilach mit sich bringt —
vor ihm steht ihr das Herz still, nicht vor mir; vor ihm
magst du Gudrunens Leib beschützen, wenn du kannst.

GUDRUN
O Männer, Männer, eine andre Finsternis,
viel schwärzer als die erste, schwarz wie Grabesnacht,
füllt meine leeren Augenhöhlen aus. Schafft Licht!

THORGILS
O Gudrun, weit sind deine Augen aufgetan.
Ich bin's, bin Thorgils, und du hangst in meinem Arm.

GUDRUN
Da, da steht Sörli, noch den Pfahl in seiner Brust,

mit dem Kol den Erschlagenen festgerammt im Grab.
In seinem schwarzen Rachen kriecht Gewürm. Er haucht
mir Pest zu, haucht mir Leichenatem ins Gesicht.
Männer, er beißt mir in die Gurgel.
Sie stirbt.

THORGILS
Was ist das?

THORARIN
Sie macht kein Federlesens, Jarl, das war die Pest

THORGILS
Gudrun! Gudrun! — Ah! Tote! Tote! Was ist das?
Schlagt um euch, Mannen! Alle Toten dringen ein —
Svard, Randvid. Ich erschlage euch zum andern Mal.
Seeraubsgesindel, nie raubt ihr uns dieses Weib.
Wach auf, Kol! Kol, ermanne dich, wach auf und nimm
das Schwert! Hau um dich! Hier ist schwarze Zauberei,
Spuk, Blendwerk! Gudrun, sag' ich, lebt, sie lebt.
Doch mich, mich würgt es, würgt es. Was ist das?

THOREY
Helft, steht mir bei: du, Christus, und du, roter Thor!
*Thorey stößt einen einzigen tiefen Seufzer aus. Gleich darauf
hört man das schwache katzenartige Gekreisch eines neugeborenen Kindes.*

THORARIN
Für viele, die uns schon verließen auf der Fahrt,
fand sich ein Neuling jetzt zu uns durch Nacht und Eis.

THORGILS
Was gibt's? Mir ist, als hätt' ich einen Sturz getan
und wäre aus dem ersten Schlummer aufgewacht.
Doch freilich Träume — Federn, sagt man, wiegen mehr —
begruben unter Felsgebirgen meine Brust.
Was schleift dir an der Erde nach, was schleppst du, Kol?
Sprich nicht, antworte nicht, denn sonst spannt wiederum
vielleicht des fürchterlichen Schlafes Klammer sich
um mein Gehirn und lähmt es mit dem gleichen Alp.
Nun aber heißt es wachen.

THORARIN
Jarl, es ist ein Sohn.

THORGILS
O ja, o ja. Hab nur Geduld. Besinnung kehrt
mir gleich zurück. Vertragt euch, Christ und roter Thor.
Wie kamen mir doch beide Namen in den Sinn?

THORARIN
Als Notschrei drangen sie aus deines Weibes Brust.
Sie hat dir einen Sohn geboren, Jarl.

THORGILS
Verstopft die Ohren, Männer, oder brennt euch das Gehör
mit weißgeglühtem Eisen aus dem Haupt, wenn ihr
nicht hören wollt, wie eines Mannes Brust zerspringt
und sich in Blut und Tränen löst sein ganzes Herz.
O unbegreiflich tiefer Jammer dieses Seins.
Sein! Schmerzensreiches, unbegreiflich tiefes Glück.
Thorey, du hast mein Kind geboren, sei getrost.
Du bist mein Weib, mein gutes Weib: nur du allein,
nur du allein. Ward je von jemand eine Mannestat vollbracht,
die tatst du doppelt. Männer, wißt, sie ging mit mir,
obgleich sie Unheil kommen sah für sie und mich;
sie ging, obgleich sie Thorfinn unterm Herzen trug.
Thorfinn, wie deiner Mutter Vater, tauf' ich dich,
denn meiner Sippe keiner reicht an solch Geschlecht.

THOREY
Thorgils, ich wache.
THORGILS
Wache, wache, tapfres Weib,
damit du deine Schande hörst aus meinem Mund.

THOREY
Mein ganzer Leib ist Licht und rings der ganze Raum.
Mit deinen Worten quillt es und aus deinem Mund.
Oh, sprich nicht mehr, daß nicht dein armes Weib verbrennt.

THORARIN
Sie schläft. Nun hat sie doch die Kraft verlassen, Jarl.
Doch glaube mir, nie schlief ein Weib je seligern Schlaf.

THORGILS
O Männer, sind euch auch die Augen aufgetan

wie ihr und mir? Kocht, bratet, zapft den letzten Wein
vom Faß, dem Gast ein Gastmahl zuzurichten, der
den Raum so licht macht, alles so verwandelt hat.
Er kreischt, er leidet. In ihm wütet Hungerschmerz.
Ihr seht: zum Leiden ist der Mensch und Mann bestimmt
von Stund an, wo er seiner Mutter Schoß verläßt.
Wer will da klagen, der wie wir den Leidensweg,
der ganz noch vor ihm liegt, schon halb durchschritten hat.
Komm nun, Weichschädel, winziges, bläulich feuchtes Wurm
aus Schleim und Blut! Du bist mein heiliger Kamerad.
Nein, Kamerad, die Mutter laß einstweilen ruhn!
Hier, Milch genug, wenn dunkle auch, gibt meine Brust.
*Er hat das Kind aufgenommen und an seine Brust gelegt,
nachdem er diese mit einem Messer zerschnitten.*
Nun, Thorfinn, sauge, sauge!

ZWEITER AKT

SZENARIUM

Geschieht im gleichen Raum wie der erste.
Thorey hat Thorfinn geboren. Das Kind liegt bei ihr im Bett.
Kol, jetzt in Thrand umgetauft, hat dort, wo seine Lagerstatt war, ein Grab gegraben. Er ist im Begriff, es zuzuschaufeln.
Die noch kranke Thorey ist in großer Angst; denn Thorgils ist abwesend, und Thrand bei seiner Arbeit redet irre. Er hat gleichsam dasselbe Bett mit der Toten. Was er da tut, soll vor Thorgils geheim bleiben.
Aslaug, ein Mädchen von noch nicht vierzehn Jahren, wird neu eingeführt.
Snäkol flickt Fischnetze und singt dabei alte, geheimnisvoll traurige Runen.
Thrand steht gleichsam vor dem Bett Wache gegen das Gespenst Sörlis. Es kommt mehrmals.
Jetzt stürzt Össur herein. Er ist wahnsinnig geworden. Er halluziniert Sonnenwärme, blaues Meer, Weinberge, köstliche Gefilde. Die Not sei zu Ende, nun begänne ein üppiges, seliges Dasein. Er wärmte den Buckel, die Hände, das Gesicht an der heißen Sonne.
Thorgils und Thorarin kommen. Sie haben Untersuchungen der Lage angestellt und sprechen davon. Man wird noch so und so lange mit den Vorräten etc. aushalten.
Thorgils nimmt sein Kind auf die Arme.
Thorey klagt. Eisbären haben an der Außenwand herumgekratzt und geschnüffelt, auch gebrummt.
Hinter der Bretterwand entsteht Lärm. Eine Tür schlägt. Der letzte Wolfshund ist krepiert. Er hat im ersten Akt noch angeschlagen. Das Fell ist im Raum aufgehängt. Auch dieser Wolfshund spukt.
Thorgils geht ins Freie. Er glaubt Schritte und einen Hilfeschrei gehört zu haben. Plötzlich springt er hinaus und zieht Aslaug herein. Sie ist fast von Sinnen vor Angst. Sie will nicht sagen, was man ihr getan hat oder versucht hat ihr zu tun. Sie schildert Pestzustände etc. Der Knecht Gipar tritt herein. Er hat blutunterlaufene Augen. Aslaug zittert vor ihm, sagt aber nichts. Sexualwut. Er kennt keine Rücksicht, keine Furcht, keine Hemmung. Der Tod ist ihm ja doch gewiß.

Thorgils packt ihn.
Der Knecht Gipar schreit.
Thorgerd kommt. Fordert jüngere Schwester Aslaug.
Streit.
Acht Knechte kommen. Geschrei, Aufstand. Meuterei.
Sexualwahnsinn.
Thorgils' Autorität und Kraft.
Jostein kommt. Mischt sich ein. Zieht die Seinen zurück.
Wie Thorgerd von Hand zu Hand geht.
Eine Art Einigung ist zwischen Jostein und Thorgils zustande gekommen.
Thorgils, Össur und Thrand rüsten zu einer Jagdfahrt. Sie wollen aufklären, Möglichkeiten der Reise suchen.
Thorey fleht zu bleiben.
Thorgerds maniakalisches Betragen. Auch draußen ihr gellender Tanzgesang.

ZWEITER AKT

Geschieht im gleichen Raum wie der erste.
Vom Herd aus spärlich flackerndes Licht.
Auf ihrer Lagerstatt liegt wiederum Thorey. Bei ihr Thorfinn,
der Knabe, den sie geboren hat. Man vernimmt sein Greinen.
Thrand ist damit beschäftigt, dort, wo sonst seine Lagerstatt war,
ein Erdloch zuzuschaufeln.
Um das Blockhaus klagt Wind.

THOREY
spricht aus dem Schlaf
Ich will dies klägliche Gebrüll nicht hören. Nein.
Laß ihr doch nur das Kalb noch eine Weile, Thrand.
Sie gibt ja Milch für zwei.

THRAND
Thrand? Er ist hier. Was gibt's?

THOREY
Sie ist doch eine Mutter, wenn auch nur ein Vieh.
Die Milch in ihrem Euter ist dem Kind bestimmt.

THRAND
Spricht sie von Kühen? Unsre letzte Kuh ging drauf,
als wir von Bord uns trollten, hierher übers Eis,
und hinter uns vom Schollendruck das Schiff zerbarst.
Seitdem hab' ich vergessen, daß es Herden gibt.

THOREY
wie vorher
Der Stier läßt sich nicht führen von dem neuen Knecht.
Und überhaupt, ihr Männer, geht! Er kommt in Wut,
wenn er euch sieht. Der kleinen Aslaug gebt den Strick!
Da seht, schon ist er ruhig, folgt ihr wie ein Lamm.

THRAND
Hoho! Wühlt er das Moor nicht mit den Hörnern auf?
Der Bursch und ruhig! Siehst du, Aslaug läuft davon.

THOREY
erwacht
Wer spricht da?

THRAND

Thrand, der Totengräber.

THOREY

Bist du's, Thrand?

THRAND

Ja, ich bin Thrand, der Totengräber, einer, der
von ferne noch Thrand, deinem Bruder, ähnlich sieht.

THOREY

Die Sonne sticht, 's ist schwül, und es droht Regen. Sind
die Mägde draußen? Bringt doch schnell das Heu herein!
Du bist zu träge, schleichst wie eine Schnecke, Thrand.
Was winselt hier an meiner Seite, sag mir doch!

THRAND

Der Knabe, denk' ich wohl, den du geboren hast.

THOREY

Thrand, hilf mir! eine Kröte hockt auf meiner Brust.

THRAND

Wo? Zeig doch!

THOREY

Hier!

THRAND

Du träumst, Thorey. Hier seh' ich nichts
als Thorfinn. Thorfinn saugt an deiner linken Brust.

THOREY

Ach, Thorfinn! Freilich, Thorfinn. Wer ist Thorfinn, sag?
Und warum hast du eine Schaufel in der Hand?

THRAND

Thorfinn ist dein und Thorgils' Sohn, den du gebarst.
Das Grabscheit aber, ja, warum denn führ' ich das?
Laß sehn. Ein Grabscheit! Richtig, ja, ich grub damit
von Dunklem in das Dunkel immer tiefer mich.
Und dort, im Dunkelsten, verbarg ich Gudrun. Dort
ruht sie in einer Truhe, die ich zimmerte.
Hast du das Poltern nicht gehört, als ich vorhin
die Schollen drüberwarf? Ich tat das, und so schloß
die Finsternis, die gähnende, sich wiederum,
und freilich auch behielt sie Gudruns Truhe. Doch

noch immer halt' ich hier das Grabscheit. Wenn ich will,
ich brauche nur zu wollen, und Gudrun entsteigt
der Nacht. Hier halt' ich ja den Schlüssel ihrer Gruft.

THOREY
In welchen Klammern lieg' ich? Welcher schwarze Schlaf
legt Eisenringe um die Seele mir? Tu fort
die Schaufel! Totengräber, tu die Schaufel fort!
Du wirfst mir schwere, harte Schollen auf die Brust,
Eisblöcke, Erde, Steine. Nicht doch! Helft mir! Oh,
Luft! Licht!

THRAND
Thorey, nichts mehr von Luft, nichts mehr
von Licht.

Die Finsternis, die Gudrun schlang, ist jetzt das Licht.
Die Pest, die sie umkleidet, Thorey, ist mein Bett.
Versteh, mein Lager dort ist Gudruns Hügel, ich
bin selber Gudruns Leichenhügel, und die Welt,
auf der ich laste, nur noch meiner Schwester Grab.

*Die Tür wird aufgestoßen, eine Schneewolke fegt aus der
Finsternis herein. Thrand ist an die Grabstätte zurückgetreten
und hat auf ihr seine Felle etc. ausgebreitet. Er fährt herum;
die Fäuste auf das Grabscheit gestützt, starrt er nach der
offenen Tür.*

THRAND
Wie, was? ein Eisbär — Sörli, poch! Poch, Sörli, poch!
Komm, wie du willst, als Robbe, Eisbär, weißer Wolf,
als Schneegestöber oder unsichtbar, du bleibst
mir nicht verborgen. Hier steht Thrand an seinem Platz,
und immer triffst du einen wachen Wächter an.

*In der Tür, vor der Finsternis und dem Schneegestöber, er-
scheint schwach leuchtend die grauenhafte Gestalt eines
blutenden Mannes mit glühenden, haßerfüllten Augen.*

Siehst du, ich hatte recht. Schlaufuchs, da bist du ja!
Nun also: Aug in Aug! Nur kein Versteckenspiel.
Ich schlug dich tot, du rächtest dich, hast sie verderbt,
verwestes Unflat du, mit deines Hauches Pest.
Doch nun versuch's, den Leichnam zu beschnüffeln, Hund!

THOREY
Thrand, Thrand, mein Zahnfleisch wird zu Eis, schließ doch
die Tür!

Die Milch gefriert in meiner Brust, mir stirbt das Kind.
Ich habe fest geschlafen, Thrand, wo bist du denn?
Und Thorgils, ist er noch nicht von der Jagd zurück?
Die Erscheinung Sörlis ist verschwunden, dagegen pocht es dreimal laut an die Wand.

THRAND

Poch, Sörli, poch! Hahahaha! Er trollt davon.
In der Tür erscheint jetzt Össur.

ÖSSUR

sehr laut, sehr aufgeräumt, seltsam erregt

Segel! Zwei Segel! Drei! Drei Segel! Vier! Nicht vier:
hundert! Fünfhundert Segel auf der Bucht. Der Wind
greift frisch und lustig in die Wellenkämme. Hei!
Die Sonne lacht, die Sonne lacht vom Himmel hoch.
Die Sonne lacht, die Schiffer lachen, alles lacht.
Gold, lachend, goldenes Gold, wälzt sich auf blauem Meer.
Delphine gehn wie Räder wohlig durch die Flut.
Delphine gehn wie Räder, weiße Schäfchen ziehn
im Licht. Die Saat wogt. Hoch, hoch schwingt die Lerche sich.
Die Lerche schwingt sich aus dem Grün und jubiliert.
Er beginnt mit Fistelstimme die Lerche nachzuahmen.

THOREY

Össur, bist du von Sinnen? Was geschah, was ist?

ÖSSUR

Weithin schwillt offne See, ist blau die Bucht.
Süßwasser gießt im breiten Strome sich hinein.
Die Küste trieft von Öl und Wein. Der Winzer singt.

THRAND

bewegt sich im Tanz

Tanzt, Männer, tanzt! Christ segne unsern kleinen Rausch!
Der Wein ist süß, ganz selig ist das Winzerlied.

THOREY

Was treibt ihr beide miteinander?

ÖSSUR

Singe doch
wie wir, Thorey. Man hörte doch dich weit im Feld,

wenn du, Gesang austönend, Josteins Hof durchschrittst.
Nun willst du schweigen, wo rings alles jubiliert?

THRAND

Iß Trauben, trink und iß! Der fette Hammel brät
am Feuer. Zwitschre, denn wir sind nun angelangt
im Weinland. Heißa, zwitsch, zwitsch, tui tirili!

ÖSSUR

Ah, wie die Sonne einem hier den Buckel wärmt.
Heiß! Mollig! Komm, mein Liebchen! Liebchen, komm zu mir!
Der Kirschbaum blüht. Hei hopsa, Liebchen, stolpre nicht!

THOREY

Pack mich nicht an, verdammter Knecht! Thrand, jag ihn fort!
Thorgils und Thorarin kommen.

THORGILS

Da sind wir endlich. Dort glimmt Feuer. Nun, beim Christ,
wenn wir das Blockhaus wiederfanden, nenn' ich das
des Gottes Fügung, denn wir waren blind und schon
aufs Äußerste gefaßt. — Doch ihr, was treibt ihr denn
bei offnen Türen? Schließ die Pforte, Thorarin!
Was, liegst du hier halbnackt?
Er wirft seinen Pelz über Thorey.
        Pflegst du die Frau des Jarls
und deine Schwester so, Thrand, und der Schwester Sohn?
Thorfinn schreit. Er nimmt ihn auf die Arme.
Holz in die Glut, tu Holz ins Feuer, Thorarin!
Thorfinn bedarf der Wärme und wir andern auch.
Nur hier um diesen Herd ist Leben, nirgend sonst.
Die ganze Welt ist nur ein Klumpen Eis und Nacht.
Wenn hier das letzte Flämmchen stirbt, lischt auch in uns
das letzte.

THORARIN

    Nun, der letzte Balken Treibholz liegt
hier.

THORGILS

Er ist so viel, als uns noch vom Leben bleibt.

THORARIN

Noch bleiben uns die Balkenwände, bleibt uns hier

die Brettwand. Eh der letzte Span verglommen ist,
laß ich mein Leben noch nicht fahren.

THORGILS

Brav, Genoß!
Nur daß du freilich eine Tür dem Tod verstopfst
und ihm dafür drei andre Pforten öffnest. Wie
scheint dir das Leben, Thorfinn? Außer daß du schreist
und Pein hast, bist du noch wie in der Mutter Schoß.
Wärst du geblieben, wo du warst! Es lohnt nicht, erst
aus Nacht in Nacht herauszukriechen und sogleich
aus Nacht in Nacht zurück. Ich denke, Thorarin,
es ist nun Zeit, die Arme kreuzen und der Hel
den Willen lassen.
Wilder Lärm hinter der Bretterwand.

THORARIN
Die dort meinen's anders, Jarl.

THORGILS
hat Thorfinn auf Thoreys Bett zurückgelegt, lauscht an der Tür
Still! Was ist das?

THORARIN
Ich höre nur den Schneesturm, höre nur
die ewige Finsternis, die draußen rast.

THORGILS
O nein.
Still! Es geschieht etwas.

THORARIN
Der weiße Fuchs
hat kein so scharfes Ohr als du.

THORGILS
Ich will nicht mehr
so vieles Unrecht dulden.
Er springt ins Freie.
Aslaug! Aslaug! Hier!
Thorgils kommt wieder, er zieht Aslaug mit sich herein.

THORGILS
Wer war's, der von dir fortlief, als ich dich ergriff?

THORARIN
Sie ist von Sinnen. He, wie kommt sie denn hinaus,
wo doch schon sichrer Untergang drei Schritt von hier
im Eise lauert?
THORGILS
Ja, wie kamst du denn hinaus?

THORARIN
Zum Herd, zum Herd mit ihr. Wo jetzt die Flamme sich
satt frißt und nährt von unsrem letzten Lebensrest.
Sie ist ganz starr, der mörderische Sturm verschlug
die Rede ihr. Wer riß dir so die Kleider auf?

THORGILS
Ein Vieh war's, nein, ein Bube, schlimmer als ein Vieh.
Gellendes Gelächter hinter der Wand.

THRAND
Verreckt doch endlich alle hinter eurer Wand!
Schlägt wiederum mit dem Schwert gegen die Wand.
Ruchloses Pack, unflätiges Gesindel, das
schon längst den Strang, den Tod von Henkershand verdient.
*Es wird von der andren Seite gegen die Wand geschlagen,
und zwar unter hohem Gekreisch.*

THORGERD
kreischt hinter der Wand
Du lebst, solange Gudrun nicht den Sarg zersprengt,
Thrand, und den Hals dir bricht, wie du's um sie verdient.

THORGILS
Reiz das Gesindel nicht, bevor die Hand nicht fest
am Stahl sitzt und des Streichs gewiß, der tödlich trifft.
Sag, Aslaug, was geschah dir? Sprich, was tat man dir?
Und wird's erfunden, daß die zügellose Gier
entmenscht ihr scheußlich grauenvolles Haupt erhebt
im widerlichen Lasterbrutnest nebenan,
so will ich nicht von hinnen gehn, bevor ich es
mit Stumpf und Stiele ausgerottet.

ASLAUG
Laßt mich hier!

Verbergt mich, schützt mich, ich will bei euch bleiben, will
zu meiner Schwester Thorgerd nimmermehr zurück.
Sie gibt mich wilden Robben, Bären, Wölfen preis.

THORGILS

Und vor wem flohst du? Wer lief eben von dir fort?

ASLAUG

Verrat' ich ihn, zerreißt er mit den Zähnen mich.

THORGILS

So nenn' ich seinen Namen: Gipar war's, der Knecht.
*Die Tür öffnet sich, Gipar mit verzerrter Miene und blut-
unterlaufenen Augen tritt ein.*

GIPAR

Gipar, warum nicht Gipar? Hier ist Gipar. Wohl!
Was wäre nun von Gipar hier zu sagen, sprecht!

THORGILS

Zu sagen wäre wenig, mehr, wenn's gilt, zu tun.

GIPAR

So steht auch mir der Sinn. Die Luft in meinem Blasebalg,
soweit sie für mein Todesröcheln etwa nicht
gebraucht wird, soll an Worte nicht verschleudert sein.
Ich war beim Tun. Und kurz: Gebt Aslaug mir heraus!

THORGILS

Tier! Zweimal hast du meine Faust bereits geschmeckt.

GIPAR

Du hast davon die Mühe, Thorgils, schlag mich tot.
An deinem Grünland hält mich wahrlich nichts mehr fest.
Doch frei heraus: gutmütig, wie ich bin, Thorgils,
komm' ich als treuer Knecht wohl etwa dir zuvor,
und meine Faust schickt dich ins Himmelreich voran.
Wie es nun aber sei, ich habe einen Schwur getan,
daß ich an Aslaug erst mein Mütchen kühlen will.

THORGILS

Gipar, gradherzig warst du, treu und schlicht. Du warst

mein bester Mann und goldnen Herzens. Weißt du noch,
wie deine Mutter zu mir sagte — und du standst
dabei —: »Sein Fehler ist, tut man ihm Böses selbst,
er ist zu weich, er kann nie Böses wiedertun.«

GIPAR

Was, lirum larum, Mutter, Treue, goldnes Herz.
Ich stoße dir ein Messer durch den Hals, und dann
versuch's und schwatze nochmals vom Vergangenen.
Jetzt will ich meine Wollust, meine Wollust, Jarl!

THORGILS

Und ich will, daß du auf dem Fuß dich wendest und
in deinen Stall, zu deinesgleichen dich verfügst.

GIPAR

Räuber, Betrüger, willst du meinen letzten Deut
mir stehlen, der um alles mich betrogen hat?
Wo ist das Grünland, das du uns versprochen hast?
Wir essen Aas statt Trauben, unser Zahnfleisch fault.
Statt süßer Lüfte grüner Äcker atmen wir
Pest, und wir werden zum Gereck, Verfluchter du,
gib auf der Stelle Aslaug mir heraus! Du bist
sonst reif für meine Rache.

THORGILS

           Tier, dein Blick schielt Mord.
Doch nicht mir gilt die Wut. Dein Messer lechzt nach ihr.
Lärm hinter der Brettwand hat zugenommen. Man hört nun,
daß eine Tür ins Freie aufgestoßen wird, dann das Stampfen
von Schritten über den harten Schnee und wütendes Geschrei
von Männerstimmen. Jetzt erscheinen hinter Gipar acht wut-
entstellte, verzerrte Gesichter, bärtig, hohlwangig, bleich, mit
tiefliegenden Augen.

ERSTER KNECHT

Was, Gipar, will das Großmaul? Sag uns, was es will!
Wir kommen, es zu stopfen.

ZWEITER KNECHT

           Ja, das ist die Meinung, und
ich denke, hier ist noch ein Balken und ein Strick,

den dran zu henken, der uns Ländereien, fett
von Herden, vorlog und uns dann hierher verführt'.

THORGILS

Hätt' ich's getan, ihr Hunde, sollte mich das reuen?
Es wäre nur Vergeltung. Hat ein jeder doch
von euch mehr Missetaten auf der Seele, als
je Strafe sühnen kann.

DRITTER KNECHT

      Macht es doch kurz, macht ihn
doch nieder! Macht die ganze Sippe nieder! Macht
die ganze gottverdammte Thorgilssippe kalt!
Um ihretwillen nur allein verfolgen uns
die Himmlischen mit ihrem gnadenlosen Haß.

VIERTER KNECHT

Macht ihn doch nieder! Macht es kurz! Macht alle kalt!

FÜNFTER KNECHT

Schlagt tot den Geisterseher, den Blutschänder Thrand,
der nachts im Bette seiner Schwester Mann gemacht
und ihren Buhler vorher hinterrücks durchstach.

DRITTER KNECHT

Macht nieder, schmeißt das Weib aus ihrem Bett, das Balg,
das sie geworfen, alles werft den Bären vor.

THORGILS

Das sind nicht gute Worte, die ihr von euch speit.
Thrand, tritt an meine Seite, Össur, Thorarin!
Es sieht so aus, wir haben weiter keine Wahl,
als stumm Bescheid mit unsrem kalten Eisen tun.
Euch wird man hängen, euch, ihr Meuterer, nicht uns.

THRAND

Der fällt nicht anders wie vom Blitz getroffen, der
sich meinem Bette, der sich Gudruns Lager naht.
 Es pocht heftig.

ÖSSUR

Delphine gehn wie Räder, weiße Schäfchen ziehn

im Licht. Die Saat wogt. Hoch, hoch schwingt die Lerche sich.
Die Lerche schwingt sich aus dem Grün und jubiliert.

SNÄKOL
erhebt sich starr, nachdem es mehrmals heftig gepocht
Leif pocht!

ERSTER KNECHT
Thorgils, wo hast du Leif? Gib Leif heraus!

ZWEITER KNECHT
Wo hast du Einar, Olvir, Ingolf denn versteckt?
wo Herstein, Holmstein, Halstein, Steingrim, Arnbjörn, Njal?
wo Sämund, Sigurd, Thorstein, Jödur, Thorbrand und
die Söhne Thorbrands?

THORGILS
Meinst du, daß ich sie verschluckt?
Sie fraß das Meer, der Hai, der Eisbär, was weiß ich.
Hab' ich sie denn geheißen, mir zu folgen, wie?
Zwang ich sie etwa? Zwang ich irgendwen von euch?
Gier hing sie an mich, Habsucht trieb sie auf mein Schiff.
Was geht's mich an, wenn Gier und Habsucht euch verdirbt.

THOREY
schreit auf
Nacht! Nacht! Wie ein Gebirge liegt's auf meiner Brust.
Schafft Licht! Die finstre Abgrundslast, auf mich getürmt,
zerquetscht mich. Licht! Ich muß die Sonne sehn! Schafft
Licht!
Die Sonne! Licht! Ihr habt mich eingemauert. Licht!
Den Himmel laßt mich atmen. Sonne! Helft mir doch.
Begrabt mich nicht lebendig, habt Erbarmen! Oh!

ERSTER KNECHT
Schafft Licht, schafft Licht!

ZWEITER KNECHT
Licht, Licht! Ich stoße mir den
Kopf
in Splitter, ja in Splitter hier in dieser Nacht.

DRITTER KNECHT
Du Schurke hast das Licht gestohlen. Schurke, Licht!

ALLE EINGEDRUNGENEN
Entreißt ihm doch das Licht, er hat das Licht. Licht, Licht!
Jostein erscheint.

JOSTEIN
Zurück! Ihr seid wahnsinnig, Leute, kommt mit mir!

THORGILS
Recht so, Jostein. Hol deine Spießgesellen dir
und, hörst du, halte künftig besser sie im Zaum!

JOSTEIN
Und lass' ich mich dazu nicht mehr herbei, was dann?

THORGILS
Dann hab' ich Zaum und Zügel hier, es selbst zu tun.

JOSTEIN
Du sprichst von Zaum und Zügel für die Rasenden,
Kraftloser, der auf seines Glückes Schlacken hockt?
Leg Zaum und Zügel, wenn du Zaum und Zügel hast,
erst deinem Elend, deinem, unsrem Unglück an.
Noch immer blickt der Dünkel aus den Augen dir,
und offne Frechheit thront auf deiner Stirn. Du trägst
den Nacken wie ein Sieger, trägst ihn wie ein Jarl
und bist ein Krüppel, bist ein Bettler, den der Fuß
des Schicksals schmählich niederstampfte in den Kot.
Oder ist das die Halle deines Königssaals, wo Todeshauch,
wo hämischer Eiseshauch durch jede Spalte pfeift?
dein Weib auf faulen Lumpen stirbt? der Säugling sich,
der Träger deines Stamms und Namens, schmatzend wühlt,
an kalten, leeren Brüsten Gift zu saugen? Und
dort Thrand, dein Marschalk, der auf seiner Schwester Grab
bald sitzend und bald liegend unsre Nacht durchheult?
Ein Narr ist Thrand, daß er dir anhängt wie ein Hund,
weil du vorgabst, vor Sörlis Anverwandten ihn
zu schützen. Deshalb hast du keinen Dank verdient.
Denn angestiftet hast du ihn zu Sörlis Mord.

THRAND
Bauer, schweig still! denn sonst vergess' ich, wer du bist
und daß du mich und meine Schwester auferzogst.

JOSTEIN
Er wollte lieber Gudrun mit dir teilen als
an Sörli sie verlieren.

THRAND
Sprich du noch ein Wort,
so reißt die Axt die Faust mir fort und spaltet dich!

THORGILS
Vernunft, ihr Männer! Wenn ihr Gudruns Namen sagt,
so macht euch seiner wert im gleichen Augenblick,
und wie sie unser guter Geist im Leben war,
sei sie auch noch im Tode unser guter Geist.
Gudrunens Herz war jedem von uns offen, und
sein Schlag, wie oft hat er geschlichtet unsern Streit.
Im Namen Gudruns, Jostein, reich mir deine Hand!

ASLAUG
durch Gipar ergriffen
Helft, helft, er schleppt mich in den Schnee! Gipar, laß los!
Er tut mir Arges an. Nicht! nicht! Oh, rettet mich!

GIPAR
Ihr Narren, was wollt ihr? Greift ihr König Goldbart an?
Da draußen steht mein schwarzer Hengst, in Gold geschirrt,
dabei ihr weißer Zelter, weiß wie Hermelin,
mit klingelnden Schabracken, und beim Schemel steht
der Graf, um in den samtnen Sattel ihr hinein
zu helfen. Aslaug, wo der alte Kirschbaum steht
an meines Vaters Haus, ganz voller Blüten, komm.
Was willst du hier in diesem Schacht, in dieser Gruft?

ASLAUG
Geh, geh, Gipar, ich fürchte mich, ich hasse dich!

GIPAR
Nun wohl, so schwing' ich in den Sattel mich allein.
Hört ihr ihn schnauben, wiehern, meinen schwarzen Hengst?
Nun reit' ich, reit' ich, reit' ich über Land und Meer.
Mit wahnsinnigem Blick, stolz und hoch aufgerichtet, entfernt er sich.

JOSTEIN
Gipar! Er hört den Ruf. Ihm nach! Bringt ihn zurück,

gebunden, wenn es sein muß, wie ein Tier, sonst kehrt
er niemals wieder.

THRAND

Sage, Jarl, sprach Jostein wahr,
hab' ich Betrug und Hinterlist zu rächen, wie?
Dann tritt mir gegenüber, draußen, du allein!

THORGILS

Willst du zu deiner Narrheit Narr mich machen, Thrand,
so ist's vergeblich, mag auch Narr und Narrheit sich
noch so gewaltig nach mir strecken.

JOSTEIN

Laß das, Thrand!
Um tote Buhlerinnen kämpfen Männer nicht.

⟨Es wird heftig gepocht.

THRAND

Ja doch, auch um die Tote wird gekämpft: sie lebt.
In Island, auf dem Meer, im Eise war sie mein
und bleibt es auch im Jenseit alle Ewigkeit.

THORGILS

So kann nur einer schwatzen, der von Sinnen ist.
Mein Kopf ist klar und soll es bleiben bis zum Tod.

THRAND

Ich spalte bis zur Schulter dir den klaren Kopf!

THORGILS

Kannst du nicht hören, was der Knöchel Gudruns klopft?

THRAND

Daß du ihr Mörder, unser aller Mörder bist.

THORGILS

Doch du nicht meiner, denn sie bindet deine Hand,
und keiner lebt hier, dessen Stahl ich fürchten muß.
Wir wollen einen Trank uns mischen, Jostein, komm!
und Frieden halten. Unsrer Übel Wendung naht.

Ich spürte heute Böen einer neuen Luft,
die weich und duftbeladen kam, Gott weiß woher.
Entgegen diesen Winden führ' ich morgen euch:
wenn morgen nicht, zum mindesten, sobald Thorey
halbwegs genesen sich vom Bett erheben kann.

THOREY
Ich bin genesen, Thorgils, führ uns doch ins Licht.
Sieh her, ich bin gesund und wandle frei und leicht.
Weh, weh, was tatest du an mir! Ich warnte dich.
Weißt du noch, wie ich in der Halle niedersank
vor dir und, deine Knie umklammernd, schluchzte: Bleib!
Warum noch Bessres suchen, wenn man Gutes hat,
warum das Seine zerren in Gefahr und Not,
ins Grund- und Uferlose, wenn es sicher ruht
auf grünem Grunde, hinterm starken Uferfels?

THORGILS
Was grüner Grund? Was Uferfels? Was Weibsgelall?
Des Mannes echte Weide heißt Gefahr und Not.
Gefahr und Not sind erzne Brücken nach Walhall.
Es schreitet kühn in Dunkelheit, wer Licht begehrt;
denn alles wirkt das Dunkel, selbst das Licht und selbst
die Götter. Jedes Wunder hüllt sie ein und schenkt
es dem nur, der sich nicht im Dunkeln fürchtet. Nur
der Nachtgewaltige ist an Kraft den Göttern gleich.
Gebt acht, wie ich die schwarze Decke eines Tags
herunterreiße von der neuen Erde, die,
von Götterneid verborgen, heut verschollen blüht!
Dort wiegt die Seligkeit nur eines Augenblicks
die Martern jeder Hölle auf, die wir durchschifft.
Und Gudrun ging dorthin voraus. Sie winkt uns zu.

JOSTEIN
Du suchst noch immer, was sich nirgend finden kann.

THORGILS
Und du bist blind und siehst nicht, was vor Augen liegt,
obgleich du Augen hast und auch zu sehen meinst.

JOSTEIN
Was siehst du denn in dieser Nacht als Eis und Tod?

THORGILS

Nun, Eis und Nacht durchschmelz' ich mit des Glaubens Glut.

JOSTEIN

Trotz deiner Glut erstarrten siebzehn Männer uns
und liegen jetzt verkrümmt und hart versteint im Schnee
begraben. Und wen deines Glaubens Glut belcckt,
den fraß des Fiebers Flamme, er zerschmetterte
wildwütig tobend seine Stirne an der Wand.

THRAND

Wohin Gudrun vorausging, dorthin will auch ich.

JOSTEIN

So stirb denn, stirb denn gleich, Thrand, zögre weiter nicht.

THORGILS

Das tut nicht not, Jostein, denn niemals stirbt Gudrun,
denn meine Glut durchbrannte ihren ganzen Leib
und brannte ihren Leib von allen Erdenschlacken rein.
Wem meine Flamme Fieberpest und Wahnsinn bringt
und Tod, der war nur faules Holz, hat nie gelebt.
Ich lebte immer, werde niemals untergehn.
Verstoßen bin ich, Unrecht ward an mir verübt.
Von Menschen auch; doch ihrer acht' ich darin nicht.
Unfug, Gewalt, die ich erlitt, sie kommt von Gott.
Die Sonne bläst er aus dem Himmelsraum hinweg,
hüllt mich in Nacht, stürzt in bewegte Täler mich,
um mich darin mit salzigen Wasserbergen zu
begraben. So verfolgt mein treuer Vater mich.
In einer Motte Leib, durchsichtig, flügellos
dazu, ward ich durch seinen blinden Haß verbannt.
Ich! Das will heißen Gottes Sohn, will heißen Gott.
Doch was ist klein, ist groß, und welcher Kerker ist
so eng, so undurchdringlich und so finster, daß
die Seele, mit dem Wunder der Unendlichkeit
vertraut, nicht seiner lachen, seiner spotten kann.
Er maure Welten ein, und einer Erde gleich
sei jeder Baustein ihrer Kerker-Grabeswand.
Und türm' er Welten über ihr, wie Berge Sand,
was tut's? Kein Berg, kein Sandkorn, das sie nicht durch-
                                                        dringt:

und in ihr lebt mein Wille. Wißt ihr, was er will,
mein Wille? Meines Vaters Erbe will er, will,
was sein ist, alle Myriaden Himmel will
er mit dem Vater teilen und sie wiederum
mit Gottes Töchtern teilen — und vor allem hier
mit Thorfinn, meinem Sohne, den mein Weib gebar
im eisigen Abgrund dieser fürchterlichen Not,
mit Thorfinn, Gottes Enkel.〉

THORGILS
Wir wollen einen Trank uns mischen, Jostein, komm,
und Frieden halten. Unsrer Nöte Wendung naht.

JOSTEIN
So wäre wirklich noch nicht aller Wein von euch
hinabgeschüttet beim Gelage letzte Nacht?

THORGILS
Warum hast du nicht kommen wollen, Jostein, als
ich durch die Wand rief: »Iß und trink mit uns, es ist
ein grünes Reis gewachsen aus dem Gletschereis.
Uns fand ein Gast, er stieg aus meines Weibes Schoß.«

JOSTEIN
Wie konnt' ich schlemmen, wenn in meines Weibes Mund
nur Eis zergeht statt Wein, die Meinen Hungerqual
treibt, runde Steine mit der Zunge hin und her
zu wälzen, einen harten Bissen Brotes nur
dem Gaumen vorzutäuschen.

THORGILS
    Nun, wie dir's gefiel,
doch mir gefiel's, die Ankunft Thorfinns zu begehn
mit einem Trunk und einem Schmaus. Genug davon.
Mit Thorfinn, wisse, kam die Wendung unsrer Not.

JOSTEIN
Noch eben klangen deine Reden anders, Jarl,
als du mit Thorfinn sprachst. Ich hört' es durch die Wand:
»Wärst du geblieben, wo du warst! Es lohnt nicht, erst
aus Nacht in Nacht herauszukriechen und sogleich

aus Nacht in Nacht zurück.« So sagtest du, und dann:
»Ich denke, Thorarin, es ist nun Zeit, der Hel
den Willen lassen.«

THORGILS

Ihn zu prüfen, sagt' ich das.
Nein, Bauer, dies ist meine wahre Meinung nicht.
Seit gestern spür' ich Böen einer neuen Luft,
die weich und duftbeladen kommt, Gott weiß woher.

JOSTEIN

Von unbegrabnen Leichen kommt sie, von der Pest.

THORGILS

Vom Weinland. Ihr entgegen führ' ich morgen euch,
zum mindesten, sobald Thorey genesen ist.

JOSTEIN

So wirst du mit Gespenstern reisen, denn wir sind
bis dahin alle tot.

THORGILS

Jostein, ich sah im Traum
Weinberge, Haine, Hügel, wogend ganz von Gold.

JOSTEIN

Weinberge, Haine, goldne Hügel sah auch Njal,
sah Sämund, Sigurd, Jödur, Thorstein, eh er starb.

THORGILS

Mir ist beschieden, Jostein, wieder Korn zu baun,
ich weiß es, und kein Tod hat über mich Gewalt.

THOREY

Auf Island brach der Speicher mir von Korn und Spelt,
die fetten Höfe trieften dir von Milch und Wein.
Warum nach Beßrem suchen, wenn man Gutes hat?

THORGILS

Was Höfe, Speicher: Weiberweisheit, Weibsgelall!
Des Mannes echte Weide heißt Gefahr und Not.
Gefahr und Not sind erzne Brücken nach Walhall.
Es schreitet kühn in Dunkelheit, wer Licht begehrt:
denn alles wirkt das Dunkel, selbst das Licht und selbst

die Götter. Jedes Wunder hüllt sie ein und schenkt
es dem nur, der sich nicht im Dunkel fürchtet. Nur
der Nachtgewaltige ist an Kraft den Göttern gleich.

JOSTEIN

So große Worte hör' ich nicht das erste Mal
aus deinem Munde. Hätt' ich sie doch nie gehört!
Was wahr, was falsch an ihnen ist: ich weiß es nicht.
Ich weiß nur eins: geboren wird der Mensch, er lebt,
er leidet kämpfend, kämpft im Leiden, und er stirbt.

THORGILS

Stürz diesen Humpen um, Jostein, in deinen Hals!

DRITTER AKT

SZENARIUM

Geschieht im selben Raum wie die vorigen.
Nur schwach glimmendes Feuer. Finsternis. Vom Bett, wo
Thorey liegt, lautes Röcheln.
Von Zeit zu Zeit schreit das Kind.
Windstöße, Knacken in den Brettern.
Der Knecht Gipar schleicht im Raum herum. Was er hantiert,
wie er horcht.
Man hört Stimmen.
Gipar nimmt ein Brett von der Wand und verschwindet.
Thorgils, Thorarin, Össur und Thrand kommen heim. Eine
Schneewolke durch die geöffnete Tür. Alles wird besonders
verrammelt. Dennoch zieht es noch. Thorgils stutzt. »Thorey
schläft«, sagt er auf das Schnarchen hin.
Auf Thrands Bettstatt sitzt sichtbar das blutige Gespenst
Sörlis. Die Zuschauer sehen es. Von den Personen des Dramas
aber nur Thrand.
Thrand starrt darauf hin und regt sich nicht. »Was hast du?«
fragt Thorgils. Thrand geht auf das Gespenst zu. Als er bei
ihm ist, verschwindet es.
Thorarin ist klar und bemüht sich, es zu bleiben.
Thorgils tritt an Thoreys Bett. Sie schnarcht unerwecklich.
Thorarin entdeckt das losgemachte Brett, die Lücke in der
Wand. Es ist etwas geschehen. Man leuchtet.
Vier oder fünf Tote liegen an der Erde. Besser vielleicht vor
der Tür, wo sie dann beim Eintritt von Thorgils bemerkt
worden sind. Pestleichen, von Josteins Leuten dort auf-
getürmt.
Jetzt kommt Aslaug. Sie spricht und berichtet.
Jostein mit den Seinen ist davongegangen, hat vorher alles
ausgeraubt.
Das bestätigt sich.
Es wird Licht gemacht.
Man untersucht nun sehr ruhig Thorey.
Thorfinn übergibt man Aslaug.
Bald wiegt sie es unbekümmert auf dem Schoß und singt ihm,
selbstvergessen, Liedchen.
In Thoreys Bett ist Blut.

Man findet eine kleine Stichwunde unterm Arm.
Thoreys Röcheln läßt nach, schwindet: tot.
Ein furchtbares Klopfen tritt ein um das ganze Haus.
Össur stürzt fort.
Snäkol sitzt draußen im Schnee und ist erfroren.
Beratung Thorgils, Thorarin.
Kein Holz, kein Proviant. Man scharrt die Reste zusammen.
Man schiebt einen großen Schlitten herein. Thorgils immer
befehlend, antreibend, besonders Thrand.
Thrand sieht wieder Sörli sitzen.
Er will die Tote mitnehmen. Protest.
Dann ist er selbst nicht fortzubringen.
Thorgils durchsticht das Bett und die Erde darunter vielmals
mit dem Schwert.
Das blaue Flämmchen.
Walfisch.
Thorgils schneidet sich die Brust auf und tränkt das Kind
mit roter Milch.
Allerletzte tiefste Verzweiflung.

DRITTER AKT

24. November 1944.

Schauplatz wie im ersten und zweiten Akt. Thorey im Bett, das Neugeborene bei ihr.
Thorgils, Thorarin, Kol kommen heim.

THORGILS
Ein wunderliches Wesen ist heut überall.

KOL
Ja, Frost und Hitze, Dunkelheit und Licht zugleich,
verfluchter Lärm und Todesstille außerdem.

THORGILS
Es will was werden! Etwas Übles raunt in mir
tief innen.

KOL
　　　Ist vielleicht geworden schon,
was werden will?

THORARIN
　　　　　Das Mannschaftshaus ist leer, und auch
die Weiber sind verschwunden.

KOL
Hier ist ein Brett herausgeschlagen — seltsam: seht! —
und aus der Spalte dringt ein wenig Licht hervor.

THORARIN
Ein Licht ist's ohne Lampe und mir scheint, es dringt
von außen durch die Bretterwände auch.

THORGILS
Hier ist etwas geschehen.

KOL
　　　　　Sie sind fort: geflohn!

THORARIN
Geflohn und haben allen Vorrat ausgeraubt.

THORGILS
Ja, unsre Truhen sind erbrochen, sind geleert,
gestohlen unser letzter Proviant: was nun?
Die Narren löschten unser Leben aus damit,
doch auch das ihre, suchten ihren Untergang.
Doch laßt uns nicht verzweifeln.

KOL
Niemals, nimmermehr!

6. Dezember 1944
THORGILS
Das Eis geriet ins Treiben, bricht vielleicht im Augenblick
und schluckt uns ein zum Fraß mit allem, was wir sind.
Doch nein! Ein Etwas spricht in mir: wir werden leben.
Zerlegt den Bären, den ich — Thor sei Dank —
noch glücklich eben mit der Axt erschlug. Es ist
noch Glut in unsrem Herd. Und wahr gesprochen:
ein Faß mit Wein hielt ich im Hinterhalt zurück,
dem letzten Notfall zu begegnen, und er ist
nun da.
Man bereitet den Eisbären zu.

THOREY
Was tut ihr dort? Was ist geschehn?

THORGILS
Zieh schöne Kleider an zum letzten Gastmahl, Weib:
hoch sei geschmückt, wer mit dem Tode Hochzeit macht.

THOREY
Vergiß nicht, Thorgils, daß ich Thorfinns Mutter bin
und meine Milch ihm not tut.

THORGILS
Wenn das gleiche nur
Thor nicht vergißt!

THOREY
Ich hatte einen guten Traum.

THORGILS
Laß dich nicht stören von der Äxte Hieb,
wenn Thorarin und Snäkol Eisbärknochen brechen.

THOREY

Was tut ihr dort? Es riecht so süßlich, und es dampft
so heiß wie Blut.

THORGILS

Wir schlachten.

THORARIN

Ja, das tun wir, und
zwei Keulen duften auf dem Feuer allbereits.
Gebt acht, die Götter werden lüstern, und vielleicht
versöhnt man sie damit, daß sie uns beistehn. Seht:
auch unsre Toten glotzen schielend durch die Wand.
Erkennst du sie?

THORGILS

Nein. Sage deutlich, wer es ist.

THORARIN

Jostein von Kalfshöh.

THORGILS

Wirf ihm das Geschlinke hin.
Er war mir untreu, doch er sühnte durch den Tod.

KOL

So meinst du, der Verräter sei ersoffen schon?

THORGILS

Ich bin's gewiß: der Eisbruch tötet gnadenlos.

THORARIN

Sie kommen, kommen näher schon. Seht, schaut nur hin,
wie sie einander stoßen, um zu glotzen, seht!
Recht so, das ist die Strafe des Verrats.

7. Dezember 1944.

KOL

Verfluchtes Treibeis! Alle Fjorde sind versperrt.
Gebt Weinland auf. Zwar, scheint mir, ist bereits
sechs Stunden hinter Wolken Sonnenlicht,
allein die Kälte dringt noch bis ins Mark:
wie soll ein Weinstock blühen oder gar
von schwarzen Trauben brechen, süß und heiß?

THOREY

Und doch: mir träumte, daß ich Trauben aß und Beeren in
das Mäulchen Thorfinns drückte.

THORGILS

                Faßt denn neuen Mut!
Das Weltmeer unter uns ist aller Tücken voll
und aller Launen: gurgelnd schlingt's uns ein
zu ewiger Nacht und wirft uns, gutgelaunt,
auf Felder wilder Ähren, goldnen Weizens aus,
schenkt uns zur Nahrung reichlich Wild und Frucht.
Iß, Thorey, und trink Wein, so viel und schnell du immer
                                                      kannst,
bevor der süße Trunk zu Salz dir wird. Kann es
nicht anders sein, werd' unser Balkenberg
zum heiligen Totenberge unserer Sippe,
darin wir zechen können, unterm Blicke Hels,
nach Herzenslust.

DEMETER

Mysterien-Dichtung

Entstehungszeit: 1935—1937; 1944.

Erstveröffentlichung: Abdruck einer Szene unter dem Titel »Demeter und Persephone« in der Zeitschrift »Prisma« 1947.

[PERSONENVERZEICHNIS]

2. Mai 1935.

KÖNIG KELEOS
KÖNIGIN METANEIRA
DEMO ⎫
KLEISIDIKE ⎪
KALLITHOE ⎬ deren Töchter
KALLIDIKE, die älteste [jüngste] ⎭
TRIPTOLEMOS, deren Sohn
BAUBO, die Amme
DER WINZER
DER ZIEGENHIRT: Tityros
DER SCHWEINEHIRT
DER RINDERHIRT: Daos
DEMETER: genannt DOSO
HERAKLEITOS
ÄLTERE MAGD
ARAT, der blinde Seher
SABOS: Anführer des Mänadenzuges
HERMES

[Vor dem 24. April 1935.]

ERSTE SZENE

Am Jungfern- oder Schönreigen-Brunnen zu Eleusis.
Dabei: Stein der Trauer (πέτρα ἀγέλαστος).
Die trauernde Demeter sitzt am Brunnen.
Die Magd Baubo kommt und erheitert sie, veranlaßt sie, zu essen und zu trinken.

Im Königshaus des Keleos liegt Triptolemos in der Wiege, sein und der Metaneira Sohn. Demeter als Amme und Kinderfrau behandelt ihn durch Anhauch und Läuterung im Feuer wie ein Götterkind und macht ihn dadurch göttlich. Die Eltern störten sie, und dadurch kam Triptolemos um die Unsterblichkeit.

24. April 1935,
16 Uhr 40 — 18 Uhr 20.

SZENE

*Baubo bringt Triptolemos, einen zweijährigen Knaben, an den
Jungfern- oder Schönreigen-Brunnen vor der Stadt Eleusis.
Das Kind schreit. Es hat einen tiefen Schrecken erlebt, ohne
daß Baubo weiß, wodurch.
Herakleitos, ein Bettler, nimmt am gleichen Brunnen Waschungen vor.*

BAUBO
Fort, Bettelpack, verlauster Lumpenkerl,
von unsrem Brunnen! Üblen Spülicht macht
ihr aus der klaren Flut. Mach dich dorthin,
wo's quakt und Sumpf in erstem Sonnenstich
aufdampft.

HERAKLEITOS
Was ist's mit deinem Buben da?

BAUBO
Was »Buben da«?! Des Königs Keleos
erlauchter Sohn ein Bube?

HERAKLEITOS
Schwatze nicht
von Nebensachen, Weib! Was ist ihm denn
geschehn? Was wird es sein? Ihm ist
die Hose naß geworden, und du wirst
mit dieses kleinen Königs übelduft'gem Hemd
das Brunnenwasser mehr verderben noch
als ich.

BAUBO
Er lag im Grase ausgestreckt,
nach Atem ringend, vor Entsetzen stumm,
ein Berg von Wiesenschaumkraut neben ihm,
das er gerupft und aufgehäuft. Ich nahm
ihn auf und schlug ihn derb aufs Hinterteil.
Nun schreit er ohne Ende.

HERAKLEITOS
berührt die Stirn des Knaben

Schlaf, mein Kind!
Triptolemos schweigt, verfällt in tiefen Schlaf und atmet gleichmäßig.

BAUBO
ihrerseits betroffen
Verzeih, wenn ich dich anfuhr, fremder Mann.
Die Götter, scheint es, haben Macht gelegt
in deine Finger. Schrecklich gähnt die Zeit
aus unbarmherz'gen Rachen heiß uns an.
Die Luft scheint Raubtieratem. Sieh dich um:
das Land ist Staub, er brennt dich in der Hand.
Geborstne Bäume, die sich selbst entzünden
vor Dürre, wissen nichts von Blüt' und Frucht.
Noch kurze Zeit, und so verlechzt für immer,
was Mensch heißt. Helios sehnt sich nach Gewölk,
Verderben speiend wider eignen Wunsch.
Doch er, der Allessehende, er sucht
danach vergebens. Dieser Brunnen rinnt
noch immer. Und er rinnt wie durch ein Wunder.
Wie lange noch?

HERAKLEITOS
Des Königs Keleos
wildblüt'ge Magd bist du und heißest Baubo.
Um dieses Brunnens willen komm' ich weit
von Ephesos, der großen Handelsstadt,
die von Verkehr und Arbeit Tag und Nacht
erbebt. Doch freilich, heute liegt sie tot.
Du weißt, was diese Menschenwelt zerstört:
der Schmerzensmutter Gram, Demeters Zorn.
Um sie zu finden, brach ich auf, der man
die Tochter raubte. Ihren Priester nenn' ich mich.
Und wisse denn: der Brunnen rinnt für sie,
die zürnend ihre Gottheit abgestreift,
daß er sie letze. Und schon ist sie nah,
entgöttert und vergreist und unfruchtbar
wie diese Welt. Der Knabe spürte sie —
ob unsichtbar, doch furchtbar. Geh mit ihm
ins Haus. Ich habe Großes zu verrichten.

25. April 1935,
9 Uhr 45.

Seine Kühe weidet der Gott. Mit dem Donnergeläute

donnernd suchen sie Gras zwischen Himmel und Erde.
Vergebens
all ihr Mühn, ihres Donnergebrülls wildhungrige Stimmen.
Denn die Erde ist trockener Brand, heißgeborstener
Grund nur.
Blitze schnauben die Herden des Zeus in das mühsame
Dunkel,
von der Geißel Apolls gepeitscht und den glühenden Hufen
seiner Rosse
fürchterlich schmerzenden Trittes verwundet. Wie lange
widersteht noch die Erde dem nahe schon lauernden
Weltbrand?
Ausgedörrt sind die Herden des Zeus und sind Knochen und
Haut nur,
Schläuche sind's ohne Milch, ohne Wein, nur voll fressenden
Feuers,
das sie werfen statt Regens herab auf das Sandmeer der
Wüsten.

25. April 1935,
10 Uhr 10.

DEMETER
Ja, so weit ist's mit mir. Ein Bündel Flicken
und Lumpen haucht verdorbnen Atem mir
ins Antlitz. Gar nicht leicht ist's, Mensch zu sein,
dem Göttlichen entsagen, ja, es hassen.
Doch es geschieht mir recht: nichts andres will ich!
Bell also, Hungerleider, räudiger Wolf!
Trink einmal Wasser noch, eh du verreckst,
wenn dir dein aufgeschwemmter Wasserbauch
zerplatzt. Doch nimmt's mich wunder immerhin,
daß du zu reden wagst mit mir und nicht
ein unbewachter Götterblick dich niederschlägt.

HERAKLEITOS
Nein, altes Weib. Ein menschliches
und nicht ein Götterauge hat die Macht,
blind zu verdammen, sinnlos zu erschlagen.
Dem Gott, was sind ihm Lumpen! Hüllt ein Weiser
in Lumpen sich, in Lumpen sich ein Gott:
sie sind einander deutlich wie zwei Brüder.

DEMETER
Wer bist du?

HERAKLEITOS
Herakleitos nennt man mich,
von Ephesos. Vom Vater auf den Sohn
vererbt sich aus dem Urgrund aller Zeiten
der Erdenmutter dreimal heil'ger Dienst.
Lohn, der uns so geworden, wurde Macht.
Der Göttin ew'ge Nähe öffnet uns
zum Rat der Götter, zum Olymp den Zugang.
Beim Styx beschwor dies Vorrecht Vater Zeus.

DEMETER
Ha! Vater Zeus, Olymp und Rat der Götter:
spricht solche Worte ein Aussätziger,
so zeigt er nur, daß seine Sprache selbst
Aussatz befiel. Ich wollte lieber mich
im Unrat wälzen als im Götterrat
noch einmal sitzen, lieber meinen Trank
aus einer Jauchengrube schöpfen als
aus meines Bruders Nektarbrunnen. Sprich,
wenn du mein Priester bist, du Pflichtvergeßner,
was lagst du auf den Ohren, als man mir
die Tochter raubte? Und sie alle, die
wie du sich meine Priester nennen, statt
aufschreiend wie ein Mann die Tat zu hindern.
Was brauch' ich Priester! Pest und Tod auf euch,
nutzlose geile Fresser meines Trogs!
Maulmacher auf dem Marktplatz »Dankbarkeit«!
Vor Gott und Menschen schamlos feile Lügner!

25. April 1935,
16 Uhr 40.

SZENE

Herakleitos, der Geißhirt und der Schweinehirt.

HERAKLEITOS
Und wo, wo findet man den König, sagt mir?

SCHWEINEHIRT
Ein übel Ding: du findest ihn und findest

ihn nicht. Auf seinen Decken liegt er, liegt auf seinen
Tierpelzen, der Jagdbeute guter Zeit.
Heut aber ist ihm jeder Speer zu schwer,
des schwachen Bogens Sehne nur zu spannen
unmöglich. Wacht er oder schläft er? schwer
ist's oft zu sagen: zwischen beidem dämmert er,
so scheint es, meist dahin. Und jedesmal
muß Metaneira ihn durch Anruf wecken,
wenn er doch einschläft, denn es stürzt sich dann
ein nachtgeborner Unhold über ihn
sogleich: er lähmt ihn, und er trinkt sein Blut.
Da gellt sein Hilferuf durchs ganze Haus
und zu uns in die Ställe überm Hof,
die Schweine werden wild, die Hühner flattern.
Hat dann die Königin das Gespenst verjagt,
hört man den König leise wimmernd klagen
von Martern, die der Mahr ihm zugefügt.
»O Schlaf, du süßester von allen Freunden
dereinst, wie muß ich jetzt dich fürchten und
dich fliehn!« so spricht er.

HERAKLEITOS
Wer nur Augen hat,
sieht Jammer überall. Ihr aber seid
dabei vor allen Menschen noch gesegnet,
weil euch des Wunderbrunnens Wasser quillt,
der, wie mir Kunde ward, euch nie versiegt.

GEISSHIRT
Wir leben, fremder Mann, wir leben. Ja,
dieweil wir noch nicht tot sind, leben wir.
So leben unsre Rinder, unsre Schweine,
die Ziegen wie die Böcke. Anders nicht.
Und nichts vermehrt sich. Unbesprungen siecht
die Färse hin, unfruchtbar bleibt die Kuh,
weil auch nur von der Streu sich zu erheben
kein Stier die Kraft hat. Starke Böcke taumeln
wie blind umher. Erscheint die Ziege, fällt
sie Zittern an, sie brechen in die Knie.
Und so der Eber. Der Beschäler, er,
des wiehernder Galopp die geilen Stuten
wie donnernde Gewölke vor sich hertrieb.

HERAKLEITOS

Es liegt ein Fluch ob allem, ganz gewiß.
Doch wißt, wenn ich auf weitem Wege auch
zuviel des Elends sah, statt Wipfelrauschen
und Säuseln saft'ger Halme Seufzer nur
und schweres Röcheln Sterbender vernahm,
so hat mein Stern mich dennoch nicht betrogen,
dem ich nachzog. Dies zu bekräft'gen bleibt für spätre Zeit.
Allein schon heut vermag ich euch zu raten,
ihr seltsam Auserwählten: harrt und hofft!
Kampf der Unsterblichen ist doch zuletzt
Schöpfung, und Leben bricht aus jedem Tod.

26. April 1935,
10 Uhr 55.

SZENE

HERAKLEITOS

O Göttin, die Unsterblichkeit ist Kampf,
und dränge im Olymp der Friede ein,
so wär's der ew'ge Tod für Gott und Mensch,
ein Tod wie Hades selber ihn nicht kennt,
noch Artemis, noch irgendeiner, der
vor Ilion sein Leben ließ und starb.
Du wurdest uneins, heil'ge Schmerzensmutter,
mit deinen Brüdern Zeus und Hades: eng
vereint im Göttlichen, seid ihr doch drei,
wie Tag und Nacht zwei Brüder unterschieden
und du als ihre Schwester und ein Weib
und Mutter, aller Erdendinge Schoß.
Und überdies, dein Gatte wurde Zeus,
als er aus diesem Schoß sich Kore zeugte.
Sie raubte Hades, riß sie aus dem Licht
mit in sein sonnenloses Königreich,
genannt das Totenreich, wo sie nun bleich
und blutlos thront im Dufte der Verwesung,
sich selbst ein Schrecken und im Schreckensreich
der Nachtgeburten allen doppelt schrecklich.

DEMETER

Schweig, Bettler. Der ins Ohr dir solches flüstert,

ist Askalaphos, dessen Eulen mich
ringsum belauern: doch nicht lange mehr,
denn auch die Eule schlug ich mit Unfruchtbarkeit,
selbst jene heiligen um Athenens Felsen.
Ich habe keine Brüder. Keinem Bruder
zähl' ich als Schwester mich noch gar als Weib.
Die aber doch sich meine Brüder nennen,
hass' ich mit aller Götterkraft des Hasses,
dem einzigen, das ich nicht von mir warf
aus dem verfluchten Stande meiner Gottheit.
Mensch will ich sein und bleiben und nichts mehr!
Und dann mit Götterkraft die Menschenbrüder
und -schwestern, meine einzigen Geschwister,
ausstatten für den Kampf mit jenen, die
die Höhen des Olympos heut besudeln..

26. April 1935,
16 Uhr 30.

SZENE

DEMETER
Bruch mit dem Götterrecht ist, was geschah.
Seit die Giganten den Olymp bestürmten,
geschah so Arges nicht. Zeus unterwühlte
den eignen Thron, sofern er solches zuließ.
Da liegt die Fackel, kalt und ohne Brand,
die ich am Ätnafeuer mir entzündet.
Nicht mehr bedarf ich ferner ihres Lichts,
seit mir nun Raub und Räuber ruchbar ward.
Ohnmächtig sowieso in meiner Hand,
der tief Entehrten, deren Gottesgeist
zusamt dem seinen Zeus einschrumpfen ließ
zu blinder Wirrnis, von sich selbst gehetzt
zu hoffnungslosem Suchen nach der Toten.
Denn sie ist tot, ist mehr als tot, durch Zeus
ruchlos entkleidet der Unsterblichkeit.
Des Styx unflät'ge Woge trennt die Göttin,
die mich zur Mutter, Zeus zum Vater hat,
vom Reich der ew'gen Jugend ab und des
unsterblich süßen Lebens. Doch dafür
vernicht' ich eben dieses Leben ganz,

indem ich mit ihm sterbe. Und in meinen Tod
reiß' ich hinab den prahlenden Olymp.
Sprach doch sein Todesurteil selber Zeus,
als er ein scheußliches Verbrechen guthieß.
Von aller Welt der Rest sei Wüstensand
und dieses tote Sandmeer mein Vermächtnis.

HERAKLEITOS

Und doch war's Eros, aus dem Kern des Lichts,
der Hades zu dem Raube angestiftet.
Selbst er, des Totenreiches Herrscher, widerstand
dem Pfeil des übermächt'gen Knaben nicht,
der, sagt man, wie ein rosenfarbner Blitz
die Nacht der Nächte aufhob und die Toten
für einen Augenblick erweckte. Sieh,
mir scheint, das Los der Toten sei fortan
nicht mehr so trostlos dunkel als vorher.

DEMETER

Vorbei! Nur ich besitze, was ihn beugt,
den kleinen Gott und größten aller. Ich
gebar ihn aus allmütterlichem Schoß,
mein darum ist die Macht, ihn zu vernichten.
Den Schützen gab der Pfeil, der Hades traf,
zugleich in meine Hand. Und nimmermehr,
du magst es glauben, wird er ihr entweichen!

HERAKLEITOS

Weh uns dann, große Göttin!
Demo, Kleisidike, Kallithoe und Kallidike sind mit Wasserkrügen an den Brunnen gekommen und schöpfen.

DEMETER

Wer sind die lieben jungen Menschenkinder?

27. April 1935,
17 Uhr 20.

SZENE A

Der Brunnen bei Eleusis. Eine übermüdete Matrone und Land-
fahrerin, Demeter, stützt ihren Arm auf den steinernen Brun-
nenrand, ihr runzliges, vergrämtes Haupt wiederum in die Hand.
Demo, Kleisidike, Kallithoe und Kallidike, die vier Töchter des
Keleos, kommen langsam, jede einen leeren Metalleimer in Hän-
den, den sie am Brunnen füllen. Lachend haben sie sich an-
genähert und Wasser geschöpft, lachend hebt jede ihr volles
Gefäß auf den Kopf.

DEMETER

Ihr könnt noch lachen, junge schöne Kinder:
wie wohl, wie wohl das tut! Es tut mir wohl
wie ein Erinnern hingeschwundner Zeit.
Nicht weil ich schwach bin, sondern weil die Schwäche
mich übermannt, steckt es mich an.

DEMO

Du lächelst
nicht liebreich, alte Frau. So wie du lächelst,
lächelt ein altes Götterbild aus Stein,
das jüngst zutage kam im leeren Flußbett.

DEMETER

Dann ist mein Lächeln gut, wenn's steinern ist.
Ihr ahnungslosen Kindlein, sagt, wer seid ihr?

DEMO

Wir, Altchen, sind der Metaneira Töchter,
und Keleos ist unser Vater. Ihm
gehört der Hof und alles Land ringsum.

DEMETER

Und ihr, wie heißt ihr?

DEMO

Ich bin Demo!

KLEISIDIKE

Ich
bin Kleisidike!

KALLITHOE
Kallithoe ich!

KALLIDIKE
Und ich, die jüngste, heiße Kallidike!

DEMETER
Wie kommt es, sagt, daß ihr vor Frohmut strotzt,
wo doch die Dürre und das große Sterben
das Land entvölkern?

ALLE VIER MÄDCHEN
zugleich
Weil der heil'ge Brunnen
uns nie versiegt.

DEMO
Der vor vieltausend Jahren,
so geht die Sage, die Erdenmutter labte,
als sie mit Kore schwanger ging,
vor Hera, Zeus' Gemahlin, auf der Flucht.

DEMETER
Blondzöpfe, kaum entkrochen noch dem Ei
und schon Gefäße eines Götterwissens,
das einer Göttin Haupt — wie lang! — entschwand.
Belehrt mich weiter. — Jene Kore ward
doch wohl geboren späterhin? Allvater
hat seinem Kinde doch wohl Schutz gewährt
und seines Kindes Mutter?

KLEISIDIKE
Freilich wohl,
und Kore ward von allen Götterkindern
die schönste. Aphrodite selbst, so spricht
der Geißhirt, flammte auf in Eifersucht.

DEMETER
Sie soll verderben!

KALLITHOE
Wie? Was sagst du, Frau?

DEMETER
Nichts, was euch angeht, süße Herzchen. Euch

soll nichts von meines Schicksals Hauch versehren,
schon darum nicht, weil eure Lieblichkeit
an eure Götterschwester mich erinnert.
So selig lebte sie dahin wie ihr.
Wenn auch ihr Haar den Glanz der Schultern hüllte
wie schwarze Nacht den Tag, nicht safrangelb
die Schultern überquellend wie das eure.
Bevor ich weiterwandre, wollt ihr mir
noch eine Gunst erweisen und mir melden,
was ihr etwa noch mehr von Kore wißt?

KALLIDIKE

Wir dienen fromm den Göttern, gute Frau,
und bringen Opfer reichlich, oberen
wie unteren. Doch leiten uns hierin
des Vaters und der Mutter Wille. Wir
sind allzu jung und wissen wenig nur,
dir zu berichten aus der andern Welt.
Nur so viel hörten wir: Kore ist tot.
Zeus gab dem Hades über sie Gewalt,
und er verschlang sie wie sonst nur uns Menschen.

29. April 1935,
16 Uhr 45 — 18 Uhr 10.

Demeter weint still und reichlich vor sich hin.
Du weinst zu viel, o liebe alte Frau,
die so gedankenvoll und gut uns anblickt.
Wir Menschen haben trübe Zeit anjetzt,
's ist wahr, wir hören's aus des Vaters Mund,
des Fürsten, und auch von der Fürstin täglich.
Wir tragen nun die vollen Eimer dort
ins Haus: du aber, Altchen, harre, wo du bist,
wir kommen wieder, und wir bringen dir
gewiß der Eltern Bitte an den Brunnen,
die Schwelle des Palastes zu beehren.
Wir fragen jetzt dich nicht nach deines Grames,
nach deines salz'gen Tränenwassers Ursprung:
am Herde wirst du dann dein Herz erleichtern.
Verzeih nur unsrem Leichtsinn — wir sind jung —,
wenn wir unziemlich deines herben Kummers
zu lachen schienen.

DEMETER
O Kallidike,
du bist, als ob sie lebte, und allein
für dieses Scheines seliges Geschenk
seid alle vier gesegnet, sei gesegnet
der Schoß, der euch getragen, sei gesegnet,
was alles euch umgibt in Hof und Haus.

*Diese Segnungen hat die Göttin den langsam abschreitenden
Wasserträgerinnen nachgesprochen und -gerufen.
Als die Göttin dann, die Hände im Schoß gefaltet, gedanken-
versunken sitzt, kommt Baubo, den Triptolemos im Arm
schaukelnd und einsingend.*

Wo kommst du her? Bist du vom Haus?

BAUBO
Das eben war's,
was ich dich fragen wollte.

DEMETER
Frage nur.
Baubo bricht in Lachen aus.
Du spottest meiner? oder warum lachst du?

BAUBO
Weil du zum Brunnen Wasser trägst, statt es
von ihm zu nehmen und den Durst zu löschen.

DEMETER
trocknet ihre Tränen
Nun ja, seit Zeus an der Unsterblichkeit
Verrat geübt, steht alles auf dem Kopf.

BAUBO
Das müßte hübsch sein, wenn du's tätest, Altchen.

DEMETER
Es scheint, ihr seid hier noch recht gut gelaunt,
trotzdem kein Hälmchen sprießt aus hartem Erdreich,
soweit ich mich auf wunden Sohlen schleppte
seit Monden. Unbegraben glotzt des Hades Volk,
Leichen, die einz'ge Ernte dieser Zeit,
zum erznen Himmel, drin der trockne Donner,

der unfruchtbare des Kroniden, rollt.
Der sie betrog mit dem Betrüger, ihn
und jenen schlug der Erdenmutter Zorn:
Verwesungsdünste hüllen den Olymp,
der Buhlschaft geiler Krampf lebt nur im Abgrund,
wo Eros selber eingekerkert schwitzt.
Der Erdenmutter fest verschloßner Schoß
verweigert eisern Zeugung und Geburt,
und dies bedeutet aller Götter Ende.

BAUBO
Dies war mir wie ein Faustschlag vor die Stirn,
und alles, Altchen, dreht sich mir im Kreise.
Sei gnädig! Mir wär' lieber, wenn ein Kerl
die beiden Hinterbacken hier mir klatschte
mit noch so harten Arbeitshänden. Denn
noch so verschlossen sei der Erde Schoß:
ich bin nichts mehr als eine niedre Magd,
die nichts besitzt, was des Verschlusses lohnte.
Und weil dies meiner Armut Reichtum ist,
geht's bei mir immer lustig ein und aus.

30. April 1935,
10 Uhr 40.

Demeter unwillkürlich von stummem Lachen geschüttelt.
Da lachst du endlich einmal, Altchen! Recht so!
Triptolemos beginnt zu schreien.

DEMETER
Was ist's mit diesem Kinde?

BAUBO
Traurigkeit
und Wahnwitz sind einander nah verwandt.
Vor ihm muß man sich hüten. — Still, Triptolemos!
Der arme Kerl hat üble Zeit gehabt
im Mutterschoß. Das schreckliche Gebreste
der Zeit befiel den König Keleos,
als kaum die Königin sich schwanger fühlte.
Bedeckt von Beulen, rang er mit dem Tod.
Und Metaneira, die den Gatten liebt
mehr als sich selbst, wich nicht von seinem Bett,
bis sie, nur noch ein Schatten von sich selbst,

die Kranke schien und jener der Gesunde.
So machte sich dies arme Würmchen denn
nach sieben Monden schon anstatt nach neun,
ich sage, klugerweise aus dem Staube.
Ein Wagnis zwar war diese Frühgeburt,
denn was das arme Würmchen in sich trug
an Leben, war nur mühsam anzublasen
und zu verlöschen in Gefahr bei jedem
noch so geringen eigenwill'gen Lufthauch.
Und was als ärgstes Übel noch hinzukam:
von unsren Rindern gibt nicht eines Milch,
nicht eine unsrer Ziegen einen Tropfen,
und Metaneiras Brüste blieben leer.
Dies hätte wenig uns bedeutet in
gesunden Zeiten, wo die dritte Magd
und jede zweite auch wohl im Gesinde
zur Amme tauglich war. So aber kennt
Triptolemos seit seinem ersten Schrei
nur einen faden Trank aus Mehl und Wasser,
der wenig Kraft gibt.

DEMETER

Reich den Knaben her.

Baubo tut es lachend. Demeter nimmt das Kind.

Weh mir! Du armes Klümpchen Jammers, ganz
noch sichtbar wie in Gallert stößt das Herz.
Was ist der Mensch: ein Säcklein Eingeweides,
die weiß Gott was und wer zusammenfügte,
und wer erklärt es je, zu welchem Zweck,
Hautbeutel, Blasen, Schlangen, die hohl und blind sich winden,
Schwämme, die Luft einsaugen, Rohre voller Blut,
und irgendwie dies alles bandagiert
an ein Gerüst aus Knorpel, Holz und Stein.
Und eine Kapsel aus dem gleichen Stoff,
Triptolemos, hüllt einen weichen Brei,
den künftigen Olympos deiner Götter.

Sie nimmt Triptolemos und taucht ihn ganz und gar im Brunnen unter. Baubo schreit auf. Emporgehoben, Triptolemos ebenfalls.

Kennst du ihn wieder?

BAUBO

plötzlich wie versteint

Nein, auch dich nicht, Frau!

DEMETER
Wieso ist er verändert? Sag es mir.

BAUBO
Er ward zum schönsten Kind, das je ich sah,
rotwangig, feurig und von Kräften strotzend,
er ward zum Gotte, und du wardst zur Göttin.

DEMETER
Nicht doch! Du irrst dich. Eine Erdenmutter,
nichts weiter bin ich. Räuber nahmen mir
vor wenig Tagen meines Schoßes Frucht,
und alle Milch, die meine Brüste spannte
und mich nun nutzlos quält, sucht einen Ausweg.
Da hast du nun die Amme, Königsknirps,
die dir gefehlt hat.
Sie legt das Kind an die Brust.

30. April 1935,
16 Uhr 55.

BAUBO
lacht, schlägt die Hände überm Kopf zusammen
O du Wunder:
Wein schlürft das Närrchen aus dem leeren Schlauch!
Die vier Keleostöchter kommen atemlos angerannt.

SZENE B

Im Palast des Keleos. Die hohe Eingangshalle.
An der Mittelsäule sitzt Metaneira.
Durch das Portal hereineilend Demo, Kleisidike, Kallithoe und Kallidike.

KALLIDIKE
Sie kommt, sie folgt uns auf den Fersen nach,
die grausig Lächelnde, die uns so fremd scheint
und dennoch so vertraut. Ihr steinicht Grinsen
scheint Maske für ein mütterliches Herz.
Und denkt Euch, hohe Fürstin, unsern Bruder
hat sie an ihre Brust gelegt! O Wunder,

seit Jahren nicht erlebt von Menschenaugen!
Und er, Triptolemos, saugt gierig Milch.

METANEIRA

O ungeheure Gnadentat der Himmlischen,
die eine solche Botin uns gesandt
in letzter Stunde und in höchster Not.
Wie kam's, als ihr sie meldetet bereits,
verbreitete ein feines Klingen sich,
ein golden liebliches, durchs ganze Haus.
Ich fühlte gleich, die dort am Brunnen saß,
war mehr als eine jener Durstigen,
die täglich eines Trunkes wegen sich
einfinden, fühlt' es, ohne daß ich's sah.
Mit Offenbarungsmacht entdeckte mir
ein heilig-hohes Fernher seine Ankunft.
Laßt mir den blinden Seher kommen, der
jüngst einsprach, dessen hoffnungsvolles Wort
zwar nicht der Drangsal Ende klar voraussah,
allein mit Vorbehalt für möglich hielt.
Er soll die Fremde prüfen.

KALLIDIKE
Sieh, dort naht sie!

METANEIRA

Noch seh' ich nichts. Wo ist der König? Voll
durchs hohe Tor, das noch zu enge scheint,
drängt sich ein neues Licht. Was soll ich tun,
ich bin allein, erheb' ich mich vom Hochsitz?
Die Hände sind mir abgestorben. Ich
bin, denk' ich, Königin, und doch: in mir
bebt nur noch eine demutvolle Magd,
die deshalb nur an ihrem Throne klebt,
weil ihre weichen Knie sie nicht tragen.

Demeter erscheint, Triptolemos im Arm, durchaus menschlich, aber ins Erhabene gesteigert.

Ich kann nichts sprechen, kann mich nicht erheben.
Kaum daß ich denken kann und dich betrachten.
Nie fänd' ich Mut zu fragen, wer du bist.
Allein ich weiß, dies Haus ist nicht mehr mein,
seit du darin weilst. Keleos, der König,

ist nur noch Diener, ich nur Dienerin.
Doch freilich nicht in einer irdischen
Wohnung fortan: in einer Gottheit Tempel!

DEMETER

Komm zu dir, Metaneira. Eine Mutter
bin ich wie du, die so ihr Kindlein liebt
wie du, nicht anders. Als ich dies erkannt,
ward ich zur Menschin, wardst du mir zur Göttin.
Gottmenschen, Mütter, wollen wir gemeinsam
nun deines Kindes pflegen.

METANEIRA
Es ist dein,
du heil'ge Gottgebärerin! O du
Allmutter!

BAUBO
Unsre Fürstin ist
von langer Krankenpflege überwacht und,
seitdem der Herr genesen, dennoch schlaflos,
drum, wenn sie seltsam redet, nehmt es hin
und achtet's weiter nicht. Das Kurze ist
und Lange, was die Herrin sagen will,
nichts andres als ein tausendfacher Willkomm.
Was diesem Haus seit Monden fehlt, seid Ihr.
Mit dummen Augen hab' ich es gesehn,
wie unsrer Königin das Heft entsank,
mit dummen Händen konnt' ich es nicht hindern.
Bringt Ihr den Karren wiederum ins Gleis,
Frau Oberschaffnerin! — so nebenher:
Ihr könnt's, man sieht's Euch an — und schenkt dabei
Nesthäkchen Triptolemos Kraft und Mannheit!
Seid des gewiß, freigebig wie der König
und diese Königin, die wirr jetzt redet,
verlässest du den Hof nach Jahr und Tag,
belohnt mit einem übergroßen Reichtum.

1. Mai 1935,
17 Uhr 35 — 18 Uhr 45.

SZENE C

Der Brunnen wie in Szene A. Er ist umlagert vom Palast-

und Hofgesinde des Keleos, darunter der Kuhhirt und der
Ziegenhirt. Bocksfelle mit Hörnern überm Kopf, umtanzen
zwölf junge Hirten das Brunnenbecken, dabei zugleich singend. Der Ziegenhirt begleitet auf der Rohrflöte.
Der ungefähre Inhalt des Chores:
»Gelobt sei Keleos, Keleos und Metaneira, unser Herr und
unsre Herrin! Übel ist die Zeit. Zürnende Götter schweigen
über der Erde. Schweres Joch drückt den Nacken der Menschen. Uns aber fließt noch ein Brunnen, des Wasser die Erde
begrünt rings um Keleos' Hof. Hier allein fließt er, durch
einer unbekannten Gottheit Gnade gespeist. Die Ziegen und
Rinder kommen zu trinken, die kleinen und großen Vögel
sammeln sich um sein Becken. Aber alles bleibt unfruchtbar.
Der Bulle nimmt die Färse nicht an, der Bock nicht die
Ziege.«

SZENE D

Im Hofe des Keleos.
Das Gesinde, Männer und Weiber, sitzen essend und schwatzend
im Kreise. Baubo kommt.

ZIEGENHIRT
Erzähl uns, Baubo, was im Hause vorgeht.

BAUBO
Das, was hier draußen vorgeht, was ihr wißt.
Seitdem sie bei uns ist, die Schafferin,
die neue, wißt ihr ja, geht alles vor-,
nichts rückwärts.

ZIEGENHIRT
Ja, es könnte wirklich sein,
was du da sagst. Anzeichen aller Art
verraten was, das sich gebären will, wenn
uns, ausgemergelt wie wir alle sind,
nicht leerer Schein zum besten hat. Der Durst'ge,
verschlagen weit im heißen Sand der Wüste,
sieht, eh das letzte Röcheln ihn befällt,
begrünte Hügel schweben in der Luft,
Wälder von Palmen und mit klarer Flut
Gequill eiskalter Brunnen.

BAUBO
Lästre nicht,
hat euch der heilige Born doch nie versagt,
auch eh er uns die zweite Herrin schenkte,
die er, dem Himmel Dank, zur Rast verlockt.

KUHHIRT
Ich will dir etwas sagen, Tityros,
was gut zu hören ist. Am frühen Morgen,
nachdem der trockne Donner sich gelegt,
mit dem Zeus wie mit schwerem Traume uns
verhöhnt, den Regen immer nur versprechend,
nie schenkend, hört' ich plötzlich ein Gequak.
Ich ging ihm nach. Im trocknen Bachbett stand
der große Stier, der sonst nur müde lag,
und brüllte leis den toten Wasserweg
voll heißen steinigen Gerölls bergan,
als wär' die heil'ge Woge auf dem Weg
bereits und zu erwarten. Aber mehr,
ich fand das Fröschlein und mit ihm ein Rinnsal,
verborgen plätschernd, drin sich's wohl sein ließ,
und zwar, o Wunder! auf der Gattin Rücken.
Ich sage reine Wahrheit dir, beim Zeus!

BAUBO
Ich wüßte nicht zu sagen wie, allein
dies ist das Wirken unsrer zweiten Herrin,
die mehr als das verrichtet: denn ich weiß,
sie tat dem König etwas in den Wein,
das ihn das Krankenbett verlachen machte
und Metaneiras Bett bestürmen ließ.
Das Gesinde kreischt auf.
Ich habe nichts gesagt: Seid still! seid still!

2. Mai 1935,
17 Uhr — 19 Uhr 10.

SZENE E

Ein altes Gemäuer im Feld auf leichter Bodenerhebung. Gesinde und Landarbeiter des Keleos-Anwesens lagern in Gruppen umher und nehmen ihr Mittagmahl.

DER WINZER
's ist alles ausgedörrt rings um die Mauern,
und wuchs vor Jahren doch der beste Wein.

RINDERHIRT
Man sagt, dem Stiergott war dies Haus geweiht,
bevor es niederbrach bei einem Zittern
des Grundes.
ZIEGENHIRT
Ja, man sagt es, doch ich glaube,
mit Unrecht. Pan, der ziegenbärtige,
der auf Bocksfüßen springt, hat hier gewohnt.
Und in gewissen Nächten hört man ihn
noch um den Trümmerhaufen prusten und
mit lauter Stimme meckern.

SCHWEINEHIRT
Ziegenhirt,
ich weiß wohl, daß du keinen zweiten Gott
so hoch wie Pan stellst, dem ein mürrischer
Unmut beständig auf der Nase hockt.
Ich höre gern, wenn du von ihm erzählst.
Unübertrefflich bist du drin, dazu
auch unerschöpflich, lustige Geschichten,
die über ihn im Schwang gehn, aufzutischen.
Und soweit geb' ich dir auch hierin recht:
ich würde selbst mich nicht für alles Gold
nachts hier in diesen Trümmern schlafen legen,
ja selbst am Tage nicht.
DER WINZER
Und doch wohnt darin
seit Jahr und Tag der Blinde.

SCHWEINEHIRT
Das mag sein.
Er hat's auf andre Weise mit den Göttern
als wir. Doch was ich sagen will, betrifft
nicht ihn und auch nicht Pan. Mein Vater war
und so auch mein Großvater Schweinehirt
im Dienste des Geschlechts, das heut hier herrscht.
Er wußte von dem Tempeldienst zu sagen,
dem hier ein dunkelbärt'ger Priester oblag,

bevor ein Feuer aus der Erde stieß
und Qualm und grauser Übelduft des Abgrunds.
Die Opfertiere, deren schwarzes Blut,
noch dickverkrustet, manchem Steine aufklebt,
waren die schwarzen Ferkel unsres Stalls.
Die aber, denen solche Opfer galten:
die Unterird'schen!

ÄLTERE MAGD
Ja, dies ist gewiß,
man weiß es, und es sagt ein Wort,
noch habe dieses heil'ge Trümmerfeld
nicht ausgespielt. Der alte blinde Mann
harrt nicht umsonst hier seines Augenblicks.
Er könnte reden, wenn er wollte, könnte
uns viel enthüllen, alles: doch er schweigt.
Nur seit die neue Schafferin im Haus
Doso, die zweite Herrin, heißt es, fand
er seine Sprache wieder. Der mit niemand
seit Jahren redete, spricht nun mit ihr
und beide brauen, heißt's, geheime Zauber.

ZIEGENHIRT
Wer ist sie, jene Doso, wie sie sich
zu nennen liebt?

ÄLTERE MAGD
Schweig! sie ist überall,
hört alles, was du sprichst, ja was du denkst.
Sie ist kein Wesen so wie ihr und ich,
sie ist was mehr.

RINDERHIRT
Niemand bezweifelt das,
es liegt vor Augen. Wenn nicht alles trügt,
bricht sie den Zwang, der alles Werden hemmt,
zum mindesten durch ihre Gegenwart.
Sie fegt mit weitem Schritt durch Haus und Hof,
ist nun im Stall und fast zu gleicher Zeit
im Vorratsboden oben unterm Dach,
im Garten, wo der Apfelbaum mit eins
in weißer Blüte steht, den sie berührt.
Wo sie erscheint, nicht nur das Hühnervolk,
die Rinderherde drängt sich auf sie zu,
so Bock als Ziege reiben sich an ihr,

die Schafe brechen dem Leithammel aus,
sich wie ein goldnes Vlies um sie verbreitend.
Der müde Hengst, der keine Stute annahm,
begrüßt mit hellem Wiehern sie und tut
mit Feuer seine lang versäumte Pflicht.

ÄLTERE MAGD

Und doch ist etwas in ihr, was selbst Baubo
mit so unsel'ger Traurigkeit behext,
daß sie nichts weiter will als sterben.

BAUBO
kommt

Nein,
denn Doso ist das Leben. Doso nimmt
nicht nur Triptolemos an ihre Brust,
der schon, ein kleiner Herakles, den Speer wirft,
sondern uns alle. Metaneira nennen
wir Mutter ihrer Töchter, ihres Sohns,
doch es zerschmilzt ihr Muttertum wie Schnee
vor dem der Doso, die allmütterlich
des Königs und der Kön'gin Mutter scheint
und Mutter ihrer Kinder. Nicht nur das:
was ich von Müttern je gewußt, es löst
vor diesem heil'gen Muttertum sich auf,
dem allgewalt'gen. Was von Mensch und Tier,
von Baum, von Halm und Frucht das Leben hat,
ich möchte lachen, und wie Wahnsinn packt's mich,
von diesem allen fühl' ich sie als Mutter.
Ich möchte schreien, und es wirrt sich mir
der Kopf von dem Unfaßbaren, das ich
als winziges Gefäß nicht fassen kann.
Wenn sie sich naht, spricht alles um sie: Mutter.
Ihr sprecht es oder nicht, hör' ich das Wort
von jedem unter euch. Das Tier, der Halm,
jegliche Blüte und jedwede Frucht.
Es ist ein Raunen, Flüstern, Rufen, Schreien,
ein Toben: Mutter! Mutter! Mutter! Mutter!
Ich bin von Sinnen: werft mich in den Kerker.

METANEIRA
erscheint

Was rasest du, was ist mit dir, sprich, Baubo!

BAUBO

O Herrin Metaneira, deine Schafferin
sprengt mir die Brust vor Ehrfurcht und vor Liebe.
Wir sind zu klein für sie, und ihre Nähe,
die ganz nur Segen ist, bringt uns den Tod.

METANEIRA (DOSO)

Ich bin nicht Metaneira, ich bin Doso,
die Schafferin. Komm zu dir!
> Sie berührt Baubo. Baubo sinkt an ihr nieder und umarmt
> ihre Knie.

BAUBO

Soll ich leben,
dann nur zu deinen Füßen, Göttin, nur
anbetend kann ich leben, wenn ich neben dir
noch leben soll.

3. Mai 1935,
10 Uhr 5 — 12 Uhr 5.

SZENE F

*Aus den Ruinen tritt tänzerisch eine groteske Erscheinung. Es
ist der als Demeter verkleidete blinde Seher Arat. Er trägt
Blumenketten und eine Blumenkrone, in der Hand eine goldene
Sichel.*

ARAT

Nur wer eine Tochter jemals hat geboren und geliebt,
nur die Mutter weiß zu sagen, welchen Schmerz ihr Tod
                                                verursacht.
Trifft dies zu auf Menschenmütter und den Schmerz, den
                                                sie erleiden,
wenn der Allesräuber, Hades, süßgereifte Frucht
                                                zurücknimmt,
wieviel mehr entbrennen Qualen in dem heil'gen Mutterherzen
einer Göttin, übermenschlich, der ihr Kindlein man geraubt.
Eintagsmenschen müssen enden an dem Tag, der sie geboren,
dies ist unser aller Los, und wir haben's hinzunehmen
ohne Murren: doch die Ew'gen, die das Göttliche gebären,
Ewiges ins Ew'ge stellen, leiden Unbegreifliches,
wenn das Reich der Nacht sich aufbäumt, widerrechtlich,

und den Tod
dem Unsterblichen bereitet. So geschah mir's: hört mich an!
Ich bin Demeter. Mir blühte aus des Göttervaters Lenden
Kore, meine süße Tochter. Wer es fassen mag, der fass' es:
und mit ihr ward ich geboren allererst ins Glück der Götter.
Noch nicht dreizehn war das Kind, und ich geizte mit der
Stunde,
die sie älter werden konnte, da so namenlose Schönheit
zarter Jugend nimmermehr sich, selbst bei Göttern,
steigern konnte.
Und es zitterten mit mir hingenommen alle Götter.
Ew'ger Frühling war verbreitet, ihm, dem Kinde, huldigend,
auf dem ganzen weiten Erdkreis. Die Chariten gab ihm Zeus
zu Gespielen. Doch sie borgten nur von Kore ihre Schönheit.
Denn Aglaias Glanz verblaßte, Euphrosynens Heiterkeiten,
so Thaliens Blütensüße vor der Anmut dieses Mägdleins.
Nein, ich kann es euch nicht schildern: dieses Wunder,
dessen Holdheit,
die Gebrechlichkeit zu sein schien, dieser Hauch des
Sterblichen,
der, den ew'gen Göttern fremd, sie so tief und seltsam rührte.
Wie die Blumen ihr nur blühten und des Weinstocks Traube
sich
nur nach ihrem Mündchen drängte, sich die Ranke selig
pries
und in Blüten überschäumte, die der Süßen überzarte
Kinderbrüstlein streifen durfte: streicheln im Vorübergehn.
Oh, ich habe angebetet, ich, die Mutter, vor dem heil'gen
Unschuldswunder dieses Daseins. Und ich habe es beweint
in der Stille, tief durchdrungen davon, daß es höhrer Herkunft
als die ew'gen Götter selbst ist, die in schlecht verhehlter
Scheu
hingezogen es verehrten. Allgemeine Ehrfurcht gab
dem, was allzu hilfsbedürftig, weil es allzu süß empfunden,
allgemeinen Gottesschutz. Doch der Mutter bangte dennoch.
Ich, Demeter, ich verbarg sie, meine Tochter, in den heil'gen
Hainen Korfus, die von Blumen, bunten Anemonen strotzen,
hielt versteckt sie unter breiten Riesenwipfeln von Oliven
jener ausgestorbnen Insel, wo einst die Phäaken wohnten.
*Arat schreit furchtbar auf. Das Gesinde, erschrocken, springt
auf die Füße.*
Fluch, der ew'ge Fluch der Mutter, aller Mütter, über dich,

schamlos geiler Götterbube, Götterschurke, Götterhund!
Sei entehrt vor Gott und Menschen, kinderschänderisches
Unflat!
Dein nur denkend werde ich zum blutgierigen Hai, zum
Raubtier,
das, so ekel du mir sein magst, dich mit Tigerwut zerreißt.
Niemals darfst du sterben, Toter, meiner ew'gen Rache Opfer!

DOSO
stürzt ab und schreit
Kore, wo bist du? Kore! Kore! Kore!

ARAT
Diese Frau ist mehr als Doso, und es werden diese Trümmer
bald zum Tempelbau sich fügen, der ein Hort des Friedens
sein wird,
der den Gram der Zeit versöhnet. Der genommen
der Allgüt'gen
ihres Götterdaseins Krone, Hades, der ihr Kore raubte,
wird sich bald dem Spruche beugen — und Verlornes
wiedergeben —,
der in diesem Tempel fällt.

3. Mai 1935,
17 Uhr — 18 Uhr

*Arat legt die Gegenstände seiner Verkleidung ab und spricht
in einfachem Ton zum Gesinde.*
Baubo hat gut gesprochen, als sie eben
vor Doso niedersank. Ihr Schwarzgewand
ist nicht auf ird'schem Webestuhl gewebt.
Die schweren Falten seufzen, wo sie geht.
Wenn auch das grause Lächeln nicht erlischt
und nicht die Macht des Guten sich erschöpft
im Wirken dieser fremden Schafferin
für Metaneira und für Keleos,
vor allem Triptolem, so trägt sie doch
unmenschlich-überirdisch-wilden Schmerz.
Und augenblicklich wüßt' ich kein Gefäß
des Wehs im ganzen Weltall so wie sie.
Hat die Erdmutter sie gesandt — ihr wißt,
sie hadert mit dem unaussprechlichen

Beherrscher alles Widerlebens, der
die Tochter ihr geraubt und so die Seele
und so den Brunnquell aller Göttlichkeit,
der sie und alle Götter sonst genährt
mit ewig-selig-himmlischem Geblüt –,
dann wäre sie Demeters Dienerin.
Nehmt an, es ist so, Leute, aber macht,
wenn es so ist, auf Höhres euch gefaßt.
Denn Größtes ist dem Ort vorherbestimmt
und Heiligstes der Scholle, die wir bauen.
Nicht sag' ich was, – nicht sag' ich, was ich weiß.
Seht, wie sie weiten Schritts den Hof umgeht,
die Menschennahe, die zur Menschenmutter
sich endlich machte, um den Gram zu lindern,
der allzu wild ihr Gottesherz zerriß.
Ruft Keleos, ruft Metaneira, ich
will nun verkünden, was ein Gott mir eingibt.
   Metaneira und Keleos kommen.
Herr, Herrin, die Ihr mich geduldet habt
in den Ruinen dieses Heiligtums:
die Göttin, der ich insgeheim gedient,
lebt nun bei Euch als Hilfeflehende.
Die Hilfe ihr zu bringen und der Welt,
seid Ihr vor allen Menschen auserwählt.
Wenn Ihr von dem, was ich verkünde, nichts
bezweifelt und die heil'gen Wünsche ehrt,
die Euch in mir die Erdenmutter kundtut,
wird durch Triptolemos die Menschenwelt
zur Seligkeit sich läutern und erneuern.
Sie will ein Heiligtum, sie will es hier.
Bauleute sollen eilig es errichten
mit nahem Marmor vom Hymettos. Ich
bin ausersehen von den ew'gen Zwölf,
so hat es Hermes mir ins Ohr geraunt,
durch alte Sühnebräuche ihn zu weihn.
So vorbereitet, göttlich so behaust,
wollen die Himmlischen dann Rates pflegen,
die tiefentzweite Götterwelt versöhnen.

METANEIRA

Bauleute! Morgen mit dem Frühsten schon
leg' ich das Fundament, küß' ich den Grundstein,

als Menschenmutter von der Himmlischen
erwählt, in Ehrfurcht. Himmelsschwester Doso!
Wie furchtbar klingt dein Ruf, wenn du des Nachts
den Hof umkreisest und im Felde umgehst.
Nimm hin mein alles, wär' es auch mein Blut!
Wie gerne strömt' ich's hin, um deine Tochter
dem Hades zu entreißen.

SZENE G

HERMES

Ich überschwebte den Okeanos,
mit niedrer Sohle fast die Woge streifend,
bis ich zu den Kimmeriern kam, dem Volk,
das nie die Sonne sieht und keine kennt.
Dort seufzt zuweilen nachts Demeters Tochter,
des fürchterlichen Hadeskönigs Sklavin,
in einem heil'gen Hain, der ihr geweiht ist.
Schwarzpappeln, Weiden raunen dort von Gräbern
am Ufer Pyriphlegethons und des
Kokytos, beide fließen aus dem Styx
und münden in den Acheron. Ich bin
ein Gott und sah doch Kore nur als Traumbild.
Wollt' ich das süße Kind berühren, dem
Blut aus den Augen träufelte und aus
den Winkeln ihres holden Mündleins rann,
griff ich in leere Luft. Wie sagt Achill:
Als Tagelöhner wollte lieber ich
das Feld bestellen einem Hungrigen,
als Herrscher sein von Myriaden Toten.

4. Mai 1935,
10 Uhr 30.

SZENE H

*Vor dem nun neu erbauten Rundtempel. Am Umgang über den
Stufen, schwesterlich verschlungen, stehen Doso und Metaneira.
Ringsherum Gesinde, Volk, Hirten, Mägde, Bauleute und der-
gleichen.*

DOSO

Hier werden wir der Göttin dienen, wir,
wir Menschen. Denn wir wollen Menschen sein,
nichts weiter, und den Tod umarmen. Schwester,
wir beide haben einen Sohn,
nur einen, beide Mütter, Triptolem,
erwählt dereinst zum Halbgott vom Geschick,
das schwerste Los, das dem Geschöpfe blüht,
weil es in keiner beider Welten ganz
daheim ist; und wir haben eine Tochter:
Kore ist dein wie mein. Du hast mit mir
in langen Nächten um das Kind geweint.
Doch es ist tot. Der Dienst, den wir der Tochter
bisher geweiht, war Tränendienst. Von nun —
denn diesen Göttertempel weihn wir Kore —
soll eine Vielfalt alter Bräuche mit
Gesang und Opfer täglich sie beschwören
aus Nacht in Licht. Und auch der Finsternis,
weil Kore durch den Spruch des höchsten Zeus
in ihr verhaftet ist, soll Opfer bluten:
der schwarze Hahn, der schwarze Bock, das Ferkel,
schwarz ohne Makel, und das schwarze Lamm.
  Rings um den Tempel steigen gelbe, schweflichte Dämpfe auf.
  Das Volk entsetzt sich.

METANEIRA

Erschreckt euch nicht! Was jetzt geschieht, hat Doso
vorausgesagt. Der Hadesfürst ergrimmt,
weil seine Macht an ihrem Zauber sich
bricht. Seine Eisenriegel wissen nicht,
das Reich der Tiefe zu verschließen, und,
wie dieser Schwefelqualm zum Lichte dringt,
gelingt's den Geistern auch bei Dosos Spruch.
Ich weihe dich zu Kores Priesterin,
Schwester!

DOSO

Ich weihe dich zum gleichen Amt!
Nun jubelt, freut euch, tanzt! Denn Kore liebt
den Tanz: sie selber heißt die Tänzerin.
Wir rasten nicht, bis ihr befreiter Fuß
sich neu im Licht, sich unter Blumen regt.

HIRTEN
in Bocksfellen, tanzen und singen dazu in wilder Freude den Bocksgesang. Lasziv.
Hei, hei! Wir rufen dich, Göttin! Wir rufen dich, Göttin!
Hei, hei! Reiße dich los! Wir jubeln, wir jauchzen dir zu!
Komm herauf ins Licht! etc.

SZENE J

Im Tempel. Niederer Altar in der Mitte.
Doso, niedergesunken, betet an ihm. Vor ihr aufrecht steht Hermes.

6. Mai 1935,
17 Uhr 15 — 18 Uhr 20.

SZENE K

Im Tempel. Nacht. Auf niedrigem Altar ein schwach brennendes Feuer. Der blinde Priester steht dabei, schüttet Pulver hinein und übt sonstige Gebräuche aus, die den Charakter einer Beschwörung haben.
Demeter, schwarz und tief verschleiert, tritt ein.

ARAT
Die Unke ruft, es schrillt die Fledermaus,
in den Gebüschen schluchzen Nachtigallen.
In Feld und Hain und Hof schläft alles nun
tagmüden Schlaf. Denn dank der Göttin, dank
deiner, du Menschen- und du Gottesmutter!
rührt Gnade in der Erde Schollen sich,
Saft in den Halmen, Reben, Kräutern, Bäumen,
und in den Tieren regt sich Zeugungskraft.
Der Schläfer Träume sind erwartungsvoll,
in ihren Pulsen pocht die Ungeduld
fruchtbaren, reichen, segenvollen Tuns.
Nur eines hat die Erde immer noch
versagt, trotzdem dein Götterwissen es
noch zu erzwingen wissen wird. Mein Anruf,
vielfacher Zauber voll und oft erneut

bis jetzt, hat deiner Tochter Kore Bild
noch nicht an den Altar gelockt, der ihr
geweiht ist.

DEMETER

Helfen deine Schreie nichts
und meine, ihren Schatten zu beschwören?!
Bescheiden wird die ganz beraubte Liebe.
So ist ein letztes Mittel mir bekannt,
das freilich vieles wiederum zerstört,
was ich hier um Eleusis aufgebaut.
Die Insel, die um diesen Ort ergrünt,
verbrennt zu Asche, wenn ich seiner mich
bediene. Fluch wird alle Dankbarkeit,
die ich in Menschenherzen mir gesät.
In Hoffnung auf die Wiederkehr des Schattens,
ja sei's der Schatten nur! ward mir das Herz,
das göttlich steinerne, menschlich erweicht.
Du hast es selbst gesagt, ich sei bereits
nur mehr ein Mensch, und das ist's, was ich sein will:
um Schatten dienen. Wehe aber, wenn
selbst er sich jetzt, der Schatten, mir versagt!

ARAT

Was willst du tun?

DEMETER

Nachtwandlerischen Schrittes
und durch Magie von mir in Schlaf versenkt,
naht Metaneira sich mit Triptolem.
Mit leisem Schlürfen ihrer blinden Sohlen
steigt sie die Marmorstufen schon herauf
und bringt den Sohn, sei's, muß es sein, als Opfer.
Denn Metaneira ist mit mir ganz eins,
sie ist wie meines Herzens zweite Kammer:
sie opfert, wenn sie opfert, meinen Sohn,
und opfert, wenn sie opfert, ihrer Tochter.
Öffne den Vorhang, Priester, sie erscheint.

Es geschieht. Metaneira in schwarzen Schleiern, Triptolemos auf dem Arm, erscheint. Sie gleicht genau Demeter. Mondschein dringt mit ihr ein.

ARAT

Für einen Sterblichen beinah zu viel,
ihr Schicksalsschwestern! Denn es füllt der Raum

sich an mit Unsichtbaren. Sind es die
Erinnyen, die jetzt schon meiner warten?

DEMETER

Ich muß sie sehn, ich reiße sie empor,
und seien Finsternisse auch auf sie
gehäuft wie Ossa und wie Pelion.

Sie nimmt Metaneira das Kind ab, was diese, in Schlaf versunken, steif und starr mit geschlossenen Augen geschehen läßt.

Demeter hält den Knaben über das Feuer. Der Priester wendet sich ab. Ein unterirdischer Donner wird hörbar. Metaneira erwacht, sieht mit Entsetzen, was geschieht, schreit auf und rennt davon.

Aber nun taucht der Schatten Kores aus dem Feuer. Sie gibt das Kind unversehrt an den Priester. Es schreit, er trägt es fort.

Die Erscheinung Kores ist das Abbild einer Toten, durchaus leichenhaft.

Ein Zwiegespräch, darin die völlige Gefangenschaft Kores deutlich wird und die Unmöglichkeit ihrer Rückkehr in die Welt anders als eben in der augenblicklichen Form. Sie gibt Anweisungen für ein dem achilleischen ähnliches Blutopfer.

Selbst die Göttin Demeter packt Grausen.

Sie bricht zusammen. Kore verschwindet.

Die Tür springt auf, Morgenhelle dringt ein und damit der Jüngling Hermes.

Hermes versucht Demeter zu überreden, in den Olymp rückzukehren. Sie verweigert's mit Unbeugsamkeit.

7. Mai 1935,
16 Uhr 45 — 18 Uhr.

Zu Szene K

Gespräch Demeter—Hermes

HERMES

Zeus, der allmächtige Vater, und die Zwölf
entbieten ihren Gruß der Demeter.
Du mögest, lautet ihres Rates Schluß,

ablassen vom vergeblichen Bemühen,
Ewigverlorenes wiederzugewinnen.
Du hast's gesehn, was zu erreichen dir
möglich gewesen ist. Du hast dem Grausen
den Aufstieg in die Oberwelt ermöglicht,
dem Grausen nur und nicht dem Leben, nicht
dem holden Dasein deiner toten Tochter
wie einst im Licht. Bescheide deshalb dich.
Die unverbrüchlichen, beim Styx beschwornen
Götterverträge haben uns der Macht
im Totenreich beraubt. Selbst Zeus vermag
mit aller seiner Übermacht hier nichts.
Drum läßt er dir als guter Vater raten,
daß du abstehst, Unmögliches zu fordern.
Hinnehmen mögest du den Schicksalsspruch,
vor dem selbst unsre Göttermacht erlischt.
Noch immer wartet deiner der Olymp
mit seinen Freuden. Laß dich bitten, o
Erdmutter, in die ew'ge Seligkeit
der Deinen rückzukehren: also flehen
wir deine Gottheit an, wir, des Olymps
lichttrunkene Bewohner. Dorten hat
kein Schmerz, du weißt es, Lebenskraft und -recht.
Ambrosia und Nektar warten deiner.
Zum herrlichsten Gelage unter Sonnen
und Sternen findest du den Tisch gedeckt.

DEMETER
auf dem Gesicht liegend, den Kopf halb erhebend

Heb dich hinweg, du feiler Götterbote,
Hermes! Ich sitze nicht an einem Tisch
mit dem Verräter seiner Schwester, dem
Verräter seines Weibes, der zugleich
die Gottheit aller Götter und die eigene
verriet. Geh! Sag dem hinterhältigen
Mörder der eignen Tochter und der meinen:
Demeter stelle über den Olymp
und alle seine Schätze ihren Schmerz.
Ihm lebe sie allein und baue Tempel.

HERMES
Sei wieder Göttin, Göttin! Warum schleppst du

als Mensch des Eintagselends dich dahin,
bedürftig wie die Bettler und in Lumpen?!

DEMETER

Dies Elend ist mein Stolz, und Mensch zu sein
ist mein Triumph, aus dem ich niederblicke
auf allen Götterjammer meiner Vorzeit.
Das Liebste, was ich hatte, nahm der Tod.
So bleib' ich nun im Reich der Sterblichen,
der Menschen, die auf ihren Gräbern wohnen.

HERMES

Muß es so sein, läßt Zeus dir sagen, so
verschließe fürder nicht der Erde Schoß
und aller Mütter Schoß und alle Zeugung.

7. Mai 1935,
10 Uhr.

SZENE L

Demeter, in ihrem Heiligtum, vernichtet aufs neue alles
Wachstum, lebt nur in ihrem Tempel, nimmt sich des Triptolemos nicht mehr an und sieht außer Baubo niemand von
Hof und Palast. Um sie zu versöhnen, bemühen sich vergeblich die Götter.

SZENE M

Außerhalb des Tempels.
Es ist ein Jahr vergangen. Halb verhungert und flehend
liegen die Gutsleute vor den Stufen. Es ist wolkig und finster.
Plötzlich wird es hell. Baubo geht ins Innere des Tempels.
Sie kommt wieder: es sei eine neue Hoffnung erblüht. Sie
geht, um Metaneira und Keleos mit Triptolemos zur Versöhnung zu rufen. Sie kommen. Demeter tritt aus dem Heiligtum. Keleos und Metaneira mit Triptolemos steigen zu ihr
empor. Küsse. Abstieg aller über die Tempeltreppe, um sich
in den Palast zu begeben.
Da verändert sich die Natur, Tiere und Pflanzen. Getreidefelder wogen. Doso zittert, Doso wendet sich. Der Priester an

der Tempeltür erwartet sie, Hades gibt Kore frei. Bocksgesang.
Kore mit einem Sprung, Locken schüttelnd, aus der Tempeltür. Tochter und Mutter fliegen einander in die Arme.

SZENE N

Tochter und Mutter (Demeter) allein zwischen hohen Getreidefeldern. Lerchenjubel. Ihre leidenschaftliche Liebesaussprache. Der neue Vertrag zwischen Oberirdischen und Unterirdischen. Die Eleusinischen Mysterien.

SZENE O

Mysterienbegründung und -begabung Triptolems.

[NOTIZ]
Mainas: das rasende Weib, die Mänade.
Sabos, Sabazios: thrakische Benennung des Dionysos.

8. Mai 1935
10 Uhr 40 — 11 Uhr 20.

SZENE P

Vor dem Tempel.
Demeter sitzt schweigend und trauernd auf den Stufen. Ein tanzender Mänadenzug, von Sabos geführt. Die Göttin sieht ihn und erschrickt.

DEMETER
Wo kommt ihr her?

SABOS
Wir wissen's nicht. Wir sprangen
ans Licht aus einer Bergeshöhle, und
man hieß den Berg den thrakischen Olymp,
so glaub' ich.

DEMETER
Und wovon habt ihr gelebt
auf dieser obren Erde, die kein Werden
mehr kennt nach meinem eisernen Beschluß?

SABOS
Was uns entgegenkam, zerrissen wir
und schlangen's in uns. Und wir brachten Schläuche
mit uns aus dunkler Tiefe, Schläuche Weins,
die sich nie leeren. Unsichtbar mit uns,
zahllos, sind Keren, Seelen, die sich lösten
vom Gräberrest, vom Leichnam.

8. Mai 1935,
16 Uhr 55.

DEMETER
Und wer ist
die Rasende, die Mainas?

SABOS
Metaneira.
Die Unsren, wo wir nahen, reißen sich
aus ihren Häusern, und der Gott ergreift sie
wie uns.

DEMETER
Was ist es für ein Gott?

SABOS
Ein neuer,
mit Namen Sabos. Aus den Tiefen einer,
der, aufgeschrien durch der Erdmutter Ruf,
Kraft fand, das Licht der Sonne zu gewinnen.

DEMETER
Bist du es selbst?

SABOS
Nein, nur besessen bin ich
vom Gott und eins mit ihm, Erdmutter! Sieh,
wir kommen, wir, geweckt von deinem Notruf,
dir beizustehn. Wir tragen Nacht in Licht.
Wir mischen Nacht in Licht und schaffen so
ein Mittelreich der Menschheit, wo sich Oberes und Untres
begegnen dürfen, wo der Tod das Leben,
das Leben wiederum den Tod durchdringt.

Wir sind die ersten Bürger dieses Reichs:
Menschen, durch deine Gegenwart erhöht,
Schmarotzer des Olympes und des Hades,
des Schattens mehr noch als des Lichts. Denn nur
Schatten schenken uns volles Leben, machen
uns sehen, schenken uns Gestalt und Sein.

DEMETER

Und wißt ihr etwas mir von meiner Tochter
Kore zu sagen?

SABOS

Ja, denn Kore ist
die fürchterliche Königin der Schatten,
das Weib des Hades, das an Leichenmahlen
sich immerdar ergötzt. Ihr Aug' ist blind,
und nichts an ihr bewegt sich. Doch der Götterbote
hat an das Tor der ew'gen Nacht gepocht,
und etwas ist zu uns gedrungen von
Beschlüssen des Zeus. ⟨Aus einer Puppe ward
bereits ein Schlangenwesen, das sich ringelnd
bewegt.⟩ Und du, allgüt'ge Göttin,
Erdmutter Demeter, erwarte nur
getrost den Schmetterling.

DEMETER

Könnt' ich euch glauben,
wie gerne würd' ich Bürgerin des Reichs,
wo Tod und Leben die Vermählung feiern
und sich das Schattenreich des Lichts bedient.
Komm zu mir, Metaneira!

SABOS

Erdenmutter,
sie hört und sieht nicht.

DEMETER

Und was trägt sie denn
gewickelt in ein Tuch?

SABOS

Sie trägt den Heiland,
den künft'gen König unsres Zwischenreichs,
Triptolemos. Wenn seine Stunde naht,

wird der Vertrag mit Blut besiegelt, den
der Allbeherrscher mit dem Hades abschließt.
Triptolemos, vom Gott begeistert, stirbt
am Kreuz.'

DEMETER
Nein! Metaneira, Metaneira! Sie
und ich sind die Gekreuzigten. Wir Mütter
sind die Gekreuzigten. Wir Mütter nur
tragen die Liebe, die sonst niemand kennt,
denn Zeus wie Hades kennen nur die Geilheit.
Der Stier liebt nicht, so wenig liebt der Bock.
Die Kuh, die Ziege lieben ihre Kinder.
Auch ich gebar mit Schmerzen, auch als Göttin,
und dennoch bindet heiße Liebe mich,
die übermenschlich-übergöttliche,
an Schmerzgeborenes.

DAS HUNGERNDE UND DURSTENDE VOLK
Erachte denn als deine Kinder uns
und schenk uns Hungernden und Dürstenden
von dieser deiner Mutterliebe, Göttin!

DEMETER
Man hat sie mir geraubt mit meiner Tochter.
Der Milchquell ist versiegt, der üppig floß
und reichlich, alle Münder zu erquicken.
Doch hört: erhöht ein Kreuz und kreuzigt mich,
damit der Liebe Macht doch einmal noch
im Leiden sich erweise und im Tod.

METANEIRA
Nein, mich! Mich kreuzigt!

DEMETER
Menschen, kreuzigt mich!
*Hermes tritt auf, um gleichsam den Handlungen der Raserei
Einhalt zu gebieten.*
HERMES
Göttin! Der Spruch des höchsten Gottes schenkt
dir heute noch die Tochter, die geraubte,
in deine Arme. Denn du hast,
so steht Allvaters Wort, den Tod besiegt.

9. Mai 1935,
17 Uhr 10.

ZWEI SZENEN

Wiederkehr der Kore.
Der Gedanke, sie voll kindlicher Freude tänzerisch ins Leben zurückspringen zu lassen, würde vielleicht zu modifizieren sein.
Es träte dann zunächst ein Halbwesen in die Erscheinung, dem Licht nur halb gewonnen, der Finsternis halb noch angehörend.
Es müßte dann vielleicht in einem gewissen Augenblick sie der Götterbote mit dem Ferulstab berühren und ganz erwecken.
Aber auch ganz erweckt — »Du schwimmst nicht zweimal durch die gleiche Welle« —, würde sie nicht mehr das Wesen von früher sein, und erst der Umgang, die Gespräche, die Erinnerungen von Mutter und Tochter könnten einen dem alten verwandten Zustand wieder hervorrufen.

Das Wesen der Mutterliebe ist höchster Besitz, ein Geschenk einer höheren Macht als irgendeiner unter Göttern und Menschen.

10. Mai 1935,
16 Uhr 25.

NOTIZEN

Als Jahreszeiten-Drama disponiert, ist Kore oder Persephoneia Winter, April und Mai. Will heißen: das Blühen. Demeter ist zwar alles zugleich, tritt aber in diesen Monaten hinter Kore zurück. So etwa von Ende Juni, Juli, August, September bis zur Weinlese herrscht sie allein.

[10. Mai 1935.]

BOCKSGESANG I

Wir ahnen dich, Kommende,
Zartheit kündigt dich an.
Hingehauchte Schleier von Grün
über der Bäume schwarzem Korallengeäst
stammen aus deinen Truhen,
junge Tochtergöttin.
Der Chariten Tritte
schmelzen letztgestreuten Schneekristall
auf Wiesengrün
und wecken, blau und gelb, Krokus.
Selig,
besinnungslos selig
trinkt die Blume
und starrt durch meteorisches Wasser zur Sonne.
Oh, wie sie wartend glühn
im frühlingsgegebenen Augenblick.
Schon aber ist der Schatten da,
Frost und Nacht.
Nein!
Sonne, du siegst.
Du spielst als Sieger mit dem Schatten.
Silber löst sich in Gold,
bildend in weißer Gewölke Macht
triumphiert, selbst verborgen, der Lichtgott.

BOCKSGESANG II

Einstmals stritt mit Athene die Sau.

MYSTERIENLIED

[Zwischen dem 10.
und 20. Mai 1935.]

[ERSTE FASSUNG]

Ich will lauschen
dem Regenrauschen,
horchen auf die Verdunkelungen,
die Demeterschreie der Stille:
was geklungen und was verklungen,
das Wassergerille
der Höhlungen.
Baden will ich die Augen,
Sturmhauch einsaugen,
Blumen und Gräser raufen und reißen,
Narzissen, die weißen!
in Klängen baden, in Blumenmeeren,
Heiliges schweigend verehren.
Wie in der Bäume Mark die Sehnsucht ringt,
Sehnsucht oben den Adler beschwingt.
Sehnsuchtsinbrunst quillt aus dem Moos,
der Wald ringsum ist ein brünstiger Schoß.
Sturm und Regen winken von ferne,
im grünen Abend funkeln Sterne.
Wasser und Blumenpracht
harren der Mitternacht.
Wie es im Vlies des Waldes rauscht!
Die Blätter zappeln und weinen Tropfen.
Schweigende Stimme spricht mir zu:
Weine auch du!
Wie die Herzen der Felsen klopfen!
Und ein furchtbares Wort will nahn:
Taumle hin in deinen Wahn!
Nur von solchen, die mehr als Menschen sind,
ist solch ein Wort das Kind.
Solche Worte sprechen Dinge.
Und nun steh' ich am Waldessaum
und hebe mein Haupt aus seinem Traum.
Mitten im Wahne
dien' ich der ewigen Fahne.
Die leuchtet so schwarz wie eine Nacht.

Ich brachte sie mit aus dem Mutterschoß.
Die Nacht ist viele Tage groß.
Aus ihr ist alles, was man denkt,
sie hat Tiere in jeden Sumpf versenkt.
Wie Wasserblumen so fahl und grün
sehe ich Flammen in ihr glühn.
Wenn das Schweigen plötzlich lacht,
erzürnt die Gottheit im Blitze kracht:
der Tod wetzt seine Sense bei Nacht.
Sie spielt blutige Spiele,
des Hades Weib.
Sie leben von einem blutigen Leib.
Welchem Ziele?
Niemand wird die Antwort erleben,
Schweigen hat sie dem Tod übergeben.
Wir sind! Wir fangen zu leben an!
Wir flackern, wir leuchten dann und wann,
dann wirft man Erde auf Weib, Kind und Mann.

[Ohne Datum.
[ZWEITE FASSUNG]

Ich will lauschen
dem Regenrauschen,
horchen auf die Verdunkelungen,
die Demeterschreie der Stille:
das Wassergerille
der Höhlungen,
was geklungen und was verklungen.
Wie es im Vlies des Waldes rauscht!
Die Blätter zappeln und weinen Tropfen.
Geflüster wird ausgetauscht.
Schweigende Stimme spricht mir zu:
Weine auch du!
Wie die Herzen der Felsen klopfen!
Und ein furchtbares Wort will nahn:
Taumle hin in deinen Wahn!
Aber im Wahne
dien' ich der ewigen Fahne.
Die leuchtet so schwarz wie eine Nacht.
Ich brachte sie mit aus Mutterschoß.
Die Nacht ist viele Tage groß.

Aus ihr ist alles, was man denkt,
sie hat Tiere in jeden Sumpf versenkt.
Wie Wasserblumen so fahl und grün
sehe ich Flammen in ihr glühn.
Sie spielt blutige Spiele,
des Hades Weib.
Wir leben von einem blutigen Leib.
Welchem Ziele?
Niemand wird die Antwort erleben,
Schweigen hat sie dem Tod übergeben.
Wir sind! Wir fangen zu leben an!
Wir flackern, wir leuchten dann und wann,
dann wirft man Erde auf Weib, Kind und Mann.
Doch baden will ich die Augen,
Sturmhauch einsaugen,
Blumen und Gräser raufen und reißen,
Narzissen, die weißen!
in Klängen baden wie Blumenmeeren,
Heiliges schweigend verehren.
Sturm und Regen winken von ferne,
im grünen Abend funkeln Sterne.

[NOTIZ]

Eilsen, 13. Mai 1935.

Würden wir die Nächte zum Gegenstand unsrer Betrachtungen machen, wie wir es mit dem Tage tun, oder besser Schlaf und Traum statt des Wachens, verbunden mit dem dazugehörigen Kosmischen, wir würden ein ganz anderes Bild vom Menschen erhalten.

20. Mai 1935,
18 Uhr 20 — 19 Uhr.

⟨SZENE⟩

⟨HERMES⟩

Und ins Reich der Nacht trat ich ein.
Sie hat Nächte zu Kindern,
wie du weißt.
Und sie grasen,
schwarz, ausstoßend Gebrüll,
das fragend sich wälzt
durch unendliche Räume des Hades.
Meinen solltest du, Mutter,
es wäre der Hades
und sonst nichts.
Glaube mir, ich rang mit der Nacht,
ich wußte mich nicht mehr
zu bewegen.
Sie keilte mich ein.
Und nun erst glaubt' ich zu fühlen
die grausige Macht eines Grabes.
Alles nahm es mir weg, was ich bin:
meiner göttlichen Kräfte heilige Vielfalt
war nicht mehr.
Meine Sinne zergingen in Nichts
wie Schnee im Meer.
Mir selbst entwendet mich suchen zu müssen:
der Fluch lag auf mir: der Fluch
dieses unaussprechlichen Reichs.
Aber nun, o Mutter,
begreife!
traten Bilder, blaßschleiernd, hervor.
Meinethalben ein Schleier des Trugs,
aber selig erlösend.
Was ist Trug?
Ein Wort jener Menschlein, mit denen du lebst,
Gottheit.
Es war deiner Tochter Wink und Gebot,
die mein Nahen gespürt.
Vollmacht war's aus dem Blute des Zeus,
heilig geübt, was sie tat.
Duftiger Regen rieselte weit.
Warmes Blitzen der Tropfen,

göttlich sich nährend vom Schatten Apolls,
der dienend umgab ⟨deiner Tochter⟩ seiner Schwester
heilige Haine, Wiesen und Bäche.
Oder ist dieser Schatten ⟨ein Sohn⟩ eine Tochter Apolls,
Goldlicht spendend, dem Vater gleich?
Nicht weniger schön, nur müder und schwächer?
Schwermut, Haucher, Seufzer, Tränen,
wehes Rauschen und Flüstern der Bäume
⟨vom verlorenen Sohne⟩ von der verlorenen Tochter Apolls,
göttlich liebend und golden beglänzt
in lieblicher Wehmut.
Dies ist ⟨Persephoneias⟩ Kores Bereich
und die mütterlich große
Tochter deiner, aus der Allmutter heiligem Schoß.
Bleiche Seligkeiten kranker Wonnen,
rieselnde Farben, duftende Schleier der Birken,
durchtränkt von Licht,
schweben da und dort
im Unendlichen,
entrungen von ihr dem formlosen Hades.
Persephoneia lebt,
o ⟨Demeter⟩ Artemis du!
Die Unsterbliche ist dir ähnlich an Kraft,
sie lebt in Kraft.
Auch mit Hades
in deiner Kraft
und Gottvaters:
Frohlocke!
Die Scholle duftet auch dort,
und die Erde sprießt,
und im Schoße der Blumen ringt Liebe.

NOTIZEN

Agnetendorf, 25. Juni 1935.

Erweitere: Ins Deutsche, Eigne, wie schon gewollt. Die eignen, vorangegangenen Hadesbewohner, Eltern, Verwandte, Freunde.
Persephoneia: Mutter der drei Söhne.
Lies Hölderlin: »Elegie« S. 141. Bd. II. [Gesammelte Werke. Hrsg. von Paul Ernst. Jena und Leipzig 1905.]
Wichtigkeit der Aorgesie, des Gleichmuts, der Zornlosigkeit im Prozesse des dramatischen Werdens und im Drama selbst.

19. Juli 1935,
18 Uhr 40.

Eine Tänzerin tanzt im Hades vor Pluto und dem Höllenhund. Schatten machen die rhythmische Musik.
Das Hades-Licht seinem Wesen nach ausbauen! Der Riesensarkophag des Granitgebirges im indirekten Licht des Mondes. Die Hades-Sonne, der Hades-Mond.
In gewissem Sinne ist der Hades auch oberirdisch, denn die Schatten allein geben den Dingen Gestalt.
Aller Geist ist eigentlich Hades-Geist, alle seine Objekte sind Vergangenheit.
Der Traum ist die heilige Kuh, die der Geist milkt.
Ist das Spiegelphänomen nicht durch und durch Hades?
Überall zeigt es ein Schattenreich.
Persephoneia-Mary ist schon tief dem Schatten verfallen.
Zeit-Gespräch mit Demeter. Ungeheure Zunahme des Traumlebens, also Seelenlebens.
Die hadesnahen Blinden. Der blinde Hades-Seher.
Oben zuviel schmerzlicher Kampf und schmerzlicher Irrtum.
Schatten schlagen und empfinden keine Wunden! – Wirklich nicht?
Tempel der Toten.
Totenvögel. Ihr Gesang: Erinnerung.
Münzen, Vasen, Pergamente, Bücher: Hades-Geburten.
Der Granatapfel. Es gibt Bäume, Sträucher, Kräuter und Blumen im Hades.
Persephoneia schwärmt von der Asphodelos-Rose. Sie hat kein Eigenlicht, glüht aber im Hades-Licht farbiger als in der Sonne.
Der Styx; die Hades-Seen. Sie spiegeln die Sterne.

Die Bernsteinkuh.
In gewissem Sinne sind wir zweiweltlich, leben alle zugleich im Hades wie im Sonnenlicht, wie Persephoneia.

24. September 1935,
17 Uhr 50.

Die römische, speziell sizilianische Form des Demeter-Mysteriums:
Ceres ist eine Frau aus Henna in Sizilien. Ihre Tochter heißt Proserpina. Verschiedene wünschen sie zur Ehe. Pluton heißt ein reicher Bauer. Er sieht Proserpina beim Percus-See, berühmt durch Blumenschmuck seiner Ufer: Hyazinthe, Narzisse, Rose, Veilchen, Majoran, Lilien. Pluton schleppt Proserpina auf seinem Wagen fort. Geschrei und Nägelverteidigung nützt ihr nichts. Ceres, in Kenntnis gesetzt, verfolgt ihn mit Bürgerscharen. Pluton sieht sich verloren und lenkt in den See. Er und Proserpina ertrinken.
Henna errichtet Tempel. Der Mutterschmerz schweigt nicht. Gerüchte tauchen auf: Der Räuber und die Jungfrau seien in Syrakus gesehen worden. Triptolemos ist der Güterverwalter der Ceres. Er kommt mit ihr, der Schwarzgewandeten, Schmutzigen (seltsamerweise) nach Syrakus. Ein gewisser Pandarus will nun Räuber und Jungfrau unweit Pachynus gesehen haben. Sie bestiegen ein Schiff. Auch die Syrakusaner gründen Tempel und Kult mit einer fingierten Leichenbestattung. Das Gold der Ceres hat es bewirkt. Doch sie selber bleibt unbefriedigt. Sie besteigt ein Schiff. Nach Stürmen und Gefahren kommt sie nach Eleusin. Verteilt Getreide, Weizen. Sie wird, nachdem sie gestorben, hier beigesetzt.
»Es beliebt nämlich der griechische Leichtsinn, die, welche ihm etwas verschafft haben oder durch Rat oder Tat ihm geholfen, mit göttlichen Namen zu benennen...« etc., schreibt der böse Heidenverfolger Firmicius Maternus, der alle Götter auf Menschen und alle Symbole auf gemeine Geschehnisse zurückführt. (Siehe »Frühchristl. Apologeten«, Bd. II, Firmicius Maternus, S. 33. [Bibliothek der Kirchenväter. Eine Auswahl patristischer Werke in deutscher Übersetzung. Kempten und München 1913.])

Man wird ausgehen von dem Umstand, daß Nacht und Tag, Hades und die Lichtwelt nebeneinander und ineinander wirken.

So ergibt sich die Verwandtschaft der beiden Muttergottheiten Demeter und Persephoneia.

Aber Demeter, Zeus' Schwester, die von ihm empfing, sieht sich von der Tochter überflügelt, die von Hades empfing. Hades, die Urnacht, gebar sogar das Licht. Hades ist des Zeus furchtbar überlegener Bruder.

Aber wie gesagt: ohne Pluton ist das Reich des Zeus nicht zu denken. Zwei Halbteile, als solche erkennbar, machen doch ein unzertrennliches Ganzes aus. Schatten schafft die Gestalt der Dinge in Ober- und Unterwelt.

Auch die Sonne ist eigentlich ein Hades-Licht, nur nicht für Zeus und die Menschen. Für diesen und diese ist es der Mond. Daher auch dort die Toten sich nach dem Mythos vereinen. Der Hades ist vollkommene Natur wie die Oberwelt, mit Gebirgen, Tälern, Ebenen, Wäldern, Wiesen, Sträuchern, Unkraut. Nur, alles ist hier mehr Form als Farbe. Vor allem gehört dem Hades die Eis- und Schneewelt am nördlichen und am südlichen Pol, der ewige Schnee, das ewige Eis, auch in seinem Wechsel von Sommer und Winter.

So ist der Winter hadesverwandter, als es der Sommer ist.

Auch im Hades ißt man, trinkt man, bewegt man sich; es leben Tiere, es wachsen Früchte, so der Granatapfel. Ich sehe Weinberge, schwarze, schwere, dort.

Was sind die Götter der Griechen anders als Unterscheidungen. Auf Unterscheidungen beruht der menschliche Geist. Nur diese nämlich schaffen die Formen. Sie geben den Sinnen Gesicht, Gehör, Geruch, Geschmack, Gefühl, die formbildenden Kräfte.

Also: gestalten wir Gestalten menschlicher Art, da wir Menschen sind, statt der Begriffe ohne Vorstellung; gestalten wir Zeus, Hades, Demeter und die Tochter.

Es gibt auch Hunde im Hades, so Cerberus. Flüsse und Fähren mit Fährmännern, so Charon.

Größte Hades-Gesichte bietet das Riesengebirge im Monat Mai und im Winter; zuweilen beim Mondlicht, mitunter bei Tag.

25. September 1935,
18 Uhr 15.

Götterstille und Göttertrauer.
W. v. Humboldt: Kein Volk habe das Gefühl des Melancholischen so zu steigern gewußt wie die Griechen.
Ausgangspunkt gegenklassischer Griechensicht.

[W. Rehm, Götterstille und Göttertrauer. — In: Jahrbuch des Freien Deutschen Hochstifts 1931, S. 254.]

Vergiß nicht, daß die gesamte Schattenwelt des Epos und des Dramas sich im produktiven Dunkel der nächtlichen Vorstellungswelt erzeugt und danach erst ans Licht tritt. Auch am Licht aber ist sie nur Schein, also vom Geschlechte der Schatten. Das Höhlenbild Platons. Mundus intelligibilis. Einheit von Denken und Anschaun: Kunst; Einswerden mit dem Absoluten; etc.

Der dunkelste und mächtigste aller Triebe, der das Genie wie den brünstigen Hirsch durchdringt, ja sein Geweih hervortreibt, bei anderen Tieren Waffen, Pigmente, Farben und Formen, neue Bewegungen, Locktöne und Verführungen. Auch ihn überträgt der dunkle Pluton auf Persephone. Diese berichtet der Mutter behutsam von der langen unterirdischen Liebesnacht, die den Tag vergessen oder fürchten macht.

Die Blume buhlt mit der Sonne. Ihr Geschlechtsorgan bietet sie dem Himmelslicht. Die Blüte ist edelste, schönste Erhebung, sublimierte Seele und Geist der Pflanze. Wie sollte sie sich nicht exhibieren und schamlos sein?

Der Mensch überliefert sein Zeugungswesen der Nacht und dem Schweigen.

3. Oktober 1935,
17 Uhr 45.

Ein Begriff der Weltfrömmigkeit, Goetheschem und A. v. Humboldtschem Geist nah.

Von Pol zu Pol ein Leben, von einem Hauch beseelt. Stein, Pflanze, Tier, Mensch.

Schädelnester. Ein künstliches dergleichen sah [ich] an der Oberfläche bei Bellagio.

Der Pflug als chthonisches und zugleich apollinisches Element, die Finsternis aufwühlend und mit dem Licht vermählend: eine Art Zeugung.

Wesentlich für Demeter aufnehmen: »Weltgeschichte der Steinzeit« von Menghin.
Hakenpflüge mit Steinäxten aus Holz verfertigt.
Streitaxtkultur. Schnurkeramik. Ihr tiefer Ursprung noch unerforscht.
Zu den chthonischen Dingen gehört auch das Bergwerk-

wesen. Soll Einfahrt in Kohlenschacht nachgeholt werden?
Jedenfalls Studium.
Die Hitze, die heißen Gewässer.
Man vergesse nicht die Metalle, Kristalle und Edelsteine.

Die Kultstätte der Demeter oder Mutter Erde in Delphi
wurde in die Apollons umgewandelt.

Vom Hermaphroditischen ausgehend, was vielleicht noch in
der Geschwisterzeugung Zeus-Demeter steckt, zur Doppel-
erotik.
Persephoneia ist in Hörigkeit des Hades.
Die Nacht und die Nächte der Zeugung.
Die heißen unterirdischen Mysterium-Heiligtümer.
Die Stätten der grausigen Buhlschaften, auch der Tiere, etc.
Sodomiterei in alten Kulten, mit Hindin und Hirsch.

Keleos kennt nur Jagd, hat keine Ackerbesorgung.
Höchste Autorität ist die Erdmutter. Sie belehrt Metaneira
und die Frauen. Fast nur Frauen besorgen die Äcker.

Meine erste Vision vor Jahrzehnten, das Demeter-Mysterium
betreffend, waren rotgolden wogende Weizenfelder, darin
unter zitternder Hitze gleichsam alles Ertrag.

Die Erdgöttin wurde auch als Kuh verehrt (Audhumla). Soll
dies einbezogen werden?

> Du warst die Unbefleckte mir, die Reine, Kind,
> die Jungfrau, die aus sich den neuen Gott
> gebären sollte, der in Reinheit herrscht,
> nicht wie die Buhler und die Buhlerinnen
> um Zeus, den allergrößten Buhler selbst.

Der feurige Samen des Gatten der Erde. Auch Feuerbohrer
als Symbol heranziehen.
Die religiösen Ideen brauchen nicht restlos verwirklicht sein,
das geschah nie.
Die heilige Hochzeit.
Daktyloi = Däumlinge, phallische Symbole.

Tacitus: heiliger Hain der Semnonen. Das Menschenopfer
und die Riten.

Der Baum als Göttermutter.

Der germanische Gott Wotan: ein Totengott.

Demeter ist die Göttin des Todes und des Lebens, wohlverstanden nur soweit die Schöpfung der sieben Tage in Betracht kommt: also nur die Gestaltungen des niedrigen Lebens von Mensch, Pflanze und Tier, nicht dessen möglicher Götter und darüber hinaus bestehenden Seins.

[Am oder nach dem
3. Oktober 1935.]

Herakles.
Die Gestalt des Herakles, wie sie bei Seneca erscheint, müßte als das männliche Element in das Demeter-Mysterium eintreten. Ein späterer, mehr irdischer Prometheus.
[Die folgenden Zitate aus: Die Tragödien der Römer. Metrisch übersetzt. Erster Theil. Breslau 1809.]

> Was nützt ihm alles? Die beschützte Welt
> Gehört ihm nicht! Die Erde merkt es schon,
> Daß ihr Vertheid'ger nicht auf Erden ist.
> Das glückliche Verbrechen nennt sich Kraft,
> Der Edle muß dem Bösewicht gehorchen,
> Das Recht ist in den Waffen, und die Furcht
> Herrscht über das Gesetz.

> Dir, Ceres, sey ein dunkles Fest geweiht,
> Dir will ich schweigend düstre Fackeln zünden.

> O nach so vielen Thaten
> Des Helden, der dem Erdkreis Frieden gab . . .

([Am Rand:] Das sind die 40 Jahre des Augustus. Sic! Die Geschichte, inbegriffen Mommsen, ist Albernheit.)

> Was wankt
> Von plötzlicher Bewegung dort der Tempel,
> Was tönt der Boden? Aus der Tiefe schallt
> Der Hölle Klang herauf. Ich bin gehört,
> Er naht, er naht, ich höre Herculs Tritt!

Ist es Herakles, der Kore aus dem Hades rettet und Demeter zuführt?

Zertrümmere das Schicksal mit der Faust ...

Dem Höllenhunde ist das Licht verhaßt.

Frey des aufgelegten Jochs
Sind des reichen Lands Bewohner.
Friede ist durch Herculs Arm
Von da, wo Aurora strahlt,
Bis wo Hesper niedersinkt.

Über Höllenflüsse schiffend
Gab er Frieden, kehrt zurück.

Ein tiefer Friede mög' die Völker nähren!
Das Eisen all dien' nur zum Bau der Flur,
Es berge sich das Schwerdt, kein wilder Sturm
Wüth' auf dem Meer, kein zündend Feu'r entschieß'
Der Hand des zorn'gen Zeus, kein Fluß geschwellt
Durch Winterschnee schwemm' Äcker fort, das Gift
Hör' auf, es glüh' hinfort kein schädlich Kraut
Von bösem Saft, es herrsche kein Tyrann
Grausam und wild! Wenn ein Verbrechen noch
Die Erde tragen will, so eile sie!

Rapallo, 6. Januar 1936.

Szenarium:
1. Demeter am Brunnen.
2. Demeter: Dienstantritt im Menschlichen, an seinen Grenzen (wie Jesus bis zur Kreuzigung).
3. Demeter zerbricht die selbstauferlegte Sklaverei im Menschlichen, wirft Dienst und Kind hin.
   Demeter entschleiert die Göttin und gebietet Tempelbau. Fast feindlich. Abkehr von Keleos, Metaneira und dem Kinde, Abkehr von der ganzen Welt, die sie verflucht. Schwarzverhüllt thront sie im Tempel. Hunger und Aufruhr herrschen. Das Flehen um den Tempel.
4. Hauswesen der Metaneira. Die Götterbeobachtungen um den Tempel. Hermes. Demeter unbeugsam.
5. Die Unterwelt. Persephoneia. Aides. Hermes. Der gütige Aidoneus.
6. Ankunft des Aidoneus-Gespanns mit Kore und Hermes vor dem Tempel glanzvoll. Die ungeheure Schönheit, die in Kore[s] und der Mutter Freude sofort überall aufbricht.

7. Kores und Demeters Auseinandersetzung. Psychologischer Kern der Granatfrucht. Hekate verliert sich für ewig an Kore.
8. Die großen Wirtschafterinnen. Das Natur-Mysterium wird gelehrt und das des Tempels.

Rapallo, 5. Februar 1936.

Heut vor einem Jahr begann ich mit dem Demeter-Versuch. Gleichsam zur Feier dieses Umstandes ließ ich die vorhandenen poetischen Vorarbeiten auf mich wirken. Ich muß eine gedrungene und geschlossene Komposition erstreben, dabei eine große Vereinfachung.

Ich führe Herakles ein.

Demeter spricht: Auch Götter lernen. Diese Menschen, wie ich erkenne, sind aus Licht und Nacht gemacht. Sie gehören beinah mehr dem Schattenreich als der Erde. Daher die beiden Zustände des Menschengeistes: das Wachen und der Traum. Auch Kore wird künftig beiden Welten, dem Schattenreich und dem Lichtreich, angehören.

Demeter ergreift den Dreschflegel.

Baden-Baden, April 1936.

Die moderne Überwirklichkeit des künstlichen Lichts.

Die Frauen sind schöner im künstlichen Licht als im natürlichen.

Diese Erkenntnis und anhängende Eitelkeit zeigt sich bei der rückkehrenden Persephoneia.

Die Wolke: der chthonische Bote. Sie deckt die Sonne zu, und alles liegt in chthonischem Schatten und Grabeskälte.

[1936-1937.]

[SZENE]

DEMETER
Erzähle mir vom Reich des andern Zeus,
dem grauenhaften, o Persephone,
der ew'gen Nacht!

PERSEPHONE
Das Graun dort unten ist,
o Mutter, mehr noch wie das Licht bei euch,
und wenn nicht schöner, doch nicht weniger reich,
und es durchdringt uns mehr als euch der Tag.

DEMETER
Man sagt, ihr hieltet der Medusa Haupt
dort unten in Gewahrsam.

PERSEPHONE
Ja, so ist's!
und wir versteinen nicht bei seinem Anblick.

DEMETER
Nun stehst du wieder in dem Licht Apolls
und deines Vaters, der auf silbernem Olymp
das Szepter hält, und bist dem Pfuhl der Nacht
entrückt für immer.

PERSEPHONE
Mutter, die Granatfrucht!
O Mutter, Mutter!

DEMETER
Zittre nicht! Der obere Zeus
gibt das Gesetz und bricht es, wie er will.
Er ist von Blitzen trächtig, deren einer schon
die Nacht vernichtet.

PERSEPHONE
Nein, Mutter, nein!
Auch ihn gebar die Nacht, die mächt'ger ist
als er und Hades! Beiden streichelt sie,
dem Sohne mit dem goldnen Haar und ihm,
dem Schwarzgelockten, meinem Gatten, Buben gleich,
die Scheitel.

O helle, heil'ge Mutter, wie dein Herz
an meinem schlägt, so fühle, daß ein Band
mich überall — sei's unsichtbar — verhaftet
dem Reich der Tiefe!

DEMETER

Wir zerreißen es,
dies Band, o Tochter! Du wirst wiederum
und ungestört fortan auf Blumenwiesen
mit den Gespielinnen dich tummeln und
aus Himmelschlüsselblumen
dir Kränze winden.

PERSEPHONE

Mutter, glaube nicht,
wir seien arm an Gräsern und an Blumen
im Reich der Schatten. Weh, des oberen Lichts
furchtbarer Anblick hat mich blind gemacht,
als ich hervortrat aus der heiligen Höhlung.
Wahr ist's, daß selbst die seligen Götter weinen
im Hades und von Tränen wissen. Frage ihn, den Seher,
den blinden, der in deinem Tempel wohnt,
nach unserem Reich. Er mag dir schildern, was
er sieht, da er in jener Welt nicht blind ist.

[SZENE]

28. Juni 1944.

Feldarbeiter.

ERSTER FELDARBEITER

Nutzloses Hacken, Schaufeln, was weiß ich.
Wenn du die Erde greifst, verbrennst du dir,
was gilt's, die harte Hand! O Brüder, Schwestern,
ist's möglich, daß man blutlos lebt wie wir?
Sterbt, verbrennt!

ZWEITER FELDARBEITER
Wer kommt dort?

DRITTER FELDARBEITER
Eine Frau.

VIERTER FELDARBEITER
Ich kann sie nicht erblicken.

DRITTER FELDARBEITER
Sie ist fort,
nicht sichtbar mehr.

ERSTER FELDARBEITER
Es war die neue Magd.

DOSO
Ich bin's, und ihr habt recht. Armselige Gerippe,
tut auf die Hand — was ist's?

ERSTER FELDARBEITER
Ein Weizenkorn.

DOSO
Auch du, auch du, was hast du in der Hand?

MEHRERE ARBEITER
Ein Weizenkorn, ein Weizenkorn auch ich!

DOSO
Schließt eure Hände! Tut sie wieder auf!

ERSTER FELDARBEITER
Beim Licht Apolls, ich halte eine Ähre!

ANDERE ARBEITER

Auch ich! Auch ich! Auch ich!

DOSO

Nun werft sie weg!

ERSTER FELDARBEITER

Ein Regentropfen fiel
auf meine Hand.

ZWEITER FELDARBEITER

Beim Zeus, es regnet, Freunde!
Und was ist das? Das Land ist übergrünt,
der Boden rauscht und braust, in Ähren stehen wir
schon bis zur Brust.
([Notiz] Gold, Weizen, Gerste etc.)

[NOTIZEN]

Lies wieder die »Bakchen« des Euripides und Paters, des Engländers, Buch. [Walter Pater, Griechische Studien. Jena und Leipzig 1904.]
Wir sind auf einem poetischen Gebiet.
Den Teufel, auch den Goethes, obgleich nur-poetisch, lehne ich nach und nach ganz ab.
Er wird von den grundschlappen Geistern im muffigen Vatikan noch immer als nützlicher Hausgenosse (Klosetträumer) beschäftigt.

Meine tiefe Urmütterachtung, die der Katholizismus, trotz Mariendienst, nicht hat. Ich weiß es. Die Erdenmütter werden verachtet, dieses Idol wird dafür verkitscht. Die Mißhandlung der Frau, der idiotischen Frau, durch fette Priester, das ist fürchterlich, allerdings sind es Ehefrauen, sie laufen von einer Hölle in die andre.

So hat die Gorgo-Betrachtung in die unheimlichen Tiefen der Unterwelt geführt, wo auch die Löwen von Trois Frères als Wächter uralter Geheimnisse thronen, in den Bewegungsraum der Nachtsonne, in das finstre Haus der Schlangen-Muttergöttin, in das faustische Reich der »Mütter«, von denen nach alter Sage alles Leben ausgeht:

> Gestaltung, Umgestaltung,
> des ewigen Sinnes ewige Unterhaltung.
> Umschwebt von Bildern aller Kreatur.

»Gorgo« Wilhelm II.   [Kaiser Wilhelm II., Studien zu Gorgo.
Berlin 1936.]

Herausgeworfen aus dem tiefen Ernst der Zeit,
standest allein du vor der Ewigkeit.

Du ahnst nicht, Mutter (Demeter), wie hell die Nacht sein kann.

Der Gram, eine Zeitlang durch Demeters Wärterinnenpflichten und das selbstaufgezwungene Dienstleben menschlicher Einfachheit gemildert, bricht im Tempel, da sie wieder Göttin ist, neu hervor.

Schmerz der Götter ist um so viel mächtiger als jener der Menschen, wie ihre Wonnen die menschlichen hinter sich lassen.

———

Um wieviel wichtiger für den Menschen ist der Pflug als der Flug.

»Ich trete doch einst dein ganzes Erbe an, Zeus«, sagt Hades.

———

Die Sichtbarkeit ist nur im Halblicht gegeben.

DIE HOHE LILIE

Entstehungszeit: 1937; 1943—1944.

[SZENE]

29. Oktober 1937.

Wirtshaus Zur hohen Lilie zu Erfurt. Zeit: 1631, und zwar der 4.Oktober.
Im schöngetäfelten Gastzimmer im ersten Stock der Hohen Lilie sitzen an einem großen runden Tisch: Graf von Loewenstein, Ortskommandant Gustav Adolfs in Erfurt. Erster und Zweiter Herr vom Dienst. Hieronymus Brückner, oberster Ratsherr. Adam Schwind, Ratsmitglied. Otto von Guericke. Provisor Bimboese. Sie zechen gemütlich beim Kerzenlicht.
Der ehrsame Wirt geht still hin und her, seine Tochter Lily, ein schönes siebzehnjähriges Kind, bedient sittsam.
Eine schwedische Ordonnanz trägt Krüge mit Schlunz herzu, dem Erfurter Bier des siebzehnten Jahrhunderts.
Man hört das Spiel der Stadtpfeifer aus dem Nebenzimmer bei Aufgehen des Vorhangs. Aber bald darauf schweigt die Musik.

LOEWENSTEIN *schlägt mit der Faust auf den Tisch*. Das war der Schlag!
BIMBOESE. Das war der Schlag!
OTTO VON GUERICKE. Der traf!
BIMBOESE. Breitenfeld!
OTTO VON GUERICKE. Nun so fort! Nun so fort!
DER WIRT, *bescheiden*. Die Kaiserlichen haben was Schlechtes gegessen und das Laufen gekriegt.
BRÜCKNER. Das weiß Gott!
SCHWIND. Tillys Hosen — jedermann hält sich die Nase zu, der in die Nähe kommt.
LOEWENSTEIN. Der Satan hat immer um ihn gestunken.
BIMBOESE. Aus ihm! Aus ihm! Da er selber der Satan ist!
LOEWENSTEIN. Aus ihm! Ja!
ZWEITER RATSHERR. Aus ihm! Aus ihm! Ja!
Der Leibkoch Samuel Fritze tritt ein.
LOEWENSTEIN. Samuel, Samuel! Was bringst du uns, Samuel?
WIRT. Einen besseren Geruch, als der Tilly hat. Potz Enten-, Fasan-, Hasenbraten und Spanferkel!
LOEWENSTEIN. Potz Malvasier, Schlunzbier und Tiefthaler Wein!
SAMUEL FRITZE. König Gustavus befahl ein schön Nachtessen. Aber man sieht den König im Hause und auch sonsten nicht.

LILY. Er ist zum Propheten hinübergegangen.

SCHWIND. Gustav Adolf ist selbst ein Prophet!

LOEWENSTEIN. Der König sieht zweimal täglich selbst nach den Pferden.

BRÜCKNER. Ja doch, sie sind im Gasthof Zum Propheten untergebracht.

WIRT. Es ist leider so: ich hab' schlechte Ställe.

OTTO VON GUERICKE. Er paßt höchstselbst seinem Stallmeister auf den Dienst, damit die Gäule die richtige Streu kriegen, weil der Kerl, sonst sattelgerechter Reitersmann, kein Herz für die Pferde hat.

SAMUEL FRITZE. Was mach' ich mit meinen Lampreten, ihr Herren?! Er ist nie so lange ausgeblieben!

WIRT. Seine Majestät ist vortrefflich gelaunt.

SCHWIND. Sollte er nicht? Sollte er nicht?

LOEWENSTEIN. Er liest den Horaz. Er zitiert den Anakreon. Er liebelt.

SAMUEL FRITZE. Ja, unser allergnädigster hoher Herr scheint täglich jünger zu werden. Er ist vergnügt wie ein Kind.

SCHWIND. Sollte er nicht? Sollte er nicht? Der ganze Norden liegt ihm zu Füßen. Die deutschen Fürsten fallen ihm zu. Die Reichsstädte rufen ihn als Befreier aus. Millionenkehliges Hosianna der Protestanten! Gustav Adolf, König von Schweden, zieht nur noch im Triumphzug einher! Vom Kriegszug ist fast nichts mehr zu spüren.

BIMBOESE. Er hat's geschafft! Gradhin ist der beste Renner, wie das Sprichwort sagt.

1. November 1937.

OTTO VON GUERICKE. Und doch: wer hätte das wohl gedacht! Magdeburg!

ERSTER HERR VOM DIENST. Wir kamen zu spät, weil der Brandenburger Kurfürst ein Hundsfott ist.

OTTO VON GUERICKE. Er hat's geschafft. Aber der Preis ist Magdeburg. Daß ich dies nicht gesehen hätte! Woher kommt der Mensch? Wer ist der Mensch? Was ist der Mensch?

ZWEITER HERR VOM DIENST. War's so schlimm, Ingenieur?

OTTO VON GUERICKE. Schlimmer als schlimm. Fragt nicht, Herren! Ich verstehe den Himmel nicht. Ich verstehe die Sintflut, nicht aber den Regenbogen. Warum vertilgt Gott den Menschen nicht?

SCHWIND. Erzählt!

OTTO VON GUERICKE. Verlangt von mir, daß ich mein Eingeweide, mein Blut, mein Leben von mir speie!
BRÜCKNER. Krieg!
OTTO VON GUERICKE. Ist das Krieg?! Der losgebundene Höllenhund ist ein Pinscher dagegen!
BRÜCKNER. Magdeburg ist nicht mehr.
LOEWENSTEIN. Rache!
SCHWIND. Ein Haufen Asche ist Magdeburg.
WIRT. Dreißigtausend Väter, Mütter, Kinder und Kindeskinder kurzerhand erschlagen! erstochen! ins Feuer geworfen! eine Stadt in Asche gelegt! Tedeum und Kyrieeleison darauf gesungen! Dreiundfünfzig Frauenspersonen in einer Kirche enthauptet und die sogenannte heilige Messe darüber gelesen!
OTTO VON GUERICKE. Ein solches Würgen, Morden, Metzgen ist nicht gewesen seit Trojas Untergang! Ein Bluthund wie der Tilly ist seit unseres Heilands Geburt von der Hölle nicht mehr ausgespien worden!
LOEWENSTEIN. Ihr seid erst seit kurzem in schwedischem Dienst. Hütet Euch, wo Ihr die Gnade des Königs nicht verscherzen wollt, von diesen magdeburgischen Schönheitsflecken Erwähnung zu tun. Im Kriege nimmt man ein Bad, wäscht das Blut von den Händen und denkt nicht weiter des Schlachtengetümmels. Man greift nach dem Humpen und stürzt das Vergessen in sich hinein. *Er tut, wie er sagt.*

2. November 1937.

OTTO VON GUERICKE. Ja — das Vergessen! das Vergessen!
Trinkt ebenfalls in tiefen Zügen.
Loewenstein wischt sich den Bart, trinkt.
Heinz Wietersheim, ein junger Kornett, erscheint.
KORNETT VON WIETERSHEIM. Der König läßt sagen, er verspäte sich. Man möge aber zusammenbleiben.
LOEWENSTEIN. Wo ist der König?
KORNETT VON WIETERSHEIM. Bei den Rössern. Er schilt mit dem Hufschmied, schilt mit dem Arzt. Der Schimmel lahmt.
BRÜCKNER. Die Schlachtrosse eines Gustav Adolf müssen wohl von besonderem Schlage sein.
LOEWENSTEIN. Der Schimmel stammt von der Stute Muhammeds und einem Hengste aus dem Geschirr des Sonnengottes ab. — Setz dich, Kornett!
OTTO VON GUERICKE. Der König sollte sich der Gefahr nicht

so aussetzen. Alles ruht auf seinen zwei Augen. Und doch sieht ihn jede Schlacht an der Spitze seiner Reiterei.

LOEWENSTEIN. Passion!

OTTO VON GUERICKE. Er sollte dieser Passion nicht nachgeben! Er hat Besseres zu tun.

SCHWIND. Wie lange seid Ihr schon der Kornett des Königs, Herr von Wietersheim?

ERSTER HERR VOM DIENST. Er muß täglich mit einer Kugel rechnen.

KORNETT VON WIETERSHEIM. Erst kurze Zeit. Aber lange genug, um zu wissen, daß ich vorher nicht gelebt habe.

ZWEITER HERR VOM DIENST. Gib ihm etwas zu trinken, Hohe Lilie!

KORNETT VON WIETERSHEIM. Hohe Lilie! Hohe Lilie! *Er starrt, während er sich setzt, Lily an.* Seine Majestät sind heut von einer köstlichen Leutseligkeit.

ALLE, *durcheinander.* Wie das?! Sprecht!

KORNETT VON WIETERSHEIM. Wir hörten im Hof die Reden, Gesänge und Umtrunksprüche der Riemerzunft. Sie tagen im Gasthaus Zum Propheten. Die Tür ging immer wieder auf. Einer nach dem andern — naturalia non sunt turpia — mußte eben heraus auf den Hof in den Winkel treten. Bald hatten sie den König erkannt. Es erschien eine Deputation — vermessen genug! —, um ihn zu invitieren. Jesus der Heiland habe sich nicht gescheut, niedere Menschengestalt anzunehmen. Der heilige Sankt Georg wider den papistischen Unflat, der Gideon des lauteren Gottesworts möge nun nicht verschmähen, sich zu einem christlichen schlichten Handwerk herabzulassen. Da trat er mit ihnen sogleich in die Zunftstube.

Lily setzt dem Kornett ein Gemäße Bier vor.

KORNETT VON WIETERSHEIM. Hohe Lilie! Hohe Lilie! — Manchmal, wenn ich neben meinem allergnädigsten Herrn und Kriegsherrn mit der flatternden Königsfahne gegen den Feind galoppiere, hab' ich deiner gedacht, Hohe Lilie!

LILY. Es beliebt Euch zu scherzen, Herr Kornett!

4. November 1937.

ERSTER HERR VOM DIENST. Kornett, ich möchte dir einen Rat geben. Regungen dieser Art, wie du jetzt aus dir hervorgehen lässest, bleiben besser geheim. Du stehst dem Kriegsgott, Gustavus Adolphus, zu jeder Stunde und Minute näher als wir. Verliebte aber, so wird gesagt, seien manchmal in nächster Nähe großer Gefahr mit Blindheit geschlagen. Wir Nüchternen aber und Entfernteren wissen, daß unsere Lilie von der besonderen Gunst eines unter uns gewissermaßen allmächtig Strahlenden eingehüllt und unberührbar gemacht worden ist.

OTTO VON GUERICKE. Wie die Heilige Jungfrau selbst! Außer für den englischen Gruß!

WIRT. Einmal wollte sie Nonne werden. Oder ist es nicht so?

LILY. Nicht mehr, seit ich den schwertgewaltigen Sendling des Himmels gesehen habe, der die Macht und Nacht giftiger Höllenwolken durchbricht und die Erde vom häßlichen Ungeziefer der papistischen Pest reinigt.

WIRT. Ich bin lutherisch bis ins Mark meiner Seele hinein. Aber solche Worte aus Mädchenmunde wollen mir trotzdem nicht gefallen.

BRÜCKNER. Das ist nicht zu ändern, es liegt in der Zeit. Das Evangelium hat Bekenner nötig.

WIRT. Frauen sollen demütig sein.

LILY. Der König erprobe mich, ob ich nicht demütig bin. Er verlange von mir jedes nur immer auszudenkende Märtyrertum. Was er von mir begehrt, was immer, was immer, das geschieht.

[NOTIZEN]

Wiederaufnahme des Planes am 21. April 1943.
Personen und sonstige Umstände.
Zur hohen Lilie heißt der Gasthof am Wilhelmplatz zu Erfurt, der Schauplatz des Lustspiels sein soll.
Samuel Fritze, Leibkoch und Mundschenk Gustav Adolfs.
Das Gastzimmer der Hohen Lilie im ersten Stock.
Zeit der Vorgänge: vielleicht insgemein am Abend des 4. Oktobers 1631. Vielleicht mit Zuhilfenahme der Nacht des 5. Oktobers.
Das Gasthaus Zum Propheten. Die Hohe Lilie hatte wenig und schlechte Ställe, daher standen die Rösser des Königs etc. im Propheten.
Schlunz heißt das berühmte Alt-Erfurter Bier.
Zwei Herren vom Dienst.
Zwei Stadträte.
Stadtpfeifer spielen ihnen auf.
Gustav Adolf. Sein Erscheinen und seine Erzählung. Er ist im Hof des Propheten in einen Raum ebener Erde geraten, wo eine löbliche Sattler- und Riemerzunft bei offener Lade ihre Tagung abhielt. Man erkannte den König und machte ihn sogleich mit feierlichem Gepränge zum Ritter und jüngsten Gesellen. (Es ist von Ritterschlag die Rede, sonstige Zeremonie unbekannt.) Diese Begegnung erzählt der König seinen Leuten in der Hohen Lilie.
Er ist glänzend aufgelegt und gibt den Ton an für weitere Humore. Er wünscht, nur als Sattlergeselle behandelt zu sein. Er stellt frei, das Beste vom Besten zu trinken.
Oberster Ratsherr Hieronymus Brückner.
Adam Schwind, Ratsherr und Apotheker.
Otto von Guericke aus Magdeburg.
Graf von Loewenstein.
»Samuel hilf!« Hiermit ist der Koch und Mundschenk Samuel Fritze gemeint. Der König sagt das und wirft seinen Hut an die Decke.
Die Pflanze aus Peru, die der Apotheker bringt: Aloysia citriodora.
Loewenstein vom König immer aufgezogen.
Die Ratsherrn erzählen Schwänke aller Art, sehr possierlich.
Der Punsch entsteht. Man streitet beinahe gefährlich über

den Namen. Der König bestimmt ihn als Schwedenpunsch.

24. April 1943.

Erster Akt.
Personen.
Mitglieder der Sattlergilde im Propheten.
Therese, genannt There (die Hohe Lilie).
Gustav Adolf mit dem Sattel auf der Schulter.

Begonnen am 27. April 1943.
ERSTER AKT

Ein kellerartiger Raum im Gasthof Zum Propheten zu Erfurt. Er ist ziemlich groß und gewölbt. Im Hintergrund altes, niedriges Holztor, das auf den Hof führt, rechts und links davon lukenartige Fenster.

Um einen alten, niedrigen, runden Tisch, auf dem eine geöffnete Truhe steht, sitzen oder bewegen sich Mitglieder der Sattlerzunft: Peter Puff, der Gildemeister; Hieronymus Stiefel, dessen Vertreter; Bonifazius Sperling, Bartholomäus Hahn, Sigmund Goldstuhl und andere Zunftmeister und Sattlermeister überhaupt. Ein Leuchterring primitiver Art mit Öllämpchen gibt spärliches Licht.

Man hat einen Gesellen zum Meister ernannt: Gerhard Schubert mit Namen. Ihm wird Glück gewünscht, während andere die zur Zeremonie notwendig gewesenen Gegenstände mit Andacht in die Truhe zurücklegen. Die Vorgänge spielen am Abend des 4. Oktober 1631.

Gustav Adolf, in schlechter Kleidung eines niederen Stallknechts, erscheint. Er ist eine gewaltige Gestalt und trägt einen Sattel auf der Schulter.

HIERONYMUS STIEFEL. Macht, daß Ihr 'naus kommt! Wer seid Ihr? Hier ist niemand erlaubt einzutreten.
GUSTAV ADOLF. Hallo, warum denn gar so streng in der Sattlerei? Denn ihr seid doch Sattler: das sieht man doch überall.
PETER PUFF. Das geht Euch nichts an, was wir sind. Wir machen hier unsre Sachen ab. Das ist Feierlichkeit. Da hat kein profaner Schlingel Zutritt.

2. Mai 1943.

GUSTAV ADOLF. Hilft mir auch mein Sattel nichts bei den Sattlern?
BONIFAZIUS SPERLING. O jemine! Augenblicklich gibt's mehr Sättel als Pferde in Erfurt, seit wir den Schweden die Tore geöffnet haben.
GUSTAV ADOLF. Ich kann auch mit Pferden aufwarten. Ich hab' eine Stute, die stammt von dem Leibrosse des falschen Propheten Muhammed.
BARTHOLOMÄUS HAHN. Woher kommt der Kerl?

BONIFAZIUS SPERLING. Als ich vorhin austreten mußte, lärmte er in den Ställen herum.

GUSTAV ADOLF. Ja, der Prophet hat gute Ställe. Ich habe das Gasthaus darum gern, aber hier, scheint es, ist ein Loch voll Unrat.

BARTHOLOMÄUS HAHN. Was erlaubt sich der Bursch!

GUSTAV ADOLF. Wie heißt du?

BARTHOLOMÄUS HAHN. Hahn!

GUSTAV ADOLF. Kikeriki! — Und du?

BONIFAZIUS SPERLING. Ich bin der Zunftmeister Sperling.

GUSTAV ADOLF. Sperling, Sperling? Was ist das für ein Tier?

PETER PUFF. Weißt du nicht, was ein Sperling ist?

GUSTAV ADOLF. Nein! Mit so kleinen Vögeln, die sich am Pferdemist delektieren, gebe ich mich nicht ab.

PETER PUFF. Wenn du's so weitertreibst, werden wir dich herausschmeißen.

GUSTAV ADOLF. Wie heißt du?

PETER PUFF. Ich bin der oberste Meister der Sattlerzunft hier zu Erfurt: Peter Puff.

GUSTAV ADOLF *gibt ihm einen Stoß vor die Brust, daß er rückwärts auf einen Stuhl taumelt.* Peter Puff!

SIGMUND GOLDSTUHL. Das geht zu weit, hinaus mit dir! Wir genießen den Schutz der Erfurter Gerichtsbarkeit.

GUSTAV ADOLF. Wer tut euch was?

HIERONYMUS STIEFEL. Der Kerl hat zwischen den Knechten in den Ställen des Propheten herumgekauderwelscht, daß es eine Art hatte, jetzt erinnere ich mich. Bald sprach er holländisch, bald französisch, bald italienisch: denn das verstehe ich, nicht umsonst bin ich in Frankreich gewesen und in Italien.

GUSTAV ADOLF. Dank deiner Stiefel, Stiefel. Aber außer deinen Stiefeln, Stiefel, scheint mir, hast du nichts zurückgebracht.

HIERONYMUS STIEFEL. Wie wagst du mit uns umzugehen, Stallknecht!

GUSTAV ADOLF. Wie ihr's verdient. Aber wie wäre es, wenn wir uns bei einem guten Trunk einigten?

BONIFAZIUS SPERLING. Wie meint Ihr das?

GUSTAV ADOLF. Erst will ich mal diesen Sattel auf einen Tisch legen. Schaut ihn euch mal genauer an. Er ist genau nach meiner Zeichnung gemacht. Ich habe ihn mir auch mit einigen wertvollen Steinen besetzen lassen. Mit euch Sattlern nehm' ich es auf.

3. Mai 1943.

BONIFAZIUS SPERLING, *erstaunt.* Wo stammt dieser Sattel her?
GUSTAV ADOLF. Ja, lieber Sperling, da kannst du wohl piepsen.
PETER PUFF. Dreißig Jahre bin ich Meister der Gilde: aber Gott ist mein Zeuge, ein solches Ding habe ich nicht gesehen mein Leben lang. Der König Gustav Adolf von Schweden hat kein gleiches in seinem Besitz.
GUSTAV ADOLF. Oho!
Fridolin Beibst, ein Schmied, kommt herein.
FRIDOLIN BEIBST. Paßt mir auf diesen Menschen auf!
HIERONYMUS STIEFEL. Auf welchen?
FRIDOLIN BEIBST. Auf den mit dem Sattel. Er hat ihn aus der Sattelkammer des Königs herausgeholt.
GUSTAV ADOLF. Ha, der Schmied! Was meinst du, Meister Stiefel, er wär' der Mann, dich zu beschlagen, oder besser, deine Stiefel zu besohlen, Stiefel? *Zum Schmied.* Also du meinst, ich sei ein Dieb?
FRIDOLIN BEIBST. Na, wer weiß, was du bist.
GUSTAV ADOLF. Ich raube lieber, und wenn ich raube, so raube ich Länder. Ruft einmal den Propheten her: er soll uns was Trinkbares zurechtmachen.
PETER PUFF. Der Kerl beträgt sich so seltsam.
GUSTAV ADOLF. Das muß wohl so sein, denn das sagt die ganze Welt. Der Kaiser mit inbegriffen.
PETER PUFF. Was sagt die ganze Welt?
GUSTAV ADOLF. Daß König Gustav Adolf sich seltsam beträgt.
PETER PUFF. Gebrauche nicht diesen Namen, man wird dich einsperren.
Der dicke Wirt des Propheten tritt ein, Kannegießer mit Namen.
WIRT KANNEGIESSER. Wer hat mich gerufen, wer will was von mir?
GUSTAV ADOLF. Ich will was von dir.
WIRT KANNEGIESSER. Was befiehlt Eure Majestät?
GUSTAV ADOLF. Die Hohe Lilie, Eure Tochter.
BARTHOLOMÄUS HAHN. Sie sind beide zu früh aufgestanden, sie sind verrückt.
GUSTAV ADOLF. Komm, Schmied, wir gehen zu Hof: wir können Minister werden. Nun aber zur Hauptsache: was hast du zu trinken, Prophet?
WIRT KANNEGIESSER. Das Gasthaus Zum Propheten hat nicht

nur gute Pferdeställe, sondern auch allzeit einen guten Keller gehabt.

GUSTAV ADOLF. Dann laß auftragen, was du hast!

WIRT KANNEGIESSER. Das wäre zuviel, Majestät.

Dietrich von Klentze, ein junger, schöner Kavalier, gestiefelt und gespornt, tritt ein.

VON KLENTZE. Mit Verlaub, wir haben Euer Majestät überall vergeblich gesucht.

GUSTAV ADOLF. Nun also: gesucht und gefunden.

PETER PUFF. Mir wirrt der Kopf.

GUSTAV ADOLF. Mir auch, wie immer.

VON KLENTZE. Wie beträgt sich dies Pack hier in Gegenwart Eurer Majestät!

GUSTAV ADOLF. Beleidige nicht meine hochehrbare Sattlerzunft.

PETER PUFF. Der Hanswurst ist am Ende gar nicht so übel. Vielleicht können wir auf den Spaß ein bißchen eingehen.

WIRT KANNEGIESSER. Das könnt ihr getrost, glaubt's mir nur.

PETER PUFF. Hast du den Sattel selber gemacht?

GUSTAV ADOLF. Na, wer denn sonst, etwa der Kuchenbäcker?

PETER PUFF. Dann gehörst du ja schließlich zu unsrer Gilde.

GUSTAV ADOLF. Natürlich — das merkt ihr erst jetzt?

PETER PUFF. Dann möcht' ich einen Vorschlag tun. Wir geben dir den Meisterbrief.

GUSTAV ADOLF. Der Gedanke gefällt mir. Wann wollt ihr ihn ins Werk richten?

PETER PUFF. Am besten gleich, wenn nun einmal alles drunter und drüber geht. Steh auf.

VON KLENTZE. Du wagst unsren König so sans façon anzureden?!

GUSTAV ADOLF. Schweig! So gehört sich's bei dieser Zeremonie. Aber vorher, Prophet, schaff vom besten Wein herbei! Zum mindesten zehn große Krüge, verstehst du mich?

4. Mai 1943.

Und schick deine Tochter mit, die Hohe Lilie! Oder besser nein. Ich würde zwar gern sehn, wenn sie miterlebt, daß ich zum richtigen Sattlergesellen aufsteige. Dieser Rang hat doch Hand und Fuß! Ich war doch bisher nichts! Jetzt wird sie mich vielleicht gelten lassen. Doch besser nein, eine Lilie paßt nicht in diese Gesellschaft.

Obrist Gustav von Rothenhammer tritt ein.

OBRIST VON ROTHENHAMMER. Zu spät, Majestät: da ist sie schon!

GUSTAV ADOLF. Wo?

Inzwischen ist Lida eingetreten an der Seite des Leibkochs von Gustav Adolf, Samuel Fritze. Sie ist ein schönes blondes Mädchen von siebzehn Jahren.

OBRIST VON ROTHENHAMMER. Kann man sie übersehen, Majestät?

GUSTAV ADOLF. Ich verbitte mir Rügen, Obrist.

OBRIST VON ROTHENHAMMER. Aber Majestät haben doch Rügen soeben besetzt.

GUSTAV ADOLF. Wir sind hier unter Narren, und so haben Sie Narrenfreiheit. Ich wünsche als Sattlergesell gekrönt zu werden, und die Hohe Lilie soll mir die Krone aufs Haupt drücken.

LIDA. Nichts lieber als das, hoher Herr.

GUSTAV ADOLF *trinkt einen Schluck.* Der Wein ist schlecht. Schafft meinen Mundkoch Samuel Fritze herbei!

VIELE STIMMEN. Samuel Fritze, Samuel Fritze!!

GUSTAV ADOLF. Ich soll zum Gesellen gekrönt werden. Wie wär's, wenn wir gleich eine Hochzeit bestellten?

OBRIST VON ROTHENHAMMER. Eine Hochzeit mit wem?

GUSTAV ADOLF. Das geht Euch nichts an.

OBRIST VON ROTHENHAMMER. O doch, Majestät, sehr viel.

GUSTAV ADOLF. Ich habe Mittel, Euch stumm zu machen.

OBRIST VON ROTHENHAMMER. Ihr habt Narrenfreiheit deklariert.

GUSTAV ADOLF. Ich wünsche zum Sattlergesellen ernannt und gleich getraut zu werden.

VON KLENTZE. Mit wem? Alle Mädchen von Erfurt stehen Euch zur Verfügung.

GUSTAV ADOLF. Ich brauche nur eine.

VON KLENTZE. Wer ist sie?

GUSTAV ADOLF. Die Hohe Lilie.

5. Mai 1943.

VON KLENTZE. O weh!

LIDA. Ich lasse mich nicht bitten. *Stellt sich neben Gustav Adolf.*

VON KLENTZE. O weh, das wußt' ich.

GUSTAV ADOLF. Was wußtet Ihr? In Sachen der Liebe weiß man gar nichts.

OBRIST VON ROTHENHAMMER *stellt sich neben sie.* So weit ist es noch nicht.
VON KLENTZE. Was wagt Ihr?
OBRIST VON ROTHENHAMMER. Alles.
VON KLENTZE *zieht seinen Degen.* Ich auch!
GUSTAV ADOLF. Stecht den Wallenstein tot oder wen immer von den Kaiserlichen, aber macht hier keinen Unsinn! Nun aber macht mich endlich zum Sattlergesellen! Ich muß zunftmäßig sein, um zu heiraten.
PETER PUFF. Dann tretet hierher!
HIERONYMUS STIEFEL. Was tut Ihr, Zunftmeister? Ihr wißt ja nicht einmal den Namen des Menschen.
GUSTAV ADOLF. Ich heiße Gustav.
BONIFAZIUS SPERLING. Gustav ist nur ein Vorname. Wie heißt Ihr sonst noch? Wenn schon die ganze Gesellschaft nicht anders will, so müssen wir den Mummenschanz mitmachen.
GUSTAV ADOLF. Sonst heiße ich noch Adolf.
BONIFAZIUS SPERLING. Auch nur ein Vorname. Wie nennt sich Eure Familie? Wir brauchen Euren Familiennamen, wenn Ihr den Rang eines Sattlergesellen erwerben wollt.
GUSTAV ADOLF. Sagen wir: Wasa.
SAMUEL FRITZE. So aufgeräumt habe ich meinen hohen Herrn, weiß Gott, niemals gesehen.
OBRIST VON ROTHENHAMMER. Wenn Wein und Liebe zusammenkommen, ist das so.
HIERONYMUS STIEFEL. Und da heißt noch der Vater der Braut Kannegießer.
OBRIST VON ROTHENHAMMER. Ja, mit der Hochzeit, wie weit soll das gehen? Was heißt das?
GUSTAV ADOLF. Bis ins Brautbett natürlich.
LIDA. Ja, bis ins Brautbett!
OBRIST VON ROTHENHAMMER. Oho!
SAMUEL FRITZE. Der Herr ist Herr über alle, Mann und Weib, alt und jung.
VON KLENTZE. Wenn es sein muß, wer will es hindern?
OBRIST VON ROTHENHAMMER. Ich!
LIDA. Niemand hat über mich zu entscheiden außer ich.
OBRIST VON ROTHENHAMMER. Und für wen entscheidest du dich?
LIDA. Für Gustav Adolf, den König der Könige, den Herrn der Welt, der Jesum Christum, den Papst und Kaiser verfolgen, wieder zum Herrn der Erde macht.

SAMUEL FRITZE. Zu ernst, Lida, viel zu ernst! Gott sei Dank hat es niemand gehört.
PETER PUFF. Tritt hierher, Wasa!
GUSTAV ADOLF. Zu Befehl, Peter Puff!
PETER PUFF. Ich bin jetzt nicht Peter Puff. Ich bin jetzt der Zunftmeister. *Gustav Adolf und Lida sind vor ihn getreten.*
GUSTAV ADOLF. Hier sind wir.
PETER PUFF. Die Gastwirtstochter hat hierbei nichts zu tun. Es muß alles nach der Schnur gehen. *Lida tritt zurück.* Du hast diesen Sattel gemacht?
GUSTAV ADOLF. Jawohl, ich war damals sechzehn Jahr.
PETER PUFF. So ernennt dich die Zunft zum Sattlergesellen.
GUSTAV ADOLF. Und ich ernenne Euch zum Aufseher über alles Lederzeug meiner gesamten Reiterei.
SAMUEL FRITZE. Wißt Ihr noch immer nicht, wer er wirklich ist?
PETER PUFF. Ein Übergeschnappter wie wir alle, der sich Wasa nennt.
GUSTAV ADOLF. Ich bin nun Sattlergeselle, gut: was soll aber nun aus der Trauung werden?
PETER PUFF. Da, Wasa, sehet Ihr selber zu!
GUSTAV ADOLF. Ich denke, wir machen es kurz; komm her, Hohe Lilie: wir trau'n uns einfach mit einem Kuß. *Sie küssen sich.*
LIDA. Jawohl, Majestät, macht mit mir, was Ihr wollt!
GUSTAV ADOLF. Ich habe so was zum erstenmal in meinem ganzen Leben erlebt.
PETER PUFF. Ich auch!
HIERONYMUS STIEFEL. Ich auch!
BONIFAZIUS SPERLING. Ich auch!
BARTHOLOMÄUS HAHN. Ich auch!
SIGMUND GOLDSTUHL. Ich auch!
WIRT KANNEGIESSER. Ich auch!
SAMUEL FRITZE. Ich auch!
VON KLENTZE. Ich auch!
OBRIST VON ROTHENHAMMER. Ich auch!

6. Mai 1943.

Ein allgemeines Gelächter schließt sich an.
GUSTAV ADOLF. Aber es kommt noch besser.
OBRIST VON ROTHENHAMMER. Meint Ihr das Beilager?
VON KLENTZE. Still, das geht zu weit.
SAMUEL FRITZE. Gustav Adolf geht weiter und immer weiter,

bis er das ganze Deutsche Reich, inbegriffen die Kaiserstadt Wien, in der Tasche hat. König Gustav Adolf geht nie zu weit.

OBRIST VON ROTHENHAMMER. Samuel Fritze, bleib du gefälligst bei deinen Suppentöpfen und Bratspießen! Du hast als Mundkoch des Sattlergesellen genug zu tun. In den Staatsrat bist du noch nicht berufen.

GUSTAV ADOLF *legt Fritze die Hand auf die Schulter.* Hiermit berufe ich dich in den Staatsrat.

OBRIST VON ROTHENHAMMER. Jetzt fehlt nur noch, daß wir uns statt mit Stückkugeln mit Hasenbraten, Rehrücken, Schweinebauch und Mettwürsten bombardieren.

GUSTAV ADOLF. Damit wollen wir auf der Stelle anfangen. Zeig, was du kannst, Mundkoch!

SAMUEL FRITZE. Sofort!

GUSTAV ADOLF. Ich befehle, daß diese ganze Sattlerzunft aufs beste traktiert werde. Könnt ihr euch wohl denken, was es heißt, einmal für fünf Minuten Sattlergesell zu sein und sorglos mit einer schönen Lilie getraut zu werden?

OBRIST VON ROTHENHAMMER. Auch für fünf Minuten?

GUSTAV ADOLF. Würde es dir genügen, Hohe Lilie?

LIDA. Vielleicht eine Viertelstunde, besser noch eine halbe. Über eine Stunde wäre ich auch nicht böse.

HIERONYMUS STIEFEL, *als Geistlicher verkleidet.* Nun also, die Kirche entsendet mich.

OBRIST VON ROTHENHAMMER. Die alte oder die nagelneue?

BONIFAZIUS SPERLING. Nein, hört auf: das ist Lästerung.

VON KLENTZE. Wollen wir nicht den Mummenschanz abschließen, Majestät, und zu Bette gehen?

GUSTAV ADOLF. Zu Bett ja, aber nicht allein, Bübchen!

WIRT KANNEGIESSER. Ihr bemüht Euch vergeblich. Es sind schlechte Nachrichten herein; dann ist er immer so.

VON KLENTZE. Und Eure Tochter?

WIRT KANNEGIESSER. Ach die!

Peter Puff, Hieronymus Stiefel, Bonifazius Sperling, Bartholomäus Hahn, Sigmund Goldstuhl knien vor Gustav Adolf nieder.

PETER PUFF. Verzeiht, Majestät, wir haben nicht gewußt, wer Ihr seid!

GUSTAV ADOLF. Und habt mich doch eben zum Sattlergesellen ernannt. Bin ich denn nicht ein Sattlergesell?

HIERONYMUS STIEFEL. Verzeiht uns, was wir getan haben!

GUSTAV ADOLF. Im Gegenteil: dich, Peter Puff, schlage ich zum Ritter; du, Stiefel, sollst von jetzt ab Herr von Stiefel heißen. Und du Ritter von Sperling oder von Spatz, was dir lieber ist. Und nun auf und ins Beilager! *Er steht auf, und Arm in Arm mit Lida geht er ab, gefolgt von Rothenhammer und von Klentze, Kannegießer, Samuel Fritze etc.*
PETER PUFF. Herrgott, was ist denn über unsere Zunft gekommen? Was war das?
HIERONYMUS STIEFEL. Gott weiß es, ich nicht!

ZWEITER AKT

22. Mai 1943.

ERSTE FASSUNG

Im Wirtshaus Zur hohen Lilie zu Erfurt. Nur durch einen gemeinsamen Hof getrennt vom Gasthaus Zum Propheten. Es ist dieselbe Nacht wie im ersten Akt, im Oktober 1631. Die Szenen schließen sich unmittelbar an die des ersten Aktes.
Ein schöngetäfelter, saalartiger Gastraum mit einer Tafel in der Mitte. Kronleuchter nach Art der Zeit.
Das eine Ende der Tafel ist besetzt vom Stadtkommandanten Grafen Loewenstein, dem obersten Ratsherrn Hieronymus Brückner, dem Ratsherrn Adam Schwind, dem Apotheker Otto von Guericke (Magdeburg). Der Wirt der Hohen Lilie, Herr Kulicke, gutgekleidet, hält sich respektvoll im Hintergrund. Einige Ordonnanzen versorgen die Herren mit Getränken.

HIERONYMUS BRÜCKNER. Einen Höllenlärm machen die vom Propheten.
OTTO VON GUERICKE. Das geht nicht mit rechten Dingen zu. Was mag es denn geben?
KULICKE. Es ist ein Pech für die Hohe Lilie, daß sie den Hof mit dem Propheten fast gemeinsam hat.
ADAM SCHWIND. Das möchte ich glauben.
OTTO VON GUERICKE *öffnet ein Fenster. Der Lärm wächst.* Irgendein Spaßmacher hat sich aufgetan.
HIERONYMUS BRÜCKNER. Euresgleichen, da möchtet Ihr wohl dabei sein?
OTTO VON GUERICKE. Eine Erfurter Ratssitzung ist mir lieber.
HIERONYMUS BRÜCKNER. Haha! Immer der alte Schäker.
GRAF VON LOEWENSTEIN. Es wäre mir lieb, wenn Ihr das Fenster zumachtet. Ich habe nichts gegen Pferdemist, nämlich in den Frühbeeten. Aber der Gestank bei Tisch erzeugt mir Übelkeit.
ADAM SCHWIND. Und das übrige, das noch damit verbunden ist.
OTTO VON GUERICKE. Ihr meint die Mistpfützen und dergleichen.
GRAF VON LOEWENSTEIN. Ja, ja, die Höfe sind vielseitig.
OTTO VON GUERICKE. Und wer mit Ställen und überhaupt mit Höfen zu tun hat, darf nicht heikel sein: am wenigsten wir Apotheker.

graf von loewenstein. Fenster zu, Fenster zu! *Die Stadtpfeifer spielen im Hof.*
otto von guericke. Was ist das?
adam schwind. Herrgott! Laßt uns doch einmal hinunter-
schauen! Das ist ja des Königs Lieblingsmarsch.
graf von loewenstein. Nur fidel, nur fidel: Tilly hat ja
Gott sei Dank Magdeburg zerstört und die ganze Stadt,
Mann, Weib und Kind, ausgemordet.

23. Mai 1943.

Aber es ist schon so: unser Herr rast seinen Zorn mitunter
auf diese Weise aus.
hieronymus brückner. Auf welche Weise, meint Euer
Gnaden?
graf von loewenstein. Pferde, Pferde, Pferde und alles,
was damit zusammenhängt.
kulicke. Der herrliche Rotfuchs und der göttliche Schimmel!
hieronymus brückner. Kaiser Rudolf II. lebte ja fast nur
in seinem Marstall. Wer eine Audienz bei ihm haben wollte,
mußte sich in einen Stallknecht verkleiden.
graf von loewenstein. So arg ist es bei Gustav nicht. Wenn
er rast und sich übernimmt an Tollheiten, so ist ein geheimer Gram irgendwo immer schuld.

Ein Schmied tritt ein. Er zeigt eine Anzahl Hufeisen vor.

schmied. Ich bin von Seiner Königlichen Majestät Gustav
Adolf von Schweden herbestellt. Ich soll ihm die Hufeisen
zeigen, die ich seinen beiden Schlachtrössern abgenommen
habe.
graf von loewenstein. Zeig her, Schmied, die gehören in
die Ruhmeshalle Schwedens. Davon sind göttliche Funken
gestoben. Breitenfeld! Er hat Tilly die ersten Groschen
heimgezahlt. Aber es kommt noch besser.
schmied, *mit funkelnden Augen.* Die Rösser sind neu beschlagen.

25. Mai 1943.

graf von loewenstein. Nur Geduld — übrigens, was bedeutet das? Es klingt ja, wie wenn zwei mit den Degen
aneinandergekommen wären.
schmied. Das sind sie auch. Zwei Kavaliere vom Dienst: der
Rotenhahn [Rothenhammer] und der Klentze.
hieronymus brückner. Das fehlte noch, daß wir Schweden
übereinander herfallen. Um was geht es denn?
schmied. Wie immer doch, um die Hohe Lilie.

otto von guericke. Erfurt ist verhext. Seit ich hier bin und die Erfurter Mädels gesehen habe, glaube ich an Zauberei. Viele, wenn ich über den Markt gehe, tragen Röcke mit feuchten Rändern. Sie sind aus dem Flusse gestiegen und steigen — das scheint mir gar nicht wunderlich —, wenn sie eingekauft haben, zu ihrem Wassermann wieder hinunter. Sie haben eine verteufelte Anziehungskraft, man [kann] sich kaum retten.

schmied. So ist's auch unserm Herrn heute ergangen.

graf von loewenstein. Wie meinst du das, Schmied?

schmied. Er hat mit der sogenannten Hohen Lilie Hochzeit gehalten.

graf von loewenstein. Was heißt das?

schmied. Das weiß ich nicht. Euer Gnaden werden sich bald selbst einen Vers daraus machen müssen.

26. Mai 1943.

Samuel Fritze tritt ein.

hieronymus brückner. Was wollt Ihr hier? Ihr gehört in die Küche, Samuel Fritze. Wir warten schon längst vergeblich auf unser Nachtessen.

samuel fritze. Das hat seinen Grund: eine Hochzeit geht vor.

hieronymus brückner. Was ist das mit dieser Hochzeit?

samuel fritze. Ein frischgebackner Riemergesell verheiratet sich mit einer Hohen Lilie.

hieronymus brückner. Riemergesell, Riemergesell?

samuel fritze. Er heißt Gustav oder auch Adolf.

hieronymus brückner. Maßt er sich den Namen unseres allergnädigsten Königs an?

samuel fritze. Ganz gewiß.

otto von guericke. Diese Namen haben sich Deutschland schon zur Hälfte erobert: der eine heißt Gustav, der andere Adolf, wenn er nicht über drei Jahre ist.

samuel fritze. Unser Riemergeselle ist über drei Jahre.

Gustav Adolf, als Bräutigam geschmückt, an der Seite Lida als Braut, treten ein, im Gefolge den Wirt des Propheten und einige Zunftmeister. Alle erkennen den König und schnellen empor.

27. Mai 1943.

gustav adolf. Es ist wieder einmal schwer, sich in die Lage zu finden.

hieronymus brückner. Das Los der Könige.

GUSTAV ADOLF. Sowie der Sattlergesellen.
OBRIST VON ROTHENHAMMER. Was haben Könige mit Sattlergesellen zu tun?
GUSTAV ADOLF. Sehr viel. *Zur Zunft.* Ihr könnt es bezeugen. Aber die Frage in Eurem Munde gefällt mir nicht, Rothenhammer.
OBRIST VON ROTHENHAMMER. Warum nicht, Majestät?
GUSTAV ADOLF. Ihr habt einen Kopf, von dem ich nicht weiß, wo ich ihn unterbringen soll: unter meinen Freunden oder meinen Feinden?
OBRIST VON ROTHENHAMMER. Heut fechte ich treu, treuer, am treusten unter den Fahnen Eurer Majestät.
GUSTAV ADOLF. Aber Ihr dientet dem Kaiser, als die böhmischen Kugeln in die Burg zu Wien flogen.
OBRIST VON ROTHENHAMMER. Nie mehr! Man weiß, ich bin entschloßner Kalvinist geworden.
GUSTAV ADOLF. Narretei! König David ist mein Vorbild. Ich werde Bathseba heiraten. Salomo soll mein Sohn heißen. Und nun nimm dir deine Kochlöffel zur Hand, Fritze, tue dich mit der Küche der Hohen Lilie zusammen und besorgt die Hochzeitstafel. *Zu Graf Loewenstein.* Erhebt Euch, Graf!
GRAF VON LOEWENSTEIN. Ungern!
GUSTAV ADOLF. Hierher gehört die Braut.
OBRIST VON ROTHENHAMMER. Die Welt kehrt sich um.
GUSTAV ADOLF. Sowieso!

[NOTIZEN]

9. Juni 1943.

Der Vorgang spielt am Abend des 4. Oktober 1631. Von da aus bis zur Einnahme von Mainz am 13. Dezember 1631 liegen einundsiebzig Tage, also zirka zweieinhalb Monate. Die Schlacht bei Lützen fand am 16. November 1632 [statt]; liegen also zwischen dem Tage der Tragikomödie und dem Tode Gustav Adolfs ein Jahr, ein Monat und zwölf Tage.

Er hat keinen Kaisersinn.
Hannibal ist mein Mann.
Landgraf Wilhelm von Kassel, erster Anhänger Gustav Adolfs.
Nach Wallensteins Abdankung Tilly, nahm als Bayer österreichischen Dienst.
Dänenkönig Christian IV. Neid gegen Gustav.
Kurfürsten-Versammlung 1630 Regensburg.
Pater Joseph.
O du Pater Joseph.
Richelieus Werkzeug ist dieser Kapuziner gegen Kaiser Ferdinand. Trat zu ihm ein Engel und ein Kapuziner, grüßt' er zuerst den Kapuziner.
Gustav Adolf: Blut sparen.
An Erfurt war dem König von Anfang an gelegen. Er zog ein ohne Schwertstreich.
Teufel hieß ein Stallknecht.
Tilly zerstört Magdeburg 1631, 20. Mai.
1631 September: erster Sieg Gustav Adolfs im Bunde mit Sachsen bei Leipzig (Breitenfeld) über Tilly.
Die protestantischen Reichsstände sind nun mit Gustav Adolf verbunden.
Konkordate.
Eure Machinationen.
Wir sind Menschen, und ihr seid Vieh.
Der Religionsfriede ist der Religionskrieg.
Die Duldsamkeit ist ewiger Streit.
Ihr seid Räuber und Diebe, ihr verdient Hiebe.
Raub der Kirchengüter, der heiligen Stiftungen.
Ihr leistet Eide, und der Papst spricht euch los.
Wir sind geschützt durch unsere Macht, doch sonst wird unser Recht verlacht (die Protestanten).

Deutsche Truppen hie und da (S. 24 Schiller. [Tempel-Klassiker. Band 11])
Jesus will auf den Kaiserthron.
Rudolf II. Stallknecht (S. 26/27 Schiller).
Österreich ebenfalls innerlich durchaus gespalten.
Der Landtag protestantisch.
Protestantische Prediger.
Unbescheidener Schwärmereifer, unreiner Eifer.
Maximilian hinterließ ein zerrissenes Land.
Deutschland eine Wüste. Verwüstung.
Huß: Jahrhundert vor Luther. Jahrhundert nach Luther dortselbst, nämlich Prag, Böhmen, Beginn des Dreißigjährigen Kriegs (S. 34—35 Schiller).
1609 Prager Akademie.
Matthias König von Böhmen.
Er haut seinen Hut zur Erde, zerbeißt die Feder.
Kaiser Rudolf durchaus Jesuitenknecht.
Kaiser-Name Vermächtnis despotischen Roms (S. 43 Schiller).
Der kaiserliche Glaube.
Apostat.
Allgemeine Auflösung des Reichsfriedens.
Kalvinisten vom Religionsfrieden ausgeschlossen.
Erbitterung.

DIE HOHE LILIE

10. Juni 1943.

ZWEITER AKT

ZWEITE FASSUNG

Wohlgetäfelter und beleuchteter Saal im Gasthof Zur hohen Lilie in Erfurt. Der zweite Akt schließt sich unmittelbar an die Vorgänge des ersten. An der langen, zumeist noch leeren Wirtstafel sitzen: *der oberste Ratsherr von Erfurt, Hieronymus Brückner, Apotheker Otto von Guericke* (*aus dem zerstörten Magdeburg*), *General Achazius Tott, Militärkommandant von Erfurt, Oberst Teufel, Landgraf Georg (ehemaliger König von Böhmen), Kulicke (Wirt).*

11. Juni 1943.

HIERONYMUS BRÜCKNER. Einen Höllenlärm machen die vom Propheten.

OTTO VON GUERICKE. Das geht nicht mit rechten Dingen zu. Was mag es denn geben?

KULICKE. Es ist ein Pech für mein Gasthaus, daß es den Hof mit dem Propheten beinah gemeinsam hat.

OTTO VON GUERICKE *öffnet ein Fenster, ruft in den Hof.* Still! Hier oben tafeln Generäle und sogar eine Majestät!

LANDGRAF GEORG. Nichts da von Majestät. Ich trinke hier mein Glas Bier bescheiden wie jeder andere.

OTTO VON GUERICKE *schließt das Fenster.* Irgendein Spaßmacher, scheint's, hat sich aufgetan.

GENERAL TOTT. Ordonnanzen, geht hinunter, schafft Ordnung! König Gustav ist durch unseren Sieg über Tilly noch immer nicht aufgeheitert. Er kann Magdeburg nicht vergessen.

OTTO VON GUERICKE. Ich bin Magdeburger, wer kann das?

GENERAL TOTT. Von kleinen Leuten ist nicht die Rede.

OTTO VON GUERICKE. O doch, über dreißigtausend magdeburgische kleine Leute hat Tilly hingemetzelt.

GENERAL TOTT. Genug davon. Ihr werdet sie nicht aufwecken. Wir haben's ihm bei Leipzig gründlich heimgezahlt.

HIERONYMUS BRÜCKNER. Haben die Herren vernommen, daß ein furchtbarer Ausbruch des Vesuvs stattgefunden hat, der schlimmste seit Christi Geburt?

LANDGRAF GEORG. Wirklich? Das wäre für die Kaiserlichen

ein übles Zeichen. Man könnte sagen, Gott selbst nimmt gegen die Schänder der Religion Partei.

OBERST TEUFEL. König Gustav selber ist auch ein Vesuv.

GENERAL TOTT. Da mögt Ihr recht haben.

LANDGRAF GEORG. Wann und wo meint Ihr, daß man ihn sprechen kann, Herr General? Ich habe mich vergeblich bemüht, man weiß nicht, wo er ist.

GENERAL TOTT. Das ist immer so seine Art nach großen Ereignissen. Wer ihn zu kennen glaubt, irrt sich. Er gibt sich in hundert Gestalten.

LANDGRAF GEORG. Wie meint Ihr das?

GENERAL TOTT. Ihr sucht einen Schweden und findet einen Engländer, einen Deutschen, einen Franzosen, einen Italiener, eine Kutte mit Mönchslatein, einen König, einen Reitknecht, mit Verlaub.

HIERONYMUS BRÜCKNER. Ihr wollt sagen, der herrliche Gustav Adolf ist alles in allem.

GENERAL TOTT. Auch das, wenn Ihr wollt, ganz gewiß.

OBERST TEUFEL. Sein Wesen kann niemand ergründen. Es kommt darauf an, sich in acht zu nehmen, wenn man das Rechte tun will: selbst seine klaren Befehle sind vieldeutig. Bettler und König reichen sich manchmal unerwartet in ihm die Hand.

14. Juni 1943.

Eine Tür öffnet sich, Samuel Fritze tritt ein.

HIERONYMUS BRÜCKNER. Was wollt Ihr hier? Ihr gehört in die Küche, Samuel Fritze. Wir warten schon längst vergeblich auf unser Nachtessen.

SAMUEL FRITZE. Das hat seinen Grund: eine Hochzeit geht vor.

HIERONYMUS BRÜCKNER. Was ist das mit dieser Hochzeit?

SAMUEL FRITZE. Ein frischgebackner Riemergesell verheiratet sich mit einer Hohen Lilie.

HIERONYMUS BRÜCKNER. Riemergesell, Riemergesell?

SAMUEL FRITZE. Er heißt Gustav oder auch Adolf.

HIERONYMUS BRÜCKNER. Maßt er sich den Namen unseres allergnädigsten Königs an?

SAMUEL FRITZE. Ganz gewiß.

OTTO VON GUERICKE. Diese Namen haben sich Deutschland schon zur Hälfte erobert: der eine heißt Gustav, der andere Adolf, wenn er nicht über drei Jahre ist.

SAMUEL FRITZE. Unser Riemergeselle ist über drei Jahre.

Gustav Adolf, als Bräutigam geschmückt, an der Seite Lida

als Braut, treten ein, im Gefolge den Wirt des Propheten und einige Zunftmeister. Alle erkennen den König und schnellen empor.

GENERAL TOTT. Hoch lebe der König!
OBERST TEUFEL. Hoch lebe der Sieger von Breitenfeld!
GUSTAV ADOLF. Wo ist er?
GENERAL TOTT. Überall!
GUSTAV ADOLF. Und nirgends.
OBERST TEUFEL. Wer das glaubt, kennt ihn nicht.
GUSTAV ADOLF. Ich kenne ihn und behaupte es.
GENERAL TOTT. Wen hätten wir demnach in Euch zu begrüßen?
GUSTAV ADOLF. Einen frischgebacknen Riemergeselln.
OBERST TEUFEL. Nur das, Majestät?
GUSTAV ADOLF. Nein, etwas mehr: einen frischgebacknen Bräutigam. Gustav Adolf ist abgetreten, hat seine Krone abgelegt, sein Vaterland Schweden hat er vergessen. Wasa, was ist das für ein Geschlecht? Wer zur Stunde mit Gustav Adolf reden will, der vergesse auf Alexander von Mazedonien. Denke nicht mehr an das Löwenfell, das er auf dem Haupte trägt. Gewöhne sich an die Papierkrone. Es ist nicht anders, man muß wenigstens zwei Naturen haben, die unnatürliche ist der natürlichen aufgesetzt. Auch zwei Weiber muß er haben. Für den Sonntag eine, die andere für den Wochentag. Rede mir keiner wider den Wochentag, es ist jeder hundert Sonntage wert, und es gibt ihrer sechs und nur einen Sonntag. Ich habe meine Braut Freya genannt, nach dem Freitag. Die Welt soll frei werden von Geistes- und Gewissenszwang und soll blühen. Meinen Sattel bestimmte ich für das Bauernpferd und dem Ritter des Friedens und der Gerechtigkeit. Nehmt Platz!

16. Juni 1943.

Es geschieht nach Möglichkeit an der langen Tafel. Wirt Kulicke öffnet einen zweiten Saal, der sich mit dem Rest der Gäste füllt.

GUSTAV ADOLF. Nichts da, wir machen bunte Reihe. Hier General Tott, hier Oberst Teufel. Tott neben die Braut, Teufel neben mich. Der Tod ist dem Teufel über. Zwischen Tod und Teufel sitzen wir alle, fürchte dich nicht, kleine Braut. Aber der Tod ist dem Teufel über. Nun, Samuel Fritze, tritt her! Du bist der Mundkoch des abwesenden Gustav Adolf, sagt man mir; er hat dir befohlen, die Hochzeit des Sattlergesellen herzurichten, sagt man mir. Nun koche und brate.

LANDGRAF GEORG. Erlaubt, daß ich Euch mit Majestät anrede, wie Euch gebührt.

GUSTAV ADOLF. Nein, Majestät.

LANDGRAF GEORG. Ihr spottet meiner, der Anspruch ist längst verwirkt.

GUSTAV ADOLF. Die Welt strahlte wider von dem Glanz, als Ihr zu Prag die Krone von Böhmen aufs Haupt setztet.

LANDGRAF GEORG. Vorbei!

GUSTAV ADOLF. Nicht lange, so werden die Tore von Prag aufspringen.

LANDGRAF GEORG. Aber nicht vor mir.

GUSTAV ADOLF. Wenn Ihr meint! Ein Riemergesell weiß nichts von Politik. An der wilden Gera, heißt es, habt Ihr ein Ledermagazin und einen kleinen versteckten Hof, Schwiegervater. Ihr überlaßt ihn Eurer Tochter und mir für gutes schwedisches Geld.

PETER PUFF. Zu Befehl, lieber Sohn.

GUSTAV ADOLF. Wie heißt der Hof?

PETER PUFF. Er hat keinen Namen.

GUSTAV ADOLF. Bringt mir den Kapuzinerpater Joseph, er soll es taufen »Versteck«.

GENERAL TOTT. Nie saß unser ruhmreicher Held, Herr und König in einem Versteck.

GUSTAV ADOLF. So wollt ihr behaupten, ihr kennt ihn und habt ihn gesehen?

TOTT UND TEUFEL. Das wollen wir meinen, in hundert Schlachten.

18. Juni 1943.

GUSTAV ADOLF. Ich sah ihn nie, weder so noch so, ich beneide euch. Musik! *Stadtmusikanten beginnen zu spielen.* Was habt Ihr zu trinken, he?

KULICKE. Ich will, wenn Ihr befehlt, einige Fässer Schlunz auflegen. Es wäre das einfachste bei so vielen Menschen.

GUSTAV ADOLF. Was ist Schlunz?

KULICKE. Erfurter Bier, Majestät.

GUSTAV ADOLF. Majestät, Majestät: wer sich noch einmal verspricht, fliegt ins Loch. Wir wollen Wein. Den besten, den Ihr habt. Stecke dich dahinter, Fritze.

KULICKE. Also Tiefthaler, ein herrlicher Tropfen, gewachsen im Geratal.

GESCHREI VOM HOF. Hoch lebe Gustav Adolf, der deutsche Kaiser!

GUSTAV ADOLF. Meinethalben auch, phantasiert, wie ihr wollt. Aber besser ist, jeder Hans nimmt seine Grete in Arm, tanzt: die ganze Welt tut nichts Besseres. *Im Hofe wird es lebendiger, man spürt, daß getanzt wird.* Tanzt die Kaiserlichen in Grund und Boden. Schickt ihm reitende Boten nach Wien. Sagt ihm, ein Riemergesell sei unterwegs mit zehntausend Sätteln, er solle Ställe bauen für schwedische und kursächsische Schlachtrosse. Auch für Hafer und Heu soll er sorgen.

21. Juni 1943.

In den anstoßenden Räumen wird bei leiser Musik getanzt.

GUSTAV ADOLF. Komm, Anna, wir wollen nicht müßig sein! (»Hohe Lilie« bleibt weg, ebenso »Freya«, der Name Anna wird festgehalten.) *Er steht auf und tritt mit Anna zum Tanze an.*

OBERST TEUFEL. Jetzt bleibt auch uns wohl nichts anderes übrig. Mann gegen Mann, wie es bei Seeleuten und überhaupt bei Kriegsleuten üblich ist.

GENERAL TOTT. Hier hilft kein Zaudern. Den wollte ich sehen, der Gustav Adolf auch in einer solchen Schlacht alleinläßt und nicht nachfolgt. *Gustav Adolf und Anna sind in den anstoßenden Saal getanzt.*

GENERAL TOTT, *im Tanz mit Teufel.* Er muß eine gute Nachricht bekommen haben.

OBERST TEUFEL. Oder eine schlimme.

GENERAL TOTT. Ich sah einen dicken Brief von Oxenstierna auf seinem Tische liegen.

OBERST TEUFEL. Tilly ist krank, Tilly wird sterben. Es ist ein heimlicher Bote herein.

GENERAL TOTT. Fahre er denn zurück zur Hölle, aus der er gekrochen ist!

OBERST TEUFEL. Wir stehen vor großen Ereignissen. Gebt acht. Der Riemergesell verschwindet auf einige Tage. Der ist des Todes, der sein Beilager stört. Aber dann tritt er hervor, Nürnberg winkt, dann geht es auf Nürnberg. Nürnberg wartet auf Gustav Adolf.

22. Juni 1943.

LANDGRAF GEORG. Muß ich auch tanzen?
HIERONYMUS BRÜCKNER. Ja, Majestät.
LANDGRAF GEORG. Ich tanze sehr schlecht.

OBERST TEUFEL. Dann müßt Ihr es doch wohl von Grund aus
lernen, wenn Ihr die böhmische Krone wieder auf das
Haupt setzen wollt, Majestät.
GUSTAV ADOLF. Tanzt, tanzt. Begnügt Euch vorläufig mit
dieser Erfurter Nixe, die aus der wilden Gera gestiegen
ist, bis Ihr Libussa wieder im Arme habt. *Er tanzt mit Anna
vorüber.*
*Erfurter Nixe faßt und schwenkt den Landgrafen Georg,
während Gustav Adolf mit Anna vorübertanzt.*
LANDGRAF GEORG. Nicht so schnell, ich habe ein schwaches
Herz.
NIXE. Ach was, das meine ist um so stärker.
LANDGRAF GEORG. Langsam, langsam, ich bitte dich.
NIXE. Schweig, kleiner Affe, und schwinge die Beine.
LANDGRAF GEORG. Geht das immer so bei euch zu?
NIXE. Immer, wenn Gustav Wasa betrunken ist.
LANDGRAF GEORG. Ist Gustav Wasa oft betrunken?
NIXE. Gott im Himmel, mit einem Eiszapfen tanze ich nicht!
GENERAL TOTT. Versuche es einmal mit mir, Nixe!
*Nixe stößt den Landgrafen von sich und springt dem General
an den Hals.*
GENERAL TOTT. Herrgott, du springst mich ja an wie Tilly
und Wallenstein.
NIXE. Ritze mich nicht blutig mit deinen Sporen!
GENERAL TOTT. Hexe, wir wollen zur Türe hinaus tanzen,
zwanzig Schritte von hier hab' ich Kammer und Bett.
NIXE. Warum nicht, zeig, was du kannst, General!
GENERAL TOTT. Aber meine Sporen schnall' ich nicht ab. Bist
du verheiratet?
NIXE. Ja, mit dem Wassermann. Ich habe noch kaum ein
Stündchen Zeit, dann muß ich gehn, in die wilde Gera
hinunter.
GENERAL TOTT. Du hast feuchte Ärmel und Knie, dämoni-
sches Weib.
NIXE. Kavaliers-Redensarten. Was tu' ich damit? Wenn du
reiten kannst, Reiter, reit!

DIE HOHE LILIE

6. Juli 1943, abends.

NEUER ENTWURF

Personenverzeichnis

Gustav Adolf, König von Schweden
Bernhard, Herzog von Weimar
Pfalzgraf Friedrich, durchschaut Gustav Adolf
Franz Albert, Herzog von Sachsen-Lauenburg, Verräter, Mörder Gustav Adolfs
Oxenstierna, Sohn des großen Vaters, junger Leutnant
Phul, Offizier } unruhigste Köpfe
Mischefal
Oberst Hebron, Schotte, erzürnt Gustav Adolf, [Schiller,] S. 302, vielleicht für Obrist Rothenhammer einsetzen
Graf von Wasaburg, natürlicher Sohn Gustav Adolfs
Hieronymus Stiefel, Gildemeister der Sattlerzunft
Peter Puff
Bonifazius Sperling
Hahn } Sattlermeister
Sigmund Goldstuhl
Kratzmeier
Rappel, Wirt vom Propheten
Deppisch, Wirt zur Hohen Lilie

7. Juli 1943.

Adam Schröck, alter Leierkastenmann
Käthi Schröck, seine Tochter
von Guericke, Apotheker
Oberst Tott
Oberst Teufel
Oberster Ratsherr Hieronymus Brückner
Ratsherr Adam Schwind
Samuel Fritze, Mundkoch Gustav Adolfs
Kavaliere vom Dienst, Kellner, junge Erfurterinnen etc. etc.

8. Juli 1943.

Erster Akt oder erstes Bild

Dunkler, gewölbter, primitiv erleuchteter Raum zu ebener Erde. Er öffnet sich auf einen Hof, der dem Gasthof Zum Propheten und dem Gasthof Zur hohen Lilie gemeinsam angehört. Es hat eine feierliche Zeremonie der Erfurter Sattlerzunft statt-

gefunden, und die dazugehörigen Gegenstände werden beiseite geräumt.
Aus dem Hof herein ertönt eine Art primitiver Leierkastenmusik. Für scharfe Augen ist ein alter stelzbeiniger Musikant sichtbar, Adam Schröck, und Käthi Schröck, angeblich seine Tochter. Sie ist nicht älter als sechzehn Jahr und hat eine hübsche Singstimme.

[SPERLING.] Was wollt ihr hier?
MISCHEFAL. A was, a was.
SPERLING. Wir sind hier unter uns.
HEBRON. Wir auch.
SPERLING. Man soll uns nicht stören, wir sollen ungeschoren bleiben, sagt der König.
MISCHEFAL. Wir auch — ein hübsches Kind!
HEBRON. Wie viele in Erfurt. Wasserweiber, wie aus der wilden Gera gestiegen.
MISCHEFAL. Ein Fressen für den schwedischen Don Juan.
HEBRON. Sag lieber Beschäler.

10. Juli 1943.

MISCHEFAL. Mit Gäulen macht er sich viel zu tun.
HEBRON. Vielleicht hätte er sollen Sattler werden.
MISCHEFAL. Aber er kann auch reiten: Galopp, Galopp!
HEBRON. Erst jüngst bei Breitenfeld: Galopp, Galopp!
MISCHEFAL. Bald über ganz Deutschland: Galopp, Galopp!
HEBRON. Dann könnte er ja wohl Kaiser werden. Kaiser Rudolf II. kam ja auch aus dem Marstall nicht heraus, bürstete, striegelte, saß auf, saß ab: ein Fürst, der Audienz verlangte, mußte sich als Stallknecht verkleiden.
MISCHEFAL. Du meinst, er kann Kaiser werden?
HEBRON. Er will!
MISCHEFAL. Ich bin dagegen.
HEBRON. Ich auch!
MISCHEFAL. Schwede, Schwede, Schwede!

13. Juli 1943.

HEBRON. Der legitime Ferdinand ist mir lieber.
MISCHEFAL. Oder [der] illegitime Herzog Friedland.
HEBRON. Wenn sie sich nur nicht zusammentun, der Schwede und er.

Fortsetzung Personenverzeichnis am 25. Juli 1943.

Leonhard Torstensohn, Zögling Gustav Adolfs. Der glücklich-

ste Nachfolger des Helden. Bereits sein Page im polnischen Kriege. Später gelähmt vom Podagra. Schiller, S. 433.
General Banner, Schüler Gustav Adolfs. Großartig. Geht aber an seinen Ausschweifungen zugrunde. Im Mai 1641. S. 431 Schiller. Nie furchtbarer als am Rande des Verderbens. Jetzt Held, dann Wüstling. Völlerei und Wollust im Übermaß. Früher Tod. Alexander und Mahomet der Zweite. »Ich will feindliche Fahnen zu Hunderten nach Stockholm senden.«
Land zwischen Elbe und Oder verödet (Banner). Die niedersächsischen Staaten dermaßen verhungert, daß der Ekel an Menschenfleisch überwunden war. Banners verwüstende Gegenwart. Verwüstung. Raubsucht. Englisches Geld. »Nicht nur Pommern müssen wir haben.« — »Jesuiten und Spanier.« Tapferkeit Ware für Meistbietende.

Im zweiten Bild: Hohe Lilie, Gustav Adolf
Bernhard, Herzog von Weimar, Oberst, 26 Jahre, Adjutant Gustav Adolfs
Banner, Oberst
Leonhard Torstensohn, Leutnant, Adjutant Gustav Adolfs
Franz, Herzog von Sachsen-Lauenburg, Verräter jedenfalls, wenn nicht Gustavs Mörder
Oxenstierna, enthusiastischer Verehrer Gustavs, Sohn des großen Oxenstierna, Leutnant
Graf von Wasaburg, natürlicher Sohn Gustavs

Es wird einem bange bei dem Kriegstreiben.
»Deutschland ist ein Körper voller Schwäre.«
Gustav Adolf: »Blühen nicht die schönsten Blumen auf dem verfaulten Erdkörper, die reinsten Lilien auf dem Mist? Es geht alles zugrunde, damit alles wieder aufersteht.«

Hiddensee, 30. Juli 1943.
NEUER ENTWURF

Gasträumlichkeiten in der Hohen Lilie zu Erfurt. Saalartiges Gemach, rechts und links durch Türen mit anderen ähnlichen verbunden. In der Hinterwand hohe, vielleicht spitzbogige Fenster.
Später Abend, einigermaßen festliche Kerzenbeleuchtung.
An der Gasttafel sitzen ungezwungen Löffler, württembergischer Kanzler, Pfalzgraf August, wie der vorige von Verhandlungen mit Sachsen zurückgekehrt. August derzeit durchaus für Gustav Adolf. Geistliche Güter nicht herausgebend. Pommern, Pommern, Pommern. Zu Lehen wie Dänemark, Holstein vom Reiche. Luthertum wider Haus Österreich, Spanien und alle Papisten. Der Krieg sei konfus, Kriegsrat notwendig. Koch, Gesandter des Königs. Kurfürst von Sachsen hatte zugesagt: Kein Friede ohne Gustav Adolfs Einwilligung.
Gustav Adolf: Zu allem bereit, vor allem immer zum Frieden. Sachsen, Brandenburg und Schweden Gemeinsamkeit.
»Still, dort drüben sitzt Kapitän Oxenstierna, Sohn eines großen Vaters.«
»Wer lärmt da?« — Oberst Hebron, der Schotte. Ein Rabulist, Draufgänger. In dieser Eigenschaft von Gustav Adolf verletzt.
»Der da vorüberging, war der schöne Graf Wasaburg, ein natürlicher Sohn Gustav Adolfs. Etwas eitel, aber brav.«
Leonhard Torstensohn, ein Genie. Schon in Polen Gustav Adolfs Page.
General Banner erscheint. Geflüster: Feldherr trotz Gustav Adolf. Wirkt aber nicht gut auf ihn. Bestärkt seine Neigung zum Wüstling, der er selbst ist. »Das Leben ist eine Schlacht, die Welt ein Schlachtfeld, Raub und Mord. Ich raube alles, auch die Liebe, und morde mich selbst, indem ich mich in die Schlacht stürze.«
»Wo ist der König?«
»Wo man nicht wissen soll, daß er ist.«
Franz, Herzog von Lauenburg, das Geflüster über ihn. Hin und her zwischen Wallenstein und Gustav Adolf. »Er sollte ihn fortjagen. Er gefällt mir nicht.« Mörder Gustav Adolfs?
Koch: »Deutschland ist ein Körper voller Schwäre.«

»Was treiben sie da unten im Hof?«
Nichts Neues: der Soldat braucht Beschäftigung, Ruhe verträgt er nicht. Prügelei, Hurerei, Völlerei, wüstes Gesäuf. Es kann vorkommen, daß man den König von einem Strauchdieb nicht unterscheidet. Er spielt Karten auf einer Trommel, würgt den Mitspieler, wenn er verliert. Macht dem Tambourmajor die Liebste abspenstig.
Es erfolgt eine allgemeine Kannegießerei mit Zutrinken. Niederländische Üppigkeit.
Samuel Fritze erscheint immer wieder mit neuen Gerichten. Spanferkel. Der König hat's befohlen. Man soll alles sich schmecken lassen, auf seine Kosten.
Heimlicher Kritiker: auf Kosten des deutschen Bauern, Bürgers und Handwerkers. Brandschatzung, Verwüstung, Raub.

Hiddensee, 31. Juli 1943.

Franz, Herzog von Lauenburg, der Mörder?
Auf Gustav Adolf bezüglich: »Wenn er den roten Greifen im silbernen Felde (das Wappen Pommerns) vor Augen hat, ist er in [bezug auf] die übrigen blind. Er kann die pommerschen Flüsse auswendig: Persante, Ihna, Ucker, Trebel, Recknitz, Tollense und die Seen. Die Oder teilt Pommern in zwei Teile. Ausflüsse: Peene, Swine, Dievenow. Er sollte sich mit dem Friedländer einigen.«
Graf von Wasaburg und der junge Graf Oxenstierna beobachten den Herzog von Lauenburg und glossieren ihn. »Er haßt Gustav Adolf«, sagen sie.
Der König will ein selbständiges skandinavisches Reich mit Pommern. Pommern vollkommener Protestantismus.
Friedland hatte Mecklenburg besetzt, darum kam Gustav Adolf nach Deutschland. Gustav Adolfs Schwedentum und Protestantismus waren ununterscheidbar.
Vielleicht Guericke: »Der König ist ein Erzengel! Er ist ein Luther, der die Rüstung Sankt Georgs angezogen hat. Sein Auftrag ist ungeheuer. Unter diesem Auftrag wird er immer gewaltiger. Er ist unverwundbar. Man hat es hundertmal im Gewühl der Schlacht festgestellt.«
Herzog von Lauenburg: »Wer weiß. Er sollte seinen Schimmelhengst nicht mehr reiten. Er macht ihn zu auffällig.«
Graf von Wasaburg: »Der heuchlerische Schurke!«

Hiddensee, 1. August 1943.

Erster Akt

Im Gasthaus Zur hohen Lilie, Erfurt, am 4. Oktober 1631.
Gastraum. Kumpanei.
Schlunz: Erfurter Bier.

Zweiter Akt

Wohlgetäfelter und beleuchteter Saal im Gasthof Zur hohen Lilie zu Erfurt, 4. Oktober 1631. [An der] Wirtstafel sitzen Honoratioren von Erfurt, Generale, Offiziere aus Gustav Adolfs Hauptquartier, Geheimräte etc. Kerzenbeleuchtung. Wein und das Erfurter Bier, der Schlunz, werden getrunken.

HIERONYMUS BRÜCKNER. So viel ist gewiß, er hat ihm Magdeburg mit Zinsen heimgezahlt. Übrigens, was machen doch die im Propheten für einen Höllenlärm!
KULICKE. Es ist eine Misere, hochwürdiger Herr, daß der Hof der Hohen Lilie mit dem des Propheten zusammenstößt. Pferdeställe und andere Viehställe sind beim Propheten die Hauptsache. Die Schweinehändler haben dort ihre Unterkunft. Rollwagen und Postwagen. Man hört nichts als Fluchen, Peitschenknallen und betrunkenes Gröhlen. Auch halten die Zünfte im Propheten ihre Versammlungen ab.
KAPITÄN OXENSTIERNA. Wir erwarten den König! Schick hinüber, Kulicke: wir erwarten den König. Entweder es wird Ruhe, oder ich schicke meine Leute und lasse sie kuranzen.
VON LAUENBURG. Will der König kommen?
OXENSTIERNA. Er will es, wenn Ihr erlaubt.
VON LAUENBURG. Warum sollt' ich es nicht erlauben? Ihr seid gereizt.
OXENSTIERNA. Nicht ohne Grund.
VON LAUENBURG. Sucht Ihr Händel?
OXENSTIERNA. Das nicht, aber ich suche etwas.
GENERAL BANNER. Friede, ihr Herren!
KOCH, WÜRTTEMBERGISCHER KANZLER. Wo ist Gustav Adolf? Ich erwarte ihn seit acht Tagen mit Ungeduld.
GRAF WASABURG. Ihr bringt Botschaft vom Herzog Friedland?
KOCH. Nicht daß ich wüßte, Graf Wasaburg. Eins ist gewiß:

DIE HOHE LILIE

mit Eurem Herrn Vater ist gut verhandeln, zum Frieden
ist er immer bereit.

LEONHARD TORSTENSOHN. Ihr dürft ihn kaum vor acht Tagen
erwarten. Ich habe ihm schon als Page in Polen gedient.
Plötzlich verschwindet er und ist fort. Spätestens nach
acht Tagen kehrt er zurück, falls er nicht auf den Schimmel
steigen muß.

GENERAL BANNER. Er sollte ihn überhaupt nicht besteigen,
den Schimmel. Er ist ein zu gutes Ziel im Gefecht.

VON LAUENBURG. Gott schütze den König!, sei unser Gebet.
Und er schützt ihn.

OXENSTIERNA. Wißt Ihr das so gewiß?

VON LAUENBURG. Ja, ich weiß es. Wer ihn jüngst, wie ich, bei
Leipzig gesehen hat, ist davon überzeugt.

GENERAL BANNER. Der verfluchte Tilly ist hin, das will etwas
heißen. Verwünscht, mein Podagra! Nun haben wir nur
noch den Wallenstein abzutun.

KOCH. Vielleicht ist es friedlich zu machen.

Hiddensee, 2. August 1943.

NEUER ENTWURF

Erster Akt

Sattlergeselle, Sattlertrauung.
Die ehemalige Nonne Lilie, genannt die Hohe Lilie. Sie ist gleichsam das Sinnbild von Pommern. Sie ist hinter Gustav Adolf hergezogen. Der Krieg steht im dreizehnten Jahr. Sie drängt sich ein und drängt sich vor. Man kennt sie im Troß. Sie gilt als nicht ganz richtig im Kopf. Manche halten sie für eine Hexe, Zauberin, Heilige. Sie hat eine sonderbare, auch französisch-kalvinistische, durchaus protestantische Heiligkeit. Gustav Adolf ist ihr Erzengel, Luther und Calvin in einer Person etc. Jan van Leiden und Schwenckfelder können berührt werden. Vielleicht verwandt mit Jans Hauptfrau. Gustav Adolf wird bei den Sattlern von ihr gestellt. Sie bietet sich ihm an. Auch David und Salomon hätten viele Frauen gehabt. Sie will sich ihm opfern. Er zögert. Da verfällt sie in Ernst, Weissagung: sie deutet seinen nahen Tod an. Gustav Adolf erschrickt. »Mit dem Tod stehe ich auf du und du.« — »Ja, ich auch«, sagt sie, »reichen wir uns die Hand. Trenne dich von Franz von Lauenburg; den Backenstreich, den du dem Knaben gabst, vergißt er nicht.« — »Er soll einen zweiten haben, der besser sitzt, wenn er sich muckst. Du bist schön!« — »Du auch.« Und dann kommt die Trauung.
Gustav Adolf: »Auf nach Amerika. Ein bißchen weiter von der Ostsee und Nordsee. Das Schicksal schaukelt das Boot durch den Ozean. Am Ufer des unendlichen Landes der Abenteuer steigen wir aus.«

Hiddensee, 3. August 1943.

Gustav Adolf sagt: »Warst du das nicht? Habe ich dich nicht einmal gesehen im Troß? Du hocktest hoch oben auf dem Gepäck. Drei Pferde zogen voreinandergespannt den Karren. Neben dir säugte eine Mutter ihr Kind. An deine Beine lehnte sich ein alter Handelsjude. Vorn zog ein Fähnlein Reiter.«
»Jawohl, ich war es. Du rittest einen ungesattelten Ackergaul, aber ich erkannte dich.«
»Ich dich auch.«
»Wie konntest du es unter dem entmenschten Troß aushalten?«

»Kämpft er nicht für die reine Lehre, für Gott und Jesum Christum?«

»Und die viehische Unzucht der Soldaten?«

»Ist es nicht das gleiche? Aber sie wichen vor mir zurück, sie wußten, ich gehöre dir. Gott hat es sie wissen lassen, wie mich und dich.«

»Du hast in deinen Augen die Wahrheit.«

»Ja!«

»Ein Prediger soll uns trauen« etc.

Zweiter Akt

Wir dürfen ihn nicht erkennen. Sie haben alle einen Span, auch der Wallenstein. Seni heißt sein Sterngucker. Was die Sterne sagen, tut er, Menschen gehorcht er nicht. Gustav Adolf hat seine Tage. Wehe, wer ihn dann König nennt, wehe. In diesen Tagen ist er es auch nicht mehr. Es gibt Leute, die haben ein doppeltes Bewußtsein. Bald sind sie das, bald sind sie das. Heut Stallmeister oder Handwerker oder Bauer, morgen König. Der eine weiß nichts vom andern.

Szene: Lilie, Gustav Adolf.

»Ich gebe dir ein Wappen.«

»Was für eines?«

»Den roten Greifen im silbernen Felde.«

»Warum?«

»Ich setze dir auch noch eine Krone auf; du bist Pommern.«

»Warum?«

»Du bist durch und durch evangelisch-protestantisch, wie das geliebte Land.«

Dies könnte am Wirtstisch vor sich gehen.

Szene:

Torstensohn kommt vom Hof herauf. Er berichtet die Vorgänge innerhalb der Sattlerzunft. Er habe Gustav Adolf selten so aufgeräumt gesehen. Schon ungewöhnlich sei es gewesen, wie er sich noch in der Schlacht im Siege bei Leipzig über Tilly betragen habe. Zur Erde geworfen habe er sich zwischen die Pferde und Reiter und auf eine weinende, schreiende Weise wie ein verzückter Heiliger Gott gedankt. Überhaupt sei merkwürdig, wie sich hier seine Frömmigkeit verzücke, andererseits seine Urnatur in zügelloser Erotik etc.

Dann müßte man den Kreis in der Hohen Lilie zu einem kleinen Elitekreis gestalten.

Kanzler Koch: »Meine Verhandlung mit dem König war seltsam. Er war nicht bei der Sache oder nur zuweilen. Gab Antworten, die nicht zu begreifen waren. Sah mich zuweilen nicht, hatte ein fremdes Licht in den Augen. ›Der Kaiser‹, sagte er einmal, ›hat erklärt, wenn ein Kapuziner und ein Erzengel bei ihm eintreten, verbeuge er sich zuerst vor dem Kapuziner. So geht es mir auch, wenn mich Martin Luther besucht.‹ — ›Aber Martin Luther ist tot.‹ — ›Nicht für mich‹, gab er zur Antwort, ›für mich ist er am Leben.‹

Diese großen Gottgesandten sind wunderlich, für den gewöhnlichen Menschen nicht zu verstehen.«

Hiddensee, 4. August 1943.

Lagerdirne.
Wiederum für den ersten Akt.
Er beginnt mit einem Gelage und Gesang.

Erster Sänger:
Man soll die Sattler ehren,
sie sind ja Ehrens wert.
Uns brauchen große Herren,
wer hier auf Erden lebt,
der Kaiser in sei'm Thron,
die König', Fürsten schon,
Grafen und auch Freiherrn
den Sattler müssen han.

Zweiter Sänger:
Wir machen unsre Sättel
so nette und so schön
aus gutem Pferdeleder
und Riemen außerdem.
Wir tun so schön arbeiten,
zurichten nett und gut.
Es reißt die War' uns aus der Hand
manch stolzer Federhut.

Dritter Sänger:
Und wann wir endlich wollen
auch schreiten zu der Eh',

so nehmen wir schön Mägdelein
zum Waschen und zum Nähen,
zum Betten, Kochen, Schlafen,
zum Heissassa Valeru,
um sie dann warm zu betten
mit uns in guter Ruh.

Vierter Sänger:
Guten Morgen, lieber Schmied,
du tust mir gefallen,
bald es morgens viere schlägt,
hör' ich dich schon knallen. Etc.

S. 63. [O. Schade, Deutsche Handwerkslieder. Leipzig 1865.]
Altes und neues Eisen.

Fünfter Sänger:
Bruder Lüderlich,
was saufst dich so voll?
O du mein Gott,
was schmeckt's mir so wohl! Etc.
S. 182.

Hiddensee, 5. August 1943.

Gustav Adolf und Torstensohn eng vereinigen.
Daraus resultierende Gegnerschaft Torstensohns mit Herzog Franz von Lauenburg. Im Stück ungefähr gleichalt. Ihre Bekanntschaft und Gegnerschaft stammt vom schwedischen Hofe zu Stockholm.
Herzog von Lauenburg kritisiert Gustav Adolfs Ausschweifungen, Torstensohn versteht und verteidigt ihn restlos.
Gib Torstensohn Züge von Alfred Ploetz, aber mit mehr Humor vermengt.
Den Mummenschanz des Königs macht Torstensohn, daran schon seit dem Polenkrieg gewöhnt, mit. Er genießt auch hierbei Gustav Adolfs frühes und festes Vertrauen.

ERSTER AKT

ERSTE SZENE

Die Sattler sitzen an kleinen Tischen, trinken und singen. Die kleinen Tische in Rücksicht auf die Herrentafel in der Hohen Lilie des zweiten Aktes.
Der Haupttisch vereinigt etwa acht Personen unterm Vorsitz des Zunftmeisters Peter Puff, übrige fünf sind Meister: Hahn, Ei, Gockelmann, Sperling, Stiefel aus der Zunft. Der eben ernannte Gesell und Schmied Feuerbrand.

ALLGEMEINER GESANG.
 Man soll die Sattler ehren,
 sie sind ja Ehrens wert.
 Uns brauchen große Herren,
 der Kaiser in sei'm Thron,
 Grafen und auch Freiherrn
 den Sattler müssen han.
Gustav Adolf tritt ein, einen Sattel auf der Schulter, gefolgt von Torstensohn. Beide als gewöhnliche Arbeitsleute ohne Abzeichen von Rang und Stand.
ERSTER SATTLER. Ho, ho, ho, wo kommt ihr her, was wollt ihr hier?
GUSTAV ADOLF. Ich komme aus meiner Mutter Leib und will saufen wie ihr.
ZWEITER SATTLER. Wir sind hier eine geschlossene Zunft, hinaus mit euch!
GUSTAV ADOLF. Das denkt auch der Kaiser in Wien, aber das geht nicht so leicht. Wo ist der Zunftmeister?
ERSTER SATTLER. Dort.
DER NEUE GESELLE *erhebt sich, singt.*
 Bruder Lüderlich,
 was saufst dich so voll?
 O du mein Gott,
 was schmeckt's mir so wohl!

 Am Montag
 muß versoffen sein,
 was Sonntag
 übrig war vom Wein.

Am Dienstag
schlafen wir bis neun.
HAHN. Schweig, das schickt sich nicht für einen neuernannten
Gesellen. Du verträgst den Wein nicht.
DER NEUE GESELLE.
Am Donnerstag
stehn wir auf um vier.
Ihr lieben Brüder,
kommt mit zum Bier!
PETER PUFF. Laßt ihn, er ist vergnügt. Sein Gesellenstück
kann sich blicken lassen, — *zu Gustav Adolf* — aber wer bist
du, Kerl, was suchst du hier?
GUSTAV ADOLF. Würde auch gern ein Riemergesell, Meister.
PETER PUFF. Das geht nicht so leicht, vom Troßknecht dahin
ist ein weiter Weg.
GUSTAV ADOLF. Seid doch menschlich. Ich verstehe das Handwerk, ich brauche Geld.
TORSTENSOHN. Jawohl, er braucht Geld, hört ihn an!
PETER PUFF. Packt euch ins Lager. Das Lager ist vor der Stadt.
GUSTAV ADOLF. Dort kommen wir her.
PETER PUFF. Geht zu Gustav Adolf, man sagt, er hat eine
offne Hand.
GUSTAV ADOLF. Aber kein Geld.
PETER PUFF. Reitet ihm seine Schinder zurecht! Ihr habt ja
Sporen an den Füßen. Was für ein Bursche ist das?
SPERLING. Als ich vorhin austreten mußte, lärmte er in den
Ställen.
GUSTAV ADOLF. Ja, der Prophet hat gute Ställe. Ich habe
das Gasthaus zum Propheten darum gern. Aber hier,
scheint es, ist ein Loch voll Unrat.
TORSTENSOHN. Ja, eine Kloake.
HAHN. Was erlaubt ihr euch, Buben!
GUSTAV ADOLF. Wie heißt du?
HAHN. Hahn.
GUSTAV ADOLF. Kikeriki — und du?
SPERLING. Ich bin der Zunftmeister Sperling.
GUSTAV ADOLF. Sperling, Sperling? Was ist das für ein Tier?
PETER PUFF. Weißt du nicht, was ein Sperling ist?
GUSTAV ADOLF. Nein. Mit so kleinen Vögeln, die sich am
Pferdemist sattpicken, gebe ich mich nicht ab.
PETER PUFF. Wenn du es so weitertreibst, werde ich dich
hinausschmeißen.

GUSTAV ADOLF. Wie heißt du?
PETER PUFF. Ich bin der Obermeister der Sattlerzunft in Erfurt, Peter Puff. Und nun habe Respekt.
GUSTAV ADOLF. Peter Puff! *Gibt ihm einen Stoß vor die Brust, so daß er rückwärts auf einen Stuhl taumelt.*

Hiddensee, 6. August 1943.

GUSTAV ADOLF. Wie heißt du?
EI. Zunftmeister Ei.
GUSTAV ADOLF. Wer hat dich gelegt?
EI. Schockschwerebrett, du gehst zu weit!
GUSTAV ADOLF. Dann hol mich zurück. Mir wäre nichts lieber, ich stecke schon viel zu tief im Deutschen Reich. Was soll daraus werden? Macht Platz!
PETER PUFF. Unverschämter Gesell!
GUSTAV ADOLF. Jawohl, Gesell! Ich will Sattlergesell werden. *Zeigt den Sattel.* Hier ist das Gesellenstück. Macht Platz, macht Platz! war immer mein Wahlspruch. Und wer sich sträubt, der tut es auf eigene Gefahr.
TORSTENSOHN. Sträubt euch nicht.
LILY *erscheint.* Nein, sträubt euch nicht. Gegen ihn gibt es kein Sträuben.
PETER PUFF. Was dringt hier alles für Gelichter ein? Laßt ehrsamen Handwerkern ihre Ruh!
GUSTAV ADOLF. Seht meinen Sattel an.
LILY. Ja, seht seinen Sattel an. Der Hintern des Siegers von Leipzig hat ihn spiegelblank geritten.
TORSTENSOHN. Halt dein Maul, Weib.
LILY. Nein.
GUSTAV ADOLF. Laßt sie reden, sie weiß, was sie spricht.
LILY. Herrlicher Gustav Adolf, künftiger Kaiser des Deutschen Reiches!
GUSTAV ADOLF. Wo sahen wir uns schon?
LILY. Ich hockte hoch oben auf einem Bagagewagen.
GUSTAV ADOLF. Ich hielt den Huf meines Schimmels, den der Schmied beschlug.
SCHMIED FEUERBRAND. Jawohl, er ist hier: Schmied Feuerbrand.
PETER PUFF. Laßt sie schwatzen, sie sind verrückt.
GUSTAV ADOLF. Ich dachte sogleich, wir würden uns wiedersehen, und so kam es auch.
LILY. Auch ich hab's gewußt.
PETER PUFF. Sie sind alle verrückt, pokulieren wir weiter.

GUSTAV ADOLF. Wer will mich zum Gesellen machen?
PETER PUFF, *obenhin*. Jawohl, jawohl!
GUSTAV ADOLF. So ernennt mich dazu.
PETER PUFF. Jawohl, jawohl, ich ernenne dich zum Sattlergesellen.

Hiddensee, 7. August 1943.

LILY. Ich ernenne dich zum Kaiser im Deutschen Reich.
GUSTAV ADOLF. Sei meine Kaiserin.
LILY. Kaiserin, Beischläferin, Hörige, was du willst.
GUSTAV ADOLF. Ich hab's geahnt den ganzen Tag, ich bin's nicht losgeworden trotz Tillys Tod, seit Tagen und Wochen. Ich habe von einer ausgelaufenen Nonne geträumt. Da bist du nun: du bist diese Nonne.
LILY. Ich bin nicht aus dem Kloster gelaufen, dem Teufel bin ich entlaufen und zu Jesu Christo übergegangen. Zu Jesu Christo und seinem Apostel, Gustav Adolf von Schweden.
STIMME. Sie ist eine Wahrsagerin, sie kann wahrsagen.
STIMME. Sie ist eine Hexe.
STIMME. Sie ist eine Heilige.
LILY. Eine Heilige bin ich nicht, aber dem großen Werkzeug Gottes ein Werkzeug. Du wirst Deutschland erlösen, von den Feinden Gottes befreien, von den verderblichen, höllischen Schlingen, Ketten, Lügen und Verfolgungen des Papstes, von Scheiterhaufen und Mord des gläubigen Christen.
GUSTAV ADOLF. Sie gehört zu mir. Bringt einen Prediger her, er soll uns trauen.
TORSTENSOHN. Geht nicht zu weit, Herr.
GUSTAV ADOLF. Nie weit genug.

Hiddensee, 8. August 1943.

LILY. Ich trage das Kreuz vor dir her, wenn du nach Rom einziehst.
STIMME. Sie lästert, sie gehört vor die Inquisition! Sie gehört auf den Scheiterhaufen!
DIE GILDE *fängt wieder zu singen an.*
Lustig ist das Sattlerleben,
weil wir jetzt in Floria schweben,
weil wir Arbeit müssen machen
für die Fürsten, für die Grafen
um den rechten Lohn und Preis,
lustig ist die Sattlerweis'!

[NOTIZEN UND ENTWÜRFE]

[Hiddensee, 8. August 1943.]

Ich muß altertümliche Weihnachtssitten der Hochzeit zugrunde legen: etwa zwischen Joseph und Maria. Der Zwischenruf »Gotteslästerung« kann erfolgen.

Hiddensee, 10. August 1943.

Vielleicht die Trauungszeremonie im Sinne eines primitiven Krippelspiels. Mag sein, daß die Sattlerzunft zu ihrem Fest sich etwas Derartiges voragieren läßt. Vielleicht ist der Dichter ein ausgelaufener Mönch des Klosters vom Heiligen Geist auf Hiddensee, etwa ein Pafnutius, etwa ein Einsiedler von der gleichen Insel, Renegat der katholischen Kirche, pommerischer Protestant.

Gustav Adolf ohne Perücke, dadurch unkenntlich. Im Übermut spränge er als Akteur in das Spiel. Die Schauspielerin hätte es ihm dann angetan. Pafnutius ginge auf den gewagten Scherz ein, er vollzöge die Trauung mit der zur Protestantin gewordenen Buhlerin.

Thais. Hroswitha [von Gandersheim, Dramen. Leipzig 1942. Reclams Universal-Bibliothek Nr. 7524/25.] S. 94.

Vielleicht muß im zweiten Akt voran durch Torstensohn von der rätselhaften Exaltation in der Sattlerzunft, mit Gustav Adolf, Thais und Pafnutius an der Spitze, berichtet werden. Bei aller Derbheit und bei allem Humor muß der fanatisch-religiöse Geist der Zeit deutlich werden. Auch die Wut auf Rom und Spanien, das geistliche Gericht, die Inquisition. »Ich bin ein Ketzer.« Viertes Lateran-Konzil (1215 Inquisition Hauptaufgabe der Bischöfe). Dominikaner Inquisitoren, geheime Denunziation. Ankläger und Zeugen nicht genannt. Leugner Tortur, Scheiterhaufen. Frankreich seit 1400. Wütete auch in Deutschland. In Spanien auch königlich, angewandt gegen Lehnsadel und Klerus. Torquemada Großinquisitor bis 1498. Joseph Napoleon hob sie auf, in den Niederlanden erst 1834 gänzlich beseitigt. In England keinen Boden.

Hiddensee, 12. August 1943.

Zum zweiten Akt

Stimme: »Eine Tat ist geschehen, und keine geringe: da vergißt er für eine Weile den Kriegsmann. Wir kennen das. Es braucht Zeit dazu, den neuen Alexander zu kennen, auf den Hochschulen lernt man es nicht.«

Der junge Oxenstierna: »Hochmögende Herren, verzeiht, wenn ich das Wort nehme. Es ist unten im Propheten bei der Sattlerzunft etwas vorgegangen, sie haben einen Mummenschanz oder so etwas aufgeführt. Dabei ist ein erlauchter Mitspieler, den ihr stumm hinnehmen müßt, ohne ihn zu erkennen. Er sagt, man müßte den Soldaten zuweilen vergessen, den Kürassier ausziehen, um dann alles wieder doppelt und dreifach zu sein.«

»Gustav Adolf kann den Helden nicht ausziehen, den Gottesstreiter vergißt er nicht. Es muß endlich ein Protestant auf den Kaiserthron.«

»Es ist mir lieber so, als wenn er sich den Stückkugeln und Musketen aussetzt, als wäre er kugelfest. Er ist es nicht, denn er blutet wie andere.«

»Aber der Mummenschanz geht weit. Der König hat im Fastnachtsspiel geheiratet. Er wird hier mit seiner Gattin auftreten.«

»Aber die Königin ist ja von Stockholm her im Anzug.«

»Bis dahin ist die Krankheit vorüber, das Fieber überstanden.«

»Wenn er in ein solches gerät, gärt immer etwas Neues in seinem Kopf. Ich ahne große Dinge.«

»Groß und blutig.«

»Es gilt dem Friedländer.«

»Es gilt Wallenstein, der mit neuen ungeheuren Kräften Unheil gegen uns brütet.«

Herzog Franz von Lauenburg: »Die Brücken sind geschlagen, sie können sich friedlich einigen und gemeinsam einen unparteiischen Kaiser von Deutschland auf den Thron setzen, damit endlich die spanische Inquisition und die Bartholomäusnächte aufhören.«

Hiddensee, 13. August 1943.

Erster Akt

Die Sattler unter sich.

Tisch der Zunftmeister.

Gesellenernennung, dabei Festlichkeit und Spieglung der augenblicklichen Lage des Reiches, insonderheit der von Erfurt.

Zunftmeister Peter Puff spricht klug und einigermaßen
fanatisch protestantisch. Er haßt den Papst, haßt die Spanier
(Inquisition) und verflucht Bartholomäusnacht.
(Innungsmeister.)
Pafnutius, ehemaliger Mönch wie Luther, hat eine Art
Passionsspiel geschrieben und mit Sattlergesellen und Lehr-
lingen eingeübt. Es wird darin ein protestantischer Kaiser
eingesetzt, der Papst abgesetzt. Kaiser Rudolf II. gelenkt
von Jesuiten. (Wo ist der Augsburger Religionsfriede hin?
Die Jesuiten haben ihn zerrissen. Acht und Bann.) Ver-
fluchter Apostat. Schauspiel. Habsburgische Ländersucht.
Wie Raubadler über den Ländern. Ohrfeige im Weinrausch
unter den Fürsten wiederholt vorkommend. So Kurfürst
von Brandenburg seinem Eidam, Prinzen von Neuburg. —
Kaiser Ferdinand II. ehemals Ferdinand von Graz. Kaiser
Matthias? Kaiser Ferdinand? Frommer Zögling der Jesuiten.
Ferdinand unterdrückte mit weicher Hand protestantische
Gottesdienste.
Hier sind Männer, dort katholische Priester.
Zu Frankfurt Ferdinand II. endlich gewählt zum Kaiser.
Es gelingt 1619 mit großer Mehrheit. Die zweifelhafteste, die
Kaiserkrone, saß zuerst auf seinem Haupt. Bei Krönung
stürzte die böhmische Krone davon herunter. Böhmische
Reichsversammlung erklärte ihn zum Feind der böhmischen
Religion. Maximilian? Der Fluch über Kaiser Ferdinand
(Schiller, S. 100).

Hiddensee, 16. August 1943.

*In die gewichtige Kannegießerei mischt plötzlich der neu-
gebackne Geselle sich ein.*

[GUSTAV ADOLF]. Ihr wünscht einen protestantischen Kaiser,
ich auch, und übrigens wäre ich selbst der richtige Mann.
GILDEMEISTER. Esel!
[GUSTAV ADOLF]. Sei bedankt.
GILDEMEISTER. Werde älter!
[GUSTAV ADOLF]. Nun, ich habe Zeit. Man sieht's mir nicht an,
aber ich bin so gegen sechsunddreißig Jahre alt.
GILDEMEISTER. Grünschnabel, du lügst.
[GUSTAV ADOLF]. Wenn es notwendig ist, warum nicht?
RUFE IN DER KUMPANEI. Wir wollen ihn zum Kaiser machen,
steig auf die Bretter, steig auf das Theater!

GUSTAV ADOLF *tut es*. Ich stehe schon lange darauf. *Auf dem Podium*. Die Evangelischen müssen in Deutschland ungeschoren bleiben!
ALLE. Das müssen sie, das sollen sie!
GUSTAV ADOLF. Ich werde einen Bund mit dem Friedländer machen, er will auch nichts mehr mit dem katholischen Kaiser zu tun haben. Besonders seit ich dem Tilly bei Leipzig heimgeleuchtet.
GILDEMEISTER. Er ist verrückt, Komödianten müssen verrückt sein. Er spielt seinen Part gut.
TORSTENSOHN. Ja, das weiß Gott.
GUSTAV ADOLF. Wenn ich dem Wallenstein Mecklenburg schenke und noch was dazu, so setzt er mich auf den Kaiserthron.
GILDEMEISTER. Dich? Wer willst du denn sein?
GUSTAV ADOLF. Gustav Adolf, König von Schweden. *Brüllendes Gelächter der Gesamtheit*. Ihr habt gut lachen! Seid froh, daß keiner von euch es ist. Er hat seine Sorgen, trotzdem lustig. Der Tilly ist tot, die Sachsen sind so gut wie meine Verbündeten, Kurfürst Johann Georg ist mein Freund. Es lebe Breitenfeld! Auf nach Mainz! Wir werfen den Erzbischof hinaus, diese verdammte Protestantenpest. Den Kaiser jage ich nach Italien!
GILDEMEISTER. Und dich jagen wir hinaus. Du machst den König zum Narren, und wenn er davon erfährt, sind wir alle hin.
GUSTAV ADOLF. Das Stück geht weiter. Ich biete dir meine Hand an, ich heirate dich, liebes Deutschland. Aber das Schicksal freilich steht unsichtbar, schweigend hinter mir. Bringt mir meinen Rock, ich will nun, daß ihr mich wirklich erkennt. *Pagen kommen und bekleiden ihn mit Perücke, Federhut, Sporen und ritterlichem Rock*.

Hiddensee, 17. August 1943.

Heut morgen bei Badebetreuung durch treue Hände auf der Terrasse des Hauses Seedorn Gedanke an König Wenzels Bademädchen. Bilder, die in Agnetendorf gesucht werden müssen. Hiermit glaube ich die Komödie der Tragikomödie gerettet zu haben. Also wohl keine ausgelaufene Nonne, höchstens damit kombiniert.
Die Ausgänge einer Badestube würden im gemeinsamen

Hofe der Hohen Lilie und des Propheten münden. Von da aus käme Lärm.

Gespräch:
»Was ist das für ein Geschrei?«
»Es kommt aus der Badstube.«
»Da ist eine Kumpanei, sagt man, aus den schwedischen Lagern.«
»Die machen sich immer sehr laut mit den Mädchen.«
»Sagt nichts, die schöne Kathrin sieht auf Ordnung.«
Gustav Adolf: »Ja, sie hält auf Ordnung, sie weiß, was sich schickt. Ich bin über das Wasser gekommen und lasse mich gern auch im Wasser der wilden Gera abbaden und damit abgießen. Sie hat es getan zu meiner höchsten Zufriedenheit. Sie hat etwas im Auge wie eine Nixe. Der untere Rand ihres Rocks ist immer feucht. Viele Weiber in Erfurt, so scheint mir, sind mit Wassermännern verheiratet und kommen nur auf Stunden, mit Erlaubnis, aus dem Grunde des Flusses herauf, um schnell zu verschwinden, wenn der Urlaub, der der Nixe gegeben, vorüber ist. Ich hab' einen Vorteil bei Kathrin. Ich bin ja selbst eine Art Wassermann. Bin ich doch an den deutschen Strand mit meinen Reitern auch aus dem Wasser gestiegen.«
»Er faselt! Nun gut, warum nicht? Und nun will er Sattlergesell werden?«
Gustav Adolf: »Ich brauche Sättel für meine Pferde und meine Reiter. Übrigens gefällt es mir auf der deutschen Erde durchaus. Ich will Kathrin heiraten. Ich brauche eine Deutsche zur Frau. Könnte man sich umgebären lassen, wie man sich umtaufen und zum Protestanten machen läßt, so möchte ich Deutscher werden. Übrigens werde ich einfach Kathrin heiraten. Sie gefällt mir sehr. Sie stammt aus Pommern, und das lasse ich mir gleich mit antrauen, meinethalb an die linke Hand.«
»Man sagt, daß Kathrin eine ausgelaufene Nonne ist, sie stamme von einem Mönche aus dem Kloster auf Hiddensee.«
Gustav Adolf: »Das gefällt mir. Katharina von Bora war auch eine ausgelaufene Nonne und er so ein Mönch. Ihre Heirat hat Gott gesegnet.«

Kathrin tritt ein, einigermaßen aufgeregt.
KATHRIN. Der Mensch ist davongelaufen. Er hat nicht bezahlt.

GUSTAV ADOLF. Das kommt noch, ich bleibe nichts schuldig.
KATHRIN. Das sagt jeder, drückt sich, zahlt nicht und kommt nicht wieder.
GUSTAV ADOLF. Frage den Tilly, ob ich zahle oder nicht.
KATHRIN. Ja, ja, Lausekerl, der du bist. Haltet.ihn fest!
GUSTAV ADOLF. Kannst du das Vaterunser auch so gut auswendig als Schimpfwörter? Du sollst eine Nonne gewesen sein, daran hast du wohl heut keine Erinnerung.
KATHRIN. Ich habe ihn ausgezogen und angezogen, ich habe ihn mit Seife abgerubbelt, ihn abgegossen mit Wasser, ihn abgetrocknet mit meinem besten Leinenzeug, ihn mit einer Kohlenpfanne erwärmt, ihn geknetet, ihn beinahe abgewürgt mit meiner ganzen Kraft — und was hat er sich alles erlaubt, pfui Teufel! —, und hernach wird nicht gezahlt.
GUSTAV ADOLF. Du bist viel zu schön, um so zu lärmen. Viel zu schön. Habt ihr nicht einen Pfaffen in der Nähe, der uns trauen kann? Ich heirate sie, wie gesagt, ich heirate sie auf acht Tage. Eine Morgengabe braucht sie nicht zu bringen, die stifte ich. Tausend Joch Acker, Wälder über Wälder am Vänersee. Ein Schloß mit dreihundert Kammern und Sälen, Diener, Mägde, Pferde, Kühe und Schafe.
KATHRIN. Halt's Maul, du willst mich zu alledem noch verspotten und verhöhnen, du Hund!
GUSTAV ADOLF. So gefällt mir das Weib. Die besten Gäule sind am schwersten zu reiten. *Er faßt Kathrin mit eisernem Griff ums Gelenk.* Wie heißt du?
PAFNUTIUS. Pafnutius.
GUSTAV ADOLF. Was hast du für einen Beruf?
PAFNUTIUS. Ich habe die Buhlerin Thais zur Vernunft gebracht.
Kathrin bricht in Weinen aus.
[GUSTAV ADOLF.] Siehst du, so ist es gut.
PETER PUFF. Wer ist der Mensch?
[STIMME.] Nicht das, was er scheint. Ernennt ihn nur schnell zum Gesellen.
PETER PUFF. Ich ernenne dich zum Sattlergesellen. Aber sage uns, wer du bist, und dann pack dich von hinnen!
GUSTAV ADOLF. Ich bin Gustav Adolf, König von Schweden.

Hiddensee, 18. August 1943.

GUSTAV ADOLF. Es läßt sich nicht so leicht abschütteln.

Manchmal glaube ich, ich stecke voller Einbildungen: Stockholm, Königskrone, Kaiserkrone, Schweden, Dänemark, Pommern, Polen, Rußland: was noch sonst? Das Deutsche Reich, ich an der Spitze: heute rot, morgen tot; heute hoch zu Roß, morgen von seinen Hufen zerstampft. Kann ich Schweden essen? Dänemark trinken? Pommern aufs Brot streichen? Aus dem Deutschen Reich eine Suppe machen? Vielleicht ja, eine Blutsuppe — und was habe ich davon? Worte, Worte, Worte, Einbildungen — und darum ein so ruheloses, gefährliches Dasein? Kampf, Schlacht, Lug, Hinterhältigkeit. Mir sagt ein Gefühl, ich lebe höchstens noch über ein Jahr. Aber es kann auch nur ein Tag sein. Seine Sterbestunde kennt keiner. Ein einfacher Sattlermeister — warum nicht? Ein tolles, schönes und lustiges Weib im Bett, meinethalben sterben in ihrem Arm. Das ist weniger mühsam und ebenso sicher. Ich habe zwei Naturen in mir. Das eine wird vielleicht ein langlebiger Popanz im Gedächtnis der Menschen sein — was geht mich das an? Wein will ich trinken. Den brennenden Lebensdurst will ich mit Wein löschen. Die Wirklichkeit will ich vergessen, im süßen Nichtstun dahindämmern. Wie ist es dem Heiland ergangen? Ich liebe die Menschen. Er liebte sie mehr. Und dafür galoppiere ich mit Partisane und Schwert in die Schlacht und morde sie hin zu Tausenden. Auch bevor er am Kreuz starb, war er ein Schmerzensmann. So haben die Meister ihn als Holzbild geschnitzelt. Man kann das leichter haben, man entgeht sowieso dem nicht. Was soll's: man verwirrt sich in Menschenliebe. — Dann kommt die Schlacht. Man wird zerstückelt wie ein Stück Vieh. Ich sehe mich schon in Stücke gehauen. O Gustav Adolf, großer König. Bald genug wird man Mühe haben, die Teile deines hocherlauchten Körpers von denen eines geschlachteten Viehs zu unterscheiden. Wein her!
[STIMME.] Ist er oft so?
KATHRIN *aufschluchzend, ihn umarmend.* Oh, ich habe meine Mühe mit ihm.

Hiddensee, 23. August 1943.

Zweiter Akt

Wirt der Hohen Lilie.

WIRT. Es ist wahrhaftig kein Spaß, Einquartierung zu haben. Man muß für tausenderlei Dinge sorgen, die man nicht hat.

Ringsherum liegen die Regimenter, sie saufen sich toll und voll und wollen immer mehr haben, immer mehr, immer mehr. Die Vordertreppen knarren, die Hintertreppen brechen, man prügelt sich auf beiden. Höchstens hier, im Quartier des Königs, ist es ein bißchen anders. Ja, dieser König! Schweden ist Trumpf. Da sind sie nun alle toll und auch voll geworden. Alles frißt, sauft, schreit, spielt, prügelt und hurt durcheinander. Selbst der König kann sie nicht im Zaum halten. Wo ist er denn überhaupt? Armes Erfurt! Armes Deutschland! Aber das soll man nicht sagen, nach dem ungeheuren Sieg über Tilly, den der Gustav Adolf bei Leipzig erstritten hat. Der Menschenfresser ist tot. Tilly ist tot. Der Satan, der Berge von Leichen häuft und aus herrlichen deutschen Städten Berge von verkohlten Balken, Stein- und Kalktrümmern und Gott weiß was macht. Armes Deutschland! Der Sieger schleudert die Brandfackel, der Besiegte schleudert die Brandfackel, und beide vernichten, vernichten nach Herzenslust. Und dabei wird jubiliert, gegröhlt und gesungen, getanzt und Gott weiß was. Sodom wird mitten auf den Straßen geübt. Gomorrha ist überall. So kämpfen sie für Christus, wie sie behaupten! Für Jesus wird der deutsche Weizen zerstampft. In Mecklenburg sind sie vor Hunger beim Kannibalismus angelangt für den Heiligen Geist. Sie verschlingen selbst ihre kleinen Kinder. O Welt, o Welt, was bist du für eine niedliche Erfindung! O Deutschland, Deutschland, du funkelnde Perle darin! Die Krone trägt ein dreieiniger Teufel in Madrid, in Rom und in Wien, und blutige Messen werden gelesen. Die Sonne Gottes geht nicht mehr auf, man ersetzt sie durch brennende Scheiterhaufen. Schuldlose Menschen, die nicht schreiben können, aber auch nur einen Fehler im katholischen Abc machen, verkochen darauf ihr Blut als Öl. Wie kann man noch leben in diesem Land? Und doch haben Spanier und Italiener, Franzosen, Holländer und auch Deutsche dazu die Fähigkeit, die braven Schweden nicht ausgenommen.

Hiddensee, 27. August 1943.

Heut ist mir eine neue Idee gekommen, am Nachmittag, als ich vom Bett aufstand.

Die Hohe Lilie. Sie ist eine von allen geehrte, bewunderte

und von vielen geliebte keusche junge Schönheit, an die sich niemand heranwagt. Sie ist allgemeines Heiligtum und vor jeglicher Roheit geschützt. Ein Soldat, der bereits manches auf dem Kerbholz hat und auch sie beleidigt, wird gehängt. Sie hat einen Verlobten: man weiß davon, aber keiner kennt ihn. Man respektiert das. Einige Kavaliere jedoch sind so leidenschaftlich verliebt, daß sie bereit wären, sie zu heiraten. Sie ist die Tochter des Gasthofbesitzers zur Hohen Lilie und wird darum so genannt.
Es ist Übereinkunft, sie nicht anders zu nennen. Gustav Adolf selbst ist nicht ganz frei von einer Liebesleidenschaft. Der Wirt heißt Bimboese, eine nicht unvornehme Erscheinung, an fünfzig Jahre alt. Man munkelt, er sei von Adel und habe seinen Namen geändert.

Versuch eines Schemas

Erster Akt

Im Gasthof Zur hohen Lilie.
Alles steht auf dem Kopf.
Sie sind Tag und Nacht toll und voll.
Tillys Tod wird gefeiert.
Die Gespenster von Magdeburg werden beschwichtigt.
Das Grauen wird hinuntergewürgt.
»Hier ist ein Spanferkel.«
»Nur eins?«
In den Küchen arbeiten vier Köche und zwanzig Küchenjungen. Die Treppen krachen von den Sprüngen der Kellner. Sie brechen fast von den Stiefeln der Kavaliere, man hört sein eigenes Wort nicht vor Sporengeklirr.
Es ist ein Wunder, daß Bimboese (Wirt) den Kopf oben behält.
»Hast du gehört, man hat einen schwedischen Wachtmeister aufgehängt, weil er seine Tochter beleidigt hat.«
»Oh, das rate ich niemand. Emanuele hat bei König Gustav Adolf höchstselbst einen Stein im Brett.«
»Auch der junge Leutinger, des großen Oxenstierna Sohn, verehrt sie sehr.«
»Nicht minder Oberst Torstensohn, vorlang Gustav Adolfs Page.«
»Nicht minder der Herzog von Lauenburg, der mir sonst aber

wenig gefällt. Er ist von Wallenstein zu uns übergelaufen.
Überläufer mag ich nicht. Überhaupt: man verehrt sie wie
eine Heilige.«

Hiddensee, 28. August 1943.

Zweiter Akt

Wohlgetäfelter und von Kerzen beleuchteter Saal im ersten
Stock des Gasthofs Hohe Lilie zu Erfurt. Er atmet Stille
und Behaglichkeit. Durch hohe Fenster mit Butzenscheiben
dringt gedämpfter Lärm vom Hof herauf. Eine lange Wirtstafel ist zum Teil von Gästen besetzt, die unter Aufsicht des
würdigen Wirtes Bimboese bedient werden. Bimboese ist ein
würdiger Herr von etwa fünfzig Jahren. An der Tafel sitzen
Hieronymus Brückner, Ratsherr; von Guericke, Apotheker
aus dem zerstörten Magdeburg; Leonhard Torstensohn;
General Banner, rheumatisch, Wollüstling; Albert, Herzog
von Sachsen-Lauenburg, als Verräter verdächtigt; Koch,
württembergischer Kanzler und Gesandter Wallensteins.

Hiddensee, 29. August 1943.

DAS SPIEL

im ersten Akt

Der Teufel steigt aus einem Bierfaß.

TEUFEL

Hurra und ho und trallalla!
Ihr rieft nach mir, schon bin ich da.
Allein das Rufen tut nicht not,
ich bin lebendig so wie nie,
nicht braucht's besonderer Magie,
allwege frisch, gesund und rot.
Wer für den Teufel Augen hat,
der findet ihn in Land und Stadt,
fühlt seiner scharfen Pranken Schlag
am Sonntag wie am Wochentag.
Mag sein, er weiß nicht, wer ihn kratzt
und wer ihn nachts im Bette schmatzt,
und wüßt' er's auch, es hülf' ihm nichts,
er könnte doch sich nicht verteidigen:
der Satan ist nicht zu beleidigen.
Er spottet selbst des Kirchenlichts.
Der Pfaff will beten, doch — schau, schau —
ich mach' ihn grunzen wie 'ne Sau.
Und denkt der Tropf: ich lese Messe,
so flucht er wie ein Grenadier,
ja, tritt er in die Kirchentür,
so tritt er in des Teufels Esse.
Mir gab der Herr im hohen Himmel
niemals mehr Macht im Weltgetümmel:
er ließ mich ganz damit allein.
Die blutig-finstere Welten-Wirrnis,
sei noch so blank und bunt ihr Firnis,
lähmt selbst dem Teufel das Gebein.
Noch freilich hat es gute Zeit,
bevor ich meinen Dienst quittiere,
und mit jedwedem Kürassiere
reit' ich verschlungen in den Streit
auf einem und demselben Tiere.
Und in der Schlacht von Nu zu Nu

zeig' ich dem Feind die rechte Stelle,
wo Schwert und Partisane fleckt
und richtig ihm im Leibe steckt.
Ihr lacht! Nun bravo, brave Leute,
Soldaten, Huren, Räuber, Diebe,
Mordbrenner, die ich innig liebe,
mein Dienst verspricht euch Ruhm und Beute.
Der Teufel aber soll euch holen,
blast ihr nicht mehr in meine Kohlen.
Im Namen Jesu Christi: Los!
befehl' ich euch, kreuzbrave Schweden.
Den Tilly sind wir leider los,
die heilige Kirche schützt sonst jeden.

Hiddensee, 30. August 1943.

Er war mein bester Partisan.
Ignatius von Loyola tritt auf.

IGNATIUS
Du lügst!. Er war mein Untertan.

TEUFEL
O heiliger Ignatius,
wo kommst du her? Nimm Gott zum Gruß!
Doch wer die Lüge mir verargt,
verargt mir meinen Pferdefuß.

IGNATIUS
Den Tilly hast du eingesargt,
weil er der Kirche treu ergeben.

TEUFEL
Des groben Irrtums lebst du eben.
Ein Engel riß ihn mir hinweg,
er focht in meinem ersten Gliede,
doch ist's für mich ein Katzendreck:
trotzdem bleibt Krieg und wird kein Friede.
Es blitzen Schwerter ohne Zahl
in hunderttausend blut'gen Händen.
Nein, meine Herrschaft wird nicht enden
hier in Europens Jammertal.
Der Kaiser ist mein General
zu Wien, der über Deutschland herrschet

und sich mit meiner Krone perschet.
Der Inquisitor zu Madrid,
der Rad und Galgen mir betreut
— der Christenseelen fester Kitt! —,
die deutschen Fürsten, deutschen Stände
tun mir als Hörige ihre Pflicht.
Den Schwedenkönig nenn' ich nicht,
er ist so gut wie sie am Ende.
Noch bin ich, Ignaz, voll Vertrauen
auf meinen Huf, auf meine Klauen
und meine Hörner nicht zuletzt.
Sie haben Hinz und Kunz zerfetzt,
kein Schaf, kein Rind, noch Kind geschonet,
den Bauern in den Tod gehetzt:
ein Zeitvertreib, der immer lohnet.
Und will ich essen, hab' ich Hauer
— dem Teufel selbst gebührt sein Teil —,
nun erst ergreift die Welt ein Schauer:
und grausig kracht mein Hackebeil,
bedient von meiner Köchin Not.
Oh, sie ist treu! So treu ist keine!
Wie köstlich knacken die Gebeine
zu ihrem frischgebacknen Brot!
Noch lieber mir ist mir ihr Mann,
der auf den Namen Hunger hört
und wo er hinkommt um und an
das Oberste zuunterst kehrt.
Zum Schluß mein Allbesieger Tod.

Hiddensee, 31. August 1943.

Ein Mönch tritt auf.

MÖNCH

Laß dein Geplärre, Widerchrist,
wer kümmert sich um dein Theater?
Hanswurst, Maulmacher, der du bist
des Guten Feind, des Bösen Vater.
Du machst dich fett mit Acht und Bann,
fliehst wie die Pest des Papstes Segen.
Der Ketzer ist für dich der Mann,
dein Haupt in seinen Schoß zu legen.
Allein die ganze Christenheit
ist deinen Klauen unerreichlich,
schwebt über dir in Seligkeit.

TEUFEL
Die gönn' ich ihr, ich bin nicht weichlich:
ihr hab' ich niemals nachgeweint,
mein wertgeschätzter Kapuziner.
Doch bin ich auch des Christen Diener,
was niemand recht zu wissen scheint.
Ich habe Zwingli aufgehetzt,
Calvin zu Genf den Bart zu zausen,
und Lutherum in Wut versetzt,
die beiden gründlich mir zu lausen.
Das ist geschehen, geschieht noch täglich,
und Christus ist für alle drei
und ihre Gläubigen Kriegsgeschrei:
sie sterben tausendfach und kläglich.
Großmutter legte mir dies Ei,
das ich persönlich ausgebrütet.
Deshalb nun diese Zwietracht wütet,
wo Kalvinist mit Wutgeschrei
den Lutheraner überfällt
und wie ein Hund der Dritte bellt,
der auf die Lehre Zwinglis schwört.

MÖNCH
Die hast du, geb' ich zu, betört.
Sie sind von vornherein verdammt,
und ganz zu Recht übst du dein Amt.

SCHWEDISCHER PFARRER
Was geht hier vor? Ich bin zur Stelle,
hier riecht's nach Bier und Wein und Hölle.
Man beut dem Christentume Hohn:
O Vater, Heiliger Geist und Sohn!
O Vater, Sohn und Heiliger Geist!
Daß dich der Teufel selbst nicht preist,
wen wundert es? Mich wundert's nicht,
doch weh dem, was die Kutte spricht.
Hier hab' ich Strafgericht zu halten:
Du lügst! Der Teufel sitzt zu Rom,
er macht sich breit in Petri Dom.
Hierin alleine sprach er wahr:
er gab dem Papste den Talar.
Wir aber sind's, die ihn bekämpfen

mit Hilfe von Sankt Michael.

Hiddensee, 1. September 1943.

Sankt Michael ist unser Held;
wir aber sind's, die ihn bestehen.
Sankt Michel selber führt uns an,
die Engel sind ihm untertan.
So hört doch ihrer Flügel Wehen.
Den Lutherschild in erzner Hand ...

22. Januar 1944.
GUSTAV ADOLF, EIN MIMUS

Ein Versuch, das kommende Werk in einen Raum zu verlegen vom Umfang eines Zirkus oder des großen Theaters in der Schumannstraße zu Berlin, aber noch mehr ein Versuch, den Mimus wieder aufleben zu lassen. Vielleicht wäre dieses Verfahren auch für den ganzen Komplex des Bauernkrieges, mit »Florian Geyer« an der Spitze, anwendbar gewesen. — Jetzt mag ein Versuch mit Gustav Adolf entworfen werden. Die Voraussetzung ist ein bewußtes, geschlossenes Deutschland, das einen wichtigen Teil seiner neueren Geschichte damit erleben würde.

Schauplatz im wesentlichen das Zirkusrondell mit vier Zugängen ohne Vorhang. Herold mit Trompete erscheint auf einem erhöhten Platz außerhalb des Rondells, statuarisch.
Herold spricht.
Deutschland. Die beiden Religionsfeinde. Katholiken. Habsburg statt Spanien auf der einen Seite. Wesentlich Niederdeutschland, Sachsen, Brandenburg auf der anderen. Das Land ist vom Kriege zerrüttet etc. Ein Zug von Wagen, Soldatenweibern, Kindern, Troßbuben, Marketenderinnen erscheint. Er bewegt sich und spricht ähnlich, nur viel unmittelbarer und derber, als in »Wallensteins Lager« bei Schiller, der, ohne sich dessen bewußt zu werden, etwas vom Mimus restituiert hat. Nachdem sich eine Lagerszene ausgelebt, in der auch Grausamkeiten und Verbrechen vorfallen, heißt es, daß schwedische Reiter im Anzuge seien.
Worauf, weil mit diesen nicht zu spaßen ist und sie auf Disziplin halten und durchgreifende Ordnung, alles sich zwar nicht auflöst, aber in halber Ordnung flüchtig wird.

Zweite Szene.
Magdeburg ist durch Tilly absolut zerstört. Tilly in der Sänfte zieht über die Bühne mit wenig Bedeckung. Er hat ein Gespräch mit einem seiner Generäle und bläst Trübsal. Vorüber. Ganz Deutschland ist in Bewegung und auf dem Marsch. Der Zug ist vorüber.
Dritte Szene.
Hoch zu Roß, von einigen Hauptleuten begleitet, erscheint

Gustav Adolf. Die Pferde sind im Trab, er hält einen Augenblick und spricht eine kleine Szene. Die Schlüssel von Erfurt werden ihm übergeben.
Es werden Komödien gezeigt. Eine tragische religiöse Art, eine burleske, christologische etc. Narren treten auf.

Vierte Szene.

Vielleicht steht aber auch eine Liebe des Gustav Adolf durchaus im Zentrum.

HINWEIS DES HERAUSGEBERS

Die ERSTE ABTEILUNG der NACHLESE ZUM DRAMATISCHEN WERK umfaßt die frühesten Versuche aus der Schul- und Jugendzeit des Dichters, die ZWEITE ABTEILUNG die nachgelassenen dramatischen Werke und Fragmente von den Anfängen der dichterischen Reife bis zu den letzten Lebensjahren.
Die ZWEITE ABTEILUNG setzt sich mit einer weiteren Untergruppe, den KLEINEREN DRAMATISCHEN FRAGMENTEN, in Band IX fort.

Die in dem vorliegenden Band verwendeten editorischen Zeichen haben folgende Bedeutung:

[ ]   **Erläuternde Zusätze des Herausgebers,** die sich auf die Darbietung des Textes beziehen, seiner Anordnung und näheren Bezeichnung dienen oder nicht hinreichend deutliche Quellenhinweise bei Notizen und Exzerpten zu einzelnen Werken präzisieren.
Zugleich **Textergänzungen des Herausgebers** bei offensichtlich ungewollter Auslassung einzelner, vom Satzzusammenhang jedoch geforderter Wörter in der Handschrift sowie bei Auflösung von Abkürzungen oder bei Ergänzung fehlender Buchstaben, die der Wortsinn oder die grammatische Richtigkeit verlangen, sofern auch andere Möglichkeiten der Auflösung oder Ergänzung bestehen.

[…]   **Auslassungen des Herausgebers** beim Abdruck von Notizen und Tagebucheintragungen zu bestimmten Werken, wenn Teile solcher Aufzeichnungen keinen Bezug zu dem betreffenden Werk und darüber hinaus auch keine selbständige Bedeutung haben.

[…?] Einzelne **unlesbare Wörter** der Handschrift.

[?]   **Unsichere Lesungen.**

⟨ ⟩   **Textpartien, die vom Autor durch Streichung verworfen sind,** deren Erhaltung jedoch wegen ihres Eigenwertes oder deshalb notwendig schien, weil sie auf Intentionen der Stoffkonzeption oder der Handlungsführung hinweisen, welche der an ihre Stelle getretene gültige Text nicht wieder aufgenommen hat. Ihr Abdruck war vor allem dann geboten, wenn sich der im weiteren folgende Text auf sie zurückbezieht.

Die Deutsche Bibliothek – CIP-Einheitsaufnahme

Hauptmann, Gerhart:
Sämtliche Werke / Gerhart Hauptmann. Hrsg. von Hans-Egon Hass.
Fortgef. von Martin Machatzke. – Sonderausg. – Berlin: Propyläen.
ISBN 3 549 05743 1
NE: Hass, Hans-Egon [Hrsg.]; Hauptmann, Gerhart: [Sammlung]

Sonderausg.
Bd. 8. Nachgelassene Werke, Fragmente. – 1996
ISBN 3 549 05739 3

Der Text dieser Sonderausgabe ist identisch mit der 1962 bis 1974 in elf Bänden
erschienenen, von Hans-Egon Hass herausgegebenen
und von Martin Machatzke und Wolfgang Bungies fortgeführten
CENTENAR-AUSGABE.
Für diese Ausgabe stellte Benvenuto Hauptmann
das Gerhart Hauptmann-Archiv, Ronco, zur Verfügung.
Die Verwertung des Textes, auch auszugsweise, ist ohne Zustimmung des
Verlags urheberrechtswidrig und strafbar. Dies gilt
auch für Vervielfältigungen, Übersetzungen, Mikroverfilmungen
und für die Verarbeitung mit elektronischen Systemen.
© 1963 Verlag Ullstein GmbH, Frankfurt/M–Berlin
Ausstattung: Hans Peter Willberg
Gesamtherstellung: Clausen & Bosse GmbH, Leck
Printed in Germany 1996
ISBN 3 549 05739 3

Gedruckt auf alterungsbeständigem Papier
mit chlorfrei gebleichtem Zellstoff